川勝守・賢亮博士古稀祝辞

川勝先生が目出度く古稀を迎えられ、記念論集が先生の学恩を被った人々の手に依って出版される運びになった。全く慶賀すべき事と心からお祝いを申し上げたい。

昔、実兄との縁で本郷で先生に一、二度お会いしお茶を御一緒したことがある。当時、大学院在学の新進気鋭の研究者で、世に羽ばたいて行く前の事であった。

それから四十年以上も経ってしまった。光陰矢の如し、学界を代表する大学者となった先生のお祝いの文章を書いている自分を省みて、夢のような心持ちがしてくる。

東京大学東洋史を終えて、九州大学に奉職なされ、間もなく東大から博士号を授かったという事は風の便りに知っていた。

それ以後、矢つぎばやに、東アジア全般に亘った近世の文化、政治、経済、社会構造等の研究書が出版され、目を見張ったものである。

大学の置かれている状況が次第に変化し、学生の要望に応えられる体制を作り上げないと、大学の使命を果すことが出来ない、という気運が今から二十年程前から盛り上がって来た。大正大学も、その中で新しい教育体制を模索することになり、学部の再編や教育内容の革新を進めることとなった。

教育者も広く外部から勇気を持って、是れという人を求めることになった。その中の一人に名前が挙げられた教育者に川勝先生があった。

時に先生は、九州大学の重鎮として知られた学者であっただけに、本学に来て下さるとはとても思えなかった。

しかし、その労をとったのは、現在事務局長を勤める柏木正博氏であった。彼の懸命の努力によって、先生を本学に招くことが出来た。

先生は、九州大学に奉職する一方、都下昭島の自坊の運営にも当られ、長い間、二重生活を続け、学究と自坊の復興という二大事業を遂業なされていた。その苦労たるや大変なものであったと想像する。

兎に角、平成十年から、先生は本学の史学科に籍を置くこととなり、そのお蔭で新しい展開が期待され、歴史文化学科へと史学科を改変することが出来た。

文献中心の史学から文化思想研究へと先生の手によって進められた。

更に、先生は、若い頃、本学の碩学関口真大博士の薫陶を受けた実績を基として、天台教学の研究も独自に続けられ、その成果を本学仏教学部に提出し、仏教学の博士号を授けられている。先生の学問分野も広範に拡がる一方で、時に学会で話題となった聖徳太子についても、東アジアという視点に立脚した太子論を出版し、学会に一石を投じられた。真に敬すべきである。

平成二十三年三月、先生は本学の停年を迎えることとなった。本学では、先生の永年の功績を称え、名誉教授の称号を授けることとなった。先生は既に、九州大学の名誉教授の称号も受けられておられる。二重に名誉教授の称号を持つということは滅多に無いことである。

これを見ても、先生の業績がいかに偉大であるかを察することが出来る。

先生は、近年少しく体の調子が好くないと伺っている。是非、御自愛下さって、益々、御活躍下さらんことを祈り、後進の指導にも当たって下さる事を願う次第であります。

前大正大学学長　大正大学名誉教授　多田孝文

序　言

川勝守（賢亮）先生は、昭和三五年の東京大学入学以来、一貫して中国を中心としたアジアの政治・経済・文化に関わる歴史を研究してこられました。特に昭和四八年一月、九州大学文学部に赴任されて以来の二六年三ヶ月、また平成一〇年四月、大正大学文学部に赴任されてからの一二年、多くのアジア学関連の研究者、同輩、学生との学問的交流を重ねてこられました。先生は東京大学在学時には中国の明清時代史を専攻されましたが、九州大学赴任後には九州と大陸・半島との関係、環中国海地域間交流の史的研究にも着手され、東アジア世界論の観点をもって、我が国の歴史と文化の発展を考察するという東洋史学本流の学問研究をも領導されてまいりました。大正大学にご赴任後は、先生の属される仏教宗旨の天台学会、山家学会にも参加され、天台教義と天台宗史の分野においても研究を積み重ねられました。

この間の研究成果は、主な著書（単著）だけでも『中国封建国家の支配構造―明清賦役制度史研究―』東京大学出版会 一九八〇年、『明清江南農業経済史研究』東京大学出版会 一九九二年、『東アジアにおける生産と流通の歴史社会学的研究』（編著）福岡・中国書店 一九九三年、『明清江南市鎮社会史研究――空間と社会形成の歴史学――』汲古書院 一九九九年、『日本近世と東アジア世界』吉川弘文館 二〇〇〇年、『聖徳太子と東アジア世界』吉川弘文館 二〇〇二年、『中国城郭都市社会史研究』汲古書院 二〇〇四年、『日本国家の形成と東アジア世界』吉川弘文館 二〇〇八年、『明清貢納制と巨大都市連鎖――長江と大運河――』汲古書院 二〇〇九年、『チベット諸族の歴史と東アジア世界』刀水書房 二〇一〇年、『三角縁神獣鏡と東アジア世界』汲古書院 二〇一一年等の大著群となって上梓され、執筆された百近い数の厖大な論文群とともに現在私たちの前にあります。

先生のご研究は、古代から現代に至る中国経済史、社会史、東アジア史、中国民族史など広範な領域に及ぶものですが、周知のようにそこに示された問題、観点は一貫して学界に大きな影響を与え今日に及んでおります。

とりわけ、先生のご研究の出発点となり今日まで一貫して関心を注がれてこられた明清史研究では、江南を中心とした地域社会の多岐にわたる問題を採り上げられ、精力的に明末清初以降の中国社会の発展の解明をすすめられました。地方志をはじめ厖大な史料群を縦横に駆使される研究手法により、賦役制度の構造、商業性農業の進展、地主経営などに関する貴重な史実を掘り起こされました。また農村部に出現した商業的都市空間としての市鎮、地方の中核都市である県城等の城郭都市のありように着目され、それを政治・経済・教育・宗教・文化など多角的な観点から総合的な都市社会史として描き出されました。さらに都市史へのご関心は江南一地方を越え、雲南銅などの全国的広域物流システムと巨大都市生成との関連を明らかにされておられます。

大学在職期間の過半を占める九州大学にあっては、また、学生指導にも心血を注がれ、九州大学のみならず他大学からの多数の大学院生を受け入れ指導されました。また、中国・台湾・韓国・オランダなど先生から指導を受けた外国人留学生もまた多数にのぼります。大正大学に移られてからも、東洋学は勿論のこと、日本史学や考古学・文化財学、天台学などを専攻する新進学徒と行をともにすることに意を用いられました。

本論集の刊行は、以上のごとき先生の偉大な学的人生を回顧し、同時に縁ある後輩学徒を中心とした方々の執筆参加により、先生のご退職を機とする祝賀を目的とするとともに、更には先生の学問姿勢を継承し、今日における東洋史学・仏教学を中心として、人文系学問諸分野の一段の振興を期さんとして、先生の指導を受けた学生、あるいは職場をともにした諸氏などの発起人を中心として企図されたものです。

先生からお受けした学恩の万分の一にも答え得ないものとも危惧されますが、本論集が先生への感謝の気持ちを幾分かなりとも表すものとなり得たものであれば、望外の喜びとするところです。

平成二五年秋吉日

九州大学文学部　教授　川本芳昭
久留米大学文学部准教授　城井隆志

川勝守・賢亮博士古稀記念　東方学論集　目　次

川勝守・賢亮博士年譜・研究業績目録

川勝守・賢亮博士年譜

昭和一五年（一九四〇）　八月　東京府北多摩郡拝島村（現、昭島市拝島町）に生る。

昭和二二年（一九四七）　四月　東京都北多摩郡拝島村拝島小学校入学。

昭和二八年（一九五三）　三月　東京都北多摩郡拝島村拝島小学校卒業。

昭和二八年（一九五三）　四月　東京都北多摩郡拝島村拝島中学校入学。

昭和三一年（一九五六）　三月　東京都昭島市拝島町拝島中学校卒業。

昭和三一年（一九五六）　四月　東京都立立川高等学校入学。

昭和三四年（一九五九）　三月　東京都立立川高等学校卒業。

昭和三五年（一九六〇）　四月　東京大学教養学部文科二類入学。

昭和三七年（一九六二）　四月　東京大学文学部東洋史学科進学。

昭和三九年（一九六四）　三月　東京大学文学部東洋史学科卒業。卒業論文題目「明末清初江南水利政策の発展」。

昭和四〇年（一九六五）　四月　東京大学大学院人文科学研究科東洋史学専攻修士課程入学。

昭和四二年（一九六七）　三月　東京大学大学院人文科学研究科東洋史学専攻修士課程修了。修士学位論文題目「張居正丈量策の展開――特に、明末江南における地主制の発展について――」。

昭和四二年（一九六七）　四月　東京大学大学院人文科学研究科東洋史学専攻博士課程進学。

昭和四五年（一九七〇）　九月　天台宗宗義研修所研究生、研究題目「天台五重玄義　特にシナ天台教団における信の問題」。

昭和四六年（一九七一）　八月　長野県戸隠村宝光社にて魏書索引作成に参加、以後平成一〇年（一九九八）まで続く。主要参加者、西嶋定生（代表）、池田温・尾形勇・太田幸男・窪添慶文・佐藤智水・前田愛子・春日井明・平勢隆郎、等諸氏。

昭和四七年（一九七二）　三月　東京大学大学院人文科学研究科東洋史学専攻博士課程単位取得退学。

昭和四七年（一九七二）　四月　山梨県都留市立都留文化大学人文学部非常勤講師（毎週、翌年三月まで）。

昭和四八年（一九七三）　一月　九州大学文学部専任講師（史学科東洋史学専攻）。

昭和四八年（一九七三）　四月　九州大学文学部専任講師大学院担当を兼ねる（史学科東洋史学専攻）。

昭和四九年（一九七四）　三月　天台宗宗義研修所、研究生修了論文題目「天台四悉檀義の研究」にて嗣講の学階を受ける。

昭和四九年（一九七四）　六月　九州大学文学部助教授（史学科東洋史学専攻）。

昭和五二年（一九七七）　四月　愛媛大学法文学部非常勤講師集中講義。

昭和五三年（一九七八）　四月　学術振興会流動研究員として一年間東京・東洋文庫に滞在。

昭和五四年（一九七九）　七月　京都大学東南アジア研究センター、「江南デルタ・シンポジウム」に石井米雄・海田能宏・桜井由躬雄・佐藤武敏・斯波義信・鈴木恒之・高谷好一・田島俊雄・田仲耕司・坪内良博・長瀬守・西嶋定生・濱島敦俊・福井捷朗・本田治・森田明・安成哲三・山田勇・米田賢次郎・渡部忠世諸氏とともに参加、「宋・元代の圩田・囲田をめぐって

——デルタ開拓の工学的適応」セクション主報告。

昭和五五年（一九八〇）七月　川勝守、東京大学文学博士　提出論文題目「明清賦役制度史の基礎的研究」。

昭和五五年（一九八〇）八月　中国天津市南開大学の明清史国際学術討論会参加、報告題目「明代江南水利政策の発展」、終わって天津・北京・承徳など河北省史蹟学術視察。

昭和五七年（一九八二）九月　大阪大学文学部非常勤講師集中講義。

昭和五八年（一九八三）四月　広島第一学習社にて平田嘉三・護雅夫・越智武臣・谷川道雄・柘植一雄・今永清二・志邨晃佑・星村平和諸氏とともに高等学校「世界史」教科書作成（昭和六一年文部省検定済）。

昭和五八年（一九八三）七月　第三回明清史夏合宿一九八三年中国史シンポジウム「元明清期における国家〝支配〟と民衆像の再検討——支配の中国的特質——」主催、全国八〇名参加、於大分県九重九州地区大学研修所、主要参加者・報告者、越智重明・山本英史・片山共夫・井戸一公・和田正広・城井隆志・大谷敏夫・相田洋・浅井紀・渡辺惇・神戸輝夫・岸和行、伊原弘介・大澤顕浩・大坪正太・小野和子・川本芳昭・許紫芬・小林一美・近藤一成・滝野正二郎・谷口規矩雄・冨田健之・則松彰文・安野省三・山田賢・吉尾寛・劉序楓・和田博徳・渡昌弘、等諸氏。

昭和五八年（一九八三）八・九月　第三一回国際東洋学者会議（東京・京都）参加。

昭和五八年（一九八三）一〇月　大阪大学文学部非常勤講師集中講義（二年連続）。

昭和六一年（一九八六）七月　一橋大学経済学部（東洋経済史、春学期）非常勤講師集中講義。

昭和六一年（一九八六）　九月　岡山大学法文学部非常勤講師集中講義。

昭和六一年（一九八六）　九月　明治大学文学部、第一回中国域外漢籍国際学術会議参加、参加国日本・台湾・韓国・米国・フランス・オーストラリア等、参加者一六〇名。報告題目「明清期、法律行政書の日本舶載」。

昭和六一年（一九八六）　一〇月　天台宗宗義研修所学階昇進論文題目「伝教慈恵両大師伝の史料学的基礎研究」にて准講司の学階を受ける。

昭和六一年（一九八六）　一一月　九州大学九州文化史研究施設にて「江戸時代における漢籍の輸入と幕藩体制の変容」口頭発表、後「徳川吉宗御用漢籍の研究」論文となる。

昭和六一年（一九八六）　一一月　福岡県立美術館にて比叡山延暦寺・朝日新聞社・九州朝日放送主催「比叡山と天台の美術」記念講演。

昭和六一年（一九八六）　一二月　一橋大学経済学部非常勤講師（東洋経済史、秋学期）集中講義。

昭和六二年（一九八七）　四月　東方学会地区委員（九州大学、平成一〇年三月まで）。

昭和六二年（一九八七）　四月　九州朝日カルチャー「日本仏教と日本文化」講座開始、その後「中国の歴史」講座も併せて、平成二二年（二〇一〇）まで続く。

昭和六二年（一九八七）　七月　九州大学文学部教授（史学科東洋史学専攻）。

昭和六二年（一九八七）　八月　アメリカ合衆国ロス＝アンジェルス、ハンチントン大学にて全米歴史学会、日米歴史家会議に西嶋定生・柳田節子・小山正明・斯波義信諸氏と参加、報告題目「清代の胥吏」、終わってロス＝アンジェルス、サンフランシスコ、シカゴ、ニューヨーク、ボストン、ワシントン、ペンシルバニア各市大学・博物館・美術館参観。

昭和六二年（一九八七）一二月 中国広東省深圳市にて広州国際清代地域社会経済史及全国第四回清史学術研討会参加、報告題目「明清時代北京・蘇州・上海之広東会館」。

昭和六三年（一九八八）六月 山口大学人文学部非常勤講師集中講義。

昭和六三年（一九八八）九月 韓国ソウル市建国大学校等にて第三回中国域外漢籍国際学術会議参加、報告題目「徳川吉宗御用漢籍の研究」。

昭和六三年（一九八八）九月 別府大学文学部非常勤講師集中講義。

昭和六三年（一九八八）一〇月 中国山東省泰安市山東礦業学院、第一回日中地層環境力学国際学術討論会参加。九州大学大学院文学研究科東洋史学専攻大学院生宮嵜洋一・黨武彦両名並びに同大学院留学生侯冰潔・房琦両君同行。上海・蘇州・南京から徐州まで鉄道、徐州から大運河沿いに路線バスの旅、山東では泰安の石炭採掘所の外、曲阜の孔子廟、東岳泰山登山、さらに明代運河遺跡の臨清・聊城・済寧、さらに萊蕪から青石関越えに顔神鎮から淄博市（博山）へ、春秋・戦国時代の斉国の都城遺跡や三〇〇〇頭の殉馬坑など見学し、さらに済南市参観。その後、北京に移動、内城の典型的胡同地域の四合院・華国鋒旧邸に泊まる。町内婦人会の経営と聞く。一〇月の清華大学周辺の夜来香はよい香がした。

平成元年（一九八九）四月 九州大学文学部九州文化史研究施設にて丸山雍成教授代表、平成元年・二年度科学研究費補助金、総合研究A「前近代における南西諸島と九州との関係史的研究」参加、

平成元年（一九八九）　八月　台湾台北市中央研究院近代史研究所、近代中国農村経済史研討会参加、報告題目「明末清初長江沿岸地区之『春花』栽種」、終わって台北・新竹・台中・台南・高雄各市史蹟参観。

分担課題「明・朝鮮・琉球王国と九州大名」。

平成元年（一九八九）　一一月　九州大学工学部物理探索学会記念講演、題目「中国資源探査の歴史」。

平成元年（一九八九）　一一月　東京大学文学部東洋史研究室東洋史談話会にて「東アジアの石橋」談話。

平成元年（一九八九）　一二月　九州大学文学部にて九州華僑・華人研究会発足、会長に推薦され、平成一〇年度まで就任。第一回大会挙行。主要参加者：中村質・市川信愛・黒木国泰・林重太・中西啓・陳東華・和田正広・劉序楓・朱徳蘭・徐興慶・許紫芬・黨武彦・宮嵜洋一諸氏。記念講演、斯波義信、題目「華僑史研究をめぐる諸問題」。

平成二年（一九九〇）　九月　別府大学文学部非常勤講師集中講義。

平成二年（一九九〇）　一二月　九州大学文学部にて九州華僑・華人研究会第二回大会挙行。記念講演、游仲勲、題目「変貌する華僑・華人社会と経済」。

平成三年（一九九一）　四月　文部省科学研究費補助金、総合研究A「東アジアにおける生産と流通の歴史社会学的研究」研究代表者。研究参加者、岡村秀典・平勢隆郎・町田三郎・紙屋正和・小林聡・張鄰・清木場東・畑地正憲・幸徹・城井隆志・和田正広・陳玉女・滝野正二郎・黨武彦・宮嵜洋一・房琦・則松彰文・佐々木揚、等諸氏。

平成三年（一九九一）　一〇月　福岡県中間市、大分県日田市にて市民講座。

平成三年（一九九一）　一一月　福岡県太宰府市において平成三年度比較文明学会シンポジウム「異文明の認知――東洋と西洋という思考法――」パネラー参加、なお本学会は九州に国立博物館誘致の運動の一環。

平成三年（一九九一）　一二月　九州大学文学部にて九州華僑・華人研究会第三回大会挙行。

平成四年（一九九二）　七月　九州大学文学部にて鄭成功研究会連絡会議開催。

平成四年（一九九二）　一二月　九州大学文学部にて九州華僑・華人研究会第四回大会挙行。記念講演、安井三吉、題目「神戸・華僑・孫文――神戸における華僑・華人研究の現状――」。

平成五年（一九九三）　三月　文部省科学研究費補助金、総合研究A「東アジアにおける生産と流通の歴史社会学的研究」研究報告書作成、中国書店、福岡。

平成五年（一九九三）　四月　文部省科学研究費補助金、重点領域研究（1）沖縄の歴史情報研究、研究準備会議。筑波大学岩崎宏之教授、京都大学勝村哲也教授、梅原郁教授、等諸氏と。

平成五年（一九九三）　四月　西南学院大学非常勤講師（平成一〇年三月まで）、科目「日本思想」担当。

平成五年（一九九三）　九月　鹿児島県文化センターにて沖縄重点研究研究会及び九州華僑・華人研究会第五回大会挙行。記念講演、原口泉、題目「戦国―近世における薩摩ネットワーク」。

平成六年（一九九四）　二月　沖縄県那覇市首里城などにて沖縄重点研究研究会。

平成六年（一九九四）　四月　文部省科学研究費補助金、重点領域研究（1）沖縄の歴史情報研究（全体研究代表者、筑波大学文学部岩崎宏之教授）初年度開始。

平成六年（一九九四）　七月　長崎県平戸市にて「大航海時代の平戸――鄭成功と一六～一八世紀の国際交流――」

主催、辛島昇・樺山紘一・清水宏裕・深沢克己氏参加、重点領域研究、沖縄の歴史情報研究川勝賢亮班の準備研究。

平成六年（一九九四）七月　長崎県平戸市にて九州華僑・華人研究会第六回大会挙行。「鄭成功生誕三七〇周年記念シンポジウム」主催。鄭広南（福建師範大学教授、鄭成功子孫）・卓金鉗（福建南安市全人代副主任）・徐興慶（台湾　中国文化大学）・市川信愛・萩原博文（平戸市教育委員会）・大里浩秋・小島晋治（神奈川大学）参加。

平成六年（一九九四）八月　沖縄県宜野湾市沖縄国際大学にて沖縄重点研究研究会。

平成六年（一九九四）八月　福岡市、西日本新聞社主催公開講座「中国を知ろう」講師。

平成六年（一九九四）九・一〇月　東京虎ノ門教育会館にて沖縄重点研究研究会。

平成六年（一九九四）一一月　中国福建省に糸数兼治・照屋善彦・西里喜行・高良倉吉・赤嶺守・池宮正治・豊見山和行・上里賢一・宮城昌保氏等が台湾の曹永和・陳捷先、中国の王耀華・徐芸圃氏等と共に準備を進めてきた第五回琉球中国歴史関係学術会議に松浦章氏とともに参加、報告題目「『華夷変態』与清・琉球冊封関係的形成」、終わって福州市・泉州市・厦門市の琉球冊封使節関連や中国の対外関係史蹟参観。

平成六年（一九九四）一二月　京都市京都大学会館にて沖縄重点研究研究会。

平成七年（一九九五）四月　京都市京都大学大型計算機センターにて沖縄重点研究研究会。

平成七年（一九九五）八月　安徽省屯渓市にて第二回徽学研究会報告参加、報告題目「長江下流域の新安商人」。

平成七年（一九九五）八月　安徽省鳳陽市にて第六回明史国際学術研論会参加、「明太祖与江南市鎮」に関する報

告。山根幸夫・森正夫・濱島敦俊諸氏、並びに滝野正二郎・宮嵜洋一諸君等も同行。

平成七年（一九九五）九・一〇月　長崎県長崎市にて九州華僑・華人研究会第七回大会挙行。長崎孔子廟釈奠、文官正装にて拝礼式参加。

平成八年（一九九六）五月　九州史学会委員長として九州沖縄地区県立博物館連絡会議に出席、九州国立博物館設立請願について。

平成八年（一九九六）四月　茨城県つくば市筑波大学附属図書館にて沖縄重点研究研究会。

平成八年（一九九六）七月　中国天津市南開大学の第三回明清史国際学術研論会参加、報告題目「清乾隆期、雲南銅京運与天津市発展」。

平成八年（一九九六）八月　沖縄県那覇市首里城などにて沖縄重点研究研究会。

平成八年（一九九六）一〇月　中国三峡ダムシンポジウム課題報告と史蹟視察、湖北省武漢市、宜昌市、三峡、四川省重慶市、大足石仏。

平成八年（一九九六）一一月　岡山県閑谷学校・牛窓にて沖縄重点研究研究会。

平成八年（一九九六）一一月　九州芸術工科大学教養部非常勤講師。

平成九年（一九九七）七月　沖縄県那覇市にて国際服飾学会シンポジウム「東アジアの琉球・沖縄服飾」パネラー参加。

平成九年（一九九七）八月　国際王陽明学会京都国際会議場シンポジウム参加。

平成九年（一九九七）八月　中国第七回明史国際学術研討会吉林大学大会参加、報告題目「関于明代軍政辺防書的成立」。山根幸夫先生同行。大連・瀋陽・長春・吉林各地巡見。清奉天府城瀋陽故宮、

平成九年（一九九七）一〇月　天台宗宗義研修所学階昇進論文題目「天台四大師伝の本文研究」にて講司の学階を受ける。

清太祖太宗陵など明清～近代史史蹟参観。

平成九年（一九九七）一〇月　宮崎県都城市にて九州華僑・華人研究会第九回大会挙行。

平成九年（一九九七）一一月　佐賀県唐津市及び名護屋城博物館にて平成九年度比較文明学会大会実行委員長、シンポジウム「経済発展の比較文明学」、日置弘一郎氏と共同司会。

平成九年（一九九七）一一月　福岡市九州大学にて沖縄重点研究研究会。

平成九年（一九九七）一二月　沖縄県那覇市首里城などにて沖縄重点研究研究会。

平成一〇年（一九九八）三月　文部省科学研究費補助金、重点領域研究（1）沖縄の歴史情報研究、「環東シナ海地域間交流史――中国江蘇・浙江・朝鮮――」班（代表川勝賢亮）、データベース集作成。研究参加者、和田正広・黒木国泰・滝野正二郎・則松彰文・城井隆志・小林聡・川本芳昭・宮嵜洋一・佐々木揚・中村質・安藤保・宮崎克典・佐伯弘次・岩崎義則・濱田耕策・六反田豊・大谷敏夫・虎尾竜哉・柳原敏明諸氏。他班である東京大学東洋文化研究所濱下武志教授班に黨武彦君が入る。

平成一〇年（一九九八）三月　九州大学退官。

平成一〇年（一九九八）四月　大正大学文学部教授。

平成一〇年（一九九八）四月　九州大学名誉教授。

平成一〇年（一九九八）六月　大正大学学術講演「東アジアにおける石橋架橋と仏教実践倫理」。

平成一〇年（一九九八）八月　安徽省黄山市にて第三回徽学研討会参加、報告題目「宋明時代徽州地方、仏教与政治」。績渓県にて胡錦濤祖先の明胡宗憲の胡氏家廟見学。松浦章氏同行、並びに則松彰文・滝野正二郎・宮嵜洋一諸君等同行。

平成一〇年（一九九八）八月　中国蘇州大学、中国清代地域史研究大会参加、報告題目「清末、蘇州の租桟文書」。

平成一〇年（一九九八）一〇月　昭島市文化財保護審議委員受託（現在まで）。

平成一〇年（一九九八）一〇月　台湾台北市剣潭青年教育中心（センター）にて第七回中琉歴史関係国際学術会議参加、第一次会議A組主催、並びに第六次A組参加、報告題目「琉球王国海上交易の歴史的前提」。

平成一〇年（一九九八）一二月　九州大学集中講義、科目「史学概論」担当。

平成一〇年（一九九八）一二月　九州史学会大会公開講演、題目「環中国（東・南）海地域間交流と九州」。

平成一一年（一九九九）三月　中国海南省（海南島）にて「中国伝統社会経済と現代化」学会参加、報告題目「明清江南市鎮経済与現代化」。

平成一一年（一九九九）四月　お茶の水女子大学大学院比較歴史学コース非常勤講師。

平成一二年（二〇〇〇）四月　台湾台北市にて漢学研究中心（センター）・中国明史研究学会主催「明人文集与明代研究」学術研討会参加、報告題目「江戸時代東伝日本的明人文集及学術価値」。

平成一二年（二〇〇〇）七月　中国浙江省天台山参拝、史蹟参観。

平成一二年（二〇〇〇）九月　韓国ソウル市にて韓国天台学会報告。

平成一二年（二〇〇〇）一二月　沖縄県名護市名桜大学にて第八回琉中歴史関係国際学術会議参加、報告題目「琉球

平成一三年（二〇〇一）一一月　韓国ソウル市韓国仏教協会・東国大学にて講演。
国王中山王と日本国王――明皇帝との册封関係の開始について」。

平成一四年（二〇〇二）二月　韓国ソウル市プレスセンターにて金勝一教授主催三・一運動紀念「二一世紀世界平和と非暴力精神」シンポジウム参加。

平成一四年（二〇〇二）四月　放送大学大学院文化科学専攻客員教授、地域文化研究Ⅱ担当（平成二三年三月まで）、教科書題目『東アジア世界の歴史像』、二〇〇六年改訂版『東アジア世界の歴史と文化』（いずれも浜口允子・吉田光男両氏と共著）。

平成一四年（二〇〇二）四月　大学評価・学位授与機構専門（歴史学・東洋史）委員（平成一三年三月まで）。

平成一四年（二〇〇二）七月　中国山西五台山参詣、雲崗石仏、大同市、太源市、天龍山石仏、等見学。

平成一四年（二〇〇二）八月　韓国・大韓仏教天台宗・天台仏教研究院「大覚国師義天と東アジア仏教」シンポジウム参加、報告題目「『義天録』と日本仏教――東アジアにおける大蔵経時代――」。

平成一五年（二〇〇三）四月　東方学会大正大学支部設置承認、地区委員（大正大学、平成二四年三月まで）。

平成一七年（二〇〇五）五月　NHKラジオ第二放送、宗教の時間「観音信仰　中国と日本」（三〇分）。

平成一八年（二〇〇六）九月　比較文明学会九州支部設立記念シンポジウム「宗像・沖ノ島遺産を世界遺産に」服部研二氏と共同司会。

平成一八年（二〇〇六）一一月　NHKラジオ第二放送、宗教の時間「地蔵信仰　中国と日本」（三〇分）。

平成一九年（二〇〇七）四月　大正大学大学院文学研究科科長（平成二一年三月まで）。

平成一九年（二〇〇七）五月　川勝賢亮、大正大学博士（仏教学）提出論文題目「天台五重玄義の研究」。

平成一九年（二〇〇七）　六月　韓国済州島にて東北アジア第一四次国際学術大会基調講演、題目「東北アジアの文化交流と平和」。

平成一九年（二〇〇七）一〇月　大正大学東洋史研究会設立。

平成二〇年（二〇〇八）　四月　大正大学『東洋史研究』創刊号刊行。

平成二一年（二〇〇九）　四月　NHKラジオ第二放送、宗教の時間「薬師信仰　中国と日本」（三〇分）。

平成二一年（二〇〇九）一〇月　韓国済州島にて第九回日韓・韓日歴史家会議、板垣雄三・杉山正明両氏等と同行。ここで生年月日全く同じ北海道アイヌ史専門の榎森進氏（東北学院大学）と知り合う。

平成二一年（二〇〇九）一一月　中国上海、復旦大学歴史地理研究中心（センター）、清代地理国際学術研討会参加、報告題目「長江・大運河流通的展開与巨大都市連鎖之形成」。

平成二三年（二〇一一）　三月　大正大学文学部教授退職。

平成二三年（二〇一一）　四月　大正大学客員教授、大正大学名誉教授。

平成二四年（二〇一二）　三月　大正大学客員教授退職。

所属学会　史学会、東洋史研究会、法制史学会、東方学会、歴史学会、九州史学会、九州華僑・華人研究会（昭和六二年一二月—平成一一年一二月会長）、九州歴史学研究会、九州歴史協議会、道教史学会、建築史学会、中国社会文化学会、日本中国学会、比較文明学会、大正大学史学会、天台学会、山家学会、等

川勝守・賢亮博士研究業績目録

一　著　書

『中国封建国家の支配構造――明清賦役制度史の研究――』東京大学出版会（東京）　一九八〇年二月
『明清江南農業経済史研究』東京大学出版会（東京）　一九九二年三月
『明清江南市鎮社会史研究――空間と社会形成の歴史学――』汲古書院（東京）　一九九九年八月
『日本近世と東アジア世界』吉川弘文館（東京）　二〇〇〇年六月
『聖徳太子と東アジア世界』吉川弘文館（東京）　二〇〇二年一二月
『中国城郭都市社会史研究』汲古書院（東京）　二〇〇四年二月
『日本国家の形成と東アジア世界』吉川弘文館（東京）　二〇〇八年四月
『明清貢納制と巨大都市連鎖――長江と大運河――』汲古書院（東京）　二〇〇九年二月
『チベット諸族の歴史と東アジア世界』刀水書房（東京）　二〇一〇年四月
『日本歴史文化概論十五講』岩田書院（東京）　二〇一一年一二月
『三角縁神獣鏡と東アジア世界』汲古書院（東京）　二〇一二年一〇月

二　編著・共著書

『中国江南の稲作文化　その学際的研究』〔共著〕日本放送出版協会〔東京〕一九八四年四月

『多宝塔と法華経思想』東京堂出版〔東京〕一九八四年五月

『元明清期における国家〝支配〟と民衆像の再検討――〝支配〟の中国的特質――』九州大学文学部東洋史学研究室〔福岡〕一九八四年一〇月

『日本の近世6――情報と交通』〔共著〕中央公論社〔東京〕一九九二年五月

『東アジアにおける生産と流通の歴史社会学的研究』中国書店〔福岡〕一九九三年一二月

『東アジア歴史像の構成』〔放送大学大学院文化科学研究科地域文化研究Ⅱ・放送教材・吉田光男・浜口允子両教授と共著〕放送大学教育振興会〔東京〕二〇〇二年三月

『東アジア世界の歴史と文化』〔放送大学大学院文化科学研究科地域文化研究Ⅱ・放送教材改訂版、吉田光男・浜口允子両教授と共著〕放送大学教育振興会〔東京〕二〇〇六年三月

『漫画　中国の歴史』〔春日井明氏と共同監修〕全一〇巻　集英社〔東京〕二〇〇六年一〇月

三　研究報告書

『東アジアにおける生産と流通の歴史社会学的研究』科学研究費補助金〔総合研究A〕研究代表　平成三・四年度　中国書店〔福岡〕一九九三年三月

『環東シナ海の地域間交流史――江蘇・浙江・朝鮮――』科学研究費補助金〔重点領域研究〕研究代表　平成六～九

年度　一九九八年三月

『東アジアにおける宗教文明の交流と環境』平成一七年度大正大学学内学術研究助成　研究代表　二〇〇六年三月

『東アジアにおける多元的宗教文化財と環境に関する基礎的研究』平成一九年度大正大学学内学術研究助成　研究代表　二〇〇八年三月

四　教科書

『改訂版　世界史』（平田嘉三・護雅夫・越智武臣・谷川道雄・柘植一雄・今永清二・志郁晃佑・星村平和諸氏と共著）（高等学校世界史教科書）第一学習社（広島）　一九八六年三月

五　論　文

「張居正丈量策の展開――特に明末江南における地主制の発展について（一）」『史学雑誌』第八〇編第三号　一九七一年三月

「張居正丈量策の展開――特に明末江南における地主制の発展について（二）」『史学雑誌』第八〇編第四号　一九七一年四月

「明末清初、江南の圩長について――蘇州府における水利関係を中心にして――」『東洋学報』第五五巻第四号　一九七三年三月

「浙江嘉興府の嵌田問題――明末・郷紳支配の成立に関する一考察――」『史学雑誌』第八二編第四号　一九七三年四月

「明末清初、揚子江デルタ地帯における水利慣行の変質」『史淵』第一一一輯　一九七四年一月

「明末、江南における丈量策の展開と地主佃戸関係の発展」『九州大学東洋史論集』2号　一九七四年三月
「明代の寄荘戸について」『東洋史研究』第三三巻三号　一九七四年一二月
「明代里甲編成の変質過程――小山正明氏の「析戸の意義」論の批判――」『史淵』第一一二輯　一九七五年三月
「明末清初、蘇州嘉興両府における圩長の職務と均田均役法の展開」榎博士還暦記念東洋史論叢編纂委員会『榎博士還暦記念東洋史論叢』山川出版社　一九七五年一一月
「初期清朝国家における江南統治政策の展開」『史淵』第一一三輯　一九七六年三月
「清朝賦・役制度の確立――江南の均田均役法と順荘編里法とについて――」『法制史研究』二六号　一九七六年三月
「明末、江南五府における均田均役法」『史学雑誌』第八五編第六号　一九七六年六月
「天台四悉檀義の一側面――『次第禅門』における四悉檀義――」奥田慈應先生喜寿記念論文集刊行会編『奥田慈應先生喜寿記念仏教思想論集』平楽寺書店（京都）一九七六年一〇月
「清末、江南における租桟・業戸・佃戸関係――九州大学所蔵江蘇省呉県馮林一桟関係簿冊について――」『史淵』第一一四輯　一九七七年三月
「明末清初、長江デルタにおける棉作と水利（一）」『九州大学東洋史論集』6号　一九七七年一〇月
「四悉檀義と教相論――天台三大部について――」関口真大編『仏教の実践原理』山喜房仏書林（東京）一九七七年一二月
「明末、南京兵士の叛乱――明末の都市構造についての一素描――」星博士退官記念中国史論集編集委員会編『星博士退官記念　中国史論集』星斌夫先生退官記念事業会（山形）一九七八年一月
「中国近世都市の社会構造――明末清初、江南都市について――」『史潮』新六号　一九七九年一一月

「明末清初、長江デルタにおける棉作と水利（二）」『九州大学東洋史論集』8号　一九八〇年三月
「明末清初の訟師について――旧中国社会における無頼知識人の一形態――」『九州大学東洋史論集』9号　一九八一年三月
「長江デルタにおける鎮市の発達と水利」中国水利史研究会編『佐藤博士還暦記念　中国水利史論集』国書刊行会（東京）　一九八一年三月
「徐乾学三兄弟とその時代――江南郷紳の地域支配の一具体像――」『東洋史研究』第四〇巻三号　一九八一年一二月
「南直隷常州府武進県の一条鞭法（一）」『九州大学東洋史論集』10号　一九八二年三月
「明末清初における打行と訪行――旧中国社会における無頼の諸史料――」『史淵』第一一九輯　一九八二年三月
「清初、荘氏史禍事件と南潯鎮社会」『九州大学東洋史論集』11号　一九八三年三月
「康熙帝の人と国家」九州大学公開講座委員会編『九州大学公開講座10――歴史と人間との対話』九州大学出版会（福岡）　一九八四年五月
「明・清胥吏政治と民衆――支配の中国的特質――」九州大学文学部東洋史学研究室編『元明清期における国家〝支配〟と民衆像の再検討――〝支配〟の中国的特質――』九州大学文学部東洋史学研究室（福岡）　一九八四年一〇月
「明末、長江デルタ社会と荒政」西嶋定生博士還暦記念論叢編集委員会編『西嶋定生博士還暦記念　東アジア史における国家と農民』山川出版社（東京）　一九八四年一一月
「一九世紀初頭における江南地主経営の一素材――九州大学所蔵『嘉慶租簿』の分析を通して――」『九州大学東洋史論集』14号　一九八五年一二月
「清代江南の麦租慣行について」中村治兵衛先生古稀記念東洋史論叢編集委員会編『中村治兵衛先生古稀記念東洋史

論叢』刀水書房　一九八六年三月
「一九世紀、蔡経畲堂所有地の小作関係――京都大学人文科学研究所蔵『租簿』『入服』『租数』について――」『史淵』第一二三輯　一九八六年三月
「中国地方行政における県と鎮」『九州大学東洋史論集』15号　一九八六年一二月
「伝教大師伝四本の考証」『九州史学』第八六号　一九八七年三月
「徳川吉宗御用漢籍の研究――近世日本の明清史研究序説――」『九州文化史研究所紀要』第三二輯　一九八七年三月
「明代、鎮市の水柵と巡検司制度――長江デルタ地域について――」『東方学』第七四輯　一九八七年七月
「漢代陵墓制と光武帝の宗廟問題――国家と「家」の矛盾の一面として――」岡崎敬先生退官記念事業会編『岡崎敬先生退官記念論集　東アジアの考古と歴史』上巻　同朋舎出版（京都）一九八七年一一月
「明清期、法律行政関係漢籍の日本舶載」『第一回中国域外漢籍国際会議論文集』聯合報文化基金会国学文献館（台湾台北）一九八七年一二月
「台北故宮博物院所蔵、雍正朝硃批奏摺提奏人官職一覧・年月別件数表」『九州大学東洋史論集』16号　一九八八年一月
「清末、江南の一租桟における徴税・小作関係（一）――九州大学所蔵江蘇省長洲県馮林一桟関係簿冊について――」『史淵』第一二五輯　一九八八年三月
「清、乾隆期雲南銅の京運問題」『九州大学東洋史論集』17号　一九八九年一月
「中国の橋の史料――金石文と地方志」横山浩一先生退官記念事業会編『横山浩一先生退官記念論文集　生産と流通の考古学』横山浩一先生退官記念事業会（福岡）一九八九年三月
「東アジア世界における火葬法の文化史――三～一四世紀について――」『九州大学東洋史論集』18号　一九九〇年一月

「徐階と張居正」明代史研究会編『山根幸夫教授退休記念　明代史論集』汲古書院（東京）一九九〇年四月
「十六・十七世紀中国における稲の種類、品種の特性とその地域性」『九州大学東洋史論集』19号　一九九一年一月
「中国近世都市漢口と『漢口叢談』」『史淵』第一二九輯　一九九二年三月
「明清期農村史」『社会経済史の課題と展望』社会経済史学会　有斐閣　一九九二年五月
「「華夷変態」下の東アジアと日本」丸山雍成編『日本の近世6——情報と交通』中央公論社　一九九二年五月
「東アジアにおける放生儀礼の文化史」『九州大学東洋史論集』21号　一九九三年一月
「清朝皇帝の儀礼と支配の構図——即位と崩御を中心として——」明清時代の法と社会編集委員会編『和田博徳教授古稀記念　明清時代の法と社会』汲古書院（東京）一九九三年三月
「明清期の大運河と物流システム」月刊『しにか』四巻七号　大修館書店　一九九三年七月
「日本における鄭成功研究をめぐって」『中国研究月報』五四四号　一九九三年六月
「韃靼国順治大王から大清康熙大帝へ」藤野保先生還暦記念会編『近世日本の政治と外交』雄山閣出版（東京）一九九三年一〇月
「乾隆初年雲南銅の長江輸送と都市漢口」『東アジアにおける生産と流通の歴史社会学的研究』中国書店（福岡）一九九三年一二月
「清・日本・琉球冊封関係の形成をめぐって」『九州大学東洋史論集』22号　一九九四年一月
「東アジア石橋の比較技術史——中国江南虹橋と日本九州眼鏡橋における環境の役割——」『九州文化史研究所紀要』第三九輯　一九九四年三月
「冊封体制の形成」『九州大学東洋史論集』23号　一九九五年一月

「市鎮の思想」町田三郎教授退官記念論文集刊行会編『町田三郎教授退官記念中国思想史論叢』中国書店　一九九五年三月
「魏晋王朝における冊封体制の形成」『九州華僑・華人研究』第一〇号　一九九五年九月
「九州眼鏡橋の石橋技術」別府大学史学研究会『史学論叢』二六号　一九九五年一一月
「明清以来、江南市鎮の共同墓地・義塚――上海付近鎮志の義塚を中心として――」『九州大学東洋史論集』24号　一九九六年一月
「『華夷変態』と清・琉球冊封関係の形成」『前近代における南西諸島と九州』多賀出版　一九九七年七月
「明代軍政・辺防書の研究・序説」『史淵』第一三三輯　一九九六年二月
「明清時代、商品生産の展開と江南市鎮の形成」『九州大学東洋史論集』25号　一九九七年一月
「天台大師と梁陳隋王朝交替」『天台大師研究』天台学会・山家学会　一九九七年三月
「明清農業論」『明清時代史の基本問題』汲古書院　一九九七年一〇月
「江南市鎮の生産・流通・消費の歴史的位置――手工業生産と無頼・棍徒・脚夫――」『九州大学東洋史論集』26号　一九九八年一月
「清末民国初、江南における租桟・業戸・佃戸関係再論――九州大学所蔵、江蘇省呉・長洲県馮林一桟関係簿冊の再検討・補遺――」『史淵』第一三五輯　一九九八年三月
「明儒における学統と政治実践――『明儒学案』記伝名人データベースをめぐって」『黄宗羲の「明儒学案」成立に関する基礎的研究』九州大学文学部中国哲学研究室（福岡）一九九八年三月
「東アジアにおける捨身の文化史（一）」『大正大学大学院研究論集』第二三号　一九九九年三月

「環中国海地域間交流と明帝国冊封体制——沖縄県『校訂本・歴代宝案』による新研究——」『歴代宝案研究』第一〇号　一九九九年三月

「明清以来、江南市鎮の共同墓地・義塚の社会文化史——蘇州・嘉興・湖州・杭州四府を中心として——」『大正大学研究紀要（人間学部・文学部）』八四輯　一九九九年三月

「環シナ（東・南）海地域間交流と明清帝国」『東海史学』第三三号　一九九九年三月

「東アジアにおける捨身の文化史（二）」『大正大学研究紀要（人間学部・文学部）』八五輯　二〇〇〇年三月

「倭国王と倭王——二つの金印をめぐって——」西嶋定生博士追悼論文集編集委員会編『西嶋定生博士追悼論文集　東アジア史の展開と日本』山川出版社（東京）二〇〇〇年三月

「「照于一隅」の新研究」『山家学会紀要』第三号　二〇〇〇年六月

「仏教思想文明と非暴力精神」3・1独立運動記念『21世紀の世界平和と非暴力精神シンポジウム報告』（日本語・ハングル訳付）二〇〇二年二月

「聖徳太子と宗祖伝教大師」『山家学会紀要』第五号　二〇〇二年一二月

「『義天録』と日本仏教」大韓仏教天台宗・天台仏教文化研究院『天台学研究』第四輯　二〇〇三年五月

「菩薩天子と如来天子」佐藤良純教授古稀記念論文集刊行会編『佐藤良純教授古稀記念論文集　インド文化と仏教思想の基調と展開』第一巻　山喜房仏書林（東京）二〇〇三年九月

「天台宗東海教区寺院史序説」天台宗東海教区寺院名鑑編集委員会編『天台宗開宗千二百周年記念　天台宗東海教区寺院名鑑』二〇〇三年九月

「明太祖の儒・仏・道三教政策の基調」宮沢正順博士古稀記念論文集刊行会編『宮沢正順博士古稀記念　東洋——比

較文化論集』青史出版（東京）二〇〇四年一月

「明太祖の叢林制度に関する一考察――明清仏教の基本性格をめぐって――」佐藤成順博士古稀記念論文集刊行会編『佐藤成順博士古稀記念論文集　東洋の歴史と文化』山喜房仏書林（東京）二〇〇四年四月

「明代江南士大夫仏教学流行と大蔵経開版」『鴨台史学』第五号　二〇〇五年三月

「伝教大師と千年屋――大乗・菩薩行の一具体――」村中祐生先生古稀記念論文集刊行会編『村中祐生先生古稀記念論文集　大乗仏教思想の研究』山喜房仏書林（東京）二〇〇五年六月

「宗祖大乗戒壇建立発願の契機」『天台学報』第四七号　二〇〇五年一一月

「東アジアにおける仏教受容の国際的契機――中国の場合と日本の場合――」『仏教文化学会紀要』一四号　二〇〇五年一一月

「国家仏教・貴族仏教・民衆仏教」『山家学会紀要』第八号　二〇〇六年一月

「明代、雲南・貴州両省の成立」『東方学』第一一二輯　二〇〇六年七月

「東海地方の天台宗略史」『比叡山と東海の至宝　天台美術の精華』名古屋市博物館　二〇〇六年一〇月

「清、乾隆『欽定戸部鼓鋳則例』に見える雲南銅の京運規定」山根幸夫教授追悼記念論叢刊行会編『山根幸夫教授追悼記念論叢　明代中国の歴史的位相』上巻　汲古書院（東京）二〇〇七年六月

「法然房円頓戒相伝考」『天台学報』第四九号　二〇〇七年九月

「『義天録』と日本仏教――東アジアにおける大蔵経の時代――」『天台学報』特別号　二〇〇七年一〇月

「道元禅師と円頓戒」『天台学報』第五〇号　二〇〇八年一一月

「仏教資料としての宋書夷蛮伝」多田孝正博士古稀記念論集刊行会編『多田孝正博士古稀記念論集　仏教と文化』山

喜房仏書林（東京）二〇〇八年一一月

「東アジアにおける仏教の衝撃（一）――死生観・来世観と墳墓等の関係について――」『鴨台史学』第九号　二〇〇九年三月

「西羌王国の興亡と漢帝国――東アジア世界冊封関係形成史論の序説としてみた――」『大正大学東洋史研究』第二号　二〇〇九年四月

「円頓戒と親鸞聖人」『天台学報』第五一号　二〇一〇年二月

「『親魏倭王』女王卑弥呼の王権と国家」『大正大学東洋史研究』第三号　二〇一〇年四月

「明太祖『御製大誥』の政治行政原論」中央大学『明清史研究』第七輯　二〇一一年五月

六　中文論文

「明代江南水利政策的発展」『明清史国際学術研討会論文集』天津人民出版社（中国天津）一九八二年一月

「明末清初、長江沿岸地区之『春花』栽種」『近代中国農村経済史論文集』中央研究院近代史研究所（台湾台北）一九八九年一二月

「明清時代、北京・蘇州・上海之広東会館」『清代区域社会経済研究』中華書局（中国北京）一九九二年八月

「『華夷変態』与清・琉球冊封関係的形成」『第五届中琉歴史関係国際学術会議論文集』福建教育出版社（中国福州）一九九六年七月

「清乾隆期的雲南銅京運問題与天津市的発展」『清代研究』三期（北京）一九九七年九月

「琉球国中山王与日本国王――以両者和明朝皇帝冊封関係的起始為主――」『第八届琉中歴史関係国際学術会議論文集』

琉球中国関係国際学術会議（台湾台北）　二〇〇一年三月
「明清江南市鎮経済与現代化」『中国伝統社会経済与現代化』　広東人民出版社（中国広州）　二〇〇一年九月
「中国史上的両次商業革命及中国社会経済的発展」『第三届中国史学会　7―20世紀的中国国際学術研討会会議論文集』　国立政治大学（台湾台北）　二〇〇七年九月

七　論評・書評

「浜口重国著『秦漢隋唐史の研究』書評」『史学雑誌』第七七編第三号　一九六八年三月
「一九六七年の歴史学会――回顧と展望――東アジア　中国　明・清」『史学雑誌』第七七編第五号　一九六八年五月
「一九七〇年の歴史学会――回顧と展望――東アジア　中国　明・清」『史学雑誌』第八〇編第五号　一九七一年五月
「岩間一雄著「中国封建制の特質について――明代里甲制試論」」『法制史研究』二九輯　一九七九年三月
「今堀誠二著『中国封建社会の構造――その歴史と革命前夜の現実』」『社会経済史学』第四六巻五号　一九八一年二月
「濱島敦俊著『明代江南農村社会の研究』書評」『史潮』新一五号　一九八四年八月
「岩見宏著『明代徭役制度の研究』書評」『史学雑誌』第九六編第一一号　一九八七年一一月
「斯波義信著『宋代江南経済史の研究』書評」『社会経済史学』第五六巻四号　一九九〇年一二月
「小林多加士著『文明の歴史学』書評」『比較文明』八号、刀水書房　一九九二年一一月
「陳学文著『明清時期杭嘉湖市鎮史研究』書評」『東洋学報』第七六巻第三・四号　一九九五年三月
「夫馬進著「訟師秘本の世界」書評」『法制史研究』四七輯　一九九七年三月
「夫馬進著『中国善会善堂史研究』書評」『法制史研究』四八輯　一九九八年三月

「中島楽章著『明代後期、徽州郷村社会の紛争処理』書評」『法制史研究』四九輯　一九九九年三月
「鄭広南著『中国海盗史――現代的関心に応える中国海盗史』書評」『東方』二三三　二〇〇〇年七月
「藤田覚編『十七世紀の日本と東アジア』書評」『日本歴史』六四二号　二〇〇一年一一月
「京都学・中国官制法制史の周縁的世界――梅原郁著『宋代司法制度研究』書評」『創文』四九九　二〇〇七年七月

八　百科事典等

「徐達」「土司」ほか『万有百科辞典』小学館　一九七五年八月
「コラム　愛と権謀と別離」『週刊朝日百科　世界の歴史』第三巻一三号　朝日新聞社　一九八九年二月
「コラム　女帝の時代」『週刊朝日百科　世界の歴史』第七巻三三号　朝日新聞社　一九八九年七月
「物語人物志7　楊貴妃」『週刊朝日百科　世界の歴史』第七巻三三号　朝日新聞社　一九八九年七月
「コラム『見聞録』を残した日本僧」『週刊朝日百科　世界の歴史』第八巻三八号　朝日新聞社　一九八九年八月
「王陽明」『週刊朝日百科　世界の歴史』第一四巻六八号　朝日新聞社　一九九〇年三月
「コラム　時代に挑んだ政治家と思想家」『週刊朝日百科　世界の歴史』第一五巻七八号　朝日新聞社　一九九〇年四月
「コラム　満州族の宮廷　伝統文化を継承した清朝」『週刊朝日百科　世界の歴史』第一七巻八二号　朝日新聞社　一九九〇年六月
「紫禁城をめぐる人々」『週刊朝日百科　世界の歴史』第一七巻八三号　朝日新聞社　一九九〇年七月
「コラム　雍正帝と官僚たち」『週刊朝日百科　世界の歴史』第一八巻八八号　朝日新聞社　一九九〇年八月
「景観イラスト　紫禁城　清朝の宮廷」『週刊朝日百科　世界の歴史』第一九巻九一号　朝日新聞社　一九九〇年八月

「乾隆帝」『週刊朝日百科　世界の歴史』第一九巻九三号　朝日新聞社　一九九〇年九月
「シナ海世界」『クロニック世界全史』講談社　一九九四年一一月
「糸割符」「梅ヶ崎唐船繋場」「永生隆」「王直」「大鶴商店」「『華夷変態』」「唐津」「唐泊」「唐物道具目利」「顔思斉」「『寛保日記』」「九州華僑華人研究会」「九州の華僑華人」「口之津」「黒子島媽祖廟」「源豊水」「高一覧」「高寿覚」「五島」「御島船・御物目利」「古琉球」「冊封使」「謝国明」「朱佩章」「承天寺」「聖福寺（博多）」「晋恒号」「正昌号」「川内」「挿炉金」「袖の湊」「千歳丸」「中世九州の華僑遺跡」「中世博多の華僑遺跡」「『通航一覧』」「通商章程」「鄭芝龍」「鄭成功」「唐館十三軒部屋」「唐館前番所」「唐人町」「唐船」「唐船貿易」「唐船見送番所」「銅貿易」「長崎居留地」「長崎唐館役所札」「長崎の華僑・華人」「長崎買弁」「長崎貿易」「長崎貿易銭」「日宋貿易」「日本乞師」「博多綱首」「筥崎八幡宮」「平戸」「福聚寺」「宝大号」「丸山町」「万聚桟」「宮崎滔天」「眼鏡橋」「黙子如定」「李丹」「隆昌号」「『歴代宝案』」「倭寇」以上各項目『華僑・華人事典』弘文堂　二〇〇二年六月

九　その他

「シンポジウム　経済発展の比較文明学（司会）」『比較文明』第一三号　刀水書房　一九九七年一一月
「東アジア世界と日本人」『本郷』四四　二〇〇三年三月
「座談会　先学を語る――西嶋定生博士」『東方学』第一一一輯　二〇〇六年一月

川勝守・賢亮博士古稀記念

東方学論集

関野貞の亀趺研究に関する補遺

平勢隆郎

はじめに

私は、かつて亀趺碑・亀趺塔を検討したことがある。(1)亀趺とは、碑や塔の趺石（台石）である。形が亀形をしている。研究史の上では、とりわけ二人の名を挙げなければならない。一人は仁井田陞であり、その著『唐令拾遺』(2)の中の葬送令において、中国の亀趺の規定を挙げた。もう一人は関野貞であり、建築学者として共編者となった『支那文化史蹟』(3)の中で、少なからざる中国亀趺碑の写真を紹介し、解説をつけた。関野はまた、『支那碑闕形式ノ変遷』(4)において、中国碑闕形式の出現とその後の展開の概要をまとめている。ここで、彼は亀趺がいかなる経緯をもって出現したかに言及している。

この亀趺出現に関する、という限定づきながら、関野の見解を、私はかつて肯定的に紹介していいものかどうか迷っていた。(5)亀趺碑研究の大要は継承しての上である。ところが、近年関野の見解の基礎となった四川の碑闕をあらためて調査してみたところ、むしろ肯定的に評価した上で、発展継承すべきものであることがわかった。この点自体は、これも簡単に紹介したことがあるが、(6)言及せずにすませてきた問題もある。そこで、本論では、以下に関野の検討を再度簡述し、補足を述べてみることにしたい。

亀趺碑研究の概要

中国亀趺の概要は、上述した仁井田の研究と、関野の研究を併せ検討することで得られる。

亀趺碑出現の経緯は、詳しくは本稿の下記において検討することとするが、その経緯を述べる中で、関野は漢碑において朱雀を上に、玄武を下に表現することを述べている。そして、曹操の薄葬令の後、石碑が一度消滅し、南北朝時代に復活したことを述べる中で、漢碑の朱雀・玄武表現が継承されたことを述べている。唐の初めから玄宗の頃までは唐文化の全盛時代であり、碑の形式も充分に成熟をとげ、意匠の豊かさや技巧の精妙さもここに冠絶したとまで述べる。そして、宋元時代より今日にいたるまで唐碑を標準としてその形式にならっていたこと、形式はそれを出ることなく意匠も技巧も退化したことを述べている。亀趺碑はその説明の中に言及されているが、前後の文章を読むと、趺石としては亀趺と方趺に言及しており、関野が亀趺に特別の関心をよせていたことがわかる。(7)

多少の誤解は含まれているのだが、関野には日本の亀趺に関する言及もある。(8) 水戸家歴代の墓の前に亀趺の石碑が建てられていること等に触れている。

この唐碑以後の亀趺碑について、葬送令をまとめて示してくれているのが仁井田陞『唐令拾遺』である。唐代の規定として五品以上に亀趺碑（螭首亀趺）を建てることが記されている。以後代々の規定を見ていくと、建てることを「許す」という表現が見えており、亀趺は「建てよ」ではなく、「建ててもよい」という特別の趺石であることがわかる。

私は、この規定を軸に、中国・朝鮮の亀趺の具体例を渉猟してみた。その結果、中国では、個々の墓地や石碑の紹介を別とすれば、まとまって亀趺碑を紹介しているのが関野貞のみであることがわかった。また、関野は朝鮮の亀趺も紹介しているが、それを受けて朝鮮各地の亀趺を整理した朝鮮総督府下の研究者の中に、葛城末治[9]がおり、葛城は石碑を分類した上で、李朝の亀趺碑は二品以上の者に許されたと指摘した。これが実際の令などに定める規定なのかどうか、調べてみたが、見いだすことができなかった。おそらく現実に存在が確認される李朝亀趺碑は、二品以上の者に限られているということであろう。この品階規定を高麗に遡ってみると、当時の政治を行っていた僧の品階である僧階と関わるらしいことが、現実に存在が確認される高麗亀趺碑について想定できた。おそらく高麗僧階としての五品以上に許されたものだろう。

中国の規定についても、仁井田の研究を基礎にやや拡大して調べを進めてみた。元の潘昂霄『金石令』が一般の諸碑と個人の神道碑（参道に建てる碑）を分け、諸碑は五品以上、個人神道碑は三品以上に亀趺（螭首亀趺）を許すこと等を述べた。『明会典』は洪武元年のときに「五品以上に螭首亀趺を許す」、洪武二十九年のときに「三品以上に亀趺を許す。一品官に螭首、二品官に麒麟蓋、三品官に天禄・辟邪の蓋を許す」という規定がなされたことを記している。『大明令』に「五品以上に、亀趺・螭首を許す。六品以下は方趺・円首を許す」とあり、これが以後の制度となったようである。

高麗の規定は、おそらく唐の規定を数値そのままに高麗の僧階に読み換えたものであり、李朝の規定は、おそらく明の洪武二十九年の規定を、数値を「一等下げて」朝鮮の規定としたものに違いない。

私はこの「一等下げて」から、冊封体制なるものが、高麗の元進軍前と元進軍以後および李朝とで、質的に変化するのではないかと想定した。征服王朝が朝鮮を属国として扱うその干渉のあり方が、変化したということである。よく知られるように、例えば『明史』の目録を通覧すれば明らかなように、征服王朝の行政区は、『史記』以来の行政区と他とに分けられている。『史記』以来の行政区の外に現在の自治区に相当する行政区がある。更にその外は冊封体制がしかれ、言わば外交の場になっているわけだが、その場も、朝鮮のように直接軍事をもって干渉する場と、それ以外とに分かれたということである（「属国」という表現は、いろいろな意味に使用されるので、留意しておく必要がある）。

一方において、漢字圏は、『史記』以来の行政区を越えて冊封国に拡大し、日本や朝鮮・ベトナムのように、異なる言語環境の下で漢字を受け入れた国が生まれた（日本のように実際に冊封されたかどうかが問題になる場合もある）。

近年韓昇は、「井真成墓誌」に関する劃期的研究を発表した。(10) その中で、韓昇は遣唐使の官位（借位をもって渡航）が唐でどのように処遇されるかを述べている。これには新羅の事例も援用される。そこで明らかになるのは、唐の官品と日本の官品は、数値の上で相当する、という暗黙の了解が働いていることである。この状況も、上記の高麗の品階規定に関する想定と表裏するものと言えよう。

ところで、朝鮮李朝の亀趺規定は、中国より一等下の品階を自己の品階としていることを述べた。一見中国王朝を宗主としてあがめているがごとくであるが、上述したように、一等低いという場合の相手は明朝、それも洪武帝である。洪武帝の一族は滅ぼされて都も北京に遷っている。清朝も『大明令』の規定を踏襲する。従って、李朝が義理だてしたのは、永楽帝以後の明朝でもなく清朝でもなかったということになる。この国の置かれた微妙な立場と、自意識の発露の一端を見ることができる。

話もどって、上記の先行研究を踏まえ、私は、日本各地に残る亀趺碑を踏査し、その出現の経緯とその後の展開を述べた。(11) 日本では、大化の薄葬令以後石碑が建てられず、江戸時代に大名墓葬とともに復活する。その間、亀趺の制度を継承したのは、亀趺碑ではなく、仏寺で造られた亀趺塔である。これが江戸時代にも継承されるとともに、豊臣秀吉の朝鮮出兵以後、朝鮮半島の亀趺碑の情報がもたらされた。また、台湾の鄭氏政権の滅亡とともに多数の明人が渡来して明の制度を伝えた。こうした複数のルートからの影響を受けつつ江戸時代の亀趺碑が建てられ、亀趺塔が造られている。

亀趺塔は舎利塔と称されている。これは一つの宇宙を仏舎利で象徴している。『大唐三蔵聖教序』[12]に、インドに求法におもむいたことを「周遊西宇」と述べており、かつ、経典を翻訳して「中夏」に布くことを述べている。『史記』以来『明史』にいたるまで、歴代正史は、『史記』以来の郡県支配域を「八紘」と称している。[13]これが天下であり、「中華」・「中国」である。征服王朝以後、天下は拡大されていくが、「八紘」はそのまま継承され、あまり議論されなくなっていった。これに対し、唐代までの「八紘」観は、上記のように一つの「宇」と見なされ、インドは「西宇」と称されている。これと対照すべき表現が『日本書紀』に見える「八紘を掩ひて宇と為す」である。

以上の諸用語の用法から見て、亀趺塔が支えた宇宙とは、「八紘」であろうと想定できる。亀趺碑の品階規定の有り様から見て、日本の亀趺塔は日本という「八紘」を支えているのであろう（朝鮮王朝の場合は不明だが、高麗が独自の亀趺塔を建てている）。

日本と朝鮮半島にのみ関わることで述べると、亀趺の亀の首には、亀首と獣首がある。関野等の写真に加え、雑誌等に紹介された写真を渉猟した結果、そして自ら調査した結果からすると、中国の亀趺の場合は、すべて亀首である。朝鮮半島の場合は、当初は亀首であり、新羅後期に獣首の亀趺が出現する。日本も、検討材料は亀趺塔のみだが、当初は亀首であり（唐招提寺金亀舎利塔）、後におそらく高麗の影響にて獣首のものが出現する（和歌山龍光院金亀舎利塔）。江戸時代には亀趺碑が造られるようになる。豊臣秀吉の朝鮮出兵の情報がもたらされた後も、李朝の亀首でなく獣首として始まる。朱舜水など明人の渡来で明の情報が伝わり、亀首のものも造られるようになった。

亀趺碑出現の経緯についての関野の見解

さて、話を亀趺碑出現の経緯にもどすことにしよう。関野貞[14]は、こう述べている（十二頁〜）。

> 樊敏の碑の趺石には、左右から龍が壁を争ってゐる図を彫刻してゐますが、益州の太守高頤の碑（第九・十図）に至つては、四神を彫刻して装飾することになりました。四神とは蒼龍・白虎・朱雀・玄武で、蒼龍は東を、白虎は西を、朱雀は南を、玄武は北を象徴してゐるべきでありますが、此の無銘碑（第九図）は上方に朱雀を、下方に玄武即亀に蛇の巻き付けるを現はし、東の側面に蒼龍を西の側面に白虎を彫刻してをります。而して其碑陰（第十図）には上方に三匹の瑞獣と五種の玉の図を現はし、下方に牛の頭を彫刻してゐます。如何なる意味かは分りませんが、兎に角漢の時代には碑の装飾に益々重きを置き、色々の試みに努力したことが分ります。
>
> ……次に梁時代になりますと、……碑身の下には亀の形をなした台座があるのですが、只今土中に埋没して見られません。安成康王蕭秀の碑の碑身や碑首の様式は、総て前者と同様であり、下には亀の台座が完全に保存されてをります。此の亀の台座を亀趺と称しますが、これは漢時代の碑に四神を彫刻して上には朱雀、下には玄武即ち亀を彫った例を述べましたが、其の名残と考へます。

結果的には、以上の文意はとても示唆に富むものであったのだが、上記の事実を検証するに及んで、私には少々混乱が引き起こされた。アン・パルーダンが神道すなわち我国に言うところの参道の両脇に並べられた石獣の変遷をまとめている[15]。そこに紹介された高頤碑・樊敏碑の写真が関野の紹介するものと入れ替わっていたからである。関野上記書には、「益州の太守高頤の碑（第九・十図）」・「此の無銘碑（第九図）」とあるのだが、関野書の写真の方は第九図

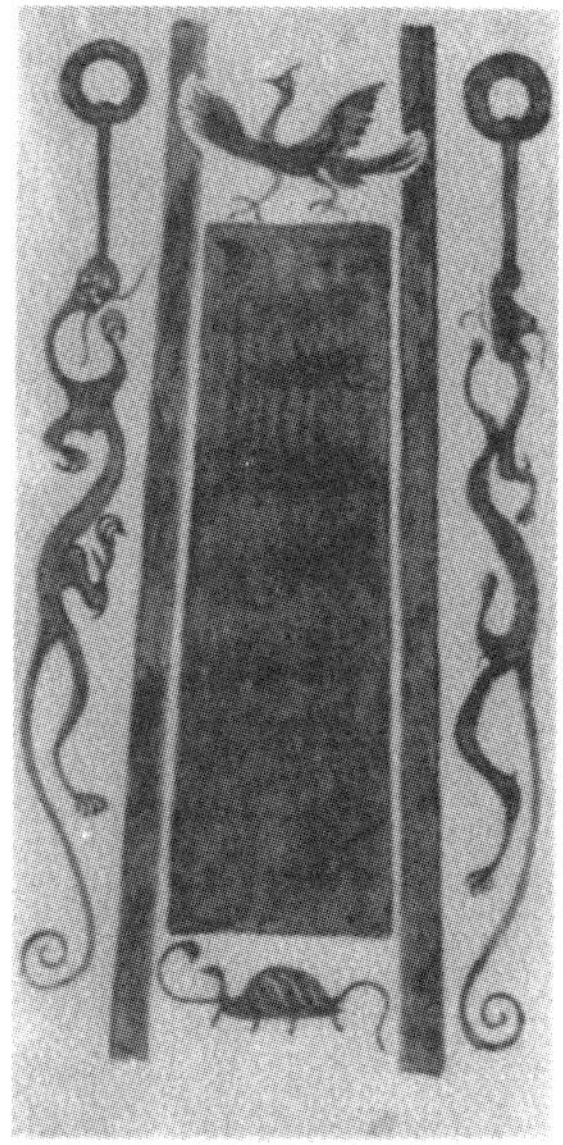

関野貞図版　第九図（『隷続』巻五）

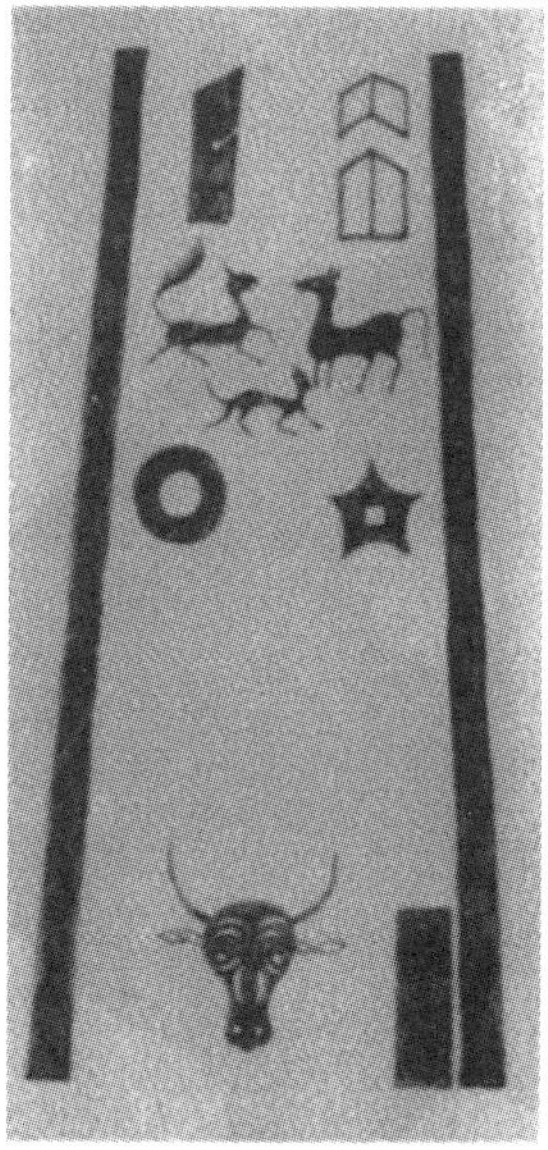

関野貞図版　第十図（『隷続』巻五）

（拓本）が「漢益州太守無銘碑」、第十図（拓本）が「同上碑陰」となっており、第六図（写真）が「樊敏碑」となっている。この第六図の写真と同じ石碑が、パルーダンでは高頤碑となっていた。

パルーダンの高頤碑は「青龍・白虎趺」となっていて、これが関野の言う「左右から龍が壁を争っている図を彫刻」に当たると想定できたが、上記の混乱をおしてこうだと断言するには躊躇を覚えた。

また、パルーダンの注記が当たっているとして、関野の高頤碑あらため樊敏碑をパルーダンの写真から判断した場合、関野第九図・第十図の拓本が違っているように見えた。何らかの誤解が横たわっているように見えたのである。

そもそも、関野の『支那碑闕形式の変遷』は、その序に子の関野克が記しているように、「実に最初の輪血を行った二十一日の前後二日に亘り、私（関野克）の親しく枕頭にあって筆記したその草稿」であった。同じく巻頭に文章を寄せた常盤大定の表現を借りれば

関野貞図版　第六図

「関野博士の絶稿」だったのである。だから、別資料が混入した可能性が考えられた。

こうした経緯で、自ら調査するか、知人の情報を得るかの必要に迫られたが、いずれの機会もうまく得ることができなかった。ところが、最近四川を調査することがかない、関連する石碑や門闕を実見することができた。そして、これまでの疑問が氷解しただけでなく、新たな知見を得ることもできた。

そこで、以下に調査で明らかになった事実を紹介し、あらためて関野の見解を評価しなおしておくことにしたい。

高頤碑と樊敏碑

四川省雅安市には、後漢時代の高頤と樊敏の碑及び闕が保存されている。地元の方々の協力を得て[16]、それらを調査することができた。

写真①に示したように、高頤碑の趺石は、青龍および白虎を刻したものであった。パルーダンの記したとおりであり、これが関野のいう「左右から龍が壁を争っている図を彫刻」である。問題は、そこに壁が見えていることである。これについては、亀趺碑の出現に関して参照した曾布川寛『崑崙山への昇仙』[17]をあらためて参照することができる。該書には、林巳奈夫[18]を引きつつ、長沙馬王堆一号墓出土帛画に関してこう述べた部分がある。「帛画に異常に大き

写真①

四川省雅安　高頤碑　後漢
青龍白虎趺

四川省雅安　樊敏碑　後漢
碑陰上部に朱雀

王孝淵碑　後漢永建三年　四川省郫県出土　四川省博物館
碑陰下部に玄武、正面左に白虎、右に青龍、正面上部に朱雀

く描かれた璧や珩は、この祭壇上にしつらえられた璧や珩を象徴的に表わしたものとみられる。祭壇に璧や珩を置き、これを神や霊魂を降ろすための憑り代に用いたことはすでに述べた通りで、この場面では璧と珩がちょうど祭壇の真上に位置し、実際、璧の方には龍が憑っているのである。璧と珩を不釣合いに異常に大きく描いたのは、この祭祀に占める璧や珩の役割の大きさを象徴的に示すとともに、璧に憑った龍の大きさにあわせて調整したものと考えられる」と述べている。長沙砂子塘墓（前一六八～一五七年と推定）官蓋板漆画や、長沙馬王堆三号墓帛画を参照すると、確かに二匹の龍が璧に巻き腑く様や、ひも条のもので璧を固定する様に注目することができる。

これと比較すべきなのは、雅安調査に続いて赴いた渠県趙家村沈儛君闕および無銘闕である（写真②）。東闕・西闕いずれの場合も、墓の正面に向いた面の上部に朱雀を表現し、下面に玄武あるいは下記に問題にする霊獣（獣首）を表現している。[19] そして東闕の西面に青龍、西闕の東面に白虎を表現する。

ここでまず注意しておきたいことは、同じ面に朱雀と玄武が表現されていることである。そして、関野の指摘にあったように、上に朱雀、下に玄武（別の霊獣の場合もある）が表現されていることである。そして、東闕には青龍、西闕には白虎が表現されている。その青龍・朱雀ともに、璧にひもをかけ、その璧の下につり下げられているように彫り出されている。

ここで容易に想像できることは、前漢時代の長沙馬王堆一号墓・同三号墓の帛画や長沙砂子塘墓（前一六八～一五七年と推定）官蓋板漆画において認められた二匹の龍が璧に巻き腑く様や、ひも条のもので璧を固定する表現が、上記の後漢時代の門闕の東闕の青龍、西闕の白虎が璧の下につり下げられている表現に変化したのではないかということである。

これに加え、上記の高頤碑の青龍・白虎趺を見ると、それらが一つの璧を中央として左右に対向している。この表

写真②

四川省渠県趙家村　無銘闕(西闕現存)後漢
(正面) 上部朱雀、下部玄武　(右) 白虎

四川省渠県趙家村　無銘闕(東闕現存)後漢
(正面) 上部朱雀、下部欠　(左) 青龍

四川省渠県趙家村沈佾君闕 後漢

(西闕)正面上部朱雀、下部欠、右に白虎
(東闕)正面上部朱雀、下部欠、左に青龍

現は、上記の東闕の青龍、西闕の白虎が壁の下につり下げられている表現に通じるものである。

また、樊敏碑（写真①）を見ると、亀趺を用いている。これは、確認し得る最古の亀趺である。その碑身の碑陰の上部に朱雀が彫り出されている。[20] つまり関野の言い方を借りれば、この碑そのものが上に朱雀、下に玄武を表現するものであり、その玄武は亀形になっているということである。

高頤碑、樊敏碑、渠県趙家村沈府君闕および無銘闕を通して理解し得ることは、朱雀を上に、そして玄武を下に表現し、青龍を東に、白虎を西に表現するということである。四川省郫県出土の王孝淵碑（写真①。後漢永建三年、四川省博物館）は、碑陰下部に玄武、正面左に白虎、右に青龍、正面上部に朱雀を表現し、見方によっては、関野が紹介した第九図に似ている。ただ、第九図の青龍・白虎は、王孝淵碑と違って、壁にしばりつけられた表現をとっている。これが異なっている。

この関野紹介の碑は、現在確認することができなかったが、上記のように樊敏碑の趺石として同種のものが確認できたわけである。その壁の表現を通して、前漢時代の馬王堆漢墓壁画に見える二匹の龍が壁に巻き腑く様が、青龍・白虎に置き換わったことがわかる。その馬王堆一号漢墓壁画では、力士が大地と覚しき世界を支えている。

曾布川寛は、これについて、『楚辞』天問の「鼇、山を戴きて抃す。何を以て安んず」と『列仙伝』「巨霊の鼇有り、背に蓬萊の山を負いて抃舞し、滄浪の中に戯る。独り何を以て安んず」を引き、山や海中の神山が鼇によって支えられるという伝説があったことがわかるとした。また、『淮南子』覧冥訓に、太古の世、四極、すなわち天を支える東西南北の四本の梁がくずれた時、女媧が鼇の足を切りとって四極を立て直したというのも、この伝説の一つの変形だろうとした。

これに加え、陝西前漢茂陵付近出土の磚を引き、「四神の一つである玄武は、少なくとも前漢末期には確実に成立したが、その形は亀と蛇の絡んだ合体で、蛇が亀の足の間を縫う形をとる。（馬王堆漢墓帛画の）男と蛇は一対の存在としてこの玄武を彷彿とさせる」と述べた。沂南画像石墓中室八角柱西面西王母像の「（西王母が座る）三神山を支えるのが大きな亀である」として、この亀も関連づけている。

曾布川は、大地を支える鼇が蛇がからみつく力士の表現をとり、それが玄武に関わることを述べたわけである。ところが、上記の高頤碑、樊敏碑、渠県趙家村沈府君闕および無銘闕を通して得られる知見からすると、玄武のみでなく、青龍・白虎もこれに絡んできていたことになる。鍵を握るのは、璧の表現である。

曾布川に先立ち、関野貞は『支那の建築と芸術』(21)所載「支那碑闕の様式」の中で『隷続』巻五（見本書七頁）を引き「此他四川益州地方の碑には往々四神図を碑面に作るものがある。隷続巻五に載せてある益州太守無銘碑には、上に朱雀、下に元（玄）武、左右に龍及び虎を配し、柳（樊）敏碑・六物碑・単排六玉碑・没字碑・沈府君神道等には上に朱雀、下に元（玄）武を作り、金広廷母徐氏碑には両側面に龍虎をあらはしてゐる。思ふに是等碑頭の暈より発達して龍形を作りし者が後世螭首の起源にして、碑底に作った元（玄）武が結局亀趺となつたのであらう」と述べている。曾布川とは異なる文脈から亀趺が玄武より起こることを述べていたわけであるが、私は当初、上記の調査による知見もなく、この関野の見解を充分理解することができないまま、図の具体例が参照できた曾布川説をとって、亀趺の出現を考えた(22)。

しかし、上記の調査に先立ち、図録等により四川省や陝西省の碑闕等について基礎知識を得るに及び、関野の見解を本来の彼の意図に沿って理解することの重要性を確認するにいたった。おりしも、陝西省考古研究所の焦南峰等の発掘成果が得られ、曾布川が紹介した（上記）前漢茂陵付近出土の玄武紋条磚の再解釈を検討する必要があることもわかってきた。

後漢六朝時代の四神表現

曾布川が慎重に述べた前漢茂陵付近出土の玄武紋条磚については、近年新しい発見があった。前漢陽陵の「羅経石」遺址[23]の四神である。

この遺址の四神は、東に青龍、南に朱雀、西に白虎、北に玄武を配する。この点は、上記の亀趺碑にまつわる説明中、朱雀を上、玄武を下、青龍・白虎を両側面に表現するものと異なっている。そして不思議なことに、周知のこととして、我国には高松塚古墳・キトラ古墳の四神が発見されているわけだが、それらは東に青龍、南に朱雀、西に白虎、北に玄武を配している。つまり、よく似た四神配列の事例にはさまれるように、関野が述べた四神の有り様が議論されるということである。

そこで、まずは、考古事例を渉猟してみると、興味深いことがわかる[24]。

検討前に一言補っておけば、下記に問題にする朱雀を上、玄武を下に表現する方法は、天文観に関わっている。天球を地上に表現する場合、極軸を傾けて表現する場合と、垂直に表現する場合がある。前者では、南中する太陽はもっとも高く、その反対側の太陽は最も低い。だから、朱雀を南中に関連づけて表現すれば高くなり、玄武をその反対側に関連づけて表現すれば低くなる。

地下に隠れた太陽は現実には見えないわけだが、夜空の星の動きを見れば、どこに太陽があるかは判断がつく。極軸を垂直に表現すれば、東西南北は同じ平面上に表現される。高松塚古墳やキトラ古墳の四神は、この表現になっている。

さて、西安の碑林博物館[25]所蔵の陝西綏徳県後思家溝快華嶺後漢墓の画像石墓門（写真③）は、観音開きの左右の扉の上にそれぞれ一羽ずつ合計二羽の朱雀、左扉の下の方に白虎、右扉の下の方に青龍、左の白虎の左側の門部に玄武、右の青龍の右側の門部に玄武、つまり二体の玄武を表現している。これは、墓門を正面からみた図であり、明らかに朱雀が上、白虎が西、青龍が東、玄武が下に位置している。

また同所の米脂県官王二号墓（後漢）の画像石墓門（写真④）は、観音開きの左右の扉の上にそれぞれ一体ずつ合計二体の朱雀、下に合計二体の牛を表現し、左の牛の左側の門部に白虎、右の牛の右側の門部に青龍を表現している。これは、南の門を南側からみた図であり、明らかに朱雀が上、白虎が西、青龍が東に位置している。この場合、玄武は表現されていないが、朱雀は一対である。

後漢末と考えられている山東沂南画像石墓[26]からは、四神画像が発見されている。前室北壁東段には青龍、前室北壁西段には白虎、前室北壁正中一段には上の部分に朱雀、下の部分に玄武が表現されている。青龍・白虎は側面からの視点、朱雀・玄武は前面からの視点で表現されている。ただし、四神をメインにしたとみられるのは、この北壁だけであり、前室過梁には、四神といっしょに別の聖獣も表現され、東壁・西壁の場合は四神の一部と他の聖獣が表現されている。

この種の表現法は、南北朝時代にあっても継承されている。磁県湾漳北朝墓[27]の墓道東壁に青龍、墓道西壁に白虎、墓道がいきあたった墓門の上部に朱雀を表現している。また、北斉徐顕秀墓の墓門東門扇浮雕彩絵に朱雀（上）と青龍（下）、同じく墓門西門扇浮雕彩絵に朱雀（上）と白虎（下）を表現している。

墓室に準じて、方位を議論できる遺物が石棺である。

「昇仙図」とも称される図が施された北魏の石棺がある[28]。石棺の四面には、よく見ると墓主と覚しき人物の前に朱雀（正面）・玄武（裏面）が表現され、他に青龍（東）・白虎（西）も表現される。この時期の石棺は、底面は水平だが、蓋面は南が高く、北が低くなるように設計されている（側面は台形を横にした形）。これは、南を正面とみての設計であり、上記に同じく朱雀を「上」、玄武を「下」に表現しようとするものだろう。

西安碑林博物館には、李和石棺（写真③）が所蔵されている。これは、隋の開皇二年の銘をもつものだが、石棺の形状と朱雀を正面、玄武を裏面に表現する点は共通する。[29]

関野貞が調査した南京の梁川靖恵王蕭宏碑[30]は亀趺碑であるが、その碑側には、縦に一面ずつ八面の神獣が表現されており、上から数えて偶数面は、上から朱雀・白虎・朱雀・青龍になっている。これも、朱雀を上に表現する後漢時代の影響と考えてよかろう。

方位が議論できるとはいえ、構図としては、漢式鏡の延長上に検討すべきものだと考えられるのが、墓誌である。北魏の尔朱襲墓誌の蓋に四神が表現されている。[31]墓誌の題字の向きからして、「上」は朱雀、「下」は玄武で、左が「青龍」、右が「白虎」である。これは、占星盤の天蓋と同じ構図で極上から見下ろした天蓋である、地球の自転によって、天蓋は右廻りに廻る。青龍・白虎は頭部の向きが右廻りになっている。

こうした諸事例は、南北朝時代にあって、四神を表現する場合、主流になっているのは、後漢時代以来の宇宙観、すなわち曲軸が傾いていることを前提とする宇宙観であることを教える。では、これが、唐代の四神表現に変化するのはいつか。この点を考察するのに、参照できるのが、高句麗古墳である。

有光教一によれば、[32]高句麗古墳は、（A）人物・風俗画を主題とする壁画、（B）人物・風俗画と四神図が併存する壁画、（C）四神図を主題とする壁画という三種の題材が描かれおり、時期的に（A）→（B）→（C）の変化を遂げる。このうち（B）に属するのが双楹塚（五世紀末）である。

写真③　後漢～隋の四神表現

四神墓門　陝西省綏徳出土　上部朱雀一対、下部玄武一対と白虎・青龍　西安碑林博物館

李和石棺　隋開皇二年　陝西省三原出土　正面に朱雀、裏面に玄武　西安碑林博物館

この双楹塚[33]では、玄室の北壁中央に墓主夫妻とその家が描かれ、その家の左側に一対（二体）の玄武が描かれている。玄室の南壁上部には一対の朱雀が描かれている。これも、朱雀を「上」に表現しようとする意図を見て取ることができる。玄武を墓主とその家の左側にずらせて表現するのも、本来玄武が担う役割を墓主が担う意図を見て取ることが可能である。

この双楹塚よりも早い時期のものと考えられている薬水里古墳[34]の場合、玄室の北壁・東壁・南壁・西壁の上部に梁が表現され、四神はそれぞれ梁の上に描かれている。ただ、北壁の中央にいるのは双楹塚と同じく墓主夫妻であり、玄武はその右側に描かれる。また南壁の朱雀は、その玄武の対面に位置し、南壁正面の梁の上には何も描かれない[35]。朱雀の下には入り口が開いている。注目できるのは、その朱雀が、梁よりやや上の方に描かれていることである。

以上、双楹塚、薬水里古墳に共通するのは、朱雀をやや「上」に表現することで、この表現は、天の極軸を傾けて理解する宇宙観が念頭にあると見てよい。

これらに対し、（C）の時期に属する湖南里四神塚・江西大墓・江西中墓では、朱雀をとくに「上」に表現しようという意識がなくなっている。

（C）の延長上に議論できるのが、高松塚古墳やキトラ古墳の四神である。

以上のようなことであるとすると、高句麗壁画古墳や唐墓を通して常識を形づくってきたいわゆる四神表現、つまり墓室の四壁、東西南北に四神を表現するという構図は、後漢時代の極軸を傾けた宇宙観の下で始まり、やがて、玄室天井の中央に北極を表現するようになって、つまり、極軸を垂直に表現するようになって、はじめて常識的な表現になったことがわかる。

極軸を傾けた宇宙観を、言わば無視したために、古く遡上できるかのような幻想を抱いていただけであって、実は、常識的な四神観は、かなり遅れる可能性があるということである。[36]

だから、常識的な四神観を、そのまま前漢の「羅経石」遺址に結びつけることはできない。

前漢時代の諸史料と四神

四神表現として、最古のものとされるのは、新石器時代の濮陽西水坡遺址[37]の龍・虎（いずれも頭部が南向きの墓主の左右で頭部北向き）である。これと似よりの表現は、戦国前期の曾侯乙墓出土二十八宿図の龍（頭部北向き）・虎（同南向き）に認められる。[38]

これを承けて前漢時代の四神表現がある。上述したように、東に青龍、南に朱雀、西に白虎、北に玄武を配する。ただ、これは唐代以後の四神表現と異なって、墓室壁面の表現ではない。礼制建築の周囲の四面に、帯条に色を配する。その色帯から建築に入る入り口の各下部に磚をしいており、その磚に四神を表現している。

また、これも注意しなければならないことは、前漢時代の諸史料は、実は唐代以後の四神表現とは、矛盾する記載を残していることである。

なお、検討前に補って述べておくと、以下十二方位を問題にしていくのだが、この十二方位には、地上に方位配当した「地の方位」、天球に方位配当した「天の方位」の他、一日の太陽の見える方角（夜は星座で推測）を地上に反映させた「時刻の方位」、一年春夏秋冬十二箇月に方位配当した「季節の方位」がある。それぞれ十二支を配当するので、一つの画面上で重ねて議論する。混同しないようにする必要がある。

よく知られた事実として、まずは簡単に述べるにとどめるが、天球に方位配当したのとは別に、天の星座や星が、

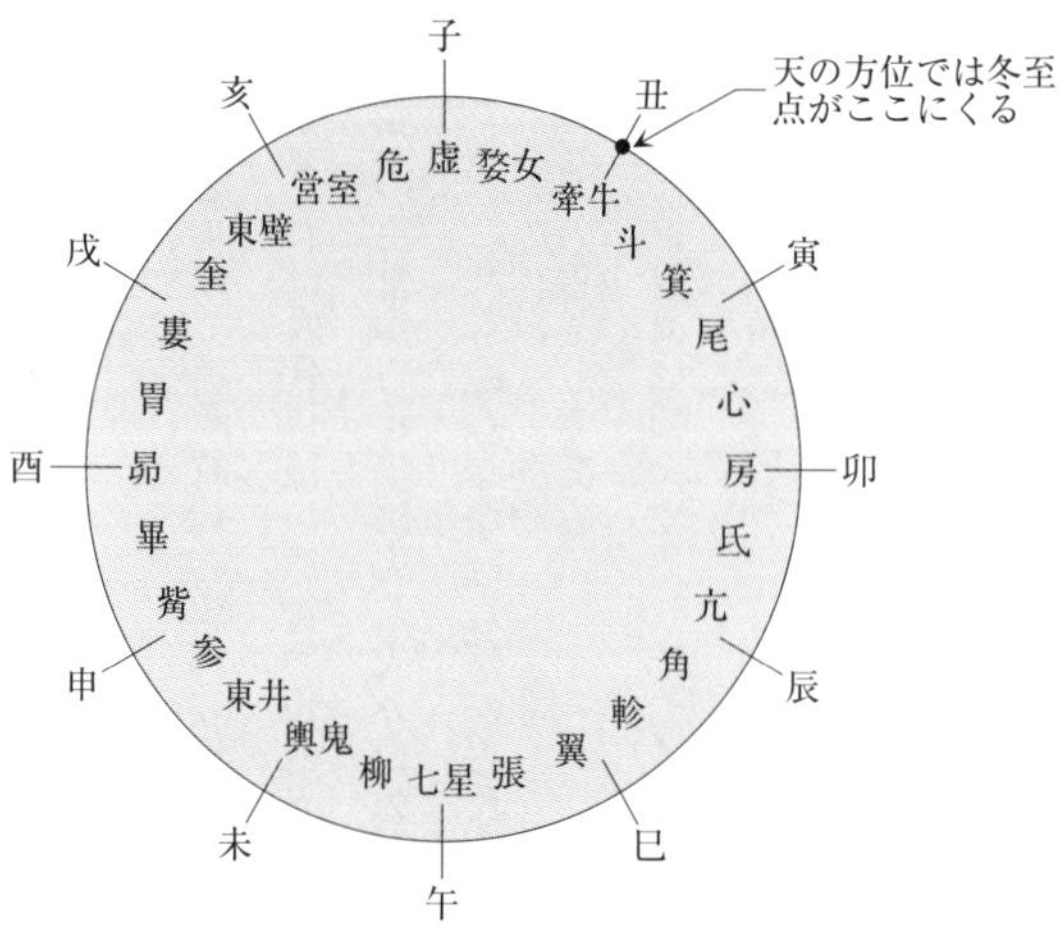

天蓋を外から見た二十八宿を十二方位に配当
天（星宿）の方位

地上の国々を守るという考え方が戦国時代に盛んであった。この場合、地上の中心をどこに定めるでもなく、あちこちの国を話題にしては、それを守護する星座や星を論じるので、天の十二方位とは切り離して理解する。

さて、前漢時代の諸書に見える四神説は、後代のものとかなり違っている。

『淮南子』天文訓では、「太陰は寅に在り、朱鳥は卯に在り、勾陳は子に在り、玄武は戌に在り、白虎は酉に在り、蒼龍は辰に在り」と述べていて、この説明にあっては、青龍・朱雀・白虎・玄武の四神はまだ四方の神としては定まっていない。また同じ『淮南子』天文訓には、「何をか五星と謂ふ」と断り書きがあった後、五惑星について、木星（歳星）が東方、火星（熒惑）が南方、土星（鎮星・塡星）が中央、金星（太白）が西方、水星（辰星）が北方の神であることを述べるものがある。そしてそれらには、獣が従っており、それぞれ蒼龍（東）、朱鳥（南）、黄龍（中央）、白虎（西）、玄武（北）になっている。つまり、これはいわゆる四方に青龍・朱雀・白虎・玄武が配当されるという話ではなく、五つの獣は五つの神としての惑星（天の十二方位を惑う星）にそれぞれ従う、その惑星が四方と中央を守っている、という話である。ここで念のために参照しておくのは、戦国時代の分野説(39)であり、天の星宿が各地に配当されている。この場合、星宿の方位配当は地上界の諸侯国の配置に重なることはない。それぞれの星宿分野がどの国と関わるかを論じている。

『淮南子』天文訓には、「凡そ諸神に徙る、朱雀は太陰前一に在り、鉤陳は後三に在り、玄武は前五に在り、白虎は後六に在り」というものもある。太陰（太歳）は天の十二方位を移動していく。それに合わせて、朱雀・鉤陳・玄武・白虎も移動していく。

『礼記』は、戦国時代の諸書に見える説を統合して漢代の考え方を示したものだが、その『礼記』曲礼上に「史載筆、士載言、前有水、則載青旌、前有塵埃、則載鳴鳶、前有車騎、則載飛鴻、前有士師、則載虎皮、前有摯獣、則載貔貅、行前朱鳥、而後玄武、左青龍、而右白虎、招揺在上、急繕其怒、進退有度、左右有局、各司其局」とある。これは、「前朱鳥、而後玄武、左青龍、而右白虎」だけを取り出すと、一見いわゆる四神説ができあがっているかの感じを抱かせる記載だが、文脈を見ればわかるように、行軍を問題にする場合の五惑星の守護を論じているのであって、地形に合わせて東西南北と前後左右の関係は変化する。いわゆる四神の記載の後に「招揺在上」とあるのは土星の加護である。

『史記』天官書は「中宮天極星」・「東宮蒼龍（青龍）」・「南宮朱鳥（朱雀）」・「西宮咸池」・「北宮玄武」と述べていて、まだ周知の四神が完備していない記事を載せている。そして白虎は咸池とは別に紹介され、西方に配置された星宿の代表たる参宿の説明として「参為白虎」とある。だから、『淮南子』天文訓や『礼記』曲礼に見える前後左右に四神を配する説も、なお四神が東西南北に定着する以前の状況を示すもののごとくである。

注目しなければならないのは、この『史記』天官書の記事が、そのまま『漢書』天文志に採用されていることである。このことから推測されるのは、青龍を東、朱雀を南、白虎を西、玄武を北に配当することが天下の説として定着するのは、早くとも後漢の『漢書』編纂時より遅れるということである。

この想定は、上記の後漢六朝時代の四神表現に関する考古遺物の有り様に通じる。

一見、前漢時代の磚の四神は、唐代以後の四神と同じもののように見えているが、実は基礎となる考え方が全く異なっているということである。しかも、前漢時代のものは天下に流布した表現ではなく、唐代以後のものは、主流になった表現だという違いがある。

鋪首と牛

先に高頤碑の青龍・白虎趺につき、青龍・白虎が一つに璧を中央として左右に対向していることを述べた。この表現は、上記の東闕の青龍、西闕の白虎が璧の下につり下げられている表現に通じるものであった。

この表現に混じって、玄武の替わりに牛が表現されたものがある（以下写真④）。そして、米脂県官王二号墓の画像石墓門等の事例が示すように、牛と朱雀にはさまれて、鋪首の表現がある場合がある。綏徳出土の画像石を見ればわかるように、この鋪首は、戦国以来漢代まで青銅器や陶器に表現されていたものである。それが墓門に表現されるにいたったのは、おそらくこれが墓門であって、鋪首があって不思議でないものだからに違いない。そして注目したいことは、この鋪首の円環が、画像表現の上では、上記の璧に酷似するということである。

またこれも具体例から判断できることとして、鋪首に表現されるのが戦国以来の怪獣の面ではなく、人面になるものがあるということである（写真③四神墓門参照）。

ここで、本稿の立場を今一度再確認しておくことにしよう。曾布川寛は、昇仙をテーマに掲げ、冥界に旅立つに際しての天界・地界と地上の表現に焦点を当てた。だから、水に浮かぶ大地の表現やその大地を支える力士と鼇との関係を論じるにいたった。

写真④

米脂県官王二号墓　画像石墓門　　　（上）朱雀　（中）鋪首　（下）牛
西安碑林博物館　後漢　　　（右）青龍　（左）白虎

（上）朱雀　（下）青龍・鋪首
綏徳出土　西安碑林博物館　後漢

（上）朱雀　（中）鋪首・白虎　（下）牛
綏徳出土　西安碑林博物館　後漢

また、関野貞は、石碑の発生展開を述べる中で亀趺を論じた。だから、これに関わる四神にも言及するに至った。現実に関連する諸史料を渉猟してみると、画像石等に表現された霊獣は多種多様である。様々な観点から議論することができる。そうした中から何を選んで論じるかにも、一定のしばりを課す必要がる。ここでは、上記の議論の延長上に、四神に関わるというしばりをもって論を進めることにしよう。(40)

まず人面であるが、これに関して取りあげるべきなのは、曾布川が論じた大地を支える力士であろう。この力士と玄武との関わりが議論されている。

ということになると、獣面も、四神との関わりがないかどうか。四川省渠県趙家村沈俯君闕（写真②）は、玄武に相当する箇所に獣面を表現したようである。残存する表現から想定すると、ということである。

ここに想定し得るのは、鼇が大地を支える玄武に変化する中で、問題の人面や獣面の鋪首表現が出現しているのではないかということである。

また、牛であるが、上記のような論的しばりを設けた場合、想起し得るのは、星宿と季節の関係である。季節の方位は、真北を冬至にみたて、真南を夏至にみたてる。これに対し、天蓋を極上の視点から見下ろして十二方位に配当する天の方位では、丑に冬至点、未に夏至点がくる。季節方位、天方位いずれの場合も、冬至点は北に配当される。その天方位に配当された星宿のうち、牛（牽牛）宿は、丑の冬至点より子よりの方位に配されている。だから、この牽牛を玄武の替わりに表現することはあり得る。この場合、上記のように鋪首に玄武を表現したことにするか、玄武を意図的に表現しないことにしたかの選択が考えられる。

本稿では、敢えて論じてこなかったが、緯書の世界では、異常風貌を論じることが少なくない。(41)その場合、漢の劉邦は朱雀を意識した表現をとり、孔子は玄武を意識した表現をとる。だから、孔子を特別にみたてようとすれば、意図的に玄武を表現しないことがあり得る。戦国時代の秦国の五帝のうち、黒帝の名は見えていない。漢代になってはじめて黒帝の名が現れる。これも、戦国秦国にあって、黒帝が特別視されており、漢代にその特別視がなくなったことが想定できる。

かくして、ここでも曾布川が注目した壁の表現と四神とが合体し、前漢時代の大地を支える力士が、鋪首に変化したこと、四神のうち玄武は特別視される場合があることを想定することができた。

おわりに

本稿は、かつて関野貞が亀趺の出現に関連して述べた点を、今日確認し得る画像史料を用いて再評価してみた次第である。

材料が乏しい中で関野貞の見解を理解しようとすると、あたかも突飛な考えであるかの誤解をあたえるおそれがあった。私も充分な理解が及ばないまま近年まで亀趺碑を論じてきた経緯がある。しかし、あらためて四神表現を整理しなおしてみた結果、関野の想定した四神の世界が、後漢から六朝時代にかけてはむしろ主流であったことがわかり、また、後漢の四神表現と大地を支える力士表現の合体が、大地を支える玄武、すなわち大地を支える亀という表現を生んだという想定の確かさが、より明らかとなった。

六朝以後になると、一度合体した玄武すなわち力士である亀が、二つの形態をとることになる。石碑としての亀趺碑と石塔としての亀趺塔である。亀趺碑の場合は大地を支えるという意識は希薄となり、亀趺塔においてのみ、世界を支える意識が継承されたと見てよい。

注

（1）平勢隆郎「日本近世の亀趺碑——中国および朝鮮半島の歴代亀趺碑との比較を通して——」（『東洋文化研究所紀要』一二一・一二二、一九九三年）、平勢隆郎「東亜冊封体制与亀趺碑」（高明士主編『東亜文化圏的形成与発展——政治法制篇——』国立台湾大学歴史学系、二〇〇三年）、平勢隆郎『亀の碑と正統——領域国家の正統主張と複数の東アジア冊封体制観——』（白帝社、二〇〇四年）、平勢隆郎「東アジアにおける律令施行域と冊封関係——亀趺碑などを題材として——」（『九州大学東洋史論集』二〇〇五年）、平勢隆郎「関野貞の亀趺碑研究」（藤井恵介他編『関野貞アジア踏査』東京大学総合研究博物館・東京大学出版会、二〇〇五年）、平勢隆郎「南方の守神朱雀の誕生」（秋篠宮文仁・西野嘉章編『鳥学大全・東京大学創立百三十周年紀年特別展示「鳥のビオソフィア——山科コレクションへの誘い」展』東京大学出版会、二〇〇八年）。

（2）仁井田陞『唐令拾遺』（東方文化学院東京研究所、一九三三年。復刻東京大学出版会、一九八二年等）。これに加え、後の研究等を補って、仁井田陞・池田温編集代表『唐令拾遺補』（東京大学出版会、一九九七年）。

（3）常盤大定・関野貞『支那文化史蹟』（法蔵館、一九三九年。後に東北編〈竹島卓一・島田正郎編著〉を補って、『中国文化史蹟』一九七五—七六年）。

（4）関野貞『支那碑碣形式ノ変遷』（座右宝刊行会、一九三五年）。

（5）前掲「日本近世の亀趺碑」等。

（6）平勢隆郎『「八紘」とは何か』（東京大学東洋文化研究所・汲古書院、二〇一二年）第一章。

（7）中国では南北朝時代に薄葬令の効力が失われて石碑が復活し、螭首亀趺の石碑も現れたこと、四神の玄武が亀趺に発展したこと等を、関野貞『支那の建築と芸術』（岩波書店、一九三八年）、関野貞『六朝陵墓調査報告』（中央古物保管委員会調査報告第一揖、一九三五年）に述べている。前者には『書道全集』（一九三〇年〜一九三一年）のいくつかの巻に相継いで発表した「支那碑碣の様式」が収められている。また、後者には、朱希祖「六朝建康冢墓碑誌考証」、同「神道碑碣考」（いずれも一九三五年作）が収められている。

（8）関野貞『日本の建築と芸術　上巻』（岩波書店、一九四〇年）六〇頁。墓前碑とは別の碑閣の図の趺石も亀趺のように見えるが、実見すると亀趺ではない。
（9）葛城末治「朝鮮金石攷」（京城〈ソウル〉、大阪屋号書店、一九三五年）。これに加え、高麗亀趺に関しては、今西龍『高麗諸陵墓調査報告書』（朝鮮総督府『大正五年度古蹟調査報告書』一九一一～五五五頁。復刊『朝鮮考古資料集成』十四、創学社、一九八三年）。
（10）韓昇「井真成墓誌に関する再検討」（『専修大学社会知性開発研究センター『東アジア世界史研究センター年報』第三号、二〇〇九年）。この考証にあたっては、中村裕一の助言があったことが注記されている。
（11）前掲諸論文および著書。
（12）欽定四庫全書文苑英華巻七百三十五。
（13）前掲『「八紘」とは何か』。厳密に言えば、郡という行政区は、以後名称と支配域を変え、今の省に落ちつく。
（14）前掲『支那碑闕形式ノ変遷』。
（15）ANN PALUDAN *The Chinese Spirit Road: The Classical Tradition of Tomb Statuary*, Yale University Press, New Haven & London, 1991.
（16）四川省文物考古研究所の高大倫所長以下多くの方々にお世話になった。
（17）曾布川寛『崑崙山への昇仙――古代中国人が描いた死後の世界』（中公新書、一九八一年）。元は「崑崙山と昇仙」（『東方学報』京都第五一册、一九七九年）。
（18）林巳奈夫「中国古代の祭玉、瑞玉」（『東方学報』京都第四〇册、一九六九年）。
（19）清劉喜海『金石苑』漢沈君左闕の拓本では、まだ下部の「獣首」が存在する。
（20）この朱雀のみについて言えば、前掲『金石苑』漢巴郡太守樊敏碑に拓本の紹介がある。
（21）関野貞『支那の建築と芸術』（岩波書店、一九三八年）。
（22）前掲拙著・拙稿。

(23) 李零「説漢陽陵〝羅経石〟遺址的建築設計」(漢陽陵博物館編『漢陽陵漢文化研究』第一揖、陝西出版集団・三秦出版社、二〇一〇年)、および陝西省考古研究院『漢陽陵「羅経石」遺址発掘簡報』(待刊)。この遺址は、現在公開されているので、下記の帯状の着色も参観できる。私は当地で焦南峰陝西省考古研究所所長の説明を受けることができた。

(24) 以下、後漢六朝時代の四神表現について、前掲拙著に述べた点を再説する。

(25) 展示されたものを見るのが理解しやすい。李林・康蘭英・趙力光『陝北漢代画像石』(陝西人民出版社、一九九五年)、綏徳漢画像石展覧館編、李貴龍・王建勤主編『綏徳漢代画像石』(陝西人民美術出版社、二〇〇一年)参照。他の類例も確認できる。

(26) 曾昭燏・蔣宝庚・黎忠義『沂南画像石墓発掘報告』(南京博物院・山東省文物管理処合編、文化部文物管理処出版、一九五六年)。

(27) 中国社会科学院考古研究所・河北省文物研究所編『磁県湾漳北朝壁画墓』(丁種六一号、二〇〇三年)。

(28)『中国美術全集』絵画編一九石刻綫画(上海人民出版社、一九八八年)の一七。

(29) 高松塚古墳・キトラ古墳に見える四神表現が定着した後も、この種の南高北低の石棺表現は継承されている。ただし、高文・高成剛編『中国石棺画像芸術』(一九九六年、山西人民出版社)の写真によると、九三の(四川省)楽山五代陶棺(後唐)は、同じ形状の石棺の正面左側に青龍、正面右側に白虎を表現していて、正面は北を意識しているようである。同じく九九の(遼寧省)朝陽張秀石棺は、正面の左右両側の石棺板が現存し、正面右側に青龍、左側に白虎を表現していて、正面は南を意識しているようだ。同じく九八の遼寧法庫叶茂台石棺(遼代七号墓)は、正面(石棺前挡)に朱雀、裏面(石棺後挡)に玄武を表現している。

(30) 前掲関野貞『支那碑碣形式の変遷』。

(31)『中国美術全集』絵画編一九石刻綫画(上海人民出版社、一九八八年)の二二。『中国画像石全集』(河南美術出版社・山東美術出版社、二〇〇〇年)の四五~四七。この墓誌の場合、四神に騎乗する神格がいるが、揄討しないでおく。

(32) 有光教一「高松塚古墳と高句麗壁画古墳――四神図の比較」(『仏教芸術』八七、一九七二年)。

(33) 朝鮮画報社出版部編『高句麗古墳壁画』(朝鮮画報社、一九八五年)。
(34) 前掲朝鮮画報社出版部編『高句麗古墳壁画』。
(35) 四神のうちの朱雀・玄武が中央をさけて墓主に敬意を表していると理解することもできよう。
(36) 上記のように、行論上落ち着きを見せている前漢代の四神のうち、「羅経石」遺址など、前漢皇帝陵に付設された建築にともなう四神は、あるいは南北朝時代以後の後補の可能性はないかと、一度は疑ってみてもいい。行論上落ち着いているので、とりあえず上記のようにまとめておくが、その場合、前漢建築にともなう四神と南北朝以後のいわゆる四神とを同列に扱うことがあってはならない。『漢書』にいたる史料記載の内容と後漢時代の宇宙観を越えて同列に扱うのであれば、南北朝時代以後の後補と見なす必要がある。ちなみに、四神のうち玄武を欠くものは、上記に紹介しておいたが、例えば青龍と玄武だけを表現するなどの事例は省略して述べた。後漢以後の墓葬に表現される霊獣は多様であり、単独では、例えば朱雀であるかないかの決定が難しい場合が少なくない。だから、四神がそろって表現される事例を考慮せざるを得ない。同じ理由で、「三足烏」として紹介すべきものも省略した。これら鳥の表現は、「鳳凰」の歴史的位置づけにも関わる。四神がそろっていても、他の霊獣と混在して方位を議論できない場合も省略した。
(37) 濮陽市文物管理委員会・濮陽市博物館・濮陽市文物工作隊「河南濮陽西水坡遺址発掘簡報」(『文物』一九八八年三期)。
(38) 以下前漢時代の四神表現と諸史料について、前掲拙著に述べた点を再説する。
(39) 橋本増吉『支那古代暦法史研究』(東洋文庫論叢第二十九、東洋文庫、一九四三年)五〇三〜五〇四頁。
(40) 石棺壁画や墓室内壁画に具体的にどんな霊獣(鬼神)が表現されているかは、塩沢裕仁「鬼形神像に関する一考察」(『法政考古学』十七、一九九二年)をまず参照確認されるとよい。そして、上掲の『陝北漢代画像石』・『綏徳漢代画像石』・『中国美術全集』絵画編一九石刻綫画・『中国石棺画像芸術』八・『中国画像石全集』等をさらに渉猟されるとよい。
(41) 前掲拙著・拙稿のうち「関野貞の亀趺碑研究」と「南方の守神朱雀の誕生」、『八紘とは何か』第一章第二節。

田斉の軍事と外交
――戦国中期――

小林伸二

はじめに

前稿「田斉の軍事と外交（一）」では、戦国時代にあって一つの画期である田斉の確立に関して、春秋後期から戦国前期の国際社会のなかで考察した(1)。斉の軍事と外交は、姜斉から田斉への内乱を抱えながら、その不安定さの打開に連動するところがあった。近隣の魯国、強国となった魏国などとの二国間外交を基調とした斉の政策は、当該期の諸国に共通するように流動的傾向が強く、軍事対立にあって強力な講和をもたらすには至らなかった。このため周王朝の存在が戦国前期では尊重され、国際社会の動向を通じて二国間外交は周王により公認された魏・斉主催の同盟へと変質する傾向が見出せた。本小論では戦国中期の斉国の軍事と外交について、王朝理念の喪失する展開期、合従連衡に伴う斉・秦の帝号称謂、さらに五国攻伐による斉の衰退とその復興までを考察する(2)。

一　戦国中期の田斉の展開

前三三三年、斉は楚に徐州を攻囲されるが（六国表・田世家・孟嘗君伝・紀年魏紀七七）[3]、これには趙も関与したらしく（魏策二11）、その前提に斉・魏の盟が趙・楚らを軽視したことが関係していた（魏策二11＝徐州の会）。秦同盟による対斉軍事行動が展開されたわけである。一方、魏は楚との同盟構築の動きを見せるが（魏策一23）、秦の攻伐を被り、雕陰で敗れ（六国表）、さらに趙により黄を攻囲される（趙世家）。こうして秦同盟による対斉・対魏制裁は、周王朝中心の理念のもとなされていた[4]。前三三二年、斉は魏と協同して趙を攻伐する反撃に出るが（田世家・六国表）、他方で魏は陰晋を差し出し秦との講和の道を選択している（秦本紀・六国表）。斉・魏関係には亀裂が生じたものと考えられる。ただ、魏の一貫性に欠く外交政策は前三三一年に秦との軍事対立を招き、将軍の龍賈が虜にされ、斬首八万の大敗を喫す（秦本紀）。さらに、翌前三三〇年に秦は魏の焦・曲沃を攻囲し、魏は秦に河西の地を割譲して戦いは一旦終息した（魏世家・六国表）。なお、魏はこの年、韓への軍事行動を行っており（紀年魏紀三二）、対秦抗争を前提とした政策といえよう。斉は趙を攻伐し、平邑を攻囲するが（紀年晋紀七五）、今回の斉の行動は秦同盟の切り崩しであり、趙は斉同盟に組み込まれたものと考えられる。前三二八年に趙が秦と戦い、藺・離石を占領されるのは（趙世家）、趙が斉の同盟勢力となったためであった。魏は前三二九年、秦に上洛の割譲を条件に楚との関係を断絶させ（秦策四5）、楚威王卒後の喪に乗じて楚を攻撃、陘山を占領する成果を上げた（楚世家・六国表）。これは、魏による秦・楚同盟の切り崩しであった。しかし、賂としての上洛の譲渡はなされず（秦策四5）、秦は魏に侵攻して、汾陰・皮氏を占領、魏恵王と秦恵文君は一旦は応で会するが、秦は焦を攻囲し降している（秦本紀・六国表）[5]。こうした経緯から秦・楚には密約があったことは確かで（秦策四5・秦策一12）、魏は秦の外交戦略に陥れられたと見るべきである。前三二八年、張儀が秦相となり（秦本紀・六国表）、秦は再び魏に侵攻し、蒲陽を攻囲して降すが、魏は上郡を割譲して講和した（魏世家・六国表）[6]。翌前三二七年に秦は魏へ焦・曲沃を返還し（秦本紀・魏世家・六国表）、魏・秦は正式に和解する。

秦による斉同盟切り崩しと魏・秦講和を前に、斉・趙は秦同盟の有効性を認めざるを得なくなったと考えられる[7]。前三二六年、趙粛侯の卒にともなう葬儀に、秦・楚・燕・斉・魏は軍を率いて会葬しているが（趙世家）、これは斉・魏を含めた秦同盟再構築のデモンストレーションとしての性格が強い[8]。しかし、秦同盟は磐石ではなく、同年に韓・趙が魏の襄陵を攻囲する事件が発生した（紀年魏紀九五）。魏が依然として秦同盟に批判的であったことが要因と見られるが、こうした魏の動向に斉は同調的であったようで、前三二五年、斉・魏の連合軍によって趙（魏策二1、紀年魏紀九七）は攻伐を被っている[9]。斉の反秦傾向を表す顕著な行動といえよう。ただし、この前提には秦が王号を称し（秦本紀・六国表）、同時に韓・魏も王号を称する事件があった（秦本紀・六国表）。秦は自ら周王朝の理念を放棄して、魏・斉と同じ土俵に立ったものと考えられ、秦同盟は実質的に弛緩したといえよう[10]。斉・魏としては趙攻撃と反秦体制の正当性が承認されたわけである。王朝理念の喪失は国際社会の新たな展開をもたらした。前三二五年、魏恵王と韓威侯（韓宣王）の巫沙の会、さらに韓宣王の魏への朝見（紀年魏紀九五）[11]、さらに魏恵王・太子嗣と韓宣王・太子倉の趙への朝見と（趙世家）、三晋の講和が成立する。こうした情勢にあって斉は対魏関係から趙・韓の王号称謂を承認したものと思われるが、前三二四年に魏は秦の軍事行動を受け、陜を占領されている（秦本紀・六国表）。これは秦による韓・魏・趙三国講和への批判に他ならない。斉・魏は平阿で会し（紀年魏紀九八・孟嘗君伝）、対秦対坑を画策したと考えられる。前三二三年には魏は楚の攻伐をも被り（斉策二4）、襄陵に敗れ（六国表・包山楚簡「大司馬昭陽敗晋師于襄陵」）、加えて楚は対斉攻伐に転じる様相を示すが中止する（楚世家）。いずれにせよ、楚は秦の意向を受け攻撃を行ったものと見做され、斉・魏は秦・楚との講和を選択せざるを得なかったようである。[12]前三二三年、齧桑において秦・楚・斉・魏は盟を交し（楚世家・秦本紀・魏世家・張儀伝）、一時的な国際和平が出現する。[13]恐らく四大国の同調路線は称王の実質的な相互確認であったと考えられ（楚世家・燕世家・六国表）、こうした動きは他の諸侯国にも広がり、「景公二十九年卒、子叔立、是為平公、是時六国皆称王」（魯世家）、「犀首立五王今五国相与王也」（中山策2）などはそうした状況を伝えるものであろう。ただし、斉にとって中山の称王は受け入れ難かったようで、

犀首立五王、而中山後持斉謂趙・魏曰、寡人羞与中山並為王、願与大国伐之、以廃其王、……、趙・魏許諾、果与中山而親之、中山果絶斉而従趙・魏、（中山策2）

中山与燕・趙為王、斉閉関不通中山之使、其言曰、我万乗之国也、中山千乗之国也、何侔名於我、欲割平邑以賂燕・趙、出兵以攻中山、……、燕・趙果倶輔中山而使其王、事遂定、（中山策3）

と見える。二つの伝承は斉の依頼国として趙・魏と燕・趙という相違があるが、斉は中山の称王を認めず、軍事行動によって押さえつけようとしたらしい。ところが、趙・魏・燕の三国は中山の称王を認め、斉・中山関係はシコリを残す。当該期の斉は趙・魏・燕との外交に依然として不安定要素があった点を示している。一方で前三二二年、魏は韓と秦に朝見し、秦は張儀を魏相とする（秦本紀・六国表）。秦は張儀を通して外交政策を有利に進めるねらいがあったが、魏はこれに従わなかった模様で、秦の攻伐を受け曲沃・平周を占領され（魏本紀・六国表・張儀列伝）、秦に服属したものと考えられる。他方で張儀は秦・魏を後ろ楯に斉へ赴き交渉を行うが（斉策二3）、張儀の魏相はそもそも斉・楚にとっては認め難く、両国は対魏攻伐の動きを見せていた（魏策一19）。こうしたなか斉は楚に接近するが（包山楚簡「斉客陳豫賀王」）、当該期、楚の配下には魯・宋が従っており（斉策一2）、斉は楚と結び反秦体制の構築を目指すと

同時に、宋・魯との関係改善を試みたものと思われる。同年、斉威王は田嬰（孟嘗君の父）を薛に封じている（紀年魏紀一〇〇・田世家）。斉では宰相の鄒忌と将軍の田忌の対立から（斉策一8）、田忌が楚へ出奔（斉策一10）、この度の田嬰の処遇にも楚は難色を示し、魯・宋との相対関係から承認するが（斉策一2）、斉にあって封君は対楚ならびに対宋交渉を考慮した結果であった。[14]また、斉は魏と鄄で会を行い（紀年魏紀九九）、再び魏との関係を修復し、新たな外交を展開する。魏と行動をともにした韓も趙と区鼠で会し（趙世家・韓世家）、秦から距離を置いた外交を模索していたようである。前三二一年には斉は薛子嬰を魏に朝見させ（紀年魏紀一〇一）、趙は韓と通婚し（趙世家・六国表）、韓と魏は領土の一部を交換するなど（韓策二3・西周策12）、斉が目指す反秦傾向は加速していたと見られる。[15]しかし、斉はこのとき魏を締め出し、燕・趙・楚との会合を目指したらしく（魏策一25）、依然として魏の外交に不信感をもっていたものと考えられる。恐らく魏が裏で秦と繋がっていると疑っていたのであろう。

前三二〇年、斉の反秦傾向はたちまち秦との軍事衝突を招くが、秦は韓・魏に道を借りていることから、両国は秦側に付いていたと思われ、斉はこれに大勝、秦恵王をして西藩の臣とし、その罪を謝罪させ（斉策一13）、加えて秦から婦人を迎えた（田世家・六国表）。秦の大敗は斉同盟の再構築に一定の成果をもたらしたことを示している。同年、斉威王が死去し、[16]斉では何らかの政策転換が図られたらしい。即位した宣王は靖郭君（田嬰）と不仲で一時的に田嬰は薛に去った（斉策一5）。前三一九年には宋が楚に朝見している（包山楚簡「宋客盛公𨚗妨聘于楚」）。[17]楚は「城広陵」（六国表）など、対越政策に関係する動きを見せており、[18]活発な外交を展開していたと考えられる。「今秦自以為王、能害王者之国者楚也」（秦策一11）とする伝承は、当該期における楚の実力を如実に語るものである。同年、魏では恵王が亡くなり（魏世家）、前年の秦の大敗を受け、政策は反秦の方向に転換したらしい。前三一八年、秦は魏を攻伐し、絳・安邑を攻めるが、これには韓・趙が魏側に加担し、斉も三晋を援助する立場に立ったようである（斉策一15）。[19]斉にとって秦の軍事行動は見過ごせない事件であったと考えられるが、ただ積極的に対秦攻伐に関与したわけではなかった。一方で楚を中心に魏・韓・趙・燕の五国は連合して秦への報復を行っているが、勝てずに帰還する（六国表・趙世家・魏世家・燕世家・燕策一9）[20]。また、義渠も魏に朝し、独自に秦を攻伐している（秦策二4・張儀伝）。しかし、ここには斉の参加は見られない。秦本紀には、「（秦恵文王更元）七年、韓・趙・魏・燕・斉帥匈奴共攻秦」とあり、韓・趙・魏・燕・斉らが秦攻伐に参加したとするが[21]、楚に関しては楚世家に「（懐王）十一年（前三一八）蘇秦約従山東六国共攻秦、楚懐王為従長」と見え、連合軍の中心的存在であった。あるいは「至函谷関、秦出兵撃六国、六国兵皆引而帰、斉独後」（楚世家）からは、斉は参加したとしても、他国とは異なる独自の立場があったのかもしれない[22]。斉は対秦攻伐には積極的に加わらなかったのは確かで、秦との通婚関係に配慮していたのであろうか。いずれにせよ、斉同盟自体が実質的な機能をなさず、かつての斉同盟の再構築は楚を中心に機能したと考えられる（韓策11・楚策三7）。東周が楚の栽郢に胙を贈ったとする記録は（包山楚簡「東周之客䛐緹胙于栽楚」）、楚同盟の成立を窺わせるものといえよう。

反秦の動きは翌前三一七年にも継続され、魏・韓・趙は秦を攻撃したが、趙は秦に敗れ斬首八万の被害を被り、斉は秦側に付き（魏世家・趙世家・六国表）、魏・趙を観澤で破り（魏世家）、斉側には宋も参加した模様で（田世家）、斉は前三一九年、楚同盟に組み込まれた宋を傘下にしていたと考えられる。また、秦は韓を修負で破り将軍らを濁沢で虜にした（韓世家・縦横家書二四章・韓策一17）[23]。斉・秦による楚同盟の切り崩しが行われたが、このなかで秦と斉が長を争ったという伝承があり（楚世家）、秦・斉関係は必ずしも良好ではなかったようである。秦策一7に「今攻韓、劫天子、周天下之宗室也、斉・韓之与国也」とあり、秦では韓攻伐の思惑があったが、それは天下を脅かすことになり、その一方で斉は韓・周を味方にしていた。韓をめぐる斉・秦の立場の相違が長争いを引き起こしたのかもしれない。

前三一六年、秦は趙を攻伐し、中都・西陽・安邑を占領（六国表・秦本紀・趙世家）、この攻撃は翌年まで続いた。前三一五年、秦は魏と韓に軍事行動をおこすが、このとき韓は救援を同盟していた斉、さらに楚・趙に求めているが、斉は対燕政策を考慮し、韓救済を行わなかった（斉策二1）。斉は秦との関係の悪化により反秦体制を確立し、それに楚・趙が呼応したものと思われる。秦による対韓攻撃は徹底をきわめた模様で、韓の楚への援助要請は特に強かったが、楚は直接的な対秦攻撃を避けたのか、韓は秦との講和を得られず、濁沢で戦い（韓策一17・縦横家書二四章）、石章を占領され、趙も将軍を破られた（秦本紀・六国表）。このとき韓は魏へ晋陽・向を返還し、魏はこの二都市に城いた（紀年魏紀一〇五）。韓としては秦・魏関係に牽制を加える意味で、魏に邑を返還したものと考えられる。

斉は秦・魏の対韓戦争に乗じて、燕を攻伐し大勝する（斉策二1）。これには燕の子之の乱が関係し（紀年魏紀一〇七・六国表）、斉は「五都之兵」を率い、北方の民衆の力を借り、それにつけ込んだものであった（燕世家・燕策一9）[24]。燕はこのなか中山に占領され[25]、趙は韓にいた燕の公子職を燕王として送り込もうとする（趙世家）。趙としては斉に対抗する戦略であったと思われる。趙と中山は当該期、通婚関係をもち（中山策5・6）、両国は燕に力を保持していたものと考えられる。前三一四年に至って、斉の対燕攻撃は諸侯国に波紋を投げかけたようである。斉は燕にあって子之を殺害したが、燕は地を割くことなく、国際社会に復帰する（魏策三3・縦横家書一五章）。斉は燕の内乱終結によって、それ以上の政策を推進しなかったわけだが、諸侯には燕を救援し斉を攻伐しようとする動きがあった（『孟子』梁恵王篇）。趙は燕救援のため斉と河東の地を取り換え、三国の微妙な関係を利用して斉を牽制したが（趙策三3）、趙・斉に何らかの盟約が存在した可能性がある。このとき楚は魏と燕を陥れたいと思っていたらしいが、その一方で秦は相の張儀を魏王の説得にあたらせ、楚・魏の動きを牽制し、韓を取り込み、魏もまた秦・韓と結び楚を退けようとする戦略があった（魏策一22）。いずれにしても、斉の対外政策は秦・魏の関係に変化をもたらした[26]。秦は魏への攻撃を行い焦・曲沃を攻め落とし、魏とつながっていた韓に対しても岸門に破り斬首万の成果を得た（秦本紀・魏世家・韓世家・韓策一17・縦横家書二四章）[27]。前三一三年に至り秦・魏関係は好転し、秦は魏と臨晋に会している（六国表・魏世家・秦本紀）。一方で秦は斉との関係をもつ趙を攻撃し、藺を抜き将軍の趙荘を虜にした（秦本紀・趙世家・六国表）。このとき「楚・魏王来、過邯鄲」（趙世家・六国表）と、楚・魏も秦の趙攻撃に何らかの役割を担っていた可能性が高い[28]。ただ、楚は秦の対魏・趙関係構築に否定的であったと思われる。これに対して秦は斉攻撃を画策する動きを示し、張儀を楚に送り込む。張儀は楚を斉から離反させる一方で、秦・斉の交わりを求めたようだが、この謀略を察知した楚が秦攻伐に出ると（秦本紀・六国表・張儀伝・秦策二1・楚世家）、斉も秦の謀略に異を唱え、結局ここに斉・楚対秦・韓・魏の体制が出来上がることになる[29]。

二　田斉の合従連衡政策

前三一二年、楚は秦側に対して反撃に出て、まず韓の雍氏を攻囲する（秦本紀・田世家・縦横家書二二章）。斉は楚を援けて、秦を攻め曲沃を占領している（秦策二1）。さらに、斉は宋と魏の煮棗を攻囲する（紀年魏紀一一・田世家・縦横家書二二章）。こうした状況にあって秦は、韓を助け（秦本紀）、楚の丹陽を攻撃して、屈匄を虜にし斬首八万の勝利を挙げ漢中を占領した（秦本紀・韓世家・楚世家・紀年魏紀一一・田世家・縦横家書二二章）[30]。一方で秦は魏と斉へ侵攻し、声子を濮で虜にしている（六国表）。魏は斉を敗走させるが、斉はあくまで宋を通じて対魏戦争を有利に展開することを望んだらしい（斉策六7）。なお、魏の対斉攻撃は対燕攻伐にも発展した模様で（秦本紀・六国表・魏世家）、燕は斉同盟であったと考えられる。漢中を占領された楚懐王は激怒し、国中の兵を繰り出して再び秦を攻撃したが、藍田の戦いで大敗する（楚世家・楚策一8）。他方では韓・魏の連合軍が楚の鄧を襲い（楚世家）、楚は藍田から撤退した（秦策四1）[31]。この度の藍田の戦いに関して屈原伝に「而斉竟怒不救楚、楚大困」とあり、斉にとって楚の動向には同盟関係にあって齟齬するところが認められたのか、対楚救援を行っていない[32]。さらに、趙が魏を攻めており（趙世家）、趙は秦・斉の対立のなか斉側に与していたと見られる。いずれにしても、秦と楚、秦と斉の大戦が出現し、結局、斉は楚との合従によりながら、秦の連衡の前に敗績したわけである[33]。なお、紀年魏紀一一二に「斉宣王八年殺其王后」とあり、斉国内の混乱の様子が窺えるが、外交上の挫折は内政と関連していたのかもしれない。

前三一一年、秦は楚との関係改善を求め、張儀が楚王に説いて合従から離脱させ、友好を結び婚姻の約束を取り付ける（楚世家）。一方で楚は斉との関係の維持を模索する動きもあり（楚策一19）、屈原を斉への使者として派遣した（楚世家）。楚の対秦関係の牽制にあって、斉の存在は多大であったと思われる。秦では魏と衛の蒲を攻撃して攻囲するが（六国表・紀年魏紀一一五・一一六）、秦・魏両国には思惑がそれぞれ存在し（衛策11）、不安定さは否めない状況であった。このなか秦恵王が死亡し武王が立ち、韓・魏・斉・楚・趙の「賓従」が伝えられる（秦本紀）[34]。前三一〇年に至り、秦武王と魏恵王は臨晋で会している（秦本紀・魏世家）。秦は新王即位にともない魏との関係強化を図ったと考えられる。ただし、秦武王と張儀のあいだには確執が存在し、これにより諸侯は合従したという（張儀伝）。張儀は結局、魏章とともに魏へ赴くが（秦本紀）、楚はこの張儀と表裏の関係にあった昭睢を捕え、斉の歓心をかったとする伝承があり（楚策三5）、「斉王曰、寡人甚憎儀、儀之所在、必挙兵伐之、何以托儀也」（斉策二2）といわれる通り、斉は新たな局面を迎えることになる。

前三〇九年、秦では浙里疾・甘茂を左右の丞相とする新体制が誕生し（秦本紀・六国表）、一方で楚は魏と会している（紀年魏紀一一九）。翌前三〇八年に秦武王は魏恵王と応で会し（魏世家・六国表）、韓襄王とも臨晋で会合を行い（秦本紀・韓世家）、対外関係の構築に乗り出すが、これは楚の動きに呼応したものと思われる。しかし、秦は韓の宜陽を攻め（秦本紀・韓世家）、同時に周王朝を窺い（秦本紀）、加えて魏との盟約が存在したらしく（秦策二6）、趙をも取り込もうとする意図が見出せる（趙策一13）。秦同盟の確立を明確に目指した軍事・外交といえよう。ただ秦の対韓攻撃には、各国の思惑が交錯しており、楚では秦に背き韓と結ぶ方針（秦策二7）、あるいは韓の立場次第では斉が秦と連衡して楚を排除する（韓策一15）、などの情勢が考えられる。前三〇七年には秦が韓の宜陽を抜き斬首六万の成果を上げ、引き続き武遂に城いている（秦本紀・六国表・韓世家）。楚はこの事態に対して韓を救う動きを示し、周が秦と繋がっているとの認識から周攻伐を目指したようである（周本紀）。秦とすれば対外政策にあって、斉を軽視し、楚をあなどり、韓を属国扱いする視点があり、両周への圧力の意図が窺える（秦策五1）。当該期、秦・楚・魏・韓の兵力均衡のなか、斉・宋がこれに加わらず、秦が斉らを手中にして韓は崩壊し楚が孤立するか、楚が斉らを手中にして魏は崩壊し秦が孤立するか、という情勢分析も見出せる（秦策五1）。同年、秦武王が死去し、燕に質となっていた昭襄王が即位する（秦本紀）。ただその経緯には混乱があったようで、この隙をつき今度は楚が韓の雍氏を攻囲し、秦は韓を救援している（韓策二1）。秦とすれば秦・韓の軍で魏を足場に斉を攻めるか、韓としては趙によって楚に叛くか、斉によって秦に叛くか、という選択肢もあったと考えられる（韓策一25）。いずれにしても、斉を意識した軍事対立であったことは確かで（秦策五1）、斉の影響力は依然として強大であった点を示している。こうしたなか魏太子が秦に来朝するが、この後、秦は魏の皮氏を攻伐し「未抜而解」であった（魏世家・六国表・紀年魏紀一二一）。この事件は翌前三〇六年まで継続されたようで（六国表・紀年魏紀一二二）、紀年魏紀一二一に「城皮氏」とあることから、魏は皮氏の防衛に努めたと考えられる。なお、皮氏の攻伐に関して秦・楚が連合して攻撃したとの伝承があり、裏で楚は魏と結んでいたのかもしれない（魏策二15）。これが「未抜而解」の背景といえよう。このような秦・楚の軋轢は秦が前年、城いた韓の武遂の返還をめぐる両国の微妙な状況（韓策三10）、あるいは秦国内の対外政策に関する対立からも窺える（韓策一19）。なかでも、秦にとって斉に関わる外交政策は重要であった。秦では甘茂の魏を通じた斉尊重の外交、公孫郝の韓を通じた斉尊重の外交、白寿の韓・楚を通じた斉・魏と対立する外交が画策され（韓策一19）、いずれも斉の存在が焦点と考えられていた。斉では合従の盟主を目指すが、ときに楚と秦が連合する流動的な国際情勢が横たわっていた。斉としては楚を含めた韓・魏・燕・趙の合従によって、周王朝を尊重する体制の構築を望み（楚世家）[35]、さらに秦・楚の対立を利用し、楚を組み入れた同盟関係を志向していたと考えられる[36]。ところが、こうした斉の目論見は簡単には実現できなかった。

前三〇五年には楚は斉に背いて秦と同盟し、秦・楚の通婚が成立する（楚世家）。秦では季君の乱が起き（秦本紀・六国表・紀年魏紀一二三）、内政上の混乱がこうした状況を出現させたのかもしれない。秦は一方で魏の皮氏をまた攻撃しているが（編年記「（秦昭王）二年、攻皮氏」）、斉同盟の切り崩しの意味があったと考えられる。前三〇四年、秦昭王と楚懐王は黄棘で会して同盟したが、このとき秦は楚に上庸の地を返還していることから（秦本紀・楚世家）、秦は斉同盟の本格的な崩壊を目指したといえよう。さらに、楚・秦は連合して韓を攻伐し綸氏を攻囲（紀年魏紀一二四）、これに対して魏は韓を救援し、南屈に駐屯した（紀年魏紀一二五）。ともに斉同盟の韓・魏による楚・秦との対立であった。こうした秦らの斉同盟への圧力は翌前三〇三年にも見出せる。秦は韓の武遂を占領し（韓世家・六国表）、さらに魏の蒲阪・晋陽・封陵を抜いている（魏世家・六国表・秦本紀「取蒲阪」・編年記「攻封陵」・紀年魏紀一二六）。無論この動向には秦・楚の同盟があったが、斉は韓・魏と楚に反撃を加えた。楚はこの一大事に太子を秦に入れて援軍を求めたため、斉・韓・魏の連合軍は退却した（楚世家）。ところが、前三〇二年に秦大夫と楚太子が争い、太子が大夫を殺害し逃げ帰る事件が起きる（楚世家）。秦・楚関係は一挙に破綻したようで、秦は一転して魏・韓との友好関係を成立させた。魏王が秦に朝して臨晋（応亭）で会し、昨年占領された蒲阪が返還される（秦本紀・魏世家・六国表）。韓太子嬰も秦に至り臨晋で会している（韓世家・六国表）。こうした秦と魏・韓の会合は『資治通鑑』が「（周赧王十三年）秦王・魏王・韓太子会于臨晋、韓太子嬰至咸陽而帰」と伝えるように、本質的には三国が関与した同盟成立と見るべきであろう。勿論この三国の反楚の動向は斉にとって有利な情勢であり、承認するところであった。前三〇一年には斉は秦・韓・魏と協同して楚を攻伐し、楚の将軍の唐昧を殺害、重丘を占領して引き揚げている（楚世家・六国表・韓世家・魏世家・田世家）。この経緯にあって秦では庶長奐が楚を攻伐し、斬首二万の成果を上げ、涇陽君を斉に質とした（秦本紀）[37]。斉への働きかけを前提として秦は対楚戦争を実現したものと考えられる。なお、秦本紀には、「（昭襄王）八年、斉使章子・魏使公孫喜・韓使暴鳶、共攻楚方城、取唐昧」とあり[38]、斉・魏・韓はもともと秦とは別に対楚攻撃を加えたのかもしれない[39]。韓・魏らを組織する斉の影響力は、秦にとって越え難いものであったと考えられる。この度の秦の対楚軍事行動に先立ち、秦は韓を攻伐し穣を占領しているが（韓世家・六国表）、これは斉同盟に対する秦の微妙な立場の表われと思われる。いずれにせよ秦が涇陽君を斉に質として入れたことを含め、秦の対斉同盟を明確に意識した一連の行為がここに見出せよう[40]。一方、斉同盟の一員と考えられる趙は中山を攻撃するが（六国表）、これは中山が斉・魏を恃みとして趙を軽んじ、斉・魏が対楚戦争に慌ただしくするなかでの出来事であった（魏策四2）。中山君は斉に逃れている（『資治通鑑』周赧王十四年）。

前三〇〇年、秦・楚の軍事衝突はつづき、秦は楚の新城に攻撃を加え（秦本紀・編年記「新城陥」）、楚の戦死者は二万に達し将軍の景缺が殺害された（楚世家）。ただこの前提には「斉・秦約攻楚」（楚策二）と、斉の秦への協力がやはりあった。こうした事態に楚は斉へ太子横を質として講和を求め（楚世家・楚策二2・四7）、六城が斉への賂として贈られた（楚策二2）。なお、斉では紀年魏紀一一九に「魏襄王十九年、薛侯来、会王于釜丘」とあり、薛侯すなわち孟嘗君が魏王と釜丘に会している。孟嘗君は斉宣王時代の終わりには宰相になっていたと考えられ[41]、この年、即位した斉湣王にとってもその存在は絶大であった[42]。趙策四16には「楚王懼、令昭応奉太子以委和于薛公」と、楚では太子を介して講和を孟嘗君に求めたおり、斉・楚の外交交渉にあって孟嘗君が重要な立場を担っていた点が窺える。また、同年、韓では太子嬰の死去を受け公子咎と公子蟣蝨（幾瑟）の対立があり、公子咎が太子となる（韓世家）。このなか韓の相であった公叔は斉・魏によって権力を手中にし、一方で幾瑟は楚・秦の援助を受けていた（楚策一10・14）。韓の権力闘争は斉・楚、あるいは秦・楚の対立がもたらした結果と考えられる。楚は韓の雍氏を攻囲するが、韓が秦に救援を求めたため攻囲を解いている（韓世家・紀年魏紀一三〇）。前二九九年に至り秦は韓公子長（辰）と魏公子勁を諸侯とするが（秦本紀）、これは韓・魏両国を取り込もうとする秦の戦略であり、対斉・対楚関係を配慮した措置といえよう。さらに、秦の対楚戦争は継続され、秦は楚を攻伐し八城（楚世家・六国表）、新市（秦本紀）を占領するが、前年に攻撃を加えた新城を楚に返還することから（編年記「（秦昭王）八年、新城帰」）、一旦は秦・楚関係は改善の方向に向かった模様である。そこで秦は楚へ盟を求めたが、楚王が秦に行くと拘束されてしまう（楚世家・秦本紀・六国表[43]）。このなか趙は韓・魏との西境を守っているが（趙策一17）、斉を後ろ盾として三晋の協力体制が出来上がっていた可能性がある。秦にとって韓・魏公子の諸侯への格上げにも関わらず、三晋の積極的な支援が得られなかったことが、楚王の拘束につながったと考えられる[44]。こうした緊迫した状況にあって楚は懐王が死去したと偽り、斉に太子の返還を求め、斉はこれに応じる（楚世家）。斉・秦には楚をめぐりそれぞれ思惑があったようだが、楚としては斉・秦関係を巧みに利用したことになろう（楚策二8）。斉湣王は魏襄王と韓で会合するが（韓世家・六国表）、斉・魏・韓三国は同盟関係を再確認したと思われる。この年、孟嘗君が秦に入り相となっているが（秦本紀・孟嘗君伝）、これに対して質となっていた涇陽君が斉から秦に帰国すると孟嘗君は逃げ帰っている（田世家・六国表・孟嘗君伝＝前二九八年）。斉・

秦間の交渉の決裂を示す伝承と考えられる。斉としても秦・楚の対立を巧みに利用できず、斉・秦・楚の対抗関係はこのまま持ち越されることになる。

前二九八年、秦の楚攻撃は継続され、斬首五万の成果と析など一五城を占領している（楚世家・編年記「秦昭王九年、攻析」）。一方で趙は独自の外交を推進する。武霊王十九年（前三〇七）以来、中山への攻撃を展開し、前三〇六年には使者を秦・韓・楚・魏・斉へ派遣するなど（趙世家）、活発な対外政策が確認できる(45)。武霊王は前二九九年に位を恵文王に譲り、自ら主父と号し（趙世家）、前二九八年には秦と盟約して宋と交わりを固め、仇郝を宋の相に、楼緩を秦の相とした（趙策四16）。趙は斉同盟から距離を置き、秦・斉の連衡を嫌い、秦・宋と盟を交わし、斉・魏・韓の合従に対抗しようとしたと考えられる(46)。斉としては秦・趙に裏切られた形となったわけである。しかし、趙は斉・韓・魏と秦外交にあって、対中山攻伐などから、斉との対立を回避し、むしろ斉側に付こうとする思惑もあったようである（趙策三5）。このなか斉は魏・韓と秦を攻撃して函谷関にまで到達するが（田世家・魏世家・韓世家）、秦・趙の動向に牽制を加えたものと考えられる。斉を中心とした韓・魏同盟の勢力は秦地を直接圧迫する形を生み出した。ただし、このとき斉には作略があり秦を本格的に攻めることなく退いている（西周策1）。趙はこの間隙をぬって秦側に与せず、中山を攻伐して抹柳を占領し、その後、呼淹（呼沱）を制圧する（趙策四8）。前二九七年、楚懐王は斉に屈する秦を前に秦を逃げ出し、まず趙に行き帰国を目指したが、趙はその望みを拒否、王は魏へ行くが結局、秦に戻される（楚世家）。懐王の死去を偽った楚に対して趙は斉の手前、応じることができなかったのであろう。前二九六年に至り斉は再び魏・韓と秦に攻撃を加え（六国表(47)）、秦は韓に武遂を、魏に河外および封陵を割譲して講和を取り付けた（韓世家・魏世家・田世家・六国表(48)）。なお、秦本紀には「（秦昭王）十一年、斉・韓・魏・趙・宋・中山五国共攻秦、至塩氏而還」とあり、斉・魏・韓らが函谷関に達する成果を前に、趙・宋・中山は秦との関係に見切りをつけ斉同盟に与し、この度の対秦攻撃に参加したようである。(49) 一方、前二九六年に楚懐王は秦で死去する。楚人は懐王に同情的で、諸侯には秦は正義に叛く国であるとの認識が広まり、楚・秦は国交を断絶した（楚世家）。

斉は対秦戦争のなか一方で燕と戦い、三軍を壊滅して二将を捕える勝利を挙げる（燕策一8）。秦は趙に燕の救援と斉攻伐を求めたが、薛公はこれを妨害する（斉策二6＝権の難）。さらに、「而又以其余兵南面而挙五千乗之勁宋、而包十二諸侯」（燕策一8）と、斉は宋・十二諸侯を併せようとしたと伝えられる。趙の主父はこの斉・燕の対立に直接関与せず、中山を滅国する（趙世家・斉策五1）。いずれにせよ、斉同盟内は国際和平へ向けた統制力がいまだ確立しておらず、盤石ではなかった。前二九五年に至り秦では楼緩が相を罷免され、穣侯魏冉が継ぐが（秦本紀）、これには趙の働きかけがあったようである。もともと楼緩の相就任は趙武霊王による趙・秦同盟にもとづくもので（趙世家）、この度の秦の相交代にも趙が積極的に関与した（趙策三2）。趙としては秦・宋との連衡によって、斉・韓・魏の合従に対抗しようとする意図があったといえよう。ところが、趙では主父の長男による内乱が起こり、主父は巻き込まれ死去する（趙世家）。(50) また、前二九四年、斉では田甲が斉湣王を却かす事件が発生し、これに加担したと王に疑われた孟嘗君は薛に逃れる（孟嘗君伝・六国表）。(51) 東周策16に、

謂薛公曰、周最於斉王也而逐之、聴祝弗、相呂礼者、欲取秦、秦・斉合、弗与礼重矣、有周斉、秦必軽君、君弗如急北兵趨趙以秦・魏、収周最以為後行、且反斉王之信、又禁天下之率、斉無秦、天下果、弗必走、斉王誰与為其国、

とあり、斉では親魏派の周最を交代させ、祝弗の計謀する呂礼を宰相として対秦関係を推進するという、対魏、対秦外交の思惑の交錯が孟嘗君の脱出につながったものと考えられる。また、縦横家書八章に、

薛公相斉也、伐楚九歳、攻秦三年、欲以残宋、取淮北、宋不残、淮北不得、以斉封奉陽君、使梁・韓皆效地、

欲以取趙、趙氏不得、……、（薛公、斉に相たるや、楚を伐つこと九歳、攻秦を攻むること三年なり、以て宋を残い、淮北を取らんと欲すれども、宋残われず、淮北得られず、以て斉、奉陽君を封じ、梁・韓をして皆な地を效さしめ、以て趙を取らんと欲すれども、趙氏得られず、……、）

とあり、薛公（孟嘗君）の実績を語るなか、趙と結ぼうとして失敗したと見えるが、これは趙主父の死後の斉による親趙派政策を示すものであろう。斉では外交政策の転換がなされたものと思われる。[52] 当該期に斉・趙いずれも内政面の問題が露呈したわけである。

秦は前二九五年に対外戦争を再開し、魏の襄を攻撃（魏世家・六国表）、翌前二九四年にも魏を攻伐し（魏世家）、また韓の武始を占領、新城を攻略している（秦本紀）。前二九三年には韓・魏は東周を引き入れ秦を攻撃するが、白起の率いる秦軍の前に二四万の軍を破られ、伊闕（周地）で敗戦する（魏世家・韓世家・六国表・秦本紀・楚世家）。秦の対魏攻撃は翌前二九二年にも引き続き行われ、垣を占領するが、その土地を返還した（秦本紀・編年記「（秦昭王）十五年、攻魏」）。一方で楚は婦人を秦から迎え、通婚を成立させ、秦・楚両国は再び講和している（楚世家・六国表）。前二九一年には秦は韓の宛を攻略し（韓世家・六国表・編年記「（秦昭王）十六年、攻宛」）、さらに魏を攻撃して軹・鄧の二邑を占領、このうち宛と鄧に公子を封じて諸侯とした（秦本紀）。なお、同時に相を罷免された魏冉が陶に封じられている（秦本紀）。趙はこうした秦の対外戦略に関して、南の行唐に城き（趙世家）、対抗したようである。前二九〇年には韓の城陽君、東周君が秦に朝しているが（秦本紀）、秦・韓・東周は同盟したものと思われ、対魏戦略で一体化の方向が窺える。韓はこれにともない秦に武遂の地二百里を割譲している（韓世家・六国表）。秦は韓・東周の同意のもと魏へ軍事侵攻し、垣・蒲阪・皮氏を攻伐（秦本紀）[53]、軹にも攻撃を加え（編年記「（秦昭王）十七年、攻垣・軹」）、これに対して魏は河東地四百里を秦に割譲した（魏世家・六国表）。秦の魏攻撃が垣・軹を対象として前二九二～二九〇年にわたり繰り返されることは、二国間にはいまだ本格的な同盟が成立していなかった点を示していよう。魏は斉と裏で繋がっていた可能性が考えられる。というのも斉は趙と韓を攻伐し魯関まで達しているが（趙世家）、これは韓が秦同盟入りしたことに対する報復と思われるからである。斉は同盟関係が秦によって崩されるなか趙との連帯を構築し、秦と対抗しようとした点が窺える。斉には魏・趙との同盟により秦に対抗する戦略があったのであろう。秦・趙が盟約して魏を攻伐する謀略に対して、魏は趙に土地を与え、その関係を断ったと伝えられるが（魏策三2）、あるいは斉も関与していたのかもしれない。

前二八九年に秦はまた魏に軍事行動を加え、垣・河雍・決橋を攻めて占領し（秦本紀）、さらに軹にまで至り大小六一の城を占領（魏世家・六国表）、蒲反（蒲阪）へも再び攻伐した（編年記「（秦昭王）十八年、「攻蒲反」」）。前二八八年、魏は一方で斉との関係をもつ趙と結び（魏策二9）、宋を攻伐しているが、趙はこの成果によって魏から河陽の地を獲得することから（趙世家）、魏・趙は恐らく秦の配下にあった宋の攻伐を通じて反秦で協力し、斉同盟へ加担したものと考えられる[54]。秦は趙の動向に乗じて梗陽に進攻し、占領している（趙世家）。しかし、秦は趙・魏とその背後にある斉同盟を前に、斉との講和を選択せざるを得なかったようである。秦は自ら西帝となり、斉が東帝となった（秦本紀・楚世家・田世家・魏世家・六国表）。両国は対趙攻伐にあって約を取り付けようとする意図があったのかもしれない（田世家[55]）。あるいは斉は天下の人望を集め秦との連衡に見切りをつけ、衛・趙・楚・魏との五国領有関係を天秤にかけながら、宋攻伐政策を推進したものと考えられる（田世家・斉策四10・11）。縦横家書四章には、

斉・趙遇於阿、王憂之、巨与於遇、約攻秦去帝、（斉・趙、阿に遇い、王、之を憂う、巨、遇に与かる、秦を攻め帝を去らんことを約す）

とあり、斉は趙と阿で遇して、ともに秦攻伐を約し、斉は帝号を廃したと伝える。また、縦横家書七章には、

斉先斯趙以取秦、後売秦以取趙而攻宋、（斉、先に趙を斯き以て秦を取り、後に秦を売りて以て趙を取り、而して宋を攻む）

とあり、斉は先に趙を欺いて秦と結び、帝号を称し、のち秦を裏切り趙と結んで宋を攻撃したと見える。(56) いずれにしても、秦・斉の称帝は二強の長期対峙の結果であったが、(57) 二大国の思惑は国際関係の勢力均衡を崩壊させ、両国の存立にかかわる問題に発展しかねない情勢を招いた。二国は帝号を廃してもとの王に戻っている（田世家・六国表・秦本紀・魏世家・楚世家）。『呂氏春秋』首時篇に「斉以東帝困於天下、而魯取徐州」とあり、斉の東帝称謂は魯との間にも何らかの対立を生んだようであるが、縦横家書一〇章にも「息士民、毋庸発怒於宋・魯也」（士民を息め、怒りを宋・魯に発するを庸いること毋かれ）とあり、当該期の小国の動向に配慮が払われていた点が窺える。斉の東帝称謂は近隣の小国統制にも混乱を生じさせたのかもしれない。

前二八八年前後にあって国際社会は複雑な合従連衡の様相を呈していた。(58) 秦による相の魏冉を介した相互の帝号称謂は、秦・斉連衡の象徴的な事件であった。趙における薛公・韓徐為の斉攻伐派と、奉陽君の斉・秦との講和派の対立も合従連衡の状況を示すものである（縦横家書三章）。なかでも、国際社会では斉の宋攻伐問題はその中心的課題であり、斉・趙関係でも利害の思惑が錯綜していた。(59) 後述のように斉は燕・趙の援助を期待して宋を攻伐するが、(60) これには趙との盟約があり、帝号廃止が前提として存在していた。さらに、蘇秦の役割は重要であった。縦横家書一四章に、

攻秦之事成、三晋之交完於斉、斉事縦横尽利、（秦を攻むるの事成らば、三晋の交は斉を完くし、斉、縦横を事とするは尽く利なり）

とあり、秦を攻撃することは三晋諸国と斉の国交が完全となり、斉は合従・連衡のいずれの方策を謀っても利益とな

るとの発言が見える。この背景には蘇秦としては「王以不謀燕為臣賜」（王、燕を謀らざるを以て臣の為に賜えば）と、燕王のため斉が燕を攻撃しない約束があった（縦横家書一四章）。斉の宋攻伐の裏には、三晋・燕との講和を取り付けた、対秦攻撃が確実に意識されていたことになろう。

前二八七年に斉が宋攻伐を行おうとすると、一旦秦は止めさせたが、斉は趙を抱き込み断行した（趙策四2）。秦の怨みは趙に向けられる。この時点で斉は宋攻撃に燕・趙の救援を期待するが（縦横家書六章）、斉・燕関係は良好ではなく（縦横家書一〇章）、燕軍が宋地で斉を攻撃しようとしていた（縦横家書六章）[61]。こうした状況のなか趙の奉陽君（李兌）が中心に趙・楚・韓・魏・斉の五国が連合して秦を攻伐する。しかし、成果は得られず、連合軍は韓の成皋に留まった（趙策四2）。各国にはそれぞれ策略があったが、奉陽君は密かに秦と講和し、趙・秦で対魏攻伐を画策していた（趙策四2）。一方で斉・魏は連合して韓・燕を引き入れ、対趙・対秦政策を推進する動きを見せる（趙策四2）[62]。五国連合の停滞するなか斉の宋攻伐の推進は、秦のさらなる影響力を国際社会に示すことになる。趙・秦の講和の動きは、宋の利益にとどまらず、斉・楚・魏・燕・趙を含む合従策自体の崩壊と秦の天下制御にまで問題は波及していた。結局、趙は秦と講和せず、斉・魏を味方にする（趙策四4）[63]。ところが、趙は同年、斉を攻伐することから（趙世家）、斉としては宋攻伐の利を優先し、趙との関係を断ち、秦との連衡を選択したものと考えられる。秦が魏の新垣・曲沃を抜いたのは（魏世家・六国表）、斉・秦の同一路線にもとづく軍事行動といえる[64]。斉・秦の連合は、

三晋大破、而【攻楚】、秦取鄢、田雲夢、斉取東国・下蔡、使縦親之国、如帯而已、斉・秦雖立百帝、天下孰能禁之」（三晋、大いに破れ、而して【楚を攻むれば】、秦、鄢を取り、雲夢に田し、斉、東国・下蔡を取らん。縦親の国をして帯の如くせしむるのみ。斉・秦、百帝を立つると雖も、天下、孰れか能く之を禁ぜん）（縦横家書一三章）

という、二大国主義を理想として掲げたものと考えられる。ただ、斉にとって秦と講和することは本意ではなく、む

しろ諸国との合従を望んでいたが、魏に対する不信感が存在していた（縦横家書一二章）。前二八六年、斉は宋攻伐を実行するが、秦昭王はこの行動に立腹し、斉の合従なのか連衡なのか明確でない外交方針を嘆いたと伝えられるが、結局は秦は楚・魏などの動向にも配慮し、斉の軍事行動を承認している（田世家）。また一方では当該期、燕が斉との関係を断ち秦と結び、秦西帝、燕北帝、趙中帝となって天下に号令すべきとの意見があった（縦横家書二〇章・燕策二13・蘇秦伝）。こうして斉・秦関係は国際関係の流動するなか盤石ではなかったが、両国は連衡して同盟路線を推進したものと考えられる（魏策二7）。

斉の宋攻伐によって宋は滅国、宋王は国外に亡命し魏の温で死去する（田世家・魏世家・秦本紀（昭王十九年）・六国表・燕策二12）[65]。同年、秦は魏の河内を攻撃し、魏は安邑を秦に献上している（秦本紀）[66]。さらに、秦は韓を夏山で破り（韓世家・六国表・編年記「攻夏山」）、趙は他方で斉を攻撃した（趙世家）。ここに斉は韓・魏を配下にした秦と一体化し、趙と対立する状況が生まれたと考えられる[67]。ところが、斉は宋攻伐に乗じて、楚・三晋へ攻撃を加え、周王室を併合して自ら天子となる望みがあり、諸侯は警戒感を強めたらしい（田世家）。楚・三晋の危機感は実のところ秦にとっても同様であって、宋攻伐の罪科を口実に斉攻伐の意向を固めつつあった（楚策二1）。趙も天下の諸侯を味方につけ、斉を攻伐しようとしたようである（趙策一9）[68]。斉の拡大路線は国際社会の批判にさらされたといえよう。

三　斉の衰退と復興

前二八五年、秦は一転して趙と中陽で会を行い（趙世家・秦本紀）、楽毅の率いる趙・秦・韓・魏・燕の五国連合が組織され、斉に攻伐を加え霊丘を占領する（趙世家）。また一方で秦は楚とも宛で会合し（秦本紀・楚世家）、斉は秦に河東を攻伐され九城を抜かれている（秦本紀・田世家）。なお、秦が斉を攻伐する目的は斉の国力削減だけではなく、周・韓・魏への攻略が根底にあった（縦横家書一七・二二章・趙策一9）。前二八四年、さらに斉は楽毅・秦を中心とした韓・魏・趙・燕に攻伐され、済西で破れる[69]（秦本紀・六国表・魏世家・田世家）。この前提として秦王は魏王・韓王とそれぞれ会合を行っている（秦本紀・六国表・魏世家・韓世家・趙世家）[70]。こうしたなか、楽毅が率いる燕軍は都の臨淄に侵入し、宝器を奪い取った。斉湣王はやむなく国外に亡命し衛を経て鄒・魯に向かうが、入国できず斉の莒へ後退した（田世家・楽毅伝）。斉では民が離れ、公族が政権を見限っており、軍事統制にあって湣王と前線が巧く機能しないところがあり（斉策六1）、加えて燕の軍事行動は徹底を極めたようで、宮殿・宗廟が焼かれ、燕に降らなかったのは莒と即墨のみであった（燕策一12・燕世家）[71]。斉の混乱に乗じて楚は淖歯に斉を救援させ、そのまま莒に宰相として留めたが、結局は斉湣王を殺害し、楚・燕は斉の領土と宝器を分け合っている（田世家）。斉が併合した宋地は魏が領有することになった（『荀子』議兵篇）。前二八三年には秦は趙へ対斉攻伐の協同を提案して、断わられるが（趙世家）、これは楚・燕により攻撃された斉の現状を見据えた計画と考えられる。一方で趙は燕と会合を行うが（趙世家）、斉に絶大な力を今や保持する燕との間に同盟関係を確認する必要があった。趙は廉頗を大将として斉の昔陽を攻め、これを占領している（趙世家）。斉は秦を中心とする連合軍の攻伐後、燕・楚のみならず趙の侵略を被り、諸侯国としての存立自体が危ぶまれる状況に陥っていた。また、秦は燕・楚・趙が斉の領有に力を注ぐなか、まず魏の林を攻伐する（魏策三8・魏世家（安釐王十一年条）・編年記「（秦昭王）二十四年、攻林」・縦横家書一六章）。秦は対魏攻伐の正当性を楚との会を通じて（秦本紀・楚世家）、承認を得たものと思われ、本格的に魏に侵攻し安城を抜き、都の大梁にまで到達した。しかし、燕・趙が魏を救援したため秦軍は退却を余儀なくされる（秦本紀・魏世家・魏策三7）。こうして国際社会は斉の国力衰退にともないバランス感覚が崩れ、一方で秦の強力な軍事力を警戒する動きが各国に広まり、秦を軸に攻防が展開されることになる。

前二八二年に至り秦は、趙が前年に秦の提案する対斉攻伐に不参加だったことを口実に、趙の二城を攻撃した（趙世家・秦本紀・六国表・編年記「（秦昭王）二十五年、攻茲氏」）。秦の行動には韓・魏の秦同盟入りが前提にあったと思われ、三国はそれぞれ会盟を行っている（秦本紀・韓世家・六国表）。これに対して楽毅が趙軍を率いて魏の伯陽を攻撃するが（趙世家）、燕・趙は秦同盟の拡大政策に反対したものと考えられ、前年の魏援助から一転したわけである。前二八一年、秦は再び趙を攻撃し、離石（石城）を攻め抜いた（編年記・趙世家・六国表）。翌前二八〇年にも秦は趙の代・光狼城を占領している（秦本紀・趙世家）。蘇代が燕王に合従を講じ、秦の一連の対趙攻伐に関して「因以破斉為天下罪」と、斉を破ったことを天下の諸侯の罪過と見做す伝承がある（燕策二―1）。秦は斉の衰退の元凶を口実としたとはいえ、斉の存亡が国際社会に混乱を引き起こしたことは事実であろう。これに対して前二八一年、趙は秦同盟の魏への反撃に出ている（趙世家）。また、楚は燕・趙と合従して対魏、対斉、対秦攻撃を画策したが、秦の反撃に遇い（楚世家）、翌前二八〇年には秦に鄧を攻められ（編年記「（秦昭王）二十七年、攻鄧」）、黔中を抜かれた（秦本紀）。こうしたなか趙は魏へ伯陽を与え、斉に対して麦丘を攻撃し占領するが（趙世家）、これは秦同盟の切り崩しであり、燕・楚の攻撃にさらされていた斉への圧力に他ならない。前二七九年にも秦の楚攻撃は継続され、白起は楚の西陵（楚世家）、鄢・鄧を攻撃した（秦本紀・六国表・白起伝[72]）。趙は引き続き斉を攻伐したが、秦・趙両王は西河で会見を行っている（趙世家・六国表）。これは秦側の要請によるもので、趙を同盟下に組み入れようとする意向があったと思われるが、結果的に両勢力の歩み寄りは不調に終わった模様である（廉頗藺相如伝）。さらに、秦は燕に対しても同盟の働きかけを行ったが実現せず、燕は合従政策を選択したものと考えられる（燕策二―1）。

斉は燕に占領され七〇以上の城が降伏し、燕の郡県支配を被ったが、前述のとおり莒と即墨のみが服属しない状況であった。ところが、燕昭王の死去後、あとを継いだ恵王との確執から将軍の楽毅は斉の田単の関与により騎劫に交代させられ、趙へ逃れるとこれを趙が厚遇したため、燕・斉は衝撃を受ける（楽毅伝「尊寵楽毅以誓動于燕・斉」）[73]。なかでも、即墨では田単が燕の圧力に対抗し堅守していたが、燕はこれを攻囲すると、田単は騎劫に勝利し斉地を燕から取り戻した。さらに、斉襄王を莒から迎え、都の臨淄に戻し（田世家・田単伝・楽毅伝）、田単は相となる（斉策六４）。斉は襄王・田単を中心に諸侯国として復興を遂げたわけである[74]。

おわりに

戦国中期の田斉は魏・秦の講和、秦の王号称謂、それにともなう各国称王の恒常化による周王朝理念の喪失のなか、秦・楚・魏らと講和を一旦は成立させた。しかし、対峙する秦との抗争にあって斉は反秦傾向を加速させ、新たな同盟関係の構築を求め、楚を中心に魏・韓・趙・燕の五国連合により秦攻伐を行った。その後、斉・楚対秦・韓・魏の体制が出来上がる。さらに、秦・魏対立に見られる魏の後退は、しばしば三晋諸国を危機にさらし、燕・楚を含む勢力関係の流動化を生んだ。斉としては楚を含めた韓・魏・燕・趙の合従によって、周王朝体制の構築を目指し、秦・楚の対立を利用し同盟関係を志向した。こうして斉・秦・楚の対抗関係は講和の変動をもたらすことになる。

斉の宋攻伐を契機とする反秦の協力体制は、秦に講和を選択させ、秦西帝、斉東帝の二大国主義を掲げる情勢を出現させる。一方で秦西帝、燕北帝、趙中帝などの理念も見られ、合従連衡は複雑な様相を呈していた。そのなかで斉の宋滅国は、楚・三晋への攻撃を加え、周王室を併合して自ら天子となるといった戦略を生み、諸侯の警戒感を強めた。斉は秦・韓・魏・趙・燕に攻伐され、燕軍の侵攻により郡県支配を被り大きく衰退したが、田単によってようやく復興を遂げた。

以上の斉を中心とした当該期の国際社会は、二国間外交を根底とする軍事力にもとづく実力に左右されると同時に、第三国を含む巧みな外交戦略が重要となっていた。斉にとって軍事と外交は、魏・秦の軍事対立と講和と自ずと連動し、さらに秦・楚の動向、趙・燕・中山をも加えた国際社会の枠組みのなかで優位に立つことに他ならなかった。合従連衡はまさに二国間外交を越えた、日和見的な、それでいて徐々に大国主義に収斂される多国間外交と軍事同盟であった。斉・秦二国間の帝号称謂は二大国主義を照射したその先駆けであり、斉の宋攻伐の反響の大きさは勢力均衡の崩壊を意味し、秦・斉・楚をも危機的状況に陥らせると同時に、多国間の外交が未だ機能していた点を示している。

斉では孟嘗君が外交交渉に見出せるが、湣王期を通じた対秦戦争などでは重要な役割を担い、強国としての命運を決定づける立場であって、その存在には問題が内在されている。斉にとって秦との対立のなか合従政策にエネルギーを消耗し、戦略的に実質的な打撃を与えられず、土地兼併にも成果が得られなかった点は、斉の軍事と外交を考える上で重要な指摘といえよう(75)。一方、斉の内政における孟嘗君を生みだす封君制の構造は、当該時代の王権との関わりのみならず、軍事と外交でも無視できない課題である。燕により斉の事実上の占領とそれにともなう衰退は、以後の国力の回復にあって埋めがたい傷跡を残した。戦国期を通した斉の軍事と外交はここに大きな節目を迎えたわけである。

註

(1) 拙稿「田斉の軍事と外交(一)」(『鴨台史学』第一〇号、二〇〇九年)参照。
(2) 戦国時代の時代区分については、藤田勝久「戦国略年表」では戦国前期(前四五三、四〇三~前三五〇)秦の咸陽遷都と商鞅変法まで、戦国中期（前三五〇～前二八四）合縦連衡の時代から斉臨淄の陥落まで、戦国後期（前二八四年～前二二一年）秦の東方進出から天下統一まで、とする（佐藤武敏監修『馬王堆帛書・戦国縦横家書』所収、朋友書店、一九九三年）。本小論では戦国中期を徐州相王後、すなわち前三三三年から前二八四年の斉の衰退を経た前二七九年の復興までとしている。

（3）戦国紀年については、楊寛『戦国史料編年輯証』（上海人民出版社、二〇〇一年）に準拠している。以下、引用の史料は『史記』本紀、世家等は名称のみを示し、『竹書紀年』（紀年）は方詩銘・王修齢『古本竹書紀年輯証』（上海古籍出版社、一九八一年）により紀年魏紀六一などと記す。雲夢秦簡『編年記』、包山楚墓出土竹簡（包山楚簡）は『戦国史料編年輯証』にもとづく。なお、当該期の地名比定は、譚其驤主編『中国歴史地図集』第一冊（地図出版社、一九八二年）による。

（4）「（周顕王）三十五年、致文武胙于秦恵王」（周本紀）、前三三四年、秦は周から胙を賜っていえる。註（1）拙稿参照。

（5）吉本道雅「三晋成立考」は楚に近い応で会したのは楚を牽制するためとする（『春秋戦国交代期の政治社会史的研究』科学研究費助成金研究成果報告書、一九九八年、のち同氏『中国先秦史の研究』所収、京都大学学術出版会、二〇〇五年）。

（6）張儀伝に「秦恵王十年、使公子華与張儀囲蒲陽、降之、儀因言秦復与魏、而使公子繇質于魏、儀因説魏王曰、秦王之遇魏甚厚、魏不可以無礼、魏因入上郡少梁、謝秦恵王」とあり、蒲陽を攻囲し降したが、張儀の進言により秦は公子繇を質として魏に送り、蒲陽を再び魏に与え、魏は上郡・少梁を秦王に献上している。張儀の連衡策の一環と思われる。註（5）吉本道雅氏前掲書は前三三一～前三二八年の秦・魏戦争の結果、秦は黄河以西の魏の領土を全て回収し中原に直接対峙するようになり、この魏の弱体化は同時に秦の覇権維持の動機の減滅となったとする。

（7）前三二八年、中山が燕・趙を攻伐し、趙は苦しい状況にあった（斉策五1）。

（8）註（5）吉本道雅氏前掲書は趙の大敗に乗じ魏・韓が会葬を口実に列国軍を率いて邯鄲に進註し、趙に城下の盟を迫ったとする。

（9）魏の犀首、斉の田朌ともに魏恵王・斉威王を説得し、趙攻伐を敢行したが（魏策二1）、註（5）吉本道雅氏前掲書は、これを斉による対楚戦争に積極的であった田嬰に対抗した田朌の対趙戦とする。

（10）註（5）吉本道雅氏前掲書は、春秋期以来の覇者体制の終焉とする。

（11）銭穆「韓宣恵王即韓威侯考」（同氏『先秦諸子繫年』中華書局、一九五六年）、註（3）楊寛氏前掲書参照。
（12）註（5）吉本道雅氏前掲書は、趙策三13から前三二二年、斉威王が周王朝に朝したとするが、今は従わない。
（13）張正明『秦与楚』（華中師範大学出版社、二〇〇七年）は、張儀の秦と楚・斉の友好の意図から、この会盟に魏は出席していないとする。
（14）薛は宋の攻伐を被っているが（『資治通鑑』周赧王二十九年（前二八六年）・宋策8）、宋・斉にとって戦略上の拠点であったと考えられる。
（15）韓相の公叔と斉相の薛公が結びつき、秦を軽視したとする伝承がある（韓策二8）。
（16）「斉威王三十六年（三十七年）威王卒、子宣王辟疆立」（田世家）、「（梁恵王後元）十五年、斉威王薨」（紀年魏紀一〇二）。
（17）「君偃十一年、自立為王、東敗斉、取五城、南敗楚、取地三百里、西敗魏軍、乃与斉・魏為敵国」（宋世家）。
（18）註（3）楊寛氏前掲書参照。
（19）楊寛『戦国史』（上海古籍出版、一九八〇年）参照。
（20）「（秦恵文王更元）七年、秦使庶長疾与戦修魚、虜其将申差、敗趙公子渇・韓太子奐、斬首八万二千」（秦本紀）。
（21）註（19）楊寛氏前掲書では「匈奴」を「義渠」の誤りとする。
（22）註（13）張正明前掲書では対秦軍事行動の行使国を韓・趙・楚・斉・燕とし、そのなかで韓・趙が積極的であったと見る。
（23）『戦国縦横家書』（縦横家書）に関しては、『戦国縦横家書』（文物出版社、一九七六年）、註（2）佐藤武敏監修『馬王堆帛書・戦国縦横家書』参照。なお、以下の釈読は後者にもとづく。
（24）「斉人禽子之而醢其身也」（紀年魏紀一〇八）。
（25）中山関係器＝中山王譽方壺・𡚬䖵壺・𡚬䖵壺園足。註（3）楊寛氏前掲書参照。中山については、李学勤『東周与秦代文明』（文物出版社、一九八四年）、小南一郎「中山王陵三器とその時代背景」（林巳奈夫編『戦国時代出土文物の研究』所収、京都大学人文科学研究所、一九八五年）、宇都木章「中山王国の発掘報告」（『史友』一二、一九八〇年、のち同氏『中国古代の貴族社会と文化』所収、名著刊行会、二〇一一年）参照。

(26)　註（13）張正明氏前掲書ではこの時期、斉・楚が同盟し魏も付いていたとする。
(27)「(宣恵王）十九年、大破我岸門、太子倉質于秦以和」（韓世家）。
(28)　翌前三一二年＝趙武霊王十四年に趙の将軍の趙何が魏を攻撃しているが（趙世家）、この時点での楚・魏の趙への訪問は秦の意向を反映したものと考えられる。
(29)　註（19）楊寛氏前掲書では岸門の戦い後、韓・魏両国が秦の配下に入り、秦・韓・趙対斉・楚の形が生まれ、後述の楚による韓の雍氏攻伐によってこの二集団間の大戦がはじまるとする。
(30)　韓はこのとき楚の襄丘を攻伐した（紀年魏紀一一三）。なお、この対楚攻撃には韓・秦それぞれ思惑があった（韓策二２）。
(31)　対楚戦争は翌年までつづいたようで、「(秦恵文王更元）十四年、伐楚、取召陵」（秦本紀）とあり、前三一一年、秦は楚を攻伐し、召陵を占領した。
(32)　秦策二１には「秦与斉和、韓氏従之、楚兵大敗于杜陵」と、独自の記事があるが、あるいは斉は秦と裏で繋がっていたことが、このような伝承をもたらしたのかもしれない。また、田世家、宣王十二年の条には不明のところがあるが、蘇代が斉大夫田軫に語った言葉に、田軫が斉の対魏攻撃（前三一二年）にあって、秦・韓との関係を良好にする術が示されている。斉の対秦・対韓外交を模索する動きといえよう。
(33)　註（3）楊寛氏前掲書参照。戦国縦横家書第二二章。
(34)「(秦恵文王更元）十四年、韓・魏・斉・楚・越皆賓従」（秦本紀）と「越」だが、集解引徐広曰「越一作趙」に従う。斉の秦・楚らとの外交は、一応の安定を迎えたようである。
(35)　楚世家には楚懐王二十六年、すなわち前三〇六年条に斉湣王、実際は斉宣王の意向が伝えられている（註（3）楊寛氏前掲書参照。なお、同書では懐王二十三年のこととする）。
(36)　楚は越を攻伐していたが（楚策一16）、前三〇六年に滅ぼし（註（19）楊寛氏前掲書、（13）張正明氏前掲書）、斉に迫ったと考えられる（常石茂訳『戦国策2』、東洋文庫、平凡社、一九六六年）。
(37)　涇陽君の入斉について孟嘗君伝には「秦昭王聞其賢、……、以求見孟嘗君」とあり、秦昭襄王が孟嘗君に会見するためとする。孟嘗君の役割は絶大で斉・韓・魏三国の合従を示す。

(38) 梁玉縄『史記志疑』巻四「案、事在秦昭王六年表及諸世家可証、此誤書于八年也」、註（3）楊寛氏前掲書参照。

(39) 註（3）楊寛氏前掲書は楚策三1などから、秦の庶長奐が楚を攻伐し、斬首二万の成果を上げ、重丘を占領したのち、斉・魏・韓が楚を重沙で破り（重沙の役）、将軍の唐昧を殺害したという経緯を想定している。これは『編年記』「秦王昭王六年、攻新城」、趙策四16「魏敗楚于陘山、禽唐明」と、それぞれ記録されていることからも窺えよう。

(40) 註（36）常石茂訳『戦国策2』では斉の対楚勝利を恐れ、秦は涇陽君を斉に質として入れ、孟嘗君を相として招聘、秦・斉の連衡を図るに至ったとする。註（13）張正明氏前掲書が指摘する通りこの年、楚では蜀の反乱があった。

(41) 註（3）楊寛氏前掲書、註（19）楊寛氏前掲書では前三一〇年以前に孟嘗君が薛の封地を世襲し、相国となったとする。晁福林「孟嘗君考」（『学習与探索』一九九七—四）は遅くとも斉宣王十一年（前三〇九）には孟嘗君は斉相であったと見る。史料上の問題については、藤田勝久「史記戦国四君列伝の史料的性格」（『古代文化』四三—一、一九九一年、のち同氏『史記戦国列伝の研究』所収、汲古書院、二〇一一年）参照。

(42) 「聞斉之有田文、不聞有其王」（范雎伝）。

(43) 王閣森・唐到卿主編『斉国史』（山東人民出版社、一九九二年）では秦としては斉・韓・魏・楚の四国の盟約が成立すれば、「秦不能与斉懸衡矣」（秦策三6）であり、そもそも秦・斉交争中、秦は必ず劣勢であって、一方で楚へ軍事侵攻し、他方で楚との盟を要求したと、当該期の情勢を指摘している。

(44) 武霊王二十七年（前二九九年）には主父（武霊王）が秦を襲おうとする動きがあった（趙世家）。これは趙が秦・斉の同盟に否定的であったことを示すものと考えられる。

(45) 趙の外交関係は、沈長雲等『趙国史稿』（中華書局、二〇〇〇年）参照。趙の中山攻伐は前三〇六、三〇五、三〇三（以上、趙世家）、三〇一（六国表）、三〇〇（趙世家）、二九九年（秦本紀）と継続されている。

(46) 秦本紀に「(昭王) 九年、孟嘗君薛文来相秦、……、十年薛文以金受投」とあり、この「金受」について東周策14の趙臣の金投とする見解がある（註（3）楊寛氏前掲書参照）。孟嘗君は金投により罷免されることから、趙は秦との関係に基づき斉を秦同盟から排除しようとしたと思われる。

(47)『史記会注考証』、中華書局『史記』六国表では衍文とするが、今は註(3)楊寛氏前掲書に従う。

(48)秦策四3には「三国攻秦、入函谷、秦王謂楼緩曰、三国之兵深矣、寡人欲割河東而講、対曰、割河東、大費也、免於国患、大利也、此父兄之任也、王何不召公子池而問焉、……、卒使公子池以三城講於三国之兵乃退」と、三国は三城をもって講和に応じ引き揚げたとある。

(49)註(3)楊寛氏前掲書参照。

(50)註(43)王閣森・唐到卿氏前掲書は趙武霊王(主父)の死は秦・趙・宋同盟の終わりを意味し、秦はこのため親趙派の楼緩から魏冉に相を変更し、斉・韓・魏の連合を恐れたと見る。

(51)註(3)楊寛氏前掲書参照。

(52)註(43)王閣森・唐到卿氏前掲書は斉・秦連合は両国の勢力均衡の状況下の一つの妥協策であり、その目的は自己の土地兼併に対する干渉の阻止であったと指摘し、秦・趙・宋同盟と斉・韓・魏同盟それぞれの瓦解であったと見る。

(53)註(3)楊寛氏前掲書参照。秦本紀には「秦以垣為蒲阪・皮氏」とあるが、いま楊氏の「以」を「攻」、「為」を「及」とする説に従う。

(54)宋の地は斉・趙・魏の争うところで、合従連衡の焦点であった(註(3)楊寛氏前掲書参照)。このころ宋では国政が混乱していたようで、人々の不満は頂点に達した(燕策二12「宋中国膏腴之地、隣民之所処也、与其得百里于燕、不如得十里于宋」)。

(55)註(19)楊寛氏前掲書参照。

(56)註(43)王閣森・唐到卿氏前掲書参照。平勢隆郎『中国の歴史02(都市国家から中華へ)』(講談社、二〇〇五年)は斉帝号の継続性の可能性を指摘する。

(57)註(43)王閣森・唐到卿氏前掲書参照。

(58)楊寛「戦国中期的合従連横戦争和政治路線闘争——再説馬王堆帛書《戦国策》」(『文物』一九七五—三)では戦国中期前三

一〇年、孟嘗君・薛公が斉で権力を握り、前二八四年、燕将の楽毅が斉を破る約三〇年間が最も合従連衡の戦争の激しいときとする。

(59) 註(58)楊寛前掲論文は前半期の一つの原因として宋をめぐる各国封君の思惑を挙げる。註(19)楊寛氏前掲書によれば、魏に逃れた孟嘗君は趙の韓徐為と結び、斉の宋攻伐に反対、斉侵攻を画策し、一方で趙の奉陽君は斉と結び、宋攻伐を支持、宋の定陶を自己の封邑としたいと望んでいたとする。

(60) 斉は魏の援助も期待したようであるが(縦横家書一二章)、これには薛公が関係していた(縦横家書一四章・二〇章)。

(61) 趙としては斉と秦が連合すれば必ず二つは敵となって趙を攻めるという認識があった(縦横家書一一章)。

(62) 斉・燕が一体化して趙にあたるとの見解がある(縦横家書八章)。

(63) 趙は斉・楚の会合を嫌い、斉・魏の和を望み、斉・秦が連合すると必ず趙を攻めるという認識があった(縦横家書一一章)。

(64) 秦・斉連合には領有上のメリットがあった(縦横家書一三章)。

(65) 平勢隆郎「戦国時代徐州の争奪——滅宋・滅越問題を中心として——」(川勝守編『東アジアにおける生産と流通の歴史社会学的研究』所収、中国書店、一九九三年)は、楚策一18などから、宋の滅国時期を別に定め、宋の平定は前二七七年にも議論されていると指摘する。

(66) 斉の宋獲得には秦としては安邑を獲得する方針が前提としてあった(秦策一4・燕策二1)。

(67) 秦が魏を攻め安邑(寧邑)を占領すると、諸侯はみな祝いを述べたが、趙恵文王の使者だけが拒まれ、趙が趙豹・平原君を政務から外すことを条件に秦・趙は友好を成立させた(趙策四14)。

(68) 魏相の薛公(田文・孟嘗君)は薛の旧主であるが、その薛を無視し亡き父君の墳墓をも顧みず斉攻伐を行おうとしている(東周策21)。

(69) 燕の対斉観あるいは楽毅の役割については、註(43)王閣森・唐到卿氏前掲書参照。燕が斉を仇としたことは、燕策一8・12・13に見える。

(70) 燕は趙に来て会見している(趙世家)。今回の戦いでは「趙王以相印授楽毅」(『資治通鑑』周赧王三十一年)と伝えられる。

なお、田世家・楚世家には斉攻伐に楚が参加したと見え、註（13）張正明氏前掲書は秦・燕・趙・魏・韓・楚で斉師を大破したとする。後述のように楚は斉救援に当たっていることから、他国とは別の外交政策を推進したものと考えられる。

（71）楽毅が斉の安撫に務め、五軍に分けて侵攻し、鎮守したとする伝承がある（『資治通鑑』周赧王三十一年）。

（72）「頃襄王二十年、秦白起抜楚西陵、或抜鄢・郢・夷陵、焼先王之墓、王徙東北、保于陳城、楚遂削弱、為秦所軽」（秦策四9）。

（73）趙が連年、斉を攻伐したのは、燕の斉占領の間を衝いた措置であったが、趙・燕が楽毅を厚遇したことから、趙・燕の斉をめぐる微妙な関係――おそらく趙が楽毅問題を利用して燕との対立を鮮明とした――があったと考えられる。

（74）明確な年代は不明だが、斉が淖歯により混乱に陥り楚を敵対視するなか、秦は一方で楚と同盟を模索しながら、斉を抱き込もうとしたとする話が見える（斉策六10）。秦は斉との関係を改善し、対楚攻伐を画策していた可能性がある。

（75）註（43）王閣森・唐到卿氏前掲書参照。

前漢初期の諸侯王国と父老・豪傑層

紙屋正和

はじめに

秦が中国史上はじめて天下を統一したことの歴史的意義は大きい。しかし秦が短期間で崩壊したあと、漢王朝が長期政権を確立し、中国に統一政権を定着させたという点は、後世に対する影響として秦をこえるものがある。漢が長期政権を確立しえた要因の一つとして、郡国制を採用したことがあげられる。漢王朝が郡国制を採用した背景についてはこれまで多く論じられてきたが、それはつぎの三点に集約することができよう(1)。

1、劉邦は、各地ですでに勢力を確立していた諸将軍と連合することで統一を達成し、諸将軍に推戴されて即位したため、諸侯王国の存在を承認せざるをえなかった(2)。

2、漢王朝は、秦が同族を優遇せず、自国の藩屏の役割をはたす存在がなくて滅亡を早めたことをみて、同じ轍をふまないように諸侯王国をおいた。

3、高祖劉邦は、帝国の領域拡大によって徭役徴発や物資輸送・情報伝達が困難になるという中央集権体制がもつ限界を克服するために、同姓の諸侯王を意図的に封建した(3)。

以上三つのうち背景1・背景2の見解は、これまでの研究者によってくりかえし説かれてきたものであり、背景3の見解はそれらに検討をくわえてだされたものであるだけに、前漢初期に郡国制が採用された一面、あるいは諸侯王封建の効用を説明しているといえる。ただ、これで郡国制採用の背景が十分に解明されたとはいえず、以上とは別の事情も考慮すべきではないかと考える。次節では、諸侯王の性格の検討からはじめよう。

一　異姓諸侯王と同姓の諸侯王

漢王五（前二〇二）年二月、漢王劉邦は、楚王韓信、韓王信、淮南王英布、梁王彭越、もと衡山王呉芮、趙王張敖、燕王臧荼の推戴によって皇帝の位につくと、すぐに呉芮を長沙王に封建したほか、他の将軍たちが諸侯王としてもとの領地を支配することを承認した。ただし同年七月に燕王臧荼が反すると、かわって幼友達の盧綰を燕王に封じている。これらの異姓諸侯王は、燕王臧荼が反して以後、反乱や謀反（ぼうはん）（＝反を謀る）の罪であいついで廃され、高祖劉邦の死亡時には長沙王だけがのこった。

異姓諸侯王が廃されたあとに、高祖劉邦は楚王国を分割して異母弟の劉交を楚王に、従父弟の劉賈を荊王に封じ、兄の劉喜を代王にたてたほか、子の劉肥を斉王に、劉如意を代王（のちに趙王）に、劉友を淮陽王（のちに趙王）に、劉長を淮南王に、劉恒（のちの文帝）を代王に、劉恢を梁王に、劉建を燕王に封建し、兄劉喜の子の劉濞を呉王に封じている。これら一一人の諸侯王はすべて劉邦の一族、劉氏であり、歴史的には単に諸侯王とよばれるが、異姓諸侯王と区別する必要があるときには、以下、とくに同姓の諸侯王と称する。

異姓諸侯王は、基本的に楚漢の交に項羽と劉邦の抗争の周辺で活躍した人物であり、『史記』・『漢書』に列伝があ

るから、ここでは特別にそれぞれの根拠をあげないが、同姓の諸侯王と比較したときの特徴を析出すれば以下の通りになる。(4)

(イ)異姓諸侯王は十分な年齢に達しており、一方の雄として活躍していた。
(ロ)彼らは劉邦同様、あるいはそれ以上に百戦錬磨の経験をつんでいた。
(ハ)彼らは、股肱となるべき多くの臣属・客と軍隊をしたがえていた。
(ニ)以上のことを基礎にして自力でそれぞれの領域を平定し、自国の民政・財政・軍事・人事すべてにわたる権限を掌握していた。
(ホ)漢王劉邦を皇帝に推戴したのは彼らであった。

他方、高祖劉邦が異姓諸侯王にかえて封じた同姓の諸侯王の特徴を、右にみた異姓諸侯王に準じて列記すれば、以下のようになろう。


(い)楚王劉交・荊王劉賈・代王劉喜・呉王劉濞の四人は封建時に成人に達していたが、その他の諸侯王はすべて高祖の子であり、いずれも非常に若いか幼かった。

(ろ)成人に達していた四人の中で劉賈は一定の軍功をあげていたが、それ以外の三人をふくむ同姓の諸侯王は全体として軍事上・政治上の経験に乏しかった。

(は)成人の四人をふくむ同姓の諸侯王は、ほとんど臣属・客・軍隊をもたなかった。

(に)項羽討伐に参加した劉賈以外は、封建以前に封国と特別な関係をもたなかった。

(ほ)彼らは、皇帝に即位した劉邦のおかげで諸侯王になれた。


高祖が郡国制を採用した背景を考える前提として、諸侯王にどのような権限を認めたのか確認しよう。前漢初期の諸侯王の権限に関するこれまでの研究の多くは、異姓諸侯王と同姓の諸侯王との相違をほとんど考慮せずにすすめられてきたが[5]、当然、異姓諸侯王と同姓の諸侯王のあい異なる性格に注目しながら、それぞれの権限を検討すべきであろう。詳細な考察は別の機会にゆずり、ここでは結論的にみるにとどめる。

まず注目すべきは、『漢書』巻一高帝紀下の高祖一二（前一九五）年三月の詔である。

吾立為天子、帝有天下十二年于今矣。与天下之豪士・賢大夫共定天下、同安輯之。其有功者、上致之王、次為列侯、下乃食邑（師古曰、謂非列侯而特賜食邑者）。而重臣之親、或為列侯。皆令自置吏、得賦斂。

ここで高祖は、ともに天下を平定し安輯してきた「天下の豪士・賢大夫」とその親属を異姓諸侯王・列侯・関内侯とし、彼らに封域内の官吏を任命する権限と、賦税を徴収する権限とを認めたとのべている。他方、『史記』巻五九・五宗世家の太史公賛をみると

高祖時、諸侯皆賦（徐広曰、国所出有皆入于王也）、得自除内史以下。漢独為置丞相、黄金印。諸侯自除御史・廷尉【・少府・宗】正・博士[6]、擬於天子。自呉楚反後、……

とある。五宗世家にみえる「諸侯」は同姓の諸侯王とみてよく、この同姓の諸侯王にも賦税を徴収する権限と、丞相以外の官吏を除任する権限が委譲されていた。ちなみに、この記事で諸侯王が除任する官が「内史以下」と「御史・廷尉」などに区別されているのは、その官制が、封域内の行政にあたる内史・郡守や県の令・長以下の治民の官と、諸侯王の尊貴性をたもつ御史大夫・廷尉などの諸侯王家の官とにわかれていたからである。

異姓諸侯王にも同姓の諸侯王にも人事権が委譲されていたことをふまえ、鎌田重雄氏は「高祖は王国の相国を任命したけれども、王国の丞相はその王国の任命にまかせた」とのべた[7]。事例に即して検討すると、異姓諸侯王国では、中央任命の相国として燕王盧綰の相国の温疥（『漢書』巻一六高祖功臣表の掔頃侯温疥の項）がみられるが、すべての異

姓諸侯王国で相国が確認されるわけではない。(8) 趙などでは丞相が政治を統轄しており、趙相趙午・貫高（『史記』巻八九張耳・陳余列伝）のように多くは諸侯王任命であった。ただ燕相国になる前に燕相であった温疥のように中央任命の丞相もあった。これら以外の諸官は諸侯王任命とみてよい。他方、同姓の諸侯王国では、太傅と相国のみならず丞相も中央任命であった。例外として諸呂の謀反のときに呂氏に対して兵をあげた斉王国で斉王劉襄が舅父駟鈞を丞相に任じる（『史記』巻五二斉悼恵王世家）などの例があるが、これらは正式の丞相とはいえない。その他の御史大夫・廷尉・少府・宗正・博士などが諸侯王任命であったことは『史記』五宗世家にある通りである。

このように、前漢初期の異姓諸侯王国では一部の太傅・相国・丞相以外は諸侯王任命であり、同姓の諸侯王国では中央任命の太傅は政治に関与せず、相国・丞相は諸侯王国の政治を統轄する立場にありながら、具体的行政は内史や県の令・長以下の治民の官にゆだねられ、その内史や県の令・長以下の人事権はすべて諸侯王にあったから、諸侯王国の行政は基本的に諸侯王の指揮下にあったことになる。それゆえに、『漢書』巻一九・百官公卿表上に

景帝中五年、令諸侯王不得復治国。

とあるのをはじめとして、丞相を相と改め、御史大夫・廷尉・少府・宗正・博士などの官を省くという景帝の中元年間（前一四九〜前一四四）の改革が行なわれるのである。

高祖は異姓諸侯王にも同姓の諸侯王にも賦税を徴収する権限を認めていた。筆者は別稿で、前漢初期の諸侯王国の財政は諸侯王国内で独自に運用され、中央朝廷の財政と同様に公財政と私財政とに区別されていたことを明らかにした。(9) 公財政の財源となる田租・算賦、私財政の財源となる山川・園池・市井の税などはともに諸侯王国が徴収、支出していたことになる。また『史記』巻一八高祖功臣侯者年表の信武侯靳歙（きんきゅう）の項をみると

【文帝】後三年、侯【靳】亭坐事国人過律、奪侯、国除。

とある。ここに「国人を事ふ」とあり、列侯は「律」の制限内で領民を徭役で使役できたことがわかる。一般に列侯より同姓の諸侯王、同姓の諸侯王より異姓諸侯王が権限が大きかったことを考えると、異姓諸侯王、同姓の諸侯王にも、一定の制限のもとに領民を使役する権限が認められていたと認めてよかろう。

前引の『漢書』高帝紀下の高祖一二年の詔や『史記』五宗世家ではふれていなかったが、前漢初期の諸侯王の軍事権についてみておこう。『漢書』巻四〇陳平伝には、高祖六（前二〇一）年に楚王韓信の謀反という極秘情報をえたときの高祖と陳平の問答をのせて

【陳】平曰、「陛下兵精、孰与楚」。上曰、「不能過也」。平曰、「陛下将用兵、有能敵韓信者乎」。上曰、「莫及也」。

とある。この問答において高祖は、楚王国の軍隊が漢の中央軍より精強であることを認めているし、淮南王英布や燕王盧綰のように、現実に兵を動かして反乱をおこした例もある。異姓諸侯王は軍事権を保持していたのである。他方、同姓の諸侯王国には出兵命令の伝達者の真実性を証明する銅虎符が発行されていたが、銅虎符は諸侯王と中央任命の丞相のどちらに賜与されたかが問題とされてきた[10]。銅虎符が賜与されるのは原則として諸侯王本人であろうが、封建当初は幼少の諸侯王が多かったため、丞相が銅虎符を保有することもあったのである。ただし当初、未成年であった諸侯王も年月をへれば成年に達する。

以上のべた通り、同姓の諸侯王には人事権・軍事権で一定の制限があったが、基本的に異姓諸侯王とそれほどかわらない権限を認められていた。この結果をふまえて、前漢初期の郡国制採用に関する背景1～背景3を検討しよう。

背景1の、高祖劉邦は、各地で勢力を確立し、かつ自分を皇帝に推戴してくれた異姓諸侯王に大きな領土と権限を承認せざるをえなかったという点であるが、高祖と異姓諸侯王との関係、および異姓諸侯王の特徴を考慮するとき、彼らに大きな権限を認めたのは当然であったと理解できる。他方、同姓の諸侯王の場合、前漢成立の事情からいえば、

大きな権限を委譲する必要はもとより、封建する必要すらなかったといえよう。かくて背景1は異姓諸侯王封建の説明にはなりえても、同姓の諸侯王封建の説明にはならないであろう。

背景2の、諸侯王国に中央朝廷の藩屛としての役割を期待したということであるが、同姓の諸侯王に藩屛としての機能を期待していたことは、『漢書』巻三八高五王伝の賛に

悼恵王之王斉、最為大国。以海内初定、子弟少、激秦孤立亡藩輔、故大封同姓、以塡天下。

とあることからもうかがえる。しかし郡国制は同姓の諸侯王の段階で採用されたのではなく、それに先だつ異姓諸侯王の段階で採用された。そして異姓諸侯王は前漢成立当初から反する者、謀反する者があいつぎ、高祖自身も異姓諸侯王をほとんど信用していなかった。かくて、背景2だけを郡国制採用の要因とみなすことはできない。さらに藩屛と位置づけられた同姓の諸侯王国も、時代がすぎて血縁関係が疎遠になると、藩屛とはなりえないことが認識されてくる。文帝期の賈誼は『新書』(11)巻一益壌篇で、文帝自身の皇子の代・淮陽の二国だけを藩屛とみなし、それ以外の諸侯王国を朝廷の敵とみているほどである。

背景3の、郡国制は帝国の広大な領域を無理なく支配するために意図的に選択されたという説は、同姓の諸侯王の封建によって漢王朝の支配が合理的に定着したという点については説得力があり、もはや定説化している。ただ地方の円滑な支配をはかるという中央朝廷の余裕ある選択だけで郡国制が採用されたといえるかといえば、郡国制は異姓諸侯王の段階ではじまり、そのあとで同姓の諸侯王が主体となったという経過は軽視できないであろう。

以上で検討した郡国制採用の背景に関する説には、いずれも支配する側だけをみているという共通点があった。郡国制は、前漢成立前後の混乱の中で現実との妥協の産物としてあみだされた制度であるから、いくつもの背景をもっていると考えた方がよかろう。

そこで視点をかえて、高祖劉邦による異姓諸侯王の封建の事情をみてみよう。『漢書』高帝紀下の漢王五（前二〇二）年正月の条には、皇帝に即位する前月の漢王劉邦の令が

> 楚地已定、義帝亡後。欲存恤楚衆、以定其主。斉王信、習楚風俗。更立為楚王、王淮北、都下邳。魏相国建城侯彭越、勤労魏民、卑下士卒（師古曰、言安輯魏地、保其人衆也）、常以少撃衆、数破楚軍。其以魏故地王之、号曰梁王、都定陶。

とある。劉邦は「楚の衆を存恤（そんじゅつ）」しようとして、楚の風俗に習熟していた斉王韓信を楚王に徙封し、「魏の民を労（ねぎら）ふに勤め、士卒に卑下」していた魏相国彭越を梁（魏）王に封建したのである。このように封建によって封地の民心をえようとする一面は、他の異姓諸侯王や同姓の諸侯王でも同様にみられた。以下、諸侯王封建に民心獲得という側面があったという事実、異姓諸侯王、同姓の諸侯王にほとんどかわらない権限を認めていたという事実を前提として、高祖劉邦が郡国制を採用した背景を、支配する側だけをみるのではなく、支配される側、とくに関東の事情にも目をむけながら検討しよう。

二　前漢初期の父老・豪傑層

戦国時代後半以降、関中に基盤をおく秦と関東の六国とが対立していたが、この構図は秦の天下統一後も基本的にかわらず、関東にみられた反秦感情と分立志向は秦末の陳勝・呉広の乱で爆発した。すなわち陳勝の蜂起を契機として関東では項梁・張耳・劉邦らの諸将軍が挙兵したが、分立志向に対応して項梁・張耳などはまず旧六国の後裔をたて、そのあとで自立したのである。その後、諸将軍の争いをへて、関東に基盤をおく項梁の後継者の西楚覇王項羽と、

関中に基盤をおく漢王劉邦との二大勢力の対立という形に発展し、最終的に劉邦が勝って漢王朝ができたのちにも、関中と関東との対立はつづいていく。

漢王劉邦はこうした対立の中で、漢王五年正月に封地の民心をえるために楚王韓信と梁王彭越を封建し、同年二月に皇帝に即位すると、すでに王として各地を支配していた韓王信、淮南王英布、趙王張敖、燕王臧荼を諸侯王と認め、「江湖の間の民心を得」ていたもと衡山王呉芮を長沙王に封建している（『漢書』巻三四呉芮伝）。このように民心をえるために異姓諸侯王を封ずるというのは、関東にみられた分立志向に応ずる措置といえよう。

以上の異姓諸侯王国のうち、長沙王国以外は高祖一代のうちにすべて廃され、かわって同姓の諸侯王が封建されている。このことに関連して、賈誼『新書』巻一益壌篇に

高皇帝瓜分天下、以王功臣、反者如蝟毛而起。高皇帝以為不可、剽去不義諸侯、空其国、択良日、立諸子洛陽上東門之外。諸子畢王、而天下乃安。

とある。かりに漢が中央集権化をめざしていたのであれば、異姓諸侯王を廃したときは関東を直轄の郡にする絶好の機会であったはずなのに、異姓諸侯王の故地を直轄地にすることなく、同姓の諸侯王を封じて封建体制を存続させている。その結果、天下が安定するのであるから、この措置も関東の分立志向との妥協の上にたってなされたと推測される。

さらに『史記』巻九九劉敬列伝をみると、劉敬は、前漢初期の関東には斉の諸田氏、楚の昭・屈・景氏、燕・趙・韓・魏の王族の後裔がいまだ強い勢力をもっており、もし彼らが各地で反乱をおこせば漢王朝の脅威になるであろうとのべている。現実にはこの時期の旧王族にはそれほどの勢力はなかったのであるが、関東で反漢王朝的行動の核となるだけの伝統的な声望はもっていたのであろう。『史記』巻九三韓王信列伝によると、高祖七（前二〇〇）年、韓王

信の匈奴投降後、その将であった曼丘臣・王黄は戦国趙の末裔の趙利を王に擁立し、韓王信の敗残兵を収めて漢を攻めようとしているのである。劉敬の上言と、それにしたがって高祖が九（前一九八）年に旧王族と「豪桀・名家」の計十余万口を徙した政策は、関東の民間にみられた分立志向に対応する政策の一つといえよう。

以上のべたように、秦末・前漢初期の関東に分立志向がみられたが、これは旧六国の後裔などにかぎられたものではなく、民間に幅広くみられた。それを主体的に表現していたのは、この時期の民間の輿論を指導・代表していた父老・豪傑とよばれる層である。

父老については守屋美都雄氏以来、多くの研究がある。それらによれば、秦末から前漢初期にかけての父老は経済力をもつ高齢の有徳者で、周辺の子弟層を指導し、里・郷・県などの地域社会の輿論を代表する階層であり、父兄・長老などともよばれていた。この父老の存在を前提として、漢王劉邦は漢王二（前二〇五）年二月に郷三老・県三老をおき、地域社会と県の行政との調整にあたらせた。[12] 一方、丹羽兌子氏によると、豪傑（豪桀）は一般には任侠的性格の人間関係をもつ地方の有力者をさしている。[13] 父老と豪傑について、『史記』巻八高祖本紀の漢王元（前二〇六）年一〇月の条をみると、咸陽に入城した劉邦は「諸県の父老・豪桀」と法三章を約するときに「父老」と呼びかけている。このことは、少なくとも秦末・前漢初期の父老と豪傑が、実態においてあい近い存在であったことをしめしている。父老・豪傑層はその後、経済力を増大させて豪族化することもあったし、豪族化しない場合も豪族と結びついて、地域社会に一定の影響力をもっていた。

父老・豪傑層は漢王朝成立時にきわめて重要な役割をはたしている。『史記』高祖本紀によると、劉邦は、秦二世元（前二〇九）年に沛の父老の支持のもとに遊侠集団から政治集団へと性格をかえて沛公となり、子弟二〜三千人を徴発したが、その後も漢王元年に咸陽に入城して諸県の父老・豪傑と法三章を約し、漢王二年に陝県で関外の父老を鎮撫し、漢王四（前二〇三）年には項羽との決戦中に関中にもどって櫟陽（やくよう）の父老を存問したというように、父老の支持をえて支配権をかためるという方式を一貫してとりつづけている。

楚漢の交の将軍で、父老・豪傑層の支持をえて支配権をかためたのは劉邦にかぎらない。たとえば、陳勝は陳県の三老・豪傑の推戴で王となって張楚を建国した（『史記』巻四八陳渉世家）。王に即位したばかりの陳勝の命令で趙の平定に向かった武臣は、趙地の豪桀の支持のもとで兵卒数万人を徴発して趙王となり（『史記』巻八九張耳・陳余列伝）、趙王武臣が派遣した韓広は戦国燕の旧貴人・豪傑の後押しで燕王となった（『史記』陳渉世家）。項羽も江東の父兄の支持をえて子弟八千人を動員し（『史記』巻七項羽本紀）、楚の懐王から魯公に封ぜられると、魯の父兄は項羽に厚い忠節をしめしていた（『漢書』高帝紀の五年の条）。また次節でも簡単に紹介するように、漢王劉邦に封建された趙王張耳・梁王彭越、劉邦の即位後に封建された長沙王呉芮なども、各地で民心をえていたのである。

こうした状況の中で、劉邦および漢王朝はどのような方法で天下を統一し、分立志向をもつ関東の父老・豪傑層を国家体制の中に組みこもうとしたのであろうか。

三　前漢初期の対関東政策

劉邦が父老・豪傑層の支持をえることを通じて支配権をかためていたとすれば、当然、劉邦自身ないしはその直属の武将たちが出撃して平定し、父老・豪傑層の支持をえられた地域はどこであり、直接平定できなかった地域はどこなのかを確認しておく必要がある。

『史記』巻八高祖本紀を中心に、『漢書』巻一高帝紀などや最近の研究(14)にしたがうと、劉邦は秦二世元（前二〇九）

年九月、沛県の父老の支持のもとに沛公として挙兵して以降、碭・豊・薛などで活動してまわり、秦二世二年の後九月に碭郡長となり、翌年、陳留・白馬・開封をえて洛陽・函谷関から関中へ進撃しようとしたが、五月、趙の別将司馬卬に敗れた。劉邦は戦略を転換してまず南陽郡を平定し、武関から関中に入り、漢王元（前二〇六）年一〇月、覇上で秦王子嬰の投降をうけて咸陽に入城し、諸県の父老・豪傑と法三章を約した。同年正月に西楚覇王項羽から漢王に立てられた劉邦は四月に封地漢中にむかった。八月に反攻にでた漢王はまず雍王章邯を、漢王二年一〇月には塞王司馬欣・翟王董翳をくだして関中を平定し、河南王申陽をくだして陝県で関外の父老を鎮撫し、一一月に韓王鄭昌をやぶった韓王信を立て、三月までに河南・河東・河内の三河郡の地をおさえた。劉邦は、項羽が斉を攻めていた虚をついて四月にみずから楚都彭城に入城したが、項羽の反撃をうけて大敗し、滎陽に逃げこんだ。漢王は随何に九江王英布を説得させて漢にしたがわせる一方で、何とか体勢を立てなおし、以後、漢王四（前二〇三）年七月まで滎陽・広武山の周辺で両勢力の一進一退の攻防がつづいた。その間に韓信・彭越・張耳らが魏・代・趙および斉をくだし、燕王臧荼を説得して服従させて漢有利の状勢をつくった。劉邦と項羽は鴻溝を境界とする講和をむすんだが、翌年、漢王劉邦は楚にもどる西楚覇王項羽を急追して陳下で滅ぼした[15]。その後、劉賈らは臨江王共尉を撃破している。

劉邦直属の武将では、劉邦が武関から関中へ入るのと並行して、酈商が漢中と蜀を平定し、林摯は雍王章邯が任命した蜀郡守を斬り（『漢書』巻一六高祖功臣表の曲周景侯酈商・平棘懿侯林摯の項）、漢王劉邦が関中への反攻に出発するとき、丞相の蕭何は漢中にのこって民心を鎮撫し、教えさとし、軍糧を集めている（『漢書』巻三九蕭何伝）。同じく関中反攻の時以降、漢王は樊噲などの諸将に隴西・北地・上郡の地を平定させている（『史記』高祖本紀）。

このように、劉邦とその直属の武将たちが直接平定し、皇帝即位時に基盤としていたのは、関中・漢中・巴・蜀と隴西・北地・上郡という函谷関以西のほか、関東では三河（河南・河東・河内）郡や南陽郡などであり、これらの地域では劉邦は父老・豪傑層の支持を獲得できたといえよう。高祖が郡県制を施行した地域もまさにこれらの地域であった。他方、劉邦が蜂起直後に獲得した沛・碭地方は、その後、項羽の掌握に帰していた。また項羽を滅ぼすときに楚の一部に攻め入ったのは他の将軍たちとの共同行動であり、劉邦が楚の父老・豪傑層の支持をえたとはいいがたい。それ以外の韓・魏・趙・燕・斉や長江地方には劉邦は足をふみいれていない所が多く、当然、父老・豪傑層との関係もなかった。

劉邦は、直接掌握していなかった関東をどのようにして漢王朝の支配下にいれたのであろうか。『史記』・『漢書』の本紀や表、各異姓諸侯王の列伝によって簡単にみておこう。

漢王劉邦は、旧韓王族で韓将として韓を平定した韓王信を漢王二（前二〇五）年一一月に韓王に封じ、趙で民心を獲得して趙を平定していた張耳を漢王四年一一月に趙王に封じた。斉地では、韓信が斉王田広を滅ぼして斉王となることを要求してくると、漢王四年二月にそれを認めた。ただし劉邦の皇帝即位の直前に韓信は楚王にうつされ、斉地は一旦郡とされる。淮南地では、項羽から九江王に封ぜられていた英布が漢王劉邦にしたがい、漢王四年七月に同じ地で淮南王に封ぜられ、燕地では、項羽から燕王に封ぜられていた臧荼が漢王劉邦に服従し、燕王としての地位と支配権を承認された。項羽の根拠地であった楚地は漢王劉邦が諸将軍と共同で平定したが、皇帝即位直前の漢王五年正月に、楚の風俗に通じていた韓信を斉王から楚王にうつし、魏地（梁地）では、魏相国の彭越が民衆の支持をえて平定していたために梁王に封建された。江湖の間で民心を獲得していたもとの衡山王呉芮は、劉邦の即位直後に長沙王に封ぜられた。このように、劉邦は諸将軍を異姓諸侯王として封ずることによって、関東の諸地域を一応漢王朝の支配下に組みこんだのである。

『史記』劉敬列伝をみると、高祖五年に即位して洛陽に滞在している高祖劉邦に謁見した戍卒の劉敬は、洛陽に都

をさだめることが不当であるといい、その一因として

使天下之民肝脳塗地、父子暴骨中野、不可勝数。哭泣之声未絶、傷痍者未起。

とのべる。ここの「天下」とは、劉邦と項羽が戦った関東のことであり、その民は未だ傷がいえていないのである。その関東の民衆と直接的接触のない高祖劉邦は、直接支配するのではなく、異姓諸侯王を通じて間接的に支配することになった。

同姓の諸侯王が封ぜられたあとの趙の記事であるが、高祖一〇（前一九七）年に、趙相国の陳豨がおこした反乱に関連して、『漢書』高帝紀下の高祖一〇年九月の条に

上自東至邯鄲。……上令【趙相】周昌選趙壮士可令将者。【周昌】白見四人。……上封各千戸、以為将。左右諫曰、「従入蜀・漢伐楚、賞未徧行。今封此、何功」。上曰「非汝所知。陳豨反、趙・代地皆豨有。吾以羽檄、徴天下兵、未有至者、今計唯独邯鄲中兵耳。吾何愛四千戸、不以慰趙子弟」。皆曰「善」。

とある。趙地には楚漢の交から高祖八年まで趙王の張耳・張敖父子がいて、その父老・豪傑層の支持を取りつけており、高祖九年に劉如意を代王から趙王に徙封したとはいえ、この地域に漢の勢力は十分には浸透していなかった。それゆえに、陳豨の乱にあたり、高祖は趙の子弟、ひいては父老・豪傑層の支持をえるために、漢王時代からの功臣に先んじて趙の壮士四人を千戸の列侯に封じたのである。趙地でこのようであったとすると、他の地域においても同様に父老・豪傑層が異姓諸侯王を支持していたことは容易に推測される。

それでは、父老・豪傑層の諸将軍・諸王に対する支持がどの程度のものであったのか、趙地を例にとってみておこう。『史記』張耳・陳余列伝によると、張楚王陳勝が将軍として趙地に派遣した陳人の武臣は、まず趙の豪傑を説得して支持を獲得し、数万人の兵卒を徴発して趙王に即位した。武臣が殺害されると、趙の実力者となっていた張耳・

陳余（ともに魏の出身）は、「他国出身者は、戦国趙の王室の後裔を擁立することが趙の父老・豪傑層の支持獲得につながる」とすすめられ、趙歇を趙王にたてた。趙歇は漢王三（前二〇四）年に韓信・張耳にとらえられ、その翌年に漢王は張耳を趙王に封じている。

　趙以外でも王が短期間にかわった例はみられる。たとえば斉では、秦二世年間（前二〇九〜前二〇七）に旧王族の田儋・田仮・田市があいついで王となったが、漢王元（前二〇六）年以降には、もと斉将の田都、もと斉相の田栄、もと斉王の田仮、田栄の子の田広というように田氏の内部で王位をあらそい（以上、『史記』巻一六秦楚之際月表）、漢王四年には漢将の韓信が斉王に封ぜられた（『漢書』高帝紀）。燕でも、趙王武臣が派遣した上谷郡出身の韓広が戦国燕の旧貴人・豪傑の後押しをうけて燕王となり（『史記』巻四八陳渉世家）、ついで燕将の臧荼が項羽から燕王に封ぜられ、漢の高祖五年に臧荼が反すると、高祖劉邦は幼友達で漢太尉の盧綰を燕王に封じている（『漢書』高帝紀）。父老・豪傑層の支持は、もとの王族でも他国出身者でも、自分たちの権益をまもってくれればよいというものであった。

　関東の父老・豪傑層の諸将軍・諸王に対する支持がその程度のクールなものであったとしても、関中を基盤とする高祖劉邦は、そのクールな支持すらいまだ獲得しておらず、諸将軍を諸侯王に封じ、異姓諸侯王を介して間接的に関東を統治していかざるをえなかった。しかし異姓諸侯王は漢王朝を脅かすものとみなされ、高祖一代の間に長沙王呉芮をのぞいて廃され、そのあとには同姓の諸侯王がおかれた。異姓諸侯王から同姓の諸侯王への交代がスムーズに行なわれた背景として、異姓諸侯王と父老・豪傑層との関係がクールなものであったこと、異姓諸侯王に認められた権限とほぼ同じ権限が同姓の諸侯王に認められるかぎり、封建当初にはたとえ自分たちとの関係が薄くても、同姓の諸侯王の方が直轄の郡より有利になることを関東の父老・豪傑層が感じとっていたことが考えられよう。

　それでは、関東の分立志向を主体的に表現していた父老・豪傑層に対して中央朝廷はどのような政策をうちだしたのであろうか。その政策の第一にあげられるのは、各地の旧王族とともに、富裕な豪傑層を関東から関中に徙してその在地性を断ちきる徙民策である。前節で紹介したように高祖九年には斉の諸田氏、楚の昭・屈・景氏などと「豪桀・名家」の合計十余万口を徙した。しかしこの政策には、すべての（父老・）豪傑層を徙すことは不可能であるし、一定の豪傑層を徙せば、かわりの新しい豪傑層が成長してくるという限界がある。

第二に、故地にとどまったり、新たに成長してきた父老・豪傑層に対しては、慎重な政策をもって漢の体制下に組みこむ策を講じる必要がある。『史記』巻五四曹相国世家には、曹参が斉悼恵王劉肥の丞相であった恵帝元（前一九四）年ころのこととして

【曹】参之相斉、斉七十城。天下初定、悼恵王富於春秋。参尽召長老・諸生、問所以安集百姓、如斉故俗。諸儒以百数、言人人殊、参未知所定。聞膠西有蓋公、善治黄老言。使人厚幣請之。既見蓋公。蓋公為言「治道貴清静、而民自定」。推此類、具言之。参於是避正堂、舎蓋公焉。其治要用黄老術。故【参】相斉九年、斉国安集、大称賢相。

とある。曹参は斉の政治にのぞむにあたってまず「長老・諸生」、すなわち父老層や儒学を学んでいた有力者かその一族をめしだして、「百姓を安集し、斉の故の俗の如くする所以」を問うている。ただ、各人の回答が帰一しなかったため、黄老の術をおさめた蓋公（こうこう）なる人物をもとめ、「治道は清静を貴ばば、民　自ら定まらん」という方針にしたがった結果、「斉国安集し、大いに賢相と称さ」れた。すなわち曹参は斉人の要望にしたがい、父老・豪傑層を反漢王朝的行動に走らせないという政治手法をとったことになる。

それでは、領国内の父老・豪傑層と妥協して反漢王朝的行動に走らせないという政治手法は、当時、特殊なものだったのであろうか。つとに増淵龍夫氏が指摘したように、前漢初期に郡・国の守・相などの要職についた人物に共通し

てみられる生活感情は、黄老の言をこのみ、任俠をよろこぶものであり、政治面では、微細なことは見のがして政治の大綱をすべるものであった[16]。斉の丞相として黄老の言にしたがって政治を行なった曹参は、そうした政治家の代表である。そのほか、若いころ読書を好んで黄帝・老子の術を治めていた陳平は、恵帝・呂后・文帝期に丞相をつとめ（『漢書』巻四〇陳平伝）、剣を喜び、黄老の術を学んでいた田叔は趙王張敖の郎中から高祖劉邦に認められて漢中郡守を十数年つとめ、景帝期には魯国相となり（『史記』巻一〇四田叔列伝）、黄老の言を学んだ張釈之は文帝期に廷尉、景帝期に淮南相となり（『史記』巻一〇二張釈之列伝）、文帝期に郎から太中大夫まで昇進し、景帝期に御史大夫になった直不疑は老子の学を学び、政治は前例にしたがう人物であった（『史記』巻一〇三直不疑列伝）。黄老の言との親近性が指摘される任俠の士として、増淵氏は、田叔と同時に雲中郡守に任ぜられた孟舒（『史記』田叔列伝）、文帝期の河東郡太守季布、燕国相欒布、呉国相竇嬰、文帝・景帝期の呉国相・楚国相の爰盎、景帝期の代国相灌夫（以上、それぞれ『史記』本伝）をあげている[17]。このようにみてくると、曹参のような政治手法は前漢初期には決して特殊なものではなく、当時かなり広く見られたと確認され、とくに諸侯王国の丞相に多いことが注目される。

第一節でみたように、『史記』・『漢書』は異姓諸侯王と同姓の諸侯王の権限のうち人事権と徴税役権を特記していた。このことは、諸侯王の権限の中では人事権と徴税役権に大きな意味があったことを示唆する。一般に人事権と徴税役権は国家機能の重要な部分をしめるが、同時に人事は地方における行政の具体的な運用とかかわってくるし、税役の課徴は国家・地方の財政のほかに、父老・豪傑層以下の民衆に課せられる負担と直接的な関係をもっている。かくて、諸侯王に認められたこれらの権限は、漢の中央政府が関東の父老・豪傑層、ひいては民衆に従来からの習慣・権益を保障してやる妥協の一つになっていたと推測される。以下、そうした視点から、諸侯王に委譲されたこれら二つの権限のうち、本稿では人事権について具体的に検討し、徴税役権については別の機会にゆずろう。

四　諸侯王に委譲された人事権の意味

景帝の中元五年以前の諸侯王国には、太傅・相国・丞相・内史・中尉のほかに御史大夫・廷尉・少府・宗正などの諸官が中央朝廷と同様におかれ、これらのうち、太傅・相国・丞相以外の官は、治民の官、諸侯王家の官ともに基本的に諸侯王国任命であった。

異姓諸侯王国の人事については必ずしも史料が多くないのであるが、本来、臣属や客を多くかかえていた異姓諸侯王は、委譲された人事権によって彼らを諸官に任用したのであろう。同時に、領国の父老・豪傑層の支持を維持していくために、領国内からも人材を登用していたようである。『史記』巻一〇四田叔列伝をみると、田叔は斉の田氏の末裔ながら趙に定着しており、剣術と黄老の術とを学べる環境にあり、地元の年長者と親しく交わっていたことなどからみて、趙の父老・豪傑層につらなる人物と考えられるが、趙人や趙相趙午の紹介をうけ、趙王張敖によって郎中に任用された。その後、趙相趙午・貫高らの謀反に連座して趙王張敖が逮捕されたとき、朝廷の禁止にもかかわらず、田叔らは張敖にしたがって長安に行っている。張耳・張敖父子に対する趙の支持が厚かったことをしめすものであろう。すなわち異姓諸侯王は自分自身の臣属・客のほかに、領国の父老・豪傑層ないしはその関係者を任用して支配にあたっていたとみてよかろう。

他方、同姓の諸侯王国ではどのような人物が官吏として任用されていたのであろうか。同姓の諸侯王は、封ぜられた当初は基本的に股肱の臣となる臣属・客をもたなかったが、成長してくると賓客をあつめることもみられた。たとえば、楚王劉交は、若いころ『詩経』をともに学んだ魯の穆生・白生・申公を中大夫に任用し（『漢書』巻三六楚元王伝）、呉王劉濞は斉の鄒陽や呉の厳忌・枚乗など四方の遊説の士を任用し（『漢書』巻五一鄒陽伝）、梁王劉武は羊勝・公孫詭・鄒陽など山東（＝関東）の遊説の士を広くあつめている（『史記』巻五八梁孝王世家）。以上は平時に諸侯王が賓客をあつめていた事例である。そのほか『漢書』巻四四淮南王長伝には、反を謀る淮南王劉長が、漢直轄の郡や他の諸侯王国出身の人や、罪をのがれて逃げてきた人物をうけいれて、爵や俸禄・田宅をあたえたとある。しかし賓客だけで同姓の諸侯王国の官吏がしめられていたわけではない。

『史記』呉王濞列伝によると、呉の太子の師傅は「楚人」とあるが、『史記会注考証』にひく銭大昕が「呉の師傅は、当に是れ呉人なるべし。而して史　楚と称するは、戦国の時、呉越の地　皆な楚に併せらるればなり」とのべる通りであろう。この師傅はしかるべき学問をおさめた父老・豪傑層の出身であろう。また『史記』巻一〇八韓安国列伝に

御史大夫韓安国者、梁成安人也。後徙睢陽。嘗受韓子・雑家説於騶田生所。事梁孝王、為中大夫。呉楚反時、……

とあるように、梁の中大夫の韓安国は梁人であり、しかも騶の田生に韓非子・雑家の説を学んでいるから父老・豪傑層の出身であろう。さらに前節に引用した『漢書』高帝紀下の高祖一〇年の条をみると、陳豨の乱にさいして趙の邯鄲に入った高祖は趙丞相の周昌に、趙の壮士で将とすべき者四人をえらばせて列侯に封じている。前年に趙に入ったばかりの周昌（『漢書』巻一九・百官公卿表下）がすぐに四人を選出したということは、彼らが周昌の周辺でしかるべき官職についていたためとみてよい。そしてこの四人は趙の子弟を統率するのであるから、父老・豪傑層の出身であったことは明らかである。

このように、同姓の諸侯王国でも、賓客や領国の父老・豪傑層出身の人物から官吏が任用されていた。前漢初期の諸侯王国に何人くらいの官吏がいたのか、史料がなくて明らかにしがたいが、景帝の中元五年の官制改革よりのち、昭帝の死（前七四）後に帝位につくべく長安に徴された昌邑王劉賀は、長安にむかう途中に「郎・謁者五十余人」を

昌邑にもどらせた（『漢書』巻六三昌邑王賀伝）。また劉賀の廃帝後、劉賀を補導できなかった昌邑国の「羣臣……二百余人」は殺されている（『漢書』巻六八霍光伝）。途中で昌邑にもどされた五十余人は、郎・謁者という比二百石以上の命官である。廃帝後に殺された羣臣二百余人も補導の責任を問われているから、比二百石以上の命官が中心であろう。これら二五〇人強のほかに、昌邑国にのこされた官、殺されなかった官、百石以下の吏をあわせると、昌邑国には優に三〇〇人をこえる官吏がいたことになる。この数字は諸侯王家の官にかぎられるが、前漢初期にさかのぼると、諸侯王家の官の数はふえるし、内史・郡守や県の令・長以下の治民の官も、諸侯王国の官吏にふくまれることになる。それらをすべて合計すると、封国の大小によるが、一〇〇〇人から二〇〇〇人、さらにそれをこえることもありえたであろう。これだけの官吏を同姓の諸侯王が賓客だけでまかなったとは考えられず、その多くは領国内の父老・豪傑層の出身であったと考えるのが自然であろう。

それでは、前漢初期の諸侯王国任命の官吏はどの程度の実権をにぎっていたのであろうか。中央任命の太傅は諸侯王の教育が任務であり、基本的に行政とは関係をもたなかった。諸侯王国の行政は、中央任命の相国や丞相の統轄のもとに諸侯王国任命の内史・郡守や県・道の令・長以下の治民の官が担当することになっていた。このように丞相は一応行政を統轄する位置にいたのであるが、諸侯王自身が成長してくると、丞相が、実務にあたる内史・郡守以下の治民の官から遊離する傾向もでてきたようである。たとえば『史記』巻五二斉悼恵王世家には、悼恵王劉肥の任命で斉内史になった魏勃について「悼恵王卒して哀王立つに及び、勃　事を用ふること、斉相【召平】より重し」とあるように、内史の権力が丞相を凌駕することもあった。さらに同世家には、諸呂の謀反に対して斉哀王劉襄が兵をあげようとする非常時に、斉相召平が斉王国任命の諸官から完全に遊離して自殺においこまれ、斉王は舅父（＝母方のおじ）の駟鈞を丞相に任命したことがみえる。

同様のことは他の諸侯王国でもみられたようである。文帝期の賈誼は、大きな権限をもつ諸侯王がいるのに天下が安寧であるのは、諸侯王が幼弱で、中央任命の太傅・丞相に実権があるからであるが、数年後に諸侯王が成人に達すると太傅・丞相はやめさせられ、諸侯王の私人に政治をまかせることになろうとのべている（『漢書』巻四八賈誼伝）。この発言は済北王劉興居の反、淮南王劉長の謀反をうけており、現実味をおびている。

漢王朝は、関東の父老・豪傑層との妥協の一つとして、関東に諸侯王国をおき、諸侯王に人事権を認めて、父老・豪傑層が内史・郡守以下の治民の官に就任して自分たちが希望する行政をすすめることを事実上容認した。その結果、高祖劉邦が即位して二〇年余り、文帝即位のころまで、関東の父老・豪傑層を反漢王朝的行動に走らせたことはないから、この階層を漢王朝が設定した諸侯王国体制の中に組みこむことに一定程度成功したといえよう。

ただし中央朝廷と諸侯王国とをむすぶ事実上唯一の絆であり、諸侯王国の行政を統轄していた丞相が諸侯王国の官制から遊離する傾向がでてきた。その流れの中で文帝の前元三（前一七七）年に済北王劉興居が反し、前元六（前一七四）年に淮南王劉長の謀反が発覚し、景帝の前元三（前一五四）年には呉楚七国の乱がおこった。これらの反乱・謀反は父老・豪傑層ではなく、成長した諸侯王たちが引きおこしたものである。しかし諸侯王国の体制に組みこまれていた在地の父老・豪傑層やこの階層出身の官吏は、呉楚七国の乱をみるまでもなく、これらの反乱・謀反に協力していたと推測され、少なくとも反対する勢力が強かったようにはみえない。中央朝廷としては、諸侯王およびその地域の父老・豪傑層に対する優遇策を見直しつつ、他方でそれを温存する必要がつづいていたといえる。

景帝の中元年間、中央朝廷は諸侯王に対して、行政権を回収し、官制を改革し、公財政を中央に回収して郡同様に管理する一方で、諸侯王の私奉養を中心とする私財政は諸侯王にのこしている[18]。父老・豪傑層にとっては、官制改革によって御史大夫・廷尉・少府・宗正・博士が省かれ、大夫・謁者・郎のほか諸官の長・丞が削減され、比六百石以上の官は基本的に中央任命、四百石以下だけが諸侯王国任命とされたため、[19] 諸侯王家の官の高官には就任しにくくなった。ただし、昭帝死亡後の昌邑国に優に三〇〇人をこえる諸侯王家の官がいたことから推測できるように、四百石以下の郎・謁者などの官に就任する機会は一応確保されている。この点では、郡の父老・豪傑層よりも優遇されている。また治民の官は、景帝の中元五年に県の令・長・丞・尉をふくむ比二百石以上の官は中央任命とされ、百石以下の属吏だけが現地任命となった。しかし父老・豪傑層以下の民衆にとって現実の生活で利害関係があるのは、諸侯王家の官や、県の令・長・丞・尉ではなく、百石以下の属吏層が処理する実務である。この点については、郡の父老・豪傑層と同じ待遇といえよう。

それでは、前漢初期に諸侯王国の父老・豪傑層から中央朝廷の比二百石以上の命官への登用の機会は開かれていたのであろうか。賢良・方正などの制挙の察挙の主体は、文帝の前元一五（前一六五）年九月に「諸侯王・公卿・郡守」とあり、景帝の中元五年以前にも諸侯王国では郡同様に察挙が行なわれていた。制挙以外にも、命官に登用される任子・富訾などの仕途があったが、[20] それを景帝の中元五年以前についてみると、[21] 代国大陵県出身の衛綰は特殊技能（戯車）で郎となって文帝に仕え（『漢書』巻四六衛綰伝）、梁国任城県出身の周仁は特殊技能（医）で文帝期に太子舎人になり（『漢書』巻四六周仁伝）、斉国出身の轅固は学問（『詩経』）で景帝期に博士となった（『漢書』巻八八儒林・轅固伝）というように、前漢初期にも諸侯王国の父老・豪傑層が中央朝廷に登用される機会は存在していた。

景帝の中元五年以降も、比二百石以上の命官へ登用する制挙や任子などの仕途は存続するが、武帝期以降になると、『漢書』巻六武帝紀の元光元（前一三四）年一一月の条に「初めて郡・国をして孝廉各一人を挙げしむ」とあるように、孝廉の察挙が官吏登用の中心的な制度となる。孝廉は郡と諸侯王国で何一つ差のない対等な条件で運用されている。

前漢初期の諸侯王には人事権が認められており、その父老・豪傑層は直轄の郡の父老・豪傑層より有利な待遇をうけていたが、景帝の中元五年の改革によりその待遇は幾分不利になった。しかし直轄の郡の父老・豪傑層より劣悪な待遇になることはなかったのである。

むすび

漢王朝が長期政権を確立した要因の一つとして郡国制を採用したことがあげられる。郡国制採用の背景について、これまで支配する側だけをみていくつかの見解がだされてきたが、本稿では視点をかえて、前漢初期の諸侯王封建には関東の父老・豪傑層や、その指導下にある民衆の支持を獲得して反漢王朝的行動に走らせないようにしようとする意図もあったという側面から考察してきた。

すなわち、項羽・劉邦など、楚漢の交の将軍たちは、地域社会の輿論を代表し、周辺の子弟を指導していた父老・豪傑層の支持をえることによって支配権をかためるという一面をもっていた。その中で漢王朝をたてた高祖劉邦は、関中・漢中や巴・蜀などの函谷関以西と、関東では三河郡や南陽郡などを直接平定し、そこの父老・豪傑層の支持を獲得して郡県制を施行したが、関東の韓・魏・趙・燕・斉・楚の地や長江地方には足もふみいれていない所が多く、父老・豪傑層の支持もえていなかった。これらの地域は、各地で勢力を確立し、劉邦を皇帝に推戴してくれた将軍たちを、人事権・徴税役権などの大きな権限をもつ諸侯王に封建するかたちで漢王朝の支配下に組みこんだのであった。これらの異姓諸侯王が廃されたあとには同姓の諸侯王が封建されたが、彼らは劉邦が皇帝に即位したおかげで封ぜられたにもかかわらず、異姓諸侯王とほとんどかわらない大きな権限を認められていた。異姓と同姓の諸侯王にこれほどの権限を認めたのは、高祖劉邦が、関東で分立志向をしめしていた父老・豪傑層、ひいては民衆に従来からの習慣・

権益を保障し、反漢王朝的行動に走らせないための妥協の一つであったと考えられる。この当時の諸侯王国には、封域内の行政にあたる治民の官と、諸侯王の尊貴性をたもつための諸侯王家の官がおかれ、しかも諸侯王に大幅な人事権が委譲されていたため、それぞれの地域の父老・豪傑層は、内史・郡守や県の令・長以下の治民の官に就任して自分たちがのぞむ行政をすすめるほかに、諸侯王家の官の高官に任用されやすいという点で、直轄の郡の父老・豪傑層より有利な待遇をうけていた。景帝の中元五年の改革により、その待遇は幾分不利になったが、直轄の郡の父老・豪傑層より劣悪な待遇になることはなかった。

こうみてくると、漢王朝が郡国制を採用した背景の一つとして、関東の父老・豪傑層などに従来からの習慣・権益を保障し、彼らを漢王朝が設定した諸侯王国体制の中に組みこむという意図があったと考えられる。人事権とならぶもう一つの徴税役権が郡国制採用とどのような関係にあったのかについては、機会をあらためて考察したい。

注

（1）以下の背景1・背景2の記述は、冨谷至氏の概説「漢帝国の発展――前漢時代」（永田英正編『アジアの歴史と文化』一『中国史――古代』、同朋舎出版、一九九四年）を参考にした。

（2）浅野裕一「漢帝国の皇帝概念（一）――高祖の皇帝観」（浅野著『黄老道の成立と展開』、創文社、一九九二年）が、沛の農民の子である劉邦を中心とする漢王朝は、功臣を諸侯王・列侯に封建することを前提に成立した王朝であるとみるのは、背景1の一種とみてよかろう。

（3）杉村伸二「郡国制の再検討」（『日本秦漢史学会会報』六、二〇〇五年）参照。

（4）異姓諸侯王のうち、趙王張敖には特別な軍事上の功績はないが、父の趙王張耳のあとをついだ二代目である。張耳は典型的な異姓諸侯王といえる。

（5）鎌田重雄「漢朝の王国抑損策」（一九五七年初出、鎌田著『秦漢政治制度の研究』、日本学術振興会、一九六二年）、拙稿「前漢諸侯王国の官制――内史を中心にして――」（『九州大学東洋史論集』三、一九七四年）など参照。

（6）原文の「御史廷尉正博士」には脱文があり、正しくは「御史廷尉少府宗正博士」であったことは、注（5）所掲の拙稿「前漢諸侯王国の官制――内史を中心にして――」で指摘した。

（7）鎌田重雄「相国と丞相」（一九五四年初出、鎌田著『秦漢政治制度の研究』、日本学術振興会、一九六二年）参照。

（8）高祖七年以降、中央任命の「趙相国」陳豨が『史記』巻九三陳豨列伝などにみえるが、陳豨は高祖七年の代王劉如意の封建で代相国に就任し、高祖九年に劉如意が趙王に徙封されて趙相国となったのであり、張敖の趙王国とは関係ない。

（9）拙稿「前漢諸侯王国の財政と武帝の財政増収策」（『福岡大学研究所報』三七、一九七八年）参照。

（10）布目潮渢「前漢の諸侯王に関する二三の考察」（一九五三年初出、布目著『布目潮渢中国史論集』上巻、汲古書院、二〇〇三年）は丞相にあたえられたとのべ、大庭脩「居延出土の詔書断簡」（一九六九年初出、大庭著『秦漢法制史の研究』、創文社、一九八二年）は諸侯王自身に賜与されたと主張する。

（11）賈誼『新書』が史料として信頼性が高いことについては、工藤卓司「賈誼と『賈誼新書』」（『東洋古典学研究』一六、二〇〇三年）、城山陽宣「賈誼『新書』の成立」（『日本中国学会報』五六、二〇〇四年）などを参照。

（12）父老・三老については、守屋美都雄「父老」（一九五五年初出、守屋著『中国古代の家族と国家』、東洋史研究会、一九六八年）、五井直弘「後漢王朝と豪族」（一九七〇年初出、五井著『漢代の豪族社会と国家』、名著刊行会、二〇〇一年）、重近啓樹「前漢の国家と地方政治――宣帝期を中心として――」（『駿台史学』四四、一九七八年）、鷹取祐司「漢代三老の変化と教化」（『東洋史研究』五三―二、一九九四年）、王愛清『秦漢郷里控制研究』（山東大学出版社、二〇一〇年）第一章・第六章など参照。

（13）丹羽兌子「漢代における豪傑について」その一（『名古屋大学文学部研究論集』史学二一、一九七四年）参照。丹羽氏によると、豪傑にはその他に、楚漢の交の武装集団の長、郡国制の時代に各諸侯王国をわたりあるいた遊説家・賓客という意もあった。

（14）堀敏一『漢の劉邦——ものがたり漢帝国成立史——』（研文出版、二〇〇四年）、佐竹靖彦『劉邦』（中央公論新社、二〇〇五年）、同『項羽』（中央公論新社、二〇一〇年）、藤田勝久『項羽と劉邦の時代』（講談社、二〇〇六年）など参照。

（15）項羽が敗北した土地について、『史記』・『漢書』は「垓下」と「陳下」という二つの地名をあげ、一般には垓下が正しいと理解されているが、注（14）所掲の佐竹靖彦『劉邦』の第二十章・終章と同『項羽』の第九章は、辛徳勇「論所謂〝垓下之戦〟応正名為〝陳下之戦〟」（中国社会科学院『歴史研究所学刊』一、二〇〇一年）などの説をうけて陳下説をとっている。ここではこれにしたがう。

（16）増淵龍夫「漢代における国家秩序の構造と官僚」（一九五二年初出、増淵著『新版　中国古代の社会と国家』、岩波書店、一九九六年）参照。

（17）注（16）所掲の増淵龍夫「漢代における国家秩序の構造と官僚」第三節参照。

（18）注（9）所掲の拙稿「前漢諸侯王国の財政と武帝の財政増収策」参照。私財政の中心となる山川・園池・市井の税（の大部分）は武帝の元狩元（前一二二）年の淮南王・衡山王の謀反を契機に中央へ回収される。

（19）この段落に記述する景帝中元年間の諸侯王国の官制改革については、注（5）所掲の拙稿「前漢諸侯王国の官制——内史を中心にして——」参照。

（20）拙著『漢時代における郡県制の展開』（朋友書店、二〇〇九年）の第十章「両漢時代における県・道の長吏の任用形態とその変遷」で、前漢初期から武帝初期までの任子・富訾・遣策などの具体例をリストアップしている。

（21）以下、この段落でとりあげる人物の出身地の考察では、周振鶴『西漢政区地理』（人民出版社、一九八七年）を参照している。

前漢武帝期政治制度史序説

冨田健之

序

近年の出土史料の増加とともに活況を呈している漢代史研究について、阿部幸信は、「張家山二年律令を利用した漢初の制度史研究と、精緻な文献解釈に基づいた前漢末の礼制研究とは、前漢時代史にとどまらず、秦漢史研究全体の二大潮流をなしている」が、「しかし一方で、漢代史の一大結節点と目される武帝期についての検討が手薄になりつつあることは、それとして指摘しておかねばならない」と概括したうえで、さらに「確かに武帝期は、(中略)すでに研究され尽くした感の強い時代ではある。しかし、その前後の時代に対する認識が大きく変化しつつあるいま、中間に位置する武帝期に対する理解が、何らの変更をも迫られずに済むとは到底考えられない」と、改めて武帝期を対象とした研究の重要性を喚起している(阿部二〇〇九　一五五～一五六頁)。

さて、右で阿部が、秦漢史研究の二大潮流のひとつにあげている漢初の制度史研究に、阿部自身も関わっている漢初郡国制の再検討がある。これまでとかく否定的あるいは消極的評価にとどまっていた郡国制を、漢初という時代相のなかで改めて検討しようとするものである。そこでは、郡国制そのものの評価をめぐって、阿部と杉村伸二との間に見解の相違がみられるが、いずれにせよ、漢初の一時期、郡国制の採用によって皇帝支配は「後退」したが、その後一貫して諸侯王（国）抑圧の策が採られ、武帝期に中央集権的皇帝支配が「完成」する、といった文脈で語られてきた漢初史の見直しが進んでいる。となると、それにつづく武帝期の歴史的位置付けについても、その再検討・再評価が必然なものとなってくるであろう。小論において、武帝期の政治制度史を改めて取り上げる所以のひとつである。そして、いまひとつの理由は、漢初史研究の活況に刺激されたかたちで、武帝期を含めた前漢後半期の政治制度史に関しても、近年陸続と研究成果が発表されていることにある。「政策形成」という政治機能を措定して、武帝期以降後漢代にかけての政治体制あるいは皇帝支配の分析を目指している渡邉将智や、多くの研究蓄積を有する漢代監察制度史に関して、新しい視角でもって再検討を加えるとともに、そこから武帝期における政治体制の大きな変化の実相と意味を追求している福永善隆、そしていわゆる内朝外朝問題に関して、内朝の制度的分析と尚書との関係性の考察から、武帝期以降の政治体制を考究している米田健志、等々であり、いずれにあっても当該問題に関するこれまでの拙論が[1]、肯定的にあるいは否定的に取り上げられている。よって、武帝期の政治制度史を再論するにあたっても、まず彼らの所説を検討しておく必要があると考えた次第である。

小論は、こうした漢代の政治制度史に関わる近年の研究成果を取り上げ、検討することを通して、武帝期の歴史的位置付けについて改めて考え、それをふまえて武帝期あるいはそれ以降の政治制度史上の変化を如何に把握していくべきかといったことに関する私見を述べようとするものである。

一　漢初郡国制再評価の動きと武帝期の歴史的位置付け

漢初の郡国制から武帝期における実質的郡県制への転換という、漢代国制史上の変化については、一般的に次のように説明されている。[2] 漢朝は当初、秦の失敗に鑑み、あるいは諸王による推戴というかたちでの高祖の即位という状況から、郡県制と封建制を折衷させた郡国制を採用した。しかし、高祖や後継皇帝は全土に対する郡県制的な一元的統治体制による支配を志向し、諸侯王（国）に対する一貫した抑損政策と直轄郡県化の動きを推し進め、結果、呉楚七国の乱の勝利を経て、武帝期において実質的郡県制へと転換し、中央集権的皇帝支配の体制が完成した。しかし近年、序に述べたように杉村伸二ならびに阿部幸信によって、こうした通説的理解に再考を迫る研究が進められている。以下、二人の所説を概観し、それをふまえて武帝期の歴史的位置付けに関して少しく考えてみたい。

まず、杉村伸二の所説からみてみよう。杉村は、まず「景帝中五年王国改革と国制再編」〔杉村二〇〇四〕で、通説で漢初郡国制から実質的郡県制への転換の契機となったと解される、呉楚七国の乱後の景帝中五（前一四五）年に行われた王国改革の「負」の影響に注目し、改革が漢帝国にもたらしたものは領域面における「統一」に過ぎず、一方でその漢帝国を如何に統一的に統治していくかという新たな課題を発生させることになった。武帝期における種々の改革は、そうした課題に対する解決策であった、という見解を提示する。杉村は、それをふまえて通説にいう高祖以来の絶えざる一元的中央集権的支配への志向という流れが、果たして事実としてあったのかという疑問のもと、「郡国制の再検討」〔杉村二〇〇五〕で、漢初郡国制の再検討へと研究を進める。結果、郡国制という統治策は、広大な帝国をより有効に統治する方法として高祖により採用されたのであり、決して一時的な回避策であるとか郡県制と封建制の折衷策といったものではなかったこと、それ故に恵帝、呂后の代を経て文帝の治世に至っても維持され、郡国制による国制の整備が進められたことを指摘し、そうした点からみて、漢初以来一貫して一元的中央集権的支配が志向されたという理解のしかたは、統一を自明のものとする後世の歴史観に引きずられたものであったと論じた。それでは、景帝期に至って、何故に郡国制の利点を捨てて実質的郡県制への転換がはかられたのか。その点について杉村は、「前漢景帝期国制転換の背景」〔杉村二〇〇八〕で、高祖以来の宗室封建という大原則の維持は、やがて宗室成員の増加とそれにともなう封地をめぐる宗室間の軋轢を生むことになり、それが呉楚七国の乱を誘発する一因となった。乱後に封域を縮小して王国を増加させるという施策が講じられたものの、それは地方統治の質の低下という新たな問題を生じさせるなど、郡国制の弊害を増大させることとなった。そうした状況をうけて、景帝中五年の王国改革が断行され、封建の名目を残しつつ、諸侯王を王国統治から切り離すことによる実質的直轄統治へと舵が切られることになった、と説明する。さらに、こうしたかたちでの郡国制から実質的郡県制への転換がもたらした影響について、「それまで郡国制によって補われていた帝国統治の様々な問題が噴出することになり、それらはすべて武帝期に積み残された課題となった」〔二七頁〕と、改めて武帝期への「負の遺産」というとらえ方をしている。要するに、以上のような杉村の所説に依って立つならば、前漢武帝期という時代は、漢初以来の、否、戦国末以来の中央集権的支配に基づく「統一」に向けての歴史の流れの「完成期」という、これまでの位置付けとは違った様相を呈することになるとみてよいのではなかろうか。

一方、同じく漢初郡国制の再検討を行っている阿部幸信は、如上の杉村とは逆に、「郡国制」そのものを否定的にとらえる。まず「前漢時代における内外観の変遷――印制の視点から――」〔阿部二〇〇八a〕で、漢朝にとっての諸侯王は、異民族とともに「外」なるものと位置づけられていたが、武帝元狩年間〔前一二二～前一一七〕に至って、属吏任命権の回収や推恩の令など複合的要因によって「内」に取り込まれることとなった、という認識を示したうえで、次に「漢初『郡国制』再考」〔阿部二〇〇八b〕において、漢初の郡国制それ自体の検討を行い、漢初のいわゆる「郡国制」は「国内体制」ではないという立場に立って、漢初の諸侯王は漢の「外」にあって、漢とともに「天下を共有する体制」が築かれており、それは支配階層を構成する者たちにとっての共通利益であり、それを体現し護持し得る「適性」をもった者だけが支配者として認められていた。しかし、武帝期の対外戦争によって「天下の防衛」が至上命題となると、「天下を共有する体制」は相対的に軽視されるようになり、そのため諸侯王は漢の「内」へと取り込まれていき、結果、漢による「中国一統」に至った、と漢初の政治体制およびその展開を説明し、こうした「天下を共有する体制」という秩序をして、後世の視点から「郡国制」などという名称を付与し、ことさらに重い歴史的意義をもたせるべきではないと結論づける。さらに阿部は、「武帝期・前漢末における国家秩序の再編と対匈奴関係」（阿部二〇〇九）で、武帝期における「中国一統」をめぐる状況について、武帝即位当初の漢朝は、強大な私財政を基盤に依然として大きな勢力を有した諸侯王国の自立という情勢のもと、天下を「一統」したというにはほど遠いありさまであった。また、淮南王劉安らの不穏な動向や、強い影響力を行使する外戚田蚡の存在、そしてその両者が手を結ばんとする動きの顕在化など、即位当初の武帝の立場も相当に不安定なものであった。その武帝にしても、元光三（前一三二）年の黄河の決壊、いわゆる「瓠子の河決」への曖昧な対応とそれによる被害の拡大に対する責任回避ともとれる言動など、皇帝としての適性を疑わせるような一面も見せていた。しかし、衛青の過剰な反撃によって突発的に対匈奴戦争が開始され、本格化していくと、武帝はこの対匈奴戦争を利用しながら、「海内一統」を目指していくこととなる。すなわち、漢朝による王国財政あるいは王国人事権の回収が着々と進められ、諸侯王国を「内」なるものとして完全に包摂していき、またその過程で武帝即位当初の危機的状況も徐々に解消されていった。そして、元封元（前一一〇）年の封禅の挙行を経て「海内一統」が達成されることとなった、と論じている。こうしてみると、郡国制再検討の立場こそ違え、阿部も杉村と同様に、武帝期における一元的な中央集権体制による支配というものは、漢初以来の一貫した志向ではなく、極めて武帝期固有の問題としてみているようである。

ここまで概観してきた杉村と阿部の漢初郡国制をめぐる所論は、こと郡国制それ自体の歴史的評価という本筋のところでは、一八〇度異なった理解となっているが[3]、郡国制が実質的郡県制へと転換されていく武帝期の位置付けとしては、両者一致した見解に至っているとみてよいのではなかろうか。すなわち、漢朝の中央集権的皇帝支配のあり方というものは、高祖以来歴代皇帝によって志向され続け、その努力の賜物として武帝期に「開花」し、体制として「完成」されたのではなく、即位したばかりの武帝の前に「負の遺産」とともに突きつけられていたものであり、それ故に武帝即位当初の漢朝は天下を「一統」しているというにはほど遠いありさまであり、武帝という皇帝の立場も相当に不安定なものであったわけである[4]。武帝期という時代の歴史的位置付け、あるいは武帝即位当初の状況が、以上のようなものであったと想定することが可能であるならば、次に問題となるのは、そうした時代状況のなか、武帝は如何にして眼前の難題を解決していき、一元的皇帝支配を可能とする政治体制を構築していったのか、ということである。この点についても、右の両氏による論究があり、とくに杉村は武帝期の諸改革を「負の遺産」への対策という文脈のうえで考えるべきと指摘し、そのひとつの事例として、武帝期において中央政府機関の統治機構としての整備強化がはかられていったのではないかという見通しを呈示している〔杉村二〇〇四〕。通説的説明では、武帝期の中央政府機構は「無力化」していくとされている。しかし、如上の武帝期の歴史的位置付けをふまえると、そうした説明はもはや妥当なものではないことは明白であろう。武帝期の政治体制に関わる「変化」を考える場合、なによりも道標無き状況に国家の総力をあげて立ち向かわねばならなかった、そうした時代状況を抜きにした議論は無意味であるといってよかろう。また、杉村・阿部いずれの所説でも、漢初の皇帝という存在は、必ずしも絶対的なものではなく、それは武帝にしても同様であったことが指摘されている。阿部はその点に関して、「漢初において、皇帝という未熟な制度は、……言ってみれば試験的に行われていたにすぎなかった」〔阿部二〇〇八b　六八頁〕と言い切るが、いずれにせよ、漢朝の政治体制にあって、その頂点に立つ皇帝という存在が、未だ必ずしも体制化されていなかったことによるものと言えるのではなかろうか。しかし一方、即位した武帝を取りまく状況は一変し、二倍以上に拡大した直轄地に対して、その面的拡大に比例して肥大化してきた統治機構を統御運用して、自らの号令のもと中央集権的な統治を貫徹していくことが必須となっていた。それはもはや、劉徹という個人が官僚個々を操ることで機能する次元のものではなくなっていたとみるべきである。要するに、皇帝という存在によって組織的に統御運用される巨大な統治機構という体制の構築が、喫緊の課題となっていたわけである。なお、ここまで述べてきたことで、武帝期の政治制度史上の諸問題を、いわゆる波紋的循環現象といった伝統的官制史理解の枠で考えることの無意味さも自ずと明らかとなったであろう(5)。

以上、杉村ならびに阿部による漢初郡国制再検討の成果を手がかりに、武帝期の歴史的位置付けということについて述べてみた。次に、序で紹介した最近の諸研究を、そうした武帝期の歴史的位置付けをふまえながら検討してみたい。

二　武帝期以降の皇帝支配と公卿①——渡邉将智の所説に寄せて——

漢代政治制度史に関わる最近の研究成果として、まず渡邉将智の所説を取り上げてみたい。渡邉の考察対象はもっぱら後漢代におかれているが、それは「両漢代の政治体制、および皇帝権力のあり方を解明するためには、これまで前漢に関する議論に引き摺られて解釈されてきた後漢に、むしろ焦点を合わせる必要がある」〔渡邉二〇〇六　三一頁〕という視点に立つためであり、広く前漢後半期以降が視野に入っているとみてよいであろう。まず「両漢代における公府・将軍府――政策形成の制度的変遷を中心に――」〔渡邉二〇〇六〕では、「作成された政策案が十分な審議を経て裁可され、政策として実施されるまでの一連の過程」と定義される「政策形成」という政治機能が措定され、漢代の政治体制あるいは皇帝権力のあり方が考察される。そこでは、まず後漢代にあって政策形成に関わっていたのは、通説に言う尚書台ではなく、公府（太傅府・三公府の総称）と将軍府であったことが確認され、そうしたあり方の淵源について、前漢武帝期およびつづく霍光専権期には、皇帝あるいは権臣を中心とした、個人的紐帯にもとづく政策形成が基本であり、ために霍氏専権が生みだされることとなった。霍氏政権崩壊後、そうした権臣による専権を未然に防ぎ、皇帝支配を回復するための施策として、公府・将軍府という組織による政策形成へと制度的改変がはかられた。後漢代に入ると、こうした制度的政策形成というあり方がより体制化してくるが、やがて外戚が多く三公や将軍に就任するようになると、次第に公府・将軍府は皇帝権力を掣肘する存在へと変貌していくこととなったと説明される。また今後は、従来の尚書台に重心を置いた理解ではなく、逆にこれまで捨象されてきた公府・将軍府の政治的機能に注目した考察が必要であり、外戚あるいは宦官の専権についても、その権力基盤を尚書台に求めるのではなく、公府・将軍府の機能をふまえた検討が必要となる、と課題が指摘される。その課題解明のため、「後漢時代の三公と皇帝権力――宦官の勢力基盤と徴召の運用を手がかりとして――」〔渡邉二〇〇七ａ〕では、まず後漢代の国政運営の主体は完全に尚書台に移行し、その尚書台を権力基盤として中期以降の宦官の政治介入が顕在化してくるという通説が検証され、その史料的根拠のひとつである『後漢書』列伝第三九仲長統伝にみえる「台閣」が、通説にいう尚書台ではなく、朝廷あるいは皇帝自身を意味するものであり、よって「台閣」＝尚書台という理解を前提としていた、尚書台への権力移行と三公の実権喪失という政治体制の変化の図式は成り立ち難いこと、また尚書台を基盤とした宦官の権力掌握という理解についても、史料上そうした実態を明確にすることはできないことが主張される。次いで、その宦官の政治介入が、当時宦官専任であった中常侍が有する「顧問応対」権限を活用し、皇帝自身の人事権発動である「徴召」に影響力を行使することで実現されていったこと、そのことは「徴召」によって皇帝が発動する三公人事が、皇帝支配の重要な柱のひとつであったこと、従って後漢代には三公府をはじめとする公府が国政運営の中心機関として機能しており、皇帝はそうした公府をその長である三公の人事権掌握を通じて運用し、国政運営をはかろうとしていた、といった理解を呈示する。一方、「梁冀政権の権力構造」〔渡邉二〇〇七b〕では、「跋扈将軍」と称された外戚梁冀を俎上に載せ、彼ら後漢代の外戚の多くが「録尚書事」あるいは「平尚書事」といった権限を付与されていたことについて、それがあくまで殊典〔栄誉ある権限＋特別待遇〕にとどまるものであり、決してその権限を通じて尚書台の掌握がなされるようなことはなかったこと、梁冀政権〔および他の外戚政権〕の主たる勢力基盤は、その本官たる大将軍が率いる大将軍府にあったのであり、それは公府とならんで大将軍府以下の将軍府もまた国政運営の中心機関であった明証となること、などを論じている。

このように後漢代の国政運営があくまで公府・将軍府を中心に機能していたと構想した渡邉は、次いで「政策形成と文書伝達——後漢尚書台の機能をめぐって——」〔渡邉二〇〇八〕において、その体制のなかで尚書台が如何に位置づけられ、如何なる機能を有していたのかという点の検討を行う。まず、渡邉の措定する政策形成という政治機能が、Ⅰ政策案の作成、Ⅱ審議、Ⅲ決裁、Ⅳ政策の実施、という内容のものであり、後漢代にあって公府・将軍府はそのうちのⅠとⅡに専門的に参加し、とりわけ三公府は地方官府の作成した政策案の内容を皇帝の決裁に先立って事前審査するなどして、Ⅲの皇帝による決裁にも強い影響力を及ぼし得ていた。このように後漢代の公府・将軍府はⅣの政策の実施を担当する九卿とともに、政策形成の各段階においてそれぞれ中心機関として機能を発揮していた。一方、後漢代の尚書台については、こう説明される。後漢代の国政運営という局面では、政策形成と文書伝達がそれぞれ次元を異にしつつ、しかし相互に有機的に関連することで機能していた。そのなかで尚書台は主に上奏文の上達と詔勅の下達を担うかたちで、あくまで文書伝達の中心機関として位置づけられ、皇帝の支配意思が形成・実現されるための環境を整備するという役割を果たしていたのである、と。そして渡邉は、こうした後漢代における政治体制の構造を端的に言い表すのが、『後漢書』列伝第五二李固伝にみえる「今與陛下共理天下者、外則公卿尚書、内則常侍黄門」の記事であると総括している。

以上、渡邉の一連の論考の概要をまとめてきたが、以下にその基本的な研究視角なり、その方法論といった点に関して、若干コメントしてみたい。まずもって、渡邉の所論は手堅い史料解釈のうえに展開されていることを評価すべきであろう。仲長統伝の「台閣」や、李固伝の「今與陛下共理天下者……」について、先行研究の解釈の「曖昧さ」を指摘したうえでの自説を呈示している。そして何より、通説的理解ではとかく「外朝」として一括りにされ、事実上「無視」されてきた諸官（府）を、政策形成という政治機能に関わって国政運営の中心に位置し続けたと再評価した点、あるいはそうした体制の出発点を前漢中頃に置き、そこに国政運営における個人から組織へという動きを想定した点など、大筋で筆者の理解とも軌を一にしており、妥当な見解と言えるのではなかろうか。しかし、そうはいうものの、一方で渡邉の所説には多少の違和感を覚えざるを得ないのも事実である。その原因のひとつは、後漢代の国政運営の枢機に立っていたのは公府・将軍府であったのか、それとも尚書台であったのか、という二者択一的な論の立て方にあるのではなかろうか。通説的理解を覆さんとするあまり、前漢後半期以降、国政運営の中心にあったのは公府・将軍府であり、尚書台がそれに取って代わったことはないという、あえて表現するならば「通説の裏返し」とでも言うべき論に陥ってしまった感が否めない。渡邉は、最終的に公府・将軍府（および九卿）には政策形成、一方尚書台には文書伝達というように、その役割の棲み分けを施すことで、通説とは異なる所説を構築している。しかし、

それはあまりに図式的に過ぎる説明ではなかろうか。例えば、『後漢書』列伝三三朱暉伝の、

是時穀貴、県官経用不足。朝廷憂之。尚書張林上言、穀所以貴、由銭賤故也。可尽封銭、一取布帛為租、以通天下之用。……於是詔諸尚書通議。（尚書僕射朱）暉奏拠林言不可施行。事遂寝。

とある一文に関して、渡邉は、ここにみえる「尚書通議」は、他にその事例が見出せないこと、これが詔によって招集されていることなどから、あくまで臨時的なもので、これから尚書台を恒常的に政策案を審議する機関とみなすことはできないと断じている〔渡邉二〇〇六〕。しかし、仮にこの尚書通議が臨時的なものであったにしても、そもそも文書伝達を本務とする機関に、緊急かつ重大な国策案の「通議」が命じられたりするものであろうか。おそらくは後漢の尚書台は文書伝達には止まらない、国政運営に関わるより高度な政治的役割を有していたとみるべきではないか。また渡邉は、朱暉伝の尚書張林および僕射朱暉の言動は、漢代を通じて一般的にみられる官僚個々による政治行動であると解するが、それではそうした一官僚の発言が何故に集議によってではなく、所属機関内の通議というかたちで処理されようとしたのか。そこにこそ当該期の尚書台のあり方に関する、重要な問題が潜んでいるように思われるのだが。

渡邉の所説に違和感を覚える、いまひとつの原因は、漢代における尚書（台）の台頭・展開に関して、その歴史的背景といった問題への論究がほとんどなされていないということにある。公府・将軍府による政策形成の淵源に関しては、前漢中頃に遡ってその背景・原因を考察しようとするのに対し、方や文書伝達に関わるとされる尚書台については、何故に尚書（台）がそうした機能をもって後漢代の政治体制に位置づけられることになったのか、そうした点への言及がほとんどみられない。「公府・将軍府・九卿らと尚書台などは、それぞれ異なる次元から、皇帝による支配の実現を輔翼していた」〔渡邉二〇〇八　三四～三五頁〕というのであれば、是非ともその点に関する考察が望まれる

ところである。ところで、渡邉の所説は先行研究の丹念な整理のうえに展開されているが、それに関わって多少の自己弁護をさせていただきたい。〔渡邉二〇〇六〕で、拙論は「それまで漢代という括りのなかに埋没しがちであった後漢を、それじたい固有の性格を有する時代として捉える立場から積極的に取り上げ、皇帝側近を国政運営における重要な存在とみなす西嶋氏以来の理解を、漢代全体の政治体制をめぐる議論へと昇華させた」（三二頁）ものの、結局その西嶋氏以来の理解を「そのまま後漢にまで拡大させて解釈して」（同右）しまったと評されている。拙論のそもそもの出発点は、通説による、武帝期以降の政治体制を尚書を含めた内朝と丞相以下の既存の官僚機構とに二元化し、前者により重要性を見出していこうという理解を批判的に克服しようとしたところにある。結果、武帝期以降進展してくる新しい政治体制形成の動きは、既存の権力機構に替わる新たな枢機機関の登場といった中身のものではなく、漢朝を取りまく環境の大きな変化に対応して、既存の国政機構をドラスティックに変貌させて、その国政担当能力を最大限に高めるとともに、その既存の国政機構を、個人としてではなく体制として皇帝が統御運用していくための組織、すなわち皇帝官房として尚書（あるいは内朝）を位置づけていこうとするものであった、といったことを論じてきたところである。決して「西嶋氏以来の見解」を引き摺ったものではないことを、改めて指摘しておきたい。

さて、この渡邉と同じような視角から、とくに「公卿の無力化」が始まるとされる武帝期に焦点を当てて研究を進めているのが、福永善隆である。節を改めて取り上げる。

三　武帝期以降の皇帝支配と公卿②——福永善隆の所説に寄せて——

福永善隆の研究は、漢代国制史のなかでもとりわけ豊富な研究蓄積を有する監察制度を対象とし、武帝期における監察制度をめぐる動きを、当該期の諸改革の一環として位置づけ、そこから前漢武帝期における国家体制の転換の有り様に迫ろうとしている。まず「前漢における中央監察の実態――武帝期における整備を中心として――」〔福永二〇〇六a〕では、監察による弾劾事例の分析によって、御史監察が「大逆・不敬・不道」と表現される礼制に違背する言動の監察を行っていたが、そこには丞相府の属官たる丞相長史も同様な弾劾行為を行うことで関わっていたこと、さらに武帝・元狩五（前一一八）年に設置された丞相司直は、丞相史を率いて贈収賄・職務怠慢などの、丞相府による行政の正常な運営を阻害する事件を担当したこと、さらに丞相府内に監察に関わる二官が併存したのは、国政をめぐる状況が多様化・複雑化するのに対応するかたちで、丞相府の組織機能の整備がはかられたためであろうことが詳説される。この丞相司直の設置については、「前漢における丞相司直の設置について――丞相制の展開と関連して――」〔福永二〇〇六b〕で、王勇華が皇帝権力の強化にともなう丞相権力の衰退に対応し、丞相の監察権が奪われていく過程での過渡的状況として捉えているのに対し、福永は、武帝期における丞相は群臣の統率だけではなく、より効率的な官僚機構を構築していくための人事全般に関わる職掌を併せ有するようになっていくが、そうした変化に対応して武帝期に新設されたのが、丞相司直でありその統轄下に置かれた刺史であった。両者は行政に関わる問題の監察を担当し、正常な官僚機構の運営を阻害する官僚を摘発し、排除していくという職務を担うとともに、とくに刺史にあっては察挙制度に関わって官僚機構に有用な人材の発掘・供給という役割も果たした。こうした丞相司直と刺史とが相互補完的に機能発揮することで、丞相府は漢帝国全土にわたる行政の執行状況を把握し、帝国の人事を一元的に担う組織へと成長していき、そして同時に、その長たる丞相は名実ともに「百官の長」として位置づけられることになっていったと論じている。なお、刺史の監察機能に関しては、「前漢刺史再考――武帝期における刺史の設置を中心として――」〔福永二〇〇八a〕で改めて考察を行っている。以上のような漢朝監察制度をその全体像として解明していくなかで、武帝期における新しい丞相（府）のあり方を考究する福永の研究は、第一節で述べた、漢初郡国制再評価による新しい武帝期像を模索する実証的研究と言ってよいであろう。

福永はつづいて「前漢武帝期における中央支配機構の展開――所謂御史大夫と御史中丞の分化をめぐって――」〔福永二〇〇八b〕において、武帝期における御史中丞の分化という問題を、当該期における郡国制から実質的郡県制への移行という国家体制の変化のなかに位置づけて検討しようとする。具体的には、まず武帝期に至る詔書の伝達経路と地方監察をめぐる動きを跡づけ、いずれにあっても徐々に丞相府への一元化あるいは統合の動きが強まっていったことを確認する。つづいてそうした動きの背景を検討し、景帝中五年の王国改革を契機として実質的郡県制化が進むと、郡・国すべてが等しく中央政府の統治下に位置づけられることになり、さらに武帝期には対匈奴戦争などの大規模な対外戦争を遂行するための国家総動員体制構築が目指されることとなり、朝廷の命令を末端まで徹底させる必要性が高まっていったが、詔書伝達経路および監察系統の丞相府への一元化の背景には、こうした実質的郡県制化の進行と国家総動員体制構築の必要性増大という状況に対応するために、国家体制全般を改編・整備していくという大きな動きがあったと指摘する。さらに、そうした改編・整備の結果として、詔書伝達ならびに監察系統の要となった丞相府の職掌・職責は急激に増大することになり、それに対応して元狩六（前一一七）年、属官の大幅増員という組織強化が断行された。また同時に、御史府に関しても同様な改革が行われ、御史大夫は副丞相としての性格を強められ、丞相とならんで国政を主導する体制が構築されることになったと結論し、故に御史中丞の分化ならびに御史大夫の「外朝官化」とは、そうした歴史の文脈のなかでとらえるべきであると主張する。

以上、福永の所説の概要をまとめてきたが、これまで前漢後半期以降の政治史あるいは政治制度史が語られる際、「脇役」に追いやられていた感のある丞相あるいは御史大夫（といった公府）を、実質的郡県制への移行という国制転換の動きのなかでの、まさしく主役的な役割を担うものとして再評価しようとしたところに、研究史上の意義を有するとみてよいであろう。そうした福永の理解のあり方は、筆者のそれとほぼ重なり合うものであるが、とくに福永の研究は、武帝期における国制転換という激動する政治状況のなかで、丞相（府）が、漢朝による国政運営のまさしく要の位置に据えられ、名実ともに「百官の長」としてその役割・機能を果たしていく様を、より実証的により綿密に描き出した点が評価されるであろう。しかしながら、そうした福永の研究にあっても、残された問題がないわけではない。そのひとつが、御史大夫の理解如何である。福永は、『漢旧儀』の「元封元年、御史止不復監。後御史職與丞相参増吏員。凡三百四十一人」から、丞相の職掌の増大は御史大夫の職掌増大を連動させ、そこに御史大夫の「外朝化」が作用することで、御史大夫は副丞相としての性格を強め、その結果として丞相府とともに御史府の組織整備がはかられたと解している。ただし、御史大夫が丞相の職掌増大にともなって自らの職掌をも増大させたのは何故か、そもそも御史大夫は副丞相的性格を内包していたのかどうなのか、副丞相として位置づけられた結果、「正」丞相との役割の棲み分けはどうなったのか、といったことに関してはほとんど言及されておらず、また「外朝化」という言葉で解消してしまう点にも多少の不満を覚える。武帝期以前には史料上必ずしも多くは活躍の事例が認められない御史大夫が、武帝期に至って国政運営の表舞台に躍り出てくることや、「（張）湯毎朝奏事、語国家用、日旰、天子忘食。丞相取充位、天下事皆決湯」（『漢書』張湯伝）と、時として「副」たることを超えてしまっていることなど、武帝期を境とした御史大夫の変化については、まだまだ考究すべき点が多い。最優先の検討課題のひとつである。ちなみに、米田健志は「前漢の御史大夫小考――『史記』三王世家と元康五年詔書冊の解釈に関して――」〔米田二〇〇九〕において、御史大夫＝草制の官とした大庭脩の所説に一定の修正を施しつつも、御史大夫を単なる行政官とみることはできないという点では大庭説を継承し、君主のもとでその権力の根拠たる法令を統一的に管理する機能を担いつつ、故事を調べて政策原案を提示するという職務を果たしていた御史大夫は、理念上百官を率い陰陽万物を統御することで、ほとんど君主（皇帝）に並び立つほどの権威を有していた丞相に対して、あくまで皇帝を下から支えるものとして、君主が丞相に対抗する一助となっていたと主張し、福永説あるいは拙論とは相反する理解を示している。こうした米田説は、基本的に伝統的官制史理解に立った通説的理解を補強したものと言えるが、問題とすべきは、武帝期という激動の時代に、何故に丞相（府）の国政担当機能が強化され、かつ御史大夫にその「副」たる役割が期待されたのかという点の解明であると考える。そもそも漢朝総体としての中央集権的政治体制の構築が急務とされていた時期に、皇帝に「抵抗」する丞相であったり、そうした丞相に対抗する皇帝の一助になった御史大夫といったものを想定することが、果たして有効なのであろうか。大いに疑問とするところである。

このように、御史大夫をめぐる議論は未だ解決をみないところが多いが、いずれにせよここまでみてきた渡邉および福永の所説、あるいは福永のそれを背景といったところで支えている杉村ならびに阿部による漢初郡国制再検討の成果などから、武帝期における皇帝と丞相との緊張関係あるいは対立といった構図を下地とした通説的理解は、もはや妥当な理解とは言えなくなったと考えてよいであろう。そうなると次に問題となるのが、尚書の存在であり、それと密接に関係すると考えられている内朝の理解如何ということになろう。節を改めて考えてみたい。

四　皇帝支配と内朝ならびに尚書――米田健志の所説に寄せて――

米田健志の論考に、「前漢後期における中朝と尚書――皇帝の日常政務との関連から――」〔米田二〇〇五〕がある。米田は、当時の制度用語にあっては内朝ではなく中朝の呼称が用いられていたとする。内朝なのか、それとも中朝なのか。史書にはいずれの呼称ともみえているだけに俄には断じ難く、改めて詳細な検討が必要であると思われる[6]。それはさておき、まずは米田の用法に従いながらその所説をまとめてみたい。

米田は、豊富な研究蓄積を有する中朝あるいはそれと深く関連する尚書であるが、なお不明瞭な点が多く残されていると指摘する。その理由として、ひとつに政治史的側面からの分析をもって研究が出発したことがあり、ふたつに中朝が皇帝の側近集団であるという解釈が自明のこととされたことがあって、結果、中朝それ自体あるいはそれに関わる問題についての純粋に制度的側面からの分析が等閑視されてしまったと述べる。そうした問題意識のもと、まず中朝に関わる詳細な制度的考察が行われる。諸家一致して中朝官とみなしている大司馬・左右前後将軍・侍中・（中）常侍・散騎・諸吏・諸曹（左右曹）・給事中はそれぞれ雑多な職掌と異なる設置時期を有しているが、それが中朝官と一括りにされるのは、ひとえに禁中に出入りできるという共通性故であった。尚書もまた禁中への出入りが許されており、その点で中朝官と密接な関連を有していた。これら諸官を中朝官たらしめるものであった禁中とは、一般官僚には堅く閉ざされ、高い機密性を有した皇帝とその家族が生活する私的空間であり、そこに出入りできる特権を有していた中朝官が「皇帝の側近官」と目された所以である。と同時に、禁中は皇帝が政務を執る場所としての一面も併せもっており、そこで詔書の起草あるいは上奏文への批答といった皇帝の書記官としての役割を担っていたのは、漢代を通じて尚書であった。こうした皇帝とその書記たる尚書によって禁中を舞台になされた政務執行に、その皇帝と書記たる尚書を取りまく官房を形成して、皇帝による上奏文の決裁に際して、皇帝の判断の参考に供するための評議（平尚書奏事）をなしたり（給事中・諸吏）、あるいは口頭による意思伝達である「白」によって皇帝の意思決定に助言し、緊急性・機密性の高い文書を尚書を経ずに皇帝に上達したり（侍中・中常侍）、といったかたちでその役割を果たしていたのが、中朝であり中朝官であった。こうした制度的分析をふまえて、次に米田の考察は中朝の変遷に及ぶ。

官房たる中朝が未だ存在しなかった武帝期以前には、皇帝は自ら公卿を統御しており、そこでの両者の関係は、抽象的な意味でも具体的な意味でも直接的かつ開かれたものであった。しかし、即位時八歳の昭帝には政務遂行能力もなく、禁中において養育される存在であり、代わって大司馬大将軍領尚書事霍光らが政務を代行することで、禁中に皇帝の官房としての中朝が出現することとなった。それ以後霍氏専権期を通じて、皇帝が公卿を引見して政務を執るということはほとんどみられなくなり、領尚書事霍光と中朝官そして尚書とによる政務執行が常態となった。それによって中朝は皇帝の官房として成熟していき、一方皇帝と公卿とによる政務執行は、宣帝親政後も「五日一聴事」というかたちで定制化され、こうして漢朝の国政は皇帝の官房たる中朝が中心となって運営される体制が整っていくこととなったのである。ただし、中朝という機構それ自体が政策決定権を有していたわけではなく、あくまで諮問機関としての役割を果たすものであったと思われる。

以上、内朝（米田における中朝）と尚書という、漢代政治制度史上極めて重要な問題を俎上に載せた米田の所説を紹介した。そこで指摘されたような、先行研究にあって内朝に関する制度的考察が必ずしも十分でなかったという点、あるいはそこに先入観的概念の先行があったのではないかという点、あながち的外れとも言えないところである。また、そうした「反省」をふまえて行われた制度的考察の結果、尚書が禁中における皇帝の書記的役割を担っており、そのうえでその皇帝と尚書とを取りまくところで内朝官が官房を形成していたとする点、そしてそれにもかかわらず、内朝という機構それ自体としては決して政策決定権といったものを掌握していたわけではないとした点など、尚書の政治機能に関する理解を除けば、おおむね首肯できるところである。またここまでみてきた最近の研究成果での、丞相以下の国政機構が皇帝の側近によってその政治的役割を一方的に奪われていく存在ではなかったと理解する、その基調とも齟齬するものではなく、おおむね妥当な見解と言えるであろう。しかし、そうした米田の所説にも問題が指摘できないわけではない。まず、内朝が皇帝とその書記たる尚書を取り囲む官房を形成していたとする点に関して、筆者はすでに「陛下の喉舌」と比喩される尚書のあり方をもって、それを「皇帝官房」と表現し、皇帝による国政担当機構（いわゆる外朝）の体制的統御運用にかかる基幹的役割を有するものと解してきたところである。故に拙論を如何にふまえたうえでの米田の「官房」なのかという説明が欲しいところである。次に、内朝の出現の時期に関して、米田は、幼い昭帝の即位を契機とするとして、

> 冨田健之氏は、中朝の萌芽が武帝時代にあることを指摘しており、筆者も大筋ではそれに異存はない。ただし、冨田氏がその事例として挙げる、侍中厳助・朱買臣らが活動した場は、禁中ではなく公卿の集議においてであり、禁中における皇帝官房としての中朝の機能は、この時期には未だ現れていないと考えられる。この段階では文字通り萌芽でしかないであろう。（三三頁）

と、拙論による武帝期萌芽説をあくまで萌芽でしかないと斥けている。しかし、内朝の出現をあくまで幼帝輔翼のためとするのであれば、宣帝親政の開始とともにそうした必要性は消滅し、自ずから内朝の政治的役割も終了したはずである。しかし現実には、内朝はその後も存続し続けており、いよいよその重要性を増していく。とすると、内朝の存在意義は、本質的なところで幼帝輔翼とは別個に存すると考えるのが合理的ではなかろうか。要するに、内朝の政治的役割とは本来的には皇帝親政と直接的に関わるものであり、昭帝期には皇帝親政を「代行」する霍光を支えるというかたちで変則的に機能し、その後宣帝親政のもと本来のあり方を取り戻したと考えるべきであろう。そうなると、米田によって「萌芽でしかない」と斥けられた、武帝期の萌芽的あり方の考究にこそ、やはり問題解決の鍵があると思われる。内朝の歴史的意義については、実質的郡県制への転換にともなう種々の問題の噴出とその解決のための改革の断行という、武帝期の文脈のなかで考えることによってのみその本質がみえてくると考える。米田による内朝の

制度的考察結果をふまえつつ、そうした視点でもって考察を進めていきたい。

結

吉川幸次郎は、かつて「武帝はその国家を、きわめて安定し充実した形で、父祖から受けつい」だ「幸運な継承者」であったと評した(7)。しかし、小論でみてきたように、実際の武帝という皇帝は、父祖の遺産のうえに生まれながらの専制君主として歴史上に登場してきたわけでは決してなかった。逆に、父景帝が中五年王国改革を断行し、実質的郡県制へと大きく舵を切ったことにより生じた、種々の国家的難題を「負の遺産」として受け継ぎつつ、それを克服し広大な中華世界を統一的に統治していく体制構築という、大きな政治課題を背負わされた皇帝として即位したわけである。そしてその半世紀を越える治世を通じて、その課題を解決することにほぼ成功した皇帝でもあった。小論で取り上げてきた政治制度史上の問題に関しても、そうした武帝期の歴史的位置付けを抜きにして議論することは無意味であろう。小論は、近年漢代政治制度史をめぐる研究が活発となってきた状況をふまえ、そうした状況であるだけに、武帝期の歴史的位置付けを明確にするとともに、いまいちど研究の出発点を確認しておく必要があるとの思いから草したものであり、小論中で指摘した具体的な問題の考察は、今後の課題となることをご寛恕いただきたい。

註

（1） 小論に関わる拙稿の主なものは以下の通りである。なお、小論中で拙稿の典拠を示すことは必要最小限に止めることとする。a「内朝と外朝――漢朝政治構造の基礎的考察――」（新潟大学教育学部紀要二七―二、一九八六・三）、b「漢時代における尚書体制の形成とその意義」（東洋史研究四五―二、一九八六・九）、c「漢代政治制度史に関する二・三の問題――内朝・外朝及び尚書問題についての近年の研究をめぐって――」（東アジア――歴史と文化――創刊号、一九九二）、d「尚書体制形成前史――前漢前半期の皇帝支配をめぐって――」（日本秦漢史学会会報四、二〇〇三）、e「前漢武帝期の側近政治と『公卿』」（新潟大学教育人間科学部紀要八―一、二〇〇五・九）。

（2）この点に関する従来の一般的な理解や説明に関しては、杉村・阿部の一連の論考でそれぞれ検討・検証されているので、参照されたい。

（3）高村武幸「日本における近十年の秦漢国制史研究の動向――郡県制・兵制・爵制を中心に――」（中国史学一八、二〇〇八年）に、郡国制をめぐる杉村と阿部の所説の概要とその講評がまとめられている。

（4）武帝即位後まもなくの元光三（前一三二）年、「瓠子の河決」と呼ばれる黄河の決壊が発生し、甚大な被害が生じたものの、武帝は結果としてそれを二三年間にわたり放置している。そのことに関して、濱川栄は、早期解決に失敗した武帝は責任を一方的に官吏に帰そうとしたと指摘し、「河決」を放置した責任の重さと悔恨は、武帝自身が一番痛切に感じていたのかもしれないと述べている。『中国古代の社会と黄河』（早稲田大学出版部、二〇〇九）一一五頁参照。

（5）伝統的中国官制史理解の問題点などについては、前掲註（1）拙稿cなど参照。

（6）内朝の事例を挙げると、「上説、賜（孔）光束帛、拝為光禄大夫。秩中二千石給事中。位次丞相。……光謝曰、……今復抜擢、備内朝臣」（『漢書』巻八一孔光伝）、「詔挙方正直言之士、紅陽侯立挙咸対策、拝為光禄大夫給事中。（丞相正）方進復奏、咸前為九卿、坐為貪邪免、……不当蒙方正挙、備内朝臣」（『漢書』巻八四翟方進伝）など。なお、私見では内朝と中朝をまったく同意義の用語とみることは、必ずしも妥当ではないと考えているが、その点については改めて検討してみたい。

（7）吉川幸次郎『漢の武帝』（岩波新書）二一六～二一九頁。

引用文献一覧

阿部幸信

二〇〇八a「前漢時代における内外観の変遷――印制の視点から――」『中国史学』一八、二〇〇八年

二〇〇八b「漢初『郡国制』再考」『日本秦漢史学会会報』九、二〇〇八年

二〇〇九「武帝期・前漢末における国家秩序の再編と対匈奴関係」『早期中国史研究』一、台湾、二〇〇九年

杉村伸二

二〇〇四「景帝中五年王国改革と国制再編」『古代文化』五六―一〇、二〇〇四年一〇月

二〇〇五「郡国制の再検討」『日本秦漢史学会会報』六、二〇〇五年

二〇〇八「前漢景帝期国制転換の背景」『東洋史研究』六七―二、二〇〇八年九月

福永善隆

二〇〇六a「前漢における中央監察の実態――武帝期における整備を中心として――」『東洋学報』八八―二、二〇〇六年九月

二〇〇六b「前漢における丞相司直の設置について――丞相制の展開と関連して――」『九州大学東洋史論集』三四、二〇〇六年

二〇〇八a「前漢刺史再考――武帝期における刺史の設置を中心として――」『歴史学研究』八三九、二〇〇八年四月

二〇〇八b「前漢武帝期における中央支配機構の展開」『日本秦漢史学会会報』九、二〇〇八年

米田健志

二〇〇五「前漢後期における中朝と尚書――皇帝の日常政務との関連から――」『東洋史研究』六四―二、二〇〇五年九月

二〇〇九「前漢の御史大夫小考――『史記』三王世家と元康五年詔書冊の解釈に関して――」『奈良史学』二七、二〇〇九年

渡邉将智

二〇〇六「両漢代における公府・将軍府――政策形成の制度的変遷を中心に――」『史滴』二八、二〇〇六年

二〇〇七a「後漢時代の三公と皇帝権力――宦官の勢力基盤と徴召の運用を手がかりとして――」『史観』一五六、二〇〇七年

二〇〇七ｂ　「梁冀政権の権力構造」『史滴』二九、二〇〇七年
二〇〇八　「政策形成と文書伝達――後漢尚書台の機能をめぐって――」『史観』一五九、二〇〇八年

【補記】

本稿脱稿後、福永善隆「前漢における内朝の形成――郎官・大夫の変遷を中心として――」（『史学雑誌』一二〇―八、二〇一一年八月）を得た。従来の内朝研究では等閑視されてきた感のある内朝の形成に関する問題を、武帝期以前の郎官・大夫といった宮中諸官と内朝官との連続性・関連性という視点から考究する。福永は、郎官・大夫といった宮中諸官と内朝官とには、皇帝との距離によってその親近性・待遇が具現化されるという点で、連続性・共通性がみられるとして、漢初にあっては未だ未分化だった宮中諸官に、皇帝との親近性・距離によって徐々に階層化・細分化の動きが進行していくが、武帝期に入り、孝廉・明経の制が整備されると、皇帝と宮中諸官との距離は拡がり、皇帝との「人格的紐帯を涵養する場」としての機能は、新たに選抜された侍中・中常侍・給事中へと移行していき、ここに内朝が形成された、と結論付ける。そのうえで福永は、中国官制の一般法則とされる「波紋的循環発生」の「内」から「外」へという動きを、官制の質的変化の過程として捉えることが重要であると指摘している。こと「波紋的循環発生」の法則をめぐっては、福永と筆者とは見解を異にするが、その詳細は福永が次稿で予定している内朝および尚書の発展過程に関する考察結果を俟ちたい。

前漢後半期における諸侯王国の性格について

秋川光彦

はじめに

漢代史研究は、永らく中国古代国家の形成とその構造は如何なるものであったか、という課題を中心に進められてきたが[1]、最近では、例えば張家山漢墓から出土した『二年律令』に代表されるような簡牘資料を利用して、法律や社会構造等の個別問題を課題とする方向に進展している。こうした研究動向の中で、漢王朝の地方統治制度である郡国制、とりわけ「国」——諸侯王の存在に立脚した王国——は早い段階から古代国家の形成と構造の議論で取り上げられ[2]、漢王朝の制度史的な研究としての側面が先行してきた[3]。

前漢初期には、函谷関以東のいわゆる関東地域はほぼ全域にわたって王国であった。この状態は文帝期まで継続したが、景帝三（前一五四）年の呉楚七国の乱後、景帝期の削地策、武帝期の推恩の令といった規制の強化を経て、王国はその数、面積ともに縮小され、郡と同等の地方統治機関に変容した。結果、関東地域には漢朝の直轄地である郡が増加したわけであるが、前漢後半期、後漢時代を通じて地域的にみれば置廃が繰り返されつつも、王国がなくなることはなかった。以上は、漢代郡県制研究において漢朝の一元的な統治体制への過程、実質的な郡県化への進展として捉えられたが、地方統治のための機関としては郡と共通する側面が多い[4]とされた王国の、その地方統治制度としての意義や性格は過小評価され、地方統治上の性格や有効性などが検討されることはあまりなかったし、「郡と同等の地方統治機関に変容した」武帝期以降の王国についての考察はほぼ見られないのが現状である。

これまで筆者は、王国の実像や王国内の統治制度の問題を検討する中で、王国内には諸侯王の領有する県と漢朝直轄の県が混在し、そのような王国内では諸侯王を頂点とする統治体制と国相を頂点とする体制が両立していた可能性を想定してきた[5]。しかしながら、前漢時代の地方統治体制の中にいわば補完的に組み入れられてきた王国の基礎的な性格については、充分な検討を加えてはこなかった。本稿では、前漢王国の展開に関する近年の諸研究[6]の驥尾に付しつつ、特に前漢後半期における王国の性格について検討することを目的とするものである。

一　諸侯王封建の地理的状況について

先に述べたように、郡国制、特に王国は早い段階から古代国家の形成過程と構造、その性格についての議論で取り上げられてきた。その検討を先駆的に行ったのが五井直弘氏であった。

五井氏は、まず漢朝の地方支配の浸透度について、豪族の強大化が促進し、遠方諸地域が三輔・三河近辺の直轄地とは異なった、漢の勢力の及び難い統治困難、自治的地帯とならざるを得なくなり、したがって諸侯王・列侯の封建は中央権力の推移性格によって変化したに違いなく、逆に諸侯王・列侯の封建状態並びに遠方地域との相関関係は中央権力そのものの性格推移を物語る、とされた。その上で、前漢時代を通じての王国の変遷と列侯国の封建状態を検証し、前漢初期において漢の勢力の先端としての意義を持つ諸侯王・列侯の封建は、漢室勢力の直接的浸透地域である関中・三河等の直轄地以外の全土に亘って行われたが、景・武帝期以降、その勢力浸透の度が弱い黄河流域地帯、淮河流域地帯に集中して行われ、黄河流域地帯・淮河流域地帯を以て漢の実際的統治可能の外郭を限ったとされ、つまり諸侯王・列侯の封建は「漢室の支配可能地域、換言すれば直轄地でもなく、また勢力の及び難い遠方地域でもないその中間地帯への封建となって現れた」と論じられている(7)。

この五井氏の研究手法に着目し、小嶋茂稔氏は後漢時代の中央政府と諸侯王・列侯の政治的関係を論じられた。氏は、まず前漢での封建相続法や抑損策が後漢時代にあっても継続していたかを検討、抑損策は事実上その生命力を失っており、封建相続法の原則は残る一方、むしろ中央政府と親和的であり、諸侯王は「藩屏」の役割を象徴的に担っていた、と後漢の中央政府と諸侯王・列侯の政治的関係を分析された。その上で、後漢時代の王国・列侯国の地理的分布を、豫州・冀州・兗州・徐州・青州に集中して偏在し、これらの地域は、後漢の国家統治体制上象徴的な意味あいを持って政治的に重視され続けていた地域と重なることを指摘されている(8)。

五井・小嶋両氏の検討は、対象とした時代が異なるが、だからこそ諸侯王・王国の歴史的変遷や漢朝との関係の変容が浮き彫りになっており、傾聴すべき研究である。ただ、両氏とも共通して、主に漢朝と諸侯王・王国の政治的関係に視点を置いており、地方統治機関として王国の性格・位置づけという観点からの分析は意識されなかったようである。

ところで、小嶋氏は王国の地理的分布を分析される中で、前漢末期の王国は趙国・広平・真定・信都・河間（以上冀州）、広陽（幽州）、膠東・高密・甾川（以上青州）、城陽・淮陽・東平（以上兗州）、梁国（豫州）、魯国・楚国・泗水・広陵（以上徐州）、六安（揚州）、長沙（荊州）の二十国に整理され、その分布は特定の地域に集中する傾向があるにしても、旧王国地域に散在していた、とされている。確かに、このことは地図上でも確認でき(9)、外観上特に異論を唱え

表1　初封の諸侯王

	王国・始封者名	始封年	国除年	備　考
1	斉懐王閎	武帝元狩六年	武帝元封元年	
2	燕剌王旦	武帝元狩六年	昭帝元鳳元年	昭帝始元元年、一万三千戸益封。
3	広陵厲王胥	武帝元狩六年	宣帝五鳳四年	昭帝始元元年、一万三千戸益封。 昭帝元鳳五年、一万一千戸益封。
4	昌邑哀王髆	武帝天漢四年	宣帝元平元年	
5	淮陽憲王欽	宣帝元康三年	王莽天鳳五年	
6	楚孝王囂	宣帝甘露二年	成帝陽朔二年	始封は定陶国。宣帝黄龍元年、楚国に徙封。
7	東平思王宇	宣帝甘露二年	平帝元始五年	
8	中山哀王竟	元帝初元二年	元帝建昭四年	始封は清河国。元帝永光元年、中山国に徙封。 就国せず。
9	定陶共王康	元帝永光三年	成帝綏和元年	始封は済陽国。元帝建昭五年、山陽国に徙封。 成帝河平四年（三年か）、定陶国に徙封。
10	中山孝王興	元帝建昭二年	哀帝元寿二年	始封は信都国。成帝陽朔二年、中山国に徙封。 成帝綏和元年、一万（三万）戸益封。

る余地がないように思われる。しかしながら、少々視点を変え、前漢後半期に封建された諸侯王の封地について整理してみると、また違った結果が得られるようである。まずは、この点から考察していきたいと思う。

前漢後半期、新たに封建された諸侯王は三十七名存在した。各皇帝が封建した人数については以下のようになる。

武帝：十名、昭帝：〇名、宣帝：七名、元帝：五名、成帝：六名
哀帝：二名、平帝：六名、孺子嬰：一名　　計三十七名

この三十七名は、封建という大枠で捉えるなら同じであるが、その封建のあり方、詳しくは封建された事由によって二通りに分類できる。一方は皇子を初めて封建する場合で、もう一方は紹封の場合である。紹封については後に述べることとして、先に皇子封建からみていこう。

[表1]は、封建された皇子十名の状況をまとめたものである。各諸侯王の封地＝王国（ゴシック体）に着目してみると、一見して地域的な偏りはなく、関東地域に散在しているように見えるが、楚孝王囂・中山哀王竟・定陶共王康・中山孝王興の「注記」で示した始封地や定陶共王康の徙封地を含めて、各王国に何回諸侯王が封建されたか（のべ何名の諸侯王が封建されたか）についてみると、斉国：一、燕国：一、広陵：一、昌邑：一、淮

表２　紹封の諸侯王

	王国・紹封者名	紹封年	国除年	紹封事由	備　考
1	六安恭王慶	武帝元狩三年	王莽始建国二年	膠東康王（景帝子）小子	
2	真定頃王平	武帝元鼎三年	王莽始建国二年	常山憲王（景帝子）子	始封戸数三万戸。
3	泗水思王商	武帝元鼎四年	武帝太初二年	常山憲王（景帝子）子	始封戸数三万戸。
4	泗水戴王賀	武帝太初三年	王莽始建国二年	泗水思王子	
5	平干頃王偃	武帝征和二年	宣帝五鳳二年	趙敬粛王（景帝子）小子	
6	広川王去	武帝征和二年	宣帝本始四年	広川恵王（景帝子）孫	
7	広陽頃王建	宣帝本始元年	王莽始建国二年	燕剌王（武帝子）太子	
8	高密哀王弘	宣帝本始元年	王莽始建国二年	広陵厲王（武帝子）小子	
9	趙哀王高	宣帝地節四年	王莽始建国二年	趙頃王（趙敬粛王子）子	
10	広川戴王文	宣帝地節四年	宣帝甘露四年	広川繆王（広川恵王子）子	
11	広陵孝王覇	元帝初元二年	成帝鴻嘉四年	広陵厲王（武帝子）太子	
12	長沙孝王宗	元帝初元三年	王莽始建国元年	長沙剌王（長沙定王曾孫）子	
13	河間恵王良	成帝建始元年	王莽始建国二年	河間孝王（河間献王玄孫）子	綏和二年、一万戸益封。
14	楚思王衍	成帝陽朔二年	王莽始建国元年	楚孝王（宣帝子）子	
15	広徳夷王雲客	成帝鴻嘉二年	成帝鴻嘉三年	中山懐王（中山靖王六世孫）従父弟	
16	城陽王俚	成帝永始元年	王莽始建国二年	城陽哀王（城陽景王九世孫）弟	
17	広陵靖王守	成帝元延二年	王莽始建国二年	広陵孝王（広陵厲王子）子	
18	信都王景	成帝綏和元年	王莽始建国元年	楚孝王（宣帝子）孫	始封は定陶国。 建平二年、信都国に徙封。
19	広平王漢	哀帝建平三年	王莽始建国二年	広徳夷王弟	
20	魯王閔	哀帝建平三年	王莽始建国二年	魯頃王（魯共王曾孫）子	
21	東平王開明	平帝元始元年	平帝元始五年	東平王雲（東平思王子）太子	
22	中山王成都	平帝元始元年	王莽初始元年	東平思王（宣帝子）孫	
23	広宗王如意	平帝元始二年	王莽始建国元年	代孝王（文帝子）玄孫之子	
24	広世王宮	平帝元始二年	孺子嬰居摂二年	江都易王（景帝子）庶孫	
25	広徳静王倫（楡）	平帝元始二年	王莽始建国元年	広川戴王（広川恵王孫）子	
26	梁王音	平帝元始五年	王莽始建国二年（？）	梁孝王（文帝子）玄孫之耳孫	
27	東平王匡	孺子嬰居摂元年		東平王開明兄	

陽：一、楚国：一、定陶：二、東平：一、中山：二、清河：一、済陽：一、山陽：一、信都：一となる。これを元帝期以降、郡の枠組みを越えて漢朝の地域認識・把握の単位となった州(10)の区分でまとめると、

幽州（燕国）：一／冀州（中山・清河・信都）：四／兗州（昌邑・淮陽・東平・定陶・済陽・山陽）：六／青州（斉国）：一／徐州（楚国）：一／荊州（広陵）：一

となり、始封・徙封の地として兗州と冀州が多く選定される傾向にあることがわかる。

次に、紹封の諸侯王についてみてみよう。紹封とは、嫡長子以外の王子、または以前に断絶した諸侯王家の子孫や疎遠な親属を例外的・恩恵的に封建することである(11)。[表2]は、[表1]

同様、紹封により諸侯王となった二十七名の封建の状況をまとめたものである。やはり各諸侯王の封地に着目してみよう。一見して王国の地域的な偏りはなく、関東地域に散在しているようにみえるが、「紹封事由」に示した各諸侯王の出身の王家（出身王国）とあわせ見ると、基本的に出身王家が封建されていた王国、またはその一部を継承する形で封建されており、これが紹封の場合の初封時の原則であったことが推測される。ところが、ゴシック体で示した諸侯王のように、出身の王家の封域と異なる地に封建されている例がある。このことから、紹封の場合の封地選定に際し、何らかの条件の存在が疑われる。この点に注意し、先の皇子封建同様、各王国にのべ何回封建が行われたかについてみると、六安：一、真定：一、泗水：二、平干：一、広川：二、広陽：一、高密：一、趙国：一、広陵：二、長沙：一、河間：一、楚国：一、広徳：二、城陽：一、信都：一、定陶：一、広平：一、魯国：一、東平：二、中山：一、広宗：一、広世：一、梁国：一となり、更に州の区分でまとめると、

幽州（広陽）：一／冀州（真定・平干・広川・趙国・河間・信都・広平・中山・広宗・広世）：十一／兗州（城陽・定陶・東平）：四／豫州（魯国・梁国）：二／青州（高密）：一／徐州（泗水・広陵・楚国）：五／揚州（六安・広徳）：三／荊州（長沙）：一

となり、冀州を筆頭に徐州、兗州が多く選定される傾向にあることがわかる。

以上から、皇子封建の場合は諸侯王の始封時の封地には兗州、冀州の王国が選定されることが多く、紹封の場合の諸侯王の始封時の封地には冀州、徐州、兗州の王国が選定されることが多いことがわかる。このことは、先に述べた五井・小嶋両氏が示した王国の地理的分布と何等矛盾しないようである。しかしながら、皇子封建の場合ののべ回数と紹封の場合ののべ回数を足すと、冀州：十五、兗州：十、徐州：六となり、他州の二〜四回程度に比して、特に冀州、兗州への封建が圧倒的に多い結果となる。換言すれば、前漢後半期の王国は関東地域に広く散在していたが、諸

侯王の封地としては同じ関東地域でも、圧倒的に冀州、兗州の両地域が選定される傾向にあった、ということである。

そもそも、諸侯王の封建に際しては、『後漢書』列伝十六、馮勤列伝に、

……初未被用、後乃除為郎中、給事尚書。以図議軍糧、在事精勤、遂見親識。毎引進、（光武）帝輒顧謂左右曰「佳乎吏也。」由是使典諸侯封事。（馮）勤差量功次軽重、国土遠近、地埶豊薄、不相踰越、莫不厭服焉。自是封爵之制、非勤不定。

とあり、後漢初期のことではあるが、馮勤は諸侯王・列侯の封地選定にあたって「国土の遠近」「地勢の豊薄」の点を考慮したと言う。ここでの「国土の遠近」とは、洛陽または河南尹から封地までの距離、「地勢の豊薄」とは、地形の状態であり、要するに地域的な条件のことである。小嶋氏が、諸侯王が国家の「藩屏」としての象徴的な役割を期待され、漢朝とも親和的であったとされた後漢時代でさえ、封地選定に以上のような考慮がなされていたとすれば、おそらく前漢時代においても封地選定に際し何らかの地域的条件または地方統治上の理由が考慮されていたことは容易に想像できる。この点が、先に諸侯王の始封・徙封時の封地に着目した理由であるが、これは当然のことながら諸侯王の封建が漢朝によってなされることに即せば、冀州と兗州は諸侯王を封建する地域として漢朝が重要視していた地域、または選定しやすかった地域であった、ということであろう。とすれば、次に考えなければならないのは、諸侯王の封地として選定されるにあたり、どのような事情が、更にはどのような地域的条件または地域性が冀州・兗州の両地域にはあったのかという問題である。

二　冀州、兗州の地域性について

前節で考察したように、前漢後半期には冀州、兗州の両地域に多数の諸侯王が封建される傾向にあった。本節では、これらの地域が諸侯王の封地として選定されるにあたり、どのような事情が、どのような地域的特徴または地域性が両地域にはあったのかという点について考察したい。

まず、両地域の地域的特徴を概観してみよう。これについては、『漢書』巻二八地理志下の所謂分野説の区分に沿って各地域の風俗についてまとめた記述があるため、それによって論を進める。まず、冀州であるが、その地域は魏郡・鉅鹿・常山・清河・趙国・広平国・真定国・中山国・信都国・河間国を含む(12)。これらの郡国を地理志では、「趙地」としており(13)、一部を除けばほぼ漢初の趙王国と一致する(14)。さて、この地域の風俗を地理志下は、

趙・中山地薄人衆、猶有沙丘紂淫乱余民。丈夫相聚游戯、悲歌忼慨、起則椎剽掘冢、作姦巧、多弄物、為倡優。女子弾弦跕躧、游媚富貴、偏諸侯之後宮。……邯鄲北通燕・涿、南有鄭・衛、漳・河之間一都会也。其土広俗雑、大率精急、高気勢、軽為姦。

と、趙から中山の地は人口が少ない点、趙国の国都である邯鄲から北、涿郡までの地域の風俗は雑多であり、おおむね性急で勢いがあり、軽々しく「為姦」した点を伝えている。さらに、

鍾・代・石・北、迫近胡寇、民俗懻忮、好気為姦、不事農商。自全晋時、已患其剽悍、而武霊王又益厲之。故冀州之部、盗賊常為它州劇。

と、「趙地」の北方は胡寇を受けやすく、民衆は強く逆らい、「為盗」し、生業に従事しないことを理由として、冀州

は盗賊が他州よりも激しかったと述べる。

次に、兗州であるが、ここには東郡・陳留・山陽・済陰・泰山・城陽国・淮陽国・東平国を含む。(15)地理志では、「宋地」に山陽・済陰・東平及び東郡の一部、「衞地」に東郡、「韓地」に淮陽国、「斉地」に泰山・城陽国が分類される。(16)この内、「宋地」については、

宋地、……今之沛・梁・楚・山陽・済陰・東平及東郡之須昌・寿張、皆宋分也。……昔堯作游成陽、舜漁雷沢、湯止于亳、故其民猶有先王遺風、重厚多君子、好稼穡、悪衣食、以致畜蔵。……沛・楚之失、急疾顓己、地薄民貧、而山陽好為姦盗。

と、この地域の民衆に堯・舜などの聖王の遺風を認め、農業を好むとしながらも、山陽に関しては「好為姦盗」と伝えている。「衞地」については、

衞地、……今之東郡及魏郡黎陽、河内之野王・朝歌、皆衞分也。……周末有子路・夏育、民人慕之、故其俗剛武、上気力。漢興、二千石治者亦以殺戮為威。宣帝時韓延寿為東郡太守、承聖恩、崇礼儀、尊諫争、至今東郡号善為吏、延寿之化也。其失頗奢靡、嫁取送死過度、……。

とある。注目すべきは二千石が殺戮によって威をなしたという点である。このような地方行政上の事態は、すぐさま景帝期以降頻繁に出現する酷吏のような法を厳格に執行する郡太守を想起するが、そうであるならば、その殺戮の対象は豪族・豪傑や群盗であったことは想像に難くないだろう。

以上、冀州・兗州両地域の特徴についての地理志の記載をみてきたが、冀州や兗州の東郡・山陽郡に共通する点として、民衆が「姦」「姦盗」を行うという地域的な特徴があったことが窺える。このことをさらに列伝等で確認してみよう。冀州では、『漢書』巻九〇酷吏伝、咸宣伝に、武帝期のこととして、

是時郡守尉諸侯相二千石欲為治者、大抵尽効王温舒等、而吏民益軽犯法、盗賊滋起。南陽有梅免・百政、楚有段中・杜少、斉有徐勃、燕趙之間有堅盧・范主之属。大群至数千人、擅自号、攻城邑、取庫兵、釈死罪、縛辱郡守都尉、殺二千石、為檄告県趨具食、小群以百数、掠鹵郷里者不可称数。

とある。「燕趙之間」とは、地域的に冀州にあたると考えられるが、堅盧・范主という群盗が存在したようである。また、『漢書』巻八九循吏伝、龔遂伝には、

宣帝即位、久之、勃海左右郡歳飢、盗賊並起、二千石不能禽制。

とある。「勃海左右郡」とあるのは、勃海郡とそれに隣接する郡国と考えられ、冀州では河間国・信都国・清河郡が勃海郡と隣接する。兗州では、『漢書』巻六四上吾丘寿王伝に、おそらくは武帝元狩二（前一二一）年以前のこととして、

会東郡盗賊起、拝為東郡都尉。上以寿王為都尉、不復置太守。是時、軍旅数発、年歳不熟、多盗賊。

とあり、『漢書』巻九〇酷吏伝、田広明伝にも、同じく武帝期のこととして、

郡国盗賊並起、遷広明為淮陽太守。

とあり、淮陽郡にも群盗が起こっていたことを窺わせる。

これら群盗の頻発は、もちろん武帝期以降の対異民族戦争、不作、自然災害等によって全国的に起こった状況であろう。しかし、それが地理志が伝えるように、冀州・兗州において強調して語られる以上、両地域の地域的な特徴と考えても不都合がないだろう。冀州・兗州に封建された諸侯王は、以上のような特徴を有した地域に封建されたのである。しかも、前節で確認したように、冀州・兗州への諸侯王の封建が相当数に上ることから言えば、漢朝はそのような地域をわざわざ選定して諸侯王を封建しているのである。ここに、諸侯王封建、そして地方統治機関としての王

国の設置に対して、漢朝に何らかの意図があったことが想像されることになるだろう。

三　諸侯王と地域の関係について

ところで、『漢書』巻一九百官公卿表上、諸侯王条には、

諸侯王、高帝初置。金璽盭綬。掌治其国。有太傅輔王。内史治国民。中尉掌武職。丞相統衆官。群卿大夫・都官如漢朝。景帝中五年、令諸侯王不得復治国、天子為置吏、改丞相曰相、……成帝綏和元年、省内史、更令相治民、如郡太守、中尉如郡都尉。

とあり、漢初から景帝中元五（前一四五）年までの間、諸侯王は王国全般の行政権を有し、国都を含む郡を王国任命の内史、その他の郡を郡守・尉を通じて王国内の民衆を統治したが、景帝三（前一五四）年の呉楚七国の乱後の中元五年以降、「諸侯王をして復た国を治むを得ざらしむ」とあるように諸侯王は行政権を漢朝に奪われ、王国の行政権は中央任命の内史に移管、更に成帝綏和元（前八）年以降は内史が廃止され、国相・中尉が直接的な行政にあたった。

以上のことは、王国官制の変遷の事情としてすでに鎌田重雄氏(17)、紙屋正和氏(18)等が詳細に考察されており、前漢期の諸侯王の行政権の変遷としても一般的な認識となっているものと思われる。ところが、このような一般的な認識とは別に、中元五年以降漢朝に行政権を奪われた諸侯王が、それ以降も様々な形で王国内の民衆との関係を維持し続けた形跡がある。勿論、中元五年以降諸侯王が行政権を漢朝に回収され、王国内の行政を統括する立場になかったことに異議を唱える余地はないが、ただ諸侯王と民衆間の関係は、特に前漢後半期の王国の地方統治機関としての性格や位置づけに関わる問題でもあろう。そのような意識から、本節では諸侯王と王国内の民衆の関係について読み取れる史

料からその概観を試みたい。

まず、五井氏が「漢代における支配・被支配の主要関係[19]」とされた諸侯王の賦役の徴収についてみてみよう。『漢書』巻一高帝紀下、高祖十二年三月の詔には、

（十二年）三月、詔曰、吾立為天子、帝有天下、十二年于今矣。与天下之豪士賢大夫共定天下、同安輯之。其有功者上致之王、次為列侯、下乃食邑。而重臣之親、或為列侯、皆令自置吏得賦斂、……。

と、楚漢の交から高祖十二年までに功績があった者を、上は諸侯王、次を列侯とし、これらには官吏の任命権を与え、「賦斂」できるようにしたとあるから、諸侯王は独自に賦役を徴収することができた。この賦とは、算賦、更賦、口賦の三種を指す[20]が、これら賦は、『史記』巻五九五宗世家の太史公賛に、

太史公曰、高祖時諸侯皆賦、得自除内史以下、漢独為置丞相、黄金印。諸侯自除御史・廷尉正・博士、擬於天子。自呉・楚反後、五宗王世、漢為置二千石、去丞相曰相、銀印。諸侯独得食租税、奪之権。其後諸侯貧者、或乗牛車也。

とあるように、呉楚七国の乱以前において、諸侯王は一貫して王国内の民衆に課すことができた[21]。また、『同』巻一〇六呉王濞列伝には「然其居国以銅塩故、百姓無賦。卒踐更、輒与平賈。」とあり、諸侯王は王国内における徭役徴発権を有したと考えられる[22]。

ところが、前掲五宗世家には「呉楚反するより後……諸侯独り租税を食むを得るのみ、これが権を奪う。」とあり、呉楚七国の乱以後、諸侯王は租税を「食」むのみであったという。この「租税」とは、田租等の租税であり[23]、これらを「食」むのみであったとすると、徭役の徴発権は漢朝により奪われたと考えてよい。しかし注意すべきは、田租の徴収権が呉楚七国の乱以後も残されている点である。つまり、呉楚七国の乱以降、諸侯王は王国内の民衆に対して、

全面的には行政権を発揮できなくなったが、田租の徴収を通じ民衆との関係を継続して保つ余地があったということである。特に、前漢後半期、景帝の皇子で諸侯王となった者と限定してもよいかも知れないが、『同』五宗世家、膠西于王端伝に、

（膠西王端）数犯上法、漢公卿数請誅端、天子為兄弟之故不忍、而端所為滋甚。有司再請削其国、去太半。端心慍、遂為無訾省。府庫壊漏尽、腐財物以巨万計、終不得収徙、令吏毋得収租賦。端皆去衛、封其宮門、従一門出游。

と、膠西王端はしばしば漢法を犯したため、武帝期に公卿の再三の上請によりその国の大半を削られたことから、遂には租賦の徴収を止めさせ、宿衛も置かなかったとある。これは、膠西国では租賦の徴収が行われたという前提がなければ成り立たない。また『同』五宗世家、趙敬粛王彭祖伝には、

彭祖立五十余年、相・二千石無能満二歳、輒以罪去、大者死、小者刑、以故二千石莫敢治。而趙王擅権、使使即県為賈人権会、入多於国経租税。以是趙王家多金銭、然所賜姫諸子、亦尽之矣。

と、おそらくは武帝太初年間以降のことであるが、趙王彭祖は商人のために売買の仲介を行って利益を独占し、その収入は租税より多かったとあるが、ここにも趙国で租税徴収を行っていたという前提がある。このように租税徴収が一部であれ認められているからこそ、(24)前漢後半期の諸侯王が統治・行政権を奪われてもなお、『漢書』巻五三景十三王伝、中山靖王勝伝に「趙王亦曰『中山王但奢淫、不佐天子拊循百姓、何以称為藩臣。』」と、趙敬粛王彭祖が中山王勝に発しているように、諸侯王は天子を輔佐し民衆を安んじる立場にあるという意識を持つのだろうし、(25)民衆の側からみれば、『史記』五宗世家、臨江閔王栄列伝に、

臨江閔王栄、……四年、坐侵廟壖地垣為宮、上徴栄。栄行、祖於江陵北門、既已上車、軸折車廃。江陵父老流涕竊言曰、吾王不反矣。栄至、詣中尉府簿。中尉郅都責訊王、王恐、自殺。……百姓憐之。

と伝えるように、臨江閔王が罪に坐し、京師に出発する際、王車の軸が折れたことを見た江陵の父老達をして「吾が王」と、諸侯王が直接的に地域社会に対して規制力・影響力を持ったことを想起させる言葉を言わしめているのであろう。

以上、租税の徴収という点から、前漢後半期の諸侯王もその王国内の民衆に対して、一定の規制力を有しつつ影響力を維持していたことを述べた。ただ、管見の限り成帝綏和元年以降にこのようなことを窺わせる記事は見あたらなかった。そのため、前漢末期の状況は不明と言わざるを得ないが、やはり何らかの影響力を維持していたことは推測される。ともかくも、以上のことを換言すれば、行政権を漢朝に奪われた前漢後半期においても、諸侯王は地域と全く隔絶した存在ではなかった、ということができるだろう。このことを別の角度から検証してみよう。

前漢前半期、呉楚七国の乱までは王国任命の相・内史、または県令を通じて地域社会と密接な関係を構築できたと考えられるが、しかし、後半期以降王国の行政権が漢朝任命の相・内史に移管された以上、諸侯王としては前半期とは異なったルート、もしくは既存の関係を強化しつつ地域社会との関係を維持するようにしなければならなかったと考えられる。そのルートのひとつと考えられるのが、地域社会に直接的な影響力を持った豪傑や盗賊等の地域社会の諸勢力である。以下に、諸侯王とそれらとの関係が看取される史料を列挙してみよう。[26]

【1】『史記』巻五八梁孝王世家、済東王彭離伝

済東王彭離者、梁孝王子、以孝景中六年為済東王。二十九年、彭離驕悍、無人君礼昏暮、私与其奴・亡命少年数十人行剽殺人、取財物以為好。所殺発覚者百余人、国皆知之、莫敢夜行。所殺者子上書言。漢有司請誅、上不忍、廃以為庶人、遷上庸、地入于漢、為大河郡。

【2】『漢書』巻五三景十三王伝、江都易王非伝

非好気力、治宮館、招四方豪桀、驕奢甚。

【3】『漢書』巻四五江充伝

詣闕告太子丹与同産姉及王後宮姦乱、交通郡国豪猾、攻剽為姦、吏不能禁。書奏、天子怒、遣使者詔郡発吏卒囲趙王宮、収捕太子丹、移繋魏郡詔獄、与廷尉雑治、法至死。

【4】『漢書』巻七一雋不疑伝

武帝崩、昭帝即位、而斉孝王孫劉沢交結郡国豪桀謀反、欲先殺青州刺史。不疑発覚、収捕、皆伏辜。

【5】『漢書』巻七六張敞伝

天子引見（張）敞、拝為冀州刺史。敞起亡命、復奉使典州。既到部、而広川王国群輩不道、賊連発、不得。敞以耳目発起賊主名区処、誅其渠帥。広川王姫昆弟及王同族宗室劉調等通行為之囊橐、吏逐捕窮窘、蹤迹皆入王宮。敞自将郡国吏、車数百両、囲王宮、捜索調等、果得之殿屋重轑中。敞傳吏皆捕格断頭、懸其頭王宮門外。因劾奏広川王。天子不忍致法、削其戸。敞居部歳余、冀州盗賊禁止。

【6】『漢書』巻八〇宣元六王伝、東平思王宇伝

東平思王宇、甘露二年立。元帝即位、就国。壮大、通姦犯法、上以至親貰弗罪、傅相連坐。

以上の内、【3】【5】は諸侯王ではなく王室の構成員が豪猾や群盗等と関係を結んでいる例、【4】は王国国除後に諸侯王の血縁の者が豪傑と結びついている例であるが、経緯はどうであれ「斉孝王孫」と諸侯王の存在を前提とした表現がされているため、斉孝王の斉国が国除される武帝元朔二（前一二七）年までの間にすでに両者が結びついていた可能性がある。さて、これらを通観すると、いずれの場合も豪猾・豪傑・盗賊等の諸勢力と結びついて地域社会に影響力を及ぼし、その結果漢法に触れ、罪に坐した点が共通する。直接的に諸侯王が地域に影響力を及ぼしたとは

必ずしも断言できないものの、地域社会の諸勢力の活動を通し、間接的に影響力を持ったとは言えそうである。もっとも、諸侯王が豪傑や群盗等と結びつくことにより、地域社会にとってはマイナスに作用することが多かったことは前掲の諸史料が伝えるところである。

注目すべきは、【3】【5】が前節でその地域的特徴を指摘した冀州内の趙国・広川国、【1】【6】が兗州内の東平国での事例だという点である。先に指摘したように、冀州・兗州とも群盗が頻発する地域であったと考えられるが、そのような地域に封建された諸侯王の元には、ここで見たように地域社会の諸勢力が集い、諸侯王と結びついたと想像される。(27) しかし、そのような状況にあったとしても、実は両者が結びついて違法行為を行ったことを示す史料は封建された諸侯王の数に比してかなり少なく、ここに挙げた四例ほどである。勿論、実際の違法行為の事案はもっと多数に上り、史料に採録された事案が少なかったのかも知れないが、仮に地域社会の諸勢力と結びつきを前提とした違法行為の事案が少なかったとすると、諸侯王と地域社会の諸勢力の結びつきは必ずしも違法行為に発展するものではなかった、ということが想定される。少々穿って考えれば、諸侯王はその封域内または周辺郡国の地域社会の諸勢力と結びつきを持ったが、それは決して特殊ではなくごく一般的な状態であり、この結びつきを前提とした違法活動は、むしろ諸侯王の資質に左右されるものではなかったか。このことを裏付けるように、【2】において豪傑とのつながりを示されている易王非には違法行為がなかった。つまり、行政権を奪われた諸侯王は、地域社会との関係を維持するため、その地域社会の諸勢力である豪傑や盗賊を媒介としていたと考えられる。

では、以上のような想定が成り立つとすれば、前漢後半期の王国は地方統治機関として一体どのような性格を有していたのだろうか。節を改めて、当初の問題にたちかえりたい。

四　前漢後半期の諸侯王国の性格について

前節までに、前漢後半期の諸侯王は王国内の行政権を奪われて以降も王国内の民衆に対して影響力を維持し、「姦」「姦盗」を地域的な特徴としてもつ冀州や兗州に多く封建され、違法行為を働く集団や地域社会の諸勢力と結びつき、それらを媒介とすることにより地域に対して一定の規制力を有したのではないか、ということについて考察した。以上の点を踏まえ、本節では前漢後半期の王国の地方統治機関としての性格について考察したい。

近年、崔向東氏は、戦国六国の貴族の後裔、豪富、豪民、兼并之家、豪傑、游侠、地方の強宗や大姓等の各種社会勢力が豪族へと転化していく条件のひとつとして、「王権支配」を挙げ、前漢初年から武帝期にかけての中央政府と王国の緊張関係や王国の高い独立性を背景として、漢初の諸侯王が自己の勢力拡大のために王国内の社会勢力を容認、保護する政策を実行し、社会勢力の側も諸侯王と結託することにより、自己の発展を図った、とされる。(28) この崔氏の見解は前漢前半期のものであるが、実は後半期においても氏の見解と類似する状況が看取される。『漢書』巻六三武五子伝、昌邑王賀伝に、

大将軍光尊立武帝曾孫、是為孝宣帝。即位、心内忌賀、元康二年遣使者賜山陽太守張敞璽書曰「制詔山陽太守、其謹備盗賊、察往来過客。毋下所賜書。」敞於是条奏賀居処、著其廃亡之効、……。

とある。昌邑国は、賀が昭帝亡き後の次代皇帝として選ばれた元平元（前七四）年に国除され、山陽郡となった。ここでは、昌邑国国除から約十年後のことではあるが、元康二（前六四）年に宣帝から山陽太守張敞に「盗賊に備えよ」と詔が出されている。あたかも王国の国除後に盗賊が発生することを想定しているかのようである。また、『漢書』

巻九〇酷吏伝、厳延年伝には宣帝神爵年間（前六一～前五八年）のこととして、

時郡比得不能太守、涿人畢野白等由廃乱。大姓西高氏・東高氏、自郡吏以下皆畏避之、莫敢与牾、咸曰「寧負二千石、無負豪大家。」賓客放為盗賊、発、輒入高氏、吏不敢追。浸浸日多、道路張弓抜刀、然後敢行、其乱如此。

とある。涿郡は、武帝元朔元（前一二八）年に燕王定国が罪を得て自殺、燕国が国除され郡となり、この郡から元朔二（前一二七）年から同五（前一二四）年の間に分置された。(29)神爵年間まで六十年ほど経っているが、燕国の国除後に大姓西高氏・東高氏の活動が著しくなったと考えられる。以上に共通するのは、いずれの場合も王国の国除後に盗賊や豪族の著しい活動が問題となっている点である。このような事態は少なくとも昌邑国、燕国の国除以前には見えず、王国国除後に盗賊や豪族の活動が活発化したことが考えられる。さらに、『漢書』巻七六張敞伝にはおそらく五鳳年間（前五七～前五四年）のこととして、

初、（張）敞為京兆尹、而弟武拝為梁相。是時梁王驕貴、民多豪彊、号為難治。

とある。梁王と「豪彊」の関係は必ずしも明かではないが、梁王の「驕貴」と「豪彊」が多いことが関連して「治め難しと為す」状態であった点は、前節で考察した諸侯王と地域社会の諸勢力とのつながりを想起させる。以上は、いずれも状況証拠でしかないが、前半後半期も諸侯王が豪族や盗賊といった地域社会の諸勢力を、少なくとも王国内で容認する傾向にあったことを示していると考えられる。そして、このような状況は、王国が一国一郡に縮小され、その内部の行政構造も漢朝直轄の郡と同質のものに変容しようとしている過程、またはすでに直轄郡と同質化した以降に現れる事態である。このことは、多少穿って考えれば、王国から漢朝直轄地となった地域の盗賊や豪族は、それ以前、その地域が王国であった時期には、その行為が漢朝の地方統治の方針と衝突することは少なく、(30)むしろ少なくとも王国内では是認されるか、容認される傾向のものであった、と言えるだろう。すなわち、諸侯王という特殊性を有

した地方統治機関としての王国は、豪族や盗賊のような地域社会の諸勢力とは矛盾しなかった、と想定することができるのである。このような想定の元に立ち、更に一歩踏み込んだ想定が許されるとすれば、王国とは、地域社会で国家支配と民衆が関わらない余地であり、地域社会と国家支配とをいわば隔絶させる役割を担ったのが王国であった、と考えられることになろう。

以上のような想定を確かめるために、更に別角度からの検証を試みよう。『漢書』巻八九循吏列伝、王成伝には、

王成、不知何郡人也。為膠東相、治甚有声。宣帝最先褒之、地節三年下詔曰「……今膠東相成、労来不怠、流民自占八万余口、治有異等之効。其賜成爵関内侯、秩中二千石。」……後詔使丞相御史問郡国上計長吏守丞以政令得失、或対言前膠東相成偽自増加、以蒙顕賞、是後俗吏多為虚名云。

とあり、虚偽であったが、流民多数が戸籍に登録されたことで評価されている。そもそも、流民や無戸籍者は、民衆が郡県から離脱して発生するものであるが、王国には流民や無戸籍者が多く集まる傾向にあった。『漢書』巻四八賈誼伝では、

今淮南地遠者或数千里、越両諸侯、而県属於漢。其吏民繇役往来長安者、自悉而補、中道衣敝、銭用諸費称此、其苦属漢而欲得王至甚、逋逃而帰諸侯者已不少矣。其勢不可久。

と、遠方の郡県から傜役のため長安に往来する吏民は、それを苦にしたため郡県の戸籍から離脱し諸侯に帰属するものが多いと指摘している。加えて、武帝期以降の対異民族戦争や作物の不作、自然災害等が引き金となって全国的に流民が増加したことは容易に想像できる。前掲王成伝で、王成が循吏であること、その上計が結果的に虚偽ではあったことは差し引くとしても、流民や無戸籍者を多く戸籍につけることが地方行政の場での功績と見做され、かつ流民の側も王国に往き、戸籍につくという意識それ自体が、漢朝直轄の郡県から離脱した流民が漢朝直轄の郡県とは異なっ

た意識を王国に持っていたことを伝えている。このことは、すなわち王国が漢朝の郡県支配とそれを苦にした民衆を隔絶するような、いわば緩衝材のような役割を担ったことを物語ると思われる。

おわりに

以上、四節にわたっての考察をまとめると、以下のようになる。

①前漢後半期の王国は関東地域に広く散在したが、諸侯王の封地としては同じ関東地域でも、圧倒的に冀州、兗州の両地域が選定される傾向にあった。逆に、諸侯王の封建が漢朝によってなされることに即して言うならば、冀州と兗州は諸侯王を封建する地域として漢朝が最も重要視していた地域、または選定しやすかった地域と言うことができる。

②冀州や兗州に共通する点として、民衆が「姦」「姦盗」を行い、群盗の違法行為が頻発するという地域的な特徴がある。

③諸侯王が王国の行政権を漢朝に奪われた前漢後半期においても、諸侯王は地域社会と全く隔絶してはいなかった。更に、地域社会に直接的な影響力を持った豪傑や群盗といった地域社会の諸勢力と結びつくことにより、地域社会との関係維持のためのルートを築いた。そのような諸侯王とその封域内または周辺郡国の地域社会の諸勢力との結びつきは決して特殊ではなくごく普通の状態であった。

④王国から漢朝直轄地となった地域の諸勢力は、それ以前、その地域が王国であった時期には、その行為が漢朝の地方統治の方針と衝突することは少なく、むしろ王国内では是認されるか、容認される傾向のものであった。すなわ

ち、諸侯王の特殊性を有した地方統治機関としての王国は、豪族や盗賊のような地域社会の諸勢力とは矛盾しなかった、と想定できる。

⑤以上のような想定の元に立つと、王国とは、地域社会で国家支配と民衆が関わらない余地であり、地域社会と国家支配とをいわば隔絶させる役割を担ったのが王国であった、と考えられる。

本稿では、主に前漢後半期の王国の性格を考察した。しかし、ここには前漢前半期の王国の性格を差し置いてしまったという問題が残る。本稿で得られた結果に基づき、以下に前半期の王国の性格についての見通しを述べて「おわりに」にかえたいと思う。

前漢前半期には地方統治における王国の有効性は充分考えられるが(31)、漢朝はその有効性に期して諸侯王に行政権を付与したわけではなさそうである。例えば、亡命者を集めて煮塩・鋳銭を行わせた呉国の行政は、漢朝にしてみれば違法な行政であったろう。このような違法な行政は、文帝期に賈誼や晁錯からの指摘があるにせよ、皇帝の最親ということもあり黙認され、呉楚七国の乱の遠因となった。しかしながら、それでも王国を関東地域全面に配置したのは、秦末漢初の争乱による関東地域の民衆の疲弊と地域社会において旧来の族的結合を維持した地方豪族とを考慮して、やはり王国をして地域社会で国家支配と民衆が関わらない余地を作ったからではないか。そのような王国の性格は後半期も変わらず、地域勢力の目立った活動があった冀州や兗州などには引き続き諸侯が封建され、王国がいわば国家と地域社会の緩衝材として期待されたのではないか。また、前節にみた張敞伝の、梁国における「豪彊」の存在に起因する「難治」の状況は、前半期から引き続いてのものであったかと問われれば、史料的な制約があり必ずしも断定はできないが、前半期では見られないようである。王国に豪傑や盗賊等の地域社会の諸勢力が存在し活動する、そのような記事が見られるようになるのは、呉楚七国の乱以降のことである。さらに、『史記』巻一二二酷吏列伝、郅都

伝には、

済南瞷氏宗人三百余家、豪猾、二千石莫能制、於是景帝乃拝（郅）都為済南太守。至則族滅瞷氏首悪、余皆股栗。

とある。済南郡は漢初には斉国の封域内であり、文帝十六（前一六四）年に分置され済南国となるが、済南王辟光が呉楚七国の乱に加わり、景帝三年に反誅、国除されて以降漢郡である。郅都の済南太守在任期間は、『漢書』巻一九百官公卿表下によれば景帝七（前一七〇）年に中央の中尉に遷任しているので、景帝三年から七年の間であるが、済南国が国除された後に瞷氏のような「豪猾」の存在が漢朝の統治・行政の大きな障害として語られ、しかも酷吏の郅都が豪族が居す郡の太守として権力を振るうという歴史的な流れは、前節でみた状況と同様である。つまり、「盗賊」の発生や「豪族」の顕著な活動は、王国の変遷と無関係ではなく有機的に関連しており、王国と豪族や盗賊のような地域社会の諸勢力とは矛盾しなかったという想定が、ここにあらためて提出できるだろう。

註

（1）増淵龍夫『新版中国古代の社会と国家』（岩波書店、一九九六年、初出弘文堂、一九六〇年）、西嶋定生『中国古代帝国の形成と構造――二十等爵制の研究――』（東京大学出版会、一九六一年）等参照。

（2）西嶋定生「中国古代帝国形成の一考察――漢の高祖とその功臣――」（『歴史学研究』第一四一号、一九四九年）、五井直弘「中国古代帝国の一性格――前漢における封建諸侯について――」（同氏著『漢代の豪族社会と国家』〈名著刊行会、二〇〇一年〉、初出『歴史学研究』第一四六号、一九五〇年）、守屋美都雄「漢の高祖集団の性格について」（同氏著『中国古代の家族と国家』〈東洋史研究会、一九六八年〉国家篇、初出『歴史学研究』第一五八・一五九号、一九五二年）等参照。

（3）鎌田重雄「漢朝の王国抑損策」（同氏著『秦漢政治制度の研究』〈日本学術振興会、一九六二年〉、初出『日本大学世田谷教養部紀要』第六号、一九五七年）、布目潮渢「前漢の諸侯王に関する二三の考察」（布目潮渢著『布目潮渢中国史論集』上巻漢代史篇〈汲古書院、二〇〇三年〉、初出『西京大学学術報告（人文）』第三号、一九五三年）等参照。

（4）紙屋正和「前漢郡県統治制度の展開について（上・下）――その基礎的考察――」（『福岡大学人文論叢』第一三巻四号・第一四巻一号、一九八二年）参照。

（5）拙稿「前漢斉悼恵王の封域――漢初の諸侯王国の行政体制についての予備的考察――」（『三康文化研究所年報』第三四号、二〇〇三年）、「前漢諸侯王国の支郡と内史――いわゆる「第一期」を中心として――」（佐藤成順博士古稀記念論文集刊行会編『佐藤成順博士古稀記念論文集　東洋の歴史と文化』、山喜房佛書林、二〇〇四年）、「前漢楚元王の封域――漢初の諸侯王国の行政体制についての予備的考察――（二）」（『大正大学大学院研究論集』第二十九号、二〇〇五年）、「前漢梁王国の封域――漢初の諸侯王国の行政体制についての予備的考察（三）――」（『三康文化研究所年報』第三八号、二〇〇七年）参照。

（6）最近の諸侯王国研究としては、陳蘇鎮「漢初王国制度考述」（『中国史研究』二〇〇四年第三期）、杉村伸二「二年律令より見た漢初における漢朝と諸侯王国」（冨谷至編『江陵張家山二四七号墓出土漢律令の研究』論考篇〈京都大学人文科学研究所研究報告、朋友書店、二〇〇六年〉）、同「前漢景帝期国制転換の背景」（『東洋史研究』第六七巻第二号、二〇〇八年）、阿部幸信「漢初「郡国制」再考」（『日本秦漢史学会会報』第九号、二〇〇八年）、吉開将人「漢初の封建と長沙国」（『日本秦漢史学会会報』第九号、二〇〇八年）等がある。

（7）五井氏、註（2）前掲論文参照。

（8）小嶋茂稔「『後漢書』所見諸侯王列侯関連記事窺管――後漢の諸侯王・列侯について――」（池田温編『日中律令制の諸相』〈東方書店、二〇〇二年〉第一部「中国古代の法と国家」所収、同氏『漢代国家統治の構造と展開――後漢国家論研究序説――』〈汲古書院、二〇〇九年〉第Ⅱ部第四章に再録）参照。

（9）この諸侯王国の散在状況は、柳春藩『秦漢封国食邑賜爵制』（遼寧人民出版社、一九八四年）第二章第一節第五項の「西漢末郡国形勢図」でも確認できる。

（10）小嶋茂稔「前漢における郡の変容と刺史の行政官化についての覚書」（『山形大学歴史・地理・人類学論集』第五号、二〇〇四年）参照。

(11) 牧野巽「西漢の封建相続法」(初出『東方学報』〈東京〉第三号、一九三二年、後に同氏著『牧野巽著作集』第一巻［中国家族研究（上）］〈御茶の水書房、一九七九年〉再録）参照。

(12) 木村正雄『中国古代帝国の形成――特にその成立の基礎条件――新訂版』(比較文化研究所、二〇〇三年）第四章「郡県制の成立とその性格」によれば、冀州は［a］魏郡、常山郡、真定国、中山国は若干低平な地域を含むため、旧県が少ない、［b］趙国は旧梁国同様、典型的な旧い地区、［c］鉅鹿郡、清河郡、勃海郡、広平国、信都国、河間国は戦国秦漢時代に開拓され、県となった新県と第二次農地を多く含む極めて新しい地区。新県の開拓と維持のため国家権力による治水事業の発展を前提とするものであり、中央集権的権力への依存度が高い地域、であるという。

(13)『漢書』巻二八地理志下に「趙地、……趙分晋、得趙国、北有信都・真定・常山・中山、又得涿郡之高陽・鄚・州郷、東有広平・鉅鹿・清河・河間、……。又得渤海郡之東平舒・中邑・文安・東州・成平・章武、河以北也。南至浮水・繁陽・内黄・斥丘、西有太原・定襄・雲中・五原・上党。」とある。この内、南側に関する記載と西側に太原・定襄・雲中・五原・上党に関する記載は戦国時代の趙国を意識したものであると考えられ、「趙地」とはいわば地域呼称であろう。

(14) 周振鶴『西漢政区地理』(北京人民出版社、一九八七年）上篇第八章参照。

(15) 木村氏、註（12）前掲書によれば、兗州は「殷・周・春秋の早い時代に興った旧国邑を起源とする、あるいは県の一部としている旧県を多く含む典型的な旧い地区。基本的に第一次農地に基礎をおく地域であり、局地的にみた場合、中央集権的権力への依存度が低い地域であり、本来自立自存の必然性を有した地域」であるという。

(16)『漢書』地理志下に「斉地、……東有菑川・東萊・琅邪・高密・膠東、南有泰山・城陽、北有千乗・清河以南勃海之高楽・高城・重合・陽信、西有済南・平原、皆斉分也。」とある。

(17) 鎌田重雄「前漢王国の官制」(同氏著『秦漢政治制度の研究』〈日本学術振興会、一九六二年〉、初出『東洋史学論集』第三号、一九五四年）参照。

(18) 紙屋正和「前漢諸侯王国の官制――内史を中心にして――」(『九州大学東洋史論集』第三号、一九七四年）参照。

(19) 五井氏、註（2）前掲論文参照。

（20）加藤繁「漢代における国家財政と帝室財政との区別並に帝室財政一斑」（『支那経済史考証』上巻〈東洋文庫、一九五二年〉）、宮崎市定「古代中国賦税制度」（初出一九三三年、後に『宮崎市定全集』第三巻「古代」〈岩波書店、一九九一年〉再録）、浜口重国「過更と践更――如淳説の批判」（同氏著『秦漢隋唐史の研究』上巻〈東京大学出版会、一九六六年〉）参照。

（21）五宗世家当該記事の「高祖時諸侯皆賦」について『集解』引く徐広は、「国所出有皆入于王也。」とするから、山林藪沢等の税も含めて賦斂として一括していると思われる。

（22）五井氏、註（2）前掲論文、西村元佑「漢代王・侯の私田経営と大土地所有の構造――秦漢帝国の人民支配形態に関連して――」（『東洋史研究』第三一巻一号、一九七二年）参照。

（23）加藤氏、註（20）前掲論文参照。加藤氏は、田租を国家財政、山林藪沢の税、江海陂湖の税、園の税、市井の税、湯沐邑の租税を帝室財政に分類される。なお、加藤氏の検討対象は漢朝全体の財政であり、諸侯王国の財政は中央とは異なった体系が予想されるが、諸侯王国の官制制度が漢初には中央政府と同一であったことから、ここでは諸侯王国の財政も中央政府と同一であったと仮定しておく。

（24）『史記』巻五景帝紀、中元二年条には「二年春二月、令諸侯王薨・列侯初封及之国、大鴻臚奏謚・誄・策。列侯薨及諸侯太傅初除之官、大行奏謚・誄・策。王薨、遣光禄大夫弔襚祠賵。視喪事、因立嗣子。列侯薨、遣大中大夫弔祠、視喪事、因立嗣。其葬、国得発民輓喪、穿復土、治墳無過三百人畢事。」とあり、諸侯王の葬儀の際、その王国の民衆を発して柩車を輓かせ、陵墓造営には三百人まで動員することが限定的ながら許可されているが、これは徭役に類するものと考えられる。

（25）『漢書』巻四四淮南王安伝にも「淮南王安為人……亦欲以行陰徳拊循百姓、流名誉。」と、淮南王安が民衆を安んじ、名声を上げようと思っていたとある。

（26）拙稿、註（5）「前漢諸侯王国の支郡と内史――いわゆる「第一期」を中心として――」参照。

（27）逆に、『漢書』巻五三景十三王伝、趙敬粛王彭祖伝には「彭祖不好治宮室禨祥、好為吏。上書願督国中盜賊。常夜従走卒行徼邯鄲中。」とあり、趙敬粛王は上書して盗賊を取り締まっているが、このことと地域社会の諸勢力との結びつきは別の問題だと考える。

（28）崔向東『漢代豪族研究』（崇文書局、二〇〇三年）第二章第二節「権力支配与豪族的形成」参照。
（29）周氏、註（14）前掲書上篇第六章「燕国沿革」参照。
（30）『漢書』巻七六張敞伝に、「勃海・膠東盗賊並起、（張）敞上書自請治之、……天子徴敞、拝膠東相、……敞到膠東、明設購賞、開群盗令相捕斬除罪。吏追捕有功、上名尚書調補県令者数十人。由是盗賊解散、伝相捕斬。吏民歙然、国中遂平。」とある。勃海郡・膠東国とその近隣郡に盗賊が多く発生し、地方官吏も手をこまねくほどの状況は、漢朝と王国内の地域社会の諸勢力が衝突した事例として注目される。
（31）杉村伸二「郡国制の再検討」（『日本秦漢史学会会報』第六号、二〇〇五年）参照。

漢代「身分標識」の事例について

椎名一雄

はじめに

筆者はこれまで、張家山漢簡『二年律令』[1]から得られた新知見を端緒として、いわゆる漢代二十等爵制の「爵称」[2]と、刑罰制度にみられる「労働刑名」[3]を身分標識として捉え、漢代身分秩序の構造について考察を加えてきた[4]。また、居延漢簡を中心とした西北辺境漢簡にみられる、「爵称」を冠して個人が特定されている事例を列挙し、若干の考察も行ってきた[5]。しかし、文献史料にみられる事例については、未だ詳細には提示していない。こうした点から、本稿の目的の一つは、『史記』『漢書』『後漢書』を中心とした、伝世文献史料に確認される身分標識（「爵称」および「労働刑名」）を有する個人の事例を抜き出し、提示することにある。

すでに「爵称」を有する個人に関しては、栗原朋信氏や西嶋定生氏による『漢書』巻十六高恵高后文功臣表に所載される公乗（第八級）以下の爵称（いわゆる民爵）所持者を中心とした考察によって、一般民が公乗以下の有爵称者であったこと、民爵賜与の回数と爵称所持者の関係、サンプル対象が三輔（杜陵・長陵・茂陵・雲陽など）に集中していること、爵称に偏りが見られること、などが指摘されている[6]。

しかし『二年律令』などの出土史料からは、以前の研究者が手にすることが出来なかった爵制に関する新たな知見が得られており、既出史料へアプローチする際の視点を変更する必要性が少なからず感じられる。例えば『二年律令』からは、漢代初期においては、一般民が有する爵級も継承されることが示され、しかも現今のところ両漢代を通じて「爵級の継承」を否定できる材料も指摘することはできていない。[7]すると、功臣表にみられる有爵称者の所持する爵級と民爵賜与回数との関係は、より複雑化して、民爵賜与の回数のみからでは、有爵称者の爵級や年齢などとの因果関係を説明することは極めて困難となる。

また「労働刑名」については、これまで労役の形態や服役年数などが問題とされてきたが、出土史料から得られた知見から、爵称と同じく個人を特定する身分標識としての役割も重要視すべきである[8]、と考えられる。

そこで本稿では、出土史料などから得られた新たな知見を加えた場合、伝世文献資料にみられる「爵称」「労働刑名」を冠する個人の事例へ、どのような視点を提供できるのか、という点も含めて考えてみたい。

一、爵称事例について

【士伍】（無爵）［計七例］

1、士伍襄（『史記』巻十八 高祖功臣侯者年表 棘丘侯）（『漢書』巻十六 高恵高后文功臣表（以下功臣表と略）棘丘侯襄）

A四年、侯襄奪侯、為士伍、国除。

B六年封、十四年、高后元年、有罪、免。戸九百七十。

2、士伍傅景（『漢書』巻十六 功臣表 陽陵景侯）

元康四年、寛玄孫之孫長陵士伍景詔復家。

3、士伍周明（『漢書』巻十六　功臣表　汾陰悼侯）

元康四年、昌曾孫沃侯国士伍明詔復家。

4、士伍霍陽（『漢書』巻十八　外戚恩沢侯表　博陸宣成侯）

元始二年四月乙酉、侯陽以光従父昆弟之曾孫龍勒士伍紹封、三千戸、王莽簒位、絶。

5、士伍開章（『漢書』巻四十四　淮南厲王劉長伝）

士伍開章等七十人与棘蒲侯太子奇謀反、欲以危宗廟社稷、謀使閩越及匈奴発其兵。

6、士伍陳湯（『漢書』巻七十　陳湯伝）

書奏、天子出湯、奪爵為士伍。

7、士伍尊（『漢書』巻七十四　丙吉伝）

元帝時、長安士伍尊上書言……

士伍については、『史記』巻五　秦本紀　集解引の如淳注に「嘗有爵而以罪奪爵、皆称士伍」とあることや、『漢書』巻五　景帝紀の記述、

遷徙免罷、受其故官属所将監治送財物、奪爵為士伍、免之。無爵、罰金二斤、令没入所受。有能捕告、畀其所受臧。

への李奇注や師古注に、

李奇曰、有爵者奪之、使為士伍、有位者免官也。

師古曰、此説非也。謂奪其爵、令為士伍、又免其官職、即今律所謂除名也。謂之士伍者、言従士卒之伍也。

とあること、さらに事例5への如淳注に、

如淳曰、律、有罪失官爵、称士伍也。開章、名。

とあることなどから、かつて「士伍」は、犯罪者が爵を奪われた場合にのみ冠するもの、とされてきた。(9) ところが、一九七五年に出土した戦国秦末から統一秦代の記述とされる『睡虎地秦墓竹簡』(10)「秦律十八種」には「除佐必当壮以上、毋除士伍新傅」(「内史雑」一九〇簡) とあることや、『同』その他の記載にも士伍が多見することから、単に「無爵の一般民」とされるようになった。(11) その見解は『二年律令』の出土によって、より確実となった。すなわち「傅律」に所載されていた「公士・公卒及士伍・司寇・隠官子、皆為士伍」(三六五簡) の記述である。犯罪者ではない公士・公卒の子息が、傅籍登録される際、士伍とされることが示されており、「士伍＝無爵の一般民」ということが確定的となっている。

【公士】(第一級)〔計三十四例〕

1、公士陳尊(『漢書』巻十六 功臣表 堂邑安侯)
元康四年、嬰玄孫之子霸陵公士尊詔復家。

2、公士酈共(『漢書』巻十六 功臣表 曲周景侯)
元康四年、商玄孫之子長安公士共詔復家。

3、公士孔宣(『漢書』巻十六 功臣表 蓼夷侯)
元康四年、聚玄孫長安公士宣詔復家。

4、公士丁賜(『漢書』巻十六 功臣表 陽都敬侯)

元康四年、復曾孫臨沂公士賜詔復家。

5、公士郭広漢（『漢書』巻十六　功臣表　東武貞侯）

元康四年、蒙玄孫茂陵公士広漢詔復家。

6、公士朱先（『漢書』巻十六　功臣表　都昌厳侯）

元康四年、軫玄孫昌侯国公士先詔復家。

7、公士傅世（『漢書』巻十六　功臣表　貰斉合侯）

元康四年、胡害玄孫茂陵公士世詔復家。

8、公士陳元（『漢書』巻十六　功臣表　河陽厳侯）

元康四年、涓玄孫即丘公士元詔復家。

9、公士許建（『漢書』巻十六　功臣表　柏至靖侯）

元康四年、盎玄孫之子長安公士建詔復家。

10、公士劉帰生（『漢書』巻三十五　燕王劉沢伝）

哀帝時継絶世、乃封敬王沢玄孫之孫無終公士帰生為営陵侯、更始中為兵所殺。

列挙した事例のうち9（また附表事例33）以外は、既に栗原氏によって指摘されている。(12) なお、公士の事例は、この他にも二十四例（附表に記載）あり、合計三十四例である。

【上造】（第二級）［計十三例］

1、上造靳安漢（『漢書』巻十六　功臣表　信武粛侯）

元康四年、歙玄孫之子長安上造安漢詔復家。

2、上造陳僑（『漢書』巻十六 功臣表 費侯）

元康四年、賀曾孫茂陵上造僑詔復家。

3、上造雍章（『漢書』巻十六 功臣表 汁防粛侯）

元康四年、玄孫長安上造章詔復家。

4、上造陳嘉（『漢書』巻十六 功臣表 棘蒲剛侯）

元康四年、武曾孫雲陽上造嘉詔復家。

5、上造閻章世（『漢書』巻十六 功臣表 敬市侯）

元康四年、沢赤玄孫之子長安上造章世詔復家。

6、上造戴安昌（『漢書』巻十六 功臣表 台定侯）

元康四年、野玄孫長陵上造安昌詔復家。

7、上造趙延世（『漢書』巻十六 功臣表 深沢斉侯）

元康四年、将夕玄孫平陵上造延世詔復家。

8、上造旅光（『漢書』巻十六 功臣表 昌圉侯）

元康四年、卿玄孫昌上造光詔賜黄金十斤、復家。

9、上造張舜（『漢書』巻十六 功臣表 安丘懿侯）

元康四年、説玄孫之子陽陵上造舜詔復家。

10、上造張連城（『漢書』巻十六 功臣表 平厳侯）

元康四年、瞻師玄孫之子敏上造連城詔復家。

上造の事例は、この他にも三例（附表に記載）あり、合計十三例である。

【簪褭】（第三級）［計十二例］

1、簪褭陳莫（『漢書』巻十六　功臣表　曲逆献侯）

元康四年、平玄孫之子長安簪褭莫詔復家。

2、簪褭宣護（『漢書』巻十六　功臣表　南安厳侯）

元康四年、虎曾孫南安簪褭護詔復家。

3、簪褭尹殷（『漢書』巻十六　功臣表　城父厳侯）

元康四年、恢玄孫之子新豊簪褭殷詔復家。

4、簪褭劉勝之（『漢書』巻十六　功臣表　平皋煬侯）

元康四年、它玄孫之孫長安簪褭勝之詔復家。

5、簪褭陳幸（『漢書』巻十六　功臣表　復陽剛侯）

元康四年、胥曾孫雲陽簪褭幸詔復家。

6、簪褭程弘（『漢書』巻十六　功臣表　歴簡侯）

元康四年、黒玄孫之子長安簪褭弘詔復家。

7、簪褭室中武（『漢書』巻十六　功臣表　清簡侯）

元康四年、同玄孫高宛簪褭武詔復家。

8、簪褭旅信（『漢書』巻十六 功臣表 共厳侯）
元康四年、罷師曾孫霸陵簪褭信詔復家。
9、簪褭紀万年（『漢書』巻十六 功臣表 襄平侯）
元康四年、通玄孫長安簪褭万年詔復家。
10、簪褭任定（『漢書』巻十六 功臣表 広阿懿侯）
元康四年、敖玄孫広阿簪褭定詔復家。
簪褭の事例は、この他にも二例（附表に記載）あり、合計十二例である。

【不更】（第四級）［計九例］
1、不更樊勝客（『漢書』巻十六 功臣表 舞陽武侯）
元康四年、噲曾孫長陵不更勝客詔復家。
2、不更搖未央（『漢書』巻十六 功臣表 海陽斉信侯）
元康四年、母余玄孫之子不更未央詔復家。
3、不更周広世（『漢書』巻十六 功臣表 魏其厳侯）
元康四年、止玄孫長陵不更広世詔復家。
4、不更楊孟嘗（『漢書』巻十六 功臣表 赤泉厳侯）
元康四年、喜玄孫茂陵不更孟嘗詔賜黄金十斤、復家。
5、不更呂忠（『漢書』巻十六 功臣表 涅陽厳侯）

元康四年、騰玄孫之子涅陽不更忠詔復家。

6、不更宣寄（『漢書』巻十六　功臣表　土軍式侯）

元康四年、義玄孫之子阿武不更寄詔復家。

7、不更昭渉福（『漢書』巻十六　功臣表　平州共侯）

元康四年、掉尾玄孫涪不更福詔復家。

8、不更単充国（『漢書』巻十六　功臣表　中牟共侯）

元康四年、右車玄孫之子陽陵不更充国詔復家。

9、不更馮武（『漢書』巻十六　功臣表　穀陽定侯）

元康四年、谿玄孫之子穀陽不更武詔復家。

【大夫】（第五級）［計二十六例］

1、大夫但（『漢書』巻四十四　淮南厲王劉長伝）

大夫但・士伍開章等七十人与棘蒲侯太子奇謀反、欲以危宗廟社稷……

2、大夫司馬遷（『史記』巻百三十　太史公自叙伝索隠引博物志）

太史令茂陵顕武里大夫司馬遷、年二十八、三年六月乙卯除、六百石。

3、大夫劉猛（『漢書』巻十五上　王子侯表　徳哀侯）

元康四年、広玄孫長安大夫猛、詔復家。

4、大夫夏侯信（『漢書』巻十六　功臣表　汝陰文侯）

元康四年、嬰玄孫之子長安大夫信詔復家。
5、大夫王充国（『漢書』巻十六 功臣表 清河定侯）
元康四年、吸玄孫長安大夫充国詔復家。
6、大夫召不識（『漢書』巻十六 功臣表 広厳侯）
元康四年、欧玄孫安陵大夫不識詔復家。
7、大夫薛去病（『漢書』巻十六 功臣表 広平敬侯）
元康四年、欧玄孫長安大夫去病詔復家。
8、大夫呂陽（『漢書』巻十六 功臣表 陽信胡侯）
元康四年二月、青玄孫長陵大夫陽詔復家。
9、大夫蔡福（『漢書』巻十六 功臣表 肥如敬侯）
元康四年、寅曾孫肥如大夫福詔復家。
10、大夫丙齮（『漢書』巻十六 功臣表 高宛制侯）
元康四年、猜玄孫之孫高宛大夫齮詔復家。

事例4以外は、既に栗原氏によって指摘されている。なお、大夫の事例は、この他にも十六例（附表に記載）あり、合計二十六例である。

【官大夫】（第六級）［計二例］

1、官大夫其益寿（『漢書』巻十六 功臣表 湯河斉侯）

元康四年、石玄孫之子長安官大夫益寿詔復家。

2、官大夫戚常（『漢書』巻十六　功臣表　臨轅堅侯）

元康四年、緦玄孫梁郎官大夫常詔復家。

【公大夫】（第七級）［計三例］

1、公大夫繒賜（『漢書』巻十六　功臣表　祁穀侯）

元康四年、賀玄孫茂陵公大夫賜詔復家。

2、公大夫周賜（『漢書』巻十六　功臣表　高景侯）

元康四年、成玄孫長安公大夫賜詔復家。

3、公大夫呂得（『漢書』巻十六　功臣表　甯陵夷侯）

元康四年、呂臣玄孫南陵公大夫得詔復家。

【公乗】（第八級）［計三十四例］

1、公乗陽慶（『史記』巻百五　扁鵲倉公伝）（『同』巻百五　扁鵲倉公伝）

A高后八年、更受師同郡元里公乗陽慶。慶年七十余……

B至高后八年、得見師臨菑元里公乗陽慶。慶年七十余……

2、公乗項処（『史記』巻百五　扁鵲倉公伝）

安陵阪里公乗項処病、臣意診脈……

3、公乗劉勳（『漢書』巻十五上 王子侯表 徳哀侯）

元寿二年五月甲子、侯勲以広玄孫之孫長安公乗紹封、千戸、九年、王莽簒位、絶。

4、公乗曹喜（『漢書』巻十六 功臣表 平陽懿侯）

元康四年、参玄孫之孫杜陵公乗喜詔復家。

5、公乗陳寿（『漢書』巻十六 功臣表 博陽厳侯）

元康四年、濞曾孫茂陵公乗寿詔復家。

6、公乗張千秋（『漢書』巻十六 功臣表 留文成侯）

元康四年、良玄孫之子陽陵公乗千秋詔復家。

7、公乗周広漢（『漢書』巻十六 功臣表 絳武侯）

元康四年、勃曾孫槐里公乗広漢詔復家。

8、公乗武充竟（『漢書』巻十六 功臣表 梁鄒孝侯）

元康四年、虎玄孫之子夫夷侯国公乗充竟詔復家。

9、公乗董詘（『漢書』巻十六 功臣表 成敬侯）

元康四年、渫玄孫平陵公乗詘詔復家。

10、公乗周□（『漢書』巻十六 功臣表 隆慮克侯）

元康四年、竈玄孫陽陵公乗詔復家。

公乗の事例は、この他にも二十四例（附表に記載）あり、合計三十四例である。

【五大夫】（第九級）［計一例］

五大夫公上常（『漢書』巻十六　功臣表　汲紹侯）

元康四年、不害玄孫安陵五大夫常詔復家。

【左庶長】（第一〇級）［計四例］

1、左庶長卜式（『史記』巻三十平準書）（『漢書』巻二十四下食貨志）（『同』巻五八卜式伝）

A天子乃思卜式之言、召拝式為中郎、爵左庶長、賜田十頃、布告天下、使明知之。

B天子乃超拝式為中郎、賜爵左庶長、田十頃、布告天下、以風百姓。

C於是以式終長者、乃召拝式為中郎、賜爵左庶長、田十頃、布告天下、尊顕以風百姓。

2、左庶長桑弘羊（『史記』巻三十　平準書）（『漢書』巻二十四下　食貨志）

A於是弘羊賜爵左庶長、黄金再百斤焉。

B於是弘羊賜爵左庶長、黄金者再百焉。

3、左庶長（徐）自為（『漢書』巻五五　霍去病伝）

校尉自為爵左庶長。

4、左庶長陳立（『漢書』巻九十五　西南夷伝）

大将軍鳳於是薦金城司馬陳立為牂柯太守。立者、臨邛人、…（中略）…会巴郡有盗賊、復以立為巴郡太守、秩中二千石居、賜爵左庶長。

事例3については『史記』巻百十一　将軍驃騎列伝では「校尉自為爵大庶長」とされ、大庶長（一八級）とする。また『同』索隠では、個人名を「徐自為」とする。『漢書』巻十九下 百官公卿表には「郎中令徐自為、十三年為光禄勲」とあり、同一人物かと思われる。

【大上造】（第一六級）［計一例］

大上造傅□（『漢書』巻十六 功臣表 貰斉合侯）

元寿二年八月、詔賜胡害為後者爵大上造。

以上、前漢以降の記事に見られる列侯・関内侯未満の爵称で、個人名が確認される事例を挙げた。その内訳は、士伍七例、公士三十四例、上造十三例、簪褭十二例、不更九例、大夫二十六例、官大夫二例、公大夫三例、公乗三十四例、五大夫一例、左庶長四例、大上造一例で、合計百四十六例である。それぞれの年代を特定してまとめた結果が、附表Ⅰである。

なお『史記』『漢書』には、左更（第一二級）中更、（第一三級）、右更（第一四級）、大庶長（第一八級）の記述も見られるが、いずれも秦代の事例に限られる。これら秦代の事例の特徴として、各爵称が職位を表しており、特に軍吏を表現する要素が強い、ことが指摘されている[13]。

ここまで、文献史料にみられる漢代の有爵称者事例を列挙してきたが、比較材料として漢代初期の状況を所載する出土史料『奏讞書』[14]から有爵称者の事例を提示してみたい。なお『奏讞書』には案例二十二まで存在するが、漢代の事例と考えられる案例一～十六を対象とする。いま個々の史料を挙げずに、検索した結果を表化すると、附表Ⅱ―1・2となる。特徴としては、第五級「大夫」以上の有爵称者が多い、ことが挙げられる。この点については、高祖に従軍した者へ一律「大夫」爵を与えた「高祖五年詔」による結果とする考えが提示されており[15]、妥当であると思われる。ただし、大夫以上の有爵称者の事例が多いとは言え、無爵者「士伍」も四例みられ、大夫の六例と比較しても、それほど大きな差があるとは考え難い。またこの時期、この地方（『奏讞書』出土地は江陵）に特有な現象として、案例五が挙げられる。要旨のみを記せば、「この地（江陵）が楚の支配下にある時期に〝奴〟であった者が逃亡し、楚が滅び漢の支配下となった後に戸籍登録して士伍となった」という事象が記されている。さらに、高祖五年詔には「民前或相聚保山沢、不書名数、今天下已定、令各帰其県、復故爵田宅…（中略）…民以飢餓自売為人奴婢者、皆免為庶人」とあることから、楚漢の戦中戦後の状況に起因して、漢代初期には低級爵称者や無爵称者も多数存在していた、ことが想像される。

二、労働刑名事例について

【司寇】［計十三例］

1、司寇趙修（『漢書』巻十六　功臣表　深沢斉侯）
孝景三年、侯修嗣、七年、有罪、耐為司寇。

2、司寇楊去疾（『漢書』巻十六　功臣表　呉房厳侯）
孝文十三年、侯去疾嗣、二十五年、孝景後三年、有罪、耐為司寇。

3、司寇翟不疑（『漢書』巻十六　功臣表　衍簡侯）
建元三年、侯不疑嗣、十年、元朔元年、坐挾詔書、論、耐為司寇。

4、司寇魯丕（『後漢書』巻十五　魯恭伝）
建初元年、粛宗詔挙賢良方正、大司農劉寛挙丕。…（中略）…七年、坐事下獄司寇論元和元年徴、再遷、拝趙相。

5、司寇魯丕（『後漢書』巻十五　魯恭伝）
永元二年、遷東郡太守。…（中略）…明年、拝陳留太守。視事三期、後坐稟貧人不実、徴司寇論。十一年復徴、再遷中散大夫。

6、司寇襄楷（『後漢書』巻三十下　襄楷伝）
襄楷字公矩、平原隰陰人也。…（中略）…帝以楷言雖激切、然皆天文恒象之数、故不誅、猶司寇論刑。…（中略）…及霊帝即位、以楷書為然。太傅陳蕃挙方正、不就。郷里宗之、毎太守至、輒致礼請。中平中、与荀爽・鄭玄以博士徴、不至、卒于家。

7、司寇段熲（『後漢書』巻五十五　段熲伝）
既而恐賊驚去、乃使駅騎詐齎璽書詔熲、熲於道偽退、潜於還路設伏。虜以為信然、乃入追熲。熲因大縦兵、悉斬獲之。坐詐璽書伏重刑、以有功論司寇。刑竟、徴拝議郎。

8、司寇李章（『後漢書』巻六十七　李章伝）
李章字第公、河内懐人也。…（中略）…後坐度人田不実、徴、以章有功、但司寇論。月余免刑帰。復徴、会病卒。

9、司寇雷義（『後漢書』巻七十一　独行伝　雷義）
雷義字仲公、豫章鄱陽人也。…（中略）…後挙孝廉、拝尚書侍郎、有同時郎坐事当居刑作、義默自表取其罪、以此論司寇。同台郎覚之、委位自上、乞贖義罪。順帝詔皆除刑。義帰、挙茂才、譲於陳重、刺史不聴、義遂陽狂被髪走、不応命。郷里為之語曰、……

10、司寇高慎（『謝承後漢書』明帝八王伝）
陳王鈞多不法行、天子大射礼。陳国戸曹史高慎諫国相曰、…（中略）…於是諫諍不合為所非、坐司寇罪也。

以上、文献史料に所載される司寇の事例は、すべて文帝十三年の刑法改革以後の事例である。まず、事例6・8・9からは、司寇とされた者が刑期を終えた（あるいは、免刑・除刑された）後、郷里に帰還していることが解かる。ちなみに『二年律令』において司寇は、里内に留まり耕作を許されていると推定できるが、事例8のように免刑されて後の帰郷と捉えられる状況は、注意すべきであろう。[16] また、事例4・5・6・7・8・9は、司寇罪が確定した後、服役や免刑を経て、再び仕官の途が開けている事例である。特に茂才[17]の対象となっている事例9は、注目すべきである。司寇の犯罪歴を有していても、それ以前の経歴が仕官に関して有効に機能していた可能性を考えることができる。

司寇の事例は、この他にも三例（附表に記載）あり、合計十三例である。

【隷臣】［計五例］

1、隷臣粛勝（『漢書』巻十六　功臣表　鄳文終侯）
中二年、侯勝嗣、二十一年、坐不斎、耐為隷臣。

2、隷臣季信成（『漢書』巻十六　功臣表　戚圉侯）
建元三年、侯信成嗣、二十年、元狩五年、坐為太常縦丞相侵神道、為隷臣。

3、隷臣張勝（『漢書』巻十六　功臣表　鹵厳侯）
高后五年、侯勝嗣、七年、孝文四年、有罪、為隷臣。

4、隷臣張生（『漢書』巻十六　功臣表　南宮侯）

侯生嗣、孝武初有罪、為隷臣。万六千六百戸。

5、隷臣韓釈之（『漢書』巻十六 功臣表 襄城哀侯）

後七年、侯釈之嗣、三十一年、元朔四年、坐詐疾不従、耐為隷臣。

隷臣は、事例2の元狩五（一一八）年を最後に、文献史料からは確認できない。このことから、刑罰としての隷臣（女性を対象とする隷妾）は、武帝期を境に施行されなくなったことが指摘されている。(18) また、現行までの漢代の出土史料においても、武帝期以降と思われる記述からは隷臣の事例は一件も発見できていない。(19) 司寇の事例と、次に挙げる鬼薪の事例を併せて考慮すると、耐罪は武帝中期以降になると司寇・鬼薪白粲である、と捉えることができる。なお、女性を対象とする隷妾の事例は、文献史料には確認できない。

【鬼薪】［計十五例］

1、鬼薪林辟彊（『史記』巻十八 功臣表 平棘侯）（『漢書』巻十六 功臣表 平棘懿侯）

A六年、侯辟彊有罪、為鬼薪、国除。

B孝文五年、侯辟彊嗣、有罪、為鬼薪。

2、鬼薪（奚）信（『史記』巻十八 功臣表 成陽侯）

建元元年、侯信罪鬼薪、国除。

3、鬼薪劉嬰（『漢書』巻十五上 王子侯表 畢梁侯）

十月癸酉封、十九年、元封四年、坐首匿罪人、為鬼薪。

4、鬼薪劉綰（『漢書』巻十五上 王子侯表 離石侯）

正月壬戌封、後更為渉侯、坐上書謾、耐為鬼薪。

5、鬼薪董朝（『漢書』巻十六　功臣表　成敬侯）

元光三年、侯朝嗣、十二年、元狩三年、坐為済南太守与城陽王女通、耐為鬼薪。

6、鬼薪蟲皇柔（『漢書』巻十六　功臣表　曲成圉侯）

（上略）侯皇柔嗣、二十四年、元鼎二年、坐為汝南太守知民不用赤側銭為賦、為鬼薪。

7、鬼薪丁通（『漢書』巻十六　功臣表　宣曲斉侯）

（上略）有罪、赦為鬼薪。戸千一百。孝景中五年、通復封、十一年、有罪、免。

8、鬼薪劉輔（『漢書』巻七十七　劉輔伝）

劉輔河間宗室人也。…（中略）…上乃徙繋輔共工獄、減死罪一等、論為鬼薪。終於家。

9、鬼薪許広漢（『漢書』巻九十七上　外戚伝　孝宣許皇后）

広漢坐論為鬼薪、輸掖庭、後為暴室嗇夫。

10、鬼薪楊倫（『後漢書』巻六十九上　儒林伝　楊倫）

坐不敬、結鬼薪。詔書以倫数進忠言、特原之、免帰田里。陽嘉二年、徴拜太中大夫。

鬼薪罪に確定された後、事例8・10は、それぞれ郷里に帰還していることが示されている。また9・10は、鬼薪の前科を有する者が、嗇夫・太中大夫となっている記述である。ただし、嗇夫は百石の下級官吏であること、太中大夫への仕官は皇帝の「徴」によるものである、ことに注意しておきたい。鬼薪の事例は、この他にも五例（附表に記載）あり、合計十五例である。なお、女性を対象とする個人を特定した白粲の事例は、文献史料には発見できない。

【城旦】［計十七例］

1、城旦張不疑（『史記』巻十八 功臣表 留文成侯）（『漢書』巻十六 功臣表 留文成侯）

A五年、侯不疑坐与門大夫謀殺故楚内史、当死、贖為城旦、国除。

B高后三年、侯不疑嗣、十年、孝文五年、坐与門大夫殺故楚内史、贖為城旦。

2、城旦劉礼（『漢書』巻十五上 王子侯表上 平城侯）

十月癸酉封、六年、元狩三年、坐恐猲取雞、以令買償免、復譺、完為城旦。

3、城旦曹宗（『漢書』巻十六 功臣表 平陽懿侯）（『漢書』巻三十九 曹参伝）

A（上略）征和二年、坐与中人姦、闌入宮掖門、入財贖完為城旦。戸二万三千。

B子宗嗣、有罪、完為城旦。

4、城旦蕭獲（『漢書』巻十六 功臣表 酇文終侯）

侯獲嗣、永始元年、坐使奴殺人、減死、完為城旦。

5、城旦周通（『漢書』巻十六 功臣表 隆慮克侯）

孝文後二年、侯通嗣、十二年、孝景中元年、有罪、完為城旦。

6、城旦周仲居（『漢書』巻十六 功臣表 鄃成制侯）

中二年、侯仲居嗣、三十四年、元鼎三年、坐為太常収赤側銭不収、完為城旦。

7、城旦張拾（『漢書』巻十六 功臣表 安丘懿侯）

元狩元年、侯拾嗣、九年、元鼎四年、坐入上林謀盗鹿、又搏揜、完為城旦。

8、城旦蔡辟方（『漢書』巻十六 功臣表 樊侯）

元朔二年、侯辟方嗣、元鼎四年、坐搏揜、完為城旦。

9、城旦張当居（『漢書』巻十七　功臣表　山陽侯）

四月乙巳封、二十四年、元朔五年、坐為太常択博士弟子故不以実、完為城旦。

10、城旦橋玄（『後漢書』巻四十一　橋玄伝）

後四遷為斉相、坐事為城旦。刑竟、徵、再遷上谷太守、又為漢陽太守。

事例10によって、後漢代にはたとえ城旦で服役した者であっても仕官の途が開かれていた、ことが解かる。ただし、皇帝による「徵」であることは、注意しておきたい。城旦の事例は、この他にも七例（附表に記載）あり、合計十七例である。

【髠鉗城旦】［計十三例］

1、髠城旦劉義（『漢書』巻十五上　王子侯表下　楽侯）

正月封、四年、坐使人殺人、髠為城旦。

2、髠城旦周意（『漢書』巻十六　功臣表　汾陰悼侯）

孝文前五年、侯意嗣、十三年、坐行賕、髠為城旦。

3、髠鉗城旦賈捐之（『漢書』巻六十四　下賈捐之伝）

捐之竟坐棄市。興減死罪一等、髠鉗為城旦。成帝時、至部刺史。

4、髠城旦陳咸（『漢書』巻六十六　陳万年伝）（『同』巻六十七　朱雲伝）（『同』巻九十三　佞幸伝）

A於是石顕微伺知之、白奏咸漏泄省中語、下獄掠治、減死、髠為城旦、因廃。

B上於是下（陳）咸・雲獄、減死為城旦。咸・雲遂廃錮、終元帝世。

C（陳）咸抵辜、髠為城旦。

5、（髠）城旦朱雲（『漢書』巻六十七　朱雲伝）

上於是下咸・雲獄、減死為城旦。咸・雲遂廃錮、終元帝世。

6、髠城旦王吉（『漢書』巻七十二　王吉伝）

唯吉与郎中令龔遂以忠直数諫正得減死、髠為城旦。起家復為益州刺史、病去官、復徴為博士諫大夫。

7、髠城旦龔遂（『漢書』巻八十九　循吏伝）

（上略）皆誅、死者二百余人、唯遂与中尉王陽以数諫争得減死、髠為城旦。宣帝即位、…（中略）…丞相・御史挙遂可用、上以為渤海太守。

8、髠鉗城旦蔡邕（『後漢書』巻五十下　蔡邕伝）（『続漢書』律暦志下　暦法引蔡邕章）

A於是下邕・質於洛陽獄、劾以仇怨奉公、議害大臣、大不敬、弃市。（中略）有詔減死一等、与家属髠鉗徙朔方、不得以赦令除。…（中略）…帝嘉其才高、会明年大赦、乃宥邕還本郡。…（中略）…中平六年、霊帝崩、董卓為司空、聞邕名高、辟之。

B蔡邕戌辺上章曰、朔方髠鉗徒臣邕、稽首再拝上書皇帝陛下……

9、髠鉗城旦翟超（『後漢書』巻六十六　陳蕃伝）

又山陽太守翟超、没入中常侍侯覧財産、（中略）超・浮並坐髠鉗、輸作左校。

10、髠鉗城旦黄浮（『後漢書』巻六十六　陳蕃伝）（『後漢書』伝　六十八　宦者）

A（上略）東海相黄浮、誅殺下邳令徐宣、超・浮並坐髠鉗、輸作左校。

B時下邳県属東海、汝南黄浮為東海相、…（中略）…即案宣罪棄市、暴其尸以示百姓、郡中震慄。瓚於是訴怨於帝、帝大怒、浮坐髡鉗、輸作右校。

髡鉗城旦は、文帝十三年の刑法改革以後、労役刑の中では最も重い（刑期の長い）刑罰となっている。それは同時に、死罪を除けば身分標識のなかで、もっとも皇帝に違背した度合が強いことを意味する。確実に示せる事例は6のみになるが、刑期を終えれば本籍地に帰還することができた、ことが解かる。事例8は、「徒」によって名籍ごと移されていることを示しているが、本籍地と絶縁しておらず、大赦によって本籍地への帰還が許されている例である。また事例3・6・7・8は、髡鉗城旦を前科とする者へも、仕官の途が開かれていたことを示している。ただし、皇帝の裁可が必要な刺史（事例3・6）や太守（事例7）であったり、後漢最末期の董卓による「辟」（事例8）であることは、注意しておきたい。髡鉗城旦の事例は、この他にも三例（附表に記載）あり、合計十三例である。

以上、文献史料『史記』『漢書』『後漢書』を基本として、個人名と労働刑名が確認される事例を列挙した。事例数は、司寇十三、隷臣五、鬼薪十五、城旦十七、髡鉗十三、合計六十三例となった。各年代を特定してまとめた結果が、附表Ⅲである。特徴としては、武帝中期を境に「隷臣（隷妾）」が見られなくなること、が挙げられる。それ以外の労働刑名は（白粲を除けば）、両漢代を通じて、ほぼ偏り無くみられる。列侯や宗室関係者であることとは無関係に、司寇から髡鉗城旦までの労働刑名を有していることは、刑罰が犯罪内容や状況に応じて決定され、高位高官による固定的な減罪措置があったとは考え難い。

むすびにかえて

ここでは、筆者が同じく身分標識と考えている「庶人」について述べてみたい。事例の列挙と考察は、これまでに何度か試みてきたが[20]、「爵称（あるいは労働刑名）・個人名」のように直接的な表現で「庶人・個人名」とされる記載は、漢代を記載対象とした文献史料からは確認できていない[21]。ただ『敦煌漢簡』には、記述年代が王莽代ではあるが「男庶人吉」（簡号二二二）とあること[22]、また以前に提示した、爵称および労働刑名のどちらも冠しない者の存在[23]は、身分標識「庶人」を考える上で重要であることを指摘しておきたい。

以上、『史記』『漢書』『後漢書』を中心として、筆者が身分標識と考えている爵称・労働刑名を冠する個人について列挙し、若干の卑見を述べてみた。近年、陸続として出土する史料は、いまだ報告書として未刊行のものも多い。その中には、爵制・刑罰制度・律令など豊富な内容が含まれていると聞く。身分制度については、継続して考察対象としていきたい。

注

（1）釈文・簡番号は、張家山漢簡二四七号漢墓竹簡整理小組編『張家山漢墓竹簡』（文物出版社、二〇〇一）、及び同釈文修訂本（同、二〇〇六）、また原簡を赤外線によって分析した彭浩、陳偉、工藤元男主編『二年律令与奏讞書』（上海戸籍出版社、二〇〇七）を基本とする。

（2）以後、本稿で使用する「爵称」とは、いわゆる漢代二十等爵制に規定される、士伍（無爵）から、徹侯［列侯とも］（二〇級）までの爵位のことで、漢代は個人を特定するために人名に爵称を冠して把握されていた。注（4）拙稿［二〇〇八］参照。

（3）以後、本稿で使用する「労働刑名」とは、犯罪者が裁判の結果、その身に冠する爵称を剝奪され、新たに与えられる身分呼称のこと。注（4）拙稿［二〇〇八］参照。

（4）拙稿「張家山漢簡二年律令にみえる爵制――「庶人」の理解を中心として――」（『鴨台史学』六、二〇〇六）、「「庶人」の語義と漢代の身分秩序」（『大正大学東洋史研究』創刊号、二〇〇八）、「秦漢律令と爵制的秩序の関係」（『三康文化研究所年報』四〇、二〇〇八）、「漢代爵制的身分秩序の構造――「庶人」と民爵賜与の関係――」（『大正大学東洋史研究』二、二〇〇九）参照。

（5）拙稿「辺境漢簡にみられる爵位事例への一考察」（『大正大学大学院研究論集』三四、二〇一〇）参照。

（6）栗原朋信「両漢時代の官民爵に就いて（下）」（『史観』二六・二七、一九四一）、西嶋定生『中国古代帝国の形成と構造』（東京大学出版会、一九六一）第二章第四節参照。

（7）宮宅潔「漢初の二十等爵制――民爵に附帯する特権とその継承――」（冨谷至編『江陵張家山二四七号墓出土漢律令の研究』〈論考篇〉朋友書店、二〇〇六）参照。

（8）前掲注（2）拙稿では、その重要性に基づき考察を展開している。また、視点は異なるが、鷹取祐司「秦漢時代の刑罰と爵制的身分序列」（『立命館文学』二〇〇八―一二）にも「労働刑名」が身分序列を表すことが述べられている。

（9）片倉穣「漢代の士伍」（『東方学』三六、一九六八）参照。

（10）釈文・簡番号は、睡虎地秦墓竹簡整理小組『睡虎地秦墓竹簡』（文物出版、一九九〇）による。

（11）堀敏一『中国古代の身分制』（汲古書院、一九八七）第二章三節注（11）、渡辺信一郎「呂氏春秋上農篇蠡測――秦漢時代の社会編成――」（『京都府立大学学術報告』〈人文〉三三、一九八一、同氏『中国古代国家の思想構造――専制国家とイデオロギー――』校倉書房、一九九四所収）参照。また劉海年「秦漢〝士伍〟的身份与階級地位」（『文物』一九七八―二）なども同一見解である。周厚強「秦士伍的身分及其階級属性辯析」（『求索』一九九一―四）は、士伍を犯罪奪爵者のみとして捉えるのではなく、官吏の可能性もあり、一定の経済力も有していた特殊身分として理解している。
(12) 前掲注(2)栗原氏論文参照。以下「栗原氏により指摘されている」と記載のあるものは、すべて同氏論文を指す。
(13) 楯身智志「秦・漢代の「卿」―二十等爵制の変遷と官吏登用制度の展開」(『東方学』一一六、二〇〇八)参照。また前掲注(1)西嶋氏著書第一章第二節においても同様の指摘がなされる。
(14) 釈文・簡番号は、前掲注(1)の整理小組編、工藤元男編を参照。なお、訳注として池田雄一編『奏讞書――中国古代の裁判記録――』(刀水書房、二〇〇二)参照。
(15) 石岡浩「江陵長張家山漢簡奏讞書にみる爵位とその意味」(『法史学研究会会報』六、二〇〇一)参照。
(16) 中国社会科学院考古研究所編著『漢魏洛陽故城南郊東漢刑徒墓地』(文物出版社、二〇〇七)には、洛陽刑徒墓から遺骸と共に発見された、後漢明帝代(後六二)から霊帝代(後一七二)までの年代表記がなされる刑徒磚群の報告がなされており、十一例(P3M10:下9・P6M4:3・P7M26:1・P9M30:1・P10M29:1・P11M33:1・T1M9:1～2・T2M3:2・T2M11:1・T2M60:2)の司寇も確認されている。本籍が確認できるものは、例えばP6M4:3は汝南、P7M26:1は南陽、P11M33:1は潁水であり、いずれも身柄が本籍とは異なる洛陽に存在していたと考えられる。
(17) 茂才の機能については、福井重雅『漢代官吏登用制度の研究』(創文社、一九八八)第一章参照。
(18) 冨谷至『秦漢刑罰制度の研究』(同朋舎、一九九八)第Ⅱ編第三章参照。
(19) 前掲注(16)社会科学院考古研究所編著には、四一六もの労働刑名が確認されるが、隷臣(あるいは隷妾)の表記は一例も発見されていない。
(20) 前掲注(4)拙稿参照。
(21) 漢代より後の時代では、「庶人遹」(『晋書』巻四孝恵帝紀)や、「庶人宝巻」(『南斉書』巻八和帝紀)などが確認できる。
(22) 釈文・簡番号は、甘粛省文物考古研究所編『敦煌漢簡』(中華書局、一九九一)による。本文中挙げた事例が王莽代であることについては、関連する簡番号二二〇に王莽代の大司空と考えられる「大司空隆心(新)公」とあることから推定した。
(23) 前掲注(5)拙稿参照。

【附表Ⅰ】

	西暦	個人名	爵称	本籍	該当記事	典拠	備考
1	前184	襄	士伍		四年、侯襄奪侯、為士伍、国除。(史) 六年封、十四年、高后元年、有罪、免。戸九百七十。(漢)	史18表 棘丘侯 漢16表 棘丘侯襄	本文番号【士伍】1
2	前174	開章	士伍		士伍開章等七十人与棘蒲侯太子奇謀反…	漢44 淮南厲王 劉長伝	本文番号【士伍】5
3	前62	傅景	士伍	長陵	元康四年、寛玄孫之孫長陵士伍景詔復家。	漢16表 陽陵景侯	本文番号【士伍】2
4	前62	周明	士伍	沃侯国	元康四年、昌曾孫沃侯国士伍明詔復家。	漢16表 汾陰悼侯	本文番号【士伍】3
5	前48～34	尊	士伍	長安	元帝時、長安士伍尊上書言…	漢74 丙吉伝	本文番号【士伍】7
6	前32	陳湯	士伍		書奏、天子出湯、奪爵為士伍。	漢70 陳湯伝	本文番号【士伍】6
7	後2	霍陽	士伍	龍勒	侯陽、以光従父昆弟之曾孫龍勒士伍、紹封	漢18表 博陸宣成侯	本文番号【士伍】4
8	前62	陳尊	公士	霸陵	元康四年、嬰玄孫之子霸陵公士尊詔復家	漢16表 堂邑安侯	本文番号【公士】1
9	前62	酈共	公士	長安	元康四年、商玄孫之子長安公士共詔復家。	漢16表 曲周景侯	本文番号【公士】2
10	前62	孔宣	公士	長安	元康四年、聚玄孫長安公士宣詔復家。	漢16表 蓼夷侯	本文番号【公士】3
11	前62	丁賜	公士	臨沂	元康四年、復曾孫臨沂公士賜詔復家。	漢16表 陽都敬侯	本文番号【公士】4
12	前62	郭広漢	公士	茂陵	元康四年、蒙玄孫茂陵公士広漢詔復家。	漢16表 東武貞侯	本文番号【公士】5
13	前62	朱先	公士	昌侯国	元康四年、軫玄孫昌侯国公士先詔復家。	漢16表 都昌厳侯	本文番号【公士】6
14	前62	傅世	公士	茂陵	元康四年、胡害玄孫茂陵公士世詔復家。	漢16表 貰斉合侯	本文番号【公士】7
15	前62	陳元	公士	即丘	元康四年、涓玄孫即丘公士元詔復家。	漢16表 河陽厳侯	本文番号【公士】8
16	前62	戎元生	公士	長安	元康四年、賜玄孫長安公士元生詔復家。	漢16表 柳丘斉侯	
17	前62	丁年	公士	陽安	元康四年、義曾孫陽安公士年詔復家。	漢16表 宣曲斉侯	
18	前62	唐広意	公士	長安	元康四年、厲曾孫長安公士広意詔復家。	漢16表 斥丘懿侯	
19	前62	丁禹	公士	長安	元康四年、礼玄孫之孫長安公士禹詔復家。	漢16表 楽成節侯	
20	前62	周禹	公士	長安	元康四年、緤曾孫長安公士禹、詔賜黄金十斤復家、死、亡子、復免。	漢16表 鄘成制侯	
21	前62	張蓋宗	公士	長安	元康四年、蒼玄孫之子長安公士蓋宗詔復家。	漢16表 北平文侯	
22	前62	爰世	公士	陽陵	元康四年、類玄孫之子陽陵公士世詔復家。	漢16表 厭次侯	
23	前62	許建	公士	長安	元康四年、盎玄孫之子長安公士建詔復家。	漢16表 柏至靖侯	本文番号【公士】9
24	前62	呂建明	公士	長安	元康四年、馬童玄孫之孫長安公士建明詔復家。	漢16表 中水厳侯	
25	前62	温福	公士	長安	元康四年、疥玄孫長安公士福詔復家。	漢16表 猼頃侯	
26	前62	秦寿王	公士	費	元康四年、同玄孫費公士寿王詔復家。	漢16表 彭簡侯	

	西暦	個人名	爵称	本籍	該当記事	典拠	備考
27	前62	魏都	公士	長安	元康四年、遬玄孫長安公士都詔復家。	漢16表 甯厳侯	
28	前62	楽通	公士	長安	元康四年、説玄孫之子長安公士通詔復家。	漢16表 慎陽侯	
29	前62	陶元始	公士	長安	元康四年、舍玄孫之孫長安公士元始詔復家。	漢16表 開封愍侯	
30	前62	泠安	公士	長安	元康四年、耳玄孫長安公士安詔復家。	漢16表 下相厳侯	
31	前62	季買之	公士	長安	元康四年、必玄孫長安公士買之詔復家。	漢16表 戚圉侯	
32	前62	許任寿	公士	平寿	元康四年、猜玄孫之子平寿公士任寿詔復家。	漢16表 厳敬侯	
33	前62	陳千秋	公士	長安	元康四年、倉玄孫之子長安公士千秋詔復家。	漢16表 紀信匡侯	
34	前62	王昌	公士	長安	元康四年、競玄孫長安公士昌詔復家。	漢16表 景厳侯	
35	前62	毛景	公士	長安	元康四年、釈之玄孫長安公士景詔復家。	漢16表 張節侯	
36	前62	朱言	公士	陽陵	元康四年、僊曾孫陽陵公士言詔復家。	漢16表 僊陵厳侯	
37	前62	張常	公士	長安	元康四年、平玄孫之子長安公士常詔復家。	漢16表 鹵〔厳〕侯	
38	前62	陽城注	公士	梧	元康四年、延玄孫之子梧公士注詔復家。	漢16表 梧斉侯	
39	前48 ～34	冷広	公士	湿沃	以濕沃公士告男子馬政謀反、侯、千八百戸。	漢17表 駟望忠侯	
40	前 6 ～ 2	劉帰生	公士	無終	哀帝時継絶世、乃封敬王沢玄孫之孫無終公士帰生為営陵侯、更始中為兵所殺。	漢35 燕王劉沢伝	本文番号【公士】10
41	前 1	曹本始	公士	杜陵	元寿二年五月甲子、侯本始以参玄孫之玄孫杜陵公士紹封、千戸、元始元年益満二千戸。	漢16表 平陽懿侯	
42	前62	靳安漢	上造	長安	元康四年、歙玄孫之子長安上造安漢詔復家。	漢16表 信武粛侯	本文番号【上造】1
43	前62	陳僑	上造	茂陵	元康四年、賀曾孫茂陵上造僑詔復家。	漢16表 費侯	本文番号【上造】2
44	前62	雍章	上造	長安	元康四年、玄孫長安上造章詔復家。	漢16表 汁防粛侯	本文番号【上造】3 ※中華書局標点本『漢書』では、欠落している。
45	前62	陳嘉	上造	雲陽	元康四年、武曾孫雲陽上造嘉詔復家。	漢16表 棘蒲剛侯	本文番号【上造】4
46	前62	閻章世	上造	長安	元康四年、沢赤玄孫之子長安上造章世詔復家。	漢16表 敬市侯	本文番号【上造】5
47	前62	戴安昌	上造	長陵	元康四年、野玄孫長陵上造安昌詔復家。	漢16表 台定侯	本文番号【上造】6
48	前62	趙延世	上造	平陵	元康四年、将夕玄孫平陵上造延世詔復家。	漢16表 深沢斉侯	本文番号【上造】7
49	前62	旅光	上造	昌	元康四年、卿玄孫昌上造光詔賜黄金十斤、復家。	漢16表 昌圉侯	本文番号【上造】8
50	前62	張舜	上造	陽陵	元康四年、説玄孫之子陽陵上造舜詔復家。	漢16表 安丘懿侯	本文番号【上造】9
51	前62	張連城	上造	敏	元康四年、瞻師玄孫之子敏上造連城詔復家。	漢16表 平厳侯	本文番号【上造】10
52	前62	高弘	上造	長陵	元康四年、色玄孫長陵上造弘詔復家。	漢16表 祝阿孝侯	

	西暦	個人名	爵称	本籍	該当記事	典拠	備考
53	前62	劉益寿	上造	長安	元康四年、襄玄孫之子長安上造益寿詔復家。	漢16表 桃安侯	
54	前62	呉長楽	上造	長陵	元康四年、浅玄孫長陵上造長楽詔復家。	漢16表 便頃侯	
55	前62	陳莫	簪褭	長安	元康四年、平玄孫之子長安簪褭莫詔復家。	漢16表 曲逆献侯	本文番号【簪褭】1
56	前62	宣護	簪褭	南安	元康四年、虎曾孫南安簪褭護詔復家。	漢16表 南安厳侯	本文番号【簪褭】2
57	前62	尹殷	簪褭	新豊	元康四年、恢玄孫之子新豊簪褭殷詔復家。	漢16表 城父厳侯	本文番号【簪褭】3
58	前62	劉勝之	簪褭	長安	元康四年、它玄孫之孫長安簪褭勝之詔復家。	漢16表 平皋煬侯	本文番号【簪褭】4
59	前62	陳幸	簪褭	雲陽	元康四年、胥曾孫雲陽簪褭幸詔復家。	漢16表 復陽剛侯	本文番号【簪褭】5
60	前62	程弘	簪褭	長安	元康四年、黒玄孫之子長安簪褭弘詔復家。	漢16表 歴簡侯	本文番号【簪褭】6
61	前62	室中武	簪褭	高宛	元康四年、同玄孫高宛簪褭武詔復家。	漢16表 清簡侯	本文番号【簪褭】7
62	前62	旅信	簪褭	霸陵	元康四年、罷師曾孫霸陵簪褭信詔復家。	漢16表 共厳侯	本文番号【簪褭】8
63	前62	紀万年	簪褭	長安	元康四年、通玄孫長安簪褭万年詔復家。	漢16表 襄平侯	本文番号【簪褭】9
64	前62	任定	簪褭	広阿	元康四年、敖玄孫広阿簪褭定詔復家。	漢16表 広阿懿侯	本文番号【簪褭】10
65	前62	趙歩昌	簪褭	長安	元康四年、衍玄孫之孫長安簪褭歩昌詔復家。	漢16表 須昌貞侯	
66	前62	黎朱漢	簪褭	竟陵	元康四年、蒼玄孫之子竟陵簪褭漢詔復家。	漢16表 軑侯	
67	前62	樊勝客	不更	長陵	元康四年、噲曾孫長陵不更勝客詔復家。	漢16表 舞陽武侯	本文番号：【不更】1
68	前62	搖未央	不更	［不明］	元康四年、母余玄孫之子不更未央詔復家。	漢16表 海陽斉信侯	本文番号：【不更】2
69	前62	周広世	不更	長陵	元康四年、止玄孫長陵不更広世詔復家。	漢16表 魏其厳侯	本文番号：【不更】3
70	前62	楊孟嘗	不更	茂陵	元康四年、喜玄孫茂陵不更孟嘗、詔賜黄金十斤、復家。	漢16表 赤泉厳侯	本文番号：【不更】4
71	前62	呂忠	不更	涅陽	元康四年、騰玄孫之子涅陽不更忠詔復家。	漢16表 涅陽厳侯	本文番号：【不更】5
72	前62	宣寄	不更	阿武	元康四年、義玄孫之子阿武不更寄詔復家。	漢16表 土軍式侯	本文番号：【不更】6
73	前62	昭渉福	不更	涪	元康四年、掉尾玄孫涪不更福詔復家。	漢16表 平州共侯	本文番号：【不更】7
74	前62	単充国	不更	陽陵	元康四年、右車玄孫之子陽陵不更充国詔復家。	漢16表 中牟共侯	本文番号：【不更】8
75	前62	馮武	不更	穀陽	元康四年、谿玄孫之子穀陽不更武詔復家。	漢16表 穀陽定侯	本文番号：【不更】9
76	前174	但	大夫		大夫但・士伍開章等七十人与棘蒲侯太子奇謀反…	漢44 淮南厲王 劉長伝	本文番号【大夫】1
77	前108	司馬遷	大夫	茂陵 顕武里	太史令茂陵顕武里大夫司馬遷、年二十八、三年六月乙卯除、六百石。	史130 太史公自叙 伝索隠引博 物志	本文番号【大夫】2
78	前91	景建	大夫	長安	以長安大夫従莽通共殺如侯、得少傅石徳、侯	漢17表 徳侯	

	西暦	個人名	爵称	本籍	該当記事	典拠	備考
79	前68	趙長年	大夫	平陵	以平陵大夫告楚王延寿反、侯、千五百三十戸	漢17表 爰戚靖侯	
80	前62	劉猛	大夫	長安	元康四年、広玄孫長安大夫猛、詔復家。	漢16表 德哀侯	本文番号【大夫】3
81	前62	夏侯信	大夫	長安	元康四年、嬰玄孫之子長安大夫信詔復家。	漢16表 汝陰文侯	本文番号【大夫】4
82	前62	王充国	大夫	長安	元康四年、吸玄孫長安大夫充国詔復家。	漢16表 清河定侯	本文番号【大夫】5
83	前62	召不識	大夫	安陵	元康四年、欧玄孫安陵大夫不識詔復家。	漢16表 広厳侯	本文番号【大夫】6
84	前62	薛去病	大夫	長安	元康四年、欧玄孫長安大夫去病詔復家。	漢16表 広平敬侯	本文番号【大夫】7
85	前62	呂陽	大夫	長陵	元康四年二月、青玄孫長陵大夫陽詔復家。	漢16表 陽信胡侯	本文番号【大夫】8
86	前62	蔡福	大夫	肥如	元康四年、寅曾孫肥如大夫福詔復家。	漢16表 肥如敬侯	本文番号【大夫】9
87	前62	丙齡	大夫	高宛	元康四年、猜玄孫之孫高宛大夫齡詔復家。	漢16表 高宛制侯	本文番号【大夫】10
88	前62	華告	大夫	於陵	元康四年、曾孫於陵大夫告詔復家。	漢16表 終陵斉侯	
89	前62	鄂后	大夫	解	元康四年、秋玄孫之子解大夫后詔復家。	漢16表 安平敬侯	
90	前62	王安楽	大夫	長安	元康四年、翥曾孫長安大夫安楽詔復家。	漢16表 杜衍厳侯	
91	前62	華定国	大夫	奉明	元康四年、寄玄孫奉明大夫定国詔復家。	漢16表 朝陽斉侯	
92	前62	林常驩	大夫	項圉	元康四年、摯曾孫項圉大夫常驩詔復家、死、亡子、絶。	漢16表 平棘懿侯	
93	前62	許迺	大夫	宋	元康四年、瘛玄孫之孫宋子大夫迺詔復家。	漢16表 宋子恵侯	
94	前62	陳胡	大夫	猗氏	元康四年、遫曾孫猗氏大夫胡詔賜黄金十斤、復家。	漢16表 猗氏敬侯	
95	前62	留定	大夫	長安	元康四年、肹曾孫長安大夫定詔復家。	漢16表 彊圉侯	
96	前62	秘政	大夫	陽陵	元康四年、彭祖玄孫之孫陽陵大夫政詔復家。	漢16表 戴敬侯	
97	前62	靈横	大夫	南和	元康四年、常玄孫南和大夫横詔復家。	漢16表 陽羨定侯	
98	前62	賁充	大夫	寿春	元康四年、赫玄孫寿春大夫充詔復家。	漢16表 期思康侯	
99	前62	革奉	大夫	陽陵	元康四年、朱玄孫陽陵大夫奉詔復家。	漢16表 羹棗端侯	
100	前62	斉德	大夫	安平	元康四年、受玄孫安平大夫安德詔復家。	漢16表 平定敬侯	
101	前62	梁喜	大夫	平陽	以平陽大夫告霍徵史・徵史子信・家監迴倫・故侍郎鄭尚時謀反、侯、千五百戸。	漢17表 合陽愛侯	
102	前62	其益寿	官大夫	長安	元康四年、石玄孫之子長安官大夫益寿詔復家。	漢16表 湯河斉侯	本文番号：【官大夫】1
103	前62	戚常	官大夫	［不明］	元康四年、鰓玄孫梁郎官大夫常詔復家。	漢16表 臨轅堅侯	本文番号：【官大夫】2 ※師古注「仕梁為郎而有官大夫之爵也」
104	前62	繒賜	公大夫	茂陵	元康四年、賀玄孫茂陵公大夫賜詔復家。	漢16表 祁穀侯	本文番号：【公大夫】1
105	前62	周賜	公大夫	長安	元康四年、成玄孫長安公大夫賜詔復家。	漢16表 高景侯	本文番号：【公大夫】2

	西暦	個人名	爵称	本籍	該当記事	典拠	備考
106	前62	呂得	公大夫	南陵	元康四年、呂臣玄孫南陵公大夫得詔復家。	漢16表 甯陵夷侯	本文番号：【公大夫】3
107	前180	陽慶	公乘	臨菑 元里	A：高后八年、更受師同郡元里公乘陽慶。慶年七十余… B：至高后八年、得見師臨菑元里公乘陽慶。慶年七十余	史105 扁鵲倉公伝 A・B共に	本文番号【公乘】1
108	前180 ～165	項処	公乘	安陵 阪里	安陵阪里公乘項処病、臣意診脈、曰…	史105 扁鵲倉公伝	本文番号【公乘】2
109	前62	曹喜	公乘	杜陵	元康四年、参玄孫之孫杜陵公乘喜詔復家。	漢16表 平陽懿侯	本文番号【公乘】4
110	前62	陳寿	公乘	茂陵	元康四年、濞曾孫茂陵公乘寿詔復家。	漢16表 博陽厳侯	本文番号【公乘】5
111	前62	張千秋	公乘	陽陵	元康四年、良玄孫之子陽陵公乘千秋詔復家。	漢16表 留文成侯	本文番号【公乘】6
112	前62	周広漢	公乘	槐里	元康四年、勃曾孫槐里公乘広漢詔復家。	漢16表 絳武侯	本文番号【公乘】7
113	前62	武充竟	公乘	夫夷侯国	元康四年、虎玄孫之子夫夷侯国公乘充竟詔復家。	漢16表 梁鄒孝侯	本文番号【公乘】8
114	前62	董詘	公乘	平陵	元康四年、渫玄孫平陵公乘詘詔復家。	漢16表 成敬侯	本文番号【公乘】9
115	前62	周□	公乘	陽陵	元康四年、竈玄孫陽陵公乘詔復家。	漢16表 隆慮克侯	本文番号【公乘】10 ※名が不明
116	前62	厳仁	公乘	長安	元康四年、不職曾孫長安公乘仁詔復家。	漢16表 武彊厳侯	
117	前62	蟲宣	公乘	茂陵	元康四年、達玄孫茂陵公乘宣詔復家。	漢16表 曲成圉侯	
118	前62	郭賢	公乘	茂陵	元康四年、亭玄孫茂陵公乘賢詔復家。	漢16表 河陵頃侯	
119	前62	単萬年	公乘	陽陵	元康四年、究玄孫之孫陽陵公乘万年詔復家。	漢16表 昌武靖信侯	
120	前62	劉咸	公乘	鮦陽	元康四年、到曾孫鮦陽公乘咸詔復家。	漢16表 東茅敬侯	
121	前62	王襄	公乘	長安	元康四年、陵玄孫長安公乘襄詔復家。	漢16表 安国武侯	
122	前62	審非	公乘	茂陵	元康四年、食其曾孫茂陵公乘非詔復家。	漢16表 辟陽幽侯	
123	前62	陳勝之	公乘	長陵	元康四年、夫乞玄孫長陵公乘勝之詔復家。	漢16表 高胡侯	
124	前62	衛堯	公乘	郭	元康四年、胠玄孫郭公乘堯詔復家。	漢16表 武原靖侯	
125	前62	陳主儒	公乘	茂陵	元康四年、鍇玄孫之子茂陵公乘主儒詔復家。	漢16表 稾祖侯	
126	前62	楊談	公乘	霸陵	元康四年、武孫霸陵公乘談詔賜黄金十斤、復家、亡子、絶。	漢16表 吳房厳侯	
127	前62	張遂	公乘	長陵	元康四年、耳玄孫長陵公乘遂詔復家。	漢16表 宣平武侯	
128	前62	張宣	公乘	茂陵	元康四年、相如玄孫之子茂陵公乘宣詔復家。	漢16表 東陽武侯	
129	前62	公孫広意	公乘	霸陵	元康四年、昔曾孫霸陵公乘広意詔復家。	漢16表 禾成孝侯	
130	前62	孫明	公乘	霸陵	元康四年、赤曾孫霸陵公乘明詔復家。	漢16表 堂陽哀侯	
131	前62	靳忠	公乘	長安	元康四年、彊玄孫長安公乘忠詔復家。	漢16表 汾陽厳侯	
132	前62	翟光	公乘	陽陵	元康四年、盱玄孫陽陵公乘光詔復家。	漢16表 衍簡侯	

	西暦	個人名	爵称	本籍	該当記事	典拠	備考
133	前62	黄調	公乘	邛	元康四年、極忠玄孫之子邛公乘調詔復家。	漢16表 邛厳侯	
134	前62	周万年	公乘	長陵	元康四年、聚曾孫長陵公乘万年詔復家。	漢16表 博陽節侯	
135	前62	奚通	公乘	陽陵	元康四年、意曾孫陽陵公乘通詔復家。	漢16表 成陽定侯	
136	前62	酈賜	公乘	陽陵	元康四年、食其玄孫陽陵公乘賜詔復家。	漢16表 高梁共侯	
137	前62	劉如意	公乘	長安	元康四年、到曾孫長安公乘如意詔復家。	漢16表 平都孝侯	
138	前16	衛玄	公乘	長安	永始元年、青曾孫玄以長安公乘為侍郎。	漢18表 長平烈侯	
139	前1	劉勳	公乘	長安	元寿二年五月甲子、侯勳以広玄孫之孫長安公乘紹封、千戸、九年、王莽簒位、絶。	漢16表 徳哀侯	本文番号【公乘】3
140	後179	王漢	公乘	万年	光和二年、万年公乘王漢上月食注。	続漢 律歴志	
141	前62	公上常	五大夫	安陵	元康四年、不害玄孫安陵五大夫常詔復家。	漢16表 汲紹侯	
142	前125 ?	卜式	左庶長	(河南)	A天子乃思卜式之言、召拝式為中郎、爵左庶長、賜田十頃、布告天下、使明知之。(史) B天子乃超拝式為中郎、賜爵左庶長、田十頃、布告天下、以風百姓。(漢24下) C於是以式終長者、乃召拝式為中郎、賜爵左庶長、田十頃、布告天下、尊顕以風百姓。(漢58)	史30平準書 漢24下食貨志 漢58卜式伝	本文番号【左庶長】1
143	前108 ?	桑弘羊	左庶長		A於是弘羊賜爵左庶長、黄金再百斤焉。(史) B於是弘羊賜爵左庶長、黄金者再百焉。(漢)	史30平準書 漢24下食貨志	本文番号【左庶長】2
144	前119	(徐)自為	左庶長		校尉自為爵左庶長。	漢55霍去病伝	本文番号【左庶長】3 ※『史記』巻111では、大庶長(18級)とする。また『同』索隠では「徐自為」とする。『漢書』巻19下では、「郎中令徐自為、十三年為光禄勲」とされる。
145	前33 ～22	陳立	左庶長		大将軍鳳於是薦金城司馬陳立為牂柯太守。立者、臨邛人、…(中略)…会巴郡有盗賊、復以立為巴郡太守、秩中二千石居、賜爵左庶長。	漢95西南夷伝	本文番号【左庶長】4
146	前1	傅□	大上造		元寿二年八月、詔賜胡害為後者爵大上造。	漢16表 貰斉合侯	※名が不明

【附表Ⅱ－1】

	西暦	個人名	爵称	職位etc	案例	備考
1	前201？	余	簪裹	舍人	16	
2	前201？	造	(小)簪裹	舍人	16	
3	前201？	布	大夫	求盜	16	
4	前201？	蒼	大庶長	髳長	16	故は楚の関内侯 漢において、 大庶長に比定される
5	前201？	信	大庶長	新妻令	16	故は楚の関内侯 漢において、 大庶長に比定される
6	前201？	丙	大庶長	亭校長	16	故は楚の関内侯 漢において、 大庶長に比定される
7	前201？	贅	大庶長	発弩	16	故は楚の関内侯 漢において、 大庶長に比定される
8	前201～197？	熊	上造		11	『奏讞書』の簡の 並びによって年代を推測
9	前201～197？	犬	大夫		11	『奏讞書』の簡の 並びによって年代を推測
10	前201～197？	【翔】	大夫		13	『奏讞書』の簡の 並びによって年代を推測
11	前201～197？	有	官大夫	戍卒	8	『奏讞書』の簡の 並びによって年代を推測
12	前201～197？	内	官大夫	郵人	12	『奏讞書』の簡の 並びによって年代を推測
13	前201～197？	昌	公大夫		6	『奏讞書』の簡の 並びによって年代を推測
14	前200～197？	所	大夫		4	
15	前200	興	士伍	舍人	15	
16	前199	平	五大夫	獄史	14	
17	前197	武	士五		5	
18	前197	軍	士五		5	
19	前197	虞	大夫		3	
20	前196	点	士伍		2	
21	前196	禄	大夫		2	

【附表Ⅱ－2】

士伍	4
上造	1
簪裹	2
大夫	6
官大夫	2
公大夫	1
五大夫	1
大庶長	4
計	21

【附表Ⅲ】

	西暦	個人名	労働刑名	該当記事	典拠	備考
1	前153	劉偃	司寇	十六年、侯偃嗣、十一年、孝景四年、坐出国界、削為司寇。	漢15上表 楊丘共侯	
2	前153	華禄	司寇	後四年、侯禄嗣、七年、孝景四年、坐出界、耐為司寇。戸千五百。	漢16表 終陵斉侯	
3	前147	趙修	司寇	孝景三年、侯修嗣、七年、有罪、髡為司寇。	漢16表 深沢斉侯	本文番号【司寇】1
4	前141	楊去疾	司寇	孝文十三年、侯去疾嗣、二十五年、孝景後三年、有罪、耐為司寇。	漢16表 呉房厳侯	本文番号【司寇】2
5	前128	翟不疑	司寇	建元三年、侯不疑嗣、十年、元朔元年、坐挾詔書、論、耐為司寇。	漢16表 衍簡侯	本文番号【司寇】3
6	前118	劉受	司寇	建元五年、侯受嗣、十八年、元狩五年、坐為宗正聴請、不具宗室、削為司寇。	漢15上表 沈猷夷侯	
7	後25 ～56 ?	李章	司寇	後坐度人田不実、徴、以章有功、但司寇論。月余免刑帰。復徴、会病卒。	後漢67 李章伝	本文番号【司寇】8
8	後82	魯丕	司寇	建初元年、粛宗詔挙賢良方正、大司農劉寛挙丕。…（中略）…七年、坐事下獄司寇論。元和元年徴、再遷、拝趙相。	後漢15 魯恭伝	本文番号【司寇】4
9	後91	魯丕	司寇	永元二年、遷東郡太守。…（中略）…明年、拝陳留太守。視事三期、後坐稟貧人不実、徴司寇論。十一年復徴、再遷中散大夫。	後漢15 魯恭伝	本文番号【司寇】5
10	後97 ～98 ?	高慎	司寇	陳王鈞多不法行、天子大射礼。陳国戸曹史高慎諫国相曰、…（中略）…於是諫諍不合、為王所非、坐司寇罪也。	『謝承後漢書』 明帝八王伝	本文番号【司寇】10
11	後126 ～143	雷義	司寇	後挙孝廉、拝尚書侍郎、有同時郎坐事当居刑作、義默自表取其罪、以此論司寇。同台郎覚之、委位自上、乞贖義罪。順帝詔皆除刑。義帰、挙茂才、譲於陳重、刺史不聴、義遂陽狂被髪走、不応命。郷里為之語曰、…	後漢71 独行	本文番号【司寇】9
12	後147 ～156	段熲	司寇	坐詐璽書伏重刑、以有功論司寇。刑竟、徴拝議郎。	後漢55 段熲伝	本文番号【司寇】7
13	後164	襄楷	司寇	帝以楷言雖激切、然皆天文恒象之数、故不誅、猶司寇論刑。…（中略）…及霊帝即位、以楷書為然。太傅陳蕃挙方正、不就。郷里宗之、毎太守至、輒致礼請。中平中、与荀爽・鄭玄以博士徴、不至、卒于家。	後漢20下 襄楷伝	本文番号【司寇】6
14	前176	張勝	隷臣	高后五年、侯勝嗣、七年、孝文四年、有罪、為隷臣。	漢16表 鹵厳侯	本文番号：【隷臣】3
15	前140 ?	張生	隷臣	侯生嗣、孝武初有罪、為隷臣。万六千六百戸。	漢16表 南宮侯	本文番号：【隷臣】4
16	前127	蕭勝	隷臣	中二年、侯勝嗣、二十一年、坐不斎、耐為隷臣。	漢16表 酇文終侯	本文番号：【隷臣】1
17	前125	韓釈之	隷臣	後七年、侯釈之嗣、三十一年、元朔四年、坐詐疾不従、耐為隷臣。	漢16表 襄城哀侯	本文番号：【隷臣】5

	西暦	個人名	労働刑名	該当記事	典拠	備考
18	前118	季信成	隷臣	建元三年、侯信成嗣、二十年、元狩五年、坐為太常縦丞相侵神道、為隷臣。	漢16表 戚圉侯	本文番号：【隷臣】2
19	前175	林辟彊	鬼薪	六年、侯辟彊有罪、為鬼薪、国除。(史18) 孝文五年、侯辟彊嗣、有罪、為鬼薪。(漢16)	史18表 平棘侯 漢16表 平棘懿侯	本文番号【鬼薪】1
20	前140	(奚)信	鬼薪	建元元年、侯信罪鬼薪、国除。	史18表 成陽侯	本文番号【鬼薪】2
21	前145	丁通	鬼薪	孝文十一年、侯通嗣、十七年、有罪、赦為鬼薪。戸千一百。孝景中五年、通復封、十一年、有罪、免。	漢16表 宣曲斉侯	本文番号【鬼薪】7
22	前144	王舎	鬼薪	十二年、侯舎嗣、二十四年、有罪、為鬼薪。	漢16表 杜衍厳侯	
23	前127	華当	鬼薪	孝文十四年、侯当嗣、三十九年、元朔二年、坐教人上書枉法、耐為鬼薪。	漢16表 朝陽斉侯	
24	前126	劉綰	鬼薪	正月壬戌封、後更為渉侯、坐上書謾、耐為鬼薪。	漢15上表 離石侯	本文番号【鬼薪】4
25	前120	董朝	鬼薪	元光三年、侯朝嗣、十二年、元狩三年、坐為済南太守与城陽王女通、耐為鬼薪。	漢16表 成敬侯	本文番号【鬼薪】5
26	前115	蟲皇柔	鬼薪	建元二年、侯皇柔嗣、二十四年、元鼎二年、坐為汝南太守知民不用赤側銭為賦、為鬼薪。	漢16表 曲成圉侯	本文番号【鬼薪】6
27	前115	許福	鬼薪	元狩三年、侯福嗣、五年、元鼎二年、坐為姦、為鬼薪。	漢16表 柏至靖侯	
28	前107	劉嬰	鬼薪	十月癸酉封、十九年、元封四年、坐首匿罪人、為鬼薪。	漢15上表 畢梁侯	本文番号【鬼薪】3
29	前80	許広漢	鬼薪	広漢坐論為鬼薪、輸掖庭、後為暴室嗇夫。	漢97上 外戚伝	本文番号【鬼薪】9
30	前32～8	劉輔	鬼薪	劉輔河間宗室人也。…（中略）…上乃徙繋輔共工獄、減死罪一等、論為鬼薪。終於家。	漢77 劉輔伝	本文番号【鬼薪】8
31	後126	楊倫	鬼薪	楊倫字仲理、陳留東昏人也。…（中略）…坐不敬、結鬼薪。詔書以倫数進忠言、特原之、免帰田里。陽嘉二年、徴拝太中大夫。	後漢69上 儒林伝	本文番号【鬼薪】10
32	後175	馮光	鬼薪	太尉耽・司徒隗・司空訓以邕議劾光・晃不敬、正鬼薪法。詔書勿治罪。	続漢 律歴志	※「詔書勿治罪」とあり、実際には鬼薪とは為っていない。
33	後175	陳晃	鬼薪	太尉耽・司徒隗・司空訓以邕議劾光・晃不敬、正鬼薪法。詔書勿治罪。	続漢 律歴志	※「詔書勿治罪」とあり、実際には鬼薪とは為っていない。
34	前175	張不疑	城旦	五年、侯不疑坐与門大夫謀殺故楚内史、当死、贖為城旦、国除。(史18) 孝文五年、坐与門大夫殺故楚内史、贖為城旦。(漢16)	史18表 漢16表 留文成侯	本文番号【城旦】1
35	前149	周通	城旦	孝景中元年、有罪、完為城旦。	漢16表 隆慮克侯	本文番号【城旦】5
36	前124	張当居	城旦	元朔五年、坐為太常択博士弟子故不以実、完為城旦。	漢17表 山陽侯	本文番号【城旦】9

	西暦	個人名	労働刑名	該当記事	典拠	備考
37	前120	劉礼	城旦	十月癸酉封、六年、元狩三年、坐恐猲取雞、以令買償免、復謾、完為城旦。	漢15表 平城侯	本文番号【城旦】2
38	前114	周仲居	城旦	中二年、侯仲居嗣、三十四年、元鼎三年、坐為太常収赤側銭不収、完為城旦。	漢16表 鄗成制侯	本文番号【城旦】6
39	前113	張拾	城旦	元狩元年、侯拾嗣、九年、元鼎四年、坐入上林謀盗鹿、又搏揜、完為城旦。	漢16表 安丘懿侯	本文番号【城旦】7
40	前113	蔡辟方	城旦	元朔二年、侯辟方嗣、元鼎四年、坐搏揜、完為城旦。	漢16表 樊侯	本文番号【城旦】8
41	前107	楊僕	城旦	三月乙酉封、四年、元封四年、坐為将軍撃朝鮮畏懦、入竹二万箇、贖完為城旦。	漢17表 将梁侯	
42	前107	公孫度	城旦	元狩三年、侯度嗣、十三年、元封四年、坐為山陽太守詔徴鉅野令史成不遣、完為城旦。(漢18) 弘子度嗣侯、為山陽太守十余歳、詔徴鉅野令史成詣公車、度留不遣、坐論為城旦。(漢58)	漢18表 平津献侯 漢58 公孫弘伝	
43	前105	韓延年	城旦	元封六年、坐為太常行大行令事留外国書一月、乏興、入穀贖、完為城旦。	漢17表 成安侯	
44	前104	衛伉	城旦	元鼎元年坐撟制不害免、太初元年嗣侯、五年闌入宮、完為城旦。	漢18表 長平烈侯	
45	前100	石徳	城旦	太初三年、侯徳嗣、二年、天漢元年、坐為太常失法罔上、祠不如令、完為城旦。	漢18表 牧丘恬侯	
46	前94	趙弟	城旦	四月丁巳封、七年、太始三年、坐為太常鞠獄不実、入銭百万贖死、而完為城旦。	漢17表 新畤侯	
47	前91	曹宗	城旦	征和二年、坐与中人姦、闌入宮掖門、入財贖完為城旦。(漢16) 子宗嗣、有罪、完為城旦。(漢39)	漢16表 平陽懿侯 漢39曹参伝	本文番号【城旦】3
48	前16	蕭獲	城旦	侯獲嗣、永始元年、坐使奴殺人、減死、完為城旦。	漢16表 酇文終侯	本文番号【城旦】4
49	後89 ～92	王龍	城旦	尚書左丞王龍私奏記上牛酒於憲、稜挙奏龍、論為城旦。	後漢35 韓稜伝	
50	後141 ～167	橋玄	城旦	後四遷為斉相、坐事為城旦。刑竟、徴、再遷上谷太守、又為漢陽太守。	後漢41 橋玄伝	本文番号【城旦】10
51	前162	周意	髠城旦	孝文前五年、侯意嗣、十三年、坐行賕、髠為城旦。	漢16表 汾陰悼侯	本文番号【髠城旦】2
52	前116	黄遂	髠城旦	元朔五年、侯遂嗣、八年、元鼎元年、坐掩搏奪公主馬、髠為城旦。戸四千。	漢16表 邔厳侯	
53	前74	王吉	髠城旦	唯吉与郎中令龔遂以忠直数諫正得減死、髠為城旦。起家復為益州刺史、病去官、復徴為博士諫大夫。	漢72 王吉伝	本文番号【髠城旦】6
54	前74	龔遂	髠城旦	皆誅、死者二百余人、唯遂与中尉王陽以数諫争得減死、髠為城旦。宣帝即位、…（中略）…上以為渤海太守。	漢89 循吏伝	本文番号【髠城旦】7

	西暦	個人名	労働刑名	該当記事	典拠	備考
55	前48～34	賈捐之	髠鉗城旦	捐之竟坐棄市。興減死罪一等、髠鉗為城旦。成帝時、至部刺史。	漢64下 賈捐之伝	本文番号【髠城旦】3
56	前46～34	陳咸	髠城旦	於是石顕微伺知之、白奏咸漏泄省中語、下獄掠治、減死、髠為城旦、因廃。（漢66） 上於是下（陳）咸・雲獄、減死為城旦、咸・雲遂廃錮、終元帝世。（漢67） （陳）咸抵辠、髠為城旦。（漢93）	漢66陳万年伝 漢67朱雲伝 漢93佞幸伝	本文番号【髠城旦】4
57	前46～34	朱雲	（髠）城旦	上於是下咸・雲獄、減死為城旦、咸・雲遂廃錮、終元帝世。	漢67 朱雲伝	本文番号【髠城旦】5 髠であることは、事例56より推測
58	前34	劉義	髠城旦	正月封、四年、坐使人殺人、髠為城旦。	漢15表 楽侯	本文番号【髠城旦】1
59	後125	謝宓	髠鉗城旦	宓・厳減死、髠鉗。	後漢10下	
60	後125	樊厳	髠鉗城旦	宓・厳減死、髠鉗。	後漢10下	
61	後165	翟超	髠鉗城旦	又山陽太守翟超、没入中常侍侯覧財産、…（中略）…超・浮並坐髠鉗、輸作左校。	後漢66 陳蕃伝	本文番号【髠城旦】9
62	後165	黄浮	髠鉗城旦	東海相黄浮、誅殺下邳令徐宣、超・浮並坐髠鉗、輸作左校。（後漢66） 時下邳県属東海、汝南黄浮為東海相、…（中略）…即案宣罪棄市、暴其尸以示百姓、郡中震慄。璜於是訴怨於帝、帝大怒、浮坐髠鉗、輸作右校。（後漢68）	後漢66陳蕃伝 後漢68宦者	本文番号【髠城旦】10
63	後179	蔡邕	髠鉗城旦	於是下邕・質於洛陽獄、劾以仇怨奉公、議害大臣、大不敬、弃市。（中略）有詔減死一等、与家属髠鉗徙朔方、得以赦令除。（後漢） 蔡邕戍邊上章曰、朔方髠鉗徒臣邕、稽首再拝上書皇帝陛下…（続漢）	後漢50蔡邕伝 続漢律歴志	本文番号【髠城旦】8

墓中の宴飲と出遊
――人物埴輪・俑・壁画の主題比較――

塚田良道

はじめに

古墳の墳丘装飾である形象埴輪は、古墳の変遷にしたがいその内容が大きく変化する。古墳時代前期には、墳頂の埋葬施設を取り囲むように円筒や器財埴輪が方形区画をなしていたのが、中期になると墳丘の巨大化、墳丘くびれ部裾の造り出し、さらに二重周濠の成立にともない、造り出し上や周濠の島上に家、囲、柵、水鳥などの形象埴輪の並ぶ景観が登場する。その後そこに一部入れ替わるようにして、馬形と人物の埴輪が加わり墳裾や周堤上に並ぶようになり、後期は人物埴輪が形象埴輪の中心となっていく。

さて、最後に登場した人物埴輪をめぐってはさまざまな解釈が林立しているが、形式組成を見る限り、いずれも一定の構造を示していることが明らかである(1)。しかし、人物埴輪がいかにして成立したのか、その要因をめぐってこれまで議論されることはほとんどなかった。人物埴輪の成立を議論する場合、形象埴輪としての型式学的変遷とともに、構造の内容、言い換えれば群像の示す主題の系譜がどこにあるのか、という点にも注目する必要があると思われる。

人物埴輪の成立した古墳時代中期、すなわち四世紀末から五世紀後半にかけては、古墳の巨大化とともに、須恵器、騎馬文化、文字など、朝鮮半島や中国大陸からさまざまな技術や文化がもたらされた。おそらく、人物埴輪の成立にあたっても、多様な要因が影響を及ぼしていた可能性を考慮する必要があろう。そこで小論では、俑や壁画など同時代の東アジアにおいて人物を表現した美術資料との比較を通して、人物埴輪の主題の系譜がどこにあるのか、考察をおこないたい。

一・人物埴輪の二つの主題

人物埴輪の主体となる形式は五形式であり、その古墳における配置には一定の原理がある（図一）[2]。

要約すれば、人物埴輪群の端もしくは中心に男女の坐像群が位置し、男子の倚坐、胡坐像と女子の坐像、及び男子の楽坐、跪坐像によって構成される。坐像に隣接して女子の全身、半身立像が並び、女子立像は器を捧げ持つ食膳奉仕の所作が圧倒的多数であるが、所作や服装のちがいに関係なく、基本的にこの位置に配置される。

女子埴輪の外側には男子の全身立像が並び、盛装男子と挂甲を身にまとい武装した男子とによって構成される。これらとともに褌をした力士の全身立像が置かれる場合もある。さらにその外側には、片腕を掲げる男子半身立像が馬形埴輪とともに続き、それとともに猪、鹿、水鳥をはじめとする動物埴輪を置く場合もある。

これらの人物群から離れて一番外側に、古墳を取り巻くように盾を持つ男子半身立像が円筒埴輪とともに並ぶ、という原理である。

個々の例を仔細に検討すれば、中心の坐像や中間の形式が省かれたり、女子や男子が坐像の左右に振り分けられた

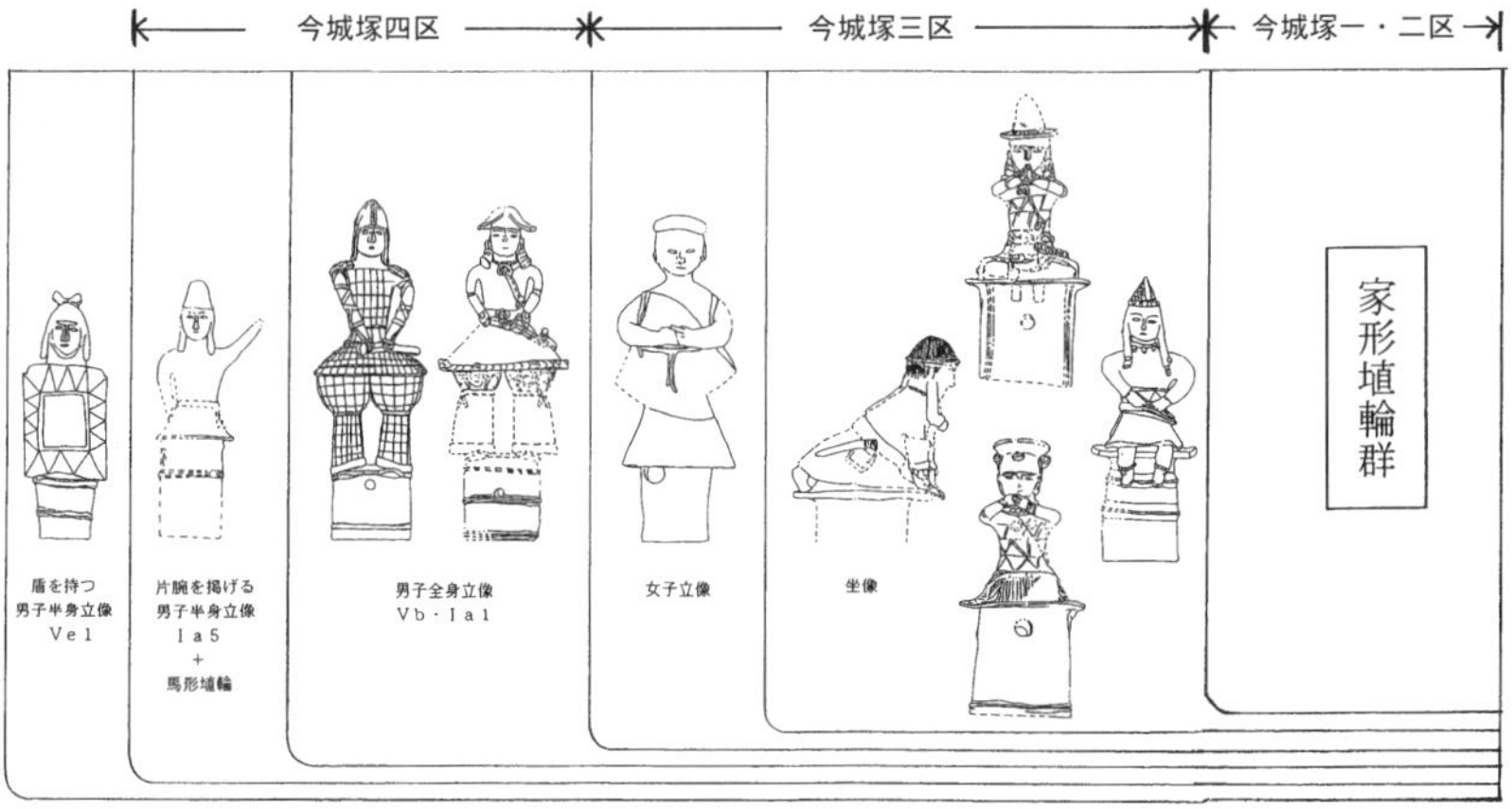

図一　人物埴輪の配置原理

り、さらに時代が下るにしたがって配置原理が崩れたものも存在する。しかし、主要な五形式とその配置関係、すなわち①坐像、②女子立像、③男子全身立像、④片腕を掲げる男子半身立像、⑤盾を持つ男子半身立像と並ぶ構造は、人物埴輪の存続時期を通して時空間に関わらず一貫して指摘できる。したがって、人物埴輪の主題は基本的にどの古墳においても同じであり、一定の規範をもって古墳時代中期から後期の日本列島に普及したのである。

ところでこの構造は、各形式を区画する指標が必ずしも存在するわけではなく、あくまで形式間の相対的な位置関係として認識されるものである。ところが、継体天皇の陵墓と目される大阪府高槻市今城塚古墳では、人物埴輪の構造が別の形象埴輪によって区画され、複数の形式が一緒になって一定の空間的まとまりを示していた。今城塚古墳の北側内堤の中央部で検出された形象埴輪群がそれである（図二）[3]。

ここでは形象埴輪群が柵形埴輪によって四つの区画に分けられている。概観すると一区と二区の範囲は比較的狭く、おもに家型埴輪と器財によって構成される。これに対し三区と四区は多数の形象埴輪によって構成され、その範囲も広い。このうち人物埴輪は、二区に若干の女子埴輪が存在するものの、大多数が三区と四区の二つの区画に集中している。

図二　今城塚古墳の埴輪配置

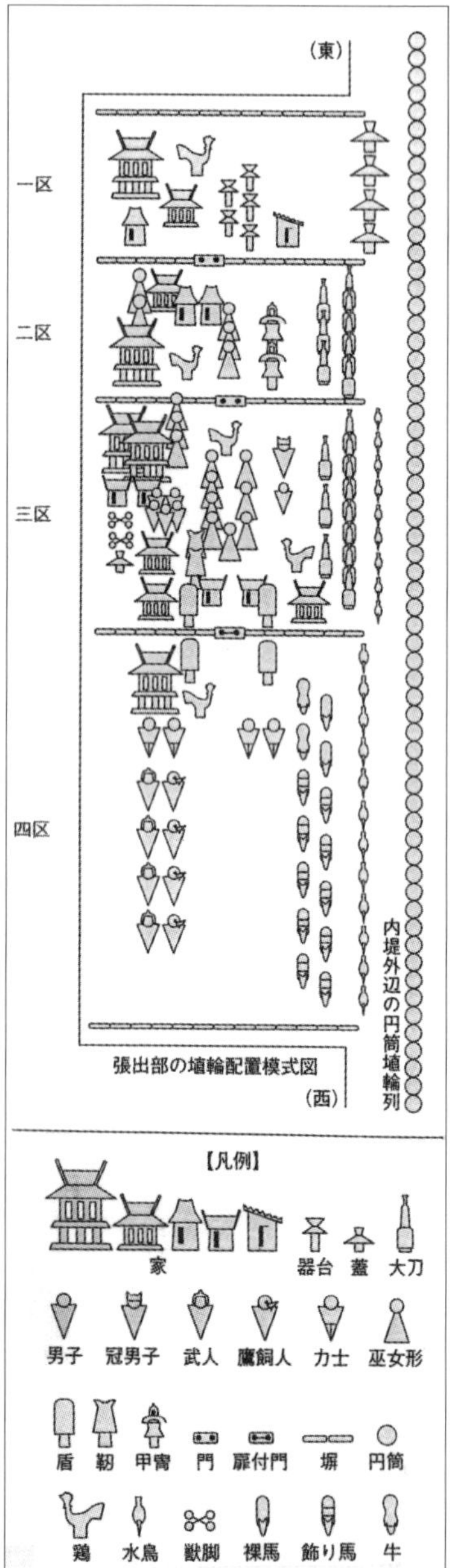

その構成を見ると、三区には楽坐を含む四つの男子坐像群があり、それに接して女子全身立像群が並び、また「獣脚」とされる、おそらく跪坐像の一部と推察される手先の表現のある円筒埴輪片がある。一方四区には、甲冑武装男子全身立像、及び力士の全身立像があり、それに並列して牛形埴輪、さらに馬形埴輪列が並ぶ。また鷹を腕に乗せる埴輪片もあることから、盛装男子全身立像の存在したことも推測できる。

ただし、現状を見る限りでは今城塚古墳の人物埴輪群像は、さきに示した五つの形式を完備していない。①坐像、②女子立像、③男子全身立像の三形式は存在するものの、④片腕を掲げる男子半身立像、⑤盾を持つ男子半身立像がない。ただ、馬形埴輪列の存在から、そこが他の古墳における④の形式が並ぶゾーンであることは認識でき、また⑤は他の古墳においてもその他の人物埴輪群と離れて配置されることから、配置場所を異にしていることが推測される。このように理解すると、①と②で三区、また③と④で四区というように、各々二つの形式で一つの空間を形成していることがわかる。つまり、今城塚古墳の配置は、少なくとも盾を持つ男子半身立像を除く四形式を二つの空間に分けてまとめたものであることを示している（図一参照）。

この二つの空間の内容を概観すれば、坐像と器を捧げ持つ食膳奉仕の女子群からなる三区は宴飲の空間であり、武装男子や力士といった男子全身立像と馬形、牛形埴輪からなる四区は屋外の空間を示していると認識できる。鷹を腕に乗せる埴輪片の存在からは、後者には狩猟の情景も含まれていたとも考えられ、屋外への出遊であることがさらに強調される。この二つの空間を構成する形式の違いから、人物埴輪によって描こうとしていた主題は少なくとも宴飲と出遊の二つであったと要約することができるであろう。

このように、人物埴輪群像が二つの主題からなるという見方は、かつて若狭徹が示していた。若狭は保渡田Ⅶ遺跡の人物埴輪が製作技術の特徴から三つの群に分け、このうちの一群が儀礼に関わるもの、ほかの二群がその守護にあたるとし、二者の間に役割分担があることを指摘した。そして、この二つの体系が配列にも認められるとし、保渡田八幡塚や剛志天神山古墳などの配列を引き、その内容を「祭宴」と「狩猟」の二つの場面という解釈を示した(4)。

保渡田Ⅶ遺跡では、出土位置は不明ながら、腰に矢が刺さり血を流す表現のある猪形埴輪や犬形埴輪、そして腰に猪を下げ狩猟に関係すると推察される男子半身立像が出土している。また保渡田八幡塚でも、馬形埴輪列の後部に鷹を腕に掲げる男子全身立像が存在する。また両遺跡ともに、力士の埴輪も出土している。ここにあげた埴輪は必ずしもどの古墳においても認められる主体的な形式とは言えないが、今城塚の例を参考にすれば、その四区に配置された③と④の形式の埴輪群とともに配置され、狩猟の光景を表現していた可能性が推察される。

その後若狭は、保渡田八幡塚古墳の再発掘調査の成果から人物埴輪群像を七つの群に分け、人物埴輪群像が有力者の権威的諸行事、権威・財物の表示など、首長の活動に関わる複数の場面とする見解に変わっているが(5)、二つの場面とした過去の指摘は、今城塚古墳における人物埴輪群像の二つの空間と符合すると言ってよい。

また、かつて筆者も人物埴輪の五つの形式のうち③と⑤に配置された二種類の武装男子の存在を重視し、便宜的に①〜③を「内区」、④〜⑤を「外区」と人物埴輪の配置を二つの空間に分けて理解したことがある。つまり、内区を代表する形式は女子埴輪で、外区を代表する形式は馬形埴輪とそれに伴う男子半身立像であり、この二つの要素は大形前方後円墳だけでなく、小さな円墳においても同様に認められる。ただその後筆者も、盾持人物埴輪は他の人物埴輪と離れて出土する場合の多いことから、武装男子の存在で内区と外区と二つに分けるのは妥当でないと改め、人物埴輪の構造を形式主体で把握し直した経緯がある(6)。

しかし、ここで今城塚古墳の人物埴輪配列を改めて観察すれば、人物埴輪の四形式が二つのまとまりに集約されうることは疑えない。この二つのまとまりに注目するならば、人物埴輪を単にこれまでのような五形式の構造という認識に留めるのでなく、二つの主題という観点から検討を加える必要があると思われる。

過去に筆者は、上記の人物埴輪の五形式に対して①被葬者と②それをとりまく食膳奉仕の女官、③近侍・護衛にあたる舎人、④馬飼、⑤墓域の警護にあたる下層の人物、というように複数の近侍的職掌を表したもの、とする見解を述べた。各形式につながる前代の造形をあえて探すならば、おそらく③・⑤の二形式は、古墳時代前期から中期における器財埴輪によって示された護衛の意味を継承した造形である可能性が考慮され、武装男子埴輪と盾持ち人物埴輪の造形には器財埴輪からの継続性も指摘でき、前代の形象埴輪の発展形式として評価しうる。しかし、①と④については、必ずしも前代の埴輪にその系譜を求められない。力士や狩猟についても、前代の形象埴輪にはない新しい造形である。また②についても、前代における土製供物による飲食物供献の意味を継承した可能性が考慮されるものの、女子像そのものは、新たな造形である。つまり、二つの主題のいずれにおいても、前代の形象埴輪にはない新たな要素が加わり、人物埴輪の構造は成り立っているのである。[7] このように見てくると、人物埴輪の二つの主題の成立を考える場合、前代からの形象埴輪の延長としてだけ理解するのではなく、他の要因が働いていた可能性を検討する必要が出てくる。

古く濱田耕作は人物埴輪の起源について、中国大陸の石人・石馬の風習が九州を経由して伝来した可能性を説いたことがあるが、[8] おそらく人物埴輪の二つの主題を検討する場合も、埴輪以外の要素、とくに東アジアにおける同様な造形資料と比較をおこなってみる必要がある。そこで以下においては、中国や朝鮮半島における俑と壁画をとりあげて比較検討をおこなうことにしたい。はじめに俑、壁画それぞれの主題を概観し、その後、人物埴輪の主題と関係がないか考察したい。

二・俑の主題

（一）秦～前漢の俑

はじめに俑を取り上げる。俑は中国で墓に副葬される明器であり、その登場時期は春秋晩期から戦国時代にかけてで、およそ紀元前五〇〇年前後になる。[9] 南方の楚の領域では木俑が、斉・韓・秦など中原周辺では陶俑が用いられた。この時代に牛、羊、犬、鳥などの動物模型も登場するが、そこに明確な主題を窺い知れるものは少なく、俑群にはっきりとした主題が示されるようになるのは、秦始皇帝陵以後である。

陝西省臨潼県の秦始皇帝の陵園から東一㎞にある第一号坑からは、おびただしい数の武装兵士を模した彩色された実物大の陶俑と、本物の馬と同じ大きさの陶馬と木製の戦車模型（馬四頭立ての戦車）が出土している。第二、第三号俑坑からも陶俑のほか騎兵用の陶鞍馬が出土しており、このほか陵園の西約二〇ｍの銅車馬坑中からも二乗の銅車と八頭の馬が発見され、さらに馬の殉葬と陶俑からなる馬厩坑なども発見されている。これら、始皇帝陵の俑群を特徴づけるのは、著名な第一～三号坑の兵馬俑であり、それは軍団の隊列を表現した内容といってよい。

兵馬俑は前漢にも存続し、陝西省咸陽市楊家湾陶俑坑では歩兵と騎兵、及び木製戦車が出土している。騎兵は新たに馬の背に跨いで乗る姿として造形されており、騎兵俑は五八三点にも上る。その造形は秦俑と比べるといずれも矮小となっているが、硬直した馬の造形は秦の遺風を留めている。

さらに前漢には、兵馬俑に加え、文官や宮廷の侍僕俑も登場し、前漢景帝の陽陵をはじめ湖南省長沙馬王堆一号墓では、武装した兵卒の軍隊とともに文官、女官、歌舞、奏楽、侍僕、奴婢など様々な宮廷の従者が加わっており、俑の内容に広がりが出ている。

（二）　後漢の俑

俑の主題は後漢に入ると大きく変化を見せる。その一つが一九六九年に甘粛省武威市雷台後漢墓から出土した銅俑群であり、有斧車、軺車、小車、恭車、大車、及び牛車を含む車両一四台と、銅俑四五人、銅馬が三九匹からなる馬車模型群である。散乱した出土状況から復元される配列は、壮観な出行の行列になると考えられ、このように馬に駕車を曳かせた出行の情景が新たに登場する。

また、舞楽雑技俑も注目される。河南省洛陽市七里河後漢墓では、墓室内の前堂に設けられた陶器のお膳の前と横に俑群が配置され、墓内の死者がお膳を前に坐り宴飲するにあたって、まさにその面前で舞楽を上演している情景を表現していた。女子が長い袖を振り、一方の足で鼓を踏む姿で、当時流行した「七盆舞」を表現しており、地面に伏せた状態の七つの小さな陶器の盆と一面の鼓がもとの位置にそのまま遺っていた。楽隊はいずれも正坐し、簫、瑟、鼓などを演奏している。これらに加え、後漢にはこっけいな芸を演じたり、玉乗りを演じる雑技百戯を演じる俑も登場する。俑の造形は細部が省略され、身体全体が動きのある表現になっていて、前漢以前の硬直した姿から大きな変化がみられる。

加えて後漢では、多層楼閣や水閣、城堡などの建築をはじめ、倉や田地までも陶器の模型として、俑とともに墓に副葬するようになる。

このような車馬出行・舞楽雑技・建築模型の三つの要素からなる後漢俑群の主題は、前漢以前の軍団の隊列を中心とするものから、享楽的な生活風俗の情景へと大きく変化しており、この時代の地方豪族の成長とも重なって中国の広範な地域で流行した。

（三）　西晋〜南北朝の俑

しかし、三国時代には曹操が薄葬を提唱したことにより、俑は一時衰退する。復活するのは再び中国が統一された西晋以後であり、その構成は後漢の内容を引き継ぎながらも、いくつかの点で様相を異にしたものとなった。

西晋俑の特徴を、楊泓は次の四つにまとめている(10)。

第一組は鎮墓俑である。二種類あり、一つは四足で走る牛形の鎮墓獣で、頭を低くし角を立て、背には鬣が群をなし前に伸びている。もう一つは甲冑を身にまとった武士で、頭の尖った兜をかぶり、体には筒袖鎧を着、左手で盾を持ち、右手を上にあげ、その手にはもともと兵器を持っていたと思われる。後漢にはなかった俑であり、墓室の入り口付近におかれる。

第二組は出行儀仗であり、後漢までの馬車行列から変わって、牛車と鞍馬が中心となる。人物の乗っていない牛車と鞍馬は、いずれも墓主の乗り物を示していると考えられる。

第三組は侍僕奏楽で、侍僕は男女とも拱手して直立する姿で、造形に動きはない。

第四組は家居生活で、厨房における台所作業を示す明器であり、竈、井戸、ひき臼、唐臼などと、これに関係する家畜家禽として猪や犬、鶏などがいる。

例として河南省洛陽市五四号晋墓などがあるが、これを後漢俑と比較すれば、享楽的な芸能は影を潜め、鎮墓俑に遮られた墓室空間内に、出行儀仗を中心とし、家居生活に奉仕する人物と動物模型からなる構成へと変化していることがわかる。

この四種類が以後五胡十六国から南北朝時代を通して俑の基本組成となり、これに各時代の新要素が加わっていく。

まず五胡十六国では、出行儀仗俑に大量の武装騎馬軍団が加わる。例として陝西省西安市草廠坡一号墓や陝西省咸陽市十六国墓などがあり、人馬ともに甲冑で身を固めた甲騎具装と、鼓と角笛からなる鼓吹の騎馬軍楽隊が登場する(図三)。蘇哲は、これら鎧馬騎兵隊からなる出行儀仗を、天子や高位の人物の護衛の行列である鹵簿を表現したものと評価しており[11]、この鎧馬騎兵隊の鹵簿が、その後の北朝俑の一大特徴となっていく。

また北魏に入ると鎮墓俑にも変化が見られる。獣形と人形で構成されるのは西晋と同じであるが、獣形は一対からなり、一つは獅子首で獣体、もう一つは人首獣体で、いずれも蹲踞の姿勢で背中にたてがみを付け、前足の後ろには翼がつく形に変化する。また人形も一対の甲冑武士であり、左手に長い盾を持ち、右手に兵器を執り、面容は荒々しく、体の高さが他の俑をはるかに上回っている。太和一七年(四九三)の洛陽遷都後に造営された河南省洛陽市元邵

図三　咸陽十六国墓出土俑　中鉄七局三処M３号墓（１～11）・平陵M１号墓（12～16）
１～４侍僕、５鞍馬、６～７馬丁、８～10厨房、11牛車、12～16鎧馬騎兵

墓などが例としてあげられ、こうした鎮墓俑の造形も北朝俑の大きな特徴である。

以上に見てきた秦から南北朝時代までの俑の変遷を概観すれば、秦～前漢は軍隊、後漢は生活風俗、西晋～南北朝は鎮墓俑と出行儀仗であり、大きく三つの段階を踏んで主題の変化していることが知られる。

三．壁画の主題

（一）前漢～後漢の壁画

では壁画の主題はどうか。

中国古代の墓室壁画に関しては、中国における楊泓や鄭岩の研究をはじめ[12]、近年日本においても蘇哲[13]、東潮[14]、門田誠一[15]らにより多くの成果が公にされている。各氏の研究には、墓室形態や画題の配置関係など、参考とすべき視点や成果が多々示されているが、ここでは画像の主題に絞り、楊泓の研究に導かれながらその変遷を見ることとしたい。

中国の墓室に壁画が登場するのは、俑よりも遅れ、前漢になってからである。それ以前に帛布に絵画を描いて槨室の壁に飾ったと考えられる例も存在するものの、壁面に絵画を描くようになるのは、中空磚で墓室を構築するようになってからであり、長安と洛陽の二地区で前漢晩期の磚築墓から壁画が多数発見されている。洛陽地区の焼溝第六一号墓などの例を見ると、壁画は天井の内側や切妻壁の比較的小さな部位に描かれており、画題は太陽と月などの天象、蛇の体を持つ伏羲と女鍋や羽人、龍・朱雀などの神獣や異獣、そして歴史故事と見られる人物図になる。

後漢に入ると墓室壁画の発見は増加し、分布範囲もほぼ中国全土に広がる。磚築の大型多室墓が流行したことで、天井部だけでなく墓室内の多くの壁面を利用できるようになり、壁画空間は大幅に広がる。

後漢の壁画の特徴としてあげられるのは、前漢と共通する天象や異獣などの図像に加えて、墓の被葬者の一生をテーマにした人間世界の情景である。たとえば、生前の官職の昇進と盛大な出行行列、地方長官の幕府やその所在する城市、さらに邸宅における豪華な宴飲の場面、さらに家畜の群れや田園などが描かれる。それは画像の傍らの墨書の傍題から判明し、例として内蒙古の和林格爾後漢墓では、被葬者が「孝廉」に挙げられてから、「西河長史」、「行上郡属国都尉」、「繁陽令」に任じられ、最後に「使持節護烏桓校尉」に昇進するまでを、車馬出行図として連続して描き出している。

ここで注目されるのは、これら漢代における壁画墓の被葬者が、必ずしも王侯貴族というわけではないことである。むしろ壁画を描いたのは地方の官員であり、壁画の主題は墓主の生前の生活で、身分を象徴する事物や役所の風景、またそこで繰り広げられた豪華な宴飲などの場面である。現状では漢代皇帝陵墓の内容は明らかではないものの、そこでは壁画は確認されておらず、この時代に墓室に壁画を描いた階層は必ずしも高くないと言える。

楊泓はその原因として、漢代の墓において王侯の身分地位を象徴するものとして重要だったのは、金糸銀糸で縫った玉衣であり、金印、玉飾、車馬、豪華な器、さらに大量の俑であったため、壁画は重視されていなかったと推察している。これに対し、官位の低い地方の官員たちは、死後それらを墓中に納める方法がない。そこで、おのずと墓室内に入れることが不可能な昇官の履歴を壁画として描くことで地位や身分を象徴させたのであり、これが後漢の墓室壁画の空前の流行をもたらした原因であったと述べている。(16)

（二）　後漢晩期～五胡十六国の壁画

後漢晩期になると、被葬者の一生から、盛大な宴飲と車馬出行の二つの情景が中心となっていく。

河南省密県打虎亭二号墓では、天井部分に前漢と共通する羽人や異獣などの図像を描いているが、墓室の中心となる中室東段の北壁上段に横一面の大画面で、大勢の坐像が居並ぶ中で舞楽雑戯を繰り広げる盛大な宴飲の場面を描き、これと対する南壁上段に車馬出行の情景を同じく横一面に描いている（図四）。また洛陽市朱村壁画墓では、南壁の車馬出行図に対し、北壁の宴飲図は墓内の死者夫婦が帳内に坐す姿を描き、その前の卓上には料理の器が並べられ宴飲の情景であることを示している（図五）。やはり宴飲と出行を一対に描いている。[17]

ところで、後漢晩期に漢王朝が没落し、曹操が薄葬を主導したことで、中原では俑と同じく墓室壁画も一時衰退する。しかし、地方においては依然として墓室壁画が存続し、とりわけ支配力の及びにくかった辺遠の中国東北の遼東地域と西北の河西地域では、墓室壁画が発展した。

遼東の壁画墓では、後漢以来の家居宴飲、舞楽雑戯、車馬出行などの画題が踏襲され、西晋の例としては遼陽上王家村壁画墓などがある。また五胡十六国時代においても、袁台子壁画墓で日月、四神等の図像とともに、墓主の坐像、出行牛車、騎士、厨房等の生活状況を描いていて、いずれも後漢晩期の伝統的な画題を踏襲している。

西北の河西地域では、敦煌や酒泉で発見されており、魏晋の嘉峪関新城三号墓では一個の磚面に一枚の絵を完結させる「画磚」が採用され、宴飲、出行、農牧生産、倉庫などの生活情景と神仙図像、歴史故事などを描いた画磚を壁面に多数分布させることで壁面を構成する方法が成立する。また五胡十六国時代の酒泉丁家閘五号墓では、前後二つの墓室に大画面の壁画があり、とくにその前室では、頂部四面に雲気・日・月などの天象と東王父・西王母・天馬・

宴飲図（中段東室北壁）

出行図（同南壁）

図四　打虎亭二号墓壁画

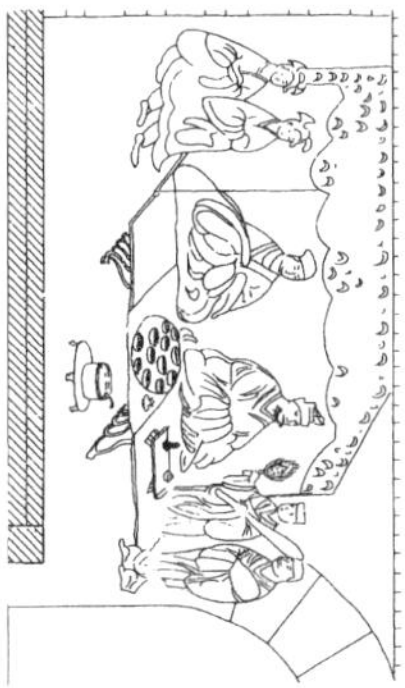

墓主夫婦坐帳像（北壁）

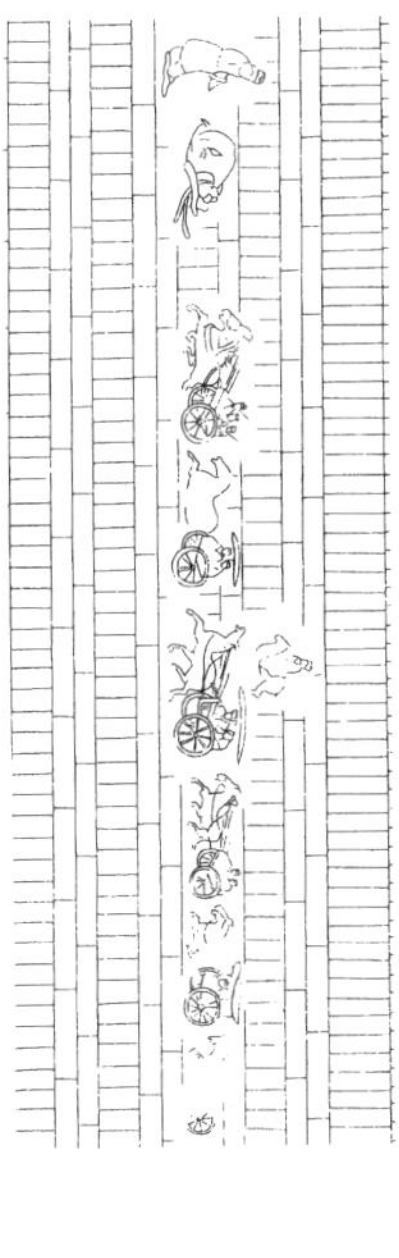

出行図（南壁）

図五　朱村後漢墓壁画

神鹿などの図像が、その下の四壁にも上下二段に墓主の宴飲、舞楽、倉庫厨房、出行車両、庄園畜圏、農耕放牧などが描かれていた。

ここにあげた後漢晩期以後における壁画に共通するのは、主題として一生の昇官経歴を描くことはもはやなく、かわって墓内の死者夫婦が帳内に坐す姿を中心とする宴飲の場面と、出行場面で壁面構成するかたちに変化している点である。出行図も後漢では馬車であったのが、晋以後は牛車になる。とくに、この時代の壁画にみられる墓主が麈尾を手に執り正面を向いて坐す姿については、門田誠一が魏晋南北朝時代の墓室だけでなく、高句麗古墳など中国から朝鮮半島の墓室壁画の一つの規範として、三世紀~六世紀まで長期間にわたって描かれていることを指摘している。(18)また東潮は、墓主の姿が夫婦の対座する構図から夫婦並列図に変化し、さらに夫婦それぞれ単独に正面を向いて坐す像へと変遷することを指摘している。(19)このように後漢晩期の画題は周辺地域に継承され、墓主坐帳像を中心に一つのパターンとして展開したことが窺われる。

(三) 南北朝の壁画

壁画の一時中断した中原において、再び墓室壁画が盛んになるのは南北朝時代に入ってからであり、北魏が平城に都を定めてから復活する。太延元年(四三五)の山西省大同市沙岭壁画墓がその代表としてあげられる。しかし、北魏の皇帝陵や王族墓においては漢魏以来の旧制を遵守し、依然として壁画は描かれなかったようであり、文明皇太后永固陵には壁画は描かれていない。

それが大きく転換するのは洛陽遷都後六世紀前半に入ってからであり、たとえば正光六年(五二五)の清河王元懌墓では甬道の両壁に両当鎧を着て儀仗刀を携えた武官の図像が描かれ、また孟津県北陳村の太昌元年(五三二)の安車将軍王温墓中では、帷帳のある家、墓主夫婦、及び侍従の図像が壁面に描かれていた。六世紀代には皇帝王族の墓室にも壁画が描かれるようになったのであり、以後北魏が分裂して東魏と西魏となり、北斉が東魏に取って代わると、さらに大きな発展を遂げている。

東魏・北斉の墓室壁画の発見は近年極めて多数に上っており、その画面構成には一定の規範のあることが指摘されている。[20]すなわち第一に、墓道には最前端に墓外に向かう巨大な龍や虎が配置され、それに続いて流雲、忍冬、あるいは鳳鳥や神獣が上段に描かれる。第二に、墓道両側の下段に出行儀仗が描かれ、廊屋内に戟列が並び、墓道地面には蓮華、忍冬、草花の図案が絨毯のように描かれる。第三に、墓門上の正面に朱雀を配置し、神獣がこれを補佐しており、門の両側にも両当鎧を着て儀刀を持つ門吏が描かれ、第四に甬道側壁に侍衛の人物像が描かれる。そして第五に、墓室内正面の壁に墓主が帳に坐す像が描かれ、傍らに衛士と侍従が並び、側面の壁には蓋をさした牛車、また男性の役人や女侍が居並ぶ。墓室の天頂には天象、その下の壁面上段には方位に分かれて四神などが描かれる。このような壁画構成が東魏・北斉に死者の身分と地位の象徴として確立し、以後唐の皇帝陵や王族墓の墓室壁画へと続いていくようである。

なお南京、丹陽一帯の南朝陵墓では、磚画を組み合わせて大きな壁画を構成する独自の大型磚画墓が成立する。壁画ではなく磚によって壁画を構成する方法がとられたのは、この地が多湿であることによると考えられ、その画題も獅子や大龍に羽人、甲騎具装や騎馬鼓吹隊と戟を持つ儀仗兵、そして竹林七賢と栄啓期の人物像などで、北朝とは異なった内容を含んでいる。

（四）　高句麗古墳の壁画

　ところで、さきに後漢晩期から五胡十六国にかけて遼東地域において、墓主坐帳像と出行図を主題とする壁画が流行したことを述べた。その影響は、朝鮮半島北部の大同江流域の平壌周辺、さらに中国東北部の鴨緑江流域の吉林省集安県一帯へも波及した。いわゆる高句麗古墳壁画である。東潮の研究を参考にすれば、高句麗古墳の壁画を構成する画題としては、墓主坐帳像、墓主出行図、墓主行列図、山水日月、狩猟風景、及び四神・異獣図像などがある(21)、その内容は時代とともに変化している。

　年代のもっとも古い例として、朝鮮民主主義人民共和国黄海北道の安岳三号墳がある。壁面の墨書墓誌には、東晋の永和十三年（三五七）の紀年銘と、被葬者名として五胡十六国の一国、前燕から高句麗へ亡命した「冬寿」の名が記されていた。壁画は墓室の西側室奥壁に墓主坐像、その前壁に夫人像が大きく描かれ、これと向かい合う東側室には厨房図があり、東側回廊の大画面には出行行列図が位置する（図六）。この出行図は墓主の牛車を中心に、軍楽隊や鎧馬騎兵隊、それに多数の武装兵士が進む盛大な儀杖の隊列であり、『晋書』輿服志に示される天子や高位の人物の護衛の行列である鹵簿制度を反映したものであることが蘇哲によって指摘されている(22)。同様な画題は永楽十八年（四〇八）の紀年銘をもつ徳興里古墳など、平壌付近の古墳壁画にも見られ、四世紀から五世紀前半の高句麗古墳に踏襲されている。

　一方集安の高句麗古墳においても舞踊塚、角抵塚、長川一号墳などで数多くの墓室壁画が描かれたが、墓主坐像を中心に、こちらでは舞踊や角抵などの人物風俗図や狩猟図が主題となっており、墓主坐像も漢代以後の伝統的な正坐像ではなく、腰掛に坐す高句麗独自の風俗に変わっている。とくに注目されるのは狩猟図であり、四世紀後半から五

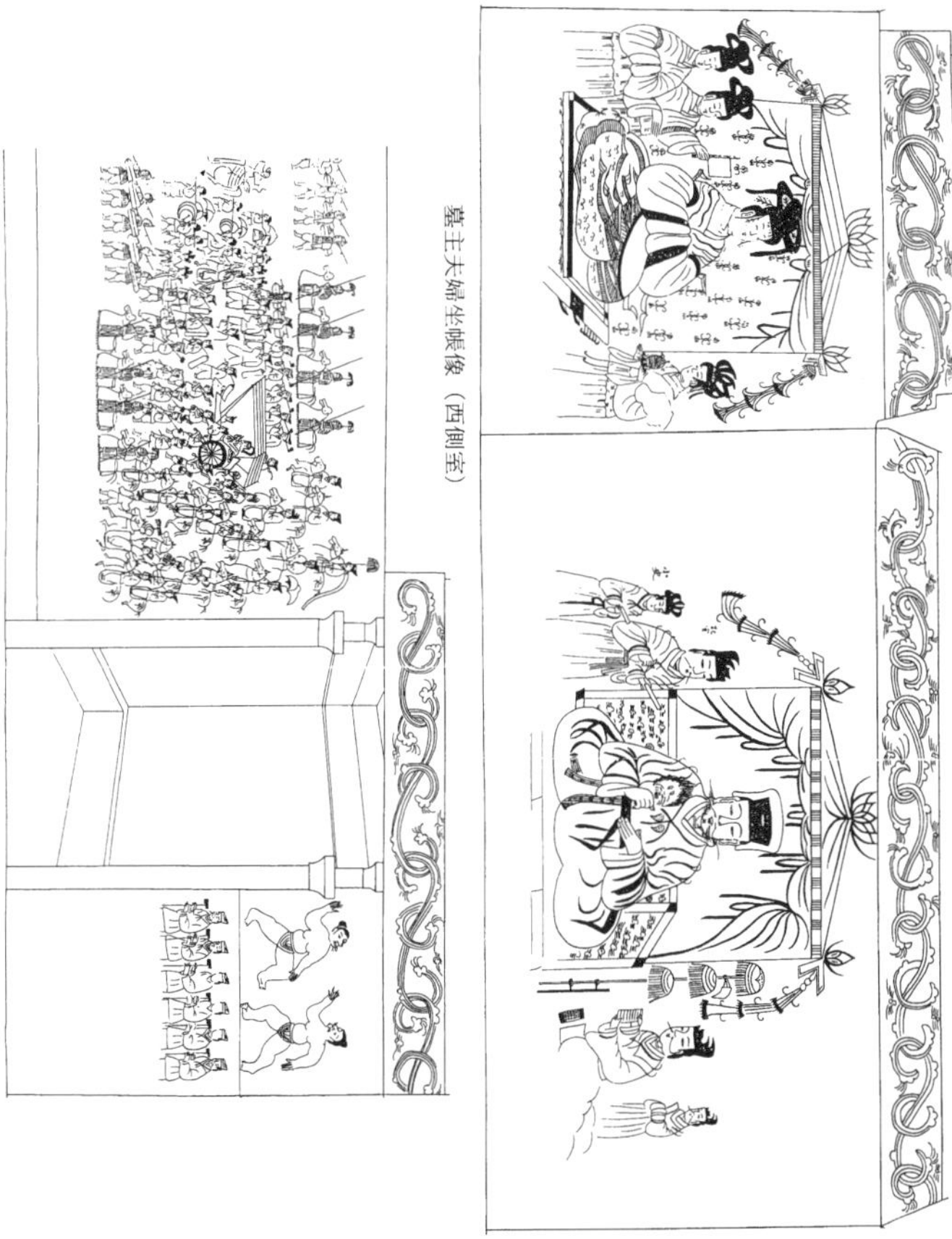

墓主夫婦坐帳像（西側室）

出行図・角抵図（東壁）

図六　安岳３号墳壁画

世紀後半まで一貫して描かれ、五世紀に入ると集安だけでなく平壌周辺の徳興里古墳などにも見ることができる。東潮は五世紀中葉には出行行列図は描かれなくなり、かわって出行狩猟図になることを指摘している。

さらに六世紀に入るとすでに朱栄憲によって指摘されているとおり、人物図像は失われ、四神図中心の壁画へと大幅に変化する。[23] つまり高句麗古墳の壁画の主題は、墓主坐像と出行図という構成から墓主坐像と狩猟図、さらに四神図主体へと時代を追って変化している。

以上、墓室壁画の変遷をまとめると、その主題は前漢における天象と異獣図から、後漢の昇官履歴と生活風俗、後漢晩期以後の墓主坐帳像と出行図へと変遷する。その後三国時代の衰退を経て、南北朝時代には墓道から墓室まで一定の規範を備えた東魏・北斉の墓室壁画が成立し、また南朝では独特の磚画墓が成立した。

このような壁画の変遷は、俑と比べると様相を大きく異にしていることがわかる。後漢以後に流行する出行場面は共通するともいえるかもしれないが、その他の主題は必ずしも同じではなく、とくに需要層が俑と壁画では必ずしも一致していないことは注目される。さらに墓室壁画が後漢晩期以後、辺遠の遼東地方や河西地方で流行し、さらに高句麗古墳に取り入れられるという展開は、俑にはない動きである。壁画と俑は墓葬においてそれぞれ異なった性格をもっており、そのため南北朝時代まではお互いに異なった展開を遂げたのである。それが中国において一緒に用いられるようになるのは、北魏の洛陽遷都後の六世紀に入ってからであり、以後東魏、北斉代に豪華な内容を持つようになり、その風俗が唐代へと引き継がれたと理解されるのである。

四．人物埴輪・俑・壁画の比較検討

（一）　俑と人物埴輪

以上の理解を踏まえ、ここから人物埴輪の主題と、俑と壁画の主題を比較してみたい。まず俑と埴輪の主題から比較する。

すでに見たように俑の主題は、秦～前漢は軍隊、後漢は生活風俗、西晋～南北朝は鎮墓俑と出行儀仗と変化があり、その中で日本列島における成立期の人物埴輪の様相と対比しうるのは、古墳時代中期に対応する時代である西晋～南北朝時代の俑、とりわけ五世紀前半の俑になる。

ただ、市元塁の研究によれば、五世紀前半の北魏の都平城付近においては俑の副葬が希薄であることが指摘されている[24]。市元は、後の北朝期に多く見られる鼓吹騎馬、坐姿勢の奏楽人物、甲冑武士などの俑は、すでに陝西省咸陽十六国墓など五胡十六国時代において出現していることから、北朝俑群は北魏が勢力を拡大していく過程で五胡十六国との接触によって成立した可能性が高いと述べている。この意見を参考すれば、人物埴輪の内容と対比すべきなのは北朝俑群よりも、一時代前の五胡十六国時代の俑になる。

そこで五胡十六国の俑と人物埴輪を比較してみると、両者の間には必ずしも共通点を見出すことはできない。この時期の俑に必須ともいえる騎馬軍団や獣形の鎮墓俑、また家居生活俑などは、人物埴輪には欠けており、両者を構成する人物像に共通性はほとんどない。あえて一点あげるとすれば、出行儀仗に含まれる人物の乗らない鞍を装着した馬の存在がある（図三の五）。鞍馬は四世紀前半から五世紀前半まで存在し、俑を構成する一つの重要な要素となっており、咸陽十六国墓のうち咸陽師院M三号墓では、それに馬丁俑がつき（図三の六・七）、馬と馬丁という組み合わせは人物埴輪にも共通する組み合わせということができるかもしれない。

しかし、それ以外の点においては一致するところがほとんどなく、結論として人物埴輪の主題と俑の主題との間に関係性を想定することは難しいと言える。

（二）　壁画と人物埴輪

次に壁画と人物埴輪の主題を比較すると、成立期の人物埴輪と対比すべき壁画も五世紀前半の例となるが、やはり中国の中原に対比すべき資料はない。むしろこの時期に大きな発展を遂げたのは、高句麗の古墳壁画である。そこで高句麗の古墳壁画と比較してみたい。

五世紀代の高句麗古墳壁画の特徴が墓主坐像と狩猟図であることは前節で述べたが、ここで全体像がわかる徳興里古墳（五世紀初頭）、舞踊塚、角抵塚（いずれも五世紀前半）、及び長川一号墳（五世紀後半）の四例をあげて、具体的な画題の構成を確認しながら比較してみたい。

徳興里古墳は前室、後室とも墓主坐像を中心とする壁画が描かれているが、ここでは後室の構成に注目すると、墓室の奥壁に墓主の坐像、その背後と左右に侍者がおり、背後の侍者は角杯、翳を墓主に捧げている（図七）。奥壁を中心に左右に画面が展開しており、向かって右側の東壁には大きな蓮華紋が描かれ、続いて上段に樹に向かって坐す人物と侍者の姿、下段には器を捧げ持つ侍者たちの姿がある。左側の西壁には倉、そして上段に流鏑馬、下段に誰も乗っていない鞍馬が樹下に繋がれ、その傍らに馬丁が立つ。さらに南壁には厩舎と牛舎が描かれ、通路には牛車と馬丁が手綱を執る鞍馬の姿が続く。

また舞踊塚では、墓室奥壁に腰掛に坐す墓主像が描かれるが（図八）、二人の僧侶と思われる人物と対面し、その間に飲食物を載せた机を置く構図となっている。これに続く右側壁には一棟の小屋があり、そこから食膳を捧げ持ち

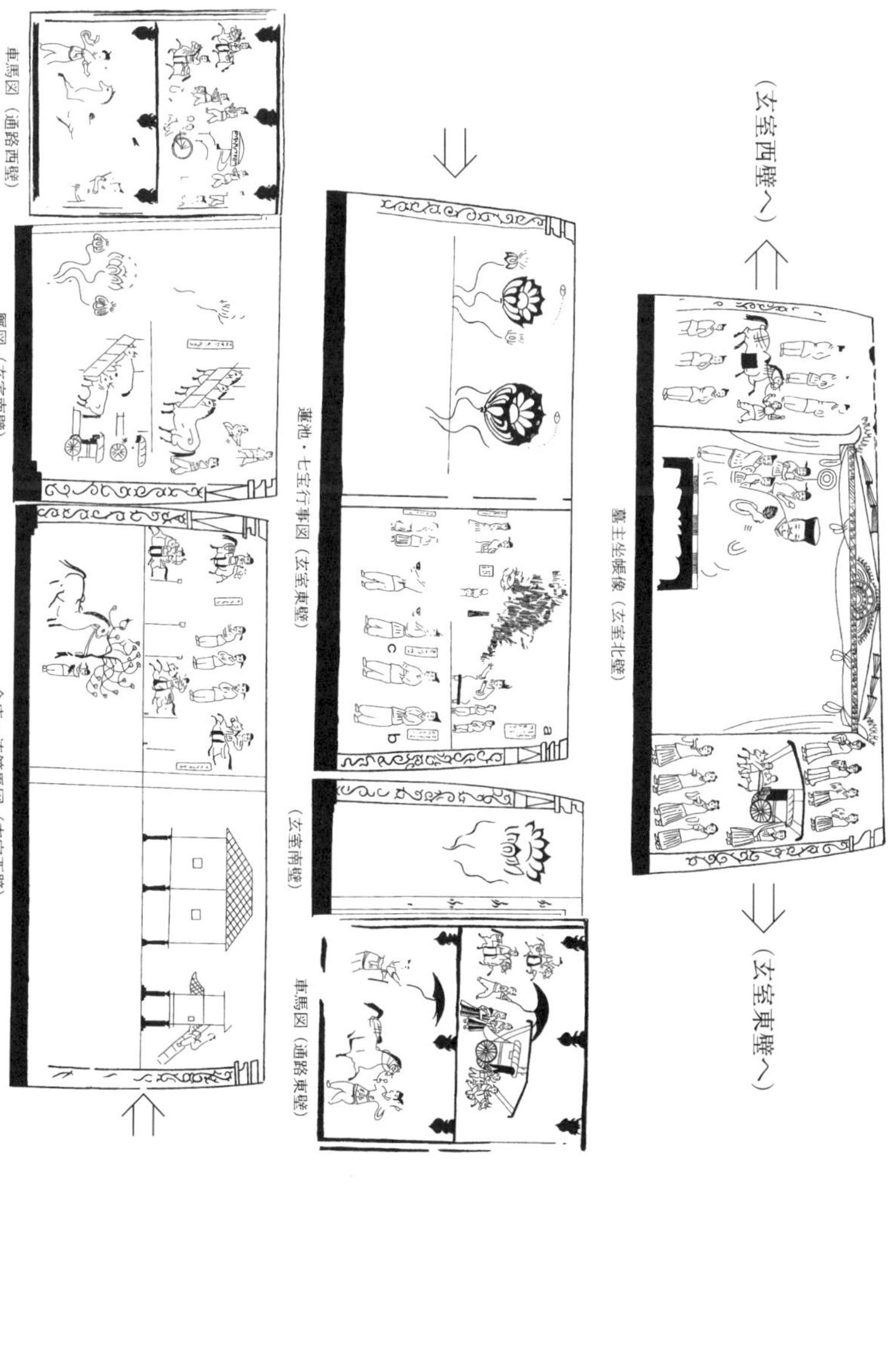

図七　徳興里古墳後室の壁画

狩猟図（玄室左側壁）　墓主坐帳像（玄室奥壁）　舞踊図（玄室右側壁）

図八　舞踊塚古墳壁画

車馬図（玄室左側壁）　墓主夫婦坐帳像（玄室奥壁）　角抵図（玄室右側壁）

図九　角抵塚古墳壁画

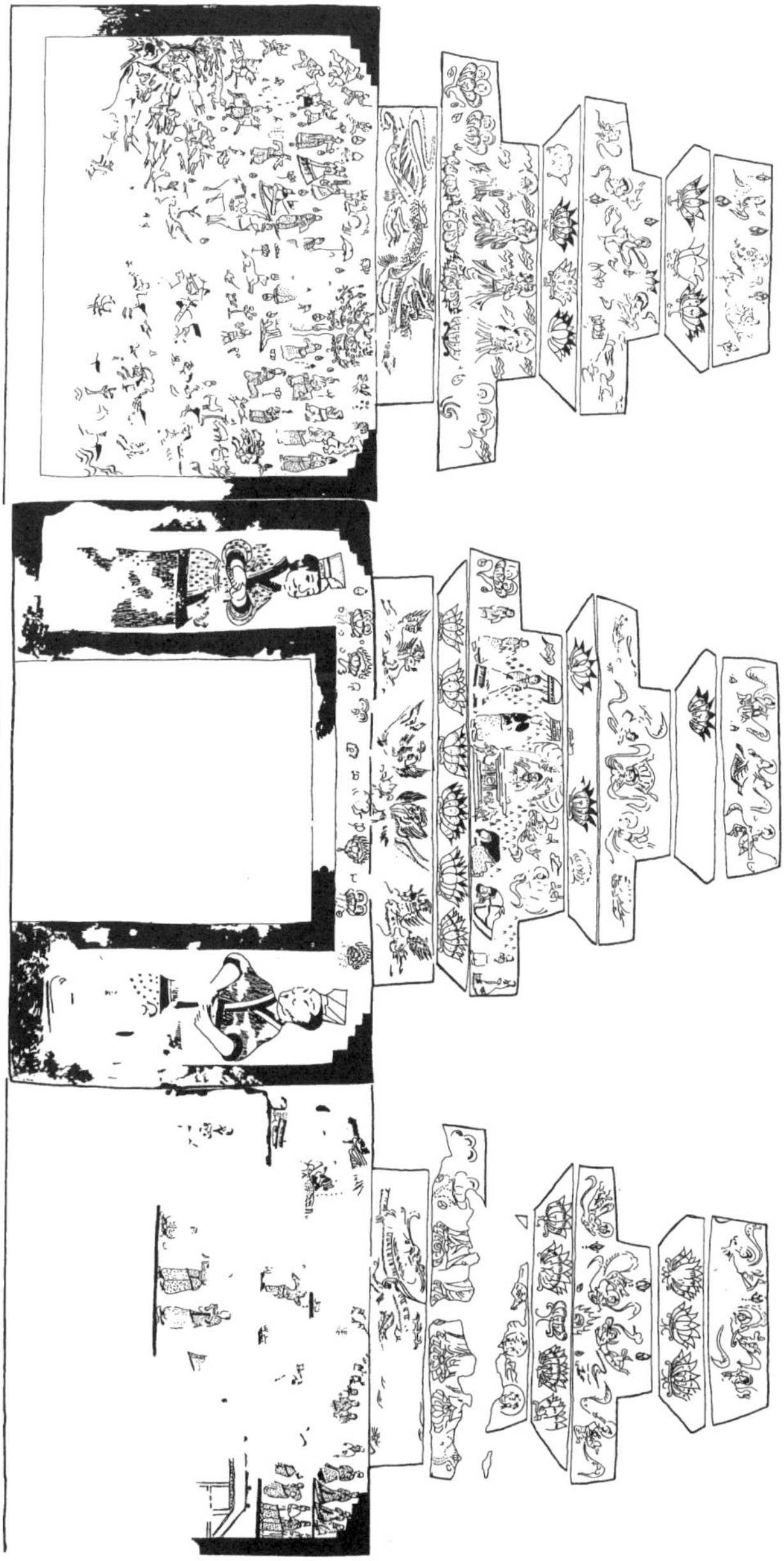

図十　五世紀の高句麗古墳壁画

長川１号墳壁画

歩み出てくる女性の侍者が描かれ、さらに舞踊する人物群とそれを馬上で観る人物を描く。また左側壁には牛車が並び、樹木を隔て狩猟図が描かれ、前壁には通路を挟んで左右に樹木が描かれている。これらの壁画の上部である天井持ち送り部分の壁には、角抵などの図像が描かれている。

角抵塚でも墓室奥壁に腰掛に坐す墓主像が描かれるが（図九）、対面するのは二人の跪坐の女性であり、その間に飲食物を載せた机が配置される。これに続く右側壁にはやはり一棟の小屋があり、屋外にいる人物がそこに手を伸ばしている。さらに小屋の脇の樹木を隔てて、力士による角抵が描かれる。これに対する左側壁には数本の樹木に馬丁が手綱を執る誰も乗っていない鞍馬、及び牛車が並ぶ。角抵塚でも前壁には通路を挟んで左右に樹木が描かれる。

長川一号墳では前室に壁画が遺っており（図十）、中央通路の奥壁の左右に大きな門衛人物がおり、右側壁は上段に人物行列図があり、その中には舞踊している人物もいる。下段には右端に小屋が描かれ、そこから手に器を持ち奥に向かって歩む人物が描かれている。また左側壁には一面に舞踊、角抵、狩猟が繰り広げられており、樹下で腰掛に坐りそれを眺める男性、また誰も乗っていない鞍馬も二頭いる。これらの壁画の上部である天井持ち送り部分の壁には、仏像や蓮華紋が描かれている。

以上の四古墳の壁画の画題は、細部に様々な違いが見受けられ、必ずしもすべてが一致するわけではない。しかし、画面構成には一定の共通点が指摘できる。すなわち、奥壁の墓主像を中心に、向かって右壁に厨房と見られる小屋とそこから食膳を運ぶ侍者を配置し、左壁に鞍馬や牛車、及び狩猟図を配置するという点である。すでに前章で見たように、その画面構成は、後漢晩期以来の一定の規範を踏襲していると理解できる。

ところで、これらの古墳壁画の意味を考えるときに注目されてきたのは、この中で年代の最も古い徳興里古墳の後室の東壁樹下坐像に付された「此人為中裏都督典知七宝自然音楽自然飲食有□之燔□□□□」という墨書の傍題である。「七宝」は仏像を載せる台座を飾るものであり、文中の用語の検討からこの画面が仏教行事を反映した図とする見解が示されてきた。とくに舞踊塚では僧侶の像、長川一号墳でも仏像や蓮華紋が描かれ、さらに舞踊をはじめとする雑技についても、仏教の供養行為の一環とする評価が門田誠一によってなされている(25)。

確かに、新たに加わった蓮華紋や供養行為の図は仏教思想を反映した画題と理解されるものの、ここに示した壁画の構図そのものは、すでに見てきた後漢晩期から五胡十六国に流行した墓主坐帳像と出行図を母体としたものである。つまり、中心となる墓主像と厨房から墓主にむかって食膳を捧げ持ち歩む女侍の画題は、墓主像と宴飲図から、また鞍馬や牛車の画題は出行図から、いずれもそこから発展、変容した画題と評価できる。とくに角抵塚では、ほかの三古墳と同じ画面構成を踏襲しながら、仏教的モチーフを欠いている。したがって、これらの五世紀代の高句麗古墳壁画の主題は、後漢晩期から五胡十六時代の壁画の変容と理解するのが妥当と筆者は考える。

このように五世紀前半の高句麗古墳壁画の主題が、一方では坐像とそれに伴う食膳奉仕、また一方では野外に馬丁と鞍馬を配置しそこに狩猟の場面が加わる、という二つの情景からなると見たとき、それははじめに見た今城塚古墳の人物埴輪の二つの主題ときわめて一致していると言うことができる。

もとより両者の間には、絵画と造形という美術の手法の違いがある。加えて、対象とする人物風俗、とくに壁画では被葬者像が大きく描かれるのに対し、埴輪では中心となる坐像は必ずしも大きくなく、さらに樹木の風景や仏教的造形を欠くなど、さまざまな細部の相違点も指摘できる。しかし、同様な細部の相違は、仏教的テーマのない後漢晩期の壁画と、仏教思想を反映した高句麗古墳壁画の間にも指摘しうる性質のものであり、伝播の過程で本来あった題材が抜け落ち、また他の要素が登場していくことは、東アジア間においても認められる。

そうした細部の相違を捨象して見れば、五世紀前半代の高句麗古墳壁画と人物埴輪の間には人物群像の示す主題という点において、きわめて一致した内容が備わっている。このように理解すれば、人物埴輪の構造に表された二つの主題は、五世紀前半に高句麗で成立した古墳壁画の主題の影響を受けて成立した可能性が高いと思われる。

おわりに――倭王権による人物埴輪の創出――

以上、人物埴輪の二つの主題は高句麗古墳壁画の主題にその系譜が求められ、二次元の平面画像の世界を三次元の土の立体的造形の情景として創出したのが、人物埴輪群像、そして馬形埴輪であった、というのが小論の結論である。では、なぜそのようなことが起こりえたのか。最後に筆者の推論を述べてまとめとしたい。

はじめに述べたように、古墳時代中期の日本列島にはさまざまな技術や文化が導入されている。須恵器と騎馬文化を中心に導入のあり方を見ると、菱田哲郎によれば須恵器については朝鮮半島の陶質土器にその系譜を持ち、初期の窯跡は北部九州や瀬戸内、大阪湾岸などで認められ、およそ四世紀末から五世紀前葉のあいだに日本各地で生産が始まったとみられる(26)。その中でも、規模が大きく継続的に生産された窯跡群が大阪府和泉市の陶邑窯跡群であり、同時代に巨大古墳の営まれた百舌鳥古墳群と古市古墳が近距離に位置することから、倭王権の中心となる大王権力によって計画的に須恵器生産が導入されたことが推察されている。

また騎馬文化についても、諫早直人によれば初期の馬具の形態と製作技術には多様性が認められるようであるが、その直接的な系譜もやはり朝鮮半島南部に求められる(27)。馬の飼育をおこなった牧とみられる集落は、河内湖北岸の位置する大阪府交野市蔀屋北遺跡で五世紀前半には成立しており、こちらも大阪湾岸に位置している。

ここで人物埴輪の成立に目を向けると、古墳時代中期に築造された我が国最大の前方後円墳である大仙古墳で最古段階の女子埴輪や男子全身立像が出土していることから、筆者が過去に指摘したように、倭王たちの陵墓と推測される大阪平野の百舌鳥、あるいは古市古墳群において成立した可能性が高い。[28]その成立時期は古墳時代中期でも、須恵器型式で言えばＴＫ二一六型式の段階、西暦で言えば五世紀前半にあたると考えられる。[29]

この時代の東アジアの国際情勢を踏まえると、四一四年に造立された高句麗広開土王碑の碑文に三九一年、三九九年、四〇四年と倭が朝鮮半島へ侵攻したことが記されている。また『宋書』に記された四七八年に朝貢した倭王武の上表文中にも、高句麗と対立し、「安東大将軍」の称号を求めて除正された記事があり、いずれも五世紀代における倭と高句麗の対立が記されている。[30]四二七年、高句麗は集安から平壌へ遷都し、時を前後して、『晋書』や『宋書』に記された讃・珍・済・興・武という倭の五王は、あいついで中国南朝に朝貢しているが、その背景には朝鮮半島における高句麗との対立関係を優位に進めようとする意図が働いていたと考えられる。このような観点から見れば、大阪平野、及び大阪湾岸における巨大古墳の築造と新たな生産遺跡の成立は、東アジアの国際情勢を踏まえて実施された倭国内における技術革新の結果と評価される。

翻ってほぼ同時代に、地域も同じくして人物埴輪が成立したのは、須恵器導入や騎馬文化の導入などと同じく、倭王権による国内体制の革新の一環として、墓制にも大きな改変がなされたことによるのではないかと推察される。すなわち、それまでの家型埴輪や器財埴輪を中心とする埴輪の内容を一新し、人物埴輪群像による二つの情景を中心とする内容が成立したのは、東アジア世界での国際的地位の向上を目指そうとする意図のもと、倭王権によって対立する高句麗の古墳壁画を凌駕しようとして実施された墓制改革の結果だったのではないかと考えられるのである。

注

（1）塚田良道『人物埴輪の文化史的研究』雄山閣、二〇〇七年。
（2）注（1）文献による。ただし、図一は同文献第七六図を一部改変した。
（3）森田克行『よみがえる大王墓今城塚古墳』新泉社、二〇一一年。なお第二図は同書図二九を一部改変した。
（4）若狭徹「群馬県の人物埴輪受容期をめぐる二、三の考察」『考古学ジャーナル』三五七、一九九三年、二～八頁。
（5）若狭徹「人物埴輪再考――保渡田八幡塚古墳形象埴輪の実態とその意義を通じて――」『保渡田八幡塚古墳』群馬町教育委員会、二〇〇〇年、四八五～五二〇頁。
（6）内区と外区の区分は、塚田良道「人物埴輪の形式分類」（『考古学雑誌』第八一巻第三号、一九九六年）三二頁参照。また、この見解を改めたのは、注（1）文献六一頁参照。
（7）このように人物埴輪が前代の形象埴輪の系譜をひく形式とともに、新たに加わった形式からなるとする筆者の考えは、注（1）文献「第九章　人物埴輪の歴史的考察」の「第一節　人物埴輪の成立過程」において述べている。
（8）濱田耕作「支那の土偶と日本の埴輪」『芸文』第二年第一号、一九一一年、二一〇～二二〇頁（『考古学研究』座右宝刊行会、一九三九年再録）。
（9）以下、俑の変遷に関する概観は、楊泓「俑的世界――中国独特的明器芸術――」（『美術考古半世紀――中国美術考古発見史――』文物出版社、一九九七年、二九九～三六三頁）による。
（10）注（9）文献、三二七頁。
（11）蘇哲「五胡十六国・北朝時代の出行図と鹵簿俑」『東アジアと日本の考古学Ⅱ』墓制②、同成社、二〇〇二年、一一三～一六三頁。
（12）楊泓「中国古代墓葬壁画綜述」『中国古兵器与美術考古論集』文物出版社、二〇〇七年、二三三～二五四頁。鄭岩『魏晋南北朝壁画墓研究』文物出版社、二〇〇二年。
（13）蘇哲『魏晋南北朝壁画墓の世界』白帝社、二〇〇七年。

（14）東潮『高句麗壁画と東アジア』学生社、二〇一一年。
（15）門田誠一『高句麗壁画古墳と東アジア』思文閣出版、二〇一一年。
（16）注（12）文献、二三八頁参照。
（17）なお注（12）文献によれば、宴飲図は前漢の西安理工大学新校区で発見された墓においてすでに登場していることが知られ、騎乗射猟や人物坐像群などもあり、後漢に流行する風俗画は前漢晩期には登場していたことが指摘されている。
（18）門田誠一「高句麗壁画古墳に描かれた麈尾を執る墓主像」（注（15）文献六六〜九三頁）参照。
（19）注（14）文献、一一四〜一一八頁参照。
（20）注（12）文献、二四二頁参照。
（21）注（14）文献参照。
（22）注（13）文献、四八〜四九頁参照。
（23）朱栄憲『高句麗の壁画古墳』学生社、一九七二年。
（24）市元塁「出土陶俑からみた五胡十六国と北魏政権」『古代文化』第六三巻第二号、二〇一一年、二二一〜二三六頁。
（25）門田誠一「銘文の検討による高句麗初期仏教の実相」（注（15）文献一四五〜一七〇頁）参照。
（26）菱田哲郎『古代日本国家形成の考古学』京都大学出版会、二〇〇七年。なお、一瀬和夫『巨大古墳の出現　仁徳朝の全盛』（新・古代史検証　日本国の誕生二、文英堂、二〇一一年）も、この時期における河内湖周辺、及び大阪平野における技術革新の状況を詳細に述べている。
（27）諫早直人『海を渡った騎馬文化――馬具から見みた古代東北アジア――』風響社、二〇一〇年。
（28）注（1）文献、二〇四頁参照。
（29）一瀬和夫・十河良和・河内一浩「古市・百舌古墳群の埴輪」『近畿地方における大型古墳群の基礎的研究』科研費「近畿地方における大型古墳群の基礎的研究」研究グループ編、六一書房、二〇〇八年、二三五〜三五六頁。
（30）石原道博編訳『魏志倭人伝・後漢書倭伝・宋書倭国伝・隋書倭国伝』改定新版、岩波文庫、一九八五年。

俑・壁画遺跡文献

【中華人民共和国】

永固陵（山西省大同市）

大同市博物館・山西省文物工作委員会「大同方山北魏永固陵」『文物』一九七八年第七期、二九〜三五頁。

袁台子壁画墓（遼寧省朝陽市）

遼寧省博物館文物隊・朝陽地区博物館文物隊・朝陽県博物館「朝陽袁台子東晋壁画墓」『文物』一九八四年第六期、29〜45頁。

高洋墓（河北省磁県）

中国社会科学院考古研究所・河北省文物研究所『磁県湾漳北朝壁画墓』科学出版社、二〇〇三年、六五〜七〇頁。

角抵塚（吉林省集安県）

池内宏・梅原末治「角抵塚」『通溝』下、日満文化協会、一九三八年、一五〜二〇頁。

嘉峪関壁画墓（甘粛省嘉峪関市）

甘粛省文物隊・甘粛省博物館・嘉峪関市文物管理所『嘉峪関壁画墓発掘報告』文物出版社、一九八五年。

咸陽十六国墓（陝西省咸陽市）

陝西省咸陽市文物考古所『咸陽十六国墓』文物出版社、二〇〇六年。

景帝陽陵（陝西省咸陽市）

陝西省考古研究所漢陵考古隊「漢景帝陽陵南区従葬坑発掘第一簡報」『文物』一九九二年第四期、一〜一三頁。

元懌墓（河南省洛陽市）

徐嬋菲「洛陽市元懌墓壁画」『文物』二〇〇二年第二期、八九〜九二頁。

元邵墓（河南省洛陽市）

洛陽博物館「洛陽北魏元邵墓」『考古』一九七三年第四期、二一六〜二二四頁、二四三頁。

沙嶺壁画墓（山西省大同市）

大同市考古研究所「山西大同沙嶺北魏壁画墓発掘簡報」『文物』二〇〇六年第十期、四〜二四頁。

山城下三三二号墓（吉林省集安県）

李殿福「集安洞溝三座壁画墓」『考古』一九八三年第四期　三〇八〜三一四頁。

七里河漢墓（河南省洛陽市）

洛陽博物館「洛陽澗西七里河東漢墓発掘簡報」『考古』一九七五年第二期、一一六〜一二三頁。

朱村壁画墓

洛陽市第二文物工作隊「洛陽市朱村東漢壁画墓発掘簡報」『文物』一九九二年第一二期、一〜二〇頁。

酒泉丁家閘五号墓（甘粛省嘉峪関市）

甘粛省博物館「酒泉、嘉峪関晋墓発掘」『文物』一九七九年第六期、一〜一七頁。

上王家村壁画墓（遼寧省遼陽市）

李慶発「遼陽上王家村晋代壁画墓清理簡報」『文物』一九五九年第七期、60〜62頁。

焼溝第六一号墓

河南省文化局文物工作隊「洛陽西漢壁画墓発掘報告」『考古学報』一九六四年第二期、一〇七〜一二五頁。

焼溝西一四号漢墓（河南省洛陽市）

洛陽市文物工作隊「洛陽焼溝西一四号漢墓発掘簡報」『文物』一九八三年第四期、二九〜三五頁。

秦始皇帝陵（陝西省臨潼県）

袁仲一『秦兵馬俑坑』文物出版社、二〇〇三年。

宋紹祖墓（山西省大同市）

山西省考古研究所・大同市考古研究所「大同市北魏宋紹祖墓発掘簡報」『文物』二〇〇一年第七期、一九〜三九頁。

草廠坡北朝墓（陝西省西安市）

陝西省文物管理委員会「西安南郊草廠坡村北朝墓的発掘」『考古』一九五九年第六期、二八五～二八七頁。

打虎亭二号墓

河南省文物研究所『密県打虎亭漢墓』文物出版社、一九九三年。

長川一号墓（吉林省集安県）

吉林省文物工作隊・集安県文物保管所「集安長川一号壁画墓」『東北考古与歴史』第一輯、一九八二年、一五四～一七三頁。

通溝第十二号墓（吉林省集安県）

王承礼・韓淑華「吉林集安通溝第十二号墓高句麗壁画」『考古』一九六四年第二期、六七～七二頁。

南朝大墓

南京博物院「江蘇省丹陽胡橋南朝大墓及磚刻壁画」『文物』一九七四年第二期、四四～五六頁。

北陳村北魏墓（河南省洛陽市）

洛陽市文物工作隊「洛陽孟津県北陳村北魏壁画墓」『文物』一九九五年第八期、二六～三五頁。

和林格爾後漢墓

内蒙古自治区博物館文物工作隊編『和林格爾漢墓壁画』文物出版社、一九七八年。

武威雷台漢墓（甘粛省武威県）

甘粛省博物館「武威雷台漢墓」『考古学報』一九七四年第二期、八七～一〇九頁。

舞踊塚（吉林省集安県）

池内宏・梅原末治「舞踊塚」『通溝』下、日満文化協会、一九三八年、五～一三頁。

馬王堆一号漢墓

湖南省博物館・中国科学院考古研究所（関野雄、他訳）『長沙馬王堆一号漢墓』平凡社、一九七六年（原著出版一九七三年）。

楊家湾漢墓（陝西省咸陽市）

陝西省文物管理委員会「陝西省咸陽市楊家湾出土大批西漢彩絵陶俑」『文物』一九六六年第三期、一～五頁。

洛陽五四号晋墓（河南省洛陽市）
　河南省文化局文物工作隊第二隊「洛陽晋墓的発掘」『考古学報』一九五七年第一期、一六九～一八五頁。
【朝鮮民主主義人民共和国】
安岳三号墳（黄海南道安岳郡）
　朝鮮民主主義人民共和国科学院考古学並びに民俗学研究所『安岳第三号墳発掘報告』一九五八年。
徳興里古墳（平安南道南浦市）
　朝鮮遺跡遺物図鑑編集委員会編『朝鮮遺跡遺物図鑑』第五巻、一九九〇年、一二四～一八一頁。

寇謙之研究の一側面

春本秀雄

はじめに

もう既に道教研究者の山田利明氏（東洋大学）との論争は現在のところ行なわれなくなっている。[1] しかし、論者に於いては、この論争に於いて未だ活字になっていない原稿が存在し、何らかの機会に世に出さなければならないと考えていた。平成二三（二〇一一）年一月二六日に川勝賢亮先生が本年度で大正大学を定年退職なされるのに当たり、論集の原稿募集が行なわれている事を知った。三月三一日締め切りとの事で、約二カ月の期間しかない。そこでこの機会に温めていた原稿を世に出す事にした。「寇謙之についての一考察（1）――山田氏再反論の誤謬（1）――」と題していた原稿である。[2] この原稿はどのような原稿なのかを知る為に山田氏との論争は如何なるものであったのかについての全体像を示すと次の如くである。

①「春本基論文」――春本秀雄「寇謙之の『専以礼度為首』について」（『中国学研究』第一八号、平成一一（一九九九）年三月）

②「山田氏反論」――山田利明「駁論「寇謙之の『専以礼度為首』について」」（『中国学研究』第一九号、平成一二（二

〇〇〇）年三月）

③「春本反論」――春本秀雄「山田利明氏駁論の誤謬（1）――駁論〈駁論「寇謙之の『専以礼度為首』について」〉――」（『中国学研究』第二〇号、平成一三（二〇〇一）年三月）

④「山田氏再反論」――山田利明「『老君音誦誡経』の背景――再び春本氏の論拠を糾す――」（『中国学研究』第二一号、平成一四（二〇〇二）年三月）

⑤「春本再反論①」――春本秀雄「寇謙之についての一考察（1）――「山田氏再反論」の誤謬（1）――」（未発表）

⑥「春本再反論②」――春本秀雄「寇謙之についての一考察（2）――「山田氏再反論」の誤謬（2）――」（『佐藤成順博士古稀記念論文集』、平成一六（二〇〇四）年四月）

⑦「春本再反論③」――春本秀雄「寇謙之と『老君音誦誡経』――「山田氏再反論」の誤謬――」（「寇謙之についての一考察（3）――「山田氏再反論」の誤謬（3）――」）（『大正大学研究紀要』第八九号、平成一六（二〇〇四）年三月）

以上である。上記のような山田氏との論争の⑤に相当するのが本論考である。⑥・⑦の如く、「寇謙之についての一考察（2）――「山田氏再反論」の誤謬（2）――」・「寇謙之についての一考察（3）――「山田氏再反論」の誤謬（3）――」の論考所載の書物が既に上梓されている。「寇謙之についての一考察（1）――「山田氏再反論」の誤謬（1）――」の論考だけが出版されていないのは、これ等の論考を理解する上にも必要不可欠である。何時かこのような事態を何とかしなければいけないと考えていた。今回はその絶好の機会だとして、ここに論じる事にした。（読者諸賢に於かれましては、⑥・⑦の拙論も入手なされ、本稿と一緒に御高覧頂きたく御願い申し上げます。）

寇謙之についての一考察（1）――山田氏再反論の誤謬（1）――

北魏太武帝（四〇八～四五二）の廃仏は図讖の禁絶をも兼ねていたことに興味を覚え、着目し、これまでに何度となく小論の発表を重ねてきた。[3] 崔浩（三八一～四五〇）、寇謙之（三六五～四四八）、太武帝の考え方を十分に把握し、認識して、その解明を試みて来た。現在、一書にまとめるべく、その作業を行なっている。本論考は「寇謙之についての一考察（1）――「山田氏再反論」の誤謬（1）――」と題したのではあるが、これは「北魏太武帝の廃仏と図讖禁絶について」を明らかにして行く過程に於いて、寇謙之の思想解明をしなければならなかった。その研究の小論発表に於いて、研究室の先輩に相当する山田利明氏（以下、山田氏とする）により不可解な反論が出た。その不可解な反論に対して、それを正すべく逐一、具体的に反論を春本は書いたのではあるが、山田氏はまた不可解な再反論をまた書いた。そこで止むを得ず、山田氏の不可解な再反論を正すべく、本論稿を書いたのである。この春本再反論は山田氏の不可解な再反論を正すべく書いたものではあるが、論述の過程において、主に寇謙之の思想、『雲中音誦新科の誡』、天師道、新天師道、等々、寇謙之について述べている。従って、「寇謙之についての一考察（1）――「山田氏再反論」の誤謬（1）――」と題した次第である。

寇謙之についてのこれまでの主な拙論は次の如くである。

（1）「崔浩と寇謙之」（昭和六二（一九八七）年九月『仏教論叢』第三一号）

（2）「寇謙之と図讖」（平成三（一九九一）年二月『牧尾良海博士喜寿記念儒佛道三教思想論考』山喜房）

（3）「寇謙之の儒教観」（平成四（一九九二）年三月『宗教研究』第六五巻第二九一号第四輯）

（4）「寇謙之の新天師道についての一考察」（平成四（一九九二）年三月『大正大学綜合佛教研究所年報』第一四号）
（5）「寇謙之の仏教観」（平成四（一九九二）年九月『仏教論叢』第三六号）
（6）「北魏太武帝と寇謙之」（平成五（一九九三）年三月『中国学研究』第一二号）
（7）「北魏の法難と寇謙之」（平成六（一九九四）年三月『宗教研究』第六七巻第二九九号第四輯）
（8）「崔浩と寇謙之の邂逅について（上）」（平成七（一九九五）年一二月『中村璋八博士古稀記念東洋学論集』汲古書院）
（9）「崔浩と寇謙之の邂逅について（下）」（平成八（一九九六）年三月『中国学研究』第一五号）
（10）「「崔浩と寇謙之」再考」（平成九（一九九七）年三月『宗教研究』第七〇巻第三一一号第四輯）
（11）「寇謙之と仏教」（平成一〇（一九九八）年三月『大正大学研究論叢』第六号）
（12）「寇謙之と儒教」（平成一一（一九九九）年三月『宗教研究』第七二巻第三一九号第四輯）
（13）「寇謙之の「専以礼度為首」について」（平成一一（一九九九）年三月『中国学研究』第一八号）
（14）「『老君音誦誡経』について」（平成一二（二〇〇〇）年三月『宗教研究』第七三巻第三二三号第四輯）
（15）「山田利明氏駁論の誤謬（1）――駁論〈駁論「寇謙之の『専以礼度為首』について」〉――」（平成一三（二〇〇一）年三月『中国学研究』第二〇号）
（16）「寇謙之と『老君音誦誡経』――「山田氏再反論」の誤謬――（「「山田氏再反論」の誤謬（3）」）」（平成一六（二〇〇四）年三月『大正大学研究紀要』第八九号）
（17）「寇謙之の一考察（2）――「山田氏再反論」の誤謬（2）――」（平成一六（二〇〇四）年四月『佐藤成順博士古稀記念論文集　東洋の歴史と文化』山喜房）

の以上等々である。これ等の諸拙論を見て頂ければ寇謙之についての春本の考えを知ることができる。

一　叙

前回の拙論「山田利明氏駁論の誤謬（1）——駁論〈駁論「寇謙之の『専以礼度為首』について」〉——」（『中国学研究』第二〇号、平成一三（二〇〇一）年三月）の「六　結」の四八頁上段後八行目から下段五行目までに、

以上述べて来たように、山田氏の論文は自分の論旨を展開する上で、都合のいいように先の拙論の論旨を勝手に読みかえ、ねじまげたものにコメントした、不可解な「とうてい首肯し得ない論点をいくつかも」った、研究者として「看過出来ない論旨の」駁論であった。山田氏には、上述の「三　山田氏駁論の誤謬」、「四　寇謙之の新天師道の儒教化と崔浩との関係」で述べられていることを、論者より指摘されないように、先の拙論の「寇謙之の『専以礼度為首』について」（『中国学研究』第一八号、平成一一（一九九九）年三月）をよく読みこなしてキチント認識してから、駁論を書くべきであったことをここに指摘しておく。従って、「これでは、従前に（山田）氏が著した論文（著書）そのものの内容さえ疑われることになる」のである。……

と述べた。そのように明確に指摘をしておいたのにもかかわらず、山田氏自身では到底自覚することのできない悪癖なのか、山田氏は再び、「自分の論旨を展開する上で、都合のいいように（他人の）論文を勝手に読みかえ、捻じ曲げたものにコメントした、不可解な『とうてい首肯し得ない論点をいくつかも』った研究者として『看過出来ない論旨の』」再反論をまた書いた。それが、「『老君音誦誡経』の背景——再び春本氏の論拠を糾す——」（『中国学研究』第二一号、平成一四（二〇〇二）年三月）である。他人の論文の反論を書くのならば、その人の論文をよく読んで、誤読や誤解をしないで、その論旨、主張を確実に把握してから、その反論を述べるのでなければ意味がない。そのようでな

ければ、論争にはならない。自分の反論の論旨を展開する上で都合のいいように他人の論文を誤読や誤解をした上で反論を述べてどうするのであろうか。山田氏は何を目的にこのようなことを二度（山田氏の反論、再反論）までもしたのであろうか。全く理解のできない不可解な行為である。山田氏は再反論の二五頁下段一行目から二六頁上段三行目までに、

私の論点は、既に先の春本氏への駁論に全て記してある。これにまともに応えない春本氏の再反論こそ問題で、私は、無価値な論文を対象に、これ以上の論争を続けるつもりはない。第一、論争にはならない。

と言っている。山田氏は自分が日本語で書かれた他人の論文を誤読、誤解をした上に述べた論点に対して、山田氏は誤読、誤解をしていると春本から具体的に明確に指摘を受けているのにもかかわらず、山田氏はそれに対する反省考慮もなく、次の再反論の段階に於いて、既にその前段階の反論の駁論で誤読、誤解をした上に述べたところに山田氏の論点が全て記してあると言う。そして、「これにまともに応えない春本氏再反論こそ問題で」あると言う。不可解である。何故ならば、山田氏の反論は反論に成り得ていないからである。つまり、春本が具体的に指摘した春本の反論の先述の点を全てクリアした上で書かれた山田氏の反論でなければ、反論としての意味、価値がないのである。つまり、前提条件が間違ったところから出発して述べた山田氏の論点に対して春本にまともに応えろと山田氏が言うのは、言う方が理不尽で無理であると考える。そのように考える。そして、山田氏は一方的に終結宣言をしているが、例えば、自分で自分を傷つけて（頼まれもしないのに、基本的な日本文の誤読、誤解を指摘されるような反論を山田氏は書いた）、効かない薬を塗ってかえって傷口を広げることになり（反論の誤読、誤解を指摘されたことに対して反省するのでもなく、更に、また、本論考の如くの誤読、誤解を指摘されるような再反論を山田氏はまた書いた）、それで終わりだと言う。つまり、山田氏は自分で自分を傷つけたまま、その傷に対する適切な処置もせず、逆にその傷口を広げるようなことを

して、それで終わりだと言う。これでは春本にとっては「他山の石」どころではない。何の意味もなさないのである。そのような山田氏の反論、再反論を残念に思う。春本の前掲の（13）の論文や（15）の春本反論をキチント読んで、誤読、誤解をしないで書かれた反論、再反論でなければ論争にはならないのである。山田氏にはそのことがまだわかっていない。それとも敢えてわかろうとはしないで反論、再反論を書いたのであろうか。他人の論文を誤読、誤解をして、その上で自分の意見を述べた反論、再反論を書いてどうするのであろうか。

春本から言えば、

私は（私の論文を誤読、誤解して書かれた）無価値な反論を対象にこれ以上論争を続けるつもりはない。第一、（私の論文を誤読、誤解した上に書かれた反論、再反論では）論争にはならない。

と言わざるを得ない。山田氏の反論、再反論は以上のような不可解なものであることを以下、具体的に逐一コメントして論述をした。山田氏の再反論が出て、そのままにしておくと、この先、読者諸賢が山田氏の反論、再反論をもとにした誤った先入観を春本論文に持たれることであろう。そのことを恐れて、敢えてここに筆を執った次第である。山田氏は研究室の先輩に相当する。本論考に於いて、その山田氏に対して失礼な言葉を申し上げなければならなかったことも多々あるかと思うが、事態の推移上、事実を明確にする為には止むを得ないことだとして、どうかお許しを願いたい。

二　これまでの経緯

前述の如く、山田氏は「『老君音誦誡経』の背景――再び春本氏の論拠を糾す――」（『中国学研究』第二一号、平成一四（二〇〇二）年三月）を書いた。これは春本の「山田利明氏駁論の誤謬（1）――駁論〈駁論「寇謙之の『専以礼度為首』について」〉――」（『中国学研究』第二〇号、平成一三（二〇〇一）年三月）に対するものである。ここで、今までの経緯を明確にするために整理して述べると次の如くである。

①―平成八（一九九六）年六月二二日に大正大学で行なわれた「大正大学中国学研究会」に於いて、春本は「寇謙之についての一管見」と題して口頭発表をした。

②―①の口頭発表に対して、発表後の質疑応答の際に、山田氏より「『魏書』の「礼を首となし、服食閉練を次とす」のその礼をもって儒教の礼とするのは早計ではないか。道教の礼とも考えられるのではないか。」、また「それに『老君音誦誡経』の中でその礼についてどのように扱われているのかを調べてみて下さい。」とのコメントがあった。

③―②の山田氏のコメントに対して、春本は「寇謙之の『専以礼度為首』について」（『中国学研究』第一八号 平成一一（一九九九）年三月）（以下、「春本基論文」とする。）を書いた。

④―③の春本論文に対して山田氏は「駁論「寇謙之の『専以礼度為首』について」」（『中国学研究』第一九号 平成一二（二〇〇〇）年三月）（以下、「山田氏反論」とする。）を書いた。

⑤―④の山田氏の論文に対して春本は「山田利明氏駁論の誤謬（1）――駁論〈駁論「寇謙之の『専以礼度為首』について」〉――」（『中国学研究』第二〇号 平成一三（二〇〇一）年三月）（以下、「春本反論」とする。）を書いた。

⑥―⑤の「春本反論」に対して山田氏は「『老君音誦誡経』の背景――再び春本氏の論拠を糾す――」（『中国学研究』第二一号 平成一四（二〇〇二）年三月）（以下、「山田氏再反論」とする。）を書いた。

以上である。そして、今回のこの論考は⑦に相当する。ここに⑥の「山田氏再反論」の論文を殲滅、論破すべく「寇謙之についての一考察（1）――山田氏再反論の誤謬（1）――」（以下、「春本再反論」とする。）と題して、以下小論を述べた。しかし、紙幅の関係から当稿で全てを述べ切ることはできなかった。原稿は全て完成しているのではあるが、本論題よりも推察することができるように続稿のあることをここに明記しておく[4]。

三　「山田氏再反論」の誤謬

（a）

「山田氏再反論」の二三頁上段一行目から下段三行目まで[5]について春本がコメントすると次の如くである。

「山田氏再反論」の五〇頁上段一〇行目、一一行目に、

この一文を草するに際して、春本氏の従来の崔浩、寇謙之に関するいくつかの論文を一覧した。

とある。しかし、山田氏は春本の「北魏太武帝と寇謙之」（平成五（一九九三）年三月『中国学研究』第一二号）は読まなかったのであろうか。同春本論文の「三　寇謙之の道教」の三四頁上段九行目から下段後一行目までに、

この二つの『魏書』釈老志、つまり、神瑞二年（四一五）の太上老君と、泰常八年（四二三）の牧土上師李譜文のお告げは、崔浩との邂逅があってからの話であり、前出の『魏書』崔浩伝の中の「忽受神中之訣（忽まち神中之訣を受ける）」に相当するのである。つまり、崔浩との邂逅が嵩山で修行をしていて世事に疎くなってしまっていた寇謙之をしてその道教を儒教化せしめたのである。

そして、寇謙之が国家道教を目指したのも崔浩の影響の為である。つまり崔浩の理想は「以復五等為本（五等に復するを以って本と為す）」という考え方が第一義であり、「公・侯・伯・子・男」の五等爵による儒教国家の建

設が理想であったのである。この崔浩の国家を治める方法論を知らなければ、国家道教という図面は寇謙之の頭の中ではひけなかったのである。

当時五胡十六国の胡族の君主達は、皆、仏教の僧侶や道教の道士を軍事戦略上の覇業に利用しようとしていた。そのことを寇謙之も充分に知っていたはずである。更に、寇謙之の家系は十三代前が後漢の名族である汝南太守となった寇恂であり、父、寇修之は苻堅の東莱太守であり、兄の寇讃は南雍州洛陽刺吏であった。つまり、寇謙之は官僚者としての名家の血筋であったのである。従って、寇謙之自身も政治的に何か活路を見い出し得たかったことは当時の僧侶や道士のあり方や、寇謙之の血筋から言っても無理からぬことであったはずである。そんな折に、自分の信者中に崔浩を見い出し、崔浩の儒教国家建設の青写真の話しを聞いていくうちに、夜を徹してまで崔浩の言に耳を傾けるようになり、寇謙之の中で従来の道教を儒教化した新天師道の国家道教の構想ができあがっていったのである。

つまり、寇謙之の新天師道は崔浩との邂逅により従来の天師道教とは異なる新天師道を創肇し、自分こそが天師張陵の後継者だとし、国家道教を目指し、儒教の礼を第一とし、従来の道教の修行の服食閉練を第二としたのである。そして、太武帝の側近として仕えたのである。従って、寇謙之自身の内に初めから確固たる新天師道の構想があったのではなく、崔浩との出逢いにより、自らの得道と照らし合わせながら、その道教を構築していき、太武帝の信仰を得ていったのである。つまり、寇謙之はその頃の仏教の僧侶や道教の道士の如く、胡族君主達の軍事戦略上の覇業に貢献するように側近として、太武帝に仕えたのである。

とある。つまり、「山田氏再反論」の二三頁上段後二行目から下段三行目までに、

道士寇謙之が、北魏の崔浩に歴代帝王の治世の要点・制度を著わすように依頼したという『魏書』崔浩伝の記

事も、南北朝期のこのような礼教のあり方を理解しなければ、短絡的な「儒教化」という一語で括られてしまい、正確な実態を把握することはできない。

とある。南北朝期のこのような礼教のあり方と、寇謙之が崔浩に歴代帝王の治世の要点・制度を著わすように依頼したという『魏書』崔浩伝の記事とは関係があり、それ等の様相を解明すること無くして、寇謙之の道教の「儒教化」についての正確な実態は把握できないものだと山田氏は述べている。しかし、山田氏の言うように、南北朝期の一般的な礼教のあり方と寇謙之との関係を言うよりも、前述の拙論の如く、崔浩と寇謙之との邂逅が決定的であり、当時の僧侶や道士のあり方、並びに寇謙之の出自等との関係にもより寇謙之の思想は構築されたのだとした方がより寇謙之についての正確な実態が把握できるものだと考える。「山田氏再反論」の副題に、「再び春本氏の論拠を糺す」とある。山田氏はこれまでの春本論文をよく読んでいないようだが、前掲の（1）～（17）の春本の拙論に於いて、春本説のもともとの論拠となる崔浩と寇謙之の関係について十分に述べてあるので、これ等を見て頂きたい。特に前掲の拙論「北魏太武帝と寇謙之」では、寇謙之の思想がどのように構築されたのかを述べており、春本説の大きな基盤となる論文である。

（b）

「山田氏再反論」の一二三頁下段四行目から後一行目まで[6]について春本がコメントすると次の如くである。

ここは「山田氏反論」について、自らその論旨について述べている。この「山田氏反論」は山田氏が「春本基論文」を誤読、誤解した上に述べられた反論であった。そのことを「春本反論」で具体的に山田氏は指摘を受けているのにもかかわらず、ここでそのことに触れず、自らの誤りは無きが如く述べていることは山田氏の公平性が問われて然るべきであると考える。何故ならば、自らの「間違い、誤り」は「間違い、誤り」だと認めて相手に納得できるような再反論での論旨の展開をしようとは山田氏はしていないからである。

読者諸賢の誤解を恐れて、重ねて述べて明確にしておくが、「山田氏再反論」の二三頁下段後二、一行目に、「……そして更に、こうした誤りが、文献の誤読、誤解から起ったという実例を記しておいた。」とあるのは、もともとは春本の誤読、誤解によるものではなくて、山田氏御本人の誤読、誤解によるものだと、「春本反論」でキチント、わかりやすく、具体的に指摘しておいた。「春本反論」を見て頂きたい。

(c)

「山田氏再反論」の二四頁上段一行目から一四行目まで[7]について春本がコメントすると次の如くである

ここは、「春本反論」について、その論旨を山田氏がまとめたものである。以下、(c—1)、(c—2)、(c—3)として、分けて具体的に春本の意見を述べてみたい

(c—1)

「山田氏再反論」の二四頁上段七行目から一一行目に、

……④楊聯陞教授の『老君音誦誡経校釈』では『老君音誦誡経』を『雲中音誦新科之誡』の残欠本あるいは異本としている。したがって異本としての可能性は残るから、『雲中音誦新科之誡』とは「別のものである」といえる、と記している。……

とある。春本はそのように言っていない。「春本反論」の「五　『老君音誦誡経』は異本」の四七頁上段一一行目から四八頁上段一三行目に次のように述べた。

山田氏の駁論の四一頁上段五行目から八行目に、

楊聯陞教授が道蔵本『老君音誦誡経』（以下『音誦誡経』と略す）を、釈老志に記される寇謙之の『雲中音誦新科之誡』（以下『新科之誡』と略す）二十巻の残欠本に比定した……

とあり、同四九頁下段一行目から六行目に、

『雲中音誦新科之誡』の異本として伝えられたものかも知れない。しかし、この経典中に、

謙之汝就係天師正位、並教生民、佐国扶命、勤理動法、断発黄赤、

など、『魏書』と軌を一にする内容が記されている以上、『新科之誡』の残欠乃至は異本とみる解釈は妥当な見解と考える。

注（8）『老君音誦誡経』第二紙に、「老君曰、吾得嵩嶽鎮土之霊集仙官主表聞称言」以下、ほぼ『魏書』と同じ内容を記す。こうした一文が存在する以上、『新科之誡』と『音誦誡経』の類同性を否定することは出来ない。

とある。楊聯陞教授の論文には、「老君音誦誡経校釈」（『中央研究院歴史語言研究所集刊二十八』一九五六）に、

現在通行的道蔵裏、有一巻老君音誦誡経（洞神部立上五六二冊）、可能就是雲中音誦新科之誡的一種残本或異本。

とある。先に拙論では「五　結」の一九頁上段九行目から一六行目に、

現行の『老君音誦誡経』一巻が、『雲中音誦新科之誡』二十巻の残欠本であるので、残欠本の他の十九巻、即ち、現在知ることのできないものの中に、積極性を持って、儒教を取り入れた資料がある、ということになるのか、又は、現行の『老君音誦誡経』は『雲中音誦新科之誡』とは異なるものであったので、そのよう

な儒教化された資料は見い出せないのであるということになるのか、の、どちらかであると考えられる。と言っているのである。楊聯陞教授は『老君音誦誡経』は『雲中音誦新科之誡』の一種の残本であるのか、または異本であるとしている。山田氏は「……『新科之誡』と『音誦誡経』の類同性を否定することは出来ない。」としている。先の拙論の説の一つの主張としては、「……現行の『老君音誦誡経』は『雲中音誦新科之誡』とは別のものである……」と考えるのである。山田氏の言っているその類同性は否定できはしないとしても、異本としての可能性は依然として存在するものであり、山田氏も「……『雲中音誦新科之誡』の異本として伝えられたものかも知れない」と言っているように、「『老君音誦誡経』は『雲中音誦新科之誡』とは別のものである」とは言えるのである。くり返すことになるが、頻りに言わせてもらえば、楊聯陞教授は「……一種残本或異本。」と記して、言っているのである。

である。ここの山田氏の前掲の「山田氏再反論」の中で山田氏特有の誤読、誤解の悪癖が如実に露呈されている。つまり、「山田氏の春本論文の論点のまとめ方には問題がある」。何故ならば、山田氏は前掲の再反論の中で、「……楊聯陞教授の『老君音誦誡経校釈』では『老君音誦誡経』を『雲中音誦新科之誡』の残欠本あるいは異本としている。したがって異本としての可能性は残るから、『雲中音誦新科之誡』とは「別のものである」といえる、と記している。……」と記しているが、前掲の「春本反論」は、『老君音誦誡経』は異本であることについての山田氏の意見を記し、更に、楊聯陞教授の説と春本の説（「春本反論」の四七頁下段後九行目から後二行目までに、「春本基論文」の一九頁上段九行目から一六行目を引用して、春本の説を述べた）とを併記して、そしてその三者についての春本の意見を述べて自説を展開し説明しているのである。山田氏の論点のまとめ方に於いては楊聯陞教授の説と春本の説との関係を理解していないことがわかる。即ち、楊聯陞教授の論文「老君音誦誡経校釈」（『中央研究院歴史語言研究所集刊

二八』一九五六）に、

現在通行的道蔵裏、有一巻老君音誦誡経（洞神部立上五六二冊）、可能就是雲中音誦新科之誡的一種残本或異本。

とある。春本の説とは、「春本基論文」の一九頁上段三行目から一六行目に、

……現行の『老君音誦誡経』の中に、儒教化された道教の様相を示している資料を捜したのではあるが、『魏書』釈老志崔浩伝の、「儒教と兼修して、北方泰平真君を輔助し、千載の絶統を継承する」といったものや、『魏書』釈老志にある、「専ら礼度をもって首となしてこれに加うるに服食閉練をもってせよ」といった内容を持つ、積極的に儒教を取り入れた資料は見い出せなかった。このことは、現行の『老君音誦誡経』一巻が、『雲中音誦新科之誡』二十巻の残欠本であるので、残欠本の他の十九巻、即ち、現在知ることのできないものの中に、積極性を持って、儒教を取り入れた資料がある、ということになるのか、又は、現行の『老君音誦誡経』は『雲中音誦新科之誡』とは異なるものであったので、そのような儒教化された資料は見い出せないのであるということになるのか、の、どちらかであると考えられる。

とある。楊聯陞教授が何を根拠として「『老君音誦誡経』は『雲中音誦新科之誡』の一種の残本であるのか、または異本である」としているのかは、山田氏の表現を借りると、楊聯陞教授が道教経典の中から「比定した」のであると述べる以外にない。しかし、春本説では、春本説の独自の根拠があり、それにもとづいて楊聯陞教授の説を踏襲して春本の自説を述べているのである。つまり、楊聯陞教授の説が無くとも春本説では先に掲げた「春本基論文」の一九頁上段三行目から九行目に述べたような根拠をもととして「現行の『老君音誦誡経』は『雲中音誦新科之誡』とは別のもの」であると考え、従来の説に対して疑義を持ち、春本説のその主張をする可能性のあるものである（「春本基論文」参照）。従って、山田氏の春本論文の論点のまとめ方のように、「楊聯陞教授……は……異本としている。したがっ

て異本……から、……といえる」と言うような「楊聯陞教授の説から導き出した」と言うような論点のまとめ方は間違いである。わかりやすく言えば、「楊聯陞教授が言っているから」ではなくて、「楊聯陞教授は春本説と結果的に同様なので」と言うことである。因みに、春本が論点④としてまとめてみると次の如くである。

論点④「『老君音誦誡経』は異本であることについての山田（氏）の意見と楊聯陞教授の説と春本氏の説について」の春本氏の見解。

とでもなろうか。山田氏はこのように「春本基論文」をよく読まないで、勝手に理解して、更に、「春本反論」を誤読、誤解をして春本の論述の論点をいい加減にまとめているのである。これは先に「春本反論」に掲げた山田氏の誤読、誤解とともに山田氏の悪癖とでも言うべき特有の読み方である。更に、次回以降の（c—2）、（c—3）、（f）、等参照。

まとめ（1）

「山田氏再反論」を正すべく逐一論破殲滅した続稿が既にできあがっているのではあるが、今回はここまでとする。本論考「三 「山田氏再反論」の誤謬」に於いては、

（a）「山田氏は春本説の根拠の中核となる崔浩と寇謙之の関係を未だに理解していない」[8]。

（b）「山田氏は公平性を欠いている」[9]。

（c—1）「山田氏の論点のまとめ方には問題がある」——山田氏の誤読、誤解（その1）。について述べた。[10]

（続稿である次の※①・②の拙論を御高覧下さいますよう御願い申し上げます。[11]）

※①春本秀雄「寇謙之についての一考察（2）――「山田氏再反論」の誤謬（2）――」（『佐藤成順博士古稀記念論文集』平成一六（二〇〇四）年四月）

②春本秀雄「寇謙之と『老君音誦誡経』――「山田氏再反論」の誤謬――」（「寇謙之についての一考察（3）――「山田氏再反論」の誤謬（3）――」）（『大正大学研究紀要』第八九号平成一六（二〇〇四）年三月）

注

（1）大正大学中国学研究会が発行した学術雑誌である『中国学研究』の第一八号・第一九号・第二〇号・第二一号に、春本論文・山田氏論文の論争が交互にある。山田氏の論者への反論は、平成一四（二〇〇二）年三月の山田利明「『老君音誦誡経』の背景――再び春本氏の論拠を糾す――」（『中国学研究』第二一号）が最後であり、現在（平成二四（二〇一二）年）より十年前になる。山田氏との論争は次の如くである。

①「春本基論文」――春本秀雄「寇謙之の『専以礼度為首』について」（『中国学研究』第一八号、平成一一（一九九九）年三月）

②「山田氏反論」――山田利明「駁論「寇謙之の『専以礼度為首』について」」（『中国学研究』第一九号、平成一二（二〇〇〇）年三月）

③「春本反論」――春本秀雄「山田利明氏駁論の誤謬（1）――駁論〈駁論「寇謙之の『専以礼度為首』について」〉――」（『中国学研究』第二〇号、平成一三（二〇〇一）年三月）

④「山田氏再反論」――山田利明「『老君音誦誡経』の背景――再び春本氏の論拠を糾す――」（『中国学研究』第二一号、平成一四（二〇〇二）年三月）

⑤「春本再反論①」――春本秀雄「寇謙之研究の一側面（――山田利明氏の「反論」・「再反論」を論破――）」（「寇謙之についての一考察（1）――「山田氏再反論」の誤謬（1）――」）……当論考
⑥「春本再反論②」――春本秀雄「寇謙之についての一考察（2）――「山田氏再反論」の誤謬（2）――」（『佐藤成順博士古稀記念論文集』、平成一六（二〇〇四）年四月）
⑦「春本再反論③」――春本秀雄「寇謙之と『老君音誦誡経』――「山田氏再反論」の誤謬――」（「寇謙之についての一考察（3）――「山田氏再反論」の誤謬（3）――」）（『大正大学研究紀要』第八九号、平成一六（二〇〇四）年三月）
しかし、山田氏は上記の論争以外に、論争に関連した訳稿並びに論考がある。それらは次の如くである。
1、山田利明編「『老君音誦誡経』訳稿（1）」（『東洋大学中国哲学文学科紀要』第一〇号、平成一三（二〇〇一）年三月）
2、山田利明編「『老君音誦誡経』訳稿（2）」（『東洋大学大学院紀要』第三九号、平成一五（二〇〇三）年三月）
3、山田利明「北魏道教の一側面」（『東洋大学中国哲学文学科紀要』第一二号、平成一六（二〇〇四）年三月）
以上である。この二つの訳稿に関しては山田氏が大学院の演習、ゼミの学生相手に行なわせた成果であり、『老君音誦誡経』の訳稿としてのある一定の評価はできよう。しかし、山田氏の論考の「北魏道教の一側面」には問題がある。論者は「駁論「北魏道教の一側面」について」と題して反駁をしようかと考えてはいたが、時間ばかり浪費するだけで別段その益は無しと考え、現在のところは論者はその反駁の論考を取り止めにしている。上記の如く、「もう既に道教研究者の山田利明氏（東洋大学）との論争は現在（平成二四（二〇一二））のところ行なわれなくなっている」のである。

（2）先の論考に、
②「寇謙之の一考察（2）――「山田氏再反論」の誤謬（2）――」（『佐藤成順博士古稀記念論文集　東洋の歴史と文化』山喜房　平成一六（二〇〇四）年四月）
③「寇謙之と『老君音誦誡経』――「山田氏再反論」の誤謬――」（「寇謙之についての一考察（3）――「山田氏再反論」の誤謬（3）――」）（『大正大学研究紀要』第八九輯　平成一六（二〇〇四）年三月）
が既にある。当、本論考は本来は②・③より前に出版されていて然るべき①に相当する論考である。世に出るのが現在に至っ

てしまった経緯を若干ここで述べると次の如くである。本論考と共に②・③の論考の原稿は一緒に出来上がっていた。長文なので三分割して世に出そうと思い、まず、①「寇謙之の一考察（1）――「山田氏再反論」の誤謬（1）――」と題した原稿を『宮澤正順博士古稀記念　東洋――比較文化論集――』（青史出版　平成一六（二〇〇四）年一月）に載せるべく、平成一四年一一月六日に宮澤正順博士古稀記念論文集刊行会の編集担当者にこの原稿を提出した。この原稿は、今回のこの原稿と略、同様の内容のものである。しかし、平成一五（二〇〇三）年六月二〇日に宮澤正順博士古稀記念論文集刊行会の責任編集担当の先生よりこの原稿を返却され、別のテーマの原稿を提出するようにとの指示を受けた。そこで、次に、『鴨台史学』第4号に載せるべく、平成一五年一二月九日に、同じこの「寇謙之の一考察（1）――「山田氏再反論」の誤謬（1）――」の原稿を投稿した。しかし、平成一七（二〇〇五）年三月三〇日に『鴨台史学』の編集委員の先生から、掲載はできない旨の申し出があり、またもや原稿を返却されてしまった。②・③は平成一六年四月・三月と既に上梓されているにも拘わらず、約一年後の平成一七（二〇〇五）年三月三〇日に①の原稿が掲載不可として返却されてしまったのである。このように、二度にも渡り本論考は提出したにも拘わらずに、返却の憂き目に会ったのである。それから今日に至るまで論者の机の引出しに本論考は眠っていた。②・③が上梓されていて①が上梓されていないのはどう考えても不合理であり、不可解である。従って今回、本論考を上梓することにした次第である。

（3）①「北魏太武帝の廃仏と図讖禁絶」（昭和五九（一九八四）年九月『仏教論叢』第二八号）
②「崔浩について」（昭和六〇（一九八五）年九月『仏教論叢』第二九号）
③「崔浩の図讖禁絶について」（昭和六一（一九八六）年三月『大正大学綜合佛教研究所年報』第八号）
④「崔浩と緯書」（昭和六一（一九八六）年三月『大正大学綜合佛教研究所年報』第八号）
⑤「崔浩の佛教観」（昭和六一（一九八六）年九月『仏教論叢』第三〇号）
⑥「崔浩と道教」（昭和六二（一九八七）年八月『浄土宗教学院研究所年報』第九号）
⑦「崔浩と寇謙之」（昭和六二（一九八七）年九月『仏教論叢』第三一号）
⑧「北魏太武帝の廃仏についての一考察」（昭和六三（一九八八）年三月『大正大学綜合佛教研究所年報』第一〇号）

⑨「崔浩と新天師道」（昭和六三（一九八八）年三月『大正大学綜合佛教研究所年報』第一〇号）
⑩「北魏太武帝と崔浩」（昭和六三（一九八八）年九月『仏教論叢』第三二号）
⑪「寇謙之と図讖」（平成三（一九九一）年二月『牧尾良海博士喜寿記念儒佛道三教思想論考』山喜房）
⑫「北魏太武帝の図讖禁絶」（平成三（一九九一）年九月『仏教論叢』第三五号）
⑬「寇謙之の儒教観」（平成四（一九九二）年三月『宗教研究』第六五巻第二九一号第四輯）
⑭「寇謙之の新天師道についての一考察」（平成四（一九九二）年三月『大正大学綜合佛教研究所年報』第一四号）
⑮「北魏太武帝の廃仏と図讖禁絶についての一試論」（平成四（一九九二）年九月『安居香山博士追悼論文集緯学研究論叢』平河出版）
⑯「寇謙之の仏教観」（平成四（一九九二）年九月『仏教論叢』第三六号）
⑰「北魏太武帝と寇謙之」（平成五（一九九三）年三月『中国学研究』第一二号）
⑱「北魏太武帝の道教観」（平成五（一九九三）年三月『宗教研究』第六六巻第二九五号第四輯）
⑲「北魏太武帝の仏教観」（平成五（一九九三）年九月『仏教論叢』第三七号）
⑳「北魏の法難と寇謙之」（平成六（一九九四）年三月『宗教研究』第六七巻第二九九号第四輯）
㉑「北魏法難の研究（一）」（平成六（一九九四）年九月『仏教論叢』第三八号）
㉒「崔浩の儒教観」（平成七（一九九五）年三月『宗教研究』第六八巻第三〇三号第四輯）
㉓「北魏法難の研究（二）」（平成七（一九九五）年九月『仏教論叢』第三九号）
㉔「崔浩と寇謙之の邂逅について（上）」（平成七（一九九五）年一二月『中村璋八博士古稀記念東洋学論集』汲古書院）
㉕「崔浩と寇謙之の邂逅について（下）」（平成八（一九九六）年三月『中国学研究』第一五号）
㉖「仏典における北魏の法難」（平成八（一九九六）年三月『宗教研究』第六九巻第三〇七号第四輯）
㉗「北魏法難の研究（三）」（平成八（一九九六）年六月『仏教論叢』第四〇号）
㉘「「崔浩と寇謙之」再考」（平成九（一九九七）年三月『宗教研究』第七〇巻第三一一号第四輯）

㉙「北魏法難の研究（四）」（平成九（一九九七）年九月『仏教論叢』第四一号）
㉚「北魏法難の研究資料について」（平成一〇（一九九八）年三月『宗教研究』第七一巻第三一五号第四輯）
㉛「寇謙之と仏教」（平成一〇（一九九八）年三月『大正大学研究論叢』第六号）
㉜「北魏法難の研究（五）」（平成一〇（一九九八）年九月『仏教論叢』第四二号）
㉝「寇謙之と儒教」（平成一一（一九九九）年三月『宗教研究』第七二巻第三一九号第四輯）
㉞「寇謙之の「専以礼度為首」について」（平成一一（一九九九）年三月『中国学研究』第一八号）
㉟「北魏法難の研究（六）」（平成一一（一九九九）年九月『仏教論叢』第四三号）
㊱「『老君音誦誡経』について」（平成一二（二〇〇〇）年三月『宗教研究』第七三巻第三二三号第四輯）
㊲「北魏法難と図讖の研究序説」（平成一二（二〇〇〇）年三月『三康文化研究所報』第三一号）
㊳「北魏法難の研究文献（1）――付、廃仏関係論文資料――」（平成一二（二〇〇〇）年三月『佛教文化研究』第四四号）
㊴「北魏法難の研究（七）」（平成一二（二〇〇〇）年九月『仏教論叢』第四四号）
㊵「山田利明氏駁論の誤謬（1）――駁論〈駁論「寇謙之の『専以礼度為首』について」〉――」（平成一三（二〇〇一）年三月『中国学研究』第二〇号）
㊶「北魏の廃仏と太武帝（1）」（平成一五（二〇〇三）年九月『佐藤良純教授古稀記念論文集　インド文化と仏教思想の基調と展開』山喜房）
㊷「北魏の法難と太武帝について（「北魏の廃仏と太武帝（2）」）」（平成一六（二〇〇四）年一月『宮澤正順博士古稀記念論文集　東洋――比較文化論集――』青史出版）
㊸「寇謙之と『老君音誦誡経』――「山田氏再反論」の誤謬――（「「山田氏再反論」の誤謬（3）」）」（平成一六（二〇〇四）年三月『大正大学研究紀要』第八九号）
㊹「寇謙之の一考察（2）――「山田氏再反論」の誤謬（2）――」（平成一六（二〇〇四）年四月『佐藤成順博士古稀記念論文集　東洋の歴史と文化』山喜房）

㊺「「緯書研究」とその展開――中国学のベクトルと復活――」（平成一八（二〇〇六）年四月『加地伸行博士古稀記念論集　中国学の十字路』研文出版）

㊻「北魏の図讖禁絶――特に太武帝時について――」（平成一九（二〇〇七）年三月『大正大学研究紀要』第九二号）

㊼「北魏法難の実態解明について」（平成二一（二〇〇九）年三月『大正大学研究紀要』第九四輯）

㊽「中国に於ける北魏法難の研究について」（平成二二（二〇一〇）年三月『大正大学研究紀要』第九五輯）

（4）続稿とは（1）で述べた②「寇謙之の一考察（2）――「山田氏再反論」の誤謬（2）――」（『佐藤成順博士古稀記念論文集　東洋の歴史と文化』山喜房　平成一六（二〇〇四）年四月）、③「寇謙之と『老君音誦誡経』――「山田氏再反論」の誤謬――」（「寇謙之についての一考察（3）――「山田氏再反論」の誤謬（3）――」）（『大正大学研究紀要』第八九輯　平成一六（二〇〇四）年三月）のことである。いろいろな事情により、現時点（平成二三（二〇一一）年三月）ではこの二本の論文は既に出版されており、出版後約七年にもなる。

（5）「例えば、北魏の崔宏に『帝王集要』三〇巻というのがある。これは、歴代帝王の治世の技術を記したもので、元暉の『科録』とともに、当時の儒教の実態を如実に示す書とされる。一体、後漢に盛んになった礼教主義は、社会秩序を維持する倫理規範としての礼を、より具体的・形式的に整備し、儒教の理想を具現化しようとするものであった。そこでは、本質的な議論よりも、形式としての礼が重視され、魏晋南北朝に至って、殆ど独立した一分野を形成する。そうした状況の中にあって、依然として国家統治の理念は儒教にあったが、その内容は統治論や国家像を論ずるものではなく、統治技術や行政形式のみを求める傾向にあった。崔宏の『帝王集要』は、まさしくこうした要求に応える書物であり、南北朝期の礼教が、上は国家統治の方法から、下は個人の冠婚葬祭に至るまで、きわめて広く浸透していたことを物語る。

道士寇謙之が、北魏の崔浩に歴代帝王の治世の要点・制度を著わすように依頼したという『魏書』崔浩伝の記事も、南北朝期のこのような礼教のあり方を理解しなければ、短絡的な「儒教化」という一語で括られてしまい、正確な実態を把握することはできない。」

（6）「さて、先般、私は春本秀雄氏の「寇謙之の『専以礼度為首』について」（『中国学研究』一八号）という論文への反駁文を書いた（「駁論『寇謙之の〈専以礼度為首〉について』」＝『中国学研究』一九号）。その中で、私は、①当時の天師道と寇謙之の教団の根本的な相違点、②『老君音誦誡経』に見られる儒教的（礼教的）様相、③『老君音誦誡経』の持つ性格、の三点について具体的な論拠を挙げて論じた。これは、先記春本氏論文の基盤が、天師道と寇謙之の教団とが連続した教団であるという視点、『老君音誦誡経』には儒教的影響が殆んどみられないという論点、さらに『老君音誦誡経』が寇謙之とは全く関係のない文献、という論点に対する反証であった。そして更に、こうした誤りが、文献の誤読・誤解から起ったという実例を記しておいた。」

（7）「私のこの指摘に対して、春本氏「山田利明氏駁論の誤謬（1）」（『中国学研究』二〇号）なる一文を著して、①山田が書いた『道教事典』（平河出版社）の「戒」の項目中に、「寇謙之の道教が天師道とは全く異なる教団」との一言がない。②『老君音誦誡経』の残欠本であるのか、そうでないのか、「どちらかである」といっているだけである。③山田が指摘した誤読部分の反論。④楊聯陞教授の『老君音誦誡経校釈』では『老君音誦誡経』を『雲中音誦新科之誡』の残欠本あるいは異本としている。したがって異本としての可能性は残るから、『雲中音誦新科之誡』とは「別のものである」といえる、と記している。他は全て私に対する中傷めいた言辞であるから、これはとりあげない。以上を要するに、私が提示した三つの論点にまともに答えたものは何一つない。」

（8）「春本再反論③」――春本秀雄「寇謙之と『老君音誦誡経』――「山田氏再反論」の誤謬――」（「寇謙之についての一考察（3）――「山田氏再反論」の誤謬（3）――」）（『大正大学研究紀要』第八九号、平成一六（二〇〇四）年三月）の「二叙」に、要旨として、本論考の（a）とは別にまとめたものがある。

（9）「春本再反論③」――春本秀雄「寇謙之と『老君音誦誡経』――「山田氏再反論」の誤謬――」（「寇謙之についての一考察（3）――「山田氏再反論」の誤謬（3）――」）（『大正大学研究紀要』第八九号、平成一六（二〇〇四）年三月）の「二叙」に、要旨として、本論考の（b）とは別にまとめたものがある。

（10）「春本再反論③」――春本秀雄「寇謙之と『老君音誦誡経』――「山田氏再反論」の誤謬――」（「寇謙之についての一考察（3）――「山田氏再反論」の誤謬（3）――」）（『大正大学研究紀要』第八九号、平成一六（二〇〇四）年三月）の「二叙」に、要旨として、本論考の（c―1）とは別にまとめたものがある。

（11）春本は山田氏の反論・再反論に対して、反論・再反論を試みた。春本の論述に不充分なところもあるかと思われる。江湖の御叱正をして頂き、不充分なところ、思い違い等を明確にして、続稿により、より確かなものとしていきたいと考えている。次に、読者諸賢に最低限、入手して頂きたい文献を明示すると次の如くである。

①「春本基論文」――春本秀雄「寇謙之の『専以礼度為首』について」（『中国学研究』第一八号、平成一一（一九九九）年三月）

②「山田氏反論」――山田利明「駁論「寇謙之の『専以礼度為首』について」」（『中国学研究』第一九号、平成一二（二〇〇〇）年三月）

③「春本反論」――春本秀雄「山田利明氏駁論の誤謬（1）――駁論〈駁論「寇謙之の『専以礼度為首』について」〉――」（『中国学研究』第二〇号、平成一三（二〇〇一）年三月）

④「山田氏再反論」――山田利明「『老君音誦誡経』の背景――再び春本氏の論拠を糾す――」（『中国学研究』第二一号、平成一四（二〇〇二）年三月）

⑤「春本再反論①」――春本秀雄「寇謙之研究の一側面（――山田利明氏の「反論」・「再反論」を論破――）」（「寇謙之についての一考察（1）――「山田氏再反論」の誤謬（1）――」）……当論考

⑥「春本再反論②」――春本秀雄「寇謙之についての一考察（2）――「山田氏再反論」の誤謬（2）――」（『佐藤成順博士古稀記念論文集』、平成一六（二〇〇四）年四月）

⑦「春本再反論③」――春本秀雄「寇謙之と『老君音誦誡経』――「山田氏再反論」の誤謬――」（「寇謙之についての一考察（3）――「山田氏再反論」の誤謬（3）――」）（『大正大学研究紀要』第八九号、平成一六（二〇〇四）年三月）

以上である。また、詳細を知りたい場合は次の諸文献による。（出版順）

1、「春本基論文」――春本秀雄「寇謙之の『専以礼度為首』について」（『中国学研究』第一八号、平成一一（一九九九）年三月）

2、「山田氏反論」――山田利明「駁論「寇謙之の『専以礼度為首』について」」（『中国学研究』第一九号、平成一二（二〇〇〇）年三月）

3、「春本反論」――春本秀雄「山田利明氏駁論の誤謬（1）――駁論〈駁論「寇謙之の『専以礼度為首』について」〉――」（『中国学研究』第二〇号、平成一三（二〇〇一）年三月）

4、山田利明編「『老君音誦誡経』訳稿（1）」（『東洋大学中国哲学文学科紀要』第一〇号、平成一三（二〇〇一）年三月）

5、「山田氏再反論」――山田利明「『老君音誦誡経』の背景――再び春本氏の論拠を糾す――」（『中国学研究』第二一号、平成一四（二〇〇二）年三月）

6、山田利明編「『老君音誦誡経』訳稿（2）」（『東洋大学大学院紀要』第三九号、平成一五（二〇〇三）年三月）

7、「春本再反論③」――春本秀雄「寇謙之と『老君音誦誡経』――「山田氏再反論」の誤謬――」（『大正大学研究紀要』第八九号、平成一六（二〇〇四）年三月）

8、山田利明「北魏道教の一側面」（『東洋大学中国哲学文学科紀要』第一二号、平成一六（二〇〇四）年三月）

9、「春本再反論②」――春本秀雄「寇謙之についての一考察（2）――「山田氏再反論」の誤謬（2）――」（『佐藤成順博士古稀記念論文集』、平成一六（二〇〇四）年四月）

10、「春本再反論①」――春本秀雄「寇謙之研究の一側面（――山田利明氏の「反論」・「再反論」を論破――）」（「寇謙之についての一考察（1）――「山田氏再反論」の誤謬（1）――」）……当論考

魏晋南北朝の正統についての試論
――南北の漢胡関係・認識・史書編纂を考える――

大久保　秀造

はじめに

中国の歴代王朝の変遷を考えた時、どうしても避けて通れないのが王朝の継承手法と王朝そのものが有する正統観念であるというのが私の考えで、特に中国の分裂期における漢族と周辺民族の混在する魏晋南北朝期に興味を惹かれ研究を始めた。魏晋南北朝は広くとらえると二世紀末から七世紀中頃という約四百年にもわたり、その中身は政治・文化・軍事の各方面に多彩な研究テーマを持っている。そこで南北朝期の王朝（各勢力政権）の正統とは当時どのようにとらえられていたのかということを、主に政治史として正史などの史料から検証することを研究テーマに選び研鑽を積みながら研究している。正統を研究するというと後世（唐代・南宋・清代）に盛んとなった正統論争の研究と思われがちだが、そうではなく当該時代においてどのように考えられていたのかを明らかにしていくことに主眼を置いている。従来の正統論争には、その時代（南宋・清代など）の社会情勢を加味した価値観によって論じられることが多かったが、私は史書編纂の問題と絡めつつ魏晋南北朝ではどうであったのかを解明したいと考えている。この時代についての研究は古くは岡崎文夫氏、越智重明氏、内藤湖南氏、矢野主税氏らに始まり、近年では川合安氏、川本芳昭氏、窪添慶文氏、渡邉義浩氏らと数多く、今回は自身の研究テーマとして南北朝期の華北漢族の仕官と胡族との関係、南朝についての諸族の概念、史書編纂と記述特徴に着目し検証・考察を行いたいと考えている。

華北漢族の仕官姿勢・漢胡関係について

西晋が永嘉の乱で潰えて以後、華北には様々な勢力が乱立して相争い江南には琅邪王司馬睿が建国した東晋が誕生していた、以後三百年近く続く東晋五胡十六国・南北朝が始まる。まずは華北で漢族がどのような仕官状況（立場）に置かれていたか、漢族と胡族の関係、また林立した勢力が東晋をどうみていたかを先行研究の指摘をもとに検証考察をしてみたい(1)。

南北朝初期（東晋五胡十六国期）

初期の華北の漢族の仕官状態についてであるが、北魏の道武帝の祖父・拓跋什翼犍（昭成帝）の時代、北魏の歴史書『魏書』燕鳳伝に、

燕鳳、字子章、代人也。（中略）昭成素聞其名、使人以礼迎致之。鳳不応聘。乃命諸軍囲代城、謂城人曰、「燕鳳不来、吾将屠汝。」代人懼、送鳳。

とある。燕鳳は高名な人物で、その名を聞いた什翼犍は配下に招聘したが断られた。什翼犍は燕鳳のいる城を包囲、城の人々に「燕鳳が来なければ、汝等を殺す」と言った。人々は恐ろしくなり、燕鳳を送り出した（差し出した）と

いう内容で仕官後、彼は国事に携わり厚遇されている。招聘がままならないと軍を動かす、しかも「燕鳳が来ないならお前たちを殺す」と恫喝しているのは、政治的駆け引きの手段としては有効であるが、礼を以って招聘しようとした行為とは真逆で、力づくで要求を相手にきかせるという漢族から見れば「野蛮」行為が、華北の政権に仕官させたくないとさせるに十分な理由を与えていると思われる。次に崔宏の事例である。『魏書』では崔玄伯という表記で、北魏の孝文帝の諱を避けるためである。『魏書』崔玄伯伝に、

崔玄伯、清河東武城人也、名犯高祖廟諱、魏司空林六世孫也。（中略）太祖征慕容宝、次於常山、玄伯棄郡、東走海濱。太祖素聞其名、遣騎追求、執送於軍門、（下略）

とある。崔宏は道武帝が慕容宝を討伐、常山にやってきたので故郷を棄て東の海岸へ逃走した。道武帝はその名を聞いていたので騎兵を遣わして探させ捕えて配下としたという。燕鳳の例と似通った形である。崔宏もまた著名で優れた人物であった。祖先は司空という高位の家柄、華北の名門といってよい。崔宏が逃げ出した理由は不明だが逃げた者を捕え仕官させる方法がとられていることは注目に値する。仕官後の崔宏も国家の機要・制度の草創に携わって厚遇され、道武帝から事あるごとに相談されたり、国号論議に筋道を説いたりと活躍している。両者ともに強制仕官であり華北の漢族は南北朝初期には華北の政権に仕官を控える姿勢であり、岡崎氏、川勝氏らは「このころの漢族士大夫は、西晋滅亡の後は江南政権の門前に馬を繋ぐことを望んだ」と指摘している。これは司馬睿が江南の有力者の支援のもと西晋の遺訓を継いだとみなされ東晋を建国していたため、華北からの移民が増えていったことが指摘の理由である。それに対し川本氏は「ただし全ての士大夫が東晋を認めたわけではない」とする。それは前涼（漢族の建てた国）の出来事が根拠で、『晋書』張軌列伝附張寔伝に、

是歳、元帝即位于建鄴、改年太興、寔猶称建興六年、不従中興之所改也。

とあり、東晋が建国され改元がなされたが張寔は西晋の年号のままとし、改元に従わなかったという記述である。漢人が同じ漢人の、しかも西晋を継承しているとされた東晋に従わないということは、漢族全てが江南政権に所属・奉戴することを望んでいたとはいえないと考えられる。後に前涼では年号を巡ってまた事件が起きている。それは『晋書』張軌列伝附張玄靚伝に、

有隴西人李儼、誅大姓彭姚、自立於隴右、奉中興年号、百姓悦之。

とある。李儼なる人物が東晋の年号を奉じ、民がそれを悦んだと記されている。これらの記述から東晋を支持する人々とそうでない人々が前涼にいたことが証明され、両者の意見は東晋が西晋を継承するに相応しくないという考えが漢族にあったことを物語っている。前涼と東晋の距離・位置関係、また東晋が当初西晋復興を華北華南の諸勢力に働きかけていたこと、前涼が西晋臣下の半独立国であったこと、さらに記述に約三十年の間があったことから、成立間もない東晋は華北残留の漢族には魅力はあっても地盤を捨ててまで自主的仕官をさせるには不安要素の残るものであったと考えられる。初期の華北における漢族の仕官姿勢は、強制仕官によって華北各政権に仕官するもの、江南へ移民していくもの、先に挙げた崔宏も東に逃れた後は海沿いに南下するか、船で江南へ向かうつもりだった可能性が岡崎・川本両氏に指摘されている。自身で徒党を組むなどして漢族以外の政権下で自立し、西晋を奉じるもあれば東晋を奉じるもありという立場をとるものの三様に分かれていたと思われる。

では南北朝中期・後期の華北漢族の仕官姿勢について検証していく。『魏書』世祖紀（太武帝）の神嘉四年（四三一）秋九月壬申の箇所で、

壬申、詔曰、「（中略）訪諸有司、咸称范陽盧玄、博陵崔綽、趙郡李霊、河間邢穎、勃海高允、広平張偉等、皆賢儁之冑、冠冕州邦、有羽儀之用。（中略）庶得其人、任之政事、共臻邕熙之美（中略）不耀名誉者、尽勅州郡以礼

発遣。」遂徴玄等及州郡所遣、至者数百人、皆差次敍用。

大規模な仕官招致が行われた記述だが、注目されるのは「以礼発遣」である。今までは強制色が強く、武力を用いて仕官させる形をとっていたが、今回は武力に関わる記述がみられない。むしろ礼儀を以って招致の使者を発するという、漢族が好みそうな体裁のみをとっているのである。またこれほど大量の漢人が仕官するに至った経緯を時代背景から考察すれば、東晋の滅亡が大きな原因だと考えられる。また太武帝に寵臣として仕えた崔浩が手を尽くした結果とも思われる。崔浩は先に記した崔宏の息子に当たる人物である。この大規模仕官招致に応じた人々が数百人にもなったことは注目に値する。それまでは礼儀を以って招致しても拒否することが多かった漢族が、恫喝や武力を用いないでも仕官に応じたことは意識転換期と考えられる。従来の漢族にとって漢族以外の人種は自分たちより格下、奴隷として扱う存在であった。その漢族以外の民族によって漢族政権（西晋）が破れ、華北が席巻されていくさまは望外の境地であったと思われる。岡崎・川本両氏によれば漢族は「我が族類に非ずんば、その心必ず異なる」という思いを持っていたとされる。(2) そんな漢族が北魏の仕官招致に応じたということ、しかも武力恫喝の類はみられない（あっても記述しなかったかもしれないが）礼儀の下での仕官であることが注目に値する。この招致にて仕官に応じた一人である高允は『魏書』高允伝で、

昔与之倶蒙斯挙、或従容廊廟、或游集私門、上談公務、下尽忻娯、以為千載一時、始於此矣。

と述懐している。昔皆と共に招致にあずかり、廊廟にて勤め私邸にて歓談したものだ。上では公務に勤しみ、下では悦び楽しみを尽くし、千載の一時がこのときから始まったと。多少の修飾がなされているかもしれないが、これを契機として漢族士大夫も北朝に対して積極的に関わり始めたとみなすことができよう。先にも触れたが東晋の滅亡という事象も大きく起因している。漢族士大夫と華北政権の関わりが進みはじめるが、漢族と胡族との摩擦というべき出

来事が発生する。それが北魏の国史事件と崔浩誅殺である。

国史問題と漢胡関係

国史事件は北魏の太平真君十一年（四五〇）に起きた筆禍事件とされる。[3] 国史編纂を行い、国史は完成するも皇帝を始めとする胡族にとって納得いくものではなく、破棄されることとなり編纂に携わった人々も処罰された。時期を同じくして権臣で北魏に仕えた崔浩が誅殺される。編纂の責任者は誰あろう崔浩その人であり、その彼が国史編纂に関する一連の流れの中で、最終的に収賄罪で誅殺された事実は興味深い。先学諸氏はそれを関連付け漢族胡族の対立ではないかとの見解も示されている。では国史事件と崔浩の誅殺について検証してみる。父の代から北魏に仕えた崔浩は太武帝のもとで権力を揮っていた。『資治通鑑』元嘉二十七年の箇所に、

魏司徒崔浩、自恃才略及魏主所寵任、専制朝権、（下略）

とある。北魏は胡族である鮮卑拓跋部の政権であるが、彼は漢族でありながら皇帝の寵任を得て専権を揮っている。本人の能力もあっただろうが有名漢族を厚遇していた華北政権では父同様高位に就いていた。それは太武帝が大延五年（四三九）に華北を統一し中国式支配体制の導入を図ったためである。岡崎氏を始めとする諸氏の見解では、それは次の二つの事例に大別される。一つ目は、部族を解体し中国州郡の戸籍に編入して漢族との融和を図る、部族解体そのものは道武帝の時代から始まっていると川本・松下両氏らは指摘している。二つ目は、漢族出身者を登用し国政への積極参加を促すこと、この二つ目に関しては神嘉四年の大規模仕官招致と高允の述懐のところでみてきたとおりである。[4] 崔浩は二つ目の事柄と父・宏の代から北魏の重臣として仕えていたことで重用されていたと考えられる。華北での勢力争いが終息に向かう中、太武帝は自身の実録と国家の歴史を作成することを崔浩らに命じたのである。そ

れは『魏書』崔浩伝と『資治通鑑』の元嘉二十七年の箇所に、

神嘉二年、詔集文人撰録国書、浩及弟覧・高讜・鄧穎・晁継・范亨・黄輔等共参著作、敍成国書三十巻。【崔浩伝】

とあり、

魏主以崔浩監秘書事、使与高允等共撰国記。【資治通鑑元嘉二十七年】

とあり、国書（国記）つまりは国史の編纂を崔浩らに命じている。彼等は作業を進めて国史を完成させた。崔浩は配下の薦めるままに完成した国史を石に刻んで街頭に設置し披露した。『魏書』崔浩伝と『資治通鑑』の元嘉二十七年の箇所に、

著作令史太原閔湛・趙郡郄標素諂事浩、乃請立石銘、刊載国書、（中略）恭宗善焉、遂営於天郊東三里、方百三十歩、用功三百万乃訖。【崔浩伝】

湛・標又勧浩刊所撰国史千石、以彰直筆。（中略）浩竟用湛・標議、刊石立於郊壇東。【資治通鑑元嘉二十七年】

とある。崔浩にしてみれば国家の事跡を国史としてまとめたことは大仕事であったと考えられる。それを石に刻んで広範な人々の目にふれさせることで北魏がそれまでの漢族王朝と変わりのないことを示そうとしたと考えられる。またそう考えたからこそ恭宗（景穆皇太子）も賛意を表したのであろう。ただ「直筆」という中国式の歴史叙述をとったことにより、また多くの人々の目にふれさせるようにしたために予想外の事態が起きる。国史を読んだ北人（胡族を中心とする識字できる貴人と思われる人々）が祖先を侮辱する表現があるとして皇帝に訴えたのである。『資治通鑑』元嘉二十七年の箇所に、

北人無不忿恚、相与譖浩於帝、以為暴揚国悪、（下略）

とあり、北人で憤激しないものはなく相次いで皇帝に崔浩のことを誹った、理由は国家を悪く書きそれを誇張した、

というものであった。どうやら彼等は事実をそのまま書くという「直筆」による国史ではなく、英雄談や胡の優れた部分だけを書く国史を望んでいたのではないかと考えられる。それとも崔浩らがわざと胡族を貶めるような文言を国史に盛り込んで編纂したのであろうか。それは胡族中心の政権である北魏でそのような事を行えば結果どうなるかを崔浩らが認識していない場合の話であって可能性はないといってよい。事実「直筆」することは罪に当たらないことを述べている箇所がある。それは『魏書』高允伝に、

允曰、「（中略）夫史籍者、帝王之実録、将来之炯戒、今之所以観往、後之所以知今。是以言行挙動、莫不備載、故人君慎焉。（中略）至於書朝廷起居之跡、言国家得失之事、此亦為史之大体、未為多違。（下略）」

とあり、史書の編纂は事実を率直に書き記すことが必要とされたことがわかる。多くの人々の訴えを聞いた皇帝はどう対処したのか。『資治通鑑』元嘉二十七年の箇所に、

帝大怒、使有司按浩及秘書郎吏等罪状、（中略）帝命允為詔、誅浩及僚属宗欽・段承根等、下至僮吏、凡百二十八人、皆夷五族。

とある。訴えを聞いた皇帝は憤激し、役人に崔浩以下関係する人々の罪状を調べさせた。その後に高允に詔勅を作成するように命じている。そして崔浩を始めとする関係者百二十八人が処刑され、五族に渡る族誅が実施されたという。この詔勅作成命令はしきりに催促されたことを川本氏は指摘している。高允はしきりに下命がくるのをいぶかしみ皇帝に謁見して疑義を質したいと上奏した。『魏書』高允伝に、

允持疑不為、頻詔催切。允乞更一見、然後為詔。

とあり、頻繁な催促に怪しみ皇帝に直に会い詔勅を作成している。誰が催促を伝えていたか、皇帝が直接作成を命じていたのではなく、皇帝の近臣もしくは伝達官のような者が下命を伝えていたということで、高允は怪しんだと考え

られる。そのような立場、近侍していたのは胡族出身者である北人であった可能性を佐藤氏は指摘している。それが意味するのは権勢を揮う漢族官僚を快く思っていなかった人々がいたということである。また佐藤氏や石田氏は国史編纂に関わっていても処刑を逃れた人物がいること（高允など）や崔一門の中にも処刑を免れた者がおり子孫が高位に就いたりしていることから、この族誅は限定的なものであったとしている。[5] その後編纂された国史は破棄されている。権勢を揮った崔浩であるが、北人だけでなく同じ漢族官僚とも政策方針で衝突し非難を受けていたことを岡崎氏は指摘している。さらには自身の徒党に属する漢人を地方長官のポストに就けるなど人事面においても権力を揮っていた。この点は佐藤氏も指摘している。また崔浩は北魏における漢胡の別なく貴族の家格を分定しようとしており『魏書』盧玄伝に、

浩大欲斎整人倫、分明姓族。玄勧之曰、「夫創制立事、各有其時、楽為此者、詎幾人也。宜其三思。」浩当時雖無異言、竟不納、浩敗頗亦由此。

とあり、それについて盧玄が「好んでこのようなことをする人がどれほどいることか（ましてや漢族を基準に優劣な家格分けなどしたら大変な事態を招く）」とやんわりと忠告したが崔浩は聞き入れなかった。これらが敗亡の要因となったと岡崎氏は指摘している。漢族の家格については「九品官人法」などを通じて曹魏・西晋以降で既に存在していたと考えられる。ではこの家格分定は誰に対しての処置であったのか、といえばそれは北魏の漢族以外の貴族、つまりは北人であろう（少数ながら漢族も含むかもしれないが）。北人にしてみれば崔浩が胡族の位付けを行おうとする姿勢は、かつて漢族から受けた侮蔑行為と同じだと受け取られていたことが考えられる。このような崔浩への不満が高まる中で彼はどのような国史を編纂したのか、『資治通鑑』の元嘉二十七年の箇所に、

浩書魏之先世、事皆詳実、（下略）

とあり、崔浩は北魏の祖先の事を詳しく事実を記したとされている。まさに直筆の歴史書である。さらに言えば記したというよりは監修を担当したのである。『魏書』高允伝に、

世祖召允、謂曰、「国書皆崔浩作不。」允対曰、「太祖記、前著作郎鄧淵所撰。先帝記及今記、臣与浩同作。然浩綜務処多、総裁而已。（下略）」

とあり、国史（国書）作成は分担作業で行われ、先代の著作郎から引き継ぐ形で作業を進めたこと、崔浩は総監督として従事していたことがわかる。国史を編纂する上で「直筆」という中国伝統の記述形式をとったことは問題ではないことを先に述べたが、北人にとっては望ましくない形であったと思われる。また朝廷内で政策決定や人事について権勢を揮うことに対して快く思わない者がいたことも触れた。国史編纂にまつわる不手際を切っ掛けとし、増大していく漢族の権勢に危惧を抱く北人と漢族でありながら崔浩と対立した官僚が結びつき、彼を罪に落として断罪したことも考えられる。崔浩は国史編纂で北人を侮辱した罪で裁かれたわけではなく、人々からの訴訟をうけて検分された結果賄賂を受けた（国史にまつわるものなのかそうでないのかは不明瞭だが）為に処刑されたことが先の『資治通鑑』元嘉二十七年の箇所にみられている。これは『魏書』崔浩伝も同様の記述がある。また彼が殺されたのは密かに謀を企てたためであるという『宋書』柳元景の伝に付属する子の光世の伝を元にした呂思勉氏の見解は興味深いものがある(6)（多くの研究者は企てとは漢族支配の胡族政権とすることであったとしているが）。伝の記述では収賄罪で処刑されたという内容は尤もらしくはあるが不可解でもある（唐突に過去の罪を持ち出されてのことであるし）。この時期は漢族と胡族政権の共存関係というのが、まだ難しいものであったことを理解するに象徴的な出来事であったと言えよう。漢族の仕官が増えてきたとはいえ、力関係はやはり胡族優位であったと考えられる。漢族と胡族の関係については仕官後の昇官に違いがあったことが指摘できる。それは文成帝が群臣に対して語った言葉である。『魏書』高允伝に、

> 高宗省而謂羣臣曰、「至如高允者、真忠臣矣。朕有是非、常正言面論、至朕所不楽聞者、皆侃侃言説、無所避就。朕聞其過、而天下不知其諫、豈不忠乎。汝等在左右、曾不聞一正言、但伺朕喜時求官乞職。汝等把弓刀侍朕左右、徒立労耳、皆至公王。此人把筆匡我国家、不過作郎。汝等不自愧乎。」

とあり、文成帝の時代においても高允が郎官であったことが窺え、皇帝の近侍者は立っているだけで労われて公・王の爵位に昇官していることがわかる。太武帝の時代に招致されて三十年近く経っても一介の郎官として政務に携わってきた高允を労わっての言葉でもある。このことからわかるように有名漢族以外の漢族はなかなか昇官できないが、皇帝近侍者は簡単に出世できるのである。この皇帝近侍者は胡族出身者であることは佐藤氏を始め先学諸氏が指摘している。簡単に出世できることを恥と思わないのかという文成帝の言葉は、高允を始めとする漢族官僚に配慮したものであるが、昇官に漢族・胡族の優劣があったことが明らかである。とはいえ先の崔父子のように国家の柱石として必要な場合は漢族も高位に位置付けられていた。文成帝の時代には国史編纂にまつわる事件以後、漢族を抑える傾向があったのではないかと考えられる。高允はしかも当事者の一人である、その人物を過度に高位に昇らせれば、再び同じような事態が起きるかもしれないと警戒した人々がいたと思われる。

南北朝中期

時代は下って世宗（宣武帝）の頃に新たな史書を作ったことを上奏したことでも知られる張彝の第二子である張仲瑀が粛宗（孝明帝）に次のように上奏している。『魏書』張彝伝に、

> 第二子仲瑀上封事、求銓別選格、排抑武人、不使預在清品。由是衆口喧喧、謗讟盈路、立榜大巷、剋期会集、屠害其家。彝殊無畏避之意、父子安然。神亀二年二月、羽林虎賁幾将千人、相率至尚書省詬罵、求其長子尚書郎始

均、不獲、以瓦石撃打公門。上下畏懼、莫敢討抑。遂便持火、虜掠道中薪藁、以杖石為兵器、直造其第、曳彝堂下、捶辱極意、唱乎嗸嗸、焚其屋宇。始均、仲瑀当時踰北垣而走。始均回救其父、拝伏羣小、以請父命。羽林等就加毆撃、生投之於烟火之中。及得尸骸、不復可識、唯以髻中小釵為験。仲瑀傷重走免。彝僅有余命、沙門寺与其比隣、輿致於寺。遠近聞見、莫不惋駭。(中略)官為収掩羽林凶強者八人斬之、不能窮誅羣豎、即為大赦以安衆心、有識者知国紀之将墜矣。

とある。その内容は(張彝の)第二子である仲瑀が、官僚の選抜方法を改訂することを求め、武人を排して抑圧し、高位の官職に就任できないようにしてほしい、という上奏をした。これ対し武人達が怒り口々にその上奏を批判して仲瑀を殺害しようとし、神亀二年二月に近衛兵である羽林・虎賁の約千人が尚書の役所を襲撃、仲瑀の兄である始均を捕まえようとしたが捕まらず、張彝宅を目指した。道中で火を手に入れ武器を作るなどし、家を攻撃した。張彝を自宅から引きずり出し鞭で打ちのめした。始均と仲瑀は北側の塀を越えて脱出し、始均は父を助けに向かった。攻撃する者達の前で始均は土下座をして父の助命を嘆願した。彼等は始均にも殴打を加えて彼を火を放った自宅に投げ入れ焼死させた。遺体は損傷が激しく髻の中にあった小さなかんざしで判別できるほどであった。仲瑀は襲撃の際に重傷を負ったが何とか逃れる事ができた。張彝は瀕死になりながら、自宅隣にあった仏寺に輿で運ばれた。遠近で目撃した者達で、嘆き悲しまない者はいなかった。(中略)政府は事態を収めるために行動の酷かった八人を斬首し、他の者は罪に問わず、大赦を行って人心の安定を図ろうとした。見識ある者は国の綱紀が緩み、政府の力が堕落しているのを知った。この話からは、根深い胡族と漢族の対立の上に文官と武官との対立が起きていたことが明らかである。この時代には既に内朝(佐藤氏によると、北魏の内朝とは北人子弟によって構成される皇帝近侍集団)の解体を試行しており、孝文帝の時代から胡族の漢俗帰依を積極的に推し進めた結果、皇帝近侍集団が簡単に昇官できなくなっていたと考えられる[7]。そんな中で漢族官僚の張仲瑀が、更なる官僚選定の変革と武人の抑制を求める建言を上奏したことは、武人としての矜持を少なからず持っていた胡族、また漢の習俗に帰依すべく努力してきた胡族全体のことを辱めるものだと受け取られたと思われる。仲瑀が国家のために胡族による、より漢族らしい国造りのために建言したのだとしても、それまで締め付けられてきた胡族には「漢族は胡族を未だに見下している」との考えを抱かせてしまう結果となったのである。故に彼は殺害されそうになり、兄を殺され父を瀕死とされ、自宅を焼かれるという事態を招いてしまったのだろう。先にみた国史事件や今回の出来事は漢族と胡族の関係をみる上で注目に値する。華北政権では漢族胡族の関係が仕官情勢に左右する要因であることが理解できる。南北朝中期の漢族の仕官はある程度進んだものの、胡族との政治主導権を争うなどの官界での闘争が目立つようになっている。補足であるが殺された始均の伝に『三国志』魏書の改編を行ったことが書かれており、正史編纂を考える上で見過ごせないと呂氏が指摘している[8]。

南北朝後期

南北朝後期に差し掛かると北魏は東西に分裂を迎える。華北漢族の仕官姿勢の最後にこの混乱期の漢族士大夫の仕官姿勢を検証したい。北斉に高乾という人物がいる。渤海郡の出身の漢族士大夫で北斉の礎を築いた高歓と付き合いが深かった。彼の父・高翼が語った言葉がある。『北斉書』高乾伝に、

父翼、字次同、豪侠有風神、為州里所宗敬。（中略）翼保境自守。謂諸子曰、「主憂臣辱、主辱臣死、今社稷阽危、人神憤怨、破家報国、在此時也。爾朱兄弟、性甚猜忌、忌則多害、汝等宜早図之。先人有奪人之心、時不可失也。」事未輯而卒。

とあり、高翼は爾朱兆らによる北魏末の混乱期に冀州刺史として領内を守った。子ども達に「主君の憂いは臣下の恥、

主君の恥は臣下の死を意味する。今王朝は滅亡の危機にあり、人も神も憤り怨みを抱いている。家を捨ててでも国家に報いる、まさにそのときである。爾朱兄弟は疑り深く、多くの害悪となっている。汝等は早く決断し、人心を奪われて時を失うことがないようにせよ」と言い、高翼は事態が終息しないうちに没した。漢族で漢胡問わず人々から慕われる高潔な人柄の高翼が、胡族政権の存亡に家を挙げて取り組んでいた姿勢がうかがえる。仕官している以上、また地方長官の官位を受けて出世し禄を受け取っている自分が、民衆のため国家滅亡の危機という状況に見て見ぬふりはできないと考えていたことがわかる。家が滅ぼうとも国家の大事に報いるという姿勢は、前期の仕官拒否であった漢族と比べると歴然とした違いである。高翼は地元の人々から慕われた立派な士大夫で豪気な人物であるということから、混乱する国内においてせめて自身が刺史を勤める地域だけでも国家のため民のために守ろうという意識の持ち主と思われる。そうでなければこれだけの覚悟を語ることはない。また高翼と同時期に生きた人物で同郷の封隆之の例がある。『北斉書』封隆之伝に、

封隆之、字祖裔、小名皮、渤海蓨人也。父回、魏司空。隆之性寛和、有度量。弱冠、州郡主簿、起家奉朝請、領直後。（中略）隆之以父遇害、常懐報雪、因此遂持節東帰、図為義挙。時高乾告隆之曰、「介朱暴逆、禍加至尊、弟与兄並荷先帝殊常之眷、豈可不出身為主、以報讐恥乎。」隆之対曰、「国恥家怨、痛入骨髄、乗機而動、今実其時。」遂与乾等定計、夜襲州城、剋之。乾等以隆之素為郷里所信、乃推為刺史。隆之尽心慰撫、人情感悦。

とあり、封隆之は高乾の問いかけに対し「国家の恥辱は家にとっての怨みである。その痛みは骨髄に達する程だ。機を捉えて行動を起こそうと思う、まさにその時が来た」といって計略を立てて州城を夜襲し勝った。高乾は父・翼の教え通りに爾朱氏に対抗している最中であり、封隆之は父・回を殺害されて報復を誓いつつ機をうかがっていた。国家が恥辱を受けるのは家の怨みである、その痛みが骨髄に達するほどのものだという封隆之、それは家を挙げて国家

に仕えているという姿勢が言わせているといっても過言ではない。彼は寛大で優しい人柄で度量の持ち主であると書かれている。国家が混乱していく様や父を殺されるという事態は、彼を義憤に駆らせるには充分事足りるものであったことは容易に想像される。彼は州城にて勝利を収めた後、元から信頼を集めていたこともあり刺史となっている。そして懸命に心配りして治めたので、人々に喜ばれた。国家の恥辱が家の怨みでもある、その痛みは骨髄にまで達するほどであるという二人の表現は、まさに漢族胡族の枠を超えて、国家に仕官する姿勢、この時代の漢族の考え方の表れだといえる。確かに種族間（同種間）のいさかいは絶える事が無かったが、この時代になると北朝に対する漢族の捉え方に変化が起きていたことは間違いないと思われる。高父子や封隆之の例からも明らかで、漢族胡族がお互いに歩み寄る努力をした結果であると考える。前期は江南政権に対して思いを寄せる者が多くいた。中には異なる者もいたが、漢族にとっては江南政権の存在が重きをなしていたのである。中期には漢族でありながら胡族政権に仕官して辣腕を揮う者もいたが、胡族優位は続き昇官も違いがあった。江南に思いを寄せる者も少数ながら存在したかもしれない。ただ胡族側も徐々に漢俗を取り入れ胡族の抑制を行うなど、漢族への配慮が見られ始めていた。時には対立し時には協力するという、その流れを受け継ぐ形で後期には胡漢を越えて国家に奉仕する人々の意識が芽生え、北朝に仕えることへの抵抗が漢族の中で薄らいでいったと考えられる。

南朝、主に東晋について漢族外の認識

南朝は漢族国家であることを標榜しているので国家の仕官体制は魏晋以来さほど変化はないと思われる。ここでは主に東晋時の仕官体制と漢族外の南朝、ここでは東晋をいかに認識していたかについて簡潔にまとめておく。その方

法は郷論とよばれる輿論による評価によって個人に品級が定められて、中正（郡中正、州大中正）によって相応の官職に起家し、後にそれが家格ごとに品官されるもの、皇帝の特別な取り立てによるもの[9]がそれに当たる。ただ西晋が災禍に遭い東晋へと移行した時期、郷論の発展と中正の権限を握っていた華北出身者たちは上級の品官を自分達に与え、下位の品官を江南の人々に与えた[10]。例外として西晋時代に中央に出仕し盛名のあった一族には自分達と同等の品官を与えた。この格付けは南朝政権下でほぼ維持され上流と下流の区分が作られたことが解る。漢族以外の認識についてであるが、『晋書』戴記姚弋仲伝に、

弋仲有子四十二人、常戒諸子曰、「（中略）自古以来未有戎狄作天子者。我死、汝便帰晋、当竭尽臣節、無為不義之事。」乃遣使請降。

とあり、姚弋仲は多くの子に「漢族以外が皇帝になったことはない。自分が死んだら（東）晋の臣下となって働き、不義をしてはいけない」と常に戒め、亡くなる以前に東晋に帰属している。この事実は「漢族以外で天子になった者はいない」という部分に意味があるとされる[11]。また補足として挙げておくが『晋書』戴記石勒伝に、

遣勒書曰、「（中略）自古以来誠無戎人而為帝王者、至於名臣建功業者、則有之矣。」

とある。西晋の劉琨が石勒に書状を出し「古よりこのかた、異民族で帝位に就けた者はいない。しかし名臣や勲功をたてた者はいる。将軍は軍略に長けているのだから必ず勲功をたてられよう」といって晋への随身を勧めている。文言の多少の違いはあっても「異民族で帝位に就けた者はいない」とする。これは漢族胡族の中に漢族至高主義とみられる考え方が存在したことを示しているように思う。東晋は様々な政権に使者を送り、時には爵位を与えたりして修好し、時には武力を用いて併呑するという政策をとっているが、これは東晋に限ったことではなく以後も和戦両様の構えで北朝と並立していく。さらに蜀に建国された賨人（巴蜀山間部に住んでいる現地人）の成漢を建国した李雄の言

にも東晋に対する認識がみられ『晋書』戴記李雄伝に、

雄以中原喪乱、乃頻遣使朝貢、与晋穆帝分天下。（中略）曰、「我乃祖乃父亦是晋臣、往与六郡避難此地、為同盟所推、遂有今日。琅邪若能中興大晋於中夏、亦当率衆輔之。」淳還、通表京師、天子嘉之。

とある。李雄は「私の祖父も父も西晋の臣下であった。東晋の琅邪王が大晋を中夏に復興させようとするならば、私は衆を率いてこれを助けるだろう」と言い、東晋を容認しその配下として戦うことを示唆している。また『晋書』戴記苻堅伝にみえる前秦の朝廷内での発言に、

堅引群臣会議、曰（中略）太子左衛率石越対曰「（中略）且晋中宗、藩王耳、夷夏之情、咸共推之、遺愛猶在於人。」

とあり「晋の中宗は藩王に過ぎない、しかし夷夏の情が皆ともに彼を推すのは、すでに滅んだ西晋の遺愛がいまだに存在しているからであろう」という記録がある。これらをみる限り当初は東晋、南朝を魏晋からの正統を継いだ存在として漢族外の者たちの中にも支持する人々がいたことがうかがえる。しかし同時に漢族外にはそれを打破することを試みた例もある。それは『晋書』戴記劉元海（劉淵）伝に、

元海曰、「善。当為崇岡峻阜、何能為培塿乎。夫帝王豈有常哉、大禹出於西戎、文王生於東夷、顧惟徳所授耳。（下略）」

とあり、劉淵は「帝王が（漢族だけという）常であることがあろうか、漢族が聖人と崇め伝説の夏王朝創始者である禹は西戎出身、周王朝創始者である文王も東夷出身ではないか。帝王はただ授けられた徳によるのみである」と自身が帝王となることに問題ないという姿勢を示している。同様に『晋書』戴記高瞻伝に、

廆敬其姿器、数臨候之、撫其心曰、「君之疾在此、不在余也。今天子播越、四海分崩、蒼生紛擾、莫知所係、孤思与諸君匡復帝室。翦鯨豕于二京、迎天子於呉会、廓清八表、侔勳古烈、此孤之心也、孤之願也。君中州大族、

冠冕之余、宜痛心疾首、枕弋待旦、柰何以華夷之異、有懐介然。且大禹出于西羌、文王生于東夷、但問志略何如耳、豈以殊俗不可降心乎。」瞻仍辞疾篤、廆深不平之。

ともあり、慕容廆の言に「どうして華人か夷人かに拘るのか、聖人の禹は羌族で、文王は東夷ではないか。つまりは志と知略の如何である」と細かな表現こそ違えども同じことを言っている。この考えは姚弋仲や李雄らの考えとは異なり、漢人でなくても帝王になることができること、華夷の別なく仕官すべきであることを諭している。ここまで南朝、主に東晋への認識についてみてきたが、東晋末になると南朝支持について変化が起きている。

東晋宋移行期の出来事で後秦へ亡命した司馬国璠と司馬叔道と後秦の姚興の会話にみえる。『晋書』戴記姚興伝に、

晋河間王子国璠、章武王子叔道来奔、興謂之曰、「劉裕匡復晋室、卿等何故来也。」国璠等曰、「裕与不逞之徒削弱王室、宗門能自修立者莫不害之。是避之来、実非誠款、所以避死耳。」興嘉之、以国璠為建義将軍、揚州刺史、叔道為平南将軍、兗州刺史、賜以甲第。

とある。姚興は「劉裕は東晋を助けているのに、あなた方は何故亡命してきたのか」と問うた。彼らは答えて「劉裕は不逞な仲間と東晋を蝕んでいるのです。我が一門で有能な者は皆殺されています」と言った。興は彼らを厚遇した。姚興は先に挙げた姚弋仲の孫である。東晋には友好的であったが、宋には敵対しており東晋宋交代を受けて長江上・中流域の東晋支持派と共に宋と戦う姿勢をみせ、また西涼の李氏も東晋宋交代を受けて宋を攻めようとした[12]。南朝での政治権力闘争は凄まじく、皇族文官武官貴族寒門の差なく頻発している。東晋や梁に至っては桓玄・侯景により一旦帝位を簒奪されるという事態もあった。漢人にとって他の種族は常に格下の存在であり、使役の存在であった。漢族以外の政権の認識には、従来の考えに従う者と新たな考えをもって行動している者の二通りの認識がみられた。前者は漢族至高という認識が存在し、後者は新たな秩序を構築しようと、また漢族と同等であるという主張があった。

南北朝期には当初江南政権が正統と見られていたが、時代が下がるにつれて華北も正統を構築していったと考えられる。これは南朝を漢魏に始まる正統の継承手法と体制を引き継ぎ、北朝を放伐に関わる淘汰による正統の継承と体制の変革であると考える。さて華北における漢族の仕官・漢胡関係と南朝（主に東晋）についての認識を検証考察してきた。そこで取り扱った正史と言われる史料であるが、その編纂と記述について簡単ながら考えておきたい。

史料編纂と南北双方の記述について

正史は最も権威のある史書と認可され、認可するのは歴代の皇帝である。正史の「正」の字は「皇帝のお墨付き」「皇帝が正しいと認めた」という意味で「内容に一切手を加えておらず客観的で正確」というものではない。前王朝の歴史を現王朝の皇帝が編纂するよう指示し、完成した歴史書である。正史を編纂するにあたって内容に現王朝に不利益を生じさせてはならないという暗黙の了解があり、前王朝の最後の君主は品行が悪く政治に無頓着で民衆からは望まれていない人物である、王朝の失政悪政を細事に渡って強調したりする。先に取り上げた北魏の国史事件は史書編纂の問題を提示しているともいえる。魏晋南北朝期の正史についてまとめると、『三国志』は全六五巻、編著者は陳寿で晋代の人物である。成立は陳寿の存命した二九七年以前とされ私撰史書であったが後に西晋王朝公認の史書となった経緯がある。『晋書』は全一三〇巻、編著者は房玄齢を中心とした史官たちで成立は六四八年とされ、皇帝の命令で編纂された官修（官撰）史書である。『宋書』は全一〇〇巻、編著者は沈約で梁代の人物である。成立は紀伝部分が四八八年、志部分が五〇三年以降とされる。官修史書と考えられ『晋書』や『斉紀』の編纂も行っていたとされる。『南斉書』は全五九巻、編著者は蕭子顕で梁代の人物である。成立は五三七年以前であり。私撰史書から公認史書になったと考えられる。『梁書』は全五六巻、編著者は姚思廉を中心とする史官たちで成立は六三六年、官修史書である。『陳書』は全三六巻、編著者は姚思廉を中心とする史官たちで成立は六三六年、官修史書である。『魏書』は全一一四巻、編著者は魏収を中心とする史官たちで成立は五五四年とされ、官修史書である。『北斉書』は全五〇巻、編著者は李百薬を中心とする史官たちで成立は六三六年、官修史書である。『北周書』は全五〇巻、編著者は令孤徳棻を中心とする史官たちで成立は六三六年、官修史書である。『南史』は全八〇巻、編著者は李延寿を中心とする史官たちで成立は六五九年、官修史書である。『北史』は全一〇〇巻、編著者は李延寿を中心とする史官たちで成立は六五九年、官修史書である。『資治通鑑』は全二九四巻、編著者は司馬光で北宋の人物である。成立は一〇八四年、私撰と思われがちだが官修史書である。私撰史書の特徴として統一された叙述がなされており、一つの歴史観として有意義な点が挙げられる。かたや官修史書は基本方針に沿って大勢の手により叙述がなされるため統一が不十分で、手直しのたびに一貫性を失っていく点が問題である。官修史書について内藤氏は「著述でなく編纂物として機械的に作られたものである」との見解を述べる[13]。気づかされるのは当該時代の正史の殆ど全てが唐代に完成されていることで、その原史料となったのはそれまでに興亡した王朝の残した記録、個人の著作物であった。古来より人間は様々な媒体で記録を残している。この時代には特定の媒体、例えば碑類や紙、木竹簡に記録されていたと思われる。それらを取捨選択して作り上げられる官修史書は、実に都合の良い歴史を作り上げる温床となる。現王朝をよく見せるため、その正統性を明らかにするには前代の歴史書を自らの手で編纂することも必要条件であったと考える。『春秋』や『史記』にみられる教訓や手本としての史書の役割が薄らぎ、美談や英雄譚の著作物の領分をもったとも考えられる。長きにわたる史書編纂の過程の中で単なる記録の集合体となっていたり、改編がなされ散逸したり、逸話の挿入などで追加されたりと史書を扱う上で気をつけなくてはならない点は幾つもある。歴史を取り扱う際には編纂当時の社会情勢にも配慮をしなくてはならない。現代の感覚・判断基準との差異がある点にも着目しなくてはならないだろう。

ではこの時代の正史の編纂記述の特徴について例を挙げてみていきたい。それは王朝創始者の記述についてである。注目すべきはその身体的特徴や誕生の情景が強調されている点である。北朝の例として北魏の太祖（道武帝）を挙げる。『魏書』太祖紀に、

太祖道武皇帝、諱珪、昭成皇帝之嫡孫、献明皇帝之子也。母曰献明賀皇后。初因遷徙、遊于雲沢、既而寝息、夢日出室内、寤而見光自牖属天、欻然有感。以建国三十四年七月七日、生太祖於参合陂北、其夜復有光明。昭成大悦、羣臣称慶、大赦、告於祖宗。保者以帝体重倍於常児、竊独奇怪。明年有楡生於埋胞之坎、後遂成林。弱而能言、目有光曜、広顙大耳、衆咸異之。

とあり、簡約すると道武帝、名前は珪、昭成の孫で献明の子、母は献明賀皇后という。生まれてくる前に雲沢におり、母親が寝ても起きても不思議な夢と現象に遭い感じるものがあった。生まれたその日の夜にも光明があった。祖父は喜び家臣は祝福し、大赦を以って祖先に報告した。道武帝の身体は普通の倍大きく奇怪であった。明くる年に生まれた土地に穴が開いたが後に林を形成した。早くから言葉を話し、目には光が宿り、額は広く大耳をもっていた。人々は普通と違うと感じた。という内容である。神がかりな出生の経緯であり、身体的特徴を詳しく記していることがわかる。北魏は鮮卑拓跋氏の国家で、どうやら神秘性と異常性を示すことが国家にとって重要なことであるようだ。つまり英雄は普通の人々と違うという部分を強調することで偉大な帝王像を示せると考えられる。なぜ示すのかといえば、南朝である漢族にひけを取らない国家であることを喧伝することで北朝の正統性を確保するため、また英雄譚が民族性を高める効果があったと思われる。これに基づくと先に国史事件にふれたが、彼等が望んだ国史は「偉大さを

示せる根拠としてのもの」であったと考えられる。立派な人物が艱難辛苦を乗り越えて天地に祝されながら建国した国家、その意味では漢族の国家と何ら変わらないのだという主張を擁護できるものが必要とされたのである。王朝の交代劇は漢魏交代まで主に「放伐」であり、西晋滅亡は言うなれば「放伐」によって滅んだものである（漢族以外の手で）。そう考えたとき、華北に展開した政権の全てを打破し一つにまとめた北魏には「放伐」による正統性が継承・確立されたと考えられよう。その創始者は神秘的で異常な身体特徴と自然の祝福（自然と一体となり感応した事）を有していると書くことで正統性を補うことになると考える。

次に南朝の例として南斉の太祖（蕭道成）・梁の武帝（蕭衍）・陳の高祖（陳霸先）について挙げる。[14]

太祖高皇帝諱道成、字紹伯、姓蕭氏、小諱闘将、漢相国蕭何二十四世孫也。（中略）太祖以元嘉四年丁卯歳生。姿表英異、龍顙鍾声、鱗文遍体。

高祖武皇帝諱衍、字叔達、小字練児、南蘭陵中都里人、漢相国何之後也。（中略）高祖以宋孝武大明八年甲辰歳生于秣陵縣同夏里三橋宅。生而有奇異、両骻駢骨、頂上隆起、有文在右手曰「武」。帝及長、博学多通、好籌略、有文武才幹、時流名輩咸推許焉。所居室常若雲気、人或過者、体輒粛然。

高祖武皇帝諱霸先、字興国、小字法生、呉興長城下若里人、漢太丘長陳寔之後也。（中略）高祖以梁天監二年癸未歳生。少俶儻有大志、不治生産。既長、読兵書、多武芸、明達果断、為当時所推服。身長七尺五寸、日角龍顔、垂手過膝。

と三人にも身体的特徴が記述されている。太祖は「姿かたちが尋常ではなく龍のような額にとどろく声をもち、体にはうろこが龍のようにある」とされ、武帝は「両方の骨格が並ぶと頭が盛り上がったようになり、右手に「武」の文字がある」となっており、高祖は「身長が七尺五寸（二メートル弱）で龍のような顔つき、手は垂らすと膝下まで達する」というもので、角があったり鱗があったりと強調している。非凡性を示すため不思議な情景・雰囲気も記述、龍や鱗、体に現れた文字といったものを神聖視している。南朝として創始者の偉大さを伝えるのであれば、「直筆」で北朝との違いを明確に示したほうがよい。この南朝北朝が似通った作りなのは編纂した王朝の思惑が根底にあり、編纂をした唐にとって両者を隋が継承し更に唐が継承したことにしなければならないために、両者同等に著述編集をしたと考えられる。正史は編纂する王朝の論理に左右され、それは歴史を学ぶ者に史料批判の重要性と史料の落とし穴を教えるもので、正史の中身だけで判断する客観性を難しくしている。

おわりに

今回は南北朝の華北漢族の仕官姿勢・漢族胡族の関係、南朝、主に東晋についての漢族外の認識、史書編纂と記述内容の特徴について検証と考察をしてみた。またそれらから王朝をどのようにみているかについても考えてみた。南北朝初期（東晋五胡十六国）の華北では漢族は華北の諸政権に積極的な出仕をせず、東晋に心を寄せたり自立を図ったり、また漢族以外でも西晋復興のために東晋を支持したり、かたや漢族でありながら東晋を不支持だったりと地勢や時間軸による変化は様々であった。東晋滅亡後の中期以降では徐々に華北でも漢族仕官が増え、それによる漢族胡族の立場・仕官の関係に摩擦が生じて争いがあり、後期には漢胡関係に隔たりが薄れていたりということが判り、南朝を漢族外の人々が支持したり、新しい漢胡について考えていたこともみえてきた。史書編纂の意義やその特徴について少しは見解を提示できたと思う。まだこれからも宋以後の南朝の政治闘争など継承手法にまつわる事象や分裂後の北朝について更なる検証考察をし、王朝の正統と継承手段について理解を深められたらと考える。いずれは他の分裂混乱期や交代期についても研究していきたい。

註

（1）岡崎文夫『魏晋南北朝通史』内編（平凡社東洋文庫、一九八九）、越智重明氏『魏晋南朝の貴族制』（研文出版、一九八二）、川勝義雄氏『魏晋南北朝』（講談社学術文庫、二〇〇三）、川本芳昭氏『中国の歴史5　中華の崩壊と拡大　魏晋南北朝』（講談社、二〇〇五）、内藤湖南氏『支那史学史』一・二巻（平凡社東洋文庫、一九九二）、増井経夫氏『中国の歴史書――中国史学史――』（刀水書房、一九八四）、宮川尚志氏『六朝史研究』政治社会篇（平楽寺書店、一九九二）を中心にみた。

（2）岡崎氏、川本氏前掲著参照。『晋書』劉琨伝参照。

（3）岡崎氏、川勝氏、川本氏前掲著参照、石田徳行氏「胡族政権下における漢人貴族」（歴史学研究、一九六八）、佐藤賢氏「崔浩誅殺の背景」（歴史、二〇〇四）参照。

（4）岡崎氏、川勝氏、川本氏前掲著参照。松下憲一氏『北魏胡族体制論』（北海道大学出版、二〇〇七）参照。

（5）石田氏前掲論文、佐藤賢氏前掲論文、同「北魏前期の「内朝」・「外朝」と胡漢問題」（東洋学、二〇〇二）、同「北魏内某官制度の考察」（東洋学報、二〇〇四）参照。

（6）呂思勉氏『呂思勉文集　両晋南北朝史』上巻（上海古籍出版社、二〇〇五）参照。その中で柳光世伝の崔浩が謀議して挙兵せんとしていたこと、光世がそれに加担し謀が漏れて南朝へ亡命したことを述べた記述から崔浩謀反の可能性を指摘する。

（7）佐藤氏前掲論文（東洋学、二〇〇二）を参照。

（8）呂思勉氏前掲著参照。『魏書』張彝伝附始均伝に「始均才幹、有美於父、改陳寿魏志為編年之体、広益異聞、為三十巻。」とある。

（9）こうして取り立てられた者を「恩倖」と称する。多くは寒門出身者で皇帝による貴族牽制の一翼を担ったとされる。川合安氏「元嘉時代後半の文帝親政について――南朝皇帝権力と寒門・寒人――」（集刊東洋学第四九号、一九八三）。
（10）越智重明氏「南朝における皇帝の中央貴族支配に就いて」（社会経済史学第二一巻五・六号、一九五六）、矢野主税氏「東晋初頭政権の性格の一考察」（長崎大学学芸学部社会科学論叢、一九六五）参照。
（11）岡崎氏、川本氏前掲著参照。漢族主体の王朝交代からの脱却、意識変革を考えていた可能性も考えられる。
（12）川本氏前掲著参照。
（13）内藤氏前掲著参照。
（14）宋の武帝（劉裕）については前漢の劉邦・後漢の劉秀・蜀漢の劉備といった伝と共通項がみられ（例えば出身が卑しい・家計が貧しい・若い頃軽薄といった要素）、特に神秘性を打ち出していないので外している。

＊註記以外の参考文献

川合安氏「『宋書』と劉宋政治史」（東洋史研究第六一巻二号、二〇〇二）
同「劉裕の革命と南朝貴族制」（東北大学東洋史論集第九輯、二〇〇三）
窪添慶文氏『魏晋南北朝官僚制研究』（汲古書院、二〇〇三）
宮崎市定氏『九品官人法の研究――科挙前史――』（中公文庫、一九九七）
矢野主税氏『門閥社会史』（国書刊行会、一九七六）
中村圭爾氏『六朝貴族制研究』（風間書房、一九八七）
渡邉義浩氏『三国政権の構造と「名士」』（汲古書院、二〇〇四）
同『後漢における「儒教国家」の成立』（汲古書院、二〇〇九）
同『西晋「儒教国家」と貴族制』（汲古書院、二〇一〇）

＊最後に今回本稿を掲載する機会を与えてくださった川勝守（賢亮）先生、編集校正などに尽力をしてくださった宮嵜洋一先生に深く感謝を申し上げる。

五胡・北朝期における服飾の「多文化性」

――河西・朝陽の両地区を中心に――

小林　聡

はじめに

筆者は、漢唐間の中国文明を特徴付けるものとして、「礼制」のあり方に注目している。礼制は三礼をはじめとする儒家経典を典拠とする諸制度の体系であるが、必ずしも永久不変のものではなく、時とともに変化していくべきものと考えられた。そのため、西晋泰始年間に『晋礼』（当時は「新礼」と称された）が編纂されて以降、歴代王朝は「儀注」を編纂して、その時々における礼制の規範を示した。留意すべきは、『晋礼』が『泰始律令』とセットになって編纂されて以降、盛唐期に『開元二五年律令格式』と『大唐開元礼』の組み合わせに至るまで、儀注と律令、つまり礼と法とが王朝支配の二大支柱であり続けた点である[1]。礼制研究が近年盛んになってきたのは、まさにこの二元的構造が重視されるようになったからであるといえよう。

さて、礼制は多様な内容を含むが、その中でも、筆者は輿服制度、つまり諸侯や官人が公的な場において使用する車両（馬車・牛車）や服飾の体系がどのように編成されているのかについて注目し、漢制から唐制への移行期にあたる魏晋南北朝を中心に検討を続けてきた。当初は伝世文献史料をもとに、主として魏晋、及び南朝の公的な服飾制度（以下これを服制と称する）に主たる対象として検討を行ってきたが、文献史料から個々の品目の実際の姿を知ることは難しい。この弱点を補うのが出土文物であるが、魏晋南朝は服制に関する出土文物に恵まれていない。これに比して、五胡・北朝期から隋唐期にかけての出土文物は非常に多く、今後も豊かな発掘成果が見込める。特に五胡・北朝について言えば、魏晋南朝の服制と隋唐のそれとをつなぐ位置にあり、また、多民族的・多文化的な状況が服制史にも現れていることが期待されるだけに非常に興味深い時代であり、目下、筆者はこの時期の文物を素材として服制研究を行っている。壁画画像磚・人物俑などの服飾を表現した各種出土文物が文献史料の不備を補って余りある状況だけに、「魏晋から五胡・北朝前期へ」、あるいは「北朝後期から隋・初唐へ」という服制史の流れのアウトラインを明らかにすることができるようになった。[2]

さて、筆者は、現在のところ、魏晋～盛唐期（三～八世紀）における華北王朝を中心とした礼制・服飾制度史の流れを、以下のように四つの段階に分けて考えている。

①魏晋時代……漢末の動乱による礼制知識の喪失やその後の制度・思想の変化をうけて、西晋武帝治世において『晋礼』が編纂されたが、そこでは輿服制度が礼制秩序の構築の一環として整備され、祭服・朝服を基幹とする服制体系が確立された。

②五胡～北魏前期時代……永嘉の乱以降、華北では西晋の礼制・服制の知識が失われ、鮮卑・匈奴などの北族、あるいはソグド人などの西方諸民族の服飾が、礼制上の理論的な裏付けを持たないまま、漢族的な服飾体系と併存・融合する状況が続く。一方、東晋・南朝においても、西晋礼制は必ずしも全てが継承されず、適宜補足が行われた。

③北朝後期……孝文帝以降、北魏において中国的礼制が本格的に導入されるが、西晋服制がそのまま復元されたわけではなく、南朝貴族から見れば奇異な形状をした服飾もあった。北魏の東西分裂以降、北族的な服装（鮮卑帽・褠子・長靴などからなる）は胡漢の支配階層によって次第に洗練され、公的な服飾に使用されていくが、正式の服制に組み込まれるに至らなかった。一方、南朝梁王朝では、武帝による礼制・官制改革にともなって服制の再編成が行われ、陳朝に引き継がれた。

④隋唐……隋～初唐期は、南北諸王朝の礼制・服制を総合し、新たな服制体系を作り上げた時期といえる。従来の朝服が朝服・公服・公事之服（弁服・平巾幘）など様々に分化する一方、北族に起源を持つ服飾も「常服」として新たな服制体系の中に位置づけられ、祭服と合わせて五大（六大）服制体系が成立した。盛唐期に至って、少なくとも服飾の形状について言えば、五胡・北朝期のような多様性はなくなり、規格化が完成したといえる。

前述のように、②の五胡・北朝前期は、中国的服制が形成された①とその後の③・④とを結びつける重要な時期であるにも関らず、服制を復元するための文献史料及び出土文物がともに少なく、研究上のボトルネックとなっている。しかし、②についても例外的に出土文物がある程度活用しうる地域がある。それは、甘粛省河西・遼寧省朝陽、及び山西省大同の三地区である。周知の通り、河西地区においては大量の磚画墓や壁画墓が出土しており、それらは魏晋～五胡期のものが主体となっている（従って先の時期区分で言う①の時期も多く含む）。次に朝陽地区においては五胡（三燕）時期の壁画墓等が服制研究にとって有用となる。また、大同地区は拓跋政権の本拠地であるが、近年、同地区の古墓発掘が相次いでおり、五世紀頃の北魏前期にあたる多数の文物（壁画・陶俑・棺板漆画など）が服制史研究の材料として使用できるようになった。

では、②の時期においてこれら三地域の出土文物が比較的多いのは偶然であろうか。三地域に共通する点として、まず第一にいずれも中原地区から遠い「辺境」である点が挙げられる。これらの地域では魏晋時代の所謂薄葬令の影響が少なく、後漢以来の壁画墓造営が依然として存続していた可能性がある。第二に、三地域がいずれも多民族地域であり、漢族のみならず、鮮卑族がいずれの地域にも居住していた点も見逃せない。この多民族性は、後漢から魏晋にかけて形成され、五胡期には、鮮卑系政権として、河西では南涼、大同では北魏、朝陽では三燕諸国が樹立されている。

本稿では、三地域のうち、河西と朝陽の両地区の文物を主として取り上げ、大同地区については他の地区（新疆・高句麗・日本列島）の文物とともに補足的に扱うこととする。それは、大同地区のものは河西・朝陽よりも時代がくだり、北魏後期への展開をも考慮しなければならない点が多くあり、稿を改めて論じるべきと考えたからである。以上のような見通しをもとに、三地域の出土文物に表現された服飾を分析し、その特徴を見ていきたい。

一　河西地区の出土文物と服飾

本節では、河西地区の画像磚や壁画墓に見られる服飾を分析する。当地の魏晋期の古墓から発掘された画像磚・壁画などの画像資料が、膨大に存在することは周知の通りである。現在も整理と公開の作業が進行中であり、また今後も新たな発掘が期待されるが、とりあえず、現在公開されているものを題材として考察を進める。

服飾史研究に有用な文物を持つ当地の古墓のうち、魏晋時代のものとして、嘉峪関新城古墓（一・三・四・五・六・七・一二・一三号墓）・酒泉崔家南湾西晋墓・酒泉西溝魏晋墓（四・五・七号墓）・酒泉高閘溝西晋墓・高台県許三湾古城遺址墓・高台県駱駝城画像磚墓・敦煌仏爺廟西晋墓（一・三七・九一・一一八・一三三・一六七・三七〇号墓）などがあり、五胡期のものとして、酒泉丁家閘十六国墓（五号墓）、及び敦煌祁家湾西晋十六国墓（三一〇・三六九号墓）などが挙げられる。これらの古墓からは、三～四世紀の画像磚や壁画が非常に多く出土しているが、描かれた内容は多岐にわたり、当地の生活情景を知る上で格好の資料となっている。そこで、この豊富な材料を使って服飾の諸相を探ることとする。

既に指摘されている通り、河西地区の画像磚・壁画には非漢族を含め、多種多様な人々が描かれている。この多様性を服飾の面から考えるとどのようになるであろうか。ここでは、特に、登場人物がどのようなものを頭部にかぶっているか（無冠・無帽のケースも含めて）を指標として考察を進めたい。それは、冠・幘・帽などの頭部を飾る「かぶりもの」が、服飾の中でも視線が集中する部分であり、それゆえ着用者の属性を一目で示す必要があったと考えられるからである。

①　進賢冠と武冠

まず、漢時代や魏晋時代の礼制において、官吏の日常的な服飾体系として定められた朝服にかかわるかぶりものを考える。朝服体系に属する「冠」として、遠遊冠・進賢冠・武冠・法冠・高山冠などがあるが、実際に出土文物の中で目にすることができるのは、文官の大多数が着用する進賢冠、及び武官や侍従が着用する武冠である。さらに進賢冠の略式形態として介幘（黒介幘）が、武冠の略式形態として平上幘（平巾幘）があり、この「幘」系統のかぶりものも広い意味で朝服の範疇に入るといえる。筆者はかつて魏晋時代におけるこれらのかぶりものの推移について、河西の出土文物をも含めて考察を加え、進賢冠は後漢時代、官吏身分の象徴の朝服の一部として壁画や画像石において頻出し、武冠もそれに次ぐ位置を占めていたが、魏晋以降、朝服着用そのものが出土事例から減少していき、それとともに介幘や平上幘がそれぞれ進賢冠と武冠に取って代わる形で官吏身分の象徴としてなっていくという展望を示した。(3)このことを踏まえつつ、改めて河西の出土文物を素材として、朝服系統のかぶりものを検討する。

河西地区における朝服のあり方についての文献史料として、『晋書』巻八六、張茂伝に、張茂が臨終に際して（三二四年）、後継者たる張駿に告げた言葉が参考になる。

吾遭擾攘之運、承先人余徳、仮摂此州、以全性命、上欲不負晋室、下欲保完百姓。然官非王命、位由私議、苟以集事、豈栄之哉。気絶之日、白帢入棺、無以朝服、以彰吾志焉。

この記事によれば、張茂は、自分に西晋王朝の官吏としての資格はないとして、死後、入棺の際に朝服を着用することを辞退し、無官を示す白帢を着て棺に入ることを望んだという。裏を返せば、前涼政権下の河西の人々が、晋朝との政治的なつながりがなくとも、「朝服の着用」に権威を感じていたことを示唆している。つまり、西晋王朝が制定した礼制・服制は、晋朝自体から離れて、普遍的なある種の権威を持ち始めていたとも言えよう。

では、文物において朝服に関る冠はどのように表現されているであろうか。まず、進賢冠について見てみると、酒泉高閘溝西晋墓・酒泉丁家閘十六国墓（図一）・敦煌仏爺廟湾十六国墓に見られ、いずれも墓主とおぼしき人物がこれを着用している例がある。(4)これだけの事例しか見あたらないので、進賢冠の着用者は河西の出土文物に表現された膨大な人物像の中で、非常に稀な存在であるといえる。

次に武冠についてであるが、酒泉西溝魏晋墓（図二）・酒泉高閘溝西晋墓・敦煌仏爺廟湾西晋墓・高台県許三湾古城遺址墓に武冠と思われる例がある。このうち墓主と思われるのは西溝魏晋墓のみであり、この墓主は絳緋袍を身に纏っていることから、全体として朝服を描いていることは明らかである。他は、門吏・従者・下級官吏など、比較的身分の低い人物を描いていた例であり、この点は漢代の壁画・画像石の事例と同様である。このように、武冠は貴賤を問わず着用されるものであったため、進賢冠よりは礼制上の格式は落ちると思われるが、絳緋袍などと組み合わされて朝服を構成する場合は、進賢冠とほぼ同等の格式を表現していると思われる。

②　介幘と平上幘

進賢冠と武冠の略式形態である「幘」系統のかぶりものについては、①よりやや広い範囲で見られる。まず介幘であるが、嘉峪関新城一号墓（図三）・同五号墓・同六号墓・高台県許三湾古城遺址墓・高台県駱駝城画像磚墓（木俑も含む）・丁家閘十六国墓に見られるが、基本的には進賢冠の省略形態、あるいは進賢冠着用者に次ぐ地位を持つ人物として描かれていると筆者は考える。さらに、河西よりさらに西方のトルファン地区の事例になるが、アスターナ一三号墓（64TAM13）の紙画、及びカラホージャ九八号墓（75TKM98）の壁画（図四）にも墓主と思われる人物が介幘と思われるかぶりものを着用しており、おそらくは漢族の移住を契機として、中国的服制がトルファン地区にも及んでいたことが伺える。一方、平上幘と思われる例として、嘉峪関新城一号墓（ただし、黒幘ではなく赤幘）・同六号墓・高台県許三湾古城遺址墓（図五）・酒泉高閘溝西晋墓・敦煌仏爺廟湾西晋墓があるが、いずれも従者・門吏・下級官吏を描いた事例である。前述のように武冠は下位の人物も着用しているので、その略式形態たる平上幘の位置づけはさらに低かったと見てよいであろう。

以上が朝服とそれに関るかぶりものの例であるが、次にそれ以外のものを見てみよう。なお、出土文物に現れたかぶりものを判別し、文献史料上の名称を当てはめることは容易ではなく、また、中国で刊行された各種の発掘調査や図録においても、統一された呼称があるとは言い難いので、名称が不明なかぶりものについては、アルファベットを付した暫定的な名称を使用する。

③　A型のかぶりもの

山を二つ重ねた形状のかぶりもので（図六）、かなり広範囲にわたって見られ、墓主クラスがこれを着用し、かつ下に漢族風の衣服を纏っていることが多い（ただし、アスターナのA型着用者のうち左衽の例がある）。『敦煌祁家湾西晋十六国墓葬発掘報告』では、これを「有岐の帢」とする。[5] 注意すべきは、このA型は敦煌よりさらに西方に位置するトルファンのアスターナ六区三号墓（Ast.vi.3.05）の紙画（図七）・カラホージャ九七号墓の壁画にも見られる点である。また、はるか東方の例になるが、高句麗の徳興里古墳にもA型と思われるかぶりものをかぶった「牛郎」が描かれているのが注目される（ただし、これが高句麗の現実の服飾を描いたものかといえば、やや疑問が残る）。先に述べたように、介幘はトルファンの服飾文化の中に根付いており、次節で述べるように、高句麗にも介幘（あるいは進賢冠）らしきかぶりものが多数見られるが、このことは、中国服制の一部をなす介幘が、中国本土をこえて広く東西にまたがって着用され、一定の「普遍性」を持ったかぶりものとなったことを示している。とすれば、A型の場合も介幘と同様、同様に中国服制の一部をなしつつも、中国本土をこえて広く着用された、普遍性を持つかぶりものであったと考えてよいであろう。

④　B型のかぶりもの

船状のかぶりもので（図八）、「甘粛酒泉西溝村魏晋墓発掘報告」はこのタイプのものを「白方幘」とし、[6] また『酒泉文物精萃』は「帢帽」とする。[7] また、宋馨は後述のD型のかぶりものと同一視し、これを「西域人」のものとする。[8]

B型は、朝陽など同時期の他地域の文物には見られないものなので、河西固有のかぶりものである可能性が高いが、漢族風の衣服と併用され、一定程度の身分を持った人物としても描かれる例もある。従って、その民族性を断言することは難しいように思われる。

⑤　C型のかぶりもの

図九に見られるかぶりものは平上幘に似ているが、それよりやや形が大きく白（あるいは薄い色）で表現されるので、別種のかぶりものと考えられる。『敦煌仏爺廟湾西晋画像磚墓』はこのタイプのものを「角巾」とする。(9) 敦煌仏爺廟湾十六国墓に多く見られ（他の古墓では見あたらない）、墓主クラスから農民まで広範な人々が着用しているのが特徴と言える。あるいは、敦煌地域特有のかぶりものと考えることもできよう。

⑥　D型のかぶりもの

図一〇に見られるような低く垂れた烏帽子状のかぶりものをD型として考える。出土文物によって形状の差異が大きく、A型や後述の鮮卑帽と見分けがつきにくい場合がある。これは、布や革などの柔らかい素材を使ったかぶりものであるため、描かれ方に差が生じたのではないかと思われる。『甘粛出土魏晋唐墓』は、このタイプのかぶりものを単に「帽」とする。(10) D型においては、墓主など高位の人物が着用している例はなく、庶民とおぼしき人々の着用事例ばかりである。地域的な分布について言えば、高台県・酒泉市・嘉峪関市に見られ、敦煌や新疆の文物には見られない。また、装飾をつけたヴァリエーションとして、嘉峪関新城五号墓（図一一）と酒泉丁家閘十六国墓存在の二例があるが、その容貌を見ると、明らかにアーリア系の人物として描かれているので、このタイプはD型とは別範疇の

西方民族固有のかぶりものである可能性もある。

これら西方諸民族が河西の画像磚に現れることについては、既に多くの研究者が指摘している。たとえば、国内では園田俊介が出土文物における氐族・羌族の詳細な分析を行い、『三国志』巻三〇に引く『魏略』西戎伝にある記事をもとに、「編髪」の人物を氐族とし、『後漢書』巻八七、西羌伝の記述をもとに「被髪（披髪）」の人物を羌族としているが、中国の研究者も園田氏とほぼ同じ意見を述べている。[11] 本稿では氐族の例として図一二を、羌族の例として図一三を挙げておいた。なお、張軍武や張暁東は、『晋書』巻九七、四夷伝・亀茲国条の記事に基づき、「亀茲人」を判別する指標として「翦（剪）髪」を挙げ、新城六号墓に見られる一連の「采桑図」の少女像がこれにあたるとしている（図一四）。[12]

⑦　羌・氐・亀茲各族の髪型

⑧　鮮卑帽、あるいは「髡髪」

周知のように、鮮卑族は河西地区にも居住しており、画像磚にも登場する。鮮卑族を見分ける指標は「鮮卑帽」と称される円頂の帽である（図一五）。[13] 宋馨は河西地区の画像磚を分析し、「鮮卑人」（鮮卑帽をかぶっている人物）と「西域人」（本稿で言うB型及びD型をかぶっている人物）が従事している労働から、前者が狩猟・家畜飼養に従事しているのに対し、後者が耕作などの農作業や、炊事などの家内労働、及び音楽演奏などに従事しており、両者の労働には明確な区別があったことを指摘している。「西域人」の範疇については、かぶりものをさらに細分して検討するべき点や、鮮卑帽の人物も農耕に従事している点など今後さらに検討すべき部分もあるが、前者のかぶりものが鮮卑族を表現していることはほぼ間違いないであろう。

鮮卑帽についてさらに述べるべき点がある。まず、河西地区の鮮卑帽には、黒いものと白い（あるいは薄い色）ものの二種類がある点である。朝陽・大同等他の出土文物においては黒い鮮卑帽しか見あたらないので、後者は河西独自の鮮卑帽であったといえる。ただし、色の違いが何を意味しているのかについては不明で、今後検討すべき課題といえる。

また、前述の①から⑥までのかぶりものは全て男性のものであり、河西文物においては、非漢族も含めて女性は無帽で描かれることが多いが、鮮卑帽は性別を問わずに着用されていたようで、この点も特徴的といえる。出土例を見ると、男性のものとはやや形状を異にするものの、鮮卑帽に特有の紐（宋馨はこれを「繋帯」と表現する）を垂らし、明らかに女性用の衣服を身に纏った例がいくつかある（図一六）。男女を問わず着用されていた点が鮮卑帽の特徴と言える。[14]

さて、園田俊介によれば、河西画像磚中の「髠髪」の人物は河西鮮卑を表現しているとされる（図一七）[15]。髠髪もまた鮮卑族を示す表徴であるとすれば、河西鮮卑を表現するにあたって、鮮卑帽を描く場合と髠髪を描く場合の二つのパターンがあったということになる。なお、髠髪の事例は嘉峪関新城三号墓に集中しており、他の古墓ではあまりみられないが（ただし、図一七では酒泉丁家閘十六国墓のものを挙げた）、これはなぜなのかという問題も生じる。三号墓の画像磚には鮮卑帽の人物も多く現れ、また、穹廬での生活や騎馬による出行・狩猟などを描いた例も多く、騎馬民族的な色彩が比較的強いように思われる。あるいは、このことと関連があるのかもしれない。

⑨　その他のかぶりもの、及び無帽の諸形態

以上挙げた他に、他の文物に類例がなく、分類が難しいかぶりものや、無帽で髻を露出させた人物もいくつかある

が、本稿ではとりあえず考察を省略する。なお、画像磚注の漢族・氐・羌・鮮卑以外の民族として、園田俊介や蘇哲が月氏胡の存在を、張軍武が羯の存在をそれぞれ挙げているが[16]、本稿では立ち入って検討しないこととする。

以上、河西地区の出土文物に見えるかぶりものの様相を見てきた。朝服制度は魏晋・十六国時代を通じて一応は存続し権威を保ったものの、進賢冠や武冠のような正式の朝服の一部をなす冠は一般的ではなくなっていき、かわってこれらの略式形態である介幘・平上幘が盛行する一方で、そういった中国的服制と氐・羌・鮮卑など様々な民族の服飾が共存している様子が描かれるようになる。漢代の壁画・画像石には稀なこの多民族性は河西文物の特徴といえよう。では、進賢冠など朝服の出現頻度が低いことは、中国的礼制・服制の衰退を意味するのであろうか。そもそも、画像磚や壁画に現れる服飾構成は当時の河西社会をそのまま写し取っているのであろうか。鄭岩は河西の文物には漢代古墓の画像に見られた三皇五帝・忠臣・孝子・列女などの故事がなく、あるいは車馬出行などの官位身分の表現なども少ない点から、墓主は決して政治的・文化的エリート階層ではなく、それだけに民間が普遍的に備えている文化的特徴をそこから知ることができる点などを指摘している[17]。そうであるとすれば、現在公表されている文物に見られる礼制・服制上の構成は、河西社会の一部分を切り取ったものにすぎず、おそらくは「河西の政治に与るような最上層部を含まない、中小豪族層とその周囲の人々」が描写の範囲ということになるであろうか。従って、今後の発掘の進展によって、河西社会の上層部の様子が判明することになれば、現在公表されている文物とはやや違って、朝服着用がより広範囲に存在していた様子が浮かび上がってくるかもしれない。

二　朝陽地区の出土文物と服飾

本節では、朝陽地区の出土文物、特に壁画から中国礼制や多民族性を、前節で扱った河西地区のもの、さらには大同地区のものと比較しつつ検討を加える。朝陽地区は、五胡時代の所謂「三燕」諸政権の本拠であり、数百基の古墓が確認されているという。このうち、服制研究に有用な文物が発見された古墓として、袁台子墓（四世紀前半）・三合成前燕墓（四世紀）・北廟一号墓（四世紀）・太平房身村墓（四世紀）・西官台営子一号墓（馮素弗墓・五世紀）などが挙げられる（ただし、北廟一号墓・太平房村墓を五世紀前半の北燕期とする説もある）。これらのうち、三合成前燕墓の例が鞍橋にあしらわれた騎馬図像である他は、全て絵画資料である。時期に関しては、前節で扱った酒泉丁家閘十六国墓・敦煌祁家湾西晋十六国墓とほぼ同時期ということになる。

①　朝服に関るかぶりもの――武冠・介幘・平上幘――

前述のように、河西地区の膨大な文物の中において、朝服の一部をなす進賢冠・武冠の例が少ないことを指摘したが、朝陽地区ではどうであろうか。

まず、文献史料を見ると、『晋書』巻一〇一、慕容儁載記に、前燕が龍城から薊に遷都して中原に地歩を固めつつある頃の、給事黄門侍郎申胤による礼制上の様々な提言を載せたものが目を引く。その一節に、

又朝服雖是古礼、絳構始於秦漢、迄于今代、遂相仍準。朔望正旦、乃具衮舄。礼、諸侯旅見天子、不得終事者三、雨沾服失容、其在一焉。今或朝日天雨、未有定儀。礼貴適時、不在過恭。近以地湿不得納舄、而以衮襈改履。案

言称朝服、所以服之而朝、一体之間、上下二制、或廃或存、実乖礼意。大燕受命、侔蹤虞夏、諸所施行、宜損益定之、以為皇代永制。

とあって、申胤が朝会の際の服制を新たに定めることを提言しており、これに対して慕容儁は「冠服何容一施一廃、皆可詳定」として儀注の作成を命じている。それまでの前燕朝廷の服制は、おそらくは『晋礼』を基準とするものであり、申胤はその不備を挙げて前燕なりの「皇代永制」を作り上げようと試みたのであろう。その議論は、礼は経書を典拠としつつも状況に応じて適宜変化すべき点など、服制や礼制に対する一定の理解を踏まえたものであり、魏晋南朝の漢族王朝における礼制・服制議論と軌を一にするものといえる。一方、後に後燕に代わって中原を支配した北魏における服制議論を見ると、孝文帝以前においてはこういった議論はあまり例がないが、それは朝服制度そのものが実質的にあまり機能していなかったことを背景としているといえる[18]。これと比較すると、慕容政権が四世紀半ばにおいてかなりのレヴェルの礼制知識や服制体系を持っていたことが想定される[19]。

次に出土文物について例を挙げる。まず挙げられるのが、朝陽袁台子墓の壁画に描かれた墓主像である（図一八）。墓主は武冠をかぶり、黒領の絳緋袍を着用しており、全体として朝服着用を表現している。墓主が武冠・朝服を着用している例は、後漢時代の壁画墓や河西の画像磚墓や壁画墓においては、現在公開されているものの中ではほとんど見られず、前節で述べた図二の西溝魏晋墓の例がこれに相当するのみである[20]。なお、同じ袁台子墓の中には武冠をかぶった門吏を描いた例もあり、河西と同様に武冠が貴賤を問わず着用されていたことがうかがえる。こういった武冠の優越は袁台子墓の特徴であると言える。

なお、これと近い関係にあるとされるのが、高句麗の壁画墓群である。周知の通り、高句麗壁画に関しては膨大な研究蓄積があり、本稿では立ち入って論じないが、朝陽袁台子墓の武冠と黒領の絳緋袍の組み合わせとほぼ同じ服飾体系を描いた例が、北朝鮮南部の平安南道や黄海道の古墓において複数存在する。たとえば、徳興里古墳の二つの墓主像は、いずれも羅冠（中国服制における武冠か、あるいはその派生形）に黒領の赤い袍（中国服制における絳緋袍か）を着用しており（図一九）、安岳三号墓と双楹塚の墓主像は、羅冠に赤い袍（黒領は確認できない）を、水山里古墳の墓主像は羅冠に黒領の薄い色の袍を、薬水里古墳は羅冠と黄色の袍を着用している。(21)このように北朝鮮南部の壁画墓において、羅冠、すなわち武冠系統の冠が正装として描かれているのであるが、袁台子墓の発見によってその源流が三燕にあることが明らかになったといえよう。

このように、墓主が武冠を着用する例は三燕から高句麗にかけて広がるが、武冠よりも礼制上の地位が高いと見られる進賢冠についてはどうであろうか。まず、袁台子墓の「侍従図」と名付けられた一群の人物群の中の一人（ただし、冠から襟までしか描かれていない）がかぶっているものを見ると、「梁」（進賢冠の本体）の部分が異常に大きく表現されているが、これは進賢冠を描いているように思われる（図二〇）。その他、大平房村墓の後壁に描かれた墓主が「進賢冠」と赤い「円領袍」を着用しているとされ（ただし、肩の部分から下の画像は失われている）(22)。また、西官台営子一号墓（馮素弗墓）の剥落した壁材には、「二梁冠」（正式には進賢両梁冠）をかぶった人物の頭部が描かれているという。(23)筆者はこれらの画像を見ていないが、報告書の言うとおり進賢冠を描いているのであれば、これらも朝服かそれに近い冠服を描いた例ではないかと思われる。

以上の事例を考え合わせると、後漢時代の壁画・画像石などに進賢冠が多く描かれていたのに比して、魏晋以降の朝陽地区においては進賢冠を着用する機会が減り、かわって武冠が高い格式を持つ冠として愛好されるようになったと言える。朝服の格式は武冠に重心を移しつつも、一応は保たれていたと見てよいであろう。

なお、朝陽地区においては、介幘や平上幘を表現した文物は、現在公開されている限りでは見られないように思われる。しいていえば、袁台子墓中の「奉食図」中の剣を持った侍従らしき人物がかぶっているものが、平上幘の一種と見られないこともない程度である。しかし、三燕において幘が存在しなかったとは思えない。そもそも、介幘は進賢冠の一部を、平上幘は武冠の一部を各々なすものであり、幘が単独で使用されることは他地域の例からも十分ありうる。また、前述の北朝鮮南部の高句麗壁画においては、徳興里古墳の「十三郡太守像」をはじめ、介幘、あるいは介幘を模したかぶりもの（ただし、介幘ではなく、進賢冠である可能性もある）が絳緋袍などの朝服系統の衣服とともに描かれる事例が多々あり、高句麗にこのような服装体系が見られる以上、朝陽においても、介幘を描いた文物が今後出土される可能性は十分あると思われる。『三国志』魏書、巻三〇、東夷伝高句麗条によれば、後漢時代より高句麗は中国の「朝服・衣幘」を好み、後漢王朝との関係が悪化した後も、玄菟郡を通じた「朝服・衣幘」の入手は欠かさなかったといわれる。また、同書の「大加・主簿頭著幘、如幘而無余」という記事は、中国の幘が高句麗に導入され、当地で変化していったことを示している。慕容部と高句麗の関係は、征服・徙民を通じた激烈かつ密接なものであり、服制上の影響はより大きかったはずである。また、輯安地区の舞踊塚（図二一）・三室塚・通溝一二号墓・長川一号墳などの壁画墓においては高句麗独特のかぶりものが見られるが、これらは平上幘が変化したものと考えることもできる。輯安の高句麗壁画群は三国期より時代が下り、慕容部の台頭・滅亡とほぼ時を同じくしているが、慕容部からの高句麗への服制上の影響を想定することは不自然ではないであろう。

なお、稲村繁は古代日本の埴輪において表現されたかぶりものを精査し、大陸諸国の日本列島への服飾上の影響についても論じているが、その中で進賢冠・介幘の日本列島への形を変えた伝播を想定させる事例をも指摘している。(24)興味深い事実であるが、そのような埴輪は、わずかな出土例しかないので、朝服制度全体が系統的に導入された可能性は低い。高句麗にせよ古代日本にせよ、これらのかぶりものが中国的な礼制の中で機能していたとは思えず、公孫氏政権や三燕諸国における朝服を見た東夷諸民族が朝服の諸品目のうちいくつかを導入、もしくは模倣し、礼制と切り離された形で独自の威信財として使用するようになったと考えるのが妥当であろう。

② 鮮卑帽などの鮮卑的な服飾

朝陽地区は、鮮卑系政権が相次いで樹立された地域である。従って、この地区の服飾もまた鮮卑的性格が強かったことは十分想定される。(25) 三燕の民族構成については、近年三崎良章が精力的に研究を進めており、公孫氏政権前後の時期に造営された遼陽地区の壁画墓を分析し、そこから非漢族（鮮卑・烏桓等）の要素を見いだすことができないとする一方、(26) 朝陽の三燕時期の壁画墓に関しては、馮素弗墓（及びその妻の墓）・北廟村一号墓などは鮮卑色が濃く、太平房村墓・袁台子墓は漢族の要素が強いことを指摘する。そして、袁台子墓を前燕、それ以外を北燕のものとする見方に立って、「慕容政権の前燕において漢文化の伝統が強く、漢族政権下の北燕では漢文化と鮮卑文化が併存していた」状況を想定しているが、一連の分析の中で北廟一号墓の男女の髪型（禿頭）や服装に鮮卑系の要素を見いだしている。(27)

では、鮮卑族の標章とも言うべき鮮卑帽はどのような存在であろうか。まず、袁台子墓においては多数の鮮卑帽が筒袖の衣服や袴とともに描かれており、墓主に近い人々の間では鮮卑服が一般的な服装であったことをうかがわせる。注目すべきは、河西と違ってすべて黒色で表現されている点、及び鮮卑帽の形状が図二二と図二三に見られるように、円頂型（烏帽子型）のもの、三角形（円錐形）のもの、五角形のものなど多様である点である。(28) 図二二を見ると、右側の五角形の鮮卑帽の騎馬人物がおそらくは墓主（あるいは墓主に近い人物）であり、小振りの円頂型の鮮卑帽の人物はその従者と思われる。小振りの円頂型のタイプのものとしては、図二三の左側の人物がこれにあたり、牛車を御しているので従者と見られる。その他、各種の従者や牛耕に従事する例が袁台子に見られ、このタイプは比較的身分の低い者を表現するものであったと見てよい。このように三燕地域においては、鮮卑帽には形状によって人物の貴賤や属性を表示する機能があったように思われる。

他に、鮮卑帽を示している可能性がある例として、朝陽北廟村一号墓の墓主像がかぶっている冠がある（図二四）。発掘報告はこれを「高冠」とするが[29]、その模写を見ると、「繫帯」が左右に伸びているので、これも鮮卑帽の類ではないかと思われる。また、墓主の左に描かれる夫人は漢族の髪型とは思えず、墓主もまた非漢族的なかぶりものを着用している可能性が高いともいえよう。

なお、この鮮卑帽の東方への伝播も確認される。高句麗では、輯安地区のものとして舞踊塚・長川一号墳、平壌近辺のものとして薬水里古墳・徳興里古墳（図二五）において鮮卑帽らしきものが描かれており、他にも鮮卑帽系統のものではないかと思われる例もある。いずれも図二二の袁台子墓壁画の左側の従者に似た小振りの円頂タイプである。さらに、稲村繁によれば、古墳時代の日本においても鮮卑帽との関連をうかがわせる埴輪も出土しているようである[30]。前項で指摘したように、進賢冠（あるいは介幘）の伝播ルートとして、中原↓三燕↓（遼陽地区）↓高句麗↓（朝鮮半島）↓日本列島というルートが想定されるとすれば、中国的服制と同様に鮮卑帽についても、西は河西、東は三燕にまで広がっていた鮮卑文化の服飾が、高句麗を経て日本列島にまで及んでいたということになろう。このように、中国的服制にせよ鮮卑系の服飾にせよ三燕を起点として東夷世界に拡散していった点に注意したい。

ところで、慕容部における代表的な頭部の装飾品として「歩揺（歩揺冠）」がある。歩揺は朝陽地区の古墓において多くの出土事例があり、まさに鮮卑帽と並んで三燕文化の象徴ともいうべき装飾品といえる。歩揺冠飾とその土台になる板飾とがセットになって出土する場合が多いが、前者は北方遊牧民の系統を引き、中央・西アジアの聖樹思想に起源を持つもので、後者は中国の服制たる武冠に付属する金璫に由来するとされる[31]。それだけに胡漢文化の融合をそこに見ることができる興味深い装飾品といえ、さらに朝鮮半島諸国や日本列島にも形状を変えつつも伝播しており、先に述べた鮮卑帽とともに鮮卑文化、とりわけ三燕文化の東伝を物語る例といえる。しかしながら、現物が多数出土し、慕容部における流行が史籍に記されているにもかかわらず、朝陽地区の絵画資料から歩揺らしきものを見いだすことは難しく、男子のかぶりものについて言えば、武冠や鮮卑帽が主体となっている。また、歩揺の装飾は内モンゴル中央部における拓跋部関連の遺跡からも出土しているが、北魏前期における大同近辺の古墓絵画や陶俑においても、これを描いたものはないようである。この齟齬が何故生じたのかを探ることは今後の課題となる。

③　大同地区の出土文物とのかかわり

大同地区の古墓から出土した各種の絵画、及び陶俑は北魏前期（いわゆる北魏平城時代）における服制を明らかにするために欠くことができない材料となる。これらについては、稿を改めて詳細に考察したいが、本稿では河西・朝陽との関りにおいて簡単な見通しのみを述べる。

北魏前期の大同周辺の服飾資料として、大同石家寨北魏司馬金龍墓・内蒙古フフホト北魏墓・大同湖東北魏一号墓・大同南郊北魏墓群（一八五・二二九・二五三号墓）・内蒙古ホリンゴル楡樹梁村北魏磚室壁画墓・大同智家堡北魏墓・大同智家堡北魏石槨壁画墓・大同南郊区田村北魏墓・大同下深井北魏墓・大同市北魏宋紹祖墓・大同七里村北魏墓群（三五号墓）・大同迎賓大道北魏墓群（七六号墓）・大同沙嶺北魏墓などから出土した壁画、石槨、及び棺板に描かれた各種人物像や、雲崗石窟の供養人像が挙げられる。近年、様々な絵画資料が発見されて注目を浴びているが、なにより陶俑が多く出土しているので、服飾を立体的にとらえることができる点が河西や朝陽との相違点と言えよう。

さて、この大同地区における服飾の情況を見ると、両地区に比して中国的な要素が非常に少ない点が特徴としてまず挙げられる。絵画・陶俑ともに鮮卑系統の服飾が圧倒している。本稿で重視するかぶりものに関しても、武人像を除いても、鮮卑帽もしくはそこから派生したかぶりものが圧倒的に多く、男子の衣服においては、上は筒袖、下は袴という河西・朝陽においても見られる鮮卑系の衣服が一般的である[32]。鮮卑帽には何種類かの形状があるが、出土数の割にはヴァリエーションが少ないように思われ、朝陽地区のように鮮卑帽の形状が貴賤・属性を示していたか否かは判断しがたい。なお、大同の鮮卑帽は、河西・朝陽に見られる後方に繫帯を垂らすタイプではなく、後頭部を覆う形の「垂巾」（宋馨による）タイプが一般的であったようである（図二六）。なお、同じく北魏前期に属するとされる寧夏固原雷祖廟村北魏墓の漆棺に描かれた服飾の様子は大同地区とほぼ同じであるので、これらが北魏前期の服制のスタンダードであったのであろう。

さて、以上のことから、様々な民族が混在していた河西地区はもとより、鮮卑系政権が存続した朝陽地区に比しても、北魏前期の平城近辺においては鮮卑的服飾の色彩が強く、相対的に中国的な服制が弱かったという状況が浮かび上がってくる。辛占山は、四世紀初頭、慕容部による遼東への進出と前後して遼東から遼西への徙民が三次にわたって行われたが、その影響が遼東の壁画墓の終焉と遼西すなわち朝陽地区における壁画の出現となって現れ、またその後の慕容部と高句麗の間の戦争が、高句麗壁画古墳を生んだのではないかという見通しを立てる[33]。これは国家体制に関る「部」の制度が、中国内部→慕容部→高句麗等の東夷諸国という経路で伝播したとする川本芳昭の論とも重なるものといえるが[34]、いずれにせよ、慕容部は台頭の過程で中国文化を受容し、それを自前の鮮卑文化とともに高句麗などの東夷諸国に伝える役割を果たしたということができる。また、前節で扱った河西地区においても五胡時期を通じて中国的な服制は残存し、新疆地区へも影響が及んでいる。本来西晋官爵体系を可視的に表現する機能を持つ朝服制度は、両地区における礼制知識の希薄化とともに変容を余儀なくされたものの、「朝服着用」を名誉と感じる感覚自体は生き残り、この感覚が中国的な服制をさらに遠方へ導いたと考えることができる。ところが、北魏ではやや様子が違っていた。北魏建国と前後して、平城近辺への漢族の大規模な徙民が行われたのは周知の通りであるが、それにもかかわらず、中国的服制の存在感は薄い。(35) 宋馨は北魏平城時期において鮮卑服は正式な「朝服」として認められていたとする。氏の言う「朝服」は本稿で言う中国礼制に則った朝服ではなく、北魏朝廷における公的な服装という意味であろうが、平城では北族の鮮卑服に対する強い愛着が存在したことを感じさせる。それゆえ、五世紀末の孝文帝による中国的な朝服制度の導入に対しても、強い抵抗があったのである。こういった北魏における鮮卑服へのこだわりは、先に見た前燕の中原進出時における中国的朝服の着用を前提とした服制改革の議論とはかなり様相を異にするといえよう。こういった北魏人の感覚が、河西・朝陽とは違う服飾世界を作り上げ、五世紀前半における北魏の華北征服事業の進展とともに各地に広がっていくこととなる。

おわりに

以上、出土文物の紹介を軸にして、魏晋~北魏前期の服飾、とくにかぶりものの特徴を中心に概観した。地域は河西と朝陽を中心にしつつ、大同・高句麗・新疆等の事例を補足的に扱ったが、検討の結果を要約すると次のようになる。

まず、河西地区であるが、漢代の文物全般に比して進賢冠・武冠など正式の朝服を表現する例が減少し、介幘・平上幘というこれらを簡略化したより簡便なかぶりものが流行する。中国的服制が全体として衰退したわけではなく、トルファン地区にも伝播するなど拡散の様相も見せる。一方、鮮卑・氐・羌などの諸民族を表した服飾・髪型や、敦煌独自のかぶりものが現れるなど、多様な服飾世界が生まれていた。

次に、鮮卑系政権が樹立された朝陽地区においては、鮮卑族の色彩がより強く現れている。鮮卑族の標章とも言える鮮卑帽は、朝陽では多様な形状を見せ、その形状によって貴賤・属性を表示する機能があった可能性もある。一方、中国礼制・服制の象徴たる朝服は衰滅せずに存続し、服制に関する一定の理解も存在したが、進賢冠に代わって武冠が愛好されるようになるなど三燕独自の嗜好も生まれた。こうして、鮮卑的な服装や中国的な服制はともに三燕の中で独自の進化を遂げ、高句麗など東夷諸国にも伝播した後、各々の地域で権威の象徴としてさらに変化していったと見られる。

一方、河西・朝陽よりも時代がくだると見られる大同地区の出土文物を見ると、鮮卑系の衣服が圧倒的であり、漢族を含め他の民族の服装の痕跡は希薄である。この点、他の二地域の多民族性とは対照的であり、北魏前における服飾世界の特徴が現れている。しかし、大同や固原のように北族的な色彩の強い地域以外でも、北魏的服飾が支配的であったか否かは疑問である。

本稿では、河西・朝陽の分析が中心になったが、これらは五世紀前半が下限となる。一方、本稿において補足的に扱った大同地区の文物は、時代的に言えば北魏前期、特に五世紀後半が主体であるので、前の両地域の出土文物の時代と、ある程度安定した服制体系を持つに至った様子が膨大な出土文物からうかがえる北魏後期とをつなぐ位置にあるといえる。今後は大同など北魏前期における服飾の状況をより精密に分析し、その後の北朝諸王朝への展開を含めて服制史研究を確かなものにしていきたい。

注

（1）律令と儀注の関係については、拙稿「泰始礼制から天監礼制へ」（『唐代史研究』八、二〇〇五）を参照。

（2）拙稿「漢唐間の礼制と公的服飾制度に関する研究序説」（『埼玉大学紀要教育学部』五八―二、二〇〇九）において、まず、西晋武帝治世に制定された礼制とその中における服制の位置づけを論じ、次に近年の主要出土文物を画像石・壁画・画像磚・線刻画・レリーフ・棺板画・人物俑などのジャンルに分けて整理し、それらをもとにして最後に漢代から盛唐期にかけての服制史の見通しを、朝服・常服の変遷を材料として述べておいた。

（3）拙稿「朝服制度の行方――曹魏～五胡東晋時代における出土文物を中心として――」（『埼玉大学紀要教育学部』五九―一、二〇一〇）参照。

（4）なお、酒泉高閘溝西晋墓においては、太守たる墓主の属官も進賢冠を着用しているが、官衙の情景を描いた例は、河西地区の文物の中では珍しいと言える。また、本文で挙げた以外に、高台県駱駝城魏晋墓出土から出土した板に描かれた伏羲図、敦煌仏爺廟湾晋墓（一六七号墓）の伯牙撫琴図もまた進賢冠を着用していると思われるが、これらは現実の河西の服飾を描いているわけではないので、考察の対象から外す。

（5）張瓏『敦煌祁家湾西晋十六国墓葬発掘報告』（文物出版社、一九九四）参照。

（6）甘粛省文物考古研究所「甘粛酒泉西溝村魏晋墓発掘報告」（『文物』一九九六―七）参照。

（7）酒泉市博物館編著『酒泉文物精萃』（中国青年出版社、一九九八）参照。

（8）宋馨「北魏平城期的鮮卑服」（山西省北朝文化研究中心・張慶捷・李書吉・李鋼主編『四～六世紀的北中国与欧亜大陸』、科学出版社、二〇〇六）参照。

（9）甘粛省文物考古研究所『敦煌仏爺廟湾西晋画像磚墓』（文物出版社、一九九八）参照。

（10）俄軍等主編『甘粛出土魏晋唐墓』（蘭州大学出版社、二〇〇九）参照。

（11）園田俊介「河西画像磚にみえる胡人図像――魏晋期の酒泉を中心として――」（『西北出土文献研究』五、二〇〇七）、中国では、杜思平・張軍武「嘉峪関新城魏晋彩絵磚画及壁画墓」（岳邦湖他『岩画及墓葬壁画――遙望星宿――甘粛考古文化叢書』、敦煌文芸出版社、二〇〇四、所収）や、張暁東『嘉峪関魏晋民俗研究』（甘粛文化出版社、二〇一〇）がこれについて論じている。

（12）張軍武・高鳳山『嘉峪関魏晋墓彩絵磚画浅識』（甘粛人民出版社、一九八九）所収の張軍武「魏晋河西的少数民族」、及び張暁東注（11）前掲書。

（13）呂一飛『胡族習俗与隋唐風韵――魏晋北朝北方少数民族社会風俗及其対隋唐的影響――』（書目出版社、一九九四）は『太平御覧』巻九七五、果部十二、蓮に引く『北斉書』に「後主武平中、特進侍中崔季舒宅中池内、蓮茎皆作胡人面、仍着鮮卑帽。」とある記事から命名しているが、五胡北魏前期にそのような名称があったとは考えにくい。

（14）北魏時代、鮮卑帽が男女・貴賤を問わず着用されていた点については、既に孫機の指摘がある。孫機『中国古輿服論叢』（文物出版社、一九九三）所収「幞頭的産生与演変」参照。

（15）園田氏前掲注（11）論文では、河西画像磚に現れる髡髪の人物について、烏桓が髡髪であるとする『後漢書』巻九〇、烏桓伝の記事と、鮮卑と烏桓とが同じ習俗を持っているとする同書鮮卑伝の記事や、髡髪の人物が穹廬とともに描かれる例が多い点を考え合わせ、河西文物の髡髪は鮮卑の髪型を表現しているとする。また、張暁東注（11）前掲書で、いくつかの例を挙げて園田氏とほぼ同様の結論に達している。

（16）蘇哲『魏晋南北朝壁画墓の世界――絵に描かれた群雄割拠と民族移動の時代――』（白帝社、二〇〇七）参照。

（17）鄭岩『魏晋南北朝壁画墓研究』五章「従魏晋壁画墓看涼州与中原的文化関係」（文物出版社、二〇〇二）参照。

（18）孝文帝治世の礼制改革以前の北魏王朝において、朝服制度が整っていなかった点については、拙稿「北朝時代における公的服飾制度の諸相――朝服制度を中心に――」（『大正大学東洋史論集』三、二〇一〇）参照。

（19）『資治通鑑』巻一〇二、太和四年の条によれば、申胤は後趙・冉閔・前燕の三国に仕えた申鍾の子であるので、彼の礼制知識のレヴェルの高さを龍城時代の前燕と直接結びつけることはできないかもしれない。しかし、申胤の議論から、彼が改革しようとしている龍城時代の前燕朝廷において、『晋礼』に準じた服制がある程度は理解され、機能していたことがうかがえる。

(20)　袁台子墓と西溝魏晋墓の二例は武冠・絳緋袍を着用した墓主像として共通点を持つ。前者は当時中国各地や高句麗などで盛行していた正面座像であるが、後者は斜め左を向いており、正面座像という流行からは外れた構図を持つ。魏晋南北朝や高句麗の墓主像の変遷については、門田誠一「東アジアの壁画墓に描かれた墓主像の基礎的考察――魏晋南北朝時代における高句麗壁画古墳の相対的位置――」(『鷹陵史学』三一、二〇〇五）参照。

(21)　この他、東潮「遼東と高句麗壁画――墓主図像の系譜――」(『朝鮮学報』一四九、一九九三、後に『高句麗考古学研究』吉川弘文館、一九九七に収録）が掲げる台城里一号墳の模写を見ると、この墓主像も羅冠をかぶっているようである。

(22)　朝陽地区博物館・朝陽県文化館「遼寧朝陽発現北燕、北魏墓」(『考古』一九八五―一〇）参照。

(23)　黎瑶渤「遼寧北票県西官台営子北燕馮素弗墓」(『文物』一九七三―三）参照　。

(24)　稲村繁「日本の形象埴輪」(後藤直・茂木雅博編『東アジアと日本の考古学 Ⅱ 墓制②』、同成社、二〇〇二)、及び稲村繁・森昭『ものが語る歴史六　人物はにわの世界』第二章「人物埴輪の出現とその背景」(同成社、二〇〇二）は、「三角巾型冠帽」を高句麗の「折風」の影響とする従来の説に加え、その一種である群馬県伊勢崎市波志江町出土の埴輪に見られる「前後三角巾型」様式を、中国の進賢冠、あるいは介幘を模した可能性があり、文吏的性格を持つ正装の男子のかぶりものであったのではないかと推定する。

(25)　一般的には漢族政権とされる北燕においてもまた実質的な「鮮卑化」が進んでいた点については、三崎良章『五胡十六国時代の基礎的研究』(汲古書院、二〇〇六）第六章「北燕の「鮮卑化」」が文献史料と出土文物の双方を活用して論じている。

(26)　三崎良章「遼東公孫氏政権と非漢民族」(『早稲田大学本庄高等学校研究紀要　教育と研究』二八、二〇一〇）参照。

(27)　三崎良章「壁画墓を通して見た三燕の民族」(『史滴』二七、二〇〇五）参照。

(28)　鮮卑帽の諸形態について、たとえば、王銀田・劉俊喜「大同智家堡北魏墓石椁壁画」(『文物』二〇〇一―七）は、「渾円」、「中間下凹」、「前後低」、「無方形」と分類している。これに色彩や「繋帯」の相違等を組み合わせていけば、鮮卑帽の類型はさらに精密になるであろう。

(29)　朝陽地区博物館・朝陽県文化館前掲注（22）論文参照。

（30）稲村氏の前掲注（24）の諸論考は、埼玉県の南大塚四号墳に見られる「Y」字形結紐を伴う「丸帽」と高句麗・北朝に見られるリボン付き丸帽、すなわち本項で言う鮮卑帽との類似性を指摘している。
（31）歩揺冠に関する近年の総括的な論考として、毛利山俊彦「中国古代北方民族の冠」（奈良文化財研究所・中国遼寧省文物考古研究所編『東アジア考古学論叢――日中共同研究論文集――』奈良文化財研究所、二〇〇六）、及び田立坤「歩揺考」（山西省北朝文化研究中心・張慶捷・李書吉・李鋼主編『四～六世紀的北中国与欧亜大陸』、科学出版社、二〇〇六）がある。
（32）宋氏前掲注（8）論文において、女子の場合は男子ほど服装の形態が固定化しておらず、鮮卑系の「裙袍」であったり、漢人風のゆったりとした「袍服」であったりして多様性が見られると指摘している。
（33）辛占山「従三座壁画墓的発現看遼東、三燕、高句麗壁画之間的関係」（奈良文化財研究所・中国遼寧省文物考古研究所編『東アジア考古学論叢――日中共同研究論文集――』奈良文化財研究所、二〇〇六）参照。
（34）川本芳昭『魏晋南北朝時代の民族問題』第三章「高句麗の五部と中国の「部」についての一考察」（汲古書院、一九九八）。
（35）たとえば、四八四年に葬られた司馬金龍の墓は中国文化の色濃い木板漆画で知られるが、その他の副葬品、たとえば陶俑群は鮮卑服か鮮卑風の甲冑姿であり、漢族貴族といえども鮮卑色の強い文化に囲まれて生活していたことが想像される。この点に関しては拙稿注（18）論文で指摘した。

図版出典

図一　酒泉丁家閘十六国墓（五号墓）壁画。酒泉市博物館編著『酒泉文物精萃』（中国青年出版社、一九九八）。
図二　酒泉西溝魏晋墓画像磚。馬建華編『甘粛酒泉西溝魏晋墓――中国古代壁画精華叢書――』（重慶出版社、二〇〇〇）。
図三　嘉峪関新城一号墓画像磚。袁融編『中国古代壁画精華叢書　甘粛嘉峪関魏晋一号墓』（重慶出版社、二〇〇〇）。
図四　トルファン・カラホージャ九八号墓壁画。穆舜英主編『中国新疆古代芸術』（新疆美術摂影出版社、一九九四）。
図五　高台県許三湾古城遺址墓画像磚。俄軍等主編『甘粛出土魏晋唐墓』中巻（蘭州大学出版社、二〇〇九）。
図六　嘉峪関新城七号墓画像磚。袁融編『中国古代壁画精華叢書　甘粛嘉峪関魏晋七号墓』（重慶出版社、二〇〇〇）。

図七　トルファン・アスターナ六区三号墓紙画。町田甲一編『世界の博物館二〇　インド国立博物館』（講談社、一九七九年）。
図八　嘉峪関新城三号墓画像磚。袁融編『中国古代壁画精華叢書　甘粛嘉峪関魏晋三号墓』（重慶出版社、二〇〇〇）。
図九　敦煌仏爺廟湾西晋墓（三七号墓）画像磚。甘粛省文物考古研究所『敦煌仏爺廟湾西晋画像磚墓』（文物出版社、一九九八）。
図一〇　嘉峪関新城一二号墓画像磚。袁融編『中国古代壁画精華叢書　甘粛嘉峪関魏晋十二・十三号墓』（重慶出版社、二〇〇〇）。
図一一　嘉峪関新城五号墓画像磚。袁融編『中国古代壁画精華叢書　甘粛嘉峪関魏晋五号墓』（重慶出版社、二〇〇一）。
図一二　同　右。
図一三　図二に同じ。
図一四　嘉峪関新城六号墓画像磚。袁融編『中国古代壁画精華叢書　甘粛嘉峪関魏晋六号墓』（重慶出版社、二〇〇〇）。
図一五　図六に同じ。
図一六　図一四に同じ。
図一七　図一に同じ。
図一八　朝陽袁台子墓壁画。ソウル大学校博物館（編著）『二〇〇〇年前の我々の隣　中国遼寧地域の壁画と文物特別展』（ソウル大学校博物館・通天文化社、二〇〇一）。
図一九　徳興里古墳壁画（模写）。尹国有『高句麗壁画研究』（吉林大学、二〇〇三）。
図二〇　図一八に同じ。
図二一　舞踊塚古墳壁画。出典は図一九に同じ。
図二二　図一八に同じ。
図二三　同　右。
図二四　朝陽北廟村一号墓壁画。　朝陽地区博物館・朝陽県文化館「遼寧朝陽発現北燕・北魏墓」（『考古』一九八五―一〇）。
図二五　徳興里古墳壁画。朝鮮民主主義人民共和国社会科学院朝鮮画報社『徳興里高句麗壁画古墳』（講談社、一九八六）。
図二六　大同迎賓大道北魏群七六号墓陶俑（模写）。大同市考古研究所「山西大同迎賓大道北魏墓群」（『文物』二〇〇六―一〇）。

図一

図二

図三

図四

図五

図六

図七

図八

図九

図一二

図一一

図一〇

図一五

図一四

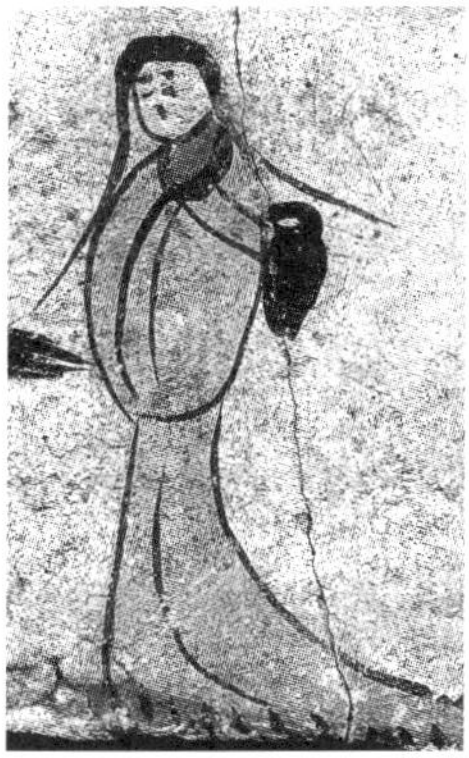
図一三

図一八

図一七

図一六

図一九

図二〇

図二一

図二二

図二三

図二四

図二五

図二六

中国史研究における「少数民族」の理解をめぐって

川本芳昭

はじめに

筆者が大学三年生の折、日野開三郎先生が九州大学をご退官となり、その後任として川勝守先生が着任された。筆者は大学一、二年生のとき、中村治兵衛先生のお教えを受け、清代史の研究に関心を抱いたが、専門課程へ進学後、六朝隋唐史を専攻した。その契機としては、越智重明、日野開三郎両先生のご指導と共に、当時刊行された谷川道雄先生の『隋唐帝国形成史論』(1)の影響もあった。その過程で鮮卑族が建国した北魏の部族解散の研究を行い、次いで修士課程に入学後、南朝の非漢民族についての研究を行い、それぞれを卒業論文、修士論文とした。

当時、中国史研究はそれまで主流であった社会経済史の克服を目指した社会史的分野への関心が高まりつつあった。筆者はそのいずれとも相違した研究に従事していたことになるが、諸先生方は、この不肖の学生に対し「川本は一体何をやっているのだ」といった「ご懸念」をお懐きになっておられたのかもしれない、とも愚考する。

元々清代史に関心があったので、川勝先生のご講義、演習に参加させて頂くことも多く、その際学ばせて頂いたことは、筆者のその後の研究の一つの素地となった。修士論文を提出した際、極めて出来の悪いものであったにも関わらず、思いの外、川勝先生からはその着眼点を評価して頂いたようにも記憶する。当時の東洋史学の全体状況を俯瞰され、筆者のような視点もある点では必要であろうと考えておられたのかもしれない。

その後も先生からは折に触れ、中国史、さらには東洋史学の現状、将来についての視点、展望についてご教示頂くことがあり、それは筆者の研究への大きな刺激となって今日に至っている。ただし、学界での明清史研究と六朝隋唐史研究の距離は、谷川道雄先生などの共同体研究が大きな影響を与えていた時期以降、専門の細分化の流れの中で、離ればなれになってきているように思われる。

そうした中にあって、自分なりに取り組んだのが、東アジア史研究、とりわけ六朝隋唐史を念頭においた日本古代史研究であった。その過程で奇しくも川勝先生のご研究との接点が生じるようになった。先生ご自身が西嶋定生先生の門下生であり、また、僧籍にあられるため、仏教の伝来や聖徳太子など日本古代の問題にも強いご関心を持たれていたことと関係があるであろう。周知のように、先生はこの分野の研究書として既に『聖徳太子と東アジア世界』(2)、『日本国家の形成と東アジア世界』(3)『三角縁神獣鏡と東アジア世界』(4)の大著を上梓されているが、その視点は筆者の問題関心と重なるところもあり、多くの刺激を受け今日に至っている。筆者は一昨年還暦を迎えたが、かつてそのお教えをうけた菲才の学生がこの年に至るまで学恩を受け続けることが出来たことはまことに畏れ多く、有り難いことと深く感謝申し上げているところである。

長々と本稿の標題とずれたかの記述をなしてきたが、その理由は、先生の研究が上述のそうした研究の視角を更に発展させ、近年『チベット諸族の歴史と東アジア世界』と題する大著を上梓されたことと関連する。(5)該大著は重厚な実証論文によってチベット民族の歴史の総体を把握せんとする狙いのもとに執筆されている。また、近時のチベット問題なども念頭におかれつつ執筆されていることは、同著の「あとがき」などに先生自らが記されているところでもある。

こうした現代の問題をこれまでの歴史の総体として把握せんとする先生の研究姿勢に筆者は衝撃を受けたものの一人である。筆者は研究を始めてからこの間継続して古代・中世の民族問題をその研究のフィールドとして今日に至っている。先生の該著は、民族史の分野を壮大なスケールのもとに考究されたご研究であり、見方によっては専門分化の進んだ今日の研究状況に対するある種の「叱責」ともいえるであろう。

中国前近代の民族問題を研究するものとして、標題の如き小論を草し、先生のご研究の驥尾に附さんとする所以である。本稿は、筆者の中国前近代史、そのまた一部である六朝史の研究者としての極めて狭い視野から、中国における古代から現代に至る民族の問題を取り上げ、そのもつ今日的課題について論じようとする暴論というべき小論であるが[6]、ここで、以下の論で多用する「民族」という概念について若干の説明を加え、その論を些かなりとも厳密なものとするための足がかりとしたい。周知のように民族という概念は西洋における近代国民国家の形成とともに注目されるようになったものであり、それを近代以前の時代について考察する際用いることは、近代になって出現したナショナリズム（民族主義）を過去にさかのぼって適用する誤りを犯す危険性があり、前近代の集団を表現する用語としては妥当性を欠くという批判を受けるであろう。それ故、種族、部族、氏族、あるいは近年中国で多用される族群（エスニックグループ[7]）といった用語を使い分けて用いるべきであるかもしれない。しかしこうした用語自体も、その概念、包括する範囲などにおいて極めて曖昧な点をもっており、妥当性を欠くという点ではこれまで使用されてきた民族という用語とあまり大きな違いはないように筆者には思われる。また、現代中国でこれも多用される「中華民族[8]」という用語にも見られるように、近代以降における民族という概念にも種々の曖昧さが包含されているのであり、研究者の間においてさえ意見の一致を見ているとは言い難い状況がある。しかし、人類のある種の集団が、言語、文化などの一致点を核として結びついていること、あるいはいたことも歴史的事実である。『春秋左氏伝』巻一二、成公四年の条に見える、「我が族類にあらずんば、その心必ず異なる。楚、大なると雖も吾が族に非ざるなり（非我族類、其心必異。雖楚大非吾族也）」という表現中の「我が族類」という意識の存在はそうした集団の始原の古さを物語るとされよう。よって筆者は、本稿において、現時段階では必ずこれに置き換えるべきであるとする用語がいまだ確立されてはいないという点を考慮しつつ、従来の慣行のままにこの用語を用いることをあらかじめお断りしておきたい。

因みに、現代の中国における研究では、これまで「民族」という語の英訳は nation とされてきたが、ソ連邦の崩壊や改革開放の動きを受けて、近年では ethnic group（族群）と記述されるようになった。すなわち、これまで Mongol nation や Tibetan nation とされていたものが、ethnic Mongol や ethnic Tibetan と表記されるようになった。そして nation は「中華民族」を表すときのみに用いられるようになり、それ以外の中国域内の「少数民族」は、総称するときも Ethnic minorities と表記されるようになっている。[9] ここには二〇世紀末における台湾の李登輝政権下において「台湾人アイデンティティ」概念が求められ、族群概念が提唱された台湾での動きを、[10] 民族の概念が政治的色彩を帯びることに懸念を懐く中国（大陸側）が導入したことが関係している。[11]

一　民族の観点からみた中国史概観

所謂黄河文明は周知のように夏人、華夏などと自称する黄河中下流域の人々によって創められた。当初その住地は極めて限られた地域にすぎなかった。それが今日の中国の領域とかなりの範囲で重なり合うようになるのは、始皇帝による統一以後のことである。しかし、中国という用語が華北の所謂中原の地域に限定して用いられることはずっと後の時代になっても存続する。[12]また、今日の中国にあって中国領とされている万里の長城以北の内蒙古、満州の地や中国西南の雲南、貴州の地などは、始皇帝統一後にあっても中国の領域とは言い難い状況が長く続く。そうした地には所謂漢民族以外の民族が多数存在していたし、そしてまた周知のように現在においても然りである。黄河流域と並び中国のもう一つの中心ともいうべき長江以南の所謂江南の地においてさえ、始皇帝時代からずっと後の三国・孫呉の時代となってもなお相当な数の非漢民族（山越など）が広範に存続しており、当時の孫呉政権に甚大な影響を与えていた。[13]現在の中国の主要民族たる漢民族をみるとき、その方言は極めて多様性に富み、衣食住の文化も一様ではなく、北中国と南中国の漢民族にあってはその身体的形質においても顕著な相違が見られるが、こうしたことは漢民族が今日までに至る形成過程を通じて極めて多様な地域、文化、民族と接触、融合しつつ発展してきた民族であることを示している。

中国の歴史を見るとき、古来匈奴や鮮卑など種々の民族と所謂漢民族との間で熾烈な抗争が演じられてきているが、民族間の相互の排斥、対立を考えるとき、今日の中国でもっとも主要な民族である漢民族が、上で述べたような形成過程をへて出現してきた民族であることを確認しておくことは大変重要なことであり、今日の中国における民族の問題を考える際にもこうした認識に立脚することが必須であろう。

民族の定義は様々であるが、ある集団構成員が他者認識と共に、その属する集団に対して「われわれの」という意識をもつか否かは、その集団が民族であるか否かの判定にあたって、最低限確認さるべき点であろう。そのような意識のもとでの各民族間の相互不信・抗争が、先に見た『春秋左氏伝』成公に見えるように、中国では古来より継続して繰り広げられてきたのである。『通典』巻二〇〇、辺防一六、北狄七にも北朝時代における事例としてその一端が伝えられ、傅奕の言として、

周斉毎以騎戦、駆夏人為肉籬。詫曰、当剉漢狗飼馬、刀刈漢狗頭、不可刈草也。

と見える。ただし、右に見えるような「攻撃」が中国史においてもっぱら漢民族に対してのみ加えられ、漢民族は終始被害者であったとするならば、それは歴史の真実を伝えたものとは言い難い。このことは例えば、上と同時代の江南の事柄を記した歴史書である『宋書』巻九七夷蛮伝に、五世紀のこととして、漢族王朝・宋が江南の非漢族に対する大掃討戦を敢行したことを伝え、

夫四夷孔熾、患深自古。蛮㽓殊雑、種衆特繁、依深傍岨、充積畿甸、咫尺華氓、易興狡毒、略財掳土、歳月滋深。自元嘉将半、寇慝弥広、遂盤結数州、揺乱邦邑。於是命将出師、恣行誅討。自江漢以北、廬江以南、捜山盪谷、窮兵罄武。繋頸囚俘、蓋以数百万計。至於孩年耋歯、執訊所遺、将卒申好殺之憤、干戈窮酸惨之用。雖云積怨、為報亦甚。張奐所云、流血于野、傷和致災。斯固仁者之言矣。

とある記載などから容易に知ることができる。同様の事柄は近世、近代に至るまで繰り広げられて来たのであり、それは例えば一八、九世紀に清朝が西南非漢民族地域への支配の貫徹を目指し強行した所謂「改土帰流」（地方の土司を廃止し流官を派遣する施策）の際に生じた苗族の反乱を圧伏したことを伝え、『清史記事本末』巻三〇に、

苗族常為辺患、而雲貴為尤甚。自雍正四年鄂爾泰巡撫雲南、建策改土帰流、因極言従前以夷治夷之失計。然欲改土為流、非大用兵不可。宜悉令献土納貢、違者勦。……至一三年春、各寨蠭起、衆集清江拱台間、陥黄平以東諸城。積忿於鄂爾泰督軍時、所獲苗皆刳腸截脰、分挂崖樹幾満。至是抵抗之志益堅。至手刃妻女、而後出戰。……凡焼二百二十四寨、赦三百八十八寨。貴州苗族悉平。

とする記述などにもあらわれているのである。このような民族虐殺の事例は文化大革命中にも生じたとも伝えられており、決して過去の事柄ということは出来ないであろう(14)。

一方、こうした対立を乗り越えようとする人間の意志が中国の歴史を通じて強く働いていたことも忘れてはならないであろう。先に掲げた『宋書』の記事の末尾に、

将卒申好殺之憤、干戈窮酸惨之用。雖云積怨、為報亦甚。張奐所云、流血于野、傷和致災。斯固仁者之言矣。

とする評語が見えるのは、そのような報復を認めない立場の表明であり、そうした意志の存在の一端を伝えるものである。こうした意志の存在は、中国において抗争の一方で古来から展開されてきた諸民族との融合、中国文明の進展の大きな一原動力となったと考えられるのである。(15)

中国における民族差別は、民族の定義を広くとらえた際、今日の漢民族が形成される遙か以前、黄河文明の担い手たちが「華人」「華夏」などと自称した頃には既に始まっていたといえる。それは彼ら華夏の人々が、その四方の人々を蛮、夷など、自らよりもはるかに劣る禽獣にも等しい存在として呼んだことなどに端的に示されている。(16)こうした現象は他の先進文明の場合にあっても同様に見られたものであるが、中国にあっては以後こうした意識が所謂「中華意識」「中華思想」と呼ばれるように、独自の展開を示し近代に至る。その際その差別は、周辺諸国の民族名にケモノへんをつける、周辺諸国との政治的交渉を決して対等なものとは認めず、中国の下に位置づけるといった形をとった。しかし、こうした差別は人種的差別ではなく、多くの場合中国の文化、生活様式と異なるといった政治的文化的差別であり、それは夷狄も中国の文化を修得すれば中華の民となれるとする認識の存在に端的に示されている。

ところで、周知のように中国共産党は一九二二年第二回党大会において、蒙古、チベット、回疆に自治を認め、自由連邦制のもとに中国本部、蒙古、チベット、回疆を統一し、中華連邦共和国を建国することを宣言した。その後その流れを受けて、一九三一年の中華ソヴィエト第一回全国大会で採択された中華ソヴィエト憲法では、中国内の各民族の自決権を承認し、さらに各民族が中国を離脱し独立国家を形成する権利を承認するに至る。(17)こうした動きは民族

問題の観点から見るとき、旧中国にあって長く支配的な意識となっていた「大漢族主義」路線の放棄を告げる画期的な動きであったということができるであろう。

抗日戦争期になると中国共産党は民族統一戦線の結成を至上命題とし、その民族政策を具体化していく。そしてそれは一九三八年の第六期中央委拡大第六次全体会議における毛沢東の報告に明確に示されるようになる。即ちそこでは①蒙、回、蔵、苗、瑤の各民族に漢民族と平等の権利を認め、彼らに共同抗日のもとに自治権を与え漢民族と連合して統一国家を樹立すること、②各民族の文化を尊重し、漢語の強制を行わず、彼らの言語、文字による文化、教育の向上を援助する、③大漢族主義を是正し、平等な態度で域内他民族を遇するよう漢民族自らを教育することなどが表明されている。

ただそこに、従来の自決権の保証が見られず、自治権の承認という点にとどまっていることは注目すべきである。この流れは中国の現政権が樹立される直前の一九四九年九月に採択された中国人民協商会議の共同綱領第六章「民族政策」の段階においてさらに明確化され、今日に至る中国における地方民族自治の形式が決定された。即ち、そこでは①大民族主義、狭溢な民族主義の双方に反対し、民族間の団結を阻害する行為を禁止すること、②各民族の言語、文字、文化、信仰の保持は謳われてはいるものの、民族自決権、連邦制についての記述がまったく姿を潜め民族自治権が保障されたにとどまっているのである。また、新たに狭溢な民族主義に反対することが盛り込まれていることは、連邦制の採用を明確に否定する路線を中国共産党が採用したことを示している。こうした動きは、新中国成立前夜における内蒙古、新疆などで繰り広げられた自治運動・民族運動と中国革命との関係が絡んでいたと想定され、新中国の民族政策を立案する過程で内蒙古、新疆などでの経験が全国規模で反映されたと考えられる。即ち、新中国は当時の国内的国際的諸条件のもと国家統合を最優先させる道を選択し、その民族政策を転換させたのである。(18)

二　現代中国の民族政策一斑

以上、民族の観点から古代から現代に到る中国の歴史の概観、および今日の中国がかかえる課題について述べてきた。

本節では近現代の民族問題についてさらに掘り下げて考察してみることとする。近現代の中国における歴史展開において民主主義の確立の問題が、いかなる時、いかなる場所においても極めて重大な問題であったことは多言を要しないであろう。その際、本稿で取り上げている民族の問題が、民主主義の問題と複雑に絡み合いつつ展開して今日に到り、かつ民主主義の問題と共に中国の未来を規定する「双璧」の事案であることは、如上の簡単な素描からも充分にうかがうことができるであろう。

すなわち、近現代の中国において、民族の問題と民主主義の問題は、他の要因を圧してその歴史展開において重要な意味を持ってきたといえるのである。にもかかわらず、その大勢の赴くところ、今日の中国史研究者の間においてすら、民族の問題が民主主義の問題と相互に関連する同等の比重をもった「双璧」とも言えることがらであると十分に認識されているとは言い難い現状にあると筆者には思われる。このことは、本稿の標題に示した所謂「少数民族」という用語が、研究者自身においてすら意識的、無意識的に用いられ、少数・多数の語に幻惑されて、それが中国の現状を理解する上での数ある問題の中の一つ、あるいは二次的な問題であるかのように把握されることに象徴的に示されていると言えるであろう。

換言すると筆者は、今日、チベットなどの民族の問題を「少数民族」の問題として中国政府が対処しようとし、それを受けて研究者がその問題を中国国内における「少数民族」問題として捉えることが、「大漢族主義」の立場に連なる中国史の構築にその根底部分において大きな役割を果たしてきたこと、そして現在もまたそうであるとの認識を抱くのである。

中国における所謂「少数民族」の数は五五といわれる（漢民族を加えると中国の総民族数は五六）。この数は日本などの状況に比すれば大きなものといえようが、全世界的にみたとき、あの広大な領域に居住する民族数としては決して多数ということはできないであろう。当初の調査によればこの数は四〇〇にも上ったというが、(19) むしろその数の方がその領域の広大さから考えて妥当のようにも思われる。この事柄の当否は厳密な検討が加えられるべきであると考えられるのでしばらく置く。

ただし、ここで注目したいことは、そうした「少数民族」のなかに、広西省のチワン族のように、その人口数が一八〇〇万を数えるような民族が存在することである。果たしてそれは「少数」の範疇でとらえられるのであろうか。そこには自ずからそうした民族を「少数民族」としてとらえることの是非の問題が生じるであろう。この場合、問題は二つある。その一は、「たとえその数が通常の少数民族より多数であっても、漢民族と比較するとき少数であるので少数民族として取り扱う」という立場の当否の問題である。その二は、チベット民族などの国内民族を少数民族と規定してしまうことが、政治・社会の安定にとって有益であるとする立場の当否の問題である。

また、問題はさらにその先にあると筆者は考える。それは現在も含めて、中国ではこれまで、漢民族が主体となって建国された国家にあっては、文明の発達が遅れた「夷狄」としての「少数民族」を中華思想のもと、「高度文明」としての中華の世界へと導くこと（同化すること）が意識的、無意識的に志向されて来たということであり、「夷狄」としての「少数民族」（例えば清朝など）が中国の支配者となった際には、中華世界を変容せしめつつも、自らがそうした中華世界の支配者たらんとしたという点にある。後者の場合、変容以前の時点にあっては「夷狄」と見なされたものが、後に中華へと変容するという逆転が生じ（満洲族の清が中華を標榜するようになるなどの事例）、そのような逆転が生じると、王朝自体が前者と同質の存在となり、前者の如き立場から中華世界を支配するということが生じた、ということである。[20]

現在の中国においても中国におけるこのような歴史潮流の根本が変わったとは筆者には思われない。いまこうした点についてさらに考えてみよう。

周知のように、清は漢民族世界に対しては皇帝として、非漢民族世界（藩部）に対してはその盟主として君臨した。それは清が当初、上述の後者の立場により軸足を置いていたことを示す。しかし、一九世紀後半における西洋列強の進出などをうけて、清は新疆省等を建置し、さらにそれまで藩部の統治に任じていた理藩院を漢民族統治のための行政機構である諸部へと統合した。このことは、藩部がそれまで漢民族世界と対等あるいはそれを凌駕する存在として位置づけられていた状態から、中央に対する辺境へと変容せしめられたことを意味しており、清初以来の構造に大きな変化が生じたことを意味しているとされよう。

また、前節で述べたように中国は、一九三一年の中華ソヴィエト第一回全国大会で採択された中華ソヴィエト憲法において、中国内の各民族の自決権を承認したが、その後、自決権の保証は放棄され、民族自決を目指す動きは「狭溢な民族主義」として排除されることになったのである。つまり、共産党の民族政策は、その根本において上述した前者の立場、すなわち文明の発達が遅れた「夷狄」としての「少数民族」を中華思想のもと、「高度文明」としての中華の世界へと導くこと（同化すること）を意識的、無意識的に志向する立場に接近するものとなったと考えられるのである。いまこの点についてさらに追究してみよう。

現代中国の域内における諸民族は自治権を付与されているといわれる。しかし、現実には、中国共産党が保証する民族自治権とは、国内諸民族の分離独立を認めない自治であり、各民族に与えられた自治権は自決権とは根本的に相違し、その行使は民族の居住区内に限られるものである（民族区域自治）[21]。そうした意味での自治遂行のため、一般行政区分の県、専区、省に応じて自治県、自治州、自治区が設定されたが、このことが、県レヴェル以下の民族居住地の民族には中国政府の標榜する民族区域自治の「恩恵」さえ受けられないことを意味した点を忘れてはならないであろう。

周知のように、革命後の中国にあって鉱山や油田開発などの必要から民族地区に漢族労働者が大量に移入され、また、内蒙古、青海、新疆などの各地に建設兵団[22]が派遣されたが、そのために当該地区に対する資源や草原の開発、森林伐採などが大規模に進行し、それまでの人口構成、自然環境、産業構造などに深甚な影響を与えた。その際そうした動きに対する反抗はきびしく処断された。つまり、革命後の中国にあっては、共産主義の理念に基づき、国内諸民族の文化、言語などの尊重が謳われはしたが、中国の国是としての階級の別を重視する見方を凌駕するような民族主義の考えは、現実には狭隘な民族主義としてきびしく排除されたのである[23]。

一九八〇年代後半において民族政策は更にさまざまな問題を抱えるようになった。それは、改革開放の進展にもかかわらず、いやむしろそのために民族自治が行われている地方での資本主義的な経済論理の導入とともに、漢族の大量な流入、漢語の浸透、農牧地の喪失などが、これまでとは異質の規模で急速に進展してきたことによる。また、それに伴って公的資金の投入による資源開発、インフラの整備などが行われているが、そこから生じる利益は当該地域に居住する非漢民族に還元されず、非漢民族の貧困の解消に生かされることがなかった。そしてその結果生じた不満は、諸民族平等という共産主義の理念に基づき結びつけられてきた民族地区における親政府的部分においてさえも惹起されるようになったのである。現今におけるチベットや新疆の亡命組織の活動の激化は、一九八〇年代以降の開放に伴う国外からの情報の流入や九〇年代におけるソ連の崩壊とともに、こうした動向と密接に結びついているのである。しかし、中国中央はそうした動きを、中国分裂をもくろむ動きであるとして強硬に取り締まり、今日に至っている。

二〇〇〇年に改正された民族区域自治法は、非漢民族児童の漢語学習の開始期をそれまでの小学校高学年から低学年に引き下げることを定め、漢字学習の普及が取り上げられている。このことは経済発展に伴う漢語の習得を迫られる非漢民族への「援助」(漢語の習得が彼らの就職や生活の向上に資するという立場)として押し出されているが、そこから生じる非漢民族若年世代の母語喪失や依存性の拡大を公的機関が防ごうとする動きは見られない。また、内モンゴル・ジェリム盟の通遼市への、イフジョー盟のオルドス市への、土家族苗族自治県の重慶市への編入などに見られるように、民族地区における言語の喪失をはじめとした諸族の実体が失われてゆく状況は依然として進行しており、同じことは他の地域においても生じている。現代中国において、市は民族区域自治法の対象外であり、市への昇格や編入は、公的機関や場での漢語の使用を圧倒的なものとする結果を招いているのである(24)。

二〇〇〇年改正の民族区域自治法では、草案の段階で民族自治地方の人民代表大会主任、副主任の一部に区域自治を実施する民族公民を必ず組み入れるという条項や民族自治地方の自治機関の民族幹部を民族の人口比と対応させる条項があったというが、いずれも共産党中央の入れるところとならなかったという(25)。非漢民族社会の経済的、文化的基盤は今日の西部大開発に見るような「経済支援」に見られる資本主義的経済原理の導入や漢語の使用など漢民族文化の圧倒的流入によって根底から覆されつつあるが、上述の中国中央の対応は中央が民族地区に対する経済的支援を試みつつも、各民族の政治的権利の強化に繋がることに対しては消極的であることを端的に示しているといえるであろう。

つまるところ、現代における中国中央は、従前も、そして現在においても各民族が各民族地区においてその政治文化的イニシャティブを持つことを意識的、無意識的に阻んできたのであり、その遂行する民族地区における経済開発は、「漢化」の推進と実質同義であり、各民族の中国への同化の進行を推し進めるものに他ならないと言わざるをえないのである。

このことが先に、「現在も含めて、漢民族が主体となって建国された国家にあっては、国家の施策が「文明の発達が遅れた」「夷狄」としての「少数民族」を中華思想のもと、「高度文明としての」中華の世界へと同化することを意識的、無意識的に志向したということであり、……現在の中国においてもこうした潮流は変わっていないと筆者は考えるものである」とした理由である。

因みに、チベットでは、小学校卒業前のチベット族児童に対する選抜試験を行い、そこから毎年一五〇〇人を選定、彼らをその故郷から引き離し、徹底的な漢語教育、漢語に基づく教育が行われているが（この制度は西蔵班とよばれ、現時点での修了者は三万五〇〇〇人）、彼ら優秀なチベット人は修了後、自治政府幹部やチベット観光産業などの人材として従事している。(26)

三　六朝時代における非漢民族総数

以上は現代の状況である。筆者の専門は先に述べたように中国六朝史であるが、この時代の研究においては、北方の諸民族が中国に侵入し、当初支配者として中国を支配するが、やがて圧倒的多数の漢民族に吸収・同化されていったとされる。こうした理解に対する反省から、近年の研究においては、この時代の北方民族は中国文明に大きな足跡を残し、その文明に数多くの貢献をなしたとする、単なる同化論を排する研究も多い。しかし、その際の北方諸族が漢民族に比して圧倒的に「少数」であったとする認識はほとんどすべての研究者がとる立場ということが出来よう。つまり、該時代の北方諸族は、現在の研究者によってすでに「少数民族」として認識されているのである。

筆者の考えは、こうした考えとは些か異なる。それは以下のような理由による。

前近代中国および北アジアにおける民族史研究の専家として高名な内田吟風氏はかつて、匈奴出身の劉聡支配下における華北の胡漢総数を推定され、「劉聡の代、単于左右輔は、各々六夷（胡・羯（匈奴）・鮮卑・氐・羌・巴蛮）十万落を支配したと晋書載記にみえるから、当時漢には匈奴を含めて約二十万落すなわち二、三百万人の夷狄がおったと考えられる。……概観して漢（前趙）の人口数は、その盛時において、匈奴その他の遊牧諸部族民と中国人とはほぼ同数で、胡漢各々二三百万を数えたのではないかと思われる。」と述べ[27]、また、北魏道武帝のときの諸部の解散について述べた一節では、「解散せられた部及び部族民の総数は詳かでないが、前趙において単于左右輔下に六夷各二十万落が存し、後趙においても少なくとも十四万落以上が存在した事例を参照せば、また下述の如く北魏天賜元年に部落解散によって失業せる大人の賜爵せられたもの二千余人を算したことを参照せば、中核部族たる三十六国九十九姓（官氏志、周書本紀）ほか大小二千ほどの部と総計数百万の人口が推察し得られる。」と述べ、北魏国初の非漢民族の総数を数百万人と推定されている[28]。北魏の極盛期の戸数は先の『通典』の記載に見えるように、五百余万と考えられる。これに仮に東魏時代の毎戸平均口数三・七八人を乗ずると（毎戸平均口数三・七八人は梁方仲編『中国歴代戸口、田地、田賦統計』[29]に拠る）当時国家に把握された総口数は二千万弱であったと推定される。脱漏戸の多かった北魏前期の総口数はこれをはるかに下回ったであろう。とすれば、右でみた部落解散時の数百万の部族民総数と当時北魏によって把握された漢人総数は、先に見た劉聰の時代の事柄をも勘案すると、それ程大きなものではなかったと考えられるのである。勿論この数百万がすべて鮮卑国人であったとは考えられず、国人総数はそれを下回るであろう。また、孝文帝時代に戸口把握の向上を目指して実行された三長制がその効果を発揮し、脱漏戸口の把握が進捗した後の二千万弱の口数と国人総数を比較すれば、二千万の中には国人数が含まれているのでそれを除いたとしても、国人の数は漢人のそれに比較した際、少数と言わざるを得ないであろう。しかし、それはあくまで比較少数なのであって、その絶対数が少ないということを意味するものではない。まして三長制施行以前の両者の差はいま見たようにさらに縮まるものであったと考えられるのである。

以上は、当該時代における華北のみの状況であるが、華中、華南でも、これと同様の状況、或いはこれをも凌駕する状況の存在を見出すことが出来るのである(30)。

すなわち『宋書』巻七七沈慶之伝に、当時の雍州における蛮の反乱について伝え、

元嘉十九年、雍州刺史劉道産卒、群蛮大動。……慶之専軍進討、大破縁沔諸蛮、禽生口七千人。進征湖陽、又獲万余口。遷広陵王誕北中郎中兵参軍、領南東平太守。又為世祖撫軍中兵参軍。世祖以本号為雍州随府西上。時蛮寇大甚……分軍遣慶之掩討、大破之、降者二万口。……平定諸山、獲七万余口。……鄖山蛮（鄖山は湖北省随県西南五〇㎞の大洪山の別名）最強盛。魯宗之屢討不能克。慶之剪定之、禽三万余口。……雍州蛮又為寇。……大破諸山、斬首三千級、虜生蛮二万八千余口、降蛮二万五千口、牛馬七百頭、米粟九万余斛。

とあり、同書巻九七夷蛮伝には、

史臣曰、……自元嘉将半、……自江漢以北、廬江以南、捜山盪谷、窮兵罄武。繋頸囚俘、蓋以数百万計。

とあり、『魏書』巻四五韋珍伝には、桐柏山地帯からの降蛮についての記述が見え、

高祖初、……朝廷思安辺之略、……招慰蛮左。……至桐柏山、窮淮源、宣揚恩沢、莫不降附。凡所招降七万余戸。置郡県而還。

とあり、同書巻一〇一蛮伝には、太陽蛮の内属を伝えて、

延興中、太陽蛮酋桓誕、擁沔水以北、滍葉以南八万余落、遣使内属。……景明初、太陽蛮酋田育丘等二万八千戸内附。

とある。上記『宋書』の二記事は同じ事件を記述したものであり、そのうちの後者はその際、囚俘とされた蛮の数を数百万以て計える程であったとしている。ここには誇張もあると考えられるが、『宋書』の前記事にみえる実際の囚俘数を合計するのみでも一八万三〇〇〇余人となる。この数は、当時南朝の宋が把握していた大明八年（四六四）の時点での総口数（四六八万五五〇一人）、上述の討伐の主舞台である雍州の総口数（一六万七四六七人）、荊州の総戸数（六万五六〇四戸）と比べても非常に大きな数であることがわかる。また、これらの蛮が囚俘とされ京師などに送られた後にも、この地には依然として数多くの蛮が存続したのであり、そのことを伝えた史料が後掲の『魏書』の二記事である。『魏書』の前記事にみえる七万余戸を、仮に七万戸として劉宋期の戸毎の平均口数五・九八を乗ずると四一万八六〇〇人となる。平均口数五・九八は梁方仲編『中国歴代戸口、田地、田賦統計』(31)に拠る。五・九八は総把握口数を総把握戸数で割ったものであるが、湖北の地である雍州のみについてみると四・二五である。よってこれを七万に乗ずると二九万七五〇〇人となる。『魏書』蛮伝の八万余落を「落」とあるが、戸より少数ということはないと考えられるので、仮に八万余戸と見なし、これに同伝の二万八〇〇〇戸を加えると総数は一〇万八〇〇〇余戸となり、それに四・二五の方を乗ずると四五万九〇〇〇余人となる。上述の『魏書』の二記載はほぼ同じ頃の各々別の降附事例であるので、合算すると八七万七六〇〇人余ということになる。当該時代の湖北のみでこれだけの数の蛮が存在し

ていたと考えられることは極めて注目すべき事柄である。

また、この時代それまでながく「蛮夷の境」であった福建の地も漢民族の大量な移住によってその相貌が一変されつつあった。その移住、入植は海路を通じた浙東南部の辺境としての福州と陸路を通じた江西東部の辺境としての建州を焦点として進行したものである。唐中期になると入植が進行していた福建西北部と東南部が連結されるようになり、さらに西北部山岳地帯と南部にも入植が進み、漢民族居住地帯の環が原住民居住地帯を包み込む形勢を示すようになる。その後、唐末にかけての漢民族の入植は、残された建寧から寧化にかけての当時黄連洞と呼ばれていた広大な非漢民族居住地帯へと向かうようになり、この地の北半もほぼ唐末には漢化し、原住民との対峙の最前線はその南部の潭飛際へと移って行った。同時に、地域開発と商品流通とが急速に進展し、結果、宋代の福建地域からの科挙登第者数が全国の首座を占めるといった現象を呈するまでに福建社会は変貌するのである(32)。つまりそこに福建の地が点ではなく領域として漢民族の世界となっていった姿を見ることができるのである。

また、かつて筆者は、当該時期の四川地域全域にわたっても、福建の場合と同様に厖大な数に上る非漢民族が存在したことを指摘し、それが福建の地の場合と同様に六朝唐宋期をへて漢民族の地へと組み込まれていく過程を明らかにした(33)。

以上の華北、湖北、福建、四川などに対する検討を通して、筆者は六朝隋唐期の中国南北における所謂非漢民族について考察する際、現代における認識を過去に遡って適用し、それを「少数民族」として研究することが、大きな問題をはらむものであることを指摘した。

以上のような視角からする実態の解明は現今においてもいまだ充分には進んでいないと言わざるを得ない。そのため例えば、隋唐帝国の形成に胡族の果たした役割を重視し、更にそれを展開して隋唐時代の国家・社会を胡漢の融合した新たな国家・社会ととらえる韓国における中国史学界の重鎮である朴漢濟氏の所説に対して、中国の史学界における重鎮である周偉洲氏が朴氏の論を、次の二点から批判するようなことも生じている。その批判の一は、朴氏の論は、胡族と漢族とを、同等の、あるいはいずれが主でありいずれが従であるのかという区別をなすことなく立論されているが、中国に移入した胡族は漢族人口に比して、畢竟少数派であり、移住後は遊牧を主とした生活から農耕生活へと移行していったのであり、その逆ではなかった。その好個の例が北魏の孝文帝による漢化政策であり、これが我々の（周偉洲氏の）いう漢化過程である、という。つまり、朴氏の論をある程度認めるとしても、その主流はあくまで漢族であり、胡族は従の位置にある、とするものである。その二は、synthesize された第三の文化が出現したとし、それが該時代の特殊歴史的現象であると、朴氏は主張するのであるが、世界上のいかなる民族の発展も孤立的なものではなく、相互に影響、融合しており、朴氏の述べるような第三の文化をもたらす融合といった事柄は歴史上多くは見かけられない、むしろ大多数は、主導的位置を占める民族、あるいはその文化が非主導的位置を占める民族、あるいは文化を吸収、融合して発展するものである、とするものである。

この周氏の所説に対する私見の詳細はかつて別稿で述べたことがあるので、ここで再説しないが、端的に言ってそこには本稿で取りあげてきている「大漢族主義」の問題点が露呈していると考えられるのである(34)。そしてそれは一つには当該時代の民族の存在を「少数」と位置付けること自体から生じてきていると考えられるのである。

それではなにゆえ以上のような「少数民族という理解」が生じるのかという設問をなすとき、そこには様々な原因があるが、そもそもはその根本に、研究者自身さえ、現今の中国の領域、あるいは漢民族というものがはるか古代の時代より確固たるものとして、少なくとも秦漢時代には存在していたとする先入主が存在することに起因するのではないかと筆者は考えるものである。換言すれば、こうした認識はこの中国というものが現代の中国の領域に重なる形で確固たるものとして古代より存在していたととらえるところから生じていると考えられるのである。そうした考えが妥当でないことについての詳細はかつて拙著で論じたことがあるのでここでは取り上げない[35]。ただし、そのように考える研究者であっても、例えば現今の中国が法華経などを翻訳した西域の僧として史上著名な鳩摩羅什を「中国人」と称することには違和感を抱くのではあるまいか[36]。これはあたかもダライラマを中国人と称するようなものだからである。

こうした考えは究極するところ、漢民族の域内非漢民族に対する社会的差別が法的には平等であるとされながらも現在も厳然と存在する現代中国において、「夷狄」の中華文明への同化を正当化する史観へと結びつき、現今の大漢族主義、換言すれば、漢語を公用語とする「中華民族」へと行き着き、漢民族文化による民族国家を形成せんとする政治の動向と緊密に結びついているということができるであろう。

むすびにかえて

筆者はかつて三国時代の江南に広範に存在した山越について考察し、それを日本史における蝦夷・アイヌやアメリカ史におけるインディアンと比較したことがある[37]。蝦夷・アイヌの問題は、アテルイの抗争、シャクシャインの抗争、場所請負制など前近代日本における国家・社会のありようと大きくかかわる問題であるが、近現代日本においては、この点よりもさらに重大な問題として、旧土人保護法の制定、北海道アイヌ協会の活動など、近現代におけるアイヌの問題が存在する。

アメリカ・インディアンの問題が、アメリカ合衆国の拡大にともなうアメリカ・インディアンの強制移住、ドーズ法の制定などの問題とのかかわりのみではなく、所謂公民権の確立という現代アメリカの問題でもあることは周知のことであろう。すなわち、日本や米国にあって、こうした国内民族に関わる重い過去の問題は近現代における人権の問題として今日に至っているのである。西洋近代の所産としての社会主義は、そのような民族の問題に正面から向き合い、諸民族の独立と平等を唱えてきた。現代中国もまた、社会主義国家として諸民族の平等を唱えて今日に至っている。しかし、西洋列強の進出以降の近現代史の流れの中で中国は民族国家の確立を迫られ、結局「中華民族」という概念を創出しつつ今日に至った。

中国は近現代の先進的な思想としての社会主義をその国家の国是としている。しかしながら、中国における民族問題は現状においては結局、人権の問題として、あるいは歴史の総体とのかかわりにおいて存在することを深く認識される段階にまではいまだ至っていないと言わざるを得ない。改革開放以降における資本主義的原理の導入により、地域の振興と称しつつ推進される資源などの収奪が、国内非漢民族の、あるいはその居住地域における生活や社会を根底から変容・破壊せしめ、現代化と称しつつ「漢化」を意識的・無意識的に推し進めることが、「遅れた」「少数民族」の解放・救済・富裕化につながるとする論理がきわめて奇妙なものであるとの認識に現代中国はいまだ至りえていないと言わざるを得ないのである。かつてアイヌやインディアンの理解をめぐり、日米の国家がそうであったように、あるいは現代においてもそうであるように、今後、中国もまた深い悔恨と共にこの問題と直面する時代が来るのであろうか。劉暁波ら三〇三名の連名になる〇八憲章の三条「我們的基本主張」一八「聯邦共和」の項に、

以平等、公正的態度参与維持地区和平与発展、塑造一個負責任的大国形象。維護香港、澳門的自由制度。在自由民主的前提下、通過平等談判与合作互動的方式尋求海峡両岸和解方案。以大智慧探索各民族共同繁栄的可能途径和制度設計、在民主憲政的架構下建立中華聯邦共和国。

とあり、同四条「結語」に、

中国作為世界大国、作為聯合国安理会五個常任理事国之一和人権理事会的成員、理応為人類和平事業与人権進歩做出自身的貢献。但令人遺憾的是、在当今世界的所有大国裏、唯独中国還処在威権主義政治生態中、并由此造成連綿不断的人権災難和社会危機、束縛了中華民族的自身発展、制約了人類文明的進歩――這種局面必須改変！政治民主化変革不能再拖延下去。

とあるように、彼らの主張する民族とは「中華民族」であり、そこに本稿で取りあげたような視点でのチベットやモンゴルなどについての視点が見られないことはその道のりの遠いことを示している。

註

（1）筑摩書房、一九七一年。一九九八年増補版刊行。

（2）吉川弘文館、二〇〇二年。

（3）吉川弘文館、二〇〇八年。

（4）汲古書院、二〇一二年。

（5）刀水書房、二〇一〇年。

（6）かつて筆者はこの様な観点から『中国史のなかの諸民族』（山川出版社、二〇〇四年）と題する拙著を刊行したことがある。その際の論は標題との関わりで、前近代の考察を主とした。本稿はこれを現代史により比重をおいて記述しようとするものである。

（7）この点に関しては加々美光行「中国の民族政策をめぐる新思考：「族群」「自治と興治」――内蒙古自治区を中心に――」（『中国21　内モンゴルはいま――民族区域自治の素顔――』一九、東方書店、二〇〇四年）参照。

（8）所謂中華民族については、費孝通『中華民族多元一体格局』（中央民族学院出版社、一九八九年）、寧騒『民族与国家――民族関係与民族政策的国際比較』（北京大学出版社、一九九五年）、王柯『東トルキスタン共和国研究――中国のイスラムと民族問題』（東京大学出版会、一九九五年）等参照。

（9）楊海英「西部大開発と文化的ジェノサイド」（愛知大学現代中国学会編『中国21　国家・開発・民族』三四、東方書店、二〇一一年）一一八頁、前掲加々美光行「中国の民族政策をめぐる新思考：「族群」「自治と興治」――内蒙古自治区を中心に――」参照。

（10）王明珂「過去、集体記憶与族群認同：台湾的族群経験」（中央研究院近代史研究所編『認同与国家：近代中西歴史的比較』一九九四年）参照。

（11）前掲加々美光行「中国の民族政策をめぐる新思考：「族群」「自治と興治」――内蒙古自治区を中心に――」四五頁以下参照。

（12）例えば、『魏書』巻五四高閭伝に、高閭と孝文帝の問答を伝え、「臣（高閭）願陛下従容伊瀍、優遊京洛、使徳被四海、中国緝寧、然後向化之徒、自然楽附。高祖（孝文帝）曰、願従容伊瀍、実亦不少、但未獲耳。閭曰、司馬相如臨終恨不見封禅。今雖江介不賓、小賊未殄、然中州之地、略亦尽平。豈可於聖明之辰、而闕盛礼。齊桓公霸諸侯、猶欲封禅、而況万乗。高祖曰、由此桓公屈於管仲。荊揚未一、豈得如卿言也。閭曰、漢之名臣、皆不以江南為中国。且三代之境、亦不能遠。高祖曰、淮海惟揚州、荊及衡陽惟荊州、此非近中国乎。」とあるように、江南は中国ではないとする考えがあった。

（13）このことについては、拙著『魏晋南北朝時代の民族問題』（汲古書院、一九九八年）、第四篇第二章、「六朝における蛮の理解についての一考察――山越・蛮漢融合の問題を中心としてみた――」参照。

（14）楊氏前掲論文「西部大開発と文化的ジェノサイド」一二四～一二六頁等。

（15）こうした「意志」の存在については、前掲拙著第一篇第一章「五胡十六国・北朝時代における華夷観の変遷」参照。

（16）「夷」は所謂夷狄を表記する際、古来より使用された文字であるが、その古字は𡰥である。このことは当初、夷が𡰥と認識されていたこと、換言すれば異界の存在と認識されていたことを想定させる。

(17) 佐々木信彰『多民族国家中国の基礎構造』(世界思想社、一九八八年)、前掲拙著『中国史の中の諸民族』(山川出版社、二〇〇四年)等参照。
(18) 前掲拙著『中国史のなかの諸民族』(山川出版社、二〇〇四年)八〇頁。近年の現状を踏まえた総括としては星野昌裕「民族区域自治制度からみる国家・民族関係の現状と課題」(『中国21 国家・開発・民族』三四、東方書店、二〇一一年)参照。
(19) 加々美光行『中国の民族問題　危機の本質』(岩波書店、二〇〇八年)九九頁。
(20) 漢唐間の時代において生じた同様の事柄については、拙稿「七世紀の東アジアの国際秩序の創成――東アジアの国際秩序とシステムの変容」(日本国外務省刊『日中歴史共同研究第一期報告書』、二〇一〇年所収)で論じた。
(21) 民族区域自治の現状については、愛知大学現代中国学会編『中国21特集:内モンゴルはいま――民族区域自治の素顔』(東方書店、二〇一一年)参照。
(22) 資源開発と建設兵団についての最近の成果としては、小島麗逸「資源開発と少数民族地区」(『中国21 国家・開発・民族』三四、東方書店、二〇一一年)がある。
(23) 前掲星野昌裕「民族区域自治制度からみる国家・民族関係の現状と課題」、小島麗逸「資源開発と少数民族地区」(前掲『中国21 国家・開発・民族』三四、所収)参照。
(24) 上野稔弘「民族区域自治法改正に見る中国民族法制の現状」(『東北アジア研究』六号、東北大学東北アジア研究センター刊、二〇〇一年)参照。
(25) 佐々木信彰「多民族国家中国と民族区域自治政策」(佐々木信彰主編『現代中国の民族と経済』、世界思想社、二〇〇一年)参照。
(26) こうした点に関する現状については、村上大輔「西蔵班(校):転地エリート教育を受けるチベットの若者たち――「ポストコロニアル」という観点と現代ラサ」(前掲『中国21 国家・開発・民族』三四、所収)、希日娜依・買蘇提・大谷淳子「新疆ウイグル自治区の特有群体「民考漢」――ウルムチのウイグル人を事例として」(同上書所収)参照。
(27) 内田吟風『北アジア史研究　匈奴篇』(同朋舎、一九七五年)、三〇九~一〇頁参照。

（28）同上書三四七頁参照。

（29）上海人民出版社、一九八〇年刊。

（30）前掲拙著『魏晋南北朝時代の民族問題』（汲古書院、一九九八年）、第四篇第二章、「六朝における蛮の理解についての一考察――山越・蛮漢融合の問題を中心としてみた――」、拙稿「民族問題を中心としてみた魏晋南北朝時代史研究の動向」（『中国史学』一一巻、二〇〇一年）など。

（31）註（29）参照。

（32）佐竹靖彦「唐末福建の家族と社会――山洞と洞蛮」（東京都立大学『人文学報』二七七、歴史学編二五、一九九七年）、川本芳昭「民族問題を中心としてみた魏晋南北朝隋唐時代史研究の動向」（『中国史学』一一、二〇〇一年）参照。

（33）拙稿「民族問題を中心としてみた魏晋期段階における四川地域の状況について」（唐代史研究会編『東アジア史における国家と地域社会』、刀水書房、一九九九年）、同「民族問題を中心としてみた五胡十六国南北朝期段階における四川地域の状況について」（『史淵』一三六、一九九九年）、同「民族問題を中心としてみた南北朝後期段階における四川地域の状況について」（九州大学『東洋史論集』二七、一九九九年）等参照。

（34）周氏、朴氏の所論に対する私見は前掲「民族問題を中心としてみた魏晋南北朝時代史研究の動向」参照。

（35）前掲拙著『魏晋南北朝時代の民族問題』（汲古書院、一九九八年）参照。

（36）中国における中国仏教史、哲学史研究の大家である任継愈氏編にかかる『中国仏教史』第二巻（中国社会科学出版社、一九八五年）には、鳩摩羅什が果たした歴史上の役割を総括し「鳩摩羅什は原籍はインドでありながらも、現在の中国に生まれ、彼は実際は中国人であり、彼の訳経や布教は中国とインドの文化交流を促し、当時の中国の少数民族と漢民族の交流を促進する役割をも果たした」としている（訳は丘山新他訳『定本中国仏教史Ⅱ』（柏書房、一九九四年）三〇五頁に拠る）。

（37）拙稿「六朝における蛮の理解についての一考察――山越・蛮漢融合の問題を中心としてみた――」（『史学雑誌』九五―八、一九八六年）（前掲拙著『魏晋南北朝時代の民族問題』第三篇第二章所収）参照。

南朝における「名家」の保存と継承

野田俊昭

はじめに

南朝貴族と家格との関連についての本格的な研究の基礎は、宮崎市定によって据えられたとしてよかろう。[1] その後、この方面の研究は越智重明、[2] 中村圭爾[3] らによって継承され、発展せしめられた。ことに越智は、東晋南朝における所謂「族門制」の存在を指摘し、宮崎の家格面に関する研究を深め、それをより精緻な、そして、より整然としたかたちに整理している。

「族門制」というのは、魏末における州大中正の制の設置を契機として、その運営の間に、ほぼ西晋の末頃までにかたちを整えたもので、甲族を頂点として、以下、次門、後門、三五門と続く家格の制度的ヒエラルキーとされている。小論と直接関連する範囲でその概要を示すと、ほぼ以下のようになろう。

梁時代の初期までのものについて、やや図式的にいうと、甲族は「一流貴族」で、員外散騎侍郎、秘書郎、著作佐郎、公府の掾属などに起家し、一品官に到る資格をもつ。次門は「二流貴族」で、奉朝請、太学博士、王国（左・右）常侍、王国侍郎などに起家し、五品官に到る資格がある（つまり次門には、官序のうえで制限があり、四品以上の官には原則として就き得ない[4]。後門は流外の官に起家し、やはり官序のうえで制限があり、通常七品官にまでしか到り得ない。後門が就くべき官職は「寒官」とか「勳位」などと称された。三五門は通常、官界とは無関係である。

甲族、次門、後門の間には起家についての差異、官序のうえで制限があったばかりではなく、起家ののちに歩む官途についても差別があった。甲族は（起家の官も含めて）一連の「清官」と目される官に就くべきであり、次門以下は（起家の官も含めて）「清官」以外の官（以下「濁官」という）に就くべきであった。

梁の天監七年（五〇八）を頂点として断行された一連の官制改革（以下これを「改革」という）以降にあっては、やや様相を異にする。以降、官人たることができるものは甲族と次門に限定されることとなった。ただし、甲族と次門の間にはその就く官に、（起家の官を含めて）依然として「清官」、「濁官」の別があったこと、次門には依然として官序上の制限があり、「改革」以降に施行された流内十八班制において、その流内十一班の官にしか原則として到達し得ないものとされた。甲族と次門は士人に、後門と三五門は庶民にほぼ相当たる。

越智の「族門制」論は東晋南朝貴族の家格と官制との関連、ひいては東晋南朝貴族制理解に大きく貢献する研究とされよう[5]。

ところでこの「族門制」論は、宮崎の前掲の研究と同様に、どちらかというと、貴族の家格の東晋南朝における固定化という面に力点をおいた研究とすべきものであるが、しかし同時に、南朝にあって、家格の変動ということがおこることにも言及している。

すなわち、もともと次門の出身であっても、そのものが次門の官序上の制限をこえて、宋斉時代にあっては三品以上の官に、「改革」以降にあっては流内十二班以上の官に就いた（以下このことを「官達」という）際、そのものは甲族としての家格を得て、その子たちも甲族として起家することを指摘しているのである[6]。こうした家格の変動という現象の存在については、中村の研究によっても跡づけられている。[7] 家格の固定化の趨勢のなかにおける、その変動という現象は、南朝貴族の家格の性格、特性を考えるうえで重要な論点とされよう。

筆者は先に、この点を踏まえて逆に、（「官達」などによって）甲族としての家格を得たものの子に、「官達」がなかった際、その家格はどのように処理されるのか、ということについて検討した。その際、「官達」し得なかったものの子が、著作佐郎や秘書郎に起家した事例のあることを手がかりに、一旦獲得された甲族としての家格は、そのものの子の「官達」とは無関係に保存され、そのものの孫に継承されるとした。[8] しかし近年、これらの著作佐郎・秘書郎への起家が、「いずれも家格による起家の論拠とは必ずしもいえない」とし、さらに、「……門閥貴族とみなされる家門にあっても、父が早く死去する等の事由により没落することもそれほど希有なことではなかった」とする見解も公表されている。[9]

そうであるとすれば、起家官のみを手がかりとして、甲族の家格の保存と継承を説くには、一抹の不安が残ることになる。①一旦獲得された甲族としての家格は、そのものの子の「官達」とは無関係に保存され、そのものの孫に継承されるとする想定は、単に起家官のみを手がかりとして想定されるだけでは、不充分なものとなる。ここに、その想定は、より分厚いかたちで補強される必要が生じることとなる。

また幸いにして、①の補強が成果をあげ得たとするならば、理屈からすると、②甲族の家格は一旦獲得されると、それを継承した子のみならず、孫などに「官達」がなくても、次々に保存され継承されるべきものとなるはずである。すなわち、一旦獲得された甲族の家格は、その継承者が連続して「官達」し得なくても、ある程度の期間にわたって保存、継承されるべきものとなるはずである。

また、「官達」と家格の関連でいうと、③甲族の出身であっても、父が早死にその他の原因で官界で立身出来なかったり、遅れたりして「官達」出来なかった際、そのことが子たちの任官情況に不利に働くことが確かにある。[10] しかしそれも、家格の低下によるものとすべきではなく、甲族という家格の枠内での不利として把握すべきである。

小論では、以上の課題・想定のうち、①についてとりあげ、それを主として、「名家」という文言を手がかりに再検討する。②、③については、紙幅の都合から続論を準備する。

（甲族、次門、後門、三五門という呼称は越智による。小論もこの呼称に従うこととする。なお近年、川合安はその優れた学説整理のうえに立って、南朝の貴族と家格とに関連する意欲的な見解を多数公表している。[11] 小論及び続論は、これらの川合の成果に刺激を受けたものでもある。なお続論は、「南朝における「名家」の保存と継承（続）」と題して、『久留米大学文学部紀要（国際文化学科編）』二九号に掲載。）

一、家格の変動

南朝における家格の固定化を強調する越智は、にもかかわらず、次門の家格の甲族のそれへの上昇という現象が見られることを指摘している。すなわち蕭道成（後の斉の高帝）の「官達」とそれにともなう家格の上昇である。

蕭道成の長子の賾（後の斉の武帝）はその家格に応じて尋陽王国侍郎に起家し、次子の嶷（後の豫章文献王）も泰始初年（四六五）に太学博士に起家した。一方、第三子の映（後の臨川献王）は元徽四年（四七六）に著作佐郎に、第四子の晃（後の長沙威王）は恐らく昇明初年（四七七）に秘書郎に起家している。賾や嶷の起家は次門としての起家であり、映と晃の起家は甲族としての起家である。映が起家したとき、道成は尚書左僕射であり、晃が起家したとき、道成は司空であった。尚書左僕射は三品、司空は一品である。[12] これが越智のあげる事例である。この後、こうした家格の上昇ということについて、中村が事例を追加している。

次門出身の劉勔[13]には悛、恒、絵、瑱、轂などの子があった。このうち、悛は大明元年（四五七）から同三年（四五九）の間の何れかの時期に、（次門として）州従事に辟召され[14]、弟の絵は昇明初年に著作佐郎に起家した。絵が起家したとき、父の勔はすでに守尚書左僕射・中領軍を経て、元徽二年（四七四）、宋の桂陽王の乱に戦死し、死後、散騎常侍・司空を贈られていた。中領軍は三品である。司空、尚書左僕射の官品についてはすでに示した。これが中村のあげる事例である。

以上の二例は、父の「官達」に応じて、その兄弟の家格が異なることを示したものとされている。すなわち、もともと次門のものであっても、父が三品以上になると、そこでは家格の上昇、すなわち所謂「族門」の変動ということが起こることを指摘したものである。

「改革」以降にあっては、次門出身者が流内十八班制において、その流内十二班以上の官に昇った際に、こうした家格の変動が生じるとされている[15]。

二、「名家」について

（a）「名家」と甲族

『宋書』巻五八謝弘微伝に、東晋時代のこととして、

晋世名家身有国封者、起家多拜員外散騎侍郎、（謝）弘微亦拜員外散騎、琅邪王大司馬参軍、

とある。東晋時代、員外散騎侍郎に起家するものは、その多くが身に国封をもつのみならず、「名家」の出身である必要があったこと、それだけに謝弘微が、「名家」であったことを示している。

さらに、『宋書』巻六七謝霊運伝に、同じく東晋時代のこととして、

謝霊運、陳郡陽夏人也、……襲封康楽公、食邑二千戸、以国公例、除員外散騎侍郎、

とある。前掲の謝弘微伝で、謝霊運を「名家」としている。したがって霊運は、「名家身有国封者」として員外散騎侍郎に起家したものとなる（ただし未就）。霊運についてはさらに、『資治通鑑』巻一二八「宋紀」一〇孝武帝大明二年「裴子野論曰」の条に、

古者、徳義可尊、無択負販、苟非其人、何取世族、名公子孫、還斉布衣之伍、士庶雖分、本無華素之隔、自晋以来、其流稍改、草択之士、猶顕清途、降乎季年、専限閥閲、自是三公之子、傲九棘之家、黄散之孫、蔑令長之室、転相驕矜、互争銖両、唯論門戸、不問賢能、以謝霊運・王僧達之才華軽躁、使其生自寒宗、猶将覆折、重以怙其庇廕、召禍宜哉、

とある。ここでは、霊運や王僧達が「寒宗」に生まれたものではないとしている。門地、家格について「寒」とされるのは次門以下のそれであることを示す[16]。そうすると、霊運や僧達は次門以外の出身ということになり、それは自ずから甲族の出身であったことを意味する。この「寒宗」と対応する言葉は、後述することと関連させていうと、「華宗」ということになろう[17]。なお僧達は宋時代に、始興王濬の後軍参軍に起家しているが（『宋書』巻七五本伝）、これは甲族としての起家ということになる。

さらに、小論の冒頭でも述べたように、秘書郎や著作佐郎（起家も含めて）に就くものは甲族とされているが、そのことについて、『宋書』巻六四何承天伝に、

（元嘉）十六年、除著作郎、撰国史、（何）承天已老、而諸（著）作佐郎並名家年少、

とあり、それは「名家」ともされている。また、『宋書』巻八七蕭恵開伝にも、

（蕭恵開）初為秘書郎、（秘書郎）著作（佐郎）並名家年少、

とある。以上は「名家」が甲族であったことを示す。

ここで、『通典』巻二六職官八秘書監・秘書郎を見ると、

宋斉、秘書郎皆四員、尤為美職、皆為甲族起家之選、待次入補、其居職例十日便遷、梁亦然、自斉梁之末、多以貴遊子弟為之、無無其才実、

とあり、秘書郎が「甲族」の起家官であることを示しており、「名家」は「甲族」とも称されていたことになる。[18]そうするとこの「甲族」は、「族門制」にいう甲族に相当たることになる。また秘書郎に起家する際には、その「才実」は無関係とされているが、この「才実」は学才などのことであろう。

甲族はまた、「国華」とか「華族」、「華冑」、「英華」などという具合に「華」という言葉を付して表現される。[19]これを踏まえてここで、『南史』巻一一后妃上を見ると、

後廃帝江皇后諱簡珪、済陽考城人、……明帝訪太子妃而雅信少数、名家女多不合、江氏雖華族、而后父祖並已亡、弟又弱小、以卜筮吉、故為太子為納之、

とあって、「名家」が「華族」とも称されている。また、『梁書』巻一五謝覧伝に、

天監元年、……覧為人風神、善辞令、高祖深器之、嘗侍座、受勅与侍中王暕為詩贈答、二少実名家、高祖善之、

豈伊止棟隆、信乃国華、

とあって、「国華」が「名家」とされている。ちなみに、王暕の父は有名な王倹であり、やはり「国華」とされてい

されよう。

る。[20]覧、暕、倹の三名は何れも著作佐郎や秘書郎に起家している。[21]この著作佐郎、秘書郎起家は甲族としての起家とされよう。

さらに、これもすでに述べたように「清官」は、本来甲族が排他的に独占すべきものであるが、そうした「清官」には「名家」が就くべきものとされている。例えば秘書丞は「天下清官」、「第一官」とされていて、もとより甲族の就くべきものであったが、[22]『南史』巻三一張率伝に、

卿名家奇才、……秘書丞天下清官、東南望冑未有為者、今以相処、為卿定名誉、

とある。これは、北人の甲族＝「名家」が独占する傾向にあった秘書丞を、南人（張率は呉郡呉人）「名家」にも授けたことを示したものとされよう。

また、侍中も清官の代表的なものであり、[23]それだけに専ら甲族の就くべき官であったが、この侍中について、『南斉書』巻三二「史臣曰」の条に、

内侍枢近、世為華選、金瑞頴耀、朝之麗服、久忘儒芸、専授名家、

とあり、侍中の任用が「華選」と称されたこと、その任用に当たっては学問を重んじるよりも、専ら「名家」であるか否かを重んじたことが示されている。侍中の任用が専ら「名家」、すなわち甲族を対象として行われていたことを示している。この「華選」という文言については、『宋書』巻八一孔顗伝に、旧来、散騎常侍は清官と目されていたが、甲族がそれへの就官を嫌ったため、専ら次門が任用されるようになり、そのために「濁官」と目されるようになった。それで宋の孝武帝は、その任用を改め、再び侍中と同様に甲族を任用しようと試みたことを記し、その時のこととして、

於是吏部尚書顔竣奏曰、常侍華選、職任俟才、新臨海太守孔顗意業閑素、司徒左長史王彧懐尚清理、

とある。「華選」が、甲族を任用する人事のことであったことが諒解される。ただし、この人事改革は結局失敗し、梁時代になって再び同様の改革が試みられるが、一部の甲族には受け入れられなかった[24]。そのことを記して、『梁書』巻二一江蒨伝に、

初、天監六年、詔以侍中、常侍並侍帷幄、分門下二局入集書、其官品視侍中、而華冑所悦、故（徐）勉斥（王）泰為之、

「華選」は「華冑」が専ら任用されるがゆえに、「華選」なのである[25]。なおこの時、斥けられて散騎常侍に任用された王泰は、また「国華」でもあったとされている[26][27]。

（b）「名家」と王室

以上の検討から東晋南朝期にあっては、家格について、「名家」＝甲族という等式がほぼ成り立つことが明らかになったと思う。

宋、斉の各王室では、こうした「名家」との通婚を強く求めた。『宋書』巻五二「史臣曰」の条に、

凡此諸子、並前代名家、莫不望塵請職、負羈先路、将由庇民之道邪、

とあって、この巻に立伝されている人物を「名家」としている。そのうちの褚湛之について、

尚（宋）高祖第七女始安哀公主、拝駙馬都尉、著作（佐）郎、哀公主薨、復尚高祖第五女呉郡宣公主、諸尚公主、並用世冑、不必皆有才能、

とある。「史臣曰」の条を勘案すると、この「世冑」は、自ずと「名家」を指すものとなろう。宋の王室は才能よりも、「名家」、すなわち、甲族であるかどうかを基準として、その婚姻の対象を求めたのである。

さらに、『南史』后妃伝上に、先に見たように、

後廃帝江皇后諱簡珪、済陽考城人、……泰始五年、明帝訪太子妃、而雅信少数、名家女多不合、江氏雖為華族、而后父祖並已亡、弟又弱小、以卜筮吉、故為太子納之、

とある。これは太子の妃、将来の皇帝の后として「名家」の女を求めたが、その際官界などに勢力有るものを嫌い、「名家」のなかでも、そうした勢力の弱いものの女を選んだことを示している。また、『梁書』巻一六王亮伝に、

王亮字奉叔、琅邪臨沂人、……亮以名家子、宋末選尚公主、拝駙馬都尉、秘書郎、

とある。

『梁書』巻三七何敬容伝に、南斉時代のこととして、

何敬容字国礼、廬江灊人也、……敬容以名家子、弱冠尚斉武帝女長城公主、

とあり、『南史』巻一一后妃伝上に、同じく南斉時代のこととして、

鬱林王何妃諱婧、廬江灊人也、撫軍将軍戢女也、初将納為南郡王妃、文恵太子嫌戢無男、門孤、不欲与婚、王倹以南郡王妃、便為将来外戚、唯須高門、不須強門、今何氏蔭華族弱、実殷允外戚之義、永明三年、乃成婚、

とある。「蔭華」、「高門」とあるのは何戢の家が「名家」であったことを示したものとなろう。この場合も、先の宋の皇太子（後の明帝）の妃を求めた場合と同様に将来の皇后として、官界などに勢力の弱い「名家」の女を求めたものとなる。

ちなみに、家門内にとかく問題のある「名家」は、当然王室から婚姻関係をとり結ぶことを避けられたこともあったようである。『宋書』巻六九范曄伝に、范曄に叛乱をそそのかして、孔熙先がかれの背中を押していったこととして、

（范）曄素有閨庭論議、朝野所知、故門冑雖華、而国家不与姻娶、（孔）熙先因以此激之曰、丈人若謂朝廷相待厚者、何故不与丈人婚、為是門戸不得邪、人犬豕相遇、而丈人欲為之死、不亦惑乎、曄黙然不答、其意乃定、

とある。「門冑」が「華」ということは、范曄が「名家」であったことを示すが、家庭問題がなければ、曄は王室と婚姻関係をとり結ぶ資格が十分にあったことになろう。そして、その資格は「名家」であることになろう。

また、『宋書』巻五七蔡興宗伝に、

蔡興宗……妻劉氏早卒、一女甚幼、外甥袁顗始生（袁）彖而妻劉氏亦亡、興宗姉、即顗母也、一孫一姪、躬自撫養、年歯相比、欲為婚姻、毎見興宗、輒言此意、大明初、詔興宗女与南平王敬猷婚、興宗以姉平生之懐、屢経陳啓、答曰、卿諸人欲各行己意、則国家何由得婚、且姉言豈是不可違之邪、旧意既乖、彖亦他娶、其彖家好不終、顗又禍敗、彖等淪廃当時、孤微理尽、敬猷遇害、興宗女無子嫠居、名門高冑、多欲結姻、明帝亦勅適謝氏、興宗並不許、以女適彖、

とある。蔡興宗は「名家」であったと考えられる。[28] また、興宗の女に婚姻を申し込んだという多くの「名門高冑」は、「名家」のことであろう。その婚姻が「名家」によって拒否された場合、宋の王室の婚姻対象となる範囲が大きく制限されたことがわかる。これは王室の婚姻が、「名家」に大きく依存していたことを示したものともなろう。[29]

三、「名家」の保存と継承

前節までで、「名家」＝甲族という等式がほぼ成立すること、そうした「名家」が宋、斉時代、それぞれの王朝と緊密な婚姻関係を結んでいたことについて述べた。

本節は以上を踏まえて、「名家」が、その後継者に「官達」者を出すことがなくても保存、継承されることが通常であったと考えられることについて述べる。

①『宋書』巻五三謝方明伝に、

謝方明、陳郡陽夏人……、父沖、中書侍郎、……元興元年、桓玄剋京邑、……桓玄聞而賞之、即除著作佐郎、方明が「名家」であったことが分かる。「謝方明可謂名家駒、直置便自是台鼎人、無論復用才用」とされている。これからとある。謝方明は、宋の高祖から「謝方明可謂名家駒、直置便自是台鼎人、無論復用才用」とされている。これから方明が「名家」であったことが分かる。方明の父の沖の極官と思われる中書侍郎は五品である。これは一旦獲得された「名家」が、父の沖に「官達」ということがなくても保存され、孫の方明に継承されたことを示す。なお、「台鼎」というのは三公などの最高官位の官のことであろう。「名家」の出である方明がその才能の有無にかかわらず、官界にいるだけで、一品官にも到る存在とされていたことを示す。

②『宋書』謝弘微伝に、

謝弘微、陳郡陽夏人也、……従叔峻、……無後、以弘微為嗣、

とある。謝弘微が「名家」として、員外散騎侍郎に起家したことについてはすでに述べた。養父の峻の極官は散騎侍郎であったと思われる（『晋書』巻七八謝琰伝）。散騎侍郎は五品である。そうするとこれも、一旦確保された「名家」が、父の峻に「官達」ということがなくても保存され、孫の弘微に継承されたものとなる。

③『宋書』謝霊運伝に、

謝霊運、陳郡陽夏人也、……父瑍、生而不慧、為秘書郎、蚤亡、謝霊運幼便穎悟、（謝）玄甚異之、我乃生瑍、瑍那得生霊運、襲封康楽公、食邑二千戸、以国公例、除員外散騎侍郎、

とある。すでに述べたように、謝霊運は「名家」として員外散騎侍郎に起家している。しかし、その父の瑍は秘書郎

で早くに死去している。秘書郎は七品である。これは、父が早死になどによって「官達」できなくても、一旦獲得された「名家」が保存され、継承されるものであったことを示している。なおこの際は、「名家」の継承、保存者が利口であるか、馬鹿であるかは無関係であったことも示している。[30]

④『梁書』王亮伝に、

王亮字奉叔、琅邪臨沂人、……父攸、給事黄門侍郎、亮以名家子、宋末選尚公主、拝駙馬都尉、秘書郎、

とある。王亮の父の攸の極官と思われる給事黄門侍郎は五品である。これも一旦獲得された「名家」が、父に「官達」ということがなくても保存され、さらにその子に継承されたことを示している。なお、亮の祖父の偃は宋の武帝の女の呉興公主に尚しているから（『南史』巻二二本伝）、亮の家が「名家」と目されるようになったのは、父の偃以前のこととなる。

⑤『梁書』巻三三王筠伝に、恐らく「改革」以降のこととして、

王筠字元礼、一字徳柔、琅邪臨沂人、……父楫、太中大夫、起家中軍臨川王行参軍、遷太子舎人、除尚書殿中郎、……（尚書令沈約）常従容啓高祖曰、晩来名家、唯見王筠独歩、

とある。王筠の父の楫の極官と思われる太中大夫は、「改革」以降の十八班制では十一班である。これも一旦獲得された「名家」が、父に「官達」ということがなくても保存され、その子に継承されたことを示している。筠の臨川王の中軍行参軍起家は「名家」としての起家となる。

⑥『南斉書』巻四七王融伝に、

王融字元長、琅邪臨沂人也、……父道琰、廬陵内史、……挙秀才、晋安王南中郎将板行参軍、……融以父官不通、弱年便欲紹興家業、啓世祖求自試、……会虜動、竟陵王子良於東府募人、板融寧朔将軍、軍主、……才地既華、

兼藉子良之勢、傾意賓客、労問習款、文武翕輻輳之、

とある。「父官不通」は、融の父の王道琰の官が四品に達しなかったこと、[31]つまり、道琰が「官達」できなかったことを示している。「才地既華」の「地が華」であるということは、「門地が華」であるということであるから、融が「名家」であったことを示している。これも一旦獲得された「名家」が、父に「官達」ということがなくても保存され、その子に継承されたことを示している。融の晋安王の南中郎将板行参軍起家は「名家」としての起家となる。

⑦『南史』后妃伝上に、先に見たように、

後廃帝江皇后諱簡珪、済陽考城人、……泰始五年、明帝訪太子妃、而雅信少数、名家女多不合、江氏雖為華族、而后父祖並已亡、弟又弱小、以卜筮吉、故為太子納之、

とあった。ここでは江簡珪が「名家」、「華族」の属員とされている。この簡珪が太子妃候補とされたとき、その父の敩は太子洗馬ですでに死亡していた（『宋書』巻五九江智淵伝）。太子洗馬は七品である。これも一旦獲得された「名家」が、父に「官達」ということがなくても保存され、さらにその子に継承されるべきものであったことを示している。ちなみに、簡珪には弱小の弟がいたわけであるが、「名家」は具体的にはこの弟に引き継がれるのであろう。また弟は、この時点では未起家であったと思われる。そうすると「名家」は、官人のいない家にも継承されることが、ここでは、一応想定されることになる。

⑧『梁書』巻二一王份伝に、

王份字季文、琅邪人也、……父粋、黄門侍郎、份十四而孤、解褐車騎主簿、

とある。王份の父の粋の極官と思われる黄門侍郎が五品であることについては、すでに述べた。この份は「国華」であるとされている（『梁書』巻二一「史臣曰」の条）。つまり、「名家」とされている。そうするとこれも、一旦獲得され

た「名家」が、父に「官達」ということがなくても保存され、さらにその子に継承されたことを示したものとなる。份の車騎主簿起家は「名家」としての起家となる。

⑨『宋書』巻八七殷琰伝に、

殷琰、陳郡長平人也、父道鸞、衡陽王義季右軍長史、……（殷琰）初為江夏王義恭征北行参軍、……劉勔又与殷琰書曰、……足下衣冠華胄、

とある。すでに見たように、「華胄」は「名家」である。殷琰の父の道鸞の極官と思われる右軍将軍長史は六品である。そうするとこれも、一旦獲得された「名家」が、父に「官達」ということがなくても保存され、さらにその子に継承されたことを示したものとなる。琰の江夏王義恭の征北行参軍起家は「名家」としての起家となる。

⑩『宋書』巻八四孔覬伝に、

孔覬字思遠、会稽山陰人也、……父邈、揚州治中、……初挙揚州秀才、補主簿、……転（衡陽王義季安西）記室、奉牋固持、曰、記室之局、実惟華要、自非文行秀敏、莫或居之、

とある。これは軍府記室参軍の任用は専ら「華」であるべきもの、換言すれば「名家」が任用されるべきものであることを示したものとされよう。そうすると孔覬は、自ずと「名家」であったことになる。さらに、この伝の後文に、先にもあげたが、

於是吏部尚書顔竣奏曰、常侍華選、職任俟才、新臨海太守孔覬意業閑素、司徒左長史王彧懐尚清理、

とあった。散騎常侍に推薦された覬は、「名家」であったことになる。覬の父の邈の極官と思われる揚州の治中従事は五品以下であったとしてよい[32]。そうするとこれも、一旦獲得された「名家」が、父に「官達」ということがなくても保存され、さらにその子に継承されたことを示したものとなる。覬の揚州主簿起家は「名家」としての起家となる。

⑪『南斉書』巻四三江斅伝に、

江斅字叔文、済陽考城人也、……恁、著作郎、為太初所殺、斅母文帝女淮陽公主、……尚孝武臨汝公主、拝駙馬都尉、除著作佐郎、太子舎人、丹陽丞、

とある。その母が宋の公主であり、自らも公主に尚した江斅は「名家」であったと断じてよかろう。斅の父の恁の極官と思われる著作郎は六品である。そうするとこれも、一旦獲得された「名家」が、父に「官達」ということがなくても保存され、さらにその子に継承されたことを示したものとなる。ちなみに斅は、士人の判定者としての役割を担わされている。(33) これは斅が「一流貴族」、「名家」であったとする判断を補強するものとなろう。また、「華冑」とされた江蒨は斅の子である（『梁書』巻二一本伝）。

⑫『南斉書』巻四七謝朓伝に、

謝朓字玄暉、陳郡陽夏人也、……父緯、散騎侍郎、……（謝朓）及為吏部郎、沈昭略謂謝朓曰、卿人地之美、無忝此職、……、

とある。沈昭略が「卿人地之美、無忝此職」といっているのは、謝朓の門地、家格が尚書吏部郎の職を汚すことは無い、その門地は吏部郎たるに相応しいという意味であろう。この吏部郎はもとより清官中の清官であるが、『南史』巻一八蕭琛伝に、

自魏、晋以来、郎官稍重、今方参用高華、吏部又近於通貴、

とあって「高華」が任用されるべきものとされている。そうすると朓は自ずから「名家」となる。朓の父の緯の極官と思われる散騎侍郎はすでに見たように五品である。そうするとこれも、一旦獲得された「名家」が、父に「官達」ということがなくても保存され、さらにその子に継承されるべきものであったことを示している。なお、朓は豫章王

の太尉行参軍に起家しているが、これは「名家」としての起家となる。

⑬『南史』巻四八陸慧暁伝に、

陸慧暁字叔明、呉郡呉人、晋太尉玩之玄孫也、……父子真、……為中散大夫、卒、……（斉）武帝第三子陵王子卿為南豫州刺史、帝称其小名謂竟陵王子良曰、烏熊癡如熊、不得天下第一人為行事、無以圧一州、既而曰、吾思得人矣、乃使慧暁為長史、行事、……朝議又欲以為侍中、王亮曰、済、河須人、今且就朝廷借之、以鎮南兗州、王瑩、王志皆曰、侍中弥須英華、方鎮猶応有選者、

とある。ここでは陸慧暁が「第一人」とか「英華」とされている。「第一人」は秘書丞などに任用されるべき人、先に述べたように「名家」を指すとすべきであろう。これらは、慧暁が「名家」であったことを示す。慧暁の父の子真の極官と思われる中散大夫は七品である。そうするとこれも、一旦獲得された「名家」が、父に「官達」ということがなくても保存され、さらにその子に継承されるべきものであったことを示している。慧暁は州郡の辟に応じたとされている（『南斉書』巻四六陸慧暁伝）が、これは「名家」としての起家となろう。

⑭『陳書』巻三四蔡凝伝に、

蔡凝字子居、済陽考城人也、……父彦高、梁給事黄門侍郎、……（尚書吏部侍郎蔡）凝年位未高、而才地為時所重、常端座西斎、自非素貴名流、罕所交接、趣時多譏焉、高宗常謂凝曰、我欲用義興主壻銭粛為黄門郎、卿意何如、凝正色対曰、帝郷旧戚、恩由聖旨、則無所復問、若格以僉議、黄散之職、故須人門兼美、惟陛下裁之、……他日、後主謂吏部尚書蔡徴曰、蔡凝負地矜才、無所用也、

とある。蔡凝の父の彦高の極官と思える給事黄門侍郎は流内十班である。凝が誇った門地とは、文脈から「名家」としてのそれとしてよかろう。そうするとこれも、一旦獲得された「名家」が、父に「官達」ということがなくても保

存され、さらにその子に継承されるものであったことを示している。なお、凝は秘書郎に起家している。

⑮『南斉書』巻四四徐孝嗣伝に、

徐孝嗣字始昌、東海郯人也、……祖湛之、……父聿之、著作郎、並為太初所殺、孝嗣在孕得免、幼而梃立、風儀端簡、八歳、襲枝江県公、……尚（孝武帝）康楽公主、泰始二年、……拝駙馬都尉、除著作（佐）郎、

とある。徐孝嗣は宋の孝武帝の公主に尚しており、「名家」であったと思われる。また、その父の聿之の極官と思われる著作郎は五品である。そうするとこれも、一旦獲得された「名家」が、父に「官達」ということがなくても保存され、さらにその子に継承されたものとなる。

⑯『宋書』巻五九張暢伝に、

張暢字少微、呉郡呉人、……父禕、……為琅邪王国郎中令、従琅邪王至洛、還京都、高祖封薬酒一罌、使密加酖毒、禕受命、既還、於道自飲而卒、……（李）孝伯又曰、君南土膏粱、何為著屩、

とある。張暢は「南土の膏粱」とされている。「膏粱」は「名家」としてよい[34]。暢の父の禕の極官と思われる王国郎中令は六品である。そうするとこれも、一旦獲得された「名家」が、父に「官達」ということがなくても保存され、さらにその子に継承されたことを示している。なお暢は、呉郡太守徐佩之の主簿に起家しているが、この起家は「名家」としての起家となる。

⑰『梁書』処士・何点伝に、

何点字子晳、廬江灊人也、……父鑠、宜都太守、鑠素有風疾、無故害妻、坐法死、点年十一、幾至滅性、……家本甲族、親姻多貴仕、……宋泰始末、徴太子洗馬、

とある。ここでは何点が「甲族」であったとされているが、先述したように「甲族」は「名家」である。点の父の何

鑠の極官と思われる宜都太守についてであるが、東晋南朝にあっては、郡太守の官品は一律に五品ではなく、そこでは官品の分化があったと思われるが、[35]宜都太守は五品程度であったのではないかと思われる。[36]つまり、何鑠は「官達」していないのではないかと思われる。この推定が正しいとすると、これも一旦獲得された「名家」が、父に「官達」ということがなくても保存され、その子に継承されたことを示していることになる。点の太子洗馬起家は「名家」としての起家となる。

以上を踏まえて、ここで『宋書』巻六〇荀伯子伝を見ると、

荀伯子、潁川潁陰人也、……父猗、秘書郎、伯子少好学、博覧経伝、而通率好為雑戯、遨遊閭里、故以此失清塗、解褐為駙馬都尉、奉朝請、員外散騎侍郎、

とある。「清塗」は「清途」のことで、「名家」が歩む一連の清官から構成される官序のことである。[37]荀伯子の父の猗の極官と思われる秘書郎はすでに見たように七品である。これは学才ある伯子は少年時の言動が問題にされなければ、その家格の低下ということはなく、[38]著作佐郎や秘書郎にも起家し、「名家」として「清途」を歩んでいたはずであることを示している。そこでは、父の「官達」云々は問題とされていない。これは、「名家」の継承にその父の「官達」、すなわち官の高下は、直接的に関連がないことを示したものとなる。[39]この伯子の事例は上述の想定を補強するものとなろう。

（附記）

筆者は先に、上記の④王亮⑪江斅⑮徐孝嗣および続論で検討した江智淵が、秘書郎や著作佐郎に起家したことを手がかりに、一旦獲得された甲族としての家格は、通常その子に「官達」ということがなくとも保存され、その孫に継

承されると考えた。以上より、この想定を別の方面から補強し得たと考える。かれらはまさに「名家」として、著作佐郎や秘書郎に起家したのである。（智淵の場合は、その父、祖父ともに「官達」ということがなかったが、「名家」が保存され、智淵に継承された事例となる。これについては続論で述べた。）

「……門閥貴族とみなされる家門であっても、父が早く死去する等の事由により没落することもそれほど希有なことではなかった」と断定するのには、なお躊躇を覚える所以である。

付言すれば、小論で述べたような「名家」の保存と継承のありかたは、南朝貴族の家格が、官制要件とは必ずしも直接的全面的に連動しないとする想定と通底するところがあるのではなかろうか。(40)

註

（1）『九品官人法の研究――科挙前史――』（『宮崎市定全集六』岩波書店　一九九二年）。

（2）代表的なものとして、越智重明に『魏晋南朝の貴族制』（研文出版　一九九二年）がある。

（3）代表的なものとして、中村圭爾に『六朝貴族制研究』（風間書房　一九八二年）がある。

（4）これについては、四品にまで昇り得るとすべきである。拙稿「南朝の「寒士」――その極官とその理解をめぐって――」（『東方学』九七）参照。

（5）越智の「族門制」論の全容を窺ううえで最も便利なものとして、「制度的身分＝族門制をめぐって」（前掲書第五章）がある。小論で「族門制」にふれる場合、主としてこれに拠るが、適宜他の論攷も参照する。

（6）越智「宋斉時代の次門層起家の官と寒士身分」（前掲書五章第四節）・「東晋南朝の族門制について」（『古代学』一八―一）・「梁陳時代の甲族層起家の官」（前掲書第七章第五節）・「梁陳時代の甲族層起家の官をめぐって」（『史淵』九七）参照。

（7）中村「九品官人法における起家」（前掲書第二編第一章）参照。

（8）拙稿「南朝における家格の変動をめぐって」（『九州大学東洋史論集』一六）参照。

（9）川合安「門地二品について」（『集刊東洋学』九四）参照。

（10）註（9）参照。

（11）川合「日本の六朝貴族制研究」（『史朋』四〇）・「南朝貴族の家格」（『六朝学術研究』五）・「南朝官人の起家年齢」（『東北大学歴史資源アーカイブと社会的メディア化』平成一一年度東北大学教育研究共同プロジェクト成果報告書　二〇〇五年）・「柳芳「氏族論」と「六朝貴族制」説」（『「六朝貴族制」の学説史研究』平成一七年度～平成一九年度科学研究費補助金（基盤研究（C）研究成果報告書　二〇〇八年）・「門地二品について」参照。

（12）官品・班位は『通典』巻三七職官一九、『宋書』巻四〇百官志下、『隋書』巻二六百官上所載のものによる。南斉時代のものは宋時代のものと基本的には変化なかったとしてよい。ただし、一部官品表所載のものとはずれるものもある。これについては適宜註記する。

（13）劉勔の起家官は不明であるが、その官序の過程で員外散騎侍郎についており、この官序は次門のとる典型的なものである。前掲「南朝における家格の変動をめぐって」など参照。

（14）劉悛もその官序の過程で員外散騎侍郎に就いている。この官序は次門のとる典型的なものである。註（13）参照。

（15）越智前掲「梁陳時代の甲族層起家の官」参照。なお、流内十二班以上の官は主に宋斉時代の三品以上の官によって構成される。宮崎「流内十八班」（前掲書第二編第四章二）、越智「新二品」（前掲書第七章第三節）参照。

（16）越智「宋斉時代の寒士、布衣、寒素、大選・小選、大官・小官、清官・濁官」（前掲書第五章第三節）・前掲「南朝の「寒士」――その極官とその理解をめぐって――」参照。

（17）『宋書』巻四四謝晦伝に、

懿華宗冠冑、固清流而遠源、

とあって、「華宗」という文言が見える。

（18）『南史』巻五六張纘伝も参照のこと。

(19) 越智「南朝の清官と濁官」(『史淵』九八)参照。

(20) 『南斉書』巻五一処士・何点伝に、

初、褚淵、王倹為宰相、点謂人曰、我作斉書賛、云、淵既世族、倹亦国華、

と見える。

(21) 『南斉書』巻二三王倹伝。『梁書』巻二一王暕伝、『梁書』謝覧伝参照。

(22) 『梁書』巻三三劉孝綽伝に、

(劉孝綽)遷秘書丞、高祖(梁武帝)謂舎人周捨曰、第一官当用第一人、故以孝綽居此職、

とある。なお、劉孝綽は著作佐郎に起家している。註(4)も参照。

(23) 前掲「南朝の清官と濁官」など参照。

(24) 拙稿「梁時代、士人の家格意識をめぐって」(『東洋史研究』五七—一)参照。

(25) 王文学、王友などは、「清官」の代表的なものであるが、『南斉書』巻四四沈昭略伝では、それらについての任用人事を「華選」としている。註(4)など参照。

(26) 『梁書』巻二一「史臣曰」条に、

王瞻等承藉茲基、国華是貴、子有才行、可得而称、

とあり、「国華」として王志もあげられている。王泰は秘書郎に起家している。これは「名家」としての起家とされよう。

(27) 『宋書』巻六四裴松之伝に、

裴松之字世期、河東聞喜人也、……年二十、拝殿中将軍、此官直衛左右、晋孝武帝太元中、革選名家、以参顧問、始用琅邪王茂之、会稽謝輶、皆南北之望、……拝員外散騎侍郎、

とある。裴松之は見るとおり、官途の中途で員外散騎侍郎に拝されているから「名家」ではなかったと考えられる。そうすると、この記事は、「名家」に忌避されるようになっていた殿中将軍の用人を改め再び「名家」を任用しようとしたが、その改革が成功せず、再び「名家」でないものが用いられることとなったことを示したものとする解釈が可能となろう。同様の

事例としては、本文でもふれた散騎常侍の事例がある。なお殿中将軍は「改革」においても、「二流貴族」（次門）のつくべき官とされている。流内十八班制において、「濁官」の代表的なものとされる南台侍御史の下に位置づけられている。

(28)『宋書』巻五二に立伝されている人物が「名家」と目されていたことについては既述したが、この伝には袁湛・袁洵父子が立伝されている。また洵の子の覬は、『宋書』巻八四袁覬伝によれば、鄧琬とは「人地」が殊なるとしている。そして『宋書』巻八三鄧琬伝によれば、琬は自ら「身南土寒士」といっている。すでに見たように「寒士」は次門である。そうすると覬は自ずから「名家」ということなる。したがって、湛・洵・覬の場合は、（少なくとも）三代にわたって「名家」を保存し、継承してきたことになる。この「名家」である洵の妻は蔡興宗の姉である。当時の婚姻関係のありかたからすると、興宗も「名家」と目されていたと考えて誤りなかろう。興宗は彭城王義康の司徒行参軍に起家しているが、これは「名家」としての起家としてよかろう。「名家」同士が婚姻を取り結ぶのが、当時の一般的な在り方であったことについては、中村「婚姻からみた階層と官僚身分」（前掲書第三編第三章）などを参照。

(29)全体的には、矢野主税「南朝における婚姻関係」（『社会科学論叢』一二）・前掲「婚姻からみた階層と官僚身分」を参照のこと。

(30)謝霊運の父謝瑍が利口ではなかったことは有名であったようであり、『宋書』巻五六謝瞻伝にもそのことが見えている。

(31)官が「不通」というのは、四品に至らないことを意味する。越智「宋斉時代の次門層起家の官と寒士身分」（前掲書第五章第四節）参照。

(32)前掲「南朝における流品の発達」は、（揚州の）州の次官である別駕従事は尚書吏部郎（五品）に遷る事例が多いことから、五品程度あったとしている。そうすると、別駕従事の次ぎに位置する治中従事は高く見積もっても五品程度とすべきである。

(33)『南史』三六江斅伝。

(34)『梁書』巻二三王僧虔伝によると、「甲族」、つまり「名家」とされた王僧虔の子の王寂について、

建武初、欲中興頌、兄志謂之曰、汝膏粱年少、何患不達、

とある。「不達」は三品以上の官につかないことをいう。この弟の寂に対して「汝膏粱」といった王志は「国華」とされてい

て、歴とした「名家」である。「膏粱」が「名家」に他ならないことを示す。また本文でもとりあげた王筠の父の楫は、志、寂の弟である。これは楫も「名家」であったことを示している。そして、その「名家」は楫の「官達」ということがなくとも、そのまま保存され、筠に継承されたことを想定させる。また、張暢の叔父の張邵の子の敷は「名家」とされている（『宋書』巻本伝）。これも暢が「名家」であったとする傍証となろう。なお「不達」については、越智「王僧虔の戒子書における族門と蔭」（前掲書第五章第六節）参照。

（35）拙稿「南朝の郡太守の班位と清濁」（『史淵』一二七）参照。

（36）宜都太守については、その官位を考える材料となる記事に乏しいが、南斉時代に、范縝が宜都太守ののちに尚書左条に遷り（『梁書』巻四七范縝伝）、「改革」以降に孫瑒が宜都太守ののちに員外散騎常侍に就いている。尚書左丞は五品、員外散騎常侍は十班で黄門侍郎の次ぎに位置づけてある。これは「改革」以前、員外散散騎常侍の官位が黄門侍郎のそれ程度あったことが推定させる。黄門侍郎は五品である。

（37）前掲「南朝の清官と濁官」参照。

（38）奉朝請に起家し員外散騎侍郎に遷るのは、「二流貴族」（次門）のとる典型的な官序である。註（13）参照。

（39）『宋書』荀伯子伝に、「名家」から転落した後、荀伯子は、王弘に対して、

　天下膏粱、唯使君与下官耳、

といっているが、これは伯子が家格低下後もなお、「名家」意識を持ち続けていたという面から理解すべきでものであろう。この後、伯子は「濁官」化の著しかった散騎常侍に拝されている。

（40）前掲「南朝の「寒士」――その極官とその理解をめぐって――」参照。

法隆寺献納宝物鵲尾形柄香炉の製作地・製作年代の再検討

加島　勝

はじめに

現在東京国立博物館が保管している法隆寺献納宝物（以下、献納宝物としるすこともある）は、明治十一年（一八七八）に奈良斑鳩の法隆寺から皇室に献納され、第二次世界大戦後の昭和二十四年（一九四九）に、皇室から国にゆずられた三百二十件余りの作品で構成されている。この法隆寺献納宝物は正倉院宝物と双璧をなす古代美術の宝庫としてよく知られているが、正倉院宝物が聖武天皇生前の遺愛の品々や東大寺大仏開眼会で用いられた品々など、八世紀前半から半ばごろの作品を多く含んでいるのに対し、献納宝物の方はそれより一世代前、四十年から五十年ほど古い、すなわち七世紀末ごろから八世紀はじめごろにかけて、天智九年（六七〇）に焼失したとされる斑鳩寺が再建されていくころの品々が多いということが大きな特色となっている。献納宝物には絵画、書跡、彫刻、仏具、調度品、文房具、楽器などありとあらゆる古代の美術工芸品が含まれているといっても過言ではなく、国宝十四件、重要文化財がじつに二百四十件も含まれ、その八割以上が国の指定品という豪華さである。また日本製だけでなく大陸や韓半島からもたらされた品々も含まれており、国際色豊かな点も特色となっている。以上、法隆寺献納宝物の概要について簡単に

図1　法隆寺献納宝物N280号鵲尾形柄香炉（『法隆寺献納宝物特別調査概報XXV　供養具2』東京国立博物館　2005年所載）

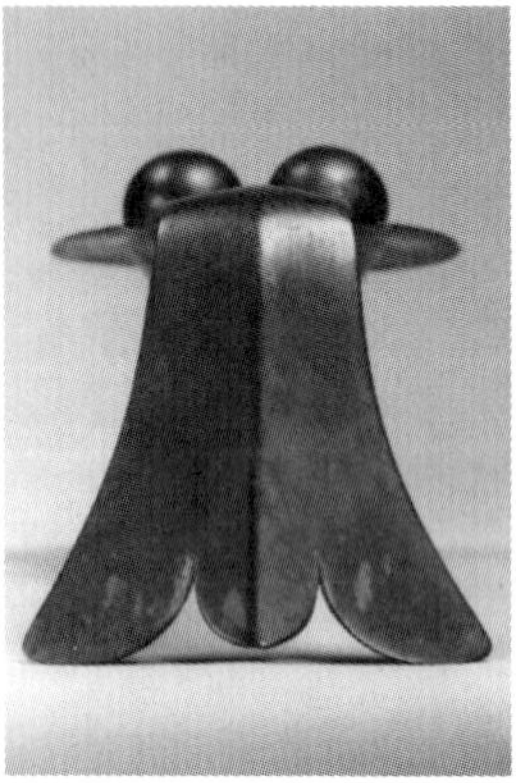
図2　同前柄端（同前調査概報所載）

紹介した。本稿ではこの献納宝物に含まれている鵲尾形柄香炉の製作地と製作年代について、近年の調査研究の成果やあらたに問題となっていることなど最新の情報もまじえてあらためて検討してみることとしたい。

一　鵲尾形柄香炉の作例の概要

そもそも柄香炉は、僧侶や供養者が法会の際に仏前で手に執り香を献ずるための仏具で、その形は台座上に軸を立てて火炉をのせ、これに長い柄をつけることを基本としている。鵲尾形柄香炉は柄の末端の形が鵲の尾に似ることからその名がある。柄香炉には全体の形姿や柄の末端の形状から鵲尾形柄香炉のほかに、柄の末端に獅子形の鎮子を据える獅子鎮柄香炉、同じく柄の末端に瓶形の鎮子を据える瓶鎮柄香炉、柄香炉全体の形が蓮華の形を呈する蓮華形柄香炉などに分類されるが、鵲尾形柄香炉はその中でもっとも古い形式であると考えられており、わが国では法隆寺献納宝物の中に二例、正倉院宝物の中に一例、いずれも飛鳥時代七世紀の製作とみなされる作例が伝えられている。

（1）法隆寺献納宝物N二八〇号（国宝）（全長三九・〇㎝　高一〇・

図３　法隆寺献納宝物Ｎ281号鵲尾形柄香炉（『法隆寺献納宝物特別調査概報XXV　供養具２』東京国立博物館　2005年所載）

図４　同前柄裏

二cm　火炉口径一三・三cm）（図１・２）

法隆寺献納宝物の二例のうちの一つで収蔵品番号Ｎ二八〇号が付されている。火炉すなわち香を焚く炉の部分は深底で、胴部の腰を細く絞り、口縁は帽子の鍔のような幅広な口づくりとする。台座は十二弁の花形を二段重ねにし、その上に算盤玉形を重ねたような形の台軸を立て、その上に火炉をのせている。柄頭には大振りな半球形の装飾金具を付け、把部寄りに小さな花形金具を鋲止めする。把部から柄端にかけて柄の中央部を鎬立て、把部の両側の輪郭を波形につくる。柄の末端は左右に強く張り、判然とした三叉形を呈している。この形が鵲の尾の形に似ることからその名が付いたと考えられている。各部とも鍛造製で、火炉は轆轤挽きで形を整え鍍金を施して仕上げている。台座裏に「□方」の刻銘、火炉の縁裏に「上宮」の針書銘、柄裏に「慧

図5　正倉院宝物赤銅柄香炉（南倉52号―３）
（『昭和五十八年正倉院展目録』奈良国立博物館1983年所載）

慈」の朱書銘がある。これらの銘については後ほどあらためて触れることとする。天平十九年（七四七）に作成された『法隆寺伽藍縁起并流記資財帳』に記載の一尺三寸八分の鍮石製香炉が本品に相当するとみられている。(1)

（2）法隆寺献納宝物N二八一号（重要文化財）（全長三五・五cm　高八・〇cm　火炉口径一〇・七五cm×九・七cm）（図3・4）

法隆寺献納宝物のもう一例の鵲尾形柄香炉で、収蔵品番号N二八一号が付されている。火炉はN二八〇号にくらべると浅く、口も穏やかに外反して開く。台座は十五弁花形座上に八弁花形座を重ね、その上に紐帯三条で約した円柱形の台軸を立てている。炉底外側に玉縁状の細い紐帯をめぐらし、十五弁花形座上面には陽鋳線二条と刻線三条、座裏にも刻線二条をめぐらしている。柄頭の装飾金具は小振りな扁平で、把部から柄端にかけて柄の表面中央部に鎬を立て、把部の輪郭は直線的につくる。柄端の張りは穏やかで、三叉の形も控え目です。各部ともに鋳造製で、火炉は轆轤挽き仕上げとしている。柄裏に後世の銘と思われる「山背大兄御持物」の墨書があり、この柄香炉が聖徳太子の王子山背大兄王の持物であったとの寺伝をしめしている。

（3）正倉院宝物赤銅柄香炉（南倉五二号―三）（全長三六・〇cm　高一〇・五cm　炉口径一二・二cm）（図5）

正倉院宝物に含まれる鵲尾形柄香炉で、全体の姿が前述した法隆寺献納宝物の二八〇号とたいへんよく似ている。

火炉は深底で胴部の腰を絞り、口に中央部をわずかに鎬立たせた幅広の外縁を有し、これに別製の内炉が付属している。台座は大小二枚の花形形を重ねた二重花形座で、台軸は中程を子持ち三条紐で約して算盤玉形につくり、柄頭に鍍金を施した大きな半球形装飾金具二個をつけている。把部から柄端の中央部は鎬立ち、把部の輪郭を波形につくる。柄の末端が三叉に分かれるが、中央が舌状で左右はそれを半截したような形を呈している。地金の赤銅は現在の金工技法では銅に三〜五パーセントの金や銀、ヒ素などをくわえた合金のことをいうが、古代の赤銅はこれとは別で熟銅、これは精練を必要としない自然銅のことで、これに近い銅質と考えられている。(2)

以上のように、わが国に伝えられた鵲尾形柄香炉には、①法隆寺献納宝物N二八〇号や正倉院宝物の赤銅柄香炉のように外側に強く張り出す縁を有する深底の火炉を備え、柄頭に大振りの半球形装飾金具を付け、把部の輪郭が波形を呈し、柄端を判然とした三叉形とするものと、②法隆寺献納宝物N二八一号のように、口縁が穏やかに開いたやや浅底の火炉を備え、柄頭に小振りな扁平装飾金具を付け、把部が直線的で柄端が穏やかな三叉形に分かれるもの、に分類することができる。本稿はこのうちの前者、法隆寺献納宝物N二八〇号の鵲尾形柄香炉について取り上げる。

二　鵲尾形柄香炉の名称と中国発見の作例

そもそも鵲尾形という柄香炉の名称は、唐時代に道世が編纂した『法苑珠林』巻第二十四にみえるのが早い例と思われる。それは劉宋の秦始三年（四六七）に菩薩戒を受けた費崇先という人物の事蹟を記した記事のなかに「毎聴経常以鵲尾香炉置膝前」という記述が見える。(3)この記述から、鵲形柄香炉は中国では唐時代以前に盛行し、唐時代にな

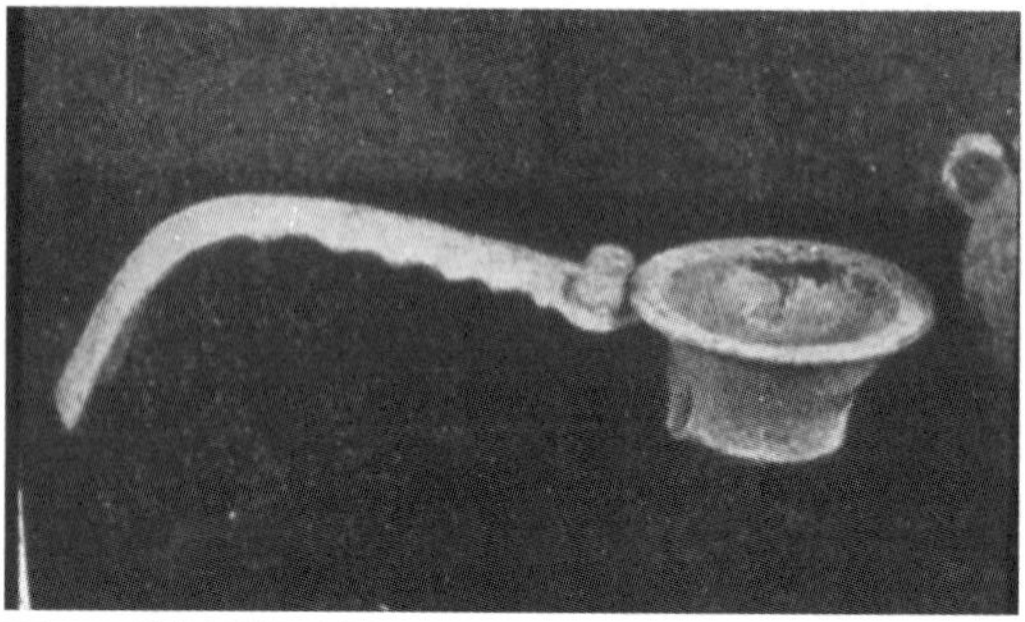

図6　鵲尾形柄香炉（河北省景県封魔奴墓出土　北魏時代・正光2年・521）（張季「河北省景縣封氏墓群調査記」『考古通訊』1957年第一期所載）

ると柄の末端に獅子形の鎮子を据える獅子鎮柄香炉へとその流行が移っていったことがうかがわれる。そのことを具体的にしめすのが、一九八四年に河北省景県で発見された北魏から隋時代にいたる豪族封氏の塼室墓群のうち、北魏の封魔奴の墓から発見されたものである。報告書に掲載された写真[4]（図6）では見づらいが、柄の末端の向こう側の輪郭が見えているので、それが鵲尾形であるとよいだろう。台座は写っていないのであるいは失われてしまった可能性があるが、火炉は深底で外側に開く口縁をもち、柄頭に大きな半球形金具をつけていること、柄のにぎりの両端が波打っているところは献納宝物の鵲尾形柄香炉とたいへんよく似ている。

わが国での鵲尾形柄香炉という言葉の使用例を探してみると、幕末天保四年（一八三三）の『正倉院御宝物目録』[5]や明治五年（一八七二）の壬申検査の目録である『古器物目録』[6]、さらに『奈良博覧会物品目録』[7]にも見えないので、それ以降に使用されるようになったものかと思われる。先に紹介した正倉院宝物の鵲尾形柄香炉について、大正九年（一九二〇）の小野善太郎『正倉院の栞』[8]では「先端は燕尾状を為し」としており、昭和四年（一九二九）に鋳金家で金工史家でもあった香取秀真が「柄の元が鳥の尾のやうに割れているのは鵲尾炉といふものであらうか[9]」と述べているところから、この頃、まだ鵲尾の呼称は定着していなかったようである。

三　法隆寺献納宝物N二八〇号鵲尾形柄香炉の材質

さて、献納宝物N二八〇号の鵲尾形柄香炉に関して最近わかったことに材質のことがある。法隆寺献納宝物の二柄の鵲尾形柄香炉は、天平十九年（七四七）作成の『法隆寺伽藍縁起幷流記録資財帳』に鍮石製としてしるされる香炉に当たる可能性が高いと考えられている。鍮石は黄銅ともいい[10]、「自然鍮の真鍮」とする見方がなされてきたが[11]、自然界に天然の真鍮は存在しないことから、これには科学的根拠はないものと思われ、むしろ銅に亜鉛を配合した合金つまり真鍮のこととみるべきであろう[12]。その具体的な製作方法のことはともかくとして、鍮石と呼ばれる真鍮は紀元前一世紀頃、南コーカサス周辺で発見され、その製造法が東西に広まったといわれる[13]。中国ではペルシャの特産物として知られており[14]、唐時代には八品や九品の官人の腰帯の飾りに必要なため、宮廷には欠かすことのできない金属素材であった[15]。また韓半島では新羅において鍮石の使用法に関する細かな規定があったことが知られ[16]、わが国でも十一世紀の『倭名類聚抄』に記載がある[17]。このように鍮石は古代東アジアの人々に広く知られていたようだ。中でも三蔵法師の名で知られる玄奘が、インドへの求法の旅から帰国した翌年の貞観二十年（六四六）にその見聞をまとめた『大唐西域記』の中には興味深い記事がしるされている。それはアフガニスタンのバーミヤンの大仏のことである[18]。バーミヤンの大仏は二〇〇一年にタリバン政権によって破壊されてしまったが、玄奘は高さ五三メートルと三五メートルの二つの大仏のうち三五メートルの方の大仏が鍮石でできているとしるしている。つまり石仏が金銅仏のようにきらきらと輝いていたことになるわけであるが、その真偽のほどはともかくとして、玄奘が鍮石のことを知っていたことは、当時鍮石が仏像製作の金属素材としてよく知られたものであることをしめすものといえ、注目すべきであろう。[19]ところで、日本では銅とともに真鍮の成分となる亜鉛が精錬できるようになるのは近世になってからのことと考えられている。[20]それ以前は鍮石のような場合をのぞけば、人工的に合金としての真鍮をつくることはできなかったようである。ところが最近、東京国立博物館が実施した法隆寺献納宝物特別調査の際に東京文化財研究所の早川泰弘氏によって、N二八〇号及びN二八一号の鵲尾形柄香炉がいずれも亜鉛が二〇パーセント以上も含む銅—亜鉛合金、すなわち真鍮製であることがあきらかになった。[21]N二八〇号では火炉の四カ所、半球形金具の二カ所、柄の二カ所、台座の一カ所の合計九カ所を測定されているが、いずれもおおよそ銅が八〇パーセント、亜鉛が二〇パーセントの組成となっている。また金が火炉の外側面や内側面、柄の裏などから検出されているので鍍金されていたことがわかり、鉄もごくわずかであるが検出されている。またN二八一号では、火炉の一カ所、笠鋲の一カ所、柄の一カ所、台座の三カ所の合計六カ所を計測されている。この結果、火炉、笠鋲、柄および花形台座から銅と亜鉛、微量の鉛と鉄が検出され、その組成は銅七〇パーセント、亜鉛が三〇パーセント、鉛が一パーセントくらいであると大把みに理解できる。また花形台座の底裏中央からは微量の金が検出されており、鍍金されていた可能性もしめされている。今回わかったこの二〇パーセントを超える亜鉛の含有量は、それが自然鉱の銅鉱石にふくまれているものではなく、あきらかに銅—亜鉛合金である真鍮製であることをしめしている。これにより当時すでに亜鉛が精錬されていたことがあきらかになり、そうした合金つまり真鍮のことを鍮石と呼んでいたと考えられよう。今回の早川氏の調査では二柄の鵲形柄香炉のほかにも同じ献納宝物中のN二八三号の瓶鎮柄香炉や、N二五五号とN二五六号の二口の脚付合子も銅—亜鉛合金、すなわち真鍮製品であることがあきらかにされている。[22]

それではこうした真鍮製品ははたして日本でつくられたものなのだろうか。その製作地があらためて問題となるが、そこで注目したいのが、正倉院宝物の中にも銅—亜鉛合金製品が含まれていることがあきらかにされていることである。それは宮内庁正倉院事務所の成瀬正和氏の調査研究[23]によるもので、それによると同宝物の黄銅合子（南倉三〇号）や黄銅柄香炉（南倉五二号―一）が真鍮製であるという。黄銅合子では、身の本体や蓋は銅―亜鉛の組成が銅七五パーセントに対し亜鉛二五パーセントで、他に約三パーセントの鉛および約二パーセントのスズなどが含まれているという。また黄銅柄香炉の組成も銅七五パーセントに対し亜鉛二五パーセントで、他に約五パーセントの鉛と鉄、ニッケル、コバルトなどが含まれているとのことである。このように黄銅合子と黄銅柄香炉は化学組成が大変よく似ているので、成瀬氏は両者が本来一具のものであった可能性を示唆されている。つまり黄銅合子は香合、香を入れる容器として黄銅柄香炉とセットで用いられたものである可能性が高いと考えられているわけである。また同氏はこのほかにも赤銅合子（南倉二九号―三）の相輪部や、螺鈿紫檀五弦琵琶（北倉二九号）や螺鈿紫檀阮咸（北倉三〇号）の文様をあらわす金属線、さらには平螺鈿円鏡（北倉四二号）の鏡背の間地に蒔かれた金属粉も銅―亜鉛合金であることをあきらかにされている。これらの六例の作例はいずれも唐時代の中国製と考えられていることから、法隆寺献納宝物の鵲尾形柄香炉をはじめとする真鍮製品も今後、中国や韓半島で製作された可能性を考慮する必要が生じてきたといってよいだろう。

四　法隆寺献納宝物N二八〇号鵲尾形柄香炉の銘文

献納宝物N二八〇号の鵲尾形柄香炉の製作地を考える上で、重要な示唆をあたえてくれると思われるのが銘文である。同柄香炉の銘文については奈良大学の東野治之氏の考察[24]があるので、以下それに導かれて述べていくこととしたい。

まず図7は火炉の縁裏の針書き銘で、一文字目は「上」と読める。二文字目は「宮」という字を書きかけでやめているように見える。これを「宮」と読むとこの針書きは「上宮」と読むことができ、上宮すなわち聖徳太子のことをしめしていることとなる。針書きの線の中には鍍金が見えないので、この針書きは製作当初ではなく、後世に施されたものと考えられている。

いっぽう図8は台座の裏側で、図9はその拡大写真である。この針書きをどう読むかは、なかなか難しいが、一つの読み方の可能性として一文字目を「帯」、二つ目を「方」とする読み方が提示されてきた。[25]もしそう読むことができれば「帯方」と読めることになる。しかしこの一文字目を「帯」と読むことには無理があるとして、一文字目を数字の「三」ないしは「四」、二文字目を「十」、そして三文字目は「方」と読むことに異論がないので、「三十方」とか「四十方」という読み方も示されているが、[26]「三十方」にせよ「四十方」にせよ、どちらにしてもこの読み方では意味が不明である。こうした中で注目されるのは、韓国慶州皇南大塚出土の銀製腰帯にしるされている針書き銘である。[27]皇南大塚は慶州市内に所在する大型古墳で南墳と北墳からなる夫婦合葬墓として知られている。そのうちの婦人の墓と考えられている北墳から出土した帯先金具（図10）に針書きによる「婦人帯」という銘が記されている（図11）。その「帯」の文字をみると「卌」の部分は鵲形柄香炉の「帯」の字と大変よく似ていることがわかる。鵲尾形柄香炉のこの針書き銘は銘の刻線の中に鍍金が認められるので、この銘は柄香炉が製作された当初に刻まれたものとみなしてよいだろう。したがってもしそのように読むことができれば、「帯方」は当時の高句麗領の故地のことをしめすこととなる。そうであるなら、本柄香炉には聖徳太子の仏教の師である高句麗僧慧慈が使用していたという寺伝との関連が改めて注目される。図12は先に述べた柄裏に記された後世の、おそらく江戸時代の銘と思われる「慧慈」の朱書きで、これによりこの柄香炉が慧慈法師所用の寺伝があったことがわかる。慧慈は推古三年（五九五）に来日し、推

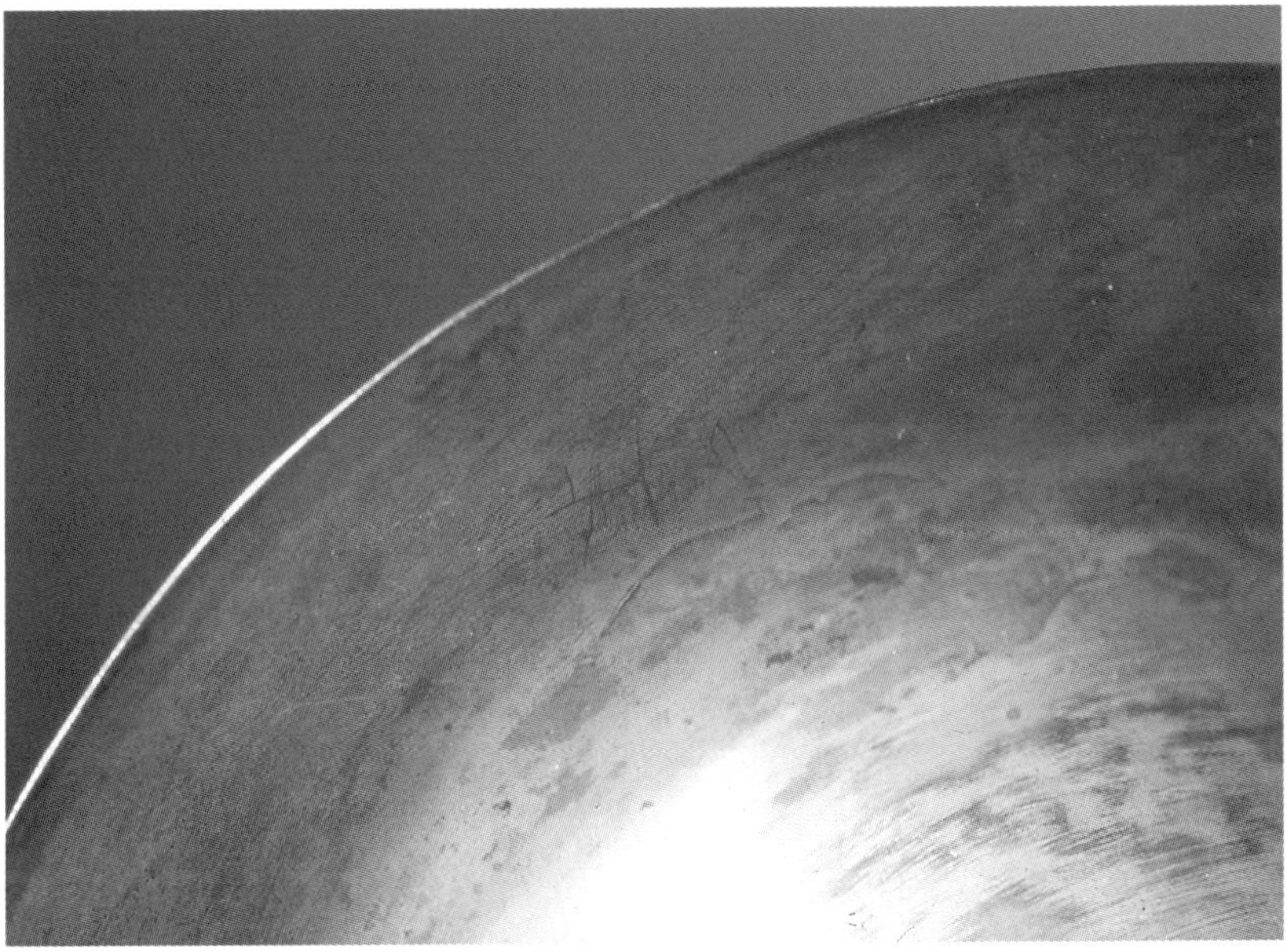

図7　法隆寺献納宝物Ｎ280号鵲尾形柄香炉部分（火炉縁裏針書銘）

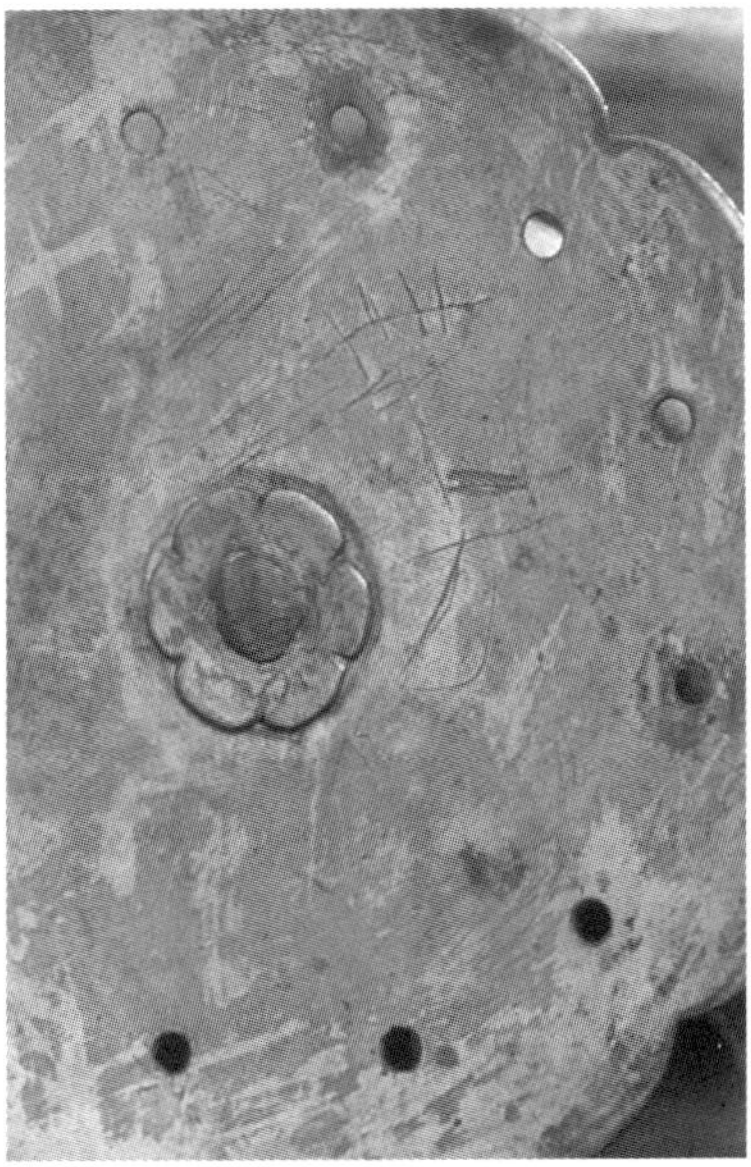

図9　同前（台座裏針書銘）

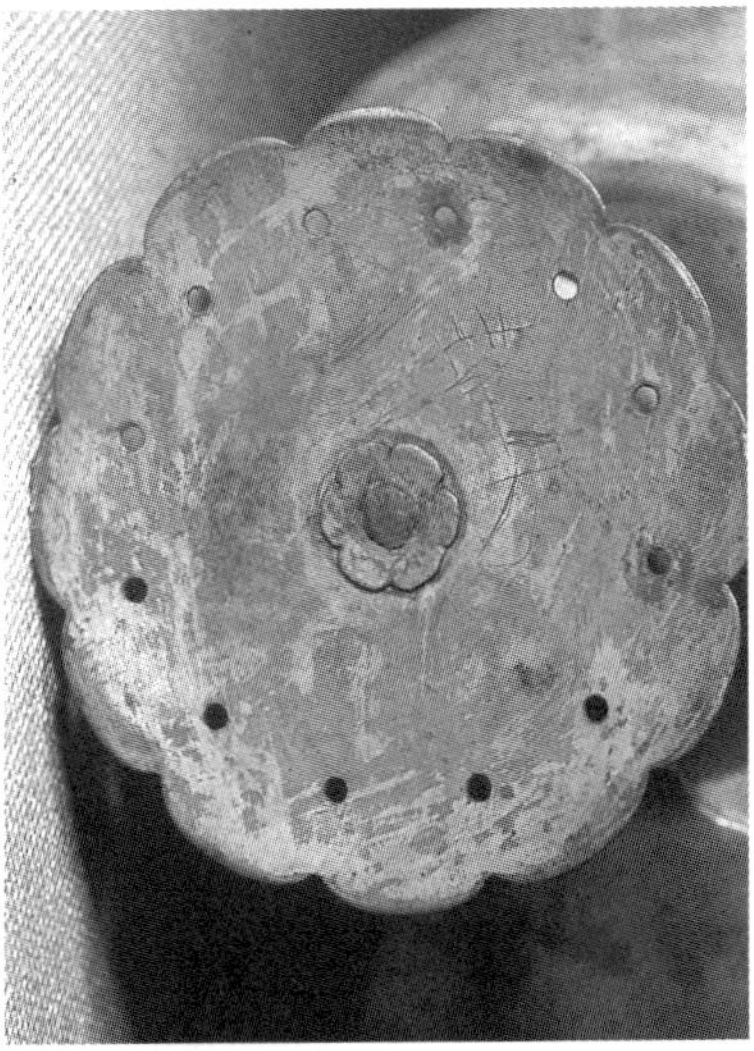

図8　同前台座裏

図10　帯金具（慶州皇南大塚出土　韓国・国立慶州博物館）（韓国・国立慶州博物館『皇南大塚』2010年所載）

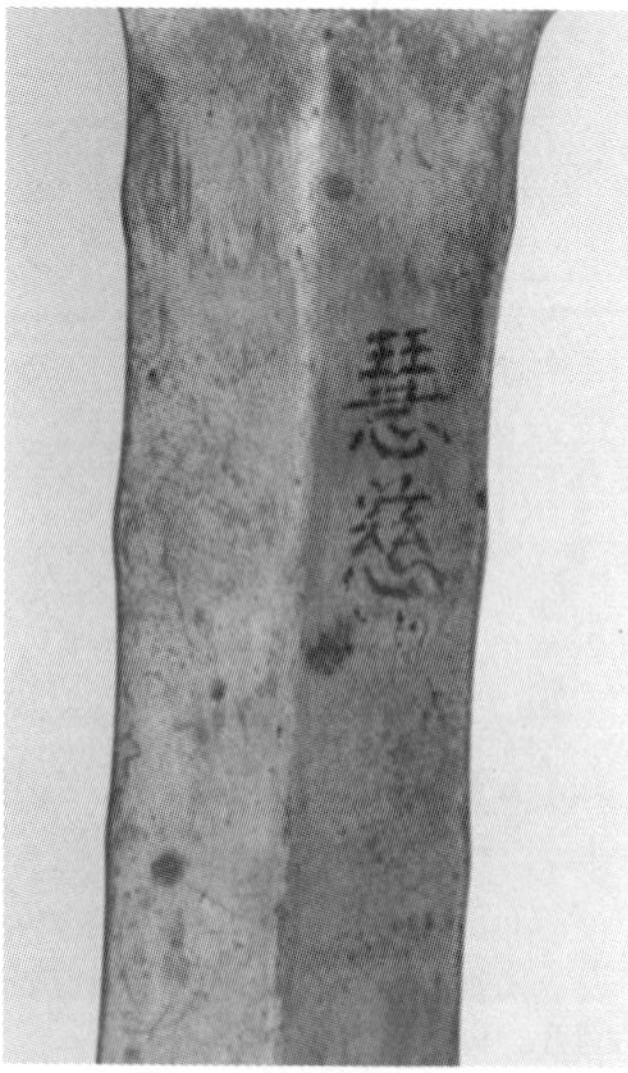

図12　法隆寺献納宝物N280号鵲尾形柄香炉部分（柄裏朱書銘）

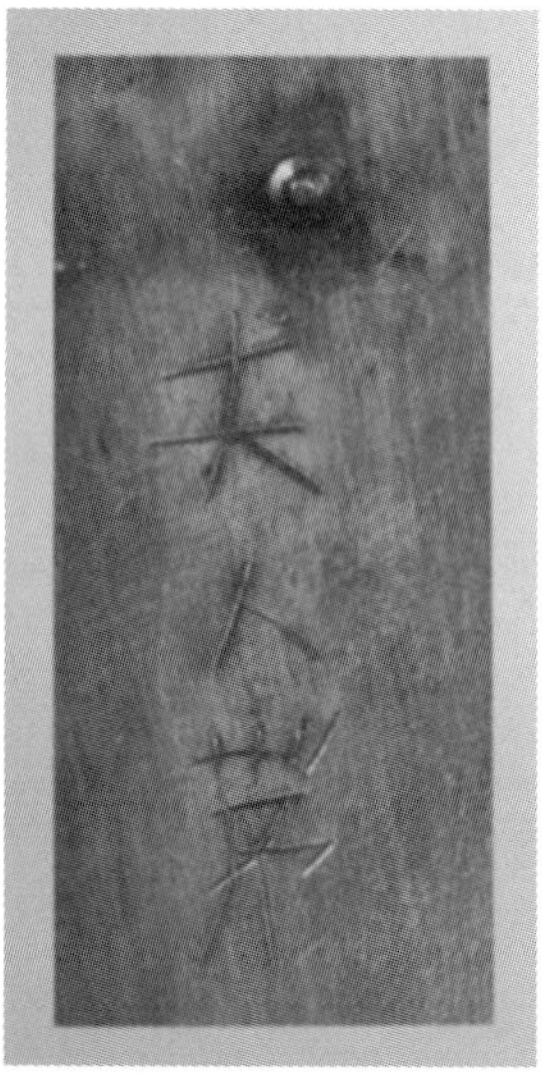

図11　同前部分（針書銘）（同前所載）

古二十三年（六一五）に帰国したが、この間、法興寺（飛鳥寺）に住したことが知られている。この柄香炉は慧慈法師が来日に際して自ら携えてこられたものそのものであるという可能性もあながち否定できないのではないだろうか。そうであればその製作年代はこれまでいわれてきた七世紀よりも古く六世紀に遡り、高句麗製の可能性も出てくるだろう。仮に本柄香炉が高句麗製ということになれば、慧慈が来日に際して母国から携えて来たものそのものである可能性もあながち否定できないのではないだろうか。

結びにかえて

以上、本稿では従来飛鳥時代七世紀の製作とされてきた法隆寺献納宝物のN二八〇号鵲尾形柄香炉について、近年の材質調査の成果や針書き銘に関する新たな知見から、その製作地や製作年代について論じた。その結果、材質調査によって真鍮製であることが判明した本柄香炉は天平十九年（七四七）作成の『法隆寺伽藍縁起幷流記資財帳』に記載される鍮石製香炉に該当し、また真鍮は飛鳥時代の日本では生産されていないので、中国ないし韓半島製の可能性があることを論じた。また銘文に関しては、座裏の針書銘が、韓国慶州皇南大塚出土の銀製腰帯の針書銘との近似性から、「帯方」と読める可能性があることを指摘した。このように材質や座裏の銘がしめす事実は、この柄香炉が中国や韓半島と深い関わりを持つことを物語っている。そのことを実証するためには、中国や韓半島の真鍮製品の実態を解明することが不可欠で、そのあたりが、今後のあらたな検討課題になってきたといってよいだろう。法隆寺献納宝物N二八〇号や正倉院宝物中の鵲尾形柄香炉のように縁が外側に強く張り出した深い火炉で、柄端に大きな半球形金具をつけ、柄の末端がはっきりとした三叉形を呈する形の鵲尾形柄香炉の中国での確かな発見例は、河北省景県封魔奴墓出土の一例だけだと思われ、また中国現存最古の鵲尾形柄香炉の作例だとみなされる。このように中国の柄香炉の変遷を考える上できわめて重要な作例であるにもかかわらず、筆者は遺憾ながらこの柄香炉を実見していない。
本柄香炉の材質や製作技法は、法隆寺献納宝物N二八〇号や正倉院宝物中の鵲尾形柄香炉の製作地・製作年代を考える上できわめて重要であり、近いうちにぜひ実査の機会をえたいと思っている。

注

（1）『法隆寺伽藍縁起幷流記資財帳』（『法隆寺史料集成二』ワコー美術出版　一九八三年）に「合香炉壱拾具／（中略）／佛分参具二具鍮石一長一尺五寸一長一尺三寸八分／一具白銅長一尺三寸／（後略）」とあり、仏分三具のうちの二具が鍮石製で、そのうちの柄の長さが一尺五寸で、もう一柄の長さが一尺三寸八分としている。この計測値に奈良時代に用いられていた唐尺の一尺約二九・五cmを乗ずると、一尺五寸は約四四・三cm、一尺三寸八分は四〇・七cmとなる。この数値と献納宝物N二八〇号及び同二八一号の実測値を照合するとN二八〇号の三九・〇cmが一尺三寸八分のものに当たる可能性が高い。しかしその場合、N二八一号の実測値は三五・五cmなので、一尺五寸のものと数値が大きく異なることから、資財帳記載のものではないことになり、このあたり今後に検討の余地を残している。
（2）中野政樹「正倉院の金工　総説」（宮内庁正倉院事務所編『正倉院の金工』日本経新聞社　一九七六）。
（3）『法苑珠林』（『大正蔵』第五十三巻、四六七頁―a・b）に「宋費崇先者。呉興人也。少頗信法。至三十余精勤弥篤。至始三年受菩薩戒。寄斎於謝慧遠家。二十四日昼夜不懈。毎聴経常鵲尾香炉置膝前。初斎三夕見一人容服不凡。（後略）」とある。
（4）張季「河北景縣封氏墓群調査記」（『考古通訊』三号　一九五七年）。
（5）『正倉院御宝物目録』（『続続群書類従』十六雑部一所収）。
（6）樋口秀雄「史料公刊　壬申検査古器物目録―正倉院の部」（『MUSEUM』二五五～二五七号　一九七二）。
（7）『奈良博覧会目録』第一、五、六、十号。

（8）小野善太郎『正倉院の栞』（西東書房　一九二〇）。
（9）香取秀真「正倉院の金工に就いて」（『東洋美術特輯　正倉院の研究』飛鳥園　一九二九）。
（10）成瀬正和『正倉院宝物の素材』（日本の美術四三九号　二〇〇二年）。
（11）香取秀真「仏像鋳造法」（『金工史談』国書刊行会　一九三四年）。
（12）浅井和春「鵲尾形柄香炉」（石田尚豊編集代表『聖徳太子事典』柏書房　一九九七）。
（13）成瀬正和「正倉院宝物に見える黄銅材料」（『正倉院紀要』第二十九号　二〇〇七年）参照。
（14）エドワード・H・シェーファー『サマルカンドの金の桃（井原弘日本語版監修・吉田真弓日本語版訳）』（勉誠出版　二〇〇七年）参照。
（15）注（14）前掲書参照。
（16）注（13）前掲論文参照。
（17）注（13）前掲論文参照。
（18）『大唐西域記』には玄奘が梵衍那（バーミヤン）国のほか、羯若鞠闍（カーニャクブジャ）国、波羅痆斯（バーラーナーシー）国などにおいても鍮石製の仏像が所在したことをしるしている。
（19）段成式『酉陽雑俎』続集巻五（今村与志雄訳）（東洋文庫四〇一　平凡社　一九八一年）には「（長安の）華厳院のなかの、鍮石の盧舎の立像は、高さが六尺、古代様式で精巧である」とある。この記載が事実とすれば、当時長安に鍮石製の等身大の盧遮那仏の立像があったことをしめしており、当時鍮石が仏像製作の素材として普及していたことがうかがえる。
（20）徳川幕府は明和五年（一七六八）に真鍮四文銭を発行するが、その原料（銅と亜鉛）確保のため、安永九年（一七八〇）に真鍮座を鉄座とともに設置している。
（21）早川泰弘「法隆寺献納宝物の蛍光X線分析結果」（『法隆寺献納宝物特別調査概報XXV　供養具二』東京国立博物館　二〇〇五年）。
（22）早川泰弘「法隆寺献納宝物の蛍光X線分析結果」（『法隆寺献納宝物特別調査概報XXIV　供養具一』東京国立博物館　二〇〇

四年)。

(23) 注(13)前掲論文参照。

(24) 『法隆寺献納宝物銘文集成』(東京国立博物館編集・発行 一九九九年)。

(25) 木内武男「法隆寺献納宝物銘文集成」(『東京国立博物館紀要』十三号 東京国立博物館 一九七七年)。

(26) 『法隆寺献納宝物特別調査概報XXV 供養具二』(東京国立博物館 二〇〇五年)。

(27) 『皇南大塚』(韓国・国立中央博物館 二〇一〇年)。

付記

筆者は平成二十二年(二〇一〇)四月に大正大学文学部歴史学科に着任したが、その際奇しくも川勝賢亮先生と同じ研究室となった。爾来一年間という短い期間ではあったが、川勝先生からは研究上の薫陶や励ましを幾度となくいただいた。ここにしるし厚くお礼申し上げる。

また本稿は平成二十三年五月二十日に日本教育会館で開催された『第五十六回国際東方学者会議東洋美術支部会』における特別発表「法隆寺献納宝物鵲尾形柄香炉の製作地・製作年代の再検討」の発表原稿に加筆訂正したものである。口頭発表後の質疑応答で石松日奈子氏並びに朴亨国氏より貴重な教示をいただいた。なお、本稿の第一節及び第二節の内容は拙稿「正倉院宝物の鵲尾形柄香炉」(『仏教芸術』二〇〇号 一九九二年)及び同『柄香炉と水瓶』(日本の美術五四〇号 二〇一一年)によるところが大きい。

菩提寺虚空蔵菩薩像版木と醍醐寺木造聖観音立像

副島弘道

はじめに

京都府醍醐寺の仏像、仏画などの仏教美術作品は『醍醐寺大観』(1)など諸書に紹介、考察されているが、未紹介の文化財も少なくない。醍醐寺文化財研究所には、歴史、国語国文、建築史、美術史などの研究者が客員研究員として所属し、調査、研究を行っている。活動の中心は膨大な文書聖教類の調査であり、調査は研究所開設をはるかにさかのぼる明治時代から始められ、まもなく百年目を迎える。文書調査には遅れるが、平成初年からは仏教美術作品の体系的な調査も開始され、毎年実施される絵画、彫刻の主な調査結果も順次発表、紹介されている。

醍醐寺の仏像調査を担当して約二十年になるが、山上山下の各堂宇、蔵などでの調査の間には、仏像とともに置かれていることが多い工芸品および版木の調査もあわせて実施した。それらについては第一次リストの作成が終わり、現在はそれに基づく詳細な調査と画像の撮影を継続的に実施している。

そのうちの版木は、上醍醐寺寺務所内の蔵に置かれたものと、近年まで下醍醐光台院の蔵にあり、現在は霊宝館付設の倉庫に置かれているものとがある。多くは近世の版木であり、これまでほとんど紹介されたことがないが、その中に下醍醐菩提寺の本尊虚空蔵菩薩像をあらわした版木と、菩提寺略縁起を記した興味深い版木がある。

本稿ではこれらを紹介し、それから知られる当寺所蔵の平安時代前期の檀像風の作である重要文化財木造聖観音立像の当初の尊名と来歴とを記し、多少の私見を述べたい。

一　菩提寺虚空蔵菩薩版木と菩提寺略縁起版木

菩提寺虚空蔵菩薩像版木（その一）は、後に記す菩提寺略縁起版木とともに、醍醐寺霊宝館付設の倉庫内に、他の版木類と一括して収蔵される。同じ倉庫内には近世の道具など種々の品物が置かれるが、これらは平成初めまで下醍醐の霊宝館の東方に位置する光台院の蔵にあったものが、蔵の再建時に移動されたものである。そこに置かれた版木は近世に開板された大師行状伝など数十枚を一組とした経典、伝記などの版木と、醍醐寺南方の金剛輪院一言寺の江戸時代の修造勧進関連の版木など多岐におよぶ。これらの版木は平成十八年（二〇〇六）三月から平成二十一年（二〇〇九）八月にかけて実施した八回計三〇日の下醍醐工芸品調査時に詳しい状況が知られた。

版木がどのような経緯で光台院の蔵に収められたのかはっきりしないが、おそらく、近世から明治時代の間に行われた醍醐寺諸堂宇の改築、移築などの機会に、各堂宇に置かれていた版木がここにまとめられたのであろう。版木は大きさと形状に共通性があり、また、付着した墨が周囲を著しく汚すために、一個所にまとめて置かれることがよくある。

菩提寺虚空蔵菩薩像版木（その一）は、長方形で縦二一・四㎝、横一一・六㎝、厚さ一・〇㎝、向かって右辺上方がわずかに欠ける。(2) サクラ材製とみられ、表面上方に梵字（タラーク、虚空蔵菩薩種子）、中央に菩薩立像を陽刻する

図１　菩提寺虚空蔵菩薩像（その１）

図２　菩提寺虚空蔵菩薩像（その２）

（図1はその版画）。

菩薩像は、髻を結い、宝冠をあらわし、冠繒を付け、白毫、三道相をあらわす。左手を（左右の語は、刷り上がった像の左右を示す）屈臂し第一指とおそらく第二指を相捻じて蓮華と蓮葉を付けた蓮茎を執り、右手をやや曲げて垂下し、掌を斜め内側に向けて全指を伸ばす。左肩から条帛を掛け、天衣は左肩から腹部をわたり右前膊に掛けて端を台座側面まで垂下し、右肩から腹部をわたり左前膊に掛けて台座側面まで垂下する。折り返しをあらわす裙と、幅の狭い帯状の腰布を着け、三個の垂飾をもつ胸飾りと、帯状の飾り紐をあらわす臂釧、および無文帯一条の腕釧を付け、両足先をほぼ真横に向けて立つ。光背は頭光、円環だけをあらわす。台座は蓮華座。蓮肉、蓮弁は十方二段か（前面分で六弁をあらわす）、敷茄子円形、框は六角形の框を四段に重ね、最下段に隅足を付ける。菩薩像の下方に、三文字二行にわたり「醍醐山／菩提寺」と陽刻する。墨が全面に付着し、何度も刷られた様子がうかがえる。像の表現、版木の彫法などからおよそ江戸時代の作とみられる。

菩提寺虚空蔵菩薩像版木（その二）は、上記の版木調査期間に、醍醐寺の文化財管理ご担当者からその存在について教示を受けたもので、（その一）とは別に、霊宝館北倉に保管されている。[3] 長方形で縦三三・二cm、横一五・〇cm、厚さ三・一cm、サクラ材製とみられ、上下に木製把手が付く。版面の上方に梵字（タラーク、虚空蔵菩薩種子）、中央に菩薩立像を陽刻する（図2はその版画）。版木は（その一）より一回り大きく、像はほぼ同じ形であるが細部までより丁寧にあらわされる。菩薩像は、髻を結い、宝冠と、上縁が波打った形の天冠台をあらわし、白毫、三道相をあらわす。左手を（左右の語は同前）屈臂し第一指と第三指あるいは第二指を相捻じて蓮華上の宝珠と蓮の蕾、および蓮葉を付けた蓮茎を執り、右手をやや曲げて垂下し、掌を斜め内側に向けて第一指をやや曲げ他指を伸ばす。左肩から条帛を掛け、その端を左胸部で下層の内側縁から下にくぐらせて垂らし、天衣は左肩から腹部をわたり右前膊に掛けて端を台座側面まで垂下し、右肩から膝上方をわたり左前膊に掛けて体側に沿って台座側面まで垂下する。折り返しをあらわし正面で右前に打ち合わせ、両足の間で台座上面に届く長い裙を着ける。四個の垂飾をもつ胸飾りと、無文帯をあらわす臂釧、および腕釧を付け、両足先を斜め外側に向けて立つ。光背は頭光、円形。圏帯を内外各二条の紐であらわす。台座は蓮華座。蓮肉は円形、蓮弁は十二方五段か（前面分七弁をあらわす、各段に弁数の省略がある）。各弁に弁脈をあらわす。上敷茄子は小型の円形。華盤は蓮葉形で縁をやや反らす。下敷茄子は斜め上方から見て楕円形で、その下に蘂をあらわす。框は上下二段、各六角形で見付けに宝相華唐草文をあらわす。隅足付き。菩薩の左手側の余白部に、縦に「虚空蔵菩薩　中天竺善無畏三蔵之御作」右手側に「醍醐　樹下谷　菩提寺」と陽刻する。版木上方の印面の外側に「上」の墨書がある。墨が全面に付着し、何度も刷られた様子がうかがえる。この版木も表現と技法からおそらく江戸時代の作と見られる。左手に執る持物の先の蓮台上にはっきりと宝珠が認められるなど、像本体、光背、台座の表現は細部に及ぶ。この点からは（その二）の版木が先に作られ、それを省略してつくられたものが（その一）の版木かとも思われるが、確かではない。

菩提寺は下醍醐寺境内の南方の山裾の地に建つ醍醐寺内の一寺であり、今は小堂だけを残すが、醍醐寺歴代の高僧の墓が営まれる場所である。その歴史は後述するが、二点の版木はこの菩提寺の虚空蔵菩薩像をあらわしたものであり、もとは菩提寺に蔵されていたのであろう。印行された刷仏については、今日、寺内あるいは巷間に伝わっていないようである。

上記の二点の版木と関係するものが、（その一）の版木と同じ場所に置かれていた、菩提寺略縁起版木である[4]。横長の長方形で把手を含んで縦二四・八㎝、横四八・三㎝、厚さ一・七㎝、サクラ材製とみられ、その表裏にそれぞれ一行二〇字前後、一六行にわたる漢字仮名交り文の縁起を陽刻する（図3）。縁起の文章からはこれに先立つ冒頭部分が別にあったことがわかるが、現在のところ、山内の各堂宇にわたる文化財調査によっても、それを記した版木は発見されていない。縁起の翻刻は次のとおりである（原則として漢字は原文に近い字体で記し、変体仮名は現行通有の字体に直した。ふりがなは省略した）[5]。

図3　菩提寺略縁起版木

（表）

依て日本養老二年に此国へ渡り、和州高市郡久米寺ハ
仏法有縁の地なりとて菩提樹の実をうゑ大塔を建立
ありて、天竺より将来の大日経幷に此虚空蔵尊を柱の
中心に納め、後かならず菩薩の僧世に出て此法を弘むべし
と記して、大唐に帰り玉ふ、其後弘法大師諸仏の御示し
を蒙りて塔中の大日経を感得しまふ（ママ）、是より真言法
この国に弘まれり、（具にハ弘法大師別伝のごとし）爰に法性寺入道前関白
太政大臣の御子東宮大夫右大臣藤原頼宗公信心厚く
ましまし、山庄遊覧の亭をすて新に当寺を建立し
たまふ、是より先久米寺の大塔も破壊せるを一見し、又
天竺の三蔵自作の霊像塔中に納めぬる事をしりて縁あらハ、
まづ新道場に安置せんと至心に祈り求たまふに、果
して不思議の霊夢を蒙り歓喜にたへず、康平元年に
当寺へ勧請し奉り、すなハち菩提樹の実を久米寺
より分来り此地に植たまふに、ほとなく枝栄葉繁り、
其所を今に樹下谷といふ、大唐の菩提院にならふて当

（裏）

寺を菩提寺と名付らる、其後四百余年をへて文明
年中に大災ありて、伽藍坊舎尽く焼失す、風はげ
しくして本尊を出し奉るにいとまなし、然るにいづく
ともなく化人来りて此尊像を出し奉り、少しも損じ
たまハず、見るもの奇異の思ひをなせりと云々、希有
成かな、中天竺にて造れる所の尊像大唐をへて此
国に渡りたまひしより一千年余の星霜を重ぬ
といへとも、今当寺に現在まします事誠に不思議の
霊像なり、夫経云八万大士中是菩薩為第一、
八十億菩薩中為主と説玉ふ、若よく常此菩薩
を帰依するものハ無始よりこのかた一切の重罪を消
滅して除病延命衆人愛敬ならしめ、福徳智恵
をほどこし諸願満足すべしとの御誓願誠に末世
有縁の尊なり、諸人此由来を聞て信を起し諸願を
祈らバなんぞ霊験なからん哉、当寺の縁起委しく
しるさん事長々しけれハ是を略するものや

版木は江戸時代のものと見られ、文中に年紀はないが養老二年（七一八）から千余年、とあることからは、およそ十八世紀頃に書かれたものであろう。

それによれば、天竺僧三蔵（善無畏三蔵）が養老二年（七一八）に日本に渡り、奈良高市郡の久米寺に菩提樹の実を植え、大塔を建立し天竺より将来の大日経と虚空蔵菩薩像を柱の中心に納めて、唐に帰った。その後、言いおいた通りに、弘法大師が塔の中の大日経を感得した。当寺（菩提寺）は藤原道長の子息頼宗が山荘を捨てて建立したものであるが、それに先立ち、頼宗は当時破損していた久米寺の大塔の中に善無畏三蔵自作の虚空蔵菩薩を得て、それを康平元年（一〇五八）に新道場に勧請し、唐の菩提院にならってこの寺を菩提寺と名付けた。その後文明年中（一四六九―一四八七）に当寺は焼失したが、本尊は化人によって救い出され、今に至り、伝来以後千年余りが経つ不思議の像である、という。

醍醐寺内の菩提寺は、僧慶延が十二世紀末十三世紀初め頃にあらわした『醍醐雑事記』巻四、菩提寺条には次のようにある（今、句読点を付す）[6]。

一菩提寺　三間二面　板葺

本仏虚空蔵　一搩手半

願主后云々可尋

寺領田二町在山

伝云此仏者霊仏也、人奉盗之出而忘還行之処、終夜廻堂、依欲夜曙、棄仏逃避了、古老之説也、（中略、岡野屋津のことに関わる）

又云、善无畏三蔵於唐菩提寺被訳虚空蔵求聞持法、件寺虚空蔵之験所也、此名因之付歟

これによれば、菩提寺の創建時期は不明、願主は后というが未詳。本尊は一搩手半（約三八㎝）の虚空蔵菩薩像であり、善無畏三蔵が虚空蔵求聞持法を訳した唐の菩提寺の名によって寺名を付けた、とある。

桃山時代の醍醐寺座主義演があらわした『醍醐寺新要録』巻第十三、菩提寺篇には、『醍醐雑事記』の記事内容に加えて、新要録編纂時に本尊の虚空蔵菩薩像が安置されていたことが記される(7)。また、康治二年（一一四三）大僧正定海の譲状中に菩提寺の名があること、寿永三年（一一八四）に院の御幸があったこと、菩提寺は累代の醍醐寺門跡が管領し、足利尊氏の護持僧として知られる醍醐寺座主賢俊（菩提寺大僧正、延文二年〈一三五七〉没）が中興したこと、賢俊の次の醍醐寺座主光済（康暦元年〈一三七九〉没）、永享七年（一四三五）に没した座主満済（法身院准后）ら歴代座主の葬儀がこの菩提寺で営まれ、代々の位牌所であったことなどが記される。賢俊の定めた菩提寺の掟の中には、毎月勤事として十三日の虚空蔵講があり、また、満済の葬儀の記事の中には、納骨を終えてから参列者は虚空蔵堂に帰り、次に醍醐寺の本坊ともいえる金剛輪院に戻ったことが記される。室町、桃山時代には、菩提寺に虚空蔵菩薩像とそれを安置する虚空蔵堂とがあったことが知られる。

善無畏三蔵はいうまでもなく東インドの王族出身の真言僧で、六三七年誕生、開元四年（七一六）に長安に行き、密教経典の翻訳を行い、開元五年（七一七）に『虚空蔵菩薩能満諸願最勝心陀羅尼求聞持法』一巻（大正蔵二〇）を、七二五年には大日経を訳した。善無畏が日本にきたという縁起の文は後世の付会であるが、これに似た記事は福山敏男氏の考察に詳しいように他にもいくつかが知られている(8)。

奈良県久米寺について記す『久米寺流記』は、菩提寺略縁起と同様に善無畏が開元四年に日本に来て、高市郡久米寺に塔を建て三粒の舎利を納め、柱の下に七軸の大日経を納めたという。また、その東大塔は天慶五年（九四二）に雷火によって焼失したという。

久米寺は白鳳時代後半の創建であることが、出土瓦などから考えられている古寺であり、空海の『遍照発揮性霊集』巻二、大和州益田池碑銘の中に「来眼精舎鎮其艮」とあってその存在が知られ、『扶桑略記』延喜元年（九〇一）八月二十五日条によれば、当時、丈六金銅薬師如来像と脇侍像だけが残り、堂宇は皆失われていることなどが知られるが、詳しい歴史は明らかでない。

空海は入唐以前の延暦十七年（七九八）にこの久米寺の道場の東塔の下に大毘盧遮那経（大日経）を感得したという（『御遺告』）。また、流記では、唐から帰朝した空海は大同二年（八〇五）に久米寺で大日経を講じたという（『久米寺流記』）。このような、善無畏の事績と、唐から真言密教を伝えた空海の事績、伝説などをもとにして久米寺流記はあらわされたものとみられるが、それらを受けて、おそらく近世に菩提寺の縁起文は作られたのであろう。

『菩提寺略縁起』には、菩提寺は藤原道長の子、頼宗が山荘を捨てて康平元年（一〇五八）に建立し、本尊虚空蔵菩薩像は久米寺から移したものだと記される。藤原頼宗は正暦四年（九九三）藤原道長の二男として生まれ、異母兄に藤原頼通がいる。右大臣まで登り、歌人として高名だった。治暦元年（一〇六五）没。『醍醐雑事記』には菩提寺創建の本願は「后云々」とあるが、この未詳の后と頼宗との関係、および頼宗と菩提寺、あるいは醍醐寺との関係についても、略縁起以上のことは不詳であり、この点についての解明は今後の課題としたい。

これらによって、版木の虚空蔵菩薩像は、現在の醍醐寺三宝院の南方約六〇〇メートルの地にある、醍醐寺歴代座主の位牌所であり墓が営まれる菩提寺の本尊をあらわしたものであること、菩提寺本尊像は、平安時代末頃から桃山時代頃までは実際に存在していたこと、また、江戸時代にも版画に刷られ、巷間によく知られた像であったことがわかる。そしてその像は、信憑性はないが、善無畏、空海との関係が喧伝される大和の久米寺伝来の像とされていたことが知られる。

二　菩提寺虚空蔵菩薩像と醍醐寺聖観音立像

虚空蔵菩薩像版木（その一）に初めて遭遇したのは、醍醐寺文化財研究所による平成二十年八月に実施した恒例の夏期調査の際である。旧光台院蔵の版木を一括して霊宝館の荷解室に移し、そこで大学院生らとともに数グループに分かれて、約八〇件の版木を分類していくなかで、醍醐山菩提寺と書かれた菩薩立像の版木があらわれた。版木自体は小型でとくに丁寧な作ではないが、そこに彫られた菩薩像には、近世の仏像とは違って、体躯は幅広く煩雑な衣文があらわされた独特な味わいがあった。梵字は虚空蔵菩薩像の種子タラークであるが、今、醍醐寺に残る木彫像中に虚空蔵菩薩は知られていない。次の版木に取りかかろうとした時に、よく似た形の像があることを突然思い出した。そんなはずはないと一度は疑ったが、別室から持ってきた写真資料と比較すると、それが、東京国立博物館に寄託中の重要文化財指定の木造聖観音像を描いた版木であることがほぼ納得できた。その場にいあわせた調査参加者らはその意外さに驚いた。

醍醐寺木造聖観音立像は、個性的な表現を示す平安時代前期の仏像として知られ、檀像風彫刻の一代表例として諸書に取り上げられることが多い。また、各地で開催される特別展にも何度も出品されたことがある（図4・5）。像高五一・五㎝、カヤ材かと見られるきめの細かい針葉樹材によって、両手、天衣の先、台座蓮肉部までを含む像全体が彫られ、内刳りを施さない。像の表面には、現在ほとんど剝落するが、白色の下地に黄色顔料が塗られ、天冠台には植物文様が描かれ、髪、眉、眼、唇などが彩色される。詳しい形状、構造の記述はここでは省略して、『醍醐寺大観』などの解説に委ねるが[9]、両手の印相、条帛、天衣の掛け方、長く裾を引く裙の形など、その形は版木の菩薩像にきわ

図4　木造聖観音立像　醍醐寺

図5　同前

めて似る。とくに、教示を受けてその存在を知った虚空蔵菩薩像版木（その二）とは、上縁が広がった形の天冠台、左手に執る持物、天衣の翻り方、足の指先を外側に向ける特徴など、細部まで形が一致する。木造聖観音像の現在の台座は後補のものに変わっているが、概形は版画像と似ている。虚空蔵菩薩像版木にあらわされた像は、今日、重要文化財に指定されている醍醐寺木造聖観音立像に該当すると考えて、おそらく誤りない。

この木彫像は作風、技法などの特色から、平安時代前期九世紀初めから前半頃の作と考えることがほぼ定説となっている。しかし、その年代は、醍醐寺が創建された九世紀後半の時期を遡るもので、像の来歴に関してはいくつかの推測があるものの、確証がなく、ほとんど明らかではなかった。それが、もと菩提寺に本尊として伝わった虚空蔵菩薩像であり、江戸時代のある時までは菩提寺に存在していたらしいことは、すでに述べたとおりである。ここでは、その像の明治時代以後の状況をいくつかの史料によって検討してみよう。

醍醐寺の彫刻は明治三十四年に快慶作弥勒菩薩像が、明治三十五年に上醍醐の薬師三尊像と閻魔天、帝釈天、吉祥天像が相次いで旧国宝に指定され、その後、同四十二年にこの聖観音立像が旧国宝に指定された。明治時代の醍醐寺の仏像については、かつて紹介したように明治三十年頃に全国臨時宝物取調局が行った全国的な文化財調査の報告の一つである『京都府各社寺宝物目録第九号、宇治郡』のなかに、「醍醐寺並三宝院其他仏像目録」（仏像八四件ほか仏画像、書画、器具）、「山上醍醐寺其他仏像等目録」（仏像一三六件ほか）、「醍醐寺塔頭理性院仏像其外目録」（仏像一三件ほか）としてまとめられている。[10] この目録には作品ごとに番号、名称、像高、作者、年代、所在堂宇、員数が明記されているが、その中に、この聖観音立像に該当する作品は見あたらない。虚空蔵菩薩像としては坐像が数体認められるが、いずれも今、問題にしている菩薩立像には該当しない。また目録に記された諸堂宇の中に菩提寺の名は見えない。おそらくこの時の調査では本像は調査員の目に触れなかったのであろう。

ところで醍醐寺には上記の『京都府各社寺宝物目録第九号、宇治郡』とは異なるいくつかの明治時代の宝物目録が伝わる。それらについては別の機会に概要を紹介したいが、そのうちの一つに醍醐寺霊宝館に架蔵される『山城国宇治郡醍醐村大字醍醐醍醐寺山内取調書』と名付けられた明治二十八年作成の資料がある。一二二丁（表紙、絵を除く）からなり、各堂宇の略史および本尊、道具などを記し、堂宇によっては版本着色の建物の景観図を付す。この史料の末尾近くに菩提寺条がある。今、現行通有の文字に直し、句読点を加えて引用する。

一等格院　菩提寺
位置　下醍醐菩提寺町ニ在
本尊　虚空蔵菩薩、木、長二尺四寸、作者善無畏三蔵
創立　康平中東宮大夫頼宗公建立

沿革　本願頼宗公震旦菩提院ニ擬シテ当寺ヲ建立シ、前法務賢俊再興シテ、三宝院累代ノ霊髀ヲ納ム、始メ当寺ハ大和西大寺ニ属シ、后、泉涌寺末ニ加ル、現今ノ堂宇ハ天正四年ノ建立ニ係ル、
当寺庭前ニ元枝垂桜アリ、慶長三年三月十五日豊臣秀吉公賞愛ノ詠歌アリ、
なもしらぬ寺を桜のあらハしていつか忘れむ花の面かけ
建物　別図ノ如シ、

この史料の存在によって、菩提寺の本尊虚空蔵菩薩像は明治二十八年頃に確かに存在したことが知られる。長二尺四寸（七二・七㎝）は像高五一・五㎝の現存する聖観音立像よりも大きい数値であるが、おそらく台座（現在残る台座の蓮肉より下方の蓮弁、華盤、框部分は後補）の一部を加えて記されたものとみれば、とくに不審とするにはあたらない。作者を善無畏とすること、藤原頼宗による創建とすることは、おそらくその頃にはまだよく知られていた『菩提寺略縁起』などに拠ったのであろう。

この史料には、菩提寺ははじめ大和西大寺に属していたこと、その後は泉涌寺末となったことが記されている。西大寺はいうまでもなく天平宝字八年（七六四）孝謙上皇の発願によって造営された官の大寺である。奈良時代の規模、安置仏などは宝亀十一年（七八〇）の『西大寺流記資財帳』に詳しいが、平安時代になると度重なる火災などによって衰微し、鎌倉時代に叡尊によって復興されるまでの状況はわからないことが多い。泉涌寺は今、真言宗泉涌寺派の本山であるが、創建は天長年中弘法大師によるとも云われるが判然としない。また、平安時代の歴史には不詳の点が多い。この両寺と菩提寺との具体的な関わりは未詳であるが、明治三十年頃の『京都府各社寺宝物目録第九号、宇治郡』のなかに、菩提寺の記事がないことは、おそらくこの目録作成の頃、菩提寺が泉涌寺の末寺であったことと関係するのであろう。

図6　菩提寺絵図

菩提寺の建物の別図はこの取調書の中にはないが、幸いにこれとほぼ同様の史料である『山城国宇治郡醍醐村醍醐寺幷塔中取調書』一〇五丁（表紙含まず）が、同じ醍醐寺霊宝館に伝わる。これは、前掲の一二二丁からなる取調書とほぼ同内容のものであり、一部を欠き、一部に乱丁があるが、その中に菩提寺の絵図があり、明治時代の菩提寺の様子がわかる（図6）。そこには石段の上の二棟の門と、玄関と並んで建つ本堂が描かれ、その右手に鳥居と小社が建ち、境内は杉の木立に囲まれる。

今日、菩提寺の境内には石造宝篋印塔、五輪塔などが多数立ち並び、あたりは醍醐寺歴代の墓所にふさわしい静寂さに包まれている。絵図の中に見られる本堂は失われているが、二つの門と、石灯籠二基と鳥居、小社、そしてその後ろに建つ小堂だけが残る。その堂内には須弥壇上に空の厨子だけが置かれている。明治時代までは、その厨子に虚空蔵菩薩像が納められていたのであろうか(11)。

その想像の当否はともかくとして、この取調書によって、現在は聖観音立像として知られている菩提寺本尊虚空蔵菩薩像は、明治時代においても存在していたことがはっきりする。像は明治二十八年の取調書の作成後、世に知られるようになり、明治四十二年に旧国宝に指定されるにいたったのであろう。

三　醍醐寺菩薩立像と平安時代前期の虚空蔵菩薩像

奈良時代、平安時代前期の虚空蔵菩薩の信仰と造形についてはいくつかの論考に詳細が説かれている。それらに拠りながら、虚空蔵菩薩像としての本像の特色を簡単にまとめておく。

虚空蔵菩薩を説く経典は奈良時代にすでに日本に伝わり、実際の造像例としても、天平十九年（七四七）に東大寺講堂虚空蔵、地蔵菩薩像の造立が始められたこと（『東大寺要録』巻四）、天平勝宝元年（七四九）に東大寺大仏殿の脇侍として観世音菩薩像と虚空蔵菩薩像が造り始められ、同三年に完成したことなどが知られる（『東大寺要録』巻一、『七大寺巡礼私記』）。また、現存する奈良時代の虚空蔵菩薩の彫像としては、奈良県額安寺木心乾漆造虚空蔵菩薩踏下げ像が知られる。台座に記された弘安五年（一二八二）修理銘には、虚空蔵菩薩求聞持法をわが国にもたらした僧道慈の本尊との伝えが記されるが、道慈自身との関係には疑いがもたれていて[12]、道慈の活躍時期よりも後の八世紀後半頃の作と考えられることが多い。

開元五年（七一七）善無畏訳『虚空蔵菩薩能満諸願最勝心陀羅尼求聞持法』一巻（大正蔵二〇）に説かれる虚空蔵菩薩求聞持法は、優れた記憶力を得るための法として知られ、吉野比蘇山寺などでそれを修行することが奈良時代には行われていた。空海の『三教指帰』（延暦十六年〈七九七〉著）序には、「爰有一沙門。呈余虚空蔵聞持法。其経説。若人依法。誦此真言一百万遍。即得一切教法文義暗記」とあり、空海がある僧から虚空蔵聞持法を学び、阿波大瀧嶽、土佐室戸岬で修行を重ね、虚空蔵菩薩応化の明星が現れて修行を成就したことが記される。また、空海は唐からの帰国時に『大虚空蔵菩薩念誦法』、『大虚空蔵菩薩所問経』、『虚空蔵経疏』など、虚空菩薩関連の経典を持ち帰っている(『僧空海請来目録』)[13]。

善無畏訳『虚空蔵菩薩能満諸願最勝心陀羅尼求聞持法』は虚空蔵菩薩の姿を、一肘以上の大きさであり、金色身、蓮華上に右足を上にして半跏し、左手に宝珠を載せた白蓮華を執り、右手は指先を垂下して与願印を結び、宝冠に五仏をあらわす、と説く。先にあげた額安寺木心乾漆像は、台座修理銘に記される内容から、求聞持法の本尊像だと考えられることが多いが、その場合、左手を垂れて右手を立てて蓮華を執る像の手勢は、求聞持法が説く形とは左右逆であることがやや不審である。左足を踏み下げる形も経が説く「半跏而坐。以右壓左」という説明とは一致しないとも思われるが、半跏ということばの理解の仕方によるものだと説明されることが多い。このように額安寺像は虚空蔵求聞持法の本尊である可能性は小さくないが、その根拠はある程度、鎌倉時代の修理銘に依拠している。額安寺像とほぼ同様の形をとる平安時代前期の作である奈良県北僧坊木造虚空蔵菩薩坐像も、おそらく求聞持法の本尊と考えられている[14]。

図7　求聞持法根本尊像　醍醐寺

求聞持法本尊像の形を伝える画像作品として、虚空蔵菩薩像の白描図像が醍醐寺に伝わる(図7)。鎌倉時代に書写されたものと考えられるもので、外題に「求聞持法根本尊像」とあり、道慈から善議、勤操と相伝されたことが記される。像は左手に宝珠を載せた蓮華の茎を執り、右手を下げて与願印を結び、五仏をあらわし花に飾られた宝冠を被って、蓮華座上に、右足を上にして半跏あるいは結跏趺坐する。その像容は善無畏訳の求聞持法が説く形とほぼ同様であり、求聞持法本尊として正統的な姿を伝える。賑やかな衣をあらわす特色などから、この図の原本には、唐仏画からの影響があることが指摘されている。(15)

これらの作品以外に、奈良時代後期の作である福島県能満寺木心乾漆坐像、奈良県個人蔵木心乾漆坐像などが虚空蔵菩薩影像として今日伝わってるが、この両像は左手を仰いで宝珠を執り、右手に剣を執る姿にあらわされ、求聞持法本尊とは別の典拠に基づく虚空蔵菩薩像であるとされる。(16)また平安時代前期の作である神護寺五大虚空蔵菩薩像は、五体とも左手に三鈷鉤を執り、求聞持法本尊とは別の姿である。

このように虚空蔵菩薩は奈良時代以来信仰されていたが、求聞持法の本尊像であることの確証をもつ作品、とくに影像の遺品はごく少ない。その姿は経典の理解の仕方によって、像ごとに違いがあったようにも想像されていて、左掌を前に向けて立て、右手を与願印とし、額安寺像とは反対の右足を踏み下げた姿をとる京都府宝菩提院木造菩薩像(今日の左手は後補)を、求聞持法本尊の虚空蔵菩薩像だと考える説も提起されている。(17)

醍醐寺木造菩薩立像は、右手は与願印、左手は屈臂して掌を前に向け第一、三指を相捻じて持物をつまむ。現在の持物は後補であるが、一本の蓮茎が途中で数本に分かれ、その一本の先に蓮台をあらわす。この持物は、前にあげた「求聞持根本本尊」の外題をもつ醍醐寺白描図像の持物と共通し、また東寺蔵仁王経五方諸尊図の中央幅金剛波羅蜜菩薩像が手にする蓮茎の先に蓮台上の火焔付き宝珠をあらわす持物、および同南方幅宝虚空蔵菩薩像が手にする蓮茎の先に蓮台上の火焔付き三遍宝珠をあらわす持物ともよく似る。木造菩薩立像の持物はおそらく当初からの形を踏襲したものであり、蓮台上に初めは宝珠をあらわしていたのであろう。左手に宝珠を載せた蓮華を執り、右手を与願印とする形は、いうまでもなく求聞持法の経が説く虚空蔵菩薩の印相である。

求聞持法の経典には、醍醐寺木造菩薩像のような立像としての虚空蔵菩薩は説かれていない。しかし、東寺蔵仁王経五方諸尊図中の南方幅宝虚空蔵菩薩像は立像として描かれ、また、保安五年（一一二四）に供養された醍醐寺蓮蔵院多宝塔扉絵を写した八大菩薩図像中の虚空蔵菩薩像もまた立像である。(18) 前者の原本はいうまでもなく空海請来の図像と考えられ、また、後者の扉絵が基づいた原本も唐仏画である可能性が説かれている。醍醐寺木造菩薩像が立像にあらわされていることは、このような当時の虚空蔵菩薩像の作例から考えればさほど奇異なことではない。

このように醍醐寺木造菩薩像は虚空蔵菩薩求聞持法の儀軌にほぼ忠実に従った求聞持法本尊像と考えられ、虚空蔵菩薩像研究のための資料としてもその価値は小さくない。

四　醍醐寺聖観音立像（虚空蔵菩薩立像）と平安前期の檀像彫刻

ここでは醍醐寺木造聖観音立像（虚空蔵菩薩立像か、以下菩薩立像と呼ぶ）の独特な作風と、檀像彫刻との関係についてふれておきたい。

醍醐寺像に用いられた用材は顕微鏡観察による樹種の同定は行われていないが、針葉樹であることはほぼ間違いなく、この時代の木彫像に使用例の多いカヤ材である可能性がある。奈良時代末から平安時代前期にかけては、白檀材の代わりに、カヤ材を用いて檀像に擬して造られた仏像が少なからず現存する。このようないわば檀像風の像を含めて、檀像は奈良時代から平安時代前期にかけての木彫像造立の盛行に大きな影響を与えたと考えられていて、それに関する論考は数多い。筆者もかつて、檀像が平安時代前期の木彫像制作に与えた影響には大きなものがあることを述べ、カヤ材を選択した当時の日本工人の主体性について触れたことがある。[19]

毛利久氏は、インドから中国にもたらされた檀像は、優塡王造立の栴檀瑞像説話に見られるように中国でもきわめて珍重され、また南方特有の檀木が中国の人々に釈尊の本国インドを連想させたであろうことを述べたうえで、檀像の特色を、基本的には「檀木を用いた一木造」「素木を原則として着彩されない」「一般に小像」「細密な彫法を示す」と考えた。そしてこの四項をふまえて、実際の日本の平安時代の作品には檀木以外の他の木材でつくられたものがあり、また着彩されたものがあり、大きさも一メートル以上のものがあることから、平安時代前期の日本の檀像の特色は、主としてその細密鋭利な刻技による作風にあるものと結論した。[20]

この考えは檀像に関する基本概念として、現在まで大きな影響を与えている。たとえば、鈴木喜博氏は基本的には毛利氏と同様な諸点を檀像概念として考えている。[21] また、松田誠一郎氏[22]、および岩佐光晴氏[23]による檀像の理解もほぼ同様である。このうち鈴木氏と松田氏の論考では、薄く着彩された檀像が存在することについても説明されている。

これら諸論を含む平安前期彫刻のさまざまな論考の中で、醍醐寺木造菩薩立像は白檀以外の木材が用いられた平安前期檀像風彫刻の一代表作としてとりあげられ、檀像としての特徴、すなわち用材の種類と着彩のようす、精緻な彫技と動きに富む衣文表現などが説明されることが多い。また本像の翻転する煩雑な衣文表現には、唐仏画やそれを伝える白描図像からの影響が説かれることも多い。それらはいずれも当を得た説明であるが、本像のような平安前期の檀像風作品の特色と意義はそれだけでは言い尽くせないように思われる。ここで、もう一度平安時代前期における檀像彫刻の特色を考えてみたい。

菩提寺略縁起には、本尊虚空蔵菩薩像、つまり現醍醐寺木造菩薩立像は善無畏三蔵が天竺から伝えた像と記されていた。醍醐寺像がカヤと見られる針葉樹材で作られていることからは日本で作られた可能性がまず考えられ、天竺伝来の伝承は首肯できない。しかし、彫りの深い本像の顔立ちを一目見れば、それが天竺伝来という伝承をもつことも、ある意味ではよく理解できる。本像に相対した時、はじめに目が行くのは、濃い眉とつよくうねった目、とがった耳、口角を引き締めたはっきりした輪郭の唇をもついかにも日本離れした顔立ちであり、また、たっぷりとした肉付きの体に重畳たる衣をまとったエキゾチックな風貌であろう。われわれは、細密な彫りをもつこの時代の小像を「檀像」あるいは「檀像風」という用語で呼ぶことを知っているから、この像についてもそのように説明して納得するが、菩提寺略縁起の作者もそうであったように、近世の人々は、この像をまず初めに「天竺より将来の虚空蔵尊」と見たのである。

いったい、奈良時代後期から平安時代前期の仏像については、それまでの八世紀半ばの古典的で整斉感をもつ表現に対して、誇張と省略が目立つ大胆な表現、あるいは唐招提寺木彫像に示されるような重量感に富んだ作風などが、その特色として説明されることが多い。しかし、当時の人々は、それらの新しい仏像をそのようなことばで理解したのではなく、見慣れぬ異国風の仏像としてまず最初に受けとったのではないか。そして、最澄、空海らの入唐求法の試みに代表されるように、当時、僧侶や貴族らの間では、大唐への憧れがそれまでにも増して一層昂まっていたように思われる。

空海は、請来目録の中の諸所に、自分が長安から請来した経巻、梵字、仏像、道具などの価値を繰り返し弁じている。なかでも青龍寺恵果から付属された仏舎利、刻白檀仏菩薩金剛等尊像龕などは、金剛智が南天竺から持ち来たって大広智に転付し、広智三蔵が恵果に転与、恵果が空海に転賜したものであり、「斯乃伝法之印信、万生之帰依者也」と、その正統性と価値を誇らしげに述べている。当時、宗教界だけではなく世情一般にあった唐、天竺の文物への憧憬は、今日からはおよそ想像できないほど強かった。

醍醐寺木造菩薩立像のような仏像を発願した人物は、ここ日本では見かけない海西の国から将来されたかのような風貌の仏像として、この像を造らせたかったのであろう。そして仏工はその依頼に応えて、能う限りの才芸を用いて異国のさまを彷彿させる像を刻んだ。奈良、平安時代前期の日本における檀像彫刻には、その用材、大きさ、彫技などの特色とともに、この像でもはっきりとわかるように、異国趣味の作風という顕著な特色があったことは重要である。この特徴は当時の他の仏像についても多かれ少なかれ共通するが、日本産ではないような材料を用いた、いかにも海を渡ってもたらされたかのような小像であってこそ、人々はそれに強いエキゾチシズムを感じたのである。

平安前期の仏像の姿の美しさを当時の人がどのように見ていたのか、具体的な評言はあまり残っていない。しかし、当時の人間の容貌の美しさを形容した詩文がないわけではない。なかでも、『三教指帰』（延暦十六年〈七九七〉著）のなかで、青年僧仮名乞児が俗世の無常を説くために弁じた、俗世間の人のあでやかな容姿の記述はとくに目をひく。「婕娟蛾眉……。的皪貝歯……。傾城花眼……。垂珠麗耳……。施朱紅瞼……。染丹赤唇……。百媚巧笑……。千嬌妙態……。峨々漆髪……」(24)

美術や仏像の魅力はことばだけでは語れないが、それにしても、当時二十四才の空海の目に映った婉然たる人の姿は、醍醐寺木造菩薩像のような平安前期の仏像の姿とあたかも二重写しとなって、われわれの眼前に浮かぶ。当時の都の人士が憧れた一典型は、それが仏であれ、あるいは実際の人間であれ、私たちが今、見ている醍醐寺木造菩薩像のようなひときわ目立つ個性を示す異国的な姿だったのであろう。

醍醐寺の木造菩薩立像のような平安前期の仏像を「檀像風」という用語で説明することは誤りではないが、その場合、檀像や檀像風の像が檀像たりうる大きな理由は、それが異国趣味を満たす仏像であったからだ、という考えてみればごく当然の事実を、あらためて認識すべきである。檀像彫刻は奈良末、平安時代前期の木彫像の流行に影響を与えたというだけにはとどまらず、この時代の仏像の傾向を最も顕著にあらわす彫刻であったことをここで確認しておきたい。

おわりに

ここに紹介した菩提寺虚空蔵菩薩版木などによって、今日、聖観音と呼ばれている醍醐寺木造菩薩立像が正しくは虚空蔵菩薩像であることが知られた。また、本像は他に例が少ない平安時代初め頃の虚空蔵菩薩求聞持法本尊像である可能性が高く、虚空蔵菩薩像の研究にとっても価値が高い。本稿ではこれらに加えて、醍醐寺像の作風から考えられる奈良末平安時代前期の檀像風仏像の意義について私見を述べたが、その詳しい制作年代および制作背景についてはとくに記すことができなかった。それらについては今後の課題としたい。

注

（1）『醍醐寺大観』全三巻（平成十三—十四年、岩波書店）。

（2）醍醐寺文化財のうち工芸品の整理番号「工芸〇四五九」が付される。

（3）この虚空蔵菩薩像版木は、平成二十年（二〇〇八）四月から八月までドイツボン市のドイツ連邦共和国美術展示館で開催された醍醐寺展に展示された。展覧会カタログは独文のものが刊行され、野尻忠氏による作品解説があり、そこには版木の概要と菩提寺の略史が記される（『Tempelschatze des heiligen Berges Daigo-ji. Der Geheime Buddhismus in Japan』2008, Kunst-und Ausstellungeshalle der Bundesrepublik Deutschland in Bonn）。

（4）整理番号「工芸〇四三八」が付される。

（5）縁起文の翻刻は調査当時大正大学大学院文学研究科博士後期課程に在学中であった竹地龍馬氏による部分が多い。また、久米寺の歴史についても教示を得た。ここに記して謝意を表す。
（6）中島俊司編『醍醐雑事記』（一九三一年初版、一九七三年再版、醍醐寺）。
（7）醍醐寺文化財研究所編『醍醐寺新要録』上下（一九九一年、法蔵館）。
（8）福山敏男『奈良朝寺院の研究』（一九四八年、高桐書院、増訂版一九七七年、綜芸社）。
（9）聖観音立像の解説は多いが、比較的近年の解説として、松田誠一郎「聖観音菩薩立像」（『醍醐寺大観』第一巻、二〇〇二年、岩波書店）がある。この『醍醐寺大観』のための本像調査は平成十二年十月に寄託先の東京国立博物館で実施され、筆者も参加した。
（10）拙稿「醍醐寺霊宝館の木造五大明王像」（稲垣栄三編『醍醐寺の密教と社会』一九九一年、山喜房）。
（11）菩提寺の様子は、平成二十一年七月十四日の醍醐寺盂蘭盆会の際の知見による。
（12）紺野敏文「虚空蔵菩薩像の成立（上）」（『仏教芸術』一四〇、一九八二年。同『日本彫刻史の視座』二〇〇四年、中央公論美術出版、所収）。
（13）空海の文をまとめた『遍照発揮性霊集』に、弘仁十二年（八二一）弟子某が四恩のために両界曼荼羅と五大虚空蔵菩薩像他を図したこと（『同』巻第七）、弘仁十四年（八二三）の淳和天皇への譲位以後、嵯峨上皇が故中務親王（伊予親王）のために釈迦、観世音、虚空蔵菩薩像各一躯を造ったこと（『遍照発揮性霊集』巻第六）などが知られる。
（14）泉武夫『虚空蔵菩薩像』（〈日本の美術〉三八〇、一九九八年、至文堂）。
（15）注（13）前掲書。
（16）紺野敏文「虚空蔵菩薩図像の変容とその造像―剣を執る虚空蔵尊の成立―」（『仏教芸術』二三九、一九九八年。同『日本彫刻史の視座』二〇〇四年、中央公論美術出版、所収）。
（17）紺野敏文「虚空蔵菩薩像の成立（中）―求聞持形の展開―」（『仏教芸術』二二九、一九九六年。同『日本彫刻史の視座』二〇〇四年、中央公論美術出版、所収）。

(18) 川村知行「醍醐寺蔵八大菩薩図像と多宝塔扉絵」(『密教図像』一三、一九九四年)。
(19) 拙稿「第三章古代Ⅲ　平安時代前期」(水野敬三郎監修『カラー版日本仏像史』二〇〇一年、美術出版社)。
(20) 毛利久「平安時代の檀像について」(『史窓』一三、一九五八年。同『日本仏教彫刻史の研究』一九七〇年、法蔵館、所収)。
(21) 鈴木喜博「檀像の概念と栢木の意義」(『日本美術全集』第五巻、一九九二年、講談社)。
(22) 松田誠一郎「第二章古代Ⅱ　奈良時代」(注(18)水野敬三郎監修『カラー版日本仏像史』二〇〇一年、美術出版社)。
(23) 岩佐光晴『平安時代前期の彫刻』〈日本の美術四五七〉(二〇〇四年、至文堂)。
(24)『三教指帰　性霊集』(〈日本古典文学大系七一〉一九六五年、岩波書店)。

韓中日の多宝塔の比較を通して見た韓国多宝塔の特色

金　勝　一

1. はじめに

仏教史的に大乗仏教に対する「法華経」の役割は、別の経典よりその及ぼした影響がずっと大きいといえるであろう。かかる傾向は韓中日三国に共通した性格でもあるが、韓国では「法華経」が、朝鮮時代の抑仏崇儒政策のため、世宗二年にすべての宗派が一つに統合されたから、長い間韓国民衆にはその姿が忘れられてきたが、一九六七年に天台宗を重創した上月大祖師以来もう一度法華時代の中興期を迎えている。

かかる雰囲気の中で、「法華経」の大義を一番切実に証明する多宝塔に対する研究は、主に文化財の保護という次元で必要な造型的・外形的側面でだけ行われてきた。それゆえ、この塔が持っている思想的・理念的な側面と連繫された分野での研究は事実あまり活発に遂行されていなかった。かかる状況で韓中日の三国仏教の性格を理解するのに重要な基準になる多宝塔の機能と役割に対する比較研究はほとんど行われてこなかった。

しかし東アジアの仏教史を論ずる時、一番普遍的に広く伝播され、また大乗仏教の求心点になってきた「法華経」とその「法華経」で重要視する仏塔に対する崇拝思想が東アジア仏教の一つの特徴であるという点で、特に多宝塔が法華思想を表現する核心的思想であると見たら、これに対する研究はいまからでも活発に遂行されるべきである重要な課題ではないかと思う。

そのため、この論文は、多宝塔に対する新たな理解と研究の重要性を再認識しなければならないという次元で、その間、韓中日三国で研究されてきた重要な研究の成果を中心として、慶州仏国寺の多宝塔が内包している思想的側面の意味と造型的側面の価値をまず考察し、その後で、中国・日本両国の多宝塔の特徴を互に比較し、韓国多宝塔が持っている性格と今後の研究方向に対する意見を提示したい。

2. 韓国多宝塔の特徴

(1) 思想的表現の特色

「法華経」が韓国仏教史で重要な位置をしめしている始発点は高麗粛宗年間の大覚国師義天からであったが、「法華経」の信受奉行はもう三国時代から行われており、天台教学も統一新羅以前にすでに入ってきていた。

特に、六、七世紀には経典自体に対する読誦と研究だけが行われたが、七、八世紀になると元暁の「法華経宗要」でわかるように新羅特有の独創性が加味され、「法華経」を理解することと同時に幅広く法華思想が現実の中に受容されていった。かかる傾向は九世紀中国山東まで拡大され、ここに駐在したり往来する新羅人により、赤山法華院が建立される程にまで至った。

このように新羅で法華思想が広く信奉されるようになったのは、独創的な観点で「法華経」を理解しようとする元暁の法華浄土論に基づいた新羅王朝の仏国土化の実現を求めた努力と新羅人の現実成仏観から起因したといえる。

多宝塔の造成はかかる状況の下で、無形の思想を有形に表現しようとする信仰心の帰結にあったが、実にこれは新羅の仏国土化を念願する新羅人の内面を形象化した結晶体であったといえる。それ故、韓国の多宝塔は中国と日本の多宝塔とではその性格が異なった。卽ち、それは追求する目標が個人的次元での目標であったよりは国家的次元の誓願であったから、他の国とは全然異なる姿で造成されるべきであったといえる。

多宝塔の造成はその思想的背景で、「法華経」を根拠にしている。特に鳩摩羅什が翻訳した「妙法法華経」二八品の中の第一一品である「見宝塔品」の仏塔崇拝思想を形象化させたものであった。再言すれば、多宝塔は「法華経」が持っている思想を外形的に表現することにより、衆生が大乗仏教の真理へ近づくようにしたのがその主要目的であったのである。

この「法華経」は釈迦が仏滅した後、かれの信仰に従おうとする在家信徒が自身の正当性を主張し、信仰の立場をより明確にするため、新たな経典の製作を試図する中で作られた一つであるので、だれでも難しい修行をしなくても自分の悟りを通じて成仏することができる法の普遍性が強調された経典である。

かかる「法華経」の中心思想は「会三帰一」と「諸法実相」であるが、これは一乗の教理ですべての衆生が成仏することができることを提示したと同時に、それぞれの人間の価値を重要視するという概念である。一乗思想での一乗は三乗の相手になる用語で、教えは一つであるという意味であり、三乗は声聞乗・縁覚乗・菩薩乗を示しており、人間の能力の差を認め、その教えに差を置くべきであるという意味である。従ってこの「会三帰一」の意味は、すべての衆生が成仏できるように引導しようとする仏陀の慈悲心を代辯する言葉である。

このように他人を差別することなく、すべての存在を分別することなく、一つで捕捉する世界、そしてそれを悟ることが「一乗思想」の窮極的な目的であり、これが「諸法実相」の姿であるという点より「法華経」の特徴が見られるが、かかる一乗思想の実践的、具体的な意味を表現するため、これを仏塔信仰で表現したのが多宝塔であるといえる。

かかる「法華経」が持っている思想を深く理解しようとする意識は韓中日三国が共通に持っていたものである。しかし三国の理解方式はそれぞれが自身の現実に合せて変化させた。それゆえに、かかる自己化された思想を表現する方式においてもその差が現われた。卽ち、三国の多宝塔の様式が思想的・造型的側面で異って現われた理由はここから由来したと思われる。

新羅は統一を達成してから約七〇余年が過ぎた時である景徳王年間に至って実質的な統一が完成されたといわれる。それは現実的・物質的な統一の外に精神的な自由を満喫する思想的・宗教的な自由の実現がこの時に達成されたと見るからである。卽ち、景徳王の時代には華厳と唯識を中心とする弥陀・弥勒・観音等の信仰と教学が隆盛し、教学仏教の全盛期を迎え、かかる思想の発達は、人間が信仰の本質である思想の内面を外形的に表現しようとする傾向を持っていて、このような傾向は仏教の文化芸術という次元で現われた。景徳王時代に多くの仏事が行われた現象もその結果であった。勿論かかる傾向は新羅政府が意図的に造成したともいえる。

それは統一以後全国的な和合を通じて仏国土の世界で共存しようとする意志を明確にしたが、これが可能であるという事実を知らせ、政権の安定を図ろうとした計算もあったといえるだろう。従って、このためには仏国土であることを証明できる象徴的なものが必要であった。これがいわゆる多宝塔を造成することになった根本的な理由であろう。

勿論、仏国寺が法華思想だけを根拠として建立された寺刹ではない。むしろ造営の全般的な根拠としては華厳思想とそれに連繫された密教的な要所であることがもっとも大きく作用したといわれる。それにもかかわらず、仏国寺の大雄殿の一郭を法華道場と連結させたことは、仏国土を証明するのに多宝塔の造成が必要であるからであった。換言すれば、新羅が仏国土であることを多宝如来が確実に証明してくれることを現わせる意図で多宝塔が建立されたという話である。

多宝如来は釈迦牟尼以前の仏であり、永遠に生きている本体の仏であり、法身の仏であるという。卽ち、過去の仏として真理それ自体であり、すべての存在の仏性をそのまま現わせた人格的な姿の表現である。従って、かれの出現は仏国土の出現を意味する。そのような多宝如来の出現を象徴的に表現したのが多宝塔であるので、仏国寺を建立しながら多宝塔を建立しなければならなかった原因がある。このように仏国土であるとは多宝如来の出現によって証明されることであるから、この多宝如来が出現する「法華経」「見宝塔品」の内容に基づいて多宝塔を造成したことになり、統一新羅の存在性を浮かび上がらせる象徴的な塔として作用することになったのである。

そのため、仏国土が完成された以上、改めて新たな仏国土を証明する別の多宝塔の出現はむしろ新羅の仏国土の事実を否定する危険性を持つ可能性があったので、以後には再造成されなかったといえる。同時に新羅下代に入ってからは禅宗が受容されながら仏塔信仰と仏教芸術に対する美意識が弱化されていったし、高麗時代に至ってはかかる新羅時代の統治理念を新たな国家次元で再使用することができず、別の新たな理念をさがすべきであったので、以後には多宝塔の出現がなかったといえよう。

（2）　造型的表現の特色

多宝塔が中国や日本には多数伝えられていることに対して、韓国だけがただ一つの多宝塔を持っているということは、韓国多宝塔の特殊性乃至独創性を代辯しているといえる。かかる特殊性乃至独創性は前章で説明した塔の造成の思想的側面から始まったことであるが、かかる思想的特徴を外形的に表現した造型上の完璧性もまた韓国多宝塔の重要な特色であると指摘することができる。一般的に慶州多宝塔の造型形式は方形の二層基壇の上に八角の塔身を置くことに特徴があると見える。特に、屋蓋石の端が釈迦塔のように鋭く湧き出る形態で処理されている。新羅盛代の蓮華紋の粧飾の形態が見られ、支えられた部分が厳格に処理されているところに特徴が見られる。しかし塔の一般的な区分法によるなら塔身部と上輪部に分けられるが、塔身部の特殊な形態により、その層数においては正確に区分がなされていない。多宝塔は見る観点によって三層塔と四層塔、そして単層塔・無級塔等と多様に見ることができる非常に特異な形式の塔であるといわれる。

かかる多宝塔の形式は前例がないものであるから、その起源については正確に説明することができない。なぜなら、多宝塔の造成背景が「法華経」の「見宝塔品」から縁由していることは分かるが、「法華経」全体に塔の様式を規定する内容はないからである。しかし多宝塔の特殊な様式が根拠なく現われたとは思わない。これに対して高裕燮は「摩訶僧祇律」で造塔の根拠を上げ、多宝塔の造型を説明した。しかし、これは多宝塔の全体的な姿を説明する時には一理あるかもしれないが、多宝塔の細部様式まで説明しているものではないから、十分な説明ではないというのが支配的な見方である。

例えば、塔における方形の基壇は中国の影響を受け、韓国と日本でも基本になる形態である。すなわち、仏国寺の多宝塔の基壇が敦煌石窟の一〇三番と二一七番の窟等の壁画に見える西塔の塔と非常に似通っていることから、かかる事実が見える。また、欄楯で表現された欄干は中国の古塔でも見られるから、これを多宝塔の特色として上げるのは限りがある話である。

一方、多宝塔の八角の塔身部の聯関性を感恩寺の西塔の内の舎利塔や八角浮屠から捜す研究もあった。しかし浮屠を造成するようになった意味は塔を造成する意味とその起源が異なるので、かかる解釈が妥当性を持つためには、別の側面から説明がもっと加味されなければならないのである。

このように多宝塔の造型形式に対しては、まだ精密な理論が定立されていないので、今後これに対する資料の発掘及び新たな考証が要求されているのが現実的な状況である。しかし、多宝塔の造型的特徴に対する論難とは別に、造成されている形式に対する細部的な解釈に対しては大体意見が統一されている。

卽ち、上下重層の基壇の表示は、真諦と俗諦を意味しており、四角の方向は二諦の根本である苦集滅道（苦諦と集諦は俗諦の部分として、滅諦と道諦は真諦の部分であると解釈する）を、四面の正方形は四摂、四無量、涅槃の四徳、四諦の道理を闡明することであり、これは仏の世界に上がる階梯であり、石階段の一〇層はそれぞれ華厳経の十信、十住、十行、十廻向の四〇位を表示し、これは仏法修行に従う十波羅蜜として見ることができ、この石階段の道を包みかくしている柱は八正道を意味し、その上部にある広い版石は虚空蔵世界で、上下八角と方形の欄干、八角円周の塔身は仏世界でありながら仏身を象徴する総持の意味で、すべての力を残らずしまっておくことであると分析している。

これを綜合していえば、多宝塔は「法華経」で表現しようとする個人と事物の一つ一つに対してすべての価値を付与する人間の平等性と尊厳性を代辯する「諸法実相」を表現しようとしたのである。これを政治思想史的にいえば、七世紀の仏教が三国統一のため統合を主張したことに対して、八世紀の仏教は統一された社会の和合を追求し、これを基盤として個人の価値と尊厳性までも尊重すべきであるという多様な仏教の役割を代辯して表現したといえる。このため、多宝塔の構造を円と四角と八角等で多様に構造化させることによってすべての意味を包含させたから、これは諸法実相の意味を形象化させたものであるといえる。卽ち、方と円、空と有、円頓の妙相と荘厳は結局法華仏教の根本である回三乗、帰一乗の最上乗で回向していたという言葉で代辯したのである。

多宝塔の様式は複雑に見えるが、これは諸法実相の意味を形式的に表現するためにしたことであり、それが窮極的に追求するところはすべてのものが各自の存在価値を持っているということを示したことである。結局は回三帰一の一乗へ帰着されるという「法華経」の意味を説明しようとしたのであった。卽ち、円と四角と八角という基本構図を通して万物の多様な像を象徴的に表現しながら、塔自体が仏自身であるということを現わそうとしたのではないかと思う。

3. 韓中日における多宝塔の特徴の比較

その間、韓国学界は仏国寺の多宝塔に対して外形上の美的構図およびそれと連繫される宗教的意味を賦与する研究だけに傾いており、中国と日本の多宝塔との比較を通じて、韓国多宝塔の特色を明らかにしようとする研究はほとんどなかった。それから、この章はその間の部分的な研究成果を綜合して韓中日三国の多宝塔における差異点を考察し、韓中日三国の多宝・法華信仰に対する比較検討をしよう。

一番目には、思想的背景の差が上げられる。慶州仏国寺は華厳思想に密教思想が加味され造成された寺刹であるが、その一郭を法華道場と連結させたのは、仏国寺という名前からも知られるように〝新羅は仏国土である〟ことを証明するため、多宝塔を造成すべきであった。従って、かかる多宝塔の造成の思想的根拠になるべきものはただ法華思想だけであった。

かかる思想的背景は、中国でもそのまま作用したともいえるが、新羅のように自国の仏国土の実現を証明する次元ではなく、中国文化の伝統が小乗仏教の教義よりは大乗仏教の教義に容易に適応できるからであろう。それに対して韓国では大乗仏教を代辯する法華信仰が発展し、そのような信仰背景に基づいて多宝塔を造成することになったといえるだろう。

　このようなことは新羅のように中国化された大乗仏教を持ち込み、自身の現実に合わせようと変化させたのとは異なり、伝来する過程で自然発的に現われた信仰自体による表現であったといえるだろう。卽ち、印度でＡＤ一世紀を前後した時期に大乗仏教が現われた時、大乗仏教の経典である「法華経」は〝仏陀が入滅した後、悪があふれる世界が出現することになったので、多くの比丘が邪悪な智慧と自慢心で仏陀の教えを知らず、自身の利益だけを追求している〟といわれた。小乗の信奉者は「法華経」の大乗教義が寺院のなかに入らないようにし、生命まで脅やかす程度になったが、大乗信奉者は犠牲を甘受しながらも「法華経」を保護しようとしたので、そのような気運はもっと強くなり続けた。かかる背景の下で、釈迦牟尼が「法華経」を説する中で、多宝仏と多宝塔が地下から湧き出たし、「法華経」の教義を讃嘆しながら仏がない世界で衆生は「法華経」を所持するかぎり生の安全を保証することができるという教義を強調したので、「法華経」は大乗仏教を信奉する信徒の保護者の役割をすることになった。

　かかる初期大乗仏教の発生が中国で起きたことではないが、中国の文化的伝統は大乗仏教の教義に容易に適応していきながら「法華経」は慎重に中国全国へ広展され、法華信仰が盛行することになった。そして、かかる信仰背景を現実的に彫像したのが雲岡・竜門・敦煌・麦積山等の石窟にある彫像である。

　これに対して、日本は法華思想をその基本軸としながらそれぞれの宗派が追求する教理と一致させながら、自分なりの宗派的特徴を表現する多宝塔の建立が推進された。例えば、最澄（七六七―八二二）が天台教学に熱意を見せながらも空海（七七四―八三五）との交流を通じて、かれが主唱する密教に関心を持つことになり、これに天台宗が発展的に天台密教化されたことがそれである。かれは法華一乗と真言一乗は優劣がないといいながら、諸法実相は法華・大日に共通する思想であるといった。かかる土台の上で、天台宗も真言宗も多宝塔を造成することになったのである。また、日蓮宗もその開祖者である日蓮（一二二二―一二八二）が法華の正法に帰依することが国家安寧の基本であるといいながら、「法華経」が他の経を乗越える教えであると強調したので、「法華経」で重要視される仏塔崇拝思想により、多宝塔を造成することになったのである。このように日本は韓国・中国とは異って法華思想を自分の宗派の教理に合致させながら多宝塔を造成していった所に特徴がある。

二番目には、多宝塔の特徴である二仏竝坐の仏像の安置の上での差が上げられる。この二仏竝坐の安置法の発生は、多宝塔造成の根拠になる「妙法蓮華経」第一一篇「見宝塔品」の内容に従ったものである。本文の内容は次のようである。即ち、

〝その時、多宝仏が宝塔の中で席を分けて釈迦牟尼仏に与えながら「釈迦牟尼仏はこの席に坐って下さい」と話した。そうするとすぐ釈迦牟尼仏がその塔の中に入って半分にわけた席に結跏趺坐をなさった……〟

多宝仏は東方の遠い所である宝浄という国で生まれたが、仏になる前に菩薩として修行している時、「我が仏になり、死んだ後、どこでも「法華経」を説する所があれば、その前に塔の姿で地下から湧き出られ「立派だ」と証明しよう」という誓願を立て、これを実践するため、多宝塔の中にすわり、地下から湧き出され証明することであり、証明した後には釈迦牟尼仏を多宝塔の中に入られるようにし、塔の中の席を半分に分けてあげ、ともに結跏趺坐をして二仏竝坐の思想が誕生するようになったのである。

かかる二仏竝坐の思想は韓中日三国が共通に持っているが、その安置する方法で若干の差が見られる。中国の場合は雲岡・竜門・敦煌・麦積山等の石窟の彫像が、釈迦と多宝を同時に安置させた二仏竝坐形式で、主に三層塔の中に二つの仏像を共に仕えさせ、以後には弥勒仏と共に三世仏のように正壁の主尊の位置に彫像することもあったが、こ

れは釈迦・多宝仏の崇拝が社会的に普遍化・大衆化されていったことを代辯するもので、中国仏教史における法華思想の位置を代辯してくれるともいえる。

日本の場合も奈良時代初期から二仏竝坐の思想が現われるが、長谷寺に所蔵されている千仏多宝塔銅版の場合、第一層に二仏竝坐の姿が見え、二層には多宝仏の全身が、三層には多宝仏の舍利が安置されている。また平安時代の中期以後から盛行した日本の独自な法華経曼荼羅にも中央に宝塔があり、その中に二仏竝坐が描写されている。かかる伝統はそれ以後も継承され、日本の多宝塔信仰を代辯している。かかる伝統的表現から若干変形されたものが、日蓮宗の表現様式であるが、中央に南無妙法蓮華経、その左右に多宝・釈迦等の二つの仏を配置する三宝尊を本尊とする様式もある。

しかしこれら両国とは異なって韓国の多宝塔では、二仏竝坐の形式を確認することができない。一九二五年日本人が多宝塔を解体修理しながらこれと関聯させる報告書や記録を残さなかったからである。多宝塔の解体は日本人だけで行われ、当時出土された遺物は日本人がすべて持ち帰り、ただ国立慶州博物館に残されている引き継ぎ書類に日本人監督者の名前で金銅仏像二躯を慶州博物館に渡したという内容のものがあるが、この二つの仏像が多宝塔の内から出て来たのであれば、これは韓国の多宝塔も二仏竝坐の思想を表現したと見ることができる。しかしこれを確認することができないのは非常に惜しいことである。

三番目は、双塔の有無である。これにより、三国の多宝塔の様式を比較することができる。双塔の起源は五・六世紀頃中国の北魏時代から現われるが、唐時代まで普遍化されたと見られる。このように中国で双塔が出現するようになった背景は、①中国人の対称性に対する特別な嗜好から始まり、②仏像の中心の礼拝に転向されていくと、これに対する措置として塔の比重を強化させることにあり、③寺院の荘厳美を加重させることにあり、④「法華経」の

「見宝塔品」を形式的に表現しようとする所にあったと見られる。

韓国での場合もかかる中国の双塔の出現の原因と似通っている視角の研究が発表された。卽ち、高裕燮は「見宝塔品」の重要性に比重を置き、観念的に法華信仰をもっと強調しようとする次元で、多宝塔の出現以前に釈迦の説法が先行されたという意味を示すため、勿論釈迦の説法と多宝仏の証明が時間的な先後の関係はあるが、その時間の関係を空間的に展開させ双塔を建立することになったと説明した。これに対して韓正熙は統一新羅が王朝の次元で建立される寺刹には専制王権の権威と威厳を現わせるため、双塔を造成することになったといい、金秀炫は双塔の様式が統一以後から見え始めたということに着眼し、これは統一による力の均衡を表現するためであったといい、洪光杓は仏国寺の伽藍を理解する次元でその中心点を双塔と南北の主軸線の交叉点と見、かかる傾向は塔を中心とする寺刹を構造化しようとしたことで、塔が金堂の付属物ではなく信仰の中心であることを披瀝しようとする次元で現われたとみた。かかるそれぞれの分析は中国での双塔の造成の背景とほとんどその意味が似ているが、中国側の場合は、法華信仰の普遍性を代辯することに対して韓国の場合は統一以後の和合と調和を強調するための新羅の仏国土化の証明に必要な法華思想の特殊性を、双塔を通じてもっと強調したことではないかと見られる。

しかし、日本ではかかる双塔の形式が全く見えない。おそらくそれは一一世紀以後、天台宗を包涵して密教的な性格を持つ真言宗から多宝塔が造成されていた事実から知られるように、多宝塔を大日如来自体として見る思考方式が胎動しながら、日本の多宝塔は双塔の形式ではない単独形態として残され、その代りに同一の様式の姿で多量の多宝塔を造成したことではないかと見られる。

四番目には、多宝塔を造型した数字からその差がのぞかれる。中国は法華思想が古代以来今までも社会的に多く普遍化されているので、相当の数の多宝塔が建立されたことが資料で知られる。大体今まで伝えられているものとしては、五世紀初の甘粛省水靖県炳霊寺の一六九個の石窟の中で、多数の二仏並坐の影像と壁画があり、五世紀中葉には敦煌、雲岡、竜門、麦積山等の洞窟にこれらの影像がもっと多く増加していた。そして唐代に入って「法華経」に対する新たな翻訳と、またこれら「法華経」に対して注疏をつけたひとびとだけで七〇余名を越えていた事実から、「法華経」の普及と流通が見られるし、また実質的にも前代とは異なり、多宝塔の造成が多くなったことが分かる。しかし遺憾ながら韓国や日本のように現存している多宝塔がないので、正確に建立された数が知られていない。これに対して韓国の多宝塔は慶州仏国寺にある多宝塔が唯一であるが、その原因についてはもう説明した。

かかる状況に対して特異な点は日本に多宝塔の数が、浄土宗に三基、禅宗に四基、日蓮宗に一〇基、天台宗に一五基、真言宗に六八基等全部で一〇〇基も造成され、現存するものが六九基もあるという点である。特に真言宗が圧倒的に多いことは塔に関心が高い真言宗の性格を代辯してくれる。その性格とは現身仏である肉舎利より経典である法舎利をもっと重要視するからであり、さらに仏塔を大日如来と見るという点である。これは釈迦如来と多宝如来の二仏並坐の思想が法華中心の天台宗に影響を与えたことに対して、真言宗は多宝塔を宝塔と関聯させ曼荼羅の大日如来と見たことを代辯してくれる。

五番目には、多宝塔の構造型式面で差があると見る点である。中国も多宝塔の場合は、日本のように木造で建築され、印度のSTUPAのような様式で構成されているものが敦煌の壁画の中に見られるが、実際に建築されたものはまだ発見されていないので、正確にその特性をいうことは難しい。ただ、敦煌の石窟に現われた塔の姿を見れば、韓日両国の多宝塔と非常に類似した形態を見せていることがわかる。しかし詳しく説明すると、方形の基壇、基壇部の階段、欄干、そして二層塔という点で、韓日両国の全般的な多宝塔の様式と共通点を持っている点がある。このような側面から見れば、韓日両国の多宝塔の基本様式は中国の影響を受けたといえる。

韓国の多宝塔でかかる中国的要素が見られるのは、韓国の一般石塔には階段と欄干がないにもかかわらず、多宝塔ではかかる形式を応用したことである。この点は韓中日三国が共通に指向した多宝塔の基本形式ではないかと考えられる。ただ、韓国はかかる中国的様式に韓国的な要素の加味を通じて韓国的形式の多宝塔を造成した。卽ち、塔身部の八角形態と竹の節がある柱は新羅人の建築と梵鐘の甬筒でよく使用される技法で、特に竹の節がある柱は竹を神聖視した韓国人の内面世界がそのまま現われるようにする配慮で利用した技法であるといえるだろう。

韓中両国の多宝塔に比して、日本の多宝塔は同一の様式で現存するものが相当数あり、日本の多宝塔の様式は具体的に考察することができる。卽ち、日本の多宝塔の様式は大部分が方形の基壇の上に二重塔という形式である。勿論、時代別・宗派別で差が見られるが、基本形式上では韓中両国のものと同一形式であるといえる。しかしかかる主張に対して日本の学界は、日本の独創性を主張しているが、その原因は日本の宝塔の始原が二仏竝坐の多宝にあることは確かであるが、それぞれの宗派、卽ち、天台宗、真言宗、浄土宗、禅宗、日蓮宗等で自分なりの特性に合せて多宝塔を建立し、また材料が木材であるという事実とその造成の背景に密教が深く介入しているという点で、そのような主張をするのではないかと思う。

しかしこれは日本の中世以後に現われる多宝塔の様式についていえることであるが、日本で始めに造成された多宝塔は韓中両国の様式と似通っている。日本の多宝塔の最初の例としては、奈良時代初期の百鳳時代の作品である長谷寺の「千仏多宝塔銅版」が上げられるが、これは「法華経」の「見宝塔品」を六角三層塔で形象化したもので、中国北魏時代の雲岡石窟の彫刻とほとんど似通っている様式であるという点で、平安中期以前までは中国的様式をそのまま踏襲したといえるだろう。しかし平安中期以後から立てられる多宝塔は、下層は方形であり、上層は円形である亀腹の姿が添加された二層塔の姿を見せているが、かかる円形部を日本人は一番日本的であると見て、この部分で日本多宝塔の由来を捜している。かかる特徴をよく現わしているものは、室町時代に立てられた石山寺の多宝塔や、金剛三昧院塔等日本の中世的な塔である。

かかる特徴は、現在残っている日本の多宝塔では統一されるが、初期のものは天台宗と真言宗のものとに分けられる。初期真言宗の空海により作られたものは「毘盧遮那宝塔」と呼ばれたが、これは大日五仏の安置を目的にした仏堂的性格を持っているものであった。かかる面で、平面円形の一重宝塔が原来の形式であると見える。天台宗の多宝塔は上層に「法華経」を安置し、下層には法華三昧を飾っているが、その形式は下層が五間、上層が方形の三間にもなる大きな形態であった。本来の目的は「法華経」を奉安させるものであったが、密教的色彩が濃厚にされながら、しだいに大日五仏を安置することになった。その後「見宝塔品」の内容に従って釈迦と多宝の両仏を本尊として安置し始めたのは、一一世紀初期以来の天台宗からである。

このように多宝塔という名前が始めに使用されることになったのは、天台宗の二重方形塔形式が使用され始めてからであるが、これが真言宗の方形と円形の二重塔の構造になっている大塔から堂内に安置する一重小塔に至るまで、広く活用されることになった。現在残されている多宝塔の形式は真言宗の大塔形式を簡略化したものであると見られる。

以上の要素を考察すれば、多宝塔の円形は中国の影響を受け、ほとんど似通っている様式であったといえる。ただ自国の特徴的な要素を加味して、独創的な多宝塔を作り、特に韓国の多宝塔は国家の統治理念である仏国土化を多宝塔の造成で確認させようとし、日本の場合はそれぞれの宗派別の信仰の特徴を表現する過程で、日本的な多宝塔の様式が出現したと見ることができる。

4．おわりに

以上考察したように多宝塔が造成されるようになった経典の背景は「法華経」の「見宝塔品」であり、これは法華思想の内面世界を外形的に表現しようとする一つの手段であった。ただこれを表現する方法が各国の状況により、それぞれの独創的な特徴を持つことになったことが分かった。しかしその基本構図は中国の影響を多く受けたことも分かった。

韓国慶州の多宝塔は統一新羅が初期段階を過ぎ、真の統一の偉業を達成するため、国民の和合と安定を図謀しようとした手段として、仏国寺の一郭に造成されたのである。この仏国寺という名前から分かるように新羅が仏国土の理想世界であることを証明しようとする一つの手段として多宝塔が造成されたのである。従って、かかる巨視的思想を背景として建立されたから統一新羅時代は勿論、それ以後の高麗時代でも、かかる意味を凌駕する多宝塔の造成が不可能であったので、多宝塔の造成がそれ以上造成されなかったといえるだろう。一方、造型的にはかかる仏国土の世界を証明できるように基壇から上輪部まで法華思想を表現しようとすることに重点が置かれたので、中日両国ではこのような型式の多宝塔が建立されなかったと思う。

しかしかかる多宝塔の特徴は韓国だけが持っていることではなく、中国と日本もまた自国なりの状況に合わせて独特な多宝塔を造成したので、多宝思想が各国に及ぼした影響がいかに大きかったかを代辯してくれるであろう。

このように韓中日三国の多宝塔の比較研究は相違を浮き彫りにさせる次元での比較研究に止まっていることはできず、法華思想を如何に効率的に民衆に浸透させ、個人の幸福と国家の安定を図るべきかという次元での比較研究が行われるべきである。それによって時代に合った法華思想に対する再解釈が可能になると考えられる。しかし本文で比較分析した結果から見れば、まだ十分な個別的研究が行われていないことが分かるだろう。法華思想が韓中日三国の歴史発展に大きな影響を与えた点を勘案すれば、この方面に対する研究は今後も引き続き行われるべきであろう。

〈参考文献〉

1．韓国文献

高裕燮『高裕燮全集：韓国塔婆의 研究』1、通文館、一九九三。

金万権 訳『法華経講義』Ⅱ、三英出版社、一九八八。

金相鉉「石仏寺 및 仏国寺 研究－그 創建과 思想的 背景」、『仏教研究』2、一九八六。

金秀炫「仏国寺 多宝塔 造成의 仏教思想的 意義」、東国大碩士学位論文、一九九八。

金瑛泰「新羅仏教의 信仰的 特殊性」、『仏教思想史論』、民族社、一九九二。

金煐泰「法華信仰의 伝来와 그 展開」、『韓国仏教学』3輯、韓国仏教学会、一九七七。

金煐泰「新羅仏教의 現身成仏観」、『新羅文化』第1輯、東国大新羅文化研究所、一九八四。

林永培「韓国石塔建築의 造形漸移에 대한 研究 Ⅱ」、『大韓建築学会誌』23巻、一九七九・八。

徐慶田「法華経에 나타난 教化精神」、『李箕永博士古稀紀念論叢：仏教와 歴史』、韓国仏教研究院、一九九一。

윤미루「新羅末 高麗初 襲塔에 관한 研究」、延世大碩士学位論文、一九八二。

李箕永「象徴的 表現을 통해서 본 七-八世紀 新羅 및 日本의 仏国土思想」、『韓国仏教研究』、韓国仏教研究院、一九八二。

張忠植『韓国의 塔』、一志社、一九八九。

鄭明鎬「新羅梵鐘의 鋳造術에 대한 研究」、『考古美術』162・163合輯、韓国美術史学会、一九八四。

정승석 편『法華経의 世界』、지양사、一九八六。

韓国仏教研究院　『仏国寺』、一志社、一九九三。
韓正熙　「韓国古代双塔의 研究」、弘益大学校 碩士学位論文、一九八一。
洪光杓　「仏国寺의 空間形式에 内在된 造形的 意味」、『新羅文化祭学術発表会論文集：仏国寺의 綜合的考察』第18輯、東国大新羅文化研究所、一九九七。
黄寿永　「多宝塔과 新羅의 八角浮屠」、『考古美術』123・124合輯、韓国美術史学会、一九七四。
黄寿永　「多宝塔과 新羅八角浮屠」、『考古美術』123・124合輯、韓国美術史学会、一九七四。

2．日本文献

石田茂作　『仏教考古学論考：仏塔篇』4、思文閣出版、一九七七。
石田瑞麿這、李永子 訳　『日本仏教史』、民族社、一九九〇。
川勝賢亮編　『多宝塔法華経思想』、東京、東京堂出版、一九八四。
平川彰、梶山雄一、高崎直道編、慧学 訳　『法華思想』、경서원、一九九七。
前久夫編　『東京美術選書20：仏教堂塔事典』、東京美術、一九七九。

3．中国文献

鳩摩羅什　『妙法蓮華経』
業露華　「多宝塔与中国仏教」、『上海社会科学院宗教研究所論文集』、二〇〇一。
張宝璽　「法華経的翻訳与釈迦多宝仏造成」、『仏学研究』第3期、一九九四。

東アジア古代の鳥獣文様
――青龍、白虎図像を中心に――

井口喜晴

はじめに

川勝賢亮先生は平成一七年（二〇〇五）度に大正大学の学内学術研究で、「東アジアにおける宗教文明の交流と環境」[1]を、一九年度には「東アジアにおける多元的宗教文化財と環境に関する基礎的研究」[2]と題する総合研究を実施された。いずれも大学内の十数名の研究者を中心に組織され、私もそのメンバーの一員に加えていただいた。一七年度の研究報告書では総合的なシンポジウムの記録のあとに各論が収録され、川勝先生は「新発見隋太原虞弘墓から〈東アジアにおける宗教文明の交流と環境〉を考察し、あわせて隋唐仏教文化の形成を論ず」を著され、近年中国で相次いで発掘された北斉、北周、隋時代のソグド人の墓の遺物を検討された上で、隋唐時代の仏教文化の形成に際して、その前の時代からイラン系民族の活動やゾロアスター教文化が多大な影響を与えたことを指摘された。私も「東アジアにおける宗教美術交流の一例―中国ソグド墓に表された咋鳥文をめぐって―」を書き、隋唐時代前後の咋鳥文様の中におけるゾロアスター教文化の影響について若干の考察を試みた。次の一九年度の研究では、仏教美術にみられる動物文様をテーマに、九世紀以前の動物文様画像のデータベースの作成に主力が注がれ、大乗経典と太平御覧からは文献資料、美術作品の文献からは写真資料が収集され、若干の論考も附載された。私もその中で「東アジアにおける古代狩猟文様の展開—飛鳥、奈良時代の狩猟文様を中心に—」をテーマに、高句麗と日本の古墳壁画に描かれた狩猟文様の比較を行い、さらに正倉院宝物の資料を検討し、仏教美術と狩猟文様との関連について問題を提起した。本稿では、これらの研究成果を踏まえながら、六世紀から八世紀ころの東アジアにおける動物文様のうち、四神の中の青龍と白虎の図像をとりあげ、隋唐時代から、朝鮮三国時代、日本の飛鳥、奈良時代とその前後の文様の系譜をたどり、ソグド文化の影響について考えてみたい。

一　高松塚古墳とキトラ古墳の壁画

昭和四七年（一九七二）三月に奈良県明日香村の高松塚古墳で壁画が発見され、そこに青龍、白虎などの四神図をはじめ、日像、月像、男女の群像、天文図が極彩色で描かれていたため、にわかに日本、中国、朝鮮半島をめぐる東アジアの壁画の研究が盛んに行われるようになった。また、昭和五八年（一九八三）には明日香村のキトラ古墳で、ファイバースコープによる調査で玄武像が発見され、四回の内視調査の後、平成一六年（二〇〇四）から本格調査が行われ、高松塚古墳と同様の極彩色の壁画古墳であることが確認された。(3) 高松塚古墳の壁画は石室の北壁、東西壁、天井の四面に描かれ、北壁には玄武、東西両壁の北側にはそれぞれ四体の女子群像、南側には同様に四体の男子群像、東壁中央には日像と青龍、西壁中央には月像と白虎、天井には天文図が表されている。ただし南壁の朱雀は盗掘により欠失していた。またキトラ古墳では、石室の四壁と天井のすべてに壁画が描かれ、東西南北の四壁には青龍、白虎、朱雀、玄武、天井には天文図がそれぞれ表されているが、高松塚のような人物像はなく、獣面人身の十二支像が四方の壁の床近くに各三支ずつ配置されている。両古墳の年代については、石室の構造、出土遺物、壁画など各方面から検討されているが、現在は七世紀末から八世紀初頭とするのが大方の見解である。ただし、七世紀か八世紀か、八世紀に入っても、平城遷都の七一〇年より前か後かについては、それぞれ見解が異なっている。これらの図像についても、すでに多くの研究がなされ様々な意見が提出されているが、ここでは、青龍と白虎の図像を中心に、とくに尾と後脚の絡まりに焦点を当て、東アジアの壁画における、それらの図像の起源と年代について考えてみたい。

高松塚の壁画の制作年代については、発掘報告書[4]の刊行された翌年の昭和四八年（一九七三）に『高松塚古墳壁画』[5]が発刊され、そこでは絵画史的考察により、七世紀末から八世紀初頭とされた。また『日本の美術№二一七　高松塚古墳』[6]では、渡辺明義氏は法隆寺金堂壁画や薬師寺の薬師如来台座の四神像との比較から七世紀末とし、青龍、白虎図については、その特徴のひとつに尾を後脚の下から出して上に跳ね上げることをあげ、龍と虎の尾が後脚の下に潜る姿が中国山東省の沂南古画像石墓（後漢時代末）にみられることを指摘している。

私はかつて中国の唐代の石刻図のうちで、神龍二年（七〇六）の李重潤墓の石槨外壁に尾を絡める青龍が刻まれており、また高松塚やキトラ古墳の青龍、白虎の図像が八世紀の正倉院宝物の十二支彩絵布の龍図や十二支八卦背円鏡の青龍、白虎像、正倉院文書に書かれた鏡下絵の青龍像との共通性から、第七次遣唐使（慶雲元年―七〇四　帰国）か第八次遣唐使（養老二年―七一八　帰国）を契機として八世紀代に壁画が制作されたものと考えていた[7]。ところが、東潮氏は平成一一年（一九九九）に尾と後脚が絡む白虎の図像について、中国陝西省咸陽市の東北にある順陵の西南に位置する蘇君墓の墓道の西壁に同様の白虎の図像が描かれており、蘇君は蘇定方（幹封二年―六六七　亡）であるとする宿白氏の説を引用して、七世紀後半の中国に、すでにこのような図像があったことを紹介した。そして、天智一〇年（六七一）に日本に帰国した高句麗からの渡来人で絵師の黄書（文）連本実がそのような粉本を持ち帰り、高松塚壁画を制作した可能性を指摘した。[8] また、有賀祥隆氏は、そのような図像が、さらに遡り、中国陝西省礼泉県昭陵の東南に位置する尉遅敬徳（顕慶三年―六五八 亡）墓の墓誌の蓋の周囲に彫飾された十二支像のうちの辰の像に見られることを指摘された。ただし、高松塚の壁画の制作年代については、年代の明らかな唐墓壁画の人物像の構図と描写法や、石田尚豊氏の服飾や服制の研究を参照しながら、和銅年間（七〇八～七一五）を中心とした八世紀前半期と考え、絵師についても和銅年八年（七一五）に画師姓を賜った倭画師忍勝クラスを考えたいとしている。[9] 加藤真一氏は飛鳥資料館でキトラ古墳の壁画資料を展示企画した際に、従来の諸説を検討し、高松塚やキトラ古墳壁画の青龍、白虎図像は東潮、山本忠尚氏らの提唱したように尉遅敬徳墓（六五八）の龍の図像が六七〇年ころに将来された粉本の元になり、キトラ古墳壁画は藤原京が造営された時期（六七六～七〇四）に制作されたとした。[10]

以上のように、青龍や白虎の尾が後脚に絡むかどうかの表現は、高松塚やキトラ古墳の壁画の制作年代を考える手懸りのひとつであり、さらに多くの要素を加えて総合的に評価されねばならない。本稿では両古墳の壁画に描かれた青龍や白虎の尾が後脚に絡む図像の淵源を求めて、六世紀から八世紀ころの東アジアの資料をとりあげ、さらに西方の関連資料も加えて、それらの系譜をたどってみたい。

二　日本の青龍、白虎像とその関連図像

本章では七、八世紀ころの青龍や白虎とそれに関連する図像を検討する。[11] 日本のこの時期のものには、先述した高松塚古墳とキトラ古墳の壁画および正倉院宝物や薬師寺金堂の薬師如来坐像の台座に表された四神像などがある。

（一）　高松塚古墳とキトラ古墳壁画の図像

高松塚古墳に描かれた青龍の像[12]（図1）は、口を大きく開き、長く赤い舌を出し、胸には翼を付している。左後脚を前に踏み出し、右後脚は後に引き、前脚は両脚とも揃えて前に突き出している。尾は部分的に損傷しているが、右脚に絡めた後、上に跳ね上げている。白虎の像（図2）も青龍とほぼ同じ構図で、青龍より残存状況がよく、輪郭がよくうかがえる。口は大きく開き、赤い舌を出し、胸には翼を付ける。脚部は右後脚を前に、左後脚を後にし、前脚は両脚とも揃えて前に突き出している。尾は左後脚に絡めて下から上に跳ね上げている様がうかがわれる。

キトラ古墳には高松塚では欠失していた朱雀が残存し四神図[13]が揃ってうかがわれる。青龍（図3）と白虎（図4）の図像は細部を除いてほぼ高松塚のものと一致し、尾が絡む後脚に、左脚と右脚の違いはあるが仕様は同様である。しかし、白虎の向きが北向きである点が大きく異なる。高松塚は南向きで、青龍、白虎とも南向きに表現されるのは、中国や朝鮮半島の多くの壁画の図像と同じであるが、キトラ古墳の場合は青龍が南向き、白虎が北向きである。

（二）　正倉院宝物の中の図像

正倉院宝物のうちで、青龍と白虎像や十二支のうちの辰（龍）像を表したものに、十二支八卦背円鏡、十二支彩絵布幕、正倉院文書に描かれた鏡背下絵がある[14]。

南倉に伝わる十二支八卦背円鏡（図5）は、直径五九・二センチメートル、重さ五二・八キログラムある大型の銅鏡である。鏡背面の文様は大形の獣形の鈕を中心に四重の界圏で、四帯を作り、内側の第一帯に四神、第二帯に八卦文、第三帯に十二支、外側の第四帯に葡萄唐草文をめぐらしている。そのうちの第一帯の四神帯に鋳出された青龍

（図5−1）と白虎（図5−2）はいずれも右回りに回旋的に表され、高松塚やキトラ古墳の場合と同様に、口を開け、前脚は両脚ともに前に出し、後脚は右脚を前に、左脚を後にし、尾が左後脚の下を絡めて潜り、そのあと上に向かって跳ね上げている。いっぽう、第三帯の十二支像のうちの辰にあたる龍の図像（図5−3）は前脚、後脚とも右脚を前に、後脚を後にし、尾も脚に絡んでいない。この鏡については鏡体が厚く、表現法や鋳造技法も舶載の唐鏡と異なるところから、日本製と考えられ、蛍光エックス線分析による材質調査でもその可能性が高いとされている。

中倉に伝わる十二支彩絵布幕のうちの辰（龍）図（図6）にも、尾と後脚が絡む描写が行われている。この布幕は麻布で現在は四枚が残存し、上部に吊手（乳）が付され、十二支の鳥獣の姿のみを描いていたと考えられる。辰（龍）図は下半身のみ残存しているが、後脚の右側を前に、左側を後にし、尾が左脚の下を通ったのち、上に向かって跳ね上がり、さらに後方に向かって伸び末尾を巻き込んでいる。

中倉に伝わる、「続集正倉院古文書別集巻第四十八巻」は、十二通の様々な文書を貼り継いで一巻としているが、その第一紙目に鏡背下絵（図7）が描かれている。円鏡の背面の下絵で、中心部には二重の葉形を組み合わせた鈕の側面を描き、その周りに四神のうちの青龍、朱雀、玄武像を配している。青龍は口を開けて舌を出し、左前脚を前にして右前脚を後にし、後脚は左を前に、右を後にし、尾は右後脚の下を通り、そのまま緩くS字状に屈曲させながら後に長く伸ばしている。貼り継がれた第二紙目にも八花鏡の外郭と鈕のデザインが描かれ、その裏紙は天平宝字六年（七六二）四月二十日から五月二日にいたる造石山院所の銭用帳に再利用されている。天平宝字六年三月下旬に孝謙太上天皇は四面の鏡の製作を命じているが、この図はその時に提出された様（ためし、下絵）の可能性が高く、鏡が作られた後に造石山院所で裏面が利用されたとみられる。この下絵はこのような青龍の図像の年代を考える上での基準資料といえる。なお、十二支彩絵布幕の年代は八世紀ころとみられ、十二支八卦背円鏡もほぼ同時期と考えられる。

（三）　薬師寺金堂の薬師如来坐像台座の図像

薬師如来の台座に鋳出された四神像[15]は台座の下框部の上段部（第三段部）に浮彫状に表されている。青龍は角と鋭い口先をもつ頭部、火焔宝珠を付けX字状文を刻んだ頸部、尾状の翼を付けた肩、火焔宝珠を付けた腰部、細長くS字状に伸びる尾などが表され、鱗などは鏨で細かく刻まれている。脚部は、右前脚を前、左前脚を後にし、それと平行して右後脚を前、左後脚を後にし、尾は脚に絡ませず、後方にS字状に長く伸ばしている。白虎も青龍とほぼ同じ図像であるが、左の前脚と後脚を前、右の前脚と後脚を後にしている。胴部は鱗でなく縦縞模様で、角もなく、X字状文や腰部の火焔宝珠も表されていないが、肩に付けられた翼や、細長いS字状の尾の表現は同じである。また、尾と後脚部が絡まないのも青龍の図像と同じである。なお、この薬師如来像の制作年代は持統一一年（六九七）などの白鳳時代説と、神亀年間（七一七〜七二九）の奈良時代説とがあるが、いずれにせよ高松塚とキトラ古墳の壁画の制作年代に関連する重要な図像である。

三　中国の青龍、白虎像とその関連遺品

中国の青龍や白虎および十二支の辰（龍）などの図像は、墓の壁画、墓誌の蓋や石槨、石棺に刻まれた石刻、鏡などに見られるが、ここでは、その起源を求めるために、それらの中から七世紀前後の資料に焦点を当て、さらにそれに関連する図像を挙げる。

（一）　蘇定方墓の白虎像

蘇定方墓[16]は陝西省咸陽市の東北に位置する唐代の壁画墓で、墓道の西壁に白虎図（図8）と、馬とそれを牽く人物および十人程の男子群像が描かれている。白虎の前脚は左を前に右を後から出し、後脚は右脚を前に左脚を後にし、尾は左脚に絡ませたのち、後に向かって湾曲させながら伸ばしている。墓道の東壁にも青龍が描かれているが、大半を欠失し、詳細は不明である。墓室の中から「大唐故蘇君之墓誌銘」と九字刻まれた墓誌が出土したが、これについて宿白氏は顕慶三年（六五八）に左驍騎大将軍に任じられ、乾封二年（六六七）に左武衛大将軍として亡くなった蘇定方の墓誌で、蘇君墓は蘇定方の墓であるとした。[17]蘇定方は六六〇年に水軍を率いて百済の都の泗沘城を陥落させ、天智二年（六六三）の白村江の戦では唐、新羅の連合軍の武将として、百済復興軍と倭の連合軍を破っている。この蘇定方の墓に描かれた白虎図は尾が後脚に絡む古い例として貴重であるが、高松塚やキトラ古墳の図像に比べて胴部が直線的に描かれている。

（二）　尉遅敬徳墓誌の辰（龍）の図像

尉遅敬徳墓[18]は陝西省礼泉県の昭陵（唐の太宗陵）の東南約二〇キロメートルに位置する。発掘調査された時はすでに盗掘され、刀装具や銅帯飾、玉器の断片など若干の遺物が出土したのみであったが、幸い被葬者の尉遅敬徳と妻の蘇氏の二合の墓誌が残存していた。辰（龍）の図像（図9）が表されているのは、尉遅敬徳墓誌の側面で、方形の四方に忍冬多岐蓮唐草文と十二支を飾っている。龍の図は、頭部は口を大きく開け舌を出しながら後方を振り返り、前脚は左右ともに前方に向けて伸ばし、後脚は右脚を前に、左脚を後方に出し、尾は左後脚に絡ませてから、後に向かってS字状に湾曲させ伸ばしている。尉遅敬徳は朔州善陽（山西省朔州）の人で、玄武門の変で功を遂げて、右武衛大将軍を授けられ、襄州都督に叙せられ、顕慶三年（六五八）に亡くなり昭陵に陪葬されている。

（三）　安済橋の欄干羽目板の双龍図像

河北省趙県にある安済橋の欄干の石製羽目板に、尾と後脚が絡む双龍の浮き彫り像が見られる。安済橋は趙州橋、大石橋とも呼ばれ、隋の煬帝が大業年間（六〇五～六一七）に開設した大運河にかかる石造のアーチ橋で、優れた石彫装飾が施され、中国に現存する歴史的な橋梁遺構であるとともに、数少ない隋代の遺品としても貴重である。双龍を表した欄干の獅子板は一九五二年に安済橋遺跡から出土したもので、[19]双龍が背を向けて対峙したもの（図10）と、互いに絡み合った交龍形式のもの（図11）がある。前者は左右から前脚を二脚とも前に出して合わせているが、頭部は互いに後を振り返り、むしろ背けたような姿である。胴部は両者ともいったん壁の中に潜り、ふたたび下半身を壁の中から出している。後脚部はそれぞれ一方を前、もう一方を後にしているが、向かって左側の尾は左後脚の下に絡ませて潜ったのち上に跳ね上げているように見え、先端は時計回りに巻きこみ始めている。右側の龍は尾を右後脚の下に絡ませているが、その脚とともに尾も壁の中に入れてしまい、先端の姿を見ることができない。後者の交龍形式のものは頭部をそれぞれ下に向け、胴部を螺旋状に絡ませ、下半身は尾を右後脚または左後脚の下に潜らせて絡め、先端を巻き込み始めている。

（四）　虞弘墓の獅子の図像

近年、中国では北周、隋時代のソグド人の墓の発見が相次いでいる。一九九九年には山西省の太原で隋時代の虞弘墓[20]が発掘され、「大隋故儀同虞公墓誌」と蓋に誌された墓誌が出土した。銘文によれば、虞弘は西域の魚国の出身で、茹茹国（柔然）に仕え、その後、北斉に出仕し、次いで北周、隋で官職を歴任し、隋の開皇一二年（五九二）に亡くなっている。北周に仕官した時はソグド人を管掌する検校薩保府となっている。この墓に収められた棺槨は木造の三間二間の殿堂建築を模し、上部の槨頂部、中部の槨壁部、下部の台座部からなり、白大理石板を組み合わせて作られ、各板には浮き彫り像が施され彩色されるが、一部の浮き彫り板の裏面には墨絵も描かれる。中部の槨壁板の浮き彫り図は、駱駝に騎乗した狩猟する情景や貴人の騎馬出行図、墓主夫婦らが胡騰舞などを見て宴飲する光景などで、本棺槨レリーフの主要画題であり、台座部にはゾロアスター教の儀式の様子も見られる。青龍、白虎の尾が後脚に絡むのに関連する図像は、中部の棺槨図の中の狩猟図に表された獅子（ライオン）の姿である。通常、狩猟図に表された獅子の尾は、奥壁の中央に表された第五幅の饗宴場面の下段図（図12）のように、脚部に絡まず斜め上方に向かって伸びているが、左右の第四幅（図13）と第六幅（図14）および第三幅（図15）の駱駝や象に騎乗する人物と犬や駱駝に襲われる獅子の尾は、両後脚の間に潜り股間を通って前方に突き出ている。この段階では、まだ尾が後脚に絡んではいないが、平面的にみれば尾と脚部が交差する状態になり、次の時期に現れる絡む図像の前段階を示していると思われる。

（五）　ササン銀器の狩猟文

前節までは、四神の青龍や白虎および十二支の辰（龍）の図像で、尾が後脚に絡むものは、七世紀後半の唐代から隋代初頭まで遡り、その起源がソグド墓に収められた棺槨板に浮き彫りされた獅子にある可能性を述べた。本節では、さらにその淵源とみられるササン銀器に表された、獅子（ライオン）を狩猟する情景の例をあげる。ロシアのエルミタージュ美術館所蔵の狩猟文鍍金銀皿[21]（図16）は、一九二七年にロシアのキーロフ州トゥルーシュヴァ村で発見され、その内面には獅子を狩るシャープル二世の姿が打ち出されている。シャープル二世（三〇九～三七九）はササン朝ペルシャの帝王で、騎馬上から振り向き様に、いわゆるパルティアン・ショットで一頭の獅子を射る姿を表わし、馬の足元にはもう一頭の獅子が横たわっている。これはササン朝の銀皿によくみられる狩猟の場面を表した図像で、射られようとする獅子は立ち上がり、尾は一旦下がってから反転して上に向かっている。また射止められた馬の足元に横たわる獅子の尾は、両後脚の間を通り、下に向かっている。このような獅子の意匠は中央アジアのソグド文化に受容され、やがてソグド人により太原虞弘墓の例のように中国へ伝播したと考えられる。なお、この鍍金銀皿の化学的成分は、ササン朝ペルシャの帝王の器としては幾分普通と異なり、裏面には、のちの所有者のソグド語の銘がある。ソグド系の銀器は、中央アジアの商人たちがウラル山脈の周辺地域にまで進出し交易していたもので、この銀器もその時の遺品とみられる。[22]

（六）　隋唐鏡の獅子（狻猊）の図像

これまでは、尾が後脚に絡む龍虎の図像を求め、それがオリエント地方の獅子（ライオン）の図像につながる可能性をみてきたが、隋唐鏡にも獅子（狻猊）の姿を鋳出したものがあり、太原虞弘墓の獅子の図像から継続して採り入れられている。

京都・泉屋博古館に所蔵される八狻猊鏡[23]（図17）は、仁寿狻猊鏡ともよばれる鋳上がりのよい優れた鏡で、高い周縁部に唐草文帯をめぐらせ一段低くなった外区には獣帯と銘文帯を配している。獣帯は獅子（狻猊）六頭と鳳凰六羽を交互に左回りにめぐらせている。銘文帯には「仙山並照　智永斉名　花朝艶彩　月夜流明　龍盤五瑞　鸞舞双情　伝聞仁寿　始験銷兵」の三十二文字が鋳出されている。内区は素円紐を中心に細身の双龍がめぐり、その龍口から八個の大きな円環が出て、その中に八匹の獅子が配されている。尾が後脚に絡む獅子は下方に位置する二頭で、それぞれ尾を後脚に絡めて後方にやや湾曲させながら伸ばし、先端を少し巻き込んでいる。鏡の年代は隋時代から初唐時代の七世紀前半と見られている。

正倉院宝物の海獣葡萄鏡は南倉に五面伝えられ、そのうちの一面が方鏡であり、その鏡背面には尾が後脚に絡む獅子が鋳出されている。この海獣葡萄方鏡(24)（鳥獣花背方鏡）（図18）は白銅鋳製で装飾性に富み、鋳上がりも優秀で舶載鏡と推測されているが、近年の蛍光エックス線分析調査により、中国出土鏡の値に近いことから、唐より将来されたことが裏付けられた。背面の文様は二重の界線で内外二区に分け、内区には獅子（狻猊）鈕を中心に、六頭の獅子（狻猊）と葡萄唐草文を配している。また外区は葡萄唐草文をめぐらせた間に、鳥や蝶などを配し、外縁には忍冬唐草文を一巡させている。尾が脚に絡む獅子は右上隅に位置する一頭で、尾を左後脚に絡めて上に跳ね上げ、先端はやや巻き込んで背中の上に垂らしている。右中段の一頭と左下隅の一頭は、尾を右後脚または左後脚の下に潜らせたまま外側に伸ばし、左中段の一頭は左後脚の周りに巻き込んでいる。この方鏡は文様などの配置や姿より、七世紀末から八世紀にかけて製作されたとみられる(25)。

霊獣や畏獣の尾が後脚に絡む意匠は、オリエント地方の獅子の文様がソグド人によってもたらされ、中国の龍や虎の図像と融合し、漢代の意匠が新しい要素を加えて再興されたとすれば、以上の二面の獅子（狻猊）をあらわした鏡は、西方の意匠が引継いで中国に受容されたと見ることができる。

四　韓国の瓦塼にみる龍の図像

朝鮮三国における青龍や白虎の文様は、三世紀から七世紀代に盛行した高句麗壁画に登場し、朝鮮半島南部では高句麗の広開土王の南征（四〇〇年）以後に積極的に取り入れられたようである。[26]しかし、龍や虎の尾が後脚に絡む図様は高句麗の遺品には見られず、統一新羅時代の軒平瓦の文様から出現するようであり、また百済の塼にもその前兆となる龍の文様がみられるので、それらについて若干触れてみたい。

（一）　芬皇寺出土軒平瓦の龍の図像

国立慶州博物館に所蔵されている慶州の芬皇寺出土の瓦の中に、龍の図像を表した軒平瓦[27]（図19）がある。軒平瓦であるため上下の幅が限られるという制約のもとで、周縁に連珠文をめぐらし、唐草文と雲文を配した内区の中に、単龍形の細長い龍文が左向きに浮き彫り状に表されている。尾は左後脚に絡ませた後、後に向かって長く伸ばし、先端をやや内側に巻きこんでいる。芬皇寺は善徳女王三年（六三四）に創建された塼塔を有する新羅の初期寺院である[28]が、この瓦は七世紀後半以後の統一新羅期のものである。

（二）　扶余外里出土の蟠龍文塼

忠清南道扶余郡窺岩面外里の遺跡から出土した文様塼の中に、龍の図像を表した文様塼[29]（図20）がある。遺跡は百済王宮のある官北里から錦江（白馬江）の対岸で、西南方約三キロメートルの丘陵の西側緩斜面に位置する。一九三七年に発見され、多数の文様塼や古瓦、土器、陶器、鉄器などが出土した。遺跡の状態は、すでに後世に攪乱され、文様塼は順序や方向が不揃いのまま、南北に一直線に並べられるなど二次的に配列されていた。[30]出土した文様塼は八種類あり、すべて正方形で、一辺は約二四センチメートル、四方に切り込みを設けている。いずれも鮮やかなレリーフ像が表され、連珠文からなる円圏の中に文様を表し、四隅に隅飾を置くものと、塼面に全面にわたって文様を施すものの二種類に大別される。蟠龍文塼は前者に属し、珠文帯をめぐらした円圏の中に一頭の蟠龍が配されるが、頭部はやや正面向きに、歯牙が見えるように口を大きくあけている。四肢は躍動感に溢れ、爪先を怒らせて飛び上がろうとする雰囲気が伝えられてくる。後脚は両脚ともにS字状に屈曲し、左脚は尾部と接しながら、先端は左前脚部の先端と龍の頭部前方で向かいあうように、円形内に巧みに納められている。さらに胴体部には鱗の細部を表現し、円圏と龍の間は飛雲文で埋め、塼面の四隅には四弁花文を四分割して配置する。この蟠龍文様は、まだ尾を後脚に絡めてはいないが、左後脚のS字状に湾曲させた状態と尾の重なり具合などから、絡む直前の状態にあるとみることができる。(31) 外里出土のこれらの文様塼について、発掘当時の見解では、本来は寺院や他の建物の壁や仏壇の外面の装飾用であったが、後に転用されたもので、その年代は百済が滅亡した六六〇年前後の百済時代末期とされている。

この蟠龍文様塼の年代について金誠亀氏は、直接には触れていないが、伴出した蓮華文瓦塼の中にみえる忍冬文などから、七世紀前半頃の装飾の特色が見えるので、これらの文様塼を全体的にみた場合に七世紀前半より開花した格調高い百済美術品の代表例としている。(32) また、金昌鎬氏はこれらの文様塼のうち渦巻文塼の中の蓮華文を統一新羅のものと比較し、また高句麗や日本の白鳳時代の瓦当文との比較から七世紀とし、鬼形文塼にみる帯金具の文様は六四八年以降に使用された唐の様式の装飾がみられるため、百済の滅亡した六六〇年から、統一新羅時代に入る六七六年の間とみている。(33) この蟠龍文塼の年代については、さらなる検討が必要であるが、七世紀後半の百済滅亡前後であれば、中国での尉遅敬徳墓（六五八年）や蘇定方墓（六六七年）で、龍や白虎像の尾が脚に絡む時期と相前後することになる。また、このころは、蘇定方が唐軍を率いて新羅と連合し、百済を滅亡させ（六六〇年）、さらに百済復興軍と倭の連合軍を破った時（六六三年）か、ややその後の期間に当たる。

おわりに

高松塚やキトラ古墳の壁画に描かれた青龍や白虎の図像に見られる、尾が後脚に絡む図像の淵源は、ササン銀器の鍍金銀皿（エルミタージュ美術館蔵）の例のように、獅子（ライオン）の尾が左右の後脚の間を通り、下から前方に向かって伸びる図像に遡る可能性がある。この銀器にはソグド文字の銘があることから、ソグド系の商人によってロシアのウラル山脈の周辺地域に運ばれたとみられ、当時彼らがユーラシア大陸に広く商業活動をしていたことを示唆している。山西省太原の虞弘墓は、隋の開皇一二年（五九二）に亡くなったソグド人の虞弘の墓で、その大理石製の棺槨にはペルシャ風の狩猟の情景やゾロアスター教の儀式の場面などが浮き彫りされている。そして、その狩猟文の中の幾らかの獅子（ライオン）の図像には、尾が両脚の間に潜り、前方に伸びている様子がみえる。この段階では、まだ尾と脚は絡んでいないが、隋の大業年間（六〇五〜六一七）に架けられた河北省趙県の安済橋の遺跡から出土した石製羽目板には二種類の双龍文が浮き彫りで表され、いずれも尾が後脚の一方の下に交差させて潜り、伸ばした先端を巻き込んでいる。このように獅子の尾を後脚に懸けて絡ませる姿が、隋から初唐時代にかけての八狻猊鏡（仁寿狻猊鏡、泉屋博古館蔵）の背面に表された獅子（狻猊）にもみられ、この種の獅子の図様は七世紀末から八世紀初頭の海獣葡萄方鏡（正倉院蔵）に継続して行く。また、龍や虎の図像で、尾が後脚部を半円状に絡めて後方へ伸びるのは、陝西省礼泉県の尉遅敬徳墓（六五八年）の墓誌に刻まれた十二支のうちの辰（龍）像で、尾は左後脚に巻くように絡ませてから後に向かってS字状に湾曲させ伸ばしている。また陝西省咸陽市の東北に位置する蘇定方墓（六六七年）の墓道の西壁に描かれた白虎図では、尾を左後脚に絡ませた後、後に向かって湾曲させ伸ばしている。このころの遺例では、さらに西安碑林のうちの顕慶三年（六五八）の道徳寺碑[34]（図21）や龍朔三年（六六三）の道因法師碑[35]（図22）がある。道徳寺碑は上部に飾られた双龍像で、両方の龍が絡み合って宝珠を捧げ、それぞれ一方の脚に尾を絡ませている。道因法師碑もほぼ同じように宝珠を捧げる双龍で、それぞれ一方の脚に尾を絡ませている。朝鮮半島では、扶余の外里で出土した百済末期（六六〇年前後）ころの蟠龍文塼に、龍の尾がS字状に湾曲した後脚に重なり、絡まる寸前の状態が表されている。続いて慶州の芬皇寺では、尾が後脚に絡む龍を飾った、七世紀後期から八世紀にかけての統一新羅時代の軒平瓦が出土している。

以上のような龍、虎、獅子（ライオン）の図像の系譜のもとに、日本の高松塚やキトラ古墳の壁画に、青龍や白虎の像が描かれていくが、その制作年代については七世紀末から八世紀初頭ころとするのが大方の見解である。しかし、さらに詳細な時期や両古墳の前後関係、被葬者の問題など未解決の問題がなお残されている。尾が後脚に絡む四神図や十二支などの図像で、高松塚やキトラの壁画古墳以外で八世紀代に入った図像をみると、日本では正倉院の南倉の十二支八卦背円鏡に表された青龍、白虎像と中倉の十二支彩絵布幕の辰（龍）図、および正倉院文書の中の鏡背下絵（七六二年）がある。中国の遺品では神龍元年（七〇五）前後の乾陵の神道に据えられた無字碑の龍像[36]（図23）や、神龍二年（七〇六）の懿徳太子、李重潤墓の石槨の外壁に線刻された青龍像[37]（図24）があり、七二〇年代では、開元一五年（七二七）の楊執一の墓誌の側面に表された十二支の辰（龍）の像[38]（図26）や、開元一九年（七二九）の馮君衡墓誌の蓋に刻まれた白虎像[39]があり、また西安市郭家灘出土の雲龍文八花鏡[40]で外区に「千秋万歳」銘があり、開元一九年の玄宗の誕生日である千秋節に揚州から皇帝に献上されたとみられるものなどがある。さらに七四〇年代のものとして天保六年（七四七）の張去奢の墓誌の蓋に線刻された青龍の図像[41]がある。高松塚やキトラ古墳の壁画の青龍、白虎の図像はこのような流れの中で位置づけられねばならないが、今回はその淵源を求めることに焦点をあわせたため、年代の問題にまで触れなかった。そのことについては、東アジアの鳥獣文様の問題のひとつとして今後に論じてみたい。

注

（1）川勝賢亮編著『平成一七年度大正大学学内学術助成　東アジアにおける宗教文明の交流と環境　研究報告書』二〇〇六年

（2）川勝賢亮編著『平成一九年度大正大学学内学術助成　東アジアにおける文化財と環境に関する基礎的研究　研究報告書』二〇〇八年

（3）猪熊謙勝「高松塚からキトラ古墳へ」（『佛教藝術』二九〇号　特集高松塚とキトラ古墳）二〇〇七年

（4）橿原考古学研究所『壁画古墳　高松塚』奈良県教育委員会・明日香村　一九七二年

（5）高松塚古墳総合学術調査会『高松塚古墳壁画』便利堂　一九七三年

（6）猪熊兼勝・渡辺明義編『日本の美術№二一七　高松塚古墳』至文堂　一九八四年

（7）井口喜晴「正倉院宝物と奈良朝の意匠—海を渡った龍の文様について—」（帝塚山大学考古学研究所市民大学講座　発表資料）一九九七年

（8）東潮「北朝・隋唐と高句麗壁画　四神図像と畏獣図像を中心として」（『国立歴史民俗博物館研究報告』第八〇集）一九九九年

（9）有賀祥隆「高松塚古墳壁画制作年代再考」（『佛教藝術』二九〇号）二〇〇七年
なお、有賀氏はキトラ古墳壁画の年代が七〇〇年を遡る可能性を示唆し、高松塚古墳壁画を七〇六年から七一九年の間としている。（有賀祥隆「キトラ古墳壁画の白虎をみるために—あるいは高松塚古墳壁画比較論—」〔『キトラ古墳と発掘された壁画たち』飛鳥資料館図録第四五冊〕二〇〇六年）
また、百橋明穂氏は両壁画の技法や彩色法の比較から、高松塚古墳壁画がキトラ古墳壁画に先行するとしている。（百橋明穂「キトラ古墳壁画の美術史的位置」〔『佛教藝術』二九〇号〕二〇〇七年）

（10）加藤真一「キトラ古墳壁画四神—青龍白虎—」（『キトラ古墳壁画四神　青龍白虎』飛鳥資料館図録第五〇冊）二〇〇九年

（11）青龍や白虎像に関する研究は先にあげた東注（8）、有賀注（9）、百橋注（9）論文などがあるが、近年では、来村多加史『高松塚とキトラ　古墳壁画の謎』講談社　二〇〇八年、山本忠尚「キトラ・高松塚古墳の四神図をめぐって」、「四本指の青龍・白虎―再び、キトラ・高松塚の四神をめぐって―」、「斜十字形を入れた帯状頸飾―キトラ・高松塚の四神をめぐって（三）―」および「キトラ朱雀の姿勢と唐墓石門の双鳥―キトラ・高松塚の四神をめぐって（四）―」（『郵政考古紀要』第四四、四七、四八号　大阪・郵政考古学会　二〇〇八、九、一〇年）、山本忠尚『高松塚・キトラ古墳の謎』吉川弘文館　二〇一〇年などの著作や論文がある。

（12）高松塚古墳壁画の図像は注（4）や注（5）の報告書に詳述されているが、古墳発見の経過や調査過程、遺物の概要については、森岡秀人、網干善教『日本の古代遺跡6　高松塚古墳』読売新聞社　一九九五年があり、青龍、白虎、玄武の図や復元図も掲載されている。また、有賀祥隆監修『週刊朝日百科　国宝の美09高松塚古墳』二〇〇九年にも高松塚古墳壁画とキトラ古墳の四神図を比較して掲載している。図1、図2は注（11）の山本忠尚『高松塚・キトラ古墳の謎』による。

（13）キトラ古墳の壁画は奈良文化財研究所飛鳥資料館の特別展示で公開され、二〇〇六年には「キトラ古墳と発掘された壁画たち」展　注（9）で白虎を描いた壁画が陳列された。また二〇〇九年には「キトラ古墳壁画四神　青龍白虎」展　注（10）が開催され、青龍と白虎を描いた壁画が同時に陳列された。図3の青龍図は同書の青龍推定復元図による。なお、図4の白虎図は注（11）の山本忠尚『高松塚・キトラ古墳の謎』による。

（14）正倉院の十二支八卦背円鏡は、正倉院事務所『正倉院の金工』日本経済新聞社一九七六年、十二支彩絵布幕は『正倉院の絵画』日本経済新聞社一九六八年、鏡背下絵は東京大学史料編纂所編『大日本古文書』五ノ二〇一などに掲載されているが、それらの宝物は奈良国立博物館の正倉院展において、円鏡は第六三回展（二〇一一年）、布幕は第四九回展（一九九七年）、鏡背下絵は第五一回展（一九九九年）などで、それぞれ展示された。図5、図6、図7はその時の図録による。

（15）『奈良六大寺大観　第六巻薬師寺』岩波書店　一九七〇年など

（16）陝西省社会科学院考古研究所「陝西咸陽唐蘇君墓発掘」（『考古』一九六三―九）

（17）宿白「西安地区唐墓壁画的布局和内容」（『考古学報』一九八二年第二期）

(18) 昭陵文物管理所「唐尉遅敬徳墓発掘簡報」（『文物』一九七八―五）
張広立『中国古代石刻紋様』人民美術出版社　一九八八年、図9は本書による。

(19) 中国歴史博物館『中国通史陳列（日文版）』中国国際図書貿易総公司　一九九八年

(20) 山西省考古研究所、太原市文物考古研究所、太原市晋源区文物旅遊局『太原隋虞弘墓』文物出版社　二〇〇五年

(21) 『シルクロードの遺宝―古代・中世の東西文化交流―』展図録　東京国立博物館、大阪市立美術館、日本経済新聞社　一九八五年

(22) B・I・マルシャーク「ソグド芸術の特質」（『NHKエルミタージュ美術館第四巻　スキタイとシルクロードの文化』一九八九年

(23) 『特別展唐鏡』泉屋博古館　二〇〇六年

(24) 正倉院事務所『正倉院の金工』（注（14）前掲書）、『第四五回正倉院展』図録　奈良国立博物館　一九九三年、図18は奈良国立博物館の図録による。

(25) 秋山進午「隋唐式鏡綜論」（『泉屋博古館紀要』第十一巻）一九九五年

(26) 張龍俊「韓国の龍」（『キトラ古墳壁画四神　青龍白虎』注（10）前掲書）

(27) 国立慶州博物館『新羅瓦塼』二〇〇〇年、東潮『高句麗壁画と東アジア』学生社　二〇一一年、図19は『新羅瓦塼』による。

(28) 田中俊明「慶州新羅廃寺考（1）」（『堺女子短期大学紀要』第二十三号）一九八八年

(29) 国立扶余博物館『百済瓦塼』二〇一〇年など

(30) 『昭和十一年度古蹟調査報告』朝鮮古蹟研究会　一九三七年、有光教一「朝鮮扶餘新出の文様塼」（『考古学雑誌』第二七巻一一号）一九三七年

(31) 井口喜晴「韓国古代の文様塼―扶余・外里出土品をめぐって―」（文部省科学研究費補助金〔国際学術研究〕日韓両国に所在する韓国仏教美術の共同調査研究　研究成果報告書）一九九三年

(32) 金誠亀『古代瓦塼』大圓社（ハングル）一九九九年

(33) 金昌鎬「扶余外里出土文様塼の年代」(仏教考古学第二号) 威徳大学校博物館　二〇〇二年
(34)『西安碑林博物館』(日文版) 陝西人民出版社　二〇〇〇年
(35)『西安碑林博物館』注(34)前掲書
(36)『キトラ古墳壁画四神―青龍白虎―』飛鳥資料館(注(10)前掲書)、来村多加史『高松塚とキトラ　古墳壁画の謎』(注(11)前掲書)、図23は注(10)による。
(37)『中華人民共和国出土文物展』東京国立博物館、京都国立博物館　一九七三年、この青龍像には、高松塚古墳やキトラ古墳壁画の青龍や白虎図像の特徴のひとつである、胸の翼の付け根にある二ないし三個の蕨形(C字形)装飾に類似した渦状の文様がみられる。また蕨形の装飾文様は、李重潤墓の同じ石槨の外壁に刻まれた白虎像(図25)にもみられる。ただし、白虎像の尾は後脚に絡んではいない。
(38) 宮川寅雄・伏見冲敬『西安碑林書道芸術』講談社　一九七七年
(39) 張鴻修『唐代墓誌紋飾選編』陝西人民美術出版社　一九九二年
(40) 孔祥星、劉一曼『中国古代銅鏡』文物出版社　一九八四年
(41) 宮川寅雄・伏見冲敬注(38)前掲書

(付記)本稿を草するにあたって、浅岡俊夫氏、稲垣肇氏、徐光輝氏、山本忠尚氏から、資料の掲載、提供と要約、ご教示、助言などのご協力を得た。記して感謝の意を表します。

なお、図版は注に引用した文献によるが、複数の場合は掲載した方を表記した。

図５　正倉院宝物　十二支八卦背円鏡

図５－１　同上部分　青龍

図５－２　同上部分　白虎

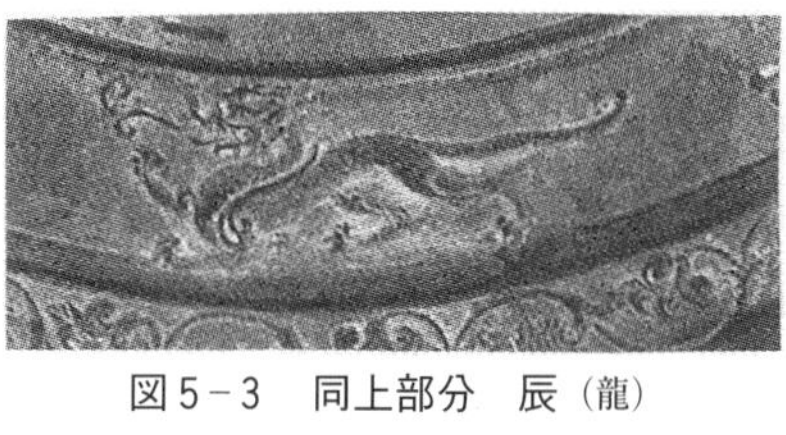

図５－３　同上部分　辰（龍）

図１　高松塚古墳　青龍

図２　高松塚古墳　白虎

図３　キトラ古墳　青龍（復元図）

図４　キトラ古墳　白虎

図７　正倉院宝物　鏡背下絵

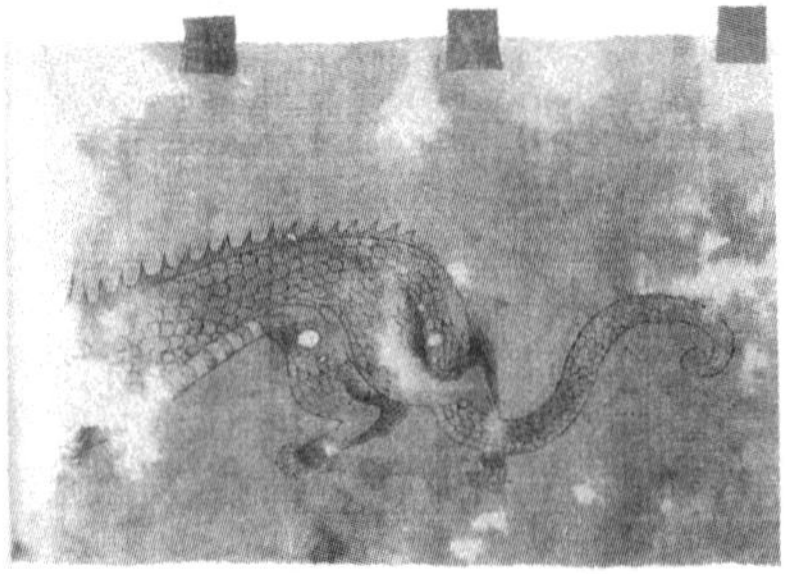

図６　正倉院宝物　十二支彩絵布幕
辰（龍）

図８　蘇定方墓西壁　白虎

図９　尉遅敬徳墓　辰（龍）

図10　安済橋遺跡出土欄干羽目板　双龍

図11　安済橋遺跡出土欄干羽目板　双龍

図16　狩猟文鍍金銀皿

図12　虞弘墓　第５幅（部分）

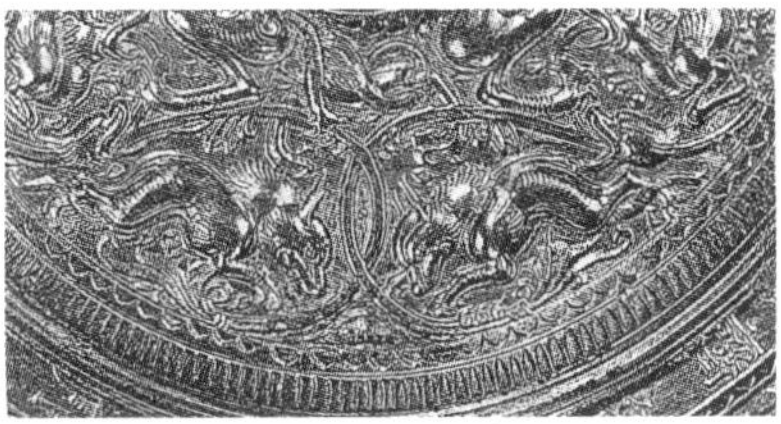

図17　八狻猊鏡（部分）

図13　虞弘墓　第４幅（部分）

図18　正倉院宝物　海獣葡萄方鏡（部分）

図15　虞弘墓
第３幅（部分）

図14　虞弘墓
第６幅（部分）

図19　芬皇寺出土　龍文軒平瓦

図20　扶余外里出土　蟠龍文塼

図21　西安碑林　道徳寺碑

図22　西安碑林　道因法師碑

図23　乾陵無字碑　龍図

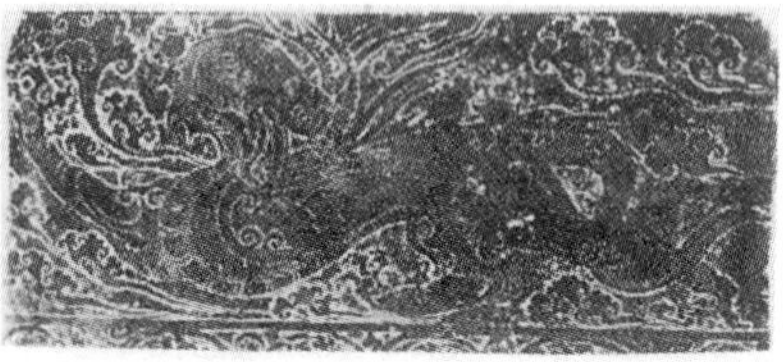

図24　李重潤墓　青龍

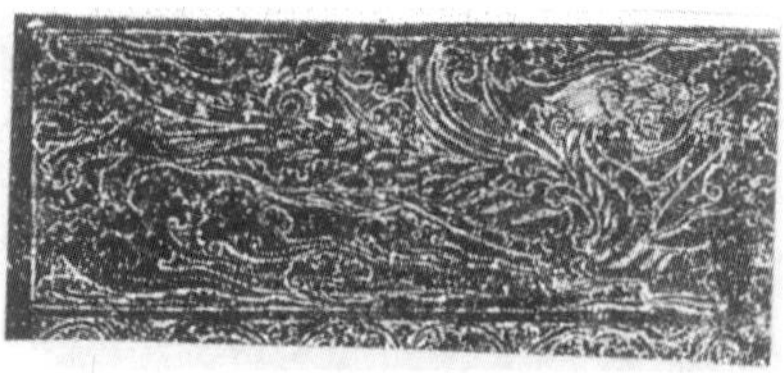

図25　李重潤墓　白虎

図26　楊執一墓誌　辰（龍）

大正大学附属図書館所蔵『真言宗付法血脈』紹介と翻刻

苫米地誠一

紹介

本書は平成十九年に大正大学図書館において購入された真言宗の血脈譜である。現在は大正大学図書館の所蔵であるが、それ以前の所蔵者を明らかにしない。書名を「真言宗付法血脈」として登録されているが、元々本書の収められていた箱の蓋上面に「真言宗付法血脈鎌倉末期頃書寫本」とあったことによるもので、内容的には醍醐流に限定されたものである所からすれば「真言宗醍醐流血脈」とすべきかとも思われる。全体が複数の筆によって書写されており、最初の書写（第一筆）は、朱による系譜線を引いている、醍醐三宝院流における勝倶胝院僧都実運（一一〇五～一一六〇）付法を上げるところまでと思われるが、それ以前の醍醐三宝院権僧正勝覚（一〇五七～一一二九）付法の箇所から後の加筆部分が見られる。この第二筆以下の加筆部分には墨の系譜線が引かれている。

内容に付いて見ると、初めに「小野僧正の云く」として灌頂に関する五種三昧耶についての小野僧正仁海（九五一～一〇四六）の説を上げ、若し嘉会壇に入っても、秘密壇に入らなければ阿闍梨とするに堪えないとし、『大日経』「転字輪曼荼羅品」に嘉会壇を説き、「秘密曼荼羅品」に秘密曼荼羅を説くとする。ただしここでの五種三昧耶では、第一を聞曼荼羅発心、第二を見曼荼羅、第三を入壇灌頂成持明阿闍梨、第四を嘉会壇、第五を秘密壇としており、一般に第一三昧耶を遙見曼荼羅の位、第二三昧耶を結縁灌頂とするのとは異なっている。また続いて「小野僧正の記に云く」として金剛界の付法八祖の相承を上げるが、金剛薩埵が「普賢」とされている。また胎蔵界については、大日―金剛手―達磨掬多―善無畏―玄超―恵果―弘法という両部不等葉の血脈を上げる。

次いで「入唐根本祖師贈大僧正空海　付法十人」として、以下に『御請来目録』『秘密曼荼羅教付法伝』から、空海の恵果からの受法についての記事を引用し[1]、「付法伝の意の云く」として両部等葉の八祖相承の血脈を上げ、その恵果から「入唐根本祖師弘法大師贈大僧正空海付法十人」へと系譜線を引き、そこからいわゆる空海の十大弟子以下の血脈を記していくが、他の血脈類に対する特徴として、先にも述べたように、醍醐流系統の血脈しか記録しないことが指摘できる。即ち南池院僧都源仁（八一八～八八七）の付法に理源大師聖宝（八三二～九〇九）・本覚大師益信（八二七～九〇六）・観礼の三名を上げるが、その下には聖宝の付法しか記録せず、広沢方の血脈は一切記していない。また鳥羽僧正範俊（一〇三八～一一一二）の付法には勝覚一人を記録するのみであり、小野三流の記録も見られない。勿論、小野僧都成尊（一〇一二～一〇七四）の付法に中院御房明算（一〇二一～一一〇六）の名前はあるが、それ以下の中院流は記録しない。一方で、聖宝・般若寺僧正観賢（八五三～九二五）・小野僧正仁海（九五一～一〇四六）・勝覚・理性院賢覚（一〇八〇～一一五六）・上野阿闍梨浄蓮房宝心（一〇九二～一一七四）の付法の人数の極めて多いことが上げられよう。

この中、聖宝授法弟子から観賢授法弟子までは、東寺観智院所蔵の『密教師資付法次第千心[2]』とよく一致しており、祖本における密接な関係を伺わせる。これを翻刻・紹介された武内孝善博士によれば、仁海直筆と見なせるものとされる。書写の特徴の一つとして、「杲」字を「果」字に作ることが指摘されているが、同じことが本書「真言宗付法血脈」についてもいえる。また授法弟子の配列についても、人数についても一致する所が多い。また聖宝・観賢の言上を記録することも同じである。但し仁海の授法弟子については、人数・配列順についても異なりが見られ、仁海写本から発展した血脈譜とはいえない。

相違点について上げてみると

一、『密教師資付法次第千心』が系譜線を記さずに付法弟子名を列挙するのに対して、「真言宗付法血脈」では系譜線をもって繋げる。

二、『密教師資付法次第千心』では本覚大師益信（八二七～九〇六）・寛平法皇亭子院空理（八六七～九三一）・香隆寺僧正寛空（八八四～九七二）・遍照寺僧正寛朝（九一六～九九八）・渚僧正雅慶（九二六～一〇一二）・仁和寺北院大僧正済信（九五四～一〇三〇）・禅林寺大僧正深覚（九五三～一〇四三）付法など、いわゆる広沢方の付法を記録するのに対して、「真言宗付法血脈」は先にも述べたように、これらを省略している。

三、禅林寺後入唐僧正宗叡（八〇九～八八四）の授法弟子について、『密教師資付法次第千心』には省略されるが、「真言宗付法血脈」では、『血脈類集記』の十二名[3]の他に、そこに見えない会理（八五二～九三五）を含めた十三名を記録する。

四、『密教師資付法次第千心』の聖宝付法弟子三十五名に対して、「真言宗付法血脈」では聖宝の言上の後に、大僧都観宿（八四四～九二八）―仁遍大法師と、律師蓮舟（八六一～九三二）―権大僧都宴鑒（延鑒八九一～九六五）の付法を加えて三十七名とする。

五、観賢授法弟子について、七十三人としながら『密教師資付法次第千心』では七十二名しか上げないのに対して、「真言宗付法血脈」では玄照大法師を入れた七十三名を上げる。

六、仁海の授法弟子については、『密教師資付法次第千心』の六十名に対して、「真言宗付法血脈」では三十一名の灌頂受法の後に、四十四名の「別尊両界一界等の授法、合計七十五名を上げる。前にも述べたように、その配列順も異なる。

以上、『密教師資付法次第千心』との主な相違であるが、また「真言宗付法血脈」では、仁海の授法弟子以下の血脈を記録しており、その中で宮僧正覚源（一〇〇〇〜一〇六五）の付法に醍醐法務定賢（一〇二四〜一一〇〇）など四名、成尊の付法に遍智院僧都義範（一〇二三〜一〇八八）・範俊など七名、寂円（?〜一〇六五）の付法に頼照など八名を上げる。また定賢の付法に勝覚を含めた三名、義範の付法に五名、範俊の付法には勝覚のみを上げ、ただ義範付法の中、勝覚と嘉祥寺別当徳大寺静意のみが第一筆で、定尊・経俊・懐俊の三名は別筆（第二筆）による加筆である。これは本書「真言宗付法血脈」が勝覚の付法相承に焦点を当てていることを示唆するといえよう。またその後についても、義範から繋がる勝覚の下に、定海付法—元海付法—実運付法を繋げることは、醍醐三宝院流の正嫡を記録することを目的としたものであったろうことを予測させる。更に実運付法については、乗海・勝憲（覚洞院勝賢一一三八〜一一九六）の付法を記すが、これらは墨線で繋がれた加筆であり、勝憲—成賢の下に系譜線を引きかけているが、ごく短いまま終わっている。これらの加筆は第二筆ではないかと思われる。

一方で、義範—勝覚—賢覚の付法の中の理性院第二世宝心（一〇九二〜一一七四）について、範俊—勝覚—賢覚からも朱の系譜線が繋がれているが、これは朱の色が微妙に異なっているように思われ、後の加筆ではないかと考えられる。また賢覚の付法については、「常喜院の記に云く」とする十二名の加筆が見られる。また宝心の付法を示す系譜線を斜線で消して、下には誰も記録せず、理性院第三世鳥羽僧都宗命（一一一九〜一一七二）の名前の下の「阿闍梨」を墨線で囲って見せ消ちにし、右傍に「少僧都」と加筆し、さらにそこから尊念と宗厳を付法として上げ、宗厳の付法に蔵有以下十名を、蔵有の付法に十四名を加えている。一方で巻末には宝心を最初に置いた宝心の付法二十三名を上げるが、その中に宗命の名前もあり、他の宝心の付法の中では、乗印の下に七名の付法を記す。これらは、おそらく第三筆以降の加筆と思われる。第一筆が三宝院流の系譜を記録するのに対して、第二筆もそれを繋ごうとするものであったろう。それに対して理性院流の系譜を記録するのはいささか異なった立場を示すものと見られる。初め三宝院流の系譜の中で書写され、書き継がれたものが、後に理性院流系統へもたらされ、理性院流の系譜・正統を記録するための血脈とされたのではないだろうか。

成立時期について見れば、実運からの付法を『血脈類集記』によって見ると、乗海の受法が保元二（一一五七）年七月二十七日、寛命（〜一一五八〜）・顕杲の受法が保元三年十月八日、覚洞院勝賢（一一三八〜一一九六）の受法が保元四年四月十六日、豪海の受法が平治元（一一五九）年十一月二十日であることからすれば、第一筆書写原本の成立については、平治元年以降、間もない頃と思われる。第二筆以降の書写については、勝憲の付法の中で『血脈類集記』[4]によって確認できる最下限が金剛王院第五世実賢（一一七六〜一二四九）受法の建久七（一一九六）年五月三日であることからすれば、これ以降、やはり間もない頃であると考えられる。

また理性院流にかかわる加筆については、確認できるその最末が、乗印付法の隆尊が受法した承元四（一二一〇）年二月十一日[5]であることから、それ以降のことであるといえよう。

どちらにしても、醍醐流に限定はされるが、院政後期から鎌倉初期にかけての成立・書写であり、他の血脈類に見られない付法弟子を多く記録し、醍醐寺研究には非常に重要な資料といえる。ただし人名表記には音通異字や誤写と思われる箇所も見られ、注意が必要であることも指摘しておかなければならない。

註

（1）取意の文となっている。『御請来目録』『弘法大師全集』第一輯六九・九八—九九・一〇一頁、『定本弘法大師全集』第一巻三・三四—三七・三八頁。『秘密曼荼羅教付法伝』『弘法大師全集』第一輯四四頁・『定本弘法大師全集』第一巻一一一—一一二頁。

（2）武内孝善「東寺観智院金剛蔵本『密教師資付法次第千心』」『高野山大学論叢』第二八巻（平成五年二月）。

（3）『血脈類集記』宗叡付法『真言宗全書』第三九巻三八頁上—二九頁上。

（4）『血脈類集記』勝賢付法『真言宗全書』第三九巻一五九頁上—下。

（5）『血脈類集記』勝賢付法『真言宗全書』第三九巻一六八頁下。

書誌について

大正大学図書館所蔵「真言宗付法血脈」

書誌ID・1000077968。請求番号188.358/SH-K。資料ID・10+0210031

鎌倉時代前期写（鎌倉時代末期ニカケテノ加筆アリ）。書写者不明。巻子装。一巻。写本。

原装無表紙。全一九紙。（料紙）楮紙打紙、素色。

法量　縦二九・七糎、横（第一紙長）五三・九糎、（第二紙長）五三・九糎、（第三紙長）五三・九糎、（第四紙長）五三・八糎、（第五紙長）五三・九糎、（第六紙長）五三・八糎、（第七紙長）五三・七糎、（第八紙長）五三・九糎、（第九紙長）五四・二糎、（第一〇紙長）五四・五糎、（第一一紙長）二五・八糎、（第一二紙長）一七・〇糎、（第一三紙長）一四・三糎、

（第一四紙長）五四・一糎、（第一五紙長）五四・一糎、（第一六紙長）二二・九糎、（第一七紙長）五三・八糎、（第一九紙長）五四・二糎、（第一九紙長）四五・八糎。

無点。無界。朱系図線（一部ニ後筆ノ墨系図線アリ）

〔外題〕・〔内題〕・〔尾題〕・〔奥書・識語〕ナシ

大正大学図書館ニヨル修補　裏打。表紙・巻軸ヲ新調。表紙・紫地金鳳凰文裂、縦三〇・五糎、横二二・五糎。裏打紙、縦三〇・二糎。箱ヲ新調、蓋ニ古イ箱ノ蓋板ヲ嵌メ込ム。

〔箱蓋上書〕「真言宗付法血脈鎌倉末期頃書寫本」

〔翻刻に当たって〕

1　本文の行取りは底本の通りとする。ただし系譜線と重なって見づらくなっている箇所は位置を変更した。
2　系譜線は、朱線と墨線の区別をしていない。
3　異体字・略体字は、できるだけ底本のままを心がけたが、一部を正字体に改めた所もある。
4　畳字符は、一点符・二点符共に「々」に改めた。
5　書写者の相違については区別していない。またそのことに伴う文字の大小の相違については、底本の形態を反映していないところがある。
6　判読できなかった文字は、□によってその字数分を示し、推測できる箇所については右傍に（　）によって注記した。
7　塗抹箇所については、■によってその字数分を示した。

8　表記上に注意すべき点、及び『血脈類集記』などの他の資料において文字の相違する箇所などは、頁毎に右傍に注番号を付し、複数字にわたる場合には下の字に●を付し、（　）によって注記した。この場合、『血脈類集記』を含めた数本に該当する文字がある場合には、『血脈類集記』をもって代表させた。『血脈類集記』に無く、『真言付法血脈千心』に存在する場合には、これをもって代表させた。ただし『血脈類集記』の表記に問題がある場合には、その旨を付記した。

〔本文翻刻〕

小野僧正言

五種三昧耶

一聞曼荼羅發心　二見曼荼羅

三入壇灌頂成持明阿闍梨

四入嘉會壇灌頂

五入秘密壇灌頂

但入嘉会壇灌頂雖受灌頂職位不入秘密壇

者不堪爲[梵字]所以然者佛智不生故文

具縁品轉字輪[梵字]品者説嘉會壇

之事秘密[梵字]品者説秘密[梵字]

入秘密[梵字]・品以字焼字攝大軌中巻説灌頂及[梵字]

[梵字]尊位下説秘密[梵字]持誦法文

小野僧正記云

金剛界　大日―普賢―龍猛―龍智―金剛智―不空―恵果―弘法付法八代

胎蔵界　大日―金剛手―達磨掬多―善無畏―玄澄―恵果―弘法付法七代

已上

付此血脈次第有尋有深義

申聞口傳也云々

入唐根本祖師号弘法大師贈大僧正空海付法十人

右延暦廿三年五月十二日入唐其年臘月

得到長安廿四年二月十日唯勅配住西明

寺爰則周遊諸寺諸師依幸遇青龍寺

灌頂阿闍梨法諱恵果和尚以爲師主和尚
乍見含咲歡喜告曰我先知汝來相待久矣
今日相見大好々々報命欲竭无人付法必
須速辨香花入灌頂壇即歸本院營辨供
具六月上旬入學法灌頂壇是日臨大悲胎藏
大曼荼羅依法抛花偶然着中台毘盧
遮那如来身上阿闍梨讃曰不々可々思々
議々再三讃歎即沐五部灌頂受三密加持
從此以後受胎藏之梵字儀軌諸尊之瑜伽観
智七月上旬更臨金剛界大曼荼羅重受
五部潅頂亦抛花得毘盧遮那和尚歎如前
八月上旬亦受傳法阿闍梨位之灌頂（即得遍照金剛密号）
是日設五百僧齊普供四衆青龍大興善寺
等供奉大徳等並臨齊筵皆悉随喜和尚
常語門人曰金剛界大悲胎藏兩部大教
者諸佛秘藏即身成佛之径路也普願
流傳法界度脱有情訶陵辨弘新羅恵日
並授胎藏師位釼南惟上訶北義圓授金剛
界大法義明供奉亦授兩部阿闍梨法今
有日本沙門空海來求秘教以兩部秘蜜
壇儀印契漢梵无差悉受於心猶如瀉瓶
此是六人堪吾法燈吾願足矣努力々々付
法慇懃亦畢

付法傳意云

大日如来―金剛薩埵―龍猛―龍智―金剛智―不空
　　　　　　　　　　　　　　　　善無畏―一行
恵果
入唐根本祖師弘法大師贈大僧正空海付法十人

觀禮

聖寶　醍醐寺本願　授法弟子三十五人

益信　圓成寺

大法師惠宿 ── 權少僧都貞宗

內供載寶（載：戴歟）

少僧都源仁　付法三人

內供眞皎　貞觀寺建立

權律師眞然　高野籠山
- 無空律師
- 壽長大法師
- 惟首大法師

權少僧（都）眞紹　禪林寺建立

少僧都惠運　安祥寺建立
- 運舟大法師
- 增敏大法師
- 觀禮大法師
- 惟俊大法師
- 念尊大法師
- 道猷大法師
- 安然大法師
- 源祐大法師

大法師由蓮　亭子親王

權僧正壹演　山崎相應寺建立

內供奉十禪師眞隆

大法師圓行　入唐　靈巖寺建立

大法師忠延

大法師智泉　弘法■[4]（4「舅」の上を塗抹）

大法師泰範　天台傳教大師同[3]法山別当（3「輩」の上に「同」を重書）

大法師杲隣　伊豆禪門寺

賢大法師眞如　入唐三宮

律師圓明

少僧都道雄　海印寺

少僧都實惠　檜尾寺

僧正眞雅　貞觀寺

僧正眞濟　高尾 ── 春孝[1]大法師 ── 世損[2]大法師（損：捐歟）

1）『血脈類集記』では「教」）

2）『血脈類集記』では「指」とあるが、他から「捐」が正しい）

下醍醐建立中院僧正
権僧正観賢
受法弟子七十三人

律師観賢

- 大法師峯禪　高野籠居　大安寺
- 大法師真願　内供　東大寺
- 大法師延惟　東大寺
- 大法師印紹　勧修寺建立初別當　東大寺
- 少僧都濟高　東大寺
- 大法師貞崇[2]　少僧都　吉野山　鳥栖　東大寺　建立
- 内供延性　醍醐念覺院　東大寺
- 大法師貞壽　高野山籠　東大寺
- 大法師道憲　元興寺
- 大法師房延　東大寺　已上灌頂
- 少僧都延儼　東大寺
- 大法師貞慶　興福寺
- 大法師玄照　大安寺
- 大法師寛藏　東大寺　已上南都
- 大法師慶進　東大寺
- ~~大法師慶進　東大寺~~
- 大法師清光　元興
- 大法師文秀　元興寺
- 大法師神人[1]　東大寺　天王寺別當
- 大法師仁照　醍醐贈大僧都　元興寺
- 大法師元方　東大寺
- 大法師壹定　東大寺
- 大法師喜逢　東大寺　已上一界
- 律師平舩　東大寺　貞観寺座主
- 法師良詮　東大寺
- 法師貞勝　東大寺

2）『血脈類集記』では「崇」とあるが、『密教師資付法次第』では「宗」

1）『密教師資付法次第』では「又」

- 内供淳祐　石山寺　東大寺
- 内供遍基　東大寺　般若寺
- 大法師遍真　東大寺
- 大法師延壽　東大寺
- 大法師平遍　内供清尾寺　東大寺
- 大法師遍勝　東大寺
- 大法師貞延[3]　東大寺　已上南都
  - 権少僧都千響[1]
- 大法師清康　興福寺
- 大法師慶雄　興福寺
- 大法師平叡　平救　元興寺
- 大法師清康　醍醐権律師　東大寺
- 大法師仁皎　醍醐東大寺
- 大法師延賀[4]　東大寺・中院・深沙
- 大法師寛救　東大寺別當
- 大法師観明　東大寺
- 大法師仁祖　東大寺
- 大法師圓實　東大寺
- 大法師仁信　興福寺
- 大法師神勢　元興寺
- 大法師明算　東大寺
- 大法師増命　元興寺
- 大法師靈誓　元興寺
- 大法師峯蓮　東大寺
- 大法師安清　東大寺
- 大法師壹定　律師　東大寺
- 大法師戒基　東大寺
- 大法師峯祚　藥師寺　已上一界

1）『血脈類集記』では「峯」

3）『密教師資付法次第』では「縁」

4）『密教師資付法次第』では「下醍醐大日院房」

―法師寛恩 東大寺
―法師平昇 東大寺
―法師清珎 東大寺
―法師寛棟 東大寺
―法師峯安 東大寺
―法師峯佳 東大寺威儀師
―法師峯儆 東大寺
―法師淨直 東大寺
―法師明騰 東大寺
―大僧都観宿―仁遍大法師
―律師蓮舟―権大・都宴[2]鑒（都）

（2『血脈類集記』では「延」）

已上延喜八年十一月十五日僧正聖寶言上公家

―法師平珎 東大寺
―法師仙藝 東大寺
―法師圓仙 東大寺
―法師道氤 東大寺
―法師利然 東大寺
―法師近[1]宙 東大寺
―法師圓宙 東大寺
―法師延有 東大寺
―法師定均 東大寺
―法師中忍 元興寺
―法師道叡 興福寺
―法師寛晴 西大寺
―法師仁印 東大寺
―法師一詫 薬師寺
―法師玄明 東大寺
―法師定勢 東大寺
―法師成縝[1] 西大寺
―法師禪操 東大寺
―法師高住[2] 東大寺
―法師真頼 東大寺石山
―法師義教[3] 大安寺
―法師定救 東大寺
―法師基操 東大寺
―法師定蓮 東大寺
―法師明印 東大寺
―法師平宿 東大寺威儀師
―法師圓安 東大寺

（1『密教師資付法次第千心』では「延」）

（1『血脈類集記』では「鎮」）

（2『密教師資付法次第千心』では「信」）

（3『血脈類集記』では「斅」）

- 長敦大法師
- 令辰僧都
- 大法師雅真　高野山籠歟
- 大法師真頼
- 権少僧都寛忠　池上
  - 寛空
  - 中玄
  - 雅守
  - 平琳
- 権大僧都元果[1]　付法弟子
  - 定助律師
  - 寛朝大僧正
  - 元果[2]大僧都
  - 定賀大法師

1）『血脈類集記』では「杲」

2）『血脈類集記』では「杲」

已上延喜二十二年六月一日権僧正観賢所言上

- 玄照大法師
- 法師禅智　東大寺
- 法師安儼　東大寺
- 法師延琳　東大寺
- 法師惟湛　東大寺
- 法師真敎　東大寺
- 法師靈詮　東大寺
- 法師法壽　東大寺
- 法師澄祚　東大寺
- 法師仁春　東大寺
- 法師延榮　元興寺
- 法師泉蓮　東大寺
- 法師泉譽　元興寺
- 法師仁遠　元興寺
- 少僧都安快　元興廣隆寺別當
- 法師喜蓮　元興寺
- 法師惟玄　元興寺
- 法師仁惠　少僧都　元興寺
- 法師峯湛　元興寺

真覚入道
聖照律師
成禅聖人
護忍入道
観果[2]入寺
延仁法橋 山人
東寺[illegible]信覚
権少僧都尋清[1] 胎蔵界
権少僧都成尊
権僧正成典
花山法皇第三親王覚源

覚仁大法師
権律師林覚
勝覚権僧正

任幸大法師
良勧大法師

覚俊阿闍梨
覚禅阿闍梨
権少僧都・良深
法務大僧都定賢 醍醐寺座主

2）『血脈類集記』では「杲」
1）『血脈類集記』では「聖」であるが他では「清」

小栗栖阿闍梨賀中
内供義蔵
権律師覚縁
権少僧都元真
大僧正法務法印大和尚仁海
定観入寺
廣壽聖人 号上太古南谷
明観座主 醍醐寺座主

能尊大法師
太念
齊救
利朝大法師

秦[2]喜・大法師
住[1]理大法師
真興僧都

仁賀聖人
安救大法師
法蔵僧都

2）『血脈類集記』では「秦善」
1）『血脈類集記』では「経」

- 行照
- 圓照入道 中納言入道顯基
- 權律師朝壽 金剛界
- 權大僧都延尋
- 少僧都深歡
- 僧都源心
- [illegible]恒[1]蓮 金剛灌頂 （1『密教師資付法次第千心』では「桓」）
- 大法師延慶 兩界灌頂
- 大法師如空 天台灌頂
- 大法師普勝 如意輪灌頂
- 大法師慶真 兩界灌頂 東寺入寺
- 大法師経澄 兩界灌頂
- 大法師明胎[2] 兩界灌頂 （2『密教師資付法次第千心』では「昭」）
- 大法師輪朝 兩界灌頂
- 大法師進恩 小栗栖 兩界灌頂
- 大法師觀好 兩界灌頂
- 大法師詮静 兩界灌頂
- 大法師日譽 灌頂
- 大法師峯果[1] 高野 兩界灌頂 （1『密教師資付法次第千心』では「杲」）
- 大法師大任 高野 兩界灌頂
- 已上灌頂
- 大法師寂照 入唐不：遍返歟 兩界
- 阿闍梨盛筭 清涼寺 入唐歸朝
- 阿闍梨信源 小栗栖 金剛界
- 阿闍梨光愍 金剛界
- 大法師仁契[2] 兩界 （2『密教師資付法次第千心』では「藝」）
- 大法師尊會[3] 兩界 （3『密教師資付法次第千心』翻刻は「命」であるが、影印では墨線で消されており「命」か「會」か判別しがたい）
- 大法師仁宣 金剛界

宗叡僧正
- 清和聖主 水尾法帝
- 勝榮大法師
- 峯斅少僧都
  - 峯秀大法師
  - 峯隱大法師
  - 神行大法師
  - 良照大法師
- 峯勢[2]大法師 （2『密教師資付法次第千心』では「藝」）
- 峯綜大法師
- 如願大法師
- 命携大法師 爲聖寶被追却
- 禪念律師
  - 世捐大法師
  - 修隆大法師
  - 玄機大法師
  - 會利大法師
  - 禪彦大法師
  - 玄静大法師
  - 寂照大法師
- 觀照十禪師
- 三修律師
- 禪安律師
- 僧正益信
- 少僧都會理

大法師仁宙 不動法
大法師住筭 金剛界
大法師性情 金剛界
大法師法俊 金剛界
大法師康句[1] 弥陀
（1『密教師資付法次第』では「胸」）
大法師圓縁 如意輪
大法師湛讃 金剛界
大法師貞叙[2] 天台闍梨 如意輪
（2『密教師資付法次第』では「叙」）
大法師明澄 高野 兩界
大法師仁縁 高野 兩界
大法師春誓 東寺入寺 兩界
大法師明静 少納言入寺 文殊
大法師仁秀 金剛界 弥陀
大法師道圓 金剛
大法師圓奝 弥陀
大法師覺心 宇治 源三位 弥陀
大法師惟善[1] 東寺入寺 護摩
（1『密教師資付法次第』では「喜」）
大法師玄筭 虚空
大法師興壽 金剛界
大法師智鏡 文殊
大法師弘筭 虚空
大法師良賢 東大寺 金剛界
大法師隆範 兩界 東寺入寺
大法師詮義 兩界
玄範 金剛界
峯胤 金剛界
大法師済慶 如意輪
大法師宗源 弥陀

「圓性大法師

- 大法師實行 兵衛佐入道 金剛界
- 大法師實道 五字
- 禪行 紀伊前司 弥陀
- 大法師祈真 高野 両界
- 覺尊
- 大法師常寂 号上醍醐比尾御房 入道
- 寂圓阿闍梨 入道
  - 頼照阿闍梨
    - 法眼賢覺 大安寺別當
    - 禪恵阿闍梨 号教王房
      - 行耀阿闍梨
  - 春圓 金峯山
  - 定譽 号峯持経
  - 明源
  - 春覺
  - 定禅阿闍梨
  - 浄秀入寺 号辻入寺
    - 浄懐入寺
  - 懐深阿闍梨
    - 叡範阿闍梨
    - 圓賢阿闍梨
    - 深禅阿闍梨
- 成禅
- 信光 已上別尊両界一界等

- 遍智院僧都義範
  - 定尊
  - 経俊
  - 懐俊
    - □□
    - 範海
  - 權僧正勝覺
    - 澄成
    - 静快[1]
    - 兼俊
    - 賢尊
  - 法印静意 徳大寺
- 僧正法務法印大和尚位範俊
- 僧都明快
- 明照
- 行照
- 源尊阿闍梨
- 明筭阿闍梨

（1『密教師資付法次第』『千心』では「懐」）

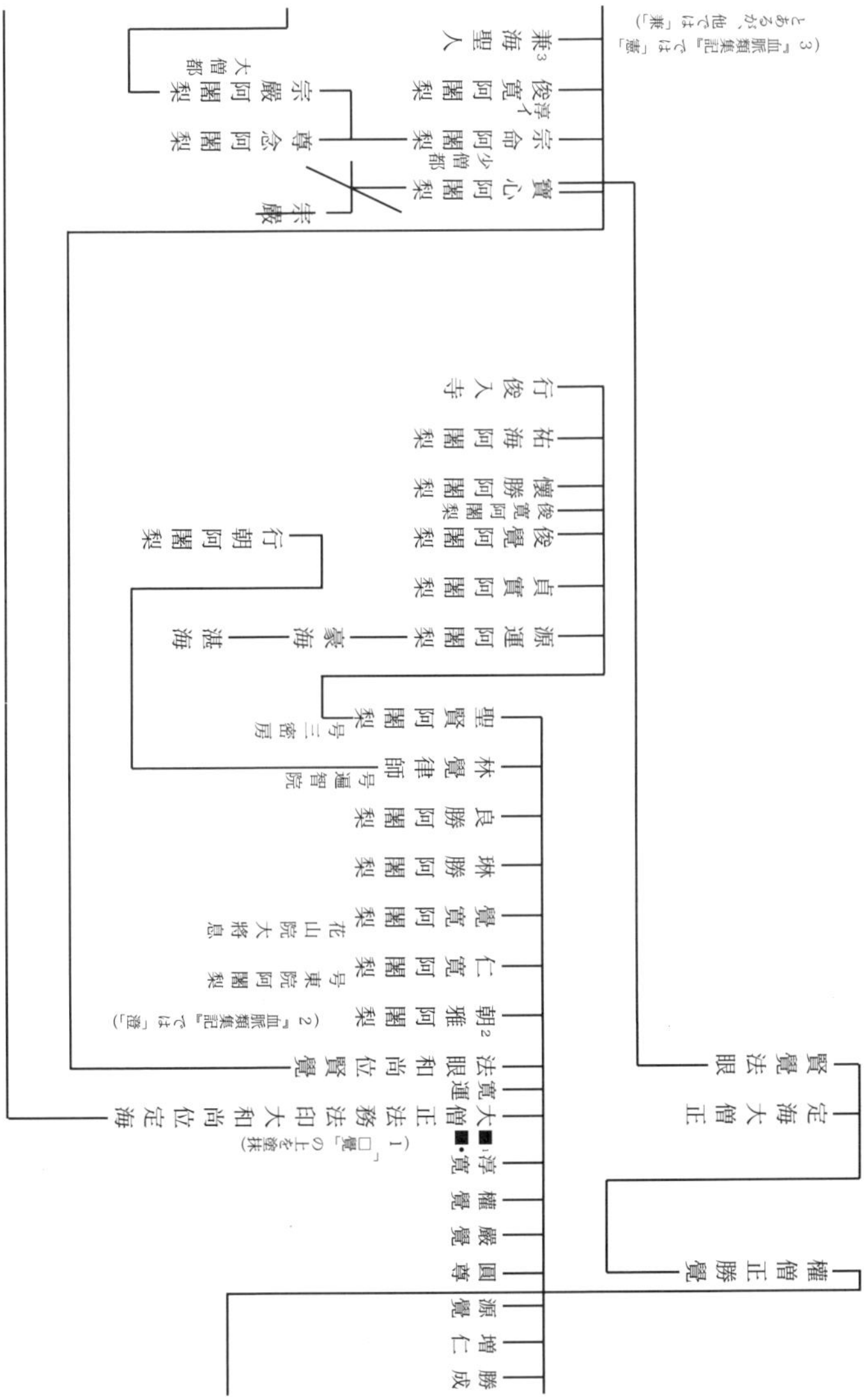
権僧正勝覚
賢覚法眼
定海大僧正
兼[3]海聖人
俊寛阿闍梨 淳イ
宗命阿闍梨 少僧都
寶心阿闍梨
宗厳
宗厳阿闍梨 大僧都
尊念阿闍梨
3)『血脈類集記』では「憲」とあるが、他では「兼」
行俊入寺
祐海阿闍梨
懐勝阿闍梨
俊寛阿闍梨
俊覚阿闍梨
貞實阿闍梨
源運阿闍梨
豪海
湛海
行朝阿闍梨
聖賢阿闍梨 号三密房
林覚律師 号遍智院
良勝阿闍梨
琳勝阿闍梨
覚寛阿闍梨 花山院大将息
仁寛阿闍梨 号東院阿闍梨
朝[2]雅阿闍梨
2)『血脈類集記』では「澄」
法眼和尚位賢覚
寛運
大僧正法務法印大和尚位定海
1)「寛」の上を塗抹
■[1]■・淳寛
権覚
厳覚
圓尊
源覚
増仁
勝成

- 賢意阿闍梨（已下以常喜院記書入之）
- 覺典阿闍梨
- 最善上人
- 良果上人
- 聖心上人
- 俊照
- 成證
- 勢覺上人
- 兼縁大法師
- 寛成
- 言雅
- 念縁

- 覺鑁聖人
- 覺西（誓イ）聖人
- 齋（澄イ）雅阿闍梨
- 榮元阿闍梨
- 行耀阿闍梨
- 印西入道　備後入道
- 賢信大法師
- 隆賢阿闍梨
- 覺詮大法師
- 賢雅大法師

- 蔵有法眼
- 慶深阿闍梨
- 舜海阿闍梨
- 最□（嚴カ）入寺
- 行嚴律師
- 定範大僧都
- 貞海阿闍梨
- 能嚴阿闍梨
- 賢長阿闍梨
- 宗胤入寺

- 蔵秀律師
- 蔵宝阿闍梨
- 義海律師
- 昌祐[1]阿闍梨
- 叡覺律師
- 實□（教カ）阿闍梨
- 琳経阿闍梨
- 蔵安阿闍梨
- 忠賢
- 覺慶
- 蔵尊
- 宗禪
- 叡賢阿闍梨
- 實覺法眼

（1『血脈類集記』では「唱」）

- 權大僧都元海　醍醐座主
- 增勝阿闍梨
- 豪海阿闍梨
- 奬（裝歟）海阿闍梨
- 一海阿闍梨　仁安三年十月大乘會次賜少灌頂旛
- 乘海律師　醍醐寺座主　五十一　已上

- 行海律師
- 祐源已講
- 行朝阿闍梨
- 宗海阿闍梨
- 良勝阿闍梨
- 覺海阿闍梨
- 覺敬阿闍梨
- 隆雅阿闍梨
- 淳仁阿闍梨

- 實運僧都
  - 雅寶律師 法印大僧都
  - 一海阿闍梨 已講
  - 宗海阿闍梨
  - 奘海阿闍梨
  - 良海阿闍梨
  - 豪海~~僧都~~
  - 實運僧都
    - 乗海法印大僧都
      - 實海僧都
      - 宗嚴大僧都
      - 乗印阿闍梨
    - 章實
    - 奘海阿闍梨
    - 寛命阿闍梨
    - 顕果[1]（1『血脈類集記』では「杲」）
    - 勝憲権僧正
      - 真賢阿闍梨
      - 實継大僧都
      - 成賢法印権大僧都 権僧正
      - 範賢大僧都
      - 定範大僧都
      - 宗遍法眼
    - 豪海少僧都
    - 寛昭[1]（1『血脈類集記』では「照」）

- 勝海 権少僧都

勝海 権少僧都

- 蔵有法橋
- 宗教律師
- 定祐 印可々々
- 乗覺阿々
- 隆賢已講
- 乗印阿闍梨
  - 良意
  - 隆尊
  - 勝心
  - 印嚴
  - 杲愈阿闍梨
  - 實意阿闍梨
  - 静誉律師
- 實運阿々
- 信空
- 俊耀
- 恵慶
- 覺遍
- 性阿阿闍梨
- 心覺阿闍梨
- 佛念（高野）
- 寛秀阿闍梨（高）
- 覺尋律師（高）
- 寛杲阿闍梨（高野）
- 觀寶
- 定宴
- 覺昭
- 圓忠阿闍梨
- 宗命僧都

實心

- 宗嚴大法師
- 尊念阿

海渕阿闍梨

- 圓静宰相入道
- 朗澄律師
- 仲賢
- 良範律師
- 觀聖々々
- 賢増々々
- 行賢阿々
- 任賢阿闍梨
- 祐賢法橋
- 乗雅阿闍梨
- 静遍律師
- 寛照[3]
- [redacted][2]
- [redacted][1]
- 實賢阿闍梨
- 融遍僧都
- 成寶僧正

3）『血脈類集記』では「昭」

1）「尊念阿闍梨」の上を塗抹

2）「宗嚴大法師」の上を塗抹

宋金間における銀の使用状況について
――出土銀錠を手がかりに――

市丸智子

はじめに

従来宋金代の銀については、以下のような見解がなされてきた。それは、唐代では上流階級において貨幣として使用されていたが、宋代になると賦税の折納や専売税（塩課・茶課等）の一部、上供物、軍費等に用いられるようになった。しかし、農村では銅銭が主流で銀は用いられず、都市部にて大口の取引を行う商人や官吏によって用いられ、商人と政府の間や、中央と地方との間を循環していたというものである(1)。そして金代では、金末の銅銭不足・紙幣の価値下落等の金朝政府の諸政策の失敗によって銀使用が盛んになったとされている(2)。さらに、宋金間については、金側の輸入過多により、宋から歳幣として金側にもたらされた銀が、再び宋側に環流していると指摘されてきたのである(3)。また筆者は、以前石刻史料を用いて元代の貨幣である銀・鈔・銅銭の使用状況について考察を加えたが、その際に石刻史料中に見られる銀の使用頻度の低さから、南宋代に銀があまり用いられていなかったことを指摘した(4)。

筆者はこれらの先行研究に大筋では同意するものであるが、これらの見解は制度的な面からの指摘に止まっているため、実物からの視点には今少し考察の余地があると思われる。そこで本稿では、出土銀錠に関する発掘報告を網羅的に収集・検討し、従来の制度研究と結びつけることによって、宋金代の銀錠研究の補完ならびに再検討を行いたい。

特に、出土銀錠の中でも「出門税」という極印を押された南宋代の銀錠は、宋金間の交易に深く関連すると思われる。よって、その出土地を銀産地や総領所・榷貨務・榷場などとの関係と比較することで、宋金間の銀錠の用いられ方について明らかにできるのではないかと考えている。

もちろん、中国の発掘報告書では、銀錠の出土地や出土状況の詳細が不明な場合や実物の写真がないもの、出土数が多い場合代表的なものしか述べられていないなど問題点も多く、史料として扱うには注意が必要である。また、銀錠は時代を超えて価値を有する存在であるため、出土地がその当時に本当に埋められたものなのかは確定できない。ゆえに、同時に年代を確定できる出土物がない場合、ある程度は報告書の見解に頼らざるを得ないのが実情である。よって本稿では、出土物を史料として扱うにあたってこれらの点を考慮に入れつつ慎重に検討を行いたい。

一　宋金代の出土銀錠の概要

1　形状・重量・銘文などの特徴

まずはじめに、筆者が収集した宋金代の銀錠の発掘報告例の概略を述べたい。筆者は、『中国銭幣』・『文物』・『考古』を中心に『考古与文物』や『江漢考古』といった考古学雑誌を網羅的に調査し、その中から宋代・金代の銀錠に関する四十六件の出土報告を得、そこから二二七件の銀錠のデータを抽出し得た。これらを時代別に分けると、北宋

二十一件・南宋一〇五件・金八十四件となる。(5)

その形状は、北宋代にはまだ唐代から続く長方形の銀錠も見られるが、次第に束腰形へと変化し、南宋・金代にいたって束腰形が確立する。またその重量は、大錠・中錠・小錠に分けられる。基本は大錠と表現される一錠＝五十両＝二〇〇〇gの銀錠であり、中錠は大錠の半分（二十五両＝一〇〇〇g）、小錠は中錠のさらに半分（十二両半＝五〇〇g）である。(6)この中錠・小錠は、南宋において多く用いられ、北宋や金の銀錠ではあまり見られない形である。さらに、銀錠の銘文には、三つの形式が特徴としてあげられる。一は、銀錠が完全に冷え固まる前に鏨刻するもので、長文が多い（①鏨刻形式）。二は、先に鏨刻し、さらに冷え固まった後にも押すことが可能な極印を加えたもの（②鏨刻・極印併用形式）。三は、極印のみのものであり、単語だけで文章にはなっていない（③極印形式）。これら三種の形式の時代的な特徴を見ると、北宋代は①が多く、南宋代になると、②③が増加し、印字が簡略化していくように思われる。また、金代は、②の形式が多いのが特徴といえるだろう。

2　出土地と銀産地の比較

次に、銀錠の出土地と生産地の比較について宋側と金側に分けて分析する。

まず宋側から指摘したい。宋代の特徴は、銀産地が江南地域に非常に偏っていることにある。『元豊九域志』によると、北宋代において、華北には京西北路一場・京西南路一場・河北西路一場・永興軍路一場・秦鳳路一場の計五銀場があり、江南には両浙路五場・江南東路五場・江南西路七場・荊湖南路十五場・福建路四十九場・広南東路二十三場・広南西路三場の計一〇七銀場があり、銀場数から見ても明らかに銀産地が江南に偏っていることがわかる。(7)南宋代になると、銀場の設置場所の詳細な史料は残されていないが、銀場の置廃も激しく、また資源の枯渇も深刻であっ

表① 金代の銀産地表

路	州府	銀産地	典拠
西京路	昌州	宝山	『金史』巻50食貨/金銀之税
中都路	大興府		『金史』巻24地理志上
		墳山	『金史』巻50食貨/金銀之税 『大金集礼』巻18「前去墳山造辦」
河東北路	太原府	太原府	『金史』巻26地理志下
	代州	代州	『金史』巻97張大節伝
河東南路	解州	平陸	『金史』巻122従坦伝

たようである。[8] いずれにしても銀産地は江南特に福建地方が主となっていて、華北では開発があまりされていなかったことがわかるのである。

図 宋金間における銀錠出土地と総領所・榷貨務・榷場の分布図（以下、図と略称する）を参照していただきたいが、[9] 南宋の銀錠は、銀産地では出土せず、ほとんどが淮水・長江周辺に集中して出土している。また、金領で多数出土していることも特徴であり、宋側の銀が歳幣や交易によって金へ流出していたことが考えられる。このことは、銀が両国間の対外貨幣として、交易において重要な意味を持っていたことを示すものである。

一方金側では、宋代より多少は開発が進んでいると思われるものの圧倒的に銀山が少ないことがいえる（表① 金代の銀産地表参照）。また、金の銀錠は全て金領内から出土しており、特に、首都圏にて多く出土していることが特徴といえよう。銀産地に関する史料が少ないため詳細は不明であるが、この状況は金政府の以下の認識からも窺われる。『金史』巻五〇、食貨五、榷場に（傍点は筆者にによる。以下同じ）、

（貞祐）三（一二一五）年七月、議欲聴榷場互市用銀、而計数税之。上曰、「如此、是公使銀入外界也。」平章尽忠・権参知政事徳升曰、「賞賜之用莫如銀絹、而府庫不足以給之。互市雖有禁、而私易者自如。若税之、則斂不及民而用可足。」平章高琪曰、「小人敢犯、法不行爾、況許之乎。今軍未息、而産銀之地皆在外界、不禁則公私指日罄矣。」上曰、「当熟計之。」

とある。この史料は、榷場における銀使用を認め、税を課す案について述べられており、

図　宋金間における銀錠出土地と総領所・榷貨務・榷場の分布図

（注）

1　○は南宋代の銀錠の出土地。うち、◎は出門税銀錠。

2　●は金代の銀錠の出土地。

3　数字は表②出土銀錠総合表の通し番号による。

4　◆は総領所。

5　□は南宋側の榷場地。

6　■は金側の榷場地。

銀の流出を懸念する宣宗の意見と平章高琪の銀産地は南宋にあるという認識が見て取れる。このように金は、銀産地が少ないため南宋からの歳幣などに依存、もしくは、歳幣に依存していたため銀山開発が盛んではなかったと考えられるのである。

二　出門税銀錠からみる南宋代の銀の使用状況

それでは、以上の宋金代の銀錠の形状・重量・銘文・出土地・銀産地等の概要を前提として、さらに宋金間の交易において重要な役割を果たしたであろう「出門税銀錠」について考察を進めたい。出門税銀錠とは、南宋代の銀錠の一種とされている。その根拠は、南宋の首都臨安を示す「行在」を含む銘文を持つ金牌と「出門税」の銘文のある金牌・銀錠が同時に発掘されたことによる。(10) 出門税銀錠に関する出土報告は十三件あり、全部で二十一件の銀錠が見られるが、その内大錠二件・中錠十二件・小錠四件・その他三件となっており、圧倒的に中錠が多い。このように銀錠の重量には各種あるが、いずれも「出門税」という文字が極印されている。発掘報告の写真(11)を見る限り、字体も同じように見受けられる。また、銘文は非常に簡素で、極印形式をとり鏨刻形式のものはない。そのうち出土地が分かっているものは十三件あり(12)、南宋領で出土しているものが六件、金領で出土しているものが七件であり、半数が金領で出土している。特に南宋の出土銀錠全体から考えると、二十二ヶ所の出土地域のうち八ヶ所が金領に当たるが、表31の山東西路海州贛榆以外の全ての地域で出門税銀錠が出土しているのである。このような出土状況から、宋金間の関係を考えるにあたって、出門税銀錠がなんらかの重要な意味を有していたと推測しうるのである。

1　従来の説とその問題点

この出門税という名称の税は、文献上には管見の限り見られない。しかし中国の研究者によって、出門税銀錠に関する各種の報告・研究はなされてきた。それは以下の三種の見解に集約される。一は、私的な税場とするもの。二は、熙寧七（一〇七四）年北宋代にすでに存在した国門税のこととするもの。三は、商税もしくはその過税とするものである[13]。いずれも個々に結論づけたもので、お互いを比較したものではないため、結論が噛み合わず最終的な結論は出ていないように思われるが、おおむね過税と考えて良いようである。

写真　出門税銀錠（表34-2）

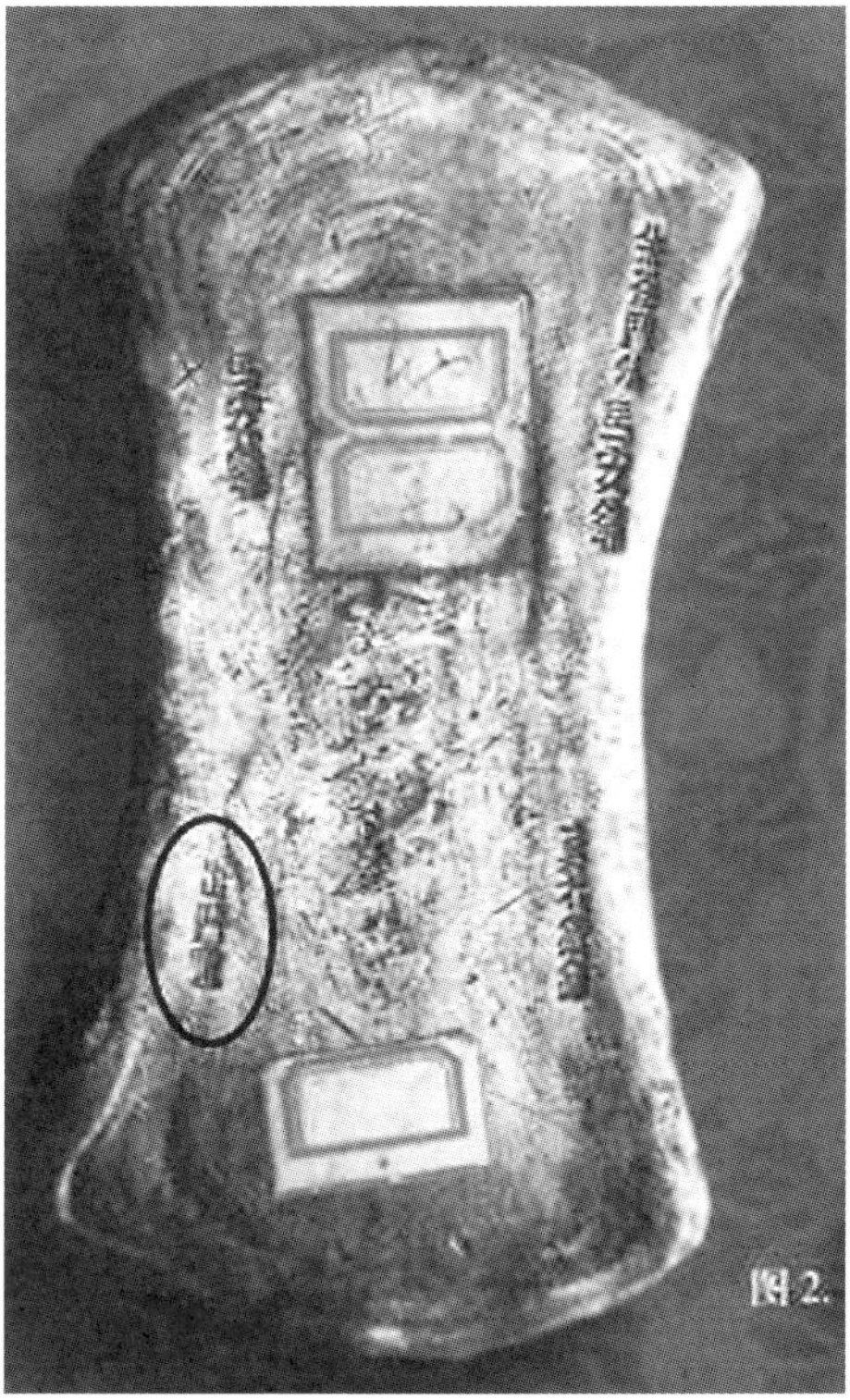

出典　楊玉彬「阜陽出土一組宋代銀鋌」『中国銭幣』2005-3
（注）○で囲んだ部分が「出門税」の極印部分。

しかし、いずれも出土地や銀産地・榷貨務・榷場などと照らし合せて比較検討した論考はない。そのため本稿では、前章において検討した出土銀錠の概要や銀産地と出土地との比較を前提に、宋金関係において重要な役割を果たしたと考えられる歳幣・総領所・榷貨務・榷場における銀の使用状況を検討することによって南宋において銀がどのように使われていたのかを改めて考察したい。

2　歳幣との関係

まず、従来から金代の銀使用を支えてきた[14]とされる歳幣との関係を考察する。

これに先だって、北宋代の歳幣について出土銀錠から分かることを指摘しておきたい。特徴的なことは、銀錠の銘文に刻まれた年号や地名などから明らかに北宋代の銀錠でありながら、十件中八件が遼領の上京道臨潢府にて出土している点[15]である。発掘報告でも、北宋政府が金政府に送った歳幣銀である可能性が指摘されている[16]。その一方で、宋金間の歳幣銀については、管見の限り各報告にて指摘されていない。しかも、金代の銀錠とされるものは、全て金領にて出土するのに対して、南宋代の銀錠は宋領のみならず金領でも出土している。さらに、金領で出土する南宋の銀錠は、両国の国境地帯に限られ、遼代とは異なり金の首都周辺では出土していないのである。

このような状況を基礎として宋金間の歳幣について考えるに、まず外山軍治氏の研究[17]が参考に挙げられよう。その中で氏は、一一四二（南宋、紹興十二年・金、皇統二年）年における宋金間の講和について詳細な考察を行い、和平の誓約の実行内容として歳幣（この時点では、銀二十五万両・絹二十五万匹）を毎年十二月下旬から翌年一月にかけて盱眙軍から淮水を越えて泗州にて交納したと述べている。現段階では出土報告がないだけである可能性もあるが、図からも分かるようにこのことで注目すべき点は、泗州・盱眙軍近辺で出門税銀錠はもちろんのこと、ほかの銀錠も全く出土していないことである。特に泗州には、以下の史料にあるように金側の歳幣庫が置かれていたので、本来出土してもおかしくない地域である。『斉東野語』巻一二「淳紹歳幣」に、

> 交幣正使、例是南京漕属、副使諸州同知。於所賚銀絹内、揀白絹六疋・銀六錠、三分之。令走馬使人、以一分往燕京、一分往汴京漕司呈様、一分留泗州歳幣庫、以備参照。

とあり、まず先に歳幣としてもたらされた銀絹のうち、絹六疋・銀六錠を三つに分けて燕京・汴京・泗州に送り、照合に備えたことが述べられている。出門税銀錠は、このいずれの地域からも出土していないことから、歳幣銀の可能性は低いと思われる。

3　総領所・榷貨務との関係

歳幣銀の可能性が低いことや国境地帯から出土することから推測して、軍事的な目的も考えられよう。よって、次に宋金間において重要な役割を果たし、国境地帯に配置された諸軍の兵站を担当した南宋特有の機関である総領所について考察したい。総領所についてはすでに多くの研究がなされており、その役割についてほぼ結論が出ている[18]。本稿はこれらの研究に依拠するものであるが、総領所が主体となる史料では、銀の使用に結びつく記述に乏しいのが実情である。実際に、従来の総領所の研究において、銀の果たした役割について述べられたものはなく、国境地帯への軍事的な補給を果たすためにいかなる地域から物資を調達しそれらをどこへ支出したのかという南宋の物流に関する研究が多いのである。

そこでまず、出門税銀錠の出土地と総領所の位置関係を比較することから始めたい。図を参照していただきたいが、◎で表示した十二ヶ所の出門税銀錠[19]の出土地は、国境地帯中部の金領もしくは長江中下流域に偏在している。そのうち長江中下流域で出土している六件の出門税銀錠[20]は、三総領所（淮東総領所・淮西総領所・湖広総領所[21]）の管轄地域にあてはまる。ただし、出土事例が非常に少ないのでこれをもとになんらかの結論を出すことはできない。しかも、総領所の管轄地域は広大であるので、直接的な結びつきを指摘するのも難しい。

そこで、総領所と銀を結びつける組織として三榷貨務（行在・鎮江・建康）について考察する必要がある。榷貨務についても、すでに多くの研究があり、総領所との関係を中心にその内容をまとめると以下のようになろう。[22] 榷貨務は、総領所の下部組織にして茶塩等の鈔引の発行を掌る専売事務所であり、商人が茶塩を購入する際には、まず手形である鈔引を榷貨務で購入し、生産地にてその鈔引と引き換えに現物が支給されたのである。その収益のほとんどは総領所用に計上され、その鈔引の購入には、銅銭・銀・会子が用いられ、榷貨務ひいては総領所の銀収入の多くを占めていたのである。特に、淮東総領所の下部組織である鎮江榷貨務では、盛んに銀が用いられてたとされている。このような状況ゆえに、長江中下流域にて銀錠が出土するのであろう。しかしこれは鈔引を購入する際の対価としての銀であり税ではない。鈔引を購入するための金銀には税金がかけられていなかった[23]ため、銀錠の出土理由とはなっても出門税銀錠にはあたらないのである。このような理由から、出門税銀錠が榷貨務を通じて総領所に納入され、軍事的な補給に用いられていたとは言えないのである。

4　榷場との関係

以上のように、出門税銀錠は榷貨務を通じて総領所に関係した税ではないと考察したが、交易においてはどうであったろうか。宋金間の交易において榷場の果たした役割は大きいと思われる。しかもこの榷場は、前節にて検討した総領所と関連するのである。このことについては、『宋会要輯稿』（以下『宋会要』と略称する）をはじめとする総領所という項目がたてられた文献では榷場に関係する史料がほとんど見られず、榷場に関する史料側からしか関連記述が見られなかったせいか、従来あまり指摘されてこなかった。[24]

まず榷場の設置に関して、『宋会要』食貨三八―三四（互市）、紹興十二（一一四二）年五月四日の条に、

戸部言、「近承指揮。於盱眙建置榷場、博易買南北物貨。為和議已定、恐南北客人、私自交易、引惹生事。今條

具下項。一、淮西京西、令逐路総領銭糧官司・本路漕司、陝西、令川陝宣撫司・都転運司、同共相度、議定置場去処。……」

とあり、和議の成立した紹興十二年に、淮西路・京西路にて、總領銭糧官司と漕司が榷場の設置場所を協議して決めている。また、それを受けて、同食貨三八―三九（互市）、隆興二（一一六四）年十二月十八日の条に、

詔盱眙軍依旧建置榷場。於是淮東安撫周淙・知盱眙軍胡昉言、「紹興十二年。剏置榷場。……旧制総領兼提領官、知軍兼措置官、通判兼提点官。榷場置主管官二員・押発官二員。主管官係朝廷差注、押発官従措置官辟差。……」

とあり、紹興十二年に設置された榷場において総領官が提領官を兼任したことが記されている。また、同食貨三八―四〇・四一（互市）、乾道元（一一六五）年三月十一日の条においても、

詔随州棗陽県榷場、移置於襄陽府鄧城鎮、其合置榷場官属及給降物貨於本銭等、照応旧例施行。於是権兵部尚書・湖北京西路制置使沈介言、「今於鄧城鎮修置榷場、欲依旧令総領官司・漕臣、提領・措置。依例支降本銭五万貫於湖南総領所支撥、令用博易物色匹帛香薬之類従朝廷支降、付場博易。其餘合行事件、並依盱眙軍体例施行。」従之。

とあり、鄧城鎮の榷場においても総領官司や漕臣が榷場の提領官や措置官になっていることが記されている。この史料は、さらに鄧城鎮に湖広総領所から本銭五万貫が支出されていることも示しており、その関係性は深いと考えられる。さらに、同食貨三八―四一（互市）、乾道元年九月二十二日の条においては、

詔淮東総領所行下本場。「依紹興十三年五月六日指揮、自今年六月一日至来年六月一日終、通揍一全年、開具所収銭数比較施行。……」

とあり、以上の詔の文言から、乾道元年には榷場を淮東総領所の下部組織と位置づけていることが見えるのである。

このように、榷場と総領所は密接に関係するのであるが、この榷場ではどのような交易が行われていたのであろうか。宋金間の榷場については、代表的なものとして加藤繁氏や曾我部静雄氏などの研究が挙げられる[25]。しかしこれらの研究では、宋から金へ銀が流出した事例にも多少触れられているが、基本的に銀は宋側に流入し、宋から歳幣として贈られた銀も交易により宋に還流したとしているのである。

しかし、本稿で問題とする銀錠の出土地域を見る限り、その結論には留保が必要なように見受けられる。つまり、金の銀錠は金領のみで出土し、南宋の銀錠だけが金領でも出土しているという事実を見落としているのである。金は、金政府が鋳造した銀を国内で使用しており、図の出土地分布から見れば流出しているように思われない。一方、北宋のものは遼領でも出土し、南宋のものも金領でも出土するものが多いことから、銀が宋から遼・金に流出しているように見える。金への歳幣銀が南宋の銀錠そのままの形状で宋金間を環流しているとしても、その出土地分布は特徴的であると言わざるを得ない。銀は、両国間の交易で使用される対外貨幣として、重要な位置づけにあると考えられるのである。特に、本稿で重視している出門税銀錠においては顕著である。榷場の設置地域は、大きく三地域（①宋側の楚州～盱眙軍と金側の泗州で区切られる東地域、②宋側の安豊軍～襄陽と金側の寿州～鄧州で区切られる中間地域、③金側のみ設置されている鳳翔府～洮州で区切られる西地域）に分けられると思うが、その榷場の根幹地である泗州・盱眙軍近辺の①東地域では出土せず、②中間地域にて数多く出土するのである[26]。

ここで今一度よく考えなければならないのが、南宋の銀錠にわざわざ押印されている「出門税」という文字の意味である。先述したが、出門税という文言は管見の限り文献上に見られない。このことから、私的な税であると考えられるが、そもそも私的な税にどうして明らかに形として残る「出門税」という極印を押すのかという疑問がある。しかも、出門税印が押された銀錠に金銀などの工芸品を司る文思院を意味する「思内」や「軍貲」、臨安で鋳造された銀であることを示す「京銷銀」といった公的な要素が強い銘文が同時に残されているのである。もちろん、極印形式では後から追加して文字を押すことも可能なので、同時期に押印されたとは限らない点には注意すべきである。[27]

では、文献上には見られないが正式な税なのであろうか。基本的に榷場における税は、『金史』巻五〇、食貨志五、「榷場」に、

泗州場、大定間、歳獲五万三千四百六十七貫、承安元年、増為十万七千八百九十三貫六百五十三文。……宋亦歳得課四万三千貫。

とあるように、宋・金共に銅銭で納入することになっている。正式な税であるならば、この榷場にて支払う税を銀で折納したとも考えられる。しかし、これは宋側の榷場にて支払う税なので、金領にて出土する理由には当たらないことになる。『宋会要』食貨三八—四一・四二（互市）、乾道二（一一六六）年四月二日の条には、以下のように見える。

京西路転運司申。「近聞、北界於唐州城南別置榷場一所。曾有板榜至棗陽軍界首、招誘客旅。多有不経襄陽税務幷鄧城榷場、径自棗陽軍界、往唐州博易買売。……」

これは、金が唐州に榷場を設け、棗陽軍の境界に榜文を立てて、南宋の商人を誘致したところ、南宋の商人が襄陽の税務や襄陽の鄧城鎮の榷場を通らずに棗陽軍の境界から唐州に入って交易をするようになったことを示している。この史料では、金領で出土する理由にはなるが密貿易に当たるため、「出門税」という公的な極印を押す理由は不明としかいいようがない。

では、加藤氏や曾我部氏も指摘しているように交易の決済手段として用いられていたのであろうか。同食貨三八—四二・四三（互市）、乾道八（一一七二）年十一月十四日の条に、

中書門下言、「已降指揮。令淮南京西安撫転運司、鈐束榷場客人、不得以銀過淮博易。聞沿邊州軍、全不約束。

詔行下沿邊守臣、督責巡尉幷権場主管使臣等、厳行禁止。」

とあり、銀を用いて交易するのを禁止する詔が出されていることや、同食貨三八—四三（互市）乾道九（一一七三）年三月二日の条にも、

知揚州王之奇言、「準朝旨令措置、禁止北界博易銀絹。聞泗州権場、広将北絹低価易銀。客人以厚利、多於江浙州軍販銀。……」

とあり、銀と北絹の交易を禁止した朝旨がある。これらの史料から銀で交易を行っていたことがわかり、金領で銀錠が出土する理由に当てはまる。しかし、交易の決済手段として用いる銀に「出門税」という極印を押す理由とはならない。

ここで注目したいのが、同食貨一七—一九（商税）、天聖二（一〇二四）年四月の条である。

在京商税院言、旧例諸色人、将銀幷銀器出京城門、毎両税銭四十文足。金即不税。請自今毎両税銭二百文省。従之。

この史料には、北宋代のものであるが、京城を出る際に銀一両ごとに銅銭四十文の税を徴収したことが記されている。しかも、「出京城門」と出門の際の税であることも記されているのである。また、同食貨一八—二二（商税）、慶元六（一二〇〇）年五月七日の条には、寧宗代の事例として、

中書門下省言、「臨安府城内諸行鋪戸、買売金銀・匹帛之類、如係将帯出門、首自合於都税務回納税銭。…」

とあり、南宋においても鋪戸が金銀を臨安府外にて（「出門」して）売買する際に都税務にて税を支払ったことが記されている。

いずれも首都での事例であり権場での状況ではないことに注意を払うべきではあるが、ここでの銀は明らかに「貨

幣」としてではなく、交易の「商品」として課税されている。つまり、出門の際に商税の一種である出門税を税務にて銅銭で支払い、その納税済みを示す印として「出門税」という極印が「商品」である銀に押印されたと考えられるのである。このように考えれば、交易品として金領で出土する理由にもなる。これは、北宋のみならず南宋代においても銀が商品としての側面を有していたことを示すものである。

しかし、銀は本来禁輸品である。同刑法二―一六二の「禁金出闕」には淳熙元（一一七四）年五月十五日のこととして、

　盱眙軍守臣言、「銅銭金銀幷軍須違禁之物、不許透漏過界。法令甚厳。本軍係与泗州対境、逐時客旅過淮博易。……」

とあり、榷場の基準地である盱眙軍・泗州間では、金銀銅銭などの交易が厳しく禁止されていたことが分かる。これが、泗州近辺の①東地域で銀錠があまり出土しない理由なのであろう。同様に、『金史』巻一〇七、張行信伝には、

　行信始至涇、即上書曰、「……又聞蕃地今秋薄収、鬻馬得銀輒以易粟。冬春之交必艱食、馬価甚低。乞令所司輦銀粟于洮・河等州、選委知蕃情達時変如桓端者、貿易之。若捐銀万両、可得良馬千疋、機会不可失、惟朝廷亟図之。」

とあり、興定二（一二一八）年二月に、張行信が洮州・河州でチベットから銀や粟にて馬を買うことを上書した記載がある。これは、③西地域で銀錠が出土しない事実と一致する。西地域においては、銀は金からチベットへ流出する方が多かったのであろう。

一方で、『金史』巻一〇六、朮虎高琪伝には、興定元（一二一七）年十月のこととして、

　集賢院諮議官呂鑑言、「南邊屯兵数十万、自唐・鄧至寿・泗沿邊居民逃亡殆尽、兵士亦多亡者、亦以人煙絶少故也。臣嘗比監息州榷場、毎場所獲布帛数千匹・銀数百両、大計布帛数万匹・銀数千両。兵興以来倶失之矣。……」

とあり、息州榷場[28]にて布帛や銀を得ていたことが見える。これは、先述の密貿易が行われていた唐州榷場の状況と合わせてみても、②国境の中間地域は、南宋政府のコントロールがあまり有効ではなかったことを示す。ゆえに、銀錠の出土例が多いのであろう。

以上の考察から、出門税銀錠は、公的には禁輸品として輸出が禁止されていたが、宋金間の榷場、特に南宋政府の統制が行き届かない②中間地域において、半ば公然と「出門税」という商税の一種を納めた「商品」として金側に輸出されていたと考えられるのである。このことは、銀が「貨幣」として宋側の決済手段として用いられていたのではないことを示しており、金側が銀を「貨幣」として交易に用いていたであろうことに対して好対照をなしているのである。

おわりに

従来、宋金間の貿易に関しては、宋の輸出超過・金の輸入超過により、金は茶その他の物品の対価として銀を支払い、歳幣等で宋から金に流れた銀が再び宋に流入していると論じられてきた[29]。これらの先行研究を否定するわけではないが、本稿では、宋金代の銀錠の出土地域にみられる特徴を外交や軍事・交易といった様々な側面から分析することによって、別の見解も指摘しえた。つまり、南宋の銀が、政府の統制の行き届かない淮水・長江中流域においては、出門税という一種の税金を支払った「商品」として、半ば公認を受ける形で金側に輸出されていたという事実である。

また、銀錠の出土分布が淮水・長江周辺の宋金間の国境近辺に偏っていることから、銀が両国間の交易で使用される対外貨幣・商品として重要な位置づけにあったことも指摘しえた。そしてこの交易は、銀使用において宋金間に異なる流れを生じさせたのである。

つまり、銀を交易商品への対価として使用した金側では、国内においても銀使用が隆盛になった。一方で、銀を歳幣や対外商品・貨幣として金との外交・交易に集中させた南宋側では、国内での銀使用が低調になったのである。ゆえに元代において、旧金領では銀使用が比較的浸透しやすかったのに対して、元初の旧南宋領においては銀使用が低調であったのであろう[30]。このような金代・宋代からの相反する連続性を、元政府は、銀から鈔への使用貨幣の転換によって統合していったと考えられるのである。

注

（1）加藤繁「南宋時代に於ける銀の流通並に銀と會子との関係について」（初出『東洋学報』二九―三・四、一九四四年。再録、『支那経済史考證』下　東洋文庫、一九五三年）一五九・一六〇頁参照。

（2）加藤繁「金国に於ける銀」（『唐宋時代の金銀の研究』分冊二、東洋文庫、一九二六年）六二五頁、高橋弘臣「金末のモンゴル軍侵攻と貨幣の混乱」（『元朝貨幣政策成立過程の研究』東洋書院、二〇〇〇年）一三三頁等参照。

（3）加藤繁「宋と金国との貿易に就いて」（初出、『史学雑誌』四八―一、一九三七年。再録、『支那経済史考證』下　東洋文庫、一九五三年）二七二～二七六頁参照。

（4）拙稿「元代における銀・鈔・銅銭の相互関係について――使用単位の分析を中心に――」（『九州大学東洋史論集』三六、二〇〇八年）一〇〇～一〇二頁参照。

（5）後掲の表② 出土銀錠総合表　通し番号1～3の出土報告の中の七件の銀錠は、宋代のものではあるものの北宋代のものか南宋代のものか不明であるため、ここでは数値に反映させなかった。

（6）胡三省『通鑑釈文辯誤』巻一一に、

余按比言、「銀鋌也。今人冶銀、大鋌五十両、中鋌半之、小鋌又半之。……」

とある。加藤繁「唐宋時代に於ける金銀の種類及び形制」（『唐宋時代の金銀の研究』分冊一、東洋文庫、一九二五年）三二一～三二三頁参照。

また、銘文中に二十五両と記載のある中錠の実物としては、表16―2、表17―3、表24―1・6の四件があてはまる。同じく、十二両半の小錠の実物は、表2、表17―7～16の十一件があてはまり、実物からも大錠・中錠・小錠が公的な重量単位であったことが分かる。（銀錠を示す番号は、表②の通し番号と個数の数値による。例えば、韓雪昆「新疆博州出土的両件宋代銀錠」（『中国銭幣』一九九二―三）、「南剣州」と銘文のある銀錠の場合、通し番号の「4」と個数の「1」をとって表4―1とする。以下、同じ）。

（7）宋代の銀産地については、加藤繁氏の詳細な論考がある。加藤繁「唐宋時代に於ける金銀の産出及び輸出入」（『唐宋時代の金銀の研究』分冊二、東洋文庫、一九二六年）五一六～五二六頁参照。

なお、『元豊九域志』には、「銀場」以外に「銀冶・銀坑・銀務」といった記載も見られるが、表現の都合上「銀場」として数値化した。宋代の銀場地については、ほかにも『宋史』地理志などにも記載が見られるが、ここではより銀場数の多い『元豊九域志』のデータを採用した。

（8）千葉煕「南宋初期の鑛業」（『東洋史学論集』第三、不昧堂書店、一九五四年）二一四・二一五・二二三頁参照。

（9）本図には、論構成の都合上、南宋・金の銀錠出土地のみを載せた。

（10）詹婉容・朱蘊慧「蘇南茅山出土南宋金牌、銀鋌」（『考古与文物』一九八二―六）参照。表19にあたる。

（11）ここでは、代表例として比較的画像の鮮明な表34―2の写真を載せた。

（12）同じ出土地で複数の銀錠が出土している場合は、まとめて一件とした。表23―1・2はそれぞれ違う場所にて出土しているため二件とし、表25は出土地が不明なため数えていない。

（13）各説については、以下のようになる。注（10）前掲詹・朱論文は、①私的な税場としており、②国門税説には、蔡運章・李運興「洛陽新発現的南宋出門税銀鋌考略」（『中国銭幣』一九八六―三）と馬徳和「南宋出門税銀錠」（『中国銭幣』一九八九―一）が挙げられる。③商税・過税説には、杜金娥「南宋商税銀鋌的再発現」（『中国銭幣』一九八四―二）の商税説が挙げられ、この説を黄成氏が発展させて「南宋銀錠銘文〝出門税〟考」（『中国経済史研究』一九八九―三）と「蘄春県出土銀錠応属南宋」（『江漢考古』一九九〇―三）において、過税と結論づけている。

これらの典拠には、以下の史料が挙げられる。

一、私的な税場説には、『宋史』巻一八六、食貨下八、商税を用いる。

然当是時（光宗・寧宗期）、雖寛大之旨屢頒、關市之征迭放、而貪吏並緣、苛取百出。私立税場、算及緡銭・斗米・束薪・菜茹之属、擅用稽察措置、添置専欄収検。虚市有税、空舟有税、以食米為酒米、以衣服為布帛、皆有税。

二、国門税説には、『宋史』巻一八六、食貨下八、商税を用いる。

（熙寧）七（一〇七四）年、減国門之税数十種、銭不満三十者蠲之。

三、商税・過税説には、『宋会要』食貨一七―一二（商税）、淳化二（九九一）年十月の条

江南転運司言、「鄂州旧例塩米出門、皆収税銭。詔自今民販糶斛斗及買官塩出門並免収税。」

と、同食貨一七―一九（商税）（この史料については、本文中にて後述あり）の天聖二（一〇二四）年四月の条

在京商税院言、「旧例諸色人、将銀幷銀器出京城門、毎両税銭四十文足。金即不税。請自今毎両税銭二百文省。」従之。

が用いられている。

（14）また、歳幣のほかにも金の銀使用を支えたものとしてあげられる対宋戦争における戦利品としての銀については、『大金国志』巻三二「金国検視大宋庫蔵」に、

絹五千四百万疋。大物段子一千五百万疋。金三百万錠。銀八百万錠。珍宝未見実数。

とあり、北宋攻略時に戦利品として銀八百万錠を得たことが見える。

（15）表4―1、表7、表8―1・5、表9、表11参照。

（16）表8　赤峰市文物工作站・項春松「内蒙古赤峰発現的五件宋代銀鋌」（『文物』一九八六―五）や表9　李逸友「内蒙古巴林左旗出土北宋銀鋌」（『考古』一九六五―一二）参照。

（17）外山軍治「熙宗皇統年間における宋との講和」（『金朝史研究』東洋史研究会、一九六四年）参照。

（18）総領所の研究としては、以下のものが挙げられる。内河久平「南宋総領所考――南宋政権と地方武将との勢力関係をめぐって――」（『史潮』七八・七九、一九六二年）・川上恭司「南宋の総領所について」（『待兼山論叢』史学編一二、一九七八年）・長井千秋「淮東総領所の機能」（『待兼山論叢』史学編二二、一九八八年）・同「淮東総領所の財政運営」（『史学雑誌』一〇一―七、一九九二年）・同「南宋の補給体制試論」（『愛大史学』日本史・アジア史・地理学一七、二〇〇八年）など。

（19）表25も出門税銀錠であるが、出土地が不明なためここでは除いて考察した。

（20）表13・表19・表20・表27・表29・表33参照。

（21）総領所には四川総領所もあるが、管見の限りこの管轄地域から宋金代の銀錠の出土報告はない。

（22）総領所の下部組織として榷貨務の重要性を指摘した研究としては、注（18）前掲内河論文一五・一六頁、同注前掲川上論文八～一一頁、同注前掲長井論文「淮東総領所の機能」四八頁が挙げられる。また、榷貨務における銀収入の重要性については、注（1）前掲加藤論文一二三～一三二頁にて詳細に検討されている。榷貨務についてはこのように多くの研究が為されているが、榷貨務を結節点として総領所と銀を結びつける視点は、従来あまり指摘されていなかったように思われる。

（23）注（1）前掲加藤論文一二三～一二五頁参照。

（24）注（18）前掲川上論文一五頁、同注前掲長井論文「淮東総領所の機能」五〇頁参照。いずれも一部触れられている程度で詳細な考察とは言い難い。ただし、長井氏の「榷場は総領所の付属機関ではなく、（中略）総領所の財源というよりはむしろ、知州軍・通判等が兼ねていた榷場業務と国境地帯の流通政策とを広範囲にわたって統制監督していたのである。」とする見解は、榷場を総領所の付属機関としない点に少し異論があるものの重要な指摘であるといえる。

（25）宋金間の銀の移動に関しては、注（3）前掲加藤論文二七一～二七四頁、曾我部静雄「宋金両国間に於ける銅銭の交流状態」（『日宋金貨幣交流史』寶文館、一九四九年）一一九頁参照。このほか、榷場の概要については、大崎富士夫「宋金貿易の形態」（『広島大学文学部紀要』第五号、一九五四年）、注（17）前掲外山論文三八四～三八七頁参照。

（26）管見の限り、③西地域では宋金代の銀錠の出土例はない。

（27）表21・表25には「思内」、表23―2には「軍貲」、表33―1には「京銷銀」とある。

(28)　息州は、泰和八（一二〇八）年に新息県から息州に昇格し、榷場が設置されている蔡州の支郡となっている。ゆえに、宋との国境に位置することもあり、息州榷場＝蔡州榷場と考えて良いと思われる。
(29)　注（25）前掲加藤・曾我部論文参照。
(30)　注（4）参照。拙稿において筆者は、旧南宋領の銀使用が、元政府の南宋攻略の影響によって減少していたと解釈していたが、本稿により、南宋では民間での銀使用そのものが低調であった可能性も指摘しうることとなった。

表②　出土銀錠総合表

時代	通番	著者	題目	掲載誌	発行年	期	出土地	当時の地名	銘文中の地名	個数	銘文	文字	重さ(g)	出土状況	関連論文
宋	1	黄耀麗	介紹両件宋元銀錠	中原文物	1986	2	河南省泌陽県	(北宋) 京西南路唐州比陽 (金) 南京路唐州比陽	—	1	聶秦家肥花銀	印	1975		
	2	李海根	信豊王帯橋発現宋銀錠	中国銭幣	1991	4	江西省贛州市	江南西路贛州贛県	—	1	真花鋌銀/劉一郎/壹拾貳兩半	印	443.4		
	3	陸洪庚・徐雲子・陶鎖栄	江蘇金壇発現銀鋌	中国銭幣	1995	3	江蘇省金壇市	両浙西路鎮江府金壇	—	1	真正□□/(背)余造等詳細不明	刻	569	道路工事中に出土／数量不明／5件市人民銀行所蔵／ほか散逸	
										2		刻	563		
										3		刻	567		
										4		刻	560		
										5		刻	569		
北宋	4	韓雪昆	新疆博州出土的両件宋代銀鋌	中国銭幣	1992	3	新疆博爾塔拉蒙古自治州	西州回鶻	福建路南劍州	1	南劍州	刻	1850		
									—	2	なし	—	1683		
	5	黄岳明	四川発現淳化御賜精銀	中国銭幣	1994	1	(重慶市)	(夔州路恭州巴県)	—	1	大宋淳化年/(背)御賜精銀	—	32.95		郭若愚「宋淳化御賜精銀小銀条」『中国銭幣』1993-4(原載『上海銭幣通訊』36期)
	6	鄭昭輝	湖南省博物館蔵宋賞賜銀	中国銭幣	1995	3	—	—	—	1	大宋開宝/(背)勅賜銀両	—	33		
										2	天聖年造/(背)精銀一両	—	29.5		
										3	開宝元年制/(背)部領税銀	—	34		
	7	金永田	巴林左旗出土一件北宋銀鋌	中国銭幣	1988	3	内蒙古巴林左旗	(遼) 上京道臨潢府	荊湖北路荊南府(江陵府)	1	荊南軍資庫元祐四年/興龍節銀毎鋌□拾両/司禄参軍監楊	刻	2000		
	8	赤峰市文物工作站・項春松	内蒙古赤峰発現的五件宋代銀鋌	文物	1986	5	内蒙古赤峰市	(遼) 上京漢城跡	京西北路	1	京西北路提挙学事司進崇寧肆年天寧節銀毎鋌伍拾両	刻	1925g	遼上京漢城遺跡から出土	
								(遼) 上京漢城跡	—	2	■佰元伍拾両八錢行人鄭(?)公甫/広倹秤	刻印	—	遼上京漢城遺跡から出土	
								(遼) 中京路		3	王公全肆拾玖両玖錢行人王公全解沢秤/軍頂	刻印	—	喀喇沁旗	
								(遼) 中京路		4	郭用章肆拾玖両捌錢行人劉禄宋璘秤	刻印	—		
								(遼) 上京漢城跡		5	潭州酒務抵当所准提挙司指揮支常平坊場積剰錢買到銀壹鋌[□□]両専秤庫蔚明等行人李経官	刻	—		
									福建路福州	1	鄭祐/福州進奉同天節銀伍拾両専副陳軨等監匠	刻	1993.75		
									両浙路杭州	2	杭州都税院買発転運衙大観	刻	2000		

	9	李逸友	内蒙古巴林左旗出土北宋銀鋌	考古	1965	12	内蒙古昭烏達盟巴林左旗	(遼) 上京道臨潢府			元年郊禋銀壹阡両毎鋌伍拾両専秤魏中応等監匠作(背)左班殿直監杭州都税院郭立				
									江南西路虔州瑞金	3	虔州瑞金県納到政和四年分奉進天寧節銀□□□本県典書袁豊銀行湯□□験行銀田六田五専副梁開□等	刻	2003.125		
									荊湖南路潭州瀏陽(永興銀場)	4	潭州瀏陽県永興銀場□□□進奉銀伍拾両/専知王釗/監銀□阮監鑄□唐	刻	2006.25		
									江南東路信州鉛山県	5	信州銀伍拾/(背)鉛山場/鄭漸	刻	2006.25		
	10	龐文龍　周靈芝	岐山県出土北宋鉄銭窖蔵和小銀鋌范模	中国銭幣	2002	3	陝西省岐山県	秦鳳路鳳翔府岐山	—	1	なし	—	651(16.2両)程度	鉄銭(仁宗～徽宗)と一緒に窖蔵	
										2	なし	—	325(8.1両)程度		
	11	王雪農　趙全明	“連州上供銀伍拾両”銀鋌	中国銭幣	1998	1	河北省盧龍	(遼) 南京道盧龍	広南東路連州(元魚銅坑)	1	連州元魚場買到二年/銭上供銀五拾両/専知官唐幸/(背)始字号/匠人廖昌	刻	1977		
	12	竇亜平	江蘇姜堰三里澤出土的銀鋌	中国銭幣	2005	3	江蘇省姜堰市	淮南東路泰州姜堰	—	1			2080-2085		
南宋	〈13〉	六安県文物管理所・邵建白	安徽六安出土南宋銀錠	文物	1986	10	安徽省六安県	淮南西路安豊軍六安	—	〈1〉	真花銀/出門税	印	490	陶製の甕より	
										〈2〉	真花銀/出門税	印	480		
										3	真花銀	印	235		
										4	錠銀	印	490		
										5	銘文あり/文字詳細なし	印	245		
										〈6〉	出門税	印	490		
										7	京錠銀/錠銀	印	240		
										〈8〉	出門税	印	230		
										9	真聶二助□臣	印	490		
										10	買到紹興二十一年秋季/伍拾両	刻	500		
										11	真花錠銀	印	200		
										12	真花錠銀	印	240		
	〈14〉	劉玉生	河南方城県出土南宋銀鋌	文物	1977	3	河南省方城県	(金) 南京路唐州方城	広南東路広州	1	広州経総制庫起発紹興二十六年春季経総制銀経(?)鋌伍拾両/専庫蘇挙　李枢/監官黄亨/右宣教郎経略司於辨公事権通判向/北張鋪	刻印	1950	県城東北10km/石の下深さ20cmの陶製の盆の中	
									—	2	真花鋌銀	印	245		

									3	真花鋌銀	印	245		
									4	…二十四年下限上供銀 …総領司大軍庫交 …等参軍監祖敏中	刻	1100		
									5	相国寺	印	950		
									6	…中平等/…鋌銀黄/…等	—	177.2		
									〈7〉	聶北鋪/出門税/重伍拾両/北聶匠	印	1950	県城南 3 ㎞/耕作地	
15	襄樊市文物管理処　崔新社	湖北襄樊羊祜山出土宋代銀鋌	文物	1984	4	湖北省襄樊市	京西南路襄陽府	広南東路潮州	1	潮州発紹興三十年分紗価銀/赴広州/提挙衙交納/右従政郎司理参軍鄭公弼/専知林規/銀匠羅端	刻	2000		
								利州東路閬州 利州東路興元府	2	閬州通判□秋季重五十両/霜/天七/専庫大□□□/興元府団并到銀伍拾両/左朝散郎通判閬州軍州事胡邦直	刻	2030		
16	成都市文物管理処	四川双流県出土的宋代銀鋌	文物	1984	7	四川省成都市	成都府路成都府	(北宋) 永興軍路解州？	1	解塩使司入納銀計重/伍拾両□□□五禾/庫官王武□行人李中	刻	1850	同時に金銀器(銀釵5件・金釵1件・金鐲1件・金条4件・金片2件)も出土	
								夔州路南平軍	2	南平軍発慶元二年夏季経総艮二十五両専庫張□□/天/庫官鄭行人楹林嵩看/重二十六両六銖//□□十分(←印)	刻印	973.7		
								—	3	張家信実記/留侯世家	印？	998		
									4	張家信実記/留侯世家	印？	918		
									5	張家信実記/留侯世家	印？	935		
									6	張家信実記/留侯世家	印？	988.5		
17	陳上岷	談西塞山出土的宋代銀錠	中国銭幣	1985	3	湖北省黄石市	江南西路興国軍	—	1	帳前統制官張青今解到銀柒仟陸佰両/毎錠係市秤伍拾両重/匠人張煥　扈文炳　宋國寧　何庚	刻？	1919	宋代の墓/金器・銅銭(「淳祐元宝」が最晩銭・遼金西夏の銅銭もあり)・銀錠の出土/黄釉の陶製の壺の中から/155件に銘文有り	①程欣人「湖北省黄石市西塞山発現大批宋代銀錠」『文物参考資料』1955-9 ②汪慶正「十五年以来古代貨幣資料的発現和研究中的若干問題」『文物』1965-1 ③湖北省博物館「黄石市発現的宋代窖蔵銅銭」『考古』1973-4
									2	同上	刻？	1983.2		
								広南東路潮州 荊湖北路鄂州	3	潮州経総銀鄂州交納重貳拾伍両鉄銭巷南朱二郎	—	946.5		
								両浙西路臨安府	4	京銷鋌銀霸北街東沈鋪	—	918.7		
									5	京銷鋌?銀霸北街西韓宅	—	914.2		
								広南東路連州	6	連州起淳祐六年経制銀錠湖広総所交権司法元蒲四郎記	—	462		

								両浙西路臨安府	7	黄字号京銷鋌銀重拾貳両半霸北左宅欧三験訖	—	465.2		
									8	軍資庫銀重拾貳両半霸北街西蘇宅韓五郎□卿□	—	458.2		
									9	□□□鈔庫重拾貳両半霸北裏角徐沈鋪	—	442.5		
									10	軍資庫銀重拾貳両半霸北街西蘇宅韓五郎□□□験□	—	470		
									11	重拾貳両半霸北街東張孫宅鄭朝用	—	446.2		
									12	売鈔庫拾貳両半監験霸北街西蘇宅韓五郎	—	460.2		
									13	経総制銀重拾貳両半霸北街西□宅韓五郎	—	473		
									14	京銷?銀重拾貳両半趙宅?銀	—	465		
								広南東路広州 両浙西路臨安府	15	広州売鈔庫監験重拾貳両半霸北街西旧日蘇韓張二郎	—	462.2		
								両浙西路臨安府	16	軍資庫銀重拾貳両半霸北街西蘇宅韓五郎	—	459		
									17	京銷銀趙孫宅東陳鋪	—	434		
									18	京銷銀馬将仕宅東陳鋪	—	435.2		
									19	京銷銀猫児橋東俞七郎	—	476		
									20	京銷細滲猫児橋東呉二郎	—	439		
								成都府路綿州	21	綿州王家記	—	462.8		
								—	22	西京王家銀	—	468.7		
									23	地字号王家大郎	—	507		
									24	煎銷花鋌銀	—	426.5		
									25	元字号真花銀江三郎記	—	418		
									26	黄字号二郎宅記曾一活張□□郎記	—	484		
									27	拾両□頭康□銷銀匠張□栄	—	391		
								淮南西路光州	28	光州陳念二郎記	—	396.5		
								—	29	劉匠	—	390.6		
									30	真光銀王宅	—	388.1		
									31	地字号銭秀才記買主陳四曾一験	—	233		
									32	盧四郎	—	114.5		
18	程欣人	荊州城外発現宋代銀錠	文物	1960	4	湖北省沙市	荊湖北路江陵府沙市	—	1	—	—	30両	荊州城東門の土中	
								広東転運司	2	府東門/黄将仕宅/広東転運	—	約15両		

										/銷鋌銀/淳祐十一年押人林崧英/等				
								両浙西路臨安府	3	猫児橋東/呉徐鋳/等	—	約15両		
〈19〉	詹婉容　朱蘊慧	蘇南茅山出土南宋金牌、銀鋌	考古与文物	1982	6	江蘇省句容県	江南東路建康府句容	—	〈1〉	出門税/王周鋪(図2のみ)	印	487	陶製の壺の中に金牌(29件)と銀鋌(12件)あり	
									〈2〉	出門税	印	225-229		
〈20〉	張遠棟	漢川銅塚出土宋代銀錠	江漢考古	1983	3	湖北省漢川県	荊湖北路漢陽軍漢川	—	〈1〉	出門税	—	990		
									2	李小六	—	965		
									〈3〉	許三助銀/出門税/真花鋌銀	—	720		
〈21〉	杜金娥	南宋商税銀?的再発現	中国錢幣	1984	2	河南上蔡県	(金)南京路上蔡	—	〈1〉	出門税/思内趙十一郎□	印	985/987	なし	
〈22〉	扶風県博物館　羅西章	扶風出土的宋金時代金銀器	考古与文物	1984	4	陝西省扶風県(午井四戸)	(金)鳳翔路鳳翔府扶風	—	1	不明	不明	375	宋代の住居跡/宋代の銅銭も出土/地下80cmから出土/銀鋌・砕銀合わせて3000g強	
						陝西省扶風県(法門宝塔)			〈2〉	馬北頭李二/出門税	印	982	陶製の壺より	
〈23〉	蔡運章・李運興	洛陽新発現的南宋出門税銀鋌考略	中国錢幣	1986	3	河南省洛陽市(所有)	(金)南京路河南府	—	〈1〉	出門税/趙十一郎戳	印	988.92	出土地不明	
						河南省方城県	(金)南京路唐州		〈2〉	口巷裏李六/軍貲/出門税	印	1927.13	農地より出土	
24	肖夢龍・汪青青	江蘇溧陽平橋出土宋代銀器窖蔵	文物	1986	5	江蘇省溧陽市	江南東路建康府溧陽	両浙西路臨安府	1	覇北街西/謝鋪記/重貳拾伍両/馬将仕宅□金四郎/王宅/葛文顔/里司大□□/等	印刻	953.5		
									2	京銷鋌銀/謝鋪記/□宅記□	印	971		
								—	3	真花銀/謝家花銀/謝鋪記/等	印	967.5		
								両浙西路臨安府	4	京銷銀/謝鋪記	印	956		
								—	5	真花鋌銀/謝鋪記/王一保□□/王□/等	印	971		
								両浙西路臨安府	6	覇北街東/謝鋪記/余姜宅/貳拾伍両/沃耶教宅	印	956		
〈25〉	馬徳和	南宋出門税銀錠	中国錢幣	1989	1	不明	不明	—	〈1〉	思内康四郎戳/出門税	印	981		
26	徐達元・杜霊章	信陽県出土南宋銀鋌	中国錢幣	1989	2	河南省信陽県	荊湖北路信陽軍信陽	—	1	聶秦家肥花銀	印	970	地中から	
〈27〉	汪宗耀　張寿来	湖北蘄春県出土元代銀錠	江漢考古	1989	3	湖北省蘄春県	淮南西路蘄州蘄春	—	〈1〉	出門税	印	955	1m前後の地中の陶製の甕より出土/ほか銀器5件も同封	黄成「蘄春県出土銀錠応属南宋」江漢考古1990-3にて宋代の銀錠との指摘有り/汪宗耀等「湖北蘄春出土古代銀錠」『中国錢幣』1990-2は本論文
									2	真花銀	印	970		
									3	なし	—	975		
									4	聶二助□臣	印	1005		
									5	李小六	印	396		

										6	六花銀	不明	156		の要約
	28	費世華	湖北陽新県出土宋代銀鋌	江漢考古	1990	3	湖北省陽新県	江南西路興国軍永興	両浙西路臨安府	1	京銷銀/□税記□□	印	953		
	〈29〉	—	宜興市出土宋銀錠	中国銭幣	1990	4	江蘇省宜興市	両浙西路常州宜興	—	〈1〉	出門税/高宅記	印	235		『中国文物報』談鶴鳴(1989.11.24)
										2	第十郎/夏将仕	印	235		
										3	茅鋪	印	235		
	30	黄石市博物館	湖北黄石陳伯臻出土窖蔵南宋銀錠	中国銭幣	1995	3	湖北省黄石市	江南西路興国軍	両浙西路臨安府	1	京銷鋌銀/朝天門里/董六郎	印	962	工事現場より/地下2.5mから/陶製の甕の中から銀器と共に/銀器に咸淳7(1271)年正月とある/近辺で宋代の墓や銅銭等が出土しているため、宋代の遺跡と考えられる。	
										2	京銷鋌銀/朝天門里/董六郎	印	960		
										3	京銷鋌銀/朝天門里/董六郎	印	960		
										4	京銷鋌銀/清河坊北/張三郎	印	440		
										5	京銷鋌銀/清河坊北/張三郎	印	443		
										6	□北街西/黄二郎/清河坊北/張参□	印	443		
										7	京銷鋌銀/清河坊北/張二郎	印	436		
										8	京銷鋌銀/張三郎	印	442		
										9	京銷鋌銀/清河坊北/張三郎	印	438		
										10	京銷鋌銀/清河坊北/張三郎	印	441		
										11	京銷鋌銀/清河坊北/張三郎	印	436		
										12	京銷鋌銀/張三郎	印	439		
	31	李克文	江蘇贛楡出土南宋銀鋌	中国銭幣	1996	1	江蘇省贛楡	（金）山東西路海州贛楡	（金）山東等路密州諸城	1	密州侯家/真花鋌銀/諸城県/伍拾両/使正/行人侯琦/験匠成謹/買塩人劉祐等/不鮮明な符号	刻印	2000	宋代の城跡より3km/30cm地下/絹織物に包まれて出土	李克文「江蘇?楡出土宋銀錠」『中国銭幣』1995-3（原載『陝西金融・銭幣研究』1995-2は簡略）
	〈32〉	趙水木　牛清彬	河南郟県発現南宋銀鋌	中国銭幣	2002	1	河南省郟県	（金）南京路汝州郟城	—	〈1〉	真花銀/出門税	印	997	不明	
	〈33〉	朱設平	浙江嘉興出土南宋"出門税"銀鋌	中国銭幣	2003	1	浙江省嘉興市	両浙西路嘉興府嘉興	—	〈1〉	出門税/京銷銀	印	984	工事現場より/麻縄で縛られた状態で出土	
											不明/印の跡あり	印	996		
										3	不明/印の跡あり	印	972		
										4	不明/印の跡あり	印	988		
	〈34〉	楊玉彬	阜陽出土一組宋代銀鋌	中国銭幣	2005	3	安徽省阜陽県	（金）　南京路潁州	—	1	聶□□	不鮮明	1950	工事現場より/他に金銀器も出土	
										〈2〉	朱雀門外馬安鋪/真花□銀/出門税	印	980		
										〈3〉	聶□/出門税/真花□銀	印	1000		
										4	聶秦〔定？〕肥花銀	印	1000	工事現場より/他の出土物は行方不明	
										5	聶匠/小大郎姪	印	1000		
										<6>	王九大□/出門税」/東王三■	印	990	窖蔵品/他の出土物は行方不明	
										7	聶二助銀匠	印	1980		
金	35	魯琪	北京出土金正隆二年銀	文物	1980	11	北京市	中都路大興府	慶原路邠州	1	邠州/進奉正隆二年分/金吾	刻	1711.9	北京市の工事現場より	

		鋌								衛上将軍静難軍節度使臣完顔宗垣進上/正旦銀壹鋌重伍拾両				
								—	2	なし	—	約1666		
36	王重山・閻鴻禧・祁生	山西発現金元時代的銀鋌	中国銭幣	1988	3	山西省	不明	河東南路解州	1	提挙解塩司大定廿一年十一月廿三日店戸薛□客人王義/□上等銀五十両　毎両七十□陌銭貳□貳佰□□/行人王□(14文字花押)秤子宋□□/□当官昭信王大任昭信蕭豫之	刻印	1989.8		
									2	提挙解塩司大定廿三年正月二五日店戸馬鳴靖客人□□/□上等銀肆拾玖両玖銭毎両七十□陌銭貳□□壹佰玖拾伍文/行人郭智(印13文字花押)/秤子宋士顕/□当官昭信王大任　昭信蕭豫之	刻印	1988		
37	崔永超	滄県出土金代銀鋌的探討	文物春秋	1994	2	河北省滄県	河北東路滄州	—	1	(刻)(大)定二十□五■九□□□銀肆拾玖両匠王□/庫劉瑞使司□□//(印)使司□□/火司□□/■/塩使司	刻印	—		
									2	(刻)往二十四　李順/分治使司泰和六年十一月初二日店戸李順/肆拾玖両捌銭半/伍拾両/秤子劉砺　毎両銭一貫九百四十文/承直郎塩判張//(印)裴一■記/銀行人閆忠傑/任理験/三■/■	刻印	—		
									3	文字なし	—	—		
38	臨潼県文化館 健康民　陝西省文管会　韓偉 尚志儒	関于陝西臨潼出土的金代税銀的几个問題	文物	1975	8	陝西省臨潼県	京兆府路臨潼	—	1	泰和六秋税銀伍拾両参□秤子許彦行人銭(?)謙(印)田家記/任理験/■/又二銭	刻印	2025		郭正忠「臨潼金代解塩銀鋌考」『文物』1997-4
								—	2	泰和六秋税銀伍拾両貳□秤子許彦行人銭(?)謙(印)元□□/任理験/■/又二銭	刻印	2000		
								—	3	趙彦/泰六秋税銀伍拾両貳	刻印	2000		

									銭足秤子許彦行人銭（?）謙何立本 (印)任理験/■/又三銭/周成/■罷/王徳理/校明/胡温信/張徳温			
							—	4	唐仲仁/泰六秋税銀伍拾両貳銭足/秤子許彦　行人陳□/楊彦忠 (印)任理験/又三銭/■/胡温信/王徳理/張徳温/■罷	刻印	2025	
							—	5	解塩使司明昌元年六月□日店戸□□店戸□□/□□□□伍拾両貳銭毎両□□□貳貫文/行人　秤子王□立/□□□□□済仁 (印)■11符号	刻印	2025	
							—	6	分治司泰四七月十七日店戸李■肆拾玖両陸銭又伍銭/行人趙澄■塩判苑■/秤子荊■ (印)又二銭/田克□	刻印	2000	
							—	7	申五十六　分治司泰五五月六日店戸劉□昌/肆拾玖両伍銭半　毎両一貫八百文□/行人馬□　秤子楊済/泰五東塩判苑■ (印)又二銭/□李三記/■/など	刻印	2000	
							—	8	泰和六年七月十七日引領石灝客（店?）人丁□/肆拾捌両伍銭毎両銭貳貫/秤子□□■行人陶寛■/塩判王□　又一銭/肆拾捌両陸銭半河中庫子左□□ (印)史堯家/李□冬/■■/□府十九□/など	刻印	1950	
							—	9	分治司泰六七月…/肆拾…/銀行人□珍　秤子楊…/承直郎塩判…	刻印	900	

		(印)郭元実			
—	10	地卅号/分治司泰和六年八月廿三日店戸□□□□/秤子王仲　行人張彦/肆拾玖両捌銭足　又一銭/毎両□□□貫/文林郎塩判張 (印)[redacted]	刻印	2000	
河東南路解州	11	解塩使司泰和六年八月廿八日引領閆太店戸/中白銀毎両一貫九百四十文秤子魏珍　行人蘇安/肆拾玖両玖銭半/権判管勾王□ (印)又一銭/王守信	刻印	2000	
—	12	分治司泰和□□八月□□店戸張彦？/肆拾捌両　毎両計八十陌銭貳貫/行人馬任□□秤子王用 (印)支出/官[redacted]/[redacted]/[redacted]	刻印	1900	
—	13	崑三十六/分治使司泰和七年二月十六日店戸王□/肆拾玖両伍銭半/銀行人趙澄秤子王安毎両銭貳貫文/承直郎塩判張 (印)又一銭/任理験/[redacted]/[redacted]	刻印	2000	
—	14	重四十四/分治司泰和七年九月初店戸(平？)岳/伍拾両/銀行人師珍秤子劉硏毎両銭貳貫文/承直郎塩判張 (印)又一銭/任理験/[redacted]	刻印	2000	
河東南路解州	15	解塩使司泰和七年十月卅一日引領候浩□□□□/中上花銀肆拾捌両伍銭足/行人王□　秤子□□/塩判李 (印)又一銭/任理験/[redacted]□□	刻印	1950	
—	16	分治司泰和七年…/肆拾…/銀行人師珍秤子楊…/承直郎塩判…	刻印	1000	

		(印)■多数			
—	17	肆拾玖両玖銭/行人宋汝旦　□□秤 (印)使司/■■/■/呂翔	刻印	2000	
—	18	肆拾玖両/行人全平石　行人丁一石/劉□秤　□□秤 (印)使司/■■(各2) 又二銭/又三銭/劉順淵/王才寔/王守信/■など(各1)	刻印	1950	
—	19	肆拾玖両捌銭/行人胡温信/尹嗣昌秤 (印)使司/■■(各1) ■(各2)	刻印	2000	
—	20	肆拾玖両玖銭/行人劉琪馮楫秤 (印)使司/■■/又二銭/王仲温など	刻印	2025	
—	21	肆拾玖両伍銭/行人　□□秤 (印)使司/■■/任応和など	刻印	1975	
—	22	伍拾両貳銭/行人唐公原□□秤/行人□□　□□秤 (印)使司/■■/王公全□/田家記/■など	刻印	2000	
—	23	肆拾玖両肆銭半/行人　□□秤 (印)使司/■■/唐公原/校明/又三銭/□廷温/■罷/■	刻印	2000	
—	24	伍拾両肆銭/行人劉忠実□□秤 (印)使司/■■/■/又二銭/王琛	刻印	2000	
—	25	肆拾玖両玖銭/行人　□□秤 (印)使司/■■/王琛/董守中/牛龍/□□界正□	刻印	2025	
—	26	重伍拾両伍銭/行人王仲秤子劉王珙■ (印)■	刻印	2010	

								—	27	重伍拾伍両伍銭/秤子周真■	刻	2000		
								—	28	肆拾玖両陸銭/陳□行人蘇玘劉興祖秤(印)■■/豆/又二銭など	刻印	1950		
								—	29	(印)駅前馮四郎家/□□使□/■	印	975		
								—	30	重肆拾…/陰□…/行人□…(印)■	刻印	1025		
								—	31	なし	なし	—		
								—	32	—	—	—		
39	郁祥楨	金明昌二年解塩銀錠	中国銭幣	1993	1	—	—	河東南路解州		解塩司監塩官五拾両/明昌二年五月十一日匠張徳□	刻	1986.2		
40	董玉魁・潘振中	金代銀鋌承安宝貨出土	中国銭幣	1986	2	黒竜江省阿城市	上京路会寧府	—	1	承安(横書き)/宝貨壹両半/庫■部■	印	59.3	金上京会寧府郊外より	
									2	承安(横書き)/宝貨壹両半/庫■部■	印	58.5		
									3	承安(横書き)/宝貨壹両半/庫■部■	印	58		
									4	承安(横書き)/宝貨壹両半/庫■部■	印	60.5		
									5	承安(横書き)/宝貨壹両半/庫■部■	印	59		
41	郭愛	内蒙古興和県発現"承安宝貨"	中国銭幣	1988	3	内蒙古興和県	西京路宣徳州	—		承安(横書き)/宝貨壹両半/庫■部■	印	60		
42	李光林	山東青州出土宋金銀錠	中国銭幣	1995	3	山東省青州市	山東東路益都府	—	1	匠人高守中/伍拾両/秤庫子劉儀	印	1940	黒釉の壺から出土/同じ壺の中に金代泰和4年(1204)の年号のある銀錠あり/宋金銀錠とタイトルになるので、筆者はこの4件は宋代のものと解釈していると思われるが、金代の可能性あり。	『中国文物報』(1994.1.16)
									2	宋崎/伍拾捌両柒銭/行人石永禄/盛成秤/使司正臣	印	1950		
									3	劉仲元/伍拾玖両/官函玉/官□□/使司郎/趙百通秤/行人劉仲元/等	印	1960		
									4	匠人□存/□偉/伍拾玖両□銭/劉拯秤/使司/行人郭儀/五十玖両伍銭/金銀王家/等	印	1970		
									5	分治司泰四六月一十九日店戸□信/三天/行人□□義方/□拾玖両玖千/秤子荊崇/監判苑正/銀貨□/等	印	1980	黒釉の壺から出土/同じ壺から他4件の銀錠出土/ほか4件を筆者は宋代のものと解釈しているらし	

													い。	
43	朱捷元	介紹三笏金泰和年間的塩税銀鋌	考古与文物	1982	1	不明	不明	—	1	分司泰和四年五月十二日店戸周文柳/李棟/五韓家/又一銭/行人馬義/肆拾玖両柒銭半/又一銭/秤子李沂/田克巳/行人王琮/塩判苑正/使司/李仁佶秤	刻印	1980		郭正忠「臨潼金代解塩銀鋌考」『文物』1997-4関連論文
						不明	不明		2	分司泰四五廿六日店戸王忠汭(?)/又二銭/肆拾玖両肆銭半/行人尹笷等/五韓家/田克巳/秤子李沂/塩判判正/使司	刻印	1960		
						陝西省臨潼県	京兆府路臨潼		3	菜五十二/分治使司泰和七年五月初九日店戸陳彦/肆拾玖両参銭又一銭/任理験/銀行人師笷/秤子銭林/毎両銭貳貫文/承直郎塩判張	刻印	1962.3		
44	科右中旗文化局	科尓沁右翼中旗出土金元銀鋌	文物	1982	8	内蒙古自治区科尓沁右翼中旗	臨潢府路	—	1	(刻)□□肆拾玖両陸銭/行人王公全/王監認秤/(印)温家真花銀	刻印	1973	同時に唐宋金代の銅銭114枚出土/最晩年銅銭は金代「正隆元宝」(正隆:1156~1160)	
									2	(刻)□□行人田茂実肆拾玖両五銭/李棟一五十両二□/(印)劉□秤/使司総兵(?)	刻印	1986		
									3	銀重五拾両	刻	1962		
45	李逸友	巴林左旗出土金代銀鋌浅釈—兼論金代銀鋌形制	中国銭幣	1986	1	内蒙古巴林左旗南部隆昌鎮	臨潢府路臨潢府	河東北路代州崞県	1	(刻)肆拾捌両玖銭/崞県游祥/□官銀四十八両九銭験王実等秤子郝完□//(印)行人□□□秤/使司/半/修	刻印	—		
								河東南路平陽府	2	(刻)行人鄭公甫広修祥五十両五銭/楊林肆拾玖両肆銭//(印)平陽銀陳五/市令司	刻印	—		
								—	3	(刻)郭用章肆拾玖両捌銭/行人劉禄/宋璘秤//(印)使□□/方	刻印	—		
									4	(刻)郭義肆拾捌両捌銭/行人丁順/□□秤//(印)使司	刻印	—		
									5	祐秤/拾玖両玖銭	—	—		
46	黎大祥	甘粛武威発現一批西夏通用銀錠	中国銭幣	1991	4	甘粛省武威市	西夏	—	1	使正/□□□……夏家記	刻	2000	3mの深さより宋代の銅銭と共に出土	
									2	■偉　肆拾玖両捌銭　使正	刻印	2000		

											(印)/五十両六銭/行人任応和　賚献成秤				
										3	官正/官正　■/官正/官正	刻印	1950		
										4	肆拾玖両捌銭/行人裴元宋琦秤	刻	2000		
										5	□□……廿二日辰□□□/肆拾玖両捌銭足/行人□□□　秤子楊□□……/□□張□□/趙鋪記(印)	刻印	2000		
										6	肆拾玖両肆銭/■■■■	刻	2000		
										7	真花銀一錠	刻	2000		
										8	真花銀壹錠/重伍拾両一銭/■■■　■■■	刻	1955		
										9	■　■■	刻	2000		
										10	四十六両六銭四銖/□□運司　□佰□秤/貳拾伍両捌銭	刻	950		白秦川「武威出土銀鋌応為金代銀鋌」『中国銭幣』2005-3参照/銘文の特徴から、金代の銀錠と指摘/金代末年(「建炎通宝」が同時出土したため)
										11	廳志　貳拾肆両肆銭/貳拾肆両参銭正　宋□□秤/秤子傳元　郭栄靳/行人索□甘/西■■■□□一■廿二日行■/孫/■■/■	刻	1040		
										12	—	刻	1600		
										13	—	刻	1800		
										14	—	刻	1950		
										15	—	刻	1750		
										16	—	刻	700		
										17	—	—	2000		
										18	—	—	1800		
										19	—	—	1200		
										20	—	—	850		
										21	—	—	1150		
										22	—	—	1300		

(注)
1 出門税銀錠を含む報告には、通し番号（通番）と個数の部分に〈　〉の印を附した。2「/」は、改行を示す。3 □は、判読不明文字。4 ■は、花押様記号。

元代首領官の分類に関する一考察

片桐　尚

はじめに

元代官制の特徴の一つとして、正官や吏員以外に「首領官」なる範疇が存在したことが挙げられよう。この首領官については、職掌面については多くの研究がなされており、大凡以下の如き職務を担っていたことが明らかにされている。すなわち、文書の保管や点検等の文書処理業務を中心とした官府の実務一切、吏員の統括、円署（合議による政務決定）への参加、獄の管理等である。

これに対し、首領官の官制面における位置付けについては、必ずしも明確になっていない。例えば任用や遷転といった人事管理に関連する問題については、基本的な部分において未だ研究の余地が存在し、これについては筆者もかつて検討を行ったことがある[1]。しかしながらそれ以前の問題として、首領官という範疇に含まれる官職とは一体どの範囲なのかという、非常に基本的な問題に対して、これまで批判的に検証されたことは少なかった。多くの研究では首領官として扱われる官職を自明のものとして挙げており、具体的な論証を伴ってはいない。首領官に関しての様々な問題を論じていくに当たって、その議論の前提となる首領官の定義が曖昧なままでは、論が成り立たなくなる恐れも存在するであろう。「首領官」という概念に関して、今一度その定義を洗い直し、その制度的な位置付けを再考してみる必要が存在するのではないか。

このような問題意識に基づき、本論ではまず首領官について述べている先行研究を紹介し、その中でどのような官が首領官として挙げられているのかという点について整理を行い、それについて共通理解が果たして得られているのか見ていく。次いで、主として『大元聖政国朝典章』（以下『元典章』と略）や『通制条格』といった法制史料を用い、一般的に首領官と見なされる官は、実際にはどのように扱われていたのかについて検討を行っていく。最後に、「首領官」なる区分を吏員から区別するための制度的な裏付けとは、結局何であるのかについて考察を行う。以上のようなアプローチを通じて、「首領官」なる概念についての理解を進める一助となればと考えている。

一、首領官の分類に関する先行研究の整理

首領官についての定義を行ったのは、管見の限りでは村上正二氏が最初であると思われる。村上氏は元代官制についての概説を書かれたが、その中で「行政審議に与かることなくして、文書の収受書写等の事務のみを管掌したものは首領官と呼ばれた。」と述べ、「首領官員」として提控案牘・経歴・知事等があるとする。(2) 村上氏はまた「首領官員」の下に「首領吏」・「首領官に属する吏」という区分を設定し、都目・吏目・典吏がこれに属するとしている。(3) この「首領吏」・「首領官に属する吏」をも含めるなら、首領官に属する官職として村上氏が想定していたのは、提控案牘・経歴・知事・都目・吏目・典吏になる。

村上氏の次に首領官について言及したものとして、宋元期の法制と裁判機構について論じた宮崎市定氏の論考が存

在する。宮崎氏は首領官が官府文書の保管業務の責任者であったと述べているが、この中で首領官として挙げられているのは、提控案牘・管勾承発・照磨・管勾架閣・経歴・知事・都目・吏目・典史である。(4)

村上・宮崎氏の後では、元朝の中国支配の特質について包括的な検討を行った愛宕松男氏の論考中において、元朝官僚制度の新たな特徴として首領官の存在を挙げられ、その性格が論じられている。ここでは首領官に属する官職として、典史・吏目・司吏・提控案牘・照磨・管勾架閣・令史・経歴・都事が挙げられている。(5)

以上、日本における首領官について言及した古典的研究について概観したが、各々において首領官として分類される官職にやや相違が存在する。通常は吏員に含まれる典史(6)は村上氏のみが挙げており、一方宮崎・愛宕両氏が挙げている典史は村上氏においては吏員として扱われている。愛宕氏のみが挙げられている司吏・令史・都事については、前二者は通常は吏員として括られる官である。(7)後者の都事については、これが主として中央官庁や地方の最高級官府（行省・行台）のみに置かれた官であり、村上・宮崎両氏の論考は路総管府以下の地方官府が対象のため、愛宕氏のみしか都事を挙げられていない理由はこの点にあると考えられる。が、ともかくも首領官の区分については統一した認識がなされていない。

ここで中国の研究に目を向けてみよう。中国の研究者で首領官について包括的な研究を行ったのは許凡氏である。許凡氏は首領官をA・B・Cの三グループに分け、Aには経歴・都事・主事・知事、Bには管勾・照磨・提控案牘、Cには都目・吏目・典史をそれぞれ充てている。(8)

許凡氏の後においては、張金銑氏や李治安氏が元代の地方行政制度に関する論考を発表されているが、その中で地方官府に置かれた首領官の役割について触れられている。張金銑氏は経歴・知事・照磨・提控案牘・吏目・典史を首領官として挙げ(9)、李治安氏においては路総管府に所属する首領官として経歴・知事・照磨・提控案牘が、県に所属するものとして典史が挙げられている[10]。

この三氏の分類を見ていくと、共通して挙げられているのは経歴・知事・照磨・提控案牘・典史である。都事・主事・都目は許凡氏のみが挙げているが、都目は延祐年間に吏目に改められたため[11]、実質的には吏目と同様と見なせる。また三氏が対象範囲としている官府はそれぞれ異なるため（許凡氏は中央・地方を合わせた全般、張金銑氏は路総管府以下の地方官府全般、李治安氏は路総管府と県）、都事や中央の六部に置かれた主事については、張金銑・李治安両氏は触れていない。

以上、中国の研究における首領官の分類を通観してきたが、中国では令史や書吏といった吏員を首領官に含める見解は採用されておらず、首領官の分類に関する記述は比較的統一されているように窺われる。

このように日中の首領官の分類に関する研究について概観してみたが、総合的に判断していくと、地方官府に限れば、経歴・知事・照磨・管勾・提控案牘・都目・吏目・典史といった官が首領官の範疇に含まれるものと一般的に理解されているようである。

こうした分類に対して、大島立子氏は首領官について定義が明確になされている史料は少ないこと、史料ごとに分類が異なり、整合性がなく統一した見解もない点を指摘され[12]、「首領官」という区分が、制度的に明確な形で存在したわけではない可能性を示唆されている。大島氏のこの指摘は、これまで自明なものとして検討の対象とされてこなかった首領官の定義の問題に対して再考を促すものである。

結局のところ、首領官として括られる官職は一体どの範囲までなのだろうか。あるいは大島氏が説かれるように、明確な規準は存在しないのだろうか。この問題については、具体的な史料の記述に即して検討されるべきであろう。先掲した全ての官職を扱うことは紙幅の都合上困難であるので、次節においては、特定の官職——具体的には典史

――に焦点を絞り、その史料中での扱いを見ていくことにする。

二、首領官の分類に関する史料中での記述――典史を中心に――

典史は県・録事司に設置された官職であり、資品を持たない流外官である。前節で挙げた首領官に分類されている官職の中で、典史は大方の研究において首領官の範疇に含まれている。しかしながら、典史が首領官であると明確に記してある史料は実際はごく少ない。『至順鎮江志』巻一三、廩禄、俸銭の項では、

丹徒県官三百六十貫。（中略）首領官三十五貫。典史一員。

とあり、県の首領官として典史の名が明確に挙げられている。しかしながら、『元典章』・『通制条格』・『至正条格』といった法制史料の中では、管見の限り見ることができない。

ところで『元典章』一二、吏部巻六に「典史」という項目が立てられ、典史の任用等に関するまとまった記事が収められているが、それは「吏制」門の中に存在している。吏制門に項目が立てられているのは、令史・書吏・典吏・司吏といった吏員に属する官であり、書物の見出し上の問題に過ぎないことではあるが、典史はこれらの官と同列に扱われている、すなわち吏員として見なされていることになる。見出し上の問題に過ぎないといっても、元代の人々の間に、典史は吏員であるという共通認識が存在したからこそ、その意識がこうした配列に反映されていると見なすことも可能だろう。なお、典史と同じ流外官に属する提控案牘・都目・吏目については、この中に項目が立てられていない。

また、『通制条格』巻一三、禄令、「俸禄職田」条には、江南の地に在職する官員に対する職田の支給額が記載され

ており、行政単位ごとに設置されている各官職を「官」と「首領官」に分けている。以下、路総管府から録事司までの記載を見てみよう。

各路

上路

官

達魯花赤捌頃　総管捌頃　同知肆頃　治中三頃　府判貳頃半

首領官

経歴貳頃　知事壹頃　提控案牘壹頃

下路

官

達魯花赤柒頃　総管柒頃　同知参頃半　府判貳頃半

首領官

経歴貳頃　知事壹頃　提控案牘壹頃

散府

官

達魯花赤六頃　知府陸頃　同知参頃　府判貳頃

首領官

提控案牘壹頃

上州
　官
　　達魯花赤五頃　知州五頃　同知貳頃半　州判貳頃
　首領官
　　提控案牘壹頃
中州
　官
　　達魯花赤肆頃　知州四頃　同知貳頃　州判壹頃半　都目半頃
下州
　　達魯花赤参頃　知州参頃　同知貳頃　州判壹頃半
上県
　　達魯花赤貳頃　県尹貳頃　県丞壹頃半　主簿壹頃　県尉壹頃
中県
　　達魯花赤貳頃　県尹貳頃　主簿壹頃　県尉壹頃
録事司
　　達魯花赤壹頃半　録事壹頃半　禄判壹頃　司獄壹頃　巡検壹頃

路総管府・散府・上州には首領官の項目が立てられており、経歴・知事・提控案牘といった官が入っている。しかしながら、典史が設置されている上県・中県・録事司には首領官の項目は立てられておらず、典史の名前も存在しない。もっともこの史料では典史以外でも、大島氏がすでに指摘されていることだが、中州の箇所で「官」の項目に都目が入っており[13]、厳密な定義の上で区分がなされている訳ではない可能性も存在するであろう。

さらにもう一点、典史の遷転面における位置を見ていくと、『元典章』一二、吏部巻六、吏制、書吏、「憲司書吏奏差」条に、

至元二十九年閏六月、承奉行台劄付、「監察御史呈、『准福建廉訪司簽事張承直牒、〝照得、各道粛政廉訪司、糾弾諸司官吏非違、提調成就一切勾当、責任至重。司官固在得人、至於書吏・奏差、名役雖微亦関風憲、如有名缺、例合従公選挙。今有各路総管府、看循面皮、或因請托求幹、並無廉訪司選保牒文。徑将見役及在閑司吏・典史不応之人、泛濫牒呈区用、偶遇一缺、群然争趍其間、営幹不無、内有不識公事・声迹不好者、止憑牒保、不経体覆、相応便行補塡、使諸衙門軽視無所忌憚、躭誤勾当不能辦集。既本人素無廉耻、有玷衙門。又使廉能之士耻於同列、実失風憲之体。卑職切詳、各路司吏、尚且牒呈廉訪司体覆、廉訪司書吏・奏差有缺、擬合行移各処分司、於本路上名司吏及典史内、従公選保、総司体覆相応、然後委用。如総司親臨路分有合補之人、亦移牒所在官司、或相隣分司体覆、各路総管府並不得擅自保挙。庶幾可絶僥倖之門、以清風憲之司。牒請照験事。呈乞照詳。〟得此、照得、近准御史台咨、〝各道粛政廉訪司書吏、於各路総管府請俸司吏幷歳貢儒人内、詢衆従新公選、奏差於州司吏・県典史内遴選。〟已経遍行各道、依上施行去訖。今拠見呈相度、如准簽事張承直所言、実為公当。仰如遇書吏・奏差有缺、依例選取、行移拘該分司体覆、相応。保結牒司収補施行。』奉此、除已依上施行。」

とある。近年廉訪司書吏・奏差の任用について、欠員が存在すれば公選によるべきなのに、路総管府において私情に基づいた勝手な選考がなされ、現役・在閑にある司吏・典史の不適格な者から採用され、充分な審査が行われていない現状が問題視された。そのため今後は廉訪司書吏・奏差に欠員が出た際は、路総管府の司吏あるいは典史の中から

任用し、審査を厳格に行い、路総管府による恣意的な任用を阻止する提言がなされ、裁可されている。同様に『元典章』一二、吏部巻六、吏制、宣使奏差、「廉訪司奏差州吏内選取」条に、

至大元年三月、行台准御史台咨。奉中書省劄付。来呈。燕南河北廉訪司、「至元二十二年各道按察司奏差有缺、於県典史・州司吏内選取、九十月考満於都目内任用。（下略）

として、按察司奏差に欠員が出た際には、県に所属する典史と州に所属する司吏の中から採用するとしている。

ここでは、典史は吏員である司吏と並列して論じられている。また典史の遷転先として挙がっている書吏・奏差は、吏職に属する官である。(14) 典史の昇進先として吏員たる書吏・奏差のポストがあてがわれているならば、典史は書吏よりも下級の位置にあり、官制上の地位は吏職であると考えることもできる。また、『元典章』一五、戸部巻一、禄廩、俸銭、「官吏添支俸給」第二条に、

大徳三年正月、欽奉詔条内一款、「張官置吏、本以為民。小吏禄食不給、掊取為害、令中書省添給俸米有差。欽此。」中書省議得、廉訪司・転運司書吏・通訳史俸鈔依旧支給、毎月添米一石、奏差・典吏験俸依例給米、総府司吏・通訳司・下州吏目、擬支月俸中統鈔八両・米六斗、散府・諸州司吏・県典史月俸中統鈔七両・米七斗、諸県録事司・巡検司司吏、月俸中統鈔六両・米六斗。仰各処官吏、自大徳三年正月為始、按月依例支給。（下略）

とある。「小吏」に対する俸禄支給額の規定を定めたものであるが、この中で書吏や通史・訳史、典吏や司吏といった吏員に混じって、典史（吏目も）が入っている。法制史料中での「小吏」なる用語が示す範疇については別に検討を要するが、(15) 少なくとも当該史料においては、典史は胥吏と同様に扱われている。

それでは典史は吏員の範疇に含まれるのか。この点に関して、『元典章』四六、刑部巻八、諸贓一、取受、「吏員贓満一体追奪」第一条に、

皇慶元年四月、行台准御史台咨、来咨、『浙西廉訪司申、〝拠楊子華状告杭州西北録事司典史袁勳、取受子華鈔二定、依不枉法例、決四十七下殿三年、本等叙用。〟切詳、典史身受行省箚付、合無比同吏人犯贓論罪。今若有犯贓満枉法之罪、所受箚付、合無追奪。各衙門有受勅職官見充吏員、及府州提挙司提控案牘・都吏目、今後取受銭物、未審如何定論。咨請照詳。准此。』呈奉中書省箚付、『送據刑部呈、〝除職官吏員別行議擬外、議得、録事司典史袁勳所招、不合收受訖潘亮過付到楊子華出備折把盞中統鈔二定入己罪犯。此等之人、始由吏員出身、陞転案牘之職、合依職官例科断。其府州提挙司提控案牘・都吏目、即係一体。若犯枉法贓満者、追奪所受箚付、相応。具呈照詳。〟都省仰依上施行。』

とある。杭州西北録事司典史である袁勳の収賄事件が発端となり、典史を吏員と同様に扱って裁くべきか、また職官吏員・提控案牘・都目・吏目といった地位にある者が同様の罪を犯した場合、どのように処置すべきかが明確になっていないことが問題提起された。これに対し中央は以下の判断を下した。すなわち、録事司典史の袁勳らは吏員出身であるが、現在は文書を扱う職に昇進しているので、職官の例に依拠して処分すべきである。府・州・提挙司の提控案牘・都目・吏目についても同様の処置を行う。

この史料から窺えることは、典史（だけでなく職官吏員・提控案牘・都目・吏目についても同様だが）が吏員か否かという身分上の扱いについて、行政の現場においては見解が統一されていなかった事実である。ここでは中央は典史を職官として扱うという判断をしているが、その理由として文書を扱う職に昇進しているためと述べられている点は注目される。首領官の最も重要な職掌が文書処理であったことを考えれば、典史は首領官として見なされていたとも言える。結局のところ典史の官制面における位置付けは、曖昧なものであったと言うことができるだろう。

以上、典史についてその史料中における扱いを見てきたが、特に法制史料においては典史が首領官であるという直接的な記述は見出すことはできない。だが、その地位が完全に胥吏に止まるものであったとも言い切れない。

大島氏が「首領官に分類される官は所属する官衙によって官位は異なっている。上は正五品から下は流外官あるいは胥吏と思われるものまであり、首領官の定義が官僚機構上の上下に関わらないことは明白である。」と述べられているように、[16]首領官を官制面から厳密に定義することは困難な試みではあろう。しかしながら、逆に官制上での整合性が取れないという観点から出発して、「首領官」が示す範疇において、その内部の差異に注目する視点も取れるのではないか。一方で、先掲した『元典章』「吏員贓満一体追奪」条にある「始由吏員出身、陞転案牘之職、合依職官例科断。」という中央政府の判断からは、吏員と「案牘之職」＝首領官を区別しようとする意図を看取することもできよう。首領官という範疇が法制的に確たる規定がなされていないものであったとしても、中央は首領官を少なくとも胥吏とは異なる存在であるという認識のもとに、その位置を制度的に策定しようと考えていたのではないだろうか。では、その根拠は一体に何に求められたのだろうか。最終節においてはこうした問題に関して、いささかの考察を進めていきたい。

三、流外首領官層の設定と彼らを吏員と区別する根拠

ところで、第一節で挙げた愛宕松男氏の論考の中で、愛宕氏は首領官を唐宋の流外胥吏に相当するとしており、その根拠を以下の点に求めている。首領官は一部を除いて大多数は資品を持っていないが、首領官には遷転して品官に入流する途が開かれており、首領官が流外の身分であっても銓選の域内におかれ、入流のいかんに拘わらず銓法が適用されまた俸禄が支給されるため、広義での官吏という位置づけが首領官にも与えられるとする。[17]

これより三〇年近く前に発表された研究において、愛宕氏は元朝の吏員の性格について言及し、その中で「請俸の吏」なる分類のもとに、経歴・知事・都事・令史・書吏・司吏・照磨・管勾・知印・提控案牘・訳史・通事・吏目・典吏・掾史といった官職を列記されている。[18] ここで挙げられている経歴・知事・提控案牘・吏目・都事・照磨・管勾は、村上・宮崎氏や愛宕氏の後の研究においては首領官として扱われている。これらの官職を愛宕氏はこの時点では「首領官」という概念で括らず、有俸ではあってもあくまで吏員と見なしている。こうした見解から、愛宕氏は首領官を官制面においては流外官として把握されているようである。このような愛宕氏の見解はその後議論がなされることはなく現在に至っているが、首領官を官制的側面から位置付けようとする試みとして、筆者としては注目する部分である。[19]

しかしながら、愛宕氏の見立ては一部において事実と相違する点があり、全てを肯定することはできない。首領官は大多数が資品を持たないとするが、資品を持たない首領官（と見なされる）官は提控案牘・都目・吏目・典史のみであり、都事・経歴・知事・照磨などは下級ながら資品を持つ流内官である。首領官全体が流外官に属するかのような記載は、正鵠を得たものではないだろう。

ここで問題となるのは、首領官の中が資品を持つ流内官層と資品を持たない流外官層に分離していた点である。第一節で挙げた村上氏の所説の中で、首領官を「首領官員」と「首領吏」に分けていることは、各々の範疇に属する官職の分類が適当であるかは別として、首領官の性格を分析する上で有効な概念ではないかと考えられる。[20] ここで流外に属する首領官について、官制面での序列に大いに関係する、銓選や礼制上の扱いに関する史料をいくつか見てみよう。まず『元典章』巻一〇、吏部巻四、職制一、聴除、「官満在家聴候」条では、

至元十一年二月、中書吏礼部承奉中書省札付、（中略）省部未審応管銭谷人員・巡検・提控案牘・都吏目人等、

合無同職官一体遷転。（下略）

とある。元初においては提控案牘や都目・吏目は、税務官（銭谷人員）や巡検と並んで、職官と同様の遷転の対象となるかどうか議論の対象となっている。また、『元典章』二九、礼部巻二、礼制二、服色、「提控都吏目公服」条に、

至元九年、中書礼部、「近拠濮州申、『本州如遇捧接詔赦、其提領案牘、合無製造公服。乞照詳。』省部議得、諸路総管府并散府上・中・下州所設提領案牘・都吏目、倶未入流品人員、難擬製造公服。如遇行礼、権擬依檀合羅窄衫、黒角束帯、舒脚幞頭。」呈奉中書省箚付、「准呈、仍遍行合属、依上施行。」

として、恩赦の詔を受ける際に着用する礼服について、提控案牘や都目・吏目は流外官であるので、正規の公服を製造することは難しいとの判断が下されている。さらに、前節でも述べたが、『元典章』「吏員贓満一体追奪」条において、提控案牘・都目・吏目が収賄事件を起こした場合の処分について明確な規定が存在していなかった。

大島氏は「元朝の官制の整理に伴い、首領官の中に官僚機構に組み入れられるものと吏に近い者に分けられた。しかし元朝における官と吏の不分明さが、従来通りに一括して首領官と総称されることに疑問がもたれなかったのであろう。史料の上での記述の相違はもともと厳密に区分しようとする姿勢がなかったこともあろうが、一つには首領官の中が二層に分けられていたことにもよろう。」との見解を示されている。[21] 首領官と目される官職群の中で、流外に属する提控案牘・都目・吏目・典史はその官制的位置付けが定まらず、資品を持つ知事や経歴等とは一線を引かれる存在であったと見なすことができよう。官制面においては、流外に属するか流内に属するかという点が分水域であり、首領官はこの点において確かに二層に分化していたと考えられる。

それでは彼らの立場を、胥吏から差異化する制度的根拠は存在したのか。ここで、前節で挙げた『元典章』「吏員贓満一体追奪」条に、「切詳、典史身受行省箚付、合無比同吏人犯贓論罪。」なる文言が存在することを想起しよう。

典史は行省の箚付を受けており、吏員と同様に扱うべきなのかと述べている点は注意を要する。一つの可能性として、任命権の所在が官僚の扱いを決定する重要な要素なのではないか[22]。

『元典章』九、吏部巻三、官制三、首領官、「勅牒提控案牘」に、

大徳十年四月、湖広行省准中書省咨「吏部呈、『切惟、各路統領郡県、生民利病、実所係焉。其幕官・経歴従七品級、所辦差税・課程・造作・一切詞訟、賛協治体、責任非軽。宜従都省、於在選正七人員、選材銓用。**又知事以下例設提控案牘一員、止受本部箚付**、出身甚小歴任尤浅、即目到任正従九品員多、不能遷調。若准改設提控案牘兼照磨職名、頒行勅牒、遇闕於在選文資出身諳知事務流官内銓注、不敷者於任回提控官注授、通理月日升遷、職田俸給並依旧例。（中略）』議得、除腹裏・江南上路幷寺監・運司経歴・宣尉司都事、都省選注、余准部擬外、擬提控案牘擬改設提控案牘兼照磨承発架閣、給降従九品印信」。於大徳十年二月十一日、奏過事内一件、「**内外各路分幷各衙門裏的提控案牘、腹裏的路分裏的受吏部箚付、遍南各省管轄的路分裏的受行省箚付有**。『如今九品員多缺少的上頭、難銓注有。這提控案牘、教祇受勅牒呵、怎生。』」、麼道吏部官人毎俺根底与文書来。俺商量来、他毎的言語是的一般有。依着他毎言語行呵、怎生、奏呵、奉聖旨、『那般者』。欽此。」

とある。文章の大意は、本来正従九品のポストに任用すべき人員が過多の状態で、人事異動を行うことができないため、路総管府の提控案牘について照磨の役職も兼ねさせ提控案牘兼照磨と改称し、六品から九品に属する官職に任用された者に与えられる辞令書である勅牒を授け、流内官から任用を行うよう提言がなされ、裁可されたという内容であるが、ここでは太字にした部分に注目されたい。勅牒を授けられ流品官に格上げされる以前から、路総管府所属の提控案牘は腹裏では吏部が、江南では行省が箚付を授与していた[23]。すなわち彼らの人事は中央の吏部・行省が管轄していたことが窺われる。また、『元典章』九、吏部巻三、官制三、投下、「投下設首領官」条に、

至元二十二年十二月、行中書省准中書省咨、（中略）都省擬、哈剌帖木児充本処提控案牘、与禿忽魯一処勾当、咨請出給箚付、依上勾当施行。

とあり、提控案牘に任じられたハラテムルに対し、箚付の出給を認めるよう要望が出されている。[24] さらに提控案牘以外でも、『元典章』二九、礼部巻二、礼制二、服色、「巡検公服」条に、

大徳八年六月二十二日、江西省准中書省咨、「礼部呈、『大名路備開州濮陽県申、〝下州鎮巡検☐古歹牒、【切見、各処典史・都吏目、製造檀合羅窄衫、烏角帯、舒脚幞頭。在前司県典史、路府自行遷調、目今腹裏省部擬注。所拠公服、雖無通例、却縁臣下致敬之儀、理合厳謹。都省准擬、照得、**都吏目即係祗受吏部箚付人員**、卑職見受都省箚付充巡検、合無一体製造公服、相応。】〟（下略）

とあり、太字にした箇所から、都目・吏目も吏部の箚付を受けていたことが判明する。以上に挙げた史料から、提控案牘や都目・吏目はその任命権を中央政府・行省が掌握していた事実が判明する。

では、前節で取り上げた典史についてはどうか。以下において、典史の任命権に関する史料を見ていこう。『元典章』一二、吏部巻六、吏制、宣使奏差、「廉訪司奏差州吏内選取」条に、

至大元年三月、行台准御史台咨、（中略）、送礼部、「照得、司県典史、元係各路差設。（下略）」

とあり、典史は元来は路総管府において任用していたと述べている。これに関しては、『元典章』一二、吏部巻六、吏制、典史、「選択典史通事」条に、

至元二十年六月、中書吏部承奉中書省箚付、（中略）一、各処司県見設典史、擬令本路分揀、（下略）

として、至元二〇年（一二八三）に出された典史の任用に関する通達において、各地の司県で設けられている典史は、今後は路総管府で選択するようにと規定されており、少なくとも至元二〇年時点から路総管府の責任において任用が

なされていたと見なせる。

こうした状況は、後年になって変化を見せる。『元典章』二九、礼部巻二、礼制二、服色、「典史公服」条に、

大徳七年十月二十一日、江西行省准中書省咨該。（中略）送礼部呈、議得、在前司県典史、路府自行遷調、目今腹裏省部擬注、其江南者行省定奪。（下略）

とあるように、正確な年次は不明だが、大徳七年（一三〇三）時点では腹裏では中央が、江南においては行省が任用権を保持していた。これは、典史についての任用権が路総管府といった地方の基層官府から、中央政府や行省に収斂されていった動きであると捉えることもできるだろう。先掲の『元典章』「吏員贓満一体追奪」条では、対象となっている典史は江浙行省の管轄下にある杭州西北録事司所属であるため、行省の箚付を受けていたものと考えられる。典史の任用権限は最初は路総管府が保持していたが、最終的には省部と行省の手に帰している。

以上、提控案牘・都目・吏目・典史といった流外に属する首領官の任命権に関する史料を紹介してきたが、彼らは腹裏の管轄内に所在していればその人事権は中央が掌握し、江南においては行省が人事権を保持していた。あくまで仮説だが、このように人事管理に中央（もしくはそれと同等に近い立場にある行省）の統制を届かせられるかが、流外首領官層を吏員と区別する制度的根拠であったのではないか。換言すれば、流外であっても正規の官僚機構の体系に組み込んだ官僚層を「首領官」として扱い、その制度的な立ち位置を確定しようとしたのではないか。

おわりに

以上、三節に渡って、首領官の分類に関する問題についていささかの私見を述べた。首領官全体を官制面から厳密

に定義することは、やはり困難なように思われる。しかしながら、首領官が流外層と流内層で二分され、両者の間には待遇上差異が存在していたことは確認できた。しかしながら、流外層も任命権を中央あるいは行省に掌握されることにより、彼らは一元的な官僚体系の中に組み込まれ、「首領官」として吏員層とは区別された、制度的に明確な基盤を与えられたのではないかと推測するのである。[25]

本稿では限られた史料を提示するのみで、ごく表面的な部分での検討に止まり、ここで述べた結論を確たるものにするためには、より実証的な作業が求められる。首領官の定義、さらに一歩進んで首領官が元朝官僚制の中で果たしていた役割を解明するためには、任命権の問題だけではなく、遷転経路や俸給など制度的な部分について、より関連史料を収集して綿密な分析を進めるとともに、政治や社会的背景などを視野に入れた幅広い考察が必要になると考えられる。後日の検討課題としたい。

註

（1）拙稿「元代上級首領官の遷転について――中書省・枢密院・御史台都事を中心に――」（『三康文化研究所年報』四一、二〇一〇年）。

（2）村上正二「元朝の統治形態」（和田清編『支那官制発達史』上、中華民国法制研究会、一九四二年。のち汲古書院より『中国官制発達史』と改題して影印復刻、一九八二年）三四〇頁。

（3）註の（2）、村上前掲論文、三四〇・三四七頁。

（4）宮崎市定「宋元時代の法制と裁判機構――元典章成立の時代的・社会的背景――」（『宮崎市定全集』一一、岩波書店、一九九二年。原載は『東方学報』京都二四、一九五四年）二二九〜二三〇頁。

（5）愛宕松男「元の中国支配と漢民族社会」（『愛宕松男東洋史学論集』四、三一書房、一九八八年。原載は『岩波講座世界歴史』九、岩波書店、一九七〇年）一五一頁。

（6）典吏とは、中央・地方いずれの官府にも必ず配置されており、承発管勾・照磨管勾・架閣庫管勾等の首領官に属して、文書の受領・発送・照合・整理・保管業務を担当した吏職である。牧野修二『元代勾当官の体系的研究』（大明堂、一九七九年）一一八～一四〇頁。

（7）司吏は中央の下級官府と地方の基層官府である路・府・州・県・録事司に置かれた、最下層の請俸胥吏である。令史は中書省を始めとする中央諸衙門（中書省所属のそれは特に掾史と呼ばれる）や行省・宣慰司等の地方の高級官府に設置された高級吏員であり、職掌・遷転上非常に重要な位置を占める存在であった。註の（6）、牧野前掲書、三一～七三・一四一～一九五頁。

（8）許凡「元代的首領官」（『西北師院学報』一九八三―二、一九八三年）七四～七八頁。

（9）張金銑『元代地方行政制度研究』（安徽大学出版社、二〇〇一年）二五八～二六〇頁。

（10）李治安『元代政治制度研究』（人民出版社、二〇〇三年）一一四～一一八・一八二頁。

（11）註の（8）、許前掲論文、七八頁。

（12）大島立子「元朝の首領官」（『明代史研究』三〇、二〇〇二年）四八～五〇頁。

（13）註の（12）、大島前掲論文、四八頁。

（14）書吏は御史台・行御史台の察院と、地方の粛政廉訪司（至元二八年までは提刑按察司）といった監察系衙門に配されていた吏員である。廉訪司書吏への採用コースは至大三・四年（一三一〇～一一）ごろから多種多様化し、一時的に正従九品文資流官や府州提控案牘・都目・吏目といった流外官から採用されたこともあったが、延祐七年（一三二〇）の再改訂により、右記の昇進コースは消滅した。註の（6）、牧野前掲書、七四・八三～八六頁。また、奏差は主として宣慰司・六部・粛政廉訪司等の三品衙門に設けられた吏員であり、詔書・聖旨や衙門の命令書を伝達する役割を担っていた。許凡『元代吏制研究』（労働人事出版社、一九八七年）一三～一四頁。

（15）梅原郁氏は当該条を例に挙げて、「（前略）「小吏」として挙げられているのは、廉訪司や転運司管下の書吏・通事・訳史・

奏差・典史、及び総管府の司吏・通事・訳史、さらに下州の吏目、散府・諸州の司吏、県の典史など、地方官庁に所属する有俸の中下級の胥吏であって、中央官庁の上級胥吏たる令史・掾史の名は、全く見えないのが特徴である。」と述べられている。梅原郁『訳注中国近世刑法志』下（創文社、二〇〇三年）三五頁。

(16) 註の（12）、大島前掲論文、五〇頁。

(17) 註の（5）、愛宕前掲論文、一五一〜一五二頁。

(18) 愛宕松男「元朝の対漢人政策」（註の（5）、愛宕前掲書所収。原載は『東亜研究所報』二三、一九四三年）一二二〜一二三頁。

(19) 愛宕氏の他には、徳永洋介氏は元代の税務官制について論じた研究の中で、「未入流の税務官は、同じ流外官でも、首領官とは峻別される正官ポストであり、（下略）」と述べられており、首領官を流外官として捉えられているようである。徳永洋介「元代税務官制考――ある贈収賄事件を手がかりとして――」（『史泉』六八、一九八八年）五一頁。

(20) 村上氏以外でも、牧野氏は「司吏は一定の任期を経て、（中略）路総管府司吏から勾当官系の吏職である書吏・令史へ、或は首領官系の吏職である典史・吏目・都目・提控案牘へと陞進する。」と述べられており、典史・吏目・都目・提控案牘を「首領吏」と同様の存在として想定されているものと考えられる。註の（6）、牧野前掲書、三一一頁。

(21) 註の（12）、大島前掲論文、五四頁。

(22) この点に関しては大島氏も「（前略）各官衙が自選した官吏を首領官と言っていたのではなかろうか。官僚登用が中央政府によるものと、各官衙の裁量に委ねられているものとに分離していた。」と述べられ、任用権の所在の如何が首領官のカテゴリー化に関係している可能性を指摘されている。註の（12）、大島前掲論文、五二頁。

(23) なお、路総管府以外の府・州に所属する提控案牘についても、『元典章』九、吏部巻三、官制三、首領官、「上中州添設首領官」条に「大徳四年六月、江西行省准中書省咨該、（中略）又拠吏部呈、（中略）如准府州各添知事一員作従八品、提控案牘依旧受吏部付身、（下略）」とあり、路総管府の提控案牘と同様に吏部の箚付を受けていたことが窺われる。

(24) この他、『元典章』九、吏部巻三、官制三、軍官、「定奪軍官品級」条において、万戸府以下の軍事機関に所属する各軍職についての品級規定が示されているが、その中で「首領官。上中下万戸府、経歴一員従七品、知事一員従八品、提領案牘（提控案牘と同義—筆者注）一員受院箚。」とあり、万戸府所属の提控案牘については枢密院が発給する箚付が授与されていたことが判明する。

(25) 先掲した徳永氏の論考によれば、税務官人事も当初の路総管府の権限から、行省さらには中央による統制の強化が試みられている（註の(19)、徳永前掲論文、五〇～五四頁）。この動きが本稿で論じた首領官のそれとも関係するものであるか、検討する余地があると考える。

永楽政権・南京錦衣衛・「下西洋」

川越泰博

一

南北戦争といえば、だれしも一八六一―六五年に起きたアメリカ合衆国の内戦を思い浮かべることであろう。しかしながら、歴史上、それが唯一の南北戦争であったわけではない。中国においては、それより遙か四六〇年余りも前に起きている。歴史的名辞としては靖難の役とも呼ばれるその南北戦争は、洪武三十二(建文元・一三九九)年七月四日に、北平(のちの北京)において、燕王が挙兵したことによって火ぶたが切られた。それから三年を閲した洪武三十五(建文四・一四〇二)年六月三日には、燕王とその麾下の軍勢は、揚子江の渡江を決行し、八日には対岸の龍潭に到着した。燕王の率いる北軍、すなわち奉天靖難軍が、十三日に南京城の金川門に逼ると、建文側の谷王と李景隆が真っ先に開門し、北軍を迎え入れたのであった。これを契機に、南京政府の要路の人々は、雪崩を打って投降・帰附し、建文帝は焚死した。南京入城を果たした燕王は、迎降した人々や諸王たちによる即位の勧進を受けて、六月十七日、奉天殿において皇帝位に即いたのであった。そして、七月一日、燕王は皇帝の位に即いたことを内外に宣言する即位詔を発布し、その中で、明けて正月元旦から年号を永楽に改元することを示した。

「奉天靖難」を名目に挙兵した燕王の北平王府軍（北軍）とそれを迎え撃った建文帝の南京政府軍（南軍）との明代中国の南北戦争において、燕王、すなわち永楽帝が勝利して、新たな政権を樹立する上でその軍事力の主体をなしたのは、北平三護衛と北平都司ならびに北平行都司下所属の諸衛の官軍、つまり衛所官と衛所軍であった。

永楽帝は、こうした北軍の主力をなした諸衛を靖難の役終息後、親軍衛や京衛に陞格改編し、新皇帝の新たな軍事的基盤を組成することにした。それと同時に、燕王時代の麾下衛所官に対しては、所属衛所の配置転換を行った。その配置換えは、大々的に全国的規模で行われた。衛所の再編成と衛所官の配置転換という、戦後の二大衛所政策は、永楽帝が新政権の樹立にあたって、洪武・建文二朝を支えた衛所制度を一旦解体し、それを新政権を支えるべく再編成しようと意図したものと位置づけられる。

人的な配置転換に関していえば、南京城の陥落とともに自死した建文帝が、その在位中に最も頼りにした南直隷の親軍衛・京衛・外衛に対しても、それらを取り込むことを意図して、永楽帝は、靖難の役において活躍した麾下衛所官を集中的に投入したのである(1)。

そうした配置換えによって、それまで華北の諸衛に所属し、永楽政権樹立に寄与した奉天靖難軍の中には、さらに永楽三（一四〇五）年に開始された鄭和の遠征、すなわち「下西洋」に随行した者も多数いた。鄭和研究は、従来から盛んで、汗牛充棟という言葉が決して大げさでないほどの夥しい蓄積がある。中国において、『鄭和研究』という専門誌が季刊で刊行されているのは、研究の盛行さを雄弁に物語っていよう。

かかる状況下にあって、従来ほとんど注目されることがなかったのは、随行者に関する問題であった。ところが、近年、当該問題に関する論攷が相継いで発表された。それは、北京の故宮西華門内にある中国第一歴史檔案館所蔵の衛選簿、すなわち衛所官の世襲・交替・任免・昇降等の状況について記載した登記簿というべき衛選簿の中に、「下西洋」・「西洋公幹」等の鄭和の遠征に係わる用語が多く見いだされ、それによって、鄭和の「下西洋」に関する記録が着目された結果である。しかしながら、これらの論攷は、鄭和に随行した人々の摘出に重きが置かれ、さらに一歩踏み込んで、奉天靖難軍と鄭和の「下西洋」との関係を指摘されたことはなかった。それは至極当然のことで、『明実録』をはじめいかなる編纂史料においてはいうまでもなく、「下西洋」関係史料として新たに着目された衛選簿においても、それを明示しているわけではないからである。しかしながら、「新官」・「旧官」という概念を持ち込み、それを手掛かりにして、この衛選簿の世襲記事を仔細に分析すれば、「下西洋」に随行した奉天靖難軍を掘り起こすことが可能である。衛選簿から新たな史実を掘穿することができるのは、衛選簿が世襲「情報」に局促せず、秘奥な可能性を具有するからであり、本稿の目的は、その具体例の一つとして、永楽政権成立後における奉天靖難軍の配置換えとその「下西洋」との関わりを、南京錦衣衛を中心に検討することである。(2)

二

十五世紀の初頭、永楽帝によって、鄭和の遠征隊が南海（南シナ海）からインド洋海域諸国やアフリカ東岸諸国にまで派遣されたことは、中国の大航海時代を象徴する出来事であった。洪武四（一三七一）年に雲南昆陽の回教徒哈只の次男として生まれた鄭和（旧姓馬氏）は、明朝の雲南平定戦の俘虜として京師に連れてこられた。鄭和、すなわち馬和は、南京において、雲南平定戦にも参加した潁国公傅友徳に賜与され、火者として侍奉していたが、その聡明・怜悧・俊秀・行動の軽快さを見て、傅友徳は、燕王にこれを献上した。鄭和、十四歳のときのことである。このような経緯を経て、北平王府の燕王に内官として仕えた鄭和は、靖難の役終息後、燕王が即位して永楽帝になると、従軍

の功によって内官監太監に起用され、鄭姓を賜ったのである。(3)

かかる鄭和が、永楽帝から命ぜられて「下西洋」を行うのは、さきにふれたように永楽三(一四〇五)年のことであった。以後、宣徳八(一四三三)年までの二十九年間に、都合七回にわたって行われたが、歴史上に大きな足跡を残した鄭和の「下西洋」の、その第一回に関する『太宗実録』の記述は驚くほどそっけない。すなわち、永楽三年六月己卯の条に、「中官鄭和等を遣わし、勅を齎して西洋諸国に往きて諭せしめ、諸国の王に金織文綺綵絹を賜うこと各々差有り。」とあるように、きわめて簡潔であり、最初の「下西洋」に出発した鄭和の遠征隊の規模等についての記述は全くない。そこで、永楽三(一四〇五)年六月に出発した「下西洋」の規模についてふれた『明史』巻三〇四、宦官一、鄭和伝を見ると、「永楽三年六月、和及び其の儕王景弘等に命じて、西洋に通使せしむ。士卒二万七千八百余人を将い、多く金幣を齎らす。大舶を造り、修さ四十四丈・広さ十八丈の者六十二。」とあり、また『皇明大政纂要』巻十三、永楽三年の条に、「太監鄭和等に命じて兵二万七千人を率い、西洋の古里、蒲剌の諸国に賞賜を行わしむ。此れ内臣の兵を将いるの始めなり。」とあるのによって、鄭和は王景弘等とともに士卒二万七千余人を率い、衛所から抽出されたこれらの士卒を大船六十二艘に分乗させて出発したことが知られる。それ以後に決行された「下西洋」における規模も、多少の増減はあったとしても、やはり大規模なものであった。

『星槎勝覧』前集、占城には 永楽七年(一四〇九)九月に出発した第三回目の「下西洋」に関して、「海船四十八号に駕使(4)」したとあり、鄭暁の『今言』巻三三七には、「官兵三万を率いて西洋に下さしむ(5)」とあり、祝允明の『前聞記』下西洋、人数には、宣徳五(一四三〇)年六月に命をうけ、同年の閏十二月に出発した第七回目、すなわち最終回の「下西洋」に関して、「官校・旗軍・火長・舵工・班碇手・通事・辨事・書算手・医士・鉄錨・木艌・搭材等匠・民梢人等共に二万七千五百五十員名」とあり、随行者数ならびに船舶数が記されている。

以上によって、第一回目の二万七千八百余、三回目の三万、七回目の二万七千五百五十の数字を総計しただけでも、八万五千を超すことになる。これに二回目・四回目・五回目・六回目の「下西洋」の随行者数を加えると、膨大な数の士卒が南海方面に派遣されたことになる。無論、これは延べ人数であって、同じ人が数回にわたって派遣された事例も多数あったであろう。それを差し引いても、鄭和の「下西洋」に投入された衛所官軍の数は膨大に上ったことは否定できない。しかしながら、こうした随行者の事跡については、従来、鄭和研究に膨大な蓄積があるにもかかわらず、殆ど不明に属していた。その第一の要因は、史料的限界という隘路が存在したことにあった。

ところが、一九九五年、福建師範大学副教授（当時）の徐恭生氏は、『鄭和研究』一九九五年第一期（一九九五年二月刊）に、「鄭和下西洋与《衛所武職選簿》」なる論攷を発表された。これは、中国第一歴史檔案館所蔵の衛選簿を使用して、従来看過されていた鄭和の「下西洋」に随行した多くの人々の事跡を紹介した、初めての論攷であった。徐恭生氏が用いられた衛選簿は、主として南京『錦衣衛選簿』であり、その中から、鄭和の「下西洋」に従行した三十三名の事跡を摘出して紹介されたのである。

つづいて、関西大学教授の松浦章氏は、この徐恭生氏の論攷が発表された直後の同年八月、翌一九九六年八月、一九九七年八月等に、中国第一歴史檔案館において衛選簿の調査を行い、その成果を「鄭和「下西洋」の随行員の事跡」（『関西大学東西学術研究所紀要』第三十一輯、一九九八年三月刊）としてまとめ付印された。この論攷では、徐恭生氏が使用された以外の衛選簿にも視野を広げて調査し、その結果、

『錦衣衛選簿』二例　　『高郵衛選簿』二例　　『蘇州衛選簿』二例

『金山衛選簿』二例　　『福州右衛選簿』十一例　　『天津衛選簿』一例

『羽林右衛選簿』二例　　『南京錦衣衛選簿』三十九例

を衛選簿から抽出紹介された。

以上の徐恭生・松浦章両氏の論攷を読み比べると、南京錦衣衛所属衛所官軍の、鄭和「下西洋」随行者の人数に関して、両氏の間で食い違っていることが知られる。中国第一歴史檔案館に所蔵されている衛選簿には、あちこちに押印のあとがあり、また墨字の剝離があることによって、判読しがたい部分が少なくないので、衛選簿を実見された際に、徐恭生氏の方に若干の抽出漏れがあり、それによって、人数の誤差が生じたのであろう。

鄭和「下西洋」の随行者を研究するに当たっては、従来、当該衛選簿が所蔵されている中国第一歴史檔案館に直接出向き、実見するより仕方がなかったので、万々一の見逃し・漏れ・誤読等は避けがたいことではあった。

かかる史料環境は、幸運なことに、二〇〇一年六月以後、大いに改善されることになった。それは、『中国明朝檔案総匯』(中国第一歴史檔案館・遼寧省檔案館編、広西師範大学出版社刊)全一〇一冊なる史料集が印行されたからである。『中国明朝檔案総匯』(以下『明朝檔案』と略称)は、中国第一歴史檔案館に所蔵されている明代檔案をはじめ、中国に現存する明代檔案を大量に影印したものであった。衛選簿類も『明朝檔案』の第四十九冊から第七十四冊に収録され、その数は一〇二にのぼる[6]。これらが、明代の軍制史・軍政史研究に大きな寄与をなすことは、だれしも異論のないところである。

鄭和の「下西洋」随行者に関する研究においても、その恩恵をうけること大となった。北京大学歴史系教授の徐凱氏は、早速、『明朝檔案』第四十九冊から第七十四冊に収録されている衛選簿をもとに、「鄭和下西洋衛所人事補証」(『明清論叢』第七輯、二〇〇六年十一月刊)なる論攷を発表された。この論攷の特徴は、現存衛選簿を網羅的に精査して「下西洋」随行者を抽出されたことである。その結果、一一七人にのぼる「下西洋」者を提示された。煩をいとわず、その内訳を衛所別に示すと、つぎのようになる。

京師　親軍衛　錦衣衛　五人
中府　京衛　神策衛　一人
　　　外衛　高郵衛　三人　蘇州衛　一人　金山衛　二人　青村守禦中前所　一人
前府　外衛　黄州衛　二人　福州右衛　十三人　建寧左衛　二人　建寧右衛　一人　汀州衛　一人
後府　京衛　留守後衛　二人　寛河衛　一人
　　　外衛　平陽衛　一人
南京　親軍衛　羽林左衛　七人　羽林右衛　二人　羽林前衛　一人　府軍右衛　四人　錦衣衛　三十九人
　　　京衛　水軍左衛　二人　神策衛　一人　龍江左衛　一人　龍驤衛　三人　豹韜衛　十四人　鷹揚衛　三人　江陰衛　四人

以上の一一七人の「下西洋」随行者の事例を摘出された徐凱氏は、それぞれの所属衛所・出身地・官職等を分析して、

①「下西洋」の軍官と兵士は、主に南京とその周辺地区をもってし、出海地である福建福州とその近隣の衛所からも調撥された。

②「下西洋」に随使したものたちの衛所における武職は、下層の官員のものが多かった。

③衛所の「下西洋」人員の貫籍は、主として両京地区と江南の五つの行省、すなわち江西・湖広・浙江・福建・広東のものであった。

と結論づけられた。一一七人の所属衛所・出身地・官職等を分析して、その調査結果を概括すれば、かかる傾向が看取され、徐凱氏の結論は極めて妥当なものといえるであろう。　しかしながら、徐恭生・松浦章・徐凱の三氏の研究

は、概して、衛選簿の中から「下西洋」・「西洋公幹」・「征西洋」・「西洋有功」等の用語をキーワードにして、鄭和の「下西洋」随行者を検出することに重きが置かれていて、それらの史料に対する多角的精緻的な分析、ならびに視角の設定は、今後の課題として残されているように思量される。本稿が、「下西洋」随行者と燕王の奉天靖難軍との関わりを措定するのも、多様に設定することが可能な視角の一つであると思うからである。

三

さて、徐凱氏は、「下西洋」の軍官と兵士は、主に南京とその周辺地区に集中し、衛所の「下西洋」人員の貫籍は、主として両京地区と江南の五つの行省であると指摘された。この指摘で注意すべきは、「下西洋」に参加した南京周辺の衛所官軍に両京地区を貫籍としているものが多いということである。両京とは無論北京と南京である。南直隷太倉の劉家港等の港湾を出発点とする「下西洋」の艦船に、その地より遙か彼方に位置する北京周辺を貫籍とするものたちが乗船しているということは、「下西洋」において多数を占める南京やその周辺の衛所の衛所官軍に、もと奉天靖難軍であったものが多くいたということを意味する。

南京とその周辺の衛所と奉天靖難軍との関わりは、前述したように、靖難の役終息後、永楽帝が行った大がかりな衛所官の配置転換によって生まれた。筆者は、『中国明朝檔案総匯』が刊行される以前の一九九七年に、すでにはやく東洋文庫所蔵の十三種の衛選簿を分析して、南直隷所在の衛所への燕王麾下衛所官の配置転換の状況を検討したが、極めて限定されたそれらの史料からでさえも、南京親軍衛十二衛に対しては半数、京衛へは左右中前後の各都督府にわたって満遍なく十二衛に、中都留守司では八衛一所のうち二衛に、外衛では十一府二州に衛所が設置されていたのに対して、六府一州に投入されたことが窺われた。[7]このデータはあくまでも、『明朝檔案』刊行以前のものであり、本史料集に綿密な分析を加えるならば、ここに挙示した数字は、より一層精密さ・正確さを増し、その具体的事例件数はかなりな増加を見ることができるであろう。

このように、燕王麾下衛所官の配置転換と南直隷諸衛との関係性とを勘案すると、かかる配転組の中には、鄭和の「下西洋」に随行した者も数多くいたのではないかと想到するが、それは決して突飛な思いつきではないのである。

そこで、徐凱氏が網羅的に検出された「下西洋」の事例一一七名と奉天靖難軍との関わりの有無を逐一探る必要が生じるが、それは多くの紙幅を要するので、ここでは、衛所別の件数に関して、現状においては最多を占める南京錦衣衛に的を絞って、とくに南京『錦衣衛選簿』（『中国明朝檔案総匯』第七十三冊）を手掛かりに考察の歩を進めたいと思う。

さきにふれたように、南京錦衣衛の「下西洋」関係者について、徐凱氏は三十九人を検出された。以下においては、その三十九人について、それぞれの貫籍、「下西洋」時の官職、「下西洋」の回数を、南京『錦衣衛選簿』に基づいて略述するとともに、奉天靖難軍であったものに関しては、備考欄に燕王軍と記載することにする。その検討結果を示すと、つぎの表一の通りである。

表一

	人名	貫籍	官職	次数	備考
1	何玉	新城県	百戸、副千戸	二	
2	袁亨	固安県	百戸	一	燕王軍

3	徐興	新城県	総旗	一	燕王軍
4	刁先	栖霞県	力士、総旗	二	
5	鄭興	宛平県	総旗、試百戸	二	燕王軍
6	張和	武進県	百戸、副千戸	二	
7	汪清	安丘県	試百戸	一	
8	張文	新城県	百戸	一	
9	姚全	新城県	小旗、総旗、百戸、副千戸	四	燕王軍
10	張政	通州	総旗	二	燕王軍
11	咎成	新城県	小旗	一	燕王軍
12	張原	江都県	小旗	一	燕王軍
13	宗真	交阯	副千戸、正千戸	二	
14	劉移住	華陽県	補役、総旗、試百戸	三	
15	劉福才	房山県	百戸	一	燕王軍
16	易文整	東安県	総旗、百戸	二	燕王軍
17	李満	武進県	副千戸	一	燕王軍
18	張通	新城県	小旗、試百戸、正千戸	三	燕王軍
19	劉海	新城県	試百戸、正千戸	二	燕王軍
20	高諒	不詳	総旗	二	

21	沈友	新城県	総旗	一	燕王軍
22	張貴	涞水県	総旗	一	
23	柳政	黄県	総旗	一	
24	陳道禎	東莞県	百戸、副千戸	三	燕王軍
25	何得清	帰善県	正千戸	一	
26	李真	東莞県	百戸	二	
27	陳蘭芳	松陽県	小旗、総旗	二	燕王軍
28	潘定遠	青田県	総旗	一	燕王軍
29	劉定住	房山県	総旗	一	
30	胡謙	奉化県	軍士、小旗、総旗	三	
31	尹仲達	香山県	正千戸	一	
32	陳永華	東莞県	副千戸	一	
33	崔斌	絳県	総旗	一	
34	何義宗	江都県	副千戸、正千戸	二	
35	余復亨	鄱陽県	百戸、副千戸、正千戸	三	燕王軍
36	鍾海清	東莞県	正千戸	一	
37	王真	龍巖県	不詳	一	
38	劉受	高平県	総旗	一	

もと奉天靖難軍について、十八事例を見出すことができた。これは、徐凱氏が南京『錦衣衛選簿』から抽出された「下西洋」随行者三十九人と比較すると、四十六・一パーセントという高率を示している。徐凱氏が認定された「下西洋」南京錦衣衛衛所官リストの中から、筆者が奉天靖難軍であったと断定する方法としては、靖難の役が終息した後、燕王が新たに即位（永楽帝）すると同時に制定した武職新旧官襲替法というシステムを活用した。靖難の役の所産であった武職新旧官襲替法について、正徳および万暦両方の『大明会典』の中に、「凡そ比試は、新旧官に分つ。永楽の初め、洪武三十一年より三十五年に至るまで、奉天征討して功を獲て陞職する者は新官と為さしむ。子孫は年十六にして、幼より出して襲替して比試を免ず。三十一年以前の者は旧官と為す、子孫は年十五にして幼より出して襲替し比試せしむ。永楽元年以後に功を獲る者は、幼より出して比試せしむること旧官と同じくす。[8]」とあり、また徐学聚の『国朝典彙』巻一四四、兵部八、武官襲替にも、「永楽元年、武職新旧官襲替法を定む。洪武三十二年より三十五年に至るまで、奉天征討して陞職する者は新官と為し、子孫は年十六にして、幼より出して襲替し、比試を免ず。三十一年以前の者は旧官と為し、子孫は年十五にして、幼より出して襲替し、倶に比試せしむ。永楽元年以後に功を獲る者の、幼より出して比試せしむること、旧官と同じくす。」とあり、洪武三十二（一三九九）年―三十五（一四〇二）年における靖難の役（奉天征討）において、燕王の麾下として活躍した衛所官は「新官」、洪武三十一（一三九八）年以前ならびに永楽元（一四〇三）年以後の功労ある衛所官は「旧官」と称して区別され、「新官」と「旧官」とでは、とくにその子孫の優給や襲職年齢・比試の有無等の点で待遇上、大差をつけられたのであった。

それでは、かかる「新官」・「旧官」は、衛選簿の中から、どのような方法をもって検出すべきでろうか。世襲簿たる衛選簿の記事中に、「新官」や「旧官」という用語があれば、それが指標となるが、キーワードとなる「新官」・「旧官」という用語は、残念ながら衛選簿の中には見いだしえない。そこで、筆者は「新官」か「旧官」かを識別するためにはどのようにすれば可能であるか、その方法については、すでに拙著『明代建文朝史の研究』（汲古書院、一九九七年）「第八章　靖難の役と衛所官Ⅰ――燕王麾下の衛所官――」・「第九章　靖難の役と衛所官Ⅱ――建文帝麾下の衛所官――」や『明代中国の軍制と政治』（国書刊行会、二〇〇一年）「前編第一部第五章　新官と旧官」において検討した。これらの検討結果を踏まえて、筆者は靖難の役に関して、すでに数篇の成果を得ている。[9]したがって、その新官・旧官理論を梃子に、衛選簿に切り込むというやり方は、一定の有効性を持ち得ていると考えている。上記の著書において論述した「新官」と「旧官」の検出方法を、ここで改めて言及することは、屋上屋を架するとの誹りを免れないけれども、しかしながら、論旨展開上、基本的基礎的な説明を最低限行うことは必要であろう。以下、その方法について、きわめて簡単に述べることとする。

まず、「新官」の場合であるが、大体において、以下のＡＢＣの三点がそれを検出する上での一つの基準・指標になりうると考えている。

Ａ　第一点は、最も明確な事例であるが、文中に「奉天征討」なる文言を直接含み、燕王麾下であることを直截的に示す場合である。

Ｂ　第二点は、記事中に白溝河・鄭村壩・夾河・済南・西水寨・金川門等の、靖難の役における主な会戦地名が書かれ[10]、それによって陞職している場合である。

Ｃ　当該衛所官家の来歴記事に以上の第一点、第二点の要素がなく、「新官」か「旧官」かその判断がつきにくいときに有功なのがつぎの方法である。

まず、その参考事例として、2袁亭のケースを紹介することにする。袁亭の「下西洋」に関しては、南京『錦衣衛選簿』袁功の条に、「宣徳二年八月、袁敬、年十六歳、錦衣衛左千戸所百戸袁亭の嫡長男に係る。父、西洋に下るに功有るも、未だ陞せらずして病故す。本人、先に年幼に因り、已に副千戸に陞せられ、俸優給せらる。今、幼を出で官副千戸を欽准襲授せらる。」とあり、錦衣衛左千戸所の百戸であった袁亭は、「下西洋」に参加して功を挙げたものの、陞進する前に病没したので、その子袁敬が衛所官職を襲いだときに副千戸に陞進という措置がとられたという。それは、宣徳二（一四二七）年、袁敬が十六歳のときのことであった。そして、これ以後、袁敬が副千戸としてその実務に就いたのであったが、実はそれ以前から副千戸の俸禄のみは支給されていた。その期間は父袁亭の没後から袁敬が十五歳を終えるまでである。このような幼くて優給をうけるあとつぎ、つまり舎人を優給舎人というわけであるが、[11]この優給舎人の（イ）優給終了年齢（ロ）襲職年齢には、「新官」の場合は（イ）十五歳（ロ）十六歳、「旧官」の場合は（イ）十四歳（ロ）十五歳、と二通りあったのである。袁敬の場合、「今、幼を出でて」とあり、その「今」とは宣徳二（一四二七）年を指称するのであり、錦衣衛左千戸所百戸として「下西洋」に参加した父の袁亭は、靖難の役において功をえて陞職した「新官」であったことは明白である。「新官」の子孫が世襲のさい、上記のような優遇をうけるのは、艱難辛苦をともにした燕王軍関係者への情の発露によって実施・施行された側面が強かった。したがって、優給舎人の場合、十五歳優給終了・十六歳襲職という点を押さえれば、その先祖はまさに「新官」そのものであり、「新官」ならば燕王麾下の衛所官であるということの証明になるわけである。

以上、ABCの三点に分けて簡単に説明した事項は、

A　奉天征討

B　□□陞○○、あるいは□□陣亡、陞○○

C　優給終了年齢＝十五歳、襲職年齢＝十六歳

というキーワードに収斂されるが、これらの三項目は燕王麾下衛所官の検出を行っていく上でのきわめて有効な基準・指標となる。表一において燕王軍と認定した十八事例は、それぞれに以上のＡＢＣのキーワードを手掛かりに検出した結果である。

四

前章において燕王軍と認定した袁亨（固安県）、徐興（新城県）、鄭興（宛平県）、姚全（新城県）、張政（通州）、咎成（新城県）、張原（江都県）、劉福才（房山県）、易文整（東安県）、李満（武進県）、張通（新城県）、劉海（新城県）、沈友（新城県）、陳道禎（東莞県）、陳蘭芳（松陽県）、潘定遠（青田県）、余復亨（鄱陽県）、張林（永清県）の十八名は、靖難の役において燕王軍関係者として活動したあと、永楽政権の成立とともに南京錦衣衛に配置転換され、その後、鄭和の「下西洋」に参加したのである。

かれらが配置転換された南京の錦衣衛は、洪武・建文二朝における親軍上直十二衛の一つであった。十二衛とは、金吾前衛・金吾後衛・羽林左衛・羽林右衛・府軍衛・府軍左衛・府軍右衛・府軍前衛・府軍後衛・虎賁左衛・旗手衛と錦衣衛である。[12]錦衣衛は錦衣衛親軍指揮司の簡称、もともとは皇宮の禁軍で、皇帝の巡幸や儀仗を司る近衛軍として、洪武十五（一三八二）年に設置されたが、太祖以来、直駕・侍衛・緝捕・特務・刑獄等を掌握・管理した。下部機関として南北の鎮撫司を持った。皇帝に直属する十二親軍衛の中で、刑・兵にわたる権限を持ち、城内外の巡察や犯人の訊問逮捕をも行ったのは錦衣衛だけであった。したがって、即位するやいなや、永楽帝がこの錦衣衛を重要視

し、その取り込みに取りかかったのは当然の成り行きであった。錦衣衛が密探偵諜のこと等を司り、軍・政にわたる特権を有して、宦官と並ぶ非常な勢力を持つに至ったのは、永楽帝の錦衣衛重用にその濫觴があった(13)。

永楽帝が、建文帝に直属した南京の錦衣衛を取り込むために、奉天靖難軍を大量に送り込んだことは、現行の南京『錦衣衛選簿』に多くの証跡が見られる(14)。検出に脱漏が無ければ、現行の南京『錦衣衛選簿』から、四十三例の新官、すなわち靖難の役の終息と共に南京錦衣衛に配置換えされた奉天靖難軍を検出することができる。一旦南京錦衣衛に配置転換されたあと、さらに別な衛所に移衛した事例は、当該衛選簿には記載されていないから、この四十三例は最下限に等しく、実数としてはさらにこれに上積みされることになるが、それはともかくとして、註（14）に掲出した四十三例をみると、南京城が陥落した洪武三十五（建文四、一四〇二）年に配置換えされた事例が圧倒的に多い。特筆すべきこの配転年次からみて、新皇帝の永楽帝が靖難の役の終息直後に多くの奉天靖難軍を南京錦衣衛の各千戸所に送り込んだことが確認できるのである。その理由はむろん建文帝に上直侍衛した親軍十二衛、その中でもとりわけ、刑・兵にわたる権限を有し、建文政権を裏面から支えた錦衣衛をいち早く取り込むためであった。

その三年後に鄭和の「下西洋」が開始されると、南京錦衣衛取り込みのために送り込まれた奉天靖難軍の一部も、すでにみたように、「下西洋」に参加した。前章において検出した十八名の出身地をみると、

北直隷　新城県　徐興、姚全、咎成、張通、劉海、沈友
　　　　固安県　袁亨
　　　　宛平県　鄭興
　　　　通州　　張政
　　　　房山県　劉福才

	東安県	易文整
	永清県	張林
南直隷	江都県	張原
	武進県	李満
浙江	松陽県	陳蘭芳
	青田県	潘定遠
江西	鄱陽県	余復亨
広東	東莞県	陳道禎

という内訳となり、北直隷を出身とするものが圧倒的に多い。北直隷以外の出身者にしても、北平を王府とする燕王麾下の衛所官軍であった。来歴等からみて、かれらが海上行動に慣熟していたとは到底思われない。そもそも鄭和自身も、その経歴からみて、航海に出るということは初めての経験であったのではなかろうか。(15) 奉天靖難軍の「下西洋」への選抜参加と海上行動への慣熟度はまったく無縁関係だったと思われる。それを傍証するのは、註（14）に掲出した四十三例の中の、

31	劉翊	易州	洪武三十五年	水軍所百戸	一三九
37	賈斌	恩県	洪武三十五年	水軍所副千戸	一七六
38	崔整	灤州	洪武三十五年	水軍所副千戸	一七七
40	袁真	新城県	永楽二年	水軍所百戸	一七九
41	王彬	通州	洪武三十五年	水軍所百戸	一八二

42　張安　　灤州　　洪武三十五年　　水軍所百戸　　一八六
43　劉全　　大興県　洪武三十五年　　水軍所百戸　　一八七

の七例である。37賈斌の貫籍が山東の恩県である他はいずれも北直隷所在の州県を貫籍とするものたちであり、かれらは、靖難の役終息直後、南京錦衣衛水軍所の副千戸や百戸の衛所官職に転任陞格した。

水軍所とは、南京錦衣衛を構成した諸千戸所の一つであり、正式には水軍千戸所という。『大明官制』によると、南京錦衣衛は、

左千戸所　右千戸所　中千戸所　前千戸所　後千戸所　中左千戸所　中右千戸所
親軍千戸所　屯田千戸所　水軍千戸所　馴象千戸所

という十一千戸所によって構成されている。これら諸千戸所のなかで、水軍千戸所に配置された、上記の北直隷や山東出身の七人が、本来艦隊運動に無縁だったとしても、配転後三年の年月を閲すれば、多少は海上行動に習熟したと思われる。しかしながら、かれらの中で「下西洋」に選抜されたのは、だれ一人としていなかったのであった。水軍所に配置換えになった七人全員が選抜されなかったのである。この事は逆にいえば、奉天靖難軍の場合の「下西洋」への選抜基準は、艦隊運動や海上行動に慣熟しているかどうかという点にあったのではないということになる。

さきにふれたように、鄭和の「下西洋」艦隊は六十艘規模で展開された。それらの艦隊に乗り込んだのは、徐凱氏が指摘するように、多くは南京とその周辺、そして福建福州とその周辺の衛所から抽出された衛所官軍たちであった。かれらは非奉天靖難軍であり、いわゆる旧官であった。そのような素性の衛所官軍を中心に編制された鄭和の「下西洋」艦隊が有機的に機能するためには、鄭和を頂点とする軍事的秩序関係と結合関係とを構築し、それらを保持することが必要であった。しかしながら、下西洋」艦隊に乗船を強いられた多くの人々にとっては、鄭和は三年前に終息

したばかりの靖難の役において敵対した相手であった。鄭和も、敵として戦った建文軍の軍官・軍士を相手にして、軍事的秩序関係と結合関係を有機的に機能させることは困難であると懸念したことであろう。

そのようにみてくると、いくら永楽帝の勅命に基づく「下西洋」事業であるとはいえ、それが円滑に実行されなければ絵に描いた餅に過ぎない。そして、現実に「下西洋」事業を実行に移す鄭和が、六十艘規模の大艦隊の隅々まで個々の命令を伝達し、大艦隊を有機的に運営することはさまざまな困難が伴うものであり、明廷中央においても、それが至難であるとことは容易に予想されたことであろう。しかしながら、靖難の役という多勢に無勢という困難な戦いにおいて「艱難辛苦」を共有体験した奉天靖難軍を大艦隊に複数隈無く乗り込ませ、かれらが鄭和の命令を伝達し、そしてその執行と執行を監視する役割を担えば、鄭和の指揮権の保持・執行は担保されると見なしたとしても不自然なことではない。「下西洋」へ選抜された奉天靖難軍は、鄭和を頂点とする指揮系統の末端に位置したといえるのである。「下西洋」が一回や二回で頓挫せず、七回も完遂させるという偉大なる結果をもたらしたのは、鄭和の個人的力量に負うところが大であったとしても、明廷中央、具体的には兵部が講じた鄭和輔佐策の人事面での妙が奏功したという面も否定できないのである。もともと海上行動や運船技術に無縁であったと思われる奉天靖難軍の衛選簿所収「下西洋」随行記事は、その妙なる人事策の一端をほのかに発光しているといえよう。

註

（1）以上に概述した靖難の役関係の各事項については、拙著『明代建文朝史の研究』（汲古書院、一九九七年）参照。

（2）永楽政権の成立後における奉天靖難軍の南京錦衣衛への配転とその「下西洋」の関わりについては、すでに拙稿「洪武・永楽期の明朝と東アジア海域――『皇明祖訓』不征諸国の条文との関連をめぐって――」『海域交流と政治権力の対応』（汲古書院、二〇一一年）において推論を提示した。本稿は、それを具体的に実証するという意味合いも有する。
（3）拙著『明代中国の疑獄事件――藍玉の獄と連座の人々――』（風響社、二〇〇二年）参照。
（4）『星槎勝覧』前集、占城、「永楽七年己丑、上、正使太監鄭和等に命じて官兵を統領し、海船四十八号に駕使し、諸番国に往きて開読賞賜せしむ。是の歳の秋九月、太倉劉家港より開船し、十月、福建長楽太平港に到りて泊す」。
（5）『今言』巻三三七、「永楽七年、太監鄭和、王景弘、侯顕を遣し官兵三万を率いて西洋に下さしむ」。
（6）『中国明朝檔案総匯』所収衛選簿の検索は、岩渕慎編『中国第一歴史檔案館・遼寧省檔案館編　中国明朝檔案総匯総目録』（二〇〇三年）が便利である。また、『中国明朝檔案総匯』の概括的な紹介は、甘利弘樹「明朝檔案を利用した研究の動向について――『中国明朝檔案総匯』刊行によせて――」（『満族史研究』第一号、二〇〇二年）が簡にして要を得ている。
（7）前掲拙著『明代建文朝史の研究』「第八章　靖難の役と衛所官Ｉ――燕王麾下の衛所官――」参照。
（8）正徳『大明会典』巻一〇八、兵部一、襲職替職、比試。万暦『大明会典』巻一二一、兵部四、銓選四、官舎比試。
（9）つぎの四編の論文は、以上に示した検出方法をもって、燕王軍か建文軍かを識別して、それぞれの問題についての解明を試みたものである。
a「靖難の役と蜀王府（一）――四川成都三護衛の動向を手掛かりに――」『中央大学文学部紀要』史学科第五〇号、二〇〇五年
b「靖難の役と雲南諸衛」『中央大学文学部紀要』史学第五二号、二〇〇七年
c「靖難の役と貴州・湖広」『中央大学文学部紀要』史学第五三号、二〇〇八年
d「中山王徐達一族と靖難の役」『檔案の世界』（中央大学出版部）、二〇〇九年
e「靖難の役と河南・浙江・江西」『人文研紀要』（中央大学）第七四号、二〇一二年
（10）靖難の役における主要な会戦名については、拙著『明代中国の軍制と政治』（国書刊行会、二〇〇一年）「前編第一部第五章　新官と旧官」二三九頁に掲出した（靖難の役主要会戦地名表）参照。
（11）前掲拙著『明代中国の軍制と政治』「前編第一部第五章　新官と旧官」。

（12）『明史』巻九〇、兵志二、衛所の条。

（13）錦衣衛の実態については、丁易『明代特務政治』（中外出版社、一九五一年）参照。

（14）さきに提示した新官検出法によって、永楽政権成立後、奉天靖難軍で南京の錦衣衛に配置転換された衛所官を南京『錦衣衛選簿』から探り出すと、以下の通りである。なお、丸囲み数字の事項は、「下西洋」随行者であることを示す。

	姓名	貫籍	配転年次	陞進職	典拠頁
①	李満	武進県	永楽三年	左所副千戸	二一
②	張通	新城県	洪武三十五年	——小旗	二三
3	范理	杞県	永楽二年	指揮僉事	二八
④	余復亨	鄱陽県	永楽五年	——百戸	二九
⑤	陳道禎	東莞県	永楽五年	——百戸	三二
⑥	劉海	新城県	洪武三十五年	——総旗	三三
7	王衷	句容県	洪武三十五年	——百戸	四一
8	仝貴	唐山県	洪武三十五年	屯田所百戸	五三
⑨	陳蘭芳	松陽県	永楽二年	鎮撫司小旗	六三
⑩	潘定遠	青田県	永楽二年	鎮撫司　総旗	六四
⑪	袁亨	固安県			七七
⑫	徐興	新城県	洪武三十年	——総旗	八四
13	李譲	新城県	洪武三十五年	——小旗	八四
⑭	鄭興	宛平県		——総旗	八六
⑮	姚全	新城県	洪武三十五年	右所小旗	八八
16	陳祖還	青田県	洪武三十五年	右所百戸	九一

⑰	張政	通州	洪武三十五年	右所総旗	九三
⑱	咎成	新城県		——小旗	九四
⑲	劉福才	房山県			一〇一
⑳	張原	江都県		——小旗	一〇二
㉑	沈友	新城県	洪武三十五年	中所総旗	一〇九
㉒	易文整	東安県	洪武三十五年	前所総旗	一一一
23	沈成	青田県	洪武三十五年	右所副千戸	一一二
24	張雲	永清県	洪武三十五年	前所総旗	一一五
25	盧岷	覇州	洪武三十五年	前所小旗	一二〇
26	于通	密雲県	洪武三十五年	中所百戸	一三三
27	詹揮	青田県	洪武三十五年	左所副千戸	一三五
28	劉玘	行唐県	洪武三十五年	屯田所百戸	一三七
㉙	張林	永清県	洪武三十五年	——小旗	一三八
30	田進	涿州	洪武三十五年	中左所百戸	一三八
31	劉翊	易州	洪武三十五年	水軍百戸	一三九
32	陳白紹	青田県	洪武三十五年	屯田所副千戸	一五〇
33	李貴	宛平県	洪武三十五年	屯田所百戸	一五九
34	蘇和	邢台県	洪武三十五年	屯田所百戸	一六一
35	宮顕	房山県	洪武三十五年	屯田所百戸	一六四
36	張林	灤州	洪武三十五年	前所百戸	一六五
37	賈斌	恩県	洪武三十五年	水軍所副千戸	一七六

38	崔整	灤州	洪武三十五年	水軍所副千戸	一七七
39	馬鳳	永清県	洪武三十五年	中左所百戸	一七九
40	袁真	新城県	永楽二年	水軍所百戸	一七九
41	王彬	通州	洪武三十五年	水軍所百戸	一八二
42	張安	灤州	洪武三十五年	水軍所百戸	一八六
43	劉全	大興県	洪武三十五年	水軍所百戸	一八七

(15)　鄭和が永楽帝から命ぜられて西洋に出発する前年の永楽二（一四〇四）年に、東アジア海域と関わりをもったとする記事が諸史料に散見する。これらの史料をめぐって、鄭和の来日説とそれに対する否定説の二説が膠着したままであるが、関連史料の分析視角としては、来日問題に局促することなく、「下西洋」を行うための準備的な艦隊行動をしたという観点も必要ではないかと思われる。

『金剛科儀』の成立について
——民間宗教形成の一過程——

浅井　紀

はじめに

明代に宝巻を経典とする民間宗教の諸教派が形成されたことは、これまでの諸研究で指摘されてきた。このような民間宗教の諸教派の形成はまた、その宝巻経典の形成の問題と関係する。宝巻を経典とするいわゆる宝巻流民間宗教の形成を解明するための鍵の一つが『銷釈金剛科儀』（以後、『金剛科儀』と略称する）である。[1] 明代正徳四年（一五〇九）に揃って刊行された、経典宝巻の代表である羅教の五部六冊が最も多く引用しているのが『金剛科儀』である。[2]『金剛科儀』はさらに後世の他の多くの宝巻にも継承されており、宝巻経典の成立と形成、ひいては民間宗教の形成と展開を考える上で、その存在は重要である。本稿は、『金剛科儀』がどのような過程をとって作成されたか、その教義がどのような要素によって構成されているか検討する。

『金剛科儀』については、これまで澤田瑞穂・吉岡義豊・車錫倫・楊恵南・前川亨の諸氏が論じてきた。澤田瑞穂氏は、明代嘉靖三〇年（一五五一）に覚連によって作られた、『金剛科儀』の註釈書『銷釈金剛科儀会要註解』（以後、

『科儀会要註解』と略称する）の記事を引いて、『金剛科儀』の編者は、吉岡義豊氏[3]が以前に述べた北宋の永明延寿ではなく、南宋の（江西省南昌）隆興府百福院の宗鏡禅師であるとした。[4]その後吉岡氏は澤田説に同意し、『科儀会要註解』巻九の記載から、『金剛科儀』の成立を南宋の淳祐二年（一二四二）であると結論づけた。[5]吉岡氏はまた、『金剛科儀』の中に南宋の如如居士顔丙の偈や文がことわりなく含まれていることを述べ、『金剛科儀』と顔丙の関係を指摘した。さらに吉岡氏は『金剛科儀』の末尾に冶父道川禅師の「川老頌」が引かれていることも明らかにした。吉岡氏は同時に、明代永楽十三年（一四一五）の序を持つ、『金剛般若波羅蜜経五家解』（以後、『金剛経五家解』と略称する）にある豫章鏡禅師の「提綱」は、『金剛科儀』の宗鏡の「提綱」を抜き出してまとめたものであること、『科儀会要註解』が『金剛科儀』の編者とする隆興府百福院の宗鏡禅師と『金剛経五家解』の豫章鏡禅師の、豫章・隆興府はともに江西省南昌を指していることから、百福院の宗鏡禅師と豫章鏡禅師が同一人物であることを指摘した。以上の吉岡氏の研究により、『金剛科儀』の成立の典拠は基本的に明らかになったと言えるであろう。

さらに、車錫倫氏[6]は、『金剛科儀』を『金剛般若経』を法会に用いるために分段解説したものとして、宝巻経典の淵源として位置づけた。そしてその開始の「請経」の部分に「願今合会諸男女、同証金剛大道場」とあること、末尾にも「金剛大道場」という言葉が見出されることから、『金剛科儀』の用いられる法会は「金剛大道場」と呼ばれていたと指摘した。楊恵南氏[7]は『金剛科儀』が儒仏道三教同源、禅宗と浄土信仰の双修などの教義を説き、その本体論が民間宗教の無生父母信仰へと発展したことを指摘した。前川亨氏[8]は『金剛科儀』と『金剛経五家解』との間の関係を論じ、『金剛経五家解』の中に含まれる宗鏡の「予鏡禅師提綱」が『金剛科儀』の一部分を構成してはいるが、それ自身は宝巻としての性格をもつ『金剛科儀』とは性格が異なり、『金剛経』の註解とも言うべきものであると見なしている。そして『金剛科儀』の中に引用された顔丙の文が、禅者としての悟りの追求よりも、念仏による浄土への往生を救済の中核に据えたことは禅宗の終末と宝巻の生成をもたらしたと指摘した。

以上の先行の諸研究により、『金剛科儀』が金剛大道場という法会の台本であること、南宋の淳祐二年（一二四二）に成立し、編者は（江西省南昌）隆興府百福院の宗鏡禅師であり、如如居士顔丙・冶父道川の文を引用していることなど、その成立事情の一部が明らかになった。しかし、『金剛科儀』の具体的成立過程とその歴史的意味については依然として明らかでないことが多い。『金剛経』の法会での台本がどうして後生に宝巻へとつながっていったか、そのような歴史的変遷をより事実に即して明らかにすることが必要である。そのことはひいては民間宗教の歴史的形成過程を明らかにすることになろう。

第一章　『金剛科儀』の構成

『金剛科儀』の性格を論ずる前に、まずそれがどのような要素で構成されているか示せば、次のようになる。

経題
弥陀如来（賛）
釈迦如来（賛）　　顔丙「普勧発心文」

金剛経啓請
浄口業真言　　前儀
安土地真言
普供養真言

奉請八金剛四菩薩 発願文 云何梵 開経偈	
経題釈	顔丙・宗鏡の文・偈
講唱経文（『金剛経』三十二分本文） 宗鏡「提綱」、「結類」「頌経文」 顔丙「警世」、宗鏡「結帰浄土」	『金剛経』の本文に対する「提綱」 （「結類」「頌経文」を含む） 「警世」、「結帰浄土」
般若無尽蔵真言等 宗鏡「結経発願文」	後儀

この構成でまず注目されるのは、『金剛科儀』の講唱経文（本文）のほかに、法会におこなう前後の儀式である「前儀」と「後儀」である。すでに吉岡義豊氏は『金剛科儀』の冒頭の「経題」の末尾に、「将欲誦経、先安土地、金剛菩薩、永護壇儀。云何梵畢、発願謹受持。」とあることにより、改めて『金剛科儀』が壇儀書すなわち法会の台本であることを指摘している。(9)『金剛科儀』と同一内容の「前儀」と「後儀」を備えているものに、南宋の紹定四年（一二三一）に太中大夫浦城県開国男の楊圭が『金剛経』に対する十七人の註解を編集した『金剛経集註』（以後、『金剛経十七家註』と略称する）(10)が有り、『金剛科儀』の成立に約十年先行している。『金剛経』の註釈書の中で、このような「前儀」「後儀」を持っているものは数少ない。のち、明代永楽二十一年（一四二三）、この『金剛経十七家註』をもとに、註釈者を五十三人に増やし、永楽帝の御製の序文を付けた『金剛経集註』（以後、『金剛経五十三家註』と略称

する）[11]が編纂された。『金剛経五十三家註』にも『金剛経十七家註』と同じ「前儀」「後儀」がある。しかも、『金剛経五十三家註』の「前儀」には、「平時誦経、不用亦可」と付記があり、平時の念経には使わなくてもよいと断っているから、法会の時には使ったことになる。このことから、『金剛経十七家註』とその後継『金剛経五十三家註』は『金剛経』の註釈書としてばかりでなく、法会などにおいても用いられていたことが推定される。

『金剛経十七家註』と『金剛科儀』の一致点は「前儀」「後儀」ばかりでなく、十七人の註釈者の中には冶父道川禅師・如如居士顔丙が含まれていることである。この両者は『金剛科儀』の中で引用されており、特に顔丙の言葉の引用は多い。例えば『金剛科儀』の冒頭の「経題」は、宗鏡禅師の文の後に顔丙の『如如語録』甲集、第一巻「普勧発心文」のほぼ全文を引用している。ただし、吉岡義豊氏が指摘したように、宗鏡は顔丙の文を引用していることを一言も記していない。「経題」に次いで「前儀」があり、「開経偈」と続き「経題釈」がくる。「経題釈」の前半部分に、次のようにある。

宗鏡云、只這一巻経、六道含霊、一切性中、皆悉具足。蓋為受身之後、妄為六根六塵、埋没此一段霊光、終日冥冥。故我仏生慈悲心。願救一切衆生斉超苦海、共証菩提。所以在舎衛国中為説是経。大意只是為人解粘去縛。直下明了自性。……自性堅固、万劫不壊、況金性堅剛也。……

この文では「宗鏡云」としているが、明代の覚連の『科儀会要註解』巻一は、この文は宗鏡の言葉ではなく、本当は顔丙の言葉であると述べている。確かに、『金剛経十七家註』に同一文が有り、そこでは「宗鏡曰」が「顔丙曰」となっており、この文が顔丙の筆になるものであることが分かる。この文は顔丙の他の著作に見当たらないから、宗鏡はこの文を『金剛経十七家註』から引用した可能性が高い。ただし、顔丙のこの文は「経題釈」の冒頭の一部分にすぎず、後に続く部分は顔丙が書いたものではないから、宗鏡が書いたものであると考えられる。また、後述するように、『金剛科儀』の末尾にある冶父道川の「川老頌」は『金剛経十七家註』の末尾にも見出される。このことは後段で改めて検討する。なお、『金剛経十七家註』の十七人の中には顔丙・冶父道川のほかに、南朝梁の居士傅大士、唐代の慧能・宗密、南宋の居士王日休といった著名な人物らが含まれている。しかも、『金剛経十七家註』は少なくとも元代至元三十年（一二九三）と明代永楽九年（一四一一）、万暦二年（一五七四）に重刊されている。[12] この訳註の後継であり、永楽帝の序文を付した『金剛経五十三家註』も入れて考えるならば、この訳註は『金剛経』の代表的註解として南宋から明代に到るまで重んじられていたと推定される。

これまで述べてきたことから、『金剛科儀』は少なくとも、『金剛経十七家註』から「前儀」「後儀」の部分と、前述の「経題釈」の一部の文を継承したと考えられる。ただし、後述するように、『金剛科儀』が一番多く引用しているのは顔丙の『如如語録』からであり、このことについては第四章で検討する。『金剛科儀』の「経題釈」に続く部分は、『金剛経』の三十二分本文とこれに対する「提綱」や偈頌である。それらがどのように構成され、何を典拠にしているかについて、第十分を例として検証する。

第二章　『金剛科儀』各分の構成

『金剛科儀』の三十二分で重要な構成要素は、『金剛経』本文、編者宗鏡禅師の「提綱」、顔丙の頌偈や文、冶父道川の頌偈や文である。これらの要素がどのように組み合わされて『金剛科儀』が作られているか、その第十分を例に見てみよう。

一相無相分第九

（中略） 荘厳浄土。錦上添華。徒労任算沙。然燈昔日。授記無差。因風吹火。 末後拈華。誰人会得。迦葉便笑他。荘厳生浄土、金粟眼中沙、初生全 泄漏末後又拈華	宗鏡 「荘厳浄土分第十」への導入部。
荘厳浄土分第十 仏告須菩提。於意云何。如来昔在。然燈仏所。於法有所得不。不也世 尊。如来在然燈仏所。於法実無所得。須菩提。於意云何。菩薩荘厳仏 土不。不也世尊。何以故。荘厳仏土者。即非荘厳。是名荘厳。是故須 菩提。諸菩薩摩訶薩。応如是生清浄心。不応住色生心。不応住声香味 觸法生心。応無所住。而生其心。須菩提。譬如有人。身如須弥山王。 於意云何。是身為大不。須菩提言。甚大世尊。何以故。仏説非身。是 名大身。〔白〕	『金剛経』「荘厳浄土分第十」 （本文）
如来続焔燃燈。実無可得之法。菩薩荘厳仏土。応無所住之心。諸妄消 亡。一真清浄。昔究法華妙旨。親感普賢誨言。清浄身心。安居求実。 冥符奥義。豁悟前因。直得心法両忘。眼塵倶泯。〔問〕且道荘厳箇什 麼（咄）。	宗鏡『提綱』
〔答〕弾指圓成八万門、刹那滅却三祇劫。	宗鏡『提綱』の「結類」

正法眼中無所得　涅槃心外謾荘厳

六塵空寂無人会　推倒須弥浸玉蟾	宗鏡『提綱』の「頌経文」
百歳光陰一刹那　凌晨浄口念弥陀 看経読誦無休歇　必免当来過奈河	「警世」 顔丙『如如語録』戊、巻一
造論弘経大辯才　馬鳴龍樹及天台 圭峰乃至清涼老　総勧西方帰去来	宗鏡「結帰浄土」
無為福勝。四句堪誇。如塵比数沙。住相布施。凡聖皆差。無来無去。 月照簾下。無根樹子。常開四季花。四句絶堪誇　河沙数漸多　算来	宗鏡 「無為福勝分第十一」への導入部。
無一法浄処娑婆訶 　無為福勝分第十一 （後略）	

ここで提示したのは『金剛科儀』第十分であるが、まず、その第九分の末尾に第十分の題目についての宗鏡の解説がなされている。この解説を導入部として、『金剛経』第十分の「本文」が提示される。この「本文」には「応無所住而生其心」という、物事にとらわれることのない心を説く有名な字句が含まれている。次にこの「本文」に対する宗鏡の筆になる「提綱」とその「結類」「頌経文」が本文の内容の要点を説く。その後に「警世」がくる。この「警世」は『金剛科儀』では何も明示がないが、実は顔丙の『如如語録』戊巻一にある頌偈である。こればかりでなく『金剛科儀』の「警世」はほとんどが顔丙の『如如語録』からの引用である。この「警世」は、「百年間も一刹那であり、朝早く口を浄めて念仏を称え、絶えず経を見て読誦し続ければ、地獄の河を渡ることを免れる。」と念仏を勧めている。さらに、「警世」の後に宗鏡の「結帰浄土」が続く。この「結帰浄土」は「論を作り経を広める大弁論の才

がある馬鳴・龍樹・天台智顗・宗密・清涼国師は皆西方に帰ることを勧めている」と述べている。「結帰浄土」の大部分は最後が「帰去来」で統一されており、阿弥陀浄土信仰が強調されている。このような形式が『金剛科儀』の三十二分全体で繰り返される。

ここで気付くのは、『金剛経』第十分本文とその後に続く記述は必ずしも密接に対応していないことである。前川亨氏はすでに「提綱」とその後に続く「警世」、「結帰浄土」との間の差異を指摘している。[13]『金剛経』の本文は金剛般若の智慧、空の教えを説く高度な教義を展開している。この本文に対する宗鏡の「提綱」とその一部をなす「結類」「頌経文」も正統仏教的に本文を解釈している。しかし、その後の顔丙の「警世」と宗鏡の「結帰浄土」は内容が一変する。それらは『金剛経』の本文とはほとんど関係なく、この世の無常と念仏による西方浄土への往生を強調する内容になっている。つまり、『金剛科儀』の内容は『金剛経』の主たる教義を説く、宗鏡の「提綱」「結類」「頌経文」の部分と、顔丙の「警世」、宗鏡の「結帰浄土」との二部分に大別できるということである。

第三章　冶父道川禅師

『金剛科儀』を構成するもう一つの要素に、南宋時代の冶父山（安徽省廬江県）実際院の僧である道川禅師の言葉がある。冶父道川は南宋の淳熙六年（一一七九）に『金剛経』に対する註解である『金剛般若波羅蜜経註』（以後、『川老金剛経註』と略称する）を作成した。[14]『川老金剛経註』は純然たる註解であり、法会用に作られたものではない。しかし、『金剛科儀』は『川老金剛経註』から二個所の文を引用している。まず、『金剛科儀』第十七分の「結帰浄土」の「不知誰解巧安排、捏聚依前又放開、莫謂如来成断滅、一声還一声来」という部分は『川老金剛経註』第二十七分の頌と同一であり、冶父道川の言葉を引用したと見なすことができる。もう一つは、『金剛科儀』の末尾に付された「川老頌」である。「川老頌」はすでにこれまで先学に注目され、論じられてきた。それは次のように述べている。

川老頌云。如飢得食。渇得漿。病得瘥。熱得涼。貧人得宝。嬰児見娘。飄舟到岸。孤客還郷。旱逢甘澤。国有忠良。四夷拱手。八表来降。頭頭総是。物物全彰。古今凡聖。地獄天堂。東西南北。不用思量。利塵沙界諸群品。尽入金剛大道場。

この頌の意味は、〔『金剛経』の説く般若の知恵は〕、飢えた者が食物を得、喉の渇いた時に汁を得、病んでは癒えることを得、暑さに涼を得、貧人は宝を得、嬰児は母に会い、漂う船は岸に着き、孤独な旅人は故郷に帰る、旱害で雨に逢う、国に忠良の人物がいれば、四方八方の夷狄は手をこまねいて降伏する。そうすれば全てのものはそのまま仏である。古今の凡人と聖者、地獄と天国、全世界のものは、考える必要がなく、この世界の全てのものは仏の御利益を得て、金剛大道場に入る、というものである。

『金剛経十七家註』もその末尾に冶父道川の言葉として「川老頌」を載せており、これも時間的に『金剛科儀』に先行する。しかし前述したように、『金剛科儀』第十七分の「結帰浄土」が『川老金剛経註』第二十七分の頌を引用したものであることから考えて、宗鏡はやはり『川老金剛経註』巻下末尾に付された「川老頌」を『金剛科儀』に引用した可能性が高い。また、明初の永楽二十一年（一四二三）に編纂された『金剛経五十三家註』の末尾にも「川老頌」が載せられている。覚連の『科儀会要註解』巻九は、「川老頌」の「嬰児見娘。飄舟到岸。孤客還郷。」について、嬰児が般若の母親にまみえ、慈悲の船は四生を載せて彼岸に到り、導師は九品を受けて直ちに蓮邦（浄土）に往かせる、といった正統仏教の般若の智と浄土信仰に基づいた解釈をしている。確かに「川老頌」は本来、正統仏教の教えを説くものであったと考えられるが、しかし、「川老頌」は後代に多くの宝巻に引用されて独特の意味が付け加えられていった。

車錫倫氏は洪武五年（一三七二）に作られた『目連救母出離地獄生天宝巻』や明代の宝巻『仏説皇極結果宝巻』の「結経発願文」は「川老頌」と一部の語句を除きほぼ同文であることを指摘している。[15] 例えば、『仏説皇極結果宝巻』の末尾には、「仏在霊山莫遠求、霊山只在你心頭。人人有座霊山寺、好向霊山塔下修。」という『金剛科儀』の巻首にある偈頌が載せられており、この宝巻が『金剛科儀』の記事を継承していることは疑いないが、その「川老頌」では「金剛大道場」が「皇極大道場」になっている。また、この宝巻には無生父母という神名は登場しないが、古仏無生を最高神とする事実上の無生父母信仰を説いており、「川老頌」もその文脈で解釈されている。明代にすでに「川老頌」は変質していたと考えられる。さらに清代の羅教系斎教の一派である無極正派の経典宝巻『結経宝巻』はその中に「川老頌」を含んでいる。『結経宝巻』の註釈である『結経註解』[16] は「川老頌」の「川老」とは羅祖の師で四川省峨眉山の韋璨然老人であり、羅祖は韋璨然老人から禅、道教、儒教の順で学んだと註釈している。これは全く史実に基づかない説である。『結経註解』はさらに「嬰児見娘」という語句について、母と子が逢う意味であるとして、（1）分娩後に母子が逢うこと、（2）子が母乳を吸う時に母子が逢うこと、（3）霊山から散り散りになっていた子が仏の教えにより、輪廻を脱して霊山に帰ること、を意味すると解釈している。この解釈は要するに、子供すなわち衆生が家郷である霊山すなわち無生父母のもとに帰還するという、「還郷」の救済を説く無生父母信仰に基づくものにほかならない。同様に、「飄舟到岸」は「漂える船が彼岸に到り、返本還源をする」と解釈している。「孤客還郷」という語句に対して、『結経註解』は「孤客は真性（本性）で、還郷は家に帰ることである」と解釈している。これは浄土への往生を説く教義とやや異なり、人間がその故郷に帰るという、儒教や道教に見られる本体への回帰の観念に基づいている。

『結経註解』の「川老頌」についてのこのような解釈は、史実とかけ離れた川老なる人物を説いていることとも相まって、もともと般若の智と浄土信仰を説いていた「川老頌」を儒教や道教の本体論を取り入れて、家郷たる天上世界への帰還をもって救済とする教義へと変容させていったことを示している。

第四章　如如居士顔丙

『金剛科儀』の成立を考えるとき、その核心部分は如如居士顔丙の語録からの引用であることを見落とすことはできない。『金剛科儀』と如如居士顔丙の頌偈との関係は初めて吉岡義豊氏により指摘された(17)。吉岡義豊氏は『金剛科儀』の作成において取り入れられたいくつかの文献を挙げた。その中で特に注目されるのが如如居士顔丙の著作である。顔丙の説いた教えは、『如如居士語録』（以後、『如如語録』と略記する）、『重刊増広如如居士三教大全語録』（以後、『大全語録』と略称する）にまとめられている(18)。『如如語録』には南宋の紹熙五年（一一九四）の謝師稷の序があり、現存のものは後世の写本である。『大全語録』には『如如語録』と同じ序文が載せられているが、現存のものは明初の洪武十九年（一三八六）に刊行されたものである。この二つの語録の成立過程は不明な点が多いが、『如如語録』は『大全語録』よりも多くの記事を含んでおり、『金剛科儀』が引用したのは『如如語録』の記事である。ただし、『金剛科儀』には顔丙から引用したことは一切記されていない。『金剛科儀』の三十二分の「警世」はその多くが『如如語録』から引用したものである。ここで『金剛科儀』に引用されている顔丙の言葉を列挙してみよう。

『金剛科儀』引用文	典拠
（1）富貴貧窮各有由、宿縁分定莫剛求。不曾下得春時種。空守荒田望有秋（経題）	不明

(2) 西方浄土人人有、不假脩時已現前、諸上善人如見性、阿弥陀仏便同肩（経題釈）	『如如語録』丙巻一
(3) 西方宝号能宣演、九品蓮臺必往生、直下相逢休外覓、何労十万八千程（第一分警世）	『如如語録』丙巻一
(4) 阿弥陀仏元無相、遍界明明不覆蔵、文潞尚然脩浄土、東坡猶願往西方（第二分警世）	『如如語録』丙巻一
(5) 七重宝樹人人有、九品蓮花処処開、不渉一程親見仏、圓音時聴悟心懐（第三分警世）	『如如語録』丙巻一
(6) 歩歩頭頭皆是道、弥陀元不従西方、法身遍満三千界、化仏権為十二光（第四分警世）	『如如語録』丙巻一
(7) 頻伽尚能知帰向、孔雀猶聞得化生、時節因縁休蹉過、楼頭尽皷恰初更（第六分警世）	『如如語録』丙巻一
(8) 西方勝境無明闇、不比人間夜半深、五皷分明当子位、一輪正満対天心（第七分警世）	『如如語録』丙巻一
(9) 楼頭尽皷五更闌、争奈衆生被眼瞞、不見性天光燦燦、但於夜後黒漫漫（第九分警世）	『如如語録』丙巻一
(10) 百歳光陰一刹那、凌晨浄口念弥陀、看経読誦無休歇、必免当来過奈河（第十分警世）	『如如語録』戊巻一
(11) 百歳光陰撚指間、奔馳不定片時閑、煩君点検形骸看、多少英雄去不還（第十一分警世）	『如如語録』戊巻二
(12) 百歳光陰老尽人、青山緑水至如今、開眸認取来生路、莫学愚頑錯用心（第十二分警世）	『如如語録』戊巻二
(13) 百歳光陰不自驚、老来何物作前程、只憑経巻三千蔵、莫把虚華過一生（第十三分警世）	『如如語録』戊巻二
(14) 百歳光陰石火光、回頭何不早思量、無常相請宜推托、免向閻君論長短（第十四分警世）	『如如語録』戊巻二
(15) 百歳光陰燭在風、誰人心与仏心同、脩行速往西方去、足下蓮花歩歩生（第十五分警世）	『如如語録』戊巻二
(16) 百歳光陰似水流、無窮無尽幾時休、不如先証菩提路、悉免輪廻得自由（第十六分警世）	『如如語録』戊巻二
(17) 百歳光陰一夢中、老来不与旧時同、衆生好似風無定、揺落桃花満地紅（第十七分警世）	『如如語録』戊巻二
(18) 荒郊日落草風悲、試問髑髏你是誰、或是英雄豪傑漢、回頭能有幾人知（第十八分警世）	『如如語録』戊巻四

(19) 郊園又是一番春、髑髏縦横白似銀、日炙風吹休懊悩、髑髏総是利名人（第十九分警世）　『如如語録』戊巻四
(20) 皷声集衆下林泉、莫学金剛問普賢、高坐猊臺伝秘要、妙通一指老僧禅（第二十一分警世）　『如如語録』戊巻五
(21) 爐中裊裊試拈香、普請天龍降道場、功徳無辺応有報、荘厳浄土事難量（第二十二分警世）　『如如語録』戊巻五
(22) 一毛頭上為拈花、笑倒傍辺老作家、要問相逢端的意、摩尼達哩吽発吒（第二十四分警世）　『如如語録』丁巻三
(23) 前三三与後三三、擬議商量総不堪、饒汝識情倶絶断、三生九劫更重参（第二十五分警世）　『如如語録』丁巻三
(24) 九年面壁自知非、不若抽身隻履帰、莫道少林消息断、白雲依旧擁柴扉（第二十六分警世）　『如如語録』丁巻三
(25) 一点霊光塞太虚、也非禅教也非儒、打成一片誰人会、具眼還他大丈夫（第二十七分警世）　『如如語録』丁巻一
(26) 春来秋去幾時休、堪嘆衆生又白頭、東廓郊中多古墓、北邙山下有髑髏（第二十八分警世）　『如如語録』戊巻三
(27) 九曲黄河直指君、分明全不渉途程、不知白日青天裏、開眼許多迷路人（第三十分警世）　『如如語録』丁巻三
(28) 朝日忙忙暮日忙、衆生何不早思量、人如春夢終須短、命若風灯豈久長（第三十一分警世）　『如如語録』戊巻三
(29) 直截根源説与君、了無些子渉情塵、奈何蹉過西来意、猶道休将景示人（第三十二分警世）　『如如語録』丁巻三

顔丙の『如如語録』から引用された『金剛科儀』のこれらの「警世」には顔丙の宗教思想が込められていると同時に、編者宗鏡の制作意図も窺うことができる。これら「警世」の説く内容を分類すれば、（Ⅰ）阿弥陀浄土信仰を説いているものは、（2）（3）（4）（5）（6）（8）（10）（15）であり、（Ⅱ）現世に対する無常観を説いているものは、（11）（12）（13）（14）（16）（17）（18）（19）（26）（28）であり、さらに、（Ⅲ）三教主義的思想を説いているものは（25）である。顔丙の浄土信仰は（2）（3）（4）に示されているように、実際の西方浄土というよりも、心の本性の浄土であり、唯心の浄土である。（2）は西方浄土は自己自身の中にあり、上善の人が自己の本性を見れば、そこに阿弥陀仏が居ると説いている。（3）は西方浄土へには必ず往けるが、十万八千里の彼方へ赴くことはない、

ここで〔阿弥陀仏に〕逢うことができる、外に求める必要はない、と述べている。(4)は阿弥陀仏は形がなく、この世界に明明として遍く広がっているのに、〔北宋の〕文彦博は依然として浄土を求め、蘇東坡も西方に行くことを願っている、として心の中の浄土を強調している。このように、顔丙の説く浄土は自己の本性の阿弥陀浄土、唯心の浄土にほかならない。

さらに、顔丙の「警世」で強調されているのは現世の無常である。(16)は百歳光陰は水流のようで、極まりなく休まない。まず菩提の路を究め、輪廻を逃れ自由を得よう、と説いている。(18)は、荒れた郊外に日が沈み、草に吹く風が悲しい。試みに髑髏におまえは誰かと問うと、〔髑髏は〕英雄や豪傑であった。改心したのは何人いたであろうか、と説いている。顔丙はこの世の無常を強調し、浄土への路を勧めているのである。

このほかに注目すべきものは(25)であり、この記事の元となったのは『如如語録』丁巻三の記事であり、南朝梁の三教主義を信奉した居士として知られていた傅大士（傅翕）について述べられたものである。(25)は「一点霊光（本性）が太虚を塞いでいる、これは禅でもないし儒教でもない、打成一片（ものと心が一体になる状態）が分かるのは誰がいよう。具眼の者はやはり立派な修行者である」と述べている。ただし、この記事の元となった『如如語録』丁巻の記事は、(25)と一部の字句が異なり、「一点霊明塞太虚、也非道釈也非儒、打成一片誰人会、真眼還他大丈夫」とある。この記事も同様に、人間の本性と世界の根源と一体である。それは仏教・道教でもなければ儒教でもない。自他が一体となることを誰が悟っているだろうか、真眼の者はやはり立派な修行者である、と説いている。居士である顔丙は同じ居士である傅大士の三教一致の考えを称賛していると言える。これまで述べてきたように、『金剛科儀』に引用されている顔丙の『如如語録』の語句は現世の無常を説きつつ、阿弥陀浄土への往生を勧めるものであった。ただし、その浄土は主として人間の本性の唯心の浄土であり、しかもその本性は儒仏道三教を超える観念であると説かれている。

顔丙の宗教思想、特にその三教主義についてはすでに永井政之氏の研究がある。[19] 永井氏は椎名宏雄氏の研究[20]を引きつつ、顔丙は南宋に生きた特異な禅者であり、その語録は中国においても日本においても大きくは流布しなかったとする。その理由は、顔丙の語録は禅宗の通常の語録と異なり、あまり禅の語録らしからぬものであったとする。顔丙の三教に対する考え方、禅浄一致の考え方、葬送に対する配慮などは、禅の立場の建て前とは異なっていた。顔丙はこの建て前を突き崩したため、「三教にわたる通俗的な語録」という評価を生むことになった。しかし同時に、当時の禅と民衆との関わりが朧気ながらうかんでくるという。たしかに顔丙の語録には、坐禅を勧める言葉と同様に、大衆に念仏や斎戒を進める言葉が多く見出される。

同治『延平府志』の顔丙の伝記は、顔丙が福建路南剣州の順昌県に生まれ、北宋末期に科挙の郷試に応じたが、後に官僚となる途を棄てて仏教に入ったとする。[21]『如如居士座化語録』の序文は、如如居士顔丙が若い時には周公と孔子の学（儒教）を学び、功名を志していたが、にわかに仏典に心を移し、三教一致を説いたと述べている。このことはその『三教大全語録』諸文門上「三教一理論」に示されている。それは次のように述べている。

儒教教以窮理尽性、釈教教以明心見性、道教教以修真煉性。惟此一事実。餘二即非真是。各人胸中自有三教混然、切不可向外。騎牛覓牛去也。……若曰、斉家治身致君沢民。此特儒者之餘事。若曰、嗇精養神飛仙上昇。此特道家之粗迹。若曰、越死超生自利利人。此特釈氏筌蹄矣。吁、一字三写、烏焉成馬、後生伝訛、将謂三教止於粗迹。往往乗虚接響、忘本逐末、但以耳目所可接者、争是較非。……況三教聖人各有門戸、要其至極処、未始不一。

この「三教一理論」に述べているように、顔丙は儒仏道三教の根本には一つの真理があると言う。儒家の「家を整え身を治め君主に仕え、民に恵む」、道教の「精を節し神を養い、仙人として飛翔する」、仏教の「生死を超え自他を利する」といった教えは枝葉末節であり、三教聖人の教えの究極のところは一つであると言うのである。また、『如如居士座化語録別集』巻二「暁出宿詩礼堂」嘉定五年（一二一二）旧暦六月十五日の条に、顔丙が福建路邵武軍牛頭山獅子峰の清涼禅院で死去する際のことを、次のように記している。

時渓谷宣義預席、因問人後此性如何。答云天高地下、万物散殊、一物具一形、一形具一性。平時谷做得主宰、死後竟還太虚去。

渓谷宣義という禅僧が顔丙に、人が死んだ後、本性はどうなるか問うと、顔丙はこの広い世界で万物は異なっている。一物は一の形を備えているが、一つの形は一つの本性を備えている。〔本性〕は平時には主宰をなし、死後は太虚に帰り行く、と述べている。太虚は儒教や道教で世界の根源・本体を指す言葉である。北宋の儒学者張載は世界の本体としての太虚を論じている。顔丙の言葉は、仏教的というよりも儒教的或いは道教的死生観である。顔丙は居士として仏教を信奉しているが、儒教や道教の本体論を加えて、唯心の浄土への往生を世界の本体への帰還として説いていると言える。顔丙の言葉は『金剛科儀』の中核部分になっており、その唯心の阿弥陀浄土と念仏、そして三教一致の観念は『金剛科儀』の基本的性格を考える上で見逃すことができない。『金剛科儀』の冒頭の部分に顔丙の『如如語録』巻一「普勧発心文」が引かれているが、それは次のように説いている。

休別在家出家、不拘僧俗、而只要辦心、本無男女而何須着相、未明人妄分三教、了得底同悟一心。若能返照廻光。皆得見性成仏。

顔丙は在家・出家・僧侶・俗人・男・女といった外形的区別は必要ないこと、分かっていない人間がみだりに儒仏道三教に分けるが、その根本の一心を悟ればみな成仏できることを説いていた。顔丙のこのような言葉は、彼が居士として一生を終えたこと、社会各層の人々がそれぞれに適した仏道修行をすることが可能であると説いたことと関係しているであろう。『如如語録』を見れば、顔丙が俗人的立場から三教一致の宗教活動を実践していたこと、社会各層の人間、特に庶民がどのような仏道修行をするべきであるか、熱心に説いていたことが分かる。

第五章　宗鏡禅師

『金剛科儀』の編纂者は（江西省南昌）隆興府百福院の宗鏡禅師である。宗鏡は主として冶父道川の『川老金剛経註』と『金剛経十七家註』、そして顔丙の『如如語録』から記事を抜粋し、そのほかにも永明延寿の文を引用し、それに自らの記事を加え、淳祐二年（一二四二）に『金剛科儀』を作成した。第二章で示した『金剛科儀』第十分のように、宗鏡は『金剛経』の本文に対し正統仏教的教理に沿った解釈による「提綱」を書き、さらに「警世」に顔丙の文を引用し、次いで「結帰浄土」と次の分への導入部を書いた。宗鏡は「警世」以外にも、冒頭や「経題釈」などでも顔丙の文や頌偈を引用しているが、なぜか顔丙からの引用であることは一言も述べていない。顔丙の「警世」と宗鏡の「結帰浄土」は金剛般若の教えを説く「提綱」とはかなり異なり、念仏により浄土へ往生すべきことを強調している。しかも宗鏡の「結帰浄土」では「帰去来」という言葉が繰り返し見られる。その第五分では、「誓随浄土弥陀主、接引衆生帰去来」、第十二分には、「弥陀勢至観音等、合掌相随帰去来」、第十九分では、「金縄界道経行処、好念弥陀帰去来」、第二十三分では、「如何一筆都勾断、好念弥陀帰去来」と述べて、念仏により阿弥陀仏の浄土に帰ろうと説いている。宗鏡のこれらの言葉は明らかに金剛大道場という法会を意識して作られたものであろう。そして第二十四分の「結帰浄土」には、次の表現が見られる。

我憶弥陀如父母、弥陀観我似嬰児、心心念念常無間、父子相随帰去来。

この記事は、人間が阿弥陀仏を父母と思い、阿弥陀仏が衆生を嬰児のように見て、父と子とは隔てがない、父と子が一体になり〔浄土に〕帰ろう、と説いている。このように「結帰浄土」は阿弥陀を父母と見なし、その浄土へ往くことを「帰去来」と表現しているのである。「結帰浄土」のこのような教えは後世に世界の本体に帰還することを救済とする儒教や道教の本体論と融合することになる。さらに注目されるのは、宗鏡が『金剛科儀』の「後儀」のあとに付した、次のような「結経発願文」である。

伏願、経声琅琅、上徹穹蒼。梵語玲玲、下通幽府。一願刀山落刃。二願剣樹鋒摧。三願爐炭収焔。四願江河浪息。鍼喉餓鬼、永絶飢虚。鱗角羽毛、莫相食噉。悪星変怪。掃出天門。……懐孕婦人、子母団円、征客遠行、早還家国。貧窮下賤、悪業衆生、誤殺故傷。一切冤尤、並皆消釈。金剛威力、洗滌身心。……川老頌云、如飢得食、渇得漿、病得瘥、熱得涼、貧人得宝。嬰児見娘、飄舟到岸、孤客還郷、早逢甘沢。……刹塵沙界諸群品、尽入金剛大道場。

宗鏡はここで改めて『金剛経』の功徳を説き、しかも自己の文の後に「川老頌」を付けている。宗鏡の文の中で重要なのは、「懐孕婦人、子母団円、征客遠行、早還家国。」という部分であり、妊娠した婦人が子供と一体になり、遠方へ行った旅人は故郷に帰る、という意味に解釈できる。これはその後に続く「川老頌」の「嬰児見娘、飄舟到岸、孤客還郷」の、嬰児が母に会い、漂う船が岸に着き、孤独な旅人が郷里に帰る、という意味に対応していると考えられる。

すでに第三章で述べたように、「川老頌」は正統仏教的解釈と民間宗教的解釈の二通りの解釈がなされており、宗鏡のこの「結経発願文」も同様である。明末に浙江省で興った羅教の支派無極正派と霊山正派は、「川老頌」をふくむ「結経発願文」を『結経』と呼び、教派の根本経典の一つとした。『結経』の基本的教義は「川老頌」と同様に、後世の民間宗教で、衆生が家郷に帰って無極老祖・無生老母に会い救われるという、還郷の救済を説く観念に基づいて解釈されている。[22]これは、人間が宇宙の窮極存在に立ち返り、一体となるという道教や儒教の教義ともその根底において一致している。

結　論

南宋の淳祐二年（一二四二）に成立したと考えられる『金剛科儀』は、（江西省南昌）隆興府百福院の宗鏡禅師が作成した科儀書であり、金剛大道場という『金剛経』の法会の台本である。宗鏡は『金剛経』の本文に、『川老金剛経註』と『金剛経十七家註』、顔丙の『如如語録』などから記事を抜粋し、それに自らの記事を加えて『金剛科儀』を作成した。『金剛科儀』は『金剛経十七家註』の「前儀」と「後儀」を継承し、その中心部分は主として、『金剛経』の本文とそれに関する宗鏡の「提綱」（「結類」「頌経文」を含む）、顔丙の「警世」、宗鏡の「結帰浄土」からなり、末尾に冶父道川の「川老頌」を含む宗鏡の「発願結経文」が載せられている。宗鏡の「提綱」は金剛般若の智を説いているが、それと異なり、顔丙の「警世」は唯心の浄土の悟り、現世の無常、三教一致の教えを説き、宗鏡の「結帰浄土」は浄土への往生を繰り返し説いている。それらは金剛大道場という男女同席の民衆的法会に対応したものであったと考えられる。

『金剛科儀』の特徴はその中に正統仏教的要素と居士仏教的・民衆的要素とが混在しており、正統仏教的にも解釈できるし、道教的・儒教的・民間宗教的にも解釈できるというところにある。宗鏡の「提綱」は『金剛経』の正統仏教的註釈書として取り扱うことが可能である。一方、宗鏡が引用した顔丙の「警世」は唯心の浄土の悟りであるが、これは儒教的道教的に太虚への帰還としても説かれた。顔丙はまた、三教一致の観念を基礎に、仏道修行には僧侶と俗人、男と女の区別も必要ないと強調している。顔丙のこのような立場は俗人による宗教的修行を強調する傾向があり、民間宗教的要素を混入させる要因となったと考えられる。

宗鏡の「結帰浄土」と「結経発願文」も正統仏教的解釈と民間宗教的解釈の両方を可能とした。「結帰浄土」は阿弥陀浄土への往生を父母のもとに帰る「帰去来」と表現している。「結経発願文」も冶父道川の「川老頌」を含み、仏法による救いや阿弥陀浄土への往生を、子供が父母のもとに帰り一体となる、という言葉で表現している。その内容は浄土信仰的にも解釈できるし、民間宗教の無生父母信仰的にも解釈できる。「結経発願文」は民間宗教では、衆生を子供とし、浄土への往生を本体への帰還とする無生父母信仰へと変容して、経典『結経』となった。中国の民間宗教は正統の儒仏道三教の変容、或いはそれらからの枝分かれと見なすことができる。そして『金剛科儀』は正統仏教的解釈と民間宗教的解釈を含む、民間宗教がまさに生み出される過程を示した文献として位置づけられる。すなわち『金剛科儀』は南宋の時代に進んだ仏教の民衆化・世俗化、そして三教一致の思想傾向の中で、正統的儒仏道三教の中から民間宗教の萌芽が生み出された一過程を体現していると言うことができる。『金剛科儀』の中核となっている如如居士顔丙の思想が本来どのようであったか、また『金剛科儀』が後世、実際にどのように継承され、変容したかということについては、別に稿を改めて論じたい。

註

（1）　本論で用いる『金剛科儀』は明代嘉靖七年（一五二八）、尚膳太監張俊敏らによって重刊されたものである。

（2）　相田洋「羅教の成立とその展開」『続中国民衆反乱の世界』（汲古書院、一九八三年）四一頁参照。

（3）吉岡義豊『吉岡義豊著作集』第一巻二二頁以下参照。
（4）澤田瑞穂「金瓶梅詞話所引の宝巻について」『中国文学報』第五冊、一九五六年十月、八八頁～八九頁参照。
（5）吉岡義豊「銷釈金剛科儀の成立について――初期宝巻の一研究――」小笠原・宮崎両博士華甲記念『史学論集』龍谷大学史学会、一九六六年十二月（『吉岡義方豊著作集』第一巻、五月書房、一九八九年六月に収録）参照。
（6）車錫倫『中国宝巻研究論集』学海出版社、一九九七年、同氏『信仰・教化・娯楽――中国宝巻研究及其他』学生書局、二〇〇二年、参照。
（7）楊恵南「《金剛経》的詮釈与流伝」『中国仏学学報』第十四期、二〇〇一年、一八五頁～二三〇頁参照。
（8）前川亨「禅宗史の終焉と宝巻の生成――『銷釈金剛科儀』と『香山宝巻』を中心に――」『東洋文化』八十三号、二〇〇三年三月、参照。
（9）前掲註（4）吉岡論考、四八二頁参照。
（10）現在、日本に存在している『金剛経十七家註』は、管見の限りでは、日本寛永二十年（一六四三）に中野是誰が出版した和刻本（駒沢大学図書館所蔵）だけである。
（11）『金剛経註解』四巻、明朱棣序文（金剛経五十三家註）。
（12）前掲註（10）の和刻本『金剛経十七家註』末尾参照。
（13）前掲註（8）前川論文二三六頁～二三八頁参照。
（14）『川老金剛経註』の序文に「淳熙己亥結制日西隠五戒恵蔵無盡書」とある。
（15）前掲註（6）車錫倫（二〇〇二年）論考、六八頁参照。
（16）『天縁結経註解』「結経分句略解」。
（17）前掲註（5）吉岡論考、四七八頁参照。
（18）顔丙のこの二つの語録については、永井政之「南宋における一居士の精神生活――如如居士顔丙の場合（一）」『駒沢大学仏教学部論集』第十五号、一九八四年十月。同氏「南宋における一居士の精神生活――如如居士顔丙の場合（二）」『駒沢大

学仏教学部論集』第十六号、一九八五年十月、参照

(19) 前掲註(18)永井政之(一九八四)二〇二頁~二〇三頁参照。

(20) 椎名宏雄「宋元版禅籍研究」(四)『印度学仏教学研究』二九巻第二号、一九八一年、七三六頁参照。

(21) 同治『延平府志』巻三十一、仙釈、参照。

(22) 「羅教の継承と変容——無極正派」『和田博徳教授古稀記念・明清時代の法と社会』(汲古書院、一九九三年)六二二頁~六二七頁参照。

明代抽分竹木廠の人的組織について
――杭州・荊州・蕪湖三廠を中心に――

滝野　正二郎

はじめに

明朝政府は、官営の建築・工作事業用資材を調達する一途として、南京・北京などの首都周辺および国内各処において、輸送・流通過程にある木材・竹材等を一定の比率により抽取した。[1]この機関を抽分竹木局あるいは抽分竹木廠という。[2]これら抽分局廠全般に関する我邦の研究としては、佐久間重男氏が、［佐久間一九四三］の中で「工関税」として若干言及されているのみであり、また、中国においても李龍潜氏が［李一九九四（二〇〇二）］の中で、鈔関とともに分析されているのみである。[3]また、杭州・荊州・蕪湖三抽分廠のうち蕪湖抽分廠について検討した研究として［陳二〇〇〇］および［姚二〇〇八］があり、その制度的概略と、運営の法的根拠について明らかにされているが、清代常関の淵源の一つとして抽分廠を見た場合、検討すべき課題がまだ残っている。

明代抽分局廠に関する専志としては、南直隷太平府蕪湖県に所在する蕪湖抽分廠に関して明劉洪謨纂の万暦『蕪関権誌』[4]（以下、『権誌』と略す）、浙江布政司杭州府に所在する杭州抽分廠に関して明楊時喬撰『両浙南関権事書』[5]（以下

『権事書』と略す）がある。筆者はこれまで清代の常関について幾つかの論稿を発表し、また、明代の鈔関についても検討したことがある。[6] 本稿においては、主としてこれらの『権誌』『権事書』および『明実録』『会典』等の史料に依拠しつつ、明代抽分局廠の人的組織について検討し[7]、明代の鈔関および清代康熙年間の常関との比較を行い、これらとの相違点、共通・類似点等を明らかにしたい。[8]

一、杭州・荊州・蕪湖三抽分廠の設置

明朝政府は、元代より引き続いて有していた竹木場坊を洪武一三（一三八〇）年に一旦廃止したのち[9]、同二六（一三九三）年、南京周辺の龍江と大勝港に[10]、さらに永楽年間、北京周辺の通州・白河・盧溝橋・通積・広積の五ヶ所に抽分局を設置した。[11] その後、正統元（一四三六）年に北直隷真定府[12]、天順年間に同保定府[13]、成化七（一四七一）年に浙江布政司杭州府・湖広布政司荊州府・南直隷太平府（蕪湖県）[14]、さらには成化一七（一四八一）年に陝西布政司蘭州に抽分廠を設置した。[15] 嘉靖六（一五二七）年、白河抽分局を廃止し、その抽取すべき竹・木・柴・炭等を広積抽分局に帯管せしめた[16]のを除き、抽分局廠は、両京周辺から外省へと次第に増置されていったことになる。

こうした経過の中で、成化七（一四七一）年、杭州・荊州・蕪湖三抽分廠は設置されたが、その設置要因について『明実録』同年三月戊寅には、

増置工部属官三員、往直隷太平府蕪湖県・湖広荊州府沙市・浙江杭州府城南税課司三処、専理抽分。前此、三処客商停聚、竹木市売、有司惟収其課鈔。至是、工部尚書王復、以在京蓋造公署・造成供応器物、及在外料造運船費用缺乏、建請添官分往抽分竹木、変売銀両解部、以為営繕之費。

とあり、京師における官衙の建築に伴う建材・工作資材および漕運船の造船資材調達の費用欠乏を理由として、三抽分廠が設置されたとしている。[17] この点について『権事書』建書により詳しい記述があり、

成化辛卯、因荊州運糧千戸汪礼奏、于本地抽分木植、以資漕船之用。命下部議、乃覆議題于浙之杭州建抽分、凡商販竹木十取其一、而是廠遂立、毎歳差部臣一人司其事、迄為定制〔洪武・永楽・天順間、毎年会計応用船隻造于各処者、就彼処有司、自行派料打造、造于提挙司者合用杉楠等木、倶派四川・湖広・江西出産去処、浙江・直隷不出木者買辦送納、福建亦有油・鉄等料、例為軍三民七辦納成造。成化元年荊州左衛運糧千戸汪礼奏称「見得三衛浅船、倶軍三民七辦料打造、積年累害、及見本処大江、上通川・広・雲・貴、出産杉・楠等木、商販数多、要得十分抽一、給与造船、免致軍民受害」。該部訪察輿情、会議得清江・衛河二提挙司打造糧船、光禄寺供応器皿、京城内外蓋造房屋等項、合用一応物料、逐年分派在外司・府・州・県、民間出辦、前起未輸、後起復至、負累人難、莫此為甚。一遇災傷、派去物料到者十無二三、以致躭悞供応。合無於湖広荊州府・浙江杭州府・直隷太平府各設抽分、将客商興販竹木簰筏毎十取一、揀選堪中者、起解本色、不堪者変売銀両、成造糧船、応用餘剰之数、方纔解部、以備年例修理天・地・山川等壇、京・通二処倉廒、成造軍器、光禄寺供応器皿、内府各監局板箱・柵桶、各王府誥匣・木櫃、賞賜夷人靴襪、各処陵寝・冥器等項支用〕。（〔　〕は割注を示す。以下同じ）

と述べ、荊州の運糧千戸汪礼の建言に従い、漕船建造材不足への対処を主たる目的として、三抽分廠を設置したとしている。明朝は、それらの資材不足に対して、民衆から直に搾取するのではなく、流通過程にある物資を抽取するという方法で対処しようとし、地方における抽分廠の増置という手段を選択したのである。

二、人的組織

（一）官　員

両京周辺の抽分局においては工部管轄下の抽分大使および副使が中心となって抽分局を管理することになっており、[18]一方、真定府抽分局は真定府の税課司が帯管し、[19]また保定府の抽分局に唐県の委官が派遣されるなど、[20]一部の抽分局では地方官によって管理が行われた。これに対して杭州・荊州・蕪湖の三抽分廠においては、註（14）前掲史料に続いて「毎歳本部差官三員」とあり、『明実録』成化七年三月戊寅に、

増置工部属官三員、往直隷太平府蕪湖県・湖広荊州府沙市・浙江杭州府城南税課司三処、専理抽分。

とあるように、工部の属官が長官として派遣されることになっている。これらは史料中で「工部差官」「工部属官」「工部委官」「部使」などと呼称されるが、本稿ではこれを「部使」に統一する。これら部使を『権誌』『権書』『荊州府志』等で見てみると、表1に示したように、成化七（一四七一）年の抽分廠設置当初は、三廠ともに工部から主事あるいは員外郎が派遣されているが、嘉靖二（一五三三）年以降、蕪湖抽分廠については南京工部から派遣されるように改制されている。また、派遣年次が判明しているものについていえば、厳格に一年の任期が保たれており、任期の延長すなわち重任が避けられていることがわかる。その人名を通観してみると、同一の抽分廠においては全く重複がなく、三廠間においても重複しているのは表2に示した六名のみである。科挙合格年代および籍貫・字等により判断すると、同一人物と考えられるのはこのうちの蕭冕・張約・丁自勧の三名のみであって、この表に挙げた延べ四八

表１－１　蕪湖・杭州・荊州三抽分廠の部使（その１）

元号	年	干支	西暦	蕪湖抽分廠			杭州抽分廠		荊州抽分廠			備考
				氏　名	本官	任官資格	氏　名	本官	氏　名	本官	任官資格	
成化	7	辛卯	1471	王　臣	主事	甲申進士	官　廉	主事	徐　敏	員外郎	貢生	
	8	壬辰	1472						鄭　齢	主事	進士	
	9	癸巳	1473				張　瑕	主事	周　輪	主事		
	10	甲午	1474	楊　魁	員外郎	丁丑進士	張　敏	主事	周　正	主事		
	11	乙未	1475	趙　杲	主事	己丑進士	舒　清	員外郎	王　丹	主事	進士	
	12	丙申	1476	蕭　冕	主事	己丑進士	龔　沅	主事	尚　徳	主事	進士	
	13	丁酉	1477	朱　瑄	主事	己丑進士	韓　紳	員外郎	潘　璋	主事	進士	
	14	戊戌	1478	王　恒	主事	書舎人陞任	郭　□		洪　漢	主事	進士	
	15	己亥	1479	鮑　麟	主事	己丑進士	顧餘慶	主事	盧　鴻	主事	進士	
	16	庚子	1480	劉　廉	主事	戊戌進士	蕭　冕	員外郎	趙　潤		進士	
	17	辛丑	1481	楊　翰	員外郎	丙戌進士	李　□		呉　郁	主事	進士	
	18	壬寅	1482	呉　珍	主事	乙未進士	張　鑑	主事	林　璧		進士	
	19	癸卯	1483	王　舟	員外郎	己丑進士	李　濬	員外郎	王　讃	主事	進士	
	20	甲辰	1484	陳　倫	主事	辛丑進士	陳　奐	主事	李　韶	員外郎	進士	
	21	乙巳	1485	曹　元	主事	乙未進士	呉　超	主事	胡　韶		進士	
	22	丙午	1486	呉　璠	員外郎	中書舎人陞任	王　瓊	主事				
	23	丁未	1487	李景繁	員外郎	己丑進士	臧　麟	主事				
弘治	元	戊申	1488	張　謨	主事	甲辰進士	林　沂	主事	李時新	主事	進士	
	2	己酉	1489	趙　年	員外郎	乙未進士	蔡元美	員外郎	劉　昂	主事	進士	
	3	庚戌	1490	陳　綺	員外郎	戊戌進士	蕭　集	主事	黄　俌	主事	進士	
	4	辛亥	1491	陶　嵩	員外郎	甲辰進士	汪　僎	主事	周　濬	員外郎	進士	
	5	壬子	1492	李　堂	主事	丁未進士	王　鉉	主事	任継祖	主事	進士	
	6	癸丑	1493	倪　阜	主事	丁未進士	張　約	主事	余　璨	員外郎	進士	
	7	甲寅	1494	朱　稷	主事	庚戌進士	周　珮	主事	宋　鳳		進士	
	8	乙卯	1495	張　約	主事	庚戌進士	張　瑋	主事	傅　潮	員外郎	進士	
	9	丙辰	1496	鮑　瓚	主事	癸丑進士	宋　愷	主事	丁　錬		進士	
	10	丁巳	1497	戴　恩	員外郎	丁未進士	高　済	主事	徐　永		進士	
	11	戊午	1498	陸　冐	主事	丙辰進士	呉　潜	主事	李　敷	員外郎	進士	
	12	己未	1499	徐　越	主事	庚戌進士	曹　忠	主事	韓大璋	主事	進士	
	13	庚申	1500	周　南	主事	丁未進士	張天爵	員外郎	劉汝清	主事	進士	
	14	辛酉	1501	莫　息	主事	己未進士	鄭良佐	主事	謝　忠	主事	進士	
	15	壬戌	1502	王子成	員外郎	癸丑進士	徐　江	主事	陸応龍	主事	進士	
	16	癸亥	1503	魏　綸	主事	己未進士	徐　翊	主事	黄　瑄	主事	進士	
	17	甲子	1504	徐　儁	主事	壬戌進士	王　金	主事	裘　譲	員外郎	進士	
	18	乙丑	1505	張秉清	主事	壬戌進士	銭仁夫	主事	許元奎	主事	進士	
正徳	元	丙寅	1506	趙　陳	主事	己未進士	周　烱	主事	滕　進	員外郎	貢士	
	2	丁卯	1507	李　鋭	主事	己未進士	王良翰	主事	姜　桂	主事	進士	
	3	戊辰	1508	許　諫	主事	乙丑進士	張　麒	主事	馮友瑞	主事	進士	
	4	己巳	1509	呉　禧	員外郎	己未進士	林　通		高　魁		貢生	
	5	庚午	1510	姚　鵬	主事	壬戌進士	韓邦靖	主事	劉廷重		進士	
	6	辛未	1511	呉　哲	主事	乙丑進士	王光佐	主事	楊　涫		進士	
	7	壬申	1512	鄺　珩	員外郎	己未進士	戴　恩	主事	胡　礼		進士	
	8	癸酉	1513	張　恵	主事	乙丑進士	伍　全	主事	李　寅		進士	
	9	甲戌	1514	戴徳孺	員外郎	乙丑進士	楊　最	主事	辺　偉		進士	
	10	乙亥	1515	李仕清	員外郎	乙丑進士	林大輅	主事	徐金陵		進士	
	11	丙子	1516	趙　勃	主事	甲戌進士	呉良栞	員外郎	何　瓊		進士	
	12	丁丑	1517	馮　洙	主事	甲戌進士	畢済時	員外郎	詹　晨	主事	進士	
	13	戊寅	1518	田　龍	員外郎	戊辰進士	蔣　益	員外郎	何　遵	主事	(進士)	
	14	己卯	1519	張子衷	主事	丁丑進士	王舜漁	主事	王承恩		進士	

表１－２　蕪湖・杭州・荊州三抽分廠の部使（その２）

元号	年	干支	西暦	蕪湖抽分廠			杭州抽分廠		荊州抽分廠			備考
				氏　名	本官	任官資格	氏　名	本官	氏　名	本官	任官資格	
正徳	15	庚辰	1520	陳　煥	主事	丁丑進士	江　珊	主事	茅　貢	主事	進士	
	16	辛巳	1521	張　珮	主事	挙人	范　鏓	主事	林　馥	主事	進士	
									車　純		進士	
嘉靖	元	壬午	1522	方　縉	主事	辛巳進士						蕪：未至
				冷宗元	委官同知		張鳳来	主事	富好礼	主事	進士	
				張　羽	主事	辛巳進士						
	2	癸未	1523	劉　璣	員外郎	甲戌進士	査応兆	主事	蔣　泮	主事	進士	
	3	甲申	1524	丘茂中	主事	辛巳進士	李　煌	員外郎	邵経邦	主事	(進士)	
	4	乙酉	1525	張大用	主事	癸未進士	戴仲綸	員外郎	晉　憲		進士	
	5	丙戌	1526	鄭　弼	主事	癸未進士	盧耿麒	主事	佟応龍		進士	
	6	丁亥	1527	黄　杭	員外郎	癸未進士	郁　山	主事	朱鴻漸		進士	
	7	戊子	1528	魏良輔	主事	丙戌進士	郭秉聡	主事	王　鈁		進士	
				龔　轅		癸未進士						
	8	己丑	1529	馮　岳	主事	丙戌進士	陳九成	主事	杜　璲		進士	
	9	庚寅	1530	劉　悌	員外郎	癸未進士	汪大受	主事	徐　楗		進士	
	10	辛卯	1531	安永清	主事	己丑進士	程　烈	主事	姚　参		挙人	荊：湖北通志作進士
	11	壬辰	1532	馬　顕	員外郎	挙人	薛　僑	主事	劉賛襄		挙人	荊：湖北通志作進士
				唐国相	主事	壬辰進士						
	12	癸巳	1533	楊伊志	主事	壬辰進士	盧　紳	主事	沈師賢		進士	蕪：南差自此始
				周顕宗	主事	己丑進士						
	13	甲午	1534	鍾　恕	主事	丙子挙人	程嘉行	主事	呂　瑚		進士	
	14	乙未	1535	任　重	員外郎	己卯挙人	陳　垣	主事	王　玟		挙人	
	15	丙申	1536	姚文祐	主事	乙未進士	何　思	主事	譙孟龍		進士	
	16	丁酉	1537	莫　同	員外郎	癸酉進士	東　実	員外郎	趙愈和		進士	
				陳　念	主事	己丑進士						
	17	戊戌	1538	潘周錫	員外郎	癸酉挙人	黄　雲	主事	李汝楫		進士	
	18	己亥	1539	鄭汝冉	主事	壬辰進士	林　朝	主事	呂　源		進士	
	19	庚子	1540	李　性	主事	挙人	沙　稷	員外郎	陳　鎏		(進士)	
	20	辛丑	1541	沈　鑿	主事	乙未進士	楊　祐	員外郎	楊　登		進士	
	21	壬寅	1542	毛　愷	主事	乙未進士	韓　襄	員外郎	向宗哲		進士	
	22	癸卯	1543	章美中	主事	辛丑進士	周　南	員外郎	陸　愚		挙人	荊：湖北通志作進士
	23	甲辰	1544	湯　煦	員外郎	丙子挙人	謝体升	員外郎	謝　淮		進士	
	24	乙巳	1545	王春復	主事	戊戌進士	朱惟一	主事	陳光哲		進士	
	25	丙午	1546	許用中	主事	甲辰進士	呉　涵	員外郎	陳　梧		進士	
	26	丁未	1547	何廷仁	主事	挙人	王　会	主事	劉　慤		進士	
	27	戊申	1548	凌雲翼	主事	丁未進士	張　祥	員外郎	鄔　璉		進士	
	28	己酉	1549	李　檀	主事	甲辰進士	趙介夫	員外郎	張承敘		進士	
	29	庚戌	1550	王宗聖	主事	甲辰進士	王一夔	員外郎	顧　炳		進士	
	30	辛亥	1551	倪　潤	主事	甲辰進士	李　淑	主事	皇甫濂		進士	
	31	壬子	1552	許　嶽	主事	庚戌進士	劉秉仁	主事	徐九思		挙人	荊：湖北通志作進士
	32	癸丑	1553	李　伸	主事	庚戌進士	陳宗虞		呉炳庶		進士	
	33	甲寅	1554	楊挺高	主事	辛丑進士	李方至	員外郎	周俊叔		進士	
	34	乙卯	1555	張大韶	主事	癸丑進士			曹守貞		進士	
	35	丙辰	1556	周士佐	主事	甲辰進士	陳　策	員外郎	符　任		挙人	荊：湖北通志作進士
	36	丁巳	1557	邉維垣	主事	丙辰進士	胡士彦	主事	周賢宣		進士	
	37	戊午	1558	秦　淦	主事	癸丑進士	黄文豪	主事	方良曙		進士	
	38	己未	1559	許宗鎰	主事	癸丑進士	李彦士	員外郎	宋継祖		進士	
	39	庚申	1560	蔡　万	主事	丙辰進士	楊守綸	主事	応存性		進士	
	40	辛酉	1561	陳応詔	主事	丙辰進士	馮　符	主事	凌廸知		進士	

表１－３　蕪湖・杭州・荊州三抽分廠の部使（その３）

元号	年	干支	西暦	蕪湖抽分廠			杭州抽分廠		荊州抽分廠			備考
				氏　名	本官	任官資格	氏　名	本官	氏　名	本官	任官資格	
嘉靖	41	壬戌	1562	葉廷萃	主事	挙人	顧名世	主事	陶幼学		進士	
	42	癸亥	1563	楊　沛	主事	挙人			孫　詔		進士	
	43	甲子	1564	楊子亨	主事	挙人			銭于鄰		進士	
				劉安節	主事	挙人	陳　燁	主事				
				差外代摂								
	44	乙丑	1565	陳三綱	主事	壬戌進士			劉　渟		進士	荊：湖北通志作長洲人
				嚴	主事		費堯年	員外郎				
				段　繍	主事	壬戌進士						
	45	丙寅	1566	呉　焯	主事	壬戌進士			朱応時		(進士)	
隆慶	元	丁卯	1567	錢　貢	主事	壬戌進士	楊時喬	主事	朱　泰		進士	
	2	戊辰	1568	唐維城	主事	己丑進士			呂一進		進士	荊：湖北通志作呂一静
	3	己巳	1569	馬時参	主事	挙人	湯応科	員外郎	金学曾		進士	
	4	庚午	1570	鄭宣化	主事	乙丑進士	王廷簡	主事	張大器		進士	
	5	辛未	1571	劉　峴	主事	丙辰進士	趙　宦	主事				
	6	壬申	1572	穆　煒	主事	戊辰進士	熊子臣	主事				
万暦	元	癸酉	1573	王来賢	主事	辛未進士	葉九金	員外郎	曹　慎		進士	
	2	甲戌	1574	魏　雷	主事	辛未進士	銭　楷	員外郎	施天麟		進士	
	3	乙亥	1575	陸従平	主事	戊辰進士	陳王道	員外郎	鍾庚陽		進士	
	4	丙子	1576	郭子章	主事	辛未進士	馬鳴鑾	主事	周思宸		進士	
	5	丁丑	1577	李陽春	主事	戊辰進士	張徳夫	主事	劉伯淵		進士	
	6	戊寅	1578	呉撝謙	主事	辛未進士	李　丁	主事	王　豫		進士	
	7	己卯	1579	丁惟誠	主事	挙人	胡　緒	主事	王再聘		進士	
	8	庚辰	1580	周汝登	主事	丁丑進士	楊道会	主事	程　奎		進士	
	9	辛巳	1581	李化龍	主事	甲戌進士	王　謙	主事	沈　修		進士	
	10	壬午	1582	范　梅	主事	辛未進士			寧化龍		進士	
	11	癸未	1583	賈三策	主事	丁丑進士	賀　愈	主事	杜　偉		挙人	
	12	甲申	1584	銭守成	主事	癸未進士	呉之龍	主事	盧仲謌		挙人	
	13	乙酉	1585	沈儆焞	主事	庚辰進士	張喬松	主事	袁　奎		進士	
	14	丙戌	1586	徐秉正	主事	庚辰進士	馬玉麟	員外郎	張有徳		進士	
	15	丁亥	1587	李日文	郎中	丁丑進士			周嘉賓		進士	
	16	戊子	1588	張汝蘊	主事	庚辰進士	黄廷賓	主事	盛万年		進士	
	17	己丑	1589	蔣　薦	主事	癸未進士	陳所学	主事	沈子来		進士	
	18	庚寅	1590	馬朝錫	主事	庚辰進士	王　志	主事	張天秩		挙人	
	19	辛卯	1591	葉茂才	主事	己丑進士	文運熙	員外郎	程　試		進士	
	20	壬辰	1592	趙廷烱	主事	挙人	饒景暉	主事	陳汝麟		進士	
	21	癸巳	1593	樊兆程	主事	挙人			沈朝煥		進士	
	22	甲午	1594	陳汝麟	主事	癸未進士	衛　勲	員外郎	黄克謙		進士	
				銭　穀	員外	選貢						
	23	乙未	1595	邢有忭	主事	丙戌進士	潘　洙	主事	宗名世		進士	
	24	丙申	1596	徐時進	主事	乙未進士	王禹声	主事	潘陽春		進士	
	25	丁酉	1597	周　詩	主事	挙人	王在晉	主事	葉秉敬		進士	
	26	戊戌	1598	銭汝梁	員外	癸未進士			趙国琦		進士	
				章士雅	主事	己丑進士						
	27	己亥	1599	閔夢得	主事	戊戌進士	劉不盈	主事	孫龍伝		挙人	
	28	庚子	1600	范允臨	主事	乙未進士			沈孚先		進士	
	29	辛丑	1601	茅国縉	主事	癸未進士	聶桂芳	主事	徐良棟		進士	
				陳大綬	主事	乙未進士						
	30	壬寅	1602	劉洪謨	主事	乙未進士	洪有助	主事	張先縉		進士	
	31	癸卯	1603	王尚賓	主事	挙人	陳嗣元	主事	呉一栻		進士	

表1－4　蕪湖・杭州・荊州三抽分廠の部使（その4）

元号	年	干支	西暦	蕪湖抽分廠			杭州抽分廠		荊州抽分廠			備考
				氏　名	本官	任官資格	氏　名	本官	氏　名	本官	任官資格	
万曆	32	甲辰	1604	洪佐聖	主事	辛丑進士			須之彦		進士	
	33	乙巳	1605	孟　楠	主事	戊戌進士	楊俊臣	員外郎	沈華楨		進士	
	34	丙午	1606	項維聡	主事	戊戌進士	甘　来	員外郎	路周道		進士	
	35	丁未	1607	翁汝遇	主事	戊戌進士	李養質	主事	朱国盛		進士	
	36	戊申	1608	王演疇	主事	壬辰進士			胡汝湆		進士	
	37	己酉	1609	陶朗先	主事	丁未進士	郭尚友	主事				
	38	庚戌	1610	孟習孔	郎中	乙未進士	銭時俊	主事				
				張　閭	主事	辛丑進士						
	39	辛亥	1611	丁自勧	主事	甲辰進士	羅之鼎	員外郎				
	40	壬子	1612	趙一韓	主事	甲辰進士						
	41	癸丑	1613	江朝賓	主事	甲辰進士	徐爾恒	郎中				
	42	甲寅	1614	方承郁	主事	戊戌進士	劉　伸	主事				
	43	乙卯	1615	章　謨	郎中	丁未進士	李喬岱	郎中				
				鄭之文	郎中	庚戌進士						
	44	丙辰	1616	劉錫玄	主事	丁未進士	宋良翰	員外郎				
	45	丁巳	1617	銭　時	主事	丁未進士						
	46	戊午	1618	余文龍	主事	辛丑進士	馬　諫					
	47	己未	1619	夏　煒	員外	丁未進士	呉叔慶	主事				
	48	庚申	1620	梁廷棟	主事	己未進士	陳敏吾	員外郎				
天啓	元	辛酉	1621	凃紹奎	主事	己未進士	楊師孔	員外郎	徐人龍		進士	
	2	壬戌	1622	陳維鼎	主事	庚戌進士	張廷玉	主事	陸文衡		進士	
	3	癸亥	1623	魏浣初	主事	丙辰進士	王廷試		楊間中		進士	
	4	甲子	1624	張方建	主事	壬戌進士	丁自勧		呂克孝		挙人	
	5	乙丑	1625	許嘉祐	主事	官生	呉　炳		王則吉		進士	
	6	丙寅	1626	李袞純	主事	壬午	聶慎行		李世英		進士	
	7	丁卯	1627	孫裔蕃	主事	乙丑	王永祚		呉道華		進士	
崇禎	元	戊辰	1628	単　祚	主事	乙丑	黎元寛		馮敬舒		進士	
	2	己巳	1629	熊鍾昊	主事	己未	葉重華		楊肇泰		進士	
	3	庚午	1630	趙之緒	主事	壬子	金　鉉		朱大受		進士	
	4	辛未	1631	高櫟楹	主事	丙午	陳洪謐		王夢錫		進士	
	5	壬申	1632	王思任	主事	乙未	劉柱国		呉従魯		進士	
	6	癸酉	1633	邵建策	主事	壬戌科	張必大					
	7	甲戌	1634	王期昇	主事	辛未科	胡開文					
	8	乙亥	1635	雷応乹	北戸部主事	戊辰科	朱廷煥		楊惟寅		——	蕪:改北戸部主事
	9	丙子	1636				張宏弼		石応岷		挙人	
	10	丁丑	1637	潘曾瑋	北戸部主事	辛未科			陳孔教		挙人	
	11	戊寅	1638	陸自巌	戸部主事	丁丑科			鄭尚文		進士	
	12	己卯	1639	李爾育	戸部主事	丁丑科			朱大烈		官生	
	13	庚辰	1640	薛之垣	戸部主事				姚舒文		進士	
	14	辛巳	1641	王　域	工部員外郎	辛酉科						蕪：改工部
	15	壬午	1642									
	16	癸未	1643	荘撝謙	工部主事	乙卯科						
	17	甲申	1644	沈旋卿	工部員外郎	官生						

【典拠】　蕪湖抽分廠：『蕪関榷誌』巻上、履歴考
杭州抽分廠：『両浙南関榷事書』宦書、乾隆『浙江通志』巻117、職官七
荊州抽分廠：康熙『荊州府志』巻13、職官、光緒『荊州府志』巻30、職官二、官師
【注記】　年次別の罫線がない箇所は出典とした史料に年次の明記がないことを示す。

表２　蕪湖・杭州・荊州三抽分廠部使中の氏名重複者

氏　名	抽分1	就任年	任官資格	字	籍　貫	抽分2	就任年	任官資格	字	籍　貫	判定
蕭　冕	蕪湖	成化12	己丑進士	——	江西泰和人	杭州	成化16	進士	廷冕	江西泰和人	同一
張　約	杭州	弘治６	——	守之	直隷呉県人	蕪湖	弘治８	庚戌進士	守之	直隷長洲人	同一
戴　恩	蕪湖	弘治10	丁未進士	——	直隷潜山人	杭州	正徳７	辛未進士	子充	直隷上海人	別人
周　南	蕪湖	弘治13	丁未進士	化行	四川井研人	杭州	嘉靖22	——	文化	湖広儀衛司人	別人
陳汝麟	荊州	万暦中	進士	——	清江人	蕪湖	万暦22	癸未進士	——	直隷徐州人	別人
丁自勧	蕪湖	万暦39	甲辰進士	茂淑	山東諸城人	杭州	天啓４	——	——	山東諸城人	同一

【典拠】　蕪湖抽分廠：『蕪関榷誌』巻上、履歴考
杭州抽分廠：『両浙南関榷事書』官書、乾隆『浙江通志』巻117、職官七
荊州抽分廠：康熙『荊州府志』巻13、職官、光緒『荊州府志』巻30、職官二、官師
および『明清進士題名碑録索引』

九名のうちの約〇・六％に過ぎず、ほぼ例外的な存在である。以上のことから、この三廠間においてこれら主事・員外郎は、重任のみならず、再任をも避けられていたと見てよい。この点は弘治六（一四九三）年以降の鈔関および清代康熙年間の常関と同様であって、(21)導入された時期から見ると、六部・南京六部の主事（時に員外郎）が重任・再任なく毎年交代で派遣されるという制度は、まずこれら三ヶ所の抽分廠で実施され、それが戸部管轄下の鈔関にも導入されたことになる。

さらに、表１で興味深いのは、蕪湖廠について主事らの進士合格年次が判明することである。これによれば蕪湖抽分廠に派遣されている主事・員外郎の大部分が進士合格後数年の者らであり、しかも、その中の二七名は進士合格後一、二年の者である。この点は清代康熙年間の常関監督ポストが「俸を論じ」て「俸深」のものに与えられていたのとは全く異なっている。(22)これら三抽分廠には、中央官庁たる工部・南京工部から部使が派遣されて、その点で、これらの管理・運営は重視されていた(23)と言えるかもしれないが、必ずしも行政経験豊かな人物が派遣されていた訳ではなく、他方、清代康熙年間の常関監督のような、いわば「俸深」の官に特別賞与を与えるためのポストでもなかったのである。(24)

これら部使は、光緒『荊州府志』巻一〇、建置志、倉庫「明王文南榷税関記」に、

荊州廠実成化七年始。歳差部郎一人、董其入、定為制、而国用因之。迨後部使殿最、視課数盈縮、以致務網日密、正関之外、復設小関凡二十処。関之設也、

視為穽矣。

とあるように、木材現物を含む「課数」の多寡によって勤務評定され、増徴に励む存在であったが、『榷誌』を見る限り、清代康熙年間の常関監督のような厳密な徴収定額を課せられていたわけではなかった。[25]

これら抽分廠に対して、部使とは別に御史が中央政府から派遣され、抽分業務の監督を行う場合もあった。北京周辺の五抽分局においては、成化六（一四七〇）年、中央政府から主事および給事中・御史が派遣されることとなったが、翌七（一四七一）年には御史のみを派遣するように改められている。[26]南京周辺の龍江・瓦屑壩二抽分局に関しては、成化一五（一四七九）年以降、南京都察院から御史一員が派遣され、南京工部主事と共同で該局を監督することとなっている。[27]

この点について、杭・荊・蕪三廠の事例を見てみると、『明実録』成化二一年四月癸酉に、

命監察御史抽分竹木。工部言「杭州・荊州・蕪湖三処、各有工部抽分竹木官。其人賢否不一、或不能正己率下、以致姦弊百出、商旅怨嗟。宜行南京都察院、自明年為始、毎年輪差御史三員往彼、公同抽分。除選験堪中、造船及成造器皿者運赴外、其餘尽以売銀、以俟支給供応。其或有餘、則解本部収貯、以備別用。所差官、不許偏執己見、自相矛盾。毎年須俟新旧交代、清査数目、造冊復命。如此、則事体帰一、而宿弊可除」。従之。

とあり、工部から派遣された主事らの能力や倫理観に個人差があり弊害が続出しているとの理由によって、成化二一（一四八五）年を期して南京都察院から御史を派遣し、部使とともに抽分廠を管理させることとなったが、『明実録』弘治元年閏正月庚寅に、「取回浙江・蕪湖・荊州等処抽分監察御史、従給事中王敞言也」とあるように、三年後の弘治元（一四八八）年に中止されている。その後は、同書弘治一三年五月癸亥に、

工部覆奏「察御史劉芳等所言杭州・荊州・太平三府抽分竹木廠之弊、請令南京都察院、歳委監察御史三人、与工

部原差属官一同管理」。従之。

とあり、弘治一三（一五〇〇）年監察御史劉芳等の上言に基づいて再度の御史派遣が決定されたが、『明実録』弘治一三年一二月癸巳に、

南京戸科給事中李瓚及監察御史李嶽等言「御史職司風紀、糾劾百寮。近工部乃奏令南京御史三人歳往浙江等処、抽分竹木、既非旧例、又非事体所宜。請仍旧止委工部官属管理、事竣回京。本部会都察院覈其称否」。工部覆奏謂「抽分免差御史、宜如瓚等言。其欲考察抽分官、恐事出更張。謂宜照先年例、候抽分官回日、本部・都察院廉其臧否勤怠、考満之日明著考語、吏部擬以黜陟」。従之。

とあり、同年のうちに御史の派遣が撤回され、三廠に対する御史派遣が長期にわたって実行されることはなかった。

とはいっても、このように御史の派遣が論議されるのは、同書同年四月癸丑に、

監察御史劉芳等以災異言十事「……一、清国課。謂。近差戸工二部官収解各処抽分竹木、并舡料銭鈔、以革所司委官之弊。然或意在避嫌加倍徴税、或将在官銭鈔隠漏侵尅、乃蔵其所収簿籍、致使無従査考」。

とあるように、抽分廠における苛酷な徴税や、徴収物の隠匿・着服等が問題になっていたからであり、一時的にせよ、抽分廠に対する御史派遣が裁可されたのは、この機関において、苛酷な搾取など弊害の度合いが大きく、御史を派遣してそれを監視する必要性があったということを意味しており、注意する必要がある。

さらには宦官が派遣される場合もあった。『明実録』成化六年二月乙亥に、

六部三法司等衙門尚書姚夔等奏「……一、蘆溝・通州二抽分局、積弊最多。自今乞工部・都察院、各遣一官、同内官抽分、敢復欺隠者、論之以法……」。詔曰「……通州五処毎処止遣主事・給事中・御史各一員、内官罷遣」。

とあり、前述した成化六（一四七〇）年、北京周辺の五抽分局において主事・御史・給事中を派遣するとの措置は、

それ以前に行われていた宦官による抽分を停止するために実施された措置であった。南京周辺の龍江・瓦屑壩二抽分局においても、成化年間から弘治年間にかけて、宦官の削減が問題となっており、(28)また、真定府抽分廠についても弘治一二（一四九九）年、宦官派遣の停止が提起されている。(29)

蕪湖抽分廠について、『明実録』弘治一七年七月丁巳に、

直隷太平府知府周進隆奏「本府所属蕪湖県係工部抽分廠所在。毎歳南京差内臣四員、催儹木植。本県止有站船一十三隻、毎内臣各留一隻、逐一索取供応擾民。乞令所司委官運送、或止差内臣一員領運」。事下南京工部議処、以為宜令蕪湖抽分官、揀選堪中木植、印烙完備。該監局毎年止差内臣一員、領運往回不過二十日、以裏不許預先仮以催儹為由、久住擾害。工部覆奏、従之。

とあり、内府関連の木材調達に関わって宦官四員が蕪湖抽分廠に派遣され、それを契機として問題が発生していたことが述べられている。さらに、正徳年間にも同様の派遣は継続され、(30)南京に近い蕪湖廠のみならず、杭州・荊州二廠にも同様の宦官が派遣されている。『明実録』正徳一三年九月癸丑に、

先是、内官監太監劉養等、以缺物料、請差本監官二員、往湖広・浙江抽分廠、会工部主事、中半抽分。得旨、以李文往湖広、馬俊往浙江。

とあり、正徳一三（一五一八）年九月より以前、内府用木材調達のため荊州・杭州二抽分廠に宦官二名が派遣され、工部主事と折半して抽分を行っている。これらの措置は、正徳帝の治世の間継続され、正徳一六（一五二一）年、嘉靖帝が即位すると、蕪湖廠に関しては『明実録』正徳一六年四月癸卯に、

御奉天殿、即皇帝位、遂頒詔、大赦天下。詔曰「……一、荊州・杭州・蕪湖三処抽分廠、専為打造糧船成造供応器皿而設、以省科派小民之計。近来両京各監局、相沿具奏差人赴蕪湖廠、支取杉楠等木数多。又有内官監・差官、

中半抽分、二年有餘、致将造船銀料、不敷支給、累及運軍、出利揭債、缺船運糧躭誤国計。今後南京各監局合用竹木、聴於本処龍江・瓦屑等抽分廠支取、在京各監局合用竹木、聴於内官監神木廠幷真定蘆溝橋等抽分廠支取。其内官監原差抽分太監李文等、詔書到日即便回京、以後不許援例奏差。……」。

とあり、杭州廠に関して『明実録』正徳一六年七月辛酉に、

初巡視浙江僉都御史許庭光・巡按御史唐鳳儀・主事江珊、倶劾奏杭州抽分太監馬俊貪婪恣横、及挟勅詐取官銀、諸不法事、幷請裁革抽分内臣、而以原遣部臣領之。工部覆「俊罪宜下法司究問、所侵盗官銀、仍責之償」。得旨「令法司逮俊鞫実以聞。自今抽分内臣罷勿遣」。

とあり、また荊州廠について『明実録』正徳一六年七月乙亥に、

巡按湖広御史陳則、劾奏鎮守湖広太監李鎮・太嶽太和山分守太監呂憲・潘真、御史唐符亦劾鎮・憲及参随指揮高陞・千戸李縉等幷荊州抽分太監李文、並請罷還、以安地方、逮問陞等寘之於法。得旨「憲調用、鎮革還、前已有旨、真姑勿問、文令工部勘報、陞等下御史鞫之」。

とあるように、その直後に廃止を命ぜられている。

このように抽分に対する宦官派遣が一定期間持続して通例化する、あるいは臨時の派遣が頻発するという事態は、抽分局廠が内府用木材の調達に直結しうる存在であり、且つその抽取が搾取あるいは利権入手の契機となりやすいものであるという要因から惹起されたものである。前述したように、これら抽分局廠の管理のために御史が派遣される期間・頻度は鈔関に比して長期かつ多次にわたるが[31]、これも同様の要因から発生し、なおかつ宦官派遣を防止する目的もそこには存していたのである。

蕪湖・杭州二廠においては、長官たる部使の下に、「省察官」「聴事官」等の下級官員が存在した。『権誌』巻上、

廠内聴用員役表によれば、蕪湖廠の省察官は守関・点江・抽分・報丈尺・差査小抽・放単等の業務に携わるとあり、また、『権事書』役書によれば、杭州廠の聴事官は、廠署における聴事、各「小関」における収税、放船等の業務に輪番で携わることとなっている。(32)その職務から見れば、現場責任者ともいうべき存在であるが、鈔関においてはこのような業務は「老人」と呼ばれる徭役が担当することとなっており、(33)鈔関のそれに比して高い地位のものが現場責任者の職務を担っていることは注目に値する。その他、杭州廠には医官が配置されているが、医学が呈送すること以外、『権事書』に記載がなく、詳細は不明である。長官たる部使のもとに、これらの下級官員が数名から十名ほどの単位で在庁するのは、明代の鈔関や清代の常関には見られぬ特徴である。(34)

（二）吏　役

官員の下で、竹木抽取あるいは事務処理等の実務に携わるのは吏役らである。蕪湖・杭州二廠に関しては、『権誌』『権事書』により、その職務・選用・工食銀額等がわかるが、それをまとめたのが表3・表4である。これによれば、蕪湖廠では、臨時の採用であると推定される当該吏、および商人・船戸が就役する保家・経紀・聴差船戸等を除き、一四二名の吏役が定員として設定されており、杭州廠では同様にして二八三名の定員が設定されている。なお、杭州廠では吏役らの輪番制が多用されているため、これを考慮して実際に就役したであろう人数を計算すると、一九六名になる。(35)前項で述べたように、抽分廠で業務に携わる官員が数名から十名ほどであるのに比して、吏役の人数は格段に多い。この人数を明代後期の揚州鈔関・蘇州鈔関と比較すると、嘉靖年間の揚州鈔関で一一四名、同時期の蘇州鈔関で八四名、万暦年間の蘇州鈔関の吏役の人数が四四名であるのに比しても多い。(36)これは、抽分廠の業務が鈔関に比してより複雑であることが関係していると思われる。

表3　蕪湖抽分廠吏役表（典拠：『蕪関榷誌』巻上、廠内聴用員役表）

役目	定数	選用・呈送元	任期等	工食銀	職務	備考
省察官	6	太平府5、本廠1			凡守関・点江・抽分・報丈尺・差査小抽・放単聴用。	原文「省祭官」。点校本に従い訂正。
当該吏	1					係納銀壹百両、在部准実歴壹考者、自万暦三十一年八月始、恐後不為例
吏	10	太平府	一年一換		凡用印承行両関銀票、知会手本、抽分、執旗、輪差泥汊、丈簰、聴用。	
冊房書手	6		年終不換	計14両（本廠公費内支給）	凡呈堂公文、両京季報冊簿・行下牌票・書柬・礼儀・修造廠署・補置家伙等項分管承行。	
直堂書手	10 (4)	太平府	一年一換	毎名3.6両計14.4両（本廠紙贖内支給）	凡大小抽単・管標発上号・日行牌簿、輪差新庄・泥汊聴用。	
算書	2	太平府	一年一換	毎名3.6両計7.2両（本廠紙贖内支給）	凡大抽簰梱、幷一応小抽算明摽数、発吏出票、輪差泥汊丈簰聴用。	
門子	10	太平府	一年一換	毎名3両（内2両蕪湖県編銀支領、1両本廠紙贖内支領）	管撃鼓・伝梆・研硃墨・公座堂厨・抽分・執簿聴用。	
承舎	12		年終不換		凡投文掛号、檀木験批単、辰賫月報・季報、迎送上司、投送書礼拝帖、上水船隻斧号聴用。	
陰陽生	4		一年一換		報時投帖。	
買辦	2		一班・二班保家内輪値。		凡廠内食用小菜油塩等項、並領廩給銀買辦。凡使客送程請酒等項、並領公費銀買辦。	万暦十六年議定。
皂隷	14	太平府10、本廠4	一年一換	毎名2.5両、計35.5両、内11両本廠紙贖銀内支給、池州府7両、安慶府7両、広徳州3.5両、蕪湖県7両	管出入執事、抽分斧号、泥汊丈簰・押旗聴用。	
巡兵	40	徽州府批送15 当塗県12 蕪湖県12 並本廠定。	一年一換	毎名4.93両、計197.2両（内徽州府歙県12.6両、祁門県7.2両、休寧県34.2両、績渓県7.2両、婺源県21.6両、黟県12.6両、寧国府宣城県1.8両、寧国県18両、南陵県18両、旌徳県12両、涇県18両、太平県12両、太平府当塗県10両、蕪湖県12両）。	内官舎壹名、専走北京季報、餘参拾玖名、直堂・探信・守江・守関・抽分・押旗、差遣聴用。	定数、万暦十九年裁定。
廠夫	10		年終不換	毎名2.5両、蕪湖県10両、池州府貴池県9両、広徳州6両。	凡擡轎・張傘・挑水及抽分・執丈竿・泥汊・丈簰聴用。	
座船水手	12	本廠定	一年一換	毎名2.083両、計25両（内蕪湖県10両、貴池県6両、宿松県6両、広徳州3両）。	凡管駕座船、抽分・架天平・撈虚、簰湾泥汊、差遣聴用。	
又量水手	12	本廠	一年一換		凡抽分下扒・簰湾・泥汊、差遣聴用。	
聴差船戸	108	総甲接票撥船応付差遣。	輪役。			
一班保家 二班保家	12 10				凡大抽竹木等項、並両班識認商人保単銷号。	
三班保家 四班保家 五班保家	15 16 11				凡小抽竹木査票等項、並三班保家識認銷号。	
小甲	5					
表背匠	1					
刷印匠	1					
舗兵	1					
機兵	5					
杉木経紀	7					
楠雑木経紀	14					
竹行経紀	?					
杉板経紀	3					

表 4　杭州抽分廠吏役表（典拠：『両浙南関榷事書』役書）

役目	定数	呈送元	任期等	工食銀	職務	備考
聽事官	22		一月挨次更換。		日輪二名站堂聽事、六名委守各小関収税、二名放船。	
聽事吏	4	仁・銭二県、前・右二衛、各呈送一名。				
陰陽生	12	仁和県呈送。			毎日一名、領外号簿于二門外、凡商販竹木投報、挨次登記。一名、領門簿于大門外、接記士夫拝帖、并報時辰、司賓館啓閉。	
医官	5	医学呈送。				
医生	1	医学呈送。				
舎人	4	前右二衛呈送。				
書辦算手	16			嘉靖壬辰薛君僑議給工食如各衙門、至今仍之。	両班半月一換。書算銭糧、抄発文移、在内直宿、至水口時輪二名書算。	
取供書手	3				聽候具供擬罪。	
正関写単書手	4				代商人写抽験清単。	
小関写単書手	2				代各販写報単回数。	
造冊書手	7		毎年具満呈後即喚。	紙箚・工食、本部備給。	在部西廊攅造冊籍、毎季奏啓部冊各一部、方冊一本、堂印号簿三扇。	
門子	6	仁和県 2、銭塘県1×2	両班半月一換。	工食、仁和県徴解二名、銭塘県一名。		
水口看庁門子	1	銭塘県呈送係徭役				
漁臨関看守分司門子	1	蕭山県呈送係徭役				
皂隷	16	仁和県呈送10、銭塘呈送6、俱徭役。				
看廠皂隷	8	仁・銭二県呈送。		原無工食。		
轎傘夫	12	寧海県3、天台県1、末嘉県5、平陽県3、係徭役。				
聽事夫	11	臨海県4、黄巌県3、太平県2、僊居県2、俱徭役。			内二名輪流買辦。	
舗兵	1	仁・銭二県呈送。係徭役。				
甲首	80		両班十日一換。	原無工食。	聽差跟随。	
軍牢	12	前右二衛呈送。				
長班	1	常川		工食、本部給与。	在部供事。	
茶夫	1	武林駅呈送。		工食、坐派各県。		
木行人	52		両班十日一換。		聽差跟従。	
竹行人	43		両班十日一換。		聽差跟従。	
廠夫	32		両班十日一換、供役。			
包簰	31	二県居民。			与正関商人開装簰甲。	
正関保家	20	二県居民・各商			二県居民・各商木植攏塘、同赴抽分、保収税銀。	
漁臨関保家	4				保収漁臨関商税。	
安渓関保家	5				保収安渓関方簰竹税。	
沙板保家	5				保収沙板税。	
売木中牙	25				与抽分上商売木。	旧謂之上牙、今更中牙、欲其不偏護売商。

買木中牙	24				与不抽分下商買木。	旧謂之下牙、今更中牙、欲其不偏護買商。
各小関総甲	—				毎関二名、或一名、看守関柵。毎逢日期赴部、呈遞守関委官抽分過奇零竹木銭糧数目、謂之回数。	
把門総甲	2				聴本部出入封鎖大門。	
水口総甲	1				聴本部臨関抽分開閉関柵。	
撑関火夫	10			例議定工食。	本部抽分時、与商撑排甲過関。	
義橋新壩歇家	2				凡漁臨関商木、攏塘赴報数目。	
外江歇家	1				凡係外江木植、赴報数目	
外江総甲	1				設立本役以防走漏之弊。	
綱首	6	六区船戸輪当。			毎四日赴部領船牌、輪流四名、同皂甲内外巡河、二名在慶豊関眼同放船。	
駄木脚夫頭	3			倶有常例工食、不許措取。	督率散夫、與各商搬駄木植。毎日赴部呈遞循環簿。	
閘夫	—	仁・銭・餘・杭各県居民			凡遇良畎・板橋・敉緪・観音等関竹木、先従化湾・西涵・陡門各閘経過、後往各関、抽分責在閘夫。査験所過数目、毎五日呈報查対、以防欺弊。其涼湖二閘夫、朔望遞不致走漏水利結状。	
小関保家	2				収竹柄税。	

表3・表4に見られるように、これらの吏役は、主に周囲の県・衛・駅などから派遣され、工食もそれらが負担する場合が多い。このような周囲の一般行政官庁との連携は徭役制度との関わりによって存在するが、『権事書』例書に、

一、弘治二年・正徳五年節該、主事林沂・韓邦靖各呈奏、本部議題「杭州・蕪湖・荊州三抽分廠、今後如有司府州県官、不遵本部委官行移差遣、故意慢有誤事機、応提問者転行提問、応参奏者呈部参奏拿問」等因、奉聖旨「是」欽此。

とあり、それが必ずしも問題なく行われていたわけではなかったことを窺わせる。

また、『権事書』には、その吏役が徭役であるとの記載が散見されるのに対して、『権誌』にそれが全く見られないのは編纂時期の差異によるものであろう。『権誌』附、南京工部主事張誾（万暦三八年の蕪湖廠部使）の呈文には、

一、議禁軽増廠役濫給恩賞。照得本廠応用省祭（察）・吏書・門皂・巡兵・水手等役、誌載原有定数者、蓋慮此輩熙攘而来、無非欲吸商之髄、多一人、則多一蠹也。歴年司廠、非不知之、無奈彼百計鑽求分上、或屈于面皮、漸増加于額外耳。已増者業有逐年候

缺之役、在不能一旦議汰。但自今守為定規、猶可言也。合議自三十九年起、凡有何役応増、必請詳部堂批允、而後着役、庶司廠者可藉以寒請求之心、而杜鑽刺者無涯之想乎。再照各役旧例、一年一換、所以防積年作弊、至良法也。不知起于何年、廠官差満之日、各役哀求恩賞、量于一年之外、加賞三四月而後換、遂沿為例。嗣是前後相続、当一役之身、賞而又賞、見在者久恋而不去、従両県挨年批送者、候缺三四年而不得入。倘再無断絶其流、不知相隔幾何年矣。合議以前批過者、姑聴見在各役当満外、自三十九年以後、免在加賞。此例一止、永絶後望、漸復一年一換之制、庶衙門粛然。

とあり、その頃、蕪湖廠の吏役が増加傾向にあり、その一員として個々人がなるべく長期にわたって在廠しようとしていることがあげられ、それを防止するために「一年一換」の規定を復活させることが提起されている。これはこの徭役が既に「苦役」ではなくなり、この地位が利益を生む契機となっていることを示している。同時期の鈔関と同様に[37]、吏役の専業化がかなり進行していたと考えられる。

（三）　保家・牙行

表3・表4に見られるように、抽分廠の業務には多数の保家・牙行が関係していた。その種別には「杉木経紀」「楠雑木経紀」「竹行経紀」「杉板経紀」「木行」「竹行」「売木中牙」「買木中牙」と、竹木の売買に関わる名称が見られる。これは、前掲『明実録』成化七年三月戊寅に「抽分竹木、変売銀両解部」とあり、また註（17）前掲史料に「餘売銀聴用」とあるように、抽取した竹木の一部が抽分廠において売買され、換銀されていたことと関係がある。

おわりに

以上、明代、地方に設置された杭州・荊州・蕪湖の三抽分廠について、その人的組織を検討してきた。明代鈔関および清代康熙年間の常関と比較した場合、一年を任期とし、重任・再任を禁止して、工部あるいは南京工部から主事・員外郎を派遣するという部使の派遣制度、および傜役制度の一環として百名以上の吏役が周囲の県・衛・駅などによって選任・派遣され、竹木抽取等の実務の大部分を担当し、明代後期に於いてはそれらが専業化しつつあったという吏役の制度・存在形態について、明代鈔関・清代常関と共通性・類似性が見られる。他方、抽分廠の運営には御史・宦官の関与が多く見られる点、数人から十数人の下級官員が部使の下で抽分現場の実務を指揮している点、実務に携わる吏役の数、保家・牙行の種類が鈔関に比べて多い点などの相違点が見られるが、それらは、木材を中心とした建築・工作資材を流通過程から抽取し、その一部を発売して換銀するという抽分廠の業務が、鈔関の徴税よりも複雑であること、帝室に関わる事業を含む国家事業に直結すること、そしてそれが利権を生じやすいものであったことから生ずる相違であるといえる。この点をさらに明らかにするには、抽分廠の業務自体に関するより詳細な分析が必要であるが、それについては別稿にて論ずる予定である。

参考文献

【邦文】

香坂昌紀［一九七二］［一九七五］「清代滸墅関の研究Ⅰ・Ⅱ」『東北学院大学論集　歴史学・地理学』三・五

佐久間重男［一九四三］「明代の商税制度」『社会経済史学』一三―三
滝野正二郎［一九八五］「清代淮安関の構成と機能について」『九州大学東洋史論集』一四
――［一九八六］「清代における官僚と塩商（一）――両淮塩引案を中心にして――」『九州大学東洋史論集』一五
――［二〇〇七］「明代鈔関の組織と運営――清代常関の前史として――」『山根幸夫教授追悼記念論叢　明代中国の歴史的位相』上巻、汲古書院

【中文】
陳　聯［二〇〇〇］「明清時期的蕪湖榷関」『安徽師範大学学報』（人文社会科学版）二八―一
姜曉萍［一九九四］「明代商税的徴収与管理」『西南師範大学学報』（哲学社会科学版）一九九四―四
――［一九九六］「明中後期対商税官的監察和管理」『中国史研究』一九九六―三
李龍潜［一九九四］「明代鈔関制度述評――明代商税制度之一」『明史研究』四（後、［李二〇〇二］に転載）
――［二〇〇二］『明清経済探微初編』稲郷出版社
姚国艷［二〇〇八］「明朝蕪湖榷関法制研究」『安徽師範大学学報』（人文社会科学版）三六―六

註
（1）正徳『大明会典』（以下、『正徳会典』と略す）巻一六三、工部一七、抽分冒頭に、「客商興販竹木等項抽分、各有分数、以防過取。」とあり、また万暦『大明会典』（同じく『万暦会典』と略す）巻二〇四、工部二四、抽分冒頭に「客商興販竹木、設抽分之例、各有分数、以資工用、亦以防過取。」とある。
（2）以下、これらを「抽分局」あるいは「抽分廠」と略し、「抽分局廠」と総称する。
（3）この他に商税全体を論じたものとして［姜曉萍一九九四］［同一九九六］があるが、抽分局廠については商税制度の一部として概括的にしか触れられておらず、また『明会典』も参照していないなど、史料的にも問題がある。
（4）筆者が主に拠ったのは、京都大学人文科学研究所に所蔵されている南京大学図書館蔵、万暦三一年自序刊、清遞修本の景

照本である。本書の閲覧・筆写に関して京都大学人文科学研究所岩井茂樹教授のご配慮を賜った。ここに特に記して感謝申し上げる。この他に、中国科学院南京湖泊地理研究所蔵の万暦三一年刊本を底本とする点校本（王廷元点校、黄山書社、二〇〇六年）を参照した。

（5）北京大学図書館蔵、隆慶元年刻本を原本とする影印本が『北京図書館古籍珍本叢刊』（史部、政書類四七、書目文献出版社一九八八）および『続修四庫全書』（史部、政書類八三四、上海古籍出版社一九九七）に収められている。

（6）本稿に直接関連する清代常関の研究としては［滝野一九八五］［同一九八六］、明代の鈔関に関する研究としては［滝野二〇〇七］参照。

（7）本来、抽分廠の組織と運営を一体的に分析すべきであるが、紙幅の関係から、本稿では人的組織に限定して論じることとする。竹木抽取・徴課等、運営の具体的な分析については別稿にて発表する予定である。

（8）抽分廠を「鈔関」の一種とし、「工部鈔関」と呼称する認識が中国の学界では存在する［李一九九四（二〇〇二）］［姚二〇〇八］。明代における内国税関の一般名詞として「鈔関」という呼称を用いられているのかも知れないが、「鈔関」とは本来、大明宝鈔の回収促進を目的として宣徳四（一四二九）年以降に設置され、戸部が管轄する内国税関を指す（故に、大明宝鈔を「本色」とし、「鈔関」と呼称される。［滝野二〇〇八］参照）のであって、建築・工作資材抽取を目的として――すなわち竹木等を「本色」として――設置され工部が管轄する抽分局廠とは明らかに別物であって、この二者は明確に区別した上で共通・類似点および差異を検討すべきであると筆者は考える。なお、この点に関して『明史』食貨志、商税には「成化七年増置蕪湖・荊州・杭州三処工部官。初抽分竹木、止取鈔、其後易以銀、至是漸益至数万両。」とあって、あたかも蕪湖・荊州・杭州の三廠で鈔を徴収したかのように書かれているが、この記事のもととなった『明実録』の該当箇所（前掲成化七年三月戊寅）では「前此、三処客商停聚、竹木市売、有司惟収其課鈔。」とあって、工部直属の抽分竹木廠が成化七年に設置される前の情況として、鈔の徴収が述べられているのであり、その後の抽分竹木廠が鈔を徴収したことはない。また、佐久間氏がそうされている［佐久間一九四三］ように抽分廠を「工関（工部が管轄する関）」と呼称することもあるが、『明実録』や『明史』でこの用語は全く使用されておらず、またこれら三抽分廠をそれぞれ「蕪関」「南関」「荊関」と呼称するようになるのも隆慶・万暦年間以降のことであって、明代を通したこれらの呼称は抽分（竹木）廠とすべきであると筆者は考える。

（9）『正徳会典』巻一六三、工部一七、抽分、事例に「洪武十三年罷天下抽分竹木坊。」、『明実録』洪武一三年六月甲申に「罷天下抽分竹木場。」とある。

（10）『万暦会典』巻二〇四、工部二四、抽分に「(洪武) 二十六年定。凡龍江・大勝港俱設立抽分竹木局、及令軍衛自設場分、収貯柴薪、按月給与禁軍・孤老等焼用。」とあるによる。ただしこの一文は『正徳会典』の該当箇所には見られない。また、『明実録』洪武二八年三月丙申に「罷応天府龍江及大勝港抽分場官。」とあり、この頃一時的にこの二抽分局が廃止された可能性もある。

（11）『正徳会典』巻一六三、工部一七、抽分、事例には「永楽六年、開設通州・白河・盧溝・通積・広積五抽分竹木局。」とあり、五抽分局をすべて永楽六（一四〇八）年に設置したとしているが、『明実録』永楽六年には、その十月癸巳に「改北京順天府税課司為都税司、置大使・副使各一員、設麗正門宣課司文明門分司、置大使各一員・副使各二員、張家湾・盧溝橋二宣課司大使各一員・副使四員、安定門税課司徳勝門分司……、盧溝橋・通州・白河抽分竹木局三所、毎局大使一員・副使三員。……」とあるのみで広積・通積の二抽分局に関する記載はなく、同年に設置したのは盧溝橋・通州・白河の三抽分局のみであるとしている。広積・通積の二局に関する記載は、永楽一八年一二月甲辰に「設広積・通積抽分竹木二局、各設大使二員・副使五員、倶隷工部。」とあって、この二局は永楽一八（一四二〇）年に設置されたことになっている。

（12）『正徳会典』巻一六三、工部一七、抽分、事例に「正統元年設真定府抽分。」とある。

（13）同右に「天順間設保定府抽分。」とある。

（14）同右に「(成化七年) 又設杭州・荊州・太平三処抽分。」とある。

（15）同右に「(成化) 十七年設蘭州抽分。」とある。

（16）『万暦会典』巻二〇四、工部二四、抽分に「(嘉靖) 六年、裁革白河抽分竹木局。」とある。ただし南京周辺の抽分局には、これ以外にも置廃があったようである。『正徳会典』巻三、吏部二、官制一、工部、所属衙門に「大勝港抽分竹木局（南京。後革）。」とあり、大勝港抽分局は明代中期に廃止されたようである。実際、『万暦会典』巻三、吏部、官制二、南京官、南京工部には大勝港抽分に関する記述が無くなり、『明実録』においても、弘治一二（一四九九）年を最後に該局に関する記載が見られなくなる。一方、同じく南京周辺の瓦屑壩に抽分局が存在したとの史料（『明実録』では宣徳九（一四三四）年以降、『正徳会典』抽分、事例では成化一五（一四七九）年以降、また『万暦会典』巻三、吏部、官制二、南京官、南京工部には現存するとの記載）があるが、明確な設置時期を示す記載がない。

(17) 註（14）前掲史料の後段に「凡竹木等物、毎十分抽一分、選中、按季送清江・衛河二提挙使造船、次等、年終運至通州、送器皿廠造器皿、餘売銀聴用。」とあって、造船資材を主に供給するとしている。

(18) 『正徳会典』巻三、吏部二、官制一、工部、所属衙門に「盧溝橋・通州・白河三処抽分竹木局〔後添設〕大使各一員、副使各一員。正統九年盧溝橋添設副使二員。……龍江抽分竹木局〔南京〕大使一員、副使二員。大勝港抽分竹木局〔南京。後革〕大使一員、副使二員。」とある。また、註（11）前掲『明実録』史料参照。〔李一九九四（二〇〇二）〕では、抽分局廠すべての長官が成化七年に大使・副使から工部主事、御史体制へと変化し、その二年後にさらに工部主事の専管へと変遷するかのように述べられているが、『正徳会典』『万暦会典』の現行制度を述べた箇所を見てもわかるとおり、工部派遣の主事・員外郎が抽分廠の長官として派遣される制度は三抽分廠にのみ実施されたのであって、両京周辺の抽分局においては大使・副使がその後も存続し、その上に御史・主事が数ヶ月という短期交代して監督する体制であったことは明らかである。

(19) 註（12）前掲史料に続いて「本府税課司帯管。」とある。

(20) 註（13）前掲史料に続いて「唐県委官一員、前去倒馬関会同抽分、木植三十分抽六分。本部差官売銀発唐県官庫収貯聴用。」とある。

(21) 〔滝野一九八六〕〔同二〇〇七〕参照。

(22) 康熙『大清会典』巻三四、戸部一八、課程三、関税「凡差官監督」に「（康熙）八年覆准。各関仍令六部満漢官員論俸掣差。先差過者、不准再差。」とあり、『宮中檔乾隆朝奏摺』第一輯五頁、乾隆元年正月一二日、監察御史瑪起元奏摺に「我朝定鼎之初、凡在旗人員、賞賚頻加、根基既厚、而各部院行走之員、尤為寛裕。其俸深年久者、又派辦関差、正額之外、盈餘尽帰私橐、実足以贍親族、長子孫。又蒙聖祖仁皇帝六十餘年深恩、厚沢遍及、武職兵丁、無不家給人足。」とある。

(23)［李一九九四（二〇〇二）］参照。

(24) 前掲『宮中檔乾隆朝奏摺』第一輯五頁、乾隆元年正月一二日、監察御史瑪起元奏摺および［香坂一九七二］参照。

(25) 紙副の関係から、本稿には掲示できないが、『権誌』巻上、履歴考には、正徳一〇（一五一五）年以降の部使について、在職期間に応ずる「終年課」「四月課」などという数が記載されている。これらのうち「終年課」とあるものを年ごとに比較した場合、その「課」数には大きな変動が見られ、清代の常関監督のような厳格な定額管理というものがあったとは思われない。

(26)『正徳会典』巻一六三、工部一七、抽分、事例に「（成化）六年、令通州等五処抽分竹木局、毎処差主事・給事中・御史各一員、按季更換、毎月初六日各造冊、与本局官同復命。七年令毎処止差御史一員。」とある。

(27)『正徳会典』巻一六六、南京都察院に、「凡監収龍江等関抽分竹木、差御史一員、兼督江東宣課司抽分猪羊等項。」とあり、『万暦会典』巻二〇八、工部二八、南京工部、屯田清吏司に、「凡龍江・瓦屑壩二抽分竹木局、抽分収貯放支之事、本司主事一員、会同御史一員監督。毎月朔望、呈報本部。年終造冊奏繳。成化十五年奏准、二抽分竹木局、抽取在場竹木等物、毎年南京工部・都察院、各委官一員、会同監督抽分官員、査盤見数、聴候領用変売、造冊奏繳。」とある。

(28)『明実録』成化八年五月甲辰に、「南京守備成国公朱儀会兵部尚書程信等、以星変奏詔上言時政。一、内官等監於龍江（ママ）・瓦屑壩抽分局、取竹木等料二十三万八千有奇。経今五載、所運未及三分之一。又需紅土五百万斤、於和州及江浦・六合二県、河涸民艱、起運為難。南京光禄寺歳収湖広等処天鵝・鶿鴇、歳歉民貧、買辦不及。宜悉停止、以蘇軍民之困。……一、龍江・瓦屑壩二抽分局、大使・副使各二員毎月輪差。内官・内使四員、同御史・主事、抽分官多事擾。今後内外監視官、止各差一員、不支廩餼。其二局毎年抽分木料等物、宜令監督官、会盤見数、以待支給。其収支簿書、宜依光禄寺例、送南京都察院、按季照刷。……奏入。上批答曰『儀等所言有可行者、所司詳議行之。』」とあり、また『明実録』弘治一二年二月己亥には「工部覆奏南京吏部尚書倪岳等所言五事……。其曰裁抑侵剋者。謂、南京龍江関・大勝港抽分局、設有御史・主事監督、不知何時添差内臣。請照在京抽分例、専委御史・主事、取回内臣。不然、亦宜禁其計籌索取、生事害人。」」、『明実録』弘治一三年七月甲戌に「南京吏部等衙門尚書秦民悦等以星変上言『……一、蕪湖至南京三百餘里、而客貨両経抽分、宜罷蕪湖抽分、及裁減龍江・瓦屑壩内官冗員、自滸墅至淮安五百餘里、而船戸三経納料、亦宜罷其一。臨清・金沙洲等関批鈔、宜以舟料不以貨徴、則国課不虧、而民力蘇矣』。命所司看詳以聞。」、『明実録』弘治一三年八月丙申に「工部覆南京吏部尚書等官秦民悦等所奏謂『南京龍江関・瓦屑壩二抽分竹木局、旧例月給抽分内官茶果鈔三十貫、其後内官掊取数十百倍。乞止令折収銀三十両、此外有横取害人者、坐以贓罪。荊州・蕪湖・龍江三抽分廠歳抽分物料、倶以供修補漕船及光禄寺成造器皿之用』、其言内臣干預抽分、漁利害人、請如所奏行南京工部査処。上是之、命抽分仍照旧例行。」とある。

（29）『明実録』弘治一二年八月戊子に「巡按直隷監察御史張綸言『真定府抽分廠、原係本府委官監督、近添差内臣一員督理、緣所抽木植、歳止万餘、事易辦理、乞召還内臣、以省労擾』。工部覆奏、不允。」とある。この真定府抽分廠に対する宦官の派遣は『明実録』正徳一六年六月己酉に「革真定等府抽印木植内臣。山西筏木由滹泥河東販旧制、于真定府設税課司十取其一、該府委通判一員監収之、歳終内官監差官印烙、委官運納通州張家湾磚廠、以為常。正徳間始差太監抽分、遂税及柴炭魚菜、民不堪其擾。巡按御史宋鉞請遵詔裁革、且極言太監祖臣姦状。工部覆奏、得旨『抽分太監裁革、該府委官監収一如旧例。』」とあるように、正徳年間において継続かつ強化され、その末年、嘉靖帝が即位すると、他廠と同様に停止されている。しかし、『明実録』万暦三年一〇月壬辰に「太監張宏奏請差内官一員抽分真定木税、都給事中侯于趙・御史趙煥、交章執奏、工部亦言只宜行易州主事照前兼管。上命于内官中選廉慎的去、如貪肆不法、参来重（処）。」とあって、万暦初期には派遣が再開されている。

（30）『明実録』正徳六年八月甲辰に、「巡按直隷監察御史鄺約奏『南京内府供応木料、毎歳二季監局差内臣四人、取之蕪湖抽分廠、延住経時、騒擾百端、毎季県駅所費計銀九百六十餘両、而所取木枋不及千。至於解運之時、又多駕快船、倍勒夫価、蠹害日甚。乞免差内臣、止令南京工部委官、会抽分主事揀運為便』。工部議覆、得旨『監局差官係旧例、第令守備官択廉謹者以往、不許擾人。』」とある。

（31）専管の御史が各鈔関に遣わされるのは宣徳四（一四二九）年から正統四（一四三九）年までの十年間のみである。［滝野二〇〇七］参照。

（32）後掲表3省察官列・表4聴事官列参照。

（33）［滝野二〇〇七］参照。
（34）［香坂一九七二］［同一九七五］［滝野一九八五］［同二〇〇七］参照。
（35）なお、『椎事書』には各小関総甲の人数が明記されておらず、また聞夫の人数に欠落があるため、実際の人数はこれよりも数十人単位で多くなる。
（36）［滝野二〇〇七］表4・表6に基づいて計算。
（37）［滝野二〇〇七］参照。

明代後半の南直・浙江における府県別進士合格者数の推移

和田正広

はじめに

小稿の扱う範囲は、嘉靖一四（一五三五）年より崇禎一六（一六四三）年迄の明代後半と称する約一世紀の間である。以下では、明末の科挙文化情況の一端をより動態的に把握するために[1]、明代後半の科挙実施回数を折半して、前期（嘉靖一四～万暦一七・一五八九年）と、後期（万暦二〇・一五九二～崇禎一六年）とに分けて検討したい。

明末約半世紀の間、東南沿海部においては明代中前半まで全国一、二位を争っていた南直隷と浙江省、なかでも浙江省に抑えられていた仮想江蘇省の進士合格者数が浙江のそれを上回ったという事実がある。従来の進士研究では、明清時代各省における全合格者数の集計値、若しくは三十年とか半世紀後ごとの集計値の推移が分析されてきた[2]。

ところで、東南沿海部は八世紀半ば以降、人口・経済・文化的な重心が北方より移行し、また最近では他の沿海諸都市から農民工の集中する長江デルタ諸都市（上海・蘇州・崑山…杭州・寧波…）としても脚光を浴びている[3]。

小稿では、特に明末期の浙江省と、南直隷を構成する仮想の江蘇省・安徽省とに焦点を当てて、これまでの直省レベルの進士合格者数の推移を府州県レベルにまで降ろし、浙江諸府県に対して、仮想の江蘇・安徽諸府県が相対的に伸張する趨勢を統計上より見ることにする。

なお、全ての統計資料は『明清歴科進士題名碑録（一）（二）』[4]（原書名・李周望序『国朝歴科題名碑録初集明洪武至崇禎各科附』）のみを根拠とする。集計では、原籍地を重視して、省の内外に寄籍する者も含めてある。

一　南直・浙江両省の進士合格者数の推移

明代前中半（洪武四・一三七一〜嘉靖一一・一五三二年）の各会試年（計五一回）を通じて、浙江省が南直隷の進士合格者数を上回ったのは、その前半に集中する形で二一回（四一％）であったが、明代後半（嘉靖一四・一五三五〜崇禎一六・一六四三年）の計三八回になると、八回（二一％）と半減した。[5]この点は、前稿[6]で約五五年毎に計数した明代後半の後期に当たる万歴一七・一五八九年〜崇禎一六年の約半世紀においても、仮想江蘇省（八四六名）が浙江省（七九五名）を上回っている。このことは、南直隷内部の仮想江蘇省と仮想安徽省との科挙合格者数において、躍進する文化情況のあった点を窺わせる。

今回、会試実施回数三八回を折半して改訂した表1「明代後半における南直・浙江両省の進士合格者数」[7]では、明代後半における浙江省の進士合格者数は、前期（A）の九五二名から、後期（B）には七六五名へと一八七名減少した。これに対して、南直隷は前期（A）一〇一一名より、後期（B）には一一五一名へと一四〇名増加した。

小稿では、明代後半の後期（B）に、仮想の江蘇・安徽両省の進士合格者数が併せて一四〇名ほど浙江省よりも増加した事実を、江・浙という最先進科挙文化地区における優越的地位の交替現象と捉え、この変化を浙江省と仮想の江蘇・安徽両省との府州県内部の趨勢として把握したい。

表1　明代後半における南直・浙江両省の進士合格者数

年代		浙江省	南直隷	仮想江蘇省	仮想安徽省
明代後半	前期(A) 1535（嘉靖14）年 会試19回　55年間 1589（万暦17）年	952名 （仮想江蘇より247名勝る）	1,011名 （浙江省より59名勝る）	705名	306名
	後期(B) 1592（万暦20）年 会試19回　52年間 1643（崇禎16）年	765名 （B－A＝－187名） （仮想江蘇に比べ37名減少）	1,151名 （B－A＝140名）	802名 （B－A＝97名）	349名 （B－A＝43名）
	(A)+(B)	1,717名	2,162名 （浙江省より445名勝る）	1,507名 （浙江省に210名及ばず）	655名

　表1によれば、前述したように明代後半の後期（B）に、南直隷は浙江省よりも併せて一四〇名も増えている。仮想の江蘇省と安徽省との内訳を見た場合、仮想の江蘇省は、明代後半の前期（A）の進士合格者数七〇五名が後期（B）には八〇二名となり、九七名増えている。仮想の安徽省は、同じく前期（A）の三〇六名が後期（B）には三四九名となり、四三名ほど増えている。なかでも注目すべきは、明代後半の後期（B）に見られる仮想江蘇省の八〇二名という進士合格者数は、同じく浙江省の七六五名を三七名ほど上回った点である。

　では、こうした一六世紀後半より一七世紀中葉に見られる進士合格者数における、浙江省と対比した仮想の江蘇・安徽両省の謂わば躍進現象は、当該三省内部の府県州レベルでは、どのような推移を見せていたであろうか。

二　躍進した府県別進士合格者数の推移

1　府別進士合格者数の動向

浙江省と仮想の江蘇省については、明代後半の前・後期の何れかの進士合格者合計が五〇名以上の府を選び、仮想の安徽省については、前・後期何れかの合計が四〇名以上（但し、太平府は四〇名未満だが、伸び率が著しいため加えてある）の府を選び、前・後期合計の多い順位に列べたのが表2「南直・浙江両省における明代後半の進士合格者数上位の主要府」である。

①　浙江省

《減少した府の動向》

表2によれば、浙江省の進士合格者数上位六府の内、明代後半の後期に、その前期よりも減少したのは、紹興府（一〇四名減少）、寧波府（六名減少）、杭州府（二七名減少）、金華府（三一名減少）の四府であった。減少幅の著しい府は、紹興・杭州・金華の三府であり、特に紹興府は前期合格者二六九名に対して後期は一六五名というように、後期には三八・七％も減少した。この他、後期の減少率は、杭州府（一三〇名→一〇三名）二〇・八％、金華府（六六名→三五名）四六・九％であった。

《増加した府の動向》

表2　南直・浙江における明代後半の進士合格者数上位の主要府

府名	前・後期合計	前期計 嘉靖14(1535)～万暦17(1589)	後期計 万暦20(1592)～崇禎16(1643)	後期の前期に対する減少率	後期の前期に対する増加率
浙江省					
紹興府	434	269	165(－104)	38.7%	
嘉興府	310	153	157(＋4)		2.6%
寧波府	242	124	118(－6)	4.8%	
(省都)杭州府	233	130	103(－27)	20.8%	
湖州府	195	90	105(＋15)		16.7%
金華府	101	66	35(－31)	46.9%	
合計	1,515	832	683(－149)	17.9%	
南直隷(仮想江蘇省)					
蘇州府	511	287	224(－63)	21.9%	
常州府	385	158	227(＋69)		43.7%
松江府	220	99	121(＋22)		22.2%
揚州府	124	57	67(＋10)		17.5%
鎮江府	120	36	84(＋48)		133.3%
(省都)応天府	107	44	63(＋19)		43.2%
合計	1467	681	786(＋105)		15.4%
南直隷(仮想安徽省)					
徽州府	212	96	116(＋20)		20.8%
寧国府	103	50	53(＋3)		6.0%
安慶府	92	40	52(＋12)		30.0%
鳳陽府	80	44	36(－8)	18.2%	
(仮想省都)廬州府	68	27	41(＋14)		51.8%
太平府	28	9	19(＋10)		111.1%
合計	583	266	317(＋51)		19.2%

寧波府（一二四名→一一八名）も減少したとはいえ、僅か六名であり減少率は四・八％に過ぎなかった。逆に進士合格者数が着実に増加した府は、嘉興府と湖州府であった。嘉興府（一五三名→一五七名）は、前期よりも四名（二・六％）増え、湖州府（九〇名→一〇五名）は、前期よりも一五名（一六・七％）増えた。

これを要するに、紹興府～金華府の六府の進士合格者数合計一五一五名の内訳である後期の六八三名は、前期八三二名に比べて一四九名減少（減少率一七・九％）していた。この減少率を上回ったのは、一〇四名減（減少率三八・七％）の紹興府、二七名減（減少率二〇・八％）の省都杭州府、三一名減（減少率四六・九％）の金華府であった。全般的な減少傾向の中で健闘したのは、六名減（減少率四・八％）の寧波府であり、若干増加傾向が見られたのは、後期に四名増（増加率二一・六％）の嘉興府と、同じく一五名増（増加率一六・七％）の湖州府とであった。

② 仮想江蘇省

《減少した府の動向》

表2によれば、仮想江蘇省の進士合格者数上位六府の内、明代後半の後期に、その前期よりも減少したのは蘇州府（二八七名→二二四名）のみであった。その減少した六三名は、前期に比べて二一・九％の減少率を示した。

《増加した府の動向》

後期に増加した府の内、常州府（一五八名→二二七名）は、六九名の増加で、前期に比べて四三・七％の増加率を示した。松江府（九九名→一二一名）は二二名の増加で、前期に比べた増加率は二二・二％であった。揚州府（五七名→六七名）は一〇名の増加で、前期に比べた増加率は一七・五％であった。鎮江府（三六名→八四名）は四八名の増加で、前期に比べた増加率は一三三・三％であった。応天府（四四名→六三名）は一九名の増加で、前期に比べた増加率は四三・二％であった。

これを要するに、蘇州府〜応天府六府の進士合格者数合計一四六七名の内訳である後期七八六名は、前期六八一名に比べて一〇五名増加（増加率一五・四％）していた。この増加率を上回った五府は、六九名増（増加率四三・七％）の常州府、二二名増（増加率二二・二％）の松江府、一〇名増（増加率一七・五％）の揚州府、四八名増（増加率一三三・三％）の鎮江府、一九名増（増加率四三・二％）の応天府であった。全体が増加傾向の中で、唯一減少したのは、後期に六三名減少（減少率二一・九％）の蘇州府だけであった。

③　仮想安徽省

《減少した府の動向》

表2によれば、仮想安徽省の進士合格者数上位六府の内、明代後半の後期に、その前期よりも減少したのは、鳳陽府（四四名→三六名）だけであった。その減少した八名の減少率は前期に比べて一八・二％であった。

《増加した府の動向》

後期に増加した府の内、徽州府（九六名→一一六名）の二〇名増は、前期に比べて二〇・八％の増加率であった。寧国府（五〇名→五三名）の三名増は、前期に比べて六・〇％の増加率であった。安慶府（四〇名→五二名）の一二名増は、前期に比べて三〇・〇％の増加率であった。廬州府（二七名→四一名）の一四名増は、前期に比べて一一一％の増加率を示した。

これを要するに、徽州府～太平府六府の進士合格者数合計五八三名の内訳である後期三一七名は、前期二六六名に比べて五一名増加（増加率一九・二％）していた。この増加率を上回った四府は、二〇名増（増加率二〇・八％）の徽州府、一二名増（増加率三〇・〇％）の安慶府、一四名増（増加率五一・八％）の廬州府、一〇名増（増加率一一一％）の太平府であった。寧国府の増加率は六・〇％であるが、前期五〇名、後期五三名の合格者を出すという堅調ぶりを示していた。唯一減少傾向を示したのは、前期四四名に対して後期三六名、と八名減少（減少率一八・二％）の鳳陽府のみであった。

2　県別進士合格者数の動向

①　浙江省

《減少した府下各州県の動向》

表2で見たように、浙江省の各府内で、明代後半の後期（万暦二〇・一五九二～崇禎一六・一六四三）に、前期（嘉靖一四・一五三五～万暦一七・一五八九）よりも進士合格者数が減少した府内各県の動向を、表3「浙江省で進士合格者数の減少した府下各州県の動向」に拠って、紹興府（二六九名→一六五名。一〇四名減少）、寧波府（二二四名→一一八名。一〇六名減少）、杭州府（一三〇名→一〇三名。二七名減少）、金華府（六六名→三五名。三一名減少）について検討したい。

○紹興府（前・後期合計四三四名）

当府の前期にくらべた後期では、七九名減の余姚県（一二五名→四六名。計一七一名）を筆頭に、一一名減の府都会稽県（三八名→二七名。計六五名）、六名減の上虞県（二三名→一七名。計四〇名）、五名減の府都山陰県（五四名→四九名。計一〇三名）、蕭山県（一三名→一二名。計二五名）など、各一〇名以下の減少が見られた。紹興府全体（二六九名→一六五名）の減少率は、計一〇四名減の三八・七％であった。

○寧波府（前・後期合計二四二名）

当府の前期に比べた後期では、健闘した慈谿県（五二名→五二名。計一〇四名）や、増加に転じた定海県（三名→七名）、象山県（二名→四名）よりも、一一名減の府都鄞県（六一名→五〇名。計一一一名）、一名減の奉化県（六名→五名）の減少が上回った。しかし、寧波府全体（一二四名→一一八名）では六名減の四・八％に止まり、大きな増減の変化は見られなかった。

○杭州府（前・後期合計二三三名）

当府の前期に比べた後期では、各一～二名の増加を見せた臨安県（四名→五名）、余杭県（三名→四名）、昌化県（〇名→一名）や、現状を維持した富陽県（二名→二名）、於潜県（一名→一名）もあった。だが、前期に各三〇名以上の合格者を出した諸県の内、一二名減の府都仁和県（四五名→三三名。計七八名）、六名減の府都銭塘県（三二名→二六名。計五八名）、同じく六名減の海寧県（三二名→二六名。計五八名）の計二四名の減少が増加数を上回り、府全体（一三〇名→一〇三名）の減少率は、計二七名減の二〇・八％であった。

表3　浙江省で進士合格者数の減少した府下各州県の動向

州県名	前・後期合計	前期　計 嘉靖14(1535)～万暦17(1589)	後期　計 万暦20(1592)～崇禎16(1643)	後期の前期に対する減少率	後期の前期に対する増加率
紹		興		府	
余姚県	171	125	46(－79)	63.2%	
(府都)山陰県	103	54	49(－5)	9.3%	
(府都)会稽県	65	38	27(－11)	28.9%	
上虞県	40	23	17(－6)	26.1%	
蕭山県	25	13	12(－1)	7.7%	
諸曁県	14	4	10(＋6)		150.0%
嵊県	9	6	3(－3)	50.0%	
新昌県	5	5	0(－5)	100.0%	
紹興衛	1	0	1(＋1)		
所属不明	1	0	1(＋1)		
合計	434	269	165(－104)	38.7%	
寧		波		府	
(府都)鄞県	111	61	50(－11)	18.0%	
慈谿県	104	52	52(±0)		
奉化県	11	6	5(－1)	16.7%	
定海県	10	3	7(＋4)		133.3%
象山県	6	2	4(＋2)		100.0%
合計	242	124	118(－6)	4.8%	
杭		州	府（省	都）	
(府都)仁和県	78	45	33(－12)	26.7%	
(府都)銭塘県	58	32	26(－6)	18.7%	
海寧県	58	32	26(－6)	18.7%	
臨安県	9	4	5(＋1)		25.0%
余杭県	7	3	4(＋1)		33.3%
富陽県	4	2	2(±0)		
於潜県	2	1	1(±0)		
新城県	2	2	0(－2)	100.0%	
昌化県	1	0	1(＋1)		
杭州右衛等	8	8	0(－8)	100.0%	
所属県不明	6	1	5(＋4)		
合計	233	130	103(－27)	20.8%	
金		華		府	
蘭谿県	30	25	5(－20)	80.0%	
東陽県	22	14	8(－6)	42.8%	
義烏県	17	9	8(－1)	11.1%	
永康県	15	10	5(－5)	50.0%	
(府都)金華県	11	6	5(－1)	16.7%	
浦江県	6	2	4(＋2)		100.0%
武義県	0	0	0		
湯渓県	0	0	0		
合計	101	66	35(－31)	46.9%	

表4　浙江省で進士合格者数の増加した府下各州県の動向

州県名	前・後期合計	前期計 嘉靖14(1535)～ 万暦17(1589)	後期計 万暦20(1592)～ 崇禎16(1643)	後期の前期に対する減少率	後期の前期に対する増加率
嘉興府					
平湖県	67	30	37(+7)		23.3%
(府都)秀水県	61	34	27(−7)	20.6%	
(府都)嘉興県	60	37	23(−14)	37.8%	
嘉善県	50	16	34(+18)		112.5%
塩海県	39	19	20(+1)		5.3%
崇徳県	16	9	7(−2)	22.2%	
桐郷県	15	8	7(−1)	12.5%	
所属県不明	2	0	2(+2)		
合計	210	153	157(+4)		2.6%
湖州府					
(府都)烏程県	72	36	36(±0)		
(府都)帰安県	51	22	29(+7)		31.8%
徳清県	33	16	17(+1)		6.3%
長興県	27	10	17(+7)		70.0%
武康県	6	1	5(+4)		400.0%
安吉州	3	2	1(−1)	50.0%	
孝豊県	3	3	0(−3)	100.0%	
合計	195	90	105(+15)		16.7%

《増加した府下各州県の動向》

表4「浙江省で進士合格者数の増加した府下各州県の動向」に拠って、後期が前期よりも四名増加した嘉興府（一五三名→一五七名）と、同じく一五名が増加した湖州府（九〇名→一〇五名）内各州県の動向を見よう。

○嘉興府（前・後期合計三一〇名）

前期に比べて当府の後期に減少した県には、一四名減の嘉興県（三七名→二三名。計六〇名）、七名減の府都秀水県（三四名→二七名。計六一名）や、崇徳県（九名→七名）、桐郷県（八名→七名）もあった。逆に増加した県には、一八名増の嘉善県（一六名→三四名。計五〇名）、七名増の平湖県（三〇名→三七名。計六七名）や、海塩県（一九名→二〇名。計三九名）があった。増減相半ばする嘉興府全体（一五三名→一五七名）のなかで、後期が前期よりも増加したのは僅か四名（二・六％）に過ぎなかった。しかし、本府には合格者数上昇の兆しが見られた。

表5　浙江省主要府下各州県進士合格者数上位の増減率

明代後半の合格者数上位の州県名(所属府の合格者総数)	前・後期順位	合計名	前期　計 嘉靖14(1535)～万暦17(1589)	後期　計 万暦20(1592)～崇禎16(1643)	各府内での減少率	各府内での増加率
余姚県(紹興府) 前・後期総計434名	①	171	125	46(－79)	63.2%	
鄞　県(寧波府都) 前・後期総計242名	②	111	61	50(－11)	18.0%	
慈谿県(寧波府)	③	104	52	52(±0)		
山陰県(紹興府都)	④	103	54	49(－5)	9.3%	
仁和県(杭州府都) 前・後期総計233名	⑤	78	45	33(－12)	26.7%	
烏程県(湖州府都) 前・後期総計195名	⑥	72	36	36(±0)		
平湖県(嘉興府) 前・後期総計310名	⑦	67	30	37(＋7)		23.3%
会稽県(紹興府都)	⑧	65	38	27(－11)	28.9%	
秀水県(嘉興府都)	⑨	61	34	27(－7)	20.6%	
嘉興県(嘉興府都)	⑩	60	37	23(－14)	37.8%	
銭塘県(杭州府都)	⑪	58	32	26(－6)	18.7%	
海寧県(杭州府)	⑪	58	32	26(－6)	18.7%	
帰安県(湖州府都)	⑬	51	22	29(＋7)		31.8%
嘉善県(紹興府)	⑭	50	16	34(＋18)		112.5%
上虞県(紹興府)	⑮	40	23	17(－6)	26.1%	
海塩県(嘉興府)	⑯	39	19	20(＋1)		5.3%
徳清県(湖州府)	⑰	33	16	17(＋1)		6.3%
蘭谿県(金華府) 前・後期総計101名	⑱	30	25	5(－20)	80.0%	
長興県(湖州府)	⑲	27	10	17(＋7)		70.0%
東陽県(金華府)	⑳	22	14	8(－6)	42.8%	
義烏県(金華府)	⋮	17	9	8(－1)	11.1%	
永康県(金華府)	⋮	15	10	5(－5)	50.0%	

○湖州府（前・後期合計一九五名）

前期に比べて当府の後期に減少した州県は、安吉州（二名→一名）と所属の孝豊県（三名→〇名）のみであった。他の五県は、前・後期ともに三六名の合格者を出した府都烏程県（七二名）を筆頭に、同じく七名増の府都帰安県（二二名→二九名。計五一名）、徳清県（一六名→一七名。計三三名）、七名増の長興県（一〇名→一七名。計二七名）、武康県（一名→五名）と、何れも増加した。従って、湖州府全体（九〇名→一〇五名）の後期の増加率は、一五名増の一六・七%というように、比較的高い伸び率を示した。

以上、明代後半における浙江省主要府下州県進士合格者数の前期より後期に至る増減の推移を表示すれば、表5「浙江省主要府下各州県進士合格者数上位の増減率」となる。

これを要するに、明代後半の浙江省の前期に対する後期の増減情況を州県レベルで見た場合、顕著な減少を見せたのは以下の県であった。紹興府では七九名減の余姚県（一二五名→四六名）、一一名減の府都会稽県（三八名→二七名）、六名減の上虞県（二三名→一七名）、五名減の府都山陰県（五四名→四九名）であった。寧波府では一一名減の府都鄞県（六一名→五〇名）、省都杭州府では一二名減の府都仁和県（四五名→三三名）、六名減の府都銭塘県（三二名→二六名）と海寧県（三二名→二六名）などであった。金華府では二〇名減の蘭谿県（二五名→五名）、六名減の東陽県（一四名→八名）、五名減の永康県（一〇名→五名）であった。また、府全体としては増加基調にあった嘉興府でも、一四名減の嘉興県（三七名→二三名）と、七名減の府都秀水県（三四名→二七名）とは減少傾向を示した。

後期に健闘または増加傾向を見せていたのは、次の県であった。寧波府下では堅調な慈谿県（五二名→五二名）であり、嘉興府下では一八名増の嘉善県（一六→三四名）、七名増の平湖県（三〇名→三七名）、一名増の海塩県（一九名→二〇名）であった。湖州府下では堅調な府都烏程県（三六名→三六名）であり、七名増の府都帰安県（二二名→二九名）と長興県（一〇名→一七名）、一名増の徳清県（一六名→一七名）などであった。

② 仮想江蘇省

《減少した府下各州県の動向》

表2の仮想江蘇省内で、明代後半の後期に前期よりも進士合格者数が減少した府内各州県の動向を、表6「仮想江蘇省で進士合格者数の減少した府下各州県の動向」に拠って、六三名減少した蘇州府（二八七名→二二四名）について検討したい。

表6　仮想江蘇省で進士合格者数の減少した蘇州府下各州県の動向

州県名	前・後期合計	前期　計 嘉靖14(1535)～万暦17(1589)	後期　計 万暦20(1592)～崇禎16(1643)	後期の前期に対する減少率	後期の前期に対する増加率
蘇		州		府	
(府都)長洲県	99	58	41(－17)	29.3%	
常熟県	82	46	36(－10)	21.7%	
崑山県	77	50	27(－23)	46.0%	
呉江県	76	36	40(＋4)		11.1%
(府都)呉県	75	43	32(－11)	25.6%	
太倉州	66	37	29(－8)	21.6%	
嘉定県	30	14	16(＋2)		14.3%
蘇州衛	6	3	3(±0)		
(太倉州)崇明県	0	0	0		
合計	511	287	224(－63)	21.9%	

○蘇州府（前・後期合計五一一名）

前期に比べて減少基調下の蘇州府内で後期の合格者数が増加したのは、四名増の呉江県（三六名→四〇名。計七六名）と二名増の嘉定県（一四名→一六名。計三〇名）だけであった。逆に減少したのは二三名減の崑山県（五〇名→二七名。計七七名）、一七名減の府都長洲県（五八名→四一名。計九九名）、一一名減の府都呉県（四三名→三二名。計七五名）、一〇名減の常熟県（四六名→三六名。計八二名）、八名減の太倉州（三七名→二九名。計六六名）であった。蘇州府全体（二八七名→二二四名）では、六三名減の二一・九%の減少率を示していた。

《増加した府下各州県の動向》

表7「仮想江蘇省で進士合格者数の増加した府下各州県の動向」に拠って、六九名増（四三・七%）の常州府（一五八名→二二七名）、二二名増（二二・二%）の松江府（九九名→一二一名）、一〇名増の揚州府（五七名→六七名）、四八名増（一三三・三%）の鎮江府（三六名→八四名）、一九名増（四三・二%）の省都応天府（四四名→六三名）、といった各府下の州県の動向を見たい。

○常州府（前・後期合計三八五名）

前期に比べて当府の後期には一六名減の無錫県（七四名→五八名。計一三二名）とか、二名減の江陰県（一七名→一五名。計三二名）とかもあったが、

表7　仮想江蘇省で進士合格者数の増加した府下各州県の動向

州県名	前・後期合計	前期　計 嘉靖14(1535)～万暦17(1589)	後期　計 万暦20(1592)～崇禎16(1643)	後期の前期に対する減少率	後期の前期に対する増加率
常州府					
(府都)武進県	134	44	90(＋46)		104.5%
無錫県	132	74	58(－16)	21.6%	
宜興県	87	23	64(＋41)		178.3%
江陰県	32	17	15(－2)	11.8%	
靖江県	0	0	0		
合計	385	158	227(＋69)		43.7%
松江府					
(府都)華亭県	131	59	72(＋13)		22.0%
上海県	81	39	42(＋3)		7.7%
青浦県	8	1	7(＋6)		600.0%
合計	220	99	121(＋22)		22.2%
揚州府					
(高郵州)興化県	26	5	21(＋16)		320.0%
(府都)江都県	23	11	12(＋1)		9.1%
泰州	20	13	7(－6)	46.2%	
通州	16	8	8(±0)		
(泰州)如皐県	10	6	4(－2)	33.3%	
泰興県	9	5	4(－1)	20.0%	
高郵州	7	5	2(－3)	60.0%	
儀眞県	6	1	5(＋4)		400.0%
(高郵州)宝応県	6	2	4(＋2)		100.0%
(通州)海門県	1	1	0(－1)	100.0%	
合計	124	57	67(＋10)		17.5%
鎮江府					
金壇県	60	13	47(＋34)		261.5%
(府都)丹徒県	34	14	20(＋6)		42.8%
丹陽県	25	8	17(＋9)		112.5%
鎮江衛	1	1	0(－1)	100.0%	
合計	120	36	84(＋48)		133.3%
応天府(省都)					
溧陽県	28	12	16(＋4)		33.3%
(府都)上元県	15	8	7(－1)	12.5%	
句容県	15	5	10(＋5)		100.0%
高淳県	11	3	8(＋5)		166.7%
(府都)江寧県	10	5	5(±0)		
南京留守後衛他	10	6	4(－2)	33.3%	
江浦県	5	2	3(＋1)		50.0%
溧水県	5	2	3(＋1)		50.0%
六合県	4	0	4(＋4)		
所属県不明	4	1	3(＋2)		200.0%
合計	107	44	63(＋19)		43.2%

それを上回る四六名増の府都武進県（四四名→九〇名。計一三四名）や四一名増の宜興県（二三名→六四名。計八七名）の大躍進があり、全体として常州府（一五八名→二二七名）では六九名増の四三・七％という高い伸び率を示していた。

○松江府（前・後期合計二二〇名）

前期に比べて、当府の後期は一三名増の府都華亭県（五九名→七二名。計一三一名）、三名増の上海県（三九名→四二名。計八一名）とか、六名増の青浦県（一名→七名）から成っていた。松江府全体（九九名→一二一名）では、二二名増の二二・二％の伸び率であった。

○揚州府（前・後期合計一二四名）

前期に比べて、当府の後期では、六名減の泰州（一三名→七名。計二〇名）、泰州所属の如皐県（六名→四名）や、泰興県（五名→四名）、高郵州（五名→二名）などの減少した州県もあったが、一六名増の高郵州所属興化県（五名→二一名。計二六名）、一名増の府都江都県（一一名→一二名。計二三名）や、前・後期に八名を維持した通州ほかの躍進・健闘があった。そのため、全体を通して揚州府（五七名→六七名）では一〇名増の一七・五％の伸び率を示していた。

○鎮江府（前・後期合計一二〇名）

前期に比べて、当府の後期では三四名増の金壇県（一三名→四七名。計六〇名）をはじめ、九名増の丹陽県（八名→一七名。計二五名）や六名増の府都丹徒県（一四名→二〇名。計三四名）も躍進した結果、鎮江府全体（三六名→八四名）では四八名伸張して一三三・三％の高い増加率を示した。

○応天府（前・後期合計一〇七名）

前期に比べて応天府の後期では、四名増の溧陽県（一二名→一六名。計二八名）をトップに、五名増の句容県（五名→一〇名）、高淳県（三名→八名）の伸張があり、府都上元県（八名→七名）は一名減少したが、府都江寧県（五名→五名）の健闘もあって、応天府全体（四四名→六三名）では一九名増の四三・二％の伸び率を示した。

以上、明代後半における仮想江蘇省の主要府下州県進士合格者数について、前期より後期に至る増減の推移を表示すれば、表8「仮想江蘇省主要府下各州県進士合格者数上位の増減率」となる。

これを要するに、明代後半の仮想江蘇省において、その前期に対して後期に顕著な減少傾向を見せたのは、次の府下州県であった。蘇州府では二三名減の崑山県（五〇名→二七名）、一七名減の府都長洲県（五八名→四一名）、一一名

表８　仮想江蘇省主要府下各州県進士合格者数上位の増減率

明代後半の合格者数上位の州県名（所属府の合格者総数）	前・後期順位	合計名	前期　計 嘉靖14（1535）～万暦17（1589）	後期　計 万暦20（1592）～崇禎16（1643）	各府内での減少率	各府内での増加率
武進県（常州府都） 前・後期総計385名	①	134	44	90（＋46）		104.5%
無錫県（常州府）	②	132	74	58（－16）	21.6%	
華亭県（松江府都） 前・後期総計220名	③	131	59	72（＋13）		22.0%
長洲県（蘇州府都） 前・後期総計511名	④	99	58	41（－17）	29.3%	
宜興県（常州府）	⑤	87	23	64（＋41）		178.3%
常熟県（蘇州府）	⑥	82	46	36（－10）	21.7%	
上海県（松江府）	⑦	81	39	42（　＋3）		7.7%
崑山県（蘇州府）	⑧	77	50	27（－23）	46.0%	
呉江県（蘇州府）	⑨	76	36	40（　＋4）		11.1%
呉　県（蘇州府都）	⑩	75	43	32（－11）	25.6%	
太倉州（蘇州府）	⑪	66	37	29（　－8）	21.6%	
金壇県（鎮江府） 前・後期総計120名	⑫	60	13	47（＋34）		261.5%
丹徒県（鎮江府都）	⑬	34	14	20（　＋6）		42.8%
江陰県（常州府）	⑭	32	17	15（　－2）	11.8%	
嘉定県（蘇州府）	⑮	30	14	16（　＋2）		14.3%
溧陽県（応天府） 前・後期総計107名	⑯	28	12	16（　＋4）		33.3%
興化県（揚州府高郵州） 前・後期総計124名	⑰	26	5	21（＋16）		320.0%
丹陽県（鎮江府）	⑱	25	8	17（　＋9）		112.5%
江都県（揚州府都）	⑲	23	11	12（　＋1）		9.1%
泰　州（揚州府）	⑳	20	13	7（　－6）	46.2%	
通　州（揚州府）	⋮	16	8	8（　±0）		
句容県（応天府）	⋮	15	5	10（　＋5）		100.0%
上元県（応天府都）	⋮	15	8	7（　－1）	12.5%	
高淳県（応天府）	⋮	11	3	8（　＋5）		166.7%
青浦県（松江府）	⋮	8	1	7（　＋6）		600.0%

減の府都呉県（四三名→三二名）、一〇名減の常熟県（四六名→三六名）、八名減の太倉州（三七名→二九名）などであった。常州府では一六名減の無錫県（七四名→五八名）、二名減の江陰県（一七名→一五名）であり、揚州府では六名減の泰州（一三名→七名）などであった。

健闘または増加傾向を見せたのは、以下の府下州県であった。蘇州府では四名増の呉江県（三六名→四〇名）であり、常州府では四六名増の府都武進県（四四名→九〇名）、四一名増の宜興県（二三名→六四名）であった。松江府では一三名増の府都華亭県（五九名→七二名）、三名増の

表9　仮想安徽省で進士合格者数の減少した鳳陽府下各州県の動向

州県名	前・後期合計	前期　計 嘉靖14(1535)～万暦17(1589)	後期　計 万暦20(1592)～崇禎16(1643)	後期の前期に対する減少率	後期の前期に対する増加率
鳳		陽		府	
潁州	13	5	8(＋3)		60.0%
泗州	11	6	5(－1)	16.7%	
定遠県	10	3	7(＋4)		133.3%
(府都)鳳陽県	6	3	3(±0)		
(泗州)天長県	6	3	3(±0)		
亳州	5	3	2(－1)	33.3%	
懐遠県	4	4	0(－4)	100.0%	
(宿州)霊壁県	4	3	1(－2)	66.7%	
寿州	4	1	3(＋2)		200.0%
臨淮県	3	3	0(－3)	100.0%	
(泗州)盱眙県	3	2	1(－1)	50.0%	
五河県	2	2	0(－2)	100.0%	
宿州	2	1	1(±0)		
(寿州)霍丘県	2	1	1(±0)		
(寿州)蒙城県	2	2	0(－2)	100.0%	
(潁州)潁上県	2	1	1(±0)		
虹県	0	0	0		
(潁州)太和県	0	0	0		
所属不明	1	1	0		
合計	80	44	36(－8)	18.2%	

上海県（三九名→四二名）、六名増の青浦県（一名→七名）であった。揚州府では一六名増の高郵州興化県（五名→二一名）であり、鎮江府では三四名増の金壇県（一三名→四七名）、九名増の丹陽県（八名→一七名）、六名増の府都丹徒県（一四名→二〇名）であった。省都応天府では、四名増の溧陽県（一二名→一六名）、五名増の句容県（五名→一〇名）、高淳県（三名→八名）などであった。

③　仮想安徽省

《減少した府下各州県の動向》

表2の仮想安徽省内で、明代後半の後期に、その前期よりも進士合格者数が減少したのは、唯一鳳陽府のみであった。

いま、表9の「仮想安徽省で進士合格者数の減少した鳳陽府下各州県の動向」に拠って、その推移を見よう。

○鳳陽府（前・後期合計八〇名）

鳳陽府（四四名→三六名）の前期に比べた後期の減少率は、三名増の潁州（五名→八名。計一三名）、四名増の定遠県（三名→七名。計一〇名）、府都鳳陽県（三名→三名）、泗州天長県（三名→三名）はじめ計八州県の増加、健闘にも拘わらず、泗州（六名→五名）、亳州（三名→二名）はじめ計八州県の減少が若干上回った結果、全体的には八名減の一八・二%に止まった。

《増加した府下各州県の動向》

表10「仮想安徽省で進士合格者数の増加した府下各州県の動向」に拠って、二〇名増（三八・五%）の徽州府（九六名→一一六名）、三名増（六・〇%）の寧国府（五〇名→五三名）、一二名増（三〇・〇%）の安慶府（四〇名→五二名）、一四名増（五一・八%）の廬州府（二七名→四一名）、一〇名増（一一一%）の太平府（九名→一九名）といった各府下州県の推移を見たい。

○徽州府（前・後期合計二一二名）

徽州府（九六名→一一六名）の前期に対する後期の増加率は、祁門県（一一名→八名。計一九名）の三名減もあったが、一五名増の府都歙県（三九名→五四名。計九三名）や、四名増の婺源県（二一名→二五名。計四六名）、三名増の休寧県（二〇名→二三名。計四三名）などの健闘により、計二〇名増の二〇・八%を示していた。

○寧国府（前・後期合計一〇三名）

寧国府（五〇名→五三名）の前期に対する後期の増加率は、涇県（一四名→八名。計二二名）の六名減を除けば、府都宣城県（二五名→二六名。計五一名）や太平県（四名→六名）、寧国県（三名→五名）、南陵県（一名→六名）ほかの健闘に

表10　仮想安徽省で進士合格者数の増加した府下各州県の動向

州県名	前・後期合計	前期　計 嘉靖14(1535)～万暦17(1589)	後期　計 万暦20(1592)～崇禎16(1643)	後期の前期に対する減少率	後期の前期に対する増加率
徽		州		府	
(府都) 歙県	93	39	54(＋15)		38.5%
婺源県	46	21	25(＋4)		19.0%
休寧県	43	20	23(＋3)		15.0%
祁門県	19	11	8(－3)	27.3%	
黟県	6	3	3(±0)		
績溪県	5	2	3(＋1)		50.0%
合計	212	96	116(＋20)		20.8%
寧		国		府	
(府都) 宣城県	51	25	26(＋1)		4.0%
涇県	22	14	8(－6)	42.8%	
太平県	10	4	6(＋2)		50.0%
寧国県	8	3	5(＋2)		66.7%
南陵県	7	1	6(＋5)		500.0%
旌徳県	4	2	2(±0)		
寧国衛	1	1	0(－1)	100.0%	
合計	103	50	53(＋3)		6.0%
安		慶		府	
桐城県	52	19	33(＋14)		73.7%
(府都) 懐寧県	19	10	9(－1)	10.0%	
潜山県	10	6	4(－2)	33.3%	
太湖県	9	4	5(＋1)		25.0%
宿松県	2	1	1(±0)		
望江県	0	0	0		
合計	92	40	52(＋12)		30.0%
廬	州		府(仮想省都)		
(府都) 合肥県	25	12	13(＋1)		8.3%
無為州	14	7	7(±0)		
舒城県	9	2	7(＋5)		250.0%
六安州	8	3	5(＋2)		66.7%
(無為州) 巣県	5	1	4(＋3)		300.0%
廬江県	4	2	2(±0)		
(六安州) 英山県	2	0	2(＋2)		
(六安州) 霍山県	1	0	1(＋1)		
合計	68	27	41(＋14)		51.8%
太		平		府	
(府都) 當塗県	17	6	11(＋5)		83.3%
繁昌県	6	3	3(±0)		
蕪湖県	5	0	5(＋5)		
合計	28	9	19(＋10)		111.1%

より、三名増の六・〇%を示していた。

〇安慶府（前・後期合計九二名）

安慶府（四〇名→五二名）の前期に対する後期の増加率は、潜山県（六名→四名）の二名減や府都懐遠県（一〇名→九名。計一九名）の一名減もあったが、一四名増加の桐城県（九名→三三名。計四二名）や太湖県（四名→五名）ほかの健闘により、一二名増の三〇・〇%を示していた。

〇廬州府（仮想省都・前・後期合計六八名）

廬州府（二七名→四一名）の前期に対する後期の増加率は、一名増の府都合肥県（一二名→一三名。計二五名）や無為州（七名→七名）、舒城県（二名→七名）、六安州（三名→五名）ほかの健闘により、一県の減少もなく一四名増の五一・八%を示していた。

〇太平府（前・後期合計二八名）

三県から成る太平府（九名→一九名）の前期に対する後期の増加率は、五名増の府都当塗県（六名→一一名。計一七名）ほか、繁昌県（三名→三名）、蕪湖県（〇名→五名）の健闘により一〇名増の一一・一%を示していた。

以上、明代後半における仮想安徽省の主要府下州県進士合格者数について、前期より後期に至る増減の推移を表示すれば、**表11**「仮想安徽省主要府下各州県進士合格者数上位の増減率」となる。

これを要するに、仮想安徽省の前期に対する後期の各府下州県では、減少に顕著な傾向は見られなかった。計八名減少した鳳陽府でも、泗州（六名→五名）、亳州（三名→二名）等八州県の僅かな減少に止まった。また、府全体では増加したにも拘わらず、減少県が見られたのは、徽州府祁門県（一一名→八名）、寧国府涇県（一四名→八名）、安慶府潜山県（六名→四名）、府都懐寧県（一〇名→九名）だけであった。

表11　仮想安徽省主要府下各州県進士合格者数上位の増減率

明代後半の合格者数上位の州県名（所属府の合格者総数）	前・後期順位	合計名	前期　計 嘉靖14(1535)～万暦17(1589)	後期　計 万暦20(1592)～崇禎16(1643)	各府内での減少率	各府内での増加率
歙　県（徽州府都）前・後期総計212名	①	93	39	54（＋15）		38.5%
宣城県（寧国府都）前・後期総計103名	②	51	25	26（　＋1）		4.0%
婺源県（徽州府）	③	46	21	25（　＋4）		19.0%
休寧県（徽州府）	④	43	20	23（　＋3）		15.0%
桐城県（安慶府）前・後期総計92名	⑤	42	19	33（＋14）		73.7%
合肥県（廬州府都）前・後期総計68名	⑥	25	12	13（　＋1）		8.3%
涇　県（寧国府）	⑦	22	14	8（　－6）	42.8%	
懐遠県（安慶府都）	⑧	19	10	9（　－1）	10.0%	
祁門県（徽州府）	⑧	19	11	8（　－3）	27.3%	
當塗県（太平府都）前・後期総計28名	⑩	17	6	11（　＋5）		83.3%
無為州（廬州府）	⑪	14	7	7（　±0）		
潁　州（鳳陽府）前・後期総計80名	⑫	13	5	8（　＋3）		60.0%
泗　州（鳳陽府）	⑬	11	6	5（　－1）	16.7%	
定遠県（鳳陽府）	⑭	10	3	7（　＋4）		133.3%
太平県（寧国府）	⑭	10	4	6（　＋2）		50.0%
潜山県（安慶府）	⑭	10	6	4（　－2）	33.3%	
舒城県（廬州府）	⑰	9	2	7（　＋5）		250.0%
太湖県（安慶府）	⑰	9	4	5（　＋1）		25.0%
寧国県（寧国府）	⑲	8	3	5（　＋2）		66.7%
六安州（廬州府）	⑲	8	3	5（　＋2）		66.7%
南陵県（寧国府）	⋮	7	1	6（　＋5）		500.0%
鳳陽県（鳳陽府都）	⋮	6	3	3（　±0）		
天長県（鳳陽府泗州）	⋮	6	3	3（　±0）		
蕪湖県（太平府）	⋮	5	0	5（　＋5）		
亳　州（鳳陽府）	⋮	5	3	2（　－1）	33.3%	

後期に健闘または増加傾向を見せていたのは、以下の州県であった。鳳陽府下では三名増の潁州（五名→八名）、四名増の定遠県（三名→七名）であり、徽州府では一五名増の府都歙県（三九名→五四名）、四名増の婺源県（二一名→二五名）、三名増の休寧県（二〇名→二三名）であった。寧国府では一名増の宣城県（二五名→二六名）、二名増の太平県（四名→六名）であり、安慶府では一四名増の桐城県（一九名→三三名）であった。廬州府では一名増の府都合肥県（一二名→一三名）、無為州（七名→七名）であり、太平府では五名増の府都当塗県（六名→一一名）

などであった。

おわりに

歴史上、経済・文化的に最先端を歩み続けた中国東南沿海地区の浙江省と、南直隷を構成する仮想の江蘇・安徽両省との、明代進士合格者数の推移について、明代後半の嘉靖一四（一五三五）年以降、崇禎一六（一六四三）年迄の約一世紀の間を、万暦一七（一五八九）年迄の前期と、同二〇（一五九二）年以降の後期とに分けて対比した場合、一六世紀末より一七世紀中葉迄の後期約半世紀の間には、それまで優位にあった浙江省の進士合格者数（七六五名）は、遂に仮想江蘇省のそれ（八〇二名）に追いつかれてしまった。

浙江省の主要六府の進士合格者数は、明代後半の前期に対して後期には計一四九名（減少率一七・九％）も減少するという後退現象を示していた。一〇四名減（減少率三八・七％）の紹興府（二六九名→一六五名）以下、金華府（三一名減、四六・九％）、杭州府（二七名減、二〇・八％）、寧波府（六名減、四・八％）など四府の減少分は、計一六八名であった。この減少分は、省内で増加傾向を見せていた嘉興府・湖州府下州県の進士合格者数の増加分が僅か一九名（他に厳州府一名増）に過ぎなかったことより、仮想の江蘇・安徽を含む他省に吸収された可能性もある(8)。

仮想江蘇省の主要六府では、明代後半の前期に対して後期には一〇五名（増加率一五・四％）も増加するという伸張基調を示した。唯一減少した六三名減（減少率二一・九％）の蘇州府（二八七名→二二四名）の減少分（他に淮安府三名減、徐州五名減）は、省内で伸張した常州（六九名増、四三・七％）、松江（二二名増、二二・二％）、揚州（一〇名増、一七・五％）、鎮江（四八名増、一三三・三％）、応天府（一九名増、四三・二％）など五府の増加分である計一六八名で十分埋め合わせできる数値である。五府の増加分一六八名より蘇州府の減少分六三名を差し引いた一〇五名の増加分には、他省への吸収、つまり寄籍合格者として登録された部分も含まれる可能性がある。(9) 因みに、当該明代後半の寄籍率は浙江省の九・六％に対して、仮想江蘇省は二二・〇％と約二倍強であった。(10)

仮想安徽省の主要六府では、明代後半の前期に対して、後期には五一名（増加率一九・二％）も増加した。唯一減少した八名減（減少率一八・二％）の鳳陽府（四四名→三六名）の減少分（他に滁州四名減、池州府三名減）は、省内の徽州（二〇名増、二〇・八％）、寧国・安慶・廬州・太平など五府の進士合格者の増加分計五九名で埋め合わせできる数値である。五九名より八名を引いた五一名の増加分には、他省への吸収つまり寄籍合格者として登録された部分も含まれる可能性がある。因みに、当該明代後半の仮想安徽省の寄籍率は一八・四％であった。(11)

前述のように、明代後半の進士合格者数において、その前期に対する後期の増減情況を見た場合、浙江省全体では増減相殺して一四九名減（減少率一七・九％）の減少基調を示していた。

これを州県レベルで見た場合、最大一〇四名減の紹興府以下、寧波・杭州・金華の各府（以上四府の減少分は計一六八名）は何れも減少した。紹興府では七九名減の余姚県（一二五名→四六名）以下、会稽・上虞・山陰の各県が減少した。寧波府では一一名減の鄞県（六一名→五〇名）、杭州府では一二名減の仁和県（四五名→三三名）以下、銭塘県・海寧県と続いた。金華府でも二〇名減の蘭谿県（二五名→五名）以下、東陽県・永康県が減少した。

他方、健闘・増加の傾向は、寧波府や嘉興・湖州両府でも見られた。減少率の低かった寧波府では、慈谿県が前・後期ともに五二名と健闘した。嘉興府では一八名増の嘉善県（一六名→三四名）以下、平湖県・海塩県であり、湖州府では前・後期ともに三六名を保持した烏程県以下、帰安県・徳清県・長興県などであった。

同様に仮想江蘇省では、前期に対して後期は一〇五名増（増加率一五・四％）の増加基調を示していた。最大六九名増の常州府以下、松江・揚州・鎮江・応天の各府（以上五府の増加分は計一六八名）は何れも増加した。

これを州県レベルで見た場合、常州府では無錫県（七四名→五八名）、江陰県（一七名→一五名）は若干減少したが、四六名増の武進県（四四名→九〇名）、四一名増の宜興県（二三名→六四名）と続いた。松江府では一三名増の華亭県（五九名→七二名）以下、上海県・青浦県も若干増えた。揚州府では若干減少した泰州を除けば、一六名増の高郵州興化県（五名→二一名）以下、江都県・通州ほかの州県が若干増えた。鎮江府では三四名増の金壇県（一三名→四七名）以下、丹徒県・丹陽県が増えた。応天府では、四名増の溧陽県（一二名→一六名）以下、句容・高淳ほかの各県も若干増えた。

六三名も減少した蘇州府では呉江・嘉定の両県は若干増えたが、二三名減の崑山県（五〇名→二七名）以下、長洲県（五八名→四一名）、常熟県（四六名→三六名）、呉県（四三名→三二名）、太倉州（三七名→二九名）が何れも減少した。

同じく仮想安徽省では、前期に対して後期は五一名増（増加率一九・二%）の増加基調を示していた。最大二〇名増の徽州府以下、寧国・安慶・廬州・太平の各府（以上五府の増加分は計五九名）は、ともに増加した。

これを州県レベルで見た場合、徽州府では一五名増の歙県（三九名→五四名）以下、婺源県（二一名→二五名）、休寧県（二〇名→二三名）と増えた。寧国府では一名増の宣城県（二五名→二六名）ほか、安慶府では一四名増の桐城県（一九名→三三名）ほか、廬州府では一名増の合肥県（一二名→一三名）ほか、太平府では五名増の当塗県（六名→一一名）ほかが増えた。

唯一減少した鳳陽府では、泗州・亳州ほかの減少はあったが、三名増の潁州（五名→八名）、四名増の定遠県（三名→七名）や、鳳陽・天長各県の健闘があり、全体では八名減に止まった。

明代後半約一世紀余りの間に、顕著な増減を見せた浙江や仮想の江蘇・安徽地区の進士合格者数の中には寄籍者まで集計してある。当該期の進士合格者に占める寄籍率は、仮想江蘇約二二%、仮想安徽約一八%、浙江約九%であった。大きな合格定員枠[12]の設定という有利の地歩を確保していたにも拘わらず、江浙地区から進士が他省へ拡散吸収された要因としては、激烈な競争を回避する狙いもあったものと思われるが、この点は寄籍先の分析を通した次の課題としたい。

註

(1) 科挙文化興隆の背景には、各王朝における公私にわたる書院の整備、宗族の教育・経済的支援、県学の充実や政府の旅費等援助などの諸要因があった。何炳棣（寺田隆信・千種真一訳）『科挙と中国社会――立身出世の階梯』（何炳棣訳著と略記）平凡社、一九九三年、一九三～二〇九頁。拙著『明清官僚制の研究』汲古書院、二〇〇二年、第一章「明代科挙の性格」。

(2) 何炳棣訳著、二二四～二二五頁。拙著一一五～一一九頁。

(3) 『人民中国』二〇一一年一月号、「転換期をむかえた中国経済―労働力不足はなぜ起こったのか」二一～二九頁。

(4) 『明清歴科進士題名碑録（一）（二）』華文書局（台北）、一九六九年（中華民国五十八年、初版）。本書についての解説は、拙稿「明代における進士合格者数の統計的誤差」山根幸夫教授追悼記念論叢『明代中国の歴史的位相』汲古書院、二〇〇七年、二一九～二二一頁。

(5) 拙稿「明代における南直隷・浙江省の進士合格者数の推移」『明清史研究』第四輯、二〇〇八年、五三～五六頁。

(6) 同註（5）拙稿五一頁、表3「南直隷・浙江省における半世紀ごとの進士合格者数」。

(7) 同註（5）拙稿五一頁の表3が約五五年間を区切りに計数してあるのに対して、前期（A）一九回、後期（B）一九回と科挙の実施回数を同じに合わせて計数した結果、数値には若干の違いがある。

(8) 同註（1）何炳棣訳著、二四八～二四九頁において、何炳棣は、明代の浙江は清代の江蘇とほぼ同じで、進士合格者の著しく広範な拡散が見られた、と言う。この拡散とは、合格者の減少分が省内外へ吸収されたことと解釈されよう。明代後半の後期段階の浙江では増加分を大幅に上回る減少分があり、この部分の拡散は他省へ吸収された可能性もある。また何炳棣は、明代では紹興・寧波の進士合格者数が杭州・嘉興・湖州よりも二百余名上回ったが、清代には米・茶・絹の最先進地帯の杭州湾と太湖に沿うデルタ地帯に位置し、財富・人材・文化の流入した杭州・嘉興・湖州三府、特に杭州の進士合格者が大幅に伸張した、と言う。清代はさておき、明末段階では寧波・杭州ともに減少傾向にあったが、寧波の減少は緩やかで、むしろ杭州の減少率が大であった。

(9) 同註(1)何炳棣訳著、二四四〜二四五頁において、何炳棣は、明代「江蘇省」南部の蘇・常・松三府の進士合格者が省全体の七七%を占め、清代では五七・六%を占めたが、その差一九・四%の減少分は、三府以外の府県へ拡散した、と言う。ここに言う拡散とは、三府以外の省内外へ吸収されたことと解釈されよう。本稿の表2によれば、明代後半一〇九年間の仮想江蘇主要六府(六府を含む一省の総計は一五〇七名で六府合計より四〇名多い。本稿表1)の内、蘇・常・松三府の合格者一一一六名は、揚州・鎮江・応天三府を含む六府合計一四六七名に対して七六・〇七%を占めた。清代を待つまでもなく、明代後半の後期でも、六府の増減相殺された一〇五名増の部分には、他省への吸収つまり単なる他省の増加を伴う吸収ではなく、寄籍という形で吸収された可能性も考えられる。

(10) 同註(5)拙稿五一頁、表3「南直隷・浙江省における半世紀ごとの進士合格者数」。

(11) 同註(5)拙稿五一頁、表3。

(12) 江浙地区の郷試定員枠は、同註(1)拙著『明清官僚制の研究』二四〇〜二四一頁の表「明代の各省郷試合格定員枠の推移」で割り出した。景泰四(一四五三)年の浙江定員九〇名に対して南直は一二五名と四五名の格差があったが、一一七年後の隆慶四(一五七〇)年には、浙江九〇名に対して南直は一五〇名と六〇名の格差に拡がった。会試定員枠も、郷試のそれに連動していたものと思われる。東南沿海地区の会試定員枠については、三年ごとの実際の会試合格者数から江浙地区の定員枠を割り出して推定する必要がある。

蛇梁倭変と対馬

佐伯弘次

はじめに

中世の日朝関係史の基本史料は、『朝鮮王朝実録』や『海東諸国紀』などの朝鮮側史料である。日本側にも中世日朝関係に関する史料は残っているが、概して断片的な個別史料が多く、先に挙げた朝鮮側史料に対応するような長期にわたる史料や、日朝関係に関する統計的史料は中世末を除いて日本側には残っておらず、史料の偏在的なあり方が中世日朝関係史研究の特色であるといえる。こうした史料の偏在性は、交流史研究をより総合的なものにするには問題であり、これを克服する努力が必要だろう。

一六世紀代になると、日朝関係の要の位置にあった対馬の史料がまとまりをみせてくる。対馬は中世文書の宝庫として知られるが、その中心は室町時代以降の文書であり、戦国時代になるとさらに数量が増加する。例えば、「宗左衛門大夫覚書」や「朝鮮送使国次之書契覚」といった史料は日朝関係史料として周知の史料であり、こうした史料によって、三浦の乱前後の対馬と朝鮮の交渉や中世末の対馬宗氏や家臣団・商人の朝鮮貿易との関わり方の実態が明らかにされている(1)。特に後者は、中世末の日朝関係史の実態を明らかにする基本史料であり、さらなる検討がまたれる。

本稿では、一六世紀中期の対馬の古文書を主たる素材として、これらと朝鮮側史料を付き合わせることによって、従来明確にされていなかった事件の実像を探り、当時の日朝関係の実態に迫りたい。

一　四通の宗晴康書状

次のような対馬の中世文書が残っている。(2)

〔史料A〕

「小田左馬助殿　晴康」

態人をくだ（下）し候、さてもこんと（今度）かの国へちとしさい（子細）候て、おの〳〵ひやうちやう（評定）候て兵船をわた（渡）し候、そんち（存知）のことく、おさき（尾崎）へ立石四郎さへもん（左衛門尉）のせうを数日かんにん（堪忍）させ候て、おの〳〵へそのふん（分）ひろう（披露）候する、こんと（今度）のき（儀）、かの国へわた（渡）られ候ても、おか（陸）のはたらき（働）ハあるましき事に候、たゝしせん（自然）うきあひなとニ候する事ハ、そのはたらき（働）も候する、あひかま（相構）へてしろ（城）なとにかけ（懸）候する事ハあるましき事のよし、さためてそのとゝけ候すれ共、たう〳〵のはたらき（働）もれ候ても又いかゝに候てか、とうしん（同心）候中にも、その方ふか〳〵とはたらか（働）れ候か、数かしよ（箇所）手おハ（負）れ候よしきゝ（聞）およ（及）ひ候、こんと（今度）のはたらき（働）一人のかうミやう（高名）と心へ（得）候、かいふん（涯分）やうしやう（養生）候て、しゆつし（出仕）ま（待）ち入候へく候、くれ〳〵むしんニよて心へ候へ、しかれ共たう〳〵にて候間、ちから（力）ニおよ（及）ハす候、きす（傷）かいふん（涯分）やうしやう（養生）候する事かんやう（肝要）に候、こと（殊）に次郎とかひ（渡海）候するよし（由）、両人ことのほかろん（論）せられ候よし（由）きゝ（聞）およ（及）ひ候、尤そのかくこのとゝけに候、いよ〳〵しんひやう（神妙）に候、恐々謹言、

四月十四日　晴康（花押）

小田左馬助殿

発給者の晴康は、一六世紀中期の対馬島主宗晴康である。本文書は、近世の「宗家御判物写」の中の「御馬廻御判物控　弐」に島雄八左衛門所持として写されている。(3) 同人所持の中に本文書を含めて計二通の小田氏関係の文書を含んでいる。島雄氏は、中世においては対馬浅茅湾内の与良郡島山の領主島山氏である。この書状の宛所の小田左馬助は、島山の近隣・与良郡大山を根拠地とし、浅茅湾に勢力を持った小田氏の一族かと考えられる。仮名文字が多いため、解釈が難しい箇所が多い。

史料Aと同じ日付の宗晴康書状写(4)が残っている。

〔史料B〕

態人をくたし（下）候、仍しさい（子細）候て、各ゆひあわせ（言合）候て、兵船を彼国へわたし（渡）候、就其おさき（尾崎）のうら（浦）ニ立石四郎左衛門尉をくたし（下）候て、数日とうりう（逗留）候、そのしさいハ、彼さかへ（境）ニ渡海候ても、あなかち（強）ニてき（敵）ニとりあい（取合）候するにためまてにハなく候、しせん（自然）うきあひなとに候ハヽ、そのはたらき（働）もあるへく候、しろ（城）ニかけ（懸）候する事共ハあるましき事ニて候よし、しか〱（然々）と、けられ候へよし候つる、しかれ共、たう〱のよりあひ（寄合）にて候間、こんと（今度）のはたらきせひ（是非）ニおよは（及）ぬしんひやう（神妙）に候、ことに小次郎うちし（討死）に候、こんこたうたん（言語道断）不及是非候、一人のかうミやう（高名）とこそ心へ候へ、その方の心中さつし（察）候、くちおしく（口惜）こそ候へ、ことにねんせう（年少）あるよしきヽおよひ（聞及）候、かいふん（涯分）けんこ（堅固）にそたてられ候する事かんよう（肝要）に候、きヽおよひ候まヽ、かい（甲斐）なきことに候へとも、人をつかひ候、恐々謹言、

四月十四日　晴康御判

俵弾正左衛門尉殿

近世の写しでかつ転写本でもあるため、判読が難しい箇所がある。史料Aに似た表現も多く、史料Aと同時期の史料であるといえる。中世の俵氏は、与良郡洲藻等を拠点に活動し、浅茅七浦代官職を担った海の活動と関係の深い国人である。

もう一通、史料A・Bに日付が近い宗晴康書状がある。(5)

〔史料C〕

先日おの〳〵の一通ひけん（披見）候、彼神八くハしく（詳）物かたり（語）すへく候、おさき（尾崎）のうら（浦）ニおいて、立石四郎さへもん（左衛門）八
くん（郡）のふね（船）〳〵ニひとつことは（言葉）ニゆいきかせ（言聞）候へとも、人々のつきあひ候間、心々候て無其儀候、これよりの
しなん（指南）にハあいかまへ（相構）て、彼国ニおいて、おか（陸）のはたらき（働）あるましき事に候、うきあひのきハいかゝも候へかし
を、くれ〳〵ゆひきかせ候へとも、たう〳〵の儀候間、一くんおくれ（遅）候する事いかゝニ候てか、かくのことくの
はたらき（働）せひ（是非）ニおよ（及）ハす候、しかれ共、たう〳〵に候間、神妙候、かうミやう（高名）まてに候、ことに（殊）ておい（手負）あまた（数多）候、
たうさのきこんこたうたん（言語道断）ふひん（不憫）に候へとも、され共いへもとにて候間、かいふん（涯分）やうしやう（養生）申候ハヽ、とりな
をすへく候あひた、めてたく心へ候間、神八ニくすり（薬）もたせくたし候、たてやうなとよくおしへ（教）候へよし
ゆひつけ（言付）候か、そのいこ（以後）ハとかく（兎角）きこ（聞）へす候、かいふん（涯分）やうしやう（養生）かんよう（肝要）に候、あまり心もとなく候あひた、
かさね〳〵彼せんひやうへ（善兵衛）をくたし（下）候、いつれのくん（郡）のものとも（者共）もておい（手負）のミに候、よらのくん（与良郡）のハ　ておい（手負）十
九人あるよしきき（聞）およひ（及）候、その外ふね（船）にのり（乗）候てゐ候てあかり候ハぬもの共ハやう〳〵ておい（手負）二三人あるよし
きゝ候、そのくん（郡）のものとも（者共）ハ、よくはたらき（働）候や、あまた（数多）ておい（手負）候、ふひん（不憫）に候、かならす（必）出仕之時なを〳〵
ほうひ（褒美）すへく候、恐々謹言、

四月二十三日　晴康（花押）

とよさきくん（豊崎郡）中

この宗晴康書状も仮名書きの部分が多く、解釈が難しい箇所が多い。島主家の直轄郡であった豊崎郡の郡衆に宛た文書である。

対馬下島の与良郡国人小田左馬助・俵弾正左衛門尉に宛てた史料A・Bと、上島の豊崎郡中に宛てた史料Cの日付の差は九日である。共通する内容が多く、同じ年次の同じ事件について述べたものと推定される。

さらに史料A・Bの直前の日付の豊崎郡中宛の宗晴康書状がある。(6)

〔史料D〕

「とよさきくん（豊崎郡）中　　晴康」

（端裏切封）

先日この方ニて大膳亮（宗）ニねん比（懇）にゆひきかせ（言聞）候、其上ニ一通くたし（下）候、さ候間、彼ふミ（文）にハその子細しかく（然々）
き（聞）ゝわけ（分）られす候、此春よりしたて（仕立）候ふね（船）ハ、こん（今）月二十三日之日とり（取）ニおさき（尾崎）のことくのほせ（上）候へよし（由）、態小
八をくたし（下）候、その分八くんニ（郡）ふれ（触）候間、たふん（多分）はやおさきへまハり（廻）候、何事ニおそ（遅）なをり候や、此程ハてんき（天気）
しけ（時化）候て、そのきニ候か、くせ（曲）事に候、今度之ふミ（文）にハ、かさねて一そう（艘）のき又申合候なとゝか（書）ゝれ候て見候、
ちかく（近）候て、きゝわけ（聞分）候すれ共、たゝふね（船）をしたつる（仕立）とはかりかき（書）候てハ、まへ（前）よりしたて候船ニまきれ（紛）候て、
きゝわけられす候、おさきへまハし候船之事、かいふん（涯分）いそき（急）候て、のほせらるへく候、類船ニおくれ（遅）候てハ、
あんないしや（案内者）のふねハあるましく候、その時ハなにとせられ候するか、かやうにしさい（子細）あるちうしん（注進）なとのとき
ハ、寺あん（庵）のしゆつけ（出家）なとのほせ、かたのことくのこう（口）状をもゆいのほせられ候へハ、爰元ニても分別も候すれ
共、せんあく（善悪）ふミはかりうちわたされ（打渡）候て、はうかく（方角）もなきもの（者）をのほせ候て、善悪を無分別候、きよく（曲）なく候、

かやうのときハ何時もしゆつけ・さいけ（在家）ニよるましく候、その方の時儀をもたつね（尋）の時、つかい（使）候するものこそのほせらるへく候、恐々謹言、

三月二十六日　　晴康（花押）

とよさきくん中

「（墨引）」

本書状に「おさき（尾崎）のことくのほせ候へ」「おさき（尾崎）へまハし候」と船を尾崎浦に廻航するように指示していることから、史料A～Cの関係文書で、年次も同年の書状であると推定できる。

二　宗晴康書状から判明する事件の経緯

引用した四通の文書を総合すると、いくつかの事実関係が浮かび上がる。

（一）　事件の発端

事件の発端は、「こんとかの国へちとしさい（子細）候て、おの〳〵ひやうちやう候て兵船をわたし候」（史料A）、「しさい（子細）候て、各ゆひあわせ候て、兵船を彼国へわたし候」（史料B）というものであった。いささかの子細＝事情があったので、各々が評定＝「ゆひあわせ」（言い合わせ）を行い、「彼国」へ兵船を渡したのである。兵船を渡した理由については記されていない。おのおの評定＝言い合わせ（前もって相談すること）をしたというのは、宗氏とその家臣団の評定であろう。兵船は「此春」から準備していたとあるため（史料D）、この年の春すなわち一月～三月

のいずれの時期からか準備をしていたことがわかる。

（二）　宗氏の関与の仕方

史料A～Cから、宗氏が与良郡尾崎浦に家臣立石四郎左衛門尉を数日滞在させて、兵船渡海に関して指示したことがわかる。立石四郎左衛門尉は宗氏の直臣で、立石康広（調広）に比定されている。(7) したがってこの兵船渡海は、宗氏の意向を受けたものであることが判明する。尾崎浦は浅茅湾の入り口に近い場所にあり、浅茅湾から対馬西海岸に出る要港であった。ここに対馬八郡＝全島の兵船が集結したのである（史料C）。

（三）　宗氏の指示の内容

宗氏は対馬八郡すなわち全島の武士に対して、三月二三日までに与良郡尾崎浦に兵船を集結させるように命じていた（史料D）。この命を受けて、多くの兵船が即座に尾崎浦に廻航したが、豊崎郡の兵船は期限内には廻航せず、宗氏の譴責を受けている（同前）。しかし、豊崎船もその後遅れて尾崎浦に廻航したと考えられる。

尾崎浦に集結した全島の兵船に対して、立石が命じたのは、「これよりのしなん」（史料C）＝宗氏からの指示であった。その内容は、「かの国へわたられ候ても、おかのはたらきハあるましき事に候、たゝしせんうきあひなとニ候する事ハ、そのはたらきも候する、あひかまへてしろなとにかけ候する事ハあるましき事」（史料A）、「彼さかへニ渡海候ても、あなかちニてきニとりあい候するにためまてにハなく候、しせんうきあひなとに候ハヽ、そのはたらきもあるへく候、しろニかけ候する事共ハあるましき事ニて候」（史料B）、「あひかまへて、彼国ニおいて、おかのはたらきあるましき事に候、うきあひのきハいかゝニ候」（史料C）というものであった。すなわち、彼の国に渡海しても、陸上の合戦はしてはならないが、もし「うきあひ」などになる場合には、合戦もあるだろう、しかし、必ず城などを攻めることはあってはならない、とするのである。陸上における合戦を極力避けるというのが、宗氏の指示であった。「うきあひ」の意味は判然としないが、突発的な事態という意味であろう。

（四）事件の経過

宗氏の当初の予定では、三月二三日までに兵船を尾崎浦に集結させることであったが、三月二六日に至っても、一部の郡の兵船はまだ廻航していない状況であった。その後、いつ尾崎浦への集結が終わり、兵船の渡海がなされたかは不明である。最も早い宗晴康感状が出された四月一四日よりも以前であることは明白である。したがって「彼国」への兵船の渡海は、三月二六日から四月一四日の間ということになる。

宗氏の当初の意図にかかわらず、実際には合戦となり、多くの死傷者が出た。小田左馬助は合戦し、数カ所負傷した（史料A）。俵弾正左衛門尉は一族の小次郎が討ち死にした（史料B）。どの郡の武士たちも負傷し、与良郡の負傷者は一九人で、船に乗ったままで上陸しなかった者も二・三人が負傷し、豊崎郡の武士たちは負傷者が多数いた（史料C）。

当初の意図に反して合戦になった理由として、晴康書状は、「たう〳〵のはたらきもれ候ても又いかゝに候てか、とうしん候中にも、その方ふか〳〵とはたらかれ候か」（史料A）、「たう〳〵のよりあひにて候間、こんとのはたらきせひニおよはぬ」（史料B）、「たう〳〵の儀候間、一くんおくれ候する事いかゝニ候てか、かくのことくのはたらきせひニおよハす候、しかれ共、たう〳〵に候間、神妙候」（史料C）と述べている。キイワードは「たうたうのはたらき」「たうたうのよりあひ」「たうたうの儀」という共通する言葉である。「たうたう」はいかなる漢字を当てればよいか難しいが、「同心」「寄合」といった語句があることから、「同道」である可能性が高い。「同道の働き」は、同行した者たちの軍事行動、「同道の寄合」は、同行した者たちの集まり・決議という意味になる。史料Cの引用箇所は、同行した者たちの判断であるから、対馬八郡のうち、豊崎郡一郡が後れをとることはいかがであろうかと判断して、やむを得ない判断となったという意味であろう。一人の判断ではなく、一緒に行った武士たちの合議によって、本来の宗氏の指示と異なる経過となったと解釈できる。対馬尾崎における宗氏の指示では、陸上の合戦は禁じていたが、状況に即して、渡海した者たちの判断によって合戦することが決められ、戦闘に至ったものと考えられる。

（五）事件後の宗氏の判断

宗晴康は、こうした対馬兵の現地におけるいわば暴走を「是非に及ばず」＝やむを得ないとして、戦い、負傷・討ち死にした武士たちの行動を「神妙」「高名」であると賞賛した。作戦の変更を、宗氏はやむを得ないものと認識しており、指示に反した武士たちに対して、通常の合戦の場合と同様の感状を出したのである。さらに負傷した武士に対しては、しっかりと養生することを（史料A・C）、討ち死にの場合には、子供の養育を指示し（史料B）、豊崎郡の負傷者に対しては、薬をわざわざ下している（史料C）。さらに、府内への出仕の時に褒美＝恩賞を下すことを約束している（史料C）。ただし、具体的な恩賞が何であったかは不明である。

三　宗晴康書状の内容検討

（一）　年代の問題

引用した四通の宗晴康書状は、内容の共通性から、同年次のものと考えられる。宗晴康は、豊崎郡主宗盛俊の子で、出家していたが、天文八（一五三九）年の島主宗将盛の失脚後、推されて島主となった。[8] 出家時には建総院宗俊と称していたが、享禄三（一五三〇）年ごろ還俗して貿尚と称し、その後、貞泰・晴茂・晴康と改名した。「晴」の一字は、将軍足利義晴から与えられたものであろう。島主となった天文八年当時の実名は貞泰である。晴茂の下限は、天文一一（一五四二）年正月二七日官途状・加冠状であり、晴康の初見は、同年二月一三日加冠状である。晴康は永禄六（一五六三）年二月一八日に八九歳で没するが、晴康の名で発給した文書は、永禄六年正月二九日まで確認される。[9] したがって四通の晴康書状の年代は、天文一一年から永禄五年の間に比定される。

（二）　彼　国

ここで問題となるのは、対馬の兵船が渡海した「かの国」（史料A）、「彼国」（史料B・C）の国がどこであるかということである。当時の「国」という場合、日本国内の国と外国としての国の両義がある。また対馬が兵船を渡海させる日本国内の国としては、対馬周辺の国が想定されるし、外国の国であれば、朝鮮が想定される。宗晴康の時期の対馬の文書で、「彼国」という表現がでてくる史料がある。[10]

〔史料E〕

（端裏切封、墨引）

態一通下候、仍先日思寄候ハぬ唐人流寄候、彼者か事者、誠数ならぬ儀候へ共、高麗之かけとして、上下共ニ身を過居候、左候者、彼国之御奉公に候、他国に流候さへも求被渡候、況爰元に候ヲ、無沙汰候する儀有間敷候間、如形賞翫候、其堺に逗留候て、民部所より殊外懇ニ詞を被懸、結句衣裳迄被宛、取分さツしやう丁寧之由、又太郎披露候、万取乱候ＮＥ、于今無其儀候、余遅候間、勢右衛門所迄一通くたし候、定而可届候、必々以面拝之可申候、恐々謹言、

六月五日　　晴康（花押）

大浦民部大夫殿

対馬に漂流してきた「唐人」の措置につき、宗晴康が豊崎郡大浦（河内）の大浦民部大夫に宛てた文書である。「唐人」には、中国人という意味と外国人という意味がある。(11) この場合は、「高麗」＝朝鮮への送還を述べているので、後者の意味であり、具体的には朝鮮人漂流者を意味している。

さてこの史料には、「彼国」と「他国」という異なる表現が出てくる。「他国に流候さへも求被渡候」（他国に漂流した場合でさえ、求めて送還する）の部分は、次の「況爰元に候ヲ、無沙汰候する儀有間敷候」（いわんや爰元＝対馬に漂流したのを、無沙汰してはならない）の部分と対応する。すなわち「他国」は「爰元」＝対馬と対照的な位置づけになるので、この場合の「他国」は日本国内の対馬以外の国という意味になる。それに対して、「彼国之御奉公に候」（彼の国への御奉公である）の部分は、「高麗之かけとして、上下共ニ身を過居候」（高麗のおかげで対馬の上下ともに生活している）に対応する箇所なので、「彼国」とは、「高麗」すなわち朝鮮を意味する。史料Ａ～Ｃの彼国は、朝鮮である可能

性が高くなった。

もう一通、宗貞泰（晴康）の書状を示そう。(12)

〔史料F〕

（端裏切封）

くれ〳〵ゆたん（油断）申ましく候、懇ニはん（番）申へく候、

態一通くたし（下）候、仍彼国人之事、数日伊奈のくん（郡）ニおいてかくこ（格護）させられ候、近日主計允其城ニ可被下候間、かのもの（彼者）其方へくたし候、三印わにのうら（鰐浦）に着岸すへく候か、彼方ニ申合、わたし（渡）可申候、其間者、然と於其浦、よく〳〵けいこ（警固）申へく候、ゆたん候て、れうし（聊爾）候ハヽ、おの〳〵めんもく（面目）をうしなふ（失）へく候、番之事ハ先日のことく申合、郡内同心ニほんそう（奔走）申へく候、くわしく（詳）善兵衛尉可達候、恐々謹言、

八月二十五日　貞泰（花押）

宗与三兵衛尉殿

宗大膳亮殿

（礼紙墨引）

宗貞泰が豊崎郡大浦の国人に出した文書である。「彼国人」が数日、対馬伊奈郡で扶持されていることを伝え、その浦＝豊崎郡大浦でもよく警固するように命じた文書である。この史料の「彼国人」の国については、史料Eと異なり、具体的な国名が出てこない。ここでは、「三印わにのうらに着岸すへく候か、彼方ニ申合、わたし可申候」の箇所が注目される。「三印」とは対馬島主が朝鮮に特別に派遣する特送船を意味する。(13)この時、宗氏は特送船を朝鮮に派遣することになり、対馬北端の豊崎郡鰐浦に到着するので、その船で彼の国に渡すように述べているのである。鰐

浦から渡海する国とは、朝鮮以外には考えがたく、この文書の「彼国人」は朝鮮人であり、「彼国」とは朝鮮を意味することになる。以上の例を見る限り、史料A～Cの彼国も朝鮮を意味するという結論になる。

（三）　事件の内容

彼国が朝鮮であることが確定すると、この時、対馬宗氏は家臣と申し合わせて、朝鮮を攻撃し、結果的に多くの死傷者を出したことになる。対馬宗氏の軍勢が朝鮮を攻撃したのは、一五一〇年の三浦の乱や一五九二年の文禄の役（壬辰倭乱）がよく知られるが、いずれも宗晴康島主期の事件ではない。

天文一一年から永禄五年までの島主宗晴康の時期に、日本の軍勢が朝鮮を襲撃した事件としては、一五四四（嘉靖二三・天文一三）年四月のいわゆる蛇梁倭変がある。これは、一五四四年四月一二日未明に、倭船二十余隻が慶尚道蛇梁鎮東の江口に突入し、二百余名が後方から城を囲み、万戸柳沢と接戦し、水軍一名を殺し、一〇人を傷つけて退去したという事件である。[14] この事件を契機に、朝鮮政府内では、南方辺境の防備と倭人との通交断絶（絶倭論）のことが議せられ、大内殿・小二殿以外の倭人の通交を絶つことが決定され、一五四七年の丁未約条の成立まで厳しい対日通交制限が続くことになった。[15] この蛇梁倭変は、当時の日朝関係をほぼ断絶するという結果をもたらしたのである。

蛇梁倭変が起こった四月一二日は、先に想定した渡海期間の三月二六日から四月一四日の間に収まる。したがって、A～Dの一連の文書は、蛇梁倭変に関するもので、年代は天文一三年ということが推定される。

四　朝鮮史料から見た蛇梁倭変

（一）『中宗実録』の蛇梁倭変記事

管見の限り、蛇梁倭変に関して検討した研究は、先に示した中村栄孝氏の研究以外にはない。中村氏の研究は、朝鮮側史料のみから同倭変に言及したもので、行論の関係から、乱の経過よりも、乱後の朝鮮側の対日外交政策決定に論の中心がある。

ここでは、朝鮮側の基本史料である『中宗実録』から、乱に関係する部分を検討しよう。それは、『中宗実録』三九（一五四四）年四月乙酉（一七日）条の慶尚道右兵使金軼啓本の割注の記事である。[16]

〔史料G〕

今四月十二日寅時、蛇梁鎮東江口、倭船二十余隻突入囲城、倭人二百余名自鎮後囲城、長久接戦、南隅擁城破毀、時万戸柳沢率軍官、射殪倭人一名、斬頭後、巳時賊倭退走、因海暗不能候望、不知去処、水軍一人逢剣而死、十人逢箭致傷、而生存、倭人所遺棄弓十八・丁兜子三・具矢服十・甲五・長槍七・大環刀一

また、『中宗実録』同年四月丙戌（一八日）条にある慶尚右道水使許礦書状の割注に次のようにある。[17]

〔史料H〕

蛇梁倭変根因更推、万戸柳沢供、本月十二日、倭船二十余隻来従東江口、猝入囲城、持其弓矢及登城器具、列立環囲、時率軍官軍卒、或放砲或乱射、自寅時至巳時相戦、倭人逢箭而死者二十余人、皆曳之上船、故不得斬馘、

只斬一馘、倭人狼藉顚仆者、亦不知其数、因以敗走、海暗不得追蹤、我軍死者一人、傷者八九人、当被囲時、告急於隣鎮、則赤梁万戸金希章・所非浦権管琴彭祖等、是日酉時始到、加背権管南自容・唐浦万戸金俊・固城県令奉貴達等、十三日平明時始到江、故柳沢及金希章等、移文于本道監司推考、柳沢則使倭為囲城、殊失辺将之道、不可在任、急速逓差如何、

朝鮮側の史料G・Hによって、蛇梁倭変の経過を見てみよう。事件が起こった日付は、朝鮮暦の四月一二日寅刻であった。倭船二〇余隻が蛇梁鎮の東江口から突入し、倭人二百余名が蛇梁鎮の城を包囲した。寅刻（午前四時ごろ）から巳刻（午前一〇時ごろ）まで長時間にわたって戦った。倭人は、弓矢と「登城器具」を持ち、南隅から城を囲み、城壁を破壊した。万戸の柳沢が軍官・軍卒を率い、火砲を放ち、矢を乱射した。倭人は、矢による死者が二〇余人いたが、皆、死者を船に引き上げたため、斬った首を得ることができなかった。ただ一つの首を斬ったのみである。倭人は、狼藉し、倒れる者が多くいた。巳の刻に賊倭は敗走した。海が暗く、望見することができなかったため、去った場所はわからない。朝鮮側は、水軍一人が剣によって死に、一〇人が矢に当たって負傷したが生きている。倭人が遺棄した弓が一八、「丁兜子」が三、「具矢服」が一〇、甲が五、長槍が七、大環刀が一あった。城を囲まれた時、急を隣鎮に告げたので、一二日酉の刻に赤梁万戸金希章・所非浦権官琴彭祖らが到着し、翌一三日の夜明けに加背権管南自容・唐浦万戸金俊・固城県令奉貴達らが江に到着した。

朝鮮側史料から判明する蛇梁倭変の経過は、以上の通りである。船二〇余隻・二百余名の倭人による蛇梁襲撃は、四月一二日のみの小規模な戦闘で、倭人は城内に入ったが、朝鮮側の火砲と矢によって、敗走したことが判明する。またこの時の襲撃の主体に関しては、「倭船」「倭人」「賊倭」とあるのみで、具体的な集団名を特定していない。倭人側の損害は、死者二〇余人・倒れる者多数であり、朝鮮側の被害は、死者一人・負傷者一〇人（史料Hでは、八・九

人）であった。戦闘が行われた地域は、蛇梁鎮周辺と鎮城内の限られた範囲であった。かなり限定的な戦闘であったことがわかる。

蛇梁は慶尚道固城県に属する島にあり、『新増東国輿地勝覧』によると、蛇梁営が置かれ、「在県南海中水路七十里、石城周一千二百五十一尺・高十三尺、水軍万戸一人」とある。[18] 蛇梁は小さな島であり、周辺に赤梁・所非浦・唐浦・加背梁・固城があり、[19] これらの土地から援軍が来たというのは首肯できる。

（二） 両国の暦をめぐる問題

対馬史料にある彼国における合戦は、三月二六日から四月一四日の間であり、朝鮮側史料に見える蛇梁倭変の日付は、中宗三九年四月一二日である。両者を単純に比較すると、両史料に矛盾はないように感じられる。いま少しこの問題を検討しよう。

対馬宗氏は日本暦を、朝鮮は明暦を使用しているが、戦国時代の宗氏は、島内の文書でも明暦を使用することもあった。[20] 日本の天文一三年は、朝鮮では中宗三九（嘉靖二三）年に相当する。この年の日本暦の月の大・小は、正月（大）、二月（大）、三月（小）、四月（大）、五月（小）、六月（大）、七月（大）、八月（小）、九月（大）、一〇月（小）、一一月（大）、閏一一月（小）、一二月（大）であるのに対し、明暦では、正月（大）、二月（小）、三月（大）、四月（小）、五月（大）、六月（大）、七月（小）、八月（大）、九月（小）、一〇月（大）、一一月（小）、一二月（大）となっている。[21] すなわち日本は閏年で、閏一一月があるほか、正月から一一月までの月の大・小も両者にかなりの差がある。しかし、正月から四月に限定すると、日本暦は大・大・小・大であり、明暦は大・小・大・小であり、仮に正月一日が同じであるとすると、四月は一日から二九日までは一致することになる。

一五一〇（永正七・正徳五＝中宗五）年の三浦の乱（三浦倭変）において、三浦での敗北後、対馬宗氏は再度、朝鮮に派兵し、薺浦近隣の安骨浦を襲撃した。この安骨浦襲撃は、対馬史料では永正七年六月二五日となっているが、[22]『朝鮮王朝実録』でも中宗五年六月二五日とあり、[23]一致する。この年の月の大・小は、正月（小・小）、二月（大・小）、三月（小・大）、四月（大・小）、五月（小・大）、六月（大・大）となっており、[24]五月までで大・小が相殺され、正月一日が一致すると仮定すると、六月一日〜三〇日は同じ日になる。

文禄の役（壬辰倭乱）における日本軍の釜山浦到着は、日本側史料によると文禄元年四月一二日であり、朝鮮側史料では、宣祖二五（万暦二〇）年四月一三日であった。[25]この年の月の大・小は、正月（大・大）、二月（小・小）、三月（大・小）、四月（小・大）であり、[26]三月は日本暦の方が一日多いことになり、四月は明暦が一日早いことから、一日のずれが生じるのである。

以上の例から、月の大・小や閏月の違いによって、日本暦と明暦には差が生じるが、閏月にかからなければ、日付の差はおおむね大・小の差が出る程度であることになる。天文一三年の暦は、日本暦も朝鮮暦（明暦）も一一月まではほぼ同じであると推定される。したがって、朝鮮側史料に見える蛇梁倭変の日付四月一二日が、対馬側史料の日付の範囲にぴったり入るというのは納得できることになる。

五　蛇梁倭変の位置づけ

（一）　蛇梁倭変の内容

以上の検討によって、蛇梁倭変の経緯は、以下のようになる。対馬と朝鮮の間に「子細」があり、天文一三（嘉靖二三）年の春に宗氏は評定を行い、朝鮮への兵船渡海を決定した。当初、三月二三日までに与良郡尾崎浦に兵船を集結する計画であったが、一部の郡で遅延があり、集結が遅れた。実際に渡海したのは、朝鮮暦の四月一二日で、約二〇隻・二百人の軍勢が蛇梁を襲撃した。当初の宗氏の指示では、城内への侵入や陸上の合戦は禁止されていたが、寅刻から巳刻まで蛇梁鎮の内外で朝鮮の軍勢と合戦した。対馬側は、朝鮮側の火砲や弓の乱射に敗れ、多数の死者・負傷者を出し、敗走した。

朝鮮側史料では、襲来した倭船は二〇余隻、倭人は二百余人であった。一船当たり十人程度の人数になる。対馬側の史料では、明確な数は出てこない。史料Dに、「かさねて一そうのき又申合候」とあるので、仮に対馬八郡から各二船の船の調達が命じられたとすると計一六隻になり、府中の宗氏や直臣団からも数隻の船が出されたことが推定できる。

同じく朝鮮側史料によると、倭人側の損害は、死者二〇余人・負傷者多数とある。対馬側史料では、死者は小次郎が知られるのみで、その数は不明である。負傷者は、与良郡が一九人、上陸しなかった者二・三人、豊崎郡が多数とある。この負傷者多数というのも両者の記述が一致する。攻撃を仕掛けた対馬側が多くの損害を受けた。また、遺棄された物から、対馬の武士たちは、鎧兜と着し、弓矢・長槍・太刀で武装していたことがわかる。当時の日本の武具としては、一般的なものである。

この事件の結果、朝鮮政府内では、激しい議論がなされた。蛇梁倭変時の各官の行動の推問が行われ、南辺の防衛と対倭人政策等が議論された。様々な議論が出たが、対倭人政策では、倭人との通交を全て断絶すべしという絶倭論とそれに反対する意見があった。結局、倭人の接待は、日本国王・大内殿・小二殿を除き、一切拒絶することが決まり、この年の六月一五日に倭館滞在中の倭人たちに通告した。[27] こうして、一部を除き、日朝関係は断絶し、対馬は窮地に陥ったのである。これが復旧するのは、一五四七（天文一六・明宗二・嘉靖二六）年の丁未約条の成立を待たねばならなかった。対馬の強硬策は完全に失敗したといえよう。ただし、朝鮮政府内の議論の中で、蛇梁を攻撃した主体については、いくつかの意見が出ており、対馬が主犯であるという認識に至っていない点も注意すべきである。

（二）　事件の背景と契機

次に本事件の原因について検討する。宗晴康書状には、「ちとしさい候」と何らかの子細＝事情があったとあるのみで、その具体的内容については全く示していない。朝鮮に兵船を派遣したことは、その事情とは、対馬と朝鮮の関係に関わるものであり、対馬と朝鮮の間で何らかの緊張関係や軋轢が生じていたことが推定される。さらに蛇梁倭変の主体を対馬宗氏と朝鮮側が明確に認識していなかったことから、対馬側の朝鮮に対する一方的な恨みや不信感が背景にあるだろう。

こうした認識のもとで、この事件以前の対馬と朝鮮の関係を考えた場合、大きな画期となるのは、一五一〇年の三浦の乱と一五一二年の壬申約条の成立である。すなわち、三浦の乱によって、対馬と朝鮮の関係は断絶し、壬申約条によって、島主宗氏の歳遣船は癸亥約条の五〇船から二五船に半減し、島主への歳賜米豆の半減、島主特送船の廃止、倭人の三浦居留の禁止など、対馬にとっては大変厳しい内容となった。このため、宗氏側は、癸亥約条の権益の回復を意図し、歳遣船の加増交渉や偽使の創出を積極的に推進していった。

蛇梁倭変直前の対馬と朝鮮の関係を見てみよう。倭変の三年前の一五四一（天文一〇・中宗三六）年六月、薺浦留館倭人（薺浦倭館に滞在中の倭人）が、夜に乗じて薺浦の牆を越えて外に出て、制止した現地の軍士三名を殺害し、さらに永登浦万戸がこの件で薺浦に往来の最中、倭船と遭遇して戦い、印信を失い、同船の軍人らが殺傷されるという事件が起こった(28)。これに対して朝鮮政府は、七月一〇日、薺浦の留浦倭人はみな留浦・過海粮を支給せずに送還し、もし犯人を送って来なければ、今後到来する倭人は一切接待しない旨を宗氏にさとすこととした(29)。これに対して、宗氏は、宗太郎を派遣し、すぐに犯人を送付してきた(30)。自刃した三名と生け捕りした一名を朝鮮に送付したのである。一一月一七日、朝鮮側は対馬島主がしきりに犯人を送付し、かつ「防制姦賊之策」を書契で約束したので、これを賞して、綿布以下多くの贈物を送った(31)。

この宗氏が提出した「防制姦賊之策」は実録に条文が引用されているので(32)、これを日本の文書風に表記すると次のようになる。〔　〕内は、実録に記された朝鮮風の「訳」である。

一　館荒申事、〔館舎不得破毀事〕
一　於唐人之網傷（場）狼藉事、〔朝人捉魚処、不得帰到事〕
一　令公法度之前　肖（背カ）　申事、〔辺将之令遵行事〕
一　夷中罷通事、〔閭里不得帰到事〕
一　唐人口申知音仕事、〔朝人不得相交事〕

一　就買売唐人打剝事、　〔魚藿買売時、朝人衣笠不得破毀事〕
一　諸巨酋使送人数、為買売人閉関中事、　〔興利人等不許上官入接、奪房不当事〕
　右事、於有肖背者、即則加可成敗之肯(旨)如件、　〔在法者即行斬殺事〕

日本の禁制形式の文書を朝鮮側が写し、解釈したものなので、文書の文意が通じない箇所がある。この場合の「唐人」は朝鮮人のことである。倭館の破壊の禁止、網場（漁場）の狼藉の禁止、辺将の命令の遵守、夷中＝田舎（倭人の徘徊が許された範囲以外の土地）への徘徊の禁止、商い時に朝鮮人に対する追いはぎの禁止、諸酋使・巨酋の使送人が商人として倭館の門を閉め、通行を遮断することの禁止の計七条の禁制である。最後の部分は、中世文書の書き止めの部分であり、条文ではない。禁制の各条に違背したならば、すぐに成敗を加えるという意味で、この場合の「成敗」は、処罰するという意味であり、必ずしも「斬罪」を意味しない。こうした禁制の励行によって、薺浦倭館における留浦倭人の綱紀の粛正を図ろうとしたものである。こうした宗氏の努力によって、この事件は一応の落着を見た。

翌一五四二（天文一一・中宗三七）年の四月、日本国王使僧安心が朝鮮に到り、八万両という大量の銀の交易を求め、全ての銀の交易に難色を示す朝鮮政府との間で交渉が行われた(33)。この日本国王使は宗氏が派遣した偽使であった(34)。安心がもたらした銀の扱いをめぐって、朝鮮政府は頭を悩ますことになる。

安心が漢陽に到着する直前の同年五月、「対馬島主宗盛長」の書契が朝鮮政府に届いた(35)。ここで確認しておかなければならないのは、宗氏側の書契の発給主体が、宗盛長になっている点である。宗盛長は、三浦の乱後の対馬島主であり、その後、盛賢（将盛）・晴康と島主は二代替わっている。つまり、宗氏は島主の交代を朝鮮に報告せず、大永六（一五二六）年の盛長の死後も、二〇年近くにわたり盛長名義で通交していた。約条の改訂に関しては、朝鮮側が主導権を握っていたが、当時の日朝関係、少なくとも対馬と朝鮮の関係は、宗氏の情報操作の上に成り立っていたのである。

この時届いた宗盛長書契は、朝鮮側から「語多不遜、又有怨意」と認識されたが、内容は「不過欲復歳遣・特送船等之旧及改其新定約条耳」というものであった[36]。すなわち、歳遣船の復旧と特送船の復旧等を要求し、壬申約条に代わる新約条の締結を意図したのである。しかし、この壬申約条改訂要求は却下され、「歳遣船出来、只尺量大小、依旧例給料、勿点人数」という要求のみ認められた。歳遣船は、船の大小の尺量は行い、旧例に基づいて食糧等を給付するが、船の乗員数は数えないというものである。この「有怨意」というのは、宗氏の書契に怨み言が書かれていたことを示している。約条改定交渉がまったく進展しないことに対する宗氏の不満が記されていたものと推定される。この宗氏が抱いた「怨意」こそが、蛇梁倭変の直接的な契機となったと考えられる。

この島主歳遣船の加増については、日本国王使安心も同年閏五月二二日の礼曹押宴の席上や七月二五日の押宴でも要求しており[37]、宗氏の利害の代弁者となっている。このことも、安心の派遣の主体が宗氏であったことを傍証している。結果的に宗氏の要求は通らず、宗氏の書契の不遜さを指弾し、歳遣船加増等の要求を拒絶する朝鮮側の厳しい内容の書契が宗氏に出された[38]。

宗氏は、薺浦事件の犯人送付によって朝鮮側の歓心を買った上で、使者を朝鮮に派遣し、自ら仕立てた日本国王使の力も借りながら、歳遣船加増・特送船復活等の交渉を行ったのであるが、書契の書きぶりで朝鮮から不興を買い、全く相手にされなかった。その後も、宗氏が派遣に深く関わったと考えられる日本国王使受竺（中宗三八年五月入京）[39]・日本国小二殿使僧春江（中宗三九年三月）[40]の渡航、自らの歳遣船の派遣等があったが[41]、事情は好転せず、宗氏の朝鮮に対する不信感が増幅されたと考えられる。

このような約条改定交渉の不調に起因する対馬宗氏と朝鮮の関係の険悪化が蛇梁倭変の直接の原因になったものと

推定される。襲撃先が貿易港薺浦周辺ではなく、なぜ蛇梁鎮であったのかについては不明である。宗氏は当初、陸上の戦闘は禁止していたのであり、朝鮮に対する威嚇を意図していたようである。しかし、結果的に、宗氏の意図に反して、戦闘は陸上合戦→鎮城の襲撃→敗走という予想外の方向に進んだ。そしてその結果、対馬の通交者はおろか日本国王使・大内氏・少弐氏を除く日本人通交者の渡航禁止という最悪の結果を招いてしまい、許可された三使を利用した通交復活交渉に入っていくのである。

おわりに

一六世紀中期の日本と朝鮮の関係の背景には、中国船・荒唐船（国籍不明船）の朝鮮半島・日本への来航、日本銀の朝鮮・中国への大量流入、対馬宗氏の朝鮮貿易独占化と偽使の組織的創出といった特徴的な要素が存在した。この蛇梁倭変もそれらの要素と緊密な関係にあると考えられる。対馬宗氏の朝鮮貿易独占・癸亥約条への復旧という脈絡で容易にこの事件は理解される。

日本銀の朝鮮への大量流入をもたらした中心的存在は、対馬宗氏の歳遣船や対馬宗氏が仕立てた日本国王使船、それ以外の対馬の使船など、対馬の交易船であった。この蛇梁倭変の背景には、そうした経済的関係も存在しているが、対馬側の史料にも、朝鮮側の史料にも、蛇梁倭変と銀交易の直接的な関係を示す史料は出てこない。今後、こうした経済的関係についても史料を探し、より広範な検討を加えていきたい。

注

（1）田中健夫『中世海外交渉史の研究』東京大学出版会、一九五九年、中村栄孝『日鮮関係史の研究　上・中・下巻』吉川弘文館、一九六五～六九年、長節子『中世日朝関係と対馬』吉川弘文館、一九八七年、米谷均「一六世紀日朝関係における偽使派遣の構造と実態」『歴史学研究』六九七、一九九七年、荒木和憲『中世対馬宗氏領国と朝鮮』山川出版社、二〇〇七年など。

（2）佐賀県立名護屋城博物館所蔵文書。

（3）長崎県立対馬歴史民俗資料館所蔵宗家文庫史料／御判物Ａ１０１「御馬廻御判物控弐」（『宗家文庫史料目録　記録類Ⅱ』厳原町教育委員会、一九八五年）。

（4）宗家文庫史料／御判物Ａ１０４「御馬廻御判物控　六」俵虎之助所持。

（5）大浦隆典家文書三五号（『上対馬町誌史料編』上対馬町、二〇〇四年）。

（6）大浦一泰家文書七七号（『上対馬町誌史料編』）。

（7）荒木和憲「一六世紀後半対馬宗氏領国の政治構造と日朝外交」、北島万次・孫承喆・橋本雄・村井章介編『日朝交流と相克の歴史』校倉書房、二〇〇九年。

（8）「宗氏家譜」巻二（鈴木棠三編『対馬叢書三　十九公実録・宗氏家譜』村田書店、一九七七年）、『新対馬島誌』二五一頁、新対馬島誌編集委員会、一九六四年、『長崎県史古代・中世編』第三章第一節、吉川弘文館、一九八〇年などを参照。

（9）太宰府市史編纂室編「宗家判物写文書目録」太宰府市史編纂室。

（10）大浦一泰家文書六一号。

（11）『日本国語大辞典第二版』小学館。

（12）大浦一泰家文書四七号。

（13）中村栄孝『日本と朝鮮』一一六、一三二頁、至文堂、一九六六年。

（14）中村栄孝「十六世紀朝鮮の対日約条更定」、同『日鮮関係史の研究　下』吉川弘文館、一九六九年。

(15) 同前一五二〜一五八頁。
(16) 日本史料集成編纂会編『中国・朝鮮の史籍における日本史料集成　李朝実録之部（七）』一九六二頁、国書刊行会、一九八四年。以下、『中宗実録』からの引用は、本史料集による。
(17) 同前一九六五〜一九六六頁。
(18) 『新増東国輿地勝覧』巻三二、五六七頁、明文堂、一九九四年。
(19) 『大東輿地図』草風館、一九九四年。
(20) 佐伯弘次「対馬宗氏の明暦使用」『沖縄の歴史情報』七、一九九七年。
(21) 内務省地理局編『三正綜覧』三五三頁、地人書館、一九六五年。
(22) 「宗左衛門大夫覚書」（田中健夫『対外関係と文化交流』五五九頁、思文閣出版、一九八二年）。
(23) 『中宗実録』五年六月甲寅（三十日）条。
(24) 『三正綜覧』三四六頁。大・小は、初めが日本暦、二番目が明暦を示す。
(25) 池内宏『文禄慶長の役　別編第一』八頁、吉川弘文館、一九八七年（初版は一九三六年）。
(26) 『三正綜覧』三六二頁。
(27) 中村栄孝「十六世紀朝鮮の対日約条更定」。
(28) 『中宗実録』三六年六月丙子条、六月壬午条、七月戊子条など。
(29) 『中宗実録』三六年七月甲午条など。
(30) 『中宗実録』三六年七月己酉条・辛亥条。
(31) 『中宗実録』三六年己亥条。
(32) 同前。
(33) 『中宗実録』三七年四月庚午条他。
(34) 伊藤幸司『中世日本の外交と禅宗』第二部第一章、第三部第二章、吉川弘文館、二〇〇二年、橋本雄『中世日本の国際関

係――東アジア通交圏と偽使問題――』第五章、吉川弘文館、二〇〇五年、荒木前掲注（7）論文二四七頁。
（35）『中宗実録』三七年五月己亥条。
（36）『中宗実録』三七年閏五月庚申条。
（37）『中宗実録』三七年閏五月辛未条、七月癸酉条。
（38）『中宗実録』三七年閏五月丙寅条。
（39）『中宗実録』三八年五月丙辰条。
（40）『中宗実録』三九年三月丁卯条。
（41）『中宗実録』三八年正月癸酉条、三九年二月戊寅条。

明倭寇の乱における寺院の境遇及びその社会救済
――嘉万年間東南沿海地域を考察の中心として――

陳　玉女

一、はじめに

晩明における商業の発達、社会繁栄の状況については、しばしば諸史の記載に叙述されている。これは学術界においても普遍的に認められている歴史現象である。しかしながら、それと同時に災害の頻発、流民、盗賊、倭寇などが四方に流竄、継起し、庶民を生活難に陥れ、困窮せしめたという状況もしばしば認められる。倭寇が東南沿海を襲撃し、庶民は家財がたびたび劫掠されたため、異郷に逃げ、はなはだしきに到っては命までも失ったものさえ見受けられた。ひいては庶民の生活困窮、社会秩序を失った混乱状態をもたらしたのである。史書の記載によると、嘉靖二年（一五二三）から万暦四六年（一六一八）までの四五年間に、倭寇による中国東南沿海襲撃の回数は実に五六〇回にも達しており、嘉靖年間（一五二二―一五六六）だけでも五二八回にもおよび、最も頻繁であったのは嘉靖三一年（一五五二）から嘉靖四四年（一五六五）に至る期間であった。(1) 倭寇の頻発な襲撃は、東南沿海の社会的な動揺を招き、以下のような惨状がもたらされたのである――「倭寇、連年中国を侵犯す。蓋し南は閩、浙より北は登萊に至るまで、皆な其の害を被る。而して江南蘇松杭嘉等の府は……今皆な屡劫掠焚焼の禍を経たり」(2)、「連りに呉越巣閩中を犯し、首尾七八歳の間、破る所の城十余なり。子女財物を掠むること数百千万、官軍吏民の戦ひて俘死するに及ぶ者は数十万を下らず。……天下騒動し、髄骨膏竭きたり」(3)と。このように、倭寇は東南各地において凄惨な焼殺、掠奪を繰り返し、そのありさまは、史書に以下のとおり、さながら枚挙にいとまなしといった様子で記録されている――「倭奴の剽殺甚だ衆し」、「倭寇は銭倉、白沙湾より登り、直ちに陳山に抵り、崇丘を焚劫して殆んど尽くしたり」、「倭寇四に起こり、大に辺徼を掠む」(4)等等。

このように到る所が壊滅状態となった地域において、その一員をなす仏教教団は仏寺と僧侶とを含め、決して出家という特殊な身分によって破壊を免れるという幸運を得ることがかなわなかった。それでは、仏教界自体は一体どのような具体的な影響を蒙り、かつ、どのようにこれに対処したのであろうか。また、この災難が絶えず、人心が動揺している際、一般からは済世救民を旨とするものと見なされていた仏教は、様々な苦痛を受けている民衆に対し、その心を慰撫するという功能を発揮する余力が果たして本当にあり、具体的な慈善救済活動を行い得たのであろうか。倭寇の襲撃にたびたび遭っていた地区の貴賤貧富を超え、僧俗老若男女の相違を超えたすべての民衆は、横暴非道がもたらした苦難と恐怖、そして危惧から身を避けることができず、しかも次から次へとおしよせる疾病、飢饉という苦痛にも直面しなければならなかったというところに、われわれは問題の重点を認めるべきであろう。慈悲を旨とする仏教は、被災者の苦悩を坐視し得たのであろうか。もとより、明代の各地方において天災等の社会危機が発生した場合、それぞれの地方政府は真っ先に救済および秩序を回復するうえでの全責任を担う。しかしながら、肝心の政府が無力あるいはこまやかな配慮をなす暇をもたなかった場合、地方の郷紳勢力が現実的に頼りがいがある、なおかつ借りるべき力を有した存在であった、ということはしばしば関連研究で指摘されている。また、宗教的な意味合いをも帯びた各種の慈善活動もまた、地方政府、さらにはいわゆる「郷賢人士」が被災者救済等の社会復興に従事する上で軽視できない重要なよりどころとなっていた。

ただ、明代仏教を概観する限り、社会救済あるいは慈善事業面においては、唐宋以前のように積極的、自主的かつ規模のある活動は認められない。この点については、夫馬進、梁其姿による先行研究も指摘している。筆者も拙文においてその要素に基づき、以下のとおり、初歩的な検討を試みた――「第一に、明朝政府は、勤めて仏教の社会的な救済事業に対する参与度を抑制しようとしていた。また第二に、明清両代の少なからぬ数の学者らが指摘しているように、晩明においては社会階級間の矛盾がいよいよ拡大し、その結果、地方郷紳らは行善を目的とした組織的な活動を通じ、社会的な秩序を維持し、かつ、自己の社会的な地位を一層確乎たるものたらしめんとした。そこで、それまでの仏教による各種の慈善事業の余地を抑制し、かつ自らがこれに取って代わらんとしたのである」(5)と。そもそも、放火や殺人、略奪が横行し、災疫、飢饉が頻発し、社会階層にも激烈な変動が生じた晩明社会にあって、とりわけ、公権力が十二分な権威をもたず、倭寇の横行した中国東南沿海地区にあって、仏教はいよいよ積極的にその社会への関心を示し、これを救済すべき存在というイメージ再構築をなすべき重要な時期に立たされていた、と言えよう。しかしながら、関連文献による限りでは、仏教は社会救済活動において、主導的な地位を現してはいない。前述した「地方郷紳らからの横槍的な影響」のほか、いったいどのような本質的な原因が挙げられるだろうか。また、このように破壊され尽くした、苦難多き社会を前にして、仏教が提供し得た救済活動とは具体的に何であったのだろうか。本稿ではこうした問題について着目したい。まず、明代倭寇史に関する先行研究を概観するに、もとより極めて豊富な成果があげられる。ただ、仏教が晩明倭寇の変乱のなかで、生存し、発展を遂げた状況や、仏教が社会において担った役割など宗教に関する諸問題は、従来あまり注目されていない。とりわけ倭寇による災難を蒙った民衆への精神的救済については、まったく注視されていないと言わざるを得ず、ここにこそ実に、本稿の存在意義があるのではないだろうか。

二、寺院および僧侶の置かれた境遇

現存の文献史料によると、倭寇が東南沿海各地を侵し騒擾を起こした際、寺廟、祠宮は兵士が倭寇に対する防御拠点に充てられることもあれば、反対に倭寇によって占拠され、その兵営に充てられたこともあったという。いずれにせよ、攻守双方にとって重要な拠点とされており、かつは戦略の対象ともされていたと言えよう。嘉靖年間、采九徳は倭寇が浙江沿海を襲撃する実情を目の当たりにし、これをその著『倭変事略』にまとめあげている。采は同書の序言の中で、次のように倭寇による破壊ぶりを概観している――「嘉靖癸丑の歳（三二年、一五五三）倭夷の閩浙蘇松の境中に騒動してより、我が邑を患はし、数載靖きことなし」、「余、世海浜に居ひ、時変を目撃す。往昔を追惟するに、四郊の廬舎、焗かれて煨燼と為れり」、「聞く者は憐れみを興し、見る者も矧た涕せり」(6)と。采はその惨状について本文中でさらに以下のように叙述している――（一）嘉靖三二年（一五五三）四月三日「賊は乍浦に至り、天妃宮に匿る」。（二）同年五月二日、朝廷が軍を派し、寇賊を追討したところ「白馬廟中、更に賊あり突出」し(7)、「賊、白馬廟に駐屯す」るに至った(8)。（三）（嘉靖）三三年（一五五四）春、正月一一日、松江の流賊数百人が嘉興に侵入し「官塘より奔りて石仏寺に抵り、郷官侍御の金燦、豊村と号せるものを殺」した(9)。（四）同月二三日、「賊、糠篩橋を掠め」、「周兵、行きて菩提寺前に至り、陣すること半月の如し。賊望見して斉しく『牛角陣』と呼ぶ」(10)。（五）五月四日、賊船二艘が秦駐山を犯し、そのうち一艘が盧参戎に打ち倒され、この際、賊数人が傷亡した。残りの賊は、「崇徳に流れ、転じて積慶寺に匿れたり」[11]。（六）（嘉靖）三五年（一五五六）正月一四日、海寧硤石に駐屯していた寇賊らが住民を脅迫連行し、「導いて富豪に至りて遍掠し、硤の賊は恵刀寺の山頂に拠」り、「掠むる所の蚕繭は、婦女をして寺に在りて繰糸せしむ」[12]。と。

このように、寺廟は寇賊らが狙った地域を略奪するうえでの拠点にまでなりさがっていたのである。それでは、本来こうした寺廟に住まっていたはずの僧侶らはどこへ逃れ、どう生活していたのであろうか？思うに仏寺がひとたび倭寇に占拠されれば、僧人はやむなく逃れるか、あるいは人質に取られてしまうかのいずれかであろう。そうでなければ、倭寇の度重なる襲撃に苦しんだ僧侶らが、守るべき寺を棄てて逃れ去り、寺が無人のまま放置され、管理する者もいなくなった挙句、倭賊に占拠されたり、反対に政府側の作戦指揮や兵糧米貯蔵のための空間に充てられる[13]……などという悲しむべき事態が出現するはずもあるまい。また、「重建騎龍岩記」に叙述されているように、福建梅渓東南の騎龍岩[14]では嘉靖三七年（一五五八）の倭寇来襲により、僧侶は一人残らず逃亡してしまった。その様子を、同「記」は以下のとおり伝えている。

倭夷驟ちにして至り、南安を掠む。邑長支ふること能はず、則ち瑞公と同に之を岩中に避け、事寧ぎて始めて帰る。鴟張して辛壬（一五六一―一五六二）に迄り、山中人迹なく、寺の僧聚も散去す[15]。

嘉靖三八年（一五五九）、倭賊が福州永泰県に攻入り、洪塘を略奪した際、周県令は城外の家屋を焼払い、これによって寇賊の巣窟を杜絶するよう命じた。この時、重光寺の僧が、焼払いの執行担当者である林向芳に賄賂を送ったため、寺院は残された。しかしながら、そのためかえって、倭賊の棲家となってしまった[16]。つまり、倭賊の占拠という理由で、寺院はしばしば官兵による攻撃、焼払いの的となったのである。福建省福寧州の元妙観、南禅寺、建善寺の三寺観のごときは、かつて倭賊に占拠され、「倭営」に充てられた、という歴史をもつ。その結果、嘉靖三八年（一五五九）

には「倭、数千に至り」、「城に近きの元妙観、南禅寺、建善寺に分投し、州城を囲攻」するに至った。そこで、知州柴応賓は軍兵に命令しこの三箇所の寺院を焼払ったところ、倭賊は転じて東郊の周氏園亭に駐屯した[17]。また、福州建寧県東山遂勝里の大乗愛同寺では、嘉靖年間に「倭変もて頽廃」するのやむなきに至っている[18]。

似たような状況は、かの普陀山においても見受けられた。外国からの使節が明へ朝貢したり、各地の商船が往来する際には必経の地であった同山もまた、「倭変」からの影響を蒙らざるを得なかった。元来普陀山は、観世音菩薩信仰の聖山として、参詣客が後を絶たなかった。その盛況ぶりを、陳九思は「題海潮寺新賜護国鎮海禅寺額詩」において、「香船万里千葉に飄ひ、渡を得て争つて誇る彼岸の行（原文：香船萬里飄千葉、得渡争誇彼岸行）」と描写している[19]。そのため、歴朝の政府はひっきりなしに渡来する参詣船に対し、入島税と税関検査の二つの手続きを免除した。ところがその結果、「奸販、名を進香に託し、多きに儘せて私載し、普陀を以て寄寓と為す」に至り、のみならず、「普陀一帯は、倭に入るの要路と為る」に至った[20]。その結果、明初以来、普陀には朝廷の駐屯軍が置かれ、軍事上の要地となった。とりわけ政府は、普陀山が倭変に際し、同地が盗賊匪寇の溜まり場と化するのを恐れ、各地からの住民の移住を禁止し、ついにはいわゆる禁域としてしまったのである[21]。

嘉靖三二年（一五五三）の倭寇侵入に際しては、ときの総督胡宗憲は、宝陀禅寺の殿宇を定海県東城外の招宝山に移し、「余舎は尽く焚く」のやむなきに至った[22]。嘉靖年間に編まれた『定海県志』によれば、これより先、嘉靖二七年（一五四八）、海寇が出没し、宝陀禅寺を活動の拠点としたため、同三六年（一五五七）に至り、提督軍門たる胡宗憲（一五一二―一五六五）が、この事例に鑑み、殿宇を招宝山に移すよう命じた旨、記載されている[23]。胡宗憲はいわゆる「焦土戦術」を採り、倭寇の拠点にされかねない寺院房舎を移動し、元のそれらは焼払い、倭寇の入居を防ごうとしたものと解されよう。汪鎧（一五一二―一五八八）の「重修宝陀禅寺記」にも『定海県志』と同様、この頃倭寇が普陀山に侵入し、「拠りて巣穴と為し、軒構摧圮、緇錫解散し、国朝勅賜の碑文、倶な断裂して海中に仆れたり」[24]との旨が記されている。より詳しい状況は、万暦二年（一五七四）成立の「普陀禁約」に記載されている。これによると、嘉靖三二年（一五五三）倭賊が普陀寺を占拠したので、「官兵」たる劉恩至らを派遣し、これを全滅せしめた。その後、「奉欽差督撫軍門王」がいわゆる釣牌行令をくだし、「把総」たる黎秀をして主簿・李良模と共に兵船を指揮して普陀山に向かわしめた。彼らはそこで、「寺宇を将つて尽く拆毀を行い、仏像、木植、器物等の件は、定海招宝山寺に運移し収用」した。もともと普陀寺に住まっていた僧侶らは僧人はみな逃げ去った。そこで黎秀らは「軍門王」より授けられた立て札を立てた。そこには次のように記されていた。

沿海一帯の軍民、僧道の人等は一船一人も登山樵采、及び倡んじて耕種を為して復び事端を生ずるを許さず。如し違へば、本犯は例に照らし軍に充てん。仍ほ本境勢豪の家の佃管を営謀するを禁ず[25]。

このように、寺院が倭寇の戦闘空間に充てられるのを防ぐべく、あらかじめ寺院を焼払うという「焦土策略」は、この時代の中国東南沿海一帯では普遍的に見受けられたのである。胡宗憲は杭州大昭慶寺のために碑文を撰述した際、「昭慶寺の戒壇は天下に聞こゆ。授戒の日、両京諸省の僧尼道士、居士および内外の朝貢の民にして若し信奉する者あれば、梯航して至るべし」と、その盛況を述べたうえで、嘉靖三四年（一五五五）に自己が御史として浙江の地を巡按（視察）すべく勅命を蒙った経緯を述べている。これによれば、同年の夏、倭人が杭州に侵入し、湖墅にまで進入した。当局者らはその地区が倭賊の集結する地と化してしまうのではという危惧を抱き、そこでついに焼払いの命を下したのだという[26]。

以上の叙述からも知られる、寺院は倭変に際しては単に倭寇に占領、もしくは破壊されるばかりでなく、官兵から攻撃されたり、あるいは倭賊に乗っ取られるのを防ぐべく政府によってあらかじめ焼払われてしまったりしていたのである。仏寺がこうして度重なる破壊を蒙った結果、僧侶らは続々と逃亡した。こうした状況について、釈通元は嘉靖年間における普陀山を例に、「適倭変に遭ひ、朋徒西竄す[27]」と述べている。このほか、仏寺が官兵によって駐屯地として占拠された際には、その戦闘防御体系に組込まれ、倭寇やそれ以外の侵入者からの防御に参与することを余儀なくされたのであった。鄭若曾（一五〇三―一五七〇）は蘇州府城の防護に関する「守城輿論」に「厳禁約」の一条を立て、「寺観菴院を飭諭して遊方の僧道を招留するを得ざらしむ。如し故に縦にすれば、察出し治罪せん[28]」と規定している。つまりこれは、寺観、庵院が諸国を行脚する僧侶や道士の収容を禁止し、僧侶や道士を装ったや無関係の者が入り込むことで、その地方の安全を侵すのを防ごうという考えである。政府が兵を派遣し駐屯せしめる場所として、仏寺はしばしばその主要な選択肢とされた。前出「厳禁約」にはまた、「官生中宜しく六員を選用し、警報の到るを俟つて、即ち各人平日知する所の精兵を会議し、一千二百名の団聚を北寺中に召募し、団練府佐一員をして専ら之を督せしむ」と記されている。これはつまり、倭寇襲来の警報が発せられた際、官生の中から六人を選び、協議し、計千二百名の精兵を募集してのち北寺に集めるという意味である。そして、賊が城下に攻め入ったときには、各門から練兵にあたった官生一名につき二百名の兵を伴って、「城門に附近せるの寺観中に屯処し、一処に変あれば、随つて本処の兵を以て之に応ぜしめ、別処には妄りに動かすを得ず[29]」というのである。

このように、寺観庵院が兵士の駐屯地になってしまったからには、城中の防火措置もまたその防火系統のうちへ組み込まれ、消防を担当する各官員は火夫五十名を率いて、あらかじめ分配・指示された場所、菴院寺観に駐屯した。そして、「水桶、水斗、撓鈎等の項」を与えられ、倭賊からの襲撃による火災に備えたのである[30]。敵味方の偵察方法としては、保甲制給と各保甲長間のいわゆる「連坐信牌」を活用し、相互に監察する連坐法を施行した。そして、あえて敵賊を匿う者あれば、一甲の人すべてが「軍法の重罪に連坐」せしめられるのである。寺観庵院の住持らもまた

「連坐信牌」を押し付けられて、相互に糾察し合うことを余儀なくされ、賊が退却してのちはじめて信牌返上を許される、という不自由さを味わうこととなった[31]。

上述したように、東南地区一帯では倭変に遭遇した際、寺院といえでももはやその身を局外に置くことは許されず、外侮に抵抗するための社会共同体の一環とみなされたのである。寺院空間といい僧侶といい、その居住区域の防衛戦闘体系の指揮に従わざるを得ず、僧侶らはもっぱら地方政府からの号令に協力してのみ安全上の保障を獲得せざるを得なかったのである。しかしながら、このような権力構成のもと、寺田、仏像、租税などの関連寺産は倭変によって地方官や豪族名士が着服したり、あるいは増加した税額を追徴されるに至った。こうした混乱の結果、僧侶らが寺を捨てて逃げ去り、あるじを失った寺院が衰微して荒果てるというありさまがしばしば見受けられるに至ったのである。

この点に関して、鄭曉（一四九九—一五六六）は次のように指摘している——「華人の倭に通ずるは、閩浙の大官豪傑を寔に禍首と為す」と。さらに次のようにも指摘している——「郡邑の吏は平日より貪酷し。賊将の至るに比んで機に乗じて民を害し、巧索横斂す。寺鐘銅仏と雖も収毀して銃を鋳する者は一切乾没せり[32]」と指摘している。つまり、地方官吏らは倭賊が襲来する時機を利用し、巧みに名目を立て、重税を取立てては僧侶をも含む民の財をしぼりとったのである。その結果、仏寺の銅鐘、銅仏でさえ、没収・着服されてしまった、というのである。また、紫雲寺の別称でも知られる泉州府開元寺の関連史料「紫雲檀越祠四安祭祖族食記」には、以下のように記載されている。

嘉靖一九年（一五四〇）、大工興る。司空議して寺産を変売し、以て餉を佐けんとす。住持僧方丙といふ者、是に由つて乾没蕩析す。何もなくして倭起り、以て兵客を寓せしむ。兵退くも、硝戸佔住して硝を煎し、其の中に充牣するは硝にあらざるなし。僧既に貧にして、祠も亦た荒る[33]。

この文面の大意は、嘉靖一九年（一五四〇）土木工事を大いに興すべく、司空が寺産を売って現金に換え、糧食手当に使おうと提案した。当時開元寺の住持僧方丙はこの機に乗じて寺産を着服し、寺僧を離散せしめた。また、倭乱にも遭い、兵士が寺に身を寄せるようになったが、兵士が退去したにもかかわらず、火薬を製造する硝石業者らに占拠され、寺の境内は硝石の原料でいっぱいであった。残っていた寺僧も困窮に陥り、祠もそれに伴い荒廃してしまったのである――というものである。硝石業者らが開元寺を占拠し店を構えたのは、主として戦争に起因していよう。前出「族食記」には次のようにも記されている――「兵興りてより以来、硝・冶の二匠は寺を以て肆と為し、妻を挈へ孥を提へて房に榴のごとく寺に蜂のごとく、僧と雑居して幾んど寺なからんとす」と。[34] このようにして、開元寺は嘉靖、隆慶年間以来、「僧房は半ば豪右に没せられ」、加えて「戎器、火薬の諸匠も復た其の中に盤結し」ていた[35]がために、寺としての発展に大きな制約を蒙ったのであった。

仏寺は倭変の動揺の中で、時には倭寇に乗っ取られ、また時には兵士の駐屯や横暴によって併呑され、自身の生存空間を維持するのすら困難であった。また、常に政府の倭寇防御に必要な兵餉を納めなければならず、額外の税額を背負ったのである。徐栻が指摘しているとおり、中国東南沿岸地区の農民らは倭乱に遭遇する以前から、「毎に賦役の繁重なるを以て田産を視ること贅疣の如く、脱去して逃亡を為さんと思欲する者大半なり。今、倭夷道に載ち、竄伏に暇あらず。田地の抛荒せらるるは十の九を居む」という惨状であった。そして、嘉靖『定海県志』の「兵費」の項目では、海寇が立て続けに発生した結果、「軍興るも給せられず」、かくてついに、「尽く田地、山蕩、諸隷の尺籍の数を括し、之を槩率して名づけて『兵費』と曰ふ」という状況に立ち至ったのである、そして名もなき民衆は、このありさまを前にして「誠に望むらくは其れ肩を息はしむるの日あらんことを。此くの如くにして已まずんば、則ち将た何を以て命を為さんや！」[36]と慨嘆している。凌雲翼は嘉靖四五年（一五六六）に提出した上疏において、東南沿海地区が倭寇による災禍以来、「兵餉を加派すること、府ごとに動もすれば万を踰えて計れり」と言及している。[37]葉春及（一五三二―一五九五）の記すところによれば、嘉靖四四年（一五六五）以前からして、すでに軍餉費用は倍増しており、しかも「機兵」の食と「均徭」の銀も義務として増添されておりという苛斂誅求ぶりであった。隆慶六年（一五七二）に至り、ようやくにしてこの過酷な制度は廃止された。ところがそれもつかの間、倭寇が海上に現れるに至り、これは再度施行されたのである。葉春及は、この制度が寺院をも容赦しなかったことを、その「版籍考」の中で、以下のように叙述している。

丁は二米四を以て之を徴す。其の租を出だす者は寺田八処あり。廃する者は五なり。田は尽く官に入れ、存する者は三なり。本と十分の四を以て僧に給す。今、僧僅かに一人なり者は、各一頃を量るのみ。……。今、徴するに二銭を以てすること諸寺の如し。(38)

葉春及は同じく「版籍考」において、隆慶元年（一五六七）寺租を軍餉に充てる「四六法」が確実に採り入れられたとし、その内容について、次の通り記している。

僧の存する者は、四分を僧に給し、六分を官に入る。僧の亡する者は、数を尽くして之が田を没し、畝ごとに銀を徴すること二銭、官の餉に充つるもの五分、糧差一銭五分なり。……（隆慶）二年には乃ち各寺に照らし、畝ごとに匀しく二銭八分を徴し、糧差一銭二分を餉に充つ。(39)

竺沙雅章が明代における福建の寺租について研究した際、嘉靖年間は倭寇が連年閩地に侵入したため、兵士の糧餉が不足した。そこで朝廷は、巡撫游震得、左給事中郭霖の建議を採用し、寺租を増収し軍費の需要に充てた――と述べている。(40) すなわち、『明世宗実録』の記載によれば、

福建の頻年倭患あり、兵餉匱竭せるを以て、撫臣游震得及び左給事中郭霖の議に従ひ、科挙銀四千二百両と寺田銀八千六百七十両とを留め……以て軍需を佐く。(41)

とある。顧炎武（一六一三―一六八二）は、朝廷がこのようにして寺租を兵餉に充てるに至ったいきさつについて、以下のとおり述べている。

嘉靖四十二年（一五六三）、閩省兵興り、軍儲匱しきを告ぐ。軍門（訳注：提督）議して各寺の田産を将つて、迷失せると崩陥せるとを扣除するの外、実田十畝ごとに六畝を抽扣して餉に充て、四畝は僧に還す。餉に充つる者は、畝ごとに銀を徴すること二銭。内、一銭四分を除き粮差を辦納するを除き、尚ほ銀六分もて解司す。隆慶元年（一五六七）、軍門の塗澤民、明文もて寺観庵院の官民田地、山蕩を将つて倶に黄冊に照らし、額に原づき数を尽くして査出せしめ、各原議に依り、六分もて餉に充つるを事例とす。[42]

この文面の大意は、嘉靖四二年（一五六三）、福建に戦争が起こり、軍糧が欠乏したため、総督巡撫らが研究論議し、各仏寺の田産から散逸、陥没した部分を除き、実田十畝につき六畝までが軍餉に充てられ、四畝が仏寺を返還する。やがて隆慶元年（一五六七）に至り、福建巡撫塗澤民は明文で寺観庵院の官民田地、山林の面積を登録して冊子を作成し、元来の四六分の充餉方法により徴祖する旨を規定した――というものである。さらに顧炎武はこの方法について、「実に軍興権宜の策に出づるも、後、沿ひて例と為し、遂に更ふるべからず。故に時に随つて斟酌すること同じからず」、そのまま万暦時期まで踏襲され、つねに「旋ち行ひ、旋ち止む」というふうで、徴収額は一定せず、僧侶らはそれゆえ大いに苦しまされた。その結果、「田鬻がれ寺廃せらるること、比々皆な然り[43]」という惨状が展開されたのであった。

東南沿海地区の寺僧らは、かくて生活上おしなべて相当な困難を来たすに至った。具体的にはたとえば、広東韶州曲江県韶郡の南華寺は、唐の六祖慧能以来の禅宗の名刹（曹渓道場）であり、明代における寺田は主に三か所を数えた。（一）曲江万善舗にあった補鉢庄は、丈量の結果、四頃七十九畝あまりであった。長期的に土地の豪族が借り受けて播種耕作していた。ところが彼らが納める田租はわずかで、しかも累年滞り、その結果、貸主たる南華寺は借金をしてでも兵糧を官に収めざるを得ず、豪族に貸しても、自己の借りたお金を補うに足りなかった、というありさまであった。（二）仙遊県にあった黄巣庄は、農地面積は八頃一十二畝余りあり、官に収めるべき兵糧は、二十六石三升であった。ここの農地、および山地は全て南華寺の管理下にあったが、納糧以外に残ったものは全て常住香灯（訳注：寺の資産）とされた。（三）翁源県太平庄にあった寄庄。『曹渓通志・香火供奉』、「復南華寺田碑記」、「復六祖香灯田碑記」、「復寺田碑記」などの文献史料を総観するに、ここは元来、翁源県の善民謝良善、および妻の呉氏が南華寺へ灯明料として提供したものであった。丈量の結果、実田六頃九十五畝であったことが知られ、毎年の租銀収入は一百二十両に達した。官へ収めるべき納糧差を除けば三十余両となり、これならば灯明料をまかない、かつ寺に住まう数多くの僧侶を養うことは可能であった。しかしながら、万暦六年（一五七八。または七年（一五七九）の記載がある）、遊学たる林渙は、韶州府同知たる王命爵（一五二五—一六〇三）に建議して、南華寺の租銀六十両を控除して曲江の蛋戸らによる虚税を補充し、六十両を軍餉に充てるよう建議し、かくてその規約条文を決議し、諸章程条文の中に明載したのである。しかしながら、当局からの追徴強要により、納付することわずか一年にして、この事務を取扱う僧侶らは「相継いで逃竄」してしまった。また、凶作にもみまわれ、他の寺僧らも未納分を賠償納入することがかなわず、ついには逃亡した。かくてさしもの名刹も、前代までの繁栄には及ばなくなってしまった。(44)

また、福建福州府侯官県の雪峰寺の状況については、徐𤊹の記すところによれば、およそ以下のとおりである——雪峰寺の田地は、明万暦七年（一五七九）に至ってこれを清丈したところ、侯官県田園七千一百畝余りを余すのみであり、しかも農夫が小作地を占めていた。しかも現地当局が、寺田を兵餉に充ててしまった。そのため、寺の歳入は政府へ納税するにはなお足らず、僧徒は生活に苦しめられて寧日を得られなかった、という。(45)さらに陳一元は、上記農夫による小作地の占拠について「藍氏（文卿）の僧を飯ふの産は、尽く久佃の豪農に帰したり」[46]と明記している。

また、謝肇淛（一五六七―一六二四）が万暦三九年（一六一一）一〇月一三日に撰述した「遊雪峰記」によれば、彼がある夜、雪峰寺の老僧とこの寺の荒廃の往事を話し、僧は次のように述べたという。

五十年前、寺猶ほ殷富にして恙なし。近ごろ当事者の為に寺田を括して以て軍餉に充てられ、橐々の資は、十に僅かに二を得たるのみ。兵已に撤したるに、餉、減ぜらるるを聞かざるなり。寺田に種うる者は皆な山を環む大駔にして、汚邪に居るを奇貨と為し、歴歳に逋負す。官課と私租と倚る所なし。……嗟乎！嗟乎！宝地腴田相伝ふること千載、今既に捨つること能はずして之を益すも亦た已んぬるかな。而るに無芸の征、上に朘削し、不逞の豪、下に乾没す。饕食を隠忍すること日復た一日、寺安か寥落せざるを得ん。僧安か鳥雀のごとく散ぜざるを得ん。[47]

雪峰寺は嘉靖晩期における寺産はまずまず豊かであったが、近年当地官員となった者が寺田を軍餉にあて、寺産の収入はわずか十分の二となってしまった。そして、兵はすでに解散されたにもかかわらず、軍餉の徴収はいまだ減少を見ない。寺田を借受けているのは山を囲んで住まう無頼な人々で、毎年年貢を滞納し続けた結果、寺は全く年貢による収入がなくなってしまった。雪峰寺は上は統治者によって際限なく税を搾取され、下は腹に一物をもつ豪強な者たちが寺産を占拠している。このような侵略、併呑を受け、寺院はどうして衰えないでいられようか。僧侶らは追われる鳥さながらに逃げまどわないはずがあろうか。

さて、泉州の開元寺については前述したとおりであるが、倭変の結果、寺産は一層の打撃を受けた。寺租を徴収して兵餉に充てることを余儀なくされた背景について、次のような記載が世に伝えられている。

嘉靖防倭の事起こりてより、当道は其の六を抽きて軍に餉し、巡撫金公は且つ其の八を徴す。今日に至り、軍已に撤せられるも餉は減ぜず、又た加はるあり。之を如何せば僧窮し且つ竄せざるや[48]。

つまり泉州開元寺においても雪峰寺と同様、戦いは平定され、軍隊は解散させられたにもかかわらず、兵餉は削減されるどころか反対に増やされた。これでどうして寺僧が窮迫して逃亡しないでいられようか？との慨嘆である。なお、徴収額が増加され、少しも減少しなかったのは、嘉靖年間、海寇が猛威をふるった際、これを迎撃した浙兵が脆弱で役に立たず、その結果、別の地から兵を募集し防御に従事させざるを得なかったためである。しかし「事が安定しても撤退できない[49]」。また、開元寺の分院たる曾炉寺の寺田は、倭寇との戦いの後、三分の一となり、その後も多く失われ、ついには往時の僅か十分の七となってしまった。さきの雪峰寺の場合と同様、この寺の田地もまた、小作人を装った奸悪なる人々に占拠された。にもかかわらず、政府から指示された餉額は低減されることなく、この寺が引受ける羽目となり、その結果、あまりの負担の重さに、僧侶らは逃亡し、寺もまたほとんど荒廃してしまったのである[50]。

上述の事例から知られるように、倭変の結果、中国東南沿海地区におけるいくつかの寺院は焼払われ、寺田は租を徴収されるか、もしくは土地の豪族に占領され、ついには僧侶らが続々と逃走し、寺院もまた頽廃するという惨澹たる状況が現出したのである。寺院がこのような困窮に直面し、自身の存続も保障されないという状況にあっては、戦乱において同じく受難した衆生を気遣ってやることなど、果たして本当にできたのであろうか。また、寺院や僧侶は、こうした倭変の蹂躙を受けた社会に対し、いったいどのような精神的な力量を付与することができたのであろうか。そして、いかにその力を朝廷へも献ずることができたのであろうか。いな、そもそも寺院もまた社会的な救済の対象にまで成り下がってしまったのであろうか。これら諸問題については、次で詳しくアプローチしてゆきたい。

三、倭寇の乱における寺院や僧兵の役割

明朝仏教はなぜ唐宋時期のように社会救済事業において積極的な役割を演じられなくなったのか？この点に関しては、本稿の冒頭で論じた通りである。政府の抑圧的な対仏教政策、および郷紳勢力の寺院との入代わりといった事情のほか、寺院自身の経済的な困窮とそれが戦乱による襲撃を受けた、ということも、仏教が社会救済上の機能を発揮するのを著しく制限した要因となっていた。これについて、程文挙は次のように万暦年間における寺院の状況を述べている。

夫れ深山窮谷の中、大衆日に繁くして耕種給せられず、木食草衣もて徒らに口体に充つと雖も、十方の檀施を藉りるに非ずんば、曷ぞ能く宮殿巍峩として、金像炫赫として集まりて焚（梵）修梵誦の所と為さんや。(51)

深い山中に位置する梵刹は、四方の善士らからの布施がなければ、そもそもどうして巍峨たる寺宇を建て、修行道場となすことなどできるであろうか。それゆえ、当該寺院が頻繁に戦乱や天災に直面した際には、往々にして救済、施捨の対象とされるに至ったのである。程文挙はさらに、万暦一六年（一五八八）における大飢饉を例に挙げている。これによれば、呉太学（守愚）は仰山仏寺を援助し、白銀三十両を布施して僧侶らの衣食の困窮を解決したという。また、崔嘉祥の『崔鳴吾紀事』には「万暦一六年の正月から五月に至るまで、長雨で被害が発生した。河水は溢れ、江淮、浙直間は水また水で際限もなく、その年、大穬は麦が取れなかった。しかもその前年、即ち一五年（一五八七）七月二〇日には隆慶以来未曾有の激しい台風が起き、これによる風害はあまねく蘇松湖などの地数千里におよんだという。その年は当然のことながら凶作となり、さらに水害により麦が傷み、いっそう激しい凶作がもたらされた。か

くて、米価は高騰し、人民は生活のよりどころを失い、これに疫病の大流行も加わり、死者が相継いだ[52]」と記載されている。

そのほかにも、倭乱時期にあっては、寺院は朝廷あるいは地方政府による管理対象に組み込まれた。その原因は、僧侶の中に倭賊と通じた者が現に存在したからである。例えば、福建福寧府支提寺では、正徳一六年（一五二一）、「僧、寇と通ず。僧を逐いて寺を燬き、田は之を官に帰し」た、という[53]。あるいは、倭賊が雲遊僧と化して寺院に紛れ込み、その機会を借りては社会動向を偵察し、かつは軍事情勢を伺うという姿も認められた。呉地の生員・陳恕は、この点に関して次のように指摘している。

海夷は譎詐にして計百出す。或は装つて簑笠の農夫と做り、或は装つて巾帽の婦女と做り、或は装つて雲遊の僧道と做り、或は装つて乞丐の餓夫と做る。消息を探聴するときんば、則ち鬼の如く、蜮の如し。瓢剽して村落を掠するときんば、則ち蟻の聚り蜂の屯るがごとし。万一謹まずして城郭に潜入せしむれば、其のひとに内応せられて、臍を噬むも及ぶなし。今の計を為すに、必ず須く偏く所属の官司に行して城に在つては則ち戸を逐うて挨査し、門禁には則ち仔細に盤詰し、軍を出だすには則ち尤も宜く探訪すべし[54]。

倭寇は狡猾で変化に富み、あるときは農民、婦女に変装し、またあるときは四方雲遊の僧侶、道士となり、さらには施しを求めてさすらう乞食にも変装する。情報収集のため歩き回る姿は、目に見えぬ鬼蜮さながらである。やがて村落を略奪するや、蟻や蜂さながらに集結する。万が一彼らの城郭への潜入を許そうものなら、城の内外で呼応して完膚なきまでに奪い取られてしまうにちがいない。それゆえ、あらゆる官員に指令をくだし、城内では戸別に不審者洗い出しを行い、城門でも厳重にチェックし、こちら側から軍勢を出す場合も、あらかじめ派遣する先の情勢をよく調べておくということが必須となろう、と。また、海賊が後代の「便衣隊」さながらに身分を巧みに偽装するその姿について、呉県の人、袁褏（一五〇二―一五四七）は次のような見聞を記している――「東南沿海地区に出没する海賊はその身分をくるくると変化させ、民は往々にして海賊と見分けがつかなくなっている。彼らはいつ良民となり、またいつ海賊となるのか、なかなか捉えどころがないのである」と。彼はまた次のようにも指摘している――「東海地区の海賊は、民の患いとなって久しい。江蘇の崇明は海上に位置しており、太倉、嘉定、常熟の地はいずれも海に面している。魚や塩から得られる利益がとりわけ大きく、そのため、沿海地域に住まう人々はたいていがこれに関連する仕事に従事するとともに、海賊の手わざをも習い覚えている。同時にまた、この地は砂浜や中洲に位置する港が沙渚洲港が多く、ひとたび海へ漕ぎ出せばたちどころに目的地に着くことができる。それゆえ、この地の住民は、こうした天然の要害に拠りさえすれば軍事力を行使することも可能である、という点に着眼した。さらに、少なからぬ社会的な失意の人がここへ逃れ、群衆の海に身を潜めて平素は魚や塩を商い、世の中が乱れれば近くをゆく商人を襲い、かつは村々をも略奪したのであった[55]」と。

彼らと同様にして、絶えず変装し、身許を隠しつつ不法に利益を取得する者が跡を絶たず、現地政府をかなり困らせた。しかしながら、それでも現地住民にとっては依然として口を糊してゆくためのすべであり、こうした状況はさしたる変化を生じなかった[56]。それゆえ、沿岸部の住民の中に僧侶を装いつつ、倭寇、海賊などの政令で禁じられている不法行為に従事していた者が見受けられたということは、想像にかたくなかろう。この点に関して、鄭暁は次のように述べている。

中国近年寵賂公行し、官邪にして政乱る。小民は貪酷に迫られ、役賦に苦しめられ、饑寒に困しめられ、相率ゐて海に入り盗を為す。蓋し独り潮恵漳泉寧紹徽歙の奸商ならざるのみにして、兇徒、逸賊、罷吏、黠僧、及び衣冠の失職せると、書生の志を得ざるとの群れて不逞なる者、皆な之に従へり[57]。

この史料からも知られるように、僧となるか、倭寇となるかは誠に紙一重であった。彼らはいずれも、個人の境遇により環境の与えた機会におとなしく従った結果、自己の社会的な役割を変換したのである。例えば、『日本一鑑』には次のような記事を認める――「嘉靖三三年（原注：一五五四）四月、一枝倭を誘いて入寇し、墅湖の民居二万七千余家を焚き尽くせり。據称く、一枝、另名は阿九。先前に引誘せられて下海し、王直 之を得て収めて義子と為す。之後、普陀山に奔入す。僧明懐、収めて徒弟と為し、改名して真其と為す。之と四方に雲遊し、宜興の善泉寺に寓居す。嘉靖三一年（一五五二）、真其（一枝、阿九）普陀に返回するに、王直等の普陀に至りて焼香するに巧遇す。（王）是れ阿九なりと認出め、又た他を帯びて出海す。嘉靖三二年（一五五三）、海上舟師、王直を追捕するに甚だ緊めり。一枝同に日本に逃亡せり[58]」と。これによれば、阿九と僧真其とは同一人物であるが、前後の境遇によって、それぞれ異なる身分をもたざるを得なかったのである。

また、嘉靖朝において広く世に知られた「東南大倭寇徐海」の存在も見落とせない。晩明の小説『金雲翹伝』は、彼とその活躍ぶりをテーマとしている。ここで馮汝弼（一四九八―一五七七）の「当湖剿寇紀事」によれば、嘉靖三五年（一五五六）徐海は「明山和尚」と称し、賊党および倭奴数万を糾合し、浙江平湖乍浦から桐郷へと攻め入った。その文中には徐海の素性についての十分な叙述はみられないが、「翠翹紫雲」が徐海の愛した妓女であるとしていることからして、小説『金雲翹伝』と描写が符合する。しかも『日本一鑑』では、嘉靖三五年（一五五六）、徐海が実に三度まで倭を誘導しつつ直、浙の地を侵略し、東南沿海地区をひどく脅かした旨、記載されている。この記述によると、徐海とはすなわち僧明山であり、出身は徽州歙県人である。少年期には出家して杭州虎跑寺の僧となり、法名を「普浄」といった。嘉靖三〇年（一五五一）、徐海は叔父の徐銓（即ち徐惟学）が列港[59]へ日本人を誘致したと聞き、まずこの叔父に会見、そののち、叔父とともに日本まで同行した。日本人は初めて徐海を見て「謂へらく、中華僧なり、と。敬ふこと猶ほ活仏のごとく、多いに之に施与す。（徐）海、得たる所を以て随ち大船を繕」した、とされる。[60]これが彼と日本との縁故の始まりで、その後、徐海は海上をゆく貿易商人となり、かつは倭寇ともなったのである。

徐海のように多重の身分を有した者こそ、この時代にあっては僧侶であり、商人であり、かつは倭賊でもあったのである。東南沿海一帯では、地縁、血縁、機縁の関係により、この地の住民がその生存のために臨機応変に身分を変えるということを許容していたのである。倭乱をめぐる狡猾さを是とした変化の多い社会的な雰囲気は、政府と庶民、人と人との間の齟齬をいっそう加速し、社会全体の信頼感をも低下せしめた。そのため、寺院の変化や、僧侶の漫遊は社会に高度の不安を引き起こしやすいものと見なされ、それゆえに当局からはごく容易に拘束・取締の対象ともされていたのである。

その一方で、庶民の身分に見る多彩な変化は、社会的な動揺や不安、さらには民衆が取り急ぎ活路を求めんとした世相を如実に物語っている。このような状況に鑑みて、政府側も、こうした各地を流浪する人の力を倭寇への防御やこれとの対抗に導入あるいは運用可能となるよう画策した。すなわち、政府は反政府勢力に走ろうとする僧侶、流民らをむしろ人的資源として活用し、決して彼らが当初参加しようとした盜賊、倭寇にまで堕ちぬよう、社会安定に必要な力量としたのである。それではなぜ僧侶、もしくは流浪の徒を兵士として徴用したのだろうか？　この問題については、さまざまな明代士人が論議しているが、ここではまず茅坤（一五一二―一六〇一）を挙げよう。彼は「兵伍を籍せんこと」を提言しており、その論文の中でまず、いわゆる「軍籍不実」の状況について、次のように分析している。

浙の海寇せられてより以来、軍門の籍して用ふる所の何れの兵なるやを知らず。或は云ふ、「即ち杭州及び沿海衛所の籍する所の軍ならん」と。或は云ふ、「各府州県民の壮なると、幷びに販塩の徒とを調したるならん」と。

或は云ふ、「処州幷びに福州・漳州の兵を調したるならん」と。又た云ふ、「広西の狼兵を調したるならん」と。……今の衛所の軍と有司の民壮に及ぶ所とは、特だ空名ならんのみ。(61)

すなわち、兵籍が不正確であるがゆえに、おのずと虚籍化が招致され、その結果、戦いの指揮に大変な紊乱をきたしたのである。このような、政府にとって憂うべき状況下、茅坤は兵籍を確立したうえで、指揮に長けるべく修練を積み、しかも各処の兵力の特長を把握してこそ、最良の作戦効果が発揮できる、と考えたのである。すなわち彼は、以下のとおり分析を加えている。

処州守坑の軍は、聞くならく、其の性頗る健闘なり。然れども亦た未だ嘗つて水戦を勒習せざるを恐る。福州及び漳州の兵は当に故つて水戦を勒習したるべし。聞くならく、其の内、多くは海寇に従つて奸利を行ずる者なりき、と。故に海寇の闘ふ所を習ひ、諸兵の中に於いて最たり。特だ今浙に調入せらるる者の若干なるやを知らず。広西の狼兵は、今の海内に於いて尤も悍なりと為す。然れども真狼は得易からざるなり。真狼は必ず土官親行の部署より纔かに出でん。(62)

さらに茅坤は、上述の精鋭たちを江南嘉湖などの地に徴用し倭寇に抵抗させようとするのは、あくまでも一時的な応変の策であり、決して長期的な策であるとは言えず、沿海の各郡県が自己の常備兵を保有しようと考えるのであれば、現地住民の中から選抜、訓練すべきであるとして、以下のように提言している。

必ず土著の中に於いて其の膂力猛悍の士を択ばん。大略、杭嘉湖寧紹松海の販塩の無頼と、処州の礦徒、幷びに一切の亡命者の若きをして之を為さしめん。大約杭州の三千、嘉興の三千あり、而うして温台寧紹も亦た各二三千あらん。(63)……

このような軍事的戦略が続々と士大夫らの間から提案され、募集策略にあっては実際に遂行されたのである。たとえば徐献忠は、次のように提言している。

昨聞く遊僧を拘捉す、と。此れ尤も失策なり。若かず、因つて其の能ある者を募りて之を用ふるに。此れ但だに遊僧を然りと為すのみならず、凡そ諸の芸事を以て境に在る者は、皆な用ふべし。但だ須らく下落を根究して方めて以て間細を絶つべきなり(64)。

つまり徐は、遊民の場合と同様、僧侶らを兵士へと仕立て上げることをも容認し、ただ実施上注意すべきこととして、かれらの来歴を明らかに把握したうえでなければ、倭寇側の密偵が紛れ込むのと防止できない、と見ているのである。また、胡宗憲はいわゆる「武僧」を徴集し兵力とした。当時その武芸によって天下に知られた僧侶としては、まずは少林、ついで伏牛、さらには五台が存在した。これら三地に属する仏刹は百余座に達し、そこに住まう僧は多数にのぼり、寺に忍び込む盗賊を取り締まるとともに、外敵の侵入をも防御した。そこで胡宗憲は朝廷に武僧徴用命令をくだすよう提言した。胡は仏刹こそは「誠に精兵の淵藪なり(65)」と考えており、それゆえに、嘉靖年間、自身が浙江において親しく倭寇と戦った際、僧兵を杭州の禅寺にて育成したのである(66)。この前例に倣ってか、嘉靖三二年（一五五三）、倭寇が黄陂を攻め落とした際、杭郡守たる孫氏は頼るべく精兵を保有していなかったため、都督万鹿園らと謀り、僧兵二百名を昭慶寺で養成したのである(67)。

倭寇が蘇松海浜に侵入、攪乱し相継いで上海太倉を襲撃した際、馮恩は「上閣部諸公書（倭奴）」の中で、蔡可泉がかつて僧人や徒食の民を募集し、敵に抵抗した事実を、次のとおり取り上げている。

僧人外道なりと雖も、其の用ふべきを訪むれば、亦た必ず礼を以て之を迎へん。而うして十四府三州智勇の士、招集略ぼ尽きたり。故に太倉に守備を解き、宝山等の処の水戦の勝あり。僧兵義勇にして白沙八囲等の処の陸戦の勝あり。……故に今、蘇松を保つに虞れなきを得たるは、斯れ須らく皆な公（訳注：蔡可泉）の力なるべし。

乃者、虚懐もて肯て之が中に延攬するに、偶雑ふるに遊食の士を以てするも、固より已に其の報効の力を獲たり。(68)つまり蔡可泉が僧侶、外道や徒食の民を徴集し、兵とするのを排斥しなかったため、倭寇に打勝つことができ、ひいては蘇松一帯を守ることが出来たというものである。なお、この戦役について馮恩はその「四義僧舎利碑銘記」の中で、一層詳しく記述している。これによれば、嘉靖三二年（一五五三）春、倭寇が太倉を襲撃し、つづいて上海をも略奪し、無人の野をゆくがごとく行く先々で都市全体の住民を虐殺し、家々を焼払い、強盗略奪し、男女とも凄惨な死を遂げ、傷を負う者もまた無数であった、という。時の巡撫彭草亭、蔡可泉が相継いで守備軍の指揮に当ったものの、このままでは到底賊兵の勢いをとめられないのではないかと憂慮していた。幸いにも蔡可泉が少林僧兵らの義勇ぶりを耳にしたので、杭州都督万鹿園に親書を寄せ、礼をもって彼ら僧兵を現地へ請い迎えたい旨を説き、地方政府の経費を費やしてこれを募集せんとした。そこで、僧官たる月空が、少林僧天員らを説得したところ、彼らもこの募りに応じ、天員らは総計百余人の僧兵を率いて加勢した。やがて同年六月六日に至り、洋上に賊船があらわれるや、月空はまず、僧兵数人を率いて追撃し、賊船三艘を撃沈せしめた。一一日には韓懲が朱楊ら先鋒隊を派遣して倭寇を撃ち、僧兵がこれを後援した。一二日の八囲の戦に際しては僧兵が再度参加し、倭賊らを討伐した。一三日、倭賊は白沙湾に至ったので、僧兵らの司令官たる僧月空は、衆僧に対し次のように諭告した。

汝等日夜飲食せざるも、自ら餒うること毋れ。賊の衆僧を虐殺するや、勢、倶に生きず、当に汝が父母本来の元気を発し、偈もて生を貪り以て堕落するを戒めたるを忘るること無かれ。僧ら曰く、「諾す」と。皆な目を怒らせ皆を裂きたり。月空、身づから先づ馬を躍らせ、大呼して曰く、「賊を殺さん」と。衆奮つて戈を撃ち、賊の喉を穿ち、刀もて賊の骼側を剸ること十余人なり……。(69)

僧月空は杭州虎跑寺の僧であり、仏教で説かれる貪生の戒め、すなわち生死を超越し、死をも畏れないという精神に立ちつつ、衆僧らへかかる信念を打倒倭寇の勢いに応用すべく激励したのである。その間、月空の徒弟了心と賊との格闘が起き、同門の兄弟子僧徹堂、一峯、真元が応援にきたが、四僧はみなこの戦役で陣没してしまった。馮恩は上記「舍利碑銘記」の中で、この四人の犠牲を嘆くとともに、かれらの事蹟を以下のとおり称揚している。

嗚呼！僧本と緇流にして、西方の教を習ふ。中国に君父あるは、与からざるなり。月空、心性の上乗に超然たるを了悟し、乃ち能く君父の道を以て其の徒を率う。其の徒翕然として君父に急げり。生者は艱を済ひ、死者は道を善くす。心々相印し、生きては順に、死しては安し。豈に昌黎の所謂「墨名にして儒行する者」に非ざらんや！

政府は、四名もの僧侶が朝廷のために尽力し尊き犠牲となったのを見て、公帑をもって埋葬し、石碑、祠を建てた。同時に馮恩をして「四僧異端なるも、我が常道を明らかにす。身を捨てて迷はず、円寂覚妙なり。海上の清風、輪廻の大造、死者は奚ぞ愧じん。生者は則ち傚はん（原文：四僧異端、明我常道、捨身弗迷、円寂覚妙、海上清風、輪廻大造、死者奚愧、生者則傚）[70]。」とする碑文を撰述せしめた。その大意は、異域の教えを信奉する僧侶が自らの国のために身を捨てたのである以上、日ごろから君父の教えを薫習された世人は一層その精神を手本とせねばならぬ——というものである。

鄭若曾の「僧兵首捷記」では、僧天員の武勇果敢な功績に対する詳述と、それへの表彰とに重点を置いており、具体的には、僧天員は、翁家港での勝戦に際し、「智謀紀律、古の名将の風あり」と賞賛されている。天員は経律論の三蔵に精通し、用兵の秘訣として、まずは自身の心を穏やかにしなければ、到底落着いて策略を練ることなどできない、と考えていた。彼が倭寇への応戦を指揮した際は、まことに臨機応変を極めた布陣ぶりであった[71]。鄭若曾はまた、「勒功三誓」の中で、蔡可泉が少林僧天員に命じ僧兵を率いて倭寇を討伐殲滅せしめたとき、「僧は異教なり。一戦何ぞ道ふに足らんや！」と批判する者がいたことを伝えている。鄭若曾はこれには賛同しかね、僧天員が翁家港および白沙湾で倭寇に打勝たなければ、明兵の士気を揚げることなどもとより不可能だったと考えていた。それというのも、朝廷は長期にわたり東南沿海に多くの武臣を養成しておりながら、いざ倭変が相継ぐや、明軍はおよそ三十七度もの連戦連敗を重ねる、というていたらくであった。それゆえ、僧天員が翁家港の戦役にて勝利を収めてのち、明軍の「兵気漸く奮ひ、捷音漸く多し。実に天員の一戦、以て之を倡くことあればなり」(72)という見方が、ここに成り立つのであった。こうした叙述からして、鄭若曾は天員ら僧兵に非常に高い評価を与えていた、ということが知られよう。

しかしながら、一部の人は依然として僧兵徵集の戦術、および僧兵の国家安全への貢献を肯定できなかったのである。士大夫層にあっては、儒者の立場からする僧侶への軽視心理が強くはたらいていた。たとえば顧炎武は、「能く干戈を執り以て疆場に扞げば、則ち其の髠徒たるを以て之を外くを得ざらん」(73)と述べている。つまり僧侶を対倭寇の防備から外すべきではないとの考えである。にもかかわらず、彼は「髠徒」という言葉を用いており、ここには彼の僧侶全般を「藐視」する日ごろの潜在意識があらわにされていよう。また、僧兵を徵集することの妥当性を疑う者もおり、これをよい機会と見て、僧兵の力量に好感を寄せる士大夫を追い落とそうという動きも見受けられた。たとえば前述の蔡可泉は、僧兵を招き倭寇を防御せしめるうえで大きな功績を立てたが、やがて政敵から攻撃を蒙り、せっかくの策略も政敵によって「指して関漏と為し、美を玄白に翻じ、直ちに言路に風聞せらるるに至り、論疏罷官せらる」という結果を招いた。つまり、蔡可泉の機智に富んだ僧兵募集は餉糧の濫用と見なされたのである。

こうした争議をへつつも、抗倭という政府の立場からすれば、武僧の力を借りて倭寇を防御することは、依然として有効な応変措置であり、一面では僧侶が逃亡して盗賊、倭寇になるのを防止するに足り、また別の一面では武僧の力を直ちに朝廷、社会へと貢献せしめ、社会秩序のさらなる悪化を阻止するに至ったと言えよう。

四、寺僧の社会救済活動の参与とその限界性

倭乱は東南沿海地区に動揺と不安をもたらし、仏寺や僧侶も一般庶民らと同様に甚大な被害を被った。嘉靖三八年（一五五九）、倭寇は永泰城を攻落し、白雲三峰寺を破壊した。寺僧百余人は殺戮しつくされ、寺産もまた略奪された[74]。倭賊の家屋強奪、焼殺略奪により、死者の骨は野を埋め尽くし、飢饉、災疫がそれに続いた。その惨状は当時の文献史料に次のように描写されている――「官府民舎を焚き、大掠すること数日」、「数年来、田畝遏られて莽区と為り、民に儲穀なし」、「逃生して入城するも、飢ゑて以て斃るを待つのみ。瘟疫盛行し、死するも相枕藉す」等等[75]。政府にとってはいかに人々を救済し、社会復興を進めるべきかが急務となった。嘉靖二三年（一五四四）、泉州に大旱魃が発生し、翌二四年（一五四五）には折しも海寇警報が発せられた。その結果、穀物を運載する商船は海賊を恐れて敢えて出航せず、泉州は飢餓困窮に陥った。知府兪咨伯は自ら訪察し、貧家の貧窮の程度をつぶさに観察し、それぞれの惨状に合わせて食糧を賑給し、また積極的に粥を炊いて貧民を救済した。のみならず、商船を誘致して食糧を運ばせ、城内へ補給した[76]。しかしながら、政府はつねに積極的に次から次へと対応できたわけではない。欠糧、飢饉、疾病、離散、死傷などおよそ災難として考え得るものすべてが倭寇の襲撃とともに次々とふりかかり、政府がなすすべもない窮地に陥ってしまったのもまたやむを得ないことであった。嘉靖三九年（一五六〇）には、倭寇が福建福清県城外に出没し、翌四〇年（一五六一）には、各地の庶民が城内に避難し、立錐の余地もないほどであった。当時の文献史料はその様子を「寺院、仏堂、儒学門下、城門の空処、弥之れあらず」と描写している[77]。政府にはこれら難民の仮の住まいをしっかり配慮する暇もなかった、ということが知られよう。結局、孤立無援の庶民は四方に逃亡させるほか

はなく、かくて寺院、仏堂、儒学、城門など、彼らを暫時収容、避難できる場所へ逃げ込ませるに任せたのであった。しかしながら、このような避難所は所詮は一時的なものに過ぎなかった。まもなく、充分な救済物質と人力とを彼らのために提供できるかどうかという問題が浮上した。衆生救済を旨とし、慈悲を理念とする仏寺では、一時的には難民を収容できたものの、倭寇が東南沿海をほしいままに略奪、焼討ちした際には、仏寺とてその災難を免れることはできなかった。泉州府では嘉靖四一年（一五六二）、郡城に瘟疫が発生した結果、「人死するもの十の七にして、市肆、寺観には屍相枕藉し、闔戸にして一人の存するなきものあり。市門倶な閉ざされ、敢へて出づるものなきに至れり」という惨状が至るところで見受けられた。かくて翌年には、穀価高騰により、多くの人が餓死したのであった。[78]仏寺道観でさえも屍骸がいたるところにころがっており、深刻な物的損害を被り、そこに住まう僧侶・道士自身が露命をつなぐことすら難しく、救済事業など、もとより行うすべがなかったのではなかろうか。

およそ救済活動は、しかるべき組織や、系統性とを有する計画が立てられ、かつ同様の運営がなされなければ、その効果をあげることは難しい。この時代、東南沿海地区社会を覆っていた問題は非常に深刻であり、政府は全面的な対応には窮していた。その結果、社会救済に関しては、減税、米価の安定などの政策面からの対応しかなし得ず、具体的には例えば、穀倉を開いて貯えていた糧食を与えたり、あるいは公共事業を行い、報酬を与えることで救貧事業に代えたり、といった政治的な方向性をもつ対策を施行するばかりであった。被災地に深く立ち入っての慰問や、治療、あるいは無数の死傷者および被災者へのケア（生存者の受け容れと死者の埋葬）など、苦しむ民衆とじかに接触するような救済活動は、その多くを民間慈善団体による救援に頼っていたのである。

上述の晩明慈善事業において、政府は財力、人力および施行効率の不足から、多くの面で地方郷紳にその実務的、かつ具体的な処理を委託するようになっていた。晩明という時代は、社会の急激な変動により、道徳、思想、経済などの各方面の発展において、明中葉以前の伝統価値の枠組みと社会秩序とが大きく揺るがされ、同時に災害の頻発した時代であった。また、いわゆる「経世致用」の学にあっては、各流派が積極的に自己の流派にない要素を新たに受け入れ、自己を改造しつつ、社会から見放されないためには、社会へ向けての具体的な善行は、不可欠の宣伝ポイントであり、さらに自己の思想的流派を社会において有用な学問たらしむるうえで、すぐれて重要な利器となっていた。それゆえ、善の思想の提唱、善書印刷の流行、およびいわゆる「善会」組織が各地で相継いで設立され、ひいてはいわゆる新宗教も続々と出現した。これらはいわば、社会の大変動下における所産であるといえよう。また、社会を無秩序にまで至らしめず、ある程度まで安定した社会秩序を保つうえで、慈善事業の社会的な需要性はさらに高まり、階級間の対立と矛盾を緩和するうえで相当の役割を果たしたのである。こうした善思善行を促進するという理想を掲げた運動において、団体と団体、宗教と宗教とが相互に協力し連絡し合ううえで、いわゆる「三教合一思想」は重要な役割を果たし、各団体、もしくは各宗教が相互に美点を吸収し、協力し合うという成果をもたらした。しかしながら、各団体や各宗教が相互に競争するという情勢は依然として存在していたのである[79]。

民間慈善活動についていえば、関連組織と救済活動の大半は、郷紳の提携協力によって成り立っていた。また、慈善事業の指導権は、これも大半が郷紳階層によって掌握されていた。彼らがかくまで慈善救済に関心をもったのは、関連する先行研究によれば、これによって自己の属する階層の社会全体へのコントロールを実行し、同時に自己の社会的地位をより強固なものたらしめんがためであった。そのため、晩明の社会救済事業の発展情勢を概観する限りでは、仏教はあくまでもこうした動きの一環であるにすぎず、仏教の手にした資源と主導権とは、はなはだしく圧縮される、ということを余儀なくされていた。伝統的な中国社会にあって、仏教は社会救済事業において当然主要的な役割を果たす存在と見なされていたはずである。ところが、この時代においては、その存在価値については、「不耕不蠹」、「人に衣食す」、「斯民の蠹と為す」といった批判が時として加えられ、とりわけ、しばしば儒者の批判と中傷を受けた。為政者の仏教無用論、もしくは仏教軽視といった態度に反駁する形で、陳継儒（一五八八―一六三九、号は眉公）は「論仏」をものした。彼はその中で、仏教は政府の救済政策の不備を補うに足り、社会救済のための役割を充分発揮できるとして、その冒頭、「仏氏は、朝廷の大養済院なり」と指摘している。そして、仏教の社会救済における大きな働きを強調し、仏教こそは儒家のいわゆる「天下為公」の大任を分担し、「鰥、寡、孤、独、廃疾者皆な養ふ所」あらしめるものであると判じ、「仏家は儒家の労を分かてり」[80]と結論づけている。

ここで確実に言えることは、儒仏の慈善救済における紛争は、その根源が儒仏それぞれの勢力の対峙と競争とにあったということである。この点に関して、秦崗は以下のように指摘している——「吾聞く、古の君子にして仏教の為に攻輸する者あり」、「仏教の為に守墨する者あり」、「説く者各相下らず。而うして近日、眉公陳氏（陳継儒）更に『朝廷の大養済院たり』との説を剏め、以て之を解脱せんとす」と。これらの見解からも知られるように、陳継儒が提出した「仏教は朝廷の大養済院たり」との見解は、主として仏教を弁護し、かつは従来の儒者の批判に反駁せんがためのものであった。それゆえ、秦崗は仏教が自活自立さえできるのであれば、おのずと儒教との矛盾は解消され、相互に攻撃しあう必要もないであろうとして自己の論説を締め括っている。[81]晩明における儒仏の争いにおいて、仏教は依然として社会救済における役割に欠けているという理由で儒学者からの攻撃を受け続けていた。例えば、晩明において「同善会」組織の普及に尽力した陳龍正（一五八五―一六四五）は、以下のように、仏教を非難している。

乞食募縁は本とより是忘（妄）相なり。然るに是れ法を立つるものにして、大いに窒礙を滋くせん。人々耕さずんば、誰か僧食を舍てん？人々織らずんば、誰か僧衣を舍てん？其の濫觴たるや、実情は放利なるに、名を勧善に借り、方且に己が為に孽を造らんとす。反るに「人に代はりて福を種う」と云ふ。毎に見る、慳夫刻子の事を逐つて皆な慳なるに、仏事を作さば偏に慷慨す。人を待つこと皆な刻なるに、和尚に遇へば肯へて周旋するを。只だ是れ其の紿く所を為すのみ。(82)

彼のこの非難は、主として救済活動に際しての僧侶の姿勢を攻撃するものである、と言えよう。(83) 陳龍正のこうした批判たるや、前代までの一般的な儒学者による仏教論斥の見解を越えるものではなく、仏教におけるいわゆる「乞食募縁」の非をとがめたものである。すなわち仏教は、長期にわたり士大夫層からは「耕さずして食い、織らずして身に纏う社会の蠹虫である」との批判を蒙って来た。仏教は善行を勧めるが、実のところは功徳に起因する利でもって人心を誘惑したに過ぎない、というわけである。さもなければ、「凡そ窮困に在らば、同に憐憫すべし。豈に鬚に縁つて髪を去き、之に飯せば便ち陰功あり、一切の在俗の窮民は、之を済ふも便ち福報なし」という仕儀となろう。ゆえに陳龍正は、仏教が目に見える浅薄な利益によって善行を誘導しているに過ぎず、その社会的な弊害は実に「病膏肓に入る」ものと強く糾弾しているのである。

仏儒両教ともに社会救済を実践していたが、儒家は仏教で説かれる善行というものに対し、陳龍正の事例に見るように深い異見と攻撃性を捨てなかった。また、仏教そのものも倭乱による痛手を深く負わされ、多くの仏寺が破壊され、寺院経済が困窮に陥った結果、寺僧らは寺では生活できず相継いで逃亡し、寺院の社会に対する救済能力もまた大幅に萎縮してしまったのである。避難民のために空間を確保し彼らを収容したり、あるいは彼らを寺院に呼び寄せ、粥など食物を与えて救済したところで、こうした救災活動における主導権は決して寺院にはなく、寺僧は終始協力者たるにとどまった。馮京兆は倭寇侵入時、地方官吏が僧兵を徴集して防御に当たらしめた際、単独で俸糧を携え僧兵を労った。そしてその状況を自ら次のように回顧している――「公家の士女の倭を避けて徙る者は、皆な為に廬を授け餐を伝へ以て之を済ふ。大饑疫にして粥を南禪寺に煮て饑者に哺し、薬を剤し以て疫を治する者にして全活する所も甚だ衆し」[84]と。すなわち、南禅寺で粥を炊いて飢民を救済した際、馮兆京こそは救済に必要な物質や財力などを寄贈した主体者であり、活動の管理運営上のさまざまな権限はあくまでも馮兆京の手に握られていたのであり、これに対し寺院は単に空間と人力とをごく受動的に提供するにすぎなかったのである。

倭乱は庶民を飢饉、死傷、温疫のどん底へと陥れた。このような苦痛に満ちた社会経験をへて、例えば林兆恩（一五一七―一五九八）のごとく、新宗教を創始した者も現れた。林の場合は三一教を創立し、彼ら自身が実際に現場での救済活動に従事することによって、被災者らからの信頼を勝ち取ったのである[85]。林兆恩は元来、福建興化府莆田人であり、代々官吏の家柄であった。倭寇が莆田を襲撃した際、多くの死傷者が発生し、疫病の流行も引き起こされた際、彼は家財を傾けて救済活動を行ったのである[86]。文献史料によれば、嘉靖三四年（一五五五）、「倭夷、乙卯より莆に入り、浸淫して壬戌に至り、已に八年なり。諸郷村の貧病者、率ね各衙門及び各寺観に散処し、而うして餓殍纍然として道に載す」[87]とある。また、『三一教主夏午尼林子本行実録』では、嘉靖三五年（一五五六）、「時に疫気盛行し、人多く病歿す。教主始めて田を鬻ぎ棺を造りて以て之に施す。是の歳より以て常と為す」と記されている[88]。同書にはまた、嘉靖三九年（一五六〇）には倭寇が莆田城外で猖獗を極めた結果、「寇を避くる者は城中及び寺観に散処して其の数を知らず。率ね地に踞して寝む。又た饑餓を加ふ。教主毎に銭米及び草薦を具へ、以て之に施す。貧病咸な焉を徳とす」[89]とも記されている。つまり、多くの難民が城中および寺観に逃げ込んでも依然として飢餓に悩まされており、そこで林兆恩は銭米や薦などの救援物質を避難民へ施したのであるが、これに対し仏教はといえば、彼ら避難民が暫時とどまるための空間を提供したに過ぎなかったのである。

嘉靖四〇年（一五六一）冬、「倭夷は城に迫り、疫癘並に臻る。死せる者相枕し、棺は徧く施し難し」という凄惨な状況であった。こうした状況下、林兆恩は莆田城の内外が屍骸で埋め尽くされているのを見て、黄仕欽、林兆居、呉三楽ら七十余人に請い、翌四一年（一五六二）に至り、賃金を与えたうえで、城の内外の死体を処理し、男女別に分けたうえで、二千二十余体を太平山に埋葬した。同じく嘉靖四一年（一五六二）正月、北京の僧無聞、漳州の僧静圜、平海、浄円ら十余人に請うて莆城内外の屍を荼毘に付し、埋めた屍骸は五千余体にのぼった。また、僧雲章らに命じて八ヶ月余りを費やして約一万余体もの屍骸を処理した[90]。同年五月に至り、南北の海上にかなりの数の屍骸が浮上した。そこで再び僧雲章、道士何州ら十余人に命じて約四千余体もの死体を埋葬せしめた[91]。嘉靖四二年（一五六三）に至り、倭寇はようやくにして莆田から撤退した。そこで、林兆恩は田地を売り、僧法従ら十八名とともに莆城内外に横たわる死体の火葬を献策し、かつは実行に移した。かくて、約四千余体を南北河尾二山に埋骨し、また百余の骨を埋葬した。四三年（一五六四）春、許夢筆、呉夢龍、僧明珪ら十人に命じ仙遊村に赴かせたうえ、そこに横たわっていた死体八百余体を埋葬せしめた[92]。

林兆恩は数回にわたり出資し、僧俗の雇人に莆田、仙游などにおける遺骨埋葬を核とした慈善活動を命じている。その際埋葬した白骨に関する数量の記載は、林兆恩一代の慈善行為を特別に褒めたたえるべく、多少の誇張が施されているかもしれない。しかしながら、林兆恩の救済活動においては、あくまでも彼の指揮上の自主権が保持されており、これに対し、寺院僧侶はそれに従属し、白骨を埋葬するという救済活動に補助的に協力していたに過ぎない。僧侶は義務的な支援活動であれ、報酬を媒介とした雇われであれ、三一教主たる林兆恩が推進したこの活動にあっては、脇役的存在であった。しかしながら、その間における両者相互の協力と参与は、第一に、民間宗教と仏教との境界の曖昧さや、両者の平素からの協力関係をよく物語っている[93]。前者は後者のもともと持っていた救世済民の功能の一部を分担、あるいはそれに取って代ったとも言えよう。第二に、明代の寺院が救済事業において、独立してそれを進めるにははなはだ力を欠いていたということを、両者相互の協力と参与は改めてよく物語っていると言えよう。趙献海は林兆恩の疫病流行に際しての治療活動や、貧民救済の具体的な行為の数々を賞賛しているが、このことは同時に趙のいわゆる「官府、寺院、富戸の無為」を傍証していよう[94]。

仏寺における物質の欠乏はその救済能力を縮小せしめた。しかしながら、限りある資源条件のもと、仏教は依然としてできるかぎりの救済資源を提供してもいた。空間、人力面における支援以外に、晩明四大高僧の一人・憨山徳清（一五四六―一六二三）は、万暦二一年（一五九三）、山東大飢饉により死者が溢れた際、徳清が住持していた海印寺では、寺に貯蔵していた斎糧を全て付近の被災者に分け与えた。しかしながら、量的になお足りなかったので、人を船で派遣して遼東へ赴かしめ、そこで豆数百石を買わしめたうえ、これを救済にあてた[95]。その後徳清は嶺南に放逐され、万暦二四年（一五九六）三月一〇日雷州に到達し、城西の古寺に駐錫した。その夏、大飢饉が発生し、疫癘が猛威をふるい、しかも長い年月にわたり雨が降らなかった結果、数えきれないほどの死者と病者とが発生した。こうして雷州城内外には屍骸が積み重なり野ざらしとなっていた。七月に至り、徳清と孝廉柯氏は民衆に死体を収拾させたうえ、数万体もの亡骸を埋葬し、かつ済度の法会を執り行った。そして、翌万暦二五年（一五九七）正月、再度雷州城で多数の死者が出て、その亡骸が野ざらしとなっていたため、徳清はこれまた再び収拾せしめたうえ、遺骨数千余体を埋葬し、亡者のために七日七晩にわたり済度の法会を執り行った。

徳清の救済活動と林兆恩のそれとの最大の違いは、経費の出所であった、と言えよう。文献史料の記載によれば、徳清は地方人士の出資に頼ることで、はじめて屍を収拾埋葬するという義挙を実行に移せたのである。これなくしては、実のところ何もできなかったと言っても過言ではない。事実、万暦二八年（一六〇〇）税吏があちこちに出没して人々から重税を取立て、官も民もともに言語に絶する苦しさを味わい、加えて倭乱の危険が迫り、人心が動揺を極めていた際、徳清は弟子たちを解雇し、門を閉ざして外との往来を謝絶せざるを得なかったのである[96]。このように、徳清のような高名な僧侶ですら、自身の身命を維持しがたいという状況下、どうして積極的な救済活動など企てられようか。一方、林兆恩は自己の属した一門の裕福な経済を基盤として、政府からは独立した形で救済活動を指揮することができたのである。

このように、仏教は救済活動におけるそれまでの主要な地位をしだいに失っていった。しかしながら、救済活動中に物故した被災者らのために済度法会を執り行い、その霊魂を慰めることもまた、仏教においてはすぐれて重要な慈善救済活動であった。これも実に仏教が大災害や戦乱において人々から最も期待され頼られた点であった。崑山の張大復（一五五四―一六三〇）は、その祭文「景徳寺請設招魂禳疫」の中で「十方の災疫は必ず妙覚の等慈に仗り、大地の遊魂は法施を渇仰して普度せらる」と述べている。各地に災疫が発生したその瞬間から、人々は仏陀の平等なる慈悲の力を仰がねばならず、大地にさまよう霊魂は、仏法の施しを仰ぐことによってはじめて解脱を得ることが叶うのである。万暦三六年（一六〇八）崑山県で発生した災疫とその惨状、および宗教的な善後策について、この祭文には次のように記載されている。

惟ふに我が崑山県は戊申の稽天よりして後、疾沴横行す。景徳の界は、冬春相染りて由り以来、病屍は道に載せ、今に迄るまで猶ほ熾んなり。天意未だ回らず、嘆ずるに彼の重泉は仏慈の憫れむ所なり。茲に本司僧会広清あり。仰いで長者の布金に藉り、用つて善果を倡き、府に僧寮を率ゐて修懺せしめ、本因を味まさず。徒衆三七人、水陸五昼夜なり。時維れ七月、金火に乗じて以て陽神を助け、節、中元に届りて蘭盆を潔うして幽帶を飽かしめん。上、邑長の焦憂を体して永く幽冥を塗炭に釈かんことを。今生に作す者は衆徳を植え、本とより多人之を助け、無上法を満たせり。在々に不思議の智力を蒙り、生々に大解脱の神通を具へんことを。[97]

この史料からも知られるように、崑山県では伝染病により無数の死者を出し、その蔓延はすこぶる熾烈であった。そこで僧会司たる広清は衆僧を率いて懺悔の行をおこない、かつ水陸法会を五日五晩にわたり催し、死者と生者との双方のために済度、消災にいそしんだ。併せて地方官の焦慮を低減し、かつは多くの人心を慰め、社会秩序の安定を期そうとの願いを込めた法会だったのである。

五、おわりに

本稿では、倭乱に際しての仏教の境遇、およびその朝廷、社会のために尽力奉仕し得た部分と、非力もしくは非常な制限を受けた点について、それぞれ考察を加えた。さらに、明代仏教が社会救済事業のなかでなぜその伝統的な主役的地位をしだいに失っていったかを解明するとともに、政府側あるいは民間救援団体へ多方面からの脇役的な支援、協力をするようになったかという歴史的要素をも解明した。倭乱を通じて、仏教は寺院空間やそこに住まう僧侶、さらには寺院資産といった面で、倭寇による侵入、襲撃、略奪による甚大な害を蒙り、のみならず、政府側からも焚寺あるいは占拠といった深刻な圧迫を時として蒙った。こうした点で、寺院もまた現地の多くの民衆と同様、多重的な破壊と打撃とを蒙ったのである。さらに、流民、盗賊が寺院に逃れ込み、にわか僧侶になるなどして、東南沿海地区の仏教は存続の重大な危機にさらされた。そのほか、寺田は土地の有力者からの略奪にしばしば遭い、加えて政府による軍餉の強制徴収に遭遇し、しかも政府が構築した軍事防衛系統に協力を余儀なくされた。このような数々の打撃をへて、仏教は倭乱によってもたらされた深刻な社会的衝撃に対し巧みに身を処するということができなかったばかりでなく、はなはだしきは衰退や荒廃、腐朽を余儀なくされたのである。こうして経済的に衰退した仏寺は、災苦にあえぐ庶民を救済するにはもはや十二分な力量を欠いており、その欠如は覆うべくもなかった。さらに、儒学者、郷紳士大夫層が社会救済活動において仏教への対峙者および競争者として立ちふさがった。また、新宗教も出現し、仏教が発揮できる空間は、以前に比すれば格段に制限、縮小されるに至ったのである。

一方で、政府側は倭を防御するための兵力が必要であり、社会の下層に蠢く徒食の民を兵士として召集するという応急的な措置を推進した。その目的は、徒食の民が盗賊や倭寇となってしまうのを防ぎ、かつは社会秩序の悪化を防ぐことにあったのである。さらには、彼らの社会に対する不満やマイナスの情緒を緩和し、これを転じて朝廷へ尽力し、社会へも奉仕する力へと化せしめる、ということにあったのである。この時、僧侶が兵士に応募したのは、おりしも仏教が社会救済において無力であった際である。このような手段をかりて、仏教はみずからが依然として社会に利益をもたらし、大衆を護衛するに足ることを示したとも言えよう。

もとより全体的に見れば、倭乱は仏教の社会救済能力を著しく低下させたけれども、仏教はなおも限りある資源を活用しつつ、引き続き苦しむ庶民への救済活動に尽力したのである。とりわけ、受難者の心を慰めるということは、仏教においてその済世救民のわざの重要かつ核心的な価値を占めていた。それゆえに、これこそは世人が苦難に遭遇した際、仏教の取る態度の中でも最も注目を集める点であった、と言えよう。思うに仏教の社会救済事業における役割にどのような変化がおきようとも、衆生を済度し、離苦得楽をもたらす、という慈善概念こそは、その慈善事業において、公的権力や民間の有力者、さらには新宗教にも伍し得る相当程度の地位を保たしめた要因であったのである。

注

(1) 田中健夫『倭寇――海の歴史』(教育者出版社、一九八八年)「一六世紀の倭寇の活動と特質明の倭寇対策」、頁一四八。;謝君「析倭寇小説」、蒙古師範大学『語文学刊』第四期(呼和浩特:語文学刊編輯部、二〇一〇年四月)。

（2）陳子龍（明）選輯『皇明経世文編』巻二二七、鄭暁（明）「重大倭寇乞処銭糧疏」（北京：中華書局、一九六二年）、頁二三六〇a。
（3）陳子龍（明）選輯『皇明経世文編』巻三三二、王世貞（明）「倭志」、頁三五五六b。
（4）何愈（明）、張時徹（明）修、嘉靖『定海県志』（明嘉靖刊本影印による。『天一閣蔵明代方志選刊続編』上海書店、一九九〇年、第二九冊所収。）巻九、「禨祥」、頁八〇九―八一〇。年代的に嘉靖三二、三六年という差違が認められるものの、人物および事件関連の記録は一致している。
（5）夫馬進『中国善会善堂史研究』、「第一章　善会、善堂以前―明代の養済院を中心として」。梁其姿『施善與教化：明清的慈善組織』、「導言」、頁三。さらに分析したものは同著（訳注：後者）「第二章　明末清初民間慈善組織的興起」頁五七―六九が挙げられよう。さらに、拙著『明代仏門内外僧俗交渉的場域』（台北：稲郷出版社、二〇一〇）「仏門医薬的社会服務与教化」等が挙げられる。
（6）采九徳（明）『倭変事略』（『叢書集成』初編収録、北京：中華書局、一九八五年）「采常吉倭変事略序」、頁一。
（7）采九徳（明）『倭変事略』巻一、頁四。
（8）采九徳（明）『倭変事略』巻一、頁六。
（9）采九徳（明）『倭変事略』巻二、頁三三。
（10）采九徳（明）『倭変事略』巻二、頁三五。
（11）采九徳（明）『倭変事略』巻二、頁三五―三六。
（12）采九徳（明）『倭変事略』巻四、頁七〇。
（13）王在晋（明）『海防纂要』（『明代基本史料叢刊・鄰国巻』北京：線装書局、二〇〇六、第六一冊所収）巻七、「足兵餉」、頁五五八。
（14）福建地区においては、一般に仏寺を「××岩（がん）」と称す。
（15）明万暦一五年（一五八七）、この「重建騎龍岩記」が撰述されている。（丁荷生、鄭振満編纂『福建宗教碑銘彙編・泉州分

冊（上）』福州：福建人民出版社、二〇〇三所収）、頁一二四。
(16) 永泰県志編纂委員会編『永泰県志』（鄭樑生編校『明代倭寇史料（四）』台北：文史哲出版社、一九八七所収）「大事志」、頁一六四五―一六四六。
(17) 朱珪修李抜纂（清）『福寧府志』（『中国方志叢書』、台北：文成出版社、一九六七、第七四冊所収）巻三五、頁七二〇a―b。
(18) 徐景熹修魯曾煜纂（清）『福建省福州府志』（収入『中国方志叢書』第七二冊）、頁三八七。
(19) 王亨彦編輯『普陀洛迦新志』（『中国仏寺史志彙刊』台北：明文書局、一九八〇、第一輯第一〇冊所収）、巻五、陳九思（明）「題海潮寺新賜護国鎮海禅寺額詩」、頁二八〇。
(20) 王在晋（明）『海防纂要』巻八「禁通番」、頁六七二。
(21) 徐一智『明代観音信仰之研究』（嘉義：中正大学歴史系博士学位論文、二〇〇七）「第八章　地域名山與觀音：明代普陀山観音信仰（上）」、「第九章　地域名山與觀音：明代普陀山観音信仰（上）」。これら両章では、明代における普陀山観音信仰や、同地の寺院の沿革興廃、僧侶の進出ぶり、さらには教乱、倭乱との関係について、多くの文献を運用しつつ、詳細な解析を加えている。とりわけ、四四四―五五五頁を参照されたい。
(22) 周応賓（明）『重修普陀山志』（『中国仏寺史志彙刊』第一輯第九冊所収）巻二「建置」、頁一三九。
(23) 何愈（明）、張時徹（明）修、嘉靖『定海県志』（明嘉靖刊本影印による。『天一閣蔵明代方志選刊続編』上海：上海書店、一九九〇、第二九冊所収）巻九、「寺観」頁八四八。年代的に嘉靖三二、三六年という差違が認められるものの、人物および事件関連の記録は一致している。
(24) 王亨彦編輯『普陀洛迦新志』巻五、汪鏜（明）「重修宝陀禅寺記」頁二四〇。
(25) 王連勝主編『普陀洛迦山志』（上海：上海古籍出版社、一九九九）「普陀禁約」頁一六七。
(26) 呉樹虚（清）『大昭慶律寺志』（『中国仏寺史志彙刊』第一輯第一六冊所収）巻一「胡宗憲昭慶寺碑（徐渭代作）」頁三三六。
(27) 王亨彦編輯『普陀洛迦新志』巻十「芸文・通元重修宗譜序」、頁五三八。

(28) 鄭若曾（明）『江南経略』（『景印文淵四庫全書』台北：台湾商務印書館、一九八三、第七二八冊所収）巻二上「守城輿論」頁八二。
(29) 鄭若曾（明）『江南経略』巻二上、〈守城輿論〉、頁八三。
(30) 鄭若曾（明）『江南経略』巻二上、〈守城輿論〉、頁八三。
(31) 鄭若曾（明）『江南経略』巻二上、〈守城輿論〉、頁八三―八四。
(32) 鄭曉（明）『鄭端簡公文集』（『明代基本史料叢刊・辺疆巻』第九八冊所収）「與彭草亭都憲・禦倭」、頁一五二、一五五。
(33) 明万暦四二年（一六一四）の撰述である。「紫雲檀越祠四安祭祖族食記」（丁荷生、鄭振満編纂、『福建宗教碑銘彙編・泉州分冊（上）』所収）、頁一六四。
(34) 釈元賢（明）『泉州開元寺志』（『中国仏寺史志彙刊』第二輯八冊所収）「碑記・檀越裔孫雲南副使黄文炳書」、頁一三八。
(35) 明万暦二三年（一五九五）蔡一槐撰「開元寺弭災頌功徳碑」（丁荷生、鄭振満編纂、『福建宗教碑銘彙編・泉州分冊（上）』所収）、頁一三一。
(36) 何愈（明）、張時徹（明）修、嘉靖『定海県志』（明嘉靖刊本影印による。『天一閣蔵明代方志選刊続編』上海：上海書店、一九九〇、第二九冊所収）巻八、「物土志・兵費」、頁八〇〇、八〇二。
(37) 張国維（明）『呉中水利全書』（『文津閣四庫全書』北京：商務印書館、二〇〇五、第一九二冊所収）巻一四「凌雲翼請設水利臺臣疏」、頁四三二。
(38) 葉春及（明）『石洞集』（王雲五主編、欽定四庫全書珍本』台北：台湾商務出版、一九七四、第五集所収）巻四「版籍考」、頁一三a―b。
(39) 葉春及（明）『石洞集』巻四「版籍考」、頁三六a―b。
(40) 竺沙雅章「明代寺田の賦役について」（小野和子編『明清時代の政治と社会』京都：京都大学人文科学研究所、一九八三所収）なお、「郭霦」を「張霦」と誤植した個所が認められる。頁五〇四―五〇四。
(41) 『明世宗実録』巻五一〇、嘉靖四一年六月丙辰條記載、頁八三九六。

(42) 顧炎武（明）『天下郡国利病書』（『四庫全書存目叢書』台南：荘厳文化出版、一九九六、史一七二冊所収）「興化府志・寺租充餉縁繇」、頁四四三b。
(43) 顧炎武（明）『天下郡国利病書』「興化府志・寺租充餉縁繇」、頁四四三b。
(44) 釈眞樸（明）重修『重修曹渓通志』（『中国仏寺史志彙刊』第二輯第四冊所収）巻一「香火供奉」、頁一二一―一三二。同書巻四、王用汲（明）「復南華寺田碑記」、頁三五五―三五八。同書巻四、陳大猷（明）「復六祖香灯田碑記」、頁三五九―三六二。同書巻四、黎邦琰（明）「復寺田碑記」、頁三六四―三六五。
(45) 徐𤊹（明）『雪峰志』（収入『中国仏寺史志彙刊』第二輯七冊）巻六「紀田産」頁、一六二―一六三。
(46) 徐𤊹（明）『雪峰志』巻八、陳一元（明）「繕修雪峰寺募縁疏」、頁二〇九。
(47) 徐𤊹（明）『雪峰志』巻八、謝肇淛（明）「遊雪峰記」、頁二一七。
(48) 釈元賢（明）『泉州開元寺志』「碑記・田賦志」、頁一八〇。
(49) 崔嘉祥（明）『崔鳴吾紀事』（鹽邑志林本影印に拠る。『叢書集成・初編』北京：中華書局、一九八五所収）、頁四六―四七。
(50) 釈元賢（明）『泉州開元寺志』万暦一四年（一五八六）陳挙賢記「碑記・重修曾炉寺記」、頁一五四。
(51) 程文挙（明）編『仰山乗』（明万暦三九年刊本。『中国仏寺史志彙刊』第二輯二二冊所収）巻一「檀施」、頁一一七。
(52) 崔嘉祥（明）『崔鳴吾紀事』（鹽邑志林本影印に拠る。『叢書集成・初編』北京：中華書局一九八五所収）、頁五七―五八。
(53) 朱珪（清）修、李拔（清）纂『福寧府志』巻三五、頁五三七。
(54) 王在晋（明）『海防纂要』巻八「詰奸細」、頁六二二。
(55) 袁褭『袁永之集』（『明代基本史料叢刊・邊疆巻』第一〇〇巻所収）「詰盗議・海盗」、頁三七―三八。
(56) 舟山史志課題組撰「明朝舟山海商研究」（『舟山史志』第二〇〇二年第一―二期、二〇〇二年一二月）を参照されたい。この論考では、舟山群島が明朝の対外貿易における重要拠点であったことを指摘し、それがゆえに東南沿海の商人（あるいは海寇と称す）、日本商人（倭寇）などに占拠されるに至った経緯をつぶさに分析している。これによれば、海上貿易に従事する海商はただ明朝の海禁法令を破っただけで不法な海賊だとみなされ、その結果「商人でもあり盗賊でもある」という二重の身分となり、さらにいえば、盗賊であり商人であり、かつ倭寇とも見なされるに至った。いずれにせよ、その身分は、朝廷の法令によって定まるものであり、行為それ自体によって直ちに右記三者のいずれか一つと見なされたわけではないのである。

(57) 鄭曉『鄭端簡公文集』「與彭草亭都憲・禦倭」、頁一五三。
(58) 鄭舜功（明）『日本一鑑』（収入鄭樑生編校『明代倭寇史料（七）』）「窮河話海」、頁二八四九。
(59) 列港は政府から貿易港として許可されている地である。
(60) 鄭舜功（明）『日本一鑑』「窮河話海」、頁二八五〇。
(61) 茅坤（明）『茅鹿門集』（《明代基本史料叢刊・邊疆巻》第九九冊所収）、頁二一五―二一六。
(62) 茅坤（明）『茅鹿門集』、頁二一六―二一七。
(63) 茅坤（明）『茅鹿門集』、頁二一七。
(64) 徐獻忠（明）『徐長谷文集』（『明代基本史料叢刊・鄰国巻』第六四冊所収）「與郡守論守備事宜」、頁五三。
(65) 胡宗憲（明）『籌海図編』巻一一「僧兵」（『文津閣四庫善書・地理類』第一九四冊所収）、頁二六五。僧兵の徴用については王俊奇「關於明朝嘉靖〝僧兵抗倭〟問題的商権」を参照。（『成都体育学院学報』第二二巻、一九九六年第一期）、頁八一―八三。程大力、張卓「抗倭僧兵：少林寺僧？少林派僧？」（『体育文化導刊』第二二巻、二〇〇七年二月）、頁七七―八〇。
(66) 沈翼機編纂、嵇曾筠監修『浙江通志』（『文津閣四庫全書』第一七七冊所収）巻一七三「呂光午」、頁三三七。
(67) 鄭若曾『江南経略』巻八下「僧兵首捷記」、頁四六〇。
(68) 馮恩（明）『馮侍御芻蕘録』（『明代基本史料叢刊・邊疆巻』第九八冊所収）「上閣部諸公書（倭奴）」、頁四〇―四一。
(69) 黄宗羲（明）『明文海』（国立故宮博物院蔵本影印に拠る。『景印文淵閣四庫全書』台北：台湾商務印書館、一九八三所収）巻四六七、馮恩（明）「四義僧舍利碑銘記」、頁一〇。
(70) 黄宗羲（明）『明文海』巻四六七、馮恩（明）「四義僧舍利碑銘記」、頁一二。僧天員が僧兵を率いて蘇松杭州一帯の抗倭戦争に参与した詳細については、鄭若曾『江南経略』巻八下「僧兵首捷記」頁四六〇―四六二を参照されたい。

(71) 鄭若曾『江南経略』巻八下「僧兵首捷記」、頁四六〇―四六三。
(72) 鄭若曾『江南経略』巻八下「勒功三誓」、頁四六四―四六六。
(73) 顧炎武『日知録』（上海：上海古籍出版社、一九九二）巻二九「少林僧兵」、頁一〇四二b。
(74) 永泰県志編纂委員會編『永泰県志』（鄭樑生編校『明代倭寇史料（四）』所収）「大事志」、頁一六四六。
(75) 劉佑（清）督修『南安県志』（鄭樑生編校『明代倭寇史料（四）』所収）「雑志」、頁一五六三―一五六四。
(76) 陽思謙（明）輯『泉州府志』（鄭樑生編校『明代倭寇史料（四）』所収）「官守志・兪諭咨伯伝」、頁一五四三。
(77) 福清県志編纂委員会編『福清県志』（鄭樑生編校『明代倭寇史料（四）』所収）陳良璟（明）「倭難紀略」、頁一六五五。
(78) 金鋐（清）、鄭開極（清）纂修『康熙福建通志』（『北京図書館古籍珍本叢刊』北京：書目文献出版、一九八八、第三五冊所収）巻六三「雑記・泉州府」、頁二六七六―二六七七。
(79) 酒井忠夫『増補中国善書の研究（上）』「第三章　明代における三教合一思想と善書」では、以下のような観点を提示している――（一）晩明新仏教を支持した多数の居士らは、その三教思想において新仏教の三教思想と相当のかかわりを有している。（二）また、いわゆる「晩明四大高僧（真可、徳清、袾宏、智旭）」の教風は「禅浄一致、諸宗派合一、三教融合」という性格において共通している。（三）儒教、仏教と、それぞれ思想的な領域こそ異にしているものの、しかし両者は相互に排斥し合うのではなく、協力しあうべきものと考えられていた。こうした観点は、夫馬進も提示するところである。（四）なお、いわゆる『自知録』が撰述されたことは、三教融合の主張が宋元時期よりも一層進展したことを表すものと考えられる。頁三五一―三五二。王衛平、馬麗「袁黄勧善思想與明清江南地区的慈善事業」『安徽史学』第五期（合肥：安徽省社会科学院、二〇〇六年）では、以下のような指摘を見る――「（明末から清代に至るまで）善の思想は深く人心に入り、江南各地に慈善組織が林立し、各種の善書が大量に刊行された。これらの善書の多くは一般民衆の道徳規範を規定し、郷紳地主が自らの指導権を維持、保護するのに寄与した。その一方で、これら善書は郷紳階層に自己反省、自己制限を迫り、地方社会全体の福祉のため、とりわけ、民衆のために彼らに代わって為政者に請願することを促した。」頁五〇、ちなみに、関連研究として游子安『善與人同：明清以來的慈善與教化』（北京：中華書局、二〇〇五）等が挙げられる。

(80) 賀復徴（明）編『文章弁体彙選』（『景印文淵閣四庫全書』第一四一〇冊収録）巻七七二、陳継儒、〈論仏〉、頁七九一b—七九二a。関連論述は拙著『明代仏門内外僧俗交渉的場域』「第七章　寺産的経営與寺僧坐食形象的扭転」頁三〇七—三五九を参照されたい。

(81) 黄宗羲（明）『明文海』巻三七四、秦崗「琉璜里下庄菴自置庵田記」、頁六—七。

(82) 陳龍正（明）『幾亭全書』（『四庫禁燬書叢刊』北京：北京出版社、二〇〇〇所収）、巻二〇「学言詳記・習術」、頁一一一b—c。

(83) 黄森茂『晩明陳龍正郷村賑済思想與活動』（台北：国立台湾大学中文研究所修士論文、二〇〇六）、頁一〇三。

(84) 王世貞（明）撰『弇州続稿』（『文津閣四庫全書』第四二八冊所収）巻七六「馮廷尉京兆父子忠孝伝」、頁七九二。

(85) 林兆恩の倭乱における救済活動については、間野潜龍『明代文化史研究』（京都：同朋舎出版社、一九七九）、「第五章　儒仏道三教の交渉　第二節　林兆恩の出現」、頁四三三—四五四。趙献海「瘟疫與民間宗教——以林兆恩與三一教為例」（『中国社会歴史評論』二〇〇五年期数不詳）頁二五五—二六六を参照。

(86) 張洪都（明）述撰『林子全集』（『北京図書館古籍珍本叢刊』北京：書目文献出版社、一九八八所収）「林子行実」、頁一二〇五。

(87) 張洪都（明）述撰『林子全集』「林子行実」、頁一二一〇。

(88) 盧文輝（明）存稿、陳衷瑜（清）編『三一教主夏午尼林子本行実録』（《北京図書館古籍珍本年譜叢刊》北京：書目文献出版、一九八八、第四九冊所収）、頁五六八。

(89) 盧文輝（明）存稿、陳衷瑜（清）編『三一教主夏午尼林子本行実録』、頁五七一。

(90) 盧文輝（明）存稿、陳衷瑜（清）編『三一教主夏午尼林子本行実録』、頁五七二。

(91) 盧文輝（明）存稿、陳衷瑜（清）編『三一教主夏午尼林子本行実録』、頁五七四。

(92) 盧文輝（明）存稿、陳衷瑜（清）編『三一教主夏午尼林子本行実録』、頁五七六—五七七。

(93) 拙稿「従明代僧人著述観察仏教與民間信仰的関係——以釈宗本的『帰元直指集』為観察重点」（『亜洲研究』第五八期、香

港：珠海書院亜洲研究中心、二〇〇九年二月）では、晩明新宗教勃興の背景および仏教間の融合と対立の関係について分析を行った。頁一六一―一九〇。

（94）趙献海「瘟疫與民間宗教――以林兆恩與三一教為例」（『中国社会歴史評論』二〇〇五年期数不詳）頁二五八―二六一。また、兪黎媛「社会学視野下的三一教與明代社会」（赤峰学院学報（漢文哲学社会科学版））第三一巻第一〇期、二〇一〇年一〇月）において討論されている内容と観点は、趙献海の論と類似している。頁一〇―一五。その文中「倭乱において、莆田の道観万寿宮、梵宇鳳山寺、梅峰寺、東岩寺、広化寺、嚢山寺、迎福院、万寿庵、天泉庵および多くの祠廟で廃墟とならないものはなかった。〝倭寇〟を平定する過程において、軍餉の調達のため、興化などの寺院から田租を徴収したので、寺院の多くは負担に耐えられず零落してしまった。そして、〝倭患〟後、莆田寺院は施善の責任を負う能力もなくなったのである」と記されている。頁一二。

（95）釈徳清（明）撰、釈福善（明）日録、通炯（明）編輯『憨山大師全集』（『明版嘉興大蔵経』台北：新文豊出版社、一九八七、第二二冊収録）、巻三九、頁七一一。

（96）釈徳清（明）撰、釈福善（明）日録、通炯（明）編輯『憨山大師全集』、巻四〇、頁七一三。

（97）張大復（明）『梅花草堂集』（『続修四庫全書』上海：上海古籍出版社、一九九五、第一三八〇冊所収）巻一四、頁五七六―五七七。

備中州降倭十郎衛門
——明代中国における献俘式に関する一考察——

久芳　崇

はじめに

標題に掲げた降倭とは、主として豊臣政権の朝鮮の役（文禄・慶長の役、壬辰・丁酉倭乱。一五九二〜一五九八）において明・朝鮮両軍の捕虜となった日本兵を指す。降倭に関する研究は、これまでに豊富な朝鮮史料を活用した多くの研究の蓄積があり、朝鮮王朝におけるその実態が、人物比定を含め詳細に解明されている[1]。一方、これとは対照的に、明朝において降倭が如何に収容・処置されたのかという問題については、依然として多くの未解明部分が残されている。降倭が明・朝鮮両軍の捕虜となった日本兵全般を指すものであるとすれば、その全体像を解明する上で、明朝における降倭の実態についても、朝鮮のそれと同様、日本・明朝・朝鮮側各史料を網羅的に活用して、具体的事例を逐一博捜・紹介し、特に明朝による彼らの処置から如何なる意義を看取しうるのかを検討してゆくことが、重要な課題といえるだろう。

これに対し、筆者は、かつて明朝による降倭の処置について検討を行った。そして、明朝に収容・連行された降倭が主として、①経略（軍事総指揮官）主導により明朝へ送致された後、王朝組織に編入され、軍事拠点に投入された者、②明軍武将の麾下に家丁（私兵）として編入され、戦力として活用された者、③万暦二七年（一五九九）四月、明朝の朝鮮救援軍の凱旋にともない北京の紫禁城午門南面で開催された皇帝への捕虜献納儀礼たる献俘式において万暦帝に献納され、その後、西市へと連行・公開処刑された平秀政、平正成、要時羅ら六一名、に大別できることを明らかとした。(2)

本稿は、右の①～③とは別に、万暦二五年（一五九七）に明軍の捕虜となり、献俘式で万暦帝に献納されようとした備中州出身の十郎衛門と呼ばれる降倭について、彼の擒獲の事情を詳細に記す稀覯史料たる『刑部奏議』（後述）を利用して検討を加える。そして、これまでの研究では全く看過されてきた一降倭の事跡を明らかにするとともに、明朝による彼の処置の持つ歴史的意義について、若干の卑見を示すこととしたい。

一　献俘式の概要とその意義

冒頭で言及したように、十郎衛門は、一六世紀末、献俘式で万暦帝に献納されようとした降倭である。では、当該時期の献俘式とは一体どのようなものであり、そこに供出されることの意味は如何なるものであるのだろうか。

中国における献俘式に関しては、歴代王朝による実施状況を網羅的に概括した柏樺氏の研究をはじめ、幾つかの先行研究がある。(3) 筆者もかつて明代の献俘式、及びその開催手順や儀礼内容について若干論及した。(4) 以下、本節では、これら先行研究での考察に基づいて、明代における献俘式の概要とその開催の意義について簡単に整理してみたい。

献俘式とは、外征（異民族との戦争）終了後、軍の凱旋にともない実施される皇帝への捕虜献納儀礼のことである。

一六世紀の明朝において、献俘式はおおよそ以下の手順で実施された。まずはじめに、軍を統括する経略ら現場指揮官らによって戦争が終結したと判断された後、彼らにより戦場で捕獲した捕虜や鹵獲品の処遇に関して裁可を請い、献俘式開催を求める上奏文が提出される。なお、このことが戦争終結の端緒となることは留意すべき点である。それを承けて兵部も皇帝に裁可を仰ぐ。皇帝は刑部に対して捕虜の擬罪を命じ、礼部に対して献俘式の開催日の策定を命じる。実際の受俘に先駆けて、南北郊（天壇・地壇）、及び太廟に使者が派遣され戦勝報告が行われる。また、時には鹵獲品を街上に展示して庶民に一般公開する献獲式も行われ、皇帝受俘に向けて京の雰囲気は一層盛り上がりをみせる。(5)

紫禁城における皇帝への捕虜の献納は、まず文武百官が午門南面の儀礼会場に各々整列する中、乗輿した皇帝が凱旋の音楽の演奏とともに午門の楼閣に設けられた御座へ赴き南向きに座す。鴻臚寺の宣奏があり、ついで紅衣の捕虜が将校によって連れ出され、北向きに並べられ跪かされる。その後、刑部尚書が楼閣前の中道に進み出て致詞を読み上げ、皇帝にその処置、すなわち、捕虜を市において刑に処せんことを請う。皇帝は「拿去」と命じ、その言葉は左右の勲臣外戚から最末席に列する大漢将軍と称される巨躯の衛兵三六〇人へと順次伝達される。皇帝の勅旨が下ると諸官は午門に向かって五拝三叩頭し、鴻臚寺の跪奏で式が終結する。(6) 捕虜は午門の儀礼会場を出て、多くの観衆で溢れかえる中、西長安街から刑場たる西市へと連行され、そこで凌遅処死・斬等の刑が執行される。その首級は各地の要衝に送致され、晒される。

以上が一六世紀の明朝における献俘式の概要である。『明史』巻五七「礼一一・軍礼・親征」には、

洪武元年閏七月詔定軍礼。中書省臣会儒臣言……周制、天子親征、則類於上帝、宜於大社、造於祖廟、禡於所征之地、及祭所過山川。師還、則奏凱献俘於廟社。……唐仍旧典、宋亦間行焉。於是歴考旧章、定為親征礼奏之。

とあり、周代における廟社での捕虜の献納がその起源であることが語られる。楊寛氏によれば、西周～戦国時代における支配階層は、重要な決定や典礼を行う場として宗廟を建立したが、そこでは祖先祭祀や婚礼等の重要な典礼の他、戦争に勝利を収めた後には戦勝報告が、軍の凱旋後には捕虜の献納儀礼が行われたという(7)。こうしたことから、献俘式は、少なくとも西周以降、支配階層を中心に宗廟で行われたという宗主に対する告功・献俘にその起源を求めることができよう(8)。以後、春秋時代、また西晋や北魏において、皇帝への献俘が行われるようになる(9)。

歴代王朝により太廟が建設されるようになると、凱旋後における捕虜の献納は、太廟で実施されるようになる。例えば、『周書』や『隋書』所収の「献俘于（於）太廟」という記述は、北斉討伐後の北周や陳平定後の隋において、太廟での皇帝への献俘が行われたことを伝えるものである(10)。なお、鮮卑系の各王朝における献俘式の開催は、中国伝統の儀礼を実施することにより自らの正当性を誇示する狙いがあったともいう(11)。

宗廟に献納された捕虜は、多くが社で処刑されていた(12)。社には、天と地との結合点としての性格があり、捕虜の処刑は、支配階層による天への貢ぎ物という意味があったという(13)。一方、罪人の処刑は、主として市で行われていた。相田洋氏によると、古来より市は、交易の場という経済的側面の他に、社と同様、天への入り口という非経済的側面があり、人々は市で罪を犯して天の怒りを買った罪人を市で公開処刑し共餐することで、秩序回復を祈念した。市での公開処刑を棄市というが、それは罪人の天への追放を意味する。一般の民衆にとって市での公開処刑は、威嚇的な意味よりもむしろ祝祭的儀式としての意味があったという(14)。こうした社と市との共通する性格は、のちに捕虜の処刑が市で実施される一因となるものと想定される。

唐代における献俘式の実施状況については、妹尾達彦氏による詳細な研究がある(15)。妹尾氏によると、唐代後半以降、太廟での戦勝報告・捕虜献納行事の他に、皇帝が楼閣で受俘する事例が多くなり、皇帝への捕虜献納儀礼の場として楼閣・楼門が重要な役割を果たすようになるという[16]。穴沢彰子氏は、こうした事例の増加を、唐朝の求心力低下と関連づけて説明している。当該時期、周辺勢力の軍事脅威の増加に伴い、唐朝の権威は次第に低下する。官僚・民衆に対してその権威を誇示する必要性に迫られた唐朝は、敢えて民衆から見物可能な、見られる場たる楼門で献俘式を行うことで、その権威回復を企図したという[17]。楼門南面に設置される儀礼会場に文武百官が整列し、門外に多くの民衆が押し寄せる中、皇帝が楼閣に出御し、捕虜が献納される。場の峻別によって役割の差異が明確化される一方、民衆の参加によって、唐代後半の献俘式は、他の皇帝親祭儀礼同様に一般化・世俗化され[18]、広汎な階層を包摂する開放的で祝祭的な性格を持つ儀礼となった。献納後の捕虜の処刑が社ではなく市で行われるようになるのも[19]、献俘式の祝祭的な性格を一層濃厚にさせた。

本節冒頭で述べた一六世紀、明朝における献俘式は、唐代後半におけるそれをほぼ継承したものであり、敢えて皇帝を官僚・民衆の視線に晒すことで、彼らに対して王朝支配の正統性を付与し、その権威回復を企図するための役割を担っていたといえるだろう。そのことは、以下に掲げる史料において示唆的である。すなわち、『宣祖実録』巻一一三、宣祖三二年（一五九九）五月辛未の条には、朝鮮王朝謝恩使として北京に赴き、朝鮮の役終結後に開催された献俘式に参列した韓応寅の書状が収録されている。

謝恩使韓応寅書状有曰、臣等進行、見礼邢軍門、解送平秀正等六十一人。皇上親御午門、献俘訖、仍受賀。臣等亦参賀班。同日遣官、祭告郊廟。皇上深居静摂、不接臣民、至於十余年之久。而今因沈閣老掲請、勉強出御。在庭軍校、瞻望龍顔、或有垂涕祝寿者。礼部題請、例賜臣等賞物、皇上特下別旨曰、該国王宜有回賜、爾部裏査擬来看。……将平倭献俘之由、頒詔天下、臣等受欽賜蟒衣彩段于礼部。

紫禁城内に引きこもり久しく臣民に顔を見せることのなかった万暦帝が、今回の献俘式では内閣大学士沈一貫の熱心な要請により出御した。会場の文武百官らは、皇帝の顔を望見し、なかには感激し落涙する者もあったというのである。中国周縁部における戦乱の頻発と長期化という軍事圧力の増加により、王朝の求心力が急速に低下した一六世紀末の明朝にとって、戦勝を誇示する献俘式の開催、なかでも楼閣への万暦帝の出御は、官僚・民衆に対する重要な権威回復事業であった。沈一貫が万暦帝に対して熱心に献俘式の参加を要請した理由もそこにあった。ちなみに、沈一貫の文集に所収される二つの掲帖[20]からは、彼が万暦帝に午門への出御と自身の随行とを献俘式開催直前まで求める様子が看取される。彼個人にとっても、皇帝に随行し献俘式に参加することは、栄誉であり自身の権威を高める効果があったろう。万暦帝の姿に感涙する武官の姿から、その効果の一端を看取することができる。

なお、柏樺氏によれば、明代において皇帝が実際に午門に出御して献俘式が開催されたのは、万暦年間の四度に限られるという。万暦一二年（一五八四）の緬甸（ビルマ）の首領莽瑞体の軍事進攻に伴う雲南の動乱終結後、同二〇年（一五九二）の寧夏における哱拝の乱終結後、同二七年（一五九九）の朝鮮の役終結後、そして同二八年（一六〇〇）の四川播州における土司楊応龍の乱終結後である。[21]当該時期の明朝の求心力低下とそれに伴う周縁部での戦乱の頻発、軍事緊張とが皇帝の出御を促したといえよう。

また、右の史料にみられるように、朝鮮の役終結後の献俘式に朝鮮王朝の謝恩使が参列している点は留意すべきであろう。言うまでもなく、彼らの参列は、救援軍を派遣した宗主国たる明朝への謝恩がその目的である。一方、明朝側からみれば、文武百官と同様に、朝鮮使節を参列させることにより、朝鮮の役の終結を共有させ、彼らに対し皇帝の神秘性・正統性、及び優越性を誇示する効果を期待したであろう。明朝にとって献俘式の開催は、軍事的優越を周辺諸国にまで知らしめるのみならず、価値観の共有による秩序維持の機能をも果たしたのである。[22]このようにみてくると、献俘式においては、皇帝・天への貢物としての捕虜の地位・身分が重要な要素となることがわかる。かつて拙

【図】　道光８年（1828）**の献俘式。『平定回疆戦図冊・午門受俘儀』**（故宮博物院編『清史図典・道光期』紫禁城出版社、2002年より）。

稿で考察したように、朝鮮の役後の献俘式において降倭の首魁として万暦帝に献納された平秀政は豊臣秀吉の養子、平正成はおそらくは寺沢正成として明軍により偽装された人物であった。また、島津義弘のものとされる首級も皇帝へ献納するために準備されてもいた[23]。こうした行為は、本節で述べてきたような献俘式の性格を鑑みれば必然のものであった。

以上、明代における献俘式の概要とその意義について確認を行った。なお、この献俘式は、清代に至るまで行われた。当初清朝では献俘式の規定・実施はなかったが、雍正年間に太廟への捕虜の献納、及び午門での献俘式が行われた[24]。以後、道光八年（一八二八）に至るまで、献俘式は重要な国家儀礼として実施された[25]【図】。この献俘式を最も好んだ皇帝の一人が乾隆帝である。ジュンガルなど数多くの外征を行った乾隆帝は、三度の献俘式を開催し、自らも積極的に午門に出御した[26]。乾隆帝がかくも積極的に献俘式を開催した理由は、自身の外征の成果を内外に誇示するとともに、古代より連綿と継続して実施されてきた中国伝統儀礼たる献俘式を継承して実施することで、清朝を中国歴代王朝の正統的な後継者として位置づけようとする意図があったものと想定される。

二　蕭大亨『刑部奏議』と十郎衛門

前節では、明代における献俘式の概要とその意義について概括した。本節では、献俘式で万暦帝に献納されようとしたという降倭十郎衛門について、まず関連記述が所収される稀覯史料『刑部奏議』について確認し、つぎに『刑部奏議』所収の十郎衛門の履歴、及び彼の処置の具体的諸相について論及してみたい。

『刑部奏議』の著者の蕭大亨（一五三二〜一六一二）は、字は夏卿、号は岳峰。山東泰安の人。嘉靖四一年（一五六二）、進士となり官界に進出して以降、宣大総督や刑部尚書、兵部尚書などの要職を歴任した。『刑部奏議』は、その題名が示すように、蕭大亨が刑部尚書在任期（一五九五〜一六〇四）に記した多くの奏議を彙集したものである。当該時期は、朝鮮の役、楊応龍の乱と辺境での戦争が相継いだ時期である。『刑部奏議』には、それら戦争に関連する重要案件、特にその過程で獲得された捕虜に関する幾つかの案件も含まれており、明朝による降倭の処置を知る上で、極めて貴重な情報を提供する根本史料であるといえる。

なお、蕭大亨の著作としては、宣大総督時代の経験から一六世紀後半におけるモンゴルの情報・風俗等を記した『北虜風俗』・『夷俗記』がよく知られている。一方、『刑部奏議』については、これまで殆ど知られておらず、僅かに『千頃堂書目』巻三一「表奏類」に、「蕭大亨蕭岳峰奏議十巻」とあるのみである（これが『刑部奏議』と同一のものであるかについては不明である）。この稀覯書が名古屋市蓬左文庫に所蔵されている。[27]『名古屋市蓬左文庫漢籍分類目録』によれば、寛永九年（一六三二）に購入されたとある。[28]一七世紀前半には既に日本へ齎された当該史料の価値は高いといえよう。

十郎衛門に関する記述は、『刑部奏議』巻二「訳審被擒倭将疏」（以下、「訳審疏」と略称）、及び「倭犯十郎衛門招由疏」（以下、「招由疏」と略称）に所収される。「訳審疏」・「招由疏」は、いずれも長文であり、特に後者は比較的複雑な構造を持つため、以下では、まずこれらの概要を示したい。

「訳審疏」は、万暦二六年（一五九八）五月二一日に提出されたものである。主として、山東清吏司（刑部の機関）の案呈（十郎衛門に関する調書の引用）により構成される。その内容は、万暦二五年（一五九七）一二月から翌年一月にかけて、激戦として朝鮮の役史上著名な蔚山の戦いにおいて捕獲した十郎衛門に関する訊問記録である。

ここで、蔚山での明・朝鮮軍と日本軍との戦闘の概要について、先行研究に基づいてまとめておこう。[29] 万暦二四年（一五九六）、日明間の講和交渉が破綻すると、日本軍は、再び朝鮮半島に進軍し、大量の軍隊を動員・派遣した（慶長の役、丁酉倭乱）。翌万暦二五年（一五九七）一〇月以降、日本軍は、朝鮮半島南部の沿岸地域において軍事・地域支配の拠点となる城郭（倭城）を数多く築いた。その城郭の主要拠点の一つが蔚山で、秀吉の命を受けた加藤清正、浅野幸長、宍戸元続、及び毛利氏らによって、同年一一月以降、普請が進められていた。一方、明軍側も日本軍の再進軍を承け、明軍最高指揮官たる経略邢玠を中心に攻撃態勢を整えた。そうしたなかで、一二月二三日未明、経理楊鎬、提督麻貴、副総兵李如梅・陳寅ら率いる明軍、及び都元帥権慄ら率いる朝鮮軍が蔚山城に到来し不意に攻撃を加え、俄に戦闘が開始された。その日、加藤清正ら日本軍の主要武将は、築城途中の蔚山ではなく、その南方に位置する西生浦にあって、蔚山には倭城普請に携わる一部の軍（その多くは毛利氏属下の兵）が城外仮営に駐屯していた。そこへ大砲等の重火器を大量に装備した明・朝鮮軍が大挙押し寄せ、一気呵成に攻め込んだ。初日は明軍が一方的に勝利を収めた。しかし、二三日夜半に明軍到来の報を受けた加藤清正らが西生浦から急遽駆けつけ、蔚山へ入城すると、戦況は膠着状態となり、籠城戦の様相を呈するようになる。蔚山倭城は、鉄砲を用いた守城に有用であったため、明・朝鮮軍は日本軍による鉄砲の掃射によって多くの犠牲者を出し、迂闊には城に接近することができずに攻めあぐねた。一方、蔚山倭城内の日本軍も兵粮・水の欠乏が甚だしく、日が経つにつれて餓死者・投降者が続出した。厳しい寒さも相俟って、城内はさながら地獄絵図の如き惨状であったという。両軍ともに激しく消耗したこの戦いは、翌万暦二六年（一五九八）一月四日、小早川秀秋、毛利秀元、黒田長政ら日本側の救援軍が相継いで到着することで一気に終焉へと向かう。これら救援日本軍との戦闘で、明・朝鮮軍は大敗を喫し、多くの歴戦の武将が死傷した。俄に劣勢となった明・朝鮮軍は、同日、蔚山北方の慶州へと退却し、最終的に明・朝鮮軍の大敗によって戦闘は終結した。以上が蔚山の戦いの概要である。

蔚山での戦いは、明朝では同年二月、経略邢玠によって戦勝として報告された。すなわち、『神宗実録』巻三一九、万暦二六年（一五九八）二月庚申の条には、

経略邢玠題蔚山之役、取城破寨、擒斬焚溺大小賊将一百余人、獲級一千二百有奇、與死於水火困困者不可勝計。……上曰、用兵以来、屢命相機進止。今両次攻堅鏚衆、国威大彰、養鋭再挙、誠得万全之策。邢玠督率忠勤、楊鎬親冒矢石、麻貴賈勇当先、倶不負朕簡任。

とあり、擒斬・焚溺した日本軍将領百余名、獲得首級千二百余り、戦死者無数との報告がなされ、続いて邢玠、楊鎬、麻貴に対し賛辞を送る万暦帝の上諭が記される。この上諭から、捷報を受けた万暦帝の並々ならぬ喜びを看取することができよう。十郎衛門は、蔚山での戦勝のいわば証として邢玠から兵部に移送され万暦帝に献納されようとしたのである。

さて、「訳審疏」の山東清吏司の案呈では、まずはじめに、邢玠による蔚山での戦勝報告がなされた後、十郎衛門

の処置を巡り万暦帝より下された聖旨（「這擒獲倭将十郎衛門、着送法司訳審、擬議具奏。」）が引用される。
つぎに、その聖旨を承け、十郎衛門に対して清吏司が通訳を介して訊問した際の記録が逐一列挙される。訊問記録では、最初に十郎衛門の簡単な個人情報が述べられ、

十郎衛門供称、衛門係日本備中州人、祖父倶莫利属下倭将。衛門見応副将名目、領兵三千。

とある。すなわち、十郎衛門の供述から、彼が日本備中州の人であり、祖父・父共に毛利属下の武将で、副将の名目で三千の兵を領していたという簡略な出自が知られる。その後、豊臣秀吉に関する以下の情報が記される。

関白平秀吉、原是旧関白名信長役使之人。幼年伶俐精細、旧関白信長甚為任用。信長於壬午七月内、為明智所殺。明智為作関白七日、為平秀吉所殺。平秀吉作関白、国王徒具空名、国事尽属秀吉掌管、得専征戦六十六島。

また、朝鮮の役開戦から十郎衛門が擒獲される状況へと続き、

至去年七月二十四日、衛門領兵三千、到蔚山駐札。十二月二十三日、天兵忽至蔚山奮勇、攻殺倭兵、不及措手、焼死淹死約有萬餘、衛門戦敗被擒。

とある。「去年」（一五九七）七月、十郎衛門は兵三千を領して蔚山に至った。明軍は一二月二三日に蔚山に至り、奮勇して日本軍を攻撃し、多くを焼死・溺死させ、十郎衛門を擒獲したという。
その後、朝鮮の役の比較的詳細な戦況が延々と述べられる。さらに、当時の日本の武器に関する状況について触れ、

及詢倭国器械、惟刀鎗鳥銃、極其精利、打造如法。凡倭民平日皆自佩刀、不止於兵士。而硝黄亦本国所産。

とあり、日本刀や鉄砲が精鋭であることや、火薬の原料となる硝石・硫黄が日本で産出されることなどが述べられる。
最後に日本軍の各武将名がリストアップされた後、「万暦二十六年五月二十一日題、奉聖旨」と記される。
「招由疏」は、万暦二六年（一五九八）六月に提出されたものである。山東清吏司の案呈を踏まえ、刑部が十郎衛門

に対して擬罪し、万暦帝に献俘式開催を求める内容となっている。その末尾には刑部の題奏に対する聖旨を載せ、当該案件に対する万暦帝の最終的な裁可が述べられる。

冒頭では、山東清吏司の案呈が引用される。まず、十郎衛門が戦場で擒獲され明軍総兵に送致されるまでについて述べ、

問得一名十郎衛門、三十六歳、係日本国備中州人。祖父倶係莫利属下。倭将衛門、父故十郎衛門襲替、領兵為将。状招、万暦二十五年七月内、平秀吉因倭衆屯聚釜山、與天兵　相持日久。又差十郎衛門、帯領本管倭賊三千、并各衆倭、駕船至釜山。與清正行長合営、督率倭衆、分兵復犯朝鮮。八月内、攻陥南原後、清正行長盤拠機張西生浦蔚山地方、衆倭因見、清正兵寡、各帯倭一万余衆、前来蔚山島山、朋修城寨、以図久住。至十二月二十三日、天明時分、忽報天兵来到。十郎衛門又不合同倭衆迎敵、被麻総兵各将軍馬両辺埋伏殺出、比十郎衛門戦敗逃走。天兵活擒殺傷倭奴数多、并獲盔甲刀鎗弓矢旗幟馬匹鞍杖等物、呈解総兵軍門。

とあり、十郎衛門の年齢（三六歳）などが知られる。つぎに、擒獲された十郎衛門が総兵麾下から兵部にその所管が移されることが述べられる。さらに、兵部左侍郎による献俘式の開催、及び十郎衛門に対する擬罪を請う万暦帝への題奏が引用され、その題奏に対する万暦帝の聖旨（「訳審疏」冒頭の聖旨と同一）が引用される。最後に、その指示に従い、十郎衛門は通訳とともに刑部に送致され、擬罪が確定すれば覆奏すべしとする兵部の咨文が引用される。以上が山東清吏司の案呈部分である。「訳審疏」所収の案呈を要約したものであろうが、そこにはない記述も含まれており、興味深い。

その後、刑部尚書蕭大亨らによって十郎衛門に対する以下のような擬罪が記される。

倭将十郎衛門、親提部落、作関酋之爪牙、大肆憑陵、張清行之犄角、致王師、遠従異域、使属国日思覆亡。幸仗

国威、屢収奇捷。雖兵行有節天誅、尚逭於渠魁、而先声奪人、臨陣已剪其羽翼。是宜献俘闕下、明正典刑、更当梟示、師中用警蠻脈。再照、平秀吉一日未滅、則皇上東顧之憂一日未舒。儻或暫緩衛門之誅、令其輸我情形之実、亦係今日用兵一策。已経兵部題議前来。相応覆請、恭候命下、或将逆犯十郎衛門、択日献俘梟示、朝鮮行兵処所、或暫緩行刑。倶候聖明、定奪施行。

すなわち、「逆犯十郎衛門」に対して、献俘式を開催して後にその首級を梟示するか、或いは豊臣秀吉討伐が未だ達成されない状況下において、刑の執行を延期するか。蕭大亨により以上の二案が題奏されたことが知られる。最後に、題奏提出日が記され（「万暦二十六年六月二十五日」）、それに対する以下のような聖旨が引用される。

這擒獲倭将、不必献俘。着正典刑、仍行梟示。

すなわち、十郎衛門について、献俘式は開催せずに、首級を梟示せよとの万暦帝の指示が下されたのである。以上の結果、最終的に十郎衛門は、万暦帝に献納されることはなく、おそらくは刑場たる西市において斬首・梟示されたものと想定される。

三　十郎衛門とは何者か

前節では、『刑部奏議』巻二「訳審疏」・「招由疏」に所収される十郎衛門の記述について確認を行った。本節では、かかる十郎衛門の存在が如何なる意義を有するのかについて、若干の検討を加えてみたい。

『刑部奏議』によれば、十郎衛門は、三六歳、日本の備中州の人であり、代々毛利氏の属下であったことが知られる。万暦二五年（一五九七）七月、副将として三千の兵を統率して日本から朝鮮へと渡海して蔚山に駐留し、同年一二月二三日、明・朝鮮両軍が蔚山を攻撃した際に明軍の捕虜となったとされる。また、加藤清正、小西行長と比肩しうる重要人物であることが強調されている。また、その他中国史料では、諸葛元聲『両朝平攘録』巻之四「日本・上」にも、

于二十三日、進攻蔚山。……生擒倭将一員。

とあり、当該戦闘で一名の武将が擒獲されたことが知られる。この「倭将」がおそらくは十郎衛門のことであろう。

しかし、日本側史資料では、管見の及ぶ限り十郎衛門に該当すると思われる人物を確認することはできない。一二月二三日の戦況を比較的詳細に記す大河内秀元『朝鮮物語』巻之中「我が軍の大敗並蔚山籠城手配の事」には、

十二月廿二日（明暦二三日）寅の刻終りの事なれば、諸人一炊の夢、未だ覚めざるに、大明の大軍不慮に出でて、左京大夫幸長、輝元が先手の大将宍戸備前守が陣所へ押入り、散々切りまくり、寝首を取って陣屋を放火し、山合へ引取りける。然る処に、常の地敵と心得て、一騎も残さず討取るべしと云ふままに、飛驒守（太田一吉）、左京大夫、宍戸備前守、加藤與左衛門尉、同與平治、近藤四郎左衛門尉人数を催し、其勢二万三千四余人、敵の跡を追って、十六七町乗出し、旌旗を備え、金鼓を打ち、互に足軽合せの合戦す。……左京大夫が軍勢は、川の曲の深淵に馬人共に追ひはめられ、半ば溺れて死にけり。宍戸備前守は、手の者数多討れ、白鳥の馬印敵方へ奪はれ、三村紀伊守等二三人を引具し、退きける。一吉は大河内茂左衛門尉只一騎、幸長は小田苅小三郎只一騎、召具し、馬印持一人、道具持一人、馬取二人づつ付いて引取りしが、余りに味方討ち死にす。……蔚山城近き所に、堀口一間余りの井溝あり、一吉、幸長又溝を後に当て、馬乗据ゆれば、馬印を見て、幸長の軍兵には、神部兵作、菅太郎助、亀田権兵衛尉など十騎計、一吉の軍兵には、近藤甚右衛門尉、岩間太郎兵衛尉、長田五兵衛尉、山崎喜右衛門尉、福地加右衛門尉など討泄れされて馳来る。（引用史料中における（　）は筆者による註記。以下同じ）

とあり、浅野幸長、太田一吉、宍戸元続ら蔚山を守備する日本軍の武将名、及び多数の戦没将兵の存在を知ることができる。また、同じく二三日の戦況を伝える『吉川家譜』一三には、より詳細に以下のように記述されている。

十一月ノ未明ノ大軍朝鮮ノ都ニ着陣ス。日本勢ハ釜山浦ニ至テ、諸将傳ノ城々ニ在番ス。蔚山ニハ加藤清正ヲ籠メ、大田飛騨守ヲ奉行トシ、浅野左大夫、幷ニ中国ヨリ完（宍）戸備前守、吉見大蔵太輔、日野上総介、冷泉民部大輔、阿曾沼豊後守、三刀屋監物、三村紀伊守、口羽十郎兵衛、和知庄兵衛、都野三左衛門、以下兵ヲアツメテ城普請ヲシケルカ、漸ク調ヒシユヘ、清正ハ西生浦ニ在テ、加藤清兵衛尉ヲ蔚山ニ籠ラレシカ、明兵寄来ルト聞テ、左京大夫、備前守、飛騨守、城ヲ出テ内廻リシケルニ、十二月廿二日（明暦二三日）、明兵備前守カ兵ヲ討ケレハ、備前守ヨク防戦スレモ、敵多ナレハ、豊後守三左衛門、民部大輔、其他備前守カ兵数百人討死ス。左京大夫モ数刻相戦ヒ、已ニ危カリシニ、亀田某、明兵先陣ノ将ヲ討ケルニ因テ、敵少々引退ク。

すなわち、二三日の戦闘で、毛利家家臣の阿曾沼元秀、冷泉元満、都野家頼、同じく毛利家家臣宍戸元続の統率する兵卒のうち数百名が戦没したことがわかる。

一方、これら日本側史料からは、『刑部奏議』に記されるような三千名程の兵を統率し、加藤清正、小西行長に匹敵するという高位の武将が相手側に投降し、或いは戦没したという記述はみられない。また、蔚山倭城の守備・戦没者の中に、十郎衛門という名の人物も一切見出すことができない。こうしたことを鑑みれば、十郎衛門は、万暦帝に献納する目的で明朝側によって偽装された可能性が高い。既に述べたように、皇帝に献納する捕虜は、相応の高位の人物が求められる。明軍側が蔚山での戦いを自軍の勝利として報告するには、その証として日本軍側の主要な武将を捕獲するか、或いはその首級を獲得する必要がある。すなわち、十郎衛門は、蔚山での敵将たる加藤清正に匹敵する大名クラスの武将として明軍側により偽装された人物であったといえよう。

ところで、蔚山の戦いは、朝鮮側史料でも確認することができる。そのうち、一二月二三日の戦況については、『宣祖実録』巻九五、宣祖三〇年（一五九七）一二月丁酉の条に、

提督接伴使張雲翼、都元帥権慄、経理接伴使李徳馨状啓、本月二十三日丑初、三協天兵一時自慶州、分三路前進。黎明左協先鋒直擣蔚山賊窟、佯北誘引、再次大戦、斬首五百余級、生擒倭将一名。盤問則清正往在西生浦云云。

とあり、また申炅『再造藩邦志』巻四にも、

二十三日……斬四百六十余級、生擒小将一人已而。

とある。すなわち、二三日の蔚山での戦闘において、一名の「倭将」・「小将」が明軍の捕虜となったことが知られる。当該日の蔚山の日本軍の主体は毛利勢であったことから、十郎衛門の実態は、毛利氏に属する「小将」であり、捕獲後に明軍により高位の武将たる十郎衛門として偽装されたものと考えられよう。『備中荘家文書』所収の「荘氏系譜」(30)には、一六世紀後半の備中において有力な豪族の一であった庄信資の事跡について述べ、

庄勝資記曰……文禄三年（一五九四）庄三治郎信資、其外舎弟宗右衛門直清、植木五郎兵衛尉、三将出陣有之内、庄三治郎信資家臣福井、若林、太田、平田、日野、川野、隅野、宗本、池田等ヲ始、室、湯浅、鈴木、長木、武村、蜂谷、下々ノ侍、都合五十余騎、大将信資一同毛利ニ随、冷泉民部ト相備ナリ、蔚山ノ外溝ニ居、漢南人ト戦テ討死ス、舎弟宗右衛門、植木五郎兵衛両人ハ堅固ニテ帰陣ス。

とあり、蔚山での多くの備中勢の戦没者を語る。投降は不名誉なことであったため、投降者や擒獲された者が史料に明示されることはなかったであろう。戦没者として処されたこれら多くの武将の中に十郎衛門に該当する人物が存在する可能性がある。

【表】万暦20年代における献俘式

開催年月	開催時期	献納された首級・捕虜	典拠
万暦20年（1592）11月	寧夏の哱拝の乱終結後（明軍により鎮圧）	哱拝の首級、及び哱承恩（哱拝の子）、哱承寵（同前）、哱洪大（哱拝の義子）、土文徳、何応時、陳雷、白鸞、陳継武等（総数不詳）	瞿九思『万暦武功録』巻1「寧夏鎮・哱拝哱承恩」 茅瑞徴『万暦三大征考』「哱氏」
万暦27年（1599）4月	豊臣政権の朝鮮の役終結後（日本軍の退却により終結）	平秀政（豊臣秀吉の養子として偽装）、平正成（寺沢正成？として偽装）、要時羅等（総数61名）	邢玠『経略御倭奏議』巻8「献俘疏」 蕭大亨『刑部奏議』巻2「倭俘平秀政等招由疏」
万暦28年（1600）12月	四川播州の楊応龍の乱終結後（明軍により鎮圧）	楊応龍の首級、及び田氏（楊応龍の妻）、楊朝棟（楊応龍の子）、楊以棟（同前）等（総数69名）	李化龍『平播全書』巻4「奏議・献俘疏」 蕭大亨『刑部奏議』巻4「播俘楊朝棟等招由疏」

四　十郎衛門と献俘式

前節で検討したように、十郎衛門は、加藤清正、小西行長と比肩し、秀吉の先鋒となりうるような高位の武将とは異なる、「小将」であることが想定される。万暦帝への捕虜献納に際し、勇名を以て広く知られた加藤清正、小西行長に匹敵しうる相応の身分の捕虜が必要とされたため、明軍側により偽装されたものと思われる。では、明軍側が十郎衛門を高位の武将として偽装し万暦帝へ献納する、その意図は如何なるものであったのだろうか。

ところで、上に掲げる【表】は、万暦二〇年代に明朝で実施された献俘式である。

『刑部奏議』所収の十郎衛門に関する明朝の一連の処置を、【表】で掲げた献俘式と比較した際、その特徴として、以下の諸点を挙げることができよう。

①戦争が完全に終結する前に献俘式が開催されようとしていた点。

②万暦帝に献納する捕虜が一名である点。

③最終段階において万暦帝が献俘式開催を不要とした点。

①について。通常献俘式は、戦勝報告を天下に告げる王朝儀礼であり、戦争終結後において、現場指揮官、及び兵部より献俘式開催の上奏が行われる。(31)

朝鮮の役が未だ終結しない段階において、万暦帝に捕虜を献納し献俘式開催を求めようとする行為から、捕虜を献納する側における何らかの意図の存在が想定されよう。②について。【表】で明らかなように、一般に献俘式では、比較的多くの捕虜が献納される。哱拝の乱終結後の献俘式では、総数は不詳であるが一〇名近く、朝鮮の役終結後と楊応龍の乱終結後のそれでは各々六一名、六九名の捕虜が献納されている。こうした事例と比較する際、献納される捕虜が十郎衛門一名というのは若干奇異に感じられる。つまり、①・②から、捕虜を献納する側（明軍）による献俘式の早期開催の意図が看取されるのである。とすれば、それは如何なる事情からであろうか。③について。献俘式が最終段階で中止される例は稀である。第二節で言及したように、『神宗実録』所収の上諭や、「訳審疏」で引用される聖旨から、当初万暦帝は、十郎衛門の受俘に決して否定的ではなかったと思われる。しかし、「招由疏」において、最終的に献俘式開催は不要とされている。とすれば、「訳審疏」提出（五月下旬）前後から「招由疏」提出（六月下旬）前後の期間に万暦帝の周辺で何らかの事情が生起したことが想定されよう。それは一体何であったか。

①〜③の特徴から措定される右のような一連の事情の検討は、それらを起因せしめる理由のみならず、十郎衛門処置の真の意義をも解明しうるものであると筆者は考えている。ゆえに本節では、こうした点について検討を加えてみたい。

十郎衛門の万暦帝への献納の準備が着々と進められていた万暦二六年（一五九八）六月上旬、経略邢玠幕下の参画主事丁応泰によってある上奏文が提出された。この丁応泰による上奏文提出と、それに纏わる一連の動向については、丸亀金作氏、李啓煌氏、鈴木開氏らにより詳細に検討されている。[32] 以下では、まずそれら先行研究に基づき、丁応泰による上奏文提出の全体状況について概括してみよう。

蔚山の戦いについては、第二節で述べたように、万暦二六年（一五九八）二月、明軍の勝利として報告された。しかし、その約四ヶ月後の同年六月四日、突如として丁応泰により当該戦闘が明軍の大敗であり多くの損失を出したこと、蔚山で明軍を指揮した楊鎬や麻貴、李如梅らが敗戦を隠蔽し戦勝として虚偽報告を行ったこと、彼らが加藤清正と密かに講和交渉を行っていたこと、さらに楊鎬が大学士張位・沈一貫とも密通していたことを弾劾する内容の上奏文が提出された。この上奏文提出の背景には、丁応泰と張位・沈一貫ら内閣との政治的対立、楊鎬、麻貴、李如梅ら対日主戦派と講和派との政治的対立、或いは南兵（浙江将兵）と北兵（遼東将兵）との論功行賞をめぐる対立など、明朝朝廷内や明朝の朝鮮救援軍内における複雑多岐に入り組んだ関係、及び蔚山の戦い以降進められた日明講和交渉の行き詰まりがあったとされる。加えて、楊鎬ら主戦派の失脚を危惧した朝鮮王朝が陳奏使を派遣して明朝を牽制するなど、その影響は決して少なくなかった。その結果、万暦帝の怒りに触れた楊鎬は経理の任を解かれ、明朝の対日戦略・体制は大きく変更されることとなった。

以上述べてきた丁応泰に纏わる一連の動向を踏まえ、十郎衛門の処置について再度確認すれば、蔚山の戦勝を弾劾した丁応泰による上奏文の提出が「訊審疏」提出後、「招由疏」提出前であったことがわかる。このことから、最終的に万暦帝が十郎衛門受俘を不要としたのは、丁応泰によって蔚山での戦いが明軍の敗戦であることが暴露されたことにその主因があるものと想定される。これまで述べてきたように、十郎衛門は、蔚山の戦いにおける明軍の戦勝を象徴する存在であった。その捷報が敗戦を隠蔽する偽りものであることを知った時の万暦帝の失望と憤怒の程は推して知られよう。もはや万暦帝にとって、十郎衛門は、忌々しくかつ虚しい存在として感じられたであろう。刑部から「招由疏」が提出された六月二五日の時点において、万暦帝のなかに、わざわざ午門に出向いて十郎衛門を受俘する気持ちは、既に雲散霧消してしまったに違いない。

このようにみてくると、十郎衛門を高位の有力武将に偽装して、皇帝に献納し献俘式開催を企図した明軍側の意図が、蔚山での戦闘を戦勝として万暦帝に報告する目的であることは明らかであろう。既に述べたように、万暦二五年（一五九七）一二月、講和交渉破綻を承け、再び日本軍が朝鮮半島へ大軍を派遣するようになると、明朝は経略邢玠、経理楊鎬、提督麻貴らを主体とする新たな布陣を編成した。邢玠ら明軍は、満を持して大軍を蔚山へと投入して戦闘に臨んだ。その大軍が結果的に日本軍によって退けられ、多くの損失を出したとき、邢玠、楊鎬ら明軍上層部が採用したのは、その大敗の隠蔽と戦争の早期終結であった。そして、それらをいわば既成事実として成立せしめるものが皇帝への偽りの捕虜の献納と献俘式開催であった。すなわち、戦争が完全に終結していないにもかかわらず、また献納するに足る地位・人数の捕虜が準備されていなかったにもかかわらず、ただ一名の「小将」を高位の武将に仕立て上げ、献俘式開催を請求したのは、こうしたことにその主因があったといえよう。

おわりに

本稿では、『刑部奏議』にその記録が所収される、十郎衛門と呼ばれる降倭について検討を加えてきた。その内容を要約すると以下のようになる。

『刑部奏議』によれば、十郎衛門は三六歳、日本の備中州出身で、代々毛利氏に仕えてきた人物であったとされる。万暦二五年（一五九七）、三千の兵を率いて朝鮮へと渡り、加藤清正らによる蔚山倭城築城に従事したが、同年一二月二三日の明・朝鮮軍と日本軍との蔚山の戦いの際に捕虜とされた。翌年六月、十郎衛門は皇帝への捕虜献納儀礼である献俘式を通じて万暦帝に献納されようとした。しかし、同月末、万暦帝は梟示を命じるのみで十郎衛門の受俘はせず、献俘式は開催されなかった。その結果、十郎衛門は市で斬首・梟示されたものと思われる。

献俘式が開催されなかったのは、同じ六月上旬、蔚山の戦いにおいて明軍が多くの損失を出したにもかかわらず、その事実が隠蔽されたことを弾劾する丁応泰の上奏文が提出されたことに起因するものであると想定される。経略邢玠、経理楊鎬ら明軍指揮官らは、蔚山の戦いで苦戦を強いられ、最後には退却を余儀なくされたが、万暦帝には戦勝として報告し、献俘式開催を請求した。同時に、緒戦において捕獲した降倭を高位の武将として偽装し、皇帝へ献納することで、蔚山での敗戦隠蔽を企図したのである。その敗戦隠蔽が暴露されたことで、十郎衛門を献じて戦勝を祝う献俘式は開催されなかったのである。

こうした捕虜の偽装が行われた背景としては、朝鮮の役における明軍の苦戦があげられよう。朝鮮の役とほぼ同時期に起きた一六世紀末の他の外征（哱拝の乱、楊応龍の乱）と比較して、朝鮮の役は唯一明軍の勝利により鎮圧・終結したものではなかった。むしろ、蔚山や泗川、露梁津での戦いなど、その終盤に至るまで明軍は日本軍に対して軍事的に劣勢に立たされる場面が多く、殊更苦戦の多い戦争であったといえる。こうした戦況に加え、万暦帝による厳格な責任追及と処罰とが行われる状況下[33]において、兵部上層官僚や現場指揮官らによって捕虜の偽装が行われたものと考えられる。さらに、戦争の対象が、漢語の通じない日本人であったことも、その偽装を行わせる大きな要因となったであろう。明朝による降倭の処置を検討する際には、こうした点をも考慮すべきであるといえる。

なお、既に述べてきたように、十郎衛門偽装の翌年、朝鮮の役終結後に行われた献俘式では、豊臣秀吉の養子として偽装された平秀政ら六一名の降倭が万暦帝に献納された。また、島津義弘のものとされる首級も皇帝への献納のために準備されていた。前年の十郎衛門献俘の失敗が、かかる高位の武将の捕虜・首級や多数の捕虜を必要とさせたものと想定される。十郎衛門の存在は、朝鮮の役後の献俘式に少なからぬ影響を及ぼしたといえよう。

註

（1）朝鮮の役における降倭に関する先行研究については、拙稿「朝鮮の役における日本兵捕虜――明朝による連行と処置――」（初出二〇〇三年、のち同『東アジアの兵器革命――十六世紀中国に渡った日本の鉄砲――』吉川弘文館、二〇一〇年に再録）六一頁註（2）、参照。

（2）拙著前掲『東アジアの兵器革命』。

（3）中国における献俘式については、高智羣「献俘礼研究（上）・（下）」（『文史』第三五・三六、一九九二年）、柏樺「午門献俘礼」（『紫禁城』二〇〇五年第三期、二〇〇五年）、郭旭東「甲骨卜辞所見的商代献捷献俘礼」（『史学集刊』二〇〇九年第三期、二〇〇九年）、参照。

（4）拙稿前掲「朝鮮の役における日本兵捕虜」、及び同「明朝皇帝に献納された日本兵捕虜」（初出二〇〇七年、のち拙著前掲『東アジアの兵器革命』に再録）。

（5）通常戦争で獲得された火器・兵器などの鹵獲品は、皇帝の裁可のもと、内庫に送られ収蔵されることになっていた。内庫に収蔵された火器と宦官との関連は注目されよう。

（6）一六世紀の紫禁城における皇帝への捕虜献納については、『明史』巻五七「礼志一一、軍礼、奏凱献俘」、正徳『大明会典』巻五一「献俘奏捷」、万暦『大明会典』巻五三「礼部一一・献俘」、及び『穆宗実録』巻五二、隆慶四年（一五七〇）一二月辛亥の条に詳細な規定がある他、実際に朝鮮の役後の献俘式に参加した朱国禎『湧幢小品』巻一「献俘」に概略が述べられており、それらの記述に基づいて復元した。なお、『穆宗実録』所収の記述については、川越泰博先生に御教示戴いた。記して感謝申し上げたい。

（7）楊寛「試論西周春秋間的宗法制度和貴族組織」（『古史新探』中華書局、一九六五年）一七三～一七四頁。

（8）高智羣氏は、甲骨文字の分析から献俘式の起源を周代からさらに遡らせ、殷代には既にその原型が形成されたと論じている。高智羣前掲「献俘礼研究（上）」一～七頁。

（9）楊寛前掲「試論西周春秋間的宗法制度和貴族組織」一七三～一七四頁、柏樺前掲「午門献俘礼」一五七～一五八頁。

（10）妹尾達彦「唐代長安の盛り場（中）」（『史流』第三〇号、一九八九年）六二頁、柏樺前掲「午門献俘礼」一五八～一五九頁、金子修一『中国古代皇帝祭祀の研究』（岩波書店、二〇〇六年）二八九頁、二九四頁。
（11）高智羣前掲「献俘礼研究（下）」二五頁。
（12）献納された捕虜の社での処刑については、小南一郎「社の祭祀の諸形態とその起源」（『古史春秋』四号、一九八七年）、相田洋『異人と市――境界の中国古代史――』（研文出版、一九九七年）、参照。
（13）小南前掲「社の祭祀の諸形態とその起源」三〇頁。
（14）相田前掲『異人と市』八八～一二九頁。
（15）妹尾前掲「唐代長安の盛り場（中）」。
（16）妹尾前掲「唐代長安の盛り場（中）」六三～六四頁。
（17）穴沢彰子「唐代皇帝生誕節の場についての一考察――門楼から寺院へ――」（『都市文化研究』第三号、二〇〇四年）一四～一六頁。
（18）金子前掲『中国古代皇帝祭祀の研究』三〇九～四三〇頁、等参照。
（19）献俘式後における市での捕虜処刑の起源は不詳である。例えば、武徳四年（六二一）、凱旋した秦王世民によって捕虜とされ長安に連行された竇建徳は、献俘式の後に市で処刑されており（妹尾前掲「唐代長安の盛り場（中）」五八頁）、唐代には既に実施されていたことがわかる。
（20）沈一貫『敬事草』巻五「献俘捷請御午門掲帖」・「御午門楼乞扈従面対掲帖」。
（21）柏樺前掲「午門献俘礼」一六四～一六五頁。
（22）明代における礼制とその共有、及び共有の意義などについては、岩井茂樹「明代中国の礼制覇権主義と東アジアの秩序」（『東洋文化』第八五号、二〇〇五年）、参照。なお、『宣祖実録』巻一二四、宣祖三三年（一五九〇）二月庚子の条には「弥島居沙乙火同、投入倭国、嚮導作賊。至是日本刷還。上御仁政殿、行献俘之礼。」とあり、朝鮮王朝による献俘式開催を伝えている。東アジアにおけるこうした儀礼の重層構造が有する意義は留意すべきであろう。

(23) 拙稿前掲「明朝皇帝に献納された日本兵捕虜」、参照。

(24) 柏樺前掲「午門献俘礼」一六六～一六七頁。

(25) 清代の献俘式に関しては、春名徹先生に多く御教示戴くとともに、【図】をはじめ多くの資料を賜った。記して感謝申し上げたい。

(26)『御製詩文十全集』巻四には、乾隆帝による「六月十八日午門献俘」と題する詩文を載せる。おそらくは乾隆二〇年（一七五五）における献俘式のことを記したものであろう。

(27)『刑部奏議』については、奥山憲夫先生に御教示戴き、その閲覧には名古屋市蓬左文庫に御配慮戴いた。記して感謝申し上げたい。

(28) 名古屋市蓬左文庫編『名古屋市蓬左文庫漢籍分類目録』（名古屋市教育委員会、一九七五年）。

(29) 蔚山の戦いについては、徳富猪一郎『近世日本国民史・豊臣氏時代己編・朝鮮役下巻』（民友社、一九二二年）が日本・中国・朝鮮史料を駆使して詳細に検討している。その他、主要なものとして、石原道博『文禄・慶長の役』（塙書房、一九六三年）、中村栄孝『日鮮関係史の研究（中）』（吉川弘文館、一九六九年）、李光濤『朝鮮「壬辰倭禍」研究』（中央研究院歴史語言研究所、一九七二年）、李烱錫『壬辰戦乱史（中巻）』（東洋図書出版、一九七七年）、鄭樑生『明・日関係史の研究』（雄山閣出版、一九八五年）、北島万次『豊臣秀吉の朝鮮侵略』（吉川弘文館、一九九五年）、中野等『秀吉の軍令と大陸侵攻』（吉川弘文館、二〇〇六年）、村井章介「朝鮮史料から見た「倭城」」（『東洋史研究』第六六巻第二号、二〇〇七年）、等参照。

(30) 藤井駿・水野恭一郎編『岡山県古文書集』（共同印刷製本、一九五三年）。

(31) 万暦『大明会典』巻一七八「刑部二〇、献俘」には、「凡兵部及出征官、献俘奏行。礼部題奉欽依、咨行刑部、知会候献俘之日。刑部官回奏、候旨行刑。」とある。

(32) 丸亀金作「朝鮮宣祖朝に於ける明丁応泰の誣奏事件（一）・（二）」（『歴史学研究』第八巻第九号・第一〇号、一九三八年）、李啓煌「慶長の役の最末期における「丁応泰誣奏事件」と日・明将らの講和交渉」（初出一九九五年、のち同『文禄・慶長の役と東アジア』臨川書店、一九九七年に再録）、鈴木開「丁応泰の変と朝鮮――丁酉倭乱期における朝明関係の一局面――」

（『朝鮮学報』第二一九輯、二〇一一年）。

(33)　万暦帝による官僚に対する厳格な責任追及と処罰、特に朝鮮の役開戦時に兵部尚書の地位にあった石星に対するそれについては、別稿において詳細に検討する予定である。

天台僧南光坊天海の自筆書状について

宇高良哲

はじめに

南光坊天海は江戸時代の初期に徳川家康・秀忠・家光の三代の将軍に信任の厚かった天台宗の僧侶である。日光東照宮や寛永寺の創建など近世の天台宗教団の発展に尽力した高僧である。本論では天海の経歴やその果たした役割などを問題にするのではなく、これまで長年にわたり私が収集してきた天海の発給文書を整理する過程で生じた疑問について論じてみたい。具体的には天海の発給文書を私は平成二十三年五月現在で総点数三六六点確認している。その中で写真版、または影写本で二五七点、その筆蹟を確認している。これらの中には同一人の筆蹟とは思われない発給文書が多数あることに気がついた。そのため一体どれが天海自身の筆蹟なのか判断に迷ってきた。そこで本論では多くの天海の発給文書の写真版を提示しながら、どれが天海自筆の発給文書であるか、思い切って私見を述べてみたい。主観的な判断に陥り易いため、できるだけ客観的に考察したいと考えている。そのため論文の性格上、今回の執筆要項から逸脱する表組みや写真版の多い論文となることを御容赦いただきたい。

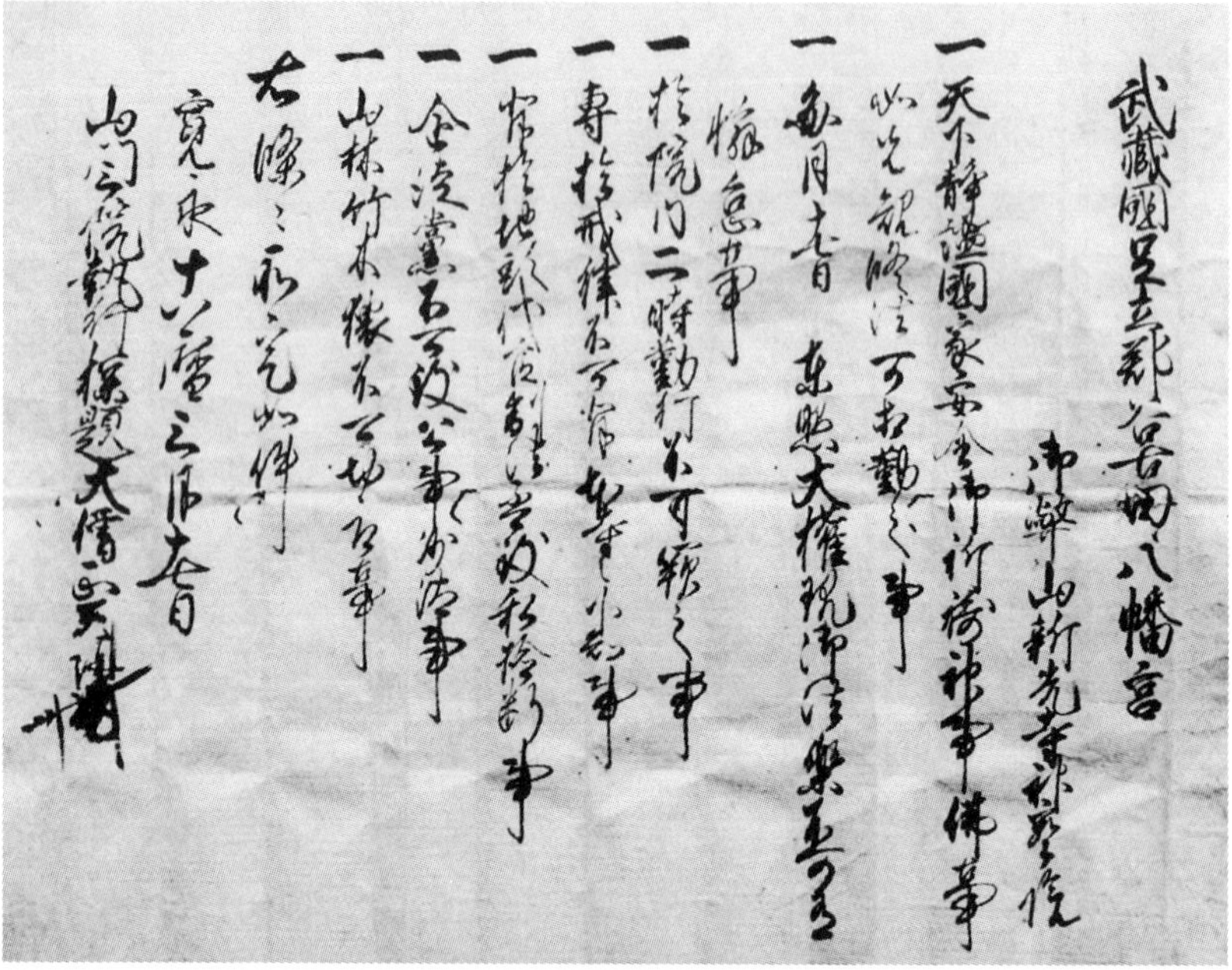

写真版①

一 「山門三院執行探題大僧正天海」名発給の公文書

まず「山門三院執行探題大僧正天海」の肩書で発給されている文書から検討してみたい。現在までに同肩書で発給されている文書は五二点確認されている。この中で写真版・影写本でその筆蹟が確認できるものが三六点ある。その中から数点紹介すると次の如くである。

これは埼玉県川口市新光寺所蔵の寛永十八年三月十七日付の寺内法度である。（写真版①）

武蔵国足立郡谷古田八幡宮

御幣山新光寺神宝院

一、天下静謐国家安全御祈禱神事仏事、」如先規修法可相勤之事、

一、毎月十七日　東照大権現御法楽不可有」懈怠事、

武蔵国依令致金鑽寺
住持叙権大僧都法印
者僧正衣之外色衣令
免許訖自今以後弥可専
法流相續旨者也仍如件
寛永十八三月十七日
山門三院執行探題大僧正（花押）
金鑽寺一乗院

写真版②

一、於院内二時勤行不可闕之事、
一、専於戒律、不可背本寺之下知事、
一、背於地頭・代官制法、不可致私検断事、
一、企徒党、不可致公事沙汰事、
一、山林竹木猥不可切取事、
右條々、所定如件、
寛永十八暦三月十七日
山門三院執行探題大僧正天海（花押）

このような天海の花押入りの寺内法度が数点現存しているが、いずれも同じ肩書で同筆蹟で出されている。これらは江戸幕府の公用書体である典型的な御家流の筆蹟で書かれている。

これは埼玉県神川町の金鑽大光普照寺に同日付で出された色衣免許状である。（写真版②）

「武蔵国依令致金鑽寺」住持、「叙権大僧都法印」、「者僧正衣之外色衣令」免許訖、「自今以後弥可専」法流
相続旨者也、仍如件、」
寛永十八三月十七日

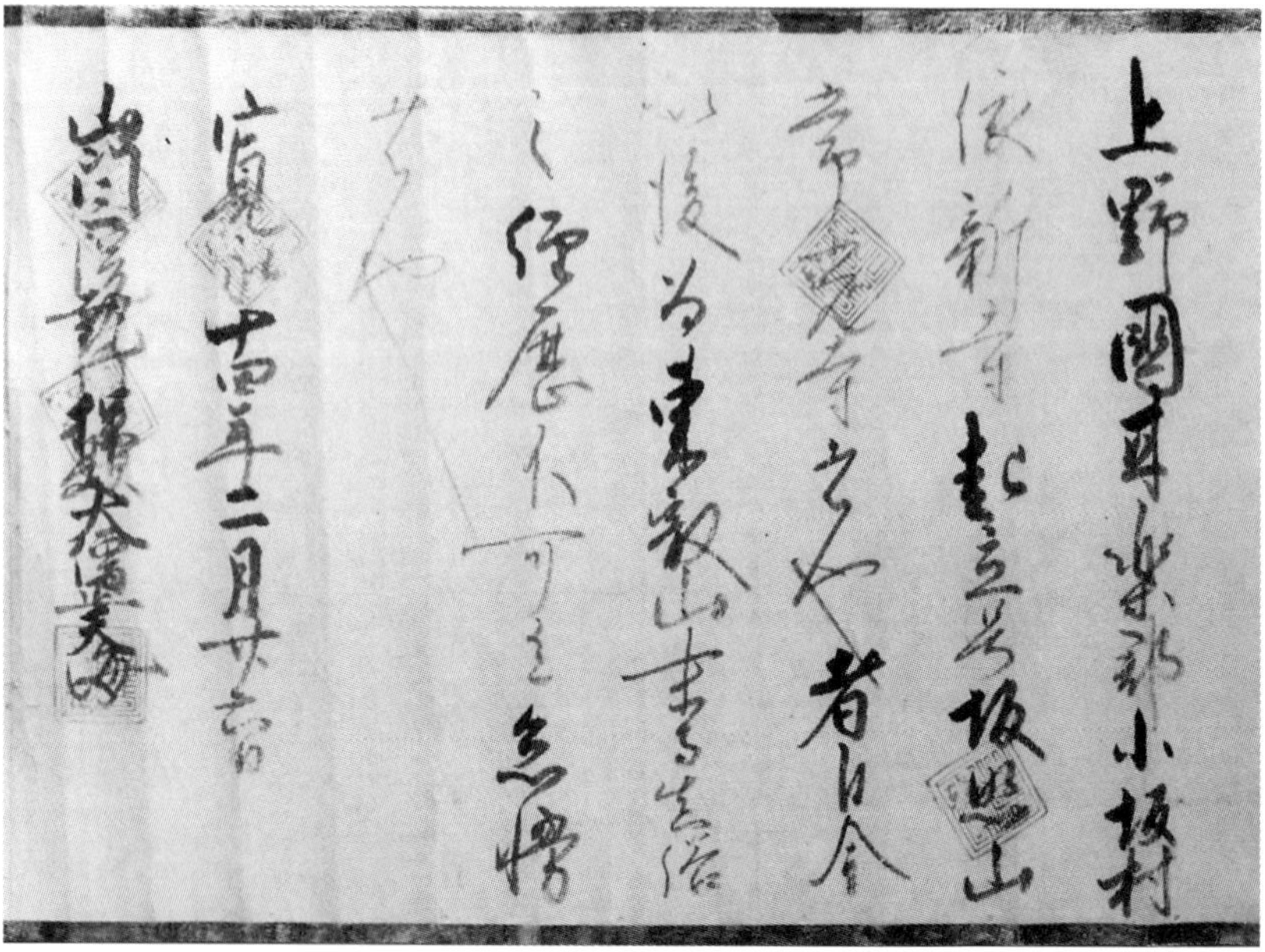
写真版③

山門三院執行探題大僧正天海（花押）
金鑽寺一乗院

この色衣免許状も天海の花押入りのものが数点現存しているが、これらも典型的な御家流の筆蹟で書かれている。

これは群馬県下仁田町の常光寺の寛永十四年二月廿六日付の末寺許可状である。（写真版③）

上野国甘楽郡小坂村、」依新寺起立、号坂照山」常光寺者也、者自今」以後為東叡山末寺、真俗」之経歴不可有怠慢」者也、」

寛永十四年二月廿六日
山門三院執行探題大僧正天海（印）

これは印判状である。このような形式の発給文書も数点ある。いずれも筆蹟は御家流で書かれている。

紙数の都合で全てを提示することはできないが、「山門三院執行探題大僧正天海」名で発給されている天海発給文書は寺内法度・免許状・許可状などの公文書である。これらの公文書はすべて江戸幕府の公用書体である御家流の筆蹟で書かれている。詳細は後述するが、天海はその経歴から考えて、江戸幕府が成立する慶長八年にはすでに七十歳近くなっており、御家流が一般化する以前に自身は一定の筆蹟がすでに確立していたものと思われる。また公文書であるので、一々天海が自筆で書く必要もなかったのであろう。そのため天海発給の公文書は花押入りではあるが、本文はすべて祐筆の手になると思われる。そこで以下の天海の自筆書状の特定作業では公文書はすべて除外して考えることにする。

二　天海の自筆書状について

天海の自筆書状を特定するために参考として南光坊天海自筆書状編年目録を作成して文末に所収した。この表は私が収集した天海の発給文書の中から、写や案文を除いた天海の花押入りの原物史料で、しかも私的な書状で年代推定が可能なものを編年体で整理したものである。自筆の項の○印は私が天海の自筆と判断したもの。△印は天海の自筆がどうか私が判断を保留したもの。×印は私が天海の自筆ではないと判断したものである。この表を作成したのは天海の年齢と自筆書状の数量に相関関係があるように思われたからである。なお、本論では論文の性格上、各書状の年代推定について、その典拠をあまり明示しないまま表示することになる。別の機会に各書状の年代推定の典拠を明示したいと考えている。

1の京都妙法院所蔵の卯月廿日付の不動院随風書状は次のようなものである。（写真版④）

「（ウハ書）
仁秀法印　　　風子
　　御同宿中　　　」

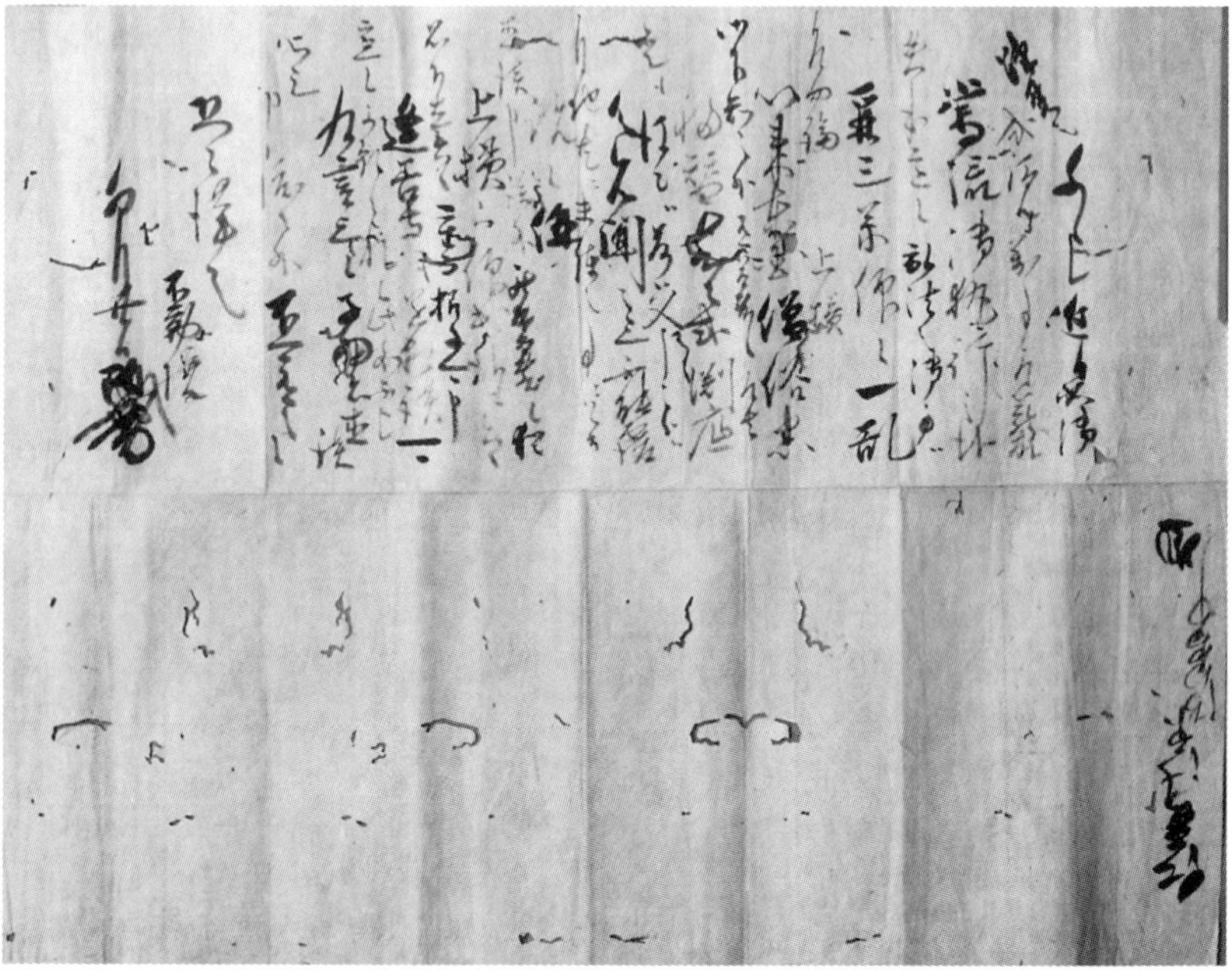

写真版④

尚々申候、近日如御」覧萬事取籠故、」疎略之式」失本意候、弘法之御事ハ」乍勿論、　上様」御下知之外有間敷候、乍去」是も後々ハ如何、只今之分ハ」自他共ニ未練之事ニ候之間、」直談申談外罷成間敷候、猶」思召在之候ハヽ、重而様子可申」宣候、可預御札候、此外不申候、」以上、」

当流御執行之儀、」再三蒙仰候、一乱」以来、東国僧俗悉」移替、散々式渕底」御見聞之上、不能覆」説候、併」　上様被仰出儀も候ハヽ、」逢善寺へも遂相談、可」為言上候、子細者直談」申渡之外不可有之候、」恐々謹言、」

卯月廿日　　　不動院　随風（花押）

文末の目録の1・2・3・4の書状の年代推定や内容は、中川仁喜氏稿「不動院天海と妙法院門跡」（『仏教と文化　多田孝正博士古稀記念論集』所収）を参照していただきたい。

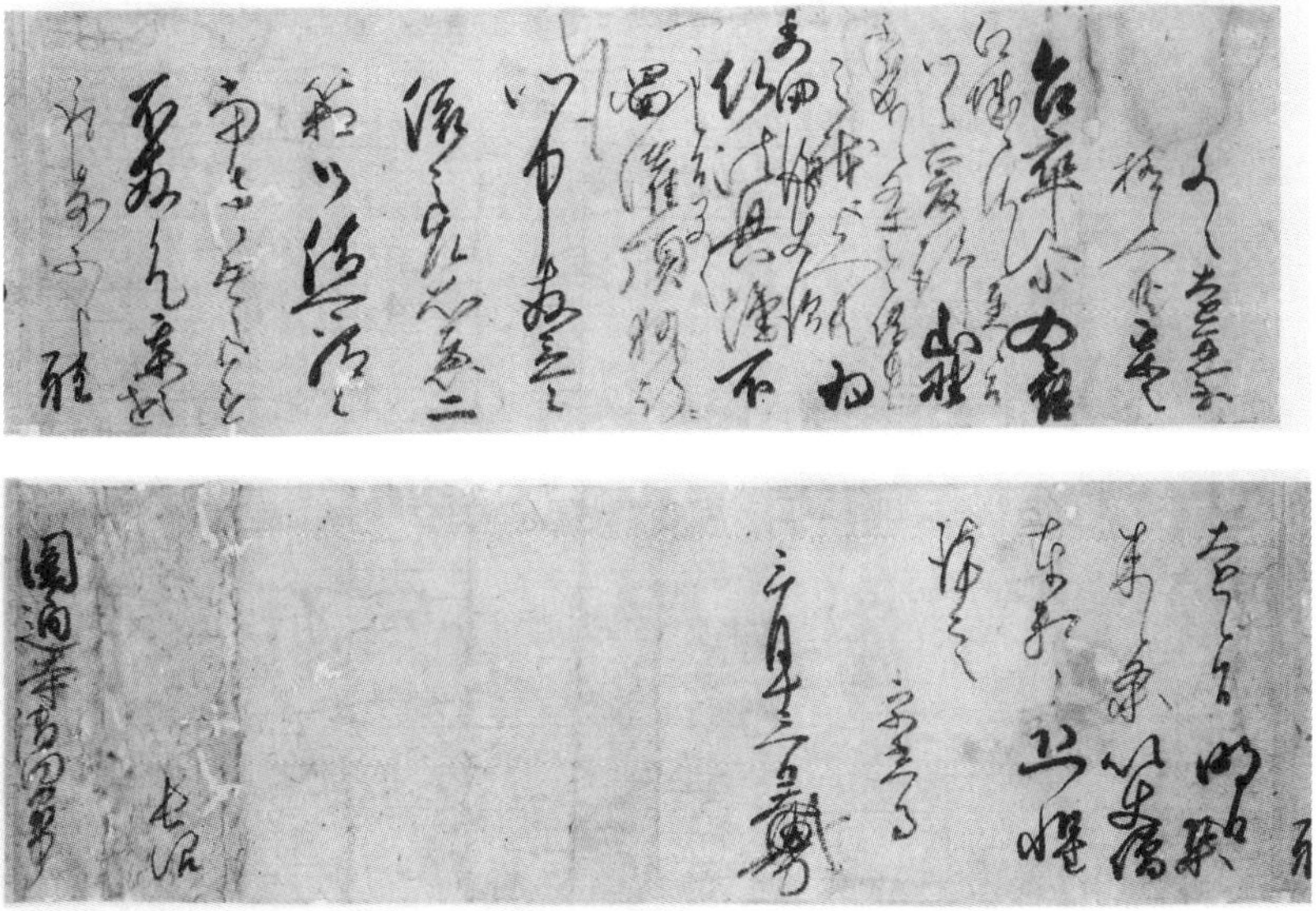

写真版⑤

この書状は天海がまだ不動院随風と署名している。日光輪王寺所蔵の『枕月三身義　新成願本』の天正二十年六月の奥書には「江戸崎不動院当住随風（花押）」とあり、初期に不動院随風と称したことが確認できる。2・3・4の書状も中川氏の論考では慶長二、三年頃のものと推定されている。1は2・3・4よりも以前のものであり、彼が天正十八年以降関東に来て、天海と改名する慶長二、三年以前のものである。この推定が許されれば、現在確認されている天海書状では最古のものである。この時代に祐筆がいたとは考えられないので、これは天海の自筆書状と考えてよいと判断している。

5の栃木県円通寺所蔵の三月十三日付の宗光寺天海書状は次のようなものである。（写真版⑤）

尚々、遠慮至」極候へ共、某之」江城ニさし置候間、」不罷成候条令借用候、」委細従使僧」可申候間、早々」以上、」

乍率尓令啓」候、爰許山野」之躰ニ候へ共、為」仏法興隆、不」図淹頂執行ニ」門中存立候、」依之乍思慮二」箱御借可給候、」当寺無之、于今」不存候て、某之を」取寄不申程」遠候間、明日某」来候条、以使僧」奉頼候、恐惶」謹言、」

三月十三日　　　　　宗光寺　天海（花押）

円通寺御同宿中　　　　　　　　　　長沼

この書状は宗光寺天海と署名している。天海は不動院から宗光寺に移ったものと思われる。天海の喜多院入寺を何年と考えるか検討を要するが、これはそれ以前のものである。おそらく慶長年間の初期のものであろう。まだこの時代にも祐筆の存在は考えられないので、筆蹟からみて天海の自筆書状であろう。

その後表を見ていただければわかるように、影写本であるため判断を保留したものもあるが、元和五年頃までのものは天海の自筆と思われる書状が多い。その中で特色ある書状を二、三挙げておくこととする。

24の江戸幕府大工頭中井家に現存する六月晦日付の南僧正天海書状は次の通りである。（写真版⑥）

尚々、大講堂之本尊、」いにしへハ五躰伽藍ニ而」御座候、然共今ハ略而」三佛計可然存候、仏檀（壇）」以下能様ニ御計」可給候、以上、」

先日者以書状申入候、相」届申候哉、其元萬事」被入御念候由、近江方ゟ」被申越候、忝存候、末」代之事候間、御自分之」事と思召候而、能様ニ」御計候而奉頼候、堂」屋敷之事、是又勝手」能様ニ御指図頼入候、」

一、其元之普請、」上様無御心元思召候」間、出来候分被成注文、」可被仰越候、」

一、日光山へ御下代被遣候由、」誠ニ入御念事忝存候、」

一、上様も日光山御建立之」事、節々被成　御諚候、」

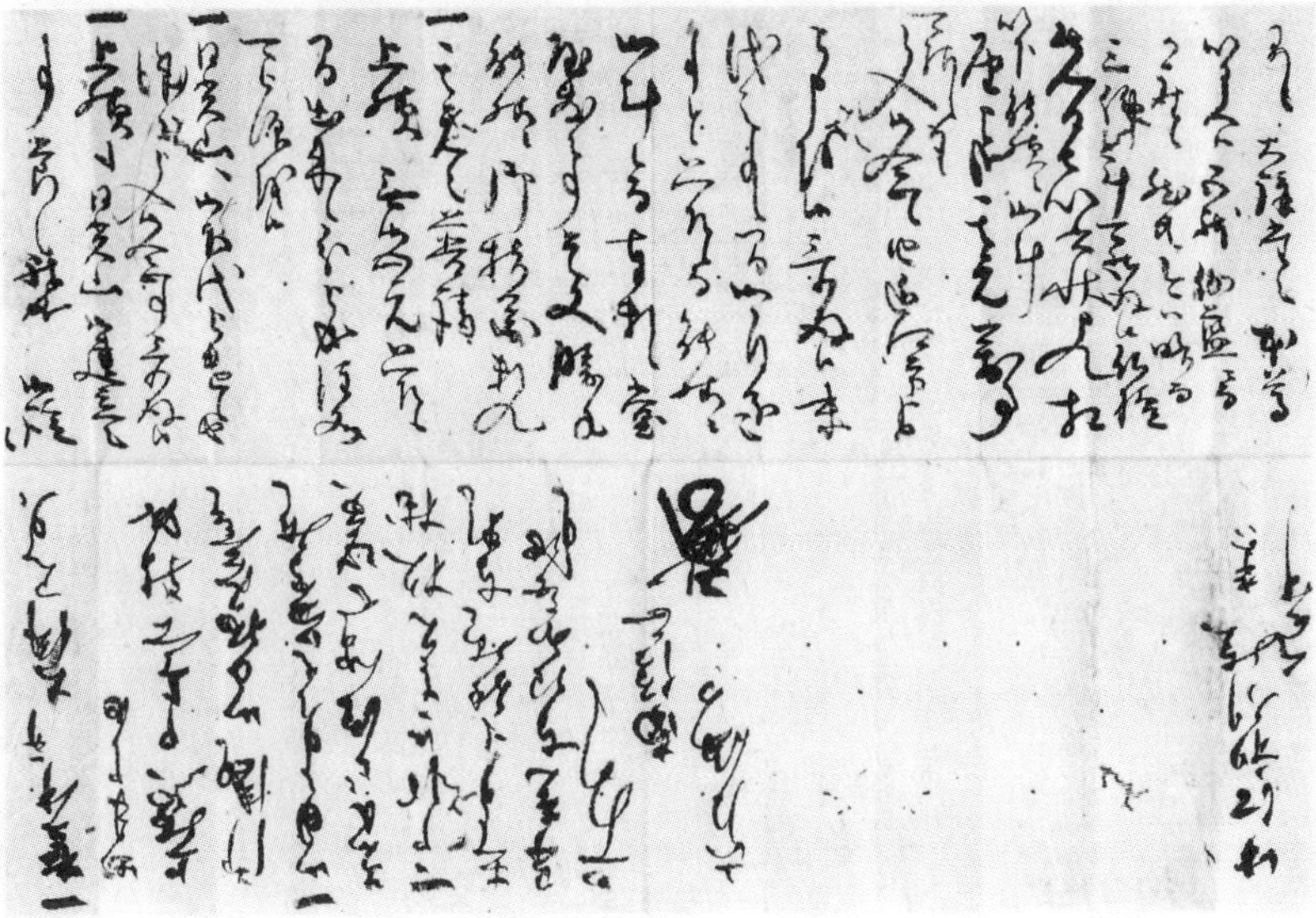

写真版⑥

一、禁中幷大佛見事ニ」出来申候由、」上様へ申上候
へハ、被成」御感候、御手柄名誉ニ候、」
一、御用之事候者、留守届之」者共ニ被仰聞候者、此
方へ」可申越候、其元杉植」直候事も能様ニ奉頼候、」
畢竟奉任外無他事候、」恐惶謹言、」
六月晦日　　南僧正　天（花押）
中江（井）和州様
人々御中

これは天海が江戸幕府の大工頭中井大和守正清に日光の造営工事について依頼している書状である。本書状の内容や年代推定については拙稿「「南僧正天海」署名の発給文書について」（『鴨台史学』第九号）を参照していただきたい。この書状の特色は宛名に中井と書くべきところを、中江と書いていることである。東北人特有の「い」と「え」の書き間違いであろう。もし別人が書いていれば宛名を間違えることはなかろう。細々とした工事に対する注文を一気に書いている。その筆蹟からみて、私はこれは天海の代表的な自筆書状であろうと判断している。

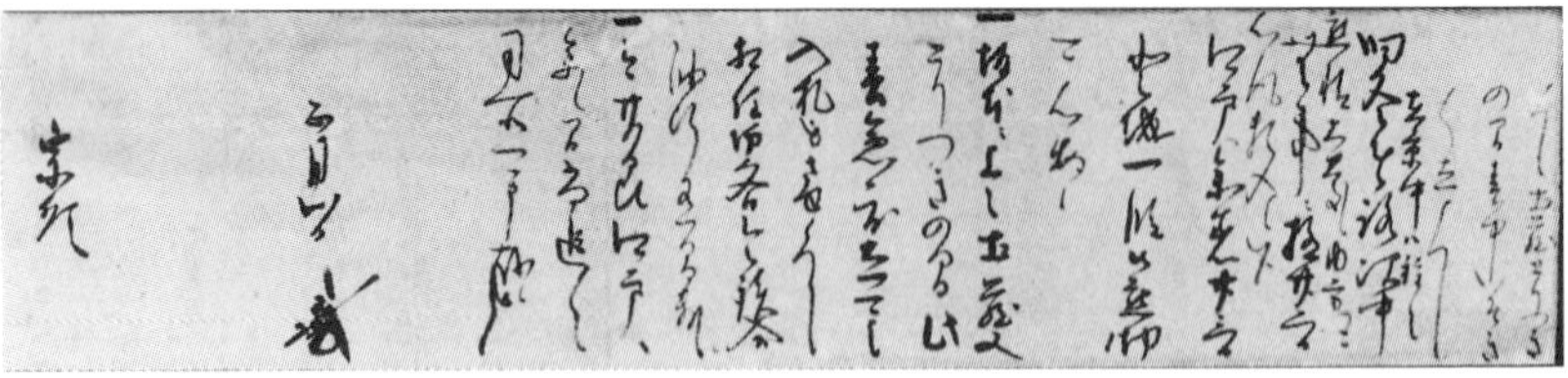

写真版⑦

28の川越市栗原家所蔵の元和五年と思われる坂本の宗順に、同地の土蔵等の工事について指示している書状である。一般の人の所蔵となっており、あまり知られていないが、私はこれは天海の良質の自筆書状であると考えている。（写真版⑦）

尚々、土蔵・とりつき」の間、春中いそき」〱立候へく候、」在京中ハ種々」
懇情大慶候、内方へも」心得頼入候、以上、」

旧冬者路次中」無事ニ極廿二日」江戸へ参着、廿三日」登城、一段御懇切候、」可心
安候、」
一、坂本ニ上々土蔵、又」とりつきの間、此」春急度立可申候、」入札をさせ候へく候、」
相住坊各令談合、」油断有間敷候、」
一、今廿日頃江戸へ」参候間、尚追々」用所可申越候、かしく、」

正月八日　　天（花押）

宗順

次に問題になるのは、41の川越喜多院所蔵の元和九年と思われる極月十九日付の寛永寺の創建に関する天海書状である。写真版は次の通りである。（写真版⑧）

返々、兼而嗜候て、」祈禱之大法共、」後生之一大事共、」講釈之類口伝相伝分」
都鄙持行□□□」物之候つる□□」書物も無之候、」

遠路与云、月迫与申、」被入御念飛書、寔以」再三忝奉披閲候、」乍去不入御隔心之至
とは」存候へ共、けに〱思召も無拠候、」

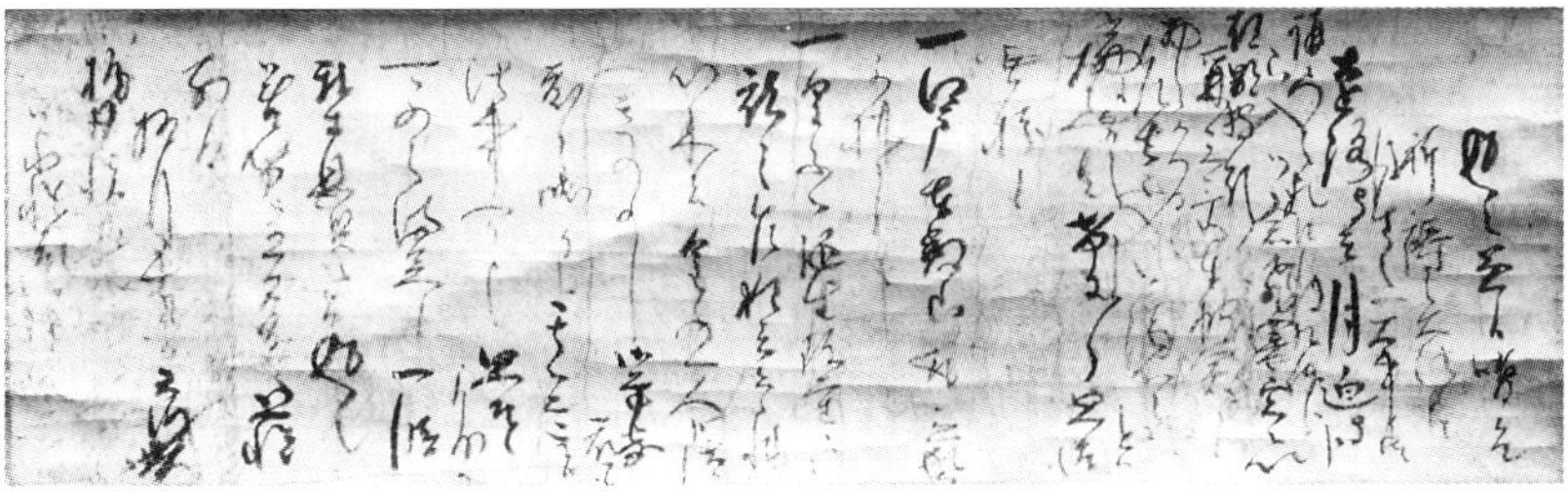

写真版⑧

一、江戸東叡山取立、頓而」可掛存候、」
一、皇子御誕生、珍重々々、」就之乍狂言、是非」以来者、皇子一人申請」へきのよし、御年寄衆へも」度々咄申候、其意にて、」法事可申候、思召も自然は」可為御満足候、一段」我等息災候間、返々」御苦労被有間敷候、恐惶」敬白、」

極月十九日　　天海（花押）

梶井様にて

御小性衆

御申給へ

この書状は故辻善之助博士が『日本仏教史』近世編之二、第三節南光坊天海の項で、写真版入りで天海書状として紹介されている有名な天海書状である。私も一応天海の自筆書状と判断しているが、一連の天海自筆書状と比較すると、大変能筆であり、少し御家流の筆蹟も感じられるようにも思われる。表を見てわかるように、元和年間の後半になると、ほとんど天海の自筆書状は見られない。今後皆様方の判断を仰ぎたいと思っている。なお、山澤学氏は本書状は寛永三年のものとする新見解を『日光東照宮の成立』一四三頁で述べられている。

私が天海の自筆書状で最後のものと考えているのは、59の京都毘沙門堂所蔵の寛永十四年の三月二十七日付の天海書状である。写真版は次の通りである。(写真版⑨)

尚々、爰許さへ一段」余寒はけしく候間、貴山」令推量候、痛敷候、乍去少

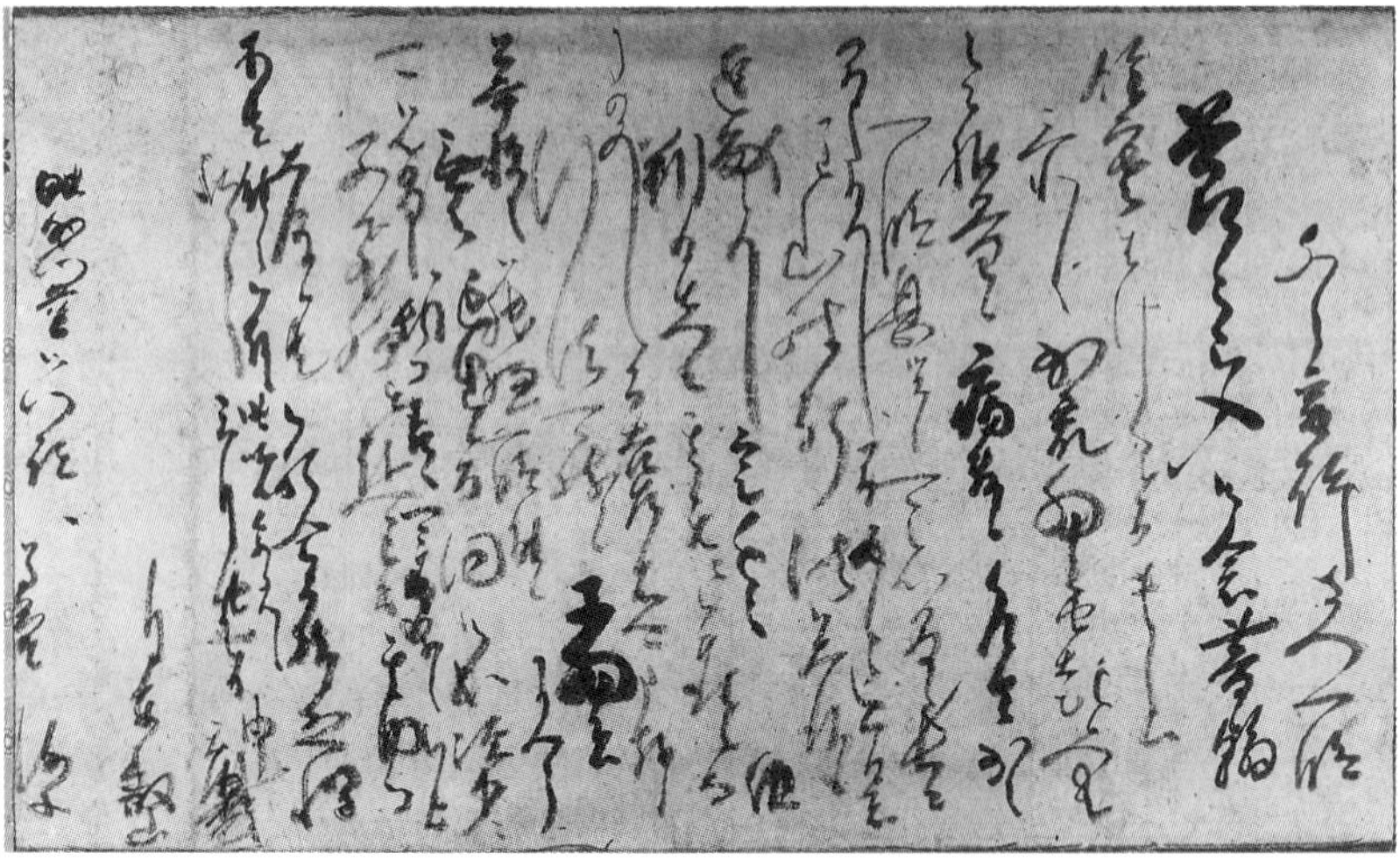

写真版⑨

之」間たるへく候間、必々今月者」逗留候へく候、定
近々」たるへく候間、吉左右可申越候、」　公方様之
御機嫌一段能候、」可御心易候、頓而表へ可被成候、
以上、」

使者能々御越候、昨晩参着候、」
節々被入御念、芳翰」忝候、少充細々虫起候へ共、」一段息
災候、可御心易候、長々」住山、殊行法御太儀候、但、」朔
日先ニ其元ニ御座候而、」行法可然候、子細者于今」無御誕
生候間、同御出次第ニ」早飛脚を越可申候間、其内者」大儀
候共、御祈念可然候、恐惶」謹言、」

三月廿七日申　　天海（花押）
自東叡山

毘沙門堂御門跡へ
尊答　海子

これは天海が毘沙門堂公海に、将軍家の世継の誕生のための行法を依頼しているものであり、寛永十四年のものと考えられる。天海は寛永二十年に百八歳で没しているので、寛永十四年には百二歳であり、しかも書面からみても病気勝ちであったようである。

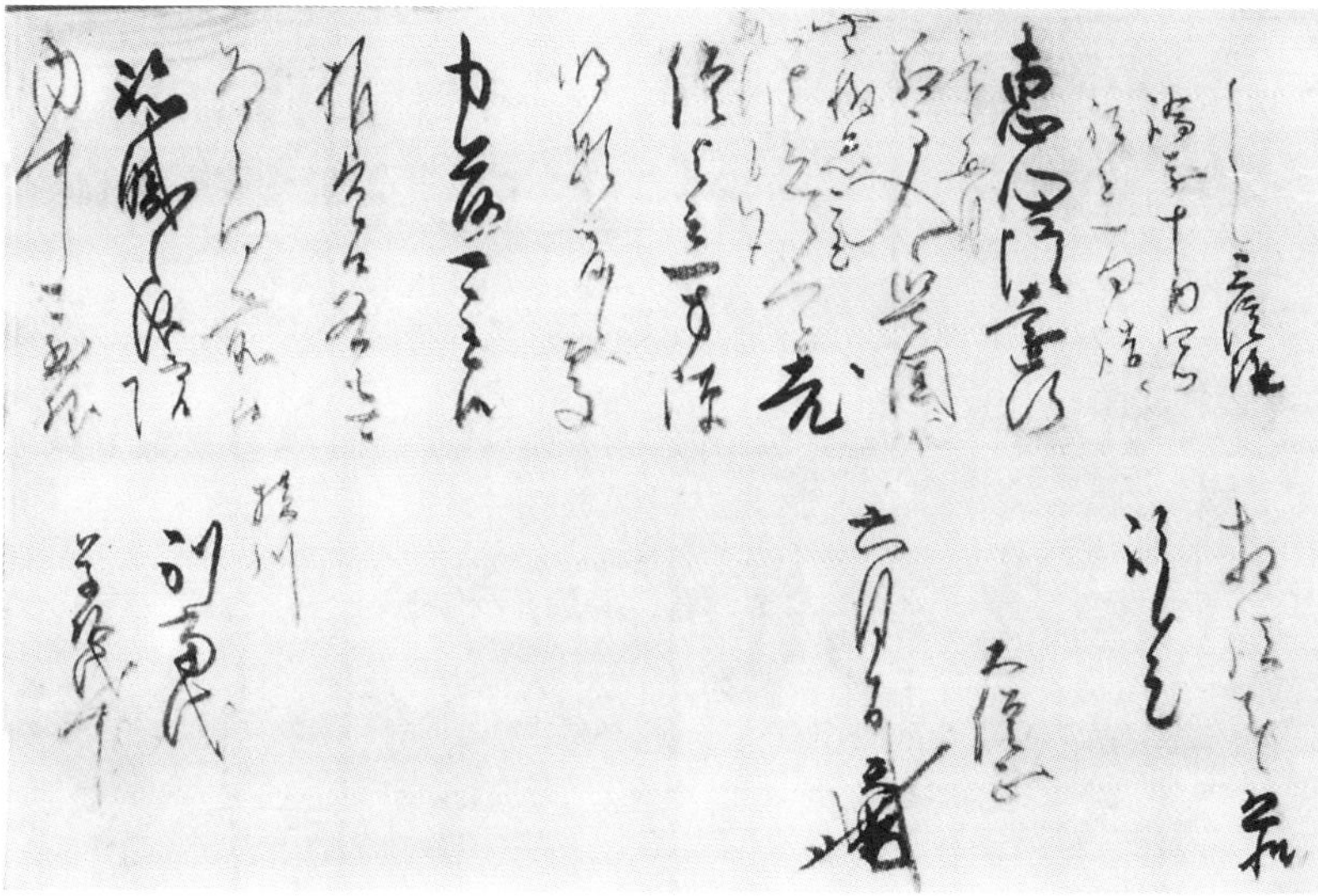

写真版⑩

寛永年間になるとほとんど自筆書状が見られない中で、この毘沙門堂公海宛の書状は特異なものであり、なぜ天海が自筆でこの書状を書いたのであろうか。おそらく天海と公海の結び付きが、他の人々と比較してもきわめて強固であったことと、天海が将軍家の世継誕生の祈禱が大切であると考え、自筆の書状で公海に直接指示したものと思われる。表を見ていただければわかるように、寛永年間以降の書状で自筆と思われるのはこれだけである。それだけこの書状は重要なものであったのであろう。

三　天海の自筆でない書状について

次に私が天海の自筆でないと考えている私的な書状について紹介してみたい。

44の滋賀県坂本の瑞応院所蔵の寛永二年と推定される六月十日付の天海書状は次のようなものである。(写真版⑩)

尚々、「三院講」論義十内四ッ」程者、一句詰ニ」
可然候、毎月」無懈怠可有」執行候、以上、」

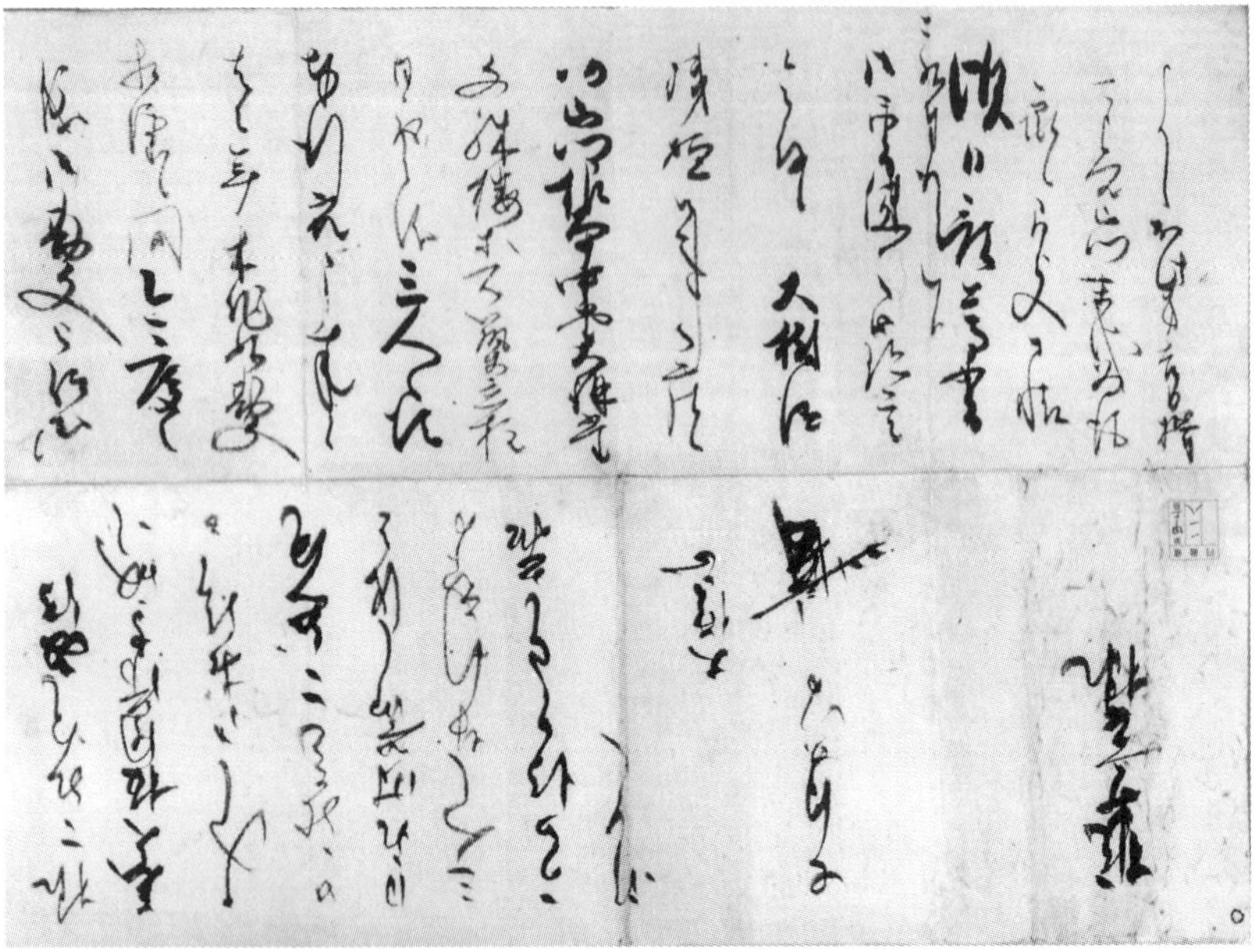

写真版⑪

恵心院(良範)遠行」驚入候、堅固ニ」其元ニ候へ共、老」僧与言、一寸隙」明頼度候処、」力落可有御」推量候、各も可」為御同前候、」跡職之儀、院」内中可然様」相談尤候、恐惶」謹言、」

六月十日　　大僧正　天（花押）

横川

別当代

学頭代中

これは天海が山門の恵心院良範の死後、そのお悔と恵心院の跡職について指示しているものである。この書状の筆蹟は流暢な御家流の筆法で書かれているので、天海の自筆書状ではないと考えている。

54の京都三千院所蔵の寛永十年と推定される七月二十八日の天海書状は次のようなものである。（写真版⑪）

尚々、於此方吉日択」可申候へ共、山門末代為後」亀候間、被入御情(精)」可然奉存候、以上、」

頃日、預尊書、」御勇健之由、珍重」令存候、大

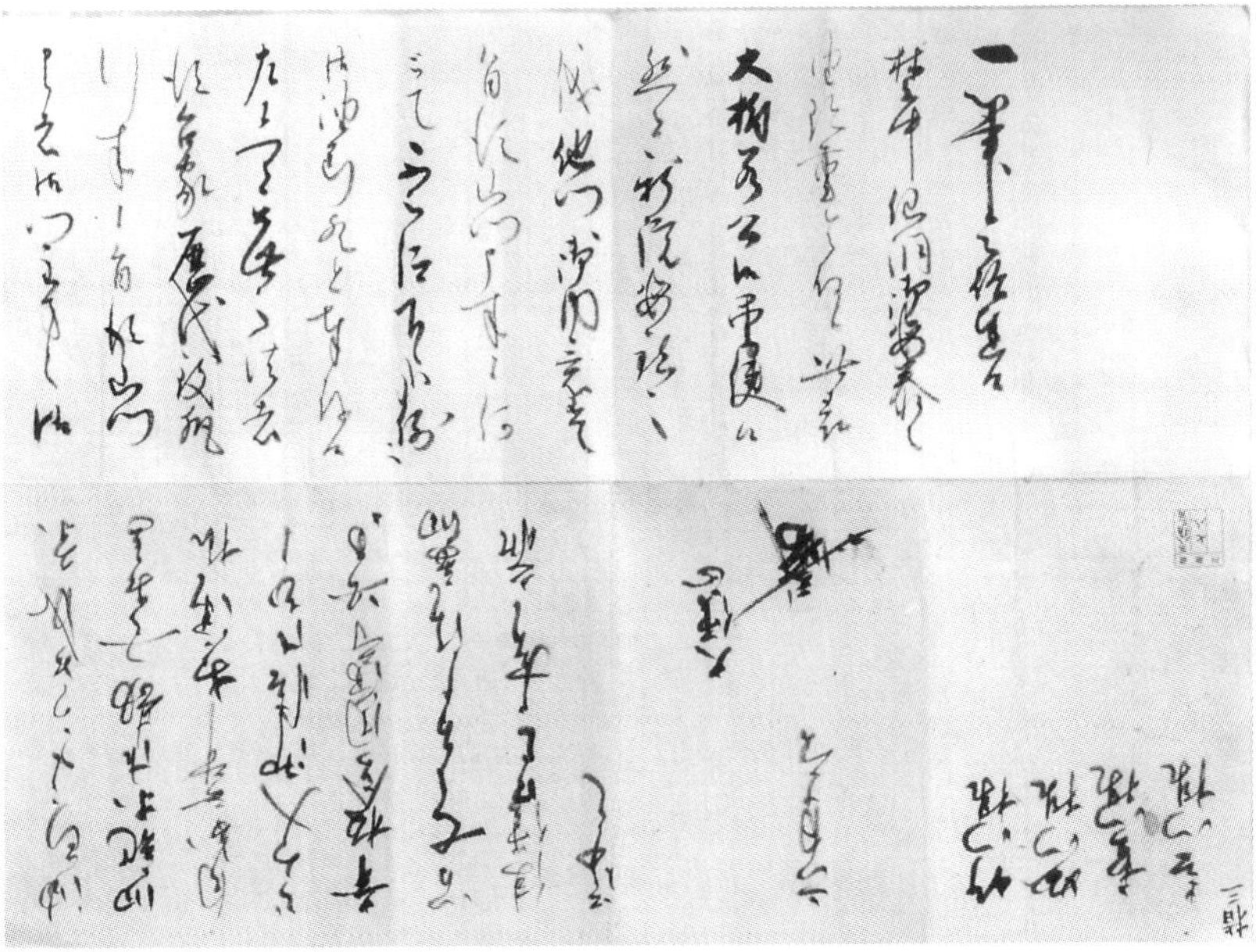

写真版⑫

樹御」機嫌御事御座候、」仍山門根本中堂・大講堂・」文殊楼等、石築立柱」日取之儀、三人之従」奉行衆申来候、」去々年木作始勘文」相済候間、今度之」儀御勘文被仰出候」様可然存候、両伝」奏・板周防守殿へも」申入候、御相談候而、」御馳走可然存候、」日取之時節之儀者、」三人之奉行衆ゟ」可被得御意候、恐惶」謹言、」

（寛永十年）七月廿八日　　大僧正　天海（花押）

梶井宮様

この書状は山門の根本中堂や文殊楼などの立柱の日取りを指示しているものであるが、これも御家流の筆蹟が顕著である。

75の京都三千院所蔵の寛永二十年の六月十二日付の天海書状は次のようなものである。（写真版⑫）

一筆令啓達候、」禁中仙洞御安泰之」由、珍重令存候、此表」大樹・若公御勇健候、」然者新院御安鎮之」儀、他門へ御内意有之」旨、従山門申来候、何」とて不被仰下候哉、例之」御油断歟と奉

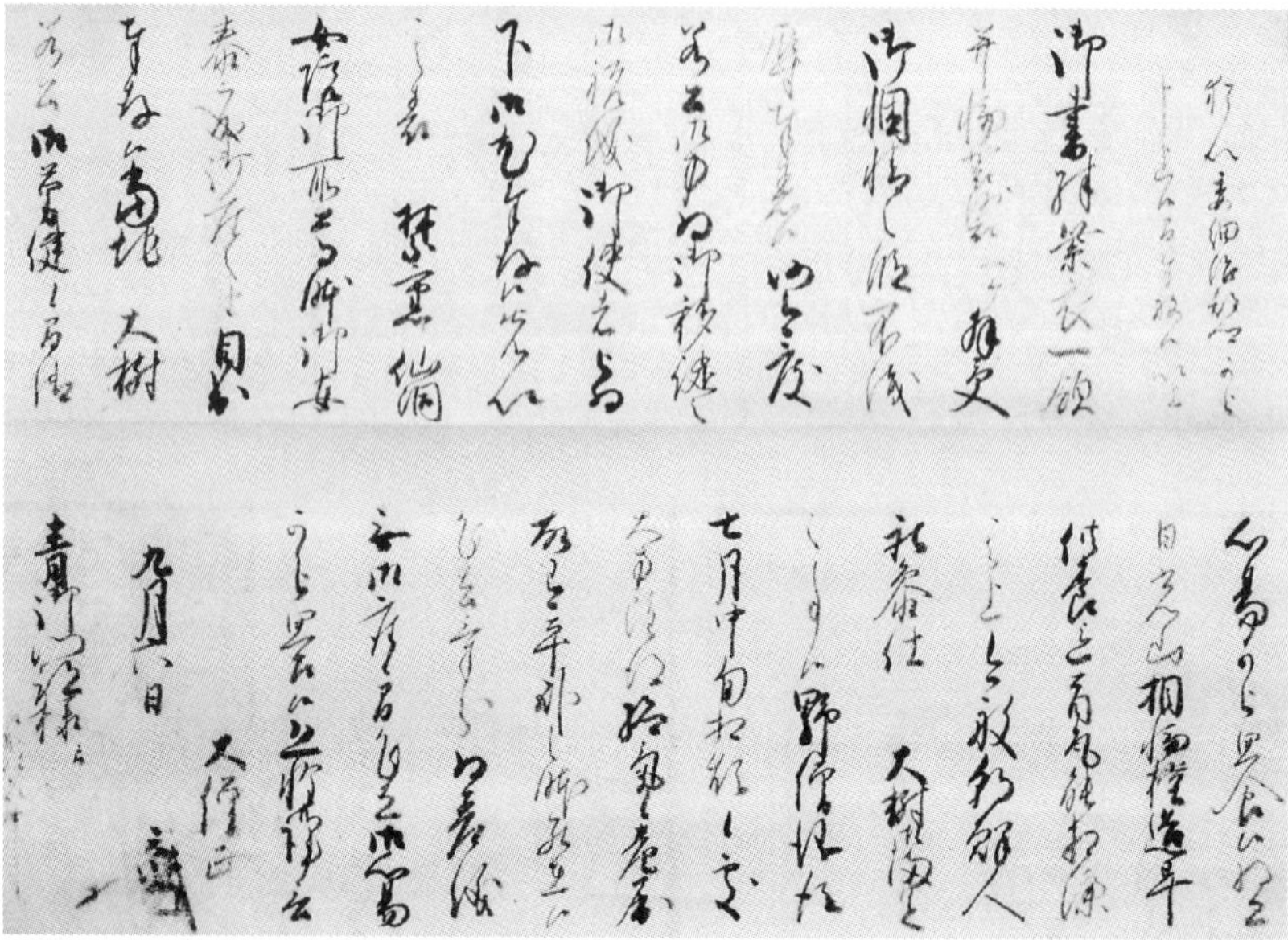

写真版⑬

存候、」左候へ者、如此之法者、」従台家歴代致執」行来候旨、従山門」申候者、御門主方之御」油断にも可罷成条、」旧記等御勘無相違、」目出無事相済候様、」被為入御情(精)御尤候、」幸板倉周防守此方候」間、右之旨申談候、委細」使僧口上申含候、恐惶」謹言、」

（寛永二十年）六月十二日　　大僧正　天（花押）

竹門様

妙門様

梨門様

青門様

これは新院の安鎮法について記されているので、寛永二十年のものである。即ち天海の最晩年の書状である。これも御家流の筆蹟である。

78の東京上野現龍院所蔵の寛永二十年の九月六日付の天海書状は次のようなものである。（写真版⑬）

猶以、委細治部卿可被」申上候間、奉略候、

以上、」

御書、殊紫衣一領」幷輪袈裟一ヶ拝受、」御悃情之

段、不浅」辱奉着候、仍今度」若公御方、為御移徙之」御祝儀、御使者被為」下、御尤存候、先以」其表　禁裏
仙洞」女院御所尊体御安」泰被成御座候由、目出」奉存候、当地　大樹・」若公御勇健候間、御」心易可被思食
候、将亦」日光山相輪造畢、」供養迄首尾能相済、」其上今般朝鮮人」社参仕、　大樹御満足」之事候、野僧儀、
従」七月中旬相煩候処、」大方雖得験気候、老屈」故、于今平臥之体罷在候、」乍去気分為差儀」無御座候間、乍
恐御心易」可被思召候、恐惶謹言、」

（寛永二十年）九月六日　　天（花押）

青御門跡様参

御小姓衆中

これは日光相輪樘の造立から寛永二十年のものと断定できる。現在確認できる天海花押入りの最後の書状である。多少前二者とは異なり、堅い筆蹟で書かれているが、江戸幕府の公用の書体で書かれている。当時天海は百八歳の高齢であり、自分で書くことができなかったのではないかと考えている。

四　天海の自筆か判断を保留した書状

29の京都三千院所蔵の元和五年と推定される三月七日付の天海書状は次のようなものである。（写真版⑭）

先書申上候、参着候哉、」此方無替儀候、可御心」安候、四月御祭礼過候ハ、、」令上洛、萬可得貴意候、」将亦
千栗山川上山出入之儀付而、先年某」委伺　叡慮候、即」御震筆之旨、具」鍋島信濃守へも申談、被」聞届候
而、国へも被申下候、」右之通関白殿へも」御物語頼入候、縦以来」何方よりも、」大樹へ公事あかり候共、」某

有様御尋候ハヽ、可申上候、」京都之儀者」御前任置候、
猶彼者」可申候、恐惶謹言、」

（元和五年）三月七日　　天海（花押）

梨門様ニて

誰にても御申

これは佐賀の千栗山と川上山の出入に関するものであり、元和五年のものと思われる。詳細は拙稿「天台宗南光坊天海と真言宗知足院光誉——特に肥前国一宮争論を中心に——」（『仏教文化の展開　大久保良順先生傘寿記念論文集』所収）を参照していただきたい。京都三千院所蔵の天海書状は比較的自筆のものが多い。さらに年代的にもこの頃までは自筆書状が多い。しかしこの三月七日付の書状は自筆と判断しきれなかったため保留とした。

45の愛知県春日井市の密蔵院所蔵の寛永二年と推定される六月十六日付の天海書状は次のようなものである。（写真版⑮）

尚々、熱田座主」屋敷事、於爰元」中納言様直ニも申候、」可被仰付之由候キ、」何とそ馳走奉

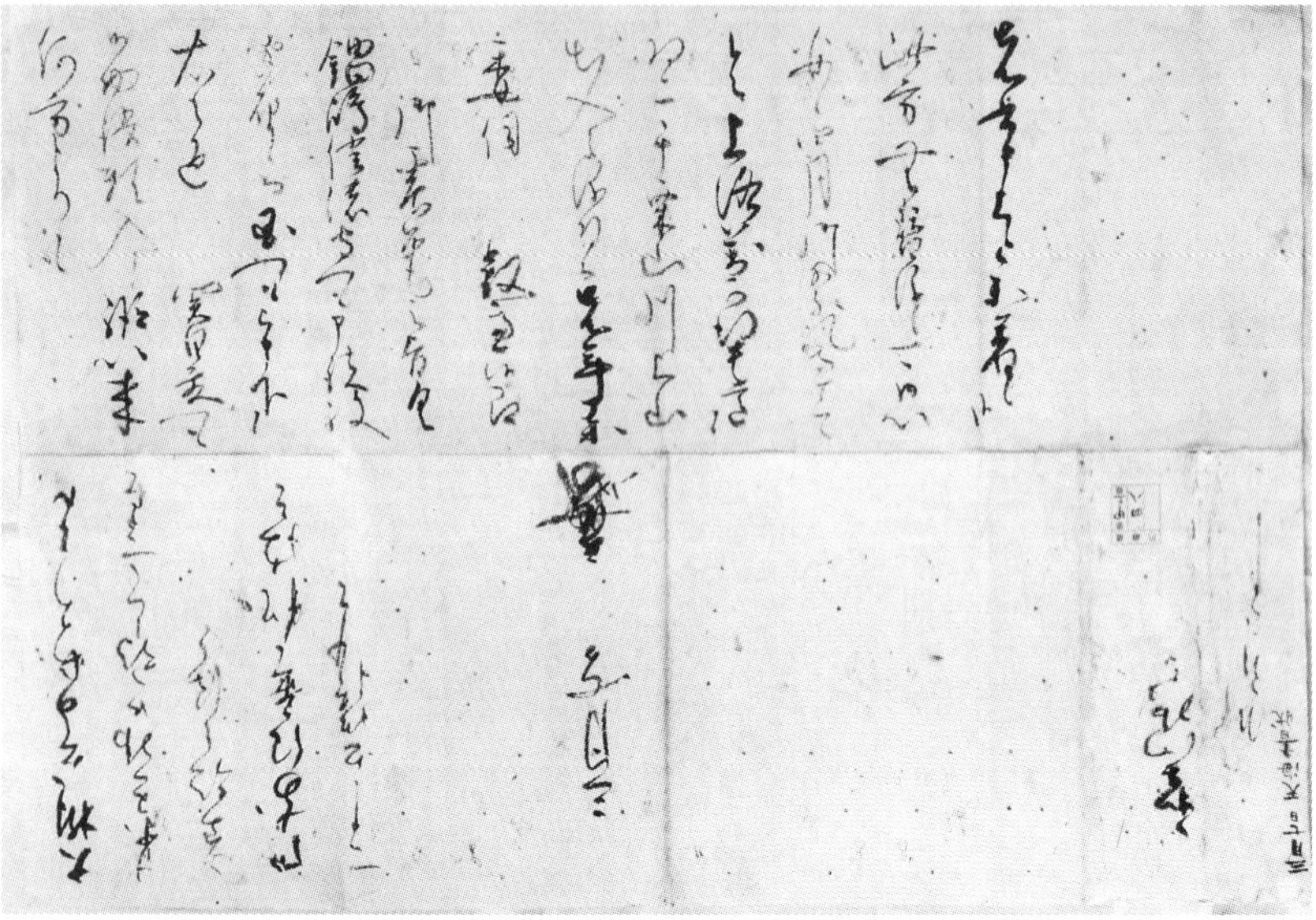

写真版⑭

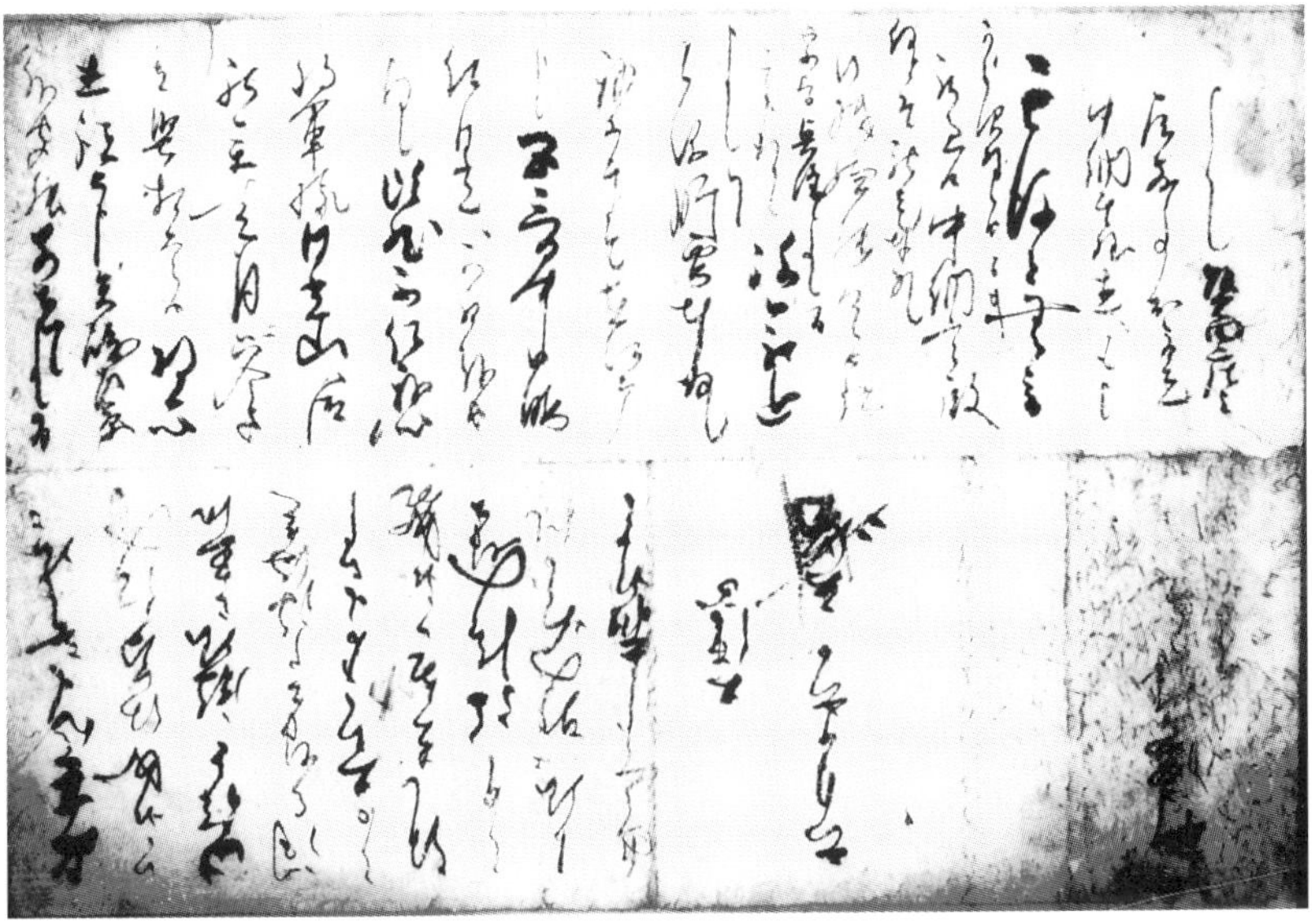

写真版⑮

頼候、」宗旨興隆之事候間」申事候、以上、」
其後者無音」罷過候、中納言殿」御機嫌能候之由、珍」
重存候、弥御取廻」候儀、肝要奉存候、」我等于今在
江戸」申候、五三日中御暇」仕、日光へ可罷越由」存
候、雖然不任我心候、」将軍様日光山へ御」社参、来月
ニ只今迄」者堅相定候、将亦」直談被申矢崎左京、」外
聞能若者之事候間、」如在之心も無之様ニ」御取成、何
篇任入候、」此程者殿様被懸御詞、御奉公申致満足」之
由、茶々方も被申越候、貴殿御取成故」之由候、弥情（精）
入奉公」候様ニ頼入存候、猶」追々可申候、恐惶謹言、
（寛永二年）六月十六日　　大僧正　天（花押）
竹腰山城守殿
人々御中

この書状の年次は、徳川義直の中納言在任期間で、将軍家光が七月に日光に社参しているのは寛永二年だけである。筆蹟からみて、天海の自筆に近いと思われるが、寛永二年の頃にはほとんど自筆書状が見られないので、判断を保留しておいた。

まとめ

これまで天海の発給文書を、一　公文書、二　天海の自筆書状、三　天海の自筆でない書状、四　天海の自筆かどうか判断を保留したもの、四区分に分けて天海の自筆書状を求めて検討してきた。最後に「南光坊天海自筆書状編年目録」を参照しながら整理をしてみたい。目録を見るとわかるように、元和年間までの書状は自筆と思われるものが多い。天海の履歴を勘案すると九十歳位までのものである。それ以降寛永年間発給の書状は、毘沙門堂公海宛の書状を除いて、自筆書状は見られない。おそらく九十歳以降の書状は、能筆の弟子が祐筆として書き、天海が花押を自署したものと思われる。なお、天海の初期の花押と後半の花押とでは明らかに差異がある。いずれ天海の花押を一覧表で整理して比較検討して、本論の補強にしたいと考えている。

本論中でも述べたように、江戸幕府の成立年次の慶長八年には、天海はすでに七十歳位であり、自身の筆蹟は確立していたように思われる。そのため天海の初期の書状の筆蹟は、江戸幕府の公用の書体である御家流の文字ではなく、もっとごつごつした個性の強い文字で書かれている。それが九十歳以後の書状になると、自身の高齢と病気のためであろうか、自筆で書状を書くことが困難になり、弟子達の中から能筆のものに祐筆させるようになったものと思われる。現在祐筆が誰であったか特定することはできていない。晃海や豪倪などの有力な弟子達の多くの書状を集めて、いずれ祐筆についても私見を述べてみたい。

追記　本論入稿後、後筆した拙者『南光天海の研究』（青史出版刊）が平成二十四年九月に先に刊行された。そのため本論の内容と一部重複箇所がある。関係者に御迷惑をかけたことをお詫びする次第である。

南光坊天海自筆書状編年目録

	年月日	差出署名	宛名	所蔵者	自筆
1	(年未詳)卯月20日	不動院随風	仁秀法印	京都妙法院	○
2	(年未詳)10月24日	不動院天海	今小路	京都妙法院	○
3	(年未詳)10月26日	不動院天海	今小路	京都妙法院	○
4	(年未詳)10月27日	天海	今小路	京都妙法院	○
5	(年未詳) 3月13日	宗光寺天海	円通寺	栃木円通寺	○
6	(慶長18年ヵ)12月4日	南僧正天海	徳勝院・松梅院	京都北野天満宮	○
7	(慶長19年ヵ)卯月24日	南光坊僧正天海	岩本院(影写本)	武州文書	△
8	(慶長19年ヵ) 5月4日	南僧正天海	勧学院	国会図書館	○
9	(慶長19年) 9月12日	南僧正天海	梶井様	京都三千院	○
10	(慶長19年)極月17日	南僧正天	(宛名なし、影写本)	生間家	○
11	(元和元年) 6月22日	南僧正天	不動院(影写本)	東京津梁院	△
12	(元和元年ヵ) 6月23日	(花押)だけ	座禅院(影写本)	武州文書	△
13	(元和元年)文月24日	南僧正天海	日遠上人	山梨本遠寺	○
14	(元和元年)文月24日	南僧正天海	(宛名なし)	東京本行寺	○
15	(元和元年) 8月25日	天海	青門様	東京大学	○
16	(元和元年) 9月6日	天海	(宛名なし)	所蔵者不明	○
17	(元和2年ヵ)正月22日	南僧正天	後藤庄右衛門尉	所蔵者不明	○
18	(元和2年ヵ)正月26日	南僧正天	後藤庄右衛門尉	東京現龍院	○
19	(元和2年ヵ) 3月15日	天海	出納豊州(影写本)	京都妙法院	○
20	(元和2年)弥生8日	南僧正天海	出納豊後(影写本)	京都妙法院	○
21	(元和2年) 7月28日	南僧正天海	山田・須田	東京現龍院	○
22	(元和2年)霜月23日	南僧正天海	出納豊後頭	東京現龍院	○
23	(元和2年)12月15日	南僧正天	梨門様	京都三千院	△
24	(元和3年) 6月晦日	南僧正天	中江和州	埼玉中井家	○
25	(元和3年)霜月1日	南僧天	梶井様	京都三千院	○
26	(元和4年)閏3月7日	南僧正天	春日岡	栃木惣宗寺	○
27	(元和4年)閏3月19日	南僧正天	三井寺法泉院	東京現龍院	○
28	(元和5年ヵ)正月8日	天	宗順	埼玉栗原家	○
29	(元和5年) 3月7日	天海	梨門様	京都三千院	△
30	(元和5年ヵ) 8月13日	僧正天	宗順	東京現龍院	△
31	(元和6年) 3月16日	天海	梶井様	京都三千院	○
32	(元和6年)卯月13日	大僧正天	金地院(影写本)	兵庫能福寺	×
33	(元和6年) 4月22日	天海	梶井様	京都三千院	○
34	(元和6年) 5月13日	天海	梶井様	京都三千院	○
35	(元和6年) 8月17日	天海	梶井様	京都三千院	△
36	(元和6年)後極月27日	天	青門様(影写本)	吉田默氏	△
37	(元和8年) 6月29日	大僧正天	板倉伊賀守	所蔵者不明	△
38	(元和8年)極月27日	天	梶井様	京都三千院	△
39	(元和9年) 4月19日	天	宮内卿	京都三千院	△

	年月日	差出署名	宛名	所蔵者	自筆
40	(元和9年ヵ)6月11日	大僧正天	蓮光坊(影写本)	京都三千院	△
41	(元和9年ヵ)極月19日	天海	梶井様	埼玉喜多院	○
42	(寛永元年)卯月10日	大僧正天	最上源五郎	山形立石寺	△
43	(寛永元年)霜月4日	大僧正天	南摩主計頭	埼玉喜多院	△
44	(寛永2年)6月10日	大僧正天	横川別当代	滋賀瑞応院	×
45	(寛永2年)6月16日	大僧正天	竹腰山城守	愛知密蔵院	△
46	(寛永4年)卯月10日	大僧正天	伊賀少将(影写本)	藤堂家	△
47	(寛永5,6年)3月26日	大僧正天	尾張大納言	名古屋市博	△
48	(寛永6年)後2月21日	大僧正天	市橋伊豆守(影写本)	滋賀桑実寺	×
49	(寛永4～8年)6月13日	大僧正天	南摩主計頭	潮崎八百主	×
50	(寛永8年)8月23日	大僧正天	竹内御門跡	京都曼殊院	×
51	(寛永9年ヵ)6月6日	大僧正天	備前少将	岡山大賀島寺	×
52	(寛永9年)9月11日	大僧正天	竹内御門跡	京都曼殊院	×
53	(寛永10年)正月29日	大僧正天	竹内御門跡	京都曼殊院	×
54	(寛永10年)7月28日	大僧正天	梶井様	京都三千院	×
55	(寛永10年)8月22日	天	竹内御門跡	京都曼殊院	×
56	(寛永12年)極月30日	天	竹門様	京都曼殊院	×
57	(寛永13年)夷則6日	大僧正天	妙心寺(影写本)	京都妙心寺	×
58	(寛永13年)霜月11日	大僧正天	照山等5名(影写本)	京都妙心寺	×
59	(寛永14年)3月27日	天海	毘沙門堂	京都毘沙門堂	○
60	(寛永14年)8月7日	大僧正天	妙法院門跡	京都妙法院	×
61	(寛永15年)2月3日	大僧正天	竹内御門跡	京都曼殊院	×
62	(寛永16年)孟春5日	大僧正天海	梨門様	京都三千院	×
63	(寛永16年)2月18日	大僧正天	最教院	群馬長楽寺	×
64	(寛永16年)2月22日	大僧正天	尾張大納言	徳川美術館	×
65	(寛永16年)3月3日	大僧正天	竹門様	京都曼殊院	×
66	(寛永16年)卯月25日	大僧正天	新宮様	京都曼殊院	×
67	(寛永16年)6月23日	天	青蓮院御門跡(影写本)	日下家	×
68	(寛永15～18年)5月5日	大僧正天海	乾等4名	鳥取大雲院	×
69	(寛永18年)7月12日	大僧正天	松平・阿部(影写本)	東京覚成院	×
70	(寛永19年)3月3日	大僧正天	青蓮院(影写本)	栃木県博	×
71	(寛永19年)後9月11日	大僧正天	根本等3名	栃木若林家	×
72	(寛永19年)10月3日	天	本多美濃守(影写本)	岡山円教寺	×
73	(寛永18～20年)孟春20日	大僧正天	勧修寺大納言	東京現龍院	×
74	(寛永20年)6月12日	大僧正天	青門様	大正大学	×
75	(寛永20年)6月12日	大僧正天	青門等4門跡	京都三千院	×
76	(寛永20年)6月12日	大僧正天	青門等4門跡	京都三千院	×
77	(寛永20年)7月20日	大僧正天	梨門様	京都三千院	×
78	(寛永20年)9月6日	大僧正天	青御門跡	東京現龍院	×

新義真言宗護持院僧録の色衣着用認可をめぐって

坂本正仁

一

元禄八年九月十八日、徳川綱吉は江戸初期以来、将軍家の祈願所・祈禱寺をつとめ、江戸神田橋外に多くの伽藍を構えていた筑波山知足院に御成りをした。護摩堂、次いで千手堂に詣でた後に御殿に入り、手ずから次のような朱印状を住持隆光に与えた(1)。

知足院事、就為祈願所、改院家寺号護持院、補真言新義之僧録訖、任元和元年以来代々先判之旨、弥可相守旧記也、色衣之儀向後当院可為沙汰之状如件、

元禄八年九月十八日　御朱印

護持院大僧正(隆光)(2)

知足院は将軍家の祈願所であるので、院家寺に改めて護持院と号し、新義真言宗の僧録に補任する。よって元和元年七月に徳川家康が下した真言宗諸法度を始め、代々の将軍が下した法度類を厳守するように。また新義真言宗の僧

侶が色衣を着用する権はこれからは護持院僧録が付与するものとする、というものである。綱吉は同時に隆光を大僧正に任じた[3]。こうして、知足院を改めた護持院は、既往の知足院が常陸筑波山のそれの江戸における出先、宿所という基本構図から離れて、江戸における独立した寺院となった。

元来、筑波山中における知足院は、中世には筑波山中禅寺の衆徒の一つ、学頭職という立場にあったが[4]、近世初期の宥俊（慶長十四年三月九日没）および光誉（寛永元年十二月九日没）の代に徳川家康、さらに徳川秀忠の権威を背景にして、中世以来、筑波山内の運営や山領の支配に権力を振るってきた俗別当筑波氏の勢力を排除して、その地位に替わり、筑波山神社の別当職として祭祀や仏事を主催し、山内運営の主導権を握った。光誉は生母が徳川秀忠室浅井氏の乳母であった関係から将軍家の祈禱を行うようになり、この職掌は光誉没後も知足院についたものとして江戸時代を一貫する。光誉は慶長十五年までに江戸の紺屋町に宿所を構えたが[5]、これが江戸の知足院の起源であり、以来同院は寺地を湯島、さらに元禄元年には神田橋外に移した。ちなみに、隆慶著『豊山伝通記』下巻の「筑波山大僧正隆光年譜」は、先の朱印状に見える「改院家寺号護持院」を敷衍して、「陞寺位、為独立院室」と解釈している。それまでの知足院が御祈願所として隆盛を遂げても、寺格の上では筑波山中禅寺の衆徒という性格を脱却しなかったが、綱吉の命によって護持院と改称したことで、衆徒の地位を離れて独立した寺院になったと説明している。しかし護持院は筑波山の管掌から無縁になったわけではなかった。元禄十五年に実施された筑波山の千手堂（大御堂）修理の棟札に、隆光が「別当護持院前大僧正真言新義僧録隆光」[6]と記したように、護持院はあらためて筑波神の神宮寺・別当寺として、江戸における独立した寺院として誕生し、筑波山中の法会や祭祀の執行権、筑波全山と南麓の寺領一五〇〇石の支配権を継承した上で、院代・代官らを通じ筑波山・寺領の遠隔支配を行ったのである。この体制は明治初期に廃寺となるまで不変であった[7]。

小稿では、護持院が僧録に任ぜられたことで新たに獲得した権能、新義真言宗の僧侶が色衣を着用する権限の沙汰とは、同宗の色衣制度、さらにそれに密接にかかわる僧位僧官の制、僧綱制の伝統においてどのような意味をもったのかということを考えたい。

二

僧録という職制は、新義・古義を問わず、それまでの真言宗には存在しなかった。[8] また護持院僧録は、やがて享保二年に神田橋外の護持院が炎上したことを機に幕府命によって廃止されるが、その後も復活することはなかった。江戸時代の僧録として知られるのは金地院のそれであろうが、護持院僧録がモデルを何処に求めたのかは定かでない。林亮勝は護持院僧録補任の本質は、将軍家祈禱寺の住持・護持僧の地位を背景に、僧録に補任されるまでに隆光が獲得していた新義真言宗内における権威と護持院の地位を、将軍綱吉が公的に承認した措置とみなしている。[9]

護持院僧録の実態は護国寺に現蔵される『宝永二年壬（乙）酉日記』（内題「出所願日記」）に詳しい。同日記には、新義真言宗寺院内部の争論、寺院間の本末争論、僧侶個人の行状をめぐる問題などさまざまな事案がみえている。それらを分析すると、色衣着用の権の認可は別にして、僧録は新義真言宗内の寺院・僧侶、またそれらの間に惹起されたさまざまな問題を、新義真言宗の触頭である江戸四箇寺や寺社奉行、さらに寺院在所の大名家などと連繫しながら最終の判断を下しており、江戸四箇寺の上位機関として存在したのが護持院僧録であったと理解できる。[10]

次に綱吉の朱印状に明確に規定された職分、色衣着用の認可をめぐる問題に言及したい。僧録隆光は、先の徳川綱吉の朱印状をうけて、元禄八年十一月十二日付で「相触条々」[11]と「色衣御免之式目」[12]を定めて新義真言宗の寺院に触れた。「相触条々」は第一項で、綱吉の朱印状にある真言宗諸法度以下、代々の将軍の条目を改めて厳守することを命じ、二項目に「一、今度色衣御免被成下之趣、不為名聞利養、偏為修学増進也、弥事教之習学不可疎略事」と記している。新義真言宗の僧侶が同宗以外の権威でなく、自宗の僧録から色衣着用の権を付与されることになった目的、意義を説いている。「色衣御免之式目」においては、新義真言宗寺院の住持が一色（香衣）、二色（浅黄色・香色）、三色（薄黄色・浅黄色・香色）までの色衣を着用できる条件の委細を定めている。その条件として吟味されたのは、次の五項であった。

① 着用を望む僧が住持を勤める寺院が朱印地を有しているか。
② 着用を望む僧が住持を勤める寺院が将軍への年頭御礼の格式が独礼であるかいなか。
③ 着用を望む僧が住持を勤める寺院の格が田舎本寺であるかいなか。
④ 着用を望む僧が住持を勤める寺院が常法談林所であるかいなか。
⑤ 着用を望む僧が両本山（長谷寺小池坊・智積院）において何年の交衆修学をとげているか。

③～⑤は、色衣着用の妥当性を検討する条件としては当然といえ、そこに将軍の権威が関わることはない。だが①②は将軍権威との繋がりが問題とされ、かつこの二項は着用条件の中で最優位のものとされている。将軍の権威によって新たな色衣の制が整えられたことに対応しているといえる。

さらに、隆光は同じく十一月十二日付で、護持院役者の日輪院・月輪院名をもって、色衣着用を許可された僧が諸方に納入すべき「官物之目録」を新義真言宗の田舎本寺に下した。(13) 色衣の数によりその額に差異があることは当然であるが、官物の納入先を記載順に列記すると、護持院護摩堂、護持院僧録、長谷寺小池坊と智積院の両本山能化、護国寺護摩堂、新義真言宗の触頭江戸四箇寺となっており、額も護持院護摩堂が最多である。納入先としての僧録・両本山・江戸四箇寺は新義真言宗の組織上の位置からみて当然であろうが、護持院と護国寺の護摩堂は奇異な観がある。しかし、いうまでもなく両寺の職分は徳川将軍家の祈願所・祈禱寺であり、護摩堂は将軍家祈禱を執行する聖域である。祈禱寺筆頭である護持院の護摩堂が納入先の最初に掲げられ、その額も最多であったことは、前述した「色衣御免之式目」の文言同様に将軍の恩恵を着用する僧に認識させることが意図されているといえる。

三

隆光が「色衣御免之式目」「官物之目録」を定めて、着用の具体的条件を一宗に知らしめると、多くの新義僧から着用願いがなされるようになった。これに応じて、隆光は一色～三色の色衣着用の権を認める色衣免状とか色衣許状と呼ばれる文書を発行している。[14] 免状発行までの流れを略述すると、着用を希望する僧は、まず願書を僧録の下位機関である触頭の江戸四箇寺に提出する。江戸四箇寺では「色衣御免之式目」に照らして、申請者が何色の条件を具備しているかを吟味する。そして問題がなければ、その旨を護持院僧録に報告する。護持院は将軍の承認をえた上で（後述）色衣免状を発行するという順序になっていた。

次に、隆光の発給した色衣免状の一例を掲げて、文言の内容を検討したい（改行は原文通り）。

浅黄色・香色、右二色
御免之事、奉窺之
処、不可有相違之旨、被
仰出候畢、

向後可有着用

之者也、仍執達如件、

元禄九年五月廿九日（花押）

願成寺

寛済法印(15)

これは肥後人吉にあり、領主相良氏の祈願所である願成寺住職寛済に、浅黄色・香色二色の色衣着用を免許したものである。このように色衣免状は僧録が日下に花押のみを据える竪紙の形式であり、料紙には檀紙が用いられた。問題はこの文書が奉書形式となっていることである。寛済は色衣着用の権を、一応は護持院僧録隆光から付与されたことになる。しかし、免状中の「奉窺」「不可有相違之旨被仰出候畢」の文言はどのように理解すべきであろうか。護持院の果たしている宗教機能上の性格、その住持の活動内容、新義真言宗内における護持院の地位からして、「奉窺」は寛済から（江戸四箇寺を経由して）僧録に色衣着用を希望する願書が出されたので、僧録隆光から将軍にその旨を披露し可否を窺った、「不可有相違之旨被仰出候畢」とは、将軍は僧録の上申を裁可する旨を下されたということになろう。そして僧録隆光が将軍の意を奉じて寛済に執達するということになろう。これらの文言からすれば、免状発行の諸実務は護持院が行っているものの、色衣着用を許可する最終権限は将軍が掌握しており、僧録隆光はその被官・家司のような立場で、希望者からの申請を取り次ぎ、結果を執達している存在に過ぎなくなってしまう。

それでは護持院僧録が設置される以前には、新義真言宗僧の色衣着用はどのようになっていたのであろうか。この時期の同宗僧侶の色衣免状や、その発行に至る経緯を示す史料は少なく、様子は必ずしも明確ではない。しかし、あらましは元和元年七月に徳川家康が下した真言宗諸法度がまとめられていく過程を示す史料の中に窺える。この法度制定の発端は、慶長十九年二月に徳川家康が東寺長者の三宝院義演に、真言宗の諸大寺の院家や平民の僧がみだりに香衣絹衣を着用することを禁止し、旧例を用いるように命じたことであった。この命をうけた義演は、関東はとくに新義の真言宗寺院が多数であったため、その本山である京都智積院の日誉と相談して、「関東新義之真言宗」が香衣を着用することを禁止する法度を定めることを図り、翌年元和元年三月になり、それまでの本山などの「寺例」を家康に言上している。その一項に「一、関東真言宗若着香衣輩有之者、可背本寺法事」とある。義演は醍醐寺や仁和寺など上方の本寺の先例に基づき、その多数が新義真言宗僧である関東の真言僧の香衣（色衣）着用を禁止しようとしたのである。結局、義演の企図は新義真言宗の権益を代表する日誉との交渉の中で、真言宗諸法度に盛られた「一在国之僧、近年猥申下上人号着用香衣、甚以無其謂、自今以後令停止訖、但有智者之誉輩者各別之事」という形に落ち着いた。(16)

このことから、以前には「在国之僧」、すなわち本寺居住ではない関東など田舎の新義真言宗（新義真言宗だけではないが）の僧侶が、上方の本寺の許可を得ずに上人号を獲得して香衣を着用する例が少なくなかった事実が判明する。しかし、真言宗諸法度は、全面的に上人号を得た上で香衣を着用することを禁止したのではない。「有智者之誉」の僧が上人号を獲得した場合は、香衣（色衣）の着用を認めたのである。真言宗諸法度が下される以前に、出羽国村山郡山形の宝幢寺住持宥雄上人が色衣を許可された次のような文書が遺っている。

細微黄衣御免許事、令披露候処、不可有相違旨、御室御気色所候也、仍執達如件、

卯月五日　　　　　法眼（花押）

宥雄上人御房(17)

宥雄の経歴からしてこの年時は慶長十六年以前であるが、(18)上人号を得ていた宥雄は仁和寺宮から一色の色衣を許可

されている。この文書の示す状況も先述の状況に一致していよう。そして、東寺長者の義演の意向にかかわらず、真言僧の色衣着用は天皇の権威に直結する仁和寺宮や大覚寺宮から、宮門跡の坊官が門跡の意を奉ずる奉書（令旨）を用いて許可される例が拡がっていたのである。(19)

また、この時期、関東など田舎の真言僧にとって、色衣以上の関心事であり、さらに色衣を着用する権を取得する前提であった僧官補任に関する史料は多数残されている。それらを分析すると、中世後期から近世前期において、新義系・古義系を問わず、地方在住の真言宗僧が僧官を得るには、口宣案をもってする方法が圧倒的に多いが、織豊期頃から仁和寺宮の令旨（大覚寺宮の場合も想定される）による補任が見え始める。また、この時期には高野山の院家が「当院旧例」などの由緒を以て任ずる例も見られ、近世初期にはこれらが併存している。また両宮門跡らはこれら僧官付与の権限を永宣旨に基づくものとしていた。(20)こうした宮門跡らが保持していた僧官や色衣着用を許可する権限は一次的には彼らにあろうが、永宣旨などの語句が示すように、最終的には天皇の権威に逢着し、古代における天皇による僧位・僧官の補任制度の伝統に遡ることは当然である。

隆光の発給した色衣免状を先の仁和寺門跡令旨と比較すると、文言の基本構図は同様であり、体裁はそれまでながらく新義真言宗の僧が色衣着用にあたり、その権を認可してきた両宮門跡の免状（令旨）に倣ったものといえる。しかし、先述したように色衣許可の最終権威は将軍にあるのであるから、「奉窺」「不可有相違之旨被仰出候」として、その所在を示したことになろう。この将軍の権威による許可への変化は、僧位・僧官の補任同様にそれまで天皇やそれに列なる勢力が保持してきた伝統的権威の一部を奪うことになったといえる。この変化に対する宮門跡らの抵抗は確認されていないが、隆光と両宮門跡との間になんらかの交渉はあったものと推測される。

四

隆光の色衣免状の文言にしたがえば、触頭江戸四箇寺の審査をへて護持院僧録に上げられた着用希望者の願書類は、僧録から一々将軍に呈出されて将軍の裁可を得る、という手続きを経ていたことになる。この辺の様子を具体的に語る史料は極めて少ないが、宝永二年分の役者月輪院隆元が記した護持院の公務日記である「護持院役者手鑑」(21)の十二月十三日条に、次のような記載がある。

御本丸江明六ツ半時、御暦幷正月中之御遣日之書付、御得(徳)日之書付、今日御頂戴之御札持参仕、御小納戸衆江相渡シ差上候、
御暦□台のり(載)、御得日之書付も奉書ニ而色衣御免状之様ニ御認台のり、御遣日之書付者、一所ニ此台ニのせ上候事もあり、別ニ常々通箱ニ入上候事も有之、（傍線は筆者）

これは護持院から毎年十二月十三日に将軍家に献上される次年分の暦、将軍の正月分の徳日や遣日の書付に関する記載である。傍線部分は「徳日の書付は奉書の料紙をもって、色衣免状の体裁のように認める。そして台にのせて」小納戸衆に渡すということであろう。この記載法は色衣免状が将軍に呈出されていたことを前提に理解できるので、先に示した「奉窺」など免状の文言の理解は妥当であろう。ただし、実際に将軍に呈出されたものが色衣免状そのものか、または発給予定者の名簿のようなものかは断定できない。

隆光は先述したように、僧録補任後の元禄八年十一月に定めた「色衣御免之式目」と「官物之目録」の中で、新義真言宗の僧が広く色衣を着用できることになったのは、将軍家の恩恵によるものであることを強く認識させようとし

ている。この姿勢は当然ながら二代僧録の快意、三代僧録の覚眼にあっても不変であった。覚眼は宝永六年の『護持院日記　公用』[22]十月十八日条に、「（前略）兼而自護持院（覚眼）窺上候色衣條目幷免状之案文如願被仰付候由、本多弾正（忠晴）殿被仰渡候、御老中御談合之上、達上聞被仰付候、則條目幷免状案文之御奥書、鳥伊賀（鳥居忠救）・三備前（三宅康雄）・本弾正と御判形被成被下、（後略）」とあるように、十月十一日付で色衣条目案を寺社奉行に提出して、隆光の色衣条目の条数を簡略化することと、色衣免状文言の改訂を願い出た。寺社奉行は老中と相談して、将軍徳川家宣の裁可を経た上で、覚眼の色衣条目案に十月十八日付の次のような寺社奉行連署の奥書を記す形をもって許可した。

右色衣免許条目之事、先々住隆光元禄八年乙亥十一月雖定置之、今般条数等令看略、文言改度之旨覚眼依願之、老中江相達、色衣条目極之訖、永不可有相違者也、[23]

これにしたがい、色衣免状の文言も改められた。覚眼が発給した免状の一例を示すと次のようなものである（改行は原文通り）。

任　御朱印之旨
薄黄色・浅黄色・香色
令免許訖、向後
可有着用之者也、
仍如件
宝永八年正月晦日（花押）
法光寺賢能法印[24]

隆光代の文言「奉窺」「不可有相違之旨被仰出候」に替わって、「御朱印」（元禄八年九月十八日付「徳川綱吉朱印状」の

こと）の語を用いることで、色衣の着用が将軍権威によっていることを一層直截に示すように変化している。(25)

五

隆光は徳川綱吉から新義真言宗の僧録に補任されることで、それまでに御祈願所の住持・護持僧としてその権威を背景に獲得していた宗内における権力を公的なものとし、僧録寺たる護持院を新義真言宗で最高の寺格に据えることに成功した。さらに新たに付与された新義真言宗僧への色衣着用認可の権は、同宗の色衣制度を根本から変化させるものであった。仁和寺や大覚寺の宮門跡から新義僧の色衣着用の認可権を簒奪し、この面での両門跡への従属から新義真言宗を自立させた。変化は、僧録隆光が天皇から永宣旨を貰い、仁和寺・大覚寺両宮門跡にかわって発給しながらも、発行の最終権威は従来のように天皇に存するというほどのものではなかった。天皇の位置を将軍に替え、新義真言宗僧の色衣着用は究極的には将軍家の権威に発するものに変化させた。一方、新義僧の僧官補任は従来通り両宮門跡が掌握していたが、色衣にかかわる変化は真言宗の僧位・僧官が天台とともに、天皇や朝廷が掌握してきた伝統の一部を否定している。この企図は隆光の意志に出たもので、彼を信頼する綱吉がそれを叶えたものと思われる。

護持院僧録は、享保二年正月に神田橋外の護持院が類焼すると、翌月になって幕命によって廃止された。隆光から三代にわたって二十一年間続いたに過ぎない。僧録廃止後の新義真言宗の色衣制度は、享保四年になり、着用資格の条件は護持院時代のそれを相当に取り入れながらも、仁和寺・大覚寺両宮門跡が令旨を発行する僧録設置以前の制度に戻された。(26) 短期間の制度であったためか、僧録の意義、とくに色衣着用認可の最終権威が将軍にあったことの意義が検討されることは少なかったが、近世の仏教史はもとより、綱吉の仏教政策を見るうえからも検討に値することであろう。

註

（1）『隆光僧正日記』同日条
（2）つくば市　杉田達信家文書「徳川綱吉朱印状写」
（3）『常憲院殿御実記』同日条
（4）坂本正仁「醍醐寺所蔵『源雅授与記』」（仏教文化学会十周年・北条賢三博士古稀記念論文集『インド学諸思想とその周延』、平成十六年六月）
（5）光誉については、坂本正仁稿「近世初期真言宗新義派と知足院光誉」（『大乗仏教から密教へ』、昭和五十六年九月、春秋社）参照
（6）『筑波山諸旧記』（『筑波町史　史料集』第五篇　四四頁）
（7）『筑波町史』上巻、第二章第二節参考
（8）「録所」とか「国録所」の語句があるが、前者は新義真言宗の触頭江戸四ケ寺を指し、後者は大名領や特定の一国に設けられ、その範囲内に権限の行使が限定された国触頭を指すものであり、護持院僧録とは性格が異なる。
（9）林亮勝稿「護持院隆光の一側面」（『大正大学研究紀要』五十二輯、昭和四十二年三月）
（10）坂本正仁稿「真言宗新義派護持院僧録について」（『仏教史研究』八号、昭和四十八年六月）
（11）奈良県桜井市の長谷寺に隆光自筆のものが所蔵されるほか、新義真言宗系の真言宗豊山派・同智山派の諸寺にも写がのこる。また『豊山全書』に「慶長以来御朱印幷条目等写」所収本が活字化されている。
（12）奈良県桜井市の長谷寺、文京区大塚の護国寺に隆光自筆のものが所蔵されるほか、新義真言宗系の真言宗豊山派・同智山派の諸寺にも写がのこる。
（13）奈良県桜井市の長谷寺に隆光自筆のものが所蔵されるほか、新義真言宗系の真言宗豊山派・同智山派の諸寺にも写がのこ

る。

（14）現在までに筆者が確認した分は十四通ほどであるが、護国寺所蔵の「享保二丁酉年色衣一件」の記載によると、護持院隆慶は、隆光・快意・覚眼と三代続いた護持院僧録が発給した色衣免状の総数は二〇二〇カ寺であったと幕府に報告している。

（15）熊本県人吉市　願成寺文書

（16）この経緯については拙稿『「真言宗諸法度」と真言五箇本寺の成立について——近世初期真言宗史の一側面——』（『大正大学大学院研究論集』三号、昭和五十四年三月）において詳述した。

（17）文部省史料館所蔵、『史料館所蔵史料目録』九集「出羽国村山郡山形宝幢寺文書目録」四一〇〇号

（18）文部省史料館『史料館所蔵史料目録』九集、「宝幢寺文書解題」の「三　宝幢寺の寺僧」は、寺蔵の「出羽国宝幢寺興廃記」をもとにした歴代住持を紹介するが、宥雄は天正十九年に就任、慶長十六年六月没とする。

（19）天和頃までに編纂された京都嵯峨の「大覚寺譜」（『大覚寺文書』上巻所収）中の「官位末寺令旨之旧例」に、「（前略）上人号者、自空也上人始、（中略）着香衣称長老、非自宗之昇進、雖然近歳往々自宗亦蒙　勅許、若末寺僧、為着香衣法印免許之後望之、故近来連綿賜上人号令旨（後略）」とあり、大覚寺宮が上人号を下す際の令旨案として次の例を掲げている（宥憲は「官位末寺令旨之旧例」の大覚寺宮「官位令旨案」によると、寛永十年正月に法印官に補されている）。

上人号御免許之事、不可有子細旨、大覚寺宮御気色之所候也、仍執達如件

年月日　　同右　判

上人宥憲御房

これらの記述からも、近世前期には末寺の僧（上方の本寺の末寺である関東など在国の僧の居住寺院が該当）が法印官を得た後に、香衣着用を目的として上人号を取得することが少なくなかったことを示している。そして実態として、彼らの希望に大覚寺（仁和寺も）が宮門跡の令旨をもって応えていた現実が浮かび上がる。義演が上人号による香衣着用の禁止に積極的だったのは、徳川家康の指示もさることながら、上人号の令旨が文書の性格上、大覚寺・仁和寺の両宮門跡に独占されていたことにより、発行による利権に関われなかったことにもよろう。

(20) 小笠原隆一は「中世後期の僧位僧官に関する覚書」(『寺院史研究』4号、一九九四年十月)の別表1中世後期の顕密地方寺院における僧位僧官補任状況で、氏が披見に及んだ天台・真言僧の僧官取得の一覧を掲げているが、そこに仁和寺宮らの令旨による補任例は見えない。しかし、高野山の空算が仁和寺宮の令旨を以て、元亀三年三月十八日から六月八日の間に、権律師・権少僧都・権大僧都・法印に補任された例(高野山文書刊行会『高野山文書』五巻「金剛三昧院文書」二七三頁以下)、肥後人吉の願成寺関係の勢辰が仁和寺宮の令旨を以て、天正五年六月一日に権大僧都、同三日に法印に補任された例(『熊本県史料』中世篇三「願成寺文書」)、永禄八年から天正十三年の間のことであるが、高野山正智院宥儀が仁和寺宮の令旨を以て法印に補任された例(『高野山正智院経蔵史料集成』一「正智院文書」第三仁和寺御室令旨)を確認できる。

高野山の院家が関東僧を僧官・僧位などに任じた例に、天正十六年八月二十一日に宝性院が常陸の宥長を権律師・権少僧都・権大僧都・法印に補任した例(『茨城県史料』中世編Ⅲ、西光院文書)、文禄五年六月二十三日に肥後人吉の願成寺関係の堯恵を遍照光院良尊が権大僧都に補任した例(『熊本県史料』中世篇Ⅲ、願成寺文書)、慶長十七年七月三日に随心院が常陸の宥信を法印に補任した例(『茨城県史料』中世編Ⅲ、長福寺文書)などを確認できる。

『諸宗階級』上の「新義真言宗出家成立最初ゟ両本山江転昇進迄之次第」中に「(前略)此官位之儀者、御室・嵯峨両御所ゟ拝請仕候、御室ハ寛平法皇之永宣旨、嵯峨ハ後宇多法皇之永宣旨ニ御座候(後略)」とあり、また「(前略)本山六ケ年以上之免状申請候もの末寺ニ住職仕候時者色衣御願申上着用仕候、(後略)」とある。

天和頃までになった「大覚寺譜」(『大覚寺文書』上巻所収)「官位末寺令旨之旧例」には、「末寺僧侶之官位、古来自仁和寺与当寺為免許、—法印為極、如権僧正、末寺不能任之、雖然名山霊区之住修行満得之僧、以国守之推挙、兼仁和當寺之院、近歳多任之例也」とある。

(21) 東京都文京区大塚の護国寺所蔵。史料纂集『神田橋護持院日記』所収)

(22) (21)に同。

(23) 『豊山全書』所収「慶長以来御朱印幷條目等写」

(24) 山梨県 放光寺文書

(25)　隆光・覚眼代の色衣条目に見える着用の具体的条件と両者間の変化、変化の背景などについては、玉橋隆寛が「新義真言宗における色衣制度——特に護持院時代を中心として——」(『豊山教学大会紀要』二号、昭和四十九年一月)で詳述しているが、その中で色衣免状が奉書形式をとっていることに若干ふれている。

(26)　享保四年三月付「諸国真言新義諸寺院宛智積院・小池坊両能化色衣条目」(『慶長以来御朱印幷条目等写』〈『豊山全書』所収〉)。なお、この問題については玉橋隆寛が「享保期における新義真言宗について——特に護持院焼亡による再編を中心に——」(『豊山学報』十七・十八合併号、昭和四十八年)で、詳述している。

清朝康熙時代の朝廷決議と奏摺政治の創始について

内田直文

はじめに

清朝康熙時代の朝廷決議は、前代の明朝の制度を踏襲した内閣制と入関以前からの北族特有の合議による議政王大臣会議を軸になされた。清朝の内閣制では、六部を始めとする中枢機関や地方長官が提出した案件を、内閣大学士らが審議のうえ皇帝の決議案（票擬）を作成し、それが裁可されれば執行が命じられた。軍事行動や八旗旗人に関する旗務などの決議は、およそ宗室王公が任ずる議政王と八旗の高級官僚が任ずる議政大臣とで構成された議政王大臣会議に諮られた。

清朝の内閣制については、主に宮崎市定・サイラス＝ウー・鞠徳源・高翔・楊珍・白新良・黨武彦諸氏による詳細な研究がある(1)。特に宮崎氏は翻訳事務に着目し、清朝で最も重要な行政文書である本章（題本・奏本の並称）が内閣を経て決議される過程を検討され、清朝の奏摺政治や軍機処の創始を論じた。すなわち、清朝が満洲人による帝国統治の体面上、本章を満文と漢文の合璧としたため、文書を翻訳する煩雑さや審議内容の漏洩といった問題が生じた。そのため清朝皇帝は、官僚と私信的性質の奏摺を直接交わして迅速に政治を議すようになり、雍正帝の時代には奏摺を専門に処理する軍機処が創設され、次第に内閣に代わる中央決議機関となったとした。

清朝の奏摺政治は、康熙時代に始められるようになったことが通説となりつつある。(2) その創始については、宮崎氏が論じるように、奏摺による迅速な政務処理に着目すれば、内閣における翻訳事務の繁雑さが、政務処理の遅滞と機密漏洩などの弊害を惹起した要因であり、そこに清朝特有の奏摺政治が生じた淵源を求めることは首肯できるものである。しかし、何故康熙帝の時代以降、奏摺政治が必要とされたのかを解明するためには、清朝の文書行政をより総体的かつ構造的に捉え、康熙帝がその弊害をどのように認識していたのかを確認する必要がある。

ところで、清朝の奏摺政治のように、規定の行政文書以外に書簡を使用して政治や政策を議す政治手法は、すでに明朝でもみられた。つとに川勝守氏が明らかにしたように、明末の内閣首輔であった徐階や張居正が、地方官らと書簡を使用してトップダウン式の政治を行っていた。(3) 氏の論考をふまえ、徐階と張居正ならびに高拱の時代にも、書簡を多用して財政改革や対外交渉を遂行していたことが解明され、明末の内閣首輔らが共通して行った政治手法であることが論じられている。(4) 川勝氏は明末の張居正らの書簡を使用した政治手法と、清朝の奏摺政治との関連性について指摘されるが、明から清へ如何にしてその政治手法が継承されたのかは明らかにされていない。

よって本稿では、康熙帝が親政を開始した康熙八年（一六六九）以後の清朝の行政文書とその処理過程を確認する基礎作業を通じ、清朝の文書行政システムが抱える問題点を浮き彫りにしたい。それにより康熙帝が奏摺政治を開始した要因について再考したい。

第一節　康熙時代の行政文書の処理過程

【図1】中央衙門と地方官・衙門で交わされる行政文書

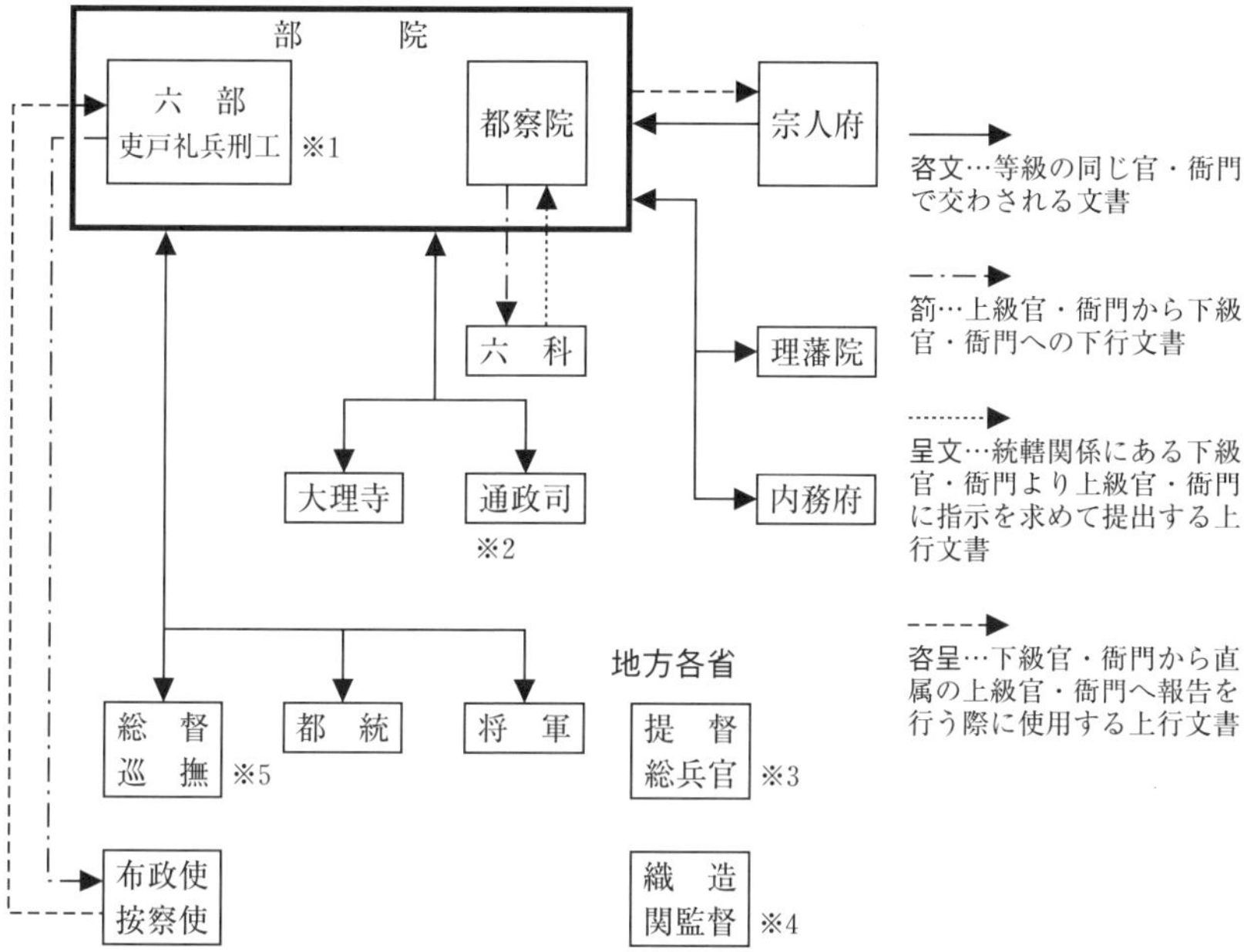

※1　六部より太常寺・太僕寺・光禄寺・鴻臚寺・国子監・欽天監・太医院・宝泉局・宝源局・各倉監督へは箚を用い、各衙門の来文には咨呈を用いる

※2　通政司・大理寺より各衙門へは統轄関係にない各官・衙門が使用する移会を用いる

※3　兵部より提督・総兵官へは箚を用い、来文には呈文を用いる

※4　戸部より織造・各関監督へは箚を用い、来文には呈文を用いる

※5　六部より各省の道・府以下の衙門へは咨文を用い、督撫より転送する
直達すべき場合には牌文を用いる

康熙時代の文書行政は、[5]前代の明朝のそれを踏襲しつつ翻訳事務などがさらに加わり、文書の種類やその処理過程が複雑である。よって本節では、清朝の主な上行文書・下行文書・平行文書の種類とその往来について図示し、康熙時代における本章の処理状況について考察したい。それにより、清朝の文書行政上に何が問題であったかを明らかにしたい。

清朝の上行文書は、およそ呈文・咨呈・申文・詳文・験文・稟文の六種類がある。下行文書は、上諭・諭旨を含め各官・衙門で使用されるものは、およそ諭・牌・箚の三種類に分別される。平行文書は、およそ咨文・移会・照会・関文・牒呈の五種類がある。

【図２】地方文武官の行政文書

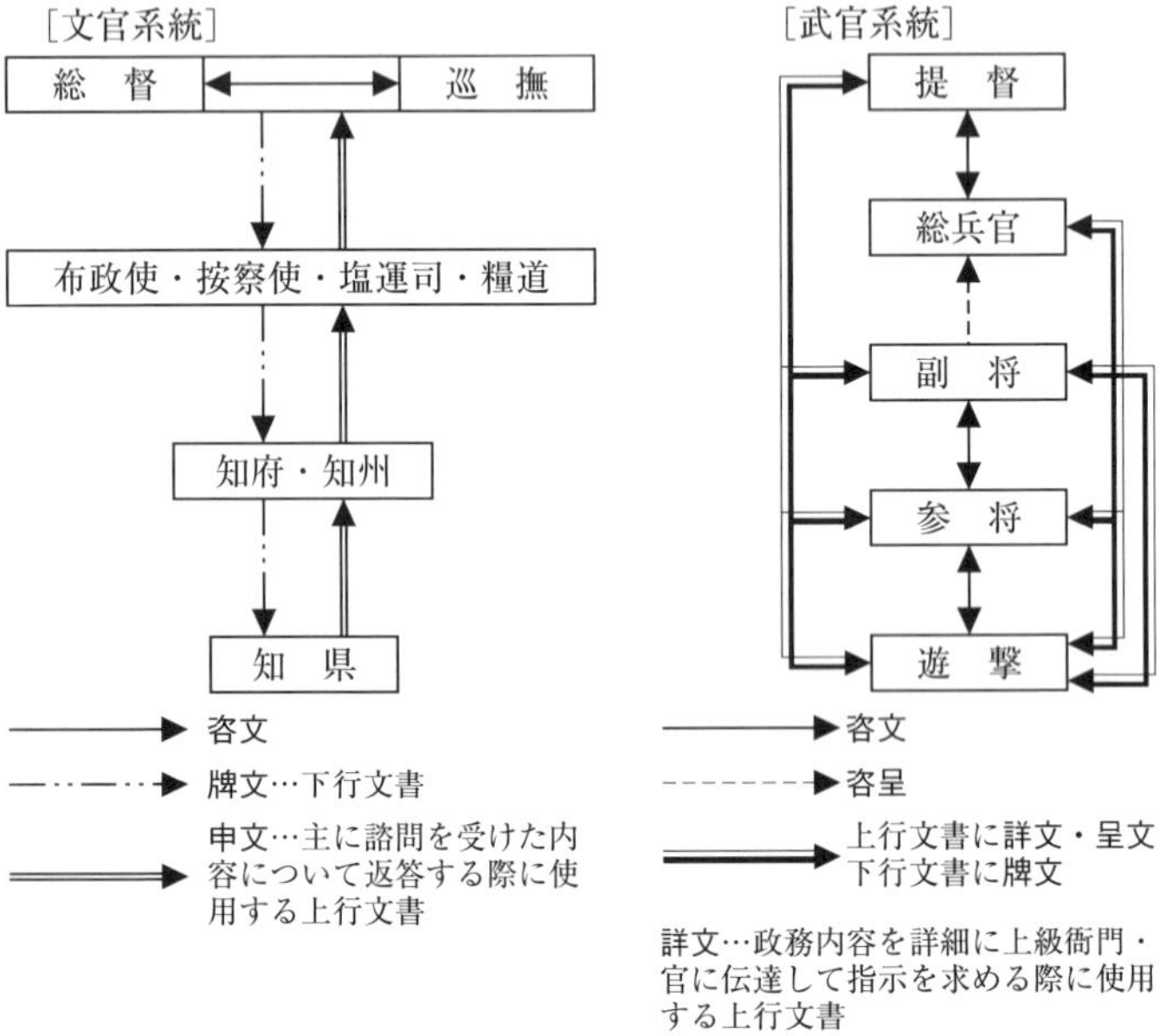

まず主な中央行政機関と地方官とで交わされる行政文書の種類とその使用状況について示したのが【図１】である。清朝の中央行政機関は、内閣のもとに部院（六部と都察院の併称）と大理寺・通政司や宗人府・理藩院・内務府が中心となるが、部院と各機関では相互に同等級の官・衙門で交わされる咨文が使用される。ただし皇族を管轄する宗人府については、部院からは尊崇する意味もあって、上行文書である咨呈が使用されている。部院と地方の文武長官とでは咨文が使用されるが、軍隊を統率し管轄地方の治安維持にあたる提督や総兵官と兵部や、皇族や官僚の服飾を司る織造や各関監督と戸部とは、上行文書である呈文と下行文書である劄が使用される。六部から各省の道・府以下の各官・衙門へ文書を発給する際には咨文を使用し、それが督撫（総督と巡撫の併称）より転送されるが、急を要する際には牌文を使用して直達された。

つぎに地方の文武各官で使用される行政文書を図示したのが【図２】である。文官系統では、総督と巡撫とで

【図3】地方文武官の交わす行政文書

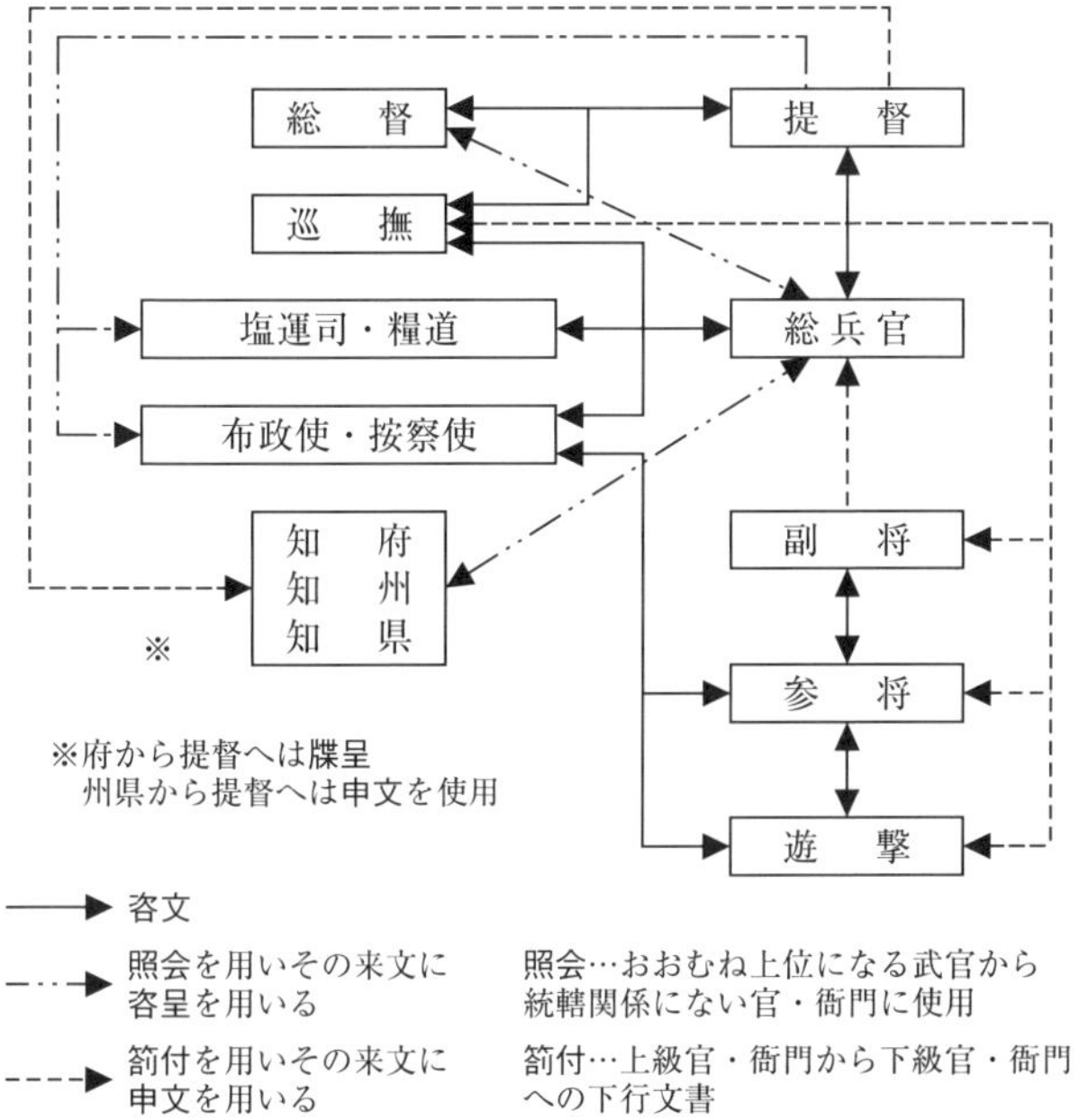

は咨文が使用されるが、督撫所属の布政使・按察使・糧道・塩運使以下との下行文書に牌文、上行文書に申文が使用された。また知府・知県から所属の佐貳には、平行文書である関文が使用され、その来文には品級の低い地方官が用いる上行文書である牒呈が使用された。武官系統では、提督と総兵官や副将と参将、参将と遊撃とでは咨文が使用された。また提督と副将・参将・遊撃、総兵官と参将・遊撃、副将と遊撃との間では上行文書に詳文や呈文が、下行文書には牌文が使用された。また副将から総兵官への上行文書には咨呈が使用された。そのほか所轄にある守備・都司・千総・把総や非所轄の総兵官以下各官との上行・下行・平行文書などで交わされる行政文書は多岐にのぼる。

　地方の文武官が相互に交わす行政文書を図示したのが【図3】である。同等級の文武官では咨文が交わされるが、長官から七品官クラスまで、幅広くかつ複雑多岐に上行・下行・平行文書を使用して相互の情報伝達が行われている。図示する以外にも、例えば州県か

【図4】本章の提出とその処理過程概略図

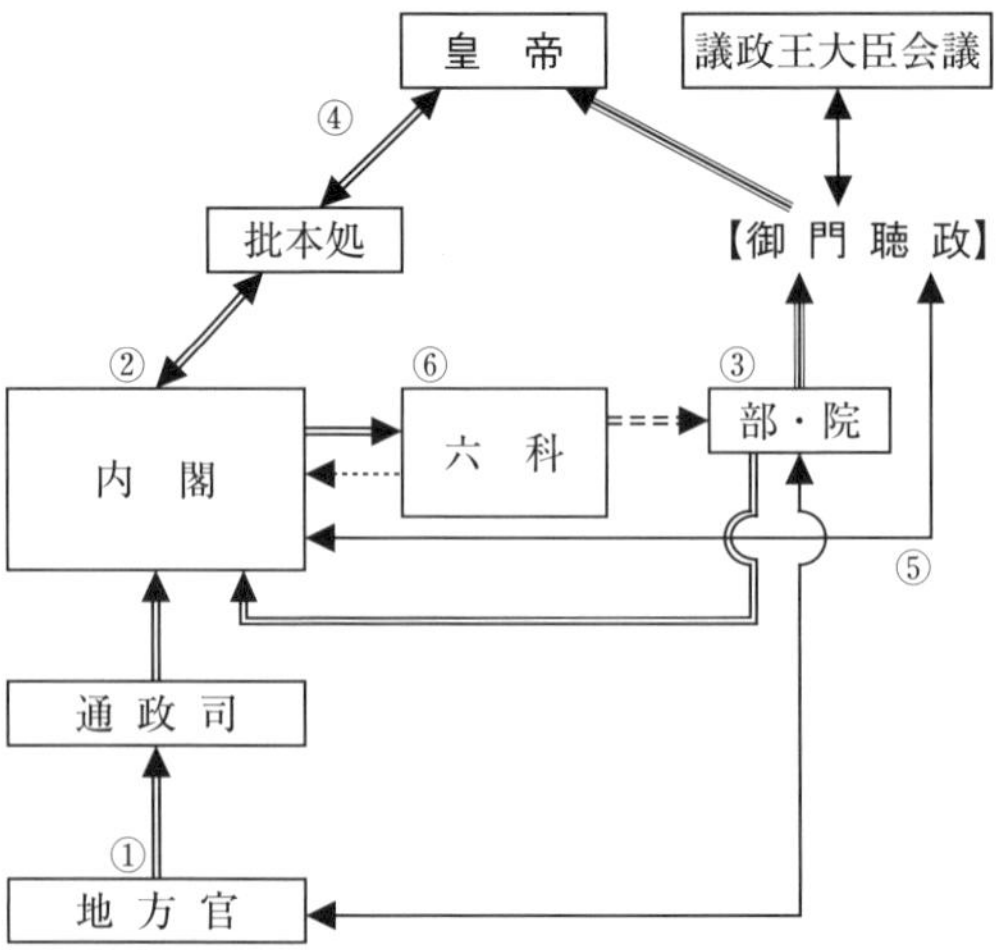

① 地方各官・各衙門の上行文書・下行文書・平行文書などの累積により本章が作成され、総督・巡撫から通政司を経て内閣へ提出

② 内閣で満文に翻訳のうえ票擬を行い、紅本房を経て皇帝へ提出

③ 部院の本章は御門聴政の際に皇帝へ面奏のうえ提出

④ 皇帝と内閣大学士・学士が会し決議裁決であれば硃筆でサインし紅本房中書と内閣学士が満漢合璧の硃批を本章に清書（紅本）
再議を要すれば内閣へ差し戻す

⑤ 再議を命じられた本章をまとめた「折本」とその票擬案を以て皇帝と大学士・学士が審議し裁決

⑥ 六科で科鈔を作成し、関係部局へ通達
満漢合璧の硃批と本章の摘要の史書・録書を編纂
紅本原本は年末に内閣へ送り返す

ら提督、副将・参将・遊撃・都司・守備・千総から巡撫へ申文が提出されている。また織造は督撫・司道・運使とは相互に咨文を交わし、府庁州県とは下行文書である牌檄、その来文には咨呈が使用されている。

このように地方の文武官は、各系統の属官以外にも相互に多種多様の上行・下行・平行文書を交わしており、各方面からの情報に基づいて政務がなされていた。朝廷での審議を求める際には、こうした各種類の行政文書に基づき、地方官が審議のうえ本章を作成したのであった。清朝の内閣制は、前代の明朝の制度を継承したうえ、漢文の本章を上申過程で満文（清朝では正式には「清文」と呼称）に翻訳し、さらにそれを確認する機関が介在するなど非常に複雑である。そこで本章が提出され、皇帝の裁可を経て処理される過程を【図4】に示した。本章を提出する権限は、京官では尚書・侍郎、地方官では総督・巡撫・提督・将軍・総兵官、八旗では都統が持っていた。順治年間に本章の書式が定まり、刑名銭穀（裁判や財政）などの重要な政務以外は、題本は毎幅六行二〇字、奏本は二二字、総字数を三〇〇字以内に限り、要旨を示した貼黄を添えて提出することとなった。(6)

【図5】本章票擬の過程

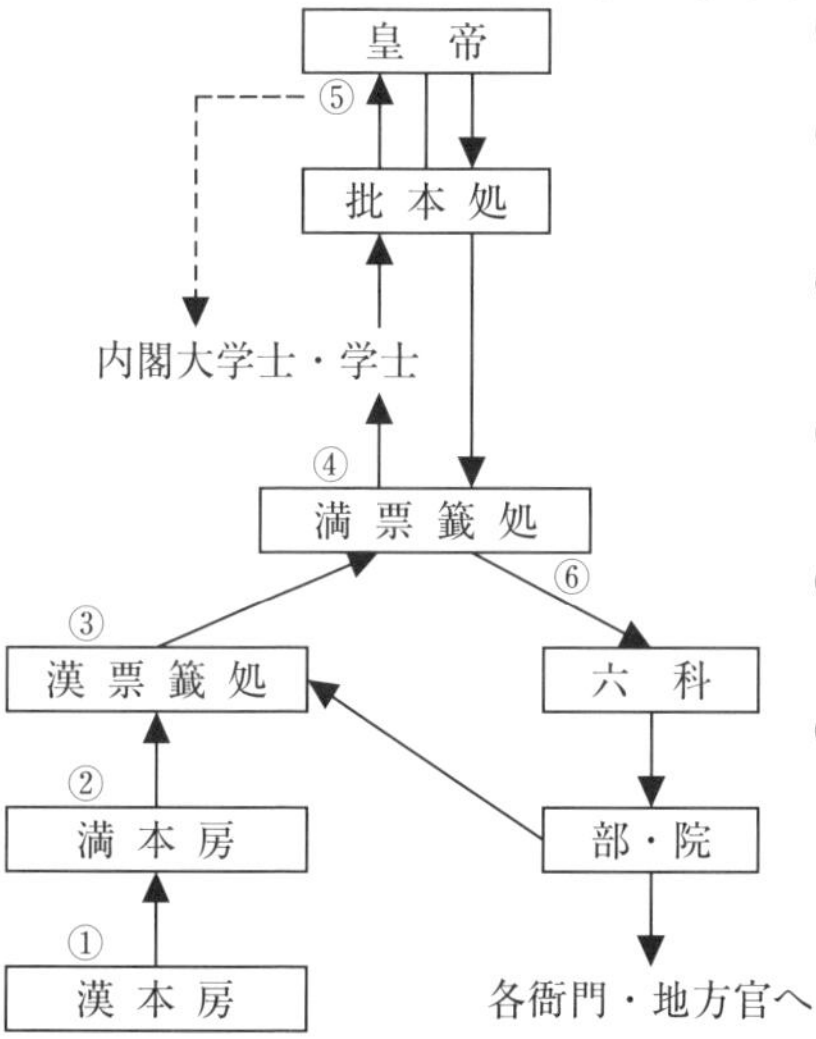

① 地方官から提出された本章を満文に翻訳

② 作成された翻訳を満洲人中書が検閲のうえ清書し、侍読学士・侍読が校閲

③ 漢人の侍読が本章の内容を検討し中書が票擬の草案である漢文の「草簽」を作成
必要な場合は説明書である「説帖」を添付

④ 侍読が漢文草簽に対応した満文の草簽を作成
校閲し内閣大学士に提出して審議を求める

⑤ 皇帝と内閣大学士・学士が会同して票擬案について審議する
再議を要する場合は内閣へ差し戻す

⑥ 裁決されれば満票簽処から六科へと紅本が伝えられ政務が執行

地方官の本章は、通政司を経て提出されるが、その多くが漢文のため内閣で満文に翻訳される必要があった。本章票擬の過程を図示したのが【図5】である。まず本章に添付された貼黄を参考に、内閣の漢本房で満文に翻訳され、満本房で満文・漢文を対照して検閲を行い、清書して漢票簽処に送られた。部院の本章は、すでに満漢合璧で作成されていたため、乾清門で行われる御門聴政の際に提出され、そのまま漢票簽処に送られた[7]。

漢票簽処では満漢合璧の本章について、漢侍読の監督のもと漢中書が票擬の草稿である漢文の「草簽」を作成して満票簽処に送る。この漢票簽処は漢人の侍読二人と漢人の中書二七人から構成されるが[8]、票擬のもととなる草簽が漢人官僚の手になることは注意したい。満票簽処では侍読が漢文の草簽に対応した満文の草簽を作成し、内閣大学士に提出した。

内閣大学士は学士と会同して審議を行い、草簽の通りでよければ「正簽」を作成して票擬とし、批本処を通じて皇帝へ提出した。皇帝は内閣大学士・学士と会同して最終的な裁決を与える。再議を要する場合には内閣へ差し戻し、御門聴政の際にまとめて「折本」として処理した。裁決を得た本章は、紅本房を経て内閣大学士らが本章の表面に朱筆で諭旨を書き入れた。この本章を「紅本」というが、六科で検閲後に紅本の写しである「科鈔」が作成され、各部局に政務執行が命じられた。

つぎに清朝皇帝の執政の場である内廷の乾清門における朝廷決議について考察したい。清朝皇帝は朝早く紫禁城の内廷と外朝との端境に建造された乾清宮に出御し、その正門である乾清門で大臣らを謁見して政務の指示や決議を行ったが、これを「御門聴政」と称する。(9) 御門聴政の場である乾清宮と乾清門は、康熙八年に紫禁城の正中線上に再建され、内廷と外朝を区分する重要な宮・門となると同時に、清朝皇帝の権力の象徴でもあった。(10)

康熙帝は北京にいるあいだ、紫禁城では内廷にある乾清宮で政務を執ったが、よく景山西苑の太液池内にある瀛臺に赴き、自ら書した「勤政」の額が掛かる勤政殿で聴政を行った。また近郊の官場・民情視察に赴いた際には、北京西直門外の海淀にある暢春園の澹寧居で執務した。このように康熙帝は紫禁城乾清宮・瀛臺勤政殿・暢春園澹寧居を巡りながら、要職にある諸官を謁見し、政務の指示や決議を行ったのであった。(11)

御門聴政では、乾清門の正中のライン上に皇帝の腰掛ける御榻が設けられ、章奏を置く卓がその前に置かれる。康熙帝が乾清門に出御して座に着くと、整列していた部院各官が階段を上り、長官が本章を捧げて卓上に置いた後に面奏を行った。面奏は、六部のうち刑部をのぞく吏・戸・礼・兵・工部、ならびに理藩院・都察院・通政司・大理寺が順次行うが、宗人府が面奏する際には各衙門より優先的に行われた。太常寺・光禄寺・鴻臚寺・国子監・欽天監の面奏は礼部の後に行い、督捕・太僕寺の面奏は兵部の後に行われた。また内閣・翰林院・詹事府の面奏は各衙門が終えた後に行うなど、順序が明確に定められていた。九卿の会奏公本や科道官の條奏があれば、各衙門の後に行われ、刑部の面奏は特別に毎次三班に分かれて行われた。

内閣学士が本章を回収した後に折本の審議があれば、内閣大学士と学士が面奏を行って康熙帝の諭旨を受けた。その際に内閣大学士や学士らは、康熙帝が口頭で与えた諭旨を記憶しておかねばならず、そのため衙門に戻りそれを書き違えるなどの問題も生じている[12]。

折本を処理した後に、軍事や外藩との外交、ならびに旗務に関する審議があれば、議政王大臣らの報告を受け、康熙帝が指示を与えた。

これまで康熙時代における行政文書の処理過程について図示し、その内容を紹介した。地方官が提出した本章は、通政司を経て漢本房に提出され、満文へ翻訳に付された。京官の本章は、御門聴政の場で提出され、そのご地方官の本章と同じく漢票籤処で票擬の原案である草籤が作成された。地方官・京官の本章は、文武各官・各衙門の上行・下行・平行文書をはじめとする多種多様な情報に基づいて作成されており、その決議案を策定するには、政務の内容だけでなく、複雑な官僚組織にも精通しておく必要があったと思われる。特に地方官が提出する本章については、地方の実状まで考慮する必要があったのではなかろうか。そのため漢票籤処の漢人官僚である内閣侍読二人と中書二七人が票擬の原案である漢文の草籤の作成に携わったのであった。よって清朝の内閣を軸とする朝廷決議では、内閣侍読や中書を始めとする漢人官僚の認識が非常に重要で、いきおい漢人官僚を主導とするものにならざるを得なかったと考える。

また皇帝の意志発動の場である御門聴政では、康熙帝の諭旨がすべて口頭で与えられるため、諭旨を違えて票擬されることもあり、問題となっていた。朝廷決議において諭旨を口頭で与えることの危険性が、清朝における重要決議の文書行政化を推進することになると思われる。

第二節　康熙時代の朝廷決議とその弊害

清朝康熙時代の朝廷決議は、多種多様な行政文書の累積に基づく情報を内閣にのぼせ、それを朝廷内で審議した。康熙二〇年（一六八一）に三藩の乱、二二年（一六八三）に台湾の鄭氏政権を平定し、国内情勢がほぼ安定化すると、康熙帝は中央行政の整備に着手したが、特に前節で検討した票擬の過程や朝廷決議について問題視したのであった。よって本節では、部院衙門や内閣の審議状況ならびに朝廷決議の実状について考察したい。

まず康熙帝は、康熙二二年に部院衙門の政務状況について、以前に比べ大臣や部院衙門の質が落ちていることを指摘したうえで、内閣大学士・学士らに以下のように述べる[13]。

且部院堂官、止圖己身安逸、辦事不勤。堂官推諉司官、司官推諉筆帖式。早歸私家、詭稱終日在署。此何理也。

部院衙門の長官・次官である尚書・侍郎らの堂官は実務に携わらず、属官の郎中・員外郎・主事といった司官に事務を任せ、司官はそれを筆帖式（ビトヘシ）（bithesi）に請け負わせているという。筆帖式は、八旗から特に漢語・満洲語の能力を身につけた旗人が試験のうえ選抜され、中央・地方の各衙門で専ら行政文書の翻訳や抄写、檔案の保管などを行う官である。官位は七～八品と低いながらも、圧倒的少数の満洲人が漢地や漢人を統治するうえで重要な役割を担った。これまで筆帖式の選抜方法や清朝行政で果たした役割、また筆帖式のうち実務能力に優れたものが内閣大学士や部院の尚書など高級官僚に昇ったことなどが明らかにされている[14]。それでは実際の文書行政や各衙門では、どのようであったのかというと、先に引用した内容から窺えるように、筆帖式は提出された事案について実務処理に携わり、上官は事案や処理内容に深く関与しない状況にあって、各部での審議は空洞化していた。それについて康熙帝は、康熙二六

年（一六八七）三月の上諭で、

今毎部滿漢堂官各有六員、其間任事者、毎部但一・二人、餘則隨衆署名而已。卽如各部啓奏本章、毎日不過數件、其中情節、如漢侍郎等未必了徹、設朕問之、諒有不能對者。漢官公事之餘、或持齋誦經、滿官公事之餘、或崇尚僧道、不以國事爲念。

と述べ[15]、各部の満漢尚書と満漢左・右侍郎の計六員のうち、実際の職務に携わるものは実質一・二人のみであり、そのほかの堂官は決議に唯々諾々とするのみで、本章で提出された事案の内容すら不明瞭のものもいるという。

朝廷内の各衙門で実務を担った筆帖式への任官は、内閣中書とならび昇進ルートと認識されていた[16]。内閣中書は、満洲人七〇名・蒙古人一六名・漢軍八名・漢人三〇人で構成され、本章の翻訳や草簽の作成、ならびに詔勅の撰文などを職掌とした[17]。清朝の朝廷決議で漢票簽処の漢人の内閣中書が非常に重要な役割を担っていたことは、前節で明らかにした。筆帖式について、実際に康熙帝が内閣大学士・学士に「爾等俱自筆帖式遞遷爲大僚（汝らはみな筆帖式から次第に昇進して大官となった）」と述べているように[18]、当時の内閣大学士・学士をはじめ、部院大臣など多くの官僚が筆帖式から起家していたが、そのことを確認するため、康熙二〇年代に内閣大学士・学士・六部尚書など重職を担った旗人官僚を示したのが【表1】である。出身・初仕など不明な者も多いが、それも下級旗人から任用され、伝記などを残し難かったためと考えられる。やはり筆帖式出身で高級官僚に昇ったものが多く、また漢語能力を有したことにより、地方官への赴任の経歴も目立つ。特に直隷巡撫や西北の山西・陝西の巡撫・総督・将軍、ならびに江南の総督や将軍へ任官したものが多く、清朝は漢地統治のうえで、こうした直隷・西北・江南の地を重視していたことがわかる。

部院の堂官・司官らは中央の各衙門や地方官が上せた案件について、筆帖式にその実務処理を任せており、部院内

【表１】高級官僚の任用状況（康熙20～27年）

			名　前	旗　分	氏族名	出身・初仕	主な経歴
内閣	大学士	1	明珠	満洲正黄	葉赫納喇氏	侍衛	兵吏部尚書
		2	勒徳洪				
		3	伊桑阿	満洲正黄	伊爾根覚羅氏	礼部筆帖式	票本員外郎・内閣学士・工戸吏兵礼部尚書
	学士	4	格爾古徳	満洲鑲藍	鈕祜禄氏	筆帖式	詹事府詹事・内閣学士・直隷巡撫(21-23)
		5	阿蘭泰	満洲鑲藍	富察氏	兵部筆帖式	内閣学士・左都御史・工兵吏部尚書・内閣大学士
		6	喇巴克				
		7	達岱				詹事府詹事
		8	王國安	漢軍正白	奉天蓋州人	刑部筆帖式	兵部侍郎・福建総督(23-26)
		9	阿哈達	満洲正紅			詹事府詹事・直隷巡撫(23-24)
		10	牛鈕	満洲正藍	赫舎里氏	筆帖式	詹事府詹事・翰林院掌院学士・内閣学士
		11	図納	満洲正藍	洪峨氏		山西巡撫(24-25)・川陝総督(25-27)・刑部尚書
		12	范承勲	漢軍鑲黄		工部員外郎	広西巡撫・雲貴総督(25-33)・両江総督(33-37)
		13	顧八代	満洲鑲黄	伊爾根覚羅氏	戸部筆帖式	内閣侍読学士・礼部侍郎・内廷行走
		14	呉拉岱	満洲鑲紅			
		15	額爾黒図				戸部郎中
		16	拝礼				
		17	齊穡				
		18	凱音布	満洲正白		内閣中書	戸部侍郎・歩軍統領
		19	趙山				
		20	覚羅舜拝				都察院侍郎
		21	石文桂	漢軍正白		進士	戸部侍郎・正白旗漢軍副都統
翰林院	学士	22	庫勒納	満洲鑲藍	瓜爾佳氏	吏部筆帖式	翰林院侍講・詹事府詹事・刑兵戸侍郎
		23	常書	満洲鑲黄	薩克達氏		吏部侍郎
詹事府	詹事	24	傅臘塔				通政使・刑兵戸部侍郎
		25	朱馬泰	満洲鑲藍	舒舒覚羅氏		太常寺卿
		26	尹泰	満洲鑲黄	章佳氏	翰林院筆帖式	内閣侍読・翰林院侍講
吏部	尚書	27	呉達礼	満洲正藍	納喇氏	王府長史	吏部侍郎・工刑礼吏部尚書
		28	達哈塔	満洲正白	佟佳氏	翻訳進士	国史院侍読
		29	科爾坤	満洲鑲黄			戸吏侍郎・戸部尚書
	侍郎	30	色赫				正黄旗満洲副都統
		31	薩海	満洲鑲黄			内閣学士・礼戸部侍郎
		32	屯泰				
		33	蘇拝				工礼部侍郎
戸部	尚書	34	杭艾	満洲鑲藍			左都御史・兵部尚書
		35	佛倫	満洲正白	舒穆禄氏	筆帖式	内務府大臣・山東巡撫(28-31)・川陝総督(31-33)
	侍郎	36	額庫礼	満洲正白			内閣学士
		37	麻爾図	満洲正黄			内閣学士・陝西按察使(17-19)・布政使(19-22)
		38	宜昌阿				刑部侍郎
		39	蘇赫	満洲正藍			刑部侍郎
		40	賽弼漢	満洲鑲藍		護軍参領	内閣学士
	尚書	41	塞色黒	満洲鑲白	富察氏	内秘書院学士	
		42	帥顔保	満洲正黄	赫舎里氏	国士院学士	工部尚書
		43	介山	満洲鑲藍	舒舒覚羅氏	戸部筆帖式	兵部侍郎・刑吏部尚書
		44	哈占	満洲正黄	伊爾根覚羅氏	工部筆帖式	川陝総督(12-22)・兵部尚書

			名　前	旗　分	氏族名	出身・初仕	主な経歴
礼部		45	諾敏	満洲正黄	馬佳氏	三等侍衛	刑部尚書
	侍郎	46	額星格				吏部侍郎
		47	鄂哈				刑部侍郎・礼部右侍郎
		48	穆称額				内閣学士
		49	席爾達	満洲鑲紅	董鄂氏		礼部侍郎・署川陝総督(38-39)
		50	呉努春				
		51	温代			筆帖式	兵部侍郎
		52	覚羅孫果				都察院左侍郎
		53	図爾宸	満洲正白		翻訳進士	陝西巡撫(25-26)
		54	多奇	満洲鑲藍	阿顔覚羅氏		内閣学士
兵部	尚書	55	折爾肯	漢軍鑲紅	周氏	刑部員外郎	左都御史
		56	鄂爾多	満洲正白		侍衛	刑戸部侍郎・内務府総管・戸吏部尚書
	侍郎	57	郭丕				杭州将軍(26-33)
		58	丹岱				刑兵部侍郎・内閣学士・杭州将軍(38-42)
		59	拉篤枯				理藩院員外郎・都察院侍郎
		60	禅布	満洲鑲紅			内閣学士・江寧副都統(27-40)
刑部	尚書	61	郭四海	満洲正紅	納喇氏	工部筆帖式	内閣侍読学士・左都御史・兵礼部尚書
		62	喀爾図	満洲正白			都察院左都御史
		63	禧仏	満洲鑲白			内閣学士・兵吏部侍郎・川陝総督(22-25)
		64	廖旦	満洲正白			盛京工部侍郎・都察院左都御史
	侍郎	65	禅塔海				
		66	席柱	満洲正藍			内閣学士・刑部侍郎・西安将軍(47-55)
		67	噶爾図	満洲鑲白			内閣学士・刑部侍郎
		68	葛思泰	満洲鑲黄		進士	内閣中書・内閣学士・川陝総督(27-31)
		69	席珠	満洲正藍			刑部侍郎
		70	敦多礼				内閣学士
		71	塞楞額				内閣学士
		72	傅拉塔	満洲鑲黄	伊爾根覚羅氏	筆帖式	内閣中書・陝西布政使(25-26)・両江総督(27-33)
工部	尚書	73	瑪喇	満洲鑲白	納喇氏	理藩院筆帖式	理藩院郎中・礼部侍郎
		74	薩穆哈	満洲正黄	呉雅氏	戸部主事	内閣学士・吏部侍郎・左都御史
	侍郎	75	祁通額		翟爾徳氏	中書舎人	
		76	黨務礼	満洲正藍		戸部筆帖式	兵部郎中・内閣学士・西安副都統(26-30)
		77	覺羅沙頼				戸吏部侍郎
		78	巴錫	満洲鑲黄	瓜爾佳氏	賛禮郎	戸部員外郎・観察御史
		79	席特納				内閣学士
		80	伊爾格図				
都察院	左都御史	81	達都	満洲正白	那木都禄氏	筆帖式	刑吏部郎中・戸礼吏部侍郎
	侍郎	82	塞克徳				
		83	阿山	満洲鑲藍	伊拉哩氏	筆帖式	通政使・両江総督(39-45)
		84	莽色				
		85	雅思哈				
		86	舒淑				
		87	開音布	満洲正白	西林覚羅	筆帖式	内閣中書・工部郎中・都察院左副都御史

※ 典拠は主に『国朝耆献類徴初編』『八旗通志初集』『満洲名臣伝』などによる
兵部尚書から吏部尚書へといった同等官の移動の際は兵吏部尚書などと併記して示す
清朝の統治上に重要な地方官の経歴は括弧内にその任官期間を示す

の審議は空洞化していた。また本章については、漢票籤処の中書らによって票擬の原案である草籤が作成され、内閣大学士・学士による審議を経たうえで康熙帝に票擬が提出されたが、そこでも審議の空洞化が生じている。康熙二二年閏六月の内閣大学士らへの上諭に、

聞爾衙門滿洲大學士等、毎當票擬及與學士議事時、某某如此票擬、某某如此持論、惟恐爾衙門中書輩漏泄、致部院大臣懷憾。漢大臣亦然。

とあり(19)、満洲人の内閣大学士らは票擬や学士と審議を行う際に、自らの意見を述べるのを憚っており、それは内閣中書が審議の情報を漏泄し、部院衙門の大臣に恨まれるのを恐れるためであるという。こうした風潮は漢人の内閣大学士らにも共通してみられることでもあった。また康熙二五年(一六八六)九月の上諭に、

至翰林院撰擬文章、皆關要務。今翰林撰擬不堪、漢掌院學士畏懼、並不改正。漢大學士又畏懼掌院學士、亦不改正、誠恐改正一字、卽爲終身之仇。掌院學士畏懼翰林、大學士畏懼六部、此皆尸位素餐、患得患失之所致也。

とあり(20)、翰林院でも長官である掌院学士が、文章を選定する属官に配慮する状況がみられるが、内閣大学士も六部を恐れているという。上官が属官の事務処理に関与せず、職務を尽くそうとしないこうした悪習は、朝廷全体を覆うものであったようで、康熙帝の御門聴政の場でも弊害が指摘されている。康熙二二年閏六月に内閣大学士らに与えた上諭に、

上顧學士等諭曰、一切政事皆國計民生所關、最爲重大、必處置極當、乃獲實效。朕毎詳覧奏章、内有所疑、或折五・六本、七・八本、咨詢爾等者、務欲得至當耳。今爾等不各以所見直陳、一切附會迎合朕意、則於事何益哉。

とあり(21)、康熙帝は御門聴政の場で政務について活発な議論を求めるが、官僚らは帝の意見に唯々諾々とするのみで、全く自分の意見を述べようとしない状況であった。こうした朝廷内の高級官僚について、康熙二七年(一六八八)二

月の上諭には、

今在廷諸臣、自大學士以下、有職掌官員以上、全不勤敬供職、但知早出衙門、偸安自便、三五成羣、互相交結。同年門生相爲援引傾陷、商謀私事、徇庇黨與、圖取財賂、作弊營私。種種情狀、久已確知。

とある[22]。先に引用した二二年閏六月の条文にもみられたように、康熙帝は部院の堂官・司官らが衙門の筆帖式に実務処理を任せ、早くに帰宅することを問題視していたが、それから五年後にあってもそうした傾向は変わらず、かえって朝廷トップの内閣大学士はじめ高級官僚に一般的にみられる状態であったことが確認できる[23]。京官らは職務を顧みず、党派を結び様々な弊害を及ぼしているという。また康熙帝は前の引用文に続けて、

九卿・詹事・科・道皆朕委任之員、凡遇會議、理宜各出己見、公同商酌。乃一・二欲行倡率之人持議於前、衆遂附和於後、雷同草率、一意詭隨。又其甚者、雖在會議之班、茫無知識、隨衆畫題、希圖完結。廷議如此、國事何憑。更有當集議時、緘默自容、及至僨事、巧行推卸。此等推諉苟容之輩、朕甚惡之。亦屢加嚴飭。

と述べており、九卿（六部尚書・大理寺卿・通政司使・都察院左都御史）や詹事府詹事・六科給事中・道台らの要職にある官僚も自分の意見を述べず、審議の場を主導する者に付和雷同して画題（承認のサイン）をするのみで、会議が空洞化していた。

部院をはじめとする各衙門の筆帖式と地方官との結びつきについて、堂官や司官らが地方に赴く際に帯同する筆帖式が問題を生じており、部院衙門の弊害はおしなべて筆帖式から生じていたことが指摘されているが[24]、中央から派遣された筆帖式が地方でどのような状況であったか、その一端を示すものとして、康熙二三年（一六八四）一一月に内閣大学士らに述べた上諭に、

奉差官員、其特齎詔敕、及出使大臣、御前侍衛等、凡係經過地方官接見、應有定體。至部院衙門差遣筆帖式等、

或有不肖之人、要挾地方官、以請安為名、恣其需索。外吏疲於供應、致累小民。奚以堪此。且伊等官職微末、何由自達於上、而有請安之舉。應行禁止。

とあり[25]、部院衙門の筆帖式が派遣された各地方で、「請安」という挨拶を名目に地方官に賄賂を強要し、それにより地方の官民とも疲弊していることを伝える。

こうした部院衙門の筆帖式と地方官との癒着は、政務処理にも影響したと思われる。朝廷決議の実状にあって生じた弊害の一例を紹介したい。康熙二五年一〇月に直隷順天府の通州で漕船が止まり北上しないことがあり、康熙帝はその遅滞に配慮し、特別に官僚を派遣して北上を促すとともに、積んだ漕糧を途中の通州で卸して来航地に戻る、所謂「回空」を行わないよう禁じた。漕運総督徐旭齢はその状況説明で、漕船が昨年よりも多く、北上するよう始終促しており、凍結で動けない漕船はないとの報告を行った[26]。それについて、

吏部題、總漕徐旭齡遲延漕艘、議降二級調用。上曰、徐旭齡巧飾誑奏、該部徇庇、草率蒙混塞責、不行詳議、著再嚴加詳議具奏。爾等所擬票簽亦錯誤矣。

とあり[27]、吏部は漕船の到着の遅れをもって漕運総督徐旭齢の監督不行届を問い、二級を降し同等級の官職に移動という甚だ軽い処分案を提出した。これについて康熙帝は、徐旭齢と吏部の癒着を看破して再議を命じると同時に、内閣大学士らの票擬（票簽）の誤りをも指摘している。これまで論じてきたように、康熙帝は地方官と部院の筆帖式と内閣中書を通じて行われる文書処理や朝廷決議の弊害を熟知しており、独自のルートを通じて得た情報もあってか、吏部と内閣の決議案を覆した。そのご再議により徐旭齢は罷免との決議案が出されたが、康熙帝は罪を寛大に許し、五級を降し漕運総督の任に留めることになった[28]。

康熙帝が再議を命じるまでのこの案件の処理は、地方官が提出した報告を受け、吏部が地方官に配慮した処分案を

題本で提出し、それが内閣で充分な議論を尽くさないまま、吏部の意向を汲んだ票擬が康熙帝に提出されたのであった。その背景には、これまで明らかにしたように、堂官・司官が政務に携わらないなか、実務を担った筆帖式が地方官に配慮した報告を行い、そうした地方官と筆帖式の意向をふまえて、漢票籤処の内閣中書がそれにそった草籤を作成したことが考えられる。そこではやはり部院と内閣での審議が充分に行われず、会議が空洞化している状況があったと想定される。こうした状況はその後も続いており、康熙四六年（一七〇七）に康熙帝の上諭に、

上諭大學士等曰、今部院習氣、極其不堪。一切公事、堂官諉之司官。司官又諉之筆帖式、皆不留心。部院官員、當以敬愼廉潔、矢之於心、勉勵不怠。朕尚不憚勤勞、朝夕與諸臣商搉政事。伊等可圖安逸乎。

とある[29]。本節で論じた康熙二〇年代の状況と全く変わらず、部院の堂官・司官は職務に励まず、すべての実務は筆帖式に委ねられていた。

康熙帝の皇帝権力をもってしても、是正することが不可能であった、こうした中央行政機関の政務状況の背景には、やはり根の深い問題が存在したように思われる。それは部院の本章が多種多様な行政文書の情報をもとに作成され、しかも本章を満漢合璧としなければならなかったため、本章の翻訳を行う筆帖式に、すべての実務が請け負わされたと思われる。そのため部院と地方官とのパイプとなり、現場の実務を担うことでキャリアを積んだ優れた筆帖式は、高級官僚となることもあった。その反面、地方官と癒着し、地方官に有利な行政処理を行うこともあった。地方官と部院の筆帖式が意図した朝廷決議がなされるためには、票擬の原案である草籤を作成する漢票籤処の内閣中書と結ばねば成らず、結果、朝廷内で筆帖式と内閣中書の権限が暗に大きくなったものと考える。

中央の部院などの行政機関や地方官が提出する本章は、その背景に上行・下行・平行文書を始めとする膨大な量の漢文文書が存在し、こうした漢文文書の世界には、言語能力においても、地方社会の実状認識のレベルにおいても、

康熙帝や権門出身の満洲人官僚は参与し難かったと思われる。皇帝決議の原案となる草籤は、漢人の内閣中書によって作成され、各衙門の堂官・司官が実務を筆帖式に請け負わせ、審議が全く行われていなかった。こうした朝廷の悪風は康熙帝の御門聴政にまで及び、内閣大学士・学士は自己の見解を全く述べず、会議も名目だけのものとなっていた。しかも康熙帝は御門聴政の場で口頭で諭旨を与えるため、大学士らがそれを誤写することが屡々おきた。そのため清朝皇帝や満洲人官僚が地方社会や文書行政システムに関与しようとすれば、いきおい奏摺を使用するようなトップダウン式の手法しか執れなかったのではないかと推測される。

以上のような文書行政と朝廷決議の実状にあって、康熙帝は如何なる影響のもと奏摺という書簡を使用して政治を執るようになるのか、次節で検討したい。

第三節　道学官僚の登用と明から清へ政治手法の継承

順治一八年（一六六一）にわずか八歳で即位した康熙帝は、先帝の遺詔により索尼（sonin）・蘇克薩哈（suksaha）・遏必隆（ebilun）・鰲拝（oboi）ら四人の輔政大臣の補佐を受けた。治世の八年（一六六九）に、輔政大臣を退け実質的な親政を開始するまでを輔政時代と称するが、その時代は康熙帝による帝権確立の過渡期としてつとに着目され、膨大な量の専論・概説書の解説がある。輔政時代は、およそ輔政大臣の中心となった鰲拝が、朝廷決議や康熙帝の意向をおいて旗地圏換（圏地）を強引に実施し、また蘇克薩哈とその一族を処断するなど専横な振る舞いが目立つようになった。それを危惧した索尼の求めにより、康熙帝は康熙六年に親政を始めるが、輔政体制は維持された。そのご索尼も死去し、鰲拝と遏必隆が朝廷内で実権を握り派閥を拡大した。そのため康熙帝は、二人を処断して実質的な親政を開始したとするものである。[30]

ところで、康熙帝に輔政大臣を除くことを決意させたのが、「応詔万言疏」をはじめとする熊賜履の一連の上疏であった。[31]熊賜履の上疏は、如何にして天下を治めるべきかという康熙帝の諮問に応えて提出されたものではあるが、熊賜履の存在とその上疏は、康熙帝が自らを軸とした政権体制を構築するうえで重要な役割を果したと考える。そこで本節では、熊賜履の上疏の内容について考察し、熊賜履とその派閥が康熙帝の政策や統治体制の形成、ならびに奏摺政治の創始に如何に影響を与えたのかを考察したい。

熊賜履は、湖北省漢陽府孝感の人で字は敬修、順治一五年（一六五八）に進士となり、庶吉士散館後の一六年に翰林院検討を授けられた。康熙二年（一六六三）には国子監の職務に就き、四年に弘文院侍読となる。[32]康熙帝の諮問に応えて、六年六月に「応詔万言疏」（万言疏と略記）、七年九月に「請除積習銷隠憂疏」（除積習疏）を提出し、輔政大臣の政治を批判して儒教思想に基づく統治の重要性を説き、康熙帝の容れるところとなった。[33]

熊賜履が上疏で説くところは、「内臣は外臣の表なり、京師は四方の倡なり、本源の地はまた朝廷に在るのみ」と述べることから窺えるように、政治では皇帝や内臣・地方長官、行政組織や地方区画では朝廷や直隷省で清廉な統治がなされれば、その薫陶を受け各衙門や官僚のあいだでも善政や風俗の教化が行われるようになるというものである。

まず「万言疏」において熊賜履は、天下の民衆が苦しんでいるのは、各省の長官である総督・巡撫に人材を得ないからだとし、保挙（身元保証による推薦）と考課（官僚の勤務評定）による人事制度の見直しを求める。それに続けて四条にわたり自説をのべている。

一条・法制が未整備で様々な弊害を生じているため、急ぎ会典を作成する。

二条・皇帝自ら風俗を教化して士風を養い、臣下に理に基づいて職務に励ませる。

三条・師儒を優待して学校を起こし、孔孟の学や程朱学を学ばせる。優秀な人材は地方官に推薦させ、優れた閣僚に教育させる。また布衣の士を優遇すれば文教に裨益がある。

四条・皇帝自ら倹約に努め、王公から士庶に至るまでの儀礼を明確に示す。

さらに儒臣や有徳者を宰相に用い、余暇に講学を行うことで徳を養い、優れた布衣の士を政治の顧問に備えるよう求める。また治政の要覧を述べた南宋の真徳秀の『大学衍義』を熟読することで、政治の妙を会得するよう勧めている。

さらに熊賜履は、康熙七年（一六六八）九月には起居注官の設置を求め、[34]その翌日に「除積習疏」を提出した。それは程朱学の重要な教義である「誠・敬」を以て天下を治めることが肝要と説き、君主の徳が成るかは経筵にあり、勤政と講学がいま最も重要であると論じた。

高翔氏が高く評価されるように、熊賜履の上疏は、清朝において皇帝を中心とした儒教思想に基づく政治へと転換をもたらし、歴史的に重要な役割を担った。[35]そこで上疏を詳細に検討すると、熊賜履が論じている内容が、やはり康熙帝の政策や統治思想に大きな影響を与えていることが窺える。よって熊賜履の上疏の内容をもとに①保挙・考課による人事制度②会典の編纂③風俗の教化④儒教教育の充実⑤講学の開始⑥布衣の登用に分け、康熙時代におけるその実施状況について検討したい。

まず①保挙・考課による人事制度について、熊賜履の万言疏の提出後まもなく、康熙六年（一六六七）一〇月に工科給事中李宗孔が上疏を提出し、康熙元年に停止した京察・大計といった官僚の勤務評定や督撫による推挙を再開するよう求めている。[36]さらに田六善が提出した条奏によって、薦挙では品格を第一に重視することが定められた。清朝の考課制度は、明朝の制度を継承し、三年ごとに勤務状況を評定し黜陟を定める大計と、案件の処理期限が切られ、達成度合いが計られる考成とからなっていたが、康熙時代の任官評定では、康熙四〇年代まで清廉を基準とした評価が制度化される傾向にあった[37]。こうした康熙時代の人事制度の整備は、やはり熊賜履の上疏や政治思想の影響が認められる。

つぎに②会典の編纂であるが、康熙七年六月に上諭に従って戸部・吏部・兵部がそれまでの事例について、さらに一二年（一六七三）九月には各衙門の現行処分則例について整備改訂が命じられた[38]。そのご二三年五月には会典の纂修が命じられ[39]、二九年に『大清会典』が完成するに至った。会典は、雍正・乾隆・嘉慶・光緒時代に四度に亘って編纂され、清朝行政の基準となるのである[40]。

つぎに③風俗の教化について、康熙七年六月に満漢官員や軍民の賭博を厳禁する上諭が下っている[41]。さらに、九年（一六七〇）一一月には皇帝による教化を敷衍するため聖諭十六条を定め、直隷各省の府州県郷村や八旗に頒布して毎月吉日に宣読させ[42]、二五年には武官にもその宣読が義務づけられた[43]。聖諭十六条の宣読は、風俗を教化した康熙帝の治績の一つとして高く評価されている[44]。また八旗旗人の風俗の乱れについて、一二年一二月に満洲・蒙古都統属下の一佐領数を固定化することで、佐領の統率や教訓を徹底し、良風に導くよう定められたが[45]、これも康熙時代の風俗の教化の一つとして捉えられる。

④儒教教育の充実について、熊賜履は「重修東林書院記」を著し、明末に書院での自由奔放な議論が風紀を乱したことを論じ、それを厳しく戒めると同時に、士人養成の場である学校と私立講学の場である書院に、優秀な人材を育て社会秩序を糾す役割を求めている[46]。そのご清朝の書院は漢地の統治に重視され、雍正時代には一省に一書院の設置が推進された。書院は地方社会にあって科挙試験の勉学の場だけでなく、文人のサロンとしての役割や考証学の場としての特徴など、地方色豊かな独自の発展を遂げる[47]。

つぎに⑤講学の開始であるが、熊賜履の上疏提出後、兵科給事中劉如漢からも経筵・日講の開設を求める意見が出され、康熙九年一一月に経筵は翌年から春秋の二度、日講は本年一一月から開講するよう定められた[48]。経筵講官には左都御史明珠（mingju）や国子監祭酒徐元文ら一六人、日講官には翰林院侍読学士傅達礼（fudari）・陳廷敬ら一〇人が任命されているが[49]、熊賜履は経筵講官・日講官ともに名を列ねている。康熙帝は、巡幸する際にも翰林官を随えて進講をつづけ、儒教思想の修得に努力する。その結果、康熙二〇年までの間に、『日講四書解義』『日講易経解義』『日講書経解義』『日講礼義解義』『尚書講義』『経筵講義』など数多くの講義のテキストの刊行を行い、内外に広く進講の成果を示している。進講が終わると康熙帝は、講官に政治や学問について諮問することがあったが、主にそれに応対したのが熊賜履であった[50]。熊賜履が経筵・日講の開設からその主導的な立場にあったことを示すものである。さらに熊賜履の上疏で閲読が勧められた『大学衍義』が満文に翻訳のうえ刊行された。康熙一一年（一六七二）七月に傅達礼らは、康熙帝にそれを進呈して出版を求め、翌年二月には内庫からの費用で刊行され、諸王以下文武各官と八旗官学に各一部が賜与されている[51]。また熊賜履は康熙一一年正月に傅達礼と共に庶吉士の教育にあたり、徐乾学・李光地・張鵬翮など、のちの朝廷内で重職を担う人材を育成している[52]。

つぎに⑥布衣の登用について、康熙帝の顧問や書物編纂に備えるため、康熙一七・一八年に博学鴻儒科が行われ、在朝在野を問わず学問人格ともに優秀な人材を推薦させた。その結果、湯斌・王頊齢・朱彝尊・潘耒・尤侗・毛奇齢ら五〇人を得ている[53]。また熊賜履の門生である李光地の推薦を受け、布衣から内廷に入直し書写序班に取り立てられたものに高士奇や王蘭生がいた[54]。康熙一六年（一六七七）一〇月には乾清門右階の側に南書房を設け、読書や書写に優れた人材を近侍させたが、その際に高士奇は翰林院侍講学士張英と共に入直を命じられた。そのご陳廷敬・王鴻緒・徐乾学・陳元龍らが相継いで入直するに至り、南書房入直者は四書五経をはじめ詩文・絵画にまで及ぶ幅広いジャンルの文芸活動を行うと同時に、康熙帝の政治の諮問に応対し、また奏摺政治においても重要な役割を担ったのであった。[55]

これまで康熙帝が熊賜履の上疏をもとに法制整備や風俗教化など具体的な施策を行い、経筵・日講の進講を実施したことを明らかにした。康熙一七年五月の巡幸の際に、康熙帝は内閣大学士明珠（ミンジュ）や侍衛、南書房に入直した高士奇や張英に以下のように述べている。すなわち、堯舜や唐の太宗の時代は君臣が家人父子の如く心が通じ合い政治に当を得たが、明末は君臣が隔絶し民衆の利弊が上聞されなかった。我が朝の太祖・太宗・世祖より満漢の文武官僚は一体となり、情誼を通わせた結果、大統を得たのである。

朕雖涼德、上慕前王之盛事、凛遵祖宗之家法、思與天下賢才共圖治理、常以家人父子之意相待、臣僚罔不兢業、以前代爲明鑒也。

つまり、家人や父子といった親密な気持ちで臣下との「対話」を通して天下を治めていきたいという。[56]この康熙帝の言説は、孔子の説く「君君臣臣、人倫父父子子」といった儒教思想を基にしていたが、それも講学のために近侍させた経筵官・日講官の果たした帝王教育の影響が認められる。なかでも熊賜履は、康熙帝親政後の朝廷にあって、康熙九年には翰林院掌院学士、一四年には内閣大学士となり、康熙初年の朝廷内で諸政策を推進する中心的な存在であった。

熊賜履の学問は、程朱理学の根本的な学説を踏襲し、主敬を重んじ工夫を養うことを説くもので、彼の影響から程朱学が清朝の体制教学として重視されるようになった。[57]すでに金原泰介氏が明らかにされたように、特に着目すべきは、熊賜履が康熙一二年に科挙試験の会試副考官となってから、康熙三三年・三六年・三九年・四二年と四回続けて会試正考官となり、韓菼・王鴻緒・徐乾学をはじめとする多くの門下生を排出し、それが清朝で程朱学の流行をもた

【表2】康熙3～45年の会試考官と主な及第者一覧

年		正考官	副考官	主な及第者
3	甲辰科	李　霨 杜立徳	郝惟訥 王　清	厳我斯 李元振 田　雯
6	丁未科	王宏祚 梁清標	馮　溥 劉芳躅	董　訥 張　英
9	庚戌科	魏裔介 龔鼎孳	王　清 田逢吉	蔡啓僔 孫在豊 徐乾学 李光地 趙申喬 陸隴其 王　掞 王原祁 李振裕 張鵬翮 郭　琇 牛　鈕　※教習に熊賜履
12	癸丑科	杜立徳 龔鼎孳	姚文然 熊賜履	韓　菼 王鴻緒 徐秉義 徐元夢
15	丙辰科	李　霨 呉正治	宋徳宜 田六善	彭定求 熊賜瓚 性　徳 王頊齢 劉蔭樞
18	己未科	馮　溥 宋徳宜	葉方藹 楊雍建	帰允粛
21	壬戌科	黄　機 朱之弼	陳廷敬 李天馥	蔡升元 王九齢 張廷樞 鹿　祐 胡作梅
24	乙丑科	張士甄 王鴻緒	董　訥 孫在豊	陳元龍 仇兆鰲 王度昭 張伯行
27	戊辰科	王　煕 徐乾学	成其範 鄭　重	沈廷文 趙鳳詔
30	辛未科	張玉書 陳廷敬	李光地 王士禎	陳鵬年
33	甲戌科	熊賜履 杜　臻	王雄珍 徐　潮	朱　軾 高其倬 覚羅満保
36	丁丑科	熊賜履 張　英	呉　琠 田　雯	姜宸英
39	庚辰科	熊賜履 呉　琠	李　枏 王九齢	査嗣瑮 史貽直 張廷玉
42	癸未科	熊賜履 陳廷敬	呉　涵 許汝霖	王式丹 趙　晋 査慎行 蔣廷錫 陳世倌
45	丙戌科	李録予	彭会淇	王雲錦 呂葆中 賈国維 査嗣庭

［出典］朱保炯等編『明清進士題名碑録索引』上海古籍出版社、2006年

らす一つの契機となったことである。

そこで【表2】に康熙三年から四五年までの会試考官と主な進士及第者を示した。康熙帝が実質的な親政を開始した翌年の康熙九年庚戌科の会試は、一甲状元の蔡啓僔・榜眼の孫在豊・探花の徐乾学が翰林院編修を授けられているが、李光地・趙申喬・王掞・張鵬翮らは庶吉士として教習庶常館に入り三年間の教育を受けている。康熙一一年より教習としてその教育の任に預かったのが熊賜履であった(58)。親政以後の康熙帝の政治を補佐する優秀な人材を確保する目的もあってか、庚戌科は例年よりも多くの及第者を出したが、そのご李光地や趙申喬・王掞・張鵬翮・徐乾学らは内閣大学士・六部尚書など重要な官職に任じており、庚戌科の主な及第者を中心に康熙時代の初期から中期にかけての政治が執られることになる。熊賜履は康熙一二年癸丑科の会試で副考官となり、王鴻緒や徐元夢らが及第している。そのご康熙一五年丙辰科以降での考官は宋徳宜や陳廷敬をはじめとする程朱学者や、熊賜履と師生の関係にある孫在豊・徐乾学・李光地や王鴻緒らが任用されている。総じて程朱学者が相次いで科挙試験の考官となったことが、康熙年間に程朱学が流

行したことに大きく影響したのであった。

また表中に太字で示した及第者や布衣から南書房に入直した高士奇・王蘭生らは、康熙帝と漢文・満文の奏摺を交わすようになる。特に趙申喬・張鵬翮・徐元夢・鹿祐・張伯行・覚羅満保（mamboo）らは、清朝が漢地を統治するうえで重要な各省に赴任し、そこから漢文・満文の奏摺を用いて地方行政・民政に関する多岐にわたる情報を康熙帝に提出している。また王鴻緒は、南書房に入直し康熙帝に近侍する機会に、朝廷内の会議の状況や京師の治安、銅銭の鋳造、江南の風聞などの詳細な情報を「密摺」として提出している。(59) つまり熊賜履の人脈で登用された官僚が、康熙帝と漢文・満文の奏摺を交わしているのである。

これまで熊賜履を軸とする官僚群を中心に、康熙帝への政治思想の教育や、それに基づく諸政策、制度の整備がなされたことを明らかにした。また彼らは、清朝の朝廷や地方各省にあって重職を担うと同時に、康熙帝と漢文・満文の奏摺を交わしたことを明らかにした。康熙時代のこうした任官評定の重視や講学の開始、手紙を使用した政治手法などは、明朝の万暦時代の宰相張居正の諸政策をモデルとしたものと考えられる。張居正は明末の政治混乱や社会秩序の変動に対して、官僚の人事評価のシステムである考成法を改革することで、治法主義に基づき内閣に権限が集中する中央集権的な統治体制を再編した。(60) また張居正の諸改革は、万暦帝の信任を得てこそ遂行されるものであったが、張居正は、わずか一〇歳で即位した万暦帝を理想とする君主に育むべく、正統帝以後に常儀となった経筵を春講・秋講に分けて挙行すると同時に、日講を求める上疏を提出し、定期的に文華殿で講学を行った。さらに『日講儀注』八条や『歴代帝鑑図説』などを編纂し、理想的な君臣関係や政治理念を教育した。(61)

経筵・日講といった講学を通じて帝王教育を施し、幼帝を優れた君主に育てようとする張居正の理念と実践は、熊賜履の提言により始められた康熙初年の経筵・日講のありかたと全く共通する。また張居正は中央集権的な統治体制を志向し、東林書院をはじめとする私学を厳しく弾圧したが、前述のように熊賜履も自ら「重修東林書院記」を著し、明末の自由な議論の風潮を戒め、皇帝や朝廷を軸としたいわば上からの秩序化を志向した。熊賜履がこうした張居正の政治手法をモデルとした背景には、張居正が熊賜履と同郷の湖北省の出身で、万暦帝と康熙帝ともに幼少で即位し、理想とする帝王教育を施す必要があったことが考えられる。また明末と清初という共通した政治の混迷期にあって、皇帝を軸とした中央集権的な統治体制の再構築が体制側に求められたこと、張居正が万暦初期の政治改革に一定の成果を得たということがあるであろう。

熊賜履の提言する諸政策は、明朝の執権宰相であった張居正の政治手法をモデルとしたことを論じた。それでは親政を開始し、熊賜履をはじめとする儒者官僚を近づけ、自らを軸とする政権体制を構築しなければならなかった康熙帝は、張居正をどのように認識していたのであろうか。康熙帝が張居正の政治思想やその手法を強く意識していたことを示すものとして、康熙一二年九月に康熙帝が講官であった熊賜履に述べた言葉に、

上御弘德殿、講官熊賜履・喇沙里・孫在豐、進講李子然問仲由冉求可謂大臣與一章。講畢、上召賜履、至御前諭曰、朕觀爾等所撰講章、較張江陵直解、更為切實。對曰、臣等章句小儒、不過敷陳文義、至於明理會心、見諸實用、則在皇上自得之也。上曰、看來講明道理、要緊若無這道理、一切事務都無憑發落。

とあり、[62] 張居正（張江陵）の編纂した直解を手元に置き、政治思想を学ぶ手引き書として熟読していたことがわかる。またそれに熊賜履が応対していることからも、熊賜履自身も当然ながら張居正の直解などをよく知り、むしろ熊賜履から康熙帝に張居正の直解などの閲読を進めたのではないかと想定される。さらに康熙二三年四月に乾清宮で講官牛鈕（nionio）・孫在豊・帰允粛らが進講を終えた後に、康熙帝が述べた言葉に、

上諭曰、講章詩取達意、以簡要明白為尚。如本文敷衍太多、則斷章未免重複。在本文貴了徹聖賢意旨、歸於簡當、

而斷章發揮數語、闡明理道、務去陳言。朕閲張居正尚書四書直解、篇末倶無支辭。今後所撰詩經講義、亦須要言不煩、期於盡善。爾等知之。

とあり[63]、康熙二〇年代においても、張居正の編纂した尚書直解や四書直解をよく読んでいたことがわかる。康熙帝は、張居正が執政のうえで基本的な政治思想を培う書物として、万暦帝のために編纂した直解を熟読していたが、それも熊賜履の影響とみなすことができる。

明末の宰相である張居正の官僚評定や帝王教育ならびに社会秩序の再編などをモデルに、熊賜履は康熙帝に提言を行い、その多くが康熙初期から中期にかけて実現された。康熙一五年に内閣大学士に任じていた熊賜履は、票擬の誤りを隠匿した所謂「嚼簽案」のため南京に隠棲することになったが、そのごも康熙帝の信任を失うことなく、帝は江南への巡幸の際には必ず熊賜履を近くに召した。康熙二七年には禮部尚書として京師に迎えられ、四五年（一七〇六）に辞任するまで吏部尚書や内閣大学士を歴任したのであった。このように康熙帝の親政以後、皇帝権力の確立に力を致し、朝廷内で重きを担った熊賜履を媒介に、張居正が書簡を利用して地方官と政治を議し、政策を迅速に遂行した政治手法が、康熙帝に伝えられた可能性も充分に考えられる。

康熙帝による奏摺政治の創始の要因は、多角的に解明される必要があるが、最後に康熙帝と八旗旗王との関係について指摘しておきたい。近年、分封された宗室の旗王が、領旗の旗人との強固な主従関係を軸に、朝廷内で独自の権力を握り、清朝皇帝はあくまで自己の上三旗を領有するに過ぎず、清朝皇帝と旗王との連旗体制が清朝の国家構造の根幹をなしたという見解が提示されている[64]。これについて筆者は、康熙・雍正・乾隆帝の時代に清朝皇帝の権力構造のうちに次第に旗王権力を収斂し、清朝が独自の集権的な統治体制を構築したという構想を抱いている。それを可能にしたのが奏摺政治の展開であったと考える。それについて、先にふれた輔政大臣蘇克薩哈（スクサハ）の処断にかかわり、鰲拜（オボイ）

らを支援した安親王岳楽（yolo）とその一族の襲爵の過程を紹介することで一考したい。康熙四五年の康熙帝の満文奏摺に、

また蘇克薩哈を殺すべきであると安王岳楽が率先して力を尽くして語った。また必ず殺したいと意を注いで朕に勧めて上奏したことには、「蘇克薩哈は常々主を欺いています。必ず罪を赦すことはできません。それだけでなく、蘇克薩哈が人に告げるには、主が天壇に赴いた際に、豚について何かと尋ねたといったそうです」と言ったので、朕は安王に向かって、「汝は間違っているぞ。朕は幼少の際にいまだ天然痘になっていないという理由で、常に祖母や乳母の家に巡り住んだのであった。それ故、外官や民の状況やあらゆる家畜などのことを知らないことはない。朕が思うに、蘇克薩哈に優地でなお豚について何かと本当に尋ねるだろうか。この様に全くないことを蘇克薩哈に非をなすりつけて罪をきせることができようか」と言ったので、安王はうなだれ返答することができなかった。これより朕は安王を潔くないと思い、彼の子に親王を襲爵させず、郡王を襲爵させたことは、まさしくこの事情からである。

とある(65)。安親王岳楽は蘇克薩哈を処断するよう促すため、康熙帝に虚偽の話をしたが、康熙帝は幼少時に祖母や乳母に養育され、紫禁城外で生活した経験があり、地方の多くのことをよく知っていた。それが安親王岳楽の虚言を看破し、彼の評価を落とすこととなった。その結果、康熙帝が自ら述べているように、岳楽が康熙二八年二月に死去すると、一年後の二月に彼の子の馬爾渾（marhūn）は多羅安郡王を襲い、そのごの子孫も親王爵に復すことなく郡王を襲爵するのである(66)。

周知のように康熙帝は幼少時にホンタイジの妃でモンゴルホルチン部出身の孝荘太皇太后に愛育された(67)。また清朝皇帝の皇子は、乳母に養育されることとなっていたが、康熙帝は即位前の幼少時に天然痘のことがあって、宮城から

出され、西華門北西の筒子河西岸にある府邸で、乳母の孫氏によって養育されたのである。[68]康熙帝は幼少時のそうした境遇に育ったことも幸いし、度重なる巡幸にも表れているように、紫禁城外の広い空間への知的関心が旺盛であった。また多くの情報を得ることが、八旗旗王の既存の体制を壊す有効な手段であることも強く認識していたと思われる。これらのことも、康熙帝が多くの官僚と奏摺を使用して政治を議すようになる一因と考える。

おわりに

康熙時代に奏摺政治が始められる要因について考察した。清朝では本章を満漢合璧とし、満洲語への翻訳を必要としたため、これまで文書処理の遅滞と機密漏泄の弊害を招き、奏摺を使用して迅速な政務処理が始められたと考えられてきた。

しかし、その要因は複合的かつ多様であり、多角的に解明される必要があるが、本稿ではその一端を明らかにした。すなわち、本章は膨大な量の漢文文書の情報をもとに作成されるため、部院衙門の本章は、満漢両語に精通する筆帖式が部院の実務をすべて担っていた。また内閣の票擬の原案は、漢票籤処の漢人官僚である内閣中書が作成し、そのため地方官・部院の筆帖式・内閣中書が結んで弊害を及ぼすこともあった。こうした状況にあって、内閣大学士や学士をはじめ朝廷の各衙門の堂官・司官は実務に励まず、審議が空洞化していた。また康熙帝の御門聴政においても、口頭で諭旨を与えたため、内閣大学士がそれを誤写してしまうなどの問題が顕在化した。

このような清朝の文書行政や朝廷決議の実状にあって、清朝皇帝や満洲人官僚らが主導となり有効な決議を迅速に行うためには、やはりトップダウン式の文書行政システムを必要としたと考えられる。康熙帝の親政後、皇帝権力の確立や諸政策の遂行に重要な役割を果たした熊賜履は、明末の内閣首輔の大学士であった張居正の政治手法をモデルにしたが、康熙帝の「対話」によって臣下と密にコミュニケーションをとりたいという意向にも添って、張居正の書簡を利用した政治手法が、熊賜履を媒介に康熙帝に伝えられたのではないかと思われる。

清朝皇帝が奏摺政治を展開することで、独自の統治体制を構築し、広大な版図を統合するにいたる考察は、今後の課題としたい。

註

（1）宮崎市定「清朝における国語問題の一面」（同『宮崎市定全集13―明清』岩波書店、一九九二年［初出は一九四七年］）、Silas H.L.Wu, *Communication and Imperial Control in China -Evolution of the Palace Memorial System 1693-1735*, Harvard Univ. Press, Cambridge. 1970、鞠徳源「清代題奏文書制度」（『清史論叢』第三輯、一九八二年）、楊珍「明清皇権高度集中与強化的歴程――以明内閣・清軍機処為中心――」（『中国史学』九、一九九九年）、白新良『清代中枢決策研究』（遼寧人民出版社、二〇〇二年）、高翔「清朝内閣制度述論」（『清史論叢』二〇〇五年号、二〇〇五年）、黨武彦「清代文書行政における内閣の政治的機能について――日本・琉球関係檔案を素材として――」（東京大学史料編纂所『研究紀要』第一六号、二〇〇六年）などを参照。

（2）拙稿「清朝奏摺政治の創始に関する研究の現状と課題」（『七隈史学』第一二号、二〇一〇年）を参照。

（3）川勝守「徐階と張居正」（『山根幸夫教授退休記念明代史論叢』上、汲古書院、一九九〇年）。

（4）櫻井俊郎「隆慶時代の内閣政治――高拱の考課政策を中心に――」（小野和子編『明末清初期の社会と文化』京都大学人文科学研究所、一九九六年）、城地孝「隆慶和議の政治過程――明代後期の内閣専権の背景――」（『東洋学報』第八六巻第二号、二〇〇四年）。

（5）清朝の行政文書の種類とその特徴については、中国第一歴史檔案館編『清代文書檔案圖鑒』（岳麓書社、二〇〇四年）、黨武彦「清代六部行政文書の諸類型――『六部文件』を中心として――」（『熊本大学教育学部紀要・人文科学』五六、二〇〇七年）、馮明珠『清宮檔案叢談』（国立故宮博物院、二〇一〇年）、拙稿「清朝康熙年間における行政文書の処理過程と朝廷決議」（『九州産業大学国際文化学部紀要』第五〇号、二〇一一年）を参照。

（6）康熙『大清会典』巻五〇、礼部・題奏本式。

（7）乾隆『大清会典則例』巻二に「各部院本章、兼用清漢文、該衙門委官送内閣大學士票擬、發票籤處、書籤進呈。直省本章、不兼清文、由通政使司送内閣、發漢本房繙譯、滿本房謄寫校對無訛、侍讀學士・侍讀等閱定、送大學士票擬、發票籤處、書籤進呈。」とある。

（8）乾隆『大清会典則例』巻二に、「漢票籤処、漢侍讀二人・漢中書二十七人、專司繕寫清漢票籤、記載諭旨及撰文之事。」とある。

（9）御門聴政については、徐芸圃「試論康熙御門聴政」（『故宮博物院院刊』第一期、一九八三年）、王思治「〝御門聴政〟――康熙朝中枢決策〝朝会〟」（『明清論叢』第九輯、紫禁城出版社、二〇〇九年）を参照。

（10）乾清宮・乾清門の再建については、拙稿「清朝康熙年間における内廷侍衛の形成」（『歴史学研究』第七七四号、二〇〇三年）、同「清朝入関後における内廷と侍従集団――順治・康熙年間を中心に――」（『九州大学東洋史論集』第三七号、二〇〇九年）を参照。

（11）中国第一歴史檔案館蔵『清代起居注冊・康熙朝』（影印本、中華書局、二〇〇九年、以下これを北京『康熙朝起居注冊』と略記）第二三冊、康熙二七年五月二日の条、一一八八六～七頁、中国第一歴史檔案館整理『康熙起居注』（排印本、中華書局、一九八四年）第三冊、一七七二頁（以下に『康熙起居注』は括弧内で頁数のみを示す）の康熙帝の言説を参照。

（12）例えば内閣大学士であった熊賜履が口諭を誤写した票擬を隠匿した「嚼簽案」などは有名である。詳しくは、滝野邦雄「李光地と熊賜履」上（和歌山大学経済学会『経済理論』二五二、一九九三年）を参照。

（13）北京『康熙朝起居注冊』第一四冊、康熙二一年閏六月二三日の条、六九八七頁（一〇二六）。

（14）筆帖式については、陳文石「清代的筆帖式」（『食貨月刊・復刊』第四巻第三期、一九七四年）、楊錦麟「筆帖式与一六七三―

一六八三年清朝決策系統」(『廈門大学学報(哲学社会科学)』第二期、一九八四年)、杜家驥「清代〝筆帖式〟」(『古代礼制風俗漫談』中華書局、一九八八年)、李紅「清代筆帖式」(『歴史檔案』第二期、一九九四年)、沈一民「清初的筆帖式」(『歴史檔案』第一期、二〇〇六年)、崔震奎「清의中国支配와筆帖式」(『中国史研究』第四六輯、二〇〇七年)、朱金甫「清代〝筆帖式〟小考」(中国第一歴史檔案館編『明清檔案与歴史研究論文集』新華出版社、二〇〇八年)を参照。

(15) 北京『康熙朝起居注冊』第二一冊、康熙二六年三月二五日の条、一〇七九四~五頁(一六〇九~一〇)。

(16) 前掲註(14)陳文石七三~七四頁、杜家驥七一頁、朱金甫四五六~四五八頁。

(17) 乾隆『大清会典』巻二に「中書滿七十人・蒙古十有六人・漢軍八人・漢三十人、貼寫中書滿四十人・蒙古六人、掌撰擬記載・繙譯繕書之事。中書科、中書舎人滿二人・漢四人・筆帖式十人、掌書誥勅。」とある。

(18) 北京『康熙朝起居注冊』第一四冊、康熙二二年閏六月二三日の条、六九八八頁(一〇二五~六)。

(19) 北京『康熙朝起居注冊』第一四冊、康熙二二年閏六月二三日の条、六九八八頁(一〇二六)。

(20) 北京『康熙朝起居注冊』第二一冊、康熙二五年九月一八日の条、一〇三一六~七頁(一五三八)。

(21) 北京『康熙朝起居注冊』第一四冊、康熙二二年閏六月二三日の条、六九八五~六頁(一〇二五)。

(22) 北京『康熙朝起居注冊』第二三冊、康熙二七年二月九日の条、一一五九五~六頁(一七二七)。

(23) 北京『康熙朝起居注冊』第二一冊、康熙二五年九月一八日の条、一〇三一五~七頁(一五三八)にも朝廷決議で内閣大学士・学士が議論しない状況が確認できる。

(24) 『大清聖祖仁皇帝実録』(以下『聖祖実録』と略記)巻一一五、康熙二三年五月癸未の条。

(25) 『聖祖実録』巻一一七、康熙二三年一一月庚寅の条。

(26) 『清史列伝』(中華書局、一九八七年)巻八、徐旭齢伝。

(27) 北京『康熙朝起居注冊』第二一冊、康熙二五年一二月四日の条、一〇五〇二頁(一五六五)。

(28) 『清史列伝』巻八、徐旭齢伝。

(29) 『聖祖実録』巻二三〇、康熙四六年六月乙巳の条。

(30)　輔政時代に関する一例として、徐凱「関于康熙四輔臣的几个問題」(『史学集刊』第一期、一九八六年)、劉家駒「康熙皇帝的集権与激変」(『東呉歴史学報』第二期、一九九六年)、孟昭信「少年天子、智闘権臣」(同『康熙与大清帝国』第一章、中国言実出版社、二〇〇一年)、李景屏・谷敏「鰲拝専権与康熙親政」(『文史知識』二八八、二〇〇五年)、前掲註(10)拙稿論文などを参照。
(31)　前掲註(30)劉家駒六一〜六二頁、孟昭信二〇頁。
(32)　熊賜履については、『国朝耆献類徴初編』巻七の本伝を参照。
(33)　熊賜履の上疏は『聖祖実録』巻二二、康熙六年六月甲戌朔の条、ならびに巻二七、七年九月癸丑の条にみえる。
(34)　『聖祖実録』巻二七、康熙七年九月壬子の条。
(35)　高翔「熊賜履述論」(『清史論叢』二〇〇六年号、二〇〇六年)一一四〜一一六頁。
(36)　『聖祖実録』巻二四、康熙六年一〇月乙未の条。
(37)　小野達哉「清初地方官の考課制度とその変化――考成と大計を中心にして――」(『史林』第八〇巻第六号、二〇〇二年)四八〜五二頁。
(38)　『聖祖実録』巻二六、康熙七年六月辛巳・甲申・乙酉、巻四三、一二年九月甲申の条。
(39)　『聖祖実録』巻一一五、康熙二三年五月己巳の条。
(40)　清朝の会典については、山根幸夫「明清の会典」(滋賀秀三編『中国法制史――基本資料の研究』東京大学出版会、一九九三年)を参照。
(41)　『聖祖実録』巻二六、康熙七年六月丁丑の条。
(42)　『聖祖実録』巻三四、康熙九年一一月己卯の条。
(43)　『聖祖実録』巻一二六、康熙二五年閏四月甲子の条。
(44)　『聖祖実録』巻三〇〇、康熙六一年一一月に載せる実録編纂官の註を参照。
(45)　『聖祖実録』巻四四、康熙一二年一二月辛丑の条。

(46) 王雲五「熊賜履的政治思想」（同『清代政治思想』第一一章、台湾商務印書館、一九六九年）二三〇頁。
(47) 明清時代の書院については、大久保英子『明清時代書院の研究』（国書刊行会、一九七六年）、鄧洪波『中国書院史』（国立台湾大学出版中心、二〇〇五年）などを参照。
(48) 『聖祖実録』巻二八、康熙八年四月辛巳、巻三四、九年一一月丙辰の条。実際の進講は予定より遅れ、日講は一〇年四月辛卯、経筵は一〇年八月丁未に挙行されている。
(49) 『聖祖実録』巻三五、康熙一〇年二月丙戌、三月癸丑の条。
(50) 『聖祖実録』巻三八、康熙一一年四月甲申、巻四〇、一一年一二月戊午、巻四一、一二年、三月癸酉の条、北京『康熙朝起居注冊』第二冊、康熙二二年一〇月二日の条、八七八〜八八一頁（一二四〜五）などを参照。
(51) 『聖祖実録』巻三九、康熙一一年七月戊午、巻四一、一二年二月己未・庚午の条。
(52) 『聖祖実録』巻三八、康熙一一年正月辛酉、巻三九、一一年七月丁酉の条。
(53) 『聖祖実録』巻七一、康熙一七年正月乙未、巻七九、一八年二月壬午、巻八一、一八年五月庚戌の条。康熙時代の博学鴻儒科については、趙剛「康熙博学鴻詞科与清初政治変遷」（『故宮博物院院刊』一期、一九九三年）、尹彤雲「康熙十七年〝博学鴻詞〟科略論」（『寧夏社会科学』三期、一九九五年）を参照。
(54) 高士奇については『国朝耆献類徴初編』巻六〇、王蘭生については巻七四の本伝を参照。
(55) 南書房については呉秀良「南書房之建置及其前期之発展」（『思与言』五―六、一九六八年）、陳金陵「南書房」（『清史研究通訊』一九八五年第二期）、朱金甫「論康熙時期的南書房」（中国第一歴史檔案館編『明清檔案与歴史研究論文選』上、国際文化出版公司、一九九五年［一九九〇年初出］）を参照。
(56) 北京『康熙朝起居注冊』第六冊、康熙一七年五月一五日甲寅の条、二六一二頁（三六六）。
(57) 熊賜履に関する研究は、前掲註（35）高翔論文のほか、滝野邦雄「李光地と熊賜履」上・下（『経済理論』二五二・二五三、一九九三年）、金原泰介「康熙年間における陽明学批判の流行――熊賜履の影響力を中心に――」（『東方学』第一〇七輯、二〇〇四年）を参照。

(58)『国朝耆献類徴初編』巻七、熊賜履の本伝。
(59)王鴻緒の密摺については多くの論考でふれられるが、一例として前掲註(55)朱金甫論文、三八〇頁を参照。
(60)岩井茂樹「張居正財政の課題と方法」(岩見宏・谷口規矩雄編『明末清初期の研究』京都大学人文科学研究所、一九八九年)、同「明末の集権と「治法」主義——考成法のゆくえ——」(『和田博徳教授古稀記念・明清時代の法と社会』汲古書院、一九九三年)を参照。なお張居正とその諸政策については、韋慶遠『張居正和明代中后期政局』(広東高等教育出版社、一九九九年)がある。
(61)櫻井俊郎「万暦初政の経筵日講と『歴代帝鑑図説』」(『大阪府立大学紀要』(人文・社会科学)第四九巻、二〇〇一年)。
(62)北京『康熙朝起居注冊』第二冊、康熙一二年九月八日甲戌の条、八三九～八四〇頁(一一九)。
(63)北京『康熙朝起居注冊』第一六冊、康熙二三年四月三〇日乙丑の条、七九六〇頁(一一七五)。
(64)鈴木真「清朝入関後、旗王によるニル支配の構造」(『歴史学研究』八三〇号、二〇〇七年)、杉山清彦「大清帝国の支配構造と八旗制——マンジュ王朝としての国制試論——」(『中国史学』第一八巻、二〇〇八年)などを参照。
(65)中国第一歴史檔案館蔵『康熙朝満文硃批奏摺』(マイクロフィルム第六リール)、案巻号五〇〇、明珠—内政・職官、一四六五～一四六七コマ。
(66)『八旗通志初集』第六冊(東北師範大学出版社、一九八六年)巻一三一、岳楽の本伝。なお鈴木真氏は、康熙年間の皇太子廃嫡と安王家の襲爵の連関性について論じられているので、あわせ参照されたい。鈴木真「清朝康熙年間の皇位継承者問題と旗王・権門の動向」(『史学雑誌』第一二〇編第一号、二〇一一年)。
(67)例えば孟昭信「在祖母培育下成長」(同『康熙帝』第一章一節、吉林文史出版社、一九九三年)などを参照。
(68)周汝昌著・小山澄夫訳『曹雪芹小伝』(汲古書院、二〇一〇年)一八〇頁。

乾隆十一年湖北小制銭考

黨　武　彦

はじめに

川勝守博士は、乾隆期雲南銅の京運問題を論じた論考の中で「銅＝銭問題の中に、乾隆帝は、清朝国家＝中国の抱える根の深い、スケールの大きな諸問題のあることに気付くのであった。」と述べられた[1]。

雍正末年から乾隆初年にかけて、清朝の通貨政策における最大の政策課題は「銭貴」にいかに対応するかであった。この様々な議論の過程で、その有力な対策として実現したのが乾隆四年に整えられた雲南銅の京運制度であった。この制度の重要性については既に川勝博士の上記論考により早くから指摘されている。その後、黒田明伸氏により、雲南銅京運と連動した乾隆五年の地方鋳造の開始が画期として位置づけられ[2]、さらに上田裕之氏の緻密な研究成果[3]により、乾隆期制銭供給の実像があきらかにされている。また、拙著においても「南北問題」を軸にこの時期の通貨政策の政治的意味について若干の考察を行った[4]。

本稿は、川勝博士が注目されている都市連鎖の中でも、とりわけ重視されている漢口を有する湖北省における乾隆十一年の小制銭鋳造を素材として、乾隆帝が気づいた清朝国家＝中国の抱える問題とは果たして何であったのかということについて、その一端を考察したい。

1. 乾隆初年の湖北省の銅銭流通状況

(1) 湖北省中央銭局論と湖北鼓鋳の開始

乾隆初年の湖北省の銅銭流通の状況をいくつかの史料により確認しておきたい。

乾隆四年、この年は懸案であった雲南銅による京局（宝泉局・宝源局）鼓鋳に一定のめどがつき、さらには余銅による地方鋳造も構想され始めている段階であった。その乾隆四年の十月、掌京畿道事広東道監察御史鍾衡は、銭貴対策を述べる中で[5]、銭貴の原因を、京師に集まる多くの官僚・商賈たちが制銭を京師外に持ち出すことにあるとした上で、各地の銅銭流通状況について概述する。そのうち湖広については、行使される銅銭は康熙・雍正・乾隆の大銭をその両端にし、各種の雑色銅斤・砕小軽薄の銅銭を束ねて串とし、百文を束ねた長さは四寸に満たず、銅銭価格は紋銀一両で七百六〜七十文である[6]、として、湖広における制銭不足と銭貴および雑多な銭流通の実態を示し、かような外省の銭不足は京師両局の銅銭が全国に広がることができず、また各省も開局鼓鋳していないからであるという認識を示す。その要因として第一に銅斤の供給の不確定さを指摘する。

そして、鍾衡は全国各省の中心地点に鋳銭局を設立すれば各省の需要を充たすことができるとし、具体的には湖北省を提案する。湖北省は交通の面において、長江沿いに上流は四川・雲南、下流は江蘇・浙江、北は河南、南は両広に連なる要衝の地であり、雲南銅の採辦も容易で、亜鉛は湖南省に、燃料の炭斤は本省にて自給できる。旧設の銭局や規定もあり増築等は困難ではない、と説く。

この上奏に対する硃批は「九卿議奏」であり、その議覆そのものについては原史料を確認できないが、乾隆四年十二月十三日浙江巡撫盧焯の奏請に対する乾隆五年正月十二日の戸部の議覆の中に言及があり、鍾衡奏摺に対する九卿の議覆は、雲南省の銅の京師への運送と貴州省の亜鉛の京師への運送が同じ交通路を使用しているために駄脚が不足し、運送路の調整を議論している昨今の状況下、湖北での鼓鋳を加えるならば必要な駄脚がさらに多くなり銅鉛運搬に支障をきたすことが考えられ、よって湖北鼓鋳は挙行しがたい、との判断をしている。(7)(8)

湖北での鋳銭局設置については、乾隆三年に李衛が「該省的中の地なり。水陸四達にして、処処通ずべし」として京局の需用の余銅を以て設局すべきことを提案している。(9)この際にも九卿の議覆は京銅を優先する立場から提案の採用を見合わせるべきだとした。(10)

湖北に一つの銅銭鋳造のセンターをつくるという案は、漢口の地理的経済的位置を評価している点において興味深い。(11)この鍾衡と李衛の提案は、全帝政中国的視野における銅銭の流通を念頭に置いたものであった。現実には各地の地方鋳銭局の開局の流れの中で、乾隆五年十一月初八日湖北巡撫張渠が、湖北省における低薄軽小銭の流通、及び銭価の上昇を理由に雲南銅の採買による開鋳を要請した際に、(12)戸部の議覆は雲南督撫との協議の上においての開鋳を認めた。(13)ただし、実際の湖北鋳銭の開始は辧銅の目途がたった乾隆九年からであった。(14)

(2)「京師銭法八条」と湖北省鋳銭

湖北省銭局（宝武局）で鋳造がはじまった乾隆九年、京師では乾隆初期の銭貴対策の集大成として京師銭法八条(15)が施行された。翌年の正月、京師での一定の成果をうけ、八条のうち当舗対策を除いた六条を各省でも倣照できるか、という上諭[16]が出された。それを受けて、湖北省については三月十八日に湖広総督鄂彌達と巡撫晏斯盛の連名の奏摺が提出された。

すでに、晏斯盛は乾隆十年正月初十日の時点で、前年の十一月江夏県において制銭の周辺の肉厚の部分を削り取るいわゆる剪辺制銭によって茶匙を打造し、削り取った後の五分の重さの制銭を一文として使用していた人犯の摘発を行ったことを報告することと併せて、銅禁を再度行うべきことを提議している。[17]この提議に対して大学士・戸部はその議覆[18]において、乾隆元年の海望の奏による弛禁策の確認と乾隆十年正月初九日の各省への京師銭法八条についての諮問の上諭に言及するのみで、「未便遽議」として処理を保留し、乾隆帝に判断をゆだねた。乾隆帝はこれに対して「奏内事情著鄂彌達・晏斯盛妥協実力為之。余如議」の旨を与えた。この旨により戸部は咨文を湖北省に出し、その咨文は三月初一日に湖北に届く。この咨文と正月初九日の上諭に答える形の上奏が、この三月十八日に提出された署湖広総督鄂爾達と湖北巡撫晏斯盛による連名の上奏文である。

六条のうち、地方鋳造において特に重要な銅需給に関わるのは第一条の「銅舗対策」であるが、その報告には、「湖北省城である武昌には城の内外に煙袋（キセル）を打造する舗戸が四十九家、各種銅器を打造する舗戸が五十四家、漢鎮（漢口）には銅器を打造する舗戸が九十九家ある。また各府・州・県・市鎮についても同様に銅舗が存在する」と述べ、多くの銅器製造業者の存在を明らかにし、漢口での銅需要の大きさを示唆している。

晏斯盛は先述のように正月の時点では銅禁と銅舗の二年以内の改業を提案していたが、銅禁については現今において遽に禁ずることは困難で、打造舗戸の期限内の改業もまた難しい。よってできるのは私銷行為を厳禁するのみである、として、銅禁策を自ら取り下げる。この時期の多くの官僚の議論と同様に銅銭の私銷が問題とされているが、そのことが次節で論ずる八分制銭の鋳造の議論につながっていくことになる。また、ここで、銅禁に関しても地方的処理が行われる可能性があったこと、つまり中央が統一的施策に拘泥していなかったことには注目すべきである。

2. 乾隆十一年の湖北省の小制銭鋳造

（1）塞楞額・陳弘謀の連名奏摺から見る八分制銭鋳造の経緯と問題点

前節で明らかにした湖北省（特に漢口）の状況の特色を整理すれば、（1）その地理的位置による独自の銅需給のあり方、（2）交通の要所としての重要性、（3）雑多な銅銭の流通慣行と制銭の剪辺と私銷の横行、となろう。

このような状況の中から出てきたのが、本稿の主題である八分小制銭の鋳造である。この乾隆十一年に試行された一文＝八分の制銭の鋳造は、乾隆十二年二月二十日に湖広総督塞楞額・湖北巡撫陳弘謀の連名で提出された奏摺[19]によって、その全体像を把握することができる。以下、内容を検討してみたい。

まず、「銭文は国宝に関係し、民間日用の必需である。軽重画一を期して広く流通する。京外の各省は皆な大銭を鋳し小銭を鋳することはない。大銭と小銭が同一価値であれば大銭を毀して小銭を鋳造しない者はない」と一般論が述べられる。

次に湖北省の乾隆期の開局状況が述べられる。「湖北省は乾隆九年に開局鼓鋳し、はじめは雲南銅を採買し、次に雲南銅を截留して、雲南銅が続かなかったら漢口の銅を採買した。鋳造した銭文は京局に照らして重さは一銭二分、毎年三万八千余串を鋳造し、兵餉に搭放する用途にのみ供した」。これは、従来の研究でしばしば言及されてきた、雲南銅の安定的供給が見込まれ、その雲南銅の余銅や中央銭局で必要がなくなった洋銅（主として日本銅）を用いた辦銅を、各地自らがおこなうことにより実施が可能となった乾隆初年の地方鋳造の一環のものである。

つづけて、八分小銭の鋳造に至る行政的手続きが述べられる。「乾隆十一年に至り、前総督鄂爾達と前巡撫開泰が銅斤を調達できなかったが、停炉は良策では無いとして、八分の小銭を鋳造し仍お大銭の価格に照らして兵餉に搭放することを奏請した。部の議覆は、毎文八分への改鋳を試行し成效の有無を確認し、再び籌酌妥協を行い旨を請い辦理させる、というもので、『議に依れ』という旨を得た。そして、乾隆十一年八月より改鋳をはじめ、年末に至って停鋳した。毎月に匠役に発給する工料銭を除き、すでに八分重の小銭を一万七千串を鋳造した。以上が湖北の開鋳・改鋳の始末である」[20]。

さらに「ただ京外の各省の新鋳の大制銭は毎文の重さ一銭二分であるが、湖北の新鋳の小銭は八分に止まり、已に軽重不倫で、体制に関わることである」と述べ、「体制」の問題であることが強調される。このような重要な問題に戸部の部駁が行われなかったことは注目すべきである。乾隆期に入り、部駁が減り督撫による地方の政策決定が優先される傾向と軌を一にする。

次に、湖北省の地理的位置および銅銭流通の状況が言及される。「況んや湖北は乃ち水陸適中の地であり、貿易は繁多で商賈は雲集し、従来より用いている銭文はすでに使用に堪えないものである。凡そ沙板・鵞眼・光板・剪辺等の銭を夾雑して行使しており、その価格は大制銭と同等とされている」。

そして八分銭の鋳造の結果起こった弊害について述べる。「今官局の八分小銭は大制銭と同価であり、その工料を計れば大制銭二千を毀して、即ち小銭三千を鋳造することができ、それを公然と行使している。つまりコストは少なく利益が多い。八分制銭に改鋳してより以来、市場の小銭がますます充斥し、奸民が大制銭を毀して小銭を私鋳していることについては、已に臣等の拿獲すること数回であり、現在厳しく取り調べている。八分制銭に改鋳したことで、銷燬・私鋳の二つの弊害が相関して起こっている、……大銭と小銭が同価格であればその大銭を銷燬して小銭を鋳造することは言を俟たない。かつ官鋳の八分制銭はもともとはなはだ軽薄であり、奸民が八分重の制銭があることにより、四・五・六・七分の小銭を私鋳し混ぜて行使すれば真偽を辨別することは難しく、厚い利を得ることができる。銷燬が日々に多くなるのみならず私鋳も多くなり、湖北の制銭を銷燬するに止まらず各省の制銭まで銷燬することになる。銭法に関わるところまことに細かな問題では無い」。以上のように、私銷と私鋳が同時に発生していることを示す。

結論として、政策の撤回を奏請する。「故にくだんの湖北試鋳の小銭の効果がない処、実状によって奏聞し、原題に照らして一銭二分の大制銭に改鋳することをゆるされんことを皇上に乞う。そうすれば各省と画一となり、銭法においても裨益があるだろう」。

さらに加えて新しい提言を行う。「臣等は更に要請することがある。わが皇上が民用の艱難を心配し経費を惜しまず、多く鼓鋳を行おうとすることは、もとより制銭を流通させて銭文の流通を充足させ、それによって銭価が安定し、民用に裨益をもたらすことを期すものである。ただ鋳造した銭文は兵餉中、両ごとに六十五文を搭放するにとどまり、各営が四散しているため得ることができる銭文は多くない」とまず兵餉に搭放される銅銭が市場の銅銭増加につながっていないことを指摘する。そして、「我々は江西において、改鋳して鋳た制銭は兵餉に搭放する以外、省城に局を設けて市価に照らして低価格で出易した実績がある。そのようにすれば数年にして兵民が便を称し、私銭も少なくなる。今湖北省の銭価は未だ安定しておらず、行使銭の爛悪は極まっており、炉座を増添して制銭を鋳造することが切に必要である」として、搭放以外に直接市場に「出易」する方法を採用して制銭の流通量を増加させるべきことをいう。

しかし制銭とくに一銭二分の大制銭の鋳造には多くの銅が必要となることを述べたうえで、「査するに漢陽の漢口鎮は乃ち各省の水陸の馬頭であり、毎年客販の銅斤の貨売がある。以前購入して鼓鋳に供したが、客銅ははなはだ少なく、価格は百斤あたり二十両以上であった。よって、鼓鋳のコストが高く虧折が多かった。さきに巡撫開泰が、未購買の『減半銅』五万八千八百六十斤を動項して購買し鼓鋳に供しようとしたが、市価がなお高く、未だ収買するにいたっていない。臣等が体訪するに、近日客銅の漢口に到るものが多く、殷実の行戸をえらんで取具互結させ、あらかじめ銅価を給し、月に按じて銅を引き渡させることは已に承認を経ており、それにより毎年四十万斤を買うことができ、この際の銅価は百斤ごとに十九両である」と漢口における辦銅が可能であるとの見込みをいう。

鋳造および搭放・出易については、「毎年四十万斤の銅に鉛・錫を加え、現在の十五炉以外に五炉を増やせば、毎年八万六千九百二十一串を鋳銭できるが、もともと旧炉が五座あり鋳造に供することができるため、匠役を増員し器具を添備すれば、別に炉房を作る必要は無い。鋳造した制銭は兵餉に搭放する三万六千二百串を除き、のこりの五万七百十五串について、附省の江夏・漢陽二県で局を設けて市価に按照して酌減出易する」と述べる。

次にコストの計算を行う。「現在買っている漢口の銅・鉛・錫などの価格は合算して大銭一千文を鋳造するごとに成本銀一両一銭五分である。したがって一千文を銀一両として兵丁に散給すると一銭の欠損が生ずる。市易の銭は市価に照らして銭文ごとに銀一両二銭とすれば、やや利益がある。利益により欠損を補えば、毎年の欠損は三千両にとどまり、現有の従前の鋳銭局の余息銀六千九百余両から通融撥補することができる。銅斤は欠乏しているが鼓鋳は停止できないので、漢口の銅を購入せざるを得ない。ただ漢口の銅価は以前よりも下がっているといっても、すべて漢銅を用いれば、依然としてこのような欠損が生じるのである」とする。以上により漢口銅の調達の高コストが依然として湖北鋳銭の障碍となっていることがわかる。ゆえに、「臣等は現在雲南と咨商して雲南銅を購買している。また、江蘇に咨催して范清注の銅を催運しようとしている。更に、本省において銅鉱山を試開するなど多方購求しようとしている。将来どの銅を得るとしても鼓鋳に添入すれば、則ち漢口銅の購買を少なくすることができ、成本は比較的軽く虧折がなく、撥補することなく余息があり、銭法においても兵餉においても民用においても皆な裨益があるだろう」と漢口銅以外の辦銅の（多分に甘い）見込みを述べ、とりあえず目前の政策を行うための不安材料を取り除こうとしている。

さて、すでに鋳造した八分制銭の取り扱いであるが、「市で用いられている京鏨小銭および新鋳の八分重の小銭は、固より官鋳であるから行使をゆるすが、大銭と同価格として、大銭を銷燬して小銭を鋳造する弊害をもたらすことになることは避けなければならない。現在大制銭の市価は一千文ごとに銀一両二銭四～五分であり、市用の小銭については価格を酌減して一千文を銀一両とすべきである。その最も堪えがたき沙板・鵞眼・光板・剪辺等の銭は使用禁止を行うべきである。その余の軽薄有字の小銭は将来の鼓鋳充裕の日を俟って再び禁止を行い、動項して収買し、鼓鋳に使用する」とし、八分制銭は正式に行使を許し、甚だしく形態を損なっている銭は使用禁止、その他の小銭は暫定的に使用を黙認する、といった提案がなされ、そうすれば大銭を銷燬して小銭を鋳造する弊害はなくなるであろうとする。八分制銭も含めた市用小銭一千文を銀一両と市価を算定している点は、はからずも八分の重さがこの時点で適正であることを表している。

目下の搭放については「従前に鋳成した大銭はなお春季の兵餉への搭放の用に不足しているので、夏季の兵餉搭放分も改鋳の小銭を将て搭放すべきである。ただ、先述のように千文を銀一両と算定すれば、兵丁は虧折を覚えるだろう。大制銭が鋳造されるのをまって、しかる後に搭放すればよいが、現状で兵丁の便益に資しているので、今たちまち搭放を停止すれば失望するであろう。査するに八分小制銭は、千文ごとに成本八銭零を費やすものである。したがって今、此の数に照らして銀一両ごとに銭一千二百四十六文を給すれば、小銭の価格は昂きに過ぎず、兵丁においてなお搭放の皇恩を仰沾するであろう」として市場のレートとは異なるレートで兵丁に搭放することをいう。

最後に緊急措置に言及して上奏を終わる。「楚省の銭法は善からず、銅を措辦することはできないが鼓鋳は停め難きものである。司道各官と再三商酌熟籌し、遅除であることは宜とせず。前に奏准された五万八千八百六十斤の銅を購買するほか、現在漢口に浄銅十万斤があり、司庫の地丁銀一万九千両を用い採買し鋳造に備える」。

以上、湖北の改鋳策を見てきた。能吏である陳弘謀(21)らしく、多方面において想定される問題点が稠密に検討されている。銅銭価格の算定にあたり、錫や鉛等の価格を考慮している点でも周到であるといえる。

この奏摺についての硃批は「該部議奏」であり、以下に検討する塞楞額の上奏ともあわせて、三月二十一日に戸部堂官による議覆(22)(合璧)が行われ、「議に依り即やかに行え」(原文は満文)との硃批を受けそのまま裁可され、八分制銭の発行は数ヶ月で終了することとなる。

(2) 塞楞額の単独奏摺

湖広総督塞楞額は、上記の陳弘謀との連名の上奏が行われた同日に単独奏摺(『硃批奏摺』一二三八―〇〇四)を提出し、「会摺では情節を尽くせなかったので併せて上奏を行った次第である」と表明している。あえて総督が単独上奏を行ったことからみると、前奏が陳弘謀(ないしはその幕友)の主稿であったことが推測される。

塞楞額はまずやはり八分制銭策の経緯について述べる。「湖北八分銭文に改鋳して以来、試行に効果無し。すでに撫臣陳弘謀と会同して、例に照らして仍お重さ一銭二分の銭を鋳し、併せて銅斤を多買して銭文を多鋳し、搭放兵餉の他は民間に発売することを請う、という点について、逐一声明して別摺にて会奏した。湖北は乾隆九年三月から、一銭二分の大制銭を鼓鋳し兵餉に搭放し、銀一両毎に六十五文を搭放した。一年の鼓鋳はただ一年の兵餉を搭するのみであった。嗣いで雲南銅を用い終わった後に、はじめ漢銅を買って鋳造をつづけた。漢口の商銅は百斤ごとに価格が二十一両に到り、鼓鋳すれば則ち欠損がはなはだ多く、停炉すればまた搭放に支障が生じる。そこで、前督撫二臣の八分銭の請があった。改鋳して以降兵餉には搭放せず、工料銭を数千串を給発したにすぎない。しかし、その結果各種の私銭が隙に乗じて起こり、現在制銭を銷燬して私銭を鋳造した者を捕まえている。もし変通を急がなかったら銭法が日々崩壊し私鋳が日々多くなり、私銷が日々甚だしく、その流弊をとどめることができなくなるであろう」。会奏の内容とほぼ同じであるが、八分制銭が実際には兵餉に搭放されず、おそらくは鋳銭局の匠に支払われていたことを明らかにしている。

そして、陳弘謀と同様に漢口銅について言及する。「博く輿論を採集すると漢口鎮にもとから市販の銅斤が毎年約七～八十万斤あることを訪ね知った。今すでに毎年四十万斤を鼓鋳に供することを商人と議定したが、その際の価格は百斤十九両で以前に比べて二両減価している。四十万斤の銅に鉛・錫を加え合算すると重さ一銭二分の制銭八万七千余串が鋳造可能である。一千文を鋳造するごとに工本銀一両一銭五分で毎年三万五千串を以て兵餉に搭放する。およその試算をすると欠損の銀は五千余両である。余剰の五万串を市価に照らして一両二銭で民用に発売すれば、およそ銀四千両の余剰を得ることができる。余りを以て不足を補えば虧損は少なく、帑項不足をまねくことはない。これが四十万斤を全買するの計画である」と大方の部分は会奏の内容とほぼ同様である。

ただ、以下独自の提案を行う。「また査するに荊州府属の遠安県の三宝山地方に銅の鉱山があり、今商人の尹姓の者が自ら工本を用意して一月余り試採しており、苗砂がはなはだ旺盛であると報告している。臣は已に荊宜施道の厝嘉正に前往させ査看させている。試採一～二ヶ月の間に、鉱苗が旺盛であることがわかれば、臣は地方を巡視して営汛を査閲する便において親しくその地に至り、一切の開採の事宜および防範約束の各項の章程を議定奏明して開採をゆるす。もし一年のうちに五万斤の産銅があれば五万斤の買銅の節約ができ、十万斤であれば十万斤節約できる。鼓鋳においても益があり、銭糧においてもまた大いに節省がある」とし、鉱山開発による銅銭の安定供給を提案する。塞楞額が単独上奏を行った理由については不明である。満洲人であるが進士出身で館選には漏れたものの、のちに翰林院侍講学士に擢んでられ、その後は侍郎から督撫という昇進ルートをとる。翰林出身で同時期に巡撫となった陳弘謀への対抗心であったのかもしれない。翌乾隆十三年、塞楞額は孝賢皇后の崩御の後、制に違い百日に至らず薙髪したことにより、自尽を賜ることとなった[23]。

(3) 瑚宝の当二銭案

結局失敗に終わり、すぐに中止された乾隆十一年の八分制銭策であったが、湖南において漢口銅の高コストの問題、また銅調達の不安定な状態の問題が根本的に解決したわけではなかった[24]。そのような中、乾隆十四年五月初一日兵部尚書署湖広総督瑚宝による当二銭鋳造の提議がなされた。

瑚宝は「銭文は上は国制に関わり、下は民生に係わる」と体制問題への視点を前提にした後、銭貴の原因を「各省の棍徒の射利私銷および剪辺興販の致すところ」とし、前任であった署陝甘総督の時にいくつかの対策をとったことを述べる。そして、湖北赴任後にも対策をおこないつつも「湖北の漢陽一鎮は九省水陸通衢にして商民雑沓淵藪であり、その中の奸良は辯ずることはできない」として、私銷の弊害はその防禁を厳にすべきであることを言う。

そして、銅の価格と制銭の重さや価格について述べる。「現在漢鎮では銅一斤が市価銀二銭であり、現在の一銭二分の制銭であれば、百三十三文で一斤となる。現在制銭の市価は一両で八百文であるから、銀二銭に換算すると百六十文となり、二十七文の利を得ることができる」と漢口における銅の市場価格との関係において、私銷に利益があることを述べ、乾隆十一年の八分制銭が、私銷防止の意図があったとはいえ、私銷と私鋳の両方の弊害を生じさせたため、一銭二分に重量を戻したという経緯にも触れる。ただ、瑚宝は「鄂彌達の八分改鋳の試行の意は制銭を銷燬する徒に利を得ることを無からしめる為であった」とし、自らは、当二銭の鋳造を提案する。その重さは一銭六分とし、二釐という字を鋳ることもあわせて提議する。そうすることによって、制銭銷燬の弊害除去、銅や工費の節約等、様々な利があるとする。この当二制銭の一銭六分という重量は、つまりは八分小制銭二枚分である。つまり八分を一個の小銭に適合した重量だと認識した同じ内容をもつものであったのである。黒田明伸氏の「小制銭は銭局の管轄領域の金属供給と貨幣需給とに適合した(25)」通貨であったという見解は正しいだろう。

この奏摺に対し乾隆帝は「汝のこの奏、豈に交議すべきや。別に諭旨有り」と硃批を入れ、さらに五月二十一日の上諭(26)において、十一年の八分制銭の失敗に触れながら、当二制銭について「其の弊、鄂彌達の改める所の八分小銭と何の異あらん」、「立法の減軽加重・当十当百、皆な前に此れ講論するところなり。一法行いて諸弊起きる」とした。瑚宝は六月二十七日の奏摺において、恐懼遵旨するのみであった(27)。議覆はさせず、直接否定することにより、この時点で乾隆帝は単位の変更や重量の変更について、すでに結論は出ているとの判断をしているようである。また寄信とはいえ、あらためて上諭を出したことは、他の政策担当者への意思表示とも言えよう。

当二銭などの単位変更の提案については乾隆初年から何度か提議されてきた。乾隆三年の御史穡魯、また、乾隆八年西安布政使帥念祖の当十大銭の鋳造案などがそれである。後者については通用策を具体的に論じていたためか一応議奏にまわされたが、前者については「持論悖謬にして妄りに変乱成法を欲す」として、瑚宝と同様に即座に却下されている(28)。

このような提議が形を変えて出てくる背景については、推測の域を出ることはないが、いくつかの可能性を指摘することはできよう。一つは一部官僚層における統治についての自信である。拙著で示したように、当時はあくまでも経済状況の良さを背景とするものではあったが、統治権力の比較的真摯な経済諸問題に対する対応に呼応して、清朝の統治に対する民間社会の信任と自発的な協賛が見られた(29)。それが、素材価値が劣る当二銭や当十銭への民間の信任への期待となったのかもしれない。しかし、おそらく乾隆帝はそこまで楽観的ではなかった。

おわりに

乾隆初期の通貨政策をもう一度概観してみると以下のようになる。

1. 雍正年間から継続して銭貴の状況があった。これは、八旗兵丁や民間日用において弊害がある。京師のみならず地方も銭貴であるが、京局鑄造分の制銭では各省の銅銭の需要をまかなうことができなかった。
2. 多くの官僚が原因を真摯に考察し対策を提案するが、銅不足・銅銭不足が原因である、という認識は大体一致する。
3. そのような状況下、雲南銅の京師輸送にめどがたった。その後、乾隆五年以降、京局とともに各省でも積極的な鼓鋳が推進された。雲南銅の確保により、京局が既存の銅器や日本銅に銅の供給を求める必要がなくなり、銅の供給に若干の余裕ができたからである。
4. そして京師での安定的な制銭供給、地方での継続的な制銭供給が行われ、比較的多量の制銭の発行により、民間は利便性の高い銅銭使用へ移行する。銅銭一文の価値は、実際には銅の含有量を基礎とするものであったが、単に地金の価格ではなく、幾ばくかの附加価値をその伝統的形態や統治権力への信任に求めたものであった。

5．京師・各省では、様々な問題が生じるが、清朝は統一性にはとりあえず拘泥せずに地方の状況にまかせ、いずれ制銭が十分に供給され、民間がそれを受容することになるという理念型を想定した。

結果的に、清朝の正統性確保（「体制」維持）のための制銭鋳造の熱意が雲南銅の開発を進め、民間の銅のストックを充実させた。つまり、制銭供給という形で銅器や（銅貨に適合した）小銭の材料を黙々と市場に供給していったことになる。しかし、民間の力のみで雲南銅生産の発展があったかどうかは疑問である。出発点は統治権力が行った雲南銅開発とその京師への運送の努力であり、統治権力の政策と市場の相互補完により、全土への貴金属としての銅という富の供給が行われ、「乾隆盛世」を支えたといえよう。

「交易の事、原より応に民の便を聴すべく、法制禁令を以て之を縄すべき者に非ざるは、此れ朕の平心静気の論なり」[30]と述べ、乾隆十年前後まで柔軟かつ放任的な民間市場への対応を見せていた乾隆帝ではあるが、本論で取り扱った湖北の独自小銭鋳造案などの問題処理の過程で気づいたことがあったと思われる。それは、経済の実勢に任せれば銅の市場は漢口になるという点であった。いや、銅に限らず、すべての財は長江中流域から下流域に集まり、京師には集まらないことを理解したのではないか。すでに康熙・雍正の治世を経て中国本土統治への自信を深めていた乾隆帝にとっては、礼的世界の中心たる京師に財が流れてくるべきであると考えた（考えたかった）のではないか。

湖広などの「地方」において、一定範囲内のイレギュラーな状況（小銭や古銭の流通等）・ローカルルール（八分小銭の鋳造・地方的銅禁等）を許容することは、当初は一種の恩恵的措置と考えていたのかもしれない。しかし、実際には湖広などの「地方」の状況こそが中国本土全体における「交易の事」（経済 economy）の実勢であり論理であり、中心であることに乾隆帝は気づいたのではなかろうか。そして、皮肉なことにその華夷秩序の枠に収まらないかつてない規模の市場経済のうねり、それを政治（礼・貢納）の論理で長江を東下させ、運河を北上させて、京師に運ぶことによって、清朝の支配は支えられていたのである。

乾隆十四年五月二十七日の上諭[31]は、銅鉛の運船について各省督撫にその通過の際に奏摺による報告を求めたものである。この上諭の後、川勝博士が詳細な表を作成して明らかにされているように、奏摺が持つ政策提案的機能の要素を全く持たない上奏が膨大に蓄積されていく。ある意味で首都を湖広に移すことと同義でもある漢口鋳銭局の鋳銭センター化は、藩部支配を重要な基盤とする清朝にはあり得ない選択である。ならば何とかして銅を北に移動させ、京師で鋳銭を続けるしか無い。行政官僚制度の中で自己完結している題本ではなく、督撫へ奏摺による緻密な報告を求めたのは、直接それを手中にしておかねば不安である問題であったからであり、財の流れを把握しておきたいという意志であったのかもしれない。

「清朝国家＝中国の抱える根の深い、スケールの大きな諸問題」とは、華々しい武功により得た成果によるものではなく、モンゴルを押さえハーンの栄誉を得た成果によるものでもなかった。すでに中国本土の経済的基盤無しでは清朝の体制が維持できないこと、また、それが帝政の論理で動いていないことであった。乾隆帝はそれに気づいたのであり、彼の治世の中期以降の「国体」への執着は、その苦悩の表れであったのではなかろうか。

個々に論じられてきた政策を、当時の全体状況の中に再配置すると、また異なる様相を明らかにすることができる。この作業は、川勝博士の展望した乾隆政治の再評価に繋がっていくであろう。

註

（1）川勝守『明清貢納制と巨大都市連鎖』後編第四章、「清、乾隆期雲南銅の京運問題」（汲古書院、二〇〇九）。

（2）黒田明伸『中華帝国の構造と世界経済』（名古屋大学出版会、一九九四）。

（3）上田裕之『清朝支配と貨幣政策――清代前期における制銭供給政策の展開――』（汲古書院、二〇〇九）。
（4）黨武彦『清代経済政策史の研究』（汲古書院、二〇一一）。
（5）中国第一歴史檔案館蔵『硃批奏摺・財政類』一一三〇―〇〇一（以下単に『硃批奏摺』とする。なお附した数字は、中国第一歴史檔案館編『中国第一歴史檔案館蔵清代硃批奏摺財政類目録』第四分冊、経費、貨幣金融、一九九二、中国財政経済出版社、に記載された目録番号である）。
（6）以上は彼が郷試考官として雍正十三年に広東省へ（正考官）、乾隆元年には雲南省へ（副考官）赴任する途中の観察である。『世宗実録』巻百五十六、雍正十三年五月戊午、および『高宗実録』巻十七、乾隆元年四月癸未。
（7）『硃批奏摺』一一三〇―〇〇七、乾隆四年十二月十三日、浙江巡撫盧焯奏摺。
（8）『硃批奏摺』一一三〇―〇〇九、乾隆五年正月十二日、協理戸部事務訥親等奏摺（戸部議覆）。
（9）『硃批奏摺』一一二七―〇二七、乾隆三年二月十六日、直隷総督李衛奏摺。
（10）『硃批奏摺』一一二八―〇〇一、乾隆三年二月二十五日、戸部尚書海望等奏摺（九卿議覆）。
（11）川勝博士は、註（1）前掲著書、後編第五章「清乾隆初年雲南銅の長江輸送と都市漢口」六四七頁で、銅輸送と関連して漢口が長江物流のセンター化すると評価している。
（12）『硃批奏摺』一一三一―〇二〇、乾隆五年十一月八日湖北巡撫張渠奏摺。
（13）『高宗実録』巻百三十二、乾隆五年十二月戊戌、戸部議覆。
（14）『硃批奏摺』一一三四―〇一二、乾隆九年三月十二日、湖広総督阿爾賽奏摺、には、鼓鋳の材料として予定していた金釵廠の銅の品質が劣り、漢口の銅の配分を増やしたいが、市場の銅が不足しているので、京局に運送している湯丹廠の高品質の銅を十万斤を截留して湖北の鼓鋳に当てたい、また、その十万斤は、湖北が辧銅予定商人范毓馪の洋銅二十五万斤から帰款する、という請願を行い、『硃批奏摺』一一三四―〇一七、乾隆九年四月十一日、大学士鄂爾泰等の議覆（大学士・戸部）を経て裁可されている。
（15）京師銭法八条については、註（4）前掲黨著書、第一部第一章参照。

(16)『高宗実録』巻二百三十二、乾隆十年正月辛巳、命直省籌鼓鋳、諭軍機大臣。

(17)『硃批奏摺』一二三五—〇一二、乾隆十年正月初十日、湖北巡撫晏斯盛奏摺。晏斯盛は康熙六十年の進士、庶吉士出身で、著作も多く、列伝などでの表向きの評価は高いが、乾隆帝は乾隆八年四月の湖広総督阿爾賽の奏摺(陳鏘儀主編『清代皇帝御批真迹選(三)乾隆皇帝御批真迹』、西苑出版社、一九九五、所収)への硃批に「至湖北撫臣晏斯盛、其人乃一假道学者流、而期中不能無他」と厳しい評価をしている。

(18)『硃批奏摺』一二三五—〇一六、乾隆十年二月十一日、大学士張廷玉等奏摺(議覆)。

(19)『硃批奏摺』一二三八—〇〇三、乾隆十二年二月二十日、湖広総督塞楞額・湖北巡撫陳弘謀奏摺。

(20)八分銭鋳造裁可に至る具体的文書は未見。『硃批奏摺』一二三五—〇二一、乾隆十年三月十八日、湖広総督鄂彌泰・湖北巡撫晏斯盛奏摺には、「地方六条」と湖北銅禁策の取り下げには言及されるが、八分制銭鋳造には言及がない。その次に残存している史料である『硃批奏摺』一二三七—〇一七、乾隆十一年六月初三日の湖広総督鄂彌達・湖北巡撫開泰奏摺では、すでに八分制銭案が承認されている。なお、後者の奏摺で八分にしないと乾隆十一年七月までの鼓鋳で銅のストックが枯渇すること、つまり、八分策の主要意図は銅の節約であることが強調される。また、范毓馪の洋銅の辦銅の到着のめどが立っていないことが、さらに湖北鼓鋳の先行きを不透明にしていることに言及する。なお、范毓馪のおいである范清注が承辦した洋銅積載の船が二十二隻中一隻到着しているという情報は、この奏摺への議覆(『硃批奏摺』一二三七—〇二五、乾隆十一年七月十四日、協辦大学士兼管戸部尚書劉於義等奏摺)により知ることができる。『硃批奏摺』一二三七—〇二九、乾隆十一年十一月二十日、湖北巡撫開泰奏摺は、八分小銭制鼓鋳中の奏摺であるが、弊害には一切言及が無く、洋銅到着のめどが立たないため、漢口での銅の調達を奏請するのみである。

(21)陳弘謀については、上田信『海と帝国』(講談社、二〇〇五)にその略歴と業績が述べられている。乾隆初期政治を考える上では重要な人物の一人である。なお、陳弘謀はまさに湖北八分小銭の試行中の乾隆十一年六月二十八日に全省における銅禁策と制銭一文=重さ一銭の軽量化策を提議し、大学士・戸部の密議速奏が命じられているが、実現してはいない(『硃批奏摺』一二三七—〇二一、乾隆十一年六月二十八日、陝西巡撫陳弘謀奏摺)。

(22)『硃批奏摺』一二三八―〇〇七、乾隆十二年三月二十一日、協辦大学士兼管戸部尚書劉於義等奏摺。
(23)『乾隆朝上諭檔』第二冊、一二三四頁、乾隆十三年九月初七日、内閣奉上諭。
(24)八分制銭の中止を上奏した塞楞額は、乾隆十二年三月、湖北現存の銅が三～四千斤で鼓鋳に支障をきたすため、范清注の洋銅と漢口の商銅の購買に努めるとする一方、湖南省から十万斤の銅の借用を行っている。『硃批奏摺』一二三八―〇〇六、乾隆十二年三月十九日、湖広総督塞楞額奏摺。
(25)註（2）前掲、黒田著書、前編のⅡ、四十六頁。
(26)『高宗実録』巻三百四十一、乾隆十四年五月戊辰、諭軍機大臣（『上諭檔』、『起居注』には見えない）。
(27)『硃批奏摺』一二四〇―〇一一、乾隆十四年六月二十七日、漕運総督瑚宝奏摺。
(28)註（4）前掲黨著書、第一部第一章、三十九頁参照。のち、乾隆二十六年に至り、江蘇省で蘇州布政使（蘇州織造）安寧による重さ一銭の制銭鋳造が提議され議奏が命じられるが、実現していない（『硃批奏摺』一二六〇―〇三七、蘇州布政使安寧奏摺）。なお、この後嘉慶・道光に至るまで、制銭の重量変更案や単位変更案は管見の限りみえない。
(29)同、黨著書、第一部小結、一九一頁参照。
(30)『硃批奏摺』一二三六―〇二三、江南道監察御史李慎修奏摺への乾隆帝の硃批。奏摺原本には日付は無いが、『高宗実録』巻二百三十七、の日付や『軍機処録副奏摺』において旨を奉じた日付は乾隆十年三月二十七日。
(31)『高宗実録』巻三百四十一、乾隆十四年五月甲戌、諭軍機大臣等（『上諭檔』、『起居注』には見えない）。

清代乾隆期の江南における救荒と食糧流通政策

則松彰文

はじめに

清代中国においては、周知の通り、各省分ごとに作物の生育状況、それを左右する天候、ならびに主穀たる米麦価の動向など詳細な報告が義務付けられていた(1)。とくに「盛世」を謳われた乾隆年間（一七三六～一七九五）においては、清朝の他の時期に比しても突出して、食糧問題が時の為政者たちの重大関心事となっていた。長期に亙って米価騰貴が継続するマイルド・インフレーション下の乾隆期においては、食糧需給、食糧流通や価格上昇などの食糧問題が国家の盛衰、社会の浮沈の鍵を握るものと目された(2)。従って、ある地方がひとたび災害を被り、食糧需給や穀物価格に変調をきたせば、清朝政府は速やかに救荒策を講じ、民生・民食の安寧を図らんとしたのである(3)。

ところで、川勝守氏は、一九八四年に発表した論文「明末、長江デルタ社会と荒政」において(4)、明末の江南における荒政（救荒策）が平糶重視のそれであった事を先駆的に提示するとともに、平糶用の米穀が長江流通によって運ばれて来る湖広・江西産の米穀に依存していた事、それが長江米穀流通に規定される江南社会の特質によるものであった事を示した。川勝氏の分析対象とした時代は明末であったが、清代に入ると、江南社会の長江米穀流通への依存度は更に深まって行った。

本稿では、明末に関する川勝氏の研究を踏まえ、清代中期とくに乾隆期の江南地方で起きた代表的な二度の災害をケース・スタディーとして、清朝中央政府の救荒に対する基本的方針を確認するとともに、実際に講じられた救荒策の根幹に長江米穀流通の円滑化を意図した政策、すなわち食糧流通政策があったことを検証しようとするものである。

第一章　乾隆二十年・二十一年の江南被災と救荒策

光緒三年（一八七七）に刊行された『水窗春囈』の下巻を執筆した金安清は、「国初愛民」なる一文において、雍正・乾隆期における国家施策の充実と、それに対する嘉慶・道光期の衰退とを指摘し、

乾隆六十年中、各省絶えて大水旱鮮し。故に百姓充実し、丁糧の逋欠する者鮮し。蓋し朝廷日に民事を以て重きと為し、慎んで疆吏を択ぶ。凡そ監司以下より牧令に至るまで、皆な才徳を以て自ら奮う。尽くは廉平ならざると雖も、而るに地方は咸日に起色有るは、百廢具挙なるが故なり。嘉・道の間、此の風衰えり。

と言う[5]。金の語るが如く、乾隆期の中国社会がどこの地方でも「日有起色」、すなわち日々活気に満ちていたのかどうか定かではない。特にこの冒頭部分に言う、乾隆六十年間に大規模な水旱害が少なかったが故に、民衆の生活は充実し税の未納者も少なかったとする認識は、甚だ疑問である。広大な版図を誇った乾隆期の清朝中国ゆえ全省一律に論じる事は出来ないが、本稿が考察対象とする江南地方において、乾隆期はむしろ各種の自然災害が多発した六十年間であったと言えるだろう。

周知の通り、災害の記録は各地方志の「祥異」の条などにおいて網羅的に記録されている。いま、試みに浙江省湖

表

同治『南潯鎮志』		民国『雙林鎮志』	
3年	旱蝗　9月大風雨雹	3年	夏旱　秋雨雹
		6年	秋大水
		9年	秋大水
10年	夏旱		
13年	5月雨雹　6月米騰貴	13年	飢　5月雨雹
16年	夏大旱	16年	夏旱　秋蟲
17年	8月大風抜木久雨大水	17年	8月大水
18年	春夏久雨蟲災　秋又久雨	18年	春夏秋久雨蟲災
19年	水損稼	19年	水（損稼）
20年	淫雨損麦　蝗蝻　大水	20年	大水　蝗蝻
21年	春大疫饑	21年	春大疫饑
23年	夏秋大水		
24年	秋蟲傷禾	24年	秋蟲傷禾
26年	大水		
27年	雨損蚕収 6月旱7月大風雨積水	27年	雨　6月旱
30年	正月大水	30年	大水
33年	大旱	33年	大旱
34年	春夏霪雨連旬損蚕麦 大水田禾弇没　秋無収	34年	春夏霪雨損蚕麦禾
35年	春饑		
		44年	6月亢旱
50年	大旱蝗5月～7月不雨皆涸苗尽槁	50年	大旱蝗　5月～7月不雨
51年	春大疫饑　夏蟲傷禾		
54年	大水	54年	大水
55年	大雪飢饑	55年	大雪飢
56年	大水	56年	大水

史料：同治『南潯鎮志』巻20、災祥2、および民国『雙林鎮志』巻19、災異。
尚、本表では、地震等の記録は省略している。

州府属の二つの鎮志、同治『南潯鎮志』と民国『雙林鎮志』をもとに、乾隆期の水旱害に関する災害年表を作成すると上掲の如くである。乾隆六十年間のうち、『南潯鎮志』では二十二年間、『雙林鎮志』では二十年間につき、災害の記録が残されている。程度の如何、被害の大小を措けば、浙江省湖州府近辺では、乾隆年間の三分の一は水旱害に見舞われた訳であり、先掲『水窗春囈』の記述とは、実態が頗る異なるように思われる。

さて、乾隆年間において江南地方が経験した災害の中で、最も深刻な状況が現出したのは、二十年から二十一年（一七五五～一七五六）にかけての水害であった。表から窺える通り、この折の災害は、十六年から連年発生した災害の謂わば六年越しの結果であり、その分だけまた惨状を極めた。

同治『南潯鎮志』巻二十、災祥二には、

乾隆二十一年春、大疫飢たり。二月、石米二千八百銭なり。民は楡皮・草根を食らい、甚だしきは搶劫する者有り。四月、石米三千四百有奇なり。餓殍道に満つ。勧捐して平糶す。

とあって、(6) 餓死者の発生が記録されている。民国『烏青鎮志』巻二、祥異には、右の記載を踏襲したと推測される記述に続けて、

四月、石ごとに米三千四百有奇に至る。閭巷に殍・疫癘の盛行有り。

とある。(7) 疫癘とは、具体的な病名は未詳だが、悪性の流行り病を意味する。

また、民国『雙林鎮志』巻三十二、紀略、「振恤記」には、

乾隆二十年秋、収歉たり。二十一年春三月、米価昂じ石ごとに三千五百銭を需む。邑大いに飢え、鎮の餓殍道に載る。紳耆は乃ち捐資して粥廠を北里の護生庵に設く。飢民は食に就きて擁擠せらる。老弱の斃を致す者は十三人なり。魚肉の価は大いに廉きも楡皮・草根を以て食と為せり。春穫の期に会い、近ごろ川米も亦た壅がる。川秈の価石ごとに一千二百銭に至れば、民困始めて蘇る。

とある。(8) 飢餓の記録とともに、四川米を意味する「川米」や「川秈」（四川の秈米）の価格が安値であるために、民の生活が助かるとの記述は、本稿における以下の検討に先立ち、注目に値する。

さらに、地方志の記録とは別に、鄭光祖『一斑録雑述』六、「米価」には、

雍正自り乾隆初に至りては、米升ごとに銭十四・五なり。二十年、千里に蟲荒あれば、米升ごとに三十五・六に至り、餓殍地に偏し。後に連年豊稔なれば米価は旧に復し、石ごとに千を出でず。後に価は漸増す。

とある。(9)

以上、右に掲げた諸史料から、乾隆二十年・二十一年の江南における深刻な被災状況が看取できよう。乾隆十六年からの連年の災害により、浙江省湖州府属の諸地方では、餓死者の発生も記録されている。先に史料を引用した南潯・雙林・烏青の三鎮志からは、乾隆二十一年以外に餓死者の記録が見えぬ事から、この年の被災は、まさに飢饉の様相を呈していたものだったと推察されよう。

では次に、同年の江蘇省における被災状況につき、確認してみることにしよう。江蘇省蘇州府属の光緒『崑新両県続修合志』巻五十一、祥異に、乾隆二十年の事として、「是の年異災たり。民に餓殍多し。」とある他、

二十一年丙子春夏、大疫たり。時に大災の後を承け、両邑にては設粥を勧募し飢民を賑済せ令む。食に就く者の道に病斃して相い枕藉し、□の給す能わざれば、葦席を以て之れを掩埋す。入秋に始めて止む。

とある。また、江蘇省常州府属の光緒『無錫金匱県志』巻三十一、祥異には、

(乾隆)二十年八月、蟲の禾を傷つけ尽く槁れる。歳大飢なれば、民は草根・樹皮を食らい殆ど尽く。

とあり、さらに、光緒『蘇州府志』巻百四十三、祥異には、

(乾隆)二十一年、大疫たり。米価騰貴し、貧民は楡樹の皮を剝いで食と為す。

とある。以上の記録から、先に紹介した浙江省と同じく、乾隆二十年・二十一年における江蘇省の被災状況もかなり深刻であった事が看て取れるであろう。

ところで、この折の江南被災状況については、当然のことながら、地方官僚によって乾隆帝に報告された。しかしながら、管見の範囲では、奏摺の報告や実録の記事には、餓死者の発生はじめ民衆の飢餓の惨状を伝えるものは見当たらないのである。先に引用した複数の地方志、特に鎮志の記述内容を疑う事は不合理と思われるため、地方官が上

奏において意図的に言及しなかった、或いは事態を把握していなかったと判断するのが自然であろう。各地方の天気、主穀の作柄状況、米麦価などが詳細に、かつ定期に報告する事が義務付けられたこの時代にあって、奏摺を通した被災状況に関する詳細な報告が為されなかった事をどのように解釈すべきか、自らの後考に委ねたいと思う。

さて、では乾隆二十年・二十一年の江南被災に対して、清朝政府はどのような発想に基づいて、如何なる具体的施策を以て対処しようとしたのかという点の検討に移ることとしよう。

先ず初めに、乾隆帝の上諭から救荒に関する基本的発想を検証してみよう。乾隆二十年十二月五日の上諭には、以下の如く言う(10)。

各省の年歳の豊歉斉しからざれば、全く商販の流通に頼り、有無貿遷し以て接済を資く。向来、地方官は私を懐き誉れを邀め大体を顧みること罔し。遏糴の禁有りと雖も、而れども陽奉陰違する者仍お復た免れず。今年、江浙所属偶たま偏災を被りて、本地の米粮既に少なければ、勢い必ず之れを隣省に藉らん。誠に恐るるは、不肖の有司の救災恤隣の義に昧くして、糶販を阻遏し、市賈は益ます藉りて以て居奇し、地棍は因りて而して事を滋せば、則ち災地の民食倍ます拮据を覚えんことを。

全面的に商業流通に依存して、「有無貿遷」して救済する事。遏糴を禁止しているものの、違反する地方官が存在する事。乾隆二十年の江南被災に際しても、隣省への米穀依存を余儀なくされるが、遏糴などの阻害要因が危惧される事。以上の三点に集約されるこの上諭は、乾隆帝の基本的認識を示す好個の事例として、これまでも先行する研究において紹介、言及されてきた。特に、注目すべきは、遏糴の問題である。遏糴について、岸本美緒氏は「米穀移出の暴力的阻止(11)」と、また山本進氏は「米の移出禁止」「米移出阻止」とそれぞれ簡潔に理解している(12)。言うまでもなく、移出阻止の主体は、米を他地域へと移出される地方の官僚たちである。この遏糴禁止に関して、注目すべき上奏が存在する。署理両江総督尹継善による乾隆二十年十一月二十三日の上奏がそれである。「遏羅の弊を厳禁し以て民困を蘇えらせんことを請う」と冒頭に記された上奏は、以下のように続く[13]。

各省の疆域には分ける攸有りと雖も、而れども億兆の羣黎は同一の赤子に非ざるは莫し。年歳の豊歉は原より斉しくする能わざれば、全く商販の流通に頼り、有無懋遷し以て接済を資く。乃ち地方の官員は往往にして各おの私心を懐きて大体を顧みず。一たび隣省の荒歉に遇えば、惟だ米粮の外販を恐れて禁止を出示し、以て本地の郷愚の歓心を博くするのみ。甚だしきは同省の中に至りても亦た各おの彼此を分け、本県の米もて別県に販往するを許さず。而して地方の棍徒は端に借りて生事するを得ん。本村の米も亦た別村に載往するを許さず。河道を攔截し、扒搶を肆行し、毎に聚衆闘殴して大案を醸成するに至る。此れ皆な遏羅の弊の害を貽すこと浅からざるなり。（中略）各省の督撫をして属吏に厳飭し、畛域を分かつこと無く、共に民艱を恤し商販は其の流通を聴し、遏羅を混行するを得ざらしむ。米船は大小多寡に拘わらず、装載を任憑し、官の阻攔を為すを得ざらしむ。並びに遍く暁諭を行ない、無頼棍徒の借端生事を許さず。違う者は厳しく拏して治罪す。

先に掲げた乾隆帝上諭との間に、文言の一致が多くみられる上奏であるが、尹継善の遏羅に関する認識は、地方官僚が米穀の「外販」すなわち、省外への移出を恐れてそれを禁止する事に伴う種々の弊害が生起するというものである。米穀が省域を超えて他省へと移出される事を阻止する事は勿論、同一省内の県境、また村境を越境して食糧が搬出されることを暴力的に阻止する遏羅が、「有無貿遷」つまり、各地域間、各省間の相互融通による食糧調達によって救荒を計らんとする施策と真っ向から対立するものである事は明白である。岸本氏は清朝による遏羅禁止について、「地域内に食糧を確保しようとする遏羅政策の如きは、地域エゴイズムとして厳しく禁止された」と指摘する[14]。

米穀の商業流通を阻害する遏羅という行為が、何故に厳しく禁止されたのかと改めて問えば、それは、尹上奏、乾隆帝上諭いずれの冒頭にも言う「各省の年ごとの豊作凶作は一様ではないので、すべて商業流通に依存して有無を通じ、それで以て救済の一助とする」という認識を救荒策の前提とするからである。商業流通の阻害要因は除去されねばならないし、まして地方官僚自らが流通阻害の行為を果たす遏糴は、厳にあってはならない事なのであった。つまり、当該時期の清朝政府の救荒策実施の前提には、全国的な相互融通による現物穀物の調達と、その商業流通への依存があったのである。

先に引用した乾隆二十年十二月五日の上諭では、江南被災に対処すべく、四川・湖広・江西・河南・山東各省の総督・巡撫に対して、商人の米船の流通許可と遏糴への厳しい取り締まりが命じられた(15)。

また、乾隆二十年十二月十七日の上諭には、

地方の被災・米貴の頼る所は、商販流通の接済たり。是を以て向来遏糴を厳禁し、前より復た諄切に封疆の大吏に訓諭し、宜しく救患恤災を以て心と為すべし。豈に妄りに畛域を分かつべけんや。

とあって(16)、地域間の相互融通による食糧調達、ならびに、被災時また米価高騰時における商業流通による事態の解消が期待されたのである。乾隆十八年の四月に「委員越境採買」の停止が決定され、地方の公的資金を使った省境を越える他省への穀物買い付けが出来なくなったが(17)、これを境に、清朝政府の方針は転換され、地方官による買い付け（官採買）によるのではなく、民間商業流通による食糧調達によって救済を行なう事となったのである。乾隆二十年の江南被災においても、この転換後の基本方針が遵守されたと看て取れる。遏糴禁止を徹底させた上での商業流通による食糧調達の他、この年の江南被災に際しては、一、漕糧の截留（湖広二十万石、江西十万石）(18)、二、米・豆関税の免除(19)、三、漕糧の第二次の截留（江浙百十万余石）(20)、四、河南省・山東省産出小麦の江南搬運(21)、以上の四点の施策も実施された。

さて、被災した江南地方の事態の鎮静化を報告する奏摺が、乾隆二十一年三月に入ると皇帝の許に届くようになる。ここでは、各地方官僚が事態の鎮静化をどのように分析したかについて検証する事を通じて、具体的な救荒策の有り様を見てみることにしよう。まず、乾隆二十一年三月十七日の閩浙総督喀爾吉善上奏では、三月十日に浙江省嘉興・湖州両府の実地視察を踏まえた上で、

査べ得たるに、湖州各属の初賑・二賑・三賑倶な已に完畢す。無業の貧民も亦た各郷・各鎮に就きて分廠にて煮賑され、銭米を散給されて朝夕を度らしむ。嘉興の七県にては捐賑、平糶もて兼行し、小民は日食に資け有りて失所を致さず。幷びに杭府属の仁銭・海寧等の県は、各おの倶な此れに照らして辦理し、更に殷紳富戸の各自桑梓を恵周し、以て賑恤の及ばざる所を補うこと有り。（中略）惟うに、現在来浙の米販仍お多くは無きに属すれば、市価は大減する能わず。臣と司道と悉心熟籌し、多方もて法を設けるも、惟だ委員採買して客商を招来し、流通せしめて接済する有るのみ。

と言う[22]。湖州府では、三月に食事の支給、銭米の支給など行政によるすべての賑恤が終了し、それらと並んで、郷紳などの富裕層による賑恤も行なわれ、公的な救済の不足を補った。しかし、依然として米穀流通量の不足は解消されず、市価高騰の緩和が芳しくないために委員採買を実行し、客米を流通させることで救済するより他はないと言う。

また、江蘇巡撫荘有恭の同年三月十九日の報告には、

淮・揚一帯にては、中米一石毎に時価銀二両五・六銭、蘇・松一帯にては、中米毎石の時価は銀三両一・二銭にして、尚お未だ平減せず。各処の官設の粥廠は倶な停むも、惟だ民捐の粥廠のみは、災重きの地にては尚お一半開放する有り。紳士は躬親ら料理し、貧民は倶な各おの相い安んず。

とある[23]。江蘇省でも官設の粥廠は三月にすべて閉鎖されたが、米価騰貴の状況は依然解消されぬままであったという。

先の浙江省と同じく、公的救済の不足を紳士や富裕戸の賑恤が補っていた[24]。

被災に伴う米価騰貴の状況が好転し始めるのは二十一年四月に入ってからの事であるが、それを報告する地方官達の見解は何れも一致して、「客米」の流入、つまり江南以外の省分から調達された米穀の流通によるものとする。

浙江省の場合には、浙江提督武進陞の上奏に、

各府属の米価を査するに、三・四月の間、毎石の市価は三両上下不等なり。近来、楚米の浙に抵りて客米流通し、市価は日に漸く平減す。

とあり[25]、閩浙総督喀爾吉善の上奏に、

目下客販の米船、源源として至る。之れに兼ねるに各処にて平糶あれば、糧価は三・四月の内に較べて日に漸く平減す。

とあり[26]、さらに、浙江巡撫楊廷璋の上奏に、

各属の糧価、早稲の転瞬登場し、客米の源源と販運され、之れに兼ねるに、委員の買う所の楚米の已に江南に抵り、日を指して到る可く、浙省の民間、米の缺乏せざるを知るに因り、是を以て市価は日に平らがん。

とある[27]。五月から六月にかけての上奏では、三者いずれも、客米とくに楚米（湖広米）の流通を以て米価平減の主因と認定するのである。江蘇省に関しても、浙江省の場合と同様、江広の客米すなわち江西米・湖広米の流入を米価平減の主因と看做すとともに、これに米・豆関税免除の効果が加わる事も指摘している[28]。

乾隆六十年間のうち、江南地方で一二を争う深刻な被災状況が現出した二十年から二十一年にかけての災害に関し、特にその米価騰貴状況が、江西・湖広米など省外産米の流入による需給の好転を主因に大幅に緩和されたとする江南地方官僚たちの報告は、どう考えても単純に過ぎる感は否めない。客米を使用した平糶策への言及がほとんど無いこ

とも、さらに不自然さを助長する。各省間、各地域間における穀物の相互融通を、民間商人による所謂商業流通に依存して行なわせ、被災地あるいは米価高騰地域における現物穀物の確保を図らんとする乾隆帝の基本施策が提示された以上、地方官達の報告が、これに沿った内容となり、とくにその奏功を強調する上奏が為された側面は、恐らく否定し難いであろう。しかし、それと同時にまた、乾隆二十年・二十一年の江南被災に際して、清朝中央政府が指示した救荒策の中心に、商業流通を介した各省間における食糧の相互融通策が位置づけられた事を改めて確認できる一事であるとも評価されよう。

第二章　乾隆五十年の江南被災と救荒策

乾隆六十年間における江南被災のうち、前章で検討した二十年・二十一年の水害と並んで、大規模災害として知られるのが、乾隆五十年（一七八五）の江南旱害であった。先掲の鄭光祖は『一斑録雑述』巻八、「頻年水旱」なる一文において、「余の経る所の大旱は、乾隆乙巳、嘉慶甲戌の両次に過ぎず」と言い、乾隆五十年と嘉慶十九年（一八一四）を大旱の年として挙げる。また、かの包世臣も『安呉四種』「斉民四術」巻二の中で、「大旱に至りては、四十余年の中、惟だ乾隆五十年、嘉慶十九年の両見のみ」と述べている(29)。

では初めに、この年の江南被災状況について、地方志の記録から簡潔に確認しておこう。先ず、光緒『蘇州府志』巻百四十三、祥異には、「五十年、大旱たり。河港は涸れ、蝗蝻生ず。歳大饑たり。」とある。浙江省嘉興府海塩県属の民国『澉水新誌』巻十二、雑記には、

五十年、闔郡大旱たり。南郷の河は皆な涸れて収糧無く、免緩に差有り。次年春飢え、民群は富室を掠す。米価

騰貴し、斗米は銭五百文なり。

とあり、また同治『南潯鎮志』巻二十、災祥二に、

五十年、大旱蝗たり。五月より七月に至りて雨ふらず。渓港は皆な涸れ、苗は尽く槁れる。六月、石米は二千八百銭なり。十月、石米は三千八百銭なり。

とある。右に挙げた地方志の記録を見る限り、乾隆五十年の江南被災の程度は、二十年・二十一年の災害時の如き餓死者の発生や草根までをも喰らうレベルには至らなかったと言えよう(30)。

ところで、前章で既に紹介した民国『雙林鎮志』巻三十二、紀略、「振恤記」には、この年の状況について、

五十年、大旱たり。農は戽水して種を下す。石米は銭五千なり。幸いに時に小雨を得、苗は大茂す。食物等は皆な貴し。米価は乾隆二十一年に較べて昂きたりと雖も、而れども飢状の転た減じる者、則ち糸絹を以て暢銷すればなり。貧民の生計は、此れに藉りて救を補うのみ。

とある。ここで注目すべきは、乾隆五十年の米価が一石五千銭であり、二十一年三月時の三千五百銭に比して尚、一・五倍弱に高騰しているにも拘わらず、五十年における飢餓状況が徐々に緩和していると観察されている点、また、その理由として、貧民の生計が、生糸や絹織物の販売によって補充されていることが指摘される点である。かかる見解は、汪輝祖『病榻夢痕録』巻下、乾隆五十九年の条に、

夏の間、米一斗銭三百三・四十文なり。往時、米価一百五・六十文に至れば、即ち餓殍有り。今米は常に貴きも、而るに人は尚お生を楽しむ。蓋し往年専ら貴きは米に在り。今は則ち魚鰕蔬果の一つとして貴からざる無し。故に、小販郘農は倶な口に餬す可し。

とある、夙に知られた一文を想起させよう。汪輝祖の分析は、専ら米のみが高かった往時に比べ、米価をはじめ種々

の食物価格が高値にあった乾隆五十九年（一七九四）にあっては、高値なるが故に零細な商人や農民の現金収入も相対的に多くなり、その結果、彼らの生計維持が可能となるというものである。[31] 先の「振恤記」における観察と認識を共有するものと評価出来るであろう。

さて、乾隆五十年の江南大旱に関し、先ずもって注目したいのは、江西巡撫何裕城の上奏に対する乾隆帝の叱責である。何上奏において、「江西省市中の穀物価格が近ごろ徐々に高騰してきているのは、江楚の商人が穀物を多く江西省から販売し過ぎていることが原因と思われます[32]」との見解が示されたのに対して乾隆帝は、

上年、江楚等の省は被旱成災し収成歉薄なれば、全く隣省の米粮に頼りて接済す。商・民は均しく江西・四川等の省に向かいて粮石を販運し、以て口食の費を資く。朕許多苦心し、節次に旨を降し、各該省の督撫をして実力もて経理し、法を設けて調剤せしめ、務めて商販の流通をして稍も阻遏有るを致さざらしめ、方に妥善を為す。今、何裕城は該省の粮価加増するに因り、咎を商民の販運過多に帰すも、是の意は遏糴に存す。此れ何をか言わんや。

と、厳しく叱責したのである。[33] 残念ながら、管見の範囲内では、何裕城上奏の全文は未詳であるが、この上奏に示された認識、すなわち米穀販出地における販出過多に伴う米価騰貴との認識は、なにも何に限ったものでは全くない。米価動向の詳細な報告を義務付けられていた当時の地方官僚たちの上奏中に頻繁に見られる、それであった。[34] しかし、乾隆帝は、「何裕城は江西省の穀物価格の高騰により、その咎を商人の販運過多に帰すけれども、この考えは遏糴(ママ)にあるのだ」と断じ、何の見解は遏糴に通じると論難したのである。乾隆帝上諭には、右に続けて、

民間に遇たま災歉有れば、自から応に此の省の有余を以て彼の省の不足を補うべし。督撫たる者は皆な当に民食を以て心と為し、此の疆と彼の界を分かたず、籌辦の宜しきを得て、均しく接済に匀するを得せ俾むべし。且つ

隣省の境に到りて採買すれば、小民は等しく価を得て售売し、余潤に沾う可し。尚お応に稍も居奇有るべからず。何ぞ況んや、封疆の大臣迺ち竟に彼此の見存らんや。

とあって[35]、各省間・各地域間融通による災害・歉収への対処という基本方針を再確認するとともに、彼此を分かたずに民食を第一とすべき総督・巡撫たる者の心得をあらためて諭したのであった。既に述べた通り、遏糴の厳禁は、平時における各省の食糧需給、および被災時における救荒のための食糧調達、その何れにおいても根幹とされた商業流通を円滑・促進ならしめるために不可避の施策であった。しかし、米穀販出地域においてまま生じる販出過多に伴う品薄、一時的な価格騰貴という事態の生起も現実のものであり、この事態を回避するために行なわれる強制的な販出阻止行動たる遏糴も止む事はなかった。従って、右に見た何裕城上奏に関わる一件は、多分に乾隆帝による意識的な叱責という性格の強いものと判断され、何上奏に借りて改めて遏糴の厳禁を各地方官に周知徹底したものであったと推察されるのである。

ところで、乾隆五十年の江南被災に際して注意すべきは、江南への穀物搬入にきわめて重要な位置を占めた湖広地方のうち、湖北省も同じく旱害に見舞われた点である。湖南省は一部地域の被災に止まったため[36]、「南省の有余を以て北省の不足を補う[37]」方針が確認された。乾隆五十年八月二十一日の上諭には、

江蘇・安徽は向より皆な川・楚等の省より仰給し、諺に湖広熟すれば天下足ると云う。今湖広の被旱の地方較多ければ、勢い川米に藉りて以て接済を資けざる能わず。湖北商人の如きは、川に赴きて採買す。（四川総督）李世傑は当に明切に暁諭し、川省の民人をして居奇・遏糴を得る毋からしめ、川省の有余を以て湖北の不足を済わしめ、而して川省の商販の米船楚に到る。（中略）川省の米船の楚を過ぎて安徽・江蘇に運赴する者に至りては、湖北省も亦た数を尽くして截留す可からざれば、上下両江は均しく接済を資くに庶からん。此くの如くすれば、

則ち四川・江西の米船は皆接続して安徽・江蘇二省に前往し、米糧は自から応に湊集すべし。其の本省の商民も亦た観望居奇して、其の価を過昂せしむるを得ず。

とあり[38]、翌二十二日の上諭には、

江浙の民人は、素より皆な四川・湖広の客米より仰給す。今、湖北被旱し災を成すに、所有川米を販運し、之れもて江浙一帯に赴むかんと欲する者楚を過ぎる時に、或いは湖北省の攔截を被むれば、則ち商販は自ずから浙に到る能わざらん。朕已に早く慮るを経て、節次に旨を降すに及び、各該省の督撫をして、各該地方に明切に暁諭し、遏糴及び截留を許すこと毋く、過境する米船は、米粮の流通を庶い、小民は接済を資く可し。

とある[39]。乾隆帝自ら「湖広熟天下足」の諺を引用して、四川米と湖広米が恒常的に江南の米穀需要を支えることを確認しつつ、乾隆五十年の湖北被災を四川米によって補うとともに、江蘇・浙江の被災地へ向けて長江を南下する四川米運搬船への遏糴ほかの妨害行為を厳に禁止したのであった。

また、五十年九月十二日の上諭では、四川総督李世傑による四川の倉穀三十万石の先行出糶の提案が支持されるとともに、湖広商人が江西省で買い付けた数十万石の米穀が江浙へと流れ、その供給によって被災地での救荒策が実施されることが期待された[40]。

以上に見て来た通り、乾隆五十年における江南の大旱害に際しても、先に検証した乾隆二十年・二十一年の被災時と同様、清朝中央政府は、長江流通を通じた四川・湖広・江西諸省からの米穀の商業流通によって、現物穀物の確保を図り、それによって被災地における救荒に資せんとしたのであった。

これまで、本稿では、乾隆期の江南における代表的な二度の大災害を取り上げ、清朝中央政府による救荒策の基本方針が那辺に存したのかについて若干の検討を行なった。それらを通じて、以下の如き諸点を指摘できるのではないかと考える。

乾隆期の清朝中央政府による救荒策の要諦は、被災地において大量に必要となる現物穀物の確保を第一として、それを各省間、各地域間における相互融通によって果たそうとした点にある。しかも、その際の最大の特徴は、穀物の確保は民間商人達の商業流通に大きく依存したことである。政府自らが公的資金を使って食糧を買い付けて運搬する「委員採買」政策は、乾隆十八年に撤回されていた。[41] 長江上流の穀倉地帯たる四川・湖広諸省からの米穀流通に恒常的に依存する江南地方の場合、当該地域における被災時では、この長江米穀流通という大動脈を通して、如何にスムースに米穀を流通させるかという一点に中央政府の眼が向けられた。被災時に実施された、遏糴厳禁の徹底、また米・豆関税の免除といった施策は、ひとえに円滑なる商業流通の促進を目的としたもので、それは、救荒諸策の実行に不可欠な現物穀物の確保を意図したからに他ならない。乾隆帝の謂う「此の省の有余を以て彼の省の不足を補う」、「此の疆と彼の界を分かたず[42]」に各省間、各地域間の融通による穀物調達を行なう基本方針も、その実、平常時における広域的な商業流通、米穀流通の存在を前提とするものであった事は言うまでもない。

さらに、いま一つの特徴を指摘すれば、清朝中央政府の主体的関与は、あくまでも現物穀物の調達、商業流通による穀物の供給という段階までに止まるものであって、被災地における被災民への現実的な救済は、各地方政府の行なう平糶や施粥、また地方の有力者らによる捐資に全面的に委ねられた点である。

岸本美緒氏は、清代中期の経済政策の基調について、「清朝政府の方針は、各地方における食糧需給の自律的調整ではなく、むしろその逆、即ち、全国規模での効率的流通を促進することによって、問題の解決を図ろうとするものであった」との卓見を提示している。[43] 本稿の検討でも明らかになった通り、乾隆期における清朝中央政府の救荒策の基調は、民間の商業流通を根幹として、その流通の円滑化の促進を側面から支援する、ないし阻害要因を主体的に排除する食糧流通政策であったと理解されるのである。

結びにかえて

乾隆十六年六月、浙江巡撫永貴は浙東地方の旱害をうけて、「暫弛海禁」を乾隆帝に請い、江蘇省および台湾の倉穀から浙江温州・台州両府への海運による米穀の搬運が認可された。「米禁」と呼ばれる米穀の海運禁措置が一時的、特例的に緩和されたのである[44]。この「先例」に倣い、乾隆二十年・二十一年の江南被災時に江蘇巡撫荘有恭は、同じく「暫弛海禁」を皇帝に請い、海運による江蘇省への台湾米販入の許可を求めたのである。この要請に対して、乾隆帝は通例とは著しく異なる長文の批を付して、荘有恭の要請を却下した[45]。いま、乾隆帝の批を示せば、以下の通りである[46]。

> 此の事、許多の便ならざる処有り。江省は浙省の界閩省に連なる如くは非ずして、且つ浙省の通ずる所の者は、福建の内地に過ぎず。今、汝は則ち思いの台湾に及べば、海面の風信は常に靡く、遠きは近きを救わず。海禁の一たび開くを論ずる無く、諸弊叢生せん。且つ即今旨を降して部に諭し、部文の福建に到り、督の下行して台湾に至れば、則ち亦た将に秋月に及ばん。此れ必ず地方に此の言有り。而して汝は以て救災愛民の挙を為すに、朕未だ行なわざる者有らず。故に此の奏を為すのみも、事の当に理に據るべきを知らざれば、虚名を慕い而して多損少益の事と為らん。初年には或いは名を好むの心有らんも、今は則ち事の久しきを経、而して理真を見て此れを為さざれり。

却下の理由について、乾隆帝は台湾米の江蘇搬入に長時間を要する為に、江蘇の救済には現実味が薄いことを指摘するとともに、「諸弊叢生」を危惧するものの、全体的には、いかにも歯切れの悪い却下の回答となっている印象は否めない。

しかしながら、乾隆十六年の先例は、台湾米による浙江省被災の救済という先例として、その後も長く踏襲され、のち乾隆二十四年十一月の閩浙総督楊廷璋による要請[47]、同四十三年十一月の閩浙総督楊景素の要請（但し、乾隆二十四年の例に倣うものとして[48]）、さらに同五十年九月の浙江巡撫福松の要請（但し、乾隆四十三年の例に照らすものとして[49]）、いずれも乾隆帝からの裁可をうける事となった[50]。

乾隆五十年の浙西被災をうけての浙江巡撫福松の要請は、乾隆四十三年の例に照らした台湾倉穀の「招商販運」であったが、この要請にたいして乾隆帝は、「是れも亦た籌辦の一たり。閩浙の境壌毗連すればなり」と述べて[51]、浙江・福建両省の隣接が強調されている。

各省間・各地域間における穀物の相互融通を以て救荒を計る「通融調剤[52]」ではあったが、すべてに優先してそれが為された訳ではない事を荘有恭の一件は示している。海禁・米禁政策の原則は、浙江・台湾間では特例的に緩和されても、それが江蘇・台湾間にまで拡大適用される事はなかったのであった。

註

（1）清代の奏摺による穀物価格等の報告制度については、岸本美緒「清代物価史研究の現状」、同著『清代中国の物価と経済変動』研文出版、一九九七年、所収（原載は、『中国近代史研究』五集、一九八七年）が、当を得た解説を加えている。

（2）乾隆期の米価上昇に関しては、全漢昇氏の先駆的論文「美洲白銀与十八世紀中国物価革命的関係」『中央研究院歴史語言研究所集刊』二十八、一九五七年（のち、同著『中国経済史論叢』第二冊、新亜研究所、一九七二年、所収）がある他、当該時期の食糧問題および食糧政策に関して、同「乾隆十三年的米貴問題」『慶祝李済先生七十歳論文集』台北、一九六五年（のち、前掲『中国経済史論叢』第二冊、所収）、岸本美緒「清朝中期経済政策の基調――一七四〇年代の食糧問題を中心に――」、前掲註（1）の岸本著書、所収（原載は、『近きにありて』十一号、一九八七年）、および、拙稿「清代中期の経済政策に関する一試論――乾隆十三年（一七四八）の米貴問題を中心に――」『九州大学東洋史論集』十七号、一九八九年、などがある。

（3）清代の救荒策（荒政）を論じた近年の研究に、星斌夫『中国の社会福祉の歴史』山川出版社、一九八八年、陳樺・劉宗志『救災与済貧――中国封建時代的社会救助活動（一七五〇―一九一一）』中国人民大学出版社、二〇〇五年、張崇旺『明清時期江淮地区的自然災害与社会経済』福建人民出版社、二〇〇六年、張艶麗『清代嘉道以来荒政研究』人民出版社、二〇〇八年、等がある。

（4）『西嶋定生博士還暦記念　東アジア史における国家と農民』山川出版社、一九八四年、所収。

（5）『水窗春囈』上巻の筆者は、歐陽兆熊。

（6）『中国地方志集成』郷鎮志専輯二十二、所収。

（7）同前、郷鎮志専輯二十三、所収。なお、光緒『桐郷県志』巻二十、祥異にも、これとほぼ同様の記事がある。

（8）同前、郷鎮志専輯二十二、所収。

（9）鄭光祖は乾隆四十一年（一七七六）に江蘇省蘇州府常熟県に生まれた。没年は未詳。『一斑録雑述』には、道光二十五年（一八四五）の自序がある。

（10）『乾隆朝上諭檔』第二冊、乾隆二十年十二月五日の上諭。なお、この上諭に関しては、前掲註（1）の岸本著書、第八章「清朝中期経済政策の基調」二九八頁において既に言及されている。

（11）前掲註（1）の岸本著書、第八章「清朝中期経済政策の基調」二九二頁、参照。

（12）山本進『清代の市場構造と経済政策』名古屋大学出版会、二〇〇二年、第二章「清代前期の平糶政策」五〇頁（原題「清代前期の平糶政策――採買・倉儲政策の推移」として『史林』七十一巻五号、一九八八年、所収）および、第三章「清代中期四川における棉業と経済政策」七一頁（原題「清代中期の経済政策――白蓮教反乱前後の四川」として『史学雑誌』九十八編七号、一九八九年、所収）、参照。なお、筆者の遏羅に関する解釈については、前掲註（2）の拙稿「清代中期の経済政策に関する一試論」二三八頁、参照。
(13)『宮中檔乾隆朝奏摺』第十三輯、乾隆二十年十一月二十三日の尹継善上奏。
(14) 前掲註（1）岸本著書、第八章、「清朝中期経済政策の基調」三一八頁、参照。
(15) 前掲註（10）の乾隆二十年十二月五日の上諭。
(16)『乾隆朝上諭檔』第二冊、乾隆二十年十二月十七日の上諭。
(17) 黒田明伸『中華帝国の構造と世界経済』名古屋大学出版会、一九九四年、七七頁、および前掲註（2）の拙稿「清代中期の経済政策に関する一試論」二三六～二三九頁、拙稿「清代における『境』と流通――食糧問題の一齣――」『九州大学東洋史論集』二十、一九九二年、等参照。
(18)『乾隆朝上諭檔』第二冊、乾隆二十年九月二十八日の上諭。
(19) 同前、乾隆二十一年一月二日の上諭。
(20) 同前、乾隆二十一年一月二日の上諭。
(21) 同前、乾隆二十一年二月十五日の上諭。
(22)『宮中檔乾隆朝奏摺』第十三輯、乾隆二十一年三月十七日の喀爾吉善上奏。
(23) 同前、第十四輯、乾隆二十一年三月十九日の荘有恭上奏。
(24) 稲田清一「清代江南における救荒と市鎮――宝山県・嘉定県の『廠』をめぐって――」『甲南大学紀要』文学編八十六、一九九二年は、清代道光年間の江南における救荒に活躍した地方士人層について、詳細な考察を行なっている。
(25)『宮中檔乾隆朝奏摺』第十四輯、乾隆二十一年五月十六日の武進陞上奏。
(26) 同前、第十四輯、乾隆二十一年六月六日の喀爾吉善上奏。
(27) 同前、第十四輯、乾隆二十一年六月二十八日の楊廷璋上奏。
(28)『宮中檔乾隆朝奏摺』第十四輯、乾隆二十一年四月二十八日の江南提督総兵官陳鳴夏の上奏、同前、乾隆二十一年七月三日

の江蘇布政使許松佶の上奏、同前、乾隆二十一年七月四日の江蘇按察使託恩多の上奏、等。

(29) 包世臣『安呉四種』「斉民四術」巻二、農二、庚申雜著二、所収。

嘉慶十九年の江南被災に対して嘉慶帝は、

各省地方豊歉不斉、全頼商販流通。各就産米盈余之区、源源接済、則民食尚不致匱乏。(『清実録』嘉慶十九年八月丙子の上諭。)

と述べ、本文中にも触れた乾隆帝および尹継善と同様の認識を示している。その認識を前提として、さらに、

地方偶遇歉収、全頼商販流通、俾小民得資口食。若囤積遏糴、甚至乘機攘奪、殊干例禁。著該撫即飭各該地方官査明、出示暁諭、積穀殷戸毋許居奇、厳禁匪徒阻遏米販。如有搶奪情事、立拏重懲。(『清実録』嘉慶十九年九月甲辰の上諭。)

として、被災時の商業流通による救済、またその流通を阻害する要因となる囤積(買占め)や遏糴の取り締まりを地方官に命じるなど、乾隆期と同様の施策が実行された。

(30) 同治『南潯鎮志』巻二十、災祥二、には、「乾隆五十一年春、大疫饑。石米四千六百銭。夏蟲傷禾。」とあり、その後に「楊鳳苞負釜謡」なる一文が載るが、それには、「夫負釜、妻抱児、飢駆出門、何之。道逢人食人。」とある。

(31) 台湾の林満紅氏は、この汪輝祖の観察に着目して、乾隆年間をA期・B期に二分し、A期(元年～四十年)を経済困難期、B期(四十年～六十年)を経済活況期とする見方を提起した。林「世界経済与近代中国農業――清人汪輝祖一段乾隆糧価記述之解析」中央研究院近代史研究所編『近代中国農村経済史研討会論文集』、一九八九年、所収。林論文は、岸本美緒氏の見解(前掲註(1)の岸本著書)に対する批判の意義を有していたため、後に両者の間で論争が見られた。岸本美緒「評林満紅〈世界経済与近代中国農業――清人汪輝祖一段乾隆糧価記述之解析〉一文」『中央研究院近代史研究所集刊』第二十八期、一九九八年。林満紅「与岸本教授論清乾隆年間的経済」同前、一九九八年。

(32) 『乾隆朝上諭檔』第十三冊、乾隆五十一年正月二十五日の上諭に、

何裕城奏、江西省市粮価値近日稍昂、由江楚商民販運過多所致、等語。

とある。同上諭は、『清実録』乾隆五十一年正月庚午の条にも収載される。

(33) 同前、乾隆五十一年正月二十五日の上諭。
(34) 前掲註(2)の拙稿「清代中期の経済政策に関する一試論」、および高王凌『十八世紀中国的経済発展和政府政策』中国社会科学出版社、一九九五年、参照。
(35) 前掲註(32)の乾隆五十一年正月二十五日の上諭。
(36)『乾隆朝上諭檔』第十二冊、乾隆五十年八月八日の上諭。
(37) 同前、乾隆五十年八月八日の上諭。
(38) 同前、乾隆五十年八月二十一日の上諭。
(39) 同前、乾隆五十年八月二十二日の上諭。
(40) 同前、乾隆五十年九月十二日の上諭。
(41) 前掲註(2)の拙稿「清代中期の経済政策に関する一試論」二三六〜二三九頁、参照。
(42) 前掲註(32)の乾隆五十一年正月二十五日の上諭。
(43) 前掲註(1)の岸本著書、第八章、「清朝中期経済政策の基調」二九八頁、参照。
(44)『乾隆朝上諭檔』第二冊、乾隆十六年六月二十七日の上諭。および、『宮中檔乾隆朝奏摺』第一輯、乾隆十六年七月十三日の永貴上奏。
(45)『宮中檔乾隆朝奏摺』第十四輯、乾隆二十一年三月二十八日の荘有恭上奏、および、同上奏に対する乾隆帝の批。永貴上奏、ならびに荘有恭上奏に関しては、前掲註(12)の山本著書、第六章、「清代福建の商品生産と台湾米流通」(原題「海禁と米禁——清代閩浙沿海の米穀流通」として『社会経済史学』五十五巻五号、一九九〇年、所収)において、既に言及されている。
(46) 同前、乾隆帝による批。『清実録』乾隆二十一年三月是の月の条にも全文遺漏なく収載される。
(47)『清実録』乾隆二十四年十一月是月の条の上諭に引かれた閩浙総督楊廷璋上奏。
(48)『宮中檔乾隆朝奏摺』第四十五輯、乾隆四十三年十一月三十日の福建巡撫黄検、閩浙総督楊景素、浙江巡撫王亶望連名による上奏。

（49）『乾隆朝上諭檔』第十二冊、乾隆五十年九月九日の上諭に引かれた浙江巡撫福松上奏。

（50）先述の嘉慶十九年の江南大旱を承け、翌二十年二月に福建巡撫王紹蘭は福建倉穀十万石を海運で浙西地方に販運することを申請した。これに対して嘉慶帝は、「福建係属隣省、海運較便」とし、浙江・福建の隣属を理由として、これを認可した（『清実録』嘉慶二十年二月丙戌の上諭）。

（51）前掲註（49）の乾隆五十年九月九日の上諭。

（52）前掲註（48）の三名連名の上奏中における表現。

清代における日本人の江南見聞
――薩摩船の漂流記録『清国漂流図』を中心として――

劉　序楓

はじめに

江戸時代の日本は「鎖国」政策の実施により、人民の私自の海外渡航を禁止し、中国船とオランダ船が長崎港に来航して貿易することのみを許した。外国との往来は、幕府の許可を得た対馬藩と朝鮮国、および薩摩藩と琉球国に限定された。このような諸国との往来により、日本は必要な商品を得るとともに、外国の科学技術・文化を吸収し、海外の各種情報に接することができたが、これらはいずれも外国人あるいは外国の書物を経た二次的な情報であった。「鎖国」体制下において、唯一、海外の状況を直接見聞きし、異国文化に直接触れる機会を持ち得たものは、海外に漂流した「漂流民」のみであった。当時の制度下において、これらの漂流民はすべて帰国後、厳格な訊問を受け、違法行為を犯していないかどうかが確認された。このことによって、政府による大量の調査記録が残されることとなったが、これとは別に、漂流民が帰郷後に口述し、当地の知識人が整理した漂流記も残されている。その記録内容は、遭難の経過のほか、漂流先の政治・社会・風俗習慣・地理・文物等にわたり、これらの史料は、研究者にとって重要な一次史料であるとともに、当地人によって記載された史料の不足を補ってくれるものでもある。目下のところ確認できる江戸時代海外に漂流した漂流民の記録は百余件にのぼるが、その大部分は中国大陸および台湾に漂着したもの、或いは、その他の地方に漂着したものの中国を経由して送還されたものである。つまり、海外から帰国した日本の漂流民の大多数は、中国の地を踏み、中国の事物を見聞したものであるということができる。

日本人の海外漂流に関しては既に多くの成果が積み重ねられている。[1]中には、日本人の中国滞在中の経歴・見聞について論及したものもあり[2]、或いはある特定の事件に関して詳細に分析したものもある。[3]本稿では、嘉慶十五（日本文化七、一八一〇）年、江蘇省海門庁の沿岸に漂着した薩摩漂流民が帰国後に描いた漂流記録『清国漂流図』[4]と、関連する中国史料を併せ用い、日本人の清代江南の見聞および異国観について検討したい。この漂流事件に関しては、現存する史料が多くないことから、未だ詳細な研究はない。[5]加えて、『清国漂流図』は日記の形式をとって図を配置したものであり、漂着地と通過地に関する詳細な文字および図像による記録であり、一般の漂流記が文字による記述のみであるのに比しても、当時の江南風俗・文化を研究する上で遙かに重要な史料であるといえる。

一、清代の中国に漂着した日本人の記録

江戸時代に日本人が海外に漂流した記録の中で、中国に漂着したものの数が最も多い。これは、地理的な位置が近いという以外に、日本が「鎖国」政策を採り、中国・オランダ両国の商船のみに長崎に来航して貿易することを許可したことにより、日本人が朝鮮・琉球以外の地区に漂流した場合には、この両国の貿易船によって日本に帰国するしかなかった。そのため、中国あるいは台湾に漂着したものでなくとも、漂流民を救出した各地の貿易船は、その漂流

民を往々にして一旦中国に送り、そこから中国の長崎貿易船によって日本に送還することとなった。一七五〇年代以前には日本漂流民送還の港が固定されていなかったので、すべての漂流民は、漂着地点に最も近い貿易港、すなわち広州・福州・寧波・普陀山等の港から対日貿易船によって送還されたが、一七五〇年代以降、日本人漂流民の送還港は浙江省嘉興府平湖県の乍浦港に固定された。それは主に、清朝政府が制銭鋳造の原料となる日本銅を確保するため、その安全と管理、交通の便を考慮し、乍浦港を対日貿易船の出入港に指定した処置に伴うものであった(6)。

一般に、中国以外の地域、例えば東南アジアのルソン・安南など中国の貿易船が往来している地域に漂着した場合、多くは当地に来航している貿易船が一旦、中国に送り届ける。或いは十九世紀以後、太平洋上においてアメリカ・イギリス・スペイン等の国々に救助された場合、まずマカオ・香港あるいは広州・アモイ・上海等の地に送り、更に浙江の乍浦に転送して、長崎貿易に向かう船に乗せて日本に送還する(7)。

清朝はこれらの外国漂流民（政府間の往来のない日本を含む）に対して、基本的に均しく「一視同仁」し、心を尽くして世話をした。特に乾隆二（一七三七）年、琉球船が漂着した際には、乾隆帝自らが諭旨を下し、遭難した外国漂流民に対して地方政府の存公銀を支出し、衣服と食糧を給付し、船を修理し、救済を与えて本国に送還するよう命じている。その他、船が航行に堪えない場合には、その船と貨物を現地で換金し、それを漂流民に与えて帰国させることも多く行われた。地方によって異なるが、季節の衣服・綿入れ・むしろ・くつ・帽子など見舞の品も随時与えられ、漂流民が発病した場合には医者に治療させ、死亡した場合には棺桶を官給して埋葬し、まさに外国の漂流民に対して至れり尽くせりの世話を施している(8)。それとは対照的に、日本は漂着した外国漂流民に対して厳しく管理を加え、一般の日本人との接触を禁じた。そのため、一七八〇（乾隆四十五）年、日本の安房（現在の千葉県）に漂着した清朝の元順号船員七十八名は、長崎に護送される途中、待遇に不満を訴え、日本側の役人に書面で抗議している。それを以下に引用する。

数年前爾日本人亦漂至於我、我待爾不似汝薄也。昼則遨遊玩景、夜則街市看灯、求衣乎綾羅是衣、思食乎奇珍是食、悶有歌舞置酒、帰有出宿飲餞、唯爾所欲。（下略）(9)

ここでは心中の不平不満が言い尽くされており、日本人の清朝漂流民に対する態度は、清朝官民の日本人漂流民に対するそれと、実に天と地ほどの差があったのである。(10)

同様に、「鎖国」体制下の日本において、これら外国船によって送還されてきた漂流民たちは海外に密出国した犯人とも見られる存在であり、長崎到着後、まず「踏み絵」をさせたのち、牢獄に収監して、海外に漂流した経緯についての取り調べが開始された。特に、禁を犯して海外に出たかどうか、海外に滞在中、幕府の法令に違反して貿易活動を行っていなかったかどうか、およびキリスト教との接触がなかったかどうかについては厳しく取り調べが行われた。長崎奉行所における数ヶ月から一年に及ぶ詳細な取り調べの後、訊問供述の「口書」が作成され、関連の判決記録が幕府の「犯科帳」内に記録された。(11)また、取り調べが終わり、各々原籍に送還された後、漂流民たちは、所属する藩の領地を離れることとともに、他人に対して漂流した経緯を話すこと、漂流した記録を流布したり出版することを禁止された。(12)ただし実際には、同志社大学図書館編の『日本人漂流記文献目録』によれば、江戸末期以前海外に漂流した日本人の記録が千百余種（幕府による供述記録および民間による伝抄・出版を含む）も日本各所の主要な図書館に収蔵されている。(13)民間に収蔵されている関連の抄本に至ってはまさにその数は計り知れない。これらの漂流記録は、執筆者・編纂者によって三種の系統に区分することができる。第一は長崎奉行所あるいは地方藩庁など政府の調査記録であり、第二は知識人・学者が漂流民と面談した後、記録整理した見聞録・体験録であり、第三は漂流民自身による記録である。(14)

表1　清代、中国を経由して送還された日本漂流民の漂着地点（1644-1854）

漂着地	中国	満州	江蘇	浙江	福建	台湾	広東	安南	ルソン	その他	不明	総計
件数	39 (40)	2	7	9	4	7	10 (11)	3	12	5	1	60

典拠：拙稿「清代環中国海域的海難事件研究―以清日両国間対外国難民的救助及遣返制度為中心 1644-1861」210頁-215頁により作成。

現在までに確認されている海外に漂流した（件数）記録の中で、中国大陸および台湾に漂着したもの、あるいは中国を経由して送還されたものが六十件以上ある（表1参照）。一六四四年―一八五四年の間の六十例について言えば、日本船が漂着した地点はルソン（およびその附近の諸島）が最多で十二件あり、次に広東（十件、台湾に一旦漂着した後、更に流されて広東に漂着した一件を含めれば十一件）、それから浙江（九件）、江蘇（七件）、台湾（七件）、福建（四件）、安南（三件）、吉林（二件）の順となり、その他、太平洋上において欧米船に救助されたものが五件、不明が一件ある。これら海外に漂流した事例中、生存して帰国した人数は、現在までに判明しているもので六百三十五名（その中の一件は人数不詳）である。[15]言い換えれば、江戸時代の「鎖国」期間において、少なくとも六百人を超える日本人が中国の地を踏み、中国の風土人情に接しているとも言える。一部分の漂流記はやや簡略であり、内容的にも重複や他本の繰り返しがあるとはいえ、多くの記録は豊富な内容を持ち、近世日本人の異国見聞や対外観および海外情報を研究する上で、非常に貴重な資料である。

二、嘉慶年間における薩摩船の中国漂流記録――『清国漂流図』

本節では現存する大量な漂流記録の中から、特に、嘉慶十五（一八一〇）年、江蘇省海門庁（現在の海門市）の沿岸に漂着した薩摩の漂流民が帰国後に描いた『清国漂流図』の記録を中心とし、この漂流事件の経緯と漂流記録製作の過程について検討し、並びにその背後にある関連問題について論じてみたい。

1. 漂流の経過と清朝政府の処理方式

清嘉慶十五（日本文化七、一八一〇）年七月、薩摩船「長久丸」の船頭森山貞次郎が琉球那覇港から出帆して鹿児島へ帰る途中に大風浪に遭い、帆柱と舵を損壊して漂流した。全船二十九名（琉球人一名を含む）のうち二名が死亡、船は長江河口附近に座礁して破損し、船員二十七名が二艘の中国漁船に救助され、海門庁に送られたが、その中の琉球人一名は日本人乗組員らの下船時に船艙で病臥していたために、そのまま船とともに崇明県まで連れていかれた。海門庁・崇明県の官員は漂流の経過を取り調べ、彼らを保護した後、事件の経緯を江蘇巡撫を介して朝廷に報告し、最終的に日本人漂流民らを揚州・蘇州・杭州を経て乍浦に送り、同年十二月、日本貿易船に乗せて長崎に送還した。琉球人漂流民一名については、日本人とは別に、陸路で福州に送り、琉球の進貢船に乗せて送還した。

この漂流事件に関しては、清朝政府に奏摺が残されており、漂流の経緯と救助・送還の経過について簡単な記述がある。江蘇巡撫章煦は、嘉慶十五年十一月二十一日の奏摺において、海門庁同知陳観国の報告に基づき、救助の経過と処理の方式について以下のように上奏している(16)。

本年九月初六日、拠大安港知保秦任稟報、有難夷二十七名在海辺港口、並有随身行李・米包・鉄錨等物、護送至城査験、米包已浸湿朽壊、確非内地之米。当即査訊、語言不通、給与紙筆、内有一人畧能書写、拠写、我等係日本国薩州鹿児島人、貞次郎・右次郎・仲次郎・儀大郎・与四郎・仙之亟（丞）・樽帽子・体兵衛・乙松・利八・新吉・仁助・善助・栄助・慶佐・権太・孝治・平治・孫佐衛門・喜佐衛門・次右衛門・庄右衛門・治右衛門・市右衛門・三右衛門・平治兵衛、共行二十六人、於七月初一日解米一千三百包、毎包三斗、往蔵将軍処交卸。七月二十七日在洋遇風、飄泊三十余日、八月三十日船已擱裂、正在危急、見有漁舟、招呼救起、搬取行李・鉄錨・米六十四包、其余尽行沈失。

日本人の供述とは別に、琉球人一名も供述している。

我名大城之親雲上、係琉球国那覇府人。十四年十月二十五日在海遇風、到日本国薩州、舟破、同行六人下水沈死、我被日本国小船救去、在薩州八個月、今年七月初一日同貞次郎等起身、在洋遇風、被漁舟救起。並無携帯貨物、沿海居民亦無搶掠情事、惟求附船回国。

奏上している内容は、日本人漂流民が帰国後に残した『清国漂流図』と基本的に一致しており、さらには二十六名の姓名も記載されている。唯一異なっているのは、該船の出港日・地点と目的地である。この奏摺の供述によれば、この日本船は年貢米を運ぶために七月一日薩摩から将軍のもとに向けて出発している。しかし『清国漂流図』には七月二十二日に那覇を出帆したとあり、明らかに中国の官員に対して行った供述は事実と食い違っている。

同年十二月、琉球人漂流民は福州に送られた後に当地の通事を介して海防同知の訊問を受け、福建巡撫汪志伊はそれを次のように奏上している。

福州府海防同知徐景揚伝令通事訳訊得、大城即大城之親雲上、原共七名、係琉球国那覇府人。奉該処地方官差解棉布一百疋、駕船往該国伊平屋島地方交納、於十四年十月二十五日開船出口、遭風飄流。十一月十四日飄到日本国、船隻破沈、水手照那嶺等六名同執照沈斃、只有大城一名遇救収留。十五年七月二十二日附搭日本国貞次郎船内送回琉球国、七月二十七日又在洋遭風、八月三十日飄至江蘇省地方、船隻擱沈。経漁船搭救、九月初三日載進内江、貞次郎等二十六人上岸、該難番大城病睡艙底、被漁船帯至崇明県(17)。

琉球人の供述は江蘇の時とまた異なり、船の出航日が『清国漂流図』と同じ七月二十二日に改められている。出港地および目的地も薩摩を出航して琉球に向かっていたといっており、目的地が日本本土ではない点が、日本人の供述と異なっている。日本人と琉球人の供述で一致しているのは、琉球の那覇を出発した事実を隠そうとしていることである。その主な理由は薩摩が琉球を統治している事実を清朝に察知されることを防止し、それによって琉球と中国の朝貢関係に影響がでることを避けるためである。『清国漂流図』の八月十日の日記に、船が南に向けて漂流していたとき、船頭が、沖永良部島[18]のもの五名と琉球人一名を集め、「各よくきけ、異国漂流の砌ハ様子を改る先例なり」と訓示し、「直に六人の髪髭を剃り大和衣服を着せて日本人の形となしぬ。」とあるが、これは薩摩船が漂流した事例にしばしば見られることであった[19]。

これらの漂流民に対する処置は、前述のように、乾隆二年以後、次第に救助制度を整えていっており、江蘇巡撫は管轄下の官員に対して「従優撫恤、応変物件、寛為估価、給与該難夷等収領、並沿途護送」すると同時に「製弁棉衣、賞給銀両・食物、妥為安頓」せよと命じ、日本の漂流民は浙江省乍浦に送られ商船に乗せて送還させ、琉球の漂流民一名については「琉球難夷一名大城之親雲上、送至閩省、附搭便船帰国。並即飛咨閩浙督撫、飭知地方官一体照料」せしめた[20]。

実際、『清国漂流図』の記録によれば、通過した各地の官員が提供する食物・衣服・金銭以外に附近の居民・商家や金持ちがしばしば各種の物品や金銭を提供していた。船および貨物について言えば、海門の当地で売却され、十月二十一日蘇州滞在中に船頭の貞次郎に估価銀百六十二両が与えられている。

漂着した外国遭難民に対して清朝政府は彼らの安全を極力保護して母国に送還した。漂着船を略奪したり、漂流民を殺害したりした犯人に対しては、清朝政府は厳しい態度で臨み、罪の重いものは斬刑に処し、軽いものは辺境に流した[21]。洋上で日本漂流民を救助した漁船の船主汪源財は、日本人から贈られた米二十余包を受け取ったため、漂流民の財物を強奪したとの嫌疑をかけられ、崇明県の逮捕審問を受けたのち海門庁に送られ、漂流民らが、救命の恩に対する感謝のしるしとして贈ったものであるとの証言をして初めて釈放されている(22)。

『清国漂流図』の日記および中国側の記録によって、日本文化七（一八一〇）年七月、長久丸の漂流民が琉球から出航して江蘇省海門庁に漂着し、浙江省乍浦港に護送されて商船に乗せられ長崎に送還されるまでの路線と日時は以下のとおりである。

那覇出発（七月二十二日）―朝鮮属島（八月十三日）―長江口附近の海面（八月三十日、漁船に救助）―海門庁管内（九月四日）―（九月五日上陸。大安港に至り円海寺に宿す。救助した漁船および琉球人、崇明県に至る）―名州村（九月六日）―萍州城(23)（海門庁治。九月六日―十月三日、瓊瑤廟に落ち着く）―通州（陸路。十月三日紫英廟に宿す）―如皐（水路。十月四日民家の倉庫に宿す）―泰州（十月五日）―曾藤邑（十月七日）―賀芝（十月八日）―揚州（十月九日）―金山寺―鎮江（十月十日）―丹陽（十月十一日）―常州（十月十二日）―無錫（十月十三日）―蘇州（十月十四日―二十二日、瑞光寺に落ち着く）―呉江（十月二十二日）―平望―賀荇―西水駅（嘉興）―石門（十月二十四日）―望湿村―杭州（十月二十五日―十一月三日、寺廟に収容）―石門（十一月四日）―嘉興―平湖（十一月五日）―乍浦（十一月六日）―船に乗り送還さる（十一月二十七日、十二月五日二船に分乗）―天草崎津（十二月十四日―二十二日）―長崎（十二月二十三日）

これによれば、日本人漂流民一行が九月五日に上陸し、十二月五日に船に乗せられて送還されるまで江蘇・浙江両省に約三ヶ月間滞在し、中でも萍州（海門庁）に一ヶ月近く、蘇州に八日、杭州に七日、乍浦に一ヶ月逗留している。通州以下はすべて水路を利用し、河船で乍浦に送られており、その途上通過した地はすべて江南の繁華な地帯であり、漂流民等は江南の風光に深い印象を留めている。

日本の漂流民は乍浦から中国の日本貿易船金恒順（午九番船、船主朱鑑池）・金源宝（未一番船、船主徐荷舟）に乗り送還された後、[24]長崎の役人によって留置のうえ取り調べを受け、翌一八一一年三月になってやっと鹿児島の故郷に返された。[25]船頭の森山貞次郎および船員の善助は文字にほぼ通じており、途上、筆談を行い、目にした周囲の風物を書き留め、『清国漂流日記』を作成した。帰国後、薩摩藩はこれを基にして、学者の考証を加え、図を描いて『清国漂流図』とした。以下、この図の成立過程を紹介する。

2.『清国漂流図』の絵図作成とその内容

『清国漂流図』は、漂流民一行が帰国した四年後、すなわち日本の文化十一（嘉慶十九、一八一四）年の十月に完成した。薩摩藩の「太史」橋口善伯（祥甫）が漢文で序文を書き、長久丸の船頭森山貞次郎が漂流中に記した日記をもとに、船員の陳述を加え、薩摩藩の学者西清美・左近允純嘏・肥後盛邑らが考証と図を加えた[26]三巻の彩色紙本の巻物であり（各巻の幅四〇センチ、上巻の長さ二四一〇・五センチ、中巻の長さ二二二四・三センチ、下巻の長さ二三六九・八センチ）、その船が遭遇した風浪と漂流の様および中国漂着後に目にした江南地方の風物が詳細に描かれている。七月二十二日の那覇出発から十二月二十三日の長崎入港まで、時の経過に沿って図と文を交え、彩色図四十六段と日記形式の「詞書」三十段を有し、上巻は七月二十二日から九月二十七日、中巻は九月二十八日から十月二十五日まで、下巻は十月二十五日から十二月二十三日までの記述を収めている。[27]図の色彩は明るく美しく、描画は精密で細やかであり、歴史文化および芸術史研究面においてもこれ以上ないほどの参考価値があり、十九世紀初めの江南風俗文物を研究する上で貴重な史料であり、中国図像史料の不足を補うことができる。また、日本に現存する厖大な漂流記中においても絵巻形式のものはかなり稀であり、[28]その面においても重要な史料である。

この図の製作経過に関しては、上巻の漢文による序文中に、

蓋貞次郎及善助少通文字、是以艱険之中、力編記其状、名曰「清国漂流日記」。雖其記以国字、其辞属鄙近、頗有詮次、乃左近允純嘏・西清美・肥後盛邑取記、以推象問疑、以得信。而為之図四十三目、分為三巻、純嘏又写其記於図中、図在左則記在右、図在右則記在左、与図交互、与記照応。一披巻、則自那覇揚帆之状、而沈迷千波万水之中、以至清国接遇之委、具極造意、指之席上。

とあり、船頭森山貞次郎が漂流時に記した日本語の日記を基礎としたが、原文の文辞が鄙俗であったことから、薩摩藩の学者三名が考訂と潤飾を加え、図を配して完成したことがわかる。この図の描画は非常に詳細であることから、薩摩藩の中国事物に対する関心の高さと知識の豊富さを看て取ることができる。これは、琉球の朝貢人員と漂着船、或いは密貿易船を通じ、薩摩藩が中国の各種情報を長期にわたって蒐集してきたことと関係があるが、それ以外にも、奄美大島や琉球など離島と往来する薩摩船には薩摩藩の役人が多く乗り込んでおり、そのため外国の事物に対する観察や記録が一般の漁民に比べて詳細であったという理由がある。(29)

次節においては『清国漂流図』に著された、日本人が目にした江南各地の情況について見ていくこととする。

三、日本人漂流民の目に映った江南

アヘン戦争以前の清代中国における外国人の見聞・印象に関する記録の多くは主に中国を訪れた外国の使節によるものか、あるいは宣教師によるものであった。(30) 近年、厖大な量に及ぶ朝鮮使節の記録『燕行録全集』が出版されたことにより、朝鮮使節の見聞に関する研究は盛んになってきているが、(31) これらの朝鮮使節の見聞は均しく京師北京を中

心として使節の往復に通過した華北・東北（満州）の風俗・景観に止まっており、南方に関する記載は書籍から得たものか中国の文人との交流を通して知り得た情報によるものに過ぎず、誤解あるいは実状に合わない虚構や憧憬を含まざるを得ない。当時、江南の土地・情景を実際に目にすることができた外国人の多くは漂流民であった。目下の所、遺された漂流記録のほとんどは官による記録であり、漂流者の多くが文字に通じていない漁民であったことから、遭難して帰国した後に著された個人的な記録は多くはない。(32)范金民氏がかつて紹介した、朝鮮人が江南に漂着して送還された二つの事例(33)のうち、嘉慶二十三（一八一八）年、浙江の定海に漂着した崔斗燦『乗槎録』の内容は、主に、文人との詩文の酬答と運河沿途の見聞であり、参考に値する所が多い。

本稿と関連のある日本人の見聞に関しては、前節で述べたように、十八世紀中期以後、日本人漂流民はすべて乍浦に送られ、貿易船に乗せて送還された。このことにより、漂流民の乍浦に関する描写が相対的に多い。乍浦港に関する記録について筆者はかつて検討したことがあるが、近年また新たな研究の進展が見られた。(34)本節では主に『清国漂流図』の記録を中心とし、いくつかの特殊な記載を特に取り上げて検討することとする。

この巻物を著した薩摩漂流民は初めて異国の土地を踏み、外国の事物に対して非常な興味と好奇心を示している。文字による日記のほか、絵巻は通過した各地の風景・人物等の景観について詳細に描画されており、宛も別種の版本による『清明上河図』のようである。老若男女の庶民から高位の官人・貴人、さらには各種の小商人・農民・漁民・僧侶・巫女・妓女・罪人・軍隊・旅人等、数百人以上の人物が描かれ、服飾から表情・動作に至るまでその描写は非常に細密である。沿途の景観・商店・建物・役所・寺廟・名勝および交通用具（車・船）も同様に精密な図として描かれており、幕府の命を受けて製作された『清俗紀聞』(35)に比べてもより活き活きと描かれ、二者は相補い、清代中期の社会風俗史を研究する上で、十分に参照に値する史料である。

まず、通過した各地方についてはすべてその特色を描いている。例えば九月六日海門庁治に赴いた際の記載には「（沿途の）道ハ広き棉畠にして川多く、処処に茶坊を構ふ」とある。海門庁は長江と海が接する地点に位置し、土壌には砂が多く、棉花・麻を多く産する。[36] 庁治萍州城に入った際の第一印象は「肉店酒坊其外の店屋美を尽して広大なる事、目をおとろかしぬ」とあり、広大美麗な商店街に驚嘆している。十月三日、海門庁を出発して通州に向かった途上は一望果てしない棉花畑であった。十月七日揚州城に入った際の印象として「此所川幅二丁許ありて、商船楼船群をなし他に増りて、一入繁華の地なり。扨城郭ハ川涯に連り高さ三丈許と見ゆ」と、運河往来の要路揚州は、川幅広く、商船および楼船が他所よりも多く、繁華な交通の要衝であると記している。十月十日、揚州から鎮江へ向かう途上、遙かに揚子江河畔の金山寺を望み、それを次のように描写している。

高さ凡五丁許なり。朱塗の楼閣立連り、岳にひとつの塔あり。又巖壁上に赤松或ハ楠の木なと生茂せり。渚に山門ありて、額ハ金地に紺字と見ゆれと、十間余隔たりし故に文字さたかならす。是を尋るに所謂揚子江の金山寺なり。寔に絶勝にして画けるか如く。

揚子江上から遠望する山上の金山寺は、実に画のごとき絶勝であった。『清国漂流図』中には金山寺の図も描かれているが、明代の画家文徴明の「金山図」[37] にいささか似通っている。十月十四日、一行は蘇州に到着した。有名な寒山寺を通過した際には、ここでもまた「寔に絶勝の地なり」と形容している。蘇州の広大繁華なる様は「広大にして繁華なる事目を驚かすはかりなり」と日本漂流民を驚嘆させて已まなかった。蘇州において一行は城西南辺盤門内の瑞光寺に逗留した。寺内には仏像と柳が多く、有名な十三重塔、すなわち瑞光寺塔もあった。[38] 漂流民の見たところによれば、瑞光寺附近はすべて織屋であり、糸繰りは女性の仕事であり、織布は男性の仕事であった。[39]

十一月五日、嘉興県に達した。ここも「大河四方に連り、大船数十艘往来せり」という交通の要地であった。城内に入って見物すると、「水晶」と書いた看板を多く目にした。大部分は玻璃器（ガラス器）の商店であった。十一月六日、最終目的地である乍浦に到着した。乍浦に関する描写は以下のとおりである。

大なる城内に到りて船を着ぬ。頓而老人来り船にのり、長崎口説を以て速に来れといふ。皆一同に悦ひ荷物を納めて、到るに人来りいふ様皆我邦の言語なり。又二丁許か程材木を余多積たる所に到り、始て大海見へ、湊口には往来の商船数万艘繋りぬ。

乍浦も繁華な都市であり、港には往来する商船が数万艘も停泊していると言う。記載にはある程度の誇張があるとはいえ、乍浦港の繁栄の様子を知ることができる。当地には多くの日本語に通じた人々がおり、多くの日本商品を売る店があった。日記には、

楼上より市中を望見るに、我邦の昆布海鼠或ハ木綿の染地絞り類皆店に飾り置ぬ。

とある。その他の日本人漂流民と同様に、日本語を解する商人と通訳がいることと、滞在期間が比較的長きに及んだことにより、漂流記中には乍浦に関する描写が比較的多いが、ここでは一々重ねて取り上げない(40)。

引き続いて、『清国漂流図』中の江南における生活と風俗文化に関連する記載を紹介する。

1．物価史料

まず、当時の物価に関する記載を取り上げてみよう。長久丸一行二十六人中、文字に通じ、中国人と意思疎通が可能なものは、わずかに船頭森山貞次郎と船員善助の二人のみであった。二人は常に外出した時を利用して当地の物価を尋ね記録している。例えば、九月二十二日海門庁において両替屋に行った際には、

両替屋に到り見るに正銀を切りて渡す壱両ハ日本の目方になして四匁なり、是を三百五拾銭にうる、銭ハ九九な

表２　蘇州地区薬材・砂糖等商品価格表

商品名	単位	価格　銭文		備考
		貫	文	1貫＝1000文
実人参〔本人参〕	1　匁	36		1匁＝3.75g
肉　桂	1　匁	50		
竜　脳	1　斤	3-15		
蟲　條	1　斤	4		
蘇　木	3　斤		100	
氷砂糖	1　斤		60	
白砂糖	1　斤		40	
散砂糖	4-5斤		100	
丁　子	1　斤	高3		
		低2	500	
甘　草	2　斤		100	
桂　皮	同　上		同上	
粉　朱	1　斤	高1	400-500	
		低	400-500	
椀　砂	1　斤		100	
			400-500	
鼈　甲		8-15		
玳　瑁			?	「蛮国産物故価格不定」
砂　糖			?	「由福建台湾而来故価貴」
朱	1　斤		400	海門庁

り、常に金の売買なし、又大判の如くなる銀を貝からの様に製たるあり、三拾貫文に通用す、又銀牌とてこれも二拾貫はかりの価なり、日本の板かねの如し。

と記している。正銀を切開した砕銀の一両はおよそ日本の四匁にあたり、銭三百五十文と兌換することができた。日本大判のような銀を貝殻状につくったものは三十貫文（一貫＝千文）に通用した。これは恐らく三十両の馬蹄銀を指すのであろう。

九月二十三日の条には、

海門ハ多く棉を作りて産物となせし地なり、上木綿二丈五尺にして価三百五拾銭より四百銭にいたる、又朱一斤を四百銭に代ふ、縮緬一端ハ三貫四百銭位、緞子一尺ハ二百銭余なり、上白米一升拾弐文より拾八文にいたる〔米ハ日本米には遙に劣といへとも琉球米よりハ又よし〕。扨唐土の升は日本の五合升なり、粟ハ一向に見る事なし、豆類やや多し一升八銭なり。

とあり、海門は棉の産地とて棉布の価格を調べているが、その他にも縮緬・緞子・白米・豆類の価格を記している。中国米の質に関しては「米ハ日本米には遙に劣といへとも琉球米よりハ又よし」との評価を下している。

十月二十日、蘇州において、一人の三十過ぎの人物が来訪し、『敬信録』一冊を贈った。謝意を述べた際、この者が薬店の主人であることを知るや、紙を取り出し、薬材の価格を訊ねている。その後、また呉服屋を訪れ、端物・棉布の価格を問い、各種の織物が均しく日本に比べて七割安いことを知った。蘇州における衣料に関する種類・価格の記載は相当詳細であり、研究者にとっては大いに参考になる（表2・表3参照）。

この外、十月十日鎮江に到着した際には、

此所陶家多き故に陸卸して見物し、一軒の店屋に到りて価をきくに錦手の奈良茶茶碗十を二百五十銭と手様す、それより段段価をきくに下直なる事我邦に十倍せり、都而南京の染付なり。

と記し、この地に陶（磁）器店が多く、陶（磁）器が安価で日本の十分の一に過ぎないとしている。

十一月一日杭州に逗留中、骨董店を参観して、店内には、趙子昂・董其昌など名人の手による多数の書画や、その他数え切れないほどの珍しい物が並べられていたと記録し、骨董品の価格も記されている。(41)

これら以外の細々としたものの物価については、例えば海門庁で食した鶏肉入りの素麺が八文、嘉興で購入した眼鏡一揃いが三十二文、当時の洋銀と銀両の比価が一元＝七匁二分、揚州運河畔の楼船の妓女の値が洋銀一両（元）、その他、各地の浴場における入浴料などの価格が記されている。

表 3　蘇州衣料価格表

商品名	単位	価格	銭文	備考
		貫	文	1 貫＝1000文
木綿布鞋子			450	
木綿布襪			360	
紬鞋子			840	
紬襪			850	
木綿布夷褲			1000	
紅緯帽子			1100	
木綿布袄〔女着〕			1200	
木綿布帽			56	
木綿外套〔女着〕			1800	
緞子小帽			210	
縐綢裙〔女着〕			6000	
木綿布短衫			420	
紅綢紗裙〔女着〕		10	500	
木綿布褲子			360	
木綿布裙〔女着〕			560	
木綿布長衫			650	
西紗長衫			4000	
見紬長衫			1800	
夏布帳子			1800	
見紬夷褂			2400	
夏布短衫			480	
木綿布馬卦			1200	
木綿布馬甲			700	
縐綢馬卦			4800	
木綿布外套			2200	
緞子馬卦			4600	
木綿布小皮馬卦			5600	
小泥馬卦			8000	
縐綢小皮馬卦		10		
羽毛馬卦			2400	
綢紗小皮褂		24		
鵝登紬馬卦			1800	
木綿布	1 尺		24	
綿紬	1 尺		100	
紬価	1 尺		30	曾藤邑（揚州附近）
上木綿	2 丈 5 尺		350-400	海門庁
縐綢	1 匹	3	400	海門庁
緞子	1 尺		200余	海門庁

2．庶民の生活に関する記載

浴　場

九月十四日の日記には、漂流民一行が海門庁（萍州）の浴場に行った記載がある。

此浴堂の湯船ハ都而青石なり、湯三段に分ち棟の側に窓を開き硝子をもて張り、室中我邦へある蒸風呂のことし〔俗に唐風呂といふ〕、湯事畢と女来りて浴衣〔我邦の浴衣にあらす大風呂敷様なる物なり〕を着せ椅子につかしめ茶をいたし菓子を持来て人ことに与ふ、価ハ官人よりの払なり、後にきくに一人ことに価三十文なり、これより毎日ゆかんと請けれと許さす、三日ことに好好といふ。

類似の記述は李斗の『揚州画舫録』巻一、草河上にも見られる。

以白石為池、方丈余、間為大小数格。其大者近鑊水熱、為大池、次者為中池、小而水不甚熱者為娃娃池。貯衣之匱、環而列於庁事者為座箱、在両旁者為站箱。内通小室、謂之暖房。茶香酒碧之余、侍者折枝按摩、備極豪侈。(42)

これらによれば、江南地方の高級浴場のサービスと設備はかなり良く、入浴料は一人銅銭三十文であったことがわかる。日本人漂流民一行は、毎日入浴することを役人に願ったが、許されず、三日に一度とされた。

一方、十一月十日の日記には乍浦の浴場に関する描写がある。通事は各人に銅銭三文を渡して浴場に行かせている。乍浦の浴場内には、理髪師・修指甲（ネイル・ケア）・按摩師・肩もみ師や胡琴弾きがいた。『清国漂流図』中に浴場の図は見られないが、これら日本船員らが通州城西門一帯を通過した際の図には、「混堂」の文字を見ることができる。「混堂」とは浴場のことであり、(43) 揚州附近には浴場が相当多くあった。

巫　女

九月二十六日、漂流民一行は海門庁瓊瑤廟内に投宿し、一群の男女が廟にやってきて線香を上げ、巫女らしきものが病人のために祈禱をして治療している様を見た。

廟内へ男女五六人来りて線香を燃し一人の老女異様の装束を着て毛氈上に婦人の衣をもて寐たる形をつくり、又紙をもて船を作りて側に置き、若き女と二人立て念仏様なる事を唱ふ、余りのおかしさに笑ひけるにしかること甚し、何事やらんと尋るに不通、按するに我邦の梓巫様なるものの病人を祈りて台おくりなといふ事と見ゆ。

この記述は確かに『清国漂流図』の薩摩漂流民の推断の通りであるが、これは江南地方に盛行していた巫医によって病気を治療する習俗であった。この種の情況は下層民衆に見られるのみならず、文人らに関しても当てはまるものであった。文献中に関連する記述は多い(44)が、この絵巻の図はわれわれに写実的な記録を残してくれている。

妓　女

日本人漂流民一行が乍浦に護送される途上、通過する地はすべて繁華な土地、あるいは交通の要衝であり、日記中には妓女に関する記載が日常的に現れる。例えば十月九日一行は揚州を通過したが、そこには商船・楼船が雲集し、他所に比べてさらに繁華であった。通り過ぎた河辺に楼船が停泊しており、貞次郎と善助は船に上り見物した。

善助貞次郎共に楼船に至る、頓而婦人酒を持来りて饗応する、故に是を尋るに皆妓女なり、書曰問妓価多少、その老人手様もて洋銀壱両〔日本の銀七匁弐分なり〕となり、伱有乎と問ふ、無と頭をふりけるに彼の妓多く集りて言語の不通により色々と嘲弄する様なり。

明清時代、江南地方には河が多く流れていたことから、遊船・画舫が妓女を乗せて水上を行き交い、客に遊興を提供しており、それらはまさしく「妓船」であった。李斗の『揚州画舫録』に多くの類似する記述が見られる[45]。十月二十三日には平望鎮を過ぎて、「賀苻之村」という村に停泊し、休憩した茶坊内に化粧して着飾った美しい妓女を見かけている。

十一月二日杭州に停泊した際には、役人に付き添われて外出し、柳の生えた岸辺に六七艘の楼船が停泊している場所に行き、楼船で遊んだ。船中の装飾は華麗で、別に数間の座席があり、ここで酒肴を注文し、妓女を招いて月琴・胡弓・笙・三絃を演奏させ、興を尽くして大いに歌い、夜になってやっと帰っている[46]。

以上の記述は、『清国漂流図』絵巻中に多くの美しい図とともに掲載されており、日本人漂流民が過ごした歓楽の時から強い印象を受けたことを表している。

この絵巻のなかには、上述した諸項以外にも、江南地方における飲食や富豪の家庭における招待・観劇・廟会・雑技の演技などについて図が描かれている。日本人にとってはすべて新奇な異国文化体験であり、興味深い問題であるが、紙幅の限りにより本稿ではこれ以上触れることができない。別稿を待たれたい。

3. 地方文士との交流

ここで取り上げる地方文士とは、決して名士文人ではなく、多くは地方の無名の人である。外国人が漂着したと聞きつけ、見舞いにやってきて詩文を贈るなどしている。一般の住民等は毎日、日本人の投宿している場所を取り囲んでは見物し、或いは土産の点心などを差し入れたりしているが、時によっては地方の官員や衙役らが秩序を保たなければならない場合もあった。

九月十九日海門庁に逗留していた際に、三十余歳の来訪者があり、一紙の詩文を贈っている。それは次のようなものである。

狂風陡起趂風翻、回首故園欲断魂、莫把家郷常掛念、寛心忍耐待皇恩。
与君本欲話留連、可惜言詞風俗牽、漫説流離為瑣尾、天涯遍歴是神仙。
此与貴処是隣邦、今日相逢天假縁、却愧微区無麗物、聊将拙句贈君前。

内容は漂流民を慰める意を詩に託したものであるが、言葉が通じないことから、このものの姓名はわからなかった。

九月二十九日にも玉山という名の儒者が来訪し、以下のような一紙の詩文を贈っている。

〔初晤日本国貞次郎七律〕
国近扶桑出日辺、屛藩華夏已千年、海天阻絶幾無路、聖世遭逢自有縁。
言語難通憑筆墨、衣裳最古帯雲煙、莫愁流落遅帰島、帝徳宏慈必予旋。

船頭の貞次郎が行李の中から日本で刊行した『論語集注』の一書を取りだして示すと、この儒者は更に下のような一首の詩を詠んだ。

〔結句恭集御製詩〕
聖賢論語教中原、化被東邦尚書存、七道三畿人共学、五常四徳衆宜敦。
不徒荘誦通文芸、全在躬行率子孫、翼戴天朝安土俗、万年莫負大清恩。

十月十五日、蘇州の瑞光寺に一人の学校教師が来訪し、二張の墨跡を贈った。その後、漂流民等がその家を見学すると、書籍が山のように積まれており、その際さらに、『初白庵詩評』三冊と『左伝』一部を贈られた。この学校教師は日本人の礼服と脇差しに興味を覚え、それらを借り受けたいこと、並びに日本人に日本式の礼服に着替えてほしいと請うた。

その他、中国に滞在する間の見物や宴会饗応は枚挙にいとまがない。その際、往々にして書画や掛け軸を贈られているが、これは、当時の文人らが外国の人に対して自己の文化的な風尚を披瀝する気持ちを多く持っていたことを表している。類似の事例は、中国に漂着した朝鮮人に対しても見られることであった(47)。

4．日本と琉球の関係に対する清側の理解

前述したように、日本は琉球を統治している事実を清朝に対して隠蔽しており、船が外国に漂着した際、その船上に琉球人がいた場合はみな、日本人に見えるようにその髪を剃り衣服を換えさせた。この漂流の際にも、一名の琉球人が乗り込んでいたが、彼は救出時に船艙で眠っており、日本人二十六名とともに下船せず、海門庁から近い崇明県まで送られた。崇明県の官員から訊問を受けた後、彼は供述を翻し、自分は「大城之親雲上」という琉球人であると認め、福建の琉球館に送ってそこから帰国させてほしいと希望した。そのため海門庁の地方官は特に日本人を官庁に召し出し、何故「大城」という琉球名を「大助」という日本名に変えさせたのか訊問した。日本人貞次郎は已むを得ず、「それは、船中が混乱して書き誤っただけだ」と返答した。このことにより、清朝側は大城之親雲上を日本人等とは別に保護して福建に送り、そこから帰国させた(48)。

清末以前、一般人が琉球と日本の関係をどのように理解していたかについて、史料上で知ることは容易ではないが、『清国漂流図』には当時の江南民衆の観点が記載されている。十月七日船が揚州に赴く途中、曾藤邑という地に停泊し、岸に上がって見物した際、一人の商店主と以下のような内容の筆談をしている。

亭主：請問伱們毎歳到琉球国為客商？

荅曰：聞琉球国有南海中、不知何処？

（亭主）又曰：聞日本人常在琉球如何？
答曰：不知。
（亭主）又曰：汝是吐虚言、不好。
答曰：伱勿誑人。

日本人側は、琉球国と往来がある事実を決して認めず、琉球の所在を知らないことを装っているが、この商店主は、日本人がいい加減なことをいっていることを明確に認識しており、民間人さえ琉球と日本の関係を既に知っていることを明らかに示している。(49)

十月十八日蘇州に逗留していた際、役人についてある金持ちの家を参観しているが、その家の主人は筆をとって貞次郎と筆談した。

亭主写曰：琉球人常在福建、毎歳来此地、可多要弁糸・綿、伱知否？
答曰：我不知琉球人。
亭主又曰：伱是幾度過此地？
答曰：日本人過此地有乎？
亭主又曰：日本人無過。
答曰：何故過。
亭主又曰：伱是本来琉球人、何故廋包琉球乎？
答曰：我無廋無包、実不知琉球。
亭主又曰：列国睦而為産物通商者、伱好大清亦好、請再来此地、宜得宝。

江南地方は大運河が通っており、南北往来の要衝に位置し、外国の使節や本国に送還される漂流民らはよくこの地を通っていった。そのためこの地の居民は外国人と接する機会が多くあり、外国の情報も一定程度把握していた。十月二十五日、日本人漂流民一行が杭州市街を通過したとき、街道両脇の民衆は口々に「中山国！中山国！」と叫んだ。「中山国」とは、すなわち琉球国のことであり、日本人一行を琉球人と見間違えたと思われる。この事実と前掲二件の筆談記録から、杭州・蘇州・揚州の人々は常日頃、毎年福州と北京の間を往来する琉球使節と接触しており、琉球と日本の関係についてもほぼ耳にしていたことがわかる。

おわりに

本稿では、日本に現存する漂流記録を用い、十九世紀初頭の日本人が目にした江南の景観、および清朝政府が日本の漂流民について心を込めて救助・送還した過程を紹介した。使用した史料は主に日本人漂流民が帰国後作成した図像史料である。これには文字による記録が付随しており、当時の情景を更に強く読者に印象づける。一般人からすると、海難はすべて悲しく恐ろしい負の側面ばかりであるように思えるが、清代中期の中国に漂着した多数の外国人漂流民について言えば、それは最終的には、忘れがたい「楽しい漂流の旅」であった。『清国漂流図』の序言には次のようにある。

自始登岸起行、至留止於此。官吏時設燕饗、数効物儀、懃懇不置、慰藉甚厚。如里人亦来訪、寂寞贈以盛意、冥契一如旧故、奇合互非新識、殆至拍肩交膝也。既而及送還之期、則開宴以供餞送、且与衣服及行旅之具、特見其鄭重也。如里人亦贐儀有其等。官嘗命選二大船以充送還之用。乃以十一月二十六日、十二月四日両分二十六人、

使各十三人、以小舟至泊船所、遣人護帰。至是官吏里人与倶無任。天涯分手、恨涕涙沾襟、情寔千歳一遇哉。中国において受けた官民の心のこもった救助と接待、そして船を派遣しての送還は、日本人漂流民に相当の感動を与えたようである。

時間の関係から、本絵巻に記載された多くの地名・事物について地方志・文集など中国史料と対照し、漂流民一行が通過した各地方の関連風俗・事物を確認することができなかった。加えて、本絵巻には簡単で瑣末な記録が多く、一々説明することができなかった。ただ、図の内容から観察すれば、その写実性と正確性はかなり高く、文字記載の不足を補うには十分であり、また、中国の事物に関する薩摩藩の了解水準の高さを知ることができる。惜しむらくは、現段階において、絵巻製作者の平生の事蹟および製作の背景について明らかにすることはできず、他日を期したい。また筆者は、芸術史の研究に関して門外漢であり、本絵巻の図像史料に関して将来、芸術史研究者とともに共同研究を行い、当時の江南風俗・文化について異なる観点から研究したいと考えている。

註

（1）　拙稿「漂流、漂流記、海難」桃木至朗等編『海域アジア史研究入門』（岩波書店、二〇〇八年）二一七頁―二二四頁参照。

（2）　主なものとしては、實藤惠秀「漂流記にあらわれたる日本と中国」『早稲田法学会誌』二、一九五一年、一頁―四一頁、佐藤三郎「江戸時代に於ける日本人の海外漂流――中国漂着の場合を中心として」『山形大学紀要　人文科学』三（四）、一九五七年、一五一頁―一七三頁、のち同著『近代日中交渉史の研究』（吉川弘文館、一九八四年）三八八頁―四二四頁所収、相田洋「近世漂流民と中国」『福岡教育大学紀要』三一号、一九八一年、一頁―二〇頁等がある。

（3）　例えば、徳永和喜『薩摩藩対外交渉史の研究』（九州大学出版会、二〇〇五年）二八四頁―三二三頁は、安永二（一七七三）年に中国の舟山に漂着した薩摩船および文化十二（一八一五）年に広東に漂着した薩摩船の漂流記録について詳細な考証と比較を行っている。倉地克直『漂流記録と漂流体験』（思文閣出版、二〇〇五年）九三頁―一一九頁は、天保元（一八三〇）年に呂宋巴丹島（ルソン・バダン島）に漂着し、中国を経由して送還された備前の神力丸の漂流記録について詳細な研究を行っている。

（4）此の図は三巻あり、現在、早稲田大学中央図書館に所蔵されている。関連する情報をご教示いただき、資料を提供してくださった早稲田大学文学部柳澤明教授に感謝申し上げる。

（5）目下の所、柳澤明「『清国漂流図』と清朝の檔案史料――大城親雲上に関する記載をめぐって――」『年次研究報告書』（日本大学文理学部情報科学研究所）第六号、二〇〇六年、一七五頁―一七七頁において、その概略が紹介されているのみである。

（6）拙稿「清代的乍浦港与中日貿易」『中国海洋発展史論文集』第五輯（台北・中央研究院中山人文社会科学研究所、一九九三年）一八七頁―二四四頁参照。

（7）拙稿「清代環中国海域的海難事件研究――以清日両国間対外国難民的救助及遣返制度為中心 一六四四―一八六一」朱徳蘭主編『中国海洋発展史論文集』第八輯（台北・中央研究院中山人文社会科学研究所、二〇〇二年）、一八八頁―一八九頁参照。

（8）同前、一七九頁―一九〇頁、赤嶺守「清代の琉球漂流民に対する賞賚品について」『日本東洋文化論集』第六号（二〇〇〇年三月）一八一頁―一九二頁参照。

（9）当時、漂流民等を護送した儒官児玉南柯著の『漂客紀事』（文化元年跋）二一頁b―二二頁a参照。本文はまた、大庭脩編『安永九年安房千倉浦漂着南京船元順号資料』（関西大学出版部、一九九一年）一五頁にも収録されている。

（10）日本漂流民の清朝に対する感想は、日本側の史料（漂流民が帰国後、役人に対して行った供述および漂流記等）に詳細に記載されており、清朝官民の心のこもった接待と救済のさまがわかる。前掲佐藤三郎「江戸時代に於ける日本人の海外漂流――中国漂着の場合を中心として」三八八頁―四二四頁参照。

（11）森永種夫編『犯科帳』（犯科帳刊行会、全十一巻、一九五六―六一年）参照。

（12）川合彦充『日本人漂流記』（社会思想社、一九六七年）二三四頁―二四五頁参照。

(13) 服部純一編『日本人漂流記文献目録』(同志社大学図書館、一九八四年)参照。但し、その中には、往々にして、同一の漂流事件が多数の異なる抄本に記録されている場合もある。
(14) 加藤貴校訂『漂流奇談集成』(国書刊行会、一九九〇年)四三四頁―四三六頁、拙稿「漂流、漂流記、海難」二二三頁参照。
(15) 拙稿「清代環中国海域的海難事件研究――以清日両国間対外国難民的救助及遣返制度為中心 一六四四―一八六一」二一〇頁―二一四頁、附表一の統計による。
(16) 『清代中琉関係檔案選編』(北京・中華書局、一九九三年)四二一頁―四二二頁。海門庁同知陳観国は、周家祿纂、光緒二十六(一九〇〇)年刊の『海門庁図志』(中国地方志集成 江蘇府県志輯五三、南京・鳳凰出版社、二〇〇八年)巻三、官師表、六頁bによれば、嘉慶十五年八月に就任している。
(17) 嘉慶十六年二月初二日、閩浙総督汪志伊奏、『清代中琉関係檔案選編』四三〇頁―四三一頁所収。同文はまた『清代外交史料 嘉慶朝』(北平・故宮博物院、一九三二年)第三冊三五頁abにも収録されている。
(18) 奄美大島の南西部に位置する島、一六〇九年薩摩藩の侵攻により薩摩の直轄領となった。
(19) 関連する研究は渡辺美季「清に対する琉日関係の隠蔽と漂着問題」『史学雑誌』一一四―一一(二〇〇五年)一頁―三五頁、赤嶺守『琉球王国:東アジアのコーナーストーン』(講談社、二〇〇四年)一三三頁、徳永和喜『薩摩藩対外交渉史の研究』三〇六頁―三一〇頁等参照。
(20) 前掲『清代中琉関係檔案選編』四二二頁。
(21) 例えば、嘉慶十五(一八一〇)年、台湾の彰化に漂着した大坂天徳丸の漂流民を略奪した犯人の場合、その主犯は斬刑に処され、従犯のものは辺境に流刑になっている。『清代外交史料 嘉慶朝』三、三〇頁―三一頁参照。
(22) 『清国漂流図』上巻、九月十四日、二十五日の条。
(23) これは海門庁治を指すと思われる。日本人一行はここに一ヶ月近く滞在している。但し前掲の『海門庁図志』に「萍州」に関する記載は見られない。
(24) 嘉慶十五年十二月二十六日、閩浙総督方維甸奏摺。『清代外交史料 嘉慶朝』三、三四頁b―三五頁a所収。乍浦において、

台湾の彰化に漂着した大坂天徳丸の漂流民三次良ら十四人と会い、二船に分乗して送還された。小原克紹『続長崎実録大成』（長崎文献社、一九七四年）、二一三頁、文化七年の条に簡単な記載がある。

(25) このときの漂流に関する記録は、前掲森永種夫編『犯科帳』第六巻、第八六―二九の条（二九二頁―二九三頁）の簡単な記録を除き、日本において未だ発見されていない。具体的な原因は不詳であり、今後の史料発掘を期待したい。

(26) 序文作者および編集者・絵師・船頭らの履歴は不詳である。後考を待つ。

(27) 各巻の実際の尺寸は早稲田大学図書館のホームページに記載されている。画像の間隔から判断すると、上中下三巻への分装は、単純に絵巻の長さに応じて行われていると思われる。

(28) 文字による記述に絵を挿入した形式の漂流記録は少なくないが、文字記述を主とし、それを図で補っているものが大部分である。たとえば、文政二（一八一九）年七月に朝鮮半島中部の庇仁県に薩摩船が漂着し、船に乗っていた武士安田義方が朝鮮の官員と漢文による筆談で交流して、翌年三月帰国した後に編集した『朝鮮漂流日記』という書物の場合、朝鮮官員との往来、詩文の贈答、および朝鮮の風俗について詳細に記録しており、多くの彩色図を附載しているものの、つまるところ挿図の域を出るものではない。原書は神戸大学図書館住田文庫に所蔵されている。池内敏『薩摩藩士朝鮮漂流日記』（講談社、二〇〇九年）参照。また、台湾中央図書館台湾分館所蔵、台湾総督府図書館原蔵の寛政六（一七九四）年『安南国江漂流風俗写生図』もまた絵巻物の形式によって製作されている。

(29) **表1**に掲げた六十件の事例中、薩摩藩所属の船は十五件に上る。薩摩船は常日頃から奄美大島および琉球などの離島と往来していたことから、漂流事件の件数も比較的多数にのぼった。但し現在の所、類似の絵巻形式の漂流記の流伝は未だ確認していない。

(30) 例えば、一七九三年マカートニーの使節団による乾隆帝との謁見を記録した『乾隆英使覲見記』（上海・中華書局、一九一六年）、坂野正高訳注『中国訪問使節日記』（平凡社東洋文庫、一九七五年初版）、劉潞編訳『帝国掠影：英国使団画家筆下的中国』（北京・中国人民大学出版社、二〇〇六年）、および矢沢利彦編訳『イエズス会士中国書簡集』一―六（平凡社東洋文庫）等。

(31) 林中基編『燕行録全集』（ソウル・東国大学校出版社、二〇〇一年）全百冊、林中基・夫馬進編『燕行録全集日本所蔵編』（ソウル・東国大学校韓国文学研究所、二〇〇一年）全三冊、成均館大学校大東文化研究院・東亜学術院編『燕行録選集補遺』（ソウル・成均館大学校出版部、二〇〇八年）全三冊。関連する研究は裴英姫「『燕行録』的研究史回顧（一九三三―二〇〇八）」『台大歴史学報』四三期、二〇〇九年、二一九頁―二五五頁参照。

(32) 比較的有名なものとして、朝鮮の崔溥が一四八八年に浙江に漂着し送還された記録である『漂海録』（『燕行録全集』二所収）、一七九六年澎湖島に漂着した李邦翼の記録（朴趾源著『燕巖集』巻六所収）がある。日本人が遺した記録は比較的多く、それらは、山下恒夫編『江戸漂流記総集』全六冊（日本評論社、一九九二―九三年）に見ることができるが、その中には多くの官による調査記録も含まれている。琉球のものとしては、例えば一八八二年浙江に漂着し福州から帰国した我那覇孫著『漂流日記』（竹原孫恭『城間船漂流中国顚末』一九八二年）等がある。

(33) 范金民「朝鮮人眼中的中国運河風情――以崔溥『漂海録』為中心」『歴史地理』第二〇輯、二〇〇四年十月、范金民・羅曉翔「朝鮮人眼中的清中期中国風情――以崔斗燦『乗槎録』為中心」『史学集刊』二〇〇九年三期参照。

(34) 前掲拙稿「清代的乍浦港与中日貿易」、華立「日本漂流民眼中的清代乍浦港」『江南与中外交流』（上海・復旦大学出版社、二〇〇九年）二三九頁―二五五頁参照。

(35) 長崎奉行中川忠英編著、寛政十一（一七九九）年出版、全十三巻。現代刊本として中川忠英著、孫伯醇・村松一弥編『清俗紀聞』（平凡社東洋文庫、一九六六年初版）がある。

(36) 『海門庁図志』巻十、物志、一頁参照。

(37) 明嘉靖元（一五二二）年作、台北故宮博物院蔵。

(38) 瑞光寺は三国時代孫権によって建立された蘇州最古の仏寺である。馮桂芬等纂、同治『蘇州府志』巻三十九、寺観一、八頁―九頁参照。

(39) 『清国漂流図』中巻、十月十五日の条。

(40) 前掲拙稿「清代的乍浦港与中日貿易」、華立「日本漂流民眼中的清代乍浦港」参照。

(41)『清国漂流図』下巻、十一月一日の条。

(42) 李斗『揚州画舫録』(北京・中華書局、一九六〇年) 二六頁。

(43) 明郎瑛『七修類稿』巻十六に「呉俗、甃大石為池、穹幕以磚、後為巨釜、令与池通、轆轤引水、穴壁而儲焉。人専執爨、池水相呑、遂成沸堂、名曰混堂。」とある(郎瑛『七修類稿』北京・中華書局、一九五九年、二三九頁)。

(44) 王健「明清江南民間信仰活動的展開与日常生活――以蘇松為例」『社会科学』二〇一〇年第二期参照。

(45) 李斗『揚州画舫録』二六一頁に「妓舟」に関する記載がある。

(46)『清国漂流図』下巻、十月二日の条。

(47) 前掲范金民・羅曉翔「朝鮮人眼中的清中期中国風情――以崔斗燦『乗槎録』為中心」五七頁―六〇頁参照。

(48)『清国漂流図』上巻、九月十六日の条。前掲した柳澤明「『清国漂流図』と清朝の檔案史料――大城親雲上に関する記載をめぐって――」では、この琉球人に関する記録について詳細に論じている。

(49) 赤嶺守『琉球王国：東アジアのコーナーストーン』一三四頁―一三五頁によれば、中国側は日本と琉球の関係について早くから知っていたが、深く追及しなかったとのことである。この『清国漂流図』の記載によれば、江南地方の民間人さえ、日本と琉球の関係を知っていたことになる。

清代台湾倉儲の一考察

高　銘鈴

はじめに

康熙二三（一六八四）年清朝政府は台湾を領有した後、福建・広東籍の移民増加や水田面積の増大につれて、台湾の余剰米穀は元来米不足の地域であった福建に移出されるようになり、台湾は次第に中国大陸の東南沿岸部の重要な穀倉になっていった。台湾は福建省の管轄下に置かれ、大陸移民や商人が台湾に資本や技術を導入し、移民開発に欠かせない日常手工製品を販運し、逆に台湾産の米や砂糖などの農産物を大陸に販売するといった台湾海峡を挟んだ両岸間の地域分業の経済構造が形成されていた。(1) こうした経済構造の中で、民生問題として最も重要視される食糧政策において、中国歴代王朝を継承した清朝政府は国家社会の秩序を維持するため、倉儲（米穀の備蓄）、採買（米穀の買上）、平糶（米穀の売出）などの政策を通じて米価や米穀の流通をコントロールしようとしていた。清朝政府は各地方の常平倉の定額を定め、毎年その定額に従って採買と平糶を行っていた。こうした食糧政策は新開地としての台湾においてどのように展開されていったのだろう。

清代台湾米穀の流通と倉儲、採買、平糶などの食糧政策との関連に関する研究ではすでに初歩的な成果が挙げられている。[2] 即ち、一八世紀雍正期より清朝政府は台湾の租税徴収による正供（地租）及び倉儲の余剰米穀を恒常的に福建に運搬し、沿岸の官倉に蓄え、米価の高いときに売り出したり（所謂平糶米）、福建軍隊の兵米と台湾駐屯軍の内地家族の手当である眷米に支出したりするといった「台運」制度を開始した。これより、台湾は福建に米穀を供給しただけでなく、大陸の流通体系を通して福建倉儲から浙江などの別省へも米穀を供給する穀倉地になっていた。また、福建当局は大陸で台湾米穀を平糶した際、得た銀・銭などの利益を台湾に送って採買することが多くなっていた。つまり、こうした台湾米穀の流通構造の中で台湾正供を中心とした台湾倉儲が充実するかどうかが重要な意味をもつのである。従来の研究によってこうした台湾米穀の流通のアウトラインは既に明らかになったが、[3] 台湾で行われた倉儲政策への実証的な考察は少なく、未解明なところがいまだ多い。とくに、新開地であった台湾での倉儲政策の形成・変遷、及びその実態如何についてである。清朝は常平倉・社倉・義倉等を通じ、農業生産を確保し、社会秩序を維持しようとしていた。そのうち、常平倉は、官穀またはそれに準ずる捐穀などを倉穀として、売出・買上による米価調節を主な使命として運営され、全国各州県の城市に設立される官営施設であった。清朝政府は各地方の常平倉の定額を定め、毎年その定額に従って採買と平糶を行っていた。一般的に「存七糶三」、即ち三割の銀・銭と七割の米穀の割合で遂行され、[4] 各地方の米価を安定させ、地方経済を活発させていた。これまでの多くの研究は江南や四川などを中心とする中国大陸各地域の米穀備蓄問題を考察したもので、[5] 台湾での倉儲政策の遂行とその実態についてはほとんど触れるところがない。清代台湾はどのような倉儲政策を展開していったのであろうか。また、中国大陸とはどのような相違点をもっていたのであろうか。これらの問題解明は清代中国経済史ないし台湾経済史において重要な意味をもつと思われる。それゆえ、本稿は以上の問題意識に基づき、清代台湾の倉儲の発展・変遷とその倉廒の建設に着目し、その実態を解明しようとするものである。

一　台湾倉儲制度の形成とその発展・変遷

清代台湾の倉儲は概ね政府所有・管理の官倉と民間運営の民倉に分けられる。官倉は文倉と武倉に分けられ、文倉（常平倉・裕備倉ともいう）は正供米穀、平糶米、捐穀（官民による捐納から得た米穀）、監穀（捐監生となる者から得た米穀）等を蓄え、武倉は軍糧米（所謂兵米）を蓄え、両者とも政府所有なので、混同して運営されることが多い。官の監督下の民間人運営の民倉は概ね社倉（番社社倉を含む）・義倉等に分けられ、両者とも官民による捐納で成り立ち、捐納者（出資者）から社長や総理等の管理者を立て運営し、春・夏に番民（先住民と大陸移民）に米穀や種を貸し、秋・冬に利息をつけて返済してもらうという仕組みの施設である。(6) 本節では官倉と民倉に分け、台湾倉儲の形成とその発展・変遷を考察していく。

（一）官　倉

台湾官倉の米穀の多くは概ね正供（地租）から成り立つ。清代に本格的な開発が始まったばかりの台湾では、銀が少なく、米穀生産が多いという事情から、福建の折色（銀・銭）徴収とは異なり、租税の正供として本色（米穀）の徴収が行われていた。最初、台湾正供の年額は約穀一四万石で、その中から毎年台湾・澎湖の兵米として駐屯兵へ支給される穀七万二千石を除く全ての正供穀が蓄えられ、その数量は康熙四三（一七〇四）年に既に穀七〇万余石に達していた。それをみた清朝政府は台湾・澎湖の兵米三年分にあたる穀二一〇万石を蓄え、その残りを売り出し、得た銀・銭を台湾・澎湖の駐屯兵の兵餉（給料）に充てた。(7) 康熙五二（一七一三）年に至って、台湾・鳳山・諸羅三県の倉粟

（穀）及び監粟（穀）[8]は六六万余石に達し、再び台湾・澎湖の兵米三年分にあたる穀二〇万石を蓄え、その残りを売り出し、台湾・澎湖の兵餉に充てた[9]。つまり、康熙期においては台湾の正供による倉儲米穀が主に駐屯兵の兵米に支出され、多く溜まったら、清朝政府はその余剰分を折色して駐屯兵の兵餉に充て、かわりに福建から台湾へ送る兵餉をそれなりに減らしていたと思われる[10]。

しかし、雍正期になると、雍正帝は全国各地の倉儲を整理・整頓し、積極的に平糶・採買を行うようになっていた。当時、台湾の余剰米穀は穀三〇万余石に達したことに着目し、雍正二（一七二四）年に福建から海を渡って治安維持を担当する台湾・澎湖駐屯兵に対し、家族手当として台湾正供米穀から毎月米一斗を与えることにした。この米は、台湾海峡を往来する商船によって台湾から廈門などの官倉に運ばれ、福建の彼らの家族に支給されていた。この眷米運搬の開始を皮切りに、清朝政府は台湾正供の余剰米穀に着目するようになり、以後台湾から福建への米穀運送は次第に拡大していった。雍正三（一七二五）年から福建南部の漳州・泉州の米不足を解消するため、平糶米として年額米五万石が運搬され、雍正六年以後福建兵米も台湾から提供されるようになった。こうした官による台湾米穀の福建への運送は台運と呼ばれていた。続いて雍正八（一七三〇）年に福建の倉儲政策（旧穀の淘汰）によって台運は精米運搬から穀（未精米）運搬へ変更された。このことから清朝政府が台湾から米穀を運搬し、福建倉儲を充実させるという政策の変更だと思われる。ところが、一米二穀の割合で一気に倍増した台運年額穀一八万二千余石と台湾兵米穀八万九千七百余石を合わせた年額は台湾正供年額穀一六万九千余石を大きく上回る。これにより、この不足分は台湾四県（台湾・鳳山・諸羅・彰化）での採買によって補われることになった。これらの施策により、台湾倉儲は次第に福建倉儲の一環に組み込まれるようになり[11]、雍正後期から毎年台湾正供米穀の四七％ぐらいは福建に供給され、余剰はなくなったのである。

〈表１〉清代台湾常平倉定額の割当表

県庁名	台湾府	台湾県	嘉義県	鳳山県	彰化県	淡水庁	澎湖庁	噶瑪蘭庁
定額	20万	３万	５万	５万	５万	２万	１千５百	２万

出典：『福建通志台湾府』（文叢84、1960年）、175頁、柯培元『噶瑪蘭志略』（文叢92、1961年）、69頁。

乾隆期になると、このように台運数量が拡大したため台湾倉儲が著しく減少し、乾隆六（一七四一）年に清朝政府は平糶米の年額を減らさざるを得なくなった。乾隆初期、台湾米価や運賃の上昇によって、台運年額による採買は悪化していた。乾隆一一（一七四六）年に台湾の正供年額は僅かに台湾・澎湖・福建の兵米に足りるのみであり、こうした台湾倉儲数量の減少によって、平糶米の年額運搬はやむを得ず停止され、福建内地の需給状況によって行われることとなった。このため、福建当局は台湾倉儲の充実如何の重要性を知り、定額四〇万石を設けた。乾隆一二（一七四七）年、採買による米穀、捐穀、社穀（社倉の米穀）、潮穀（潮州から運んできた米穀）[12]及び正供の余剰米穀を合わせて穀四〇万石に達し、それを兵米に支出され、秋の時に正供の徴収によって補われ、常時平糶を行うときに一万石を超えてはいけないという原則が決められた。[13]〈表１〉は清代台湾の常平倉定額の割当表である。そのなかには、嘉慶後期に東北部に新たに設けられた噶瑪蘭庁も入っている。各県庁はそれぞれ割当額を持っていた。最も多いのは台湾府であり、最も少ないのは米産地でない澎湖庁であった。

一方、当時、台湾南部においては米価の上昇によって採買することが困難になることがしばしばあった。乾隆一八（一七五三）年から清朝政府は採買定価を穀一石ごとに四銭五分から六銭に上げることにした。これより、台運年額は穀八万六千余石を維持し、台湾正供の約四六％を占め[14]、台湾倉儲も安定化していた。雍正八（一七三〇）年から乾隆初期にかけての台運定額を補うための採買は台湾南部の米価を上げた一因だと思われる。また、次第に雍正期に新たに設けた中部の彰化県と北部の淡水庁への採買が多くなり、水田開発は次第に台湾中・北部に拡大していくと推測される。[15]

また、倉儲数量を増やすために捐監穀という施策も採られた。捐監穀とは捐監生になることを希望する民間人の生員・俊秀から集めた米穀である。清朝政府は乾隆三（一七三八）年に福建において捐監穀の実施を開始し、乾隆八（一七四三）年に閩浙総督那蘇図の上奏により、捐監生になることを希望する者に対して捐監生資格を与える身返りとして一名毎に銀百八両相当の米穀を課した。[16]当時、福建の採買定価は穀一石毎に九銭であったことから、福建の捐監生には百二十石が課せられたこととなる。乾隆一一（一七四六）年になると、台湾でも倉儲の充実のため、捐監穀定額五万石が決定された。その後、この定額は穀一五万を増して二〇万石とされた。当時、台湾の採買定価は福建と比べて安く、淡水・彰化は四銭五分、台湾・鳳山・諸羅三県は五銭であった。即ち、台湾の捐監生は捐穀負担は福建より重く、一名毎に二百四〇石ないし二百一六石となっていた。そのため、当初台湾での捐監穀の納入実績があまり芳しくなかった。[17]しかし、乾隆二一（一七五六）年に、台湾の採買定価が穀一石毎に六銭に上がったことによって、一名当たり一百八〇石と減額された。これによって捐監穀定額二〇万石に達すれば、この中から穀一〇万石を廈門倉儲に補塡し、残りは台湾倉儲に蓄えることになった。[18]乾隆二三（一七五八）年に、閩浙総督楊応琚の上奏によってその定額が穀四〇万石に上げられた。乾隆二五（一七六〇）年に、福建布政使徳福は捐監穀の納入状況があまりよくなかったため、三年間の時限を設け、その中から一〇万石の納入は廈門で実施すると上奏し、決められた。乾隆二七（一七六二）年に至って、清朝政府は台湾・廈門で一三万石だけ収めたので、その残りの二七万石は福建内地で行われ、足りたら台運の福建兵米・眷米を差し引くことにした。二八（一七六三）年までに台湾・廈門で捐穀して捐監生になった者は二千二百八六人で、四〇万石の定額に達したので、捐監穀を中止した。[19]また、乾隆四四（一七七九）年から四七（一七八二）年まで再び穀二〇万石の捐監穀が実施され、半分は台湾に、半分は廈門に蓄えられ、当時台湾の倉穀は穀七〇余石に達していた。[20]乾隆末期に至って、廈門の恒裕倉に台湾の捐監穀は穀四万四千余石蓄えられたことが確認される。[21]

以上のように、台湾・福建の倉儲は台運によって一体化となり、台湾で反乱や自然災害や国家の慶事等のため、正供の徴収が免除されるときには、福建や台湾の倉儲から兵米・眷米を提供することができるようになった。たとえば、反乱による正供の徴収が免除された例は乾隆五二（一七八七）年の林爽文事件があり、その年と翌年の台湾正供、更に五四年分の嘉義県の正供が免除された。この時には全国各省から運んできた余った軍需米糧から兵米・眷米に提供することになった。凶作のため、台湾正供が免除された例は乾隆一一（一七四六）年、四五（一七八〇）年と嘉慶元（一七九六）年、三（一七九八）年、二四（一八一九）年と道光一五（一八三五）年等である。皇太后の誕生日祝いのため、免除された例は乾隆三六（一七七一）年と道光二五（一八四五）年であった。その際には捐監穀や倉穀から兵米や眷米に出された量も多かった。また、台湾の米穀を福建に蓄え、ほかの省が凶作になれば、福建倉儲からこれらのところに平糴することができるようになった。たとえば、浙江や広東等は米不足の時に福建倉儲からそれらのところに平糴し、得た銀・銭をもって台湾で米穀の採買を行い、補塡し、定額を満たすという施策も行われていた。たとえば、雍正一一（一七三三）年、乾隆四四（一七七九）年、五〇（一七八五）年等である。[22]こうした両岸間の銀銭・米穀の交換・流通によって、台湾の水田開発や地方経済が飛躍的に進んでいったと思われる。

以上のことを纏めると、乾隆二〇年代から四〇年代までは台湾倉儲の数量はピーク期に達し、捐監穀等は廈門の官倉に蓄えたこともあるが、常平倉定額の四〇万石と捐監穀定額の四〇万石を合わせて穀八〇万になっていた。乾隆三〇（一七六五）年の上奏によると、台湾は実際穀五〇万石蓄えられていた。[23]それは福建倉儲の予備倉的な存在であり、台運によって中国大陸へ供給されていた。しかし、乾隆末期から台運の運営において、官吏から商船への陋規問題が次第に深刻化し、折色で運搬・納入することが多くなり、倉儲の数量は減少する一方であった。[24]また、乾隆期から福建・広東から台湾への移民人口が増えつつあり、福建南部の漳州人と泉州人と広東の客家人三者との間の衝突喧嘩という分類械闘や地主豪族農民の反乱がしばしば起こっていた。その分類械闘が初めて出たのは乾隆末期である。新開地としての清代台湾は「五年一小乱、十年一大乱」と言われるほど反乱の多い地域である。反乱と分類械闘の最も多い時期は道光期の二七回であり、次は乾隆期の二〇回と嘉慶期の一七回である。(25)そのなかで、乾隆末期から嘉慶期にかけて台湾で林爽文・陳周全・蔡牽等の大きな反乱が起こっていた。これらによって軍需米への供給は多くなり、米価が上昇し、採買することも難しくなり、官僚交代の際に後継者がスムーズに倉儲業務を引き継ぐことができず、福建・台湾の倉儲の運営に大きな打撃が与えられたのである。たとえば、淡水庁では、倉を建てられず、米穀を採買すべき時に業戸に金額を与え、採買を任せることが多く、久しくなれば、採買の数が欠くことになり、官僚の交代の際に業戸に出させようとしても、それができず、倉儲制度は次第に荒廃されていった。(26)

そのため、それ以降、米穀備蓄数量が減った清朝政府は仕方なく次第に業戸（地主）・郊商人などの民間人の力を借りるようになった。嘉慶二〇（一八一五）年に不作のため、淡水庁では業戸鄭用鈺が自ら平糶し、(27)また、二一（一八一六）年に彰化県では米価が上昇したため、知県呉性誠は業戸らに平糶を勧めた。(28)そのなか、林文濬を中心とした郊商人や業戸らは自ら平糶を行い、その功績を認めた清朝政府から「績佐撫綏」という扁額をもらった。(29)つまり、嘉慶後期から官倉は次第に衰退されていき、業戸や商人などの民間人による平糶は多くなったと思われる。

嘉慶後期に新たに設けられた東北部の噶瑪蘭庁は道光期に入っても常平倉の機能を依然として維持していたが、(30)アヘン戦争の道光二〇年代以後、「銀貴穀賤」という状況が起こったなか、台湾正供は次第に折色にして徴収されることになったため、文倉・武倉の運営はさらに衰退していった。(31)つまり、アヘン戦争以降、貨幣経済の発達や銀の需要増大等によって台湾正供は次第に銀納化されていった。このことは台湾財政において倉儲体制が形骸化し、正供の徴収は銀銭備蓄の庫儲体制へと変容したことを意味する。(32)戦乱が続く清朝後期において、倉儲数量が著しく減少した清朝政府は更に民間人の力に頼るしかなかった。次項では政府地方官の監督下で運営された民倉の社倉・義倉の状況を考察する。

（二）民　倉

清代台湾の民倉は社倉（番社社倉を含む）と義倉に分けられていた。中国大陸では、一般的に社倉・義倉は城内に設けられた官の常平倉と違い、村荘に設けられたものである。両方とも官の監督・管理の下で、郊商人や業戸や郷紳等の民間人が自ら運営を行い、官民の捐穀によって成りたっていた。春や夏のときに貧しい番民に米穀や種を貸し、秋や冬のときに利息をつけて返済してもらうという運営の施設である。年末の時に、出資者でもある地方官に穀数等の運営状況を報告しなければならないのである。[33] こうした運営の仕組みからみると、それが水田開発中の清代台湾の地方経済の発展および社会救済面では大きな役割を果たしていたと思われる。

社倉は康熙期からしばしば地方官の奨励によって既に運営されていた。最初、見られたのは康熙五〇（一七一一）年に台廈兵備道陳璸が台湾府の鎮北坊に台湾県の社倉を建てたものである。[34] また、中国大陸と違い、番社社倉（先住民居住地域に建てられた社倉のこと）もあり、例として鳳山八社があげられる。鳳山県にあった鳳山八社は番民に米穀や種を貸し出す業務を行い、秋に利息をつけて返済してもらっていた。不作のときに利息を取らない場合もあった。康熙六〇（一七二一）年に至って鳳山八社は穀一六万余石蓄えていたことが確認される。[35] 雍正五（一七二七）年には、清朝政府は鳳山八社から穀一〇万石を福建南部に運搬し、平糶して得た銀を台湾に送り、採買して返したこともあった。雍正九（一七三一）年から乾隆一六（一七五一）年まで文武官吏による捐穀数は二百五九石で、乾隆一八（一七五三）年にその中から三六石を常平倉に蓄えた。道光一七（一八三七）年に至っても淡水同知婁雲の奨励によって社倉が淡水地方に建てられたこともある。[36] 以上のことから、民営とはいえ、地方官も出資者であったので、社倉の運営にも関与し、官倉と看做して転用することも多かった。前項で述べたように、社倉は乾隆末期から官倉の衰退とともに荒廃されていったと思われる。道光期から、社倉はあまり見当たらなくなり、そのかわりに義倉が出てきたのである。

台湾の義倉は中国大陸と違い、城内に建てられていた。[37] その始まりは道光一一（一八三一）年の澎湖であった。当時、通判蔣鏞・副将呉朝祥・地元の紳士・生員などの捐納によって併せて銭三千五百八五千文の資金を得て人民に貸し出し、当時の飢饉の被災を救った。[38] しかし、道光一九（一八三九）年に至って引き続くことができなかった。[39] 続いて張丙事件の後、道光一二（一八三二）年から一五（一八三五）年にかけて嘉義でも一万六千石の義倉が建てられた。そして、道光一四（一八三四）年四月に彰化でも台湾府知府周彦・彰化県知県李廷壁によって一九軒の義倉が建てられた。[40] 同治一二（一八七三）年に鳳山でも六千余石の義倉が建てられた。[41]

台湾南部にある台湾府・台湾県の義倉は道光一八（一八三八）年から始まり、官民の捐納から穀二万余石を得て倉を建てた。その後、動乱によって軍事費用に充てられたことは多かった。同治五（一八六六）年に台湾道丁日健は改めて倉を整え、自ら穀一千石を捐し、また紳士・業戸・郊商人に捐納を勧めて、合わせて一万六千余石蓄えた。各倉をそれぞれ「倉、廩、実、礼、義、興、風、俗、美、慶、豊、登」と題し、一二ヶ所建てた。[42] 同治一二（一八七三）年に至って台湾道夏献綸は穀五万石の貯蔵を企てたが、その中にもとの穀一万一千余石に二万八千石を購入し、そして、紳士・商人に一万石を捐納させようとしていた。足りなかった分は釐金の税収から出させることにした。[43] 以上のことから社倉と同様に地方官が義倉の運営に強く関与し、公的資金からも出されていたので、政府財政として運営される場合もあり得るだろう。

当時、台湾各地の義倉の状況を詳しく伝える史料は少ないが、実例として同治六年の淡水庁の状況を見ることができる。淡水同知厳金清は竹塹城の南門のうちに倉を一八軒建てて、業戸林恆茂、鄭永承、呉順記、李陵茂、鄭恆升、鄭吉利、鄭同利、翁貞記、陳振合、何錦泉、陳沙記、鄭利源、恆隆号等に捐納させ、竹塹城（今の新竹）、艋舺（今の台北市萬華区）の二ヶ所に義倉を建て、それを「明善堂」と称し、また義塾（教育施設）も設け、穀四万九千石蓄えていた。[44] また、管轄内の各地方に数名の董事をたてて監生・生員などの有力者や豪族に穀石の捐納をさせたが、倉を建てず各捐納者や有力者の倉を借りて保管を依頼していた。〈表2〉は同治六年における淡水庁地方の義倉分布とその状況である。それを見ると、捐納者の中に商人の行号名があった。例えば、新埔・鹹菜甕には潘金和号・蔡興隆号が見られる。つまり、当時民間の業戸や郊商人の力が非常に大きかったと思われる。しかし、倉を建てず捐納者が自ら米穀を蓄えていたので、時間につれて捐納者の死亡などのことによって蓄えた米穀は無に帰すこともあった。[45] 光緒一六（一八九〇）年に至って、穀数は半分まで減少し、その中から義塾「明善堂」の建設費用に充てられたことが見られ、義倉は依然として機能していたことが確認できる。しかし、倉を建てず、捐納者のところに蓄えるということで、米価が上昇する際に、蓄えた者は米穀を貸し出さない場合もあり、社倉・義倉の元金は次第に横領されて荒廃されるところもあった。[46]

以上のように、社倉（番社社倉）は康熙期から官倉とともに発展し、雍正・乾隆期に入って隆盛期を迎え、嘉慶期から衰退し始め、道光期から見当たらなくなった。道光期一〇年代から、倉儲数量が減少した清朝政府は戦乱や自然災害に見舞われた際、その危機を救うため、各地方に続々義倉を建てていった。その中では、郷紳・業戸・郊商人などの民間人が大いなる力を発揮していたと思われる。次節では、倉廒の建設とその推移について考察する。

〈表２〉同治６年淡水庁義倉分布とその状況

場　所	董事	存儲者とその穀石数	光緒16年の状況
竹塹堡北埔等莊	江大賓	陳穆鳳54石	左と同じ
	姜栄華	姜栄華（姜紹祖）109石	
	黄徳福	黄徳福（監生黄廷亮）168石	
	彭三貴	彭道水（彭捷和）161石	
	范阿貴	范阿貴（范清漢）143石	
九芎林等六莊	詹国和	陳福成60石	陳福成60石
	林希賢	生員魏纘唐・廩生劉耀藜40石	魏纘唐・劉耀藜40石
	林蔚華		林其回等五戸24石
	羅在田	羅在田66石	羅在田66石
	曾清機	曾清機（曾捷勝・監生曾雲中）81石	曾清機81石
	呉殿邦		彭明蘭85石
	彭徳業	彭殿華162石	彭殿華73石
	鄭家茂	鄭家茂162石	鄭家茂128石
	劉嵩山		
竹南堡中港・頭份	葉廷祿	合計840石	記載なし
	陳雲漢		
	徐琳盛		
	洪聯登		
	徐拱祥		
	玉　堂		
	鍾鴻禧		
	林用鋒		
新埔・鹹菜甕	陳朝綱	陳朝綱212石8斗	記載なし
	姜殿邦	潘金和号308石4斗	
	藍　彰	蔡興隆号157石	
	曾阿連		

	林克銘		
	黎時雍		
	曾銘顔		
	潘清漢		
	張雲龍	張雲龍(職員張徳淵)167石3斗	
	范嘉猷		
	劉維巌		
	鄭吉恩		
大湖口・紅毛港	張阿龍	合計850石	張栄龍
	羅際青		張裕光
	陳嘉謨		羅廷亮
	徐国和		黄惇仁
	戴朝鈞		陳嘉謨
	黄玉明		葉呈祥
	張陳貴		戴朝鈞(以上は合計500石)
	黄阿穆		紅毛港殷実大戸500石
大溪漧・白沙墩	廖観福	廖有化80石	廖有化80石(内68石6斗4升を義塾の費用に)
	彭阿福	彭阿福150石	彭阿福70石
	徐明羅	徐明羅70石	徐明羅34石
	黄雲中	黄雲中50石	黄雲中50石
	姜連水	范籌祿100石	范籌祿15石
	卓廷璋	卓廷璋90石	卓廷璋25石
	葉従青		
	温国良		
	姜阿青		
		合計4,281石5斗	合計2,481石

出典：『新竹県采訪冊』(文叢145、1998年)、巻2、倉廒、64〜68頁。

〈表３〉乾隆・嘉慶期における台湾監倉の状況

県庁名	建設者	建設年代	地点	軒数
台湾県	不明	乾隆24年	県治左	20
鳳山県	知県王瑛曾	乾隆24年	県治旧倉後	5
淡水庁	同知夏瑚	乾隆28年	竹塹城	6
	同知夏瑚	乾隆28年	庁署内	5

註：諸羅（嘉義）県は監倉を建てず、監穀を番社の社倉に蓄える。
出典：『続修台湾府志』（文叢121、1961年）、68〜71頁。『淡水庁志』（文叢172、1963年）、53頁。

二　倉廒の建設とその推移

台湾では鄭氏政権から既に南部を中心として「天興」・「万年」といった倉が建てられていた。清朝の領有になって、台湾中北部の開発進展につれて、歴代の地方官によって次第に中部・北部へと倉が建てられていった。[47] 康熙五四（一七一五）年に至って、諸羅知県周鍾瑄は始めて中部の半線（今の彰化）と北部の淡水（竹塹）に倉を建てて、当地の正供を収めて兵米に支出することになった。一般的に倉廒の建設費用は二、三割が民間人、七、八割が地方官に賄われていた。康熙後期において、正供を徴収するにあたっては、半線より北のところは斗六門打猫倉・淡水倉に納め、外九荘等は諸羅山倉に納め、開化・善化・新化・安定等は台湾府倉・茅港尾・哆囉嘓・下加冬等の倉に納めていた。[48] 台湾正供の半分は台湾府倉に納められていた。[49] 当初、台湾県・鳳山県・諸羅県三県の知県は半分の時間で台湾府（今の台南）に居住し、鳳山県・諸羅県の業戸の大半も台湾府に居住し、府の倉に正供を納めていた。[50] それ以降、各地方の政を行うために、各県の知県はそれぞれの各所在地の県庁に居住するようになった。雍正二（一七二四）年に新たに彰化県・淡水庁を設けたと同時に、半線倉は彰化県に、淡水倉は淡水庁に管轄させるようになった。

前節で述べたように、雍正後期以降、清朝政府の食糧政策は次第に倉儲に偏っていった。台湾では捐監穀の実施によって増えた捐監穀は倉の修復・増築等の費用に充てられるようになった[51]。〈表3〉は乾隆・嘉慶期における台湾監倉の状況である。それをみると、その建設年代はほぼ乾隆二〇年代に集中し、前節で述べた捐監穀の実施時間にほぼ一致するのである。また、台湾県・鳳山県・淡水庁の三県・庁にしか建てられなかった。その理由は不明であるが、嘉義県は捐監穀が社倉に蓄えられていたことからこれらの地方は当時社倉が発達していたことが推測される。乾隆期に澎湖庁にも武倉が一〇軒建てられたが、そこの兵米は直接に台湾県から供給されていたため、次第に荒廃されていった[52]。

〈表4〉は乾隆・嘉慶期における台湾倉廒の状況表である。その全体をみると、最も軒数が多いのは諸羅県（後に嘉義県に改名）の三三四軒と鳳山県の一四二軒であり、当時米穀生産量が最も多いのがこの両県だと思われる。両県

〈表4〉乾隆・嘉慶期における台湾倉廒の状況表

府県庁名	処(所)数	所在地	軒数
台湾府	2	鎮北坊県治左	76
		東安坊旧県治右	37
台湾県	4	旧県治左	57
		紅毛樓県治右	14
		安平鎮	2
		羅漢門	3
諸羅県	4	府治東安坊	136(後に90)
		笨　港	109
		県　治	80
		斗六門	9
鳳山県	5	府治銭局	38
		府治東安坊	21
		府治大埔	20
		安平鎮	25
		興隆莊	38
彰化県	3	県治半線	15
		鹿子港	16
		貓霧捒	3
		林杞埔	21
淡水庁	4	竹塹城	12
		八里坌	12
		後壠社	1
		南嵌社	1
澎湖庁	1	媽宮澳	12

註：1、諸羅県は乾隆52年に嘉義県に改名、府治東安坊の中の70軒は乾隆12年後台湾府の管理になる。
　　2、彰化県半線堡・淡水庁竹塹城はそれぞれ康熙54年に諸羅知県周鍾瑄によって建てられる。
出典：『続修台湾府志』（文叢121、1961年）、68〜71頁。

とも台湾府に倉廒を持っており、当時この両県の業戸の多くは台湾府・県に居住し、直接に府倉に正供を納入していたからであろう。最も少ないのは澎湖庁の一二軒であり、そこは米穀生産が少なく、湿気が多くて穀倉を建てるのに相応しくないところであったことが推測される。

〈表5〉は乾隆期における台湾社倉及び番社社倉の所在地と軒数である。彰化県と淡水庁は社倉を建てなかったが、その理由は不明である。台湾県以外の県庁は皆番社社倉を持っていた。当時、番民が混住する地域は全台湾に及んでいて、社倉はその機能を発揮していたと思われる。

一九世紀に入って新たに設けられた噶瑪蘭庁では嘉慶一六（一八三六）年に始めて楊廷理によって倉が一〇軒建てられた。引き続いて嘉慶二〇（一八四〇）年に通判翟淦が二五軒建て、また、倉の門楼、庭、溝、塀、倉王廟、四軒の斗級房、三軒の家丁の看守房、七ヶ所の土囤等を建てた。そして、次の年に頭囲・北関等の兵米を支出するため、頭囲営盤の右側に一五軒の倉を建てた[53]。当時、最も完備された倉廒施設を持ったのはこの噶瑪蘭庁だと思われる（〈表6〉を参照）。

乾隆末期から戦乱や自然災害が続くなか、台湾の倉廒は次第に荒廃されていった。たとえば、一九世紀に入って、嘉義県の斗六堡の倉廒、社倉、柴裏番社社倉[54]、台湾県の紅毛楼の右側、県署左側等の監倉[55]、塩水港倉廒[56]、淡水庁の後壠社、南嵌社等の各番社倉[57]、彰化県の貓霧捒[58]、鳳山県の大埔などが倒壊されたことが確認できる。鳳山県では嘉慶九（一八〇四）年に知県呉兆麟は県所在地に倉を一〇軒建てた。道光一八（一八三八）年に知県曹謹、咸豊三（一八五三）年に知県鄭元杰が建て直した。しかし、光緒一四（一八八八）年に倒壊された[59]。

光緒期に至って、俗に粟倉口街と呼ばれた町を持つ淡水庁の新塹城等の倉も次第に倒壊され、残ったのは義倉しかなかった[60]。たとえば、大甲土堡の文昌祠の左側の義倉は光緒期に依然として穀八百余石蓄えられていた[61]。日本の台湾

〈表５〉乾隆期における台湾社倉及び番社社倉の所在地と軒数

県庁名	倉名	所在地				軒数
台湾県	社倉	鎮北坊				4
		大傑巓社	新港社			
諸羅県	社倉	諸羅山	安定里	斗六門	茅港尾	7
		善化里	新化里	打貓莊		
	番社社倉	諸羅山社	打貓社	他里霧社	柴裏社	
		蕭壠社	大武壠加麦社	大武壠頭社	大武壠芒仔芒社	
		哆咯嘓社	阿里山社	麻豆社	湾裏社	
鳳山県	社倉	萬丹街				2
	番社社倉	放糸索社	茄藤社	力力社	下淡水社	16
		上淡水社	搭楼社	武洛社	阿猴社	
淡水庁	番社社倉	搭搭攸社	蜂仔峙社	擺接社	雷里社	
		武勝湾社	圭柔山社	大浪泵社	八里坌仔社	
		毛少翁社	北投社	奇里岸社	小雞籠社	
		金包裏社	大雞籠社	三貂社	南嵌社	
		亀崙社	坑仔口社	霄裏社	竹塹社	
		後壠社	中港社	貓裏社	新港社	
		加志閣社	呑霄社	宛裏社	房裏社	
		貓盂社	徳化社	大甲社	双寮社	
		南日社	麻著旧社			

註：１、彰化県は社倉を建てず、県倉に蓄える。淡水庁は社倉を建てず。
　　２、台湾県鎮北坊は康熙50年に台廈道陳璸によって建てられ、大傑巓社と新港社は乾隆15年に知県魯鼎梅によって建てられた。
出典：『続修台湾府志』（文叢121、1961年）、68～71頁。

〈表６〉道光期における噶瑪蘭庁倉廒の所在地と数量

所在地	年代	建設者	軒数	合計
庁の西	嘉慶16年	委員楊廷理	10	35
	嘉慶20年	通判翟淦	25	
	道光６年	通判烏竹芳		
頭囲営盤之右県丞署旁	嘉慶21年	通判翟淦	15	15

出典：柯培元『噶瑪蘭志略』（文叢92、1961年）、68頁。

領有になる前に、林恒茂号が所有・管理した義倉は依然として穀二百余石残って運営されていた[62]。また、鳳山県の義倉も平糶して得た銀で田んぼを購入し、銀・穀をもって運営されていたのである[63]。

おわりに

清代台湾は元来余剰のある米産地であり、雍正期から台運によって福建を中心とした中国大陸東南沿岸部の穀倉となっていた。この重要な役割を果たすべく、清朝政府は乾隆一〇年代から捐監穀などを実施し、台湾倉儲を充実させ、また、民営の社倉をもって番民雑居の各地方の経済を発展させていった。しかし、一八世紀末以降、戦乱や自然災害が見舞われていくなか、官倉の倉廒が倒壊され、建て直す力を失った清朝政府は新開地で育ってきた業戸・郊商人・郷紳などの力を借りるしかなかった。これらの民間人はよく捐納を行い、義倉を立て、その危機を乗り越えようとしていた。アヘン戦争以降、道光末期において「銀貴穀賤」という状況下で銀の需要増大に直面した清朝政府は次第に貨幣経済が発達してきた台湾の正供を折色にして徴収し、また、財政支出を減少するため、台湾駐屯兵を減らした。以上のことから、膨大な管理費用がかかる官倉の文倉・武倉は次第に銀銭備蓄の庫儲へと変容し、遂に荒廃されてしまった[64]。一方、民営の社倉も官倉とともに折色化し衰退し、そのかわりに道光期以降、民営の義倉は続々建てられ、各地方でその役割を果たし、清末までの社会秩序を維持しようとしていたのである。

注

（1）王業鍵「清代経済芻論」（『食貨月刊』復刊二―一一、一九七三年）、王業鍵・黄国枢「十八世紀中国糧食供需的考察」（『近代中国農村経済史論文集』、台北中央研究院、一九八九年）、林満紅「清末大陸来台郊商的興衰——台湾史、中国史、世界史之一結合思考」（『国家科学委員会研究彙刊：人文及社会科学』四—二、一九九四年）、王業鍵・黄瑩玨「清代中葉東南沿海的糧食作物分布糧食供需及糧価分析」（『中央研究院歴史語言研究所集刊』七〇—二、一九九九年）、山本進『清代の市場構造と経済政策』（名古屋大学出版社、二〇〇二年）等。

（2）伊能嘉矩『台湾文化誌』（東京刀江書院、一九二八年）、王世慶「清代台湾的米産与外銷」（『清代台湾社会経済』、台北聯経出版社、一九九四年）、栗原純「清代台湾における米穀移出と郊商人」（『台湾近現代史研究』五、一九八四年）、楊彦杰「清代台湾大米対福建的輸入——以兵眷米穀為中心」（『中国社会経済史研究』一九八八—一、一九八八年）、馬波「清代閩台地区的農産品流通」（『中国歴史地理論叢』一九九四—四、一九九四年）、泉澤俊一「清代東南沿海の米穀流通について」（『歴史』八六、一九九六年）、山本進「清代福建の商品生産と台湾米流通」（『清代の市場構造と経済政策』、名古屋大学出版社、二〇〇二年）、堤和幸「清代台湾北部における米穀流通と礱戸」（『現代台湾研究』二三、二〇〇二年）、同「清末台湾北部の米穀需給状況と米価政策」（『東洋史訪』一一、二〇〇五年）、同「運用規定から見た台運の性格について」（『駒沢史学』六四、二〇〇五年）、呉玲青「台湾米價変動與「台運」変遷之関聯」（『台湾史研究』一七—一、二〇一〇年）、拙稿「雍正・乾隆期における福建・台湾間米穀流通」（『九州大学東洋史論集』二七、一九九九年）、拙稿「清代中期における台運体制の実態の一考察」（『九州大学東洋史論集』二九、二〇〇一年）、拙稿「一九世紀前中期における台湾米穀流通に関する一考察」（『東洋学報』八五—二、二〇〇三年）、拙稿「清代台米供輸中国大陸与両岸財経関係」（『台湾文献』六一—一、二〇一〇年）等。清代台湾米穀供需研究史の整理については堤和幸「清代閩台間における米穀流通研究の現状と課題」（『現代台湾研究』二一、二〇〇一年）を参照。

（3）拙稿「雍乾期福建台湾米穀流通」、三三～三四頁を参照。

（4）陳淑均『噶瑪蘭庁志』（台湾文献叢刊〔以下、文叢と称す〕第一六〇種、台北台湾銀行、一九六三年）、一三三頁。「各州、県設立常平倉、視其地之広狭、以定額貯。所貯各色糧石、皆按其出産準作穀数。其折耗曰気頭、曰廒底、均計収貯年分及地気燥湿以定其数、准該管験明米色、秋後買補。常年平糶、皆以存七糶三為率。間有燥湿不同、随時酌糶。存三糶七、存六糶四及不限額数者、遇豊年酌糶十之二、三、或全行停糶。其糶米石、減市価五分。遇歉歳或逾額出糶、毎石減銀一銭、皆於秋収後以糶存価銀採補。各州、県另設有裕備倉、常年出陳易新、亦照常平倉例。遇新旧官接任、皆令交代結報。歳歉出糶常平倉穀、於常年照市価減糶之外、督、撫覈定応減之数、具奏出糶。如倉穀不足、則動帑赴鄰省採買出糶。事竣動倉穀者、糶穀還倉。動庫帑者、易銀帰庫。」

(5) 星斌夫『中国社会福祉政策史の研究』（国書刊行会、一九八五年）、山本進「清代前期平糶政策――採買・倉儲政策の推移」（『史林』七一―五、一九八八年）、黒田明伸「清代備蓄考――資産形態よりみた経済構造論」（『史林』七一―六、一九八八年）、劉翠溶・費景漢「清代倉儲制度功能初探」（『経済論文』七―一、一九七九年）、劉翠溶「清代倉儲制度穏定功能之検討」（『経済論文』八―一、一九八〇年）、張岩「試論清代的常平倉制度」（『清史研究』一九九三―四、一九九三年）、康沛竹「清代倉儲制度的衰敗与饑荒」（『社会科学戦線』一九九六―三、一九九六年）、張恵珠「清代常平倉発展初探」（『国史館館刊』復刊二〇、一九九六年）等を参照。

(6) 連横『台湾通史』（文叢一二八、一九六二年）、巻二十、糧運志倉儲、五四八頁に、「凡民間収穫時、随其所贏、聴出粟麦、建倉貯之、以備郷里借貸、謂之社倉。公挙殷実有行誼者一人為社長、能書者一人副之。按保甲印牌、有習業而貧者、春夏貸米於倉、秋冬大熟、加一以償。中歳則捐其息之半、下歳免息。社長、社副執簿検校、歳以穀数呈官、経理出納、惟民所便、官不得以法縄之。豊年勧捐社穀、在順民情、禁吏抑派。有好義能捐十石至百石以上者、旌奨有差。社長、社副経理有方、亦按年給賞。」とあり、利息なしで返却される場合もある。

(7) 『福建通志台湾府』（文叢八四、一九六〇年）、一七三頁。「台湾、鳳山、諸羅三県、共存粟米七十余万石、為数既多、積貯日久、令留二十万石為台郡予貯三年兵需、余概変銀収貯府庫、即充本地兵餉。」

(8) 周憲文『台湾経済史』（台北開明書店、一九八〇年）、二四四頁。周憲文氏は政府の監督・管理下の義倉を監倉とされるが、この見解に対して筆者は当時の史料に義倉の記述は見当たらないので、ここの監粟というのは恐らく社倉のものだと考えている。

(9) 『陳清端公年譜』（文叢二〇七、一九六四年）、七二頁。「台、鳳、諸三県、倉粟原存六十万三千余石、監粟六万石。近奉部文、三県勾留二十万石預備兵米之用、其余四十万余石並監粟六万石悉令糶売。所有康熙五十二年正供応徴本色粟石、以備倉儲。」

(10) 清朝の台湾領有以来、毎年台湾・澎湖に駐屯する軍隊の兵餉は台湾各県庁で徴収された人丁餉税、銭糧等から支給され、不足分は福建布政使司庫から補塡され、台湾に運送されていた。拙稿「一九世紀台湾米穀一考察」、九五頁を参照。

(11) 拙稿「雍乾期福建台湾米穀流通」、二九～三二頁。

(12) 『福建通志台湾府』（文叢八四、一九六〇年）、一七四頁。乾隆六年に廈門・台湾では米価が騰貴したため、清朝政府は潮州から六万石を台湾に運んで平糶しようとし、その後、そのまま台湾府の官倉に蓄え、運営していた。

(13) 『清高宗実録選輯』（文叢一八六、一九六四年）、乾隆十二年、五八頁。

(14) 拙稿「一九世紀台湾米穀一考察」、九二～九四頁。

(15) 『福建省例』倉庫例、給照買米（文叢一九九、一九六四年）、四〇～四二頁に「如遇内地漳、泉一帯米価過昂、令地方官拠実詳報、准其出示暁諭、給照艍船、前往淡水、彰化販運、一値台地過昂、移明内地停止給照。」とあり、乾隆期に淡水、彰化などへの米穀採買が多くなったと思われる。

(16) 『清高宗実録選輯』、乾隆八年、三一頁。「台湾一府、毎石以四銭収捐計算、俊秀応捐二百七十石、廩生一百五十石三斗、増生二百石七斗、附生二百二十五石、武生二百五十石二斗、青衣生三百七十五石三斗。」

(17) 拙稿「雍乾期福建台湾間米穀流通」、三四頁。

(18) 『台案彙録丙集』（文叢一七六、一九六三年）、巻二、福建巡撫鐘音題本、八三頁。

(19) 『台案彙録丙集』巻二、戸部「為内閣抄出福督楊廷璋奏」移会、八六～八七頁。

(20) 『清高宗実録選輯』、乾隆四十四年、二四二頁と『清会典台湾事例』（文叢二二六、一九六六年）、九七頁。

(21) 『廈門志』（文叢九五、一九六一年）、巻二、分域略倉廒、五六頁。

(22) 拙稿「雍乾期福建台湾米穀流通」、三四頁。

(23) 『福建通志台湾府』（文叢八四、一九六〇年）、一七四頁。

(24) 拙稿「清代中期台運実態一考察」、一〇四頁と一一三頁。
(25) 張菼「台湾反清事件的不同性質及其分類問題」(『台湾文献』二六―二、三、一九七五年)、八三～一〇二頁と四～一三頁。
(26) 『彰化県志』(文叢一五六、台北台湾銀行、一九六二年)、巻十二、芸文志開埔裏社議、四一一頁。「隠匿之田、在乎各佃、而業戸任採買之額、始猶按年清繳。迨久而疲、則並採買之数亦欠。官逢交代、則以虚数交抵。必欲催取、則業戸立時破敗、不得已相与姑容。而倉庫交代之款大半亦存於業戸矣。此淡水之流弊也。」
(27) 『台湾通史』、巻三十、五列伝、九九四頁。
(28) 『彰化県志』、巻三、官秩志列伝、一〇五頁。
(29) 『彰化県志』、巻八、人物志行誼、二四七頁。「嘉慶丙子春夏之交、穀価驟昂、飢民奪食、林文濬領率郊商殷戸、請於官、立市平糶、設廠施粥、沿海居民、全活者以万計。観察糜公奨以額、曰績佐撫綏、非虚誉也。」
(30) 『噶瑪蘭庁志』(文叢一六〇、一九六三年)、巻二、八八頁。「道光九年首夏、青黄不接、米価驟昂。前署庁洪煌准紳士等籲請、就常平備貯穀内、借碾二千擔平糶、冬成糴補帰倉、民頼以済。嗣十三、四年間、民食少歉、陞任仝卜年査照前規、諭集総董、給領碾済、依期帰補。」
(31) 拙稿「一九世紀台湾米穀一考察」、九七～九九頁。
(32) 拙稿「一九世紀台湾米穀一考察」、一一三頁。
(33) 『清耆献類徴選編』(文叢二三〇、一九九四年)、陳璸、六五七頁。「社倉与常平倉不同、常平倉設於城内、出納倶官吏典守、止便於在城及離城一、二十里之民。社倉分設村荘、民間挙報殷実、有徳行老民掌管出納、但止聴民自捐、必寥寥無幾。若按畝斂穀、又恐擾民。応令通省大小各官倡捐分貯、出示勧諭紳衿及好義富民各量力捐入。有捐至五十石、一二百石者、分別給扁奨勵、免其差徭。歳終、以貯粟数目報明県官。其斂其散、聴民自便、県官無与。」
(34) 周憲文『台湾経済史』、二四四頁。
(35) 范咸『重修台湾府志』(文叢一〇五、一九六一年)、巻十一、武備義民、三六〇頁。
(36) 連横『台湾通史』、巻二十、糧運志倉儲、四二七頁。

(37) 劉璈『巡台退思録』（文叢五七、一九五八年）、稟籌辦全台郷会試館賓興及育嬰養済義倉各事宜由、一一三頁。「台郡義倉在城、向有存穀、可備荒賑。然儲於城而不儲於郷、毎遇凶年、勢難遍及。」

(38) 『澎湖庁志』（文叢一六四、一九六一年）、巻二、規制、七二頁。「道光十一年、通判蒋鏞勧捐義倉穀価、自捐俸銭七百千文、副将呉朝祥捐銭二百千文、在地紳民陳均哲、黄寛、紀春雨等各捐銭四百二十千文、生員陳大奎、民人李賞、陳春等各捐銭一百千文、左営遊撃邱鎮功、右営遊撃湯栄標等及各商民陸続湊捐、共得銭三千五百八十五千文。陳均哲三名、詳請議敘。余分別給奬尚義可風匾額及花紅等件。自十三年起、発給支単六十九張、分各澳総理赴署承領、前去生息、年底結価数報官。」

(39) 『澎湖庁志』、巻二、規制、七二頁。「道光十九年、通判徐柱邦以義倉総理五年一換、規過五年之期、未拠各董事郷甲另挙接充、該総理亦無按年赴署算結母利、換具収管。諭飭示限核算、甚至出差究追、訖成虚額。」

(40) 『彰化県志』、巻二、規制志、三八頁。

(41) しかし、光緒期に至って倒壊された。『鳳山県采訪冊』（台湾大通書局、一九九六年）、丁部規制倉廠、一四二頁。「義倉、在鳳儀書院照牆内左廊、平列九間。同治十二年勧捐民穀六千余石、董事生員王応運監理。今顆粒無存、倉亦倒壊。」

(42) 『台陽見聞録』（文叢三〇、一九五八年）、巻上、田賦義倉、六〇頁。「台郡義倉、自道光十八年沈護道汝瀚任内始行創設。官紳捐助共穀二万余石、建倉実儲、選挙倉正、経理出入、官為稽査。立法本極周詳。嗣因地方節次軍需、陸続借動、所存無多。同治五年丁前道重整倉儲、首先捐穀一千石。又追繳偸漏出洋之銅銭一千八百串、買補穀石上倉、並勧諭殷実紳商量力捐輸、共認捐穀一万零五百余石。又追繳前此官紳所借穀四千五百余石、共穀一万六千余石、一律実儲、取具倉収存案。編成「倉廩実、礼義興、風俗美」九字、及続添「慶、豊、登」三字、計十二倉。」

(43) 『台陽見聞録』、巻上、田賦義倉、六〇頁。「（同治）十二年、夏前道献綸復籌買倉穀五万石。内旧存一万一千二百零石、添購二万八千七百零石、紳商捐助一万石。不敷之款、由台湾税釐項下動支銀一万三千九百零両。」

(44) 『新竹県采訪冊』（文叢一四五、一九九八年）巻二、倉廠、六三～六八頁。「竹塹義倉在県城南門内。屋十八間。同治六年、署同知厳金清諭業戸林恆茂、鄭永承、呉順記、李陵茂、鄭恆升、鄭吉利、鄭同利、翁貞記、陳振合、何錦泉、陳沙記、鄭利源、恆隆号等捐建。並設立明善堂、附以義塾、……厳前淡庁捐穀一千石、林恆茂捐穀二千五百石、鄭永承捐穀一千五百石、郊行県順記捐穀四千石、共捐穀九千石。内已収穀三千五百三十七石、除建造倉廒一座計工料費用折変穀三千零三十六石八斗外、実存穀五百石零二斗、全数存倉、係倉正林恆茂経理。未収穀五千四百六十三石等由。……同治六年、同知厳金清復倡捐廉銀一千円、購穀一千石。並紳商業戸所捐、共穀四万九千石。詳請具奏、另撥捐穀三千六百零石為義塾経費。乃於塹城、艋舺二処各設明善堂為義倉、竹塹義倉購金姓屋改造。拠此、則捐穀乃始於婁雲、而創建倉廒則始於厳金清也。」

(45) 『台湾私法物権編』(文叢一四六、一九六三年)、巻四、物権之特別主体第五節慈善事業、一四九八頁。「廠分府於五年冬到任之初、創辦義倉、案査婁前任曾経勧辦、時因未建倉廒、所捐穀石均係捐戸自行存儲、歴年久遠、捐戸半已喪亡倒敗、存穀均帰烏有、間未倒殷戸如鄭如梁一家、存穀本属無多。」

(46) 『苑裏志』(文叢四八、一九五九年)、上巻、建置志倉廒、二三頁。「無如世風不古、毎遇青黄不接之時、告糴者聚而請、収儲者置罔聞。既不見夫義倉、又烏問乎義塾。明善堂之挙、於是乎有名而無実。至於各番社之社倉、社学、亦皆鯨呑公項、廃而不修。」

(47) 例えば、康熙四〇年に諸羅県知県毛鳳綸が五軒、四三年に知県宋永清が五軒、五〇年に台湾府知府周元文が五軒、台廈道陳璸が四軒建てた。『諸羅県志』(文叢一四一、一九六二年)、巻二、規制志、二七頁と『重修台湾府志』、巻二、規制倉庫、六五頁。

(48) 『諸羅県志』、巻六、賦役志戸口土田田園賦税、九五頁。「按旧例、正供之粟、半線以上納斗六門打猫倉、外九荘等処納諸羅山倉、開化、善化、新化、安定四里納府倉、茅港尾、哆囉嘓、下加冬等倉。凡徴粟四万有奇、府倉半焉。故県令一年之間、居郡治者強半。由正供之粟多納在郡、於催科較易也。」

(49) 『重修鳳山県志』(文叢一四六、一九六二年)、巻二、規制志倉廒、四二頁。「鳳邑倉廒、在県治一、収貯近県荘里供粟。在府治四、収貯近郡荘里及舟運可至供粟。」

(50) 『台案彙録丙集』、巻五、戸部「為内閣閩総喀爾吉善奏」移会、一七三頁。「台湾初分県治、止台湾、鳳山、諸羅三県。彼時地広人稀、殷実業戸、皆萃居郡治。即鳳山、諸羅二県年征供粟、業戸大半就郡建倉交収。是以歴年積存供粟、収貯郡城者頗多。」

(51)『台案彙録丙集』、福建巡撫鐘音題本、八〇頁。「台地各倉、従前俱係里民自建、歴年久遠、此内有屋瓦滲漏、牆壁歪斜、応加小修、枋柱倉板朽壊、牆垣傾倒、瓦屋破損、応加大修、又有地勢卑湿、或車路難通、尚須移建、及年久坍頽、必須另行興建。除現在完固倉廒七十一間外、共応修理倉廒一百三十八間。据台湾府知府鍾徳召匠確估、実需工料運費共銀五百二十一両四銭零。……相応在於収捐監生倉価内動撥興修、以為備貯経久之用。」

(52)『澎湖庁志』、巻二、規制、七五頁。「由澎庁向台湾県支領価銀、自行採買、配船至澎散給。同治間、因接済遅延、戍兵索鬧、始帰台県採辦、台庁運載、仍由澎庁発票監放。各兵俱向船艙支領、而武倉遂成虚設矣。」

(53)柯培元『噶瑪蘭志略』(文叢九二、一九六一年)、六八頁。「一在庁治之西、凡三十五間、内十間、嘉慶十六年委員楊廷理建。又五座、二十五間、二十年通判翟淦添建、塡培地基高四尺余、以防霉湿、有倉門楼、晒庭、水溝、墻囲及倉王廟一座、斗及房四間、家丁看守房三間、土囤七箇、並将委員草創辦公草房一所五間修砌貯穀。其倉王廟前東西両房、乃因加放兵米、道光六年署通判烏竹芳増修。一在頭囲営盤之右県丞署旁、三座、十五間、支放頭囲、北関、嶐嶐等汎兵米、嘉慶二十一年通判翟淦建。其始搭蓋草房公所五間、経於是春地震傾壊。凡両処額穀二万石。」

(54)『雲林県采訪冊』(文叢三七、一九五八年)、斗六堡倉廒、九頁。「堡内旧有倉屋九間、又社倉一所、柴裏番社社倉一所、均乾隆年間建。疊遭兵燹、蕩然無存。」

(55)『続修台湾県志』(文叢一四〇、一九六一年)、巻二、政志倉庫、八九頁。

(56)『重修福建台湾府志』(文叢七四、一九六一年)、三四一頁。

(57)『淡水庁志』(文叢一七二、一九六三年)、五三〜五五頁。

(58)『彰化県志』、巻二、規制志、三九頁。

(59)『鳳山県采訪冊』、丁部規制倉廒、一四二頁。「倉廒、在県署後、計十間、嘉慶九年、知県呉兆麟建。道光十八年、知県曹謹修。咸豊三年、知県鄭元杰重修(光緒十四年圮)。」

(60)『新竹県志初稿』(文叢六一、一九五九年)、巻一、建置志倉廒、一五頁。「公館在庁署左畔、与監倉毗連。乾隆二十八年、同知夏瑚建。同治九年重修。今圮毀無存。……査新竹城内倉廒僅一所、在県署左(県署即前庁署)、計一十六間。今廃。其門前街道、俗名粟倉口街。余則為義倉、而非監倉。」

(61)『苗栗県志』(文叢一五九、一九六二年)、巻三、建置志義倉、三五頁。「在大甲土堡内新建文昌祠左畔、県西南五十六里。計屋五間。同治五年、淡水庁同知厳金清諭業戸謝玉麟、王崑崗、陳大賓、蔡学礼等捐穀一千石。因久積耗蝕、現存八百余石。」

(62)『新竹県制度考』(文叢一〇一、一九六一年)、義倉穀石、九一頁。「具稟新竹城内林恆茂号、……縁恆茂経理義倉之穀、此義倉設自前年厳県主捐各殷戸之穀計七百石零零二斗、以防饑年平糶。毎年至三、四月新旧交接、預将旧穀発糶、其銀項繳官収掌。至糶入新穀、其銀項亦由官領出。歴年総存穀七百石零零二斗。至本年四月間、王県主在倉有発穀兌米約有四百余石之数、及日軍到処、倉内尚存穀二百余石。」

(63)『鳳山県采訪冊』、丁部規制倉廒、一四二頁。「一在港西里阿猴街、県東二十里、屋五間、同治十二年勧捐民穀三千五百余石、内除糶売民間得銀二千二百四十七元四角四瓣、置田六宗外、現存銀一百七十一元四角四瓣、穀二百九十二石、交董事生員陳崇管理。」

(64)『台湾通史』、巻二十、糧運志倉儲、五四九頁。「台湾為出穀之地、拓地日広、収成愈多。非遇兵燹、水旱之災、粒食無缺。即有其災、而人民尚義、業戸輒出平糶、楽善之士亦多捐賑、故無道饉之慘。……而正供以改徴折色之故、其後又裁班兵、文武各倉、遂多虚設、漸就傾塌。」

清代巴県の炭鉱経営をめぐる諸問題

宮嵜洋一

はじめに

中国にあっては石炭の採掘・使用の歴史が長いことは、宮崎市定氏の宋代の石炭使用に関する論考「宋代における石炭と鉄」（『宮崎市定全集』九所収、初出は『東方学』）などで知られている。古くは漢代の史料に採炭の記事があり、宋代には石炭は暖房用・炊爨用の都市民の日用の、或いは鋳銭用の燃料として重要なものとなっていたというのである。しかし、農民たちを中心として、日用必需のための小規模炭鉱が急激に開発されていくのは清代以降のことであった。[1] これらは技術的に未熟であるため、炭層が地表に露出しているところか、ごく浅いところにあるところから開発されていく。北京近郊の西山や山西省の大同、河南省・山東省などが代表的なところであり、その中にあって、四川省の重慶府でも清代初期から開発が進んでいた。[2]

筆者は既に重慶府巴県の炭鉱について、経営に関わる寺院のあり方から、また出資契約や雇用契約から、清代の炭鉱経営における経営者の姿、規模や雇用形態について考察した。[3] しかし契約文書からは分析できないところもある。例えば炭鉱で働く人々が現場でどのように日々を送っていたのかなど、日常現実の姿である。本稿では雇用者がどのような階層の人物か、被雇用者がどのような労働形態をとっているか、採掘された石炭がどのような経路で搬出されるかなど、前稿では触れなかった問題を取り上げ、清代の炭鉱経営についてより具体的な実像を浮かび上がらせることを目的とする。

なお、本稿でも前稿から引き続き、『清代乾嘉道巴県檔案選編』（四川大学出版社、一九八九、以下『選編』と記す）所載のものを中心史料として使用する。『選編』には「第二部工商業、二、煤・鉄・銅・鉛・窯・糖等業」に六十四件の「経営紛糾」に関する文書を収めている。炭鉱の現場で起こった事故や事件、契約内容や雇用待遇に関する争いなど、当時の炭鉱の姿を如実に現す史料である。これらをもとにして、清代巴県の炭鉱の実態とそこに存在する幾つかの問題点を考えていく。

一、炭鉱の中で――経営と雇用――

清代巴県の炭鉱が多くは小規模ながら、経営者を替えつつ、長いものでは数十年にわたって採掘されるものであったことは、前稿までに既に示した(4)。清代の多くの炭鉱、特に十八世紀以降急増する群小炭鉱は、資力のある個人や合股により資金を合わせた数人が地主と契約を結び、彼ら出資者自身か何人かの労働者を雇用して稼働するというのが一般的であった。被雇用者は多くが農民で、農閑期の季節労働であるため、冬場のみの稼働という炭鉱も多かった。一般に鉱山の労働は、地下の狭く暗く脆い坑道の中で不自由な姿勢で作業し、酸素不足・漏水・崩落・炭塵爆発などの危険と隣り合わせであるため、過酷なものだとされる。また、多くが山岳地帯にあるため官憲の目が届きにくく、犯罪者などが逃げ込むことも多かったという。従って鉱山では様々なトラブルが発生した。先ず三つの事例をあげる。

①張添徳供、小的巴県人、年二十二歳、父死母嫁、并没弟兄、娶妻向氏已死、没生子女。佃楊応権・姚成秀煤洞挖煤度日。死的沙安銀是小的雇在廠内幇挖煤炭、平日平等称呼、并没主僕名分、也没有仇隙。道光五年七月初三午飯後、小的因沙安銀走出洞外、在坡上玩耍、小的説他躱懶、沙安銀不服、就開口混罵、小的回罵、沙安銀攏来揪住小的髪辮往下按、小的要拳打他小腹一下、沙安銀釈手、向小的撲打、小的順拾地上石塊打他唇吻一下、沙安銀用頭乱撞、小的又用石塊打他額顱近左近右両下、沙安銀用拳打来、小的又用石塊打他胸膛一下、沙安銀倒地跌滾坎下。是楊応権・姚成秀們攏来、把沙安銀扶起進廠、不料沙安銀是那夜二更時候、因傷死了。并非有心致死。（『選編』二八九頁）

②与劉興発合夥佃何姓山地挖煤炭生理、去年小的雇這楊栄甫在廠内幇挖煤炭、毎月工銭三千七百文、因炭已挖空、与楊栄甫算賬。楊栄甫的工銭已経給楚、他還長用小的銭三千六百文、小的把他辞退。本月初七日小的走至東山坪茶店、擅遇楊栄甫、挾小的不請他的嫌隙、与小的肆閙抓扭、把小的抓傷、当有陳仲海們解救、小的才把他扭稟案下。令蒙審訊、小的被楊栄甫抓傷属実、把他責懲、諭令楊栄甫長用小的銭三千六百文、小的譲去、日後小的不得復向楊栄甫討要、遵断就是。（『選編』二九〇頁）

③情劉朝級・王有順・王徳隆夥開煤炭廠、請蟻子李三保幇伊拖煤。前月初六朝級二人使蟻子進炭洞放水、被水冲溺死命。初七日朝級始向蟻説知、当即赴轅控究、朝級等情虧、央約隣黎浩然・馬洪元等動説蟻子死不復生、自愿出銭二十七千、以作蟻子超度棺木費用、承認屍淘獲交蟻領埋、蟻立領約交与朝級。豈朝級套約入手、将領約更換、延今日久揹屍不淘、蟻向理問、無端凶凌賭控。惨蟻子三保被朝級等支使放水害命、情実痛切。迫叩仁恩賞准喚訊、懇飭朝級淘獲蟻子屍身、生死瞑目。（『選編』二九〇頁）

①は道光五年九月十五日の県衙門の申文で、楊応権と姚成秀の炭鉱を賃貸して生活する張添徳が雇用者の沙安銀を殴

り殺したとの供述である。②は道光十二年九月九日の熊昌言の供述書で、何某の土地を借りて劉興発と合股により炭鉱を運営していた熊昌言が雇用者の楊栄甫と賃金の支払いでもめて傷を負ったものである。③は道光十九年十二月七日の李芳遠の告訴状で、劉朝級・王有順・王徳隆が合股して運営する炭鉱で我が子李三保が坑道内の浸水により溺死し、その後遺体の回収が進まず、運営者との談判も物別れに終わったために訴えたものである。

上記の文言から確認できることをあげてみよう。先ず、いずれも「幇挖（拖）煤炭」するもの（及びその親族）と雇用者とのトラブルである。「幇」は「なかま」を意味する場合もあるが、この場合は「助ける、補助する」の意味で理解できる。すなわち被雇用者一般を指す言葉である。②に毎月工銭三千七百文とあり、別に「在廠幇工毎月給工銭八百文」（『選集』二九〇頁の道光十八年姚廷宗告状）、「幇蟻炭廠炊爨、毎月工銭五百文」（同じく二九〇頁の道光二十三年夏明風訴状）というものもある。炭鉱での労働は多岐にわたり、採炭・運炭・排水・換気など職種や仕事の軽重で工賃に差があると考えられる。(5)

次に①の楊応権・姚成秀、②熊昌言・劉興発、③の劉朝級・王有順・王徳隆らはいずれも事業主といえるが、地主から鉱区を借りたり、鉱区の運営権を持つものから借りたりして、実際に現場で運営を行っていることが窺える。①では事件の直後に楊応権・姚成秀らが現れているし、③では劉朝級らが直接仕事の指示を出していることから間違いない。ここから、地主の直接経営、地主→貸借者→事業主、地主→貸借事業主など、様々な経営形態があることがわかる。ちなみに、①では張添徳は「応照凡論」により「絞監候」という判決が下される。③の場合はこの告状が出される以前に約隣らを仲介として経営陣と李三保の一族の間で話し合いがもたれ、炭鉱主の李徳隆・李有順が銅銭二万七千文を拠出し、葬儀に費用に当てる代わりに経営側の失態をとがめないとの誓約が交わされる。(6)しかし、遺骸の捜索が進まず、遺族側と経営側との不信感が増幅し、この告状の提出となったのである。

③に見られるような雇用者側と被雇用者側との争いはしばしばあったようで、例えば道光六年十月六日の張居明の訴状に、

情周爾富炭山与生炭山相連、嘉慶二十一年十月生与爾富所佃炭山一半開挖、議明周爾富之山炭尽、不得称言山価、爾富立放約与生為凭、審呈。二十四年始行見炭、議毎月山租銭二千二百文、生立佃交伊。外佃爾富之地起廠堆炭、毎年租谷一石二斗、係伊佃戸黄俊章所収無欠。其山価爾富年年収清。至道光元年十月爾富之山炭尽、十七日凭管賑韓廷美等、算明山価。生山之炭尚在開挖、炭廠未拆、佃約未便掲還、廷美立筆、均注簿凭。三年爾富亡故、生炭山亦尽、前月初九日拆廠、十八日凭熊懐義・陳応隆等請爾富之子国儒前来掲約。有生前雇挖炭許宗徳因窃炭売、被生稟前李主、審実責枷挟仇、唆使国儒揹約不掲。更乗爾富已死、藉故約為由、引国儒来轅、于本月初三日架以欺孤勢騙、控生叔侄在案、蒙批喚訊。但山価廠租悉清、毫無下欠、訴懇并究。（『選編』二八一～二八二頁）

とある。相連なる土地で炭鉱を賃貸して経営していた二人の人物が隣接する炭鉱を経営していたが、片方の死を巡って遺族との争いが起こったものであるが、この背景には雇用者と被雇用者との間の確執があったのである。訴状によると張居明と周爾富は隣接する炭鉱をそれぞれ賃借りしていたが、周爾富の炭脈がつきて契約を放棄して張居明に譲渡した一方で、後に張居明はそこに新たな炭脈を見つけて周爾富と新たに契約を結んで彼に賃料を払いその土地を貯炭場として利用することにした。炭脈が途切れた段階で周爾富との精算を行い、自らの炭脈も尽きた段階で全契約を終了することにした時、既に死去していた周爾富の遺児が訴訟を起こしてきた。その背景には、以前張居明の炭鉱で働いていた許宗徳が石炭を盗売したことを理由に首になり官憲に訴えられて罰せられたことを恨んで、周爾富の遺児を唆して虚偽の訴訟を起こさせたものだ、という。一見、隣り合う炭鉱の経営者同士の争いとみえるが、その実鉱山経営者とそこに雇用されていた者との争いである。

さて、雇用者と被雇用者間のトラブル以上に多いのは、地主と（賃貸）事業主との間の契約に関わるものである。賃貸料を払わない、契約にない坑道を掘った、鉱区の周辺に対して迷惑をかけた、などの問題は非常に多く、例えば道光三年一月二十一日の陳朝簡の告状には、

情嘉慶二十一年秦国瑞佃生祖父挿業地名龍塘溝大山煤炭洞口開挖、凭証議明、毎歳山租銭二十四千、限定二・五・八三季先交後挖、毎年外認焼炭五百挑、均係注明、佃据審呈。不料国瑞乗佃年久、視如已業、去年不知何日、胆私窩招外来面生多人、在廠聚賭・酗酒・滋擾。生居遠隔、及去臘月査覚、辞退封洞、得免貽累。不料国瑞今正初旬、将封洞復開估挖、凶不敢阻、激（檄？）投葯隣□正規等約十九日集龍風場講理、国瑞父子藐衆不依、統率多人、在場尋殴。生弟朝柱被秦国瑞・秦仕富朋扭在地、挙打脚踼、凶傷両肋両膀。奔護救、被推跌地、幸李燦章等人衆解救。只得匍叩仁恩、賞験訊究、以儆悪佃凶覇刁風。（『選編』二八一頁）

とあり、陳朝簡の父祖からの遺地を賃貸している秦国瑞が起こしたトラブルが描かれる。ここからわかることは、先ずこの炭鉱が嘉慶二十一年以来八年間操業していること、地主の陳家は炭業には関わらず、毎年二万四千文の賃貸料と年五百挑の石炭現物を受け取っていることである。陳家が炭業に直接関与していないことは、炭場での賭博・酒盛り・周辺への迷惑行為を長年察知していなかったことからもわかる。また、この炭鉱が秦国瑞と仕富親子によって運営され、他所からの工夫を雇用して運営されていたことも確認できる。

しかしながら陳家と秦国瑞の争いは更に続く。同年三月四日には今度は秦国瑞が陳家との契約に関連する訴訟を起こしている。

情蟻嘉慶二十一年臘月内、佃陳燦章・陳朝用・陳朝梁叔侄等大山開廠挖炭、議定毎年山粗銭三十四千、炭尽還山、按年認給焼炭五百挑、限定毎挑重九十斤、作価二十五文、凭傅顕堂筆立佃約、燦章執据。蟻費用銭四百余千工本、

破埧取石、均係借貸未還。不幸蟻洞碼門、又与謝開芳洞口品連、去年挖出鋪山大炭、于七月内謝開芳与蟻書立合同、両不侵占、各挖各界、忽于臘月三十陳燦章率領多人、封塞蟻炭洞門、不許挖炭、去年陳燦々章長挑去蟻煤炭二百担、捐不照議開蟻炭価、更将蟻原立佃約更換、害蟻費本、一旦絶生、何能甘休。為此叩懇訊究、俾蟻得救工本瞑目。（『選編』二八一頁）

ここに記されるように、秦国瑞は嘉慶二十一年十二月に、陳燦章・陳朝用・陳朝梁叔甥等の大山炭鉱を、毎年賃料三万四千文、採炭終了時の返還、別に年五百挑の石炭を毎挑九十斤価二十五文で納める契約で賃借りしている。秦は工費四十万文をもとに、採掘を始め、現在も操業中である。炭場の搬出口は謝開芳の炭場と接しており、昨年採掘した石炭は、七月に謝開芳と「互いに侵占せず」との契約を交わし、それぞれの炭場で採掘を行っていた。ところが前年の十二月三十日、陳燦章が人手をつれて炭場を封鎖し、採炭を許さず、昨年分の石炭二百担を、認定の炭価に照らさずに持ち去り、更に契約を反故にしてしまい、損害を受けたというのである。

ここから秦国瑞が陳朝簡所有の土地だけでなく、陳燦章所有の土地でも炭鉱を経営していることが確認され、恐らくは炭鉱経営を中心に生計を立てている存在だと言えよう。また、後者の訴訟に登場する陳朝用・陳朝梁が前者の陳朝簡と「朝」字が共通するため、兄弟または従兄弟だと仮定すると、地主と炭鉱の運営者との間には、経営をめぐって対立が起こりやすい状況にあったと言うことができよう。こうした対立は、嘉慶二十年三月二日の李定元の覆状にも確認できる。

情前月二十二日有許仁鶴以控封估挖、稟称伊文（父？）許観国于乾隆五十九年将荒山之地佃与張先廷開挖煤洞、為租銭不清、許観国控前捕府訊封有案。去年二月佃与許廷開挖煤洞・肆伐山樹等情在轅、批奉官封禁煤洞、何敢開挖、着該地隣査覆。蟻等奉委査得王良輔于乾隆五十年将業掃売許観国、幷未摘留寸土。五十九年観国将荒山之地、佃佃（二重？）与張先廷開挖煤洞、張先廷騙租不納、観国控経前任捕府路主差喚、両造講和息銷案。去年二月観国又将荒山佃与許廷挖炭、亦騙租不納、観国又控左堂彭主、両造講和請息銷案。不料去年十月許観国亡故、其子許仕（仁？）鶴年甫十一歳、王良輔父子乗観国亡故、欺許仕鶴年幼、統凶覇挖、以致許仕鶴控案。蟻等勧令王良輔搬移息事、奈王良輔執拗不依、只得繳委覆。（『選編』二七九頁）

先月二十二日に許仁鶴が採掘禁止を訴えることがあり、その中で、彼の父親、許観国が乾隆五十九年に荒山の地を張先廷の採炭に賃貸したが、賃料不払いのために、許観国がお上に訴えて封鎖したことが、案件として残っている。前年二月許廷の採炭に賃貸し、勝手に山林を伐採したとの訴えを起こし、官許を経て炭鉱を封鎖したが、何故あえて採炭したのかを、該地の隣保らを通して調査報告があった。報告では、王良輔が乾隆五十年に土地を許観国に売却しているが、その地は未だ渡されていない。五十九年になって許観国は荒山の土地を張先開の採炭に賃貸し、張先開は賃料を納めずに、観国は前任の知府に訴えて、和解した。去年二月に観国は再度荒山を許廷の採炭に賃貸し、また賃料不払いにあい、観国は県に訴え再度の和解をみた。ところが、はからずも昨年十月に許観国は物故し、その子の許仁鶴が十一歳と幼いことにつけこみ、王良輔親子は観国の物故に乗じて、炭鉱を乗っ取り、許仁鶴の訴えと相成った、というのである。

この史料の中核は、許家と王家の土地の売買をめぐる紛争であるが、許家が土地内の炭場を二回にわたって賃貸し、いずれも租賃不払いで訴訟になっていることに注目したい。特に許廷の場合は勝手に山林の伐採を行ったとして訴えられている。おそらく坑道の資材に使用するための伐採であると考えられる。また、道光十年三月二十三日の汪大興の訴状にも、

情蟻父逢源于嘉慶七年承佃周紹昌・周大用父子地名水花洞左辺山地、開洞挖炭、毎年納山租銀六両。承佃過手、

倩匠鑿石費工程載余、用銀一千数百金、始行開出洞口挖炭。十二年九月父又以銀八十両、承頂陳万俸等夥内所佃紹昌花水洞右辺山地炭洞二口、亦帰蟻父開挖、頂約審呈。蟻父物故、係蟻接手。道光四年大用父子窃蟻挖出正炭一綫、要蟻加認山租、重立佃約、毎月格外納炭二十四拖、幷未短少。不料八年冬月崩洞内、圧斃一人、報前趙主有案、一切用費係蟻供辨、大用父子未費分厘、反藉勢不許開挖。投経約隣陳悦来等理論、酌議閉洞両口、只開一口、蟻自去但做至六月、因折本停歇。今二月始措工本開挖、遭大用父子把阻。仍投原凭理剖多次、蟻父子用費工本、傾家廃産、応帰蟻挖、以顧工本。殊大用違議、不依衆剖、于本月初九日、架捏痞踞覇造控案、批候喚訊察究。切蟻父子佃租開挖多年、廠係先前起造、今以培修捏為痞踞覇造、幷捏招留匪類等謊。訴懇賞集約隣質訊、虚実攸分、免遭阻害、全家有頼。（『選編』二八二〜二八三頁）

とあるように、嘉慶七年以来、親子二代にわたって炭鉱を賃貸していた汪大興に地主との争いが発生した。長年の賃借りの中で坑夫の人件費・坑区内の備品代などに多額の資金を拠出しつつもようやく経営を軌道に乗せ、また近隣の鉱区においても合夥契約を結んで新たな炭鉱を開いて軌道に乗せた汪逢源の遺産は、遺児大興が相続した。汪大興等の炭鉱が利益をあげるのをみた地主は、新たに契約を結び直して賃料の上乗せを図り、汪大興等はそれを飲んだがその後の賃料の支払いを滞らせたことはなかった。それにもかかわらず、坑道崩落事故を契機に資金繰りがうまくいかなくなり、経営を縮小してやがて停止した。その後、なんとか資金の目処をつけて経営を再開しようとしたが地主側の邪魔を受け、あろうことには炭鉱の占拠や匪賊を匿ったなどと虚偽の訴えを受けたというのである。

この訴状からは次のことがうかがえる。まず、経営状況の如何によっては地主側からの契約更新が行われること、次に鉱区内での事故に対しては地主側は責任を持たず、経営側が責任を取るということである。とはいえ、これらについては当然のことながら鉱区を賃借りして経営にあたっている側は大いに不満を持つこととなる。訴状の中には親子二代にわたって経営を軌道に乗せるために多額の出費をはじめとする多くの苦労があったことが語られる。先に示した李三保の水死事故でも経営者側が賠償金を支払っていることから、鉱区内での事故については経営者が責を負うのが通例であるようだが、地主側の全くの「知らぬ顔」ということについては、経営者側も大いに不満を持っていたようである。

さて、もう一つの事例を挙げてみよう。

情蟻正新係蟻学翰胞侄、嘉慶十八年蟻等合将未分業内山脚炭洞大小一共九連、放佃与喩徳良、取銀六十両、毎月租銭八百文、注明炭尽還山、銀両無還。憑衆摘出山頂炭洞放佃、作蟻正新之母養膳。至十九年将山頂炭洞与呉仕海、収押佃銀三両、毎月租銭六百文、約仍載明山頂二連炭尽還山、各有分別。豈呉仕海・呉永忠叔侄心生凱（覬？）覦、于前月二十四以重佃覇害事、控喩徳良、蟻等左堂。本月初三仕海叔侄又以悪覇凶傷事控轅。沐准差喚、応不稟涜、但徳良捆買蟻等山業挖炭係在山脚、仕海所佃係在山頂、界限攸分、并非重佃。仕海・永忠居心貪謀、妄称重佃凶覇、難逃恩電（『選編』二八〇頁）

これは、嘉慶二十三年三月二十二日の陳学翰等の稟状である。陳学翰・陳正新叔甥らは山脚炭鉱を喩徳良と契約して賃貸し、山頂炭鉱は別に呉仕海と契約して賃貸した。契約から四年たった段階で、呉仕海らは喩徳良を重佃の罪で訴えている。これもまた、自己の炭鉱経営を確立するために運営者が権利を打ち立てようとする動きの一つとして見ることが出来よう。

ここで注目すべきは「山頂」・「山脚」の用語である。ここでは、陳家の所有地の山脚を喩徳良に「銀六〇両・月八百文、採炭終了時の返却」という条件で、山頂は呉仕海に「押佃銀三両・月六百文・採炭終了時の返却」という条件で貸与している。これに対して呉仕海は「重佃」との訴訟を起こしている。これをどう理解するかが問題であろう。

単に「山の上部」・「山の下部」を意味するのか、それとも運営権の重層化、即ち炭場の権利関係が一田両主制の「田皮」・「田面」・「田底」のごとく、錯綜しているのではないかということである。『選編』の炭鉱契約文書においては七件の「頂約」と九件の「頂」字を含む契約文が納められている。残念ながら「脚約」とされるものは残されていないが、「頂約」文書を通して「頂」字の意味を検討してみたい。

『選編』二六〇頁の「汪文献出頂約」(7)は、嘉慶九年の十二月に地主許成立の長溝炭鉱の坑道一つと通風口二つ、九盤溝炭鉱については坑道一つと通風口一つを、汪文献と曾順礼が夏洪順に二万文にて「出頂」したものである。同じく同頁の「夏洪順佃約」(8)は、嘉慶十年三月に同じく長溝炭鉱の坑道一つと通風口二つについて、押山銅銭二千文及び月毎に山価銅銭二千五百文を支払うことを「佃約」したものである。ここから考えられることは、炭鉱の運営権が所有権から自立して売買されている、ということである。従って夏洪順は運営権を買い取った後で、改めて佃約を地主と取り交わすことになった。

また、同二六一～二六二頁の白廟子炭鉱の僧通祥と劉長発との一連の契約文では、嘉慶十一年に羅先朝から運営権を得た劉長発は、十五年正月に僧通祥と合夥し、同年八月に通祥が「無人力照管」であるため自らの運営権を陳得揚に「出頂」し、同年十二月には劉長発までも「因別貿易、自不愿挖」ために「出頂」していることが書かれている。同二六四頁の「万正元頂約」(9)では、嘉慶二十三年六月に白雲寺僧宗伝の所有地の炭鉱の運営権を、趙大順・趙光緒から馮体仁・楊正太が買い取り、更にそれを万元正が「包頂」している。

白廟子炭鉱については、同二八〇頁の嘉慶二十四年の陳紹卿の稟状がある。(10)文中の父親の名前は読めなくなっているが、恐らく得揚であり、紹卿はその子供であると思われる。この稟状は僧通祥（稟状では通禅となっているがここでは通祥に統一）を訴えたものであるが、嘉慶十五年八月に陳紹卿らが通祥から「僧人不便生理」であるからと運営権を譲り受けて劉長発の胞弟長徳と合股したが、二十四年になって劉長徳が資金不足から権利を紹卿に売り渡した。その後、利益が上がらずに操業を停止させることを紹卿は通祥と話し合っている。

これらの史料を見る限り、運営権は炭鉱所在の土地とは別に売買されていると考えられる。また、僧通祥は僧侶であり炭鉱の運営には不慣れなことをわかっていながら運営権を買い取り、それをまた即座に転売している。その際、炭鉱の操業停止に関する話し合いに参加していることをみれば、運営の一端を担っていることが窺える。ここから考えるに、炭鉱の実際の操業は陳紹卿が行っているが、通祥も操業をめぐる問題に関与していることを考えれば、運営権の一端を持っていることとなり、ここに二重性があるように見える。史料数が限られているためこの場での結論は出せないが、いずれにせよ、これらの史料は、出来うる限りの利益を上げるために地主側は採炭者から賃料を得ようとし、採炭者側は周辺の資材を利用し或いは賃料の支払いを引き延ばして、鋭意対立する姿が浮かび上がってくる。[11]

土地をめぐる争いは、当然のことながら地主同士、或いは採炭者同士の間にも発生する。乾隆五十八年十月二日に牛威遠は次のように訴える。

縁蟻祖挿業公共大山、南界与張紹先連界、以大山嶺直下為界、蟻界在右、管今百十余年無紊。因此山業鉄砿煤洞、乾隆四十年有趙万□佃蟻山業起房住坐、開挖煤洞。四十二年蟻侄牛耀添佃蟻公共田業居耕、均立有佃約現据、今蟻另佃与劉世貴居挖煤洞、前月二十四遭悪棍趙顕貴与伊侄趙秀海、籍実張紹先之業、越過山嶺在蟻左界内約有三百余丈、統凶不知姓名十余人、各執棍棒、擁至炭洞凶阻、不許開挖赶。世貴父子畏凶躲避、悪等赶至蟻侄耀添家中逞凶、拆毀座屋、幸侄在渝未回、蟻侄婦女奔避得吉。蟻経界隣唐公盛・尹元先等向理、悪仗強梁、逞凶賭控、衆莫可何。似此豪悪越界覇占、統凶拆毀、理法奚容。迫叩仁憲、賞准差拘、訊究保業。(『選編』二七九頁)

百年以上にわたって先祖伝来の所有地を管理し、その土地を或いは炭鉱の経営のため、或いは農耕のために賃貸してきた牛威遠は、この年になって境を接する隣地の地主と紛争を抱えることとなった。隣家の関わりのヤクザものが突然牛威遠の土地に侵入し、炭鉱を封鎖し農地を破壊した。これについて「似此豪悪越界覇占」と評しているが、恐らくは炭鉱の強奪を意図したものではないかと思われる。また、道光十年三月二十三日の張正河の首状には、

情蟻父張奇茂受業係与蟻堂兄張正鰲・正第之業界連、蟻父業内葬有租（祖）墳。乾隆五十四年正鰲弟兄将伊両股業売蟻父、不料蟻父与正第倶故。去年蟻在父業内開挖煤洞、隔蟻祖冢数里、本月初三日、突遭正鰲之孫張在林業売無聊、串正第之子張北成向蟻索銭二十千不遂、十六日捏以截脈冢、控蟻于木洞司主、差喚。蟻投団隣鄭春林・蹇智章等看明、蟻無惊冢、況此祖墳未在北成叔侄売業内、理斥逆等。無如在林等恃横不依、堅要借索、抗不赴訊、害蟻拖累。為此首懇拘究。（『選編』二八二頁）

とある。即ち、隣接する地所をもつ張一族は、張正河の所有地に正河の祖父の墓があった。正河はその所有地の墓から数里隔てたところに炭鉱を開いた。一族の者がその所有地を売った際に資金の拠出を迫られ、断ったところ炭鉱が墓所を犯したとして訴えられている。炭鉱が墓所の龍脈を断つという炭鉱の存続をめぐる問題は、炭鉱・墓所ともに山岳地・丘陵地に多いためしばしば見受けられることである。ここでは、一族の土地争いの焦点に炭鉱と墓所が提示されるのである。次に挙げる陳顕揚の道光十五年二月二十三日の訴状は、炭鉱の利益配分をめぐる一族の争いである。

情生始祖康熙二年挿業地名龍塘溝、乾隆五十八年生父燦章与生堂侄文才之祖天章両房分晰、所有山底煤炭公同放佃収租、立有合約各執。天章弟兄又分五股。嘉慶十一年憲章将伊受分連買朝忠共計二股、出売与生父、契据臨審均呈。従此招佃挖炭、租銭毎千生収七股、文才・文翰・文献各房共収三股、多年無紊。去七月生同文翰招佃趙之品即東元開挖炭硐、毎万斤租銭六百文、亦係照三七分収。去臘月遭文才甫招新佃李毓倫唆使、文才捏以久覇抗理控案、批凭約族理処。今正十二凭族陳朝芳・朝福理明、炭分収租銭、何有欺覇情事。殊文才又聴毓倫唆使、本月

初十、以恃勢欺覇控案、批候勘喚訊。如此悖据捏控、以堂叔控為遠房、法均難容、訴訊究唆。（『選編』一八三頁）

即ち、陳顕揚の祖先は康熙二年に龍塘溝に業を置き、乾隆五十八年に父親の燦章と顕揚の甥文才の祖父天章で相続し、炭鉱を賃貸に回して租をとることを約して契約をたてた。天章の兄弟はまたそれを五股に分けた。嘉慶十一年、憲章は彼の相続分と朝忠の分合わせて二股を顕揚の父に売り、協議の上で契約を交わした。これらの貸与炭鉱からは租銭千文毎に顕揚が七股、文才・文翰・文献の各房が三股を取り、長年問題は生じなかった。昨年七月も顕揚と文翰が賃貸している趙之品即ち東元開が借りている炭鉱で、一万斤毎に六百文の租銭を徴収し、三・七に分けた。十二月になって文才が新たに募った貸借人の李毓倫に唆され、文才はこの利益配分に意義を申し立て、郷約の指導の下で一族の判断に任された。今年正月十二日、一族の陳朝芳・朝福らは、炭鉱の租銭の分け方に何らかの誤魔化しがあるかどうかを審理した。文才は再度毓倫の唆しを入れて、本月十日に再度、威力占有のかどで訴えをなし、状況を明らかにすべきとのお達しを受けた。このようなでっち上げは一族の叔父を訴え一族から遠ざけるものであり、難しい問題だが、厳しく究明して頂きたい、とある。

ここでは、一族の土地を炭鉱経営に共同で賃貸し、その利益の取り分をめぐって争いが生じている。この文言のみでは炭鉱の貸借人同士の関係が明らかではないが、恐らくは陳文才と李毓倫とは親しい間柄ではないかと推測できる。従って李毓倫の教唆により陳文才は長らく続いてきた一族内での取り決めに意義を申し立てたのではないかと思われる。自分に近しい地主の利益を上げることにより、契約内容を有利に更新しようとする賃借り経営者の意図によって生じた争いごとだとみなされよう。

最後に、鉱山の運営をめぐる賃借り経営者に対する地主・雇用人それぞれの発言について示しておく。以下は、道光六年十一月十日の黄正新らの供述書である。

据黄正新供：小的業内炭山、去年七月放佃与秦宗林挖炭、毎年是認小的佃銭三千文。今年二月小的叔父揷有点辺界在内、経団衆理説、叫他格外認給叔父銭一千五百文。平日凭他開挖。（以下略とあり）

据黄正楷供：今四月秦宗林該欠小的会七百文、又該小的替他承担欠人菜籽銭六百文、過後只収過他四百文。屢討不還、小的把他廠内鉄掘拖子拿了是実。今沐審訊、所欠小的銭九百文、不応拿人器具不還、将小的掌責。（以下略とあり）

据陳石寶供：小的平日是幇人拖挖煤炭苦度、因秦宗林該欠小的身工銭二百三十文、屢討不還、小的才去在他炭洞内挖了六・七拖炭是実。今沐審訊、小的実係貧苦、蒙将小的省釈免責、断令両相抵扣、以後不許再索。公断平允、小的具結以後再不多事就是。（すべて『選編』二八二頁）

地主黄正新・正楷らは秦宗林に所有地内の炭鉱を賃貸していたが、秦宗林は賃料の支払いを途切らせる傾向があり、この年衆議により半額を支払わせている。また同じく農地も借りており、そちらにも欠損分や前貸しの種籾代などもあり、そちらの不足分のために炭鉱内の器具の差し押さえを受けている。その一方、雇用している坑内の運炭人に対する賃金支払いをも滞らせ、雇用人による石炭の差し押さえまで受けている。秦宗林の経営は、破綻状態にあるようだ。このように、経営破綻の場合は坑内道具や石炭現物の差し押さえを受けることがあった。

炭鉱の運営には、地主・賃借り経営者・経営者による雇用者の間に、契約内容の齟齬や契約上及び坑内での人間関係などから様々な問題が生じてくる。こうしたトラブルをめぐる文書群からは当時の炭鉱経営に関わる具体的な在り方が見えてくる。長期の経営機関の中で契約が複数回更新されたり、炭脈が消長することによって契約内容が実体とそぐわなくなってしまうことがあれば、どうしても契約を自己に有利に運ぼうとして紛争になってしまう。また、坑内で事後があった場合、基本的には経営者がその補償を行うが、地主にもそれを期待するむきがある。地主と賃借り経営者が賃貸契約を結ぶ際には、経営者が交替するにつれてその経営権は典買に典買を重ね、「山頂」・「山底」など複雑な権利関係を生むこととなる。

二、炭鉱の外で――輸送と仲買――

採掘された石炭は、炭鉱の殆どが人里離れた山中に存在するため、山岳地帯の道路を経由して都市部に運ばれる。例えば山西省の霊山で有名な五台県では、山中の採炭地（史料の記述からみると露天掘りの炭鉱だと考えられる）から採掘者が背中に担いだり驢馬に積んだりして細い山道を下り、県城の市場まで運んでいた(12)。採掘者は近在の農民であり、農閑期の副業として石炭を掘って運び、販売していると考えられる。この場合採掘権がどのような形式のものか、誰に販売しているのかは不明だが、採掘者が運炭していることは窺える。

十九世紀の巴県の場合、炭鉱の運営者が人夫を雇って現地から都市部へ運搬していたことが、史料に記されている。道光二十年六月の王時中等の供状に、

小的們都在正里四甲白雲寺葉林溝□龍門大嶺崗各処地方開設炭洞、挖炭生理、向雇力夫挑負至金剛碑碼頭売与炭坪聚興合們承買、囤積転売上河一帯炭客、装赴各処。（『選集』二九四頁）

とあり、王時中等は正里第四甲の白雲寺・葉林溝・□龍門・大嶺崗などで炭鉱業を営んでおり、力夫を雇って金剛碑碼頭まで採掘した石炭を運び炭坪聚興合などを仲介して上河一帯の外来商人に転売していたことがわかる。この力夫であるが、石炭専門の運搬業者がいたようで、道光二十七年九月二十五日の李先元の告状（『選編』二九五頁）には「情蟻等在地名白雲山挑売煤炭生理」とあり、石炭を運搬することを生業としているものの存在が確認できる。彼ら

は脚夫と呼ばれ、そのの存在が王朝期の流通を支えてきたことは既に指摘されている。(13)

四川省巴県の脚夫については山本進氏の論考があり、出身地ごとに幇を形成していた碼頭の脚夫が、十九世紀初頭ころには搬運形態ごとに幇を形成し始め、やがて碼頭の幇から自立して行戸から搬運を請け負う「管行脚夫」と呼ばれるようになることが示されている。(14)地形的に坂が多い重慶・巴県であるが、そもそも炭鉱の多くは都市部から離れた山岳地帯にあり、消費地までにはかなりの距離を険しい山道を抜けて輸送されることとなる。まず鉱区で採掘された石炭が如何にして消費地（或いは中継地）まで運ばれていくのかを見てみたい。

先述した動向二十七年の李先元の告状を改めて検討してみよう。

情蟻等在地名白雲山挑売煤炭生理、屢被収買煤炭発売之蔣万順等、以発潮食米勒算蟻等炭価力銭。于道光二十二年六月内経蔣明章・梁維富等呈控、収買煤炭之任最興・高最興等于前李主。審訊朱断、銭米均可買売、煤炭只許聴其脚夫廠戸自便、無庸炭鋪握勒。結案。八月初三出示暁諭、案在工房。突于今春有収買煤炭之鋪戸呉恒豊・劉済川・蔣万順・姚協盛仗恃刁悪、串通一局、欺視蟻等貧朴、毎常以所買発潮食米、勒算煤炭価値・脚力銭文、稍払其意、伊等動輒停秤把持。又阻不許蟻等挑炭売与船客、吼称定要陥蟻等全家老幼絶食難生悪語。蟻等忍至于今、于本月二十二日蟻等向恒豊等哀情請不必把持、絶蟻等生活之路、伊等仍復握勒阻滞不休。惨蟻等挑炭苦民、翼賺微資、養活全家老幼性命、遭此恃欺勒阻、横順卡掯、蟻等不能苦力活生、現今挙家受尽飢寒、情甚可憐。協懇仁憲垂憐喚究、均沾不忘。

即ち、私どもは白雲山にて石炭の運搬販売を生業としており、屢々石炭商の蔣万順らに買い上げてもらっており、潮かぶりの糧米に換算して費用を頂いております。道光二十二年六月に蔣明章・梁維富らが石炭商の任最興・高最興を前知県の李某に訴え出ました。審議して銭米は均しく売買するもので、石炭は脚夫や廠戸らの自弁のみを許し、石炭鋪の独占はさせないと結論し、結審しました。八月三日に県の布告が出されたことは記録に残っております。ところが今年の春、石炭商の呉恒豊・劉済川・蔣万順・姚協盛らは結託して悪だくみを行い、私どもの貧しく無学なところにつけこみ、潮かぶりの糧米で換算する石炭の価格・運賃を、意図的に操作し、秤を使うことすら拒否するようになりました。また、私どもが他省の商人に売ることを許さず、私ら一同老幼すべて食えねば生きられまいとの憎まれ口をたたきました。私どもは今日まで堪え忍んでまいりましたが、今月二十二日、恒豊らに私どもの苦境を訴えましたが、態度を改めません。私どもあわれな石炭担ぎは、僅かな元手で稼ぎを得、老いも若きもすべて養っており、こたびの悪だくみに遭いますれば、生きていく術もなく、飢えに苦しんでおります。お上のほうできちんと調べて改善していただきたいと思います、とある。

この史料から以下のことがわかる。まずは①李先元らは白雲山一帯の炭鉱の石炭を運搬販売することを生業としていること、②巴県へ運搬した石炭は石炭商に買い上げてもらっていること、という二点である。先の、王時中の供状にも「雇力夫挑負至金剛碑碼頭」とあるように、彼らは運輸を専業とする存在とみてよいだろう。白雲山の諸炭鉱に雇われ、産出した石炭を巴県城の金剛碼頭に運び、そこで石炭商に買い取ってもらうものである。山本氏は碼頭を起点とする幇の脚夫と行戸に属する脚夫を提示するが、石炭あるいはその他の鉱産資源の輸送の場合は、むしろ鉱山に属する脚夫があったと考えるべきであろう。

更に、③石炭の買い取りには石炭商の意図が強く反映され、潮かぶり米での換算が行われていたこと、④県城に集積された石炭は他省へも販売されていたこと、などもわかる。石炭商と鉱山経営者及び脚夫との関係であるが、先述の王時中の供状では「原有成規」として天秤二百八十斤を一斗とし、銀銭で買い取るとされている。それが雑糧価格に換算されていることや、石炭商が大秤で量ることが問題とされている。この問題については同年六月十三日に巴県の告示が出されており、全文を示すと以下の通りである。

為暁諭事。照得買売煤炭、原有向規、以無秤砝碼較准針秤以二百八十斤為一斗、歴係銀銭買売、聴凭両愿、允悦交易。茲本採訪問、近有漁利之挙、図肥已（己？）嚢、以雑粮貨物勒算炭価、并用大秤過収、稍不遂意、動輒停秤把持、以致廠戸力夫受其盤算、種種悪刁、殊堪痛恨。除飭差厳密察拿外、合行示諭。為此示仰炭幇人等知悉、嗣後爾等買売内外各連煤炭、須照前規、仍以銀銭平価公買、不得再用雑粮折算、勒短脚夫力銭、把持停秤、滋生弊端。自示之後、倘敢仍蹈前轍、一経査出、或被告発、定行拘案厳懲枷示、決不姑寛。該廠戸等准赴場市挑買食米、該客長等不得阻滞。爾等亦不得藉故停挖、致使匠作人等流離失所、如違致干并究。各宜凛遵毋違。特示。

（『選編』二九四～二九五頁）

暁諭す。調べによると石炭の売買にはもとより規定があり、針秤で二百八十斤を一斗分とし、これを更に銀銭に換算して売買することを、両者合意して取り決めてきた。今回現場で取り調べたところ、最近暴利を貪り己の懐を肥やそうとするものがあり、雑糧の価格で石炭を買い取ったり、大秤を使って過分に石炭を量ったり、それが通らなければ取引を停止することがあり、廠戸や運搬業者が難を受けており、種種の悪だくみは痛恨の痛みである。これらは捕り手を使わして厳しく取り締まり、併せてここに触れを出す。炭幇人らに告げる。以後そなたらが内外諸処の炭鉱と取引する際には、須く前の規定に従い、銀銭平価にて公買し、再び雑糧価格にて換算して、運輸業者の運賃をかすったり、取引停止などの悪だくみをおこさぬよう、心得よ。以後、もしかくの如き不心得があり、発覚及び告発があれば、厳しく取り調べて拘束し、決して許しはしない。該当の廠戸らが市場にて食米を贖うのを邪魔してはならぬ。そなたらが採掘停止の事態に追い込めば、鉱夫らが居所を失いかねぬので、違えること無きよう厳しく取り締まる。さよう心得よ。

従来の規定どおり、炭鉱経営者及び脚夫と石炭商の取引には雑糧を交えない米の価格に沿って行うこと、大秤を用いて価格を決めてはいけないなどの指示が出されている。ここでは誤魔化しを行う石炭商に対して誠実な炭鉱経営者及び零細な脚夫がおり、県政府はこうした弱い立場の人々を保護する政策を打ちだしているように見える。言うなれば、石炭を買い取る側の石炭商に大きな決定権があるわけである。

しかしながら以上の告状では、善良誠実な炭鉱経営者・脚夫が一方的に悪辣狡猾な石炭商から被害を被っているという図式になるが、実態はそうではなく、第一章で述べたごとくに炭鉱経営者にも悪辣狡猾なものがいるし、同様に脚夫のなかにもそのような者たちがいたことも確かである。道光二十七年十一月に出された、石炭商と炭鉱経営者との紛争の仲介にあたった約隣の杜長発らの稟状によると、

情開煤炭廠之王大順等以欺藐握害、具控炭鋪蔣万順等在案。沐批、据呈、前県出示諭禁、無案可稽、惟買売須在公平、所称蔣万順等収囤煤炭、以雑粮抬価准折、幷用大秤過収、如不遂意、即停秤把持。如果不虚、未免壟断、姑候差査稟復察奪。簽差来郷。約等不忍買売両造人等渉訟取累、邀集理処。縁金剛碑碼頭鋪戸囤買白雲山廠戸各連煤炭、歴係保・遂両河客船、均用銀銭交易載運。不料脚夫奸良不斉、毎用夾石攙合、以致炭不行銷、只有保河用船載米易炭、所以鋪戸将来転与廠戸脚夫、已経数載、屢滋争論。炭秤・米価不一、故有此控。今約等集衆剖明、炭秤用天平砝碼、浄炭三百斤為一斗、炭有各連、価有高低、不能以夾石小炭攙合、估勒鋪戸囤買、漲跌随市酌議、不得如一。至保河来米易炭、照時市転給、不得抬価。如遂河行銷、鋪戸所獲銀銭、仍以銀銭交兌、不得另買米粮折算。聴従両愿、庶異（冀？）買売相安、協懇示諭、永定程規。（『選編』二九五～二九六頁）

即ち、以下の如くであります。炭鉱を経営している王大順らが、誤魔化しで損害を与えたとして、石炭商の蔣万順らを訴えたことは、既に案件にあります。県の裁定があり、訴えを認めて、前の知県から、勝手な行いを厳禁し、売買

は公平に行うべく指示が出された。蔣万順等は石炭を買い占め、雑糧価格での取引を行ったり、大秤を使って過分に買い取ったりし、意に添わなければ取引を停止した。これらが虚偽でなければ、厳しい沙汰は免れず、人員を派遣して取り調べを行い報告を待った。人員が派遣されたが、郷約等は売買双方の紛争に巻き込まれることを怖れ、証拠を集めた。それによると、金剛碑碼頭の石炭商は白雲山炭鉱の石炭を買い取り、保・遂両河の客船に、銀銭だてで取引していた。運輸業者は奸・良がおり、時に石炭に石を混ぜたりして、石炭を売り物にならなくした。また、保河客船の積む米と石炭を取引し、石炭商が鉱山や運輸業者に引き渡す件については、何年にもわたって石炭と米の価格が一定ではないことについて争いがあり、従って訴訟沙汰になった。今郷約たちが集まって真相を追求し、石炭を計量する際には秤には天平重りを用いて、混じりけなしの石炭三百斤を一斗となし、石炭はそれぞれの鉱山で価格は高低があり、石混じりの屑炭を混ぜたり、石炭商が買い占めをしたりすることは許されないが、市場毎に調査議論しても一定の基準を設けることはできない。保河客船での米と石炭の取引は、価格の変動に応じて行い、価格を吊り上げることはゆるされない。遂河での取引のように、石炭商の銀銭は、銀銭のみをもって兌換し、米価に換算して行うことはできない。双方の思いを勘案し、取引が安定することを願い、訓示を出して頂ければ、永らく規定といたします、とある。

　これに対して巴県官庁は、『選編』二九六頁にあるように告示を出している。即ち、炭鉱経営者及び脚夫に対して石炭の取引については先年の取り決めのごとく取引に公正を貫くこと、特に脚夫に対しては運搬した石炭に石などを混ぜて重く見せかけてはいけないこと、石炭商には支払いに雑糧価格で計算したり大秤で対価を定めたりしてはいけないことを命じている(15)。諸処の地方志をみると、石炭を買い取ってもらう際に水を含ませたり石を混ぜたりして重量をごまかすことは広く行われているようだ。巴県においても脚夫が石炭商に買い取ってもらう際に脚夫側の誤魔化しが行われていた。

おわりに

石炭の採掘現場、その流通・販売の現場は様々な紛争を抱えていた。鉱山主と雇用された採炭夫らとの賃金をめぐるトラブル、事故発生に伴う補償に纏わるトラブル、脚夫や石炭商による誤魔化しなどである。こうした事件をめぐる種々の訴状等をみていくと、その背景となる生産・流通の場の実態が明瞭に浮かび上がってくる。地主は経営主体からははずれているが、トラブルに対する補償を期待されることもあり、また雇用者も不当（と本人が認識するよう）な解雇には正当・不当を問わず対抗する傾向があること、炭鉱経営者・輸送を担当する脚夫・石炭商いずれも、それぞれの利益を確保するために様々な策を弄するというしたたかさを有すること、などである。

最後に巴県県城の商人のもとに集積された石炭が、どのような形で使用されるかについて簡単に触れておきたい。『選編』中の史料においては、残念ながらその使用形態について触れたものはない。民国期に入っての史料には「其最大用途仍在供家庭炊爨、煎塩、熬糖、及び工廠・輪船等燃料之用」[16]とあるように生産燃料としても重要な位置を占めていることがわかる。果たして日用家庭燃料を脱して生産燃料となっていくのはいつ頃か、ということは燃料としての石炭を考える上では重要であろう。とはいえ、金剛碑碼頭へ集められた石炭が他省から来た客商に売られていることは注目に値する。重量物品である石炭は、概ね近在の産地から運ばれる近距離商品と考えられているが、他省からの買い付けは商品として重要視されていることを示している。民国『巴県志』巻十三の巴県の商業に、営業件数として「煤業」が四百八十家があり、記載全三十八業種の中で二番目を占めていることもその裏付けとなろう。

注

（1）拙稿「清朝前期の石炭業――乾隆期の炭鉱政策と経営――」（『史学雑誌』第百編第七号、一九九一）参照。

（2）森紀子「清代四川の移民経済」（『東洋史研究』第四十五巻第四号、一九八七）参照。

（3）拙稿「清朝期における炭鉱経営の一側面――十九世紀、四川省重慶府巴県の事例――」（『大正大学東洋史研究』第三号、二〇一〇）参照。

（4）拙稿「清代四川省の鉱山と寺院経営――重慶府巴県の炭鉱経営史料を中心に――」（『鴨台史学』第七号、二〇〇七）及び前掲宮嵜（3）論文参照。

（5）『選集』二九五頁の道光二十年十月初十日李麻三供状に「小的平日在余吉泰炭廠里幇工挖炭、厳正華在余吉泰廠内管理賬務。道光二十年九月初七日点灯時候、小的向厳正華要支工銭三百文買布縫衣、厳正華説現在廠内無銭、緩日支給」という一文があり、李麻三が余吉泰の炭鉱で工賃三百文で働いていることがわかる。この炭鉱では厳正華という財務管理者がいたことも確認できる。

（6）『選集』二九〇頁に所載の「李宗佑領約」には「立出請領文約人李宗佑同父李国謨等、因長子三保来明道廠佣工、幇挖煤炭生理。不料于本月六日□□所下之箱忽然水穿、水来溝涌、遮避不及被水淹死。水消即同伊次子三太、廠内弟兄下窯尋屍、殊箱多水□□□期找尋、泥漿土厚、并未能獲獲恐跌入陰箱。宗佑等請凭団首李太和・約客黎浩然・堂兄李万順等、以及廠内師友弟兄妥議、動廠主李徳隆・有順叔侄出給銅銭二十七千文整、宗佑父子自愿領入手中、以作衣棺・超度・自行雇工找尋之費、免致耽誤廠内経営。若尋出屍首、自甘掩埋、若找尋不獲、不得復言妄加分文。自領之後、凡李姓已在未在人等不得異言称説、藉故生非累及廠首山主。倘有妄言生非、任従廠主団約執約赴公。此係心悦意愿、并無屈従。凭衆特立請領文約一紙、永遠為据。：凭団首　楊占春　中文海　曾永興：約隣　李太和　馬洪元冉自芳：道光十九年十一月十二日　立請領文約人李国謨同子宗佑」とある。

（7）原文は以下の通り。情因二人合夥得拼許成立之煤山地名長溝底洞一口、左右通風二口、九盤溝底洞一口、通風一口、凭衆将已得拼煤山出頂与夏洪順名下開挖発売。面議価銭二十千整、其銭入現交親領明白、幷無少欠分厘。自頂之後、任従夏姓開挖、汪・曾二人不得別生異言。其有煤山所用什物器用、尽帰夏姓収管応用、汪・曾二人亦不得借故称説。

(8) 原文は以下の通り。凭中佃到許成立大先生名下、地名長溝底洞一口、左右通風二口。此即面議毎月毎把斧子山価銅銭九百文、左辺七百、右辺九百文、照月扣算交清。倘有山価不清、其山任許姓另自放佃、夏姓不得異言。今有人心不一、夏姓出備押山銅銭二千文、其銭現交、日後夏姓不挖之時、押佃如数退還。夏姓所造房屋即便拆去、聴従許姓開挖填合。

(9) 原文は以下の通り。因先年得頂趙大順・趙光緒二人□□□大嶺崗二岩三連子炭洞一連二段、上抵韓芝元界相連、幷将得佃白雲寺僧宗伝名下、挨趙大順下山連界□□□□□門三□、両処悉行在内、出頂与馮体仁・楊正太二人名下承頂。当日凭衆面議頂価九七色銀二十六両五銭整、其銀当日現交明白、毫無下欠。其有界内幷種外姓斉頭夾雑在内、万姓包頂。自頂之後、任従馮楊二姓整辨開挖収租、万姓人等不得異言生枝。

(10) 原文は以下の通り。情刁僧通禅与劉長発夥開煤洞二口、炭山上段将尽、下段石底難開。嘉慶十五年八月通禅向蟻称、僧人不便生理、将伊炭山一半憑劉長発等頂去銀三十両、蟻与長発胞弟長徳夥挖。是年臘月長徳云煤洞係伊先開、用費多金、愿将炭山幷頂去蟻銀六十両。蟻全頂過後、年荒炭賤折本、蟻与通禅言明暫停。今値年豊炭行、蟻始邀張億発出本銀六十両夥挖、聊救資本。遭慣于唆訟革役駱権明凱（覬？）覦煤洞、陰与通禅夥謀、違約估覇、将蟻久頂底洞覇鑿截炭。更支僧于本月初五、架以嚼覇估挖事、捏砌遠年蟻父□□拖累已蒙獲免之項、及蟻故兄玉恒全不与蟻相渉之事、捏控蟻在案。……

(11) 「頂」字については、山本進氏が「清代巴縣の脚夫」（『東洋学報』八二―一、二〇〇〇、六八頁）において、脚夫の経営権取得にかかわる「頂」について「劉は「頂」すなわち典買という形式でこれを取得した」と述べている。炭鉱史料に関していっても、「頂」を典買と考えることは妥当な部分もあるが、「山底」との関係、地主と経営者との関係をみると、もっと複雑な権利関係があると思われる。

(12) 前掲宮嵜（1）論文参照。

(13) 川勝守「江南市鎮の生産・流通・消費の歴史的位置」（『九州大学東洋史論集』二六、一九九八）参照。

(14) 前掲山本（11）論文参照。

(15) 原文は以下の通り。案据約隣杜長発・王朝興・楊益川・廠戸王登武・陳国恒・曾弟元・鋪戸曾聚興・何興順・呉合興・凌興隆稟称：情開煤炭廠之王大順等、以欺藐握害云云、永定程規。等情。据此。除転案訊明、取具供結備案外、合行出示暁諭。為此示仰金剛碑碼頭廠戸・脚夫人等知悉；爾等嗣後買売煤炭、務照議定程規、公平交易。倘脚夫攙和石塊、估向勒買；廠戸以雑粮折算、大秤過収、滋生事端、許該約隣等指名、稟県〜以凭拘案究懲、決不姑寛。該約隣等亦不得挟嫌妄稟、致干究処。各宜凛遵。毋違。特示。

(16) 王国棟「巴県農村経済之研究」一九三九（蕭錚主編『民国二十年代中国大陸土地問題資料』中国地政研究所叢刊、一九七七所載）。

黄遵憲の日本史
――『日本国志』「国統志」の考察

佐々木　揚

はじめに

黄遵憲（一八四八―一九〇五）、字は公度、広東嘉応州の人、一八七六年の挙人。翌年末、初代駐日公使何如璋の書記官として来日、八二年駐サンフランシスコ総領事に転じ、八五年に帰国。一八九〇―九四年には駐英公使館書記官、駐シンガポール総領事を歴任。日清戦争後、変法運動に関わり、九七年には署湖南按察使として湖南新政を推進、翌年駐日公使に任命さるも、戊戌政変により革職処分を受け帰郷した。一八八七年に脱稿し九五年末に刊行された黄の主著『日本国志』は、清末期中国人が著した日本研究書の代表的作品であり、明治維新変革の諸相を詳述して変法運動に多大の影響を与えたことで知られる。

これまで黄遵憲については、蒲地典子の『中国の改革――黄遵憲と日本モデル』をはじめ盛邦和、鄭海麟、黄升任、張偉雄らの著書があり(1)、黄の外交官、変法派官僚としての活動とともに『日本国志』にも検討を加えている。また近年、中国では黄遵憲への関心が高く、『日本国志』の影印本、点校本、さらに詩文や筆談録をも含む『黄遵憲全集』

が刊行された。[2] 国際学術討論会も二度開かれ論文集が出ており、[3] かかる中で『日本国志』研究は黄遵憲研究の一中心となっているといわれる。[4]

しかしながら従来の『日本国志』研究は、明治維新後の西洋に倣った変革を黄がどのように捉え且つこれをふまえて中国の改革を構想したか、を論ずることに力点を置いており、維新に至るまでの日本史を黄が如何に叙述しているかに対してはさほど関心が向けられていなかったといえる。だが『日本国志』中の歴史叙述とりわけ「国統志」は、神代から明治維新後までを扱う中国人が著した最初の日本通史であり、石原道博が示唆する如く、その検討は黄遵憲及び近代中国の日本観を研究する上で重要な課題であろう。[5] また近年『日本国志』の典拠に関する研究が進んでいるが、[6] 黄の日本史叙述が何に基づいているかは未だ十分解明されていない。

本稿は、以上のような研究情況に鑑み、黄遵憲の日本史叙述の典拠、日本通史をどのように描いているか、その特色は何か、如何にして明治維新が実現したと捉えたか、といった問題をいささかなりとも明らかにすることを狙いとするものである。

一　『日本国志』の歴史叙述と頼山陽

『日本国志』は一二志、四〇巻より成るが、黄遵憲自ら凡例で「詳今略古」という如く、明治維新後の新しい制度や法令などを詳しく記している。その中で、巻一—三「国統志」が神代から一八七九年までの日本史を扱っている。巻四—六「隣交志上　華夏」は崇神朝以降一八七七年までの日中交渉史を、巻七—八「隣交志下　泰西」はポルトガル船の種子島来航以降一八八〇年までの対欧米関係史を記すが、後者では幕末の内政史もやや詳しく叙述されている。

巻九以下の諸巻にあっても日本の歴史に触れたところがある。

それでは黄は日本史を記すに際し何を典拠としたのであろうか。これにつき蒲地典子は頼山陽『日本政記』（一八四五年初刊）[7]に拠っているという。[8]この指摘は概ね正しいが、ただ『日本政記』は豊臣秀吉の死去までを扱い、同じく山陽の『日本外史』（一八三六年初刊）は徳川三代将軍家光の時代でほぼ記述を終えているので、徳川時代と明治初期についての黄の叙述の典拠は何かという問題が残っている。これについては後述する。

ここで駐日公使館開設以前、中国に入った日本史書につき簡単に記すと、一八六四年健順丸で上海に入港した幕吏が上海道台応宝時に『日本外史』を贈り、以後諸藩によっても『日本外史』や『日本政記』が持ち込まれるようになった。北洋大臣李鴻章は一八七一年四月の総理衙門宛書簡で『日本政記』を引用し三韓出兵以来の日本の朝鮮侵略について論じている。同年七月に来華した伊達宗城使節団は「経史等書十三種」を上海当局に引渡し、七三年の副島種臣使節団も『大日本史』や『日本外史』を総理衙門や同文館に贈った。[9]一八七五年には広東で、七九年には上海で『日本外史』が刊行された模様である。[10]

一八七七年に着任した初代公使何如璋は、渡日前に『日本政記』『日本外史』などを読んでおり、日記『使東述略』に「頼子成・襄なる者、漢学に通じ文章を能くす。……識議宏博なるも、布衣を以て終に老ゆ。惜しいかな」と記して山陽の学識を称え、また『日本外史』に拠って豊臣秀吉の事績を述べている。[11]

当時の中国士大夫が日本の歴史を知ろうとした場合、先ず参照したのは、漢文ではあるが大部にしてしかも南北合体で叙述を終えている『大日本史』よりも、頼山陽の漢文史書であったと推定される。黄遵憲は、渡日後、何如璋の指導の下で、いわば何との共編として『日本国志』の編纂に着手しており、[12]何の頼山陽評価を共有していたであろう。『日本国志』の論賛は「外史氏曰」で始まるが、これは『日本外史』に倣ったものであった。[13]

さて何如璋、黄遵憲は、着任後、様々な日本人と交流し漢文で筆談を行っているが、その中でしばしば頼山陽に言及している。若干の例を見てみよう。

何如璋は一八七八年三月、黄遵憲らとともに水戸藩出身の漢学者青山延寿と会談した。何が山陽の史書を称讃し山陽以前では誰が優れているかと問うと、青山は新井白石の名を挙げ、その議論は重厚であり山陽に勝ると答えた。これに対し何如璋は、山陽は縦横に論じているとはいえ「武門の禍」についての議論は的を射ている、今もし山陽がいれば国政に裨益するであろうという。(14)

ただ当時の日本には頼山陽を評価しない文人も存在した。豊橋の人石川鴻斎がそれである。同年六月、石川は黄遵憲との筆談の中で、近五六十年の著名な文章家として佐藤一斎ら一一名を挙げ、山陽はこれより一段階劣ると述べた。さらに『日本外史』を「文章粗漏、実事大誤、士君子の間に行わるべき者に非ず」と酷評し、山陽は「一時暴名を売るも、其の実、学力浅薄、取るに足らず」と断じた。これに対し黄遵憲は、山陽は一豪傑で蘇氏父子の流に近い(15)、その筆力も雅健であるが博学の程は分らぬ、後人がその書の誤りを正し失を補うのはよいが、その人物を非難すべきではない、と応じている。石川が『日本外史』は多く山陽の父春水の手に成り、また『大日本史』からの引用には誤りが多いと述べると、黄は『史記』『漢書』も父子の作品であり怪しむに足らぬ、山陽は『大日本史』の写本を借覧するなど努力を尽した、と反論した。(16)

同年八月、黄遵憲ら駐日公使館員と元仙台藩士岡千仞ら日本の文人との会合でも頼山陽が話題となった。黄は、もし山陽が今の世にいれば必ずや中土及び欧米を遍歴し各々の短所を舍て長所を択ぶであろう、自分は山陽が清国人と対話できなかったことよりも、これこそを惜しむ、と述べた。山陽の文については、佐藤一斎よりも優れ梁川星巌の詩と併称されるほどのものであり、山陽の詩についても「詩は文に如かず、然れども自ずから一種の磨滅すべからざるの精神あり」と称讃している。岡が『日本外史』と『日本政記』は尊王の意を記し維新の盛運の嚆矢となったと論ずると、黄もこれに同調し、「世、著書の当時行われずして効を数十年後に収むる者あり」という[17]。

以上見来った如く、黄遵憲は、来日後、日本の文人・学者と交流する中で、頼山陽の史書に加え詩文、政治的識見さらに維新の一因をなすという歴史的役割に対する高度の評価を一層強めていったといえる。黄が日本の歴史を記す上で山陽の史書に依拠したのは蓋し自然の勢いであった。

ここで、徳川幕府成立期以降の歴史を叙述するに際し黄遵憲が何を典拠にしたのかという前述の問題に立ち戻ってみよう。

明治初期、東京に清国公使館が開設される前後の頃、幕末維新期における頼山陽の史書の盛行をうけて、『日本外史』『日本政記』に倣い、これらの記述の後を継ぎ明治初期に及ぶ次の如き漢文の史書が出版されていた。

①　関機『近世日本外史』全八巻、一八七六年。編年体で一六二四年より一八六九年の箱館平定までを記す。論賛はない。

②　関機『続近世日本外史』全二巻、一八七七年。七四年の台湾事件までを扱う。

③　馬杉繋著・頼又二郎（復）閲『続日本外史』全一〇巻、一八七七年。『日本外史』の体貌に倣うという。一八七六年の朝鮮信使来聘で擱筆する。論賛は少ない。

④　須田要・高橋易直『近世日本政記』全五巻、一八七九年（？）。編年体で一五九九年から一八七七年の西南戦争までを扱う。論賛を含む。

⑤　近藤缾城著・頼復・岡千仭閲『続日本政記』全一二巻、一八七九年。編年体で一五九九年から西南戦争までを記す。論賛の中には『近世日本政記』の論賛と同じものが間々見られる。引用書目中に同書は含まれていない[18]。

以上の中、①『近世日本外史』と②『続近世日本外史』は黄遵憲の蔵書目録に書名のみ記されている。[19]本稿では取り上げぬが、『日本国志』中の「隣交志下」は概ね関機『近世日本外史』を要約したものであった。[20]

⑤『続日本政記』の校閲者にして序文を寄せている頼復（支峰、又二郎）は頼山陽の二男である。黄遵憲は、一八八〇年九月、修史館御用掛の宮島誠一郎との筆談で頼復について問い、復が居住する西京に遊びたいと述べている。[21]黄の頼復に対する関心が窺われる。同じく校閲者たる岡千仭とは、黄は筆談を重ね、詩文を添削するなど親交を結んでおり、[22]岡から『続日本政記』について聞いていたであろう。同書こそが「国統志」中の徳川幕府成立期以降の叙述の主要な典拠であった。

③『続日本外史』についても、頼復は校閲者となり且つ序を寄せている。ただ黄遵憲が同書を参照したかどうかは分明でない。

二　「国統志」[23]の検討

「国統志一」の巻頭の論賛は日本史の特徴を次のように論ずる。

いま地球には百数十の国があるが、これらは「君主」（専制君主制）、「民主」（共和制）、「君民共主」（立憲君主制）に三分される。君主国には短命なものもあり、商のように六百年、周の如く八百年続いた国もあるが、「伝世百二十、歳を歴ること二千余、一姓相承」したのは日本のみであろう。この間、神器が外戚や異姓に移らず、将軍も君位を奪うことなく、さらに尊王倒幕により王政復古・国家維新が実現したのは「奇」というべきであろう。

このように黄遵憲は、当時中国士大夫の間で行われていた政体三分論をふまえ、同じく君主国たる中国と比較しつつ、易姓革命が起こらず天皇の国家が二千数百年間続いたことを日本史の特徴であるとする。同時代の日本の史書に拠った見方ではあるが、黄はかかる立場から、いわば天皇家の一貫性を縦軸として日本の通史を叙述することになる。

さて「国統志一」は、神代から後三条天皇の治世までを天皇一代ごとに区切りつつ記述する。大体は頼山陽『日本政記』の要約である。(24)以下、同書と対比しつつ黄の叙述の特色を探ってみよう。

『日本政記』は神武天皇より起筆するが、「国統志」はその前に高天原に始まる神代史を略記している。これについて黄は、三種の神器が神代に仮託されているからであるとし、神代史は唐人の小説に類し「奇誕不可思議」ではあるが、天地の始まりを記すことは中国の盤古や女媧の如く、また西洋の創世記の如く「万国同然」であり、怪しむに足らぬという。(25)日本の天地開闢神話をいわば世界史の中で相対視しているといえる。

黄は、『日本政記』が触れていない呉の泰伯と徐福についても次の如く論じている。

日本人が呉の泰伯の後であるとの説は訛伝であるが、方士徐福が男女三千人を率いて渡日したのは、紀伊の徐福祠や熊野山の徐福墓が証する如く史実であろう。日本の伝国の重器たる剣・鏡・璽はみな秦制であり、君を尊といい、臣を命・大夫・将軍というのも周秦の語である。自ら神国と称し、敬神を教の中心に据え、祭を国の最重要事とし、罪あらば禊詞を誦し洗濯(みそぎ)するのも方士の術である。崇神朝に至り初めて国家の規模(しくみ)が出来上ったが、これは徐福東渡の百年後であり、崇神天皇らは徐福の子孫か或いはその徒党(なかま)であろう。

このように黄は日本の上古史や建国に対する中国の影響とりわけ徐福東渡の意義を重視する。さらに神武から崇神に至る九代には何ら記すべき事がなく、神武は後世贈られた王号(「追王之詞」)ではないかとして、日本人がいう神武建国説に疑問を呈している。(26)

右の諸点及び蝦夷(「委奴(アイヌ)」)の通史的記事を除き、「国統志一」は概ね『日本政記』に依拠しつつ五分の一ないし十分の一程度に要約していると見てよい。また天皇一代ごとの在位年数と年号を記すものの、年月を省略しているので、出来事の因果関係が分りにくいところがある。他面、開化、武烈、皇極斉明、孝謙、後三条天皇の代には、「神武より開化に至ること凡そ九世、五百六十年」などという如く、天皇の代数と在位年数の合計が記されている。これは『日本政記』には見られぬところである。

また黄遵憲は、幾人かの天皇の治世について、簡単な論評を加えている。例えば天武天皇に関し「礼儀・法制、彬彬として大いに備わる」と、後三条天皇について「帝、剛健厳明にして痛く藤原氏を抑う。……皇綱再び振う」という如くである。これらの評語は『日本政記』の趣旨をふまえたものが多いが、後三条天皇の場合は『大日本史』に拠っている。(27)

「国統志一」は、簡単ながらも、国家権力が天皇家から外戚藤原氏へ移っていく経緯は理解できるように記されているといえる。

「国統志二」は白河天皇から仁孝天皇までを扱う。この一一世紀から一九世紀に及ぶ時代について、黄遵憲は、九条廃帝、後醍醐、後小松、後陽成、仁孝天皇の代に、それまでの天皇の代数と在位年数の合計を記し、且つ「国統志一」とは異なり論評を加えている。即ち、この時代を武家の世と捉え、承久の変、建武中興、南北朝合体、徳川幕府成立で時代を区分しているということである。これらの論評は概ね頼山陽の論賛の趣旨に従っているが、黄自身の文言で述べているところもある。以下、先ず徳川幕府成立に至るまでの時代を黄がどのように捉えているかを見てみよう。

「国統志二」は白河天皇より始まるが、これは『日本政記』が武家の朝廷無視の遠因は白河の失政にあると論じている[28]のをふまえていると思われ、黄自身「国政大敗し、収拾すべからず」という評を加えている。平清盛について「威福、藤原氏より過ぐ」という。源頼朝に関しては、倹約に努め民力を養い「政を為すの本を知る」との山陽の論賛[29]を引用するが、その征夷大将軍就任以後、朝廷は虚器を擁するのみで、藤原氏は関白・摂政となるも天下の事に関らず、大権は独り将軍にあり、というのは黄の評である。

承久の変について、北条氏は陪臣でありながら国命を執り、挙兵して四帝を放廃し、君位を視ること奕棋の如くであったと論じ、さらに後醍醐天皇の代まで北条の支配が続いた理由を次のように説明する。北条氏は主を立てて源氏の名を嗣がせ、また自らは相摸守・武蔵守という原銜を称し、勤倹に務めて民を養った。蓋し虚名を人に譲り、隠に実利を己に帰したのである。操る術を有していた、と。

北条氏が低位の原銜を称するなど「実」を守ったとは『日本政記』の論賛で指摘されているところである。ただ頼山陽は、かくて北条氏は「天位を有せずして天職をなす」と述べ、徒らに名を擁するのみの天子らが北条氏に敵対しても天は北条の実を右けた、という[30]。黄の議論は、山陽の論から「天」という要素を捨象し、「虚名」に対し「実利」を重視した術策の成功であったとしている。

南北朝内乱期については、黄は南朝につき「後人、神器南に在るを以て、尊んで正統となす」と記すけれども、天と祖宗の向う所が正統であるとする山陽の南朝正統論[31]には触れず、

南北両軍、その後互に勝敗あり。

南朝、亀山の統たり、凡そ四世。北朝、後深草の統たり、凡そ六世。

といった記述からも推測される如く、むしろ両朝並立の立場に近いといえる[32]。南朝の土地・甲兵が北朝の十分の一にも及ばぬのに数十年間対抗しえたのは楠氏・新田氏らの子孫が忠義を以て人心を号招したからであり、ただ神器が在っ

たからというわけではないとするが、南北の正閏は論じていない。

足利将軍の時代に関しては、黄遵憲は、義満及び義教の対明遣使につき、朝貢・冊封により君臣関係が成立したことが分るように『日本政記』の記事を書き改めている。応仁の乱を「日本の古今の乱を極むるの世」と評し、その後の「遍地干戈」の有様を記した後、足利時代を次の如く論じている。

足利尊氏が興ると、武人は王政を厭い、権勢を失うのを惧れ、一人を推戴して利を専らにせんと欲した。尊氏もこれを知り、土地を割き、金帛を頒ち、兵権を授け、官銜を崇めて武人の欲を充たし己の私を遂げんと求め、国を得たけれども、すでに彼らを制御できなくなっていた。その後、各地に群雄が割拠し、足利氏は衰えて大権を家臣に奪われた。倫理は滅絶し、臣子が君父を弑しても怪しむ者はいなかった。尊氏が君臣・父子・兄弟の間にただ利のみを視、上を下が効い、禍変ここに至ったのである。(33)

ところで頼山陽は、足利時代を論ずる際にも天観念を用いており、例えば足利義政について、天は足利氏を疾むこと深く、その家を蹶さんと欲し、この喪心の人を生じ、以て乱を極めしめた、と論じている。織田、豊臣の統一についても、天は天下の乱を厭い、足利氏の乱を撥むるに足らざるを顧み、これ等の人を生じ、以て天子を輔けて天下を治めしめたという。(34) だが黄遵憲はこのような天観念による説明を行っていない。なお黄は織豊については主に『日本外史』の記事を要約しているが、信長に対する「不世出の略」といった評価及び秀吉の重税策と無名の朝鮮出兵とに対する批判は『日本政記』の論賛の趣旨に従っている。(35)

秀吉没後の時代については、黄は前述の如く近藤鉼城『続日本政記』に依拠しており、やはり天皇一代ごとに区切り、在位年数と年号を記している。関ヶ原の戦から徳川家康の征夷大将軍任命を経て豊臣氏滅亡へ至る経過を記すが、大坂の陣に際し、家康が秀頼母子に「仍お汝を宥さん。一の飯を喫うの処を管取せよ」と告げたという。近藤鉼城は、五代の石晋の出帝と豊臣秀頼が似ているとし、契丹主の徳光が出帝に「管取一喫飯処」と言ったのは家康が秀頼を大和へ移封しようなどと告げたのと同じであると論じている[36]。黄遵憲はこの議論を改作して徳光の発言を家康のものとしたのであろう。なお諸侯の戦艦建造の禁止など家康の一連の施策については『日本外史』からも引用している[37]。

後水尾天皇の代、徳川家光の鎖国について記し、「終に徳川氏の世、惟だ中国及び荷蘭の通商を許すのみ」というが、次代の明正天皇以降に関しては、黄の叙述は極めて簡単である。取り上げられている事項は、天皇の崩御・譲位・即位と将軍の死亡・襲職及び一八世紀末以降の露英の進出以外は、ほぼ学問・思想に関するものに限られている。即ち宋学の勃興、『大日本史』の編纂、荻生徂徠や伊藤仁斎の古学、新井白石や青木昆陽の蘭学、本居宣長の国学、さらに蒲生君平の著述や高山彦九郎の遊説、頼山陽の史書について記し、また竹内式部と山県大弐の幕政批判と処罰を取り上げている。これらの記事は、学問とりわけ儒学の勃興とその結果としての尊王論の発生・盛行という文脈で黄遵憲が徳川時代を捉えたことを示すものとなっている。巻末では徳川氏の威力と諸侯の服従、帝室の無力が指摘されている。

「国統志三」は、孝明天皇の嗣位以降を、概ね年代を記しつつやや詳しく叙述する。

先ず黄遵憲は、米英露の軍艦の来航、下田など三港の入港許可、ハリスの将軍謁見と通商要求、勅許が得られぬ中での日米条約調印及び蘭英仏露との締約、徳川斉昭らの攘夷論を記す。水戸藩に関し斉昭の事績と藩内紛争を述べる。次に戊午の獄、諸国の処士の憤激と尊王攘夷論の興起を記し、井伊大老暗殺、外国公使館襲撃、京都での朝臣殺害など処士の行動を述べる。諸侯の入京、将軍家茂の上洛と石清水行幸への扈従[38]、生麦事件、攘夷日期の決定、下関での外国船砲撃を経て文久三年八月の政変と七卿落、天忠党の大和挙兵へ至る過程を叙述する。ついで長州藩の「挙兵犯闕」と四国連合艦隊の下関砲撃、幕府の長州征討、条約勅許、再度の長州戦争の失敗、薩長の連合、将軍家茂の死去と慶喜の継職、征長戦の中止を述べ、「是より強藩、復た節制を受けず、而して幕府の勢、益ます孤せり」という。以上の幕末史叙述は概ね『続日本政記』に拠っている。

孝明天皇の崩御を記した後、黄は、光格天皇の即位は徳川氏極盛の時に当たったが外患は既に萌芽していたとし、孝明期の攘夷・尊王・倒幕を論じている。そして尊王倒幕が実現すると日本は攘夷の不可能を知り、「遂に決然変計し、外交を大開し、仍お徳川氏の末年と異なるなし」と評している。

明治天皇――「幟仁（たかひと）親王の子」とするのは誤りである――即位後については、大政奉還、小御所会議、摂関・幕府廃止と三職設置、鳥羽伏見の戦、江戸城接収、徳川の遺臣や東北諸藩との戦い、箱館戦争という一連の出来事を記述する。維新前後に関しては、黄は『続日本政記』とともに関機『近世日本外史』や修史館編『明治史要』（一八七六年）に依拠しており、例えば大政奉還を勧める山内豊信の徳川慶喜宛上書は『近世日本外史』から引用している。(39) 五ヵ条の誓文を略記しているのは『明治史要』に拠ったと思われるが、第三条中の「官武一途」を「朝幕一途」とするのは黄の誤解であろう。(40)

箱館平定後については、版籍奉還をはじめとする様々な制度改革や法令を取り上げ、また外交使節派遣、清国及び朝鮮との条約締結、台湾出兵、征韓論政変、佐賀の乱、西南戦争といった内政・外交上の出来事を記している。概ね『続日本政記』に依拠し、関機『続近世日本外史』なども参照している。

民選議院設立建白から立憲政体樹立の詔勅を経て国会開設運動へ至る経緯に関しては、黄は「立憲政体、蓋し泰西の制に倣い、国法を設立し、官民上下をして権を分ち限を立て同じく治を法律の中に受けしむるを謂う」といった註釈を加えつつ記している。なお明治初期史の叙述において、版籍奉還、御親兵設置、大坂会議及び自由民権・国会開設運動についてはやや立ち入った説明がなされているが、これらが何れの書籍に拠っているのかは分明でない。

「国統志三」巻末の論賛で黄遵憲は日本史の全体像を論じている。黄は日本史上の「変故の大なる者」として次の四点を挙げる。

その一は「外戚、権を擅にし、太政を関白に移す」であり、『日本外史』巻一「源氏前記・平氏」の論賛に拠って次の如くいう。

藤原鎌足の子不比等が外戚となり、そのご光仁より崇徳に至る二十七世、藤原氏の出に非ざるは五帝のみであった。藤原氏は摂政関白となり、内紛をくり返しながらも権力を維持したが、源平の争いの後、五派に分れ衰微していく。外戚藤原氏の専横の極みにあっては、賄賂は朝廷に偏く、荘園は全国に偏く、諸国の吏治は廃弛し、盗賊は蜂起し武人が横行した。この頃東国で豪民が武士と自称し、源平二氏は将帥に任ぜられ武士を用いて東辺を鎮めた。藤原氏は源平を自らの手足として抗争相手を倒すのに用いたが、源平の争いで源氏が勝利すると、大権は将門に移った。これに至る四百余年間、藤原氏は驕縦・奢逸にして禍乱を招き、終にはかつて奴隷視していた武士に権力を奪われるに至った(41)。

その二は「将門、権を擅にし、郡県を変じて封建と為す」であり、黄は『日本外史』巻一三「徳川氏前記・織田氏上」の論賛に依拠して次のようにいう。

上古は国・郡に造・長を置き、封建のごとくであったが(42)、孝徳天皇の時に国造を廃して国司を置き、封建を変じて郡県とした。そのご荘園が増加すると国司は任に赴かず、地方の武士に代理せしめた。源頼朝の守護・地頭設置により封建の勢が始まる。足利氏は諸氏の所有を奪って子弟・功臣に世襲せしめ、封建の勢が成るが、雄藩を制御できず内乱で斃れた。織田氏は攻略した所を部将に分ち賞したが、豊臣氏は織田氏の失敗に鑑み、兵威を加えて降伏を求め、帰附すれば故封を還した。日本の封建の事を見るに、足利氏は未だ其の利を享けずして其の弊を承け、織田氏は其の利を図るに及ばず、豊臣氏は一日の利を貪るも其の弊を祛く能わず、徳川氏に至り封建の局が完成し其の利を収めた。(43)

その三は「処士横議し、封建を変じて郡県と為す」であり、幕末維新期に当たる。これについては次節で検討を加える。

その四は「庶人、政を議し、国主の共和と為るを倡う」であり、国会開設運動を扱う。黄は、共和に反対する守旧説と、権を挙国の臣民に分ち君上を名目的存在にせよという調停説とを取り上げ、激しい論争が展開する中、朝廷は立憲政体漸建の詔を下したが、どのような結末になるかは分らぬという。

三　明治維新原因論

徳川時代とはどのような時代であり、それが如何にして終り明治維新を迎えたか。以下、この問題を黄遵憲がどのように考えたかを検討する。

徳川時代について、黄は、第一に学問・文化の勃興の時代と捉え、次のように論ずる。

源平の争い以後、戦乱の世となり、学問・文化は僧侶が伝えるのみであったが、徳川氏が興ると、儒教によって戦乱の気風を消さんとし、林家を登用した。幕府は江戸に先聖祠を建て、諸藩もこれに倣って学校を建設した。これより人々は「儒術の貴」を知り、「文治の隆」は遠く前古を越えるに至った。(44) かかる中で親藩の源（徳川）光圀は『大日本史』を編纂し、将軍伝を立てることによって陰に武門を斥け王室を尊ぶの意を寓した。(45) その後、山県大弐、高山彦九郎、本居宣長、蒲生君平、岩垣松苗、頼山陽らは著作や遊説によって尊王の名分を主張した。幕府の盛時にあって尊王の議は徐々に人心に浸潤していたのである[46]。

ただ黄遵憲は当時の学問の中心たる儒学を必ずしも高く評価していない。黄は、藤原惺窩に始まる程朱学よりも、宋儒の空談を排した伊藤仁斎とりわけ荻生徂徠を評価するが、結局学者たちは宋明人の聚徒講学の如く党派争いに終始し同門中でも争ったと批判する。また彼らは「辞章の末芸、心性の空談」という「儒者末流の失」にして無用のもののみを追求し、「先王経世の本、聖人修身の要」という儒教の本質を学ばなかったとも評する。しかしながら学者たちは、正に辞章を習い心性を講じたからこそ、見よう見まねで自ずと尊王の大義を知り、『春秋』の論旨を仮借した尊王攘夷論が起こると、天下の士がこれに和し、明治中興の功を成すに至ったという[47]。

第二に、黄は徳川時代を封建の世と捉える。この「封建」は中国で「郡県」の対概念として用いられてきたものである。封建・郡県概念を日本史に適用する試みは一七世紀の山鹿素行から始まり、以後多くの儒学者・国学者によって各々の利害得失が論ぜられてきた。黄は、上古は封建であったとする点で頼山陽と見方を異にするが、孝徳朝の大化改新で郡県制となり、源頼朝の時に「封建の勢」が始まり、徳川幕府の下で封建制が完成するという議論は『日本外史』の封建・郡県論をほぼ忠実にふまえたものであった。なお封建を郡県に改めた変革として明治維新を位置づけることは、明治初期の歴史書や政治論において一般に見られるところである[48]。

さて黄遵憲は、徳川期の封建制を二面から捉える。その一は、徳川幕府が封建制を巧妙に構築、運用して効果を収めたとする評価であり、次の如くいう。

徳川氏の盛時にあっては、二百六十余の諸侯に土地を分封して各々の力を減じ、また徳川の子弟を広く配置して中央の権力を強化し、さらに全国の険要の地を占めて諸侯の死命を制した。諸侯をして江戸に邸第を筑かせ妻孥を質とし、一年ごとに江戸に会同せしめ、諸侯が家族に恋々とし道中に疲労するようにして彼らを牽制した。このため戦乱が起こらず、世臣・宿将は歌舞を習い、音曲・酒宴の歓は街巷に溢れ、歓楽を尽すこと二百余年、盛んというべきである。(49)柳子厚（宗元）は「封建の勢、天なり、人に非ざるなり」というが、果してそうであろうか。徳川氏の智勇がこのような成功をもたらしたのではないか。(50)

他面、黄遵憲は徳川時代を封建統治下の圧制の世と捉える。彼は先ず上下懸絶を指摘し、尊卑の分が厳しく平民は藩士との婚姻や騎馬、佩刀、絹をまとうことを禁ぜられたという。次に重税を挙げ、太閤検地での四公六民が徳川の世には五公五民、甚だしい場合には七公三民となり、富商・豪農には別に取り立てるところがあったという。(51)さらに旧幕時代には律令が存在しなかったとして次の如く論ずる。律令制の下では唐律を学び「法制、頗る詳明」であったが、将軍が統治してより、刑罰の軽重は藩主や刑吏の意のままに決められるようになった。政は厳酷を尚び、軽罪であっても往々にして死刑に処された。民衆は冤罪を訴え出ることもできず、もし分を越えて上請すれば直ちに斬殺された。このような圧制下の鬱鬱たる情況が極まると必ず伸びるが、これは勢いというものである。(52)

以上のように黄遵憲は、徳川時代を、学問・文化が勃興する中で尊王論が広まっていく時代であるとともに、幕府の封建統治の下、平和ではあるが圧制の世であったとする。

それでは、このような時代が如何にして明治維新へと至ったか。黄は「処士」と「強藩」の二面からこの問題を論じている。

先ず処士について、黄は次のようにいう。外国艦船が来航し開国を迫ると、幕府は主和策をとり勅許を得ずに条約を結び、攘夷を唱える諸侯や公卿、諸国の処士を弾圧した。処士は憤激し、その士気は益々張り、逮捕、処刑される者は数えきれぬほどであったが、彼らは屈することなく、死をも物ともせずに尊王攘夷の説を天下に伸ばさんとした。

幕府の威力が衰え薩長土肥の諸藩が幕府に取って代らんとすると、処士は密かに公卿や大藩と結び、幕府を倒した。それ故、幕府は「実に処士に於て亡ぶ」といえる。[53]

それでは処士は何故このような役割を果すことができたのであろうか。黄は次の如く論ずる。徳川氏の下、太平の世が続く中、諸侯は深宮に生長し柔弱なること婦女の如くであった。藩士たちも身家を顧み俸禄を重んじ、ただ失職を惧れるばかりであった。独り浮浪の処士は、書史を渉猟して尊王の義を知り、志気を有していたが、退いて身家を顧みると、孤独にしてよるべなく、顧惜するに足るものはなかった。ここにおいて彼らは奮然一決し、幕府に敵対した。[54]処士の中には節烈に徇じた者もおり、富貴を求めて行動した者もいたが、彼らの行動によって幕府は亡んだのである。

次に強藩即ち大藩について、黄は以下のようにいう。幕府の封建統治の下、薩長などの大藩が存続していたが、挙国囂然と攘夷が唱えられる中、これらの大藩は、浪士憤激の勢いと王覇の離間――攘夷をいう朝廷と対外主和の幕府の離間――とに乗じ、はじめは攘夷論の朝議を假りて人心に順応し、ついで処士の士気を用いて幕府を倒した、と。

黄遵憲は、以上のように論じつつ、攘夷の目指すところは尊王にあり、尊王の目指すところは倒幕にあった、また攘夷論も後の尊王論も意図するところは倒幕にあったという。[55]この見方は黄の知友たる重野安繹や岡千仭の議論に拠ったと思われる。[56]とまれ、徳川氏は儒教古典によって戦乱の気風を消さんとしたが、その末流は『春秋』の尊王攘夷の説によって滅亡したとする。

幕府は処士によって亡んだとする黄の論点に関しては、近藤餅城は、浮浪処士が雲起し幕府が亡んだ、聖朝中興は、天命ではあるが「浮浪処士、義を天下に唱うるの功、多きに居る」と論じている。[57]岡千仭も、維新の大業の七、八割は「浮浪の手に成る」と記しており、[58]黄はかかる見方に依拠したのであろう。

処士と大藩の関係については、黄は、処士が大藩を利用したという側面と大藩が処士を用いたという側面とがあるというが、どちらかといえば前者を重視しているといえる。これに関し近藤餅城は、真木和泉（保臣）の「建言秘録」を引き「攘夷に托して討幕を謀るなり。朝紳諸侯の諸士を用うるに非ずして、諸士の朝紳諸侯を用うるなり」と論じており[59]、黄の議論はこれに拠ったものと思われる。

ただ黄遵憲は、幕末史の解釈につき、近藤ら明治初期の歴史家の所論に必ずしも全面的に依存しているわけではない。即ち近藤餅城は、処士の尊攘は「暴」ではあるが「確乎、国の為にするもの」であった、天誅暗殺は「過激非挙」であるけれども志は称えるに足るものあり、という[60]。岡千仭も、幕末の「浮浪唱義」について、浮浪は無知にして「無頼無行」であったとする[61]。

このように近藤も岡も処士の尊王攘夷には負の側面があったことを指摘しているが、黄遵憲の議論には処士に対する批判は殆ど見られず、倒幕・維新をもたらしたとする評価が強調されていると読み取れる。

それでは黄が評価する処士とはどのような存在であったか。黄が参照した『続日本政記』をはじめとする明治初期の漢文史書の幕末史叙述には「処士」「游士」「浪士」「浮浪」といった語が頻出する。これらは、微妙な語感の違いはあるにせよ、ほぼ同義であり、当時の日本人読者にはこれらの語の意味するところは自明であったと思われる。他方、黄は「游士の浮浪を以て名づくる者、京坂・江戸の間に輻輳し、卒に強藩を奉じ、以て幕府を覆す」と述べ、これに「日本、無籍游蕩の士を名づけて浮浪と曰う」と註記している[62]。黄が游士・浮浪を倒幕に貢献した処士と同義に解していたことが知られる。

だが黄遵憲は、これ以外には処士に関する説明を行っておらず、処士の出自――岡千仭は「浮浪は概ね皆書生・剣客」「脱藩の浮浪」などとする[63]――や維新後の行く末については記していない。

周知の如く、処士とは元来中国では官職につかぬ知識人を意味していた。『日本国志』の中国人読者は幕末期に突如登場する「処士」の性格をどれほど理解しえたのであろうか、疑問が残るところである。「国統志三」巻末の論賛で、黄は、処士が公卿・大藩と結んで幕府を倒したと述べ、また中興の功臣として下士より高官に昇る者が多くいたという。「下士」は大藩の下級藩士の意であろうが、中国人読者にとり処士と下士の違いを理解することは困難であったと思われる。

おわりに

黄遵憲の『日本国志』は、当初、何如璋公使との共編という形で編纂され始めた。その巻一—三を占める「国統志」は、概ね徳川幕府成立期以前については頼山陽『日本政記』に、以後は近藤缾城『続日本政記』に依拠し、この両書を要約しつつ『日本外史』など他書で補ったものといえる。ただ黄は、天皇数代ないし数十代毎に区切り、天皇の代数と在位年数の合計を記し論評を加えるという一種の時代区分を行っており、また北条、足利、徳川時代をそれぞれ総括して論じている。これらは黄が自分なりに日本史の流れを理解しようとしたことを示しているといえよう。

黄は徐福東渡を史実と見なし、その日本建国史上の意義を重視しているが、これには日中同種同文意識とともに対日優越感を認め得るといえる。他方、神代史をいずれの国にも存在する神話とする点には、外国史を知る新しい時代の知識人としての一面を見ることが可能であろう。

また黄遵憲は、天と祖宗の向う所が正統であるという頼山陽の南朝正統論には触れず、北条、足利、織田、豊臣を論ずる際にも山陽の如く天観念を用いていない。本来中国の天子即ち皇帝の天下統治を説明する儒教の天観念を日本史に適用するのを避けたという一面があったとも考えられるが、他面、歴史を見る上での彼のある種の合理主義的な思考様式をここに認めることもできよう。

徳川時代については、黄は儒学の勃興による尊王論の発生・盛行を重視し、他面、幕府の封建統治の下、平和ではあるが圧制の世であったという。ついでペリー来航以後の政治過程と攘夷論・尊王攘夷運動の展開を記し、尊攘を唱える処士の士気と薩長などの大藩の働きにより倒幕が実現したとする。かかる捉え方また処士の役割の強調は、基本的に近藤缾城や岡千仭らの論ずるところをふまえていたが、ただ処士とは何かが中国人読者に分るように記されているとはいえない。

なお黄遵憲は、日本史を通観するにおいて、易姓革命の不在を前提とした上で、上古の封建、大化改新による郡県制の成立、外戚藤原氏の専横、鎌倉幕府成立以後の武家支配と封建制への転換、明治維新による郡県制への再転換、という図式で描いている。かかる見方も、頼山陽及び近藤ら明治初期の知識人の所論を踏襲したものであった。

以上のように見れば、「国統志」は、若干の新機軸はあるものの、明治の日本人が読むとすれば、当時通行の歴史書を要約したものにすぎぬと見られたのではあるまいか。また史実の改変や不注意による誤りが散見されることにも留意せねばならない。

しかしながら「国統志」は、神代から明治維新後までを扱う中国人が著した最初の日本通史であり、当然のことながら中国人にこそ読まれるべきものであった。『日本国志』は一八九五年末に刊行され九七年には梁啓超の後序を付した改訂版が出版されるが、対日敗戦後、官僚・士大夫たちが改革の方途を摸索し又日本への関心を強める中、同書は彼らの間で広く読まれることになる。この際、康有為、梁啓超ら所謂変法派人士の多くは黄が詳述する明治維新後の変革に着目して変法を構想する上での参考としたが、その中には古代以来の日本史に注意を向けた者も存在した。

例えば康有為の門弟たる徐勤は「論日本自強之故」（一八九七年五月三一日）で次のようにいう。人に依る国は変じ易く、自立する国は変じ難い。日本は神武より二千余年「政教風俗の大」から「日用器物の小」に至るまで中国に依っており、明治維新に及び封建を廃して郡県と為し、「千年失権の習」を振いおこした。日本の変法の第一は「学術の変」である。徳川光圀が『大日本史』を編み尊王の意を隠示して以来、蒲生君平、頼山陽らが出て学術が大変し、『春秋』の尊攘の義が明らかとなった。日本が変じ得たのは死をも恐れぬ処士の士気があったからである。(65)

また康有為の長女康同薇は、「論中国之衰由於士気不振」（一八九七年九月二六日）において、国家の強弱・興廃は士に係っているとし、日本では天智より孝明に至る千余年、初めは外戚藤原氏が、次いで武門が全権を握り、幕府の下で圧制が極まったという。だが徳川氏は儒を好み程朱学を講じたので、士は君臣の義を知り民は勤王の心を持つに至り、徳川光圀(66)が尊王を首唱し藩主斉昭が攘夷を議し、「処士横議」により倒幕を実現した、明治維新とその後の日本の勃興は「士気の振う」が致すところである、と論じている。(67)

徐勤も康同薇も『日本国志』の記述をふまえて日本史を捉えており、且つ明治維新をもたらしたものとして尊攘派の士気を重視している。黄遵憲が描く維新に至るまでの日本史の中で、変法派人士に最大の感銘や示唆を与えたのは幕末の尊攘運動と処士についての記述であろう。これは後の変法派の行動様式に影響を及ぼすことになる。(68)

最後に、頼山陽の著作はともかく、近藤鉼城『続日本政記』、関機『近世日本外史』といった今日では忘れられた歴史書が、(69)『日本国志』の中に取り入れられることによって、清末期中国人の日本史理解に寄与しているのは興味深いことである。

註

（1）Noriko Kamachi, *Reform in China: Huang Tsun-hsien and the Japanese Model*, Harvard University Press,1981. 盛邦和『黃遵憲史学研究』江蘇古籍出版社、一九八七年。鄭海麟『黄遵憲与近代中国』三聯書店、一九八八年。同『黄遵憲伝』中華書局、二〇〇六年。黄升任『黄遵憲評伝』南京大学出版社、二〇〇六年。張偉雄『文人外交官の明治日本』柏書房、一九九九年。

（2）黄遵憲『日本国志』（王宝平主編『晩清東遊日記彙編』）上海古籍出版社、二〇〇一年。黄遵憲著・呉振清・徐勇・王家祥点校整理『日本国志』天津人民出版社、二〇〇五年。陳錚編『黄遵憲全集』（国家清史編纂委員会・文献叢刊）中華書局、二〇〇五年（以下「黄全集」として引用）。『日本国志』について、影印本と点校本は羊城富文齋改刻本（一八九七年）を底本とするが、黄全集ではこれを鉛字で翻印した上海図書集成印書局本（一八九八年）を底本としている。なお点校本と全集本には日本の制度や固有名詞などにつき句読の誤りが散見される。

（3）中国史学会・中国社会科学院近代史研究所編『黄遵憲研究新論――紀念黄遵憲逝世一百周年国際学術討論会論文集』社会科学文献出版社、二〇〇七年。王暁秋・陳応年主編『黄遵憲与近代中日文化交流』遼寧師範大学出版社、二〇〇七年。

（4）黄勝任「一百年来黄遵憲研究述評」『黄遵憲研究新論』、頁六〇三。

（5）石原道博「黄遵憲の日本国志と日本雑事詩」上・中・下（『茨城大学人文学部紀要・文学科論集』七―九号、一九七四―七六年）は、『日本国志』全体を紹介する中で、「国統志」に触れ、具体的に論ずべきことが多いので別稿（「黄遵憲の日本国統論について」）にゆずるというが、この論文は結局発表されなかったようである。

（6）王宝平『清代中日学術交流の研究』（汲古書院、二〇〇五年）の第一部第四―五章は、『日本国志』中の「地理志」「物産志」で地理寮地誌課『日本地誌提要』が、「学術誌」「礼俗志」「物産志」「工芸志」で村瀬之熙『芸苑日渉』が、「礼俗志」で青山延光『国史紀事本末』が引用されているという。また杉村和代「『日本国志・地理志』研究」（『黄遵憲与近代中日文化交流』）、黄升任前掲書、頁二六七、及び後註（20）を参照。

（7）頼山陽（一七八〇―一八三二）、名は襄（のぼる）、字は子成、山陽は号。『日本政記』のテキストとしては植手通有校注『頼山陽』（『日本思想大系』四九、岩波書店、一九七七年）を用いた。これは文久元（一八六一）年本を底本とする『頼山陽全書』（一九三一―三二年）所収の『日本政記』を底本とし、訓読文と原漢文を収録したものである。以下「政記」として引用する。

（8）Kamachi, p.62. 一九世紀初までの日本史叙述は『日本政記』の要約にすぎぬとするが、これは「一六世紀末までの」と訂正されねばならぬ。なお中国の研究者は「国統志」は『大日本史』や岩垣松苗『国史略』に依拠しているとし、『日本政記』が典拠であることに気付いていないようである。盛邦和、頁四三、一一四。黄升任、頁二六六。

（9）佐々木揚『清末中国における日本観と西洋観』東京大学出版会、二〇〇〇年、頁六四。

（10）頼成一「頼山陽関係書目録」『国学院雑誌』三七巻一〇号、一九三一年、頁三三。

（11）『羅森「日本日記」・何如璋等「甲午以前日本游記五種」・王韜「扶桑游記」・黄遵憲「日本雑事詩」』（鐘叔河主編『走向世界叢書』第一輯）岳麓書社、一九八五年、頁九四―九六。秀吉が鎌倉に赴き源頼朝の像を撫でつつ自らと頼朝を比較したとの記事は『日本外史』巻一六「徳川氏前記・豊臣氏中」に拠っている。頼山陽著・頼成一訳『日本外史』岩波書店、一九三八―四〇年（以下「外史」として引用）、㈣、頁五。

（12）黄は一八八〇年五月宮島誠一郎との筆談で、「日本史志」は「独力之を為すも、一稿を脱する毎に則ち何大使之を潤色す」と述べている。同年七月の王韜宛書簡では「頃に何星使の後に随い、日本志を共編す」と記す。同年八月の朝鮮修信使金宏集との筆談、八一年七月の王韜宛書簡をも参照。黄全集、頁三二〇、三二八、七六五、八一〇。

（13）黄升任、頁二六一、二六七。

（14）黄全集、頁五七六―五七七。さねとうけいしゅう編訳『大河内文書』平凡社、一九九四年、頁八八。

（15）これは青山延寿が「山陽は吾邦の蘇宗なり」と述べたことをふまえている。前註に同じ。

（16）黄全集、頁六三三―六三五。

（17）同書、頁七八八―七九一。一八七九年三月の岡千仭との筆談でも、黄は山陽の史書が多く新井白石に依拠することを認めつつ、『史記』に比擬して山陽の史書を称讃している。同書、頁七九五。

（18）近藤『続日本政記』と須田・高橋『近世日本政記』の刊行の先後関係は分明でないが、筆者は後者が前者の論賛を引用したのではないかと推定している。

(19) 黄全集、頁一六一一、一六二〇。
(20) 戴東陽「『日本国志・隣交志・泰西篇』与『日本外交始末』」(『黄遵憲研究新論』)は「隣交志下　泰西」には渡辺修次郎『日本外交始末』(一八八〇年)から引用した箇所があると指摘しているが、「隣交志下」の大半は『近世日本外史』の要約であることに気付いていない。
(21) 黄全集、頁七七五―七七六。
(22) 鄭海麟「黄遵憲与岡千仭」(『黄遵憲与近代中日文化交流』)、陳捷「岡千仭と来日した中国知識人との交流について」(『日本女子大学紀要(人間社会学部)』一二巻、二〇〇一年)を参照。
(23) 「国統志」は、黄全集、頁八九二―九三〇、に収録されている。
(24) 盛邦和は神功皇后の記事など四箇所が『大日本史』や『国史略』に拠っていると指摘している。盛邦和、頁一一四。
(25) 創世紀のことは黄遵憲『日本雑事詩』に見える。実藤恵秀・豊田穣訳『日本雑事詩』平凡社、一九八二年(以下「雑事詩」として引用)、頁一八。黄全集、頁八。
(26) 『日本雑事詩』では、黄はかかる徐福論をふまえて「今の日本人は実に我と同種」とし、『日本政記』が徐福のことを記さぬのは儒者の狭量さを示すと批判している。雑事詩、頁二一。黄全集、頁九。なお何如璋は『使東述略』において、徐福につき黄とほぼ同趣旨の記述を行い、且つ徐福を神武天皇に重ね合わせ、徐福による日本建国をより直截に述べている。『羅森「日本日記」・何如璋等「甲午以前日本游記五種」』頁九六。
(27) 政記、頁二二九、の註を参照。
(28) 政記、頁二三四―二三五。
(29) 政記、頁二八八―二八九。
(30) 政記、頁三二三。
(31) 頼山陽は、「神器南に在り、南を正となす」という人がいるが、これは誤っており、「正統の在る所、神器これに帰す」という。政記、頁三八〇―三八二。

(32) 黄は『日本国志』巻首「中東年表」の案語で、中国史について「正閏の辨」が困難であることを論じ、ただ日本の史家はみな南朝を正統とするので年表では北朝を略したという。黄全集、頁八九〇—八九一。
(33) 黄の足利時代論は、「金帛を頒ち」までの箇所が政記、頁三七八、に拠っている外は、概ね『日本外史』巻九「足利氏正記・足利氏下」巻末の論賛をふまえている。ただ尊氏の私利を強調するのは黄の見方であると思われる。
(34) 政記、頁四一六、四三七。
(35) 政記、頁四四〇—四四一、四五三、四五六—四五七。
(36) 『続日本政記』(以下「続政記」として引用)、巻一、頁三四—三五。
(37) 外史、㈤、頁六九。
(38) 黄は「石見清水」と誤記している。『続日本政記』は「石清水」とするが、第一節で挙げた他の漢文史書はいずれも「男山」と記している。続政記、巻八、頁一九。
(39) 『近世日本外史』、巻七、頁二七。
(40) 『明治史要』、巻二、頁三二。清国公使館は『明治史要』を翻訳して北京へ送っていた。『大河内文書』、頁六四。黄遵憲は一八八一年七月の宮島誠一郎との筆談で『明治史要』について聞いている。黄全集、頁七八一。
(41) 外史、㈠、頁二七—二八、八二—八四、を参照。
(42) 頼山陽は神武封建説を否定しており、黄遵憲の捉え方と異なる。政記、頁一一。江戸時代には、大化改新以後を郡県、鎌倉幕府成立以後を封建と見る二分法と、神武以後を封建、大化以後を郡県、鎌倉以後を封建とする三分法とが存在した。山陽は二分法論者であった。前田勉「近世日本の封建・郡県論のふたつの論点」張翔・園田英弘共編『「封建」・「郡県」再考』思文閣出版、二〇〇六年。
(43) 外史、㈢、頁一〇九—一一一、を参照。
(44) 『日本国志』巻三二「学術志一」、黄全集、頁一四〇一—一四〇二。
(45) 黄遵憲は、将軍伝が『史記』の世家、『晋書』の載記、『新唐書』の藩鎮列伝の例に倣ったものであることを知っていた。

「近世愛国志士歌」、黄全集、頁九八。なお近藤餅城は、『大日本史』が将軍伝・家臣伝を置いたことで「天下、始めて名分の紊すべからざるを知る」と論じている。続政記、巻一〇、頁四五。

(46) 黄全集、頁九一五、九二八―九二九。

(47) 「学術志二」、黄全集、頁一四〇三―一四〇四、一四〇九―一四一〇。

(48) 続政記、巻一〇、頁四〇。なお、前註(42)の張・園田共編書を参照。

(49) 「国統志三」、黄全集、頁九二八。なお参勤交代については、続政記、巻八、頁一二―一三、に拠っていると思われる。

(50) 柳宗元が「封建は聖人の意に非ざるなり。勢なり」というのに対し、頼山陽は「封建は勢なり。勢を制するは人なり」と論じており、黄の議論はこれをふまえている。外史、㈢、頁一一一。馮天瑜『「封建」考論』武漢大学出版社、二〇〇六年、頁六二。

(51) 「国統志三」、黄全集、頁九二九、「食貨志二」、同書、頁一一五二。

(52) 「国統志三」、同書、頁九二六、九二九、「刑法志一」、同書、頁一三二三。なお近藤餅城は、徳川氏の法制の善が天下を維持した所以であると論じており、黄の捉え方はこれと趣旨を異にしている。続政記、巻六、頁一九。

(53) 「国統志三」、黄全集、頁九一七、九二九。

(54) 以上の議論は、続政記、巻五、頁一一、に拠っている。岡千仞『尊攘紀事』(一八八二年)、巻四、頁一〇、にも同様の議論が見られる。

(55) 黄全集、頁九二〇、九二八―九二九。

(56) 重野は、岡千仞『尊攘紀事』の叙において、「攘夷の名を假り、以て尊王の実を成す」と論じ、水戸斉昭が攘夷を唱えて尊王を成さんとし志士がこれに応じた、尊王の実が挙がると攘夷の名は廃されたという。

(57) 続政記、巻五、頁一一。

(58) 岡千仞『訂正尊攘紀事補遺』一八八四年(以下「尊攘補遺」として引用)、巻二、頁二三。同書及び前註(54)の『尊攘紀事』は黄遵憲の日本出発後に刊行されているが、岡と黄の親交を勘案すれば、黄が岡の見方を知っていたと推定してよいであろう。

(59)　続政記、巻八、頁二九。なお本荘一行『近世皇朝史論』（一八七八年）、巻四、頁二六、には、小笠原勝修の論として、同一の文が収録されている。近藤は小笠原に拠ったと推定される。

(60)　続政記、巻七、頁二七、三一。

(61)　尊攘補遺、巻二、頁二二。

(62)　「食貨志二」、黄全集、頁一一四〇。

(63)　尊攘補遺、巻二、頁二二、巻三、頁一五。

(64)　「用儒臣源光国、編大日本史」とするが、これは「国統志二」の記事を誤読したことによる。即ち黄遵憲は「綱吉営孔子廟用儒臣源光国編大日本史」と記すが、これは「綱吉、孔子廟を営み、儒臣を用う。源光国、大日本史を編む」と読むべきものである。徐勤はこれを「儒臣源光国を用い、大日本史を編む」と誤読したということである。後註（67）に引く康同薇も同じく誤読している。なお前註（2）に挙げた『日本国志』の点校本と全集本はいずれも句読を誤っている。

(65)　『知新報』（澳門基金会・上海社会科学院出版社影印）第二〇冊、光緒二三年五月一日、頁一五三—一五四。

(66)　「儒生源光国」と誤解している。

(67)　『知新報』第三二冊、光緒二三年九月一日、頁三四六—三四七。

(68)　蒲地典子は、黄が称える尊攘派処士の犠牲的精神は康有為・梁啓超を通じて譚嗣同と唐才常——いずれも刑死する——に絶大な影響をもたらし、変法の大義には無私の献身が必要であると確信せしめた、黄の日本論の中でも蓋し尊攘派についての言説こそが同時代の中国知識人に最も直接的な衝撃を与えた、という。Kamachi, pp.65-66.

(69)　『国史大辞典』（吉川弘文館、一九七九—九七年）では、近藤鉼城（旧岡崎藩儒者）は『史籍集覧』などの編者として、関機は膳所藩の遵義堂の儒官として言及されているが、『続日本政記』や『近世日本外史』には触れるところがない。

国民政府期の警察講習所留学生
――第一期生、第二期生を中心に――

宗村高満

はじめに

清朝末期の一八九六年から一九四五年の日本の敗戦に至るまでの四九年間の中国人警察留学生の研究は、一八九六年から一九〇五年までの「留日ブーム」期が主体である。なぜなら留学生は帰国後、故郷の警察幹部になっただけではなく、辛亥革命につながる革命蜂起の戦力になったからである。実藤恵秀氏の『中国人　日本留学史』では、経緯学堂警務科、東京警監学校、高等警務学堂の三つの私立学校に加え、後述の警視庁巡査練習所の速成科、警察講習所の前身の警察官練習所と警察監獄学校の在籍者に言及し、阿部洋氏の『中国の近代教育と明治日本』では、前述の学校に加え、北京の高等巡警学堂の御雇日本人と大陸浪人川島浪速の関係について研究している。

中華民国成立後一九二八年までは、筆者の管見の限りでは警察関係の留学生は見出せなかった(1)。南京国民政府期の一九二八年から日中戦争開戦の一九三七年を挟み、一九四三年まで、内務省警察講習所、警視庁警察練習所に現職の中国人警察官と幹部候補が留学していることが、外務省外交史料館所蔵の「在本邦留学生便宜供与関係雑件　警察の

部」（以下「便宜供与雑件」）「旧内務省警保局長決裁書類」（以下「警保決裁」）、「旧内務大臣決裁書類」（以下「内相決裁」）[2]と「留日名簿」[3]で確認できる。

警察は近代化には欠かせない機関の一つである。「留日ブーム」期には、上記二書によると、通訳付で一年〜半年の速成教育を行っている。人材育成については日中共に筆者の管見の限りでは、制度については警察関係者か法学者の編纂した警察史で把握できるが、教育史の立場からの研究は皆無である。[4]

「留日ブーム」期の史料は各方面を当たったが、筆者の管見の限りでは発見できなかった。また、中華人民共和国成立後に書かれた『中国近代警察制度』では、一九三〇年代の留学は特務要員養成のためだとしているが、これはあまりにも短絡的である。この時期日本は治外法権を主張し、領事館に独自の警察を設けており、中国政府と摩擦を起していた。[5]国民政府の留学生派遣理由を共産党対策だけでは説明できない部分もある。

よって本論文では、「便宜供与雑件」、「警保決裁」、「内相決裁」で具体的に検討のできる南京国民政府期の警察留学生の派遣理由や日本国内での動向について見ていくことにする。

中国における近代警察制度

一、北洋政府期の警察事情

留学史に入る前に、中国における近代警察制度についてふれておく。

一九〇〇年の義和団事件の事後処理のため設置した警務衙門を、一九〇二年に改編した工巡総局（一九〇五年巡警部・

翌年から辛亥革命まで民政部）が北京に設けた内城巡警総庁・外城巡警総庁から中国における近代警察は始まる。警察教育も一九〇一年開設の警務学堂（一九〇六年改称して高等巡警学堂）が端緒で、警察制度と教育の整備には川島浪速が深く関わっていることは有名である。(6)

一九一二年から一九二六年までの北洋政府期の警察官の質・規律は、全体的に低下している。一九二五〜二六年、日本の在中外交官が調査した「支那ニ於ケル警察制度調査一件」から、例を拾ってみる。(7)

上海総領事報告

第一　支那ノ警察行政

一、警察機関及警察官

1警察ノ組織

上海地方ニ於ケル警察機関ハ、淞滬警察庁、上海県警察所及ヒ水上警察署ノ三アリ。

（A）淞滬警察庁、民国三年八月三十日教令第百二十号、地方警察庁官制ニ依ルモノナリトイフ。其管轄区域ハ上海及呉淞両地ノ商業区ト称セラレ浦東ニモ一分区ヲ有ス。（中略）

（B）上海県警察所、民国三年八月二十日教会（令カ）第百二十三号、県警察所官制ニ依拠セルモノナル処。上海県李知事ノ談ル所ニ拠レハ同県現在ノ警察所ノ所長ハ知事兼任スルコトナク別ニ省長ヨリ委任セラレ居ル趣ナリ。淞滬警察庁ノ管轄タル上海商業区域以外ノ田舎地方ノ警察事務ヲ行ヒ、予審処ナルモノヲ設ケ、違警罪ハ拘留又ハ罰金ニ処シ其他犯罪ハ検察庁ニ送ル。右警察所ハ現在六区分署アリ、区長六人巡官十余名、巡長警査計四百名アリ。

（C）水上警察署、民国四年三月三十日教令第十七号ニ依拠セル江蘇全省水上警察庁ニシテ、当地方ヲ所管スルハ其第四区ナリ。組織ハ陸上警察庁ト略同様ナリ。

2警察官ノ採用方法

学力ハ小学校卒業程度（要スルニ多少ノ文字ヲ解スルモノ）ニシテ、身体壮健ナルモノヲ試験ノ上採用シ、警察教練所ニ於テ九十日間ノ教育ノ上巡警ニ採用ス。巡長ハ巡警ヨリ、巡官ハ巡長ヨリ採用スル外、軍人其他ヨリ転シ来ルモノアリ。（中略）

尤モ警察官ニハ、全部直隷、山東等北方各省人ヲ採用スル慣行ナル処、他地方ニ於テ巡警タリシ経験アルモノノ志願者多キヲ以テ殆ド教導ノ必要ナキホトナリトイフ。県警察所ノ採用方法モ同様ニシテ教練中ノ警査ハ学警ト称シ、他ノ警査ト共ニ三ヶ月間警察事務ヲ見習シメタル上正式ニ任命ス。

以上ノ採用方法ハ、民国六年十一月一日内務部規定ニ係ル「招募巡警章程」ニ依拠セルモノト認メラル。

3警察官ノ規律及能率

違警罰法ニ依ル罰金ノ収入ヲ以テ直チニ庁費ノ一部支弁ニ充ツルカ如キ支那警察署（規定ニ依レハ罰金ノ数目ハ上級官庁ニ報告シ、処理スル仕組ミナル由ナルモ、最近江蘇省財政緊縮ノ為メ、淞滬警察庁ノ経費月額中一万三千六百弗ヲ減シ、三万三千四百ト為スニ決シタル処、其ノ減額ノ補塡ハ罰金増収ニ依ルヘシト命令アリタルト伝ヘラル）ノ職員ニ規律ト能律トノ見ルヘキナキハ当然ニシテ、已ムヲ得サル場合ノ外自身ニ直接利害関係ナキ限リ積極的ナル行動ヲ為スコト殆無之トイフヲ妨ケス。極言セハ罰金ヲ科シ得サルカ如キ事件ニハ取合ハスト言ヒ得ルナリ。

本年三月二十三日、当館警察署員カ立番巡警ト協力シ日本人関係ノ窃盗被疑ノ一支那人ヲ逮捕シ、淞滬警察第五区第一分駐所ニ同行シタルニ、同所署員ハ当日恰モ旧暦大晦日ニテ、翌日ヨリ新年休暇ナルノ故ヲ以テ身柄ノ留置ヲ拒ミ、結局一応承諾セシメ得タリシモ、直チニ之ヲ放還シタル為メニ事件ノ終結ヲ見ル能ハサリシカ如キ其一例ナリ。

一般的ニ之ヲ言ヘハ、支那警察官ノ不規律ニシテ能率ヲ挙ケ得サルハ支那官界ノ腐敗其ノ通リナル各種原因ニ基クモノナルカ。更ニ上海ニ於テハ共同租界、仏国租界等其々警察権ヲ有スル為、支那警察側ノ責任観念ヲ稀薄ナラシメ居ル事又其ノ一因ナリト言ヒ得ヘク、殊ニ強盗窃盗等ノ犯罪ノ捜査ニ努メサルコト著キハ、犯人一度租界ニ逃入セハ逮捕困難ナル事情アルニ依ルモノノ如シ。

4警察官ノ待遇

淞滬警察庁警官給与左ノ如シ

巡警　月給九弗、十弗、十一弗、十二弗ノ四種

巡長　月給十三弗、十四弗、十五弗ノ三種

巡官　月給四十弗

署員（分駐署長）月給七十弗

署長　月給百弗

巡長及ヒ巡官ハ食事、被服ヲ給与セラレ庁舎内ニ起臥ス。署員署長ハ食事被服自費ニテ外泊ナルモ宿舎料ヲ給セス。其他何等ノ給与ナキ由ナリ。

上海県警察所ノ警官モ略同様ノ給料ヲ受ク。

右ノ内巡警及巡長ノ給料ハ、外国人家庭ニ『ボーイ』トシテ雇傭セラルルモノノ給料ト略同額ニシテ、別途収入アルニ非サレバ、極メテ簿（ママ）給ナリト為ササルヘカラス。（以下略）

奉天総領事報告

第一　支那ノ警察行政

1警察ノ組織

現今支那ニ於ケル警察機関ハ、之ヲシテ土地的ニ分類スルトキハ、中央警察機関及地方警察機関ニ分ツヘク、中央警察機関ハ全国ノ警察事務ヲ所管スルモノニシテ、国務総理各部総長ノ如キハ之レニ属シ、地方警察機関ハ国内各省県ニ於ケル警察事務ヲ管轄スルモノニシテ、省長、道尹、全省警務処、地方警察庁、警察署、県警察事務所ノ如キハ之レニ属ス。（中略）

イ、全省警務処

全省警務処ハ、民国四年七月公布ノ籌擬各省整頓警政辧法ニ依リ設ケラレタルモノニシテ、民国七年ニ至リ各省区警務章程公布ニ依リ、内部改正セラレタリ。（中略）全省ノ警察ヲ監督ス（以下略）。

ロ、省会警察庁

奉天省会警察庁ハ、奉天省城ニ於ケル警察行政ヲ執行シ、警務処ニ直属ス。（中略）警察庁ノ下ニ省城内ニ六ケ署ヲ置キ、署ノ下ニハ分駐所ヲ設ケ、尚此ノ外警備隊、消防隊等アリ。

（中略）

ト、各県警察事務所

奉天省ニ於ケル各県警察事務所ハ、奉天警察統一章程ニ依リテ組織セラレタルモノニテ、県知事ノ指揮ヲ受ケ、県警察事務ヲ執行ス。各県ハ亦管轄区域ノ広狭ニヨリ県内ヲ若干区ニ分チ、警察分所ヲ分設ス。（以下略）

2警察官採用ノ方法

奉天ニ於ケル警察官ノ採用ハ、奉天省会警察庁ニテ行ヒ、先ツ仝庁ヨリ募集広告ヲ配布シ、各街道ニ貼付シ、所定ノ日ニ仝庁ニ於テ総務科長或ハ総務科員試験官トナリ試験ヲ行フ。合格者ハ期日ヲ定メテ警察伝習所ニ入所セシメ、約三ヶ月訓練ノ上各署ニ配置シテ実務ニ当ラシム。其ノ試験方法至極簡単ナルモノニテ、体格ニ重キヲ置キ、教育程度ハ辛フシテ新聞ヲ読ミ得ル程度ヲ以テ足レリトシ、其他口述試験、書翰文等ヲ書カシメテ合格不合格ヲ決ス。今募集広告ニ依リ其ノ募集条件ヲ見ルニ左ノ如シ。

一、資格　普通教育程度

一、年齢　二十三歳以上三十五歳以下

一、体格　健全ニシテ持疾ナキモノ

一、嗜好　阿片、飲酒ノ癖ナキモノ

一、賞罰　刑事上ノ処分ヲ受ケサルモノ

一、身分　身元確実ナルモノ

一、保証　確実ナル保証人アルモノ

此外欠員ヲ生シ、或ハ急ニ増員ヲ要スル場合ハ試験募集ノ上別ニ伝習所ニ入所セシメスス、直チニ各署ニ配置スル事アリ。但此方法ハ臨時応急ノ措置ナレハ、之レニ依ル警察官ハ現在ノ処少数ニテ百分ノ一ニモ足ラス。

各県ニ於ケル警察官採用ハ各県ニ於テ同様ノ方法ニ依リ試験ノ上採用シ、各県ニ設ケラレタル警察伝習分処ニ入所教育ノ上夫々県下各所ニ配置ス。

3警察官ノ規律及能率

奉天省ニ於ケル一般警察官ノ規律及ヒ能率ハ、全国各省ニ比シ良好ナルモノアリ。元来奉天省ノ警察制度及ヒ警察官服務規定等ハ概ネ関東庁ノ例ヲ斟酌シタルモノニシテ、之カ為最近迄吾カ関東庁ニ多年奉職セル警視ヲ顧問トシ鋭意改善ニ勤メタル結果、警察官ノ規律能率共ニ良好ニ向ヒツヽアリ。加之現任署長級ニハ日本警察界ニ長年奉職セル者アリ、一挙一動総テ日本式ニシテ、規律比較的厳格ナル方ナリ。今二、三其ノ服務状態ヲ示セハ左ノ如シ。

一、交通整理　交通整理ハ至極行届キ、立番服務中ノ交通整理警察官ハ交通頻繁ナル而モ狭隘ナル街道上所定ノ場所ニ立チ、車馬自動車ノ交通ヲ整理シ、左側通行ヲ励行セシメ居リ、城内道路狭隘交通頻繁ノ個処ニ於テモ事故比較的少ナシ。

一、立番勤務　立番勤務所即チ各分駐所ハ二班ヲ設ケ、一班甲乙丙三人ヨリ成リ、毎日午前九時ニ交替シ、一班三名ハ立番見張所内勤務ト交替勤務シ、休息班ハ所内ノ寝室ニ休息シ特別用務ノ外外出ヲ許可セス、食事モ所内ニ於テ為サシメ、特別事故発生シタル時或ハ年末警戒等ノ際ハ総員出動シテ勤務ス。而シテ階級制度モ比較的厳格ニシテ上官ノ命ニ善ク服ス。

（中略）

4警察官ノ待遇（給料及其他ノ雑給与）

警察官吏ノ給料ハ甚タ薄給ニシテ、総テ奉天票ヲ以テ支給シ居リ、現今ノ如ク奉天票下落シ、（目下金百円ニ対シ奉票百七十円上下）諸物価騰貴ノ際ハ生計困難ニシテ再三給与引上ケヲ議シタルカ、何分財政困難ニテ増給ノ運ニ至ラサリシカ、最近張作霖ノ許可ヲ得テ下級警察官吏全部ニ対シ約二、三元増給セリ。今署長以下各警察官ノ給料ヲ示セハ左ノ如シ。

官職＼等級	一等	二等	三等	四等	五等	六等	備考
巡警	十七円	十六円	十五円	十四円	十三円	十二円	
巡長	廿五円	廿二円	二十円	十八円			
巡官	四十円	卅五円	廿五円				
科員	七十円	六十円	五十円				
科長	百十円						
署長	百廿円						他ニ公費廿円

右ハ奉天ニ於ケル警察官ノ給料ニシテ、各県ニ至ツテハ之レヨリ低ク、所長平均百円内外、最下級タル巡警ハ月七、八元ナリ。右規定給料ノ外共同官舎ヲ支給セラルヽノミニシテ、別ニ手当、被服料、恩給、機密費等ノ規定ナシ。（中略）要スルニ下級警察官ノ給料ハ甚タ低ク、殆ント外人ニ使用セラルヽボーイニモ及ハス。由ニ彼等ハ職権ヲ乱用シテ良民ヲ苦メ、無銭飲食ヲナシ、雑貨商ノ掛ケ代金ヲ踏ミ倒シ、違警犯ヲ黙認シテ贈賄ヲ受クル等瀆職行為ナサヽルハナシ。

奉天では日本の顧問を招いているので表面的には規律がある。上海は租界警察と中国警察の並立による捜査困難が士気低下の原因ではないかとしている。だが、自身も協力して逮捕した容疑者の留置を、旧正月の休暇を理由にして断り、釈放するとは考えられないことである。

この他済南では、夜間、上官の監視がないところでは立番の巡警が通りすがりの人夫と雑談し、喫煙、喫茶している。天津では「袖の下」を受け取って事件を見逃し、公私混同は普通であると報告している。無論、日本でも交番・駐在所勤務の警察官が、勤務中、受持区内・外の市民と立ち話程度はする。その時何気なく交わした話から、窃盗事件の容疑者検挙につながることもあった。だが、済南では雑談といっても座り込み、それでどちらともなくタバコを取り出し……という状況だったので、報告したのだろう。

当時日本は、中国国内での治外法権を主張し、領事館などの外交官署に、外務省警察という形で制服警察官を常駐させていた。この報告書は、外務省警察官が、日本の警察を尺度にして作成している。よって内容は少々割り引いて考えなければならないが、規律が弛緩していたのは中国側の警察史でも確認できる。(8)

規律低下の原因は、上記の通り外国人の家庭のボーイにも及ばないとされる、信じられないほどの俸給の安さに加え、軍閥内戦の混乱による給料不払いが原因で、警察界に優秀な人材が求められないことが考えられる。

警察の第一線で活動する、巡警・巡長は省や時期によってばらつきがあるが、給料が月額八元〜一六元と安い。逃亡・転職予防のためわざと行われる不払いや給与カット、上官に給料をピンハネされることもあったうえ、制服は支給されるものの、官給のはずの制帽や靴、靴下、シャツは自弁しなければならない場合もあった。(日本はすべて官給)そのため、上述の通り、巡警・巡長が袖の下を受けとって犯罪を見逃したり、借金や掛売りの代金を踏み倒すなどということは日常茶飯事で、前出史料のように、奉天では関東庁の警察実務に通じた警視を招いてはいるが、彼らが日本式に規律を厳しくしようとすると巡警は逃亡、転職する者が相次ぎ、警察を信頼できる機関にするにはそれ相応の俸給を支給すべきだと日本人顧問が張作霖に賃上げを何回も要求している。

当時の中国では、出入国の監視、外国人の動向なども警察が所管していた。国民政府期に出た『中国外事警察』によると、主要都市には外国人の動向や出入国を司る外事課がある。青島公安局には、日本関係だけで専従の調査員一人、翻訳専従の職員二人、専用の警察犬の管理人を置き、写真と指紋の保管を行っている。[9]首都南京を所管する首都警察庁の場合は、外国人のため、英語、日本語でも手続きができるよう規定してあった。[10]

また、後述する警察講習所留学生派遣の目的を、当時の新聞報道は、

「以為他日返国後、改革我国警政之張本」[11]

としている。日本への現職警察官留学生派遣の目的を、『中国近代警察』が特務警察要員の養成としたのはあまりにも短絡的な結論である。日本のみならず諸外国から「中国の警察は信頼できない」と見られていたのを、留学経験者を中心に据え、北洋政府期に混乱した警察の改革を行い、諸外国には租界の返還、日本側には、日本人の警察観や日本内地の警察制度を知り、対日交渉部門を強化拡大するとともに、租界の返還と治外法権の撤廃を求めるため、国民政府は日本に警察官を留学させたと考えるのが妥当である。

二、中国国内の教育

北洋政府期には、

警官高等学校（北京）

警官学校（各省）

巡警教練所（各県）

の三つの機関で警察教育を行っていた。警官高等学校は、一で述べた清末の高等巡警学堂を改編したもので、最高教育機関である。警官学校は、省の警察を担う、初級幹部警察官を養成するための学校である。省の経済情勢によっては設置しないところもある。巡警教練所は、県によって巡警練習所などとも呼んでいるが、内容は同一で、巡警とし

て採用された者を教育する部門である。

制度は整っていたものの、実際は、前述の「支那ニ於ケル警察制度調査一件」でも書かれているように、上海では、小学校卒業程度の学力を有する体の丈夫な者が試験の上採用され、警察教練所で九〇日間の教育で巡警（日本の巡査に相当）に採用する。河北省、山東省など北方各省人を採用する慣行だが、全国から警察官経験者が集まるので、巡警として必要な教養は省略できるという。巡長（日本の巡査部長相当）、巡官（日本の警部補相当）は巡警からの昇進と、軍人からも採用する。しかし、他の地方では、「最低学歴は小学校卒業程度」という規定はあるが空文であった。南京では、現職警察官の推薦があれば履歴書を持って警察署に出頭すると即刻採用決定、奉天省での教養の程度は新聞が少し読めればよしとされ、巡警教練所は予算と人員不足が理由で開店休業状態。巡警は採用と同時に勤務につき、幹部警察官は情実での採用か、軍人出身が占めていた。それを裏付ける一文が、『中国近代警察』[12]にもある。これによると、現在ほど警察事象が複雑ではなかったとはいえ、教練や簡単な職務についての講座を二週間受けただけで就勤させている。一九四一年に日本で、空襲・天災時に正規警察官の補助に警防団員をあてる、補助警察官制度を導入したときの訓練時間は最低四〇時間（六日弱）、現在の日本の警備員は、公道上の工事現場で車両・歩行者の誘導にあたる交通誘導警備であっても、採用後最低三〇時間（四日）の実技、学科の講習を受け、就勤後六か月ごとに当該警備業務の講習を受けなければならないことになっている。それよりやや長い程度である。

国民政府成立後、蒋介石以下の警察関係者は、警察教育の改革に努める。

従前の、

一、警察教育の最高学府である、警官高等学校（北平、一九三四年に南京移転、翌年中央警察学校と改称）

二、初級幹部養成の警官学校（各省）

三、初任者教習の警士教練所（各県）

という形は崩さなかったが、

一、全国警士、均有等於初級中等教育程度。

二、全国警長、均有等於高級中等教育程度。

三、巡官以上、均有等於大学教育程度。[13]

を目標にしていた。ほぼ同時期の日本では、大卒者が巡査採用試験を受けるというだけで新聞記事になっているころである。

国民政府時代の警察教育を簡単に説明すると、左記の通りになる。

一の警官高等学校は、中国国内での警察官教育の最高学府で、本科は二年～三年、専科一年前後に分かれている。学歴は高級中学か陸軍軍官学校以上の学校卒で、一九三五年までは入学条件に警察官としての勤務経験の有無は含まれていなかった。『中国警察行政』[14]によると、一九三四年時点で第一七期生を送り出しており、第一八期生は四〇九名、うち二六名は女性である。中国では、一九三〇年には女性を警察官として採用している。

二の警官学校は、省によって設置していないところもあるが、入学程度は初級中学校出身程度の学歴で、巡官以上の初級幹部警察官の教育に当たる。警察官としての勤務経験がない者でも入ることができた。

三の警士教練所は、省によって警士練習所など呼び名は違うが、警士として採用された者に対して必要な教養（省によって三か月から六か月）を行う学校である。警士になる最低条件は、学歴では小学校卒以上であった。

これ以外に、国民政府以前からの勤務者に補習教育を行う警長補習所などがあるが、ここでは省略する。

巡官以上は初級中学校や軍官学校出身者が多かったものの、警士・警長といった初級警察官には、文字の読み書きができない者もいた。だからといって無能だと決めつけるわけにはいかない。「満州国警察概要」[15]では、長年の経験による「刑事の第六感」的な勘、容疑者逮捕時の度胸を有していて、なまじ学歴のある者よりも勇敢、有能な者もいると述べている。

また、当時の中国には、馬賊、匪賊として知られる盗賊集団が存在していた。満州ではその一部が抗日ゲリラ化したのは周知の事実だが、警察もこれに対抗するべく保安隊などの名称の警察軍を有していた。この警察軍を強化しなければならない場合は、文字を知らなくても、銃の扱い方がわかり、長期間の軍事行動に耐える体力を有していれば採用という、西南戦争時、士族を臨時雇の巡査にした「警視庁抜刀隊」のような臨時応募をしばしば行っていた。よって、文字を知らない警察官がいたわけである。

租界を抱える上海市公安局、近接する浙江省、首都南京を含む江蘇省は警察制度の改革に熱心だった。中国における婦人警察官、中国語では女警を一九三〇年に上海が一番に採用している。また、浙江省は省の予算でオーストリアにも現職警察官の留学生を派遣している[16]。

一九二八年に国民政府は、清末から続いていた、初級警察官の巡警、巡長を警士、警長に改名しているが、職務に変化はない。

以上、留学生を送り出す中国側の状況を見てきた。次項は留学生を受け入れる日本の警察官教育と留学生への対応を見ていくことにする。

三、日本側の事情と対応

日本側の受け入れ機関

留学生を受け入れた警察教育機関は、二つある。

警察講習所は内務省所管で、日本における警察官の最高学府である。現在の警察大学校の前身である。教科は本科半年と特科三か月である。特科は刑事、鑑識、会計などの専務者を養成する。本科は日本内地の警部補・警部から優秀な者を試験のうえ入所させ、各地の警察幹部に加え、後述の警察練習所の教官を養成する。『警察大学校史』によれば、陸軍で初年兵教育に当たる教官を養成した陸軍戸山学校のように、警察講習所出身者が警察練習所の教官・助教になり、警察事務を統一するという目的もあった。

一九三〇年の外務省文化事業部の調査では、本科生一三七名である。定員に余裕がある場合は、皇宮警察の皇宮警手部長（巡査部長相当）、台湾総督府、朝鮮総督府、関東庁、南洋庁、樺太庁の警部・警部補、憲兵下士官も入所させている[17]。

警察練習所は日本全国と南洋庁、外務省警察を除く外地にあり、教育内容は地方色があってさまざまだが、埼玉県の場合を例にあげると[18]、

一、巡査として採用された者に対する初任教養（四か月から六か月）
二、巡査部長と巡査部長試験に合格した者に対する教養（一か月～六か月程度）
三、教習所を卒業し、巡査として勤務している者に対する教養（一か月～六か月程度）
四、刑事や経済などの特殊勤務者や語学の教養（一か月～六か月程度）

の四つの科目を持っていた。

日本の警察官は、内地、朝鮮総督府、台湾総督府、関東庁、樺太庁、南洋庁、皇宮警察、外務省警察全て、義務教育の高等小学校卒業以上の学歴を持ち、徴兵検査を済ましている二十歳以上の者から試験のうえ巡査として採用し、

警察練習所で三か月～六か月の初任者教養を受けてから勤務についている。[19] 陸海軍の准士官・下士官、軍法会議に所属する文官である陸海軍警査、刑務所看守、貴族院・衆議院守衛、現在の警察事務官に相当する警察書記、内地・外地問わず警察官・消防官経験者の場合は一か月程度の教養で済ます事もできた。[20]

最大の警察官定員を有する警視庁の警察練習所でも、収容定員は最高三二〇人で、巡査の大量増員を行ったときには校舎に学生を収容しきれず、各所に分教場を設けて教養を行った時期が何回もあった。[21]

警察講習所、練習所ともに、中国語のできる職員は皆無であり、通訳要員を養成する場合は東京外国語学校などから講師として招く程度だった。警察講習所は警保局長が所長だが、実質上は教頭が所長で、その下に専任教授四人、助教授二名、事務系職員は書記一名と雇員数名という編成である。

警視庁警察練習所は、所長は警視庁警務部長だが、これまた兼任で、専任職員は実質上の所長の主事（警部）一名、教官（警部補）六名、助教（巡査部長）八人、事務職員の書記四名の合計二〇人しかいない。そのため、外務省からの留学生受け入れの打診に対し、定員超過状態の警察講習所は、一九二八年一二月一八日付「支那警官胡承禄外一名入学ニ関スル件」（「警保決裁　昭和三年」[22]）、警察練習所は一九二九年四月二四日付「支那留学生警察練習所入所希望ノ件」（「内相決裁　昭和四年」[23]）ともども、日本側は対応できる人員がいないのと、準備不足を理由に断っている。六月二七日付「支那留学生警察練習所入所希望ノ件」（「内相決裁　昭和四年」[24]）では、警察練習所は受け入れ準備ができたらしく、以下のように報告している。

支那留学生警察練習所入所希望ノ件

六月七日附貴局警発乙第六六五号、同第六六六号、六月八日附第六七〇号及六月十九日附第七一〇号ヲ以テ、支那留学生蕭蔭民、阮光銘、楊誠、林斯珍、林雲濤、朱象賢等六名、当庁警察練習所入所希望ノ趣御照会ニ接シ

候処、本件ニ関シテハ本年四月二十四日附警務発第一〇二号回報ノ通リ、通常庁警察練習所ノ実情ニ徴シ、伝統精神ヲ異ニスル之等留学生ヲ当庁練習生ノ部伍ニ加ヘ厳格ナル警察規律ノ下ニ同一教習ヲ課スルハ種種支障ヲ来ス虞アリ、可成謝絶致度意見ニ有之候モ、強テ希望ニ応スルトセバ、当庁教習生トハ別個ノ取扱ヲ為スノ外ナカルベク、就テハ左記条件御了承ノ上可然御取計成度此段及回報候。

記

一　聴講生ハ前記六名ニ限ル
二　聴講期間ハ三カ月トス
三　当庁巡査制服ハ貸与セズ
四　練習所ニ寄宿ハ許サズ
五　参考書代約四円武道防具代約五円ヲ要ス
六　聴講ハ左記ノ科目ヲ限リ之ヲ許ス
（聴講科目は省略）

条件付きの聴講生として入所させたのには、以下の理由がある。警視庁警察練習所は、警視庁巡査として採用した者を教育するのが主目的なので、卒業は警視庁巡査としての勤務開始を意味する。また、留学生という存在を成文化するとなると、警察練習所規定を改訂し、留学生の身分、分限、敬礼、賞罰等を定めなくてはならず、その上で警視庁と内務省警保局の許可を受け、予算を握る東京府議会にもかけるなど、煩雑な手続きが必要になる。よって正課生とはせず、聴講扱いとしたのだろう。

入所を渋った理由としては、中国では別の規律で行動しているのと、国が違うとはいえ、階級は日本の警部補以上で署長や本部の課長などを務めた現職者が入ると教育に差し支えがあると考えたのに加え、聴講試験には合格したもののの、留学生の語学力がまちまちで、本来の巡査教習に遅延を起こす恐れがあると判断したからだろう[25]。

これ以降、警視庁警察練習所は留学生を受け入れ、同所が一九三四年に編纂した『警視庁警察練習所沿革並現況一班[26]』によると、総計六八名を数えている。がしかし、留学希望の願書を出しても、警察練習所の収容定員の関係で数か月近く入所を待たされることもあり、一九三一年五月二三日付警視総監発警保局長宛の「民国学生警察練習所入所の件[27]」によると、志願者一八名に対し合格三名、「身持不修」一〇名、聴講能力考査不合格一名に加え、「希望放棄」、「帰国」、「住所不定呼出不可能」、「呼出二回ニ及ブモ応ゼザルモノ」が一名ずついる。長期間待たされたため、入所できないとあきらめたのだろう。

意外なのは、連絡先がわからない者がいることである。当時、警察では各派出所・駐在所の受持区の住民を、受持巡査が一軒一軒、会えるまで訪問する戸口調査を行っていた。社会的扶助の必要な者、前科前歴を有する者、右傾左傾不問の要注意人物等を把握するためである。戸口調査は、当然外国人である留学生も調査対象になっていたはずだが、行方がつかめないのはなぜだろうか[28]。

警察講習所は前述のとおり、定員超過を理由にして留学生を受け入れなかったが、一九三〇年に入校を許可している。これは、警視庁警察練習所をテストケースにしたのではないかと考えられる。次項では、初代警察講習所留学生受け入れのいきさつについて詳しく見てみたい。

四、一九三〇年、三一年の留学生

前述のとおり、一九二九年まで、警察講習所は定員超過や受け入れ体制がないことを理由にして、中国側の留学要請を謝絶してきた。というのも、警察講習所は日本人学生の教育が主任務であることに加え、日本全国と在外領土から学生が集まるため、学生寮も定員超過状態で、定員一杯のところへさらに押し込む形だったからである。それなのに、翌一九三〇年には留学生を受け入れている。きっかけは、南京警察庁の長官を務めた姚琮が警察制度視察のため来日したことである。

中国側新聞報道[29]によると、視察団は留米出身で、ミシガン・コロンビアの大学で市政学の学士号、修士号を取得した後アメリカなどで実務経験を積んだ、市政に詳しい者一名、警察制度に詳しい者二名に加え、視察後留学する警察官は、日本の警察署長に相当する警察局長、現職の警長・巡官を訓練する訓練所、初任者教養の警士教練所の所長を兼任する者、警官高等学校出身者など優秀な者ばかりを集めている。こののち、北平にある高等警官学校の卒業生の中からも留日希望者を募り、その数は総計三〇人にもなったが、試験を三回行って絞り込み、警官学校から一〇人、南京警察庁から五人の一五人となった[30]。

南京警視庁ともいうべき存在の元長官が直々に留学生を率いて来るとあっては、日本側も断るわけにはいかなくなった。その様子を「幣原外務大臣発、在南京上村領事宛（昭和五年二月十二日発）電報[31]」は、こう書いている。

> 支那警察官ノ本邦留学等ハ、治外法権撤廃問題ニモ関連シ、我方ニ取リテモ便益ヲ齎(ママ)ラスカ次第ナルカ故ニ、本件ニ関スル支那側申出ニ対シテハ、我方ニ於テ真面目ニ及フ限リノ協力ヲ為シ度キ意向ナル処、右貴電中支那警察官ノ視察ニ対スル便宜供与ハ問題ナキモ、留学生ニ付テハ政府現在ノ設備ヲ以テシテハ客年往電0号（引用者注：原文では別紙参照とあるが、省略）以上ノ便宜ヲ供与シ難キ事情アリ。従テ本邦ニ於ル高等警察官ト同様ノ訓育ヲ施サントセハ、警察講習所ニ特別ノ設備ヲ施スカ、又ハ支那留学生ノ為特ニ講習所ヲ設ケサルヲ得サル次第ナリ。

尤モ前述ノ事情モアリ我方トシテハ、出来得ル限リ特別ノ考慮ヲ払フニ吝ナラザルモ之ガ為ニハ種々具体的考慮ヲ必要トシ、又支那側ニ於テモ篤ト本邦警察制度乃至之ニ関連スル設備ナトヲ知ル必要アルヘキ処、幸ヒ右貴電（一）ノ支那警察官視察団ノ渡来モ間モナキ一方、貴電（二）ノ留学生出発迄ニハ尚数ヶ月ノ余裕アルヘキニ付本件警察官留学生ニ対スル便宜取計方、殊ニ之カ為ノ設備拡張等ノ点ニ付テハ右視察団渡来ノ機会ニ腹蔵ナク協議スルコトト致シ度ニ付右趣旨ニテ支那当局ニ挨拶シ結果回電アリタシ

外務省が内務省に照会すると、以下のような回答が寄せられた(32)。

支那現職警察官、其所属各政府ノ公命ニ依リ警察研究ノ為本所ニ入所希望ノ向アルモ、本所ニ於テ諸般ノ事項ヲ斟酌シテ、支障ナシト認ムル場合之カ入所ヲ許容スルハ本所従来ノ方針ニシテ、特科講習中刑事、教養ノ如キモノニ係ルトキハ厳選ノ上之カ入所ヲ許可シタルコト一再ナラス。只本科講習ニ於テハ其入所許可ハ、学問ノ程度語学ノ関係等ヨリ、教育上双方共ニ支障ナキヲ保シ（ママ）難キヲ以テ屡支那側ノ希望アリシモ、之ヲ許可スルニ至ラサリシ処、今回日支ノ情勢ニ鑑ミ、再ヒ之ノ事案カ交渉セラルヽニ当リ、本所トシテ之ニ関スル所見ヲ述フルニ次ノ如ク有之。

一、毎年引続キ支那全国的各政府ノ公命ニ依ル学問、勤務共ニ優秀ニシテ日本語ノ能力、聴講ニ支障ナク、少壮且思想穏健、反日的傾向ヲ有セサル現職高等官タル警察官ニシテ、満一ヶ年以上警察経験ヲ有スルモノノ外務省ヲ経由シテ本所ニ於テ之ヲ選抜ノ上入所ヲ許可シ、之等留学生ヲ一班ニ編成シ、本科生ト共学制ヲ執ラス、特別科（名称ハ考慮ノ余地アレハ別途研究スルコト）ヲ特設シ、必要員数ノ教授マタハ職員ヲ配当シ、特別ノ設備ヲ新設シテ教養ヲ懇切周到ニシ、之カ為ニ其科目、程度実地見学等一般ノ考慮ヲ加ヘ、以テ所期ノ目的達成ニ尽力スルコトニ致度。

二、右具体案ハ、之カ実地ニ要スル経費、官制、訓令、諸規則等ノ点ヨリ見テ、実施ニ当タリテハ相当困難アリテ、早急ニ決定ヲ見難キトキハ現制度ノ下ニ於テ解決策ヲ建ツルノ要アルヘク、之カ為ニ留学生ノ為ニ、幾分本科生ヲ犠牲ニシ、留学生ノ教育方針ヲ原則トシテ共学制トシ、語学其他ノ基礎教育及特殊ノ見学マタハ講義ヲ別途ニ施シ、以テ其所期ノ目的ヲ達成セシムルニ致度。

内務省側は、留学生は本国で警察行政を担う若手を希望する。授業は留学生別科を設けるか、本科の進度を遅くして対応するかで対応したい旨と、留学生を収容するに必要な経費を外務省側に求めている。

留学生の寄宿設備の増築予算、補習教育、特別授業の講師の費用と人員は、外務省文化事業部が負担する代わり、日本の学生の進度を遅くし、共学にすることで決着がついている(33)。

初代の留学生総計一五名の動向を、「警保決裁　昭和五年(34)」から拾ってみると、左記の通りになる。

一九三〇年四月九日に神戸についた一行は、夜行列車で翌一〇日に東京着。中国公使館と日華学会の職員の出迎えを受け、留日学生向けの宿舎三か所に五名ずつ分宿した。留学生の日本語語学力を知りたい警察講習所側は、一六日に日本語の試験を行い、翌日には講習所所長直々に面接して一場の訓示を与え、全員の留学を許可し、二一日より通学の形で勉強をはじめている。しかし、出発前に予備教育を受けたとはいえ、語学力には問題があった。警察講習所の日本人学生の入学に合わせるため、予定を繰り上げて来日したためである。講習所側は日本語の補習が必要と判断し、東亜同文書院出身の講師に依頼して語学の補習と平行し、警察講習所の教官が基本的な学術から教えることにした。

こう書くと日本側は抵抗なく受け入れ、中国側も勉強に専念できたように見えるが、本国での政変が波及し、北平警官高等学校から派遣された学生と南京警察庁から派遣された学生が対立している。その有様は、「警察講習所養成支那留学生帰国方ニ関スル件」によると、以下の通りである。[35]

警察講習所ニ於テ修学中ナル国民政府派遣ノ支那留学生ハ、元来南京警察庁及北京(ママ)高等警官学校両当局ヨリ推薦セラレ居リ、前者ニ属スル者五名、後者ニ属スル者十名ナル処、支那時局ノ変動ニ依リ南京側学生ト北方側学生トノ対立ヲ見ルニ至リ、北京(ママ)高等警官学校ノ派遣学生ハ山西側ノ推挙ニヨリ係リ居リ、何レモ山西側要人ト親戚等ノ関係アル事実ヨリ自然種々猜疑セラレ就中国民党東京支部ノ如キハ、彼等ハ山西側ノ為政治的策動ヲ為セリ等ノ虚構的事実ヲ挙ゲ、逮捕方ヲ南京政府ニ稟請セル等因ヲ為シ、七月下旬同政府ハ経費不足ノ故ヲ以テ前記十名ヲ帰国セシムベキ旨在本邦汪公使ニ対シ訓令セル事情ハ既ニ御承知ノ通リ有之。本件ニ関シテハ事件発生以来屢次在南京帝国総領事並ニ北平帝国公使館等ヲ通ジ南京側及北方側ニ対シ本件留学生要請ニ至ル経緯ニ鑑ミ留学生ヲ継続留学セシムル様厳重交渉ヲ重ネセシメタル結果、今般別紙ノ通リ北平高等警官学校派遣ノ十名ニ対シテハ閻錫山氏ニ於テ経費ヲ負担シ其ノ留学ヲ継続セシムルコトトナリ、一方南京側ニ於テハ山西側ガ直接学費ヲ送付スルニ於テハ此ノ上問題トセザルベキ模様ナル旨報告アリタルニ付テハ委曲右ニ依リ御了知相成様致度此段申進ス。

本国の政争の影響を受けながらも学業は続けられたらしく、一九四〇年に興亜院により編纂された、『日本留学中華民国人名調』[36]によると、北方、南方の区別なく無事に卒業できたことが確認できる。

学費問題は同年一二月にも再燃しており、「在北平矢野参事官発外務大臣宛電報」[37]によると、張学良は学費は南京政府が出せといい、南京政府は予算がないという。そこへきて日本側からは早く学費を出せと迫られ、三方から突き上げられた警官高等学校の校長が自弁するに至っている。

第一期の留学生が在籍している七月二二日、おりから日本を視察中の浙江省警官学校の范揚教官から、同校学生を実習留学させたいという打診があった。「浙江省警官学校生徒十名ヲ警察講習所ニ収容方ノ件[38]」によると、見学者を引率していた范揚（東京帝大法学部）以下、総隊長施承志（陸軍士官学校第四期生）、揚大奎（日本大学）、虞紹唐（京都大学）、陳履（慶応大学）と日本留学経験者が多数おり、日本人教官を雇用している関係があるので、留学を打診したのではないかと思われる。

浙江省留学生は、県公安局科員の張元包、公路護路警監の李士珍、警察隊隊長の徐励など、幹部と同候補二〇名である[39]。

浙江省留学生は、第一期生のため整えた施設と教科を踏襲し、入校させている。留学中に満州事変が発生するが、本国からの帰国命令は出ず、留学生も無断退所するなどの軽挙妄動はせず、浙江省の第二期生も、無事学業を終えて帰国している。

この年に満州事変が起こっているのは周知の事実であるが、上記の通り留学生に対応するため警察講習所は職員設備その他を用意拡張したのに、翌年から留学生が来ないのでは困ると内務省に言われて、外務省が対応に苦慮している。

その有様をうかがい知ることができるのが、「内務省警察講習所ニ支那留学生収容ノ件[40]」である。これによると、外務省の予算で留学生のため増設した設備と確保した人員が宙に浮く形になるので、「満州国」から留学生を募集できないかという内容である。奉天省は、日本が一切の留学費を負担すれば、留学生は出るかもしれないという返答をしている[41]。奉天以外の領事からの返事も、「留学生は送れない」といった内容で、事実満州国建国後には独自の警官高等学校を創設している。しかし国内は戦乱で国費多用の時期とはいえ、幹部警察官のほとんどが国民政府側につくか辞職している満州国にとって幹部警察官の養成は急務であり、日本の外交官が奔走した結果もあるが、留学生は来ており、「便宜供与関係雑件」や『留日名簿』などで確認できる。日中関係が小康状態となる一九三四年には、中華民国留学生も再び派遣されている。[42] 日中戦争開戦となる一九三七年までは南京国民政府は現職警察官や警察幹部候補を派遣し、満州国留学生と共に学んでいる。[43]

事務手続き上は満州国・中華民国で別個になってはいるが、学業面では、出身国の制服を着用すること、風紀の面も含め、中華民国留学生と満州国留学生で寮の部屋を別個にすること、民国留学生は来日後、中華民国予科生として六か月、日本語などの予備教育を受けたことは断言できる。日本人学生と合同の授業を受ける本科では、満州国、中華民国で席次を別にしたことは考えられるが、満州国本科のように区別した形跡は、筆者の管見の限りでは、見出せなかった。日本人の学生も、警視庁、北海道、大阪府……と、都道府県で席次を決めているので、留学生もそれにならったと考えられる。また、陸軍士官学校のように、中華民国学生隊、満州国学生隊と区別しないと授業に支障が出るほどではないのと、日本人学生の教育で手一杯のところへ、中華民国・満州国の留学生を受け入れなければならなかったため、人員・予算・教室が確保できなかったのが理由である。

おわりに

共産党の封じ込めに成功した日本を参考にするべく、蔣介石は特務要員の養成のため留学生を送ったと短絡的に判断しがちだが、軍閥内戦で混乱した中国警察の改革のため、人材を確保するのが主目的であったと考えるべきではないだろうか。そう考えなければ、オーストリア、フランスへの留学生派遣の理由が説明できない。[44] 無論日本への留学生は、治外法権を撤廃させるため、日本人が警察というものをどう考えているか知っている人材を確保する目的もあるだろう。この点については今後とも考察を進めていくべきものであろう。

留学生が帰国後どうなったかは、日中関係の悪化から口外できなくなったので不明な点も多い[45]。また、「満州国」や一九三八年以降は汪政権からも警察留学生は来ており、日本側が戦時警察関係の講習強化のため、留学生班を閉鎖する一九四三年まで続く[46]。

本論考では、留学生派遣に関する政治史・外交史的考察は紙幅の都合上割愛した。右記の事柄は、今後の課題にしたい。

注

（1）警察官としてではなく、一学生としての法学部などへの留学はあったと思われるが、筆者の管見の限りでは、未だに発見できない。

（2）「在本邦留学生便宜供与関係雑件　警察の部」請求番号H門5類6項0目1-4、国立公文書館所蔵「旧内務省警保局長決裁書類」、「旧内務大臣決裁書類」（以下、外務省外交史料館、国立公文書館所蔵文書は文書題名と請求番号、マイクロフィルムリール番号を記載し、Mと略す。）なお、原文では句読点、濁点がなく、筆者が適宜打ったことをお断りしておく。

（3）日華学会発行の名簿は、一九三一年まで「留日中華学生名簿」、三二年以降満州国出身者も含むので改題して「留日名簿」。一九三〇、三一、三四〜三七年版で確認。

（4）中国側は『中国近代警察制度』（韓廷竜主編、中国人民公安大学出版社、一九九三年）、『中国警察行政』（内政部警政司編、商務印書館、一九三六年）日本側は『警察大学校史　幹部教育百年の歩み』（警察大学校史編さん委員会編、一九八五年）、『埼玉県警察史（下）』（埼玉県警察史編さん委員会、一九七七年）、『青森県警察史（下）』（青森県警察史編さん委員会編、一九七七年）、『大阪府警察史（第三巻）』（大阪府警察史編さん委員会編、一九七三年）等各都道府県の「警察史」で確認できる。

（5）特務要員については、『中国近代警察制度』七一八頁。国民政府期の留学は、日本以外に、日本が明治時代に警察制度を導入するとき基礎としたプロイセンと制度が似たオーストリアと、フランスに派遣している。オーストリア、ドイツともども、内務省の統制はあったものの、州と大きな市ごとに警察が独立している。

近代警察の元祖とされるフランスも、内務省所管の国家警察と独立した自治体警察に分かれているうえ、鉄道専従の鉄道警察など特化した警察も有している。当時中国では、鉄道部と各鉄路が所轄する鉄路警察を有していたが、日本の鉄道警察は、専任の警察官は存在せず、必要に応じて各地の警察官が制服または私服で警乗するほか、司法大臣の任命を受けた国有鉄道職員が、悪質な不正乗車、無賃乗車、運行阻害等に限り警察官の職務を行う特別司法警察官となっている。具体的には旅客と接触することの多い車掌、車掌区助役・車掌区長、駅長、助役の兼務だった。鉄道公安官の通称で知られる、警察官類似の制服を着用、帯革に拳銃・警棒を装備した鉄道公安職員の出現は、一九四六年、駅構内の警備に当たる警備掛等の鉄道警備専従者を国有鉄道の敷地内と運行する車両・船舶内に限り警察官としての職務を行うことができる特別司法警察官に任命してから始まった制度である。

これらの事情を勘案すると、制度のない部分もある日本だけを参考にするわけにはいかない。よって、『中国近代警察制度』の筆者の「留学は特務養成のため」という結論は極論すぎる。

外務省警察については、荻野富士夫氏の『外務省警察史・在留民保護と特高警察機能』（校倉書房、二〇〇五年）に詳細な記述がある。

（6）阿部洋『中国の近代教育と明治日本』（福村出版、一九九〇年）、『中国近代警察制度』（韓廷竜主編、中国人民公安大学出版社、一九九三年）、『中国警察行政』（内政部警政司編、商務印書館、一九三六年）など。

（7）「支那ニ於ケル警察制度調査一件」D-2-1-2-6。奉天、上海、山東、天津、杭州、南京の各領事に調査を命じ、報告させている。

（8）「支那ニ於ケル警察制度調査一件」の各地の報告に加え、『中国近代警察制度』三〇六〜三一九頁でも言及している。

（9）『中国外事警察』（趙炳坤、商務印書館、一九三六年）一一二頁。

（10）同前一一四頁。
（11）天津益世報、一九三〇年二月一一日付。
（12）「支那ニ於ケル警察制度調査一件」上海領事、南京総領事、遼陽総領事の報告。及び『中国近代警察』三一三〜三一四頁。
（13）『中国警察行政』（内政部警政司編、商務印書館、一九三六年）一一三頁。
（14）中国での婦人警察官（女警）の任務は、『中国近代警察』六七一頁によると、女性が容疑者・被疑者として関わっている事件の捜査以外に、寡婦や母子家庭、尼や女道士の庵、妓楼などの戸口調査、駅や港、旅館などの旅客の調査、迷子や家出人の保護、公園や盛り場での警ら、纏足の禁止や道教関係の迷信排除などだった。
（15）一九三五年版『満州国警察概要』四四六頁。
（16）「浙江省警官学校生徒十名を警察講習所に収容方等の件」（4E-15-2平9警察214、M警察64-540）で確認。
（17）収容人数は、H-5-6-0-1-4の「在本邦留学生便宜供与関係雑件　警察の部」にある、警察講習所から送られてきた歴年の卒業式式次第の名簿と『警察大学校史』で確認。
（18）『埼玉県警察史（下）』、二九六頁。警部補考試合格者、新任警部補に対する教育を行った地方もある。
（19）南洋庁は定員も少ないので、独自の警察練習所を持たず、警察官経験者の採用（元職採用）と、各警察からの出向で人員をまかなっている。外務省警察も独自の警察練習所を持たず、警視庁警察練習所に委託するなどしている。
（20）陸海軍の警査は軍法会議に所属する文官で、特別司法警察官で武官の憲兵とは別個の存在である。任務は陸海軍刑務所から軍法会議への囚人護送や、軍法会議の廷吏・執行吏などで、現在の検察事務官、裁判所事務官、裁判所執行官に近い存在である。
（21）『警視庁警察学校百年の歩み』（警察学校創立一〇〇周年記念史料編さん委員会編、一九八〇）四一〜四二頁。定員は『警視庁史　昭和前編』（警視庁史編さん委員会、一九六二）の一六三頁で算定。
（22）4E-15-2平9警察212、M警察63-1148。
（23）4E-15-2平9警察269、M警察83-88。

（24）4E−15−2平９警察269、M番号警察83−61。

（25）4E−15−2平９警察216、M警察65−135「中国学生段士賢の警察練習所入所方の件」では、聴講能力試験の結果が思わしくなく、無理に入れても理解度が低いので、警視庁としては試験を厳格にする旨、内務省経由で外務省へ申し入れている。

（26）『警視庁警察練習所沿革並現況一班』（警視庁警察練習所編、一九三四年）一六一〜一六二頁。

（27）「警保決裁　昭和六年」4E−15−2平９警察216、M警察65−253〜256。「身元不修」がどのぐらいかわからないが、孫安石氏の「経費は游学の母なり」（大里浩秋、孫安石編、『中国人日本留学史研究の現段階』（お茶の水書房、二〇〇二年所収）によると、日本国内で留学生が身を持ち崩すことが多く、周一川氏の「南京国民政府期の日本留学」（前掲書所収）では、国民党、共産党に関係する留学生が多いという。両者のどちらかだろう。が、筆者の管見の限りでは、留学生の身上関係の史料は発見できなかった。

（28）『外勤警察全書』（小堀旭、一九六一年、立花書房。筆者は一九七〇年の三訂五版を使用）四六〜四七頁によると、一九五〇年に巡回連絡と改められるまで行われていた戸口調査は、生活保護の目的もあったが、住民の動態を把握し、犯罪捜査に資するものだったとしている。

（29）注（11）参照。

（30）同右。

（31）H−5−6−0−1−4、「在本邦留学生宜供与関係雑件　警察の部」。

（32）同右。

（33）H−5−6−0−1−4の「在本邦留学生宜供与関係雑件　警察の部」三冊目に宿舎図面や予算概算書などがある。

（34）「支那高等警官留学生養成ニ関スル件」4E−15−2平９警察214、M警察64−426。

（35）4E−15−2平９警察214、M警察64−527。

（36）同書は留日ＯＢを調べられるだけ調べたようだが、鉄道教習所だけ抜けている。

（37）4E−15−2平９警察214　M警察64−630。

(38) 4E-15-2平9警察214、M警察64-535。

(39) M警察64-596コマと『留日中華学生名簿　昭和六年』六八～七〇頁で確認。

(40) H-5-6-0-1-4の「在本邦留学生便宜供与関係雑件　警察の部」にあり。

(41) 同前。

(42) 『留日学生名簿』一九三四～三七年版と『日本留学中華民国人名簿』(興亜院、一九四〇年)で確認。

(43) 「警察講習所入所志願者ニ関スル件」4E-15-2平9警察219、M警察166-43。

(44) 『中国警察行政』では、フランス、オーストリアへの国費留学生派遣について言及している。

(45) 一九三〇年の第一期生、鄭宗楷はD-2-1-2-1収録の福建省の警察官向け雑誌「福建警友」一九三三年五月号に日本の警察制度などを寄稿している。李士珍は一九三六年に、南京中央警官学校の教育長になっていることを頼淑卿編、『警政史料』(新店国史館、一九九三年)で確認している。

(46) 一九三七年以降の中国人警察留学生については、「一九三七年以降の中国人警察留学生」(「大正大学綜合佛教研究所年報、第三〇号」)、「警察講習所の中国人留学生――一九三九・四〇年度入所者を中心に――」(同右第三一号)で詳述した。併せてご参照ありたい。

白朗と作家戦地訪問団の人々

平石淑子

一

一九三九年、中国文芸界抗敵協会（文協）が作家戦地訪問団（以後訪問団という）を組織すると決めた時、遼寧省出身の東北作家白朗（一九一二〜九四）は、義母や生まれて間もない息子と共に重慶にいた(1)。

哈爾濱時代、羅烽を助けて共産党地下党の指導する抗日文芸活動に積極的に関わっていた彼女は、三八年、文芸界の大同団結を期して武漢で成立した文協の九十七名の発起人の中に名を連ねている。慣れない土地と避難生活、更に幼い息子と年老いた義母を抱え、思うような活動ができないことにジレンマを感じていた彼女は、訪問団への参加を決意する。乳飲み子の乳を断つこと、気が小さく、心配性で、自分の考えを持たず、これまでずっと誰かに頼る生活を送っていた義母に息子を託し、空爆の恐怖の下に残して行くことにはためらいもあった。しかし彼女は作家として社会に貢献するべく、義母と息子を市内から比較的安全と思われる南岸に移し、文協から借金をし、同郷の友人に後を託し、出発する。持病を抱えていた彼女は、結局途中で訪問団からの離脱を余儀なくされるが、それまでのおよそ七十日間の日記を残しており、「戦地日記（我們十四個）」（以後日記という(2)）と題してまとめられている。

訪問団の具体的な活動に関しては、日記の他にメンバーが交替で書き続けた「筆遊撃（以後日誌という）」と団長王礼錫の日記（以後王日記という）がある。しかし王礼錫は出発からおよそ一ヶ月後に病に倒れ、日誌は彼の死を最後に終わっている。メンバーの一部は洛陽で王の葬儀を行った後、再び中条山から太行山系に入るが、その活動については徐冲「宋之的在作家戦地訪問団」[3]に依る以外にない。訪問団の行程及び活動については既に「作家戦地訪問団について」[4]にまとめたが、そこでは日記や日誌の内容にまで踏み込んだ考察ができないまま紙幅が尽きた。本稿では彼らの記録を読み合わせ、細かい部分に注目しながら、訪問団内部の人間模様に光を当てようと企図しており、「作家戦地訪問団について」とは補完関係にあるといえる。

二

訪問団のメンバーは、団長王礼錫（一九〇一～三九）、副団長宋之的（一九一四～五六）、葉以群（一九一一～六六）、陳暁南[5]、方殷（一九一三～八二）、楊騒（一九〇〇～五七）、楊朔（一九一三～六八）、袁勃（一九一〇～六八）、葛一虹（一九一三～）、李輝英（一九一一～九一）・張周夫妻、そして羅烽（一九〇九～九一）・白朗（一九一二～九四）夫妻に王の秘書銭新哲を加えた十四名である。最年長の楊騒が三十九歳、最年少の宋之的が二十五歳、平均年齢およそ三十歳前後の若い団であった。

日誌はメンバーがおよそ三日分ずつ順番に担当し、出発から王礼錫の葬儀を記録した八月二十八日までを一括して編集部に送り、編集部が六回に分けて題を付け、掲載したと思われる。日誌の書き方については何度か話し合いがもたれたようである。白朗は六月二十五日の日記に「夜の会合で団体日記（日誌）の書き方についてまた討論したが、意見が分かれ、依然として結論が出ないまま解散となった」と書いている。だがどのような意見の対立があったのかはわからない。

日誌は『作家戦地訪問団史料選編』で読むことができる。以下に担当者と担当日を示す。

㈠「川陝道上」六月十八日～二十六日（一九三九年十一月十日《抗戦文芸》第五巻第一期）

六月十八日～二十日　陳暁南、二十一日～二十三日　方殷、二十四日～二十六日　楊朔

㈡「陝西行紀」六月二十七日～七月十四日（一九三九年十二月十日《抗戦文芸》第五巻第三、四期合巻）

六月二十七日～二十八日　葛一虹、二十九日　葉以群、三十日　葛一虹、七月一日～二日　葉以群、三日～五日　王礼錫、六日～八日　袁勃、九日～十一日　宋之的、十二日～十四日　羅烽

㈢「在洛陽」七月十五日～二十四日（一九四〇年一月二十日《抗戦文芸》第五巻第四、五期合巻）

七月十五日～十七日　白朗、十八日～二十日　張周、二十一日～二十三日　楊騒、二十四日　李輝英

㈣「漢奸和紅槍会代表的談話」七月二十五日～八月七日（一九四〇年二月二十日《抗戦文芸》第五巻第六期）

七月二十五日～二十六日　李輝英、二十七日　欠、二十八日～二十九日　銭新哲、三十日～八月一日　陳暁南、二日～四日　方殷、五日～七日　楊朔（七日　葛一虹）

㈤「中条山中」八月八日～十二日（一九四〇年三月三十日《抗戦文芸》第六巻第一期）

八月八日　葉以群、葛一虹、九日　葛一虹、十日～十一日　葉以群、十二日　王礼錫　十三日～十七日　欠

㈥「王礼錫先生的病和死」八月十八日～二十七日（一九三九年十月十日《抗戦文芸》第四巻第五、六期合巻）

八月十八日～二十日　宋之的、二十一日～二十三日　羅烽、二十四日～二十六日　白朗、二十七日　李輝英

（傍線筆者）

日付では㈠～㈥の順だが、実際は㈥が最も早く掲載された。団長の王礼錫に敬意を表してのことであろう。また王の死が当時の文芸界に与えた衝撃の大きさがうかがえる。

また上記の㈠と㈡の間、即ち《抗戦文芸》第五巻第二期には、白朗の七月二十四日の日記が「一個愉快的聯歓筵」と題して掲載されている。洛陽を出発していよいよ中条山の戦区に入って行こうとする前日の宴会について書いたもので、ロシア人ジャーナリストやロシア人顧問との交流が描かれている。それによれば皆はしたたかに飲み、主催者の衛長官は特に上機嫌で、執拗に参加者に歌を歌うことを求めた。

「歌えない者も歌わなきゃならんぞ、歌えない者も歌わなきゃならん！」

どうにも逃げられず、私も二度歌った。全く迷惑な話だ。

ついに、彼（衛長官）は隅に座っていた礼錫を見つけ、彼を引っ張り出した。

「さあ、王団長、歌い給え！」

出発以来、礼錫が歌を歌ったのを聞いたことがない。こんなことになって、私たちは彼を案じた。だが彼はしばらく考えて、自作の短い歌を歌ってその場をしのいだ。

この日の日誌は李輝英の担当である。彼はこのように書いている。

「王団長、さあ！」主任が急に王礼錫団長を引っ張り出して、大声でこういった。

「さあ、一つ」。それは王団長を余興に参加させようという誘いだった。

王団長はこれまで歌を歌ったことがない。引っ張り出されて困っていたが、幸いにもある手を思いつき、ようやく窮地を脱したのである。

「私は歌えませんから」と彼はいった。「しかし詞を作りました。以前の〝革命成功〟の旧調です、みんなでやりましょう、どうですか」

もちろん否やのはずがない。

「日本を打倒し――ファシストを追い出せ、ファシストを追い出せ！民族革命は成功だ、民族革命は成功だ！皆で喜びの歌を、皆で喜びの歌を！」

白朗は、すっかり酔った衛長官がなかなか皆を解放してくれないばかりか、酔ったロシア人たちが「中国万歳、中国は勝利する」と叫ぶとすっかりうれしくなって、「中ソは一家、中ソは一家」といい、最後に「国際歌」を歌ったという。だが李輝英は右記の王のエピソードの後、あっさりとこう書いているだけだ。

真夜中に主客とも十分に楽しんで散会となった。衛長官は本訪問団のメンバーの一人一人と握手しながら遠慮深く「十分なおもてなしもできずに」といった。

白朗の日記からは会の雰囲気や王礼錫の人柄などがより身近に伝わってくる。時間順に見れば、白朗の七月二十四日の日記は本来㊂の後に置かれるべきである。日誌があるにもかかわらず編集部が日誌の順を崩して白朗の文を挿入した意図は不明である。

八月二十七日まで、日誌がない日が六日ある（傍線）。うち七月二十七日は銭新哲の担当のはずだ。この日の活動を日記によって補えば、三門峡のやや下流、南村で黄河を渡り、北西の垣曲を目指している。五時に起床し、六時には川岸に到着していたが水量が多く、一時間ほど待ったもののあきらめて町に戻り、食事を取っていると思いがけず渡れるようになったとの知らせがもたらされる。

そこで皆は喜んで渡し場に駆けつけ、靴下を脱いで川に沿って二、三里の水路を歩き、水流が比較的緩やかなところでようやく船に乗ったところ、十分ほどでもう北岸に着いた。

×××師団の十四頭の馬が既に岸辺で待っていた。馬に乗ってまず×荘のある戦区の弁事所に行き、楊科長とルートを相談した。晋東南での戦役はまさに緊迫しており、通行ができない。

「皆さんはまず中条山一帯を訪問され、三週間後にもう一度垣曲に戻られれば晋東南も通れるようになっているでしょう」と楊科長はいう。

中条山は六度にわたる敵の包囲攻撃を受けたが、いずれも我々の勇敢な兵士が撃退したのだ。そこにはきっと我々が取材するに値する多くの貴重な材料があるに違いない。また民族を守る英雄たちを慰問し、敬意を表さなければならない。そのため、楊科長の提案を、我々は躊躇なく受け入れた。

悪路のため車が通行できず、やむなく馬で行くと決めたのは前日のことである。中条山一帯は訪問団の目的地の一つであった。「この天然の障壁は、敵の西へ進もうという誤った夢を打ち砕いた。野心に燃える敵もただ河を望んで嘆息するしかないのだ」と日記にあるように、この日を境に訪問団もいっそう困難な行程を強いられる。記録の中に伏せ字が目立つようになるのもこれ以降である。だが日記から見る限り、この日が記録が困難な状況にあったとか、記録すること自体に問題があるとか、また記録すべきこともない状況だったとかいうことは考えにくい。

その後の連続した五日（八月十三日～十七日）の空白も理由は不明である。日誌は陳暁南―方殷―楊朔―葛一虹―葉以群―王礼錫―袁勃―宋之的―羅烽―白朗―張周―李輝英―銭新哲の順にほぼ三日ずつ担当し、七月二十九日で一巡、再び陳暁南から二巡目が始まっている。葛一虹と葉以群の所でやや順が乱れているが、それが大きく崩れるのが八月十三日以降である。本来の順番では十三、十四日は王礼錫が、十五日～十七日は袁勃が担当しなければならないはずであった。十八日以降はまた宋之的―羅烽―白朗と従来の順番が復活したが、張周と楊騒の順を飛ばして李輝英が最後の日誌を記している。

日誌の欠落部分を日記で見ると、十三日は前夜の大雨で迎えの馬が到着せず、出発を断念し、宿を貸してくれた督導団の中国籍のベルギー人、雷鳴遠神父から、昨年十月四百名の人々を率いて華北の戦場を回り、難民を救済し、傷病兵を保護し、民衆を組織した話を聞いている。十四日は迎えの馬は来たものの、老馬が三頭の他はいずれも荷物運び用の鞍も鐙もつけていないラバであったため皆は乗りたがらなかったが、行路が困難を極めたためやむなく騎乗し、その結果宋之的に至っては続けざまに三度落馬する羽目になったという。そういったストレスからだろうか、白朗と袁勃が激しく言い合いをしたようだ。諍いは間もなく収まったが、これまでにも小さな衝突はあったので、夜は皆で検討会を開き、ざっくばらんに胸の内を明かし合い、友情はいっそう深まった、と白朗は書いている。この時の日誌の担当が順番通り王礼錫と袁勃であったなら、日誌が書かれなかったこととこの諍いとは何らかの関係があったのかもしれない。十五日も移動日だったようだが、地名はすべて伏せ字である。十六日は×司令や×将軍の戦闘体験を聞き、十七日は××村の保安司令部に到着している。

この他、日誌には八月七日と八日の二日間、二人によって記録されている日がある（傍二重線）。八月七日は楊朔の担当であったところへ葛一虹が一文を付け加えており、翌八日は葉以群の担当であったところへやはり葛一虹が短文を加えている。

八月七日は二組に分かれ、一組は横嶺関を訪問し、もう一組は滞在地である胡家峪に留まって作業をした。日誌には横嶺関組が楊騒、葉以群、羅烽、白朗、陳暁南、楊朔等、胡家峪組が王礼錫、袁勃、宋之的、方殷、葛一虹の五名と記録されており、楊朔が横嶺関組であったため、胡家峪組の葛一虹が自分たちの班の報告を付け加えたものと思われる。ただし、全員が何班かに分かれて行動したことはそれ以前にも何度かあるが、記録係の日誌に他のメンバーが書き足しているのはこれが初めてである。葛一虹の書き足した文を見ると、胡家峪組はこの日一日、《掃討報》のている。

「歓迎作家戦地訪問団特刊」のための文章作成に追われていたらしい。《掃討報》について、葛一虹は次のように書いている。

掃討報は軍部のすばらしい印刷機で印刷された新聞である。一週間に一期、およそ五千字ほどである。内容は充実しているといえよう。編集も印刷もなかなかきれいだ。毎号三、四百部発刊され、軍部の各中隊にあまねく配布できている。これは戦地における得難い精神の食料である。

『抗戦時期四川的新聞界研究』[6]は《掃討報》について、三一年六月二十三日、国民党軍事委員会訓練所所長賀衷寒により南昌で発刊され、初めは共産党を攻撃する内容であったが、三八年十月一日に重慶で改めて刊行されるようになると、積極的に抗日を標榜するようになった。しかし結局は国民党宣伝部に隷属するもので、報道も国民党の政策に添うものであったとしている。なお《掃討報》は三九年五月と四一年六月の二度、日本軍の激しい空爆によって設備が深刻な被害を受けたため、やはり国民党宣伝部による《中央日報》[7]と合併して発刊されたが、四三年四月、《中央日報》から独立した。この時社長となった黄少谷が編集部を改組し、陸晶清に副刊を任せたというが、陸晶清は訪問団団長王礼錫夫人である。共産党員だったといわれる葛一虹がわざわざ《掃討報》を持ち出したのは、文協及び訪問団の資金源である国民党政府側に気を遣ったためかもしれない[8]。

三

ところでこの日の横嶺関組と胡家峪組の中に三名の名がない。八月六日の日記には、「明日、我々七名――楊騒、羅烽、暁南、楊朔、新哲、以群、白朗――は横嶺関へ最前線の陣地と兵士たちの生活を見に行き、礼錫等五名は軍部に残って文章を書く」とあるが、八月九日の日誌では、横嶺関組は九名であったと書かれている。残留組の五名の名前を白朗は明らかにしていないが、八月七日の日誌では「胡家峪に残ったのは礼錫、袁勃、之的、方殷、一虹」と明記されている。どちらにも名前がないのは李輝英と張周である。そもそも一行は十四名であったのに、白朗が十二名しか名前を挙げていないのはいささか不自然ではないだろうか。しかも李輝英は彼女と同じ東北出身の作家である。東北出身で白朗とも親しかった女性作家蕭紅の「失眠之夜」(9)には、上海では同郷の作家たちがしばしば集まって故郷を懐かしんでいたことが書かれている。もともと中国では同郷意識の強いことが知られているが、満洲国という共通項を持つ彼らの同郷意識は更に強かったと思われ、また李輝英は、重慶が大爆撃を受けた時、羅烽、白朗、梅林等と米倉に隠れていて難を逃れている(10)。しかしこの日だけでなく、全行程を通じて李夫婦の名は各記録にほとんど登場しない。例えば七月二十八日の日誌に翌日の行動予定と組み分けがあるが、ここには陳暁南と李輝英、張周の名前がない。

翌八月八日も日誌担当の葉以群の文章に葛一虹が付け加えているが、これは横嶺関組が七日、八日と二日間をかけての訪問だったことに依るようだ。横嶺関の訪問は非常に印象深かったようで、葉以群は大変長文の日誌を残している。彼らが目にしたのは、例えばそこは「表面に薄い黄土が被さり、野草がぽつぽつと、紙で作った飾り物のようにひらひらしている」不毛の石山の麓の、六月に日本軍によって焼かれ、瓦礫だけが残されているような貧しい村だったが、それでも人々は「それを愛していた。そこは彼らが生まれた場所であり、成長した場所だからだ。敵が撤退したのを見ると彼らはすぐに戻ってきた。むしろ他人が残していった家に寄り添って仮住まいすることを選んだのだ」。羅烽もこの村が印象に残ったのだろう。「瘋女」と題する詩を書いている。

我々の人馬が／山間の村を／駆け抜けた時／髪を乱し／乳房をむき出しにした若い女が／古い槐の下で驚き跳び

上がった／彼女のこの世の終わりのような叫びが／我々の軍馬を驚かせた／そこで、我々は手綱を強く引き／温かなまなざしでこういった／「娘さん、怖がらなくていい……」／すると、彼女はおとなしくなり／我々に幼子のような微笑みを投げた／／我々人馬が／古い槐の脇を／通り過ぎる時／彼女が震えながらつぶやくのを聞いた／「この人たち、鬼子兵（日本兵）じゃないんだ！」

白朗にもこの二日間の日記があるが、標高千二百メートルの山を登るのは彼女にとってかなりの負担であったらしく、日本軍に焼かれた村も、羅烽の見た狂女も登場しない。

私は落後するわけにはいかない、皆の負担になってはいけない、歯を食いしばり、上に向かって登って……登って……登って……いつ、どんな状況でこの荒山のまばらに生えた草の上に倒れ込んだのだろうか。ゆっくりと目を開け、低くたれ込めた空を仰いだ。太陽は完全に沈み、ひとひらの美しい雲が遠い山の端に漂い、飽くことなく姿を変えていく。私には白い海が見えた。様々な舟が互いを競っている。汽船もいるし、モーターボートもいる、櫂の小舟も帆船も……一瞬にしてそれらはまた真っ暗な風と波に呑み込まれていった。

私は何とか起きあがったが、全身に力が入らない。夜風がぬれた服にしみ通り、とにかく寒い。秋の雨に打たれたようだ。

我が軍の堅固な工事と正面の敵の砲兵の陣地を見て、彼ら（団員たち）は闇の中を手探りでよろめきつつ山裾へ滑り降りながら、この貴重な印象について興奮しながら議論していた。

困難な行程の中で七月三十日に方殿が発熱するが、二度薬を飲んで回復したとある。また八月一日には銭新哲が落馬して顔と足にケガを負い、そして王礼錫が倒れる。

四

王礼錫が体調を崩し活動に参加しなかったのは八月十八日が最初だが、日記には、それ以前にその徴候が疑われる記述がある。八月五日は中条山中の西桑池からまず皐落に向かう。三十里と見積もった道のりは、実際は五十里であった。しかも山道は険しく、下りでは馬が足を踏ん張ることができないので、馬を下りて歩くしかなかった。道は細かな砂利で、茨のような植物が茂っており、滑りやすく、常に滑落の危険を伴っていた。敵の攻撃を避けるために敢えてたどった難路であったが、王礼錫が汗を拭きながら嘆いている。「いやあ、大変だ！君たちは身が軽いからまだいい、僕のように太っていると、体が重くて全くかなわん」。皐落にたどり着いた時には午後二時になっていた。ここから彼らは更に目的地まで五十里の道のりを行くのである。途中で日はとっぷりと暮れ、あたりは闇に包まれる。すぐ前を行く人の後ろ姿と白い麦わら帽を目印に進むしかない。「私の馬は歩くのが遅く、始終前方との連絡が途切れた。私は近眼なので、日が暮れるとすべてがぼんやりしてしまい、離れると前方の白い麦わら帽のぼんやりとした形すらわからなくなってしまう」（日記）。

皆は前後で声を掛け合い、やっとのことで五里を歩いて担山石についたが、礼錫が馬から落ちた。頭がくらくらするという。そこで新哲がつきそって担山石の政治部に泊まることになった。（日記）

日誌にこの出来事は書かれていない。一行はそこから更に十五里の道を進む。白朗は「今日は全部で百里余りを歩いた。最も辛い一日だった」と書いている。宋之的の電話に対し、新哲は「礼錫はもう寝ている。頭がくらくらしただけですぐによくなった」と答えており、翌日か翌々日には皆と合流したようで、前述のとおり一虹等と《掃討報》のための文章を書いている。

王礼錫の容態が変わったのはそれからおよそ二週間後の十八日である。責任感の強い彼は、それまで団長としての務めを果たしながら十二日の日誌も書いている。ただし彼の日誌も日記もこの日が最後となった。王は十八日に発熱し、翌日になっても熱は下がらず、二十一日には昨夜飲んだ薬が効いたのかやや元気を取り戻したものの、午後再び突然の発熱、二十四日未明、銭新哲と方殷が付き添い、医者に診せるために洛陽に向かうが、既にやせ細って自分では歩けないほどに弱っていたようである。白朗も持病の心臓病が悪化し、メンバーから王礼錫と一緒に行って検査してもらうようにと勧められるが、他に洛陽行きの希望者が出たため、同行をあきらめたという。

礼錫の病気は更に重くなったので、新哲と方殷が付き添って明け方茅津渡から黄河を渡り、洛陽で医者に診せることにした。川を渡るのは個人の希望に任された。私には心臓病があったので、友人たちは皆私にも川を渡って検査を受けるようにと勧めてくれた。そこで私と羅烽がまず川を渡りたいと申し出たのだ。だがその後新哲と方殷の他、更に二人が希望を出したので、このチャンスをあきらめるしかなくなった。私の心臓は毎分百七回の脈を打っていたけれども。(11)もし私と羅烽がこの先行かなければ、我々の団体はバラバラになってしまうのではないかと思った。それに一人の病人に付き添いが四人というのは十分だ。もし一緒に行く人が増えれば、仕事第一の礼錫にとっては不愉快なことに違いない。（二十三日日記）

後から申し出た二名が誰かは明記されていないが、羅烽が担当した二十三日の日誌には付き添いとして銭新哲と方殷の他、葛一虹の名前がある。更に二十四日の日誌（白朗担当）には「八名だけが残った」とある。葛一虹については「風邪の症状がやや重く咳も出るので礼錫と一緒に川を渡った」（二十四日日記）とあり、白朗と競合した二名とは異なるようだ。二十五日の日記に「楊騒と袁勃は病気のため参加しなかった」、また二十六日の日記には陳暁南の名前がある。そして二十七日に最後の日誌を書いたのは李輝英だが、彼は洛陽で王礼錫の最期を看取ったようである。これらの情報を総合すれば、王礼錫と共に洛陽に戻ったのは銭新哲、方殷、葛一虹、李輝英、張周の五名、団に残ったのは羅烽、白朗、宋之的、葉以群、楊朔、楊騒、袁勃、陳暁南ということになろうか。とすれば後から申し出た二名とは、李輝英、張周夫妻ではないだろうか。

李輝英の体調は当初から万全ではなかったようだ。出発翌日（六月十九日）の王日記に、沿道ではたくさんの美味しい果物が売られており、メンバーは争うようにそれを買い求めたが、李輝英はマラリアが好くなったばかりだったので張周が絶対に食べさせなかった、とある。また七月十一日の日記に、華陽で足止めとなり、暇をもてあました一行が羅烽の提案で華山に登るが、途中からメンバーの強い勧めで、白朗と李輝英がかごに乗ったとあるので、この時も李はまだ体調に問題があったのかもしれない。だが前述したように、各記録に李輝英夫妻の名前はほとんど登場せず、また彼らの体調を気遣うような記述もなく、彼らの名前が記されないことへの断りもないことなど、どことなく訪問団に馴染んでいなかったことが疑われる。人民共和国成立後、李輝英は香港に移り住んでいるが、それはこういったことと何らかの関連があるのだろうか。[12] 少なくとも各記録の中に羅烽、白朗、楊朔に、同じ東北作家としての連帯感や親しみが感じられないのは不思議であり、また不可解である。

五

三九年十月十四日の《新華日報》に葛一虹へのインタビューが掲載されている。[13] 一虹は訪問団の仕事と生活について尋ねられると「問題はありません、仕事は大変でした。休み時間にも仕事をしていました」といいながら、深くため息をついて、王礼錫に言及する。

このたび帰り道で偶然方覚慧先生に会ったのですが、方先生も、王先生のような方は、理屈からいっても後方にじっとしていられた、後方にいれば死ぬことはなかった、とおっしゃっておられました。全くその通りです。今は一般的に大人物は皆後方に詰めていて、前線に行って活動しようなどとは考えません。だからこそ、礼錫の犠牲には非常に大きな政治的意義があるのです。

王礼錫がなぜ訪問団団長という職責を担うに至ったかについては、王日記（六月十八日）に記述がある。それによれば、戦地に行こうと決めたのは訪問団結成の半年前であった。その理由を彼は「感情的なもの」と「世界に正義を呼びかけるため」としている。ヨーロッパから帰国後、各方面に働きかけていた時に訪問団結成の話がおこり、「私の路線と彼らの路線が同じであることに気づいたため」、王が団長の職責を担うことになったといっている。

国民党員であった王礼錫はその他の多くのメンバーとは政治的立場を異にしていたが[14]、その愛すべき人柄は皆の尊敬と信頼を集めていたようである。日記や日誌には王礼錫に関する好意的なエピソードがいくつか記されている。例えば出発に際し、夫人の陸晶清が彼を気遣う様に、白朗は心を打たれている。

陸晶清が礼錫の黒い鞄を抱えていた。汽車が出る時になって、彼女は美しい白銅のシガレットケースを取り出した。「礼錫、これを持って行って」

「いや、いや、僕は禁煙することに決めたから」と礼錫は笑いながら断固としていう。

「それでもいいわ、ならみんなで吸ってちょうだい」そして、陸晶清は煙草を喫煙家の友人たちに分けたのだった。

夫婦の四つの目に、私は惜別の心を見た。私の心も強く痛んだ。

そして王礼錫は日記にこう書いている。

今回の計画は、恐らく私の間違いだ。特に別れに臨んで私はそう思った。私は今回、多分に意識的に小鹿（陸晶清）を同行させなかったのだ。この道程は大変辛いもので、小鹿の体で耐えられるようなものではなかったからだ。同行者の中には二人の女性、白朗と張周がいた。だが白朗がどうにもならなくなれば羅烽が一緒に残ればいい。張周も李輝英に付き添っている。だが私は途中で小鹿のために残るわけにはいかないのだ。私には文協に対する責任がある。公的にも、私的にも、私にはこうするよりなかったのだ。汽車が動き出した時、小鹿は寂しそうに雨の中で手を振っていた。これまでの別れでは味わったことのない辛さを感じた。残酷な敵よ、私に母に対する息子の責任を果たせなくさせているのは誰だ、妻に対する夫の責任を果たせなくさせているのは、息子に対する父親の責任を果たせなくさせているのは誰だ。家庭のためにはもちろん、国のため、世界の人類のために、我々は一切を犠牲にして侵略者に抵抗するしかないのだ。（六月十八日）

結局これが二人の最後の別れとなった。

王礼錫は詩人として知られた人物だが[15]、この困難な行程の中でも文人らしい風流とユーモアを忘れなかった。例えば出発の翌日、成都に向かう車中では揺れが激しくて本も読めなかったので、時間つぶしにメンバーの性格などを読み込んだ「打油詩（通俗的でユーモアに富んだ旧詩）」を作ることを考えつく。この日作った詩は夜の会合で披露され、皆は大笑いした。王はメンバーが昨日よりも更に親しくなったといい、互いを知るために今後の夜の会で各々自己紹介し、更に親しい友人から補足をしてもらおうと提案して皆の賛同を得ている。彼はまた非常におおらかな人柄であったようで、出発して間もなくの六月二十三日の日記にこんなことを書いている。

寝る段になって、服を全部綿陽の川北大旅社に忘れてきたことに気づいた。パリで買ったお気に入りのパジャ

マヤロンドンで買った涼しい下着とシャツ、重慶で作った夏物のシャツにハンカチ、靴下、全部なくなってしまった。（王日記）

そして白朗も一ヶ月後、出発のあてもなく、手持ち無沙汰でいらいらがつのっていた時の日記にこう書いている。

我々の団長王礼錫は一日中物をなくしている。全くおかしい。綿陽で彼は服をすべてなくした。宝鶏ではナイフとトランクの鍵をなくした。幸いそれらは戻ってきたけれども。トランクはいつも彼の席にあったが、彼はどこに行ってもトランクを探していた。彼の制服のポケットには大事な書類と財布が入っていた。暑かったので一日中服を右肩に引っかけていたが、たまたま腰を下ろし、話し始めると、服はそのままどこかに放ってしまい、さあ着ようという時になってどこに置いたかわからなくなった。彼の服は毎日何度なくなるかわからない。そのため、彼はしょっちゅう夫人の話をした。

「〝小鹿〟がとてもよく世話してくれていたからなあ。僕は何もしなくてよかった。今は自分で自分の面倒を見なきゃならん。この先人間もどこかに置いてきてしまうんじゃないかと思うよ！」（七月二十日）

また七月九日は一日中雨で足止めとなった。激しい雨音を聞きながら、薄暗いろうそくの光の中で皆は怪談を始める。

彼（楊騒）はよく夢の中で京劇をうなるが、それだけではない。時に起きあがって床を歩いたり、机の上を歩いたり、屋根の上を散歩したりするという。そばにたまたま刀があれば、「気をつけろ、僕は君を殺すぞ！」彼は以群に向かってそういった。以群は何ともなかったが、白朗が震え上がった。彼女は一晩中幽霊と楊公の夢遊病が怖くて眠れなかった。これから敵の懐深く入って行こうという戦う女性が幽霊を怖がるとは。考えてみれば古代、戦場を駆け回った多くの英雄たちがちっぽけな動物を恐れたのと同じくらい不可思議なことだ。（日誌、宋之

的）
この時王礼錫もその話に加わっていたかどうかはわからない。彼はこの日の日記に「バルザックの短編小説選を読み終わった」と書き、パリでバルザックの旧宅を尋ねた時のことを回顧している。
翌日はサソリが出た。
今夜は怪談はしなかったが、サソリを捕まえた。一匹目を捕まえたところですぐ二匹目のことが頭に浮かんだ。礼錫は二匹目がいると断言する。「一匹いれば二匹いるもんだ」、（中略）
そもそも南方で言い伝えられているサソリは人を刺し殺せるという。しかし実際はもちろんそれほど恐ろしくないということを、北方の人々が証明した。「サソリは人を殺さないよ、初めて聞いた！」というのだ。彼（王礼錫）は怪しんで、注意深く蚊帳を張り、中に潜り込んだ。そして、あっという間にぐっすり眠り込んでしまった。（日誌、宋之的）
「北方の人」である白朗の日記はサソリについて全く触れていない。サソリは翌日も出た。皆が床につき、王礼錫は夜遅くまで"Century's Poetry"を読んでいた。腕がだるくなったのでそれを枕の下に入れようとした時だった。枕の下に一匹のサソリが潜んでいた。昨日は袁勃が靴で殺したが、この日は袁勃と新哲が譲り合ったあげく、新哲が靴で殺した。
七月十八日の日記にも王の大らかな人柄を物語るエピソードがある。洛陽に滞在していた時のことである。
警報だ！
礼錫が散髪に出かけた直後だった。
警報が解除にならないうちに、彼は当番兵に付き添われて戻ってきた。腰を下ろし、床屋がはさみをほんの何回か動かしたところで無情にも警報が鳴り響いたのだそうだ。

彼は悠々と戻って来たし、皆も悠々と笑った。

（中略）

右の耳の後ろには青く一筋はさみを入れた跡が見え、そのためにうなじ部分に長く伸びた一束の髪が尖った形になっており、北方の子供の後頭部の「鬼見愁（後頭部の一部に髪を残し、後を剃る）」のように垂れていた。自分では見えないのだ。彼は大まじめにこういった。

「幸い髪の面積は広いから一束切ったところで大勢に影響はない。髭を剃っていたら大変だ。本当は先に髭を剃ってくれといったんだが、幸いにもね……」彼はこの散髪が不幸中の幸いだったと思っているのだ。

独立旅団の車が迎えに来た。彼は散髪が間に合わないまま、平然と皆に続いて車に乗り込んだ。車を降りると、独立旅団の将校たちが並んで敬礼をしていた。我々の礼錫団長は幅広のズボンの裾を翻しながら平然と礼を返し、平然と窰洞に入って行った。何のためらいもなく、後頭部の青々とした長い散髪跡のことは忘れているかのようだった。（七月十八日日記）

その悠々とした大真面目な様子がおかしくて笑いをこらえていたのは白朗一人ではなかった。

帰り道、彼が朝散髪に入った世界理髪所を通った。彼は平然と車を降り、床屋は笑いをこらえながら戸を開けた。（七月十八日日記）

六

王礼錫の死は、メンバーに深い悲しみを与え、また訪問団のその後の行動に大きな影響を与えた。

いつものように礼錫と二人の女性が馬に乗り、五時、関専員の寓所を出発した。途中、保安団部の我々の宿営地を通った時、少し休息を取ったが、この時、礼錫はとても疲れた様子だった。

「どうしました?」

「余り芳しくないよ」

「もう少し休んだらどうですか?」

「大丈夫、大丈夫、行こう」

関専員の寓所についた時、テーブルには既にたくさんの料理が並んでいたが、彼は立っていることができず、ベッドに倒れ込んだ。

「少し横にならせてくれ、寒い」

「暑気当たりでしょう」

急いで彼に暑気当たりの薬を飲ませ、席に着いた。体調があまりよくなくても、礼儀として礼錫はしばらく同席したが、すぐに断りをいって退席した。

「だいぶ悪いんじゃないですか」

「もしマラリアだったら、参ったね」彼は苦笑してこういった。

（中略）

礼錫の熱は高かったが、当地には医者がいないし、薬もない。無理をいって保安団部に軍医を紹介してもらったが、大丈夫だという。しかし皆はとても心配した。（八月十八日日誌、宋之的）

翌日も礼錫の熱は下がらず、二十日、朝の涼しいうちに新哲が付き添い、担架で一足先に三十八軍に向かう。軍医の診断は風邪ということだった。二十一日、薬が効いたのか熱の下がった礼錫は皆の反対を押し切って趙軍長に会いに行くが、案の定午後に再び発熱、二十二日の夜の会で礼錫を洛陽に送る相談がされ、二十三日には礼錫の同意なしで実行を決める。二十四日未明、礼錫は輿（滑竿）に乗せられ、洛陽に向かって出発する。

彼はぐったりと横たわり、力を振り絞るように喘いでいた。彼にはもう話ができるような力はなかったのに、礼儀を忘れず、息も絶え絶えに軍長に別れを告げ、心からの感謝の意を述べた。

彼のふっくらした顔は六日間の苦闘のあげくすっかり痩せてしまい、顔色も恐ろしいほど青かった。我々は彼を取り囲んだが、彼を悲しませまいと、別れの言葉や、お元気で、というような言葉をかける者はなかった。各自悲しみの涙を滲ませながら、輿が山の向こうに消えていくまで見送り、しょんぼりと、重い足を引きずって宿に戻った。（日誌、白朗）

二十五日、一虹から、礼錫の病がいよいよ重く予断を許さない状態だという連絡が入る。一行が礼錫の逝去を知るのはその翌日であった。「誰が信じられよう。八日前はあんなに元気で、あんなウィットに富んでいた人が、今はもうこの世を離れて永遠の眠りについているなんて」と白朗は日記に記している。死因は黄疸であったということだ。

八月二十七日、洛陽の天主堂医院で礼錫の遺体を棺に収め、関帝廟まで送った。

病気になった時、彼は団から置いて行かれるのではないかと心配していた。だから私たちが何度も川を渡って医者に見せようとしたことに同意しなかった。だが今、彼は自分から離れて行ってしまった。たった一人で天主堂医院の霊安室に横たわり、深い寂寞を味わっている。彼は人と話をするのが好きで、睡眠には冷淡だった。前回洛陽に滞在していた時、彼は同室の之的が寝てばかりいるので、始終私たちの部屋を訪ね歩いては文句をいっていた。

「僕が一番いやなのは寂寞だ。之的は一日中寝ているんだぜ、耐えられないよ」その時は、之的が眠りをむさぼっていても之的以外の誰かが彼と話をした。だが今は？たとえ一千一百万人が彼と話をしたいといっても、彼は永遠に口を開かないのだ。（日記）

深い悲しみが伝わる文章である。夫人の陸晶清はこの時南方に出かけており、連絡がつかなかったようである。王礼錫の遺骸は龍門の山の上、川を挟んだ対岸の、白居易の墓と向かい合う場所に葬られた。墓には「詩人王礼錫之墓」と刻まれた石碑が建てられた(16)。

王礼錫の葬儀の二日後、団員の身体検査があり、白朗は医者からこれ以上団と行動するのは無理だといい渡される。九月五日、とうとう白朗が団を離れ、重慶に戻る日が来た。彼女は日記にこう記している。

朝八時、我々十人は十九号（宿泊所）を出た。葉秘書と方殷が駅で見送ってくれた。方殷と新哲は洛陽に残って礼錫のために後の始末をするのだ。汽車が動き出し、私たちが方殷と手を握って別れる時、方殷は目を赤くしていた。

なぜ「我々十人」なのだろう。礼錫を欠いた今、メンバーは十三人のはずである。新哲と、気管支炎が重くなったため直前で帰還を決めた一虹がしばらくは白朗と同行するという。そして澠池で「之的、楊騒、以群、袁勃、暁南、楊朔、羅烽が次々と汽車から降りた」（日記）。とすれば澠池で汽車を降りた七人と白朗、新哲、一虹がその十人ということになる。見送りの方殷が十人の員外の一名とすれば、ここでもやはり李輝英と張周の名前がない。「宋之的在作家戦地訪問団」は宋之的の記録に基づき、「張周、李輝英も都合により重慶に戻る」としている。「都合」とは何か。また重慶へ戻るのになぜ白朗と同行しなかったのか。白朗は新哲、一虹が途中で別れ、一人で戻らなければならない不安を訴えている。また白朗は五日の日記に切々と別れの悲しさを書いているが、李夫婦と一行はいつ、どのようにして別れたのだろうか。李輝英の回想には、訪問団に参加したことは書かれているが、訪問団内部のことについても、王礼錫の死後についても、触れられていない(17)。

この後の訪問団の行動については葉以群の「〝作家戦地訪問団〟別記」と「宋之的在作家戦地訪問団」に依ってある程度知ることができるが、それについては既に「作家戦地訪問団について」で整理したので、ここでは述べない。副団長だった宋之的が何人かのメンバーと共に重慶に戻ったのが十二月十二日、十六日には歓迎会が開かれ宋之的が報告をしているから、この時をもって訪問団の活動は終了したということであろう。「宋之的在作家戦地訪問団」に、四〇年十月八日、《新蜀報》が行なった座談会「従三年来的文芸作品看抗戦勝利的前途」における宋之的の発言が一部引用されている。

「去年訪問団と一緒に前線から戻って以降、暗澹とした、或いは苦しみの感情が生まれました。（抗戦の初期において）観衆を興奮させられる作品が、実際の所観衆にどれほどの現実的影響を及ぼすことができるのか、一時の安っぽい感情が満足させられるだけではないのか、という疑いが起こったからです」。「私は一人の作家として、抗戦初期に抱いた興奮で今日まで来てしまいましたが、冷静になって、更に深く現実を観察しなければならない、現実を把握しなければならないと思っています」。そして自分の作品を生活の単純な「スケッチ」或いは「理想」化したものの上に置いたままではいけない、「この、より苦しく困難な抗戦の新しい段階に於いて、芝居は見る人が家に帰ってから眠れなくなるような、気持ちよくて眠れなくなるようなものでなければならないと思うのです」。

実際に彼らがこの訪問団の活動を通じて何を得たかについては、彼らのその後の活動や作品を改めて考察していかなければならない。また、訪問団の意義に賛同し、同じ目的を持って困難に挑んだはずの人々の間に微妙な心のずれが生じたことについて、その原因はどこにあるのか。例えば出発から間もない六月二十五日にあったという「日誌の書き方に関する意見の違い」、八月十四日の白朗と袁勃の「激しい言い合い」、そして記録の各所から伺える李輝英と張周に対する「冷淡さ」。それらが単に困難な行程による強いストレスだけによるとは思えない。そういったことが、実は後の彼らの運命——例えば李輝英が密かに香港に移住したこと、羅烽が延安で感じた違和感など——に関わっているのではないか。今後稿を改めて検証していきたい。

注

（1）三五年五月、白朗と夫の羅烽は哈爾濱を脱出して上海へ、三七年、日中戦争勃発後、上海文芸界戦地服務団に参加（八月、羅烽は宣伝部長）、九月、文芸界の人々及びその家族数十名と共に武漢に避難している。およそ一年後重慶に移る。（陳震文「白朗的生平和創作道路」：《東北現代文学史料》第五輯、八二年）

（2）原載は不明。当初は「我們十四個」と題され、後に「戦地日記」と改題されたと思われる。『作家戦地訪問団史料選編』（八四年一月、四川省社会科学院出版社）では「我們十四個」、『白朗文集　二』（八五年、春風文芸出版社）では「戦地日記」である。

（3）《抗戦文芸研究》八五年第一期所収。

（4）大正大学史学会《鴨台史学》第十一号（二〇一一年三月）。

（5）王日記に、ある将校の家族が山津波に流されたことについて、「〝これは悲壮な死だ〟、暁南は恐らく一つの画面を想像するだろう。之的はというと一つの部隊を想像するだろう。〝戦場で死ぬ方がましだ〟」（八月十二日）とあるところから、陳暁南は画家、もしくは映画関係の人物かと思われる。

（6）黄九清著、二〇〇九年八月、四川大学出版社。

（7）二八年二月一日上海で創刊され、一年後南京に移転、抗日戦勃発後は長沙を経て三八年九月に重慶に移り、抗日戦終結まで当時の中国では最大規模の新聞であった。（『抗戦時期四川的新聞界研究』）
（8）王日記（六月十八日）に、戦地委員会から三千五百元の援助が出たとある。戦地委員会の秘書長は国民党幹部の邵力子であった。
（9）三七年八月二十二日。原載は《七月》一巻一期（三七年十月十六日）。
（10）李輝英「我従事文芸創作的一段経歴」（《新文学史料》八二年二期）。
（11）二十五日の日記に咳がもう二十日余り続いていること、この日痰に血が混じっているのを発見したことが書かれている。
（12）李輝英は五〇年に東北師範大学を離れて香港に行くが、蔣錫金は校内でこのことを知っていたのは自分と呉伯簫の二人だけだったといっているから、極秘で行動したもののようである。（蔣錫金「李輝英《経歴》補正」：《新文学史料》八四年二期）
（13）剣麟「作家在前線」（『作家戦地訪問団史料選編』所収）。
（14）メンバー中共産党員は羅烽、袁勃、葛一虹、訪問団参加後に入党したのが楊朔、白朗、宋之的、楊騒、方殷は左聯のメンバーで、葉以群は東京左聯の設立メンバー。
（15）ヨーロッパではShelley Wangのペンネームで知られていたという。（方殷「写在《王礼錫日記》全面」）
（16）方殷「写在《王礼錫日記》全面」。
（17）李輝英「我従事文芸創作的一段経歴」。

跋　文——八〇年代中頃の川勝ゼミ

本書編輯委員会メンバーの多くが学部生・大学院生、時には助手として同時に「川勝ゼミ」（当時の九州大学東洋史学研究室ではこのような言い方をしていなかったのだが）に所属していたのは、一九八〇年代中頃（八三年〜八六年）のことである。学部では葉夢珠の『閲世編』、大学院では『宮中檔雍正朝奏摺』などをテキストとし、徹底的に史料を読み込むことを、実に精力的に先生は教えられていた。特に、毎年三月上旬に大分県の九重で行われていた合宿では、朝の八時半から夜の十一時頃まで毎日十二時間以上、五泊六日にわたって史料を読むという、全く超人的ともいうべきスケジュールで演習を主宰され、われわれ学生も、ほとんど一学期分と同量の史料をその間に読むこととなった。

一方、通常の学期中、先生は、火曜日あるいは木曜日に集中して学部・大学院の講義・演習を行っておられたが、最終時限の特殊講義が終わると、大学のある箱崎や、時には中洲や天神の街に繰り出してお酒を飲むのを恒例としておられ、われわれ学生も、教室から戻ってこられる先生を研究室で待ち構えてお伴したものである。その席での話題は、時の政治・経済から芸能・スポーツに至るまで頗る多様なものであったが、それが不意に学問の話につながったりするものだから、その都度、「勉強」とは本の上のみでするものではなく、身の周りにいくらでもタネが転がっているものだということを思い知らされた。また、「お前は門司出身だから交通のことを研究しろ」だの「長崎出身だから広東のことをやれ」などともよくおっしゃっていた。その論法はいささか乱暴ではあったが、研究を志すものは自身の「生」に根ざしたテーマを選択すべきであるということを、このような形で教えておられたのだと思う。

先生からお教えいただいたことは、われわれ学生が意識できていることだけでも実に多岐にわたり、意識できていないことも含めれば、それはより広い範囲にわたると思われる。先生との議論は、時に学生として納得しかねることもあり、また、時に「バカ野郎」と怒鳴られることもあるような緊迫したものであったが、今から思い返してみると、何やら心愉しいものであった。この「心愉しい」という雰囲気は当時の研究室全体に漂っており、それは、教員から学部生にいたる当時の研究室構成員全体に負うところも確かにあるが、かなりの部分は先生が醸し出されていたのではないかと思う。

先生も七十歳を越えられた。これまで、先生から受けた学恩を心より感謝申し上げるとともに、ますますお元気で、今後も末永く、われわれ後進のものを「心愉しく」ご指導いただけることを祈念申し上げる次第である。

則松　彰文
滝野　正二郎

執筆者一覧（掲載順）

平勢隆郎	東京大学東洋文化研究所　教授
小林伸二	大正大学文学部　教授
紙屋正和	福岡大学人文学部　教授
冨田健之	新潟大学教育学部　教授
秋川光彦	大正大学文学部　講師（非）
椎名一雄	大正大学文学部　講師（非）
塚田良道	大正大学文学部　教授
春本秀雄	大正大学文学部　教授
大久保　秀造	大正大学大学院文学研究科　博士課程修了
小林　聡	埼玉大学教育学部　教授
川本芳昭	九州大学大学院人文科学研究院　教授
野田俊昭	久留米大学文学部　教授
加島　勝	大正大学文学部　教授
副島弘道	大正大学文学部　教授
金　勝一	東アジア政策研究院　院長
井口喜晴	元大正大学文学部　教授
苫米地　誠一	大正大学文学部　教授
市丸智子	奈良大学通信教育部　講師（非）
片桐　尚	内蒙古大学日語系　講師
川越泰博	中央大学文学部・文学研究科　教授
浅井　紀	東海大学文学部　特任教授
滝野　正二郎	山口大学人文学部　准教授
和田正広	九州国際大学　名誉教授
佐伯弘次	九州大学大学院人文科学研究院　教授
陳　玉女	台湾国立成功大学文学院歴史学系　教授
久芳　崇	西南学院大学国際文化学部　講師（非）
宇高良哲	元大正大学文学部　教授
坂本正仁	大正大学文学部　教授

内　田　直　文　　九州産業大学国際文化学部　准教授
黛　　　武　彦　　熊本大学教育学部　教授
則　松　彰　文　　福岡大学人文学部　教授
劉　　序　　楓　　台湾中央研究院人文社会科学研究センター　副研究員
高　　銘　　鈴　　新生医護管理専科学校　講師
宮　嵜　洋　一　　大正大学文学部　准教授
佐々木　　揚　　佐賀大学文化教育学部　教授
宗　村　高　満　　大正大学綜合仏教研究所　研究員
平　石　淑　子　　日本女子大学文学部　教授
張　　　　　隣　　上海交通大学日語系　教授
羅　　麗　　馨　　台湾国立中興大学文学院歴史学系　特任教授
朱　　徳　　蘭　　台湾中央研究院人文社会科学研究センター　研究員

中唐理財家的悲劇啓示
——劉晏、楊炎優劣論略

張　　　　鄰

在大唐帝國由盛轉衰的歷史途程中，劉晏和楊炎是兩個十分引人注目的人物。他們遭逢時局極度動蕩、朝廷屢告危難的多事之秋。其時藩鎮林立，戰火頻仍；百姓流亡日劇，戶籍散亂，國家編民大量轉變爲大地主的佃客，土地和戶口的隱沒有增無已，均田制和租庸調法名存實亡，政府的稅收一落千丈。肅代之際，雖當朝廷費盡心力暫時平息了北方安史之亂和南方江淮人民的武裝反抗之後，由于統治階級内部矛盾的惡性發展以及随之而來的對人民群衆鎮壓、搜刮的加劇，財政危機驟然凸現。劉晏和楊炎以其卓越的認知和組織才能，切實研究了當時的弊端所在，進行了一系列重要的整頓和改革，對唐政權的振衰起弊和恢復社會經濟作出了巨大的貢獻。

從大曆到建中，政府的財政改革是一脈相承的。大曆時期劉晏的一系列財政舉措，爲建中元年楊炎的兩稅法改革奠定了厚實的基礎。而兩稅法的許多内容，在大曆期間的財政令文中已見端倪。這本來是互惠互利、錦上添花的歷史佳話，但遺憾的是，作爲這一時期財政整頓和改革工作主角的劉、楊二人，却是水火不能相容的政敵。而傳統史家從片面的、抽象的封建倫理道德標準出發作出的“褒劉貶楊”的評価，又進一步模糊了事情的本質，爲正確認識唐中葉財政賦稅制度的發展演變增置了一層障碍。本文就意圖通過對劉晏、楊炎的比較研究，通過對他們在大曆、建中時期政治和經濟改革活動的全面分析，歷史地探討這一時期的財政改革在唐代中葉環境中所能達到的限度，并進而探討作爲地主階級政治家的劉晏和楊炎的個人品質給這一改革帶來的各種正負影響，從而客觀地評価劉、楊的成敗得失，有助于深刻理解他們的改革在中國封建社會發展過程中的価値所在，并在總體上能爲研究一般地主階級的改革活動提供有益的啓示。

(一)

雖爲政敵的劉晏和楊炎，却存在着諸多共同之處。劉、楊二人都以財政經濟專家著名于史册，但在早年，却是因爲其非凡的文學才能而聲振朝野。

劉晏幼年即有“神童”之譽，宋以後廣爲流傳的啓蒙課本《三字經》，就是以劉晏爲例對少年兒童進行説教的。開元十三年（725年），唐玄宗東封泰山，時年八歲的劉晏前往獻賦，“帝奇其幼，命宰相張説試之。説曰：‘國瑞也。’即授太子正字。公卿邀請旁午，号神童，名震一時”(1)。《明皇雜錄》記載，唐玄宗曾觀看教坊王大娘玩一種頭頂百尺大竿的雜技，“時劉晏以神童爲秘書正字，年方十歲，形狀獰劣，而聰悟過人”，“令詠王大娘戴竿，晏應聲而作”，對王大娘所表演的高超技藝作了精妙的描述：“樓前百戲竟争新，唯有長竿妙入神。誰謂綺羅翻有力，猶自嫌輕更著人”(2)。今天，我們閱讀保存在《全唐文》卷370中劉晏的各類文章，仍覚其行文簡潔，邏輯嚴謹，語言生動，確是手筆不凡。

楊炎在文學上的造詣亦很深厚。史稱“炎少學，博涉文史”(3)。他年輕的時候，所写文章就雄壯豐美，負聲文壇，所謂“風骨峻峙，文藻雄麗，岍、隴之間，号爲小楊山人”；以後更是以文學爲進身之階，擔任過中書舍人、知制誥，与常衮共同掌管起草詔令，“衮長于除書，炎善爲德音，自開元已來，言制誥之美者，時稱常、炎焉”；當時宰相元載、崔佑甫都十分賞識他的文學才能，如“元載自作相，常選擢朝士有文學才望者厚遇之，將以代己。……載親重炎，無与爲比”；楊炎曾作《李楷洛碑》，文工辞麗，當時士大夫莫不諷詠，唐德宗在東宮時，就將此文挂在墻上，“日諷玩之”；德宗即位之後，因崔佑甫之薦，破格將楊炎從道州司馬任上提拔爲宰相，“炎有風儀，博以文學，早負時望，天下翕然望爲賢相”(4)。楊炎以文學馳名一時，于此可見。

劉、楊二人的別一共同之處，即他們都不是出身于顯貴家族，而屬于地主階級的下層。只是憑籍自己的出色才干，才得以躋身于封建官僚階層的最高行列的。

劉晏家居曹州（治今山東曹縣），他的家族被稱爲南華劉氏。這一姓支的遠祖，雖然攀附上西漢楚元王劉交，但這種歷史淵源關系大多是靠不住的。兩唐書本傳

俱不載劉晏父、祖的姓名，其寒微就可想而知。從《新唐書宰相世系表》看，劉晏的上代不過是縣令、縣丞之流，同輩之中亦鮮有達官。這一家族只是在劉晏以後才有所發達。

楊炎家居岐州（治今陝西鳳翔南），世稱扶風楊氏。從譜系上看，他是漢太尉楊震的後裔，他的一位遠祖楊孕，同時也是隋朝開國皇帝楊堅的十三代祖。但是，遙遙華胄，并不能證明楊炎一族是淵源深厚的冠冕甲祖。從楊孕至楊炎的一支世系，十分曖昧，故而《新唐書宰相世系表》對楊炎家族的記載，簡略到不能再簡。從兩唐書本傳看，楊炎的曾祖在武德初做過縣令，祖父則全無功名，父親楊播在中進士第後，一度任過諫議大夫，後棄官歸養，以隱士著名于時。因此，楊炎的家族充其量也不過是早已衰微破敗的舊隋貴族，說他是寒門細孤，亦不爲過。

唐代的寒門素族，憑借文學才能而厠身士列的并不在少數，劉、楊二人都是這類人物。由于没有堅固的宗黨姻親關系可資依靠，故而他們的進身發迹更多地依賴于皇帝和權臣的識拔，其功名成敗也更爲直接地受到封建政治變更的影響。因此，機遇的因素以及個人處世應變的能力，對他們來說也顯得格外重要。當劉晏和楊炎先後進入封建國家機器的中樞，執掌全國財政大權的時候，諸如此類的因素就對他們的財政改革活動發生了十分微妙甚至舉足輕重的影響。關于這一點，筆者在下文還將予以涉及。

(二)

在劉晏和楊炎整頓、改革財政的一系列措施中，比較明顯地體現了“民爲邦本”的統治思想。

劉晏早年任夏縣令的時候，就不象一般地方官那樣急徵暴斂，但百姓却能按期完納賦税。後來調任温縣令，治績也頗存嘉名，以至百姓刻石以紀其惠。[5]安史亂後，在他主持中央財政之時，主張課税要做到“取民不怨”，司馬光對此評論說：“晏又以爲戶口滋多，則賦税自廣，故其理財以愛民爲先。[6]”這話很能概括劉晏財政活動的指導思想。

安史亂後，重徭重賦成爲當時社會的最大弊端。劉晏故吏陳諫說：“初，州縣

取富人督漕挽，謂之船頭；主郵遞，謂之捉驛；稅外橫取，謂之白著。人不堪命皆去爲盜賊。上元、寶應間，如袁晁、陳莊、方清、許欽等亂江淮，十餘年乃定。”[7]劉晏的當務之急，就是要在保障安定社會的同時，確保政府的財政收入。他的所有財政舉措，都是圍繞着這一中心展開的。

首先，劉晏大量使用雇傭勞動的柔性手段，來取代强制性的勞役徵發。在漕運上，他以招募運丁的辦法，由政府主持運輸業務，廢除了歷來漕運所使用的徵發民夫的傳統陳規。這樣，既保證了江淮漕糧源源不斷地輸入關中，又大大減輕了東南人民的徭役負擔。對官府所需要的各類物品如鑄錢等，也采用雇傭工匠的辦法來製造，而不用徭役徵發。甚至連財政機關搜集經濟情報的工作，也以雇傭手段招募社會上能疾走的人來承擔。這樣，通過對徭役制度的改革，大大減輕了人民的負擔，調節緩和了統治階級和百姓之間的緊張關系，使社會逐漸趨于安定，從而有利于生產力的發展。

其次，劉晏用開辟財源、發展經濟的辦法，來取代對百姓的橫徵暴斂。在長期戰亂之後，百姓窮困匱乏，農業生產嚴重萎縮，如再以重賦加在人民頭上，則無異于竭澤而漁，必將導致李唐統治的崩潰瓦解。但是，在政府方面，爲維護封建統治所需的巨額稅收又是必不可少的。爲了解決這一矛盾，一方面，劉晏“罷無名之徵”，即廢除各項苛捐雜徵；別一方面，他的眼光從傳統的賦稅項目粟帛轉到了鹽業生產上。他大力整頓鹽法，促進鹽業產銷，利用經營鹽業所獲得的贏利來支持國家財政，取得了顯著的成績。“晏之始至也，鹽利歲才四十萬緡，至大曆末，六百餘萬緡。天下之賦，鹽利居半，宮闈服御、軍餉、百官祿俸皆仰給焉”[8]。這樣，劉晏既爲朝廷籌辦了維持軍國開支的巨款，又使得廣大人民在常賦之外免受苛捐雜徵之害，使疲民有所舒息，這對安定社會和發展生產，無疑是富有積極意義的。

第三，劉晏關心民瘼，經常留意民情，使不致于過分貧乏。這可以他的救災措施爲例來說明。劉“晏通計天下經費，謹察州縣災害，蠲除振救，不使流離死亡”[9]。他的出發點是使百姓能保持正常的耕織生活，安居樂業，這樣，國家的賦稅也就有了保障。“每州縣荒歉有端，則計官所贏，先令曰：‘蠲某物，貸某戶。’民未及困，而奏報已行矣”，他在這方面的獨到之處，是不主張用賑濟的辦法救災，

而是以賤価出售糧食來救濟百姓；他認爲單純依靠賑濟有兩大害處：“賑給少則不足活人，活人多則闕國用，國用闕則復重斂矣；又賑給近僥幸，吏下爲姦，强得之多，弱得之少，雖刀鋸在前不可禁”；而他的辦法却有兩大長處：“災診之鄉，所乏糧耳，它產尚在，賤以出之，易其雜貨，因人之力，轉于豐處，或官自用，則國計不乏；多出菽粟，恣之糶運，散入村閭，下戶力農，不能詣市，轉相沾逮，自免阻飢，不待令驅”[10]。同時，他又廣泛利用商業渠道，努力維持全國物価的平衡，在豐年以較高的価格收購農產品，在荒年則賤価賣出，等等。經過他的大力整頓，國家稅收每年大致可增長百分之十，地方上各州糧食的儲備也往往達到三百萬斛，戶口的增加也很顯著，“晏始爲轉運使，時天下見戶不過二百萬，其季年乃三百餘萬；在晏所統則增，非晏所統則不增也。其初財賦歲入不過四百萬緡，季年乃千餘萬緡”[11]。可以說劉晏的既保民又增收的財政策略，是取得了很大成功的。

而楊炎主持的兩稅法改革，与劉晏的財政指導思想有着異曲同工之妙。兩稅法最基本的賦稅原則，是“人無丁中，以貧富爲差”。這一制度推行于全國，就否定了西晉以來計丁而稅的落後稅制。根據財產多寡作爲徵課標準，就相對減輕了貧弱人戶的賦稅負擔，使家貧丁多者不致過于受害。相反，將地主官僚、商賈豪富一概納入國家賦稅的軌道，則全國范圍内的賦稅負擔就比較合理。這一原則之有利于貧弱人戶是一目了然的。楊炎在奏疏中明確說過：“凡富人多丁者，率爲官爲僧，以色役免；貧人無所入則丁存。故課免于上，而賦增于下。是以天下殘瘁，蕩爲浮人，鄉居地著者百不四五[12]。”說明他是十分清楚這一原則的現實意義的。

兩稅法以前，稅目繁雜，不一而足。即以國家正稅而論，租庸調之外，尚有戶稅、地稅、青苗地頭錢等等名目。各種賦稅的徵收程限、徵集内容及徵收次數都各有不同，百姓疲于應付，官吏緣以爲姦，成爲社會一大蠹害。兩稅法合各種稅目爲一，簡化稅制，即使百姓的負擔無多大削減，却也能省去不勝其煩的交納和被官吏急如星火的催敲勒索的紛擾。因此，這不僅是稅法上的一大進步，也是安定社會、有利百姓的重要措施。

兩稅法關于輸稅限程的規定，也體現了便民的原則。我國大多數地區一年收獲

兩次，舊曆六月、十一月，正値夏、秋收獲之後，廣大農民均有一定程度的賦資，規定此時爲輸納期限，較爲合理。各地因情況不同，也允許因地制宜，有所變通。德宗敕文中說：“如當處土風不便，更立一限”；楊炎請作兩稅法奏疏也說：“居人之稅，秋夏兩徵之，俗有不便者正之”[13]。起請條末了所云“黜陟使每道定稅訖，具當州應徵都數，及徵納期限，幷支留合送等錢物斛斗，分析聞奏”[14]。即說明各地的“徵納期限”可由負責官員根據實際情況作出規定，幷不局限于六月、十一月。這些規定對農民來說，毫無疑問是有利的。凡此種種，都說明楊炎在主持兩稅改革的時候，比較注意人民的疾苦，努力減輕一些農民不合理的賦稅負擔。史稱“炎救時之弊，頗有嘉聲”[15]，可見他的所作所爲，是受到人們的認可和贊揚的。

封建時代官員的“愛民”，是以維護地主階級的統治爲前提的，劉晏和楊炎也不會例外。他們整頓、改革財政的根本目的，當然是追求大唐帝國的鞏固和富强。但是，他們能比較深刻的認識到“民爲邦本”這一封建統治的原理，在解決國家財政困難的同時，注意到了不過分擾民，努力維持和促進社會的安定，有意識地采取一些積極措施，讓廣大人民能安居樂業，發展生產，這在封建社會中，就是十分難得的有識之士。基于這一點，劉晏和楊炎都對當時社會的發展和歷史的進步作出了很大貢獻，都是値得肯定的歷史人物。

(三)

劉晏和楊炎在理財上都各具特色。

劉晏的財政活動集中在代宗朝。代宗即位前後，安史叛亂集團的最後一個首領史朝義被政府軍消滅，南方規模最大的人民鬪争——袁晁領導的農民起義，也剛剛被鎭壓下去，大唐帝國結束了一個動亂的時期，但戰亂所造成的創傷却比比皆是。因此，歷史向劉晏提出的任務，主要是解救朝廷財政收入困窘的燃眉之急。縱觀劉晏的全部財政活動，無論是重建漕運，改革鹽業，整頓常平，目的都是爲了籌辦政府急需的錢糧物資。正是這一特點，決定了劉晏在封建財政史上的地位。在這一領域中，劉晏是一名高超的組織者和傑出的戰術家。在國家財政的各個業務部門，他都作出了創造性的貢獻，幷對後代產生了深遠的影響。然而，這也正

是劉晏財政改革的局限所在，他的改革活動多屬暫時性質，他致力于某些具體業務部門的整頓，但對作爲封建財政基礎的土地稅收制度缺乏應有的重視。因此，劉晏不能從根本上解決大唐帝國所面臨的財政危機，在財政史上也難論有劃時代的創舉。劉晏財政工作的基礎建築在所謂封建官員個人精明干練的活動能力之上，而缺乏對業已發展變化了的社會經濟關系的敏鋭洞察，因此也就難以對國家財政事務作制度和憲法上的根本改革。

与劉晏相比，楊炎属于别一類型的財政專家。雖然他在處置某些具體的財政業務時往往流于疏闊和失算，但是，他針對唐代多少年來的積弊，大刀闊斧地進行改革，敢于徹底屏棄被人們奉爲經典然而早已過時的均田制和租庸調法，創立兩稅新法，以致從根本上奠定了中唐以後一千餘年封建財政制度的基礎，因此，楊炎不愧是財政史上雄才大略的戰略家，他在這方面的地位較之劉晏來說無疑要勝出一籌。

楊炎要比劉晏幸運的多，他在大曆、建中之交出任宰相，這時期，朝廷的財政收入情況有了很大好轉，他的先驅者們在大曆年間陸續進行的確定戶等戶稅、劃一地稅稅額、規定納稅期限等工作，也爲兩稅法的出臺創造了條件。在這個基礎上，楊炎深刻地檢討了全國的經濟關系，鮮明地指出了財政制度上弊端症結所在，大膽地提出實行兩稅改革的建議，在大唐帝國財政史上開辟了一個新時期。

楊炎的兩稅法改革，在許多方面突破了傳統的財政理念，在經濟思想和財政制度上，都具有深遠的歷史意義。他敢于提出“量出以制入”的賦稅原則，否定了“量入爲出”的舊規，富于積極的進取性，也反映了我國古代的財政思想有了長足的進步。他堅持計資而稅，建議使用貨幣賦稅制度，否定了落後的按丁徵稅和實物徵課的做法，預示了賦稅制度大發展的趨勢。他大大簡化稅制，將各種稅目歸幷爲一，增强了帝國行政的工作效率。凡此種種，都體現了他的遠見卓識。此外，他又提議將帝國財政收入与皇帝個人私蓄分離，革除了安史亂後國家公賦与人君私藏混同的弊端，道人所不敢言，行人所不敢爲，充分顯示了他致力改革的遠大膽略和魄力，獲得了朝野輿論的一致贊揚。兩稅法實行後，“督納有時，貪暴無容其姦，二十年間府庫充牣”[(16)]。杜佑說，自行兩稅法後，不僅賦稅收入增加一倍有餘，且“令賦有常規，人知定制，貪冒之吏莫得生姦，狡猾之 亡皆被其

籍，誠適時之令典，拯弊之良圖”[17]。兩稅改革所帶來的良好結果，是十分清楚的。

從根本上來説，兩稅法的實施，反映了封建經濟的發展，標志着封建土地占有形式轉入一個新的進程。楊炎能夠順應這一歷史潮流，從實際出發，建立一套適應經濟發展狀況的新稅制，因而完成了大唐帝國財政史上一次根本性的變革。此外，兩稅法的實行，也是開元、天寶以來大唐帝國和大地主階級爭奪土地和賦稅對象的鬪爭的結果。史稱兩稅法令頒布之後，“掌賦者汨其非利，言租庸之令四百餘年，舊制不可輕改。上行之不疑，天下便之。人不土斷而地著，賦不加歛而增入，版籍不造而得其虚實，貪吏不誡而姦無所取。自是輕重之權，始歸于朝廷”[18]。正説明兩稅法的實施，增加了朝廷的收入，加强了帝國中央的集權統治，一定程度上打擊了大地主階級和地方割據勢力。元和時期，大唐帝國得以“中興”，兩稅法所起的作用是相當大的。

楊炎執政的時間至爲短促，但兩稅法并不因爲它的倡導者在政治上的曇花一現而随之退出歷史舞臺。雖然這一制度遠非盡善盡美，但由于其符合于社會經濟發展的歷史趨勢，因而富于生命力。終唐一代，對兩稅法的批評抨擊代不乏人，兩稅之法却始終不能廢。非但如此，其所確立的原則還一直爲宋以後的封建政府所遵行。這表明兩稅法的建立不僅是唐代同時也是全部中國封建財政史上一個劃時代的變革。這一事實，從別一角度證實了，楊炎作爲一種嶄新制度的開創者，在歷史上有其不可低估的重要地位。

(四)

在封建社會中，要有效地處理諸如財賦之類的國家行政，除了必須有適應客觀條件的方針之外，還要有一套切實可行的辦法。劉晏和楊炎對財政的改革，都能切中時弊，順應歷史潮流的發展，但在具體實施各自的方針時，他們之間却表現出很大的不同。

劉晏是老練的封建官吏，從他的一系列財政舉措中可以看到他對封建官場的積習弊端有比較深刻地了解，故能十分圓熟地處理各種關系，使自己主持的財政工作得以按照既定意圖獲得成功。在貪污成風，結黨營私盛行的封建時代，要想認

真辦好几件事，是很不容易的。搞的不好，不惟動輒掣肘，且往往因此丢失官位甚至身家性命。劉晏執掌天下財權十餘年，其成功的秘訣之一，就是以厚利打通各種關節。

劉晏在揚州營造漕船之際，每艘船給經費一千緡，而實際造価還不到五百緡。當時有人指責他虚費太多，他辯解説："不然，論大計者固不可惜小費，凡事必爲永久之慮。今始置船場，執事者至多，當先使之私用無窘，則官物堅牢矣。若遽与之屑屑校計錙銖，安能久行乎！異日必有患吾所給多而減之者；減半以下猶可也，過此則不能運矣。"在劉晏看來，官吏們總是要中飽私囊的。如果經費給的足，貪污之餘，尚能盡心造船，保證船只的堅固耐用。如果按實際造価撥款，則官吏必然感到所得無几，將會想方設法偷工減料，以致船只脆薄易壊，難以承擔漕運大事。劉晏在籌劃財政問題時，將官吏貪污一項預先考慮在内，雖然不免失于消極，但在當時條件下是無奈也是唯一行得通的辦法。

封建官場的又一弊端，是裙帶風盛行，攀附請托，無所不在。劉晏對此也深有了解，并能曲盡其妙，處理圓滑。"當時權勢，或以親戚爲托，晏亦應之，俸給之多少，命官之遲速，必如其志，然未嘗得親職事。其所領要務，必一時之選[19]"。顯然，在形式上滿足朝廷權貴們的要求，是爲了減少財政改革与實施上的障碍，疏通各方渠道。對那些紈絝子弟，按請托給予官職和俸祿，但却不允許他們參与干預行政，保證了帝國財政要害部門的主要長官均爲當時的社會精英來擔任。劉晏之用心良苦，于此也可見一斑。

史稱劉晏"頗以財貨遺天下名士"，"挾權貴，固恩擇，有口者必利啖之"，他廣泛運用賄賂的手段來鞏固自己的地位；但非常難能可貴的是，他自己却不貪污，"晏理家以儉約稱[20]"，死後查抄家產，"唯雜書兩乘，米麦數斛[21]"。他深知當時官場的盤根錯節的利害關系，以及權貴名士的影響力，雖然他曲于周旋，但却始終能保持潔身自好，可以説是十分不易。今天我們無法知道劉晏當時在以厚利結交朝野權貴名士時心中作何感想，但從他的許多具體實務中可以看出，他多是不得已而爲之。那些傳統的、根深蒂固的官場惡習，既不能予以徹底地杜絶，就也只能做一些技術上的調整，劉晏長期處理各種人事經驗，使他深知：一項措施能否付諸推行，推行後的成敗如何，全憑自己与所有官吏的共同習慣和利害是否相安無

擾，否則任何良好的措施，仍不過是空中樓閣。劉晏以他的精明練達，爲達到自己的目的，雖說有些不擇手段，但這也正是他的財政事業取得成功的重要前提之一。

在行政能力上，楊炎比起劉晏來是大爲遜色的。楊炎執政時間過于短暫，從他提出兩稅改革到遭讒被殺，還不到兩年，今天已經無法弄清楚他具體推行兩稅法的各項措施，但是，從楊炎在位期間處理其他行政事務的材料中，都給我們留下了一個不善于具體事物處理的尷尬形象。

如開豐州陵陽渠之事，建中元年四月，楊炎建議在豐州屯田，先行開浚陵陽渠。其措施是徵發關輔民衆，一年一替，每一民夫給錢六百三十，米七斛二斗。這一計劃當時就受到京兆尹嚴呈的激烈反對。楊炎力排衆議，堅持開渠，最後果以失敗告終。[22]豐州距京師二千餘里，發京師民遠途就役，群情騷動，社會不寧，國家在民夫錢糧開支之外，尚須增加漕運大量糧食至河套地區，勞民傷財，其所得不敷所出，自在意料之中。楊炎的本意雖好，却未免流于疏闊，其結果歸于失敗也是必然的。

又如城原州之舉。大曆年間，元載爲抵御吐蕃入侵，籌劃加固元州，以形成京城西面的堅强防綫。事因元載被殺而中止。楊炎執政後，即謀重興此役。建中二年二月，令涇原節度使段秀實先行準備。當時段秀實提出兩條意見：一是不可草率興工；二是請俟農閑動工。楊炎見之大怒，不分青紅皂白，當即罷免段秀實官職，調分寧別駕李懷光前往監督興工，結果處置不當，激起兵變，全部計劃因此流產。[23]城原州以御吐蕃，未嘗不是良策。但是，楊炎未加詳細考察，又對部下的意見置若罔聞，操之過急，縱然主意再好，也難逃失敗的命運。楊炎之長于議論，短于行事，于此可見一斑。

再如罷度支、轉運使之事。安史亂後，財政事務煩冗，度支、轉運諸使成爲國家財賦的實際主管者。大曆末年，劉晏獨掌天下財權，一身兼任諸道轉運、租庸、青苗、鹽鐵等使。朝廷諸多官員均認爲國家財權太過集中于一人之手，多上言請求廢除轉運使之職。楊炎和劉晏之間的矛盾很深，執政後即罷度支、轉運使，“天下錢穀皆歸金部、倉部”，但是，因爲尚書省諸司失其職已久，“耳目不相接，莫能振舉，天下錢穀無所總領”，不得不恢復度支、轉運使。[24]前後還不到六十日。

事先未做詳細的調查，不顧大局，僅憑個人好惡，輕易廢立，給本身就不太隱定的帝國政治經濟帶來了極大的負面影響。

劉晏和楊炎在行政能力上的差距，恐怕与兩人的閲歷有很大關系。他們雖然都是以文學起家，但是，劉晏早年在相當一段時間里擔任過縣令和州刺史，嗣後又長期主管財政事務，因此養成了卓越的行政組織才能。而楊炎久處詞垣，居官清要，缺乏具體部門實際工作的鍛鍊，辦事能力、協調能力等就顯得差强人意。他在宏觀上可以看清社會的重大弊端，并提出良好的建設性意見，但在微觀上進行具體操作時，就往往顯得捉襟見肘，經驗不足，導致失敗。

當然，楊炎在處理行政事務上的失敗，很多情況下并不能只歸咎于他個人。安史之亂後的大唐帝國，政治腐敗，國力衰弱，任何想有所作爲的政治家、改革家都必然會遇到重重阻力。面對各種實際困難，由于自身能力上的局限性，使得楊炎遠不能象劉晏那樣處理得圓熟融通、得心應手。然而，即使精明練達的劉晏，也不得不常常用賄賂的卑鄙手段來完成他所想實現的事業。因此，楊炎的失敗，除了他自身的原因之外，還有其更深刻的社會歷史根源。在一個每況愈下的封建王朝里，地主階級中有遠見的人物所發動的振衰起弊的政治經濟改革活動，往往悲劇性地淹没于數不清的阻碍和反動之中。其中，或取得部分成功，或最終全部失敗；改革家本人亦或身敗，亦或名裂，結果都不可能具有起死回生的效力。

（五）

劉晏和楊炎爲大唐帝國度過嚴重的經濟危機，實現政治“中興”，發揮了不可低估的作用，堪稱一代功臣、名臣。但是，兩人的下場竟然驚人的如此相似，均極悲慘，建中初期，先後被貶死在遠離京師的窮鄉僻壤，實在令人扼腕。

同樣是悲劇，程度却有所不同。劉晏身後，歷代史臣大唱贊歌，芳名廣爲流傳。而楊炎却被目爲“小人”，与所謂“姦臣”的元載、王縉同列，千載之下，餘臭尚存。褒劉貶楊，是爲封建史學的定評。

在時隔一千二百多年後的今天，再去追究這段歷史陳案，非要辯個楊高劉低，固不足取，但原封不動地抄襲封建史學這一顯然違背歷史實際的論斷，則無助于

把握歷史真相。況且，劉晏和楊炎的悲劇絶非僅僅牽系個人的榮辱、優劣。他們是大唐時代的特殊產兒，曾經在一個重要的歷史時刻登上政治經濟舞臺，演出過威武雄壯的活劇，對中國社會的發展作出了重要的貢獻，并對大唐帝國以後的歷史走向產生了深遠的影響。因此，他們的成功和失敗，帶有鮮明的時代特徵，從一個側面反映了唐朝大曆、建中財政改革在當時歷史條件下所能達到的限度。

劉晏和楊炎都是在代宗朝開始擔任朝廷要職的，他們的躋身顯宦，很大程度上出于權相元載的提拔。楊炎与元載的關系，上文已有涉及。而劉晏也曾兩次受到元載賞識，方得以掌握天下財政大權的。寶應初，元載升任宰相，随之“載以度支轉運使職務繁碎，負荷且重，慮傷名，阻大位，素与劉晏相友善，乃悉以錢穀之務委之，薦晏自代”[25]。次年，劉晏亦晋爲宰相，領使如故。後因結交宦官程元振，罷爲太子賓客。廣德二年三月，重新被起用爲河南、江淮以來轉運使，主持財政。這一委任，仍然出自元載的推薦。從劉晏在到達江淮後致元載的信中，有“晏賓于東朝，猶有官謗，相公終始故舊，不信流言”等感恩之語[26]，就可以知道這一情況。劉晏和元載的關系，雖没達到象楊炎那樣“載親重炎，無与爲比”的程度，但在大曆前期，兩人的關系應是不錯的。劉晏的財政工作受到元 載的大力支持，史稱“載方内擅朝權，既得節，即盡以漕事委晏，故晏得盡其才[27]，可見元載對劉晏還是相當信任的。而劉晏的能够充分發揮理財術能，是与元載的識拔、信用分不開的。大曆後期，元載与代宗的矛盾衝突趨于激烈，并終于在大曆十三年被殺，親黨株連者甚衆。這是代宗朝的唯一大獄，以後劉晏和楊炎二人的遭讒被殺，都与此案有着直接或間接的關系。

當時代宗决心剪除元載，命劉晏審判此案，劉晏深感事情重大，且元載親黨布于天下，不敢獨任其事，于是朝廷組織了一個龐大的審判團，參加者有御史臺、中書省、門下省及尚書省兵部、禮部等的負責官員。整個審判過程，全由皇帝操縱，“問端皆出禁中，仍遣中使詰以陰事”[28]。結果，元載及其妻子被殺，朝中同黨遭流貶者達十餘人，楊炎亦在其中。問題是劉晏雖然擔任此案的首席法官，其實并不是“倒元”的主角和有力人物，他不過是奉命行事。以他的精明干練和諳熟官場内幕，他還花了很大力氣保護了一些元載同黨，不使其株連者受到過于嚴酷的處罰，宰相王縉就因此而保住了性命。

德宗即位，楊炎出任宰相，他決意爲己爲元載報仇。其實，楊炎与劉晏在上述吏部共事之時，關系齟齬，難以調和。加之劉晏又恰好是元載一案的主管，于是，宿怨新仇，一起清算。楊炎根據流言蜚語，攻擊劉晏在代宗朝曾密謀立獨孤妃爲後，又謀廢太子，等等。這就觸動了封建政治中最爲敏感的神經，劉晏立即被貶爲忠州刺史。接着，楊炎又唆使所在地方官誣告劉晏企圖謀反，殺害了劉晏。楊炎以私怨羅織劉晏，是他一生中最爲可耻的污點。

官場傾雜斷送了劉晏，也没有放過楊炎。劉晏死後不久，楊炎与宰相盧杞的關系逐漸惡化。老姦巨滑的盧杞，使用同樣卑劣的手段，深文周納，攻擊楊炎有帝王野心。德宗在盛怒之下，貶楊炎爲崖州司馬。又在流放途中將他殺死。劉晏、楊炎二人之死，相距不過一年零三個月。兩位傑出的理財專家，就這樣作了惡濁的封建政治的犧牲品。

從個人品質上看，劉晏和楊炎都不能説是器局狹小的人物。劉晏的知人善任是衆所周知的。他主管全國財權，“其相与商榷財用之術者，必一時之選[(29)]”。故晏没後二十年，主管財計的高級官員，如韓洄、元琇、裴腆、李衡、包佶、盧徵、李若初等，都是他的舊吏。楊炎在這方面也不亞于劉晏。史稱“炎樂賢下士，以汲引爲己任，人士歸之[(30)]”。由此可見，劉、楊的悲劇，并不是他們個人品質上的局促狹窄、樂于攻訐所引起的，而是其時江河日下的大唐帝國的腐朽政治所造成的。

劉晏久掌財權，頗遭時忌，當時企圖傾陷劉晏的，決不止楊炎一人。《舊唐書》本傳中多所言及朝廷和地方長官直接或間接地反對劉晏，甚至流傳那些他陰謀廢立皇后、太子的包藏殺機的謡言等，表明要置劉晏于死地者，實在是具有相當的數量和勢力。

楊炎的處境也不比劉晏爲好。況且，在反對楊炎的行列中，不但有居心叵測的同僚，還有皇帝本人。楊炎由德宗一手提拔，自道州司馬躍居宰相高位。執政之初，頗受信任。但劉晏死後，形勢急轉而下。誅殺劉晏，是楊炎發難，徵得德宗同意後進行的。劉晏無故被殺，天下冤之，藩鎮勢力借機攻訐朝廷，使楊炎感到很害怕，于是他派遣一批使者分赴各鎮，將殺劉晏一事解釋爲德宗的主意。德宗知道後，大爲惱火，由此萌發待機誅殺楊炎的想法。

在封建時代，臣下諉過于君上，是大逆不道的罪行。劉晏一案，雖説是出自楊

炎的鍛鍊周納，但君臣合謀，則是事實。然而德宗是決不想爲此來承擔絲毫責任的。在歷史上，唐德宗可是出了名的自作聰明、果于誅戮的昏君。陸贄說他“以一言稱愜爲能，而不核虛實，以一事違忤爲咎，而不考忠邪，其稱愜則付任逾涯，不思其所不及，其違忤則罪責過當，不恕其所不能，是以職司之內無成功，君臣之際無定分”[(31)]。的確是非常客觀的評論。楊炎遭逢這樣一位皇帝，其命運和下場也就可想而知了。

公元781年，山南東道節度使梁崇義拒絶入朝。其時楊炎自道州往京師，路過襄陽，曾勁說梁崇義入朝，後又派人作進一步的規勁。他的用意本無可指責，至于梁崇義不听勁說，蓄意割據，那是別一回事。舊史說楊炎迫成梁崇義作亂，顯屬不實之辞。其後，德宗欲用淮西節度使李希烈爲帥，領兵討伐梁崇義。楊炎深知李希烈野心勃勃，强横難制，反對德宗的決策。但遺憾的是，德宗非但對楊炎的正確意見置若罔聞，還反而以其議論疏闊爲由，罷免了他的宰相職務，君臣之間的信任已經蕩然無存。老姦巨滑的盧杞看準摸清了德宗的心思，羅織罪名，致使楊炎遠貶嶺外，途中旋遭殺害。

象劉晏和楊炎這種出身于地主階級下層的人物，他們的功名成敗与皇權的聯系，較之世族地主來說要更爲密切。在一定的條件下，他們能很快超居高位，然一旦失寵，其失敗的程度往往也更加慘酷。在封建官場中，他們没有盤根錯節的宗黨姻親關系可資利用，更没有閥閱或廣泛的社會關系可以依靠。唐代專制君王樂于使用這類人物，一方面固然是這種階層中頗多傑出人才，別一方面也未嘗不是看出這些人易于進退，有利于專制統治的鞏固。代、德之際，元載、劉晏、楊炎這三個出身較低的政治家相繼受到最爲嚴厲的處罰，不能僅僅視爲一種偶然的巧合，實際上，這一現象正反映了庶族地主階級与皇權之間一種頗具代表性的互相利用，彼此抗争的關系。

肅、代、德三朝，皇帝都是昏庸人物，其中唐德宗尤爲突出。他即位才二年，就誅殺了劉晏和楊炎這兩位大唐帝國的中興改革重臣。以後，更是信用姦佞，猜忌功臣，無所不用其極，使得統治階級上層集團的内部關系至爲緊張。在封建社會中，任何一種政策的推行，都必然受到皇權的極大影響。一個比較開明的君主，從地主階級的長遠利益出發，能够支持對鞏固自己統治有利的各種措施和政策，

同時妥善調節統治階級内部各階級之間的相互關系，地主階級中的傑出人物因而得以施展自己的才能；反之，昏庸的皇帝則總是逆歷史潮流而動，結果必然給自己的統治造成嚴重的危機。劉晏和楊炎二人正是後者那種腐朽政治的犧牲品。

劉晏和楊炎都是地主階級的改革家，由于階級的局限，無論是在他們所實施的政策中，還是在其個人品質上，均存在着這樣那樣的缺點，這是并不奇怪的。從他們一生的主流來看，他們能够順應歷史發展的潮流，對社會進步和生產力的發展作出了積極貢獻，因而都是值得肯定的歷史人物。列寧說："歷史必然性的思想也絲毫不損害個人在歷史上的作用，因爲全部歷史正是由那些無疑是活動家的個人的行動構成的，在評價個人的社會活動時會發生的真正問題是：在什么條件下可以保證這種活動得到成功呢？有什么東西能擔保這種活動不致成爲孤立的行動而沈没于相反行動的汪洋呢？"(32) 在劉晏和楊炎活動的時代，中國封建機體内部已孕育成熟的新的經濟關系，加上個人的傑出能力，爲他們財政改革的成功提供了主、客觀條件。而江河日下的大唐帝國政治局面，又決定了他們的改革不可能徹底，不可能去挽救大唐帝國的最終滅亡。在地主階級日趨腐朽的歷史過程中，他們的努力只能是"孤立的行動"，最終必然沈没于相反行動的汪洋大海之中。

當劉晏和楊炎他們以悲劇性地結局告別歷史舞臺的時候，大唐帝國正處在一個重要的轉變關頭，整個中國封建社會的發展也同樣處于一個重要的轉折時期。劉晏和楊炎在生前受到了不公正的對待，其中的一位在死後竟還蒙受傳統史家的譴責。但毫無疑問，他們以其卓越的個人才能主持了一次劃時代的重要理財改革。這次理財改革的結果宣告結束了一個舊時期，開始了一個新時期，預示着中國封建制度走向成熟的歸結。劉晏和楊炎認識与實踐了當時歷史事變過程中所提出的能够被認識与實踐的任務，在自己的時代舞臺上出色地扮演了歷史要求他們所扮演的角色。作爲個人來說，他們最後都落得個家破人亡，實在是一曲悲歌；而作爲時代的政治、經濟活動家，他們却都是功成名就者。他們爲後世留下了許多豐富和寶貴的歷史經驗，直到今天仍值得人們的重視与借鑒。

1990年４月至1996年３月，小生在日本九州大學大學院文學研究科東洋史研究

室，師從川勝守教授，專攻唐代商業史。整個博士後期課程在學期間，承蒙川勝先生在學術上的精心指導和生活上的諸多幫助，得以順利通過博士學位論文答辯，銘感五内，無以言喻。2010年 8 月，先輩宮嵜洋一先生告知，準備出版川勝守教授的退官記念論文集，真是天賜良機，由衷感謝恩師的 6 年教誨，謹以此小文略表寸心。

2010年12月于上海交通大學

有關劉晏与楊炎的比較探討，一直比較欠缺。首先提及的是侯外廬《中國封建社會的發展及其由前期向後期轉變的特徵》（《中國思想通史》第 4 卷上，第一章，人民出版社，1959年）一文，他說代宗、德宗時元載、楊炎与劉晏、盧杞兩個集團之間發生過“通過經濟問題的一次黨争”，但并未作具體闡述。至1991年臺湾學者林偉洲《政治衝突与中唐稅收一以劉晏、楊炎爲中心》（《中國唐代史論文集》，臺北文史哲出版社，1991年）一文才對此作出一定的論述。他認爲楊炎力圖動搖劉晏的政治地位，“最根本的手段便是提出一種新的賦稅方法，与其竟争，進而取而代之，兩稅法的產生便有這種政治作用”，强調了楊炎与劉晏的政治衝突。同年，鄭學檬的《唐代德朝黨争和兩稅法》（《歷史研究》1992年第 4 期）一文，集中地就楊炎与劉晏的矛盾對兩稅法的成立有何關系作了更深入的討論，認爲：“楊、劉矛盾的發展，引起理財政策的變化，其中兩稅法的頒布最爲重要，楊炎改變劉晏理財政策的目的是剥奪劉晏的權力，帶有明顯的朋黨偏見。”後來他在《中國賦役制度史》中再次概括自己的論點爲：“兩稅法之所以由楊炎奏請，并且在德宗即位後頒行，不僅僅是稅制改革和財政形勢的需要，還和當時的黨争有一定聯系。也就是說黨争的需要促使楊炎加速稅制改革的步伐，奏請實行兩稅法。”新加坡學者李志賢《唐建中元年財政改革与黨争關系新探》（《中國社會經濟史研究》1999年第 2 期）不贊同過于强調黨争對兩稅法改革的影響，認爲楊炎“兩稅法改革在相當意義上是劉晏財經改革的延續”，是順應時局的一種發展趨勢。高瀬奈津子《楊炎の両税法施行と政治的背景》駿臺史學104，1988年）認爲兩稅法是楊炎一派出于振興儒學的目的而進行的，這種探討層面其實屬于文化背景而論的。

注

（1）《新唐書》卷149《劉晏傳》

（2）參見《太平廣記》卷179、《全唐詩》卷120等

（3）《册府元龜》卷482《臺省・明附》

（4）《舊唐書》卷118《揚炎傳》

（5）《新唐書》卷149《劉晏傳》
（6）《資治通鑑》卷226“德宗建中三年”
（7）《全唐文》卷684陳諫:《劉晏論》
（8）《新唐書》卷54《食貨志》
（9）《新唐書》卷149《劉晏傳》
(10) 《新唐書》卷149《劉晏傳》
(11) 《資治通鑑》卷226“德宗建中元年”
(12) 《舊唐書》卷118《揚炎傳》
(13) 《舊唐書》卷118《揚炎傳》
(14) 《唐会要》卷83《租税上》
(15) 《舊唐書》卷118《揚炎傳》
(16) 《新唐書》卷52《食貨志》
(17) 《通典》卷 7 《食貨·丁中》
(18) 《舊唐書》卷118《揚炎傳》
(19) 《舊唐書》卷123《劉晏傳》
(20) 《舊唐書》卷123《劉晏傳》
(21) 《新唐書》卷149《劉晏傳》
(22) 《舊唐書》卷118《揚炎傳》
(23) 《資治通鑑》卷226“德宗建中元年”
(24) 《資治通鑑》卷226“德宗建中元年”
(25) 《舊唐書》卷118《元載傳》
(26) 《舊唐書》卷123《劉晏傳》
(27) 《舊唐書》卷118《元載傳》
(28) 《資治通鑑》卷225“代宗大曆十二年”
(29) 《舊唐書》卷49《食貨志》下
(30) 《舊唐書》卷118《揚炎傳》
(31) 《資治通鑑》卷234“德宗貞元十年”
(32) 列寧：《什么是“人民之友”以及他們如何攻擊社会民主主義者？》,《列寧選集》第 1 卷第26頁。

朝鮮人所寫最早的日本紀行
——宋希璟《老松堂日本行錄》

羅　　麗　馨

一、前　　言

宋希璟於一四二〇年閏正月十五日以回禮使受命從京城（漢陽）出發赴日，十月二十五日回到京城復命，前後計九個多月。《老松堂日本行錄》是他此行對日本的觀察紀錄，大約在其回京同時完稿。全書以漢詩形式撰寫，另有題和序文，是朝鮮人所寫最早的日本紀行。

此書敘述的內容，包括漢江至釜山行程中的景致，及日本的山川、景物、人情、風土等。詳細而言，如海賊、寺院、都市、風俗、習慣、農耕、風景、航海、飲茶、酌酒等都有著墨，包羅甚廣。是研究日鮮外交、應永外寇、日本風俗等值得參考的史料。

本文除討論此書的傳本和他出使的緣由外，亦考察他在日本期間竭力釋足利義持（1386-1428）將軍對朝鮮的疑慮、對日本海賊的警戒、觀察日本各種風俗習慣、在危疑處境時的對應等。

二、宋希璟生平與《老松堂日本行錄》傳本

宋希璟，一三七六年（高麗辛禑王二年）生，字正夫，號老松堂，新平人（忠清南道）。先世無可考，始祖丘進曾任奉翊大夫書雲觀正兼習財都監判官，子裔任左右衛保勝散員，裔子義明任禮賓寺主簿令同正，義明子謙任正順大夫判典客寺事兼春秋館編修官，謙子玄德即希璟父，任通訓大夫兼春秋館記注官，為官宦文學世家。希璟二十七歲（1402年）參加科舉，登別科第三。二十九歲（1404年）入翰林院，三十二歲（1407年）遷司諫院正言。因「聽曉樓報漏閣」創營事，忤旨

罷歸。三十四歲（1409年）復入司諫院為獻納，選為藝文館修撰。三十六歲（1411年）以聖節使書狀官，出使明朝。[(1)] 之後至四十四歲（1419年），據「老松堂日本行錄家藏」載：「自辛卯（1411年）至己亥（1419年）七八年間，出入台閣再三，踐歷兼帶知製教。[(2)]」四十五歲（1420年）陞為僉知承文院事，並以回禮使出使日本，當年十月二十五日回京復命。[(3)] 但入京前，即十月十七日，陞繕工監正，償其「日本奉使之勞」。[(4)] 四十七歲（1422年）時，參與編修實錄。後以親老累乞歸養，四十九歲（1424年）為天嶺郡（咸陽郡）守。五十歲（1425年）任判司宰監事，後退老於全羅南道潭陽。一四四六年卒於錡谷鄉，享年七十一歲。[(5)] 其著作除《老松堂日本行錄》外，不清楚。詩作，則《老松堂日本行錄》一書所收之外，另有「咸陽東軒壁上韻」，詠牡丹、詠竹二首。[(6)]

《老松堂日本行錄》一書是朝鮮人所寫最早的日本紀行，宋希璟死後此書不知去向。一五五六年夏，其四世孫宋純（1528-1597）從昌平梁山甫（1503-1557）取得此書，梁山甫則由南原老儒吳祥（1512-1573）處取得。當時此書「標軸、題字漫滅不可識」，宋純「即剔去舊粧，易以錦新之。」並請蘇世讓（1486-1562）作序。宋純死後，其侄孫輩為保存此書，曾抄錄十本收藏。但一五九七年豐臣秀吉（1536-1598）侵略朝鮮時，又與家傳書籍同佚於兵災，至一六二五年六世孫宋徵（1564-1643）在咸平鄭慶得（1575-1640）家，才又看到此書。據鄭慶得言，他在一五九七年十一月被俘虜至日本，在日期間於一僧侶處看到此書。曾想以百金購買，但日僧不願意，所以他借來抄寫，並於一五九九年六月歸國時攜回朝鮮。一六三一年宋徵將此書加以繕寫，並請趙平（1569-1647）作序、曹弘立作跋，此書「兩失兩得」。[(7)] 同為六世孫的宋篪言：「是錄也，實吾門永世莫重之寶。[(8)]」之後，「是錄因循數百載，而潺孫零替不振。古紙殘編，幾至於斷爛而無徵耳。[(9)]」至一八〇〇年閏四月，由潭陽宋烈將此書再出刊。[(10)]

此書有不少傳本，如小牧本、荻野本、東大本、京大本、會餘錄收藏本、歷史地理收藏本、崇禎本、嘉慶整板本、朝鮮史編修會本等。[(11)] 谷村一太郎認為，根據這些傳本的內容，大致可分小牧本和崇禎本二類。[(12)] 小牧本為小牧昌業所收藏，此書原為德川屬下畑某的家藏。畑某先祖隨豐臣秀吉轉戰朝鮮，得此書攜回日本，書內有「丙辰（1556年）偶得於南原老儒吳祥」等字，所以小牧本是宋純加以改

裝的新本。[13] 現為東京都文京區本鄉井上書店老闆井上周一郎的藏書，故也稱為井上本。[14]《朝鮮學報》四五、四六輯有中村榮孝影印介紹。[15] 崇禎本則是一六二五年宋徵在鄭慶得家取得的藏本。兩者有一些不同，如序題，小牧本長，崇禎本短，此大約是崇禎本加以修正。又，崇禎本有序、目錄、跋，小牧本完全沒有。崇禎本是活字本，排字上有些錯誤，小牧本比較接近原本。[16] 一九二五年，谷村一太郎從宋希璟後裔宋鎮禹（1890-1945）取得一八〇〇年出版的崇禎本，小川壽一受谷村一太郎之託，以此為底本，用小牧本校訂，並注釋、解說，於一九三三年出版《校注老松堂日本行錄》。[17] 本文主要使用此校注本。另外《海行摠載》也有收錄，一九八七年村井章介也出版校注本，這些本文也參用。

宋希璟於一四二〇年閏正月十五日受命從京城出發，四月二十一日抵達京都，六月十六日面謁足利義持將軍，六月二十七日離開京都，十月二十五日回到京城復命，前後計九個多月。《老松堂日本行錄》大約在其回京同時完稿，此書跋曰：「永樂十八年庚子（1420年）十月下澣還本國書」。[18] 至於撰寫此書的動機，跋曰：「蓋復命之日，上召入便殿，教臣希璟曰：歸自他國，詩不可以不作。」、「璟敬承上命，自出城至復命，不揆淺陋，凡有接於耳目者，皆記而詩之云爾。」[19]

此書以漢詩形式記錄，可以說是一種詩文集。其中包括七言一七三首，五言四九首，四言二首，計二二四首。[20] 另有題和序文。一五五九年蘇世讓於序中言：「其記事簡而詳，詩辭亦淳實敷腴。」、「錄數十百首，齊夷險一生死，無羈危憤悱之語。雅而不凡，激而不怒。」[21] 進藤晉一評其詩：「格式正確，無屈託之詩風，聲調伸展自由闊達，有晚唐風之雅致，可覗其禪學造詣深。」[22] 村井章介認為，序文方面有些相當長，但這是宋希璟作為觀察者的觀察。正因為如此，所以具有紀行的性質。[23] 三浦周行則認為，此書以詩為主，以文為輔。其詩又以敘事為主，缺乏文學價值。[24]

此書吟咏、敘述的內容，據一六二五年趙平的序，「自漢江至釜山，沿路亭台樓觀，形勝之不一。曁異域山川、景物、人情、風土之異同，莫不寓之於五字七字哦咏之中。」[25] 即漢江至釜山行程中的景致，及日本的山川、景物、人情、風土等，皆以五言、七言詩記錄。

三、使日緣由與經過

宋希璟之所以出使日本，與一四一九年朝鮮出兵對馬有關，朝鮮歷史稱此為「己亥東征」，日本歷史稱為「應永外寇」。朝鮮出兵對馬的理由，據《世宗實錄》載：

……對馬為島，本是我國之地，但以阻僻隘陋，聽為倭奴所據，乃懷狗盜鼠竊之計。歲自庚寅（1350年）始肆跳梁於邊徼，虔劉軍民，俘虜父兄，火其室屋，孤兒寡婦哭望海島，無歲無之。……惟我太祖康獻大王……撫綏相信。然其兇狼貪婪之習，囂然未已。歲丙子（1396年）攘奪東萊兵船二十餘隻，殺害軍士。予（太宗）承大統即位以後，歲丙戌（1406年）於全羅道，歲戊子（1408年）於忠清道，或奪漕運，或燒兵船，至殺萬戸，其暴極矣。再入濟州，殺傷亦眾。……予尚包荒舍垢，不與之校，賑其飢饉，通其商賈，凡厥需索，無不稱副，期于並生。不意今又窺覘虛實，潛入庇仁之浦，殺掠人民幾三百餘。燒焚船隻，戕害將士，浮于黃海。……今當農月，命將出師，以正其罪，蓋亦不得已焉爾矣。……[26]

即對馬島原是朝鮮的領地，但因地處偏僻，遂為倭奴所據。自高麗王朝末年開始侵犯朝鮮邊境，一三九六年、一四〇六年、一四〇八年不斷入侵全羅道、忠清道、濟州等地，燒殺不已。雖如此，朝鮮在其飢饉時仍予以賑濟，讓其通商，應其需索。一四一九年又潛入庇仁浦，殺掠百姓三百餘人，燒毀船隻，殺害將士，因此命將出師。[27]

朝鮮於一四一九年六月十九日由都體察使李從茂（1360-1425）率領兵船二二七艘，官兵一七二八五人，攜帶六十五天的糧食，由巨濟島出發。二十日，十餘艘船先到達對馬，並在島內燒殺。其後分三軍上陸，島主宗都都熊丸（宗貞盛，1385-1452）恐朝鮮軍久留，奉書乞和。李從茂也因顧慮七月多風變不宜久留，於七月三日率舟師回巨濟島。此後朝鮮有二次再征的計畫，但因士氣衰退或逃亡、舟楫疲弊，及天候不利等因素，十月底終於放棄。在計畫再征期間，朝鮮亦招諭對馬，雙方的交涉於一四二〇年閏正月二十三日結束。[28]但在朝鮮放棄再征計畫後，

足利義持派遣的使節無涯亮倪和平方吉久於十一月十九日抵達富山浦（釜山）[29]，十二月十四日一行入京，十七日詣闕進國書獻方物，一四二〇年閏正月十五日離開。在亮倪等回國時，世宗（1419-1450在位）特遣宋希璟為回禮使與其同行[30]。

足利義持此時派遣使節至朝鮮，名義上是請求大藏經，實際目的則是為探察朝鮮對日本的態度。至於世宗遣宋希璟至日本的目的，根據其回覆義持的國書：

> 奉復日本國王殿下，……我國人民曾為風濤所漂，托處貴國雲州安木者，多至七十餘戶。或被寇賊劫掠轉傳鬻賣散在諸島者，蓋亦甚衆。如得推刷發還，則濟物之仁，交隣之義，庶乎兩全，不甚偉歟。今遣臣僉知承文院事宋希璟，賚藏經全部，且以不腆土宜，聊表謝忱。……[31]

即希望日本送還遇風濤漂流至出雲安木七十餘戶的朝鮮人，及被倭寇劫掠轉賣至各島的朝鮮人。同時贈送大藏經一部、方物等，以表謝意。國書中完全未提征討對馬一事。

宋希璟初到京都時，並未受到禮遇。四月二十一日當天，通事魏天將他迎接到家中，並且和陳外郎備酒款待。席間義持派人將陳外郎召去，又派人傳言要宋希璟將大藏經和禮物放置等持寺，其一行則移至深修菴。當晚宋希璟是住宿魏天家[32]。第二天義持再派宗金（？-1454）作如上之傳言[33]，宋希璟認為其奉國書，未見日本國王，於禮不合。但陳外郎仍備轎子、馬匹，將他送至深修菴。在深修菴，陳外郎對宋希璟說：「前年（1418年）皇帝（明成祖）派遣使節呂淵到兵庫，呂淵說：『如果國王不奉事明朝，明朝將與朝鮮用兵日本。』御所（將軍）怒而想利用海賊殺他，結果沒成功讓他逃回去。去年（1419年）六月朝鮮征伐對馬，小二殿向御所報告：『江南兵船一千，朝鮮兵船三百，連合攻向本國，因其力戰始退。』御所聞此，相當憤怒。」宋希璟則回答：「宗貞茂（？-1418）時，朝鮮國王給予米布、酒肉，二十餘年如一家。去年馬島賊寇侵犯朝鮮邊境，殺掠人民，盜取兵船，因此才出兵。當時朝鮮國王還下令，只討寇賊，不得波及都都熊丸。九州無事，更何況日本本國。朝鮮國王若不懷好意，就不會答應國王請求的大藏經、贈送禮物、派遣回禮使。因此絕無與大明出兵日本之事，其為荒謬之說。」陳外郎表示會向御所傳達，隨後又向通事孔達和尹仁甫說，希望將國書中的永樂年號改為龍集二字，然後離去。孔達告訴宋希璟此事，宋希璟驚曰：「吾等雖死，御書何以改書

乎。」不久等持寺住持元璞惠珙（？-1429）和林光院住持元容周頌（？-1425）亦來詢問宋希璟為何到日本。宋希璟回答是為回禮和通信，並如同對陳外郎的解說一樣，再次向二人說明朝鮮對日本並無他心。惠珙在要求看過國書後，知道朝鮮國王的誠意，也願意將宋希璟的說明向御所傳達。(34)

明朝將與朝鮮聯兵征討日本一事早有傳聞，接著朝鮮又實際用兵對馬，加上少弐滿貞對幕府不實的報告，而戰後又有「朝鮮兵船必再來」的傳言，(35)因此義持將軍對朝鮮始終抱持疑慮的態度。宋希璟此時出使日本，將軍不予接見，可想而知。當時宋希璟住宿在有二十位倭人守衛禁止他人進入的深修菴，(36)既未供應午餐，也未供應晚餐，而行李又未到達，上下均感飢餓。船軍通事李金雖以其劔向倭家換得酒和麵食饋進，但宋希璟心感不平，食不下咽。(37)對所受之冷遇，當時有如下詩句：「泛舟滄海到王城，移置僧家念可驚；寂寞園林多鳥語，荒涼庭院少人聲。(38)」、「李金持釼出松臺，假付人家得酒來；肝膽輪囷呑不下，黄昏獨坐思難裁。(39)」

宋希璟於四月二十二日住進深修菴，六月二十七日離開。他在行錄中記載了這段時間的遭遇和心情變化。二十三日晚上有賊闖入，守護倭人執弓劔追賊，押物金元、通事尹仁甫、伴人等，皆持劔到宋希璟住處，要其「閉戶明燭」。當時他是「惶遽無如之何」，後來知道只是偷筍賊。由「兇人自退汗猶流」詩句，(40)知他受相當的驚嚇。入住深修菴後，他並不多食。二十五日早上他對送飯的倭人說，他不多食是因奉命到日本已五天，但御所不允見，以致國書至今仍置于桌上，此有失人臣奉使之禮，為此他患了心疾，故無法多食。當天御所要亮倪來探病，亮倪希望宋希璟安心進食，等義滿（1358-1408）忌日講經結束後再見御所。宋希璟聽亮倪這些話後說：「今出日見師，又聞王言，予疾小愈矣。(41)」並賦詩：「宿雨初晴日色回，上人傳語好懷開；送來尊酒猶香美，我識王心亦樂哉。(42)」五月二日是義滿第十三回忌日，從一日開始日本國人皆不食魚、不殺生，宋希璟從其俗亦不食魚。三天後亮倪到深修菴告訴宋希璟，御所因他不食魚非常高興。如此同樣的話，說了三、四次。(43)對此，宋希璟有：「十三年是盡忌年，舉國人人不嚼鮮；賓館亦停魚肉饌，王心喜悅倪來言。(44)」詩句。

深修菴是尼寺，宋希璟初至此菴時，寺院荒穢，一行受冷遇。但將軍在聽過宋希璟的解釋後，即令人將堂室換新，清掃庭院。又令各寺饋餉，器皿、饌食精緻

講究，三日（十三日）一換新。以前回禮使來時，將軍給錢由其自辦伙食。此次將軍在疑慮消除後，命右武衛掌理支應，右武衛又令甲斐殿負責，甲斐殿則令狩野殿軍伴二十人擔任守護，家人七、八丁各任其事，出錢供食。一天四餐，每天費錢二、三貫[45]。宋希璟有：「猜嫌自有接華人，喜聽吾言館對新；洒掃門庭頻送酒，王心解悟可書紳。」詩句[46]。此外，將軍還派監護騰殿（即狩野殿）請宋希璟到法光明院沐浴，讓宋希璟有「我今又識王心厚，忘却東溟路五千。」的欣慰[47]。

六月十六日早上，宋希璟一行十餘人隨倭人至松月菴，主僧將其迎至上堂，殷勤饋饌。不久將軍至寶幢寺，宋希璟到寶幢寺面謁將軍呈遞國書。之後，將軍遣僧人傳言可到諸寺遊觀，因此宋希璟遊覽了天龍寺、臨川寺和西方寺[48]。他在深修菴或應寺僧之請題詩，或賦詩自娛。對於掌理支應的狩野殿，他的評語是：「騰醇且直，向我愛而敬」、「幾無倭風，與我國謹厚之人無異也。」離開時，「上下皆泣別」[49]。

將軍對朝鮮的猜疑，除宋希璟竭力辯解外，主要是亮倪、陳外郎、宗金、惠珙、周頌等人向將軍說明，讓將軍瞭解朝鮮對日本的態度。若將軍的疑慮不消除，宋希璟也有可能無法歸國，此陳外郎也曾表示過。宋希璟很清楚自己的安危，他說：「行兵馬島翌年予來，王初疑後悟，命各宗寺僧輪次饋餉。又向我殿下獻書契及禮物，又送護送文以禮送之。然王之惑未解之時，吾幾於危矣。」[50]

四、海上驚險

日本瀨戶內海和日本海中諸島、沿海地方，甚至九州地區，有不少海賊。這些海賊或從事漁業，或貿易，或劫掠。明人觀音保說：「彼倭等皆藏兵器，若到無船之地則侵奪，有兵器處則乞為興利。」[51]宋希璟一行航行瀨戶內海時，最讓他們恐懼的即是海賊。根據其記載，短于羅浦、無隱頭美島、下津、多可沙只、可忘家利、牛滄等，都是海賊的巢窟。尤其牛澹和可忘家利兩處，海賊群居[52]。他有「海中行賊自藏伏」詩句[53]。為避海賊，幾度停泊。在瀨戶內海的航行，往返大約各費二十三天[54]。

海上任何動靜，都讓他們心驚膽戰。如三月二日航向干沙毛梁時，將三隻疾駛

而來陳吉久的迎送船，誤以為是海賊[(55)]。三月三日航行至朴加大外海四、五里時，將亮倪的迎送船，也誤以為是海賊[(56)]。三月三十日停泊短于羅浦時，夜裏有小船來見護送船，一行即起疑。並將山上雉鳴聲，疑是海賊在相互呼應[(57)]。至石島時，有小船出現，疾駛如箭，一行認為是賊船，立刻警戒停帆徐行，等待亮倪和宗金的護船。待護送船至，此小船始離去[(58)]。回程航行至下津時，有船靠近，說是捉魚船。但此船逡巡不去，一行失色。不久護送船到，此船亦不知去向[(59)]。七月二十三日夜半由西關出發，航行四、五里後，有三隻船在相距二里處下帆徘徊不去，宗金認為是海賊，一行惶懼，遂停帆，並派小船去通知護送船。等護送代官船到，一齊同行，三船也不知去向[(60)]。

一三九五年回禮使梁需在石島遇到海賊，禮物、糧食、衣服、船隻全被搶[(61)]。一三九七年回禮使崔云嗣在干沙毛梁因沉船死亡[(62)]。由於有海賊劫掠之虞和海流之險，因此必須有護送船護送，及日本船牽引。宋希璟在干沙毛梁時，是由三隻日本船牽引無事入港，當時他對孔達說：「吾等得生[(63)]」。至於護送船，去程始終和宋希璟的船隻同行的，只有亮倪和宗金的二隻船，回程只有宗金一隻船。其他的護送船則有增減，甚至沒有。如在牛澹地區多達九隻[(64)]，可忘家利此地因將軍之令無法執行，亦不屬任何大名，因此無法差遣船隻[(65)]。在這裏宗金是僱用海賊護行。據宋希璟記載：這地區的海賊分東、西兩方。東來的船隻，若有東賊一人搭乘，則西賊不會劫掠。同樣的，西來的船隻若有西賊一人搭乘，東賊也不會劫掠。宗金以七貫錢雇東賊一人隨行，此倭賊要他安心，說他和西賊已談妥，因此可停泊。宋希璟形容西賊和馬島倭一樣，容貌粗兇。有一魁首僧，起居、言語和朝鮮人無異，上船到處看過後，向他說明第二天的航路，並請他到家裡喫茶。宋希璟要金元偷聽他和同伙的談話，知道他說朝鮮船沒什麼財物，隨後的琉球船有很多寶物，要同伙等待琉球船來時再奪取。由於朴加大倭表三甫羅勸止說：「此處人心難測，願官人勿下焉。」宋希璟因此沒下船[(66)]。

海賊船少則一隻，多則十餘隻，如回程在小尾途津就聽說有十八隻賊船聚集，想向回禮使的船隻「乞糧[(67)]」。護送船備有戰具[(68)]，對海賊有嚇止的作用。賊船通常是徘徊、觀望、跟行，看到護送船後即離去。每當有疑似海賊出現時，宋希璟船上的人就披甲、執弓、張旗、擊鼓、吹角、鳴錚，他自己也披甲[(69)]，此為虛張聲勢

而已。由聞賊「不脫衣，不成寐」、「上下失色」、「眾皆疑懼」、「眾皆惶懼」等語，[70] 知其一行心之不安，不敢疏於警戒。宋希璟言：「如此驚心，無處無之。[71]」此心境，一四二九年的正使朴瑞生也有：「日本往還，恐遇風浪與海賊，晝望夜警，心不少懈。自伴人至格阜無一人不執役，常自秉槳搖棹。[72]」等語。

五、風俗習慣

宋希璟對日本的風俗習慣，如板屋、崇佛、遊女、男色、乞丐等，觀察相當詳細。這些習俗，在江戶時代通信使的出使紀錄中也有記載，而且看法一致。[73] 日本一般人住木屋，此觀察以一三七七年出使日本的鄭夢周（1337-1392）最早，他在〈奉使時作〉中有「板屋雨聲多」之語。[74] 宋希璟在兵庫和京都，看到處處板屋，而有「板屋禪扉擾擾中」、「高低板屋若蜂屯」、「雲屯板屋擁王州」、「板屋柴扇向水開」等詩句。[75] 日本佛寺之多，也吸引宋希璟的目光。他說：「今日本崇信釋氏，州而及村，僧舍幾半。[76]」船泊小尾途津時，他有「人居緣岸接屋，僧舍羅絡山上」詩句。[77] 在此地，他記載了天寧寺、淨土寺、海德寺、常親寺等禪寺。[78] 京都佛寺更多，如前述，他初到時是在等持寺，其後住深修菴，接著到松月菴在寶幢寺謁見將軍並呈遞國書，隨後遊覽天龍寺、臨川寺、四方寺等。他對日本寺院僧尼的生活觀察入微，如京都天龍寺有僧侶二百人，皆穿鴉青紵絲長衫、鴉青綃長衫、白苧布長衫等。這類大寺院都是富倭的願堂。富倭供應僧徒四時衣糧，僧侶坐食而已。[79] 又，寺院內的僧尼，起居並不避嫌。如朴加大念佛寺，僧尼在殿內分左右而宿。[80] 赤間關有一僧舍，殿內僧東尼西而坐，夜間則於殿內同宿，中間僅以經書隔置而已。[81] 阿彌佗寺和全念寺亦如此，宋希璟在此地曾問一位居住在全念寺附近名叫甫羅的朝鮮人：「此寺僧尼常同宿於佛殿，其中年輕僧尼難道沒有相犯者。」甫羅笑著回答說：「尼姑若懷孕，則回其父母家，生產後再回佛寺。[82]」回程到朴加大斷過寺，由於主僧和二尼坐在房內遲遲才開門，而有「居僧忌我知奇事，來扣窓頭聽不開。[83]」詩句。宋希璟認為這是僧尼忌憚他知道這種奇事，所以才遲來開門。

日本人崇佛，他有「處處神堂處處僧，人多遊手少畦丁。[84]」、「良人男女半為僧，誰是公家役使丁；未見賓來支對者，唯聞處處誦經聲。」、「又聽鈴聲傳十里，傾

家崇佛慕梁家。」等詩句[85]，及「其削髮居寺者，與平人倍焉」之語[86]。即日本到處是寺院、僧侶，遊手多農人少。良人男女有一半為僧尼，以致公家沒有可使役者，賓客來時無支應者，只聽到處處是誦經聲。他又有「其土風人乃生男女，則擇善男女各一為僧尼也。」等語[87]。這些童男女在寺中不削髮，穿僧衣喫肉，稱為可乙只（カイツシ），至十四、五歲才削髮[88]。宋希璟在日本接觸不少僧侶，但他似乎最喜歡小尾途津天寧寺的住持周冕和梵道。他認為僧侶若「其言不誕，其行不詭，而近於道，則可與之為語矣。」此兩僧「明其法，能於詩，求之日本，二師居其上矣。」、「二師一見如舊，面目言音雖異，情意甚篤。」他和二師在禪房和樓船，「或共吟松竹，或共望海山。焚香煮茗，賦詩相咏。」他有「桑域幾多寺，如師見最難。」詩句[89]。

日本的遊女和男色，宋希璟認為是「奇事」。他的觀察是日本女性倍於男性，路邊店舍有很多遊女。這些遊女看到路過的人，就邀其入宿。若不願意，就執其衣而入，雖白天亦如此。又，日本女性頗有姿色，這是因為日本各州村多在邊海緣江。因江海之氣，故孕育出很多美女。至於男子，二十歲以下到寺院的，則剃除眉毛，以墨在額上畫眉。擦抹脂粉，蒙被斑衣，作女性打扮，陪侍僧侶。將軍宮妾雖多，但特別喜愛這類年青男子，並將其選入宮中[90]。對此他有詩曰：「清江處處水為鄉，遊女爭妍滿道旁；且問王宮誰第一，塗朱粉面少年郎。」[91]宋希璟還記載日本有一世代相傳的習俗，即將軍到某守護大名家時，由主婦迎接其至上堂饋餉，夫則在堂外接待賓客。將軍醉後入浴，主婦亦跟隨進去為將軍洗浴。他說魏天告訴他，義持到神堂直僧仇問珠家，亦是飲酒入浴通其妻，並將其妻納為妃，並生一子，仇問珠則另外再娶[92]。他有「迎主勸殤最奇事，扶桑風俗子孫傳。」詩句[93]。

此外，他也觀察到日本的農耕，及乞丐、盜賊、販賣俘虜等社會問題。如在阿麻沙只，他看到日本水田秋天種大小麥，翌年初夏收割後種稻，秋初割稻後種木麥（蕎麥），冬初割木麥，再種大小麥，一年有三次收穫[94]。在軍多灣看到「桑麻翳村，禾穀盈田。」[95]不過他認為日本人多，但飢民和殘疾者也多。這些人聚集坐在路邊，遇行人就乞討。對此，他有「雖云耕鑿無餘事，每聽飢民乞食聲。」[96]、「若也明王施政教，貪殘盡變即良民。」[97]等詩句。又如朴加大夜夜有賊殺人，九州

探題為了他們的安全，特別在里巷岐路設門，以便夜間可以關閉防賊。[98] 船泊利新梁灣時，一隻小船來賣魚，船上有一僧侶下跪向他們乞食。此僧原為江南台州小旗，被俘虜後削髮為奴。船上漁夫表示，若宋希璟給米，他願意賣此僧。[99]

在深修菴，他體驗到蚊子的困擾。無論是庭院或堂房，黑身大蚊很多。白天在空中盤旋不去，使人難以張眼。晚上若有蚊子飛入帳中，則整夜無法安眠。其詩曰：「黑身蚊子倍南州，日在簾鉤滿屋頭；長喙噬膚眠不得，帳中危坐使人驅。」[100] 在義滿第十三回忌日，讓他瞭解日本人在父母歿後，有四十九日及每年忌日設齋，直至第十三年忌日才停止的習慣。[101] 宋希璟對日本風俗習慣的觀察相當廣泛，而且沒有情緒性的言辭。尤其對日本的遊女和男色，他僅就觀察所得作介紹，並未如江戶時代的通信使以儒教立場給予嚴酷批判。[102]

六、其他觀察

宋希璟對日本政治制度的觀察很少，他只記載了自將軍以至武衛、管領、守護大名各領有土地一、二州，多者四、五州。各州納錢供其私用，此為子孫相襲之制。並有「田租皆收入私第，賓來續食富人家。」之語。[103] 對當時日本只知有將軍不知有天皇的二元政治實態，似乎並不關心。又，由旅程的實際經驗，使他瞭解日本對外國使節到京都有把截制度。即使節到達朴加大，須由九州探題報告將軍，等將軍的入送文到才能入送。到赤間關（下關）後，由代官報告將軍，同樣要等待將軍的入送文。到兵庫（神戶）亦如此，計把截三次。[104] 伊藤幸司認為，幕府只有點的管理，沒有港口間線的管理。[105]

宋希璟對日本的自然景色有很細膩的觀察，如四月二十一日到達京都，此時正值大小麥遍野黃熟，他有「滿野黃雲正麥秋」詩句。[106] 遊臨川寺，有「池邊樓前本國所無嘉卉異花森列」之語。[107] 遊西方寺時，對寺內的庭園，有池中三島，島上青松、白沙、亭樓，池內游魚、浮鴨、小舟，池三面花木鬱鬱剪作二層，滿山松竹等記載。並有「半日坐來探勝事，東區自有一西方。」詩句。[108] 遊覽天龍寺、臨川寺、西方寺後，則有「梵宇林塘物色新，清池小島絕纖塵；扶桑奉使聞前輩，奇處遊觀有幾人。」詩句。[109] 對無潞阿彌陀寺滿庭未開花的梅樹，他感嘆曰：「庭中梅

樹轉清奇，老幹成陰鬱萬枝；先後一般五千里，恨余不及正花時。[110]」他欣賞日本諸佛寺優美的景致。

旅程中，亮倪、平方吉久、宗金、代官、護送使等，頻頻呈酒饋飲。如亮倪在船餘串送魚酒，在朴加大斷過寺又備茶酒招待。宋希璟有「雙尊忽到知師意，三椀幾銷異域愁。」、「按轡徐行入僧舍，烹茶酌酒慰賓來。」詩句。[111]平方吉久在家宴請他，他有「板堂深處酒尊開，懇勸深杯又一杯；是覺主人多喜客，扶桑風俗亦良哉。」詩句。[112]對宗金連日饋餉，他有「日日壺尊至」之語。[113]兵庫代官之備酒，他言「殊俗亦能知禮義，慇勤來謁更呈尊。[114]」早田萬戶三美多羅（左衛門太郎）夜間到船上來設酒食，他有「夜深呼急上船中，酒桶魚盤列竹蓬；語音雖異屢呈爵，嗜欲胡為自不同。」詩句。[115]護送倭騰資職（狩野殿）持酒到宋希璟船上，他言：「護送上船勸杯酒，扶桑亦有可憐人。[116]」對這些慇勤的酒食接待，宋希璟認為可解在異域之愁，及這是日本好風俗、知禮義。

寺僧接待他，多半是煎茶、煮茗。在朴加大妙樂寺，住持林宗煎茶接待，他言：「煎茶留半日，又聽暮潮聲。[117]」其他如在常親寺沐浴後，及遊臨川寺時，兩寺住持皆是煎茶接待。[118]臨川寺住持掌理國家文書，瞭解將軍意向，他還對宋希璟說：「官人還不過十日」，此言使他們一行上下皆感歡喜。[119]宋希璟對寺僧煎茶招待，大致是以閒適心情去享受。由於老元帥原義珎（珍）和新探題原義俊都是夜半初更去見他，對這種夜間訪客，他頗感疑惑。其詩曰：「禮見華人休白晝，夜中相會意難知。[120]」

七、危疑處境

朝鮮征討對馬一事，對日本而言是極大的衝擊。不僅將軍對朝鮮有疑慮，小二殿更是怨恨朝鮮。其他如護送使亮倪、宗金、平方吉久，及三味多羅（三美多羅）、蘇禪、八尋長門等，都向宋希璟質疑過。如宗金言：「小二殿曾想在壱岐等地召聚三百餘隻兵船打朝鮮，殺掠朝鮮百姓，火燒朝鮮五、六州郡，以快其心。或在壱岐、對馬之間，以一、二隻船劫捕回禮使。[121]」平方吉久言：「由於傳聞朝鮮兵船將再來，以至人心騷動。若將軍知此事，定不會讓回禮使回國。[122]」由於戰後對馬

島屬慶尚道，三味多羅則言：「此島是小二殿先祖相傳之地，小二殿若知此事，必定百戰百死爭之，回禮使去留亦必受阻。[123]」長門亦言：「朝鮮行兵馬島後，二殿發其忿心，至今未平。[124]」對這些近似威脅的言語，宋希璟的解釋是：「宗貞茂時對朝鮮至誠盡禮，二十餘年間與朝鮮有如一家。由於馬島賊輩侵犯朝鮮邊境，殺掠人民，盜劫兵船，因此才出兵征討。如果二殿殺使臣，或聚集船隻侵犯朝鮮，則朝鮮必再舉兵討之，如此馬島必毀無存。[125]」又言：「朝鮮征討對馬島是其島有罪，對馬島人被執不還亦是其人有罪。現朝鮮與朴加大、日本並無嫌隙，將軍為何要拘留我不讓我回國。[126]」如前述，小二殿曾向將軍進言朝鮮將與明朝聯兵攻打對馬的不實消息。亮倪對宋希璟說：「朝鮮國書中若有馬島寇朝鮮之語，二殿必受罰，但因國書中無此語，因此將軍沒有問罪二殿。」對此，宋希璟有：「來書若有嶋中事，二殿應為被罪人。」之語。[127]至於對馬島屬慶尚道事，宋希璟說這是因為馬島人再三請求歸屬，朝鮮國王認為：「若不聽不仁」，因此才同意。對馬島對朝鮮而言，「得其地無以居，得其人無所用。[128]」他有詩曰：「脊地頑民無所用，古來中國厭寒奴；渠今慕義自求屬，非是朝鮮強籍圖。[129]」對馬島的民生，他的觀察是，「此嶋倭奴頻有菜色，飢饉丁寧也。[130]」

宋希璟的使日和平安歸國，也讓一些人安心。利新梁灣有位尹仁輔認識的女尼，當他知道宋希璟是回禮使後，喜曰：「然則太平使也，吾輩乃生矣。[131]」在愁美要時(住吉)，早田萬戶三美多羅言：「吾等使送人至今不來，故當時守禦不解。今聞官人之言，吾輩始安寢食。[132]」赤間關居僧悟阿彌曰：「今官人來國無事回去，必大平也。[133]」此反映底層百姓的心聲，即兩國無事則可活生、可安寢食、可享太平。宋希璟對此行任務的艱困，有不少詩句抒發他的感慨，如「絕域經年作楚囚，幾填虎口思難收。」、「男兒輔國無夷險，莫嘆東溟路不平。」、「王聞馬島去年征，欲向朝鮮發憤兵；官人來此好回節，兩國如今必大平。」、「行兵馬嶋主倭驚，桀驁頑心尚未平，安分畏天言聽了，願修和好樂餘生。[134]」等。

八、結　　論

九世紀後半（貞觀～寛平，859-896），新羅海賊騷擾北九州沿海。[135]一〇一九年，

刀伊（女真）襲擊對馬、壱岐，及筑前等九州沿海，當時則誤傳是高麗海盜入寇。[136]十三世紀，高麗兩次與蒙古聯軍入侵日本。[137]這些來自大陸的威脅，均給日本留下恐懼感。一四一九年朝鮮在遭受倭寇殺掠後，派遣水軍攻打倭寇的根據地對馬島。戰後對馬歸屬朝鮮慶尚道，此更增添將軍義持對朝鮮的疑慮。

宋希璟最初一再被日方質疑朝鮮不懷好意，以致無法謁見將軍，上呈國書。但他不斷解釋以消除將軍猜疑，在足利義滿的十三年忌日，亦遵從日本習俗不食魚肉，終使將軍願意接見他。

朝鮮王朝的使節至日本，沿途停泊諸港口皆住宿寺院。十五世紀前半的使節，在京都是住郊外的深修庵，此為尼姑庵。[138]宋希璟沿途贈詩予寺僧、與寺僧唱和詩、寺僧求詩[139]、沐浴寺院[140]、與寺僧共飲、遊覽諸寺等。他對日本處處是佛寺、僧侶坐食、寺中不削髮的童男女、僧尼同宿殿內、寺中男色等，觀察入微。

瀨戶內海等地海賊的出沒，常使宋希璟一行必須時時停泊避海賊，航行多費時日。將軍法令無法執行的地方，若又不屬任何大名，因沒有船隻可護送，此時就必須雇用海賊船護行。海賊魁首也有的是僧人，其起居、言語甚至與朝鮮人無異。航行中，若有可疑船隻，立即警戒徐行，等待護送船。疑似海賊出現時，宋希璟船上的人就披甲、執弓、擊鼓、鳴錚，此完全是虛張聲勢。另外在朴加大、赤間關、兵庫三地，朝鮮使節需等待將軍的許可文才能繼續行程。幕府對朝鮮使節至京都，有嚴格的管理制度。

宋希璟出使日本，往返大洋和瀨戶內海，常須對抗風濤之險。他有「船隨浪踴躍，幾於覆沒。」「無邊滄海日日行舟，洪濤巨浪常在驚怖。」等語，[141]及「檣竿上下湧波頭，人面黑青皆喝喉。」「波生四面轉堪驚，攀繩上下心如檮。」、「未及西關風雨惡，還思軀命一毫間。」、「樓船出沒大風前，不測驚濤命在天。」、「驚濤往往瀉頭上，面黑無言念彼蒼。」、「欲覆欲沉難臥立，攀繩踴躍爽心情。」等詩句。[142]洶湧之波濤，使樓船上下起伏。眾人立臥不得，恍惚幾死，驚而喪魂。直至風止或到岸，始有得生之喜。[143]又，遇大風無法行船時，則須滯留港灣，此時他的心情是「獨倚蓬窓似楚囚」、「恰似在樊籠」。[144]相較於一二九二年郭麟奉使日本被執客死異國，[145]他認為自己以一介書生，「持三寸之舌，踏不測之險，解倭王難辨之惑，沮二殿報復□（缺字）計。」[146]而還，此乃「主上殿下威靈所加，非微臣之所能也。」[147]

他不只是作為回禮使，也肩負兩國友好交隣的重任。他並將自己能完成使命無事返國，全歸於巍巍聖德。

蘇世讓言：「日本邈在扶桑之東，正朔所不及。俗悍而詐，非知有仁義者也。我國之奉使于彼者，不葬於魚腹，則為其所拘留者多矣。能完節往返，表表在人耳目者，鄭圃隱、申高靈二人而已。先生之功烈勳業，既如鄭、申之彪炳著稱。」、「寇賊斂其鋒，蛟鰐避其威。終能宣揚國家明命於日出之城，使卉裳黑齒之輩奔走効順之不暇。」[148]即日本俗悍而詐，奉使日本者，不是遇船難葬於魚腹，就是被拘留，只有鄭夢周（1337-1392）和申叔舟（1417-1475）能完成使命回國，宋希璟的功業可與鄭、申兩人相比。蘇世讓道出出使日本的艱危，也稱讚宋希璟終能完成使命，使「卉裳黑齒」的日人順服。

倭寇於一三五〇年以後，[149]不斷侵擾朝鮮半島南岸，對馬島是其根據地。朝鮮出兵對馬目的是希望消除此倭患，但戰爭並不順利。日本因過去高麗曾協助元軍進攻日本，因此也害怕朝鮮再與明軍聯合。日本是在此疑慮下遣使朝鮮，對朝鮮的回禮使心存警戒是必然的。宋希璟此時出使日本，當然感受最深。

宋希璟對航行海上的驚險、沿途日本的景觀、風俗習慣、與周圍日本人的接觸等，都有深刻、入微的描述。因是詩文體，更可以讓人細細想像與體會。《老松堂日本行錄》一書，是研究十五世紀初，日鮮外交、朝鮮人認識日本重要的著作。

註

（1） 參見宋希璟，《老松堂日本行錄》，收入民族文化推進會編，《海行摠載》（首爾：民族文化文庫刊行會，一九八六年），八輯，〈老松堂日本行錄家藏〉，頁五上。

（2） 同上書，頁五上—下。

（3） 同上書，頁五下—六上。

（4） 末松保和編纂，《歷代朝鮮朝實錄・世宗實錄》（東京：學習院東洋文化研究所刊行，一九五五年），卷十，二年十月壬子條，頁六三三。

（5） 參見宋希璟，《老松堂日本行錄》，〈老松堂日本行錄家藏〉，頁六上。

（6） 同上書，頁三七上。

（7） 參見村井章介校注，《老松堂日本行錄—朝鮮使節の見た中世日本》（東京：岩波書店，一九八七年），〈老松宋先生日本行錄序〉，頁二四〇—二四一。鄭慶得一家

被虜事，其弟鄭希得，《月峯海上錄》，收入民族文化推進會編，《海行摠載》，第八輯，有詳細記載。另參見中村榮孝，〈朝鮮役の俘虜鄭希得の『月峯海上錄』〉，收入中村榮孝，《日鮮関係史の研究》中（東京：吉川弘文館，一九六九年），頁四六八—四七一。此書為一六三一年（崇禎四年）繕寫，稱為崇禎本。

（8） 宋希璟，《老松堂日本行錄》，〈老松堂日本行錄家藏〉，頁二四六。

（9） 谷村一太郎、小川壽一，《老松堂日本行錄解說》（東京：太洋社，一九三三年），〈老松先生日本行錄跋〉，頁一四一。

(10) 參見村井章介校注，《老松堂日本行錄——朝鮮使節の見た中世日本》，頁二五三。

(11) 參見谷村一太郎、小川壽一，《老松堂日本行錄解說》，頁二—九。

(12) 同上書，頁九。

(13) 同上書，頁二—三。

(14) 參見村井章介校注，《老松堂日本行錄——朝鮮使節の見た中世日本》，頁二九七—二九九。

(15) 參見《朝鮮學報》，四五、四六輯（一九六七年一〇月，一九六八年一月）。

(16) 參見谷村一太郎、小川壽一，《老松堂日本行錄解說》，頁九—一一。

(17) 參見村井章介校注，《老松堂日本行錄——朝鮮使節の見た中世日本》，頁三〇〇。各種傳本，另參見中村榮孝，〈『月峯海上錄』と『老松堂日本行錄』〉，《日本歷史》，一七三號（一九六二年一〇月），頁四六下—四七中。

(18) 谷村一太郎、小川壽一，《老松堂日本行錄解說》，頁一二九。下澣即下旬。

(19) 同上。

(20) 同上。

(21) 村井章介校注，《老松堂日本行錄——朝鮮使節の見た中世日本》，〈老松宋先生日本行錄序〉，頁二三九。

(22) 島尻勝太郎等編，《三國交流誌》，收入《日本庶民生活史料集成》二七卷（東京：三一書房，一九八一年），頁三—四。

(23) 參見村井章介校注，《老松堂日本行錄——朝鮮使節の見た中世日本》，頁二九二—二九三。

(24) 參見三浦周行，《日本史の研究》（東京：岩波書店，一九二二年），〈老松堂日本行錄〉，頁一三〇一。

(25) 村井章介校注，《老松堂日本行錄——朝鮮使節の見た中世日本》，〈老松宋先生日本行錄序〉，頁二四〇。

(26) 末松保和編纂，《歷代朝鮮朝實錄・世宗實錄》，卷四，元年六月壬午條，頁二七二。倭寇於一三五〇年開始侵擾朝鮮半島。參見鄭麟趾，《高麗史》（台北：文史哲

出版社，一九七二年），卷三七，忠定王二年二月，頁五七二下。

(27) 有關己亥東征，參見中村榮孝，〈朝鮮世宗己亥の対馬征伐〉，收入中村榮孝，《日鮮関係史の研究》上（東京：吉川弘文館，一九六五年），頁二二七—二八九。秋山謙藏，〈室町初期に於ける倭寇の跳梁と応永外寇事情〉，《史學雜誌》，四二卷九號（一九三一年九月），頁三九—六四。

(28) 雙方交涉的結果，對馬成為慶尚道的屬州，島內的代官、萬戶需有宗都都熊丸的文書，朝鮮才會給予接待。參見末松保和編纂，《歷代朝鮮朝實錄・世宗實錄》，卷四，元年六月庚寅條，頁二七六；癸巳條，頁二七八—二七九；壬寅條，頁二八二—二八三；七月丙午條，頁二八四；卷七，二年閏正月壬辰條，頁四七〇。

(29) 正使無涯亮倪為博多聖福寺僧侶，副使平方吉久為博多商人。平方吉久本名陳吉久，祖父陳延祐於元末至博多，為聖福寺僧侶。父陳外郎（大年宗壽）在京都服侍義滿和義持，擔任接待外國使節的工作，並且典醫。參見村井章介校注，《老松堂日本行錄——朝鮮使節の見た中世日本》，頁五二—五三。亮倪一行到富山浦，參見末松保和編纂，《歷代朝鮮朝實錄・世宗實錄》，卷六，元年十一月庚申條，頁三七一。

(30) 參見末松保和編纂，《歷代朝鮮朝實錄・世宗實錄》，卷六，元年十二月甲申條，頁三九一；丁亥條，頁三九五；卷七，二年閏正月甲申條，頁四六七—四六八。

(31) 末松保和編纂，《歷代朝鮮朝實錄・世宗實錄》，卷七，二年閏正月甲申條，頁四六七—四六八。朝鮮征討對馬的緣由、經過，及戰後的日鮮關係，參見秋山謙藏，〈室町初期に於ける倭寇の跳梁と応永外寇事情〉，《史學雜誌》，頁三九—六四。中村榮孝，〈朝鮮世宗己亥の對馬征伐——應永の外寇を朝鮮から見る〉，收入中村榮孝，《日鮮關係史の研究》上，頁二三五—二七九。

(32) 魏天是中國人，年輕時被俘虜至日本。後成為朝鮮人李子安的家奴，隨回禮使至日本。當時江南使節也到日本，認為他是中國人，因此將他帶回，但永樂帝又把他送回日本當通事。他在日本娶妻生女，受義滿寵信，有錢財，年已過七十。參見谷村一太郎、小川壽一，《老松堂日本行錄解說》，頁七八。

(33) 宗金的生涯，一四二〇年以前是僧侶，以後至一四五四年歿是商人。初期在九州探題（源義俊）麾下擔任與朝鮮交涉的工作，一四二五年成為受圖書人取得獨立貿易的權利，此後連年遣使至朝鮮貿易。子宗家茂於一四五五年受圖書。參見田中健夫，〈初期日鮮交通と博多貿易商人〉，《朝鮮學報》，四輯（一九五三年三月），頁九二—九九。其一族在十五世紀遣使朝鮮六〇餘次。參見李進熙，《日本文化と朝鮮》（東京：日本放送出版協會，一九九五年），頁一一八。

(34) 谷村一太郎、小川壽一，《老松堂日本行錄解說》，頁八〇—八四。日本人謂其王

曰：御所。參見同書，頁八〇。小二殿，即少弐滿貞，對馬國守護代。龍集：龍是木星，集是星的聚集處，即木星的星座一年一次聚集之日。日本在年號的使用上，是干支之前用龍集等星座名稱，如「龍集甲午」、「龍集壬辰」。參見仲尾宏《朝鮮通信使と壬辰倭乱》（東京：明石書店，二〇〇〇年），頁七七，表六，「朝鮮国王宛書翰記載年号一覽」。

(35) 同上書，頁一二六。

(36) 同上書，頁八四。深修菴距將軍義持住所僅一里。末松保和編纂，《歷代朝鮮朝實錄・世宗實錄》，卷十，二年十月癸卯條，頁六二九載：「館于深修菴距國都三十里」。位於仁和寺心蓮院東側。參見村井章介校注，《老松堂日本行錄——朝鮮使節の見た中世日本》，頁一〇二注一。

(37) 谷村一太郎、小川壽一，《老松堂日本行錄解說》，頁七九。

(38) 同上書，頁八四。

(39) 同上書，頁七九。

(40) 同上書，頁八五—八六。

(41) 同上書，頁八六—八七。村井章介校注，《老松堂日本行錄——朝鮮使節の見た中世日本》，一一三條，頁二一四上，無「出」字。

(42) 谷村一太郎、小川壽一，《老松堂日本行錄解說》，頁八七。

(43) 同上書，頁八九。

(44) 同上。

(45) 同上書，頁九一—九二。右武衛殿，或許是左兵衛佐斯波義淳。甲斐殿為斯波氏的被官，真名不詳。狩野殿即監護騰殿。參見村井章介校注，《老松堂日本行錄——朝鮮使節の見た中世日本》，頁一一〇注四；頁一一九注二、注三。

(46) 谷村一太郎、小川壽一，《老松堂日本行錄解說》，頁九二。

(47) 同上書，頁九二—九三。

(48) 同上書，頁九五—九七。寶幢寺在臨川寺東，為臨濟宗天龍寺派的寺院。松月菴是寶幢寺的塔頭。臨川寺在天龍寺和寶幢寺之間，與西方寺都是天龍寺派的寺院。參見村井章介校注，《老松堂日本行錄——朝鮮使節の見た中世日本》，頁一二八注一、注一四；頁一二九注一；頁一三〇注一。

(49) 谷村一太郎、小川壽一，《老松堂日本行錄解說》，頁一〇二。

(50) 同上書，頁一〇二—一〇三。

(51) 參見三浦周行，〈外寇及び外征〉一，收入三浦周行，《日本史の研究》，頁八三四。南北朝（1335-1392）時代，南朝與足利氏都使用海賊。因大量使用海賊，這些海賊後來變質成為海軍，最後海賊成為海軍的一般稱呼。參見星野恆，〈海賊ノ

顚末ト海軍ノ沿革〉，《史學雜誌》，五卷四號（一八九四年四月），頁一二、一八、二〇。

(52) 短于羅浦，在壇浦對岸，即豐前田野浦。無隱頭美島為周防國室積，今山口縣光市。下津為備前國下津井，今岡山縣倉敷市。多可沙只為安藝國高崎，今廣島縣竹原市。可忘家利為安藝國蒲刈，今廣島縣安藝郡蒲刈町。牛澹為播磨國魚住，今兵庫縣明石市。參見村井章介校注，《老松堂日本行錄》，頁八一注二，頁八二注一，頁一一六注二，頁八五注一，頁一五五注一，頁九五注二。牛澹一說是牛窓，參見谷村一太郎、小川壽一，《老松堂日本行錄解說》，頁七六注。

(53) 參見谷村一太郎、小川壽一，《老松堂日本行錄解說》，頁七六。

(54) 去程：三月二三日從赤間關出發，四月一六日到兵庫。回程：七月三日自兵庫出發，二五日到赤間關。

(55) 參見谷村一太郎、小川壽一，《老松堂日本行錄解說》，頁五二。干沙毛梁為壱岐勝本町勝本。

(56) 同上書，頁五四—五五。同書，頁五四載：朴加大，「高麗史作霸家臺，即日本西海道九州節度使所住也。」朴加大即今博多。

(57) 同上書，頁六七。

(58) 同上書，頁六九。石島在唐加島和多可沙只之間。唐加島即周防國頭島，今山口縣大島郡橘町。參見村井章介校注，《老松堂日本行錄——朝鮮使節の見た中世日本》，頁八三注一。

(59) 谷村一太郎、小川壽一，《老松堂日本行錄解說》，頁一〇五。

(60) 同上書，頁一一一。

(61) 同上書，頁六九。

(62) 谷村一太郎、小川壽一，《老松堂日本行錄解說》，頁五二。據村井章介考證，丁丑年（一三九七年）的回禮使是朴惇之，他於一三九八年平安回國。崔云嗣作為報聘使至日本是一三九八年。參見村井章介校注，《老松堂日本行錄——朝鮮使節の見た中世日本》，頁五四注二。

(63) 谷村一太郎、小川壽一，《老松堂日本行錄解說》，頁五二。

(64) 同上書，頁七六。

(65) 同上書，頁一〇九。

(66) 同上書，頁一一〇。安藝蒲刈島分上蒲刈、下蒲刈兩島，可忘家利大概是今天的下蒲刈。東西賊指此上、下兩島。一四四三年，正使卞孝文於回程行至伊予，護送者群聚鼓譟，當時亦用錢解決。此護送者實際上是海賊。參見末松保和編纂，《歷代朝鮮朝實錄・世宗實錄》，卷一〇二，二五年一〇月甲午條，頁三四一上。一四

二九年通信使正使朴瑞生也有日本海賊分東西之言，但以赤間關為分界。參見同實錄，卷四六，一一年一二月乙亥條，頁六七六上下。

(67) 谷村一太郎、小川壽一，《老松堂日本行錄解說》，頁一〇八。小尾途津即備後國尾道，今廣島縣尾道市。參見村井章介校注，《老松堂日本行錄——朝鮮使節の見た中世日本》，頁八五注一。

(68) 谷村一太郎、小川壽一，《老松堂日本行錄解說》，頁五五載：「其船（亮倪之送迎船）亦畏海賊，備戰具而來。」

(69) 同上書，頁五二、五五、六九、一〇五、一一一。

(70) 同上書，頁六七、六八、一〇九——一〇、一一一。

(71) 同上書，頁一〇五。

(72) 末松保和編纂，《歷代朝鮮朝實錄・世宗實錄》，卷四六，一一年一二月乙亥條，頁六七七上。一四三二年回禮使李藝在回程經瀨戶內海時，亦遇海賊襲擊。參見同前書，卷五九，一五年三月庚辰條，頁二五四上下。

(73) 參見羅麗馨，〈江戶時代朝鮮通信使對日本社會的觀察〉，《臺大歷史學報》，四一期（二〇〇八年六月），頁二二三—二二七、二三七—二三八。

(74) 鄭夢周，〈奉使時作〉，收入民族文化推進會編，《海行摠載》，第一輯，頁三上。

(75) 谷村一太郎、小川壽一，《老松堂日本行錄解說》，頁七二、七七、九二、一一〇。

(76) 同上書，頁一〇七。

(77) 同上書，頁七〇。

(78) 同上書，頁七一—七二。

(79) 同上書，頁九五。

(80) 同上書，頁六〇。日本之令規定：「凡僧不得輒入尼寺，尼不得輒入僧寺。」、「凡寺，僧房停婦女，尼房停男夫」，均須科罪。參見惟宗直本編，《令集解》前篇，收入黑板勝美編，《新訂增補國史大系》（東京：吉川弘文館，二〇〇四年），二三卷，〈僧尼令〉，頁二二八、二二七。勝浦令子，《古代・中世の女性と仏教》（東京：山川出版社，二〇〇三年），頁三五。

(81) 谷村一太郎、小川壽一，《老松堂日本行錄解說》，頁一一三。

(82) 同上。

(83) 同上書，頁一一八。

(84) 同上書，頁七七。

(85) 同上書，頁七七—七八、九六。

(86) 同上書，頁一〇七。

(87) 同上書，頁一〇一。

(88) 同上。可乙只即喝食，在寺中擔任呼喚眾僧吃飯的工作，後來稱為稚兒。參見村井章介校注，《老松堂日本行錄——朝鮮使節の見た中世日本》，頁一三八注二。

(89) 參見谷村一太郎、小川壽一，《老松堂日本行錄解說》，頁一〇六——一〇七、一〇八。宋希璟也在常親寺、法光明院、妙樂寺沐浴。同書，頁七二、九二、一一九。

(90) 同上書，頁九八—九九。

(91) 同上書，頁九九。

(92) 同上書，頁九四。

(93) 同上。

(94) 同上書，頁一〇三。同書同頁載：「一畓一年三種」。川塞則儲水為畓，川決則去水為稻。畓是朝鮮造的字，指水田。田則指旱田。參見村井章介校注，《老松堂日本行錄—朝鮮使節の見た中世日本》，頁一四四注二。阿麻沙只為攝津國尼崎，今兵庫縣尼崎市。參見同書同頁注一。

(95) 谷村一太郎、小川壽一，《老松堂日本行錄解說》，頁一一二。

(96) 同上書，頁七七。

(97) 同上書，頁一一二。

(98) 同上書，頁五七。

(99) 同上書，頁四三。利新梁灣即上對馬町西泊灣，今屬長崎縣上縣郡上縣町。明朝於各百戶所下設一〇小旗，每小旗領軍七〇名。

(100) 同上書，頁九〇。

(101) 同上書，頁八九。

(102) 參見高橋公明，〈外國人の見た中世日本〉，收入村井章介、佐藤信、吉田伸之編，《境界の日本史》（東京：山川出版社，一九九七年），頁一九〇。一五九六年正使黃慎認為日本婦人「性頗淫」、「甚於天朝之養漢」。黃慎，《日本往還日記》，收入民族文化推進會編，《海行摠載》，第八輯，頁五七下。一七六四年書記金仁謙在描述日本婦女的開放後，結語是：「完全看不到羞恥，風俗淫亂」。金仁謙著、高島淑郎譯注，《日東壯遊歌》（東京：平凡社，一九九九年），一一月二九日條，頁一八七。至於男色，一六一七年從事官李景稷批評：「醜不忍聞」。李景稷，《扶桑錄》，收入民族文化推進會編，《海行摠載》，第三輯，頁二二上。一六三六年的副使金世濂認為：「漢五行志謂之色妖。漢末此風極盛，乃亂亡之象，倭國之風正類此。」金世濂，《海槎錄》，收入民族文化推進會編，《海行摠載》，第四輯，正月二七日條，頁一九下。

(103) 谷村一太郎、小川壽一，《老松堂日本行錄解說》，頁七八。

(104) 同上書，頁八五。

(105) 參見伊藤幸司，〈中世後期外交使節の旅と寺〉，收入中尾堯編，《中世の寺院体制と社會》(東京：吉川弘文館、二〇〇二年)，頁二八九—二九〇。
(106) 谷村一太郎、小川壽一，《老松堂日本行錄解說》，頁七九。
(107) 同上書，頁九六。
(108) 同上書，頁九六—九七。
(109) 同上書，頁九七。
(110) 同上書，頁七五。無潞為室津，今兵庫縣揖保郡御津町室津。
(111) 同上書，頁四六、五六。船餘串為船越，今長崎縣下縣郡美津島町。
(112) 同上書，頁五七。
(113) 同上書，頁六〇。
(114) 同上書，頁七六—七七。
(115) 同上書，頁四五。
(116) 同上書，頁一〇四—一〇五。
(117) 同上書，頁六〇。
(118) 同上書，頁七二、九六。
(119) 同上書，頁九六。朝鮮上層階級也是以茶待客。參見仲尾宏，《朝鮮通信使の軌跡》(東京：明石書店，一九九三年)，頁二六一。足利時代由禪僧擔任外交使節或起草外交文書。
(120) 谷村一太郎、小川壽一，《老松堂日本行錄解說》，頁一二〇。老元帥即渋川滿頼(源道鎮)，是足利氏的庶家，本姓源。新探題即渋川義俊，滿頼之子。參見村井章介校注，《老松堂日本行錄——朝鮮使節の見た中世日本》，頁六二，注二、四。
(121) 谷村一太郎、小川壽一，《老松堂日本行錄解說》，頁一二〇。參見末松保和編纂，《歷代朝鮮朝實錄・世宗實錄》，卷一〇，二年一〇月癸卯條，頁六三〇。
(122) 谷村一太郎、小川壽一，《老松堂日本行錄解說》，頁一一九。
(123) 同上書，頁四七—四八。
(124) 同上書，頁一二一。
(125) 同上書，頁一二〇。
(126) 同上書，頁一一九。
(127) 同上書，頁九七—九八。
(128) 同上書，頁四八。
(129) 同上書，頁四九。
(130) 同上書，頁五一。
(131) 同上書，頁四四。

(132) 同上書，頁五〇。愁美要時即住吉，在今長崎縣芦辺町。

(133) 同上書，頁一一四。

(134) 同上書，頁一〇三、一〇九、一一四、一二一。

(135) 遠藤元男，〈貞觀期の日羅関係について〉，《駿台史學》，一九（一九六六年九月），頁七—二二。

(136) 池内宏，〈刀伊の賊——日本海に於ける海賊の横行〉，收入池内宏，《滿鮮史研究》中世第一冊（東京：吉川弘文館，一九七九年），頁三〇四—三〇七、三一四—三一五。

(137) 羅麗馨，〈元軍征日——日本的備戰與應戰〉，《中國歷史學會史學集刊》，三六期（二〇〇四年七月），頁一三七—一八四。

(138) 伊藤幸司，〈中世後期外交使節の旅と寺〉，頁二七四—二八三。宋希璟對日本的寺院有認為皆是禪寺的記載，如小尾途津真言律宗的淨土寺、時宗寺院的海德寺等均記載為禪寺。參見谷村一太郎、小川壽一，《老松堂日本行錄解說》， 頁七一、七二。

(139) 谷村一太郎、小川壽一，《老松堂日本行錄解說》，頁五八、一〇〇、一〇一、一〇六；頁六一、六六、一〇〇；頁六〇。

(140) 宋希璟在常親寺、法光明院、妙樂寺等寺院沐浴。同上書，頁七二、九二、一一九。

(141) 同上書，頁五一、七一。

(142) 同上書，頁四二、五二、一一一、一一五、一一八、一二三。

(143) 同上書，頁五二、一一一、一一八。

(144) 同上書，頁四二、四六。

(145) 同上書，頁一二五。同書同頁載：「辛巳東征十年後，郭麟奉使不還來。」郭麟出使日本應是一二八一年（辛巳）弘安之役後一一年，非一〇年。參見村井章介校注，《老松堂日本行錄——朝鮮使節の見た中世日本》，頁一八一注一。

(146) 谷村一太郎、小川壽一，《老松堂日本行錄解說》，頁一二八。

(147) 同上書，頁一二九。

(148) 蘇世讓，〈老松宋先生日本行錄序〉，收入民族文化推進會編，《海行摠載》，第八輯，《日本行錄》，頁三上。一五五九年蘇世讓因宋純之請，寫此序。鄭夢周（1337-1392），號甫隱，因倭寇問題，一三七七年至霸家臺。申叔舟，字高靈，一四四三年以書狀官至日本。參見鄭麟趾等纂修，《高麗史》，卷一一七，鄭夢周傳，頁四四四上。河宇鳳，〈申叔舟と『海東諸国紀』——朝鮮王朝前期のある「国際人」の営為〉，收入大隅和雄、村井章介編，《中世後期における東アジアの国際関係》

(東京：山川出版社，一九九七年)，頁七五—七六。日本人穿彩色斑衣，染黑齒。朝鮮人穿白衣，不染齒。

(149) 鄭麟趾等纂修,《高麗史》，卷三七，忠定王二年（1350年）二月，頁五七二下載：「倭寇固城、竹林、巨濟、合浦，千戶崔禪、都領梁琯等戰破之，斬獲三百餘級，倭寇之侵始此。」

日軍武力佔領臺灣期間的米糧與馬糧（1895～1905）

朱　德　蘭

前　言

1895年中日甲午戰爭結束，清朝戰敗，將臺灣本島及其附屬島嶼割讓給日本後不久，全臺各地就掀起了大大小小的抗日戰役。有關臺灣人武裝抗日背景、抗日者的身份、抗日因素、抗戰實況、失敗原因等問題，學者曾經作過諸多討論，研究成果顯著[(1)]。唯，日軍佔領臺灣初期，米糧與馬糧的補給似乎較少受到關注。本文為填補此一研究空白，擬以日軍招商採購糧草為焦點，首先論述日軍佔領臺灣與臺灣抗日軍的蜂起，其次探討日軍編制及糧餉制度，再次分析日軍招商承購米糧方式，最後闡述日軍作戰中的軍馬飼料。

一、日軍佔領臺灣與臺灣抗日軍的蜂起

1894年中日兩國因朝鮮問題爆發甲午戰爭，交戰結果，清朝戰敗，翌年簽訂馬關（下關）條約，同意割讓臺灣本島及其附屬島嶼給日本。臺灣官民面臨異族的統治，雖向清廷表達反對之意，但未獲得朝廷的重視，為圖自救，只好在5月25日成立「臺灣民主國」堅守臺灣。然而，5月22日日本陸軍大將北白川宮能久親王已經率領近衛師團分乘十艘軍艦開往臺灣，受命擔任臺灣總督的海軍大將樺山資紀也於24日率領文武官員向臺灣出發。臺灣社會民心惶惶，「臺灣民主國」在官員紛紛準備回國，海防鬆弛，總統唐景崧棄職逃往大陸，戰備不足，軍隊潰散下，抗日運動才揭竿五個多月便告失敗。同年11月臺灣總督向日本政府報告全島經業已平定，儘管如此，不願臣服異族統治的臺灣人，仍然不斷地掀起抗日怒潮，到處舉兵反抗[(2)]。

日軍佔領臺灣之初，北部戰役比較激烈，抗日事件迄1900年為止，共有29次。1896至1897年中部戰事頗為矚目，抗日事件到1901年為止，計有23次。1898至1902年南部戰役相當頻繁，抗日事件迄1902年為止，大約40次。降至1902迄1905年，抗日運動則以山地原住民比較突出[(3)]。

有關臺灣人與日本軍交戰，籌措糧食方式應做一探討。本節依照抗日行動先後，舉例說明於後。

(一) 雲林抗日事例

1896年柯鐵（一名柯鐵虎）為驅除日軍，達成光復臺灣和保護地方治安，及拿捕假冒起義勒索民財奸徒之目的，在雲林組織抗日軍。柯鐵勇猛果斷，頗受民眾擁戴，軍餉糧食皆取之於民，農作物收穫十抽其一[(4)]。

同年12月，日軍探悉柯鐵的抗日基地後，立即率領雲林、嘉義、臺中等地守備軍、大砲隊進行總攻擊，觸口山（參見附圖）抗日陣營戰敗。1897年柯鐵部下退往各地，改以游擊戰方式繼續抗日。1898年陸軍大將兒玉源太郎接任臺灣總督，開出優渥的條件誘騙柯鐵歸順。柯鐵信以為真，提出十條要求，其中第四條謂：「柯鐵等前所有定收九一稅金，依准抽收，給發兵費。」第六條云：「柯鐵等議和之後，調兵在山保民，誓不為非；恐有挾前怨，揑詞向日本官告訴，務要訴狀繳交治民局，由主理官查實，不得陰遣軍兵圍擄，再生不測之事。」第十條曰：「議和之後，柯鐵等有沾大皇帝之至仁至德；能保護雲林界內，久得地方安靜。三年之滿，再議條規。」日軍慨然允諾，但卻藉口柯鐵擁兵自重，暗中集結兵力，包圍柯鐵等人的住處[(5)]。

柯鐵受到威脅，1899年再度集眾抗日，然而抗日同志多已分散，抗戰日形不利。柯鐵脫離苦苓腳庄，移居打貓（今民雄）東頂堡竿蓁籠的岩洞中，1900年 2 月病故，部下被日軍包圍攻擊，大多戰死[(6)]。

柯鐵死前，臺灣中部尚有蔡老敬、陳才、陳子仁、鄭阿春等人各自聚集抗日民眾頻頻襲擊日軍。日軍聯合憲兵、警察分路進攻。結果抗日軍槍枝、子彈、糧食不足，支持不了多久便各自解散遠走他鄉[(7)]。

(二) 臺南抗日事例

1899年盤踞臺南蕃仔山坑王爺宮附近及水流東一帶（參見附圖）的胡細漢、田廷，各自擁有一、二百名部下。同年12月陳江等人將六箱彈藥搬入蕃仔山，陳江峰等人購買二萬發彈藥送到水流東。翌年元旦半夜，抗日份子襲擊麻豆辦務署，奪取屬於第一課保管的2,400餘圓地方稅金。14日出擊果毅後、六甲兩支署。日軍大怒，混成第三旅團立即召集嘉義、臺南各地守備隊搜索蕃仔山，並集結各部隊之步兵、工兵、憲兵、警察、壯丁團向蕃仔山展開19回討伐行動。日軍讓歸順者當嚮導，連同輜重隊以山砲、炸彈攻擊王爺宮、水流東，抗日者不敵，躲入深山中流竄，日軍搜捕困難，只得在山腳配置憲兵、警察、壯丁團嚴加警戒。(8)

日軍認為花費數萬圓討伐蕃仔山戰果有限，不如放一把火燒山，以求一勞永逸。然而，臺南縣政府恐怕火攻招致民怨，表示反對，是以日軍採取：1.懸賞捕獲抗日份子、 2.杜絕糧道、 3.嚴禁山地內外物資交易等措施，逼迫抗日份子屈服。抗日民眾依賴殘留的蕃薯、豬、雞勉強充饑一段時日後，礙於日軍警備山腳要道，米、鹽斷絕，以及胡細漢抗日集團中有吸食鴉片者煙癮上身，痛苦難耐，故不得不下山投降。值得注意的是，鴉片商胡啟珠與胡川、陳荷等人，為庇護鄉民抗日，讓農婦偽裝日軍間諜，秘密上山供應鴉片、飲食品，亦使日軍無法捕獲所有抗日份子。(9)

1900年 3 月，日軍第三旅團下令各部隊攜帶糧食入山行軍，連續搜山十天，結果誅殺 5 人，生擒 4 人（內含婦女 2 名），並押收米穀20石、生姜70貫（1 貫 = 3.75 kg）、大豆 2 斗（1 石 = 10斗， 1 斗 = 6.9kg）、木炭100貫，擄獲少量的牛畜、財物。據一名俘虜口供，田廷部下逃往潭寮山，有15人攜帶25支槍，五、六把日本刀，及四、五斗米逃避溪口。胡細漢集團十五、六人藏匿歸順者蔡雄的舊宅，希望投降。另據一名婦女口供，她是胡細漢的妾，纏足，因丈夫不堪日軍緊急搜索，沒有餘力帶她東逃西遁，所以將她棄置山中。(10)

同年 4 月臺灣總督兒玉源太郎一面向抗日領袖提出溫和的誘降條件，一面推進大規模的軍事行動，結果殺傷67人、俘虜40餘人、捕殺100人，搜獲銃器50挺、彈藥1,000包，挫傷抗日氣勢頗甚。蕃仔山經過日軍大掃蕩後，願意歸順的抗日

份子有數百名。胡細漢不堪經濟壓迫，出面投降，日後成為臺南官田庄憲兵駐屯所的密探。田廷則逃逸外地，不知所終。[11]

(三) 苗栗抗日事例

1902年日軍為掠奪樟腦原料，開始前進山地原住民地帶。苗栗南獅里晤社頭目日阿拐（原住民）因日軍進攻「蕃界」，威脅原住民的經濟生活，故集眾包圍南庄支廳（今苗栗縣南庄鄉）。抗日首腦詹阿瑞、詹惡人率領部下及若干原住民前往支援。日阿拐不敵日軍大規模的討伐行動，遁藏於馬那邦山中（參見附圖）。馬那邦山，海拔1,406公尺，位於苗栗縣大湖鄉，乃泰雅族語 Manapan 之譯音，是指壯麗山脈之意。同年10月臺灣總督令混成第二旅團討伐馬那邦山。第二旅團派遣守備步兵第四大隊長青木中佐擔任討伐隊長，討伐隊之兵力包括：步兵第四大隊第一中隊、第三中隊，步兵第九大隊第一中隊、砲兵（配有山砲）、工兵（從事電話裝設、竹木與鐵釘障礙物去除等業務）各一中隊。又，於大湖與南湖中間設立衛生部，於南湖、三叉河、細道邦三處設置通信部，於南湖配置給養部。[12]

第二旅團自10月14日起分路進攻馬那邦山。苗栗廳召募苦力千餘名負責搬運糧食、彈藥到戰區。大湖支廳與南湖派出所另遣警察搜索附近山地，途中因迷路進入原住民開墾地，發現一個糧倉，立即放火燒光。原住民氣憤日軍侵入領地，便聯合漢族抗日份子一同襲擊日軍。11月日軍增加兵力，除砲擊「蕃社」，燒燬房屋外，還為防止界外有人秘密輸入槍彈，而嚴禁附近居民進出「蕃地」。詹阿瑞、詹惡人等人生活受困，抗日勢力衰弱，1903年均被日本警官捕殺。[13]

抗日軍與日軍交戰之際，米糧的取得十分重要。有關這方面，文獻記載很多，如：

> 1895年 7 月14日，日軍自臺北運糧到海山口（今新莊），被600餘名抗日份子包圍，米糧被奪，運糧兵有29人被殺。[14]
>
> 1896年 2 月日軍第四聯隊長馬渡少佐率軍攻佔三角湧（今三峽），因見抗日份子神出鬼沒，時常截奪日軍糧食，因而焚燬可疑房屋10戶，殺戮抗日份子13名。[15]
>
> 1896年 7 月14日南部抗日領袖鄭吉生聚集各地抗日同志1,000餘名，擬於

下淡水溪（屏東）劫掠日軍糧食，進攻鳳山。但日軍已有準備，抗日軍只好化整為零，退去各地。[16]

1897年嘉義東堡四十九庄以黃國鎮為中心，組織700餘名抗日軍，庄民自願供給米穀協助抗日。[17]

1898年宜蘭抗日軍之槍枝、子彈，乃林李成、許紹文秘密渡航廈門，購運來臺，糧食全部來自附近居民捐獻或售賣，並無強取糧食行為。

1898年出沒於下淡水溪的林少貓，是南臺灣號召力最強的抗日首領。他的職業是米商，經營金長美號，曾為劉永福部下，他反對日軍憑恃武力割據臺灣，集聚數百名義民屢次襲擊官府戰勝，威名頗震。富農楊實（義女是林少貓的妾）也經常資助林少貓從事武裝抗日運動。[18]

1901年日軍封鎖桃園大嵙崁（今大溪）原住民抗日份子，抗日者苦於食鹽、米、槍枝、子彈不足，迫不得已，陸續下山要求歸順。[19]

綜上記述，可知日軍以國家力量討伐臺灣平民抗日者，猶如以石擊卵一般，其戰績如，1896年1月5日至2月16日約四十天，混成第七旅團殺戮2,454人，憲兵部殺戮377人。1898年9月日軍討伐襲擊官府者，殺戮208人，燒燬可疑民宅60戶。同年11月至12月，混成第二旅團殺戮262人，逮捕345人，收押533挺銃器，混成第三旅團殺戮900餘人，逮捕681人。據日軍推估，迄1902年為止，殺戮抗日人數多達一萬數千人，戰果相當顯著。[20]

二、日軍編制及糧餉制度

以日軍編制來論，日本政府在1895年接收臺灣後，即制定「臺灣總督府暫行條例」，於第一條規定總督府的組織有：民政、陸軍、海軍等三局，內務、外務、殖產、財務、學務、遞信、司法等七部。同年8月至1896年3月總督府因作戰需要，實施「軍政」，將組織改成軍事性的指揮部，內設陸軍局，管轄：砲兵部、工兵部、憲兵部、監督部、附屬金櫃部、軍醫部、糧餉部、法官部、電信部、郵便部，及海軍局、民政局等，共同輔佐總督軍務。軍政時期，渡臺日軍有46,000人、軍夫有26,000人、文官人數約1,000餘人，共計73,000餘人。[21]

(一) 日軍編制

1896年3月30日臺灣總督府宣告戰時體制結束，改行「民政」。總督府組織改設民政、軍務兩局，軍務局內設陸軍部，所轄：作戰計畫、運輸交通、兵器彈藥、糧餉被服衛生等四課，海軍部內設第一、第二兩課，負責海防、軍港要港之調查、水路地理等事務。(22)

民政時期，臺灣各地的日軍編制如下：

臺灣北部混成第一旅團，統領：步兵第一及第二聯隊（每一聯隊轄三個大隊，每一大隊轄四個中隊，每一中隊225人，以下同）、騎兵第一中隊、砲兵第一中隊、工兵第一中隊。

臺灣中部混成第二旅團，統領：步兵第三及第四聯隊、騎兵第二中隊、砲兵第二中隊、工兵第二中隊。

臺灣南部混成第三旅團，統領：步兵第五及第六聯隊、騎兵第三中隊、砲兵第三中隊、工兵第三中隊。

基隆、澎湖島各設一個要塞大隊。

臺北、臺中、臺南各設一個糧餉部，經辦駐守臺灣北部、中部、南部日本官兵之糧餉。(23)

大體而言，1896年在臺日軍守備隊約三萬人，其後各旅團編制數度變動，1903年島內戰役減少，僅保留第一、第二混成旅團，1904年日俄戰爭爆發，除了維持第一、第二混成旅團外，另增強海防力量。(24)

臺灣守備隊的被服、鞋襪、帽子等日用品，向來是由在臺日軍向東京訂購，由陸軍省被服廠經辦；米糧、馬糧的籌集與分配，則交給陸軍省補給廠負責。陸軍省補給廠本部設於宇品（位於廣島），支部設在門司、基隆、臺中。基隆、臺中補給廠支部再於臺北、基隆、臺中、斗六、嘉義、臺南、打狗（高雄）、澎湖等地各設支廠或出張所（辦事處），負責供給附近各部隊之俸給、米糧、被服、馬食等軍需品。1902年日軍在臺北新設陸軍經理部，並於各個補給支廠、出張所內增設派出所，讓補給廠專門掌管軍人軍屬、馬匹及軍需品的海運、陸運事業，將軍糧、被服等物交給經理部承辦。1903年廢除臺灣陸軍補給廠，改設陸軍運輸部，專門

負責臺灣陸軍的運輸事業。[25]

(二) 日軍糧餉制度

日治初期，日軍駐紮臺灣及澎湖群島的糧餉制度時有變更，主要變革如下。

軍政時期，準用「戰時給與（糧餉）規則」，1896年 3 月29日制定「臺灣島及澎湖島駐劄部隊給與規則」，確立平時糧餉給付法，亦即軍政結束後，高階文武官給與伙食費，低階文武官給付實物。有關伙食費，將官日額 2 圓、校尉官 1 圓50錢、士官 1 圓、准士官80錢。出差之際，將官一餐70錢、校尉官50錢、士官40錢。實物給付方面，特務曹長以下給與糧食量分為平常兵餉和攜帶口糧兩種，此與「戰時給與規則」之基本定量及代用定量大致相同。但，在軍隊旅行、演習旅行或匪徒鎮壓等等行軍的場合，全部支給實物。[26]

1897年 3 月24日修訂給與規則，以往低階文武官員給與實物，唯，因時制宜可以伙食費代替實物。食糧米及伙食費定額交給該部隊委託隊長經辦。伙食費分為：下士日額50錢、兵36錢。出差之際，下士一餐17錢、兵12錢。又，伙食定額費在北部第一旅團管區內一人一天16錢 2 厘，中部第二旅團管區內一人一天17錢 4 厘，南部第三旅團管區內一人一天15錢 3 厘。各旅團長斟酌地方情況，得指定管區內各地之定額。

1898年 7 月 4 日修訂軍人軍屬糧餉為實物，但參酌實際方便，可以改付伙食費。另，駐劄本島部隊所需要的米，原本是以日本本土生產米為主，混用少量的臺灣米，今後必須混用三分之一臺灣米，首次出現臺灣米混用比率的規定，在此之前各部隊米糧混用率並無一定的比率。[27]

同年11月28日修訂給與規則，各部隊特務曹長及憲兵隊下士以下之糧食委任部隊經理，但於運輸不便之地服務的憲兵下士以下者支付伙食費。按，本次修訂細則出現混用雜穀之條文，是因領臺之初購存許多戰備碾麥之故。

1901年 4 月18日修訂給與規則，規定支給軍人軍屬糧餉有五種，亦即：

1. 基於軍隊旅行、演習旅行或匪徒鎮壓等等行軍目的，交付所屬部隊實物；
2. 對守備隊下士以下的實際人數給付該隊定額；
3. 因傷、病住院者，依實際人數給付醫院定額，委託院長經理；

4.入監坐牢者依實際人數給與監獄定額，委託監獄長經理，軍營中受罰者亦同；

5.不屬於第一到第四類者，給付伙食費。

同年4月18日修訂給與細則，規定各部隊特務曹長及憲兵隊下士以下之糧食廢除委任部隊經理，改為給付個人食費。另，定額費用規定：第一旅團管區內一人一天17錢1厘，第二旅團管區內18錢6厘，第三旅團管區內16錢2厘。本次修改細則，確定第一和第三旅團管區內每一旅團一人一天增加9厘，第二旅團一人一天增加1錢2厘。又，旅團管內的指定費以前是由旅團長來決定，改正後由補給廠長來決定。入監者定額費用為一人一天8錢4厘。

又，修訂伙食費之日額，分別為：將官1圓50錢、校尉官1圓20錢、士官1圓(沒有增減)、准士官70錢、下士45錢、兵35錢、傭人30錢，顯見日軍糧餉隨著臺灣人抗日運動漸漸衰落，將官及校尉官待遇都比從前減額四分之一。

1902年3月17日修訂給與細則，規定伙食費指定額由補給廠長改為陸軍經理部長決定。同時，伙食費日額再減為：將官1圓、校尉官60錢、士官50錢、準士官35錢、下士30錢、兵27錢、傭人24錢，相較以往減少很多。要言之，將官減少三分之一，校尉官、士官、準士官各減二分之一，下士以下約減三分之一[28]。

三、日軍招商承購米糧方式

日治前期臺灣抗日運動風起雲湧，此起彼落。臺灣總督府鑑於依賴御用船運輸貨物，不能滿足軍方需求，故允許商人自由渡臺，並以「入札」方式供應軍需。所謂入札，是指政府為確保公平交易，招商承攬標的物之意。入札制度創始於明治22（1889）年「會計法」中明訂官方在籌措物資時，為防止特定企業承辦、廠商使用非法手段獲利、廠商因故意或過失行為導致公眾利益損失等弊端，必須依法行政，招標採購，係為日本建構近代化國家體制之一環[29]。有關駐臺日軍採購軍糧過程，茲舉數則廣告為例，將其實況說明於後。

(一) 明治29（1896）年7月混成第一旅團監督部購買軍糧廣告

第一號挽割麥（碾麥）150石，臺北駐屯各部隊使用，限本年7月25日交納臺北陸軍糧餉部。

第二號挽割麥（碾麥）84石，宜蘭駐屯各部隊使用，限本年8月10日交納宜蘭糧餉支部。

第三號挽割麥（碾麥）84石，限本年8月10日交納基隆步兵第一聯隊第一大隊。

第四號挽割麥（碾麥）84石，限本年8月10日交納基隆步兵第一聯隊第三大隊。

第五號挽割麥（碾麥）336石，臺北駐屯各部隊使用，限本年8月10日交納臺北陸軍糧餉部。

欲投標者，需有經營該業二年以上之證明，且照各自估價先繳5％保證金。承購商自7月15日起至20日上午8：00至12：00到臺北陸軍糧餉部打聽詳情，先熟讀投標須知書，及買賣契約草案、貨品樣本，再於7月22日上午10：00到該部投標，並同時開標。契約簽訂由混成第一旅團監督部長代理中谷浩擔任。[30]（作者依據日文中譯，以下同。）

（二） 明治29年7月臺灣總督府軍務局陸軍部第三課購買軍糧廣告

挽割麥（碾麥）500石、醬油100石。參加投標者，需有經營該業二年以上之證明，且依各自估價先繳5％保證金。意者自7月10日起至16日止，到臺北臺灣總督府軍務局陸軍部第三課打聽詳情，先熟讀投標須知書，及買賣契約草案、貨品樣本，再於7月26日上午9：00到第三課投標，並同時開標。契約簽訂由臺灣總督府軍務局陸軍部第三課監督杉村時中擔任。[31]

（三） 明治29年9月混成第一旅團監督部購買精米（白米）廣告

第一號精米1,033石，官衙及本混成第一旅團各部隊使用，本年11月6日起至20日止交納臺北陸軍糧餉部臺北倉庫。

第二號精米442石，使用者同第一號，本年11月6日起至20日止交納臺北陸軍糧餉部基隆倉庫。

第三號精米156石，憲兵隊使用，本年11月 6 日起至20日止交納臺北陸軍糧餉部臺北倉庫。

第四號精米24石，使用者同第三號，本年11月 6 日起至20日止交納臺北陸軍糧餉部基隆倉庫。

欲投標者，自10月 6 日起至10日止，上午 8 ：00至12：00到臺北陸軍糧餉部打聽詳情，先熟讀投標須知，及買賣契約草案、貨品樣本，再於10月15日上午10：00到該部投標，並同時開標。契約簽訂由混成第一旅團監督部長代理中谷浩擔任。[32]

（四） 明治30年 4 月臺灣守備混成第三旅團監督部購買精米廣告

第一號臺灣產精米800石，臺灣守備混成第三旅團各部隊使用。

第二號臺灣產精米200石，憲兵隊使用。

以上臺灣產精米自本年 5 月20日起至 6 月15日止，分批交納臺南陸軍糧餉部。

投標資格：每號投標保證金依照各自估價 5 %；投標商經營該業二年以上，兼具郡區長或市町村長之證明，保證金、證明文件需於 5 月 8 日前向臺南陸軍糧餉部提出。

參加競爭投標者，自 5 月 1 日起至 6 日止，上午 9 ：00至下午 3 ：00到臺南陸軍糧餉部打聽詳情，熟讀投標須知，及買賣契約草案、貨品樣本， 5 月10日上午10：00到該部投標，並同時開標。契約簽訂由臺灣守備混成第三旅團監督部長川上又四郎擔。[33]（參照附錄資料）

綜上標購軍糧廣告，指出投標須知包括： 1 .品名規格。即指定稻米產地（如日本產或臺灣產）、型態（如精白米或糙、糯米）、標購單位（石）與數量。 2 .投標號碼。即制定投標單，每標分為第一號、第二號等等。 3 .投標廠商資格。即規定廠商須持有經營該業二年以上之證明文件。 4 .投標方式。即投標廠商須持申請書、營業證明、切結書，於指定時間、地點參與投標。 5 .押標金。即規定廠商在投標前，應繳交投標價格 5 %的履約保證金。 6 .開標時間與地點。 7 .交貨期限、地點與對象等內容。

大體而言，日軍討伐行動帶有機動性，倉儲糧食因有被敵方劫取的情形，故在

採購軍糧時段與數量上沒有一定。公告約五到七天，公告後約二到十天間開標。開標、決標後，得標者必須於指定期限、地點，交出符合契約規定的貨物。

值得一提的是，日軍標購米初期，由於臺灣人不懂日文，不能閱讀投標須知，因此，即使有人參加投標，卻因無力繳納押標金，而喪失投標資格。有人得標，在繳納米糧時，也有因為交貨與契約上的樣品不同，而變成廢標。[(34)]或因此故，投標廠商與得標者大多屬於有實力，熟悉招標流程的三井物產、大倉組、宅會社、三美路（Samuel）商會等大型企業，中小型商號幾乎無人參加。[(35)]

表1為1896至1905年在臺日軍採購軍用品數量。就軍糧米而論，1896年日軍主要採購日本米，臺灣米只有100石，約占總數量的2.69%。1897年分別採購日本米13,162石，臺灣米4,250石，臺灣米約占總數量的24.4%。1898年採購日本米4,896石，臺灣米3,424石，臺灣米約占總數量的41.15%。1899年全部採購臺灣米2,212石。1900年全數購買臺產米3,525石。1901年全部購買臺灣米4,510石。1902年均購臺灣米2,680石。1903年全買臺產米2,515石。1904年分別採購日本米5,530石，臺灣米2,070石，臺灣米約占總數量的27.24%。1905年分別採購日本米4,600石，臺灣米80石，臺灣米約占總數量的1.71%。[(36)]

探究日軍採購米型與數量的變化，應與底下因素有關。即：1.日本米的形狀、成熟度、乾燥度、口感比臺灣米佳，日軍嗜食日本米，故採購日本米較多。2.日軍的米糧有時被抗日者奪取，為儲存充足的戰備米，故其標購時期與數量沒有一定。3.日本稻米自1896年起，連續幾年歉收，米價昂貴，加之運輸費用高，裝運時間長，為考量成本，遂漸漸混用臺灣米。4.日俄戰爭期間（1904～1905年），日軍為補充前線軍用米，而採購大量的日本米。[(37)]

關於米價，如將東京交易日本米、臺北買賣臺灣米的年平均價格作一比較，即可察知1896年日本米每石9圓、臺灣米6圓，1897年各為12圓、7圓，1898年增至14圓、9圓，1899年分別為10圓、9圓，1900年各為11圓、8圓，1901年維持11圓、8圓。[(38)]反映日、臺米受到稻作豐歉、市場供需量多寡、米型差異、米質優劣等因素左右，多數年度的差價頗為明顯。

如前述及，日軍採購米中混用不少臺灣米，其影響所及，使熟悉臺灣米出產地，及在地交易習俗的臺商有了參與投標的機會。舉例言之，1903（明治36）年9月

22日陸軍經理部公告購買臺產精米430石，經審核後，指定六名糧商前往投標，10月8日開標，其標價分別為：大倉組12.285圓（每石單價，以下同），李元（商號不明）11.45圓，連萬朝（日發號）11.40圓，王金華（商號不明）11.24圓，張良（商號不明）11.83圓，三井物產11.47圓，決標結果，由出價最低的王金華獲得承購權。(39)

又，1904年參加臺灣各地標購軍糧米的得標人主要是臺商。即：連萬朝（日發號）、王金華（商號不明）、林岱全（商號不明）、詹溪（金德昌號）、葉桃蓮（和成號）、鄭汝記（商號不明），此一現象反映臺籍米商的經濟實力越來越強。(40)（見表2－1、表2－2、表2－3）

在二名日籍得標人裡，柵瀨軍之佐的出身不詳，吉岡德松的背景如下。

吉岡德松，1874年出生，山口縣人。1896年臺灣總督府允許日本人自由渡臺後不久，吉岡德松即來臺經營日用品雜貨生意。吉岡觀察買賣日本米的商店很少，有利可圖，便改營米穀店。吉岡多次擔任日本軍糧米的供應商，成為堅實的富商後，不僅出任臺北市表町區區長、臺北市府後會會長等公職，且以多角化經營方式累積財富，擁有臺北信用組合監事、臺灣貯蓄銀行監查役、臺北倉庫信用組合理事、龜甲萬醬油販賣株式會社取締役（董事長）等頭銜。(41)

其實，日軍武力攻佔臺灣期間，類似吉岡德松因採辦軍需品而名利雙收的日本商人很多，限於篇幅，不一一列舉。

四、日軍作戰中的軍馬飼料

1873（明治6）年日本頒佈「徵兵令」，制定步兵、騎兵、砲兵、輜重兵等兵種，其後徵兵檢查隨著作戰規模的需要，戰鬥部隊的兵擴充到步兵、騎兵、戰車兵、野砲兵、山砲兵、騎砲兵、野戰重砲兵、重砲兵、情報兵、氣球兵、工兵、鐵道兵、船舶兵、通信兵、飛行兵、高射兵、迫擊兵、輜重兵、兵技兵、航技兵、衛生兵等二十二種。(42)

（一） 騎兵與輜重兵

以騎兵而言，日軍分為：重騎兵（戰鬥騎兵）、輕騎兵（搜索警戒任務騎兵），與

介於這二者之間的龍騎兵（傳令、掩護、追擊等多種用途騎兵）三種。騎兵之戰鬥法有乘馬作戰法，及下馬與步兵相同的徒步作戰法。騎兵的乘馬速度分為：每分鐘100公尺之常步、每分鐘220公尺之快步、每分鐘320公尺之疾行、每分鐘420公尺，使用於襲擊時速度最高之襲步。(43)

關於輜重兵的「輜」，是指裝載衣類的車，「重」是指裝載貨物的車。換言之，輜重兵是負責運輸糧食、彈藥等軍用品到戰場的兵。(44)

在戰場中，騎兵需要馬作戰，步兵、砲兵、輜重兵需要馬載運人與貨。鑑於軍馬對於部隊集結作戰、行軍演習、斥候傳令、工兵建築工事、爆破鐵道或橋樑等，用途廣泛，故日軍頗重視馬的飼養、育成與調教。進一步說，騎兵乘坐的馬是軍馬補充部從生產者手中購買二歲的幼駒，幼駒經過各種道路、渡河、山岳等乘騎訓練，並習慣強烈的聲光不畏驚嚇，育成到五歲，便可成為一匹強壯的軍馬。軍馬一般服役十年，十六歲左右變成老馬，也稱為「剩餘馬」，便移交給步兵、工兵或憲兵隊管理。(45)

臺灣在日治以前沒有騎兵編制，糧食、砲彈都用人力搬運，不用馬，所以清代未設牧場養馬。進入日治時代，日本陸軍省每年定期購買軍馬運輸臺灣，配給日軍守備隊與憲兵隊使用。軍馬來臺，起初須經駐臺守備隊訓練三年，才能充當勞務，其後，育成軍馬的調教師更動頻繁，遂自1903年起改在鹿兒島受訓調教過，再運輸臺灣。(46)

唯，軍馬裝船運輸，除了運費昂貴之外，還有馬匹暈船嘔吐，在船上不吃不喝，體重減輕成為病馬（約佔總數14%）或死馬（約佔總數15%），運輸困難的情形。軍馬抵達臺灣後，也有水土不服，因不適應島嶼濕熱氣候而生病的情形。日軍鑑於此，便依據馬的體力強弱、調教成績優劣，分別讓其充任戰馬、馱馬、輓馬或乘馬，對於患病或年老體衰的廢馬，則以拍賣方式低價出售，再由軍馬補充部高鍋支部定期補充新馬。軍馬被除役拍賣後，用途仍然很廣，如郵局用來搬運郵包，地方團體用於街道撒水，民間用於載客、運貨、耕作。(47)

(二)　馬的飼料

馬的挑選要看骨骼是否長得正，牙齒是否長得整齊，毛色是否光澤。飼主欲使

馬長得健康、強壯，更須要瞭解牠的習性，餵食牠愛吃和有豐富蛋白質的飼料。在日本，軍馬的基本食糧有：大麥、乾草、稻草、食鹽。其中，燕麥、高粱、玉蜀黍、大豆、裸麥、小麥、麩、米糠、根菜類可充當大麥的替代品，牧草、燕麥稈、稻草、青草、粟米稈、稗稈可作為乾草的代用品，稈類可替代稻草[(48)]。軍馬運來臺灣，飼料以稻草為主，其次是乾草，副食料不一，有大麥、碎麥、燕麥、甘藷等等[(49)]。

馬和人一樣，一天用餐三次，一天食量約為牠體重的3％。飼料內容和馬的體重、運動狀況關係緊密。要言之，馬要有體力、耐疲勞，餵食必須講究定時、適量和經常遛馬[(50)]。有關臺灣守備隊餵食馬的飼料、餵食時間、食量如下。

早餐，上午七點，飼料：大麥375ｇ、燕麥750ｇ、甘藷562.5ｇ、稻草300ｇ、乾草1125ｇ、食鹽３ｇ。

午餐，中午十二點，飼料：大麥375ｇ、燕麥375ｇ、甘藷375ｇ、稻草150ｇ、乾草1125ｇ、食鹽３ｇ。

晚餐，下午四點半，飼料：大麥750ｇ、燕麥750ｇ、甘藷562.5ｇ、稻草300ｇ、食鹽４ｇ。

晚上九點再加餵一次乾草1500ｇ。

綜上所述，可知軍馬一天的進食量為：大麥1500ｇ、燕麥1875ｇ、甘藷1500ｇ、稻草750ｇ、乾草3750ｇ、食鹽10ｇ[(51)]。

有關馬糧的收購，陸軍在全臺各地都設有乾草收購所，如，臺北大稻埕建成街、錫口（今松山）、滬尾（今淡水）、舊庄、后厝庄、新店仔庄、新店街、觀音坑庄、士林、枋橋（今板橋）等地，均備有收購處。陸軍經理部可以通過各廳，經由支廳向農民購買乾草，送交派出所附設的乾草壓榨所壓榨，也可以刊登廣告，依照招標法收購。大體而言，投標廠商為：賀田組、辰馬商會、大倉組等著名商社。陸軍經理部決標後，得標廠商要在指定期限內交貨[(52)]。

值得一提的是，1904年臺灣陸軍經理部在臺南壓榨了20餘萬貫乾草，由安平港運往門司補給廠，再轉運滿州，讓臺灣馬糧在滿州光芒四射，為日俄戰爭作出了貢獻[(53)]。

結　　論

1895年清朝因甲午戰爭戰敗，割讓臺澎群島給日本後，臺灣各地即掀起激烈的抗日運動。本文為探討日軍佔領臺灣期間軍需品的補給途徑，以米糧與馬糧做主軸，圍繞著軍用米及馬食，對臺灣抗日軍的蜂起、日軍編制及糧餉制度變革、日軍招商承購米糧方式、日軍作戰中的軍馬飼料等問題，做了若干討論。根據分析結果，茲將要點歸納如下，即：

一、日軍武力控制臺灣初期，臺灣各地爆發抗日事件多達90餘件。日軍以近代化的武器，集結步兵、騎兵、野砲兵、山砲兵、騎砲兵、情報兵、工兵、通信兵、輜重兵、衛生兵等兵種，連同憲兵、警察，除了展開經濟封鎖性的總攻擊外，另還以誘降、騙殺手段，討伐沒有軍事訓練，糧餉、武備不足的抗日民眾。日軍迄1902年為止，以國家力量鎮壓臺灣抗日者的戰績十分醒目，殺戮人數多達一萬數千名。

二、戰爭既是一種全面性的總動員作戰，也是一種經濟實力的較量。就日軍編制來說，1895至1896年臺灣總督府實施軍政時期，總督府內設有陸軍、海軍、民政三局，各局及其所轄機構均須輔佐總督推行軍務。1896年 3 月底改行民政後，臺灣守備隊便由步兵、騎兵、砲兵、工兵所編成的三個旅團，和基隆、澎湖兩處要塞大隊負責。

日軍與臺灣抗日份子交戰之際，1902年以前，補給品是由陸軍省補給廠辦理，1902年之後，改為臺北陸軍經理部負責。以糧餉為例，高階文武官吏均核發伙食費，低階士兵給與實物。實物本來是以日本米為主，混用少量臺灣米，但日本米作因為連年歉收，價格昂貴，加以運費較高，因此於1898年 7 月修法，規定軍糧米中必須混用三分之一比率的臺灣米。1901年軍糧米伴隨抗日運動漸漸衰退，改給定額伙食費。唯在抗日戰役日漸平息下，將官、兵卒的伙食費均減額三分之一，校尉、士官各減額二分之一。

相對於此，臺灣抗日者的糧食來源，有向農民徵收的，有來自村民出售或捐獻的，也有奪取日軍糧倉的情形。

三、近代日本政府為防止圖利廠商承辦公務用品，制定了採購法。日治初期臺灣總督府將採購法引進臺灣。如，日軍在投標須知裡規定：品名規格、投標號碼、投標廠商資格、投標程序、押標金、開標時間與地點、交貨期限、地點與對象等內容。有關軍糧米，起初投標者與得標者多屬有實力，熟悉招標流程的日本大企業，中小型商號幾乎無人參加。但，隨著日軍對臺灣米需要的增加，也給熟悉臺灣米產地、米穀交易習俗，及資本雄厚的臺籍米商帶來參與投標的機會。

四、臺灣各地抗日軍受到日軍強大的武力攻擊後，大多遁藏於深山中，伺機再度抗日。日軍為斬草除根，除了用日本馬行軍、演習、搜索山地、進行山岳戰外，並用馬來載運糧草、武器、貨物。日軍鑑於軍馬用途重要，故十分注重飼養、育成與調教。在日本，軍馬的基本食糧有：大麥、乾草、稻草、食鹽。軍馬運來臺灣，主要餵食稻草，其次是乾草，及若干粗糧（糠、麥）、食鹽。有關臺灣草料、粗糧、食鹽之收購，臺北陸軍經理部是通過各地方政府向農民購買，或刊登廣告，依據招標法向商人收購。大體而言，軍馬飼料投標者和得標者多屬日本著名的大商社。

總括上述，可知日軍武力鎮壓臺灣人抗日運動期間（1895～1905），臺灣人依賴鄉民捐獻或以奪取方式取得軍糧，日軍以國家力量籌措軍糧。又，臺灣商人在殖民政府嚴密控制地方社會下，大多不明瞭他們參與軍糧標購案，其實是在協助日軍收購食糧討伐自己的同胞。

注

（1） 相關研究業績如下：黃旺成纂修『臺灣省通志稿卷九革命志抗日篇』，收入『中國方志叢書臺灣地區64』，臺北：成文出版社，1983復刻版。翁佳音著『臺灣漢人武裝抗日史研究——1895～1902』，臺北：臺灣大學出版委員會，1986。黃秀政著『臺灣割讓與乙未抗日運動』，臺北：臺灣商務印書館，1992。黃秀政著「割讓與抗拒」，李國祈總纂『臺灣近代史 政治篇』，南投：臺灣省文獻委員會，1995。黃玉齋主編『臺灣年鑑（6）』，臺北：海峽學術出版社，2001，第28章抗日運動，1973-1997頁。

（2） 黃秀政著「割讓與抗拒」，173、187、191-206頁。

（3） 翁佳音著『臺灣漢人武裝抗日史研究——1895～1902』，92-98頁。黃玉齋主編

『臺灣年鑑 (6)』， 1982-1985頁。

(4) 黃旺成纂修『臺灣省通志稿卷九革命志抗日篇』，48-49頁。

(5) 黃旺成纂修『臺灣省通志稿卷九革命志抗日篇』，52-55頁。

(6) 黃旺成纂修『臺灣省通志稿卷九革命志抗日篇』，55-56頁。

(7) 黃旺成纂修『臺灣省通志稿卷九革命志抗日篇』，56頁。

(8) 台湾総督府警務局編集『台湾総督府警察沿革志』第 2 編，東京：緑蔭書房，1986復刻版，530-532頁。

(9) 台湾総督府警務局編集『台湾総督府警察沿革志』第 2 編，533頁。

(10) 台湾総督府警務局編集『台湾総督府警察沿革志』第 2 編，535頁。

(11) 台湾総督府警務局編集『台湾総督府警察沿革志』第 2 編，536-537頁。

(12) 台湾総督府警務局編集『台湾総督府警察沿革志』第 2 編，418-421頁。Tony 的自然人文旅記。http://www.tonyhuang39.com/tony0439/tony0439.html

(13) 台湾総督府警務局編集『台湾総督府警察沿革志』第 2 編，423-429頁。

(14) 黃旺成纂修『臺灣省通志稿卷九革命志抗日篇』，19頁。

(15) 黃旺成纂修『臺灣省通志稿卷九革命志抗日篇』，35頁。

(16) 黃旺成纂修『臺灣省通志稿卷九革命志抗日篇』，61頁。鄭吉生出身背景是綠林強盜，活躍於東港、鳳山一帶。參照翁佳音『臺灣漢人武裝抗日史研究――1895～1902』，106頁。

(17) 黃旺成纂修『臺灣省通志稿卷九革命志抗日篇』，64頁。黃國鎮出身背景是雜貨商。翁佳音著『臺灣漢人武裝抗日史研究――1895～1902』，104頁參照。

(18) 有關林少貓抗日事蹟，參照黃旺成纂修『臺灣省通志稿卷九革命志抗日篇』，65-78頁。林李成、許紹文出身背景為前清生員。劉永福為黑旗軍領袖，1895年 8 月至10月出任臺灣民主國大將軍。翁佳音著『臺灣漢人武裝抗日史研究―1895～1902』，83、99頁參照。

(19) 「大嵙崁生蕃の帰順」，『台湾日日新報』1901年12月 4 日。

(20) 台湾経世新報社編集『復刻版台湾大年表』東京：緑蔭書房，1992，17，32頁。台湾総督府警務局編集『台湾総督府警察沿革志』第 2 編，269頁。

(21) 台湾総督府警務局編集『台湾総督府警察沿革志』第 2 編，233頁。劉鳳翰著『日軍在臺灣：1895年至1945年的軍事措施與主要活動』上冊，新店：國史館，1997，23-24頁。

(22) 劉鳳翰著『日軍在臺灣：1895年至1945年的軍事措施與主要活動』上冊，24頁。

(23) 劉鳳翰著『日軍在臺灣：1895年至1945年的軍事措施與主要活動』上冊，25-50頁。有關兵種，參照本文第四節。

(24) 劉鳳翰著『日軍在臺灣：1895年至1945年的軍事措施與主要活動』上冊，44-50頁。日治初期，駐防臺灣日軍每年依據鎮壓抗日者的需要，變更兵力配置，部隊人數由四萬餘人減到一萬餘人。劉鳳翰著作，26-44頁參照。

(25) 「補給廠倉庫部の事務革新」,『台湾日日新報』1898年1月18日。「台湾陸軍経理部と補給廠」，同，1902年2月11日。「台湾陸軍經理部派出所の新設」，同，2月16日。「陸軍運輸部条例制定」，同，1903年12月11日。

(26) 「台湾軍隊の糧食（上）」,『台湾日日新報』1909年7月7日。日本陸軍階級如下，將官：大將、中將、少將。佐官（校官）：大佐、中佐、少佐。尉官：大尉、中尉、少尉。下士官：准尉、曹長、軍曹、伍長。兵：兵長、上等兵、一等兵、二等兵。太平洋戦争研究会編集『図説帝国陸軍旧日本陸軍完全ガイド』。東京：翔泳社，1995，194頁參照。有關1896至1902年日本人、臺灣人薪餉，資料乏載。1903年工資，臺灣人日平均50錢，日本人日平均1圓20錢。參見臺灣省行政長官公署統計室編集『臺灣省51年來統計提要』。臺北：進學書局，1969複製本，844-847、856-859頁參照。

(27) 「台湾軍隊の糧食（上）」,『台湾日日新報』1909年7月7日。

(28) 「台湾軍隊の糧食（中）」,『台湾日日新報』1909年7月8日。

(29) 有關臺灣總督府採購物品情況，另作專題探討。近代日本採購法之起源，「入札の歴史」。http://www.njss.info/tatsujin/archives/641参照。

(30) 「広告」,『台湾日日新報』1896年7月11日。

(31) 「購買広告」,『台湾日日新報』1896年7月11日。

(32) 「広告」,『台湾日日新報』1896年10月2日。

(33) 「精米購買広告」,『台湾日日新報』1897年4月30日。

(34) 「陸軍補給廠の購買広告に就いて」,『台湾日日新報』1898年1月18日。「本島人の入札」，同，1904年11月26日。

(35) 「経理部の購買米」,『台湾日日新報』1904年10月28日。「台南経理部派出所の事務」，同，1905年7月23日。有關承辦軍需品的日系財團事業，太田肥洲編集『新台湾を支配する人物と産業史』。台北：台湾評論社，1940，220-221、223-224、236-237頁參照。三美路商會（Samuel Samuel&Co.LTD），http://en.wikipedia.org/wiki/Samuel_Samuel_%26_Co參照。

(36) 1904年9月臺灣總督府實施米檢查制度以前，臺灣米依其品種、品質、乾燥度不同，每石分為100斤、132斤、138斤等，有容器重量不統一的情形。江夏英藏著『台湾米研究』。台北：台湾米研究会，1930，75頁參照。又，根據2011年8月1日筆者詢問臺北市南港區農會，得知臺灣米1石＝10斗，1斗＝11.5斤＝6.9kg。

(37)　中沢弁次郎著『日本米価変動史』，東京：柏書房，2001，385、397頁。

(38)　「内地本島米価比較及内地米収穫高」，『台湾日日新報』1902年11月11日。

(39)　「経理部の入札米」，『台湾日日新報』1903年10月10日。有關米商背景，『台湾人物誌』，漢珍電子資料庫。http://libdata.ascc.sinica.edu.tw:8080/whos2app/start.htm参照。

(40)　有關得標者背景，『台湾人物誌』，注釈39参照。

(41)　「吉岡徳松氏津日に逝く」，『台湾日日新報』1937年12月24日。内藤素生編集『南国之之人士』，台北：台湾人物社，1936，127頁。

(42)　太平洋戦争研究会編集『図説帝国陸軍旧日本陸軍完全ガイド』，112-113、176頁。

(43)　太平洋戦争研究会編集『図説帝国陸軍旧日本陸軍完全ガイド』，112-113、131-133、176頁。

(44)　太平洋戦争研究会編集『図説帝国陸軍旧日本陸軍完全ガイド』，176頁。

(45)　太平洋戦争研究会編集『図説帝国陸軍旧日本陸軍完全ガイド』，136頁。

(46)　「立見将軍の産馬談」，『台湾日日新報』1897年10月1日。「本島輸送軍馬の調教成績」，同，1903年1月9日。

(47)　「本島軍馬の病弊累年比較表」，『台湾日日新報』1901年4月14日。「軍馬の末路」，同，1906年4月10日。「軍馬定期補充」，同，1910年11月11日。「台南郵局馬車」，同，1912年12月1日。「補充軍馬の到着」，同，1912年12月5日。「守備軍馬補充」，同，1913年11月28日。「戦争と軍馬」，同，1914年9月22日。

(48)　太平洋戦争研究会編集『図説帝国陸軍旧日本陸軍完全ガイド』，136頁。

(49)　「広告」，『台湾日日新報』1897年11月12日。同，1901年4月14日。同，1902年9月19日。同，1903年7月29日。同，1905年4月6日。

(50)　http://www.qtroulv.com/mapi/2010/12/06/TiaoXuanHaoMaHeYangMaDeChangGuiZhiShi/ 参照。

(51)　「甘藷と馬糧」，『台湾日日新報』1912年4月25日。「甘藷と馬糧」，同，1912年4月26日。

(52)　稻草、乾草、青草是臺灣婦女兒童能收集的勞務。1904年乾草每千斤收購價格60錢，搬運費另計。「苗栗軍馬料之乾草」，『台湾日日新報』，1904年8月31日。「陸軍用干草買収」，同，1904年10月1日。「罰金の二ツ弾丸」，同，1901年3月2日参照。

(53)　「台南経理部派出所の事務」，『台湾日日新報』1905年7月23日。

附錄資料　出典：『台湾日日新報』1897年4月30日。

精米購買廣告

第壹號 一、臺灣産精米八百石　混成第三旅團各部隊用

第貳號 臺灣産精米貳百石　憲兵隊用

第壹號及第貳號ノ臺灣精米ハ明治三十年五月二十日ヨリ同年六月十五日迄ニ臺南陸軍糧餉部ヘ數回分納以上錄入札保證金ハ各自見積價格ノ百分ノ五以上入札者ハ二ヶ年以上營業ニ從事シタルコトナ郡區長又ハ市町村長ノ證明アルモノニ限ル其調書ハ五月八日迄ニ臺南陸軍糧餉部ヘ差出スベシ

右競爭ニ付シ購買ス入札望ノモノハ五月一日ヨリ同月六日迄ノ内午前九時ヨリ午後三時迄ニ臺南陸軍糧餉部ニ出頭シ入札心得書並ニ契約書案等熟覽ノ上五月十日午前十時同部ニ就キ入札スベシ

但同時開札ス

右契約ハ臺灣守備混成第三旅團監督部長川上又四郎ニ委任ス

明治三十年四月二十四日

臺灣守備混成第三旅團監督部

表1：明治29～38年（1896～1905）在臺日本軍隊招標採購物品數量

年／品目 單位	白米 （石）	大麥 （石）	挽割麥 （石）	糒 （石）	醬油 （石）	海苔 （貫）	檜木 （塊）	軍馬飼料 （石）	水泥 （桶）	石炭 （噸）	其他 （貫）
M29	3,705	660	1,738		100						
M30	17,412	3,966						50,450		70	
M31	8,320	217									
M32	2,212										
M33	3,525							27,500			
M34	4,510						158	59,000			
M35	2,680							45,350			
M36	2,515							74,800			
M37	7,600	1,800				2,200		51,100	5,100		1,904
M38	4,680	4,090	5,050	300				37,000			

備註：1石重115斤＝69kg。1貫＝3.75kg。挽割麥＝碾麥。糒是部隊行軍攜帶的乾燥米飯。軍馬飼料包括：藁、秣、乾草。其他是指：苧麻、紙片、硝酸鹽等項，這些物品混合泥土可充當防止牆壁龜裂的塗料。

資料來源：根據『台湾日日新報』漢珍電子資料庫製作。http://140.109.8.54:8000/LiboPub.dll?Search1

表２－１：1904年臺灣守備隊米糧購買量及承購商（臺北地區）

月	購買數量	單價（１石）	得標人
４月	100石	11圓20錢	連萬朝
４月	350石	10圓30錢	柵瀬軍之佐
４月	300石	10圓30錢	柵瀬軍之佐
７月	300石	９圓59錢	王金華
10月	470石	10圓31錢	王金華
12月	300石	12圓60錢	吉岡德松

資料來源：根據「経理部の食糧米」,『台湾日日新報』1905年１月11日製作。

表２－２：1904年臺灣守備隊米糧購買量及承購商（臺中地區）

月	購買數量	單價（１石）	得標人
４月	100石	８圓28錢	林岱全
５月	134石	９圓22錢８厘	林岱全
６月	100石	９圓25錢	林岱全
７月	130石	９圓97錢	詹溪
９月	100石	９圓48錢	詹溪
11月	130石	９圓２錢	葉桃蓮

資料來源：同表２－１。

表２－３：1904年臺灣守備隊米糧購買量及承購商（臺南地區）

月	購買數量	單價（１石）	得標人
４月	150石	10圓39錢	ヘスチング
６月	200石	11圓18錢	鄭汝記
９月	250石	11圓20錢	鄭汝記

資料來源：同表２－１。

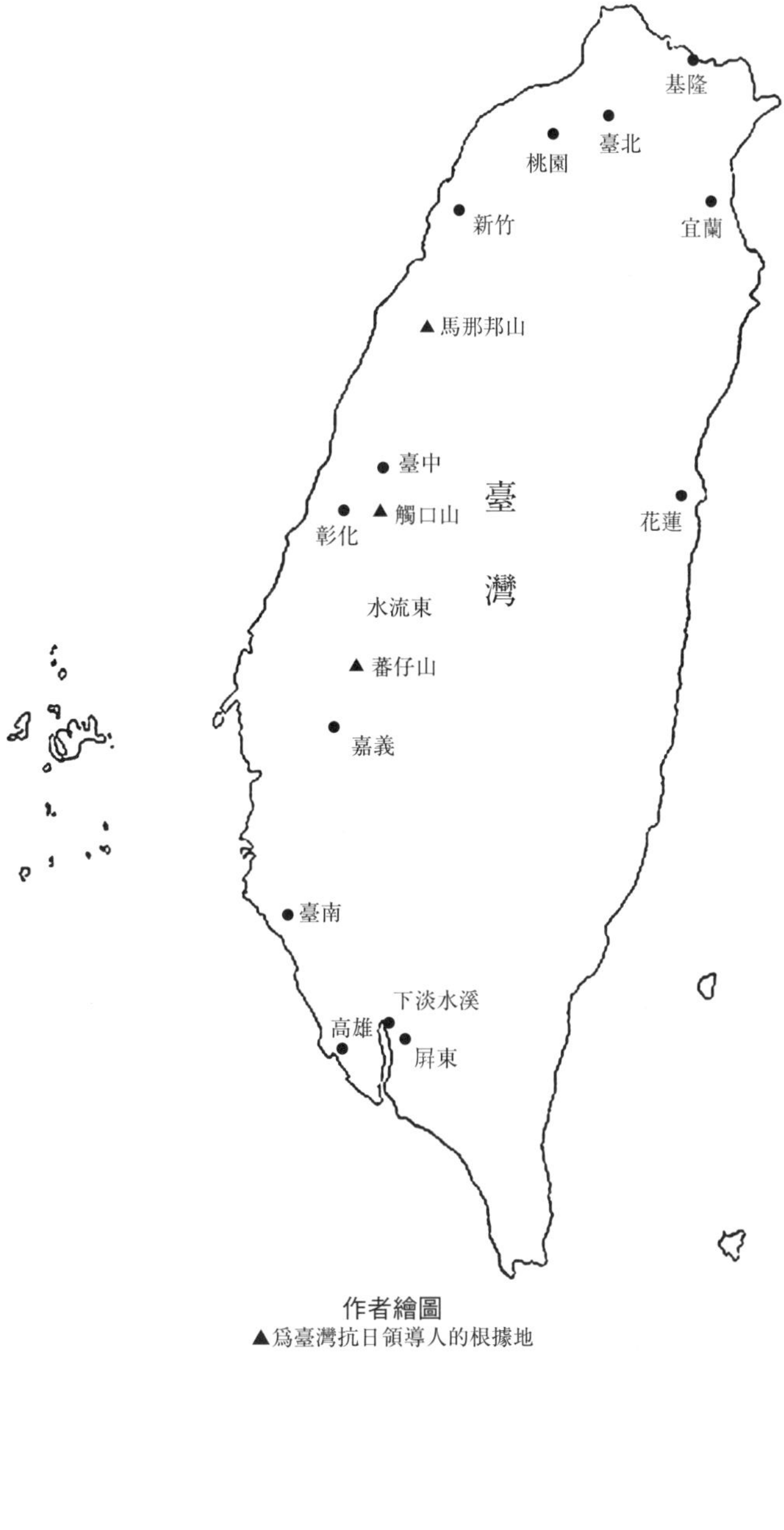

作者繪圖
▲爲臺灣抗日領導人的根據地

川勝守・賢亮博士古稀記念　東方学論集

平成二十五年十月七日　発行

編　者　川勝博士記念論集刊行会
発行者　石　坂　叡　志
整版印刷　富　士　リ　プ　ロ　㈱

発行所　汲　古　書　院
〒102-0072　東京都千代田区飯田橋二-五-四
電　話　〇三（三二六五）九七六四
FAX　〇三（三二二二）一八四五

ISBN978 - 4 - 7629 - 6511 - 1　C3022
KYUKO-SHOIN, Co., Ltd. Tokyo.